Patrick G. Boneberg

W0097060

Lexikon der
Reformationszeit

Lexikon für Theologie und Kirche kompakt

Auf der Grundlage des
Lexikon für Theologie und Kirche, 3. Auflage

begründet von
Michael Buchberger

Herausgegeben von
Walter Kasper
Konrad Baumgartner
Horst Bürkle
Klaus Ganzer
Karl Kertelge
Wilhelm Korff
Peter Walter

Lexikon der Reformationszeit

Redaktion: Klaus Ganzer und Bruno Steimer

FREIBURG · BASEL · WIEN

Die Deutsche Bibliothek – CIP-Einheitsaufnahme

Ein Titelsatz für diese Publikation ist bei Der Deutschen Bibliothek erhältlich.

Alle Rechte vorbehalten – Printed in Germany
© Verlag Herder Freiburg im Breisgau 2002
www.herder.de
Einbandgestaltung: Finken & Bumiller, Stuttgart
Herstellung: fgb · freiburger graphische betriebe 2002
www.fgb.de
ISBN 3-451-22019-9

Inhalt

Vorwort 7*

Mitarbeiter des Lexikons der Reformationszeit 8*

Abkürzungsverzeichnis
    Allgemeine Abkürzungen und Zeichen 11*
    Handbücher, Quellenwerke, Lexika, Reihen und Zeitschriften 11*

Lexikalischer Teil 1

Zeittafel 855

Integrierte Stichwörter 859

Vorwort

Die Reformationszeit als eine der umstürzendsten Epochen der Neuzeit nimmt in einer theologischen Enzyklopädie hinsichtlich ihrer Personen-, Theologie- und Ereignisgeschichte breitesten Raum ein. Von daher bietet sich das „Lexikon der Reformationszeit" als Fortsetzung der losen Reihe *LThK kompakt* mit Auszügen aus dem elfbändigen „Lexikon für Theologie und Kirche" (1993–2001) nachgerade an. Der im vorliegenden Werk behandelte Zeitraum reicht vom Vorabend der Reformation, also dem ausgehenden 15. und beginnenden 16. Jahrhundert, bis zum Jahr 1580, in dem die Veröffentlichung des Konkordienbuches den Abschluss der lutherischen Konfessionsbildung markiert. Die Entwicklungen im Bereich der Katholischen Reform oder etwa der Religionskriege in Frankreich bedingen indes eine flexible Handhabung dieses Zeitrahmens.

Etwa 660 Stichwörter liefern verlässliche Grundinformationen zu allen Hauptakteuren der konfessionellen Lager (z. B. Martin Luther, Jean Calvin, Huldrych Zwingli, Johannes Eck, Päpste, Herrscher), zu den theologischen Schlüsselbegriffen (Rechtfertigung, Gesetz und Evangelium usw.) sowie zu den wichtigsten Ereignissen und Realien (Bekenntnisschriften, Religionsgespräche, Bündnisse, Tridentinum usw.). Karten und eine Zeittafel illustrieren und ermöglichen einen schnellen Überblick. Das detaillierte Register integrierter Stichwörter und relevanter Begriffe am Ende des Lexikons erlaubt rasche Orientierung sowie zielgenauen Zugriff auf die gewünschte Information. Neue Stichwörter wurden hinzugefügt (z. B. Musik und Reformation, Kunst und Reformation, Zwinglianismus). Die Literaturangaben sind durchweg aktualisiert, die Nachträge ausgewiesen (nicht namentlich gekennzeichnete Literaturangaben verantwortet die Redaktion). Die Abkürzungen des Hauptwerkes wurden aufgelöst und die Texte den neuen Regeln der Rechtschreibung angepasst.

Für den Themenkomplex Reformation im LThK zeichneten als Herausgeber die Professoren Klaus Ganzer und Peter Walter sowie als Fachberater die Professoren Gisbert Greshake, Leonhard Hell, Aloys Klein und Lothar Ullrich verantwortlich. Zahlreich sind die Autoren der einschlägigen Stichwörter. Die hohe Reputation, die das LThK beim Fachpublikum und bei der interessierten Leserschaft findet, ist auch dem „Lexikon der Reformationszeit" eine große Verpflichtung.

Freiburg, März 2002   *Klaus Ganzer*
                                                Bruno Steimer

Mitarbeiter des Lexikons der Reformationszeit

Lexikon-Redaktion Verlag Herder:

Nebor, Evelyn, Mag. art.
Steimer, Dr. Bruno

Weitzel, Johannes, Dipl.-Theol.

Autoren/Autorinnen:

Adriányi, Dr.Dr. Gabriel, Prof.
Alberigo, Dr. Giuseppe, Prof.
Appel, Brun
Asche, Dr. Matthias
Aschoff, Dr. Hans-Georg, Prof.
Aulinger, Dr. Rosemarie

Bächtold, Dr. Hans Ulrich
Barton, Dr.Dr. Peter F., Prof.
Bauer, Dr. Christoph
Baumann, Dr. habil. Urs, Akad. Oberrat
Bäumer, Dr. Remigius, Prof.
Baumgart, Dr. Peter, Prof.
Becht, Dr. Michael
Becker, Dr. Winfried, Prof.
Bellinger, Dr. Gerhard J., Prof.
Benz, Lic.jur.can. Michael
Bieritz, Dr. Karl-Heinrich, Prof.
Birmelé, Dr. André, Prof.
Blaschke, Dr. Karlheinz, Prof.
Blaufuß, Dr. Dietrich
Blaumeiser, Dr. Hubertus
Bodenmann, Dr. Reinhard, Privatdozent
Borromeo, Dr. Agostino, Prof.
Bosbach, Dr. Franz, Prof.
Boyd, Dr. Stephen B., Prof.
Brecht, Dr. Martin, Prof.
Brendle, Dr. Franz, Akademischer Rat
Brohed, Dr. Ingmar, Prof.
Brunner, Dr. Horst, Prof.
Burkard, Dr. Franz-Josef
Burkhardt, Dr. Johannes, Prof.
Burmeister, Dr. Dr. Karl Heinz, Prof.
Burns, Dr. Charles
Buxbaum, Dr. Engelbert Maximilian

Cavallin, Dr. Lars
Chaix, Dr. Gérald, Prof.
Conzemius, Dr. Victor, Prof.

De Smet, Dr. Silveer SJ, Prof.
Decot, Dr. Rolf CSsR, Prof.
Deines, Dr. Roland
Delius, Dr. Hans-Ulrich, Prof.

Dellsperger, Dr. Rudolf, Prof.
Dingel, Dr. Irene, Prof.
Dippold, Dr. Günter
Dolinar, Dr. France Martin, Prof.
Domínguez, Dr. Fernando
Drumm, Dr. Joachim

Ebenbauer, Dr. Peter
Eckermann, Dr. K. Willigis OSA, Prof.
Eckert, Dr. Willehad Paul OP, Prof.
Eder, Dr. Manfred, Privatdozent
Ehmer, Dr. Hermann

Faber, Dr. Eva-Maria, Prof.
Fabisch, Peter
Faulenbach, Dr. Heiner, Prof.
Feldkamp, Dr. Michael F.
Frank, Dr. Karl Suso OFM, Prof.
Fuchs, Dr. Guido, Privatdozent

Galén, Dr. Jarl, Prof.
Ganoczy, Dr. Alexandre, Prof.
Ganzer, Dr. Klaus, Prof.
Gause, Dr. Ute, Prof.
Gehrke, Dr. Roland
Gelmi, Dr. Josef, Prof.
Gilmont, Dr. Jean-Francois, Prof.
González Novalín, Dr. José Luis, Prof.
Grebner, Dr. Christian
Greschat, Dr. Martin, Prof.
Greshake, Dr. Gisbert, Prof.
Grühn, Jens, Mag. art.

Hallensleben, Dr. Barbara, Prof.
Hammermayer, Dr. Ludwig, Prof.
Hardman Moore, Dr. Susan
Haustein, Dr. Jörg, Prof.
Haye, Dr. Thomas, Prof.
Heider, Lic. phil. Placidus OSB, Mag. theol.
Heil, Dr. Christoph, Privatdozent
Heim, Dr. Manfred, Prof.
Heinz, Dr. Andreas, Prof.
Henrich, Lic. theol. Rainer
Henze, Dr. Barbara, Akad. Rätin

MITARBEITERLISTE

Heron, Dr. Alasdair I.C., Prof.
Hintzen, Dr. Georg
Hodel, Urban OSB
Hollerbach, Dr. Alexander, Prof.
Hoping, Dr. Helmut, Prof.
Höß, Dr. Irmgard, Prof.

Immenkötter, Dr. Herbert, Prof.

Jaitner, Dr. Klaus
Janse, Dr. Wim
Jaschinski, Dr. Eckhard, Prof.
Jecker, Dr. Hanspeter
Jedin, Dr. Hubert, Prof.
Jordan, Dr. Joseph, Prof.
Jørgensen, Kaare Rübner, Mag. art.
Jorissen, Dr. Hans, Prof.
Jürgensmeier, Dr. Friedhelm, Prof.

Kann, Dr. Christoph, Prof.
Kany, Dr. Roland
Kasper, Dr. Walter, Kardinal
Kaufmann, Dr. Thomas, Prof.
Klein, Dr. Aloys, Prof.
Klöckener, Dr. Martin, Prof.
Klötzer, Dr. Ralf
Kluxen, Dr. Kurt, Prof.
Knapp, Dr. Markus, Prof.
Knedlik, Manfred, Mag. art.
Knoch, Dr. Otto B., Prof.
Knoll, Dr. Alfons, Privatdozent
Koch, Dr. Ernst, Honorar-Prof.
Koller, Dr. Alexander
Kopiec, Dr. Jan
Körner, Dr. Bernhard, Prof.
Kraus, Dr. Georg, Prof.
Krüger, Dr. Friedhelm, Prof.
Kühn, Dr. Ulrich, Prof.
Kunzler, Dr. Michael, Prof.

Lalanne, Stanislas
Lamberigts, Dr. Mathijs, Prof.
Lang, Dr. Peter Thaddäus
Laplanche, François
Leder, Dr. Hans-Günter, Prof.
Lehmann, Dr. Leonhard OFMCap
Leinsle, Dr. Dr. Ulrich Gottfried, Prof.
Leroy, Pierre E.
Liebmann, Dr. Maximilian, Prof.
Listl, Dr. Joseph SJ, Prof.
Lohr, Dr. Charles H. SJ, Prof.
Lohrum, Dr. Meinolf OP
Lüning, Dr. Peter

Machilek, Dr. Franz, Prof.
Madey, Dr. Dr. Johannes, Prof.
Mager, Dr. Inge, Prof.
Maier, Dr. Christoph
Maier, Dr. Konstantin, Prof.
Malettke, Dr. Klaus, Prof.
Marshall, Dr. Peter
Mason, Dr. Roger A., Prof.
Massaut, Dr. Jean-Pierre, Prof.
Massenkeil, Dr. Günther, Prof.
May, Dr. Gerhard, Prof.
McLelland, Dr. Joseph, Prof.
Meier, Dr. Johannes, Prof.
Mertens, Dr. Dieter, Prof.
Metz, Andreas
Meyer, Dr. Dr. Harding D.D., Prof.
Moeller, Dr. Bernd, Prof.
Molitor, Dr. Hansgeorg, Prof.
Mörsdorf, Dr. Klaus, Prof.
Muller, Dr. Claude, Prof.
Müller, Dr. Gerhard, Prof.
Müller, Dr. Gerhard Ludwig, Prof.

Neddermeyer, Dr. Uwe, Privatdozent
Neudeck, Dr. Otto, Privatdozent
Neumann, Dr. Burkhard
Neuner, Dr. Peter, Prof.
Nissen, Dr. Peter J.A., Prof.
Nyberg, Dr. Tore, Prof.

Olschewski, Dr. Ursula
Opočenský, Dr. Milan, Prof.
Ortner, Dr. Dr. Franz, Prof.

Palaver, Dr. Wolfgang, Univ.-Prof.
Pesch, Dr. Otto Hermann, Prof.
Peters, Dr. Christian, Privatdozent
Pfefferl, Dr. Horst
Pfnür, Dr. Vinzenz, Prof.
Pöhlmann, Dr. Horst Georg, Prof.
Polívka, Dr. Miloslav
Portmann-Tinguely, Dr. Albert
Poschmann, Dr. Brigitte
Prodi, Dr. Paolo, Prof.

Raczek, Klemens M. OCarm
Rädle, Dr. Fidel, Prof.
Raeder, Dr. Siegfried, Prof.
Rainer, Dr. Johann, Prof.
Rau, Dr. Gerhard, Prof.
Raupp, Dr. Werner
Reinhardt, Dr. Klaus, Prof.
Reinhardt, Dr. Rudolf, Prof.
Reiter, Dr. Ernst, Prof.

MITARBEITERLISTE

Rex, Dr. Richard
Rhein, Dr. Stefan
Rieger, Dr. Reinhold
Ries, Dr. Markus, Prof.
Roberg, Dr. Burkhard, Prof.
Rogger, Dr. Iginio, Prof.
Rößner-Richarz, Dr. Maria Barbara
Roth, Robert, Dipl.-Theol.
Rudersdorf, Dr. Manfred, Prof.
Rudolph, Dr. Hartmut
Ruhbach, Dr. Gerhard, Prof.
Rummel, Dr. Peter, Prof.
Rüthing, Dr. Heinrich, Prof.

Sallmann, Dr. Martin
Šanjek, Dr. Franjo OP, Prof.
Schadel, Dr.Dr. h.c. Erwin, Privatdozent
Scharberth, Sabine, Mag. art.
Scheib, Dr. Otto
Schindler, Dr. Alfred, Prof.
Schindling, Dr. Anton, Prof.
Schmid, Dr. Alois, Prof.
Schmidt-Lauber, DDr. Hans-Christoph, Prof.
Schmitt, G. Michael
Schnith, Dr. Karl, Prof.
Schnitker, Dr. habil. Thaddäus A.
Schockenhoff, Dr. Eberhard, Prof.
Schroer, DDr. Alois, Prof.
Scholtissek, Dr. Klaus, Privatdozent
Schulte Herbrüggen, Dr. Hubertus, Prof.
Schüpbach-Guggenbühl, Dr. Samuel
Schütte, Dr. Heinz, Prof.
Schützeichel, Dr. Heribert, Prof.
Schwaab, Dr. Claudia
Schwaiger, Dr. Georg, Prof.
Seebaß, Dr. Gottfried, Prof.
Seegrün, Dr. Wolfgang
Séguenny, Dr. André, Prof.
Siegwart, Dr. Josef OP, Prof.
Siemons, Stefan, Mag. art.
Skalweit, Dr. Stephan, Prof.
Smolík, Dr. Josef, Prof.
Smolinsky, Dr. Heribert, Prof.
Sparn, Dr. Dr. Walter, Prof.
Sprengler-Ruppenthal, Dr. Anneliese, Prof.
Springer, Dr. Klaus-Bernward
Stammkötter, Dr. Franz-Bernhard
Steiger, Dr. Johann Anselm, Prof.
Steimer, Dr. Bruno

Steinruck, Dr. Josef, Prof.
Stenbæk, Dr. Jørgen, Prof.
Stöhr, Dr. Johannes, Prof.
Stöve, Dr. Eckehart, Prof.
Surchat, Dr. Pierre Louis
Switek, Dr. Günter SJ, Prof.
Sykes, Dr. Stephen W., Prof.

Tans, Dr. Joseph A.G., Prof.
Tenge-Wolf, Dr. Viola
Thiede, Dr. Carsten Peter, Prof.
Trippen, Dr. Norbert, Prof.
Tschopp, Dr. Silvia Serena, Prof.

Ullrich, Dr. Lothar, Prof.
Urban, Dr. Hans Jörg, Prof.

van de Spijker, Dr. A.M.J.M. Herman, Prof.
van Dijk, Dr. Rudolf
van't Spijker, Dr. Willem, Prof.
Venard, Dr. Marc, Prof.
Vogler, Dr. Bernard, Prof.
Vogt-Lüerssen, Maike, Mag. art.
von Greyerz, Dr. Kaspar, Prof.
von Stieglitz, Dr. Thomas
Vorgrimler, Dr. Herbert, Prof.

Wagner, Dr. Dr. Harald, Prof.
Walter, Dr. Peter, Prof.
Weber, Dr. Helmut, Prof.
Weismann, Dr. Christoph
Weiß, Dr. Dr. Dieter J., Prof.
Weiß, Dr. Wolfgang, Prof.
Wendehorst, Dr. Alfred, Prof.
Werbick, Dr. Jürgen, Prof.
Wermter, Dr. Ernst Manfred
Wiedenhofer, Dr. Siegfried, Prof.
Windhorst, Dr. Christof
Wittig, Dr. habil. Michael
Wohlmuth, Dr. Josef, Prof.
Wojtyska, Dr. Henryk Damian, Prof.
Wolgast, Dr. Eike, Prof.
Worstbrock, Dr. Franz Josef, Prof.
Wrba, Dr. Johannes SJ
Wriedt, Dr. Markus

Zeeden, Dr. Ernst Walter, Prof.
Ziegler, Dr. Walter, Prof.
zur Mühlen, Dr. Karl-Heinz, Prof.

Abkürzungsverzeichnis

Allgemeine Abkürzungen

ApolCA	Apologie der Confessio Augustana	n., nn.	Nummer, Nummern
		nC.	nach Christi Geburt
Art.	Artikel	o.J.	ohne Jahr
Bd., Bde.	Band, Bände	o.O.	ohne Ort
bzw.	beziehungsweise	S.	San, Sanctus, Sant'…
c., cc.	Canon, Canones	s.o., s.u.	siehe oben, siehe unten
CA	Confessio Augustana	St(e).	Sankt, Saint(e), Sint
d.h.	das heißt	s.v.	sub voce
ed. v.	ediert von/vom	u.a.	und andere, unter anderem
ebd.	ebenda (bei Literaturangaben)	u.ö.	und öfter
		usw.	und so weiter
f./ff.	die folgende/beiden folgenden Seite/n	v.a.	vor allem
		vC.	vor Christi Geburt
FS	Festschrift	vgl.	vergleiche
Hg.	Herausgeber	z.B.	zum Beispiel
hg. v.	herausgegeben von/vom	z.T.	zum Teil
Jh.	Jahrhundert	z.Z.	zur Zeit

Zeichen

*	geboren	/	siehe … (auf Verweispfeile vor Calvin, Luther, Melanchthon, Trient und Zwingli wurde verzichtet)
†	gestorben		

Handbücher, Quellenwerke, Lexika, Reihen und Zeitschriften

ACO	Acta Conciliorum Oecumenicorum, hg. v. E. Schwartz, Serie I: 4 Bde. Berlin 1914–84; Serie II: ebd. 1984ff.
ADB	Allgemeine Deutsche Biographie, 55 Bde. Leipzig 1875–1910, Register-Bd. 1912.
AHC	Annuarium historiae conciliorum 1 (Paderborn 1969) ff.
AHP	Archivum historiae pontificiae 1 (Rom 1963) ff.
ARCEG	Acta reformationis catholicae ecclesiam Germaniae concernentia saeculi XVI, ed. v. G. Pfeilschifter, 6 Bde. Regensburg 1959–74.
ARG	Archiv für Reformationsgeschichte 1–41 (Leipzig 1903–50), 42 (Göttingen 1951) ff. (mit Bibliographie)
BBKL	Biographisch-bibliographisches Kirchenlexikon, hg. v. F.W. Bautz, Bd. 1–14. Hamm 1975–99, Ergänzungs-Bd. 14ff. ebd. 1999ff.
BDG	K. Schottenloher: Bibliographie zur deutschen Geschichte im Zeitalter der Glaubensspaltung 1517–85, 6 Bde. Leipzig 1933–40, 7 Bde. ²1956–66.
BiDi	Bibliotheca dissidentium: répertoire des non-conformistes religieux des seizième et dix-septième siècles, ed. v. A. Séguenny. Baden-Baden 1980ff.
BSLK	Die Bekenntnisschriften der evangelisch-lutherischen Kirche, hg. v. Deutschen Evangelischen Kirchenausschuss. Göttingen ¹¹1992, ¹²1998.
Cath	Catholicisme. Hier – Aujourd'hui – Demain, hg. v. G. Jacquemet u.a., 15 Bde. Paris 1948–2000.
CCath	Corpus Catholicorum, begründet von J. Greving. Münster 1919ff.
CCG	Corpus Christianorum. Series Graeca. Turnhout 1974ff.
CCL	Corpus Christianorum. Series Latina. Turnhout 1953ff.

Abkürzungsverzeichnis

CCM	Corpus Christianorum. Continuatio medievalis. Turnhout 1966ff.
CERas	Contemporaries of Erasmus. A biographical register of the Renaissance and Reformation, ed. v. P.G. Bietenholz – Th.B. Deutscher, 3 Bde. Toronto u.a. 1985–87.
ChH	Church History 1 (Chicago 1932) ff.
CHR	The Catholic Historical Review 1 (Washington 1915) ff.
COD	Conciliorum oecumenicorum decreta, ed. v. G. Alberigo u.a. Bologna ^{3}1974, ^{4}1991.
CR	Corpus Reformatorum, Bd. 1–28 (Melanchthon), ed. v. G. Bretschneider u.a. Halle 1834–60, Nachdruck New York u.a. 1963; Band 29–87 (Calvin), ed. v. J.W. Braun u.a. Braunschweig 1863–1900, Nachdruck 1964; Bd. 88ff. (Zwingli), ed. v. E. Egli u.a. Berlin – Leipzig 1905ff.
CrS	Cristianesimo nella storia 1 (Bologna 1980) ff.
CT	Concilium Tridentinum. Diariorum, Actorum, Epistularum, Tractatuum nova Collectio, hg. v. der Görres-Gesellschaft, 13 Bde. Freiburg 1901–2001.
DBF	Dictionnaire de biographie française. Paris 1929ff.
DBI	Dizionario biografico degli Italiani. Rom 1960ff.
DH	H. Denzinger: Enchiridion symbolorum, definitionum et declarationum de rebus fidei et morum. Kompendium der Glaubensbekenntnisse und kirchlichen Lehrentscheidungen. Lateinisch-deutsch, übersetzt und hg. v. P. Hünermann. Freiburg ^{37}1991.
DHEE	Diccionario de historia eclesiástica de España, 4 Bde. Madrid 1972–75, Supplement-Bd. ebd. 1987.
DHGE	Dictionnaire d'histoire et de géographie ecclésiastiques, hg. v. A. Baudrillart u.a., Bd. 1ff. Paris 1912ff.
DizEc	Dizionario ecclesiastico, hg. v. A. Mercati – A. Pelzer, 3 Bde. Turin 1953–58.
DNB	The Dictionary of National Biography, ed. v. L. Stephen – S. Lee, 63 Bde., dazu 3 Supplement-Bde. und 1 Bd. Index and Epitome. London 1885–1903, neue Auflage in 22 Bdn. ebd. 1908–09; Fortsetzung: 1901–11 in 3 Bdn. ebd. 1912, neue Auflage einbändig ebd. 1920; 1912–21 ebd. 1927; 1922–30 ebd. 1937; 1931–40 ebd. 1949; 1941–50 ebd. 1959; 1951–60 ebd. 1971; 1961–70 ebd. 1981; 1971–80 ebd. 1986; 1981–85 ebd. 1990; 1986–90 ebd. 1996.
DS	H. Denzinger – A. Schönmetzer: Enchiridion symbolorum, definitionum et declarationum de rebus fidei et morum. Freiburg ^{36}1976.
DSp	Dictionnaire de la spiritualité. Ascétique et Mystique; Doctrine et Histoire, ed. v. M. Viller, 16 Bde., Register-Bd. (Tables). Paris 1932–95.
DThC	Dictionnaire de théologie catholique, hg. v. A. Vacant – E. Mangenot, fortgesetzt von E. Amann, 15 Bde. Paris 1903–50; 3 Register-Bde. ebd. 1951–72.
DtLit	Die deutsche Literatur. Biographisches und bibliographisches Lexikon, hg. v. H.-G. Roloff, Reihe 1ff., Abteilung A (Autorenlexikon), Abteilung B (Forschungsliteratur), Bd. 1ff. Bern u.a. 1985ff.
EC	Enciclopedia Cattolica, 13 Bde. Rom 1949–69.
EKL	Evangelisches Kirchenlexikon (3. Auflage), 5 Bde. Göttingen 1986–97.
EKO	Evangelische Kirchenordnungen des XVI. Jh., hg. v. E. Sehling, 5 Bde. Leipzig 1902–13; Bd. 6/1ff. hg. v. Institut für evangelisches Kirchenrecht der EKD. Tübingen 1955ff.
GCh	Geschichte des Christentums, 14 Bde. Freiburg 1991ff.
HCMA	Hierarchia Catholica medii (et recentioris) aevi, begründet von K. Eubel, Bd. 1–3 ed. v. L. Schmitz-Kallenberg. Münster 1898–1910, ^{2}1913–23; Bd. 4 ed. v. C. Gauchat. ebd. 1935; Bde. 5–8 ed. v. R. Ritzler. Padua 1952–79.
HDThG	Handbuch der Dogmen- und Theologiegeschichte, hg. v. C. Andresen, 3 Bde. Göttingen 1980–84, ^{2}1998–99.
HJ	Historisches Jahrbuch der Görres-Gesellschaft 1 (Köln 1880) ff.

HKG	Handbuch der Kirchengeschichte, hg. v. H. JEDIN, 7 Bde. Freiburg 1962–79, Sonderausgaben 1985, 1999.
INST	J. CALVIN: Christianae Religionis Institutio: Opera selecta, 5 Bde., ed. v. P. BARTH u.a. München 1926–39, Bd. 3–5 ²1957–62.
JEDIN	H. JEDIN: Geschichte des Konzils von Trient. Freiburg Bd. 1 ³1977, Bd. 2 ²1978, Bd. 3 ²1982, Bd. 4/1 und 4/2 1976.
JEH	The Journal of Ecclesiastical History 1 (London 1950) ff.
KLAIBER	Katholische Kontroverstheologen und Reformer des 16.Jh., hg. v. W. KLAIBER. Münster 1978.
KLK	Katholisches Leben und Kirchenreform (bis 1966: Kämpfen) im Zeitalter der Glaubensspaltung. Münster 1927ff.
KÖHLER BF	H.-J. KÖHLER: Bibliographie der Flugschriften des 16.Jh., Teil 1ff., Bd. 1ff. Tübingen 1991ff.
KThR	Katholische Theologen der Reformationszeit, hg. v. E. ISERLOH, 5 Bde. Münster 1984–88, ²1991ff.
LMA	Lexikon des Mittelalters, 9 Bde. München–Zürich 1980–98; Studienausgabe Stuttgart 1999.
LThK	Lexikon für Theologie und Kirche, hg. v. M. BUCHBERGER, 10 Bde. Freiburg 1930–38; hg. v. J. HÖFER–K. RAHNER, 10 Bde. und Register-Bd. ebd. ²1957–1967; hg. v. W. KASPER u.a., 10 Bde. und Nachtrags-/Register-Bd. ebd. ³1993–2001.
NBD	Nuntiaturberichte aus Deutschland nebst ergänzenden Aktenstücken, I., III. und IV. Abteilung hg. v. Deutschen Historischen Institut in Rom, II. Abteilung hg. v. Österreichischen Historischen Institut in Rom. – I. Abteilung (1533–59), Bd. 1–12. Gotha–Berlin 1892–1912, Nachdruck Frankfurt (Main) 1968; Bd. 13ff. Tübingen 1959ff.; Ergänzungs-Bd. 1 und 2 (1530/31 und 1532). ebd. 1963–69. – II. Abteilung (1560–72), Bd. 1–8. Wien–Leipzig 1897–1939, Graz–Köln 1952–67. – III. Abteilung (1572–85), Bd. 1–5. Berlin 1892–1909, Nachdruck Turin 1972; Bd. 6ff. Tübingen 1982ff. – IV. Abteilung (17.Jh.), 3 Bde. (ohne durchgehende Bandzählung). Berlin 1895–1913, Nachdruck Turin 1973; weitere Bde. in Vorbereitung.
NBD(G)	Nuntiaturberichte aus Deutschland nebst ergänzenden Aktenstücken, hg. v. der Görres-Gesellschaft (ohne durchgehende Bandzählung). – I. Abteilung: Die Kölner Nuntiatur, 2 Teil-Bde. (Bd. 1 und 2/1) (1585[84]–90). Paderborn 1895–99, Nachdruck ebd. 1969; Teil-Bd. 2/2ff. (1590–1630). München u.a. 1969ff. – II. Abteilung: Die Nuntiatur am Kaiserhofe, 3 Teil-Bde. (1585[84]–1592). Paderborn 1905–19.
NCE	New Catholic Encyclopedia, ed. v. W. J. MCDONALD u.a., 15 Bde. New York 1967.
NDB	Neue Deutsche Biographie, hg. v. der Historischen Kommission bei der Bayerischen Akademie der Wissenschaften. Berlin 1953ff.
OER	The Oxford Encyclopedia of the Reformation, hg. v. H.J. HILLERBRAND, 4 Bde. New York u.a. 1996.
PG	Patrologia Graeca, ed. v. J.P. MIGNE, 167 Bde. Paris 1857–66.
PL	Patrologia Latina, ed. v. J.P. MIGNE, 217 Bde. und 4 Register-Bde. Paris 1841–64.
PLS	Patrologia Latina, Supplement-Bde. 1–5, hg. v. A. HAMMAN. Paris 1958–70.
QFIAB	Quellen und Forschungen aus italienischen Archiven und Bibliotheken 1 (Rom 1897) ff.
RE	Realencyklopädie für protestantische Theologie und Kirche, begründet von J.J. HERZOG, hg. v. A. HAUCK, 24 Bde. Leipzig ³1896–1913.
RGG	Die Religion in Geschichte und Gegenwart. Tübingen 1909–13, ²1927–32, ³1956–62, Register-Bd. 1965, ⁴1998ff.
RGST	Reformationsgeschichtliche Studien und Texte, begründet von J. GREVING. Münster 1906ff.
RHE	Revue d'histoire ecclésiastique 1 (Löwen 1900) ff.

Abkürzungsverzeichnis

RHEF	Revue d'histoire de l'Eglise de France 1 (Paris 1910) ff.
RSCI	Rivista di storia della Chiesa in Italia 1 (Rom 1947) ff.
RQ	Römische Quartalschrift für christliche Altertumskunde und Kirchengeschichte 1 (Freiburg 1887) ff.
SCJ	The Sixteenth Century Journal 1 (St. Charles 1970) ff.
TRE	Theologische Realenzyklopädie, hg. v. G. Kraus – G. Müller. Berlin – New York 1976ff.
TRZRK	Die Territorien des Reichs im Zeitalter der Reformation und Konfessionalisierung, hg. v. A. Schindling, 7 Bde. Münster 1989–97.
VD 16	Verzeichnis der im deutschen Sprachbereich erschienenen Drucke des XVI. Jh., hg. v. der Bayerischen Staatsbibliothek in München in Verbindung mit der Herzog-August-Bibliothek in Wolfenbüttel, bearbeitet von I. Bezzel, 25 Bde. Stuttgart 1983–2000.
WA	M. Luther: Werke. Kritische Gesamtausgabe ‚Weimarer Ausgabe'. Weimar 1883ff.
WA.Br	– Briefwechsel
WA.TR	– Tischreden
WA.DB	– Deutsche Bibel
ZBKG	Zeitschrift für bayerische Kirchengeschichte 1 (Nürnberg 1926) ff.
ZHF	Zeitschrift für historische Forschung 1 (Berlin 1974) ff.
ZKG	Zeitschrift für Kirchengeschichte 1 (Stuttgart 1877) ff.
ZSRG.K	Zeitschrift der Savigny-Stiftung für Rechtsgeschichte. Kanonistische Abteilung 1 (Weimar 1911) ff.

Abendmahl. 1. *Begriff.* Seit Martin Luther 1522 ist A. der auf evangelischer Seite beliebteste Begriff für jenen Gottesdienst der christlichen Gemeinde, der ausdrücklich auf das letzte Mahl Jesu mit seinen Jüngern („Letztes A.") zurückgeführt wird. Das Wort A. gilt dafür in römisch-katholischer und orthodoxer Sicht wenig geeignet, weil „Mahl" das Gottesdienstgeschehen einenge und „Abend" den Zeitpunkt der Feier zu bestimmt benenne, auch weil A. missverständlich nur die Vergegenwärtigung des letzten Mahles Jesu meinen könne. *Herbert Vorgrimler*

2. Die Frage, ob das A. ein Werk der Kirche statt einer Gabe Gottes an die Kirche sei, bildet den Kern der lutherisch-katholischen Kontroverse um das Altarsakrament in der Reformationszeit. 1520 will Martin Luther die Messe aus der „Gefangenschaft" als eines vom Priester darzubringenden Opfers befreien („De captivitate Babylonica"), und noch 1537 (/Schmalkaldische Artikel) ist ihm die Messe, verstanden als „Opfer und Werk", der „größeste und schrecklichste Greuel", der gegen den „Hauptartikel" der /Rechtfertigung streitet (ähnlich CA 24). Allerdings kann Luther das A. auch als „Lobopfer" der Gemeinde beschreiben und ihm so durchaus eucharistischen Charakter zuerkennen (WA 30 II, 603 ff.; ähnlich ApolCA 24). Im Unterschied dazu besteht in der Frage der Realpräsenz Christi im A. zwischen Luther und der katholischen Lehre eine sachliche Nähe trotz der Ablehnung der Theorie der Transsubstantiation und der Verehrung „extra usum". Bei der liturgischen Neugestaltung der A.-Feier (Formula Missae, 1523; Deutsche Messe, 1526) behält Luther die Elevation der Elemente bei, scheidet aber das Offertorium wie auch die die Einsetzungsworte einrahmenden Kanongebete aus. Die A.-Feier konzentriert sich auf die Rezitation der Einsetzungsworte und den Empfang der Gaben durch die Kommunikanten.

In der reformierten Tradition liegen die Akzente stärker auf dem Gedanken des Bekenntnisses und des Gedächtnisses Christi, das im A. begangen wird (so besonders bei Huldrych Zwingli). Im Übrigen ist das reformierte Verständnis des A. v. a. durch die Auseinandersetzung mit dem lutherischen Verständnis der Realpräsenz gekennzeichnet: Jean Calvin lehrt, über Zwingli hinausgehend, eine durch den Geist vermittelte Gegenwart Christi für den Glauben parallel zum Essen und Trinken von Brot und Wein (Inst IV, 17; vgl. Heidelberger Katechismus, Frage 78 und 79). Ebenso wie im Luthertum wird hingegen das Verständnis der Messe als vom Priester darzubringendes Sühnopfer scharf abgelehnt (ebd. Frage 80; vgl. Calvin, Inst IV, 18).

Die /Church of England behielt (im /Book of Common Prayer), obwohl auch sie das Verständnis des Herrenmahls als Sühnopfer ablehnte, mehr Elemente des überkommenen Ritus (z. B. Epiklese und Anamnese) bei und kennt sogar einen Gebetsakt der Selbstdarbringung der Kirche. *Ulrich Kühn*

▪ LTHK³ 3, 953 ff. (ungekürzte Fassung).
▪ Literatur: RGG⁴ 1, 24–40. – H. GRASS: Die A.-Lehre bei Luther und Calvin. Gütersloh ²1954; J. DIESTELMANN: Actio sacramentalis. Groß Ösingen 1996; TH.J. DAVIS: ‚The truth of the divine words'. Luther's sermons on the Eucharist, 1521–28, and the structure of Eucharist meaning: SCJ 30 (1999) 323–342.

Abendmahlsstreit. Im Spätmittelalter halten noch viele Theologen mit Wilhelm von Ockham die Konsubstantiation (Koexistenz der unverwandelt fortbestehenden Substanzen von Brot und Wein mit dem Leib und Blut Christi) nicht nur für möglich, sondern auch für einleuchtender und mit weniger Schwierigkeiten behaftet als die Transsubstantiation (Wesensverwandlung), an der sie jedoch wegen der Entscheidung der Kirche festhalten (u.a. Peter von Ailly, auf den sich Martin Luther beruft). Demgegenüber lehnt John Wyclif die Transsubstantiation, besonders deren (im Gefolge Ockhams) weit verbreitete Explikation als Vernichtung der Substanz von Brot und Wein (annihilatio) und deren (unter den subjektlos fortbestehenden Akzidentien) Ersetzung durch die Substanz des Leibes und Blutes Christi (substitutio/adductio), entschieden ab. An der Realpräsenz der Menschheit Christi hält er jedoch im Sinne der Koexistenz bzw. Konkomitanz fest, betont aber in Abgrenzung gegen eine orthaft-räumliche Gegenwartsweise nachdrücklich deren sakramentale Seinsweise und spirituelle Bedeutung. Die Beschreibung des Sakraments als wirksames (Bild-)Zeichen (signum/figura efficax) zeigt deutlich augustinischen Einfluss. Eine ununterschiedene Identifikation des Sakraments mit dem Herrenleib lehnt er ebenso ab wie eine Impanation (Brotwerdung in Analogie zur Menschwerdung). Trotz starker Beeinflussung durch Wyclif hat Jan Hus dessen Ablehnung der Transsubstantiation nicht geteilt und auf dem Konzil zu Konstanz entsprechende Vorwürfe ausdrücklich zurückgewiesen. Von einem eigentlichen A. kann aber erst wieder bei den Reformatoren gesprochen werden:

Die erste große Auseinandersetzung findet 1525–29 zwischen Luther und Huldrych Zwingli statt. Unter dem Eindruck der Einsetzungsworte hat Luther stets an der realen Gegenwart von Leib und Blut Christi festgehalten und versteht diese, die Transsubstantiation ablehnend, als Konsubstantiation. Schon im Vorfeld der Kontroverse, in der theologischen Abgrenzung gegen die /Böhmischen Brüder, besonders aber gegen die signifikative Abendmahlslehre des Cornelius /Hoen, rückt er die Realpräsenz immer stärker in den Vordergrund und betont darüber hinaus gegen Andreas /Karlstadt die Bedeutung des Abendmahls als Gnadenmittel. Zwingli dagegen vertritt (im Anschluss an Hoen) eine symbolisch-signifikative Deutung und leugnet ausdrücklich die reale Gegenwart der menschlichen Natur Christi im Sakrament, das als „signum" nur Gottes Heilshandeln bezeugt, aber keine Gnade vermittelt. Die Schweizer Reformatoren beriefen sich dafür auch auf /Erasmus von Rotterdam, der dies jedoch als unberechtigt zurückwies. In der auf beiden Seiten polemisch geführten Auseinandersetzung entwickelt Luther als Verstehenshilfe (nicht als Beweis) für die Möglichkeit der Realpräsenz die Lehre von der Ubiquität der menschlichen Natur Christi (/Ubiquitätslehre). Die Stellung zur „manducatio oralis" (leiblicher Genuss) und zur „manducatio impiorum" (Nießung durch die Gottlosen unabhängig vom Glauben) wird für Luther zum eigentlichen Prüfstein des Bekenntnisses zur Realpräsenz. In diesem Punkt konnte der dogmatische Gegensatz zwischen Luther und Zwingli nicht beseitigt werden. Daran ist auch das /Marburger Religionsgespräch (Oktober 1529) gescheitert. Ebenso wenig brachte die /Wittenberger Konkordie (1536) eine tragfähige Einigung zwischen Lutheranern und den oberdeutschen reformierten Städten zustande. So ist an der Frage der Realpräsenz die Einheit des Protestantismus zerbrochen. Das wird noch einmal deutlich bei der zweiten großen Auseinandersetzung zwischen dem Hamburger lutherischen Theologen Joachim ∕Westphal und Jean Calvin. Mit Luthers Ubiquitätslehre verwirft Calvin zugleich die leibhaftige Gegenwart Christi in den Abendmahlselementen sowie die manducatio oralis und impiorum. Calvin selbst vertritt ein dynamisches Verständnis der eucharistischen Gegenwart, das durch den Begriff der Virtualpräsenz nur unzureichend umschrieben und zutreffender als Spiritualpräsenz von Person und Werk Christi zu bestimmen ist, die dem gläubigen Empfänger wirksam durch den Heiligen Geist zugeeignet werden. In diesem Sinne kann Calvin von einer substantiellen Gegenwart („vere, realiter, substantialiter") und von einer Mitteilung der Substanz Christi sprechen. Der ergebnislos verlaufene Streit und schließlich die Verurteilung der reformierten Abendmahlslehre durch die lutherischen Kirchen in der Konkordienformel (Solida declaratio VII; BSLK 975 f.) haben die Kirchentrennung innerhalb des Protestantismus für Jahrhunderte besiegelt.

▪ Literatur: TRE 1, 89–142. – E. ISERLOH: Gnade und Eucharistie in der philosophischen Theologie des Wilhelm von Ockham. Wiesbaden 1956; J. ROGGE: Virtus und Res. Um die Abendmahlswirklichkeit bei Calvin. Stuttgart 1965; K. MCDONNELL: John Calvin, the Church, and the Eucharist. Princeton (New York) 1967; S.N. BOSSHARD: Zwingli, Erasmus, Cajetan. Die Eucharistie als Zeichen der Einheit. Wiesbaden 1978.

Hans Jorissen

▪ Nachtrag: RGG⁴ 1, 24–28. – TH. KAUFMANN: Die Abendmahlstheologie der Straßburger Reformatoren bis 1528. Tübingen 1992.

Ablass, dem Begriff nach „Erlass einer zeitlichen Strafe vor Gott für Sünden, die hinsichtlich der Schuld schon getilgt sind" (Paul VI., *Indulgentiarum doctrina* 12), stellt eine spezifische, nur in lateinischer Tradition gewachsene Gestaltform des Umgangs der Kirche mit dem umkehrwilligen Sünder dar. Die östlichen Kirchen haben diese Entwicklung nicht mitvollzogen. Im Westen wurde der A.-Streit zum Anlass der Kirchenspaltung im 16. Jh. Die protestantische Kritik zielte nicht nur auf den fiskalischen Missbrauch, sondern auch auf die vermutete quantitativ-gegenständliche Gnadenauffassung und -vermittlung sowie auf eine angemaßte Verfügung des kirchlichen Amtes über das allein von Gottes Barmherzigkeit abhängige Heil.

Das kirchliche Lehramt hat keine geschlossene A.-Theorie vorgelegt. Bei Gelegenheit der theologisch-pastoralen Infragestellung der (oft fragwürdigen) A.-Praxis durch die Anhänger von Jan Hus und John Wyclif (vgl. DH 1192 1266–68) sowie durch Martin Luther (vgl. DH 1447 f. 1467–72) wurden jedoch einzelne Elemente der Glaubenslehre präzisiert. Usus und Praxis ecclesiae werden gerechtfertigt, Wesen, Wirkweise und Wirkungen, Nützlichkeit und Empfangsbedingungen geklärt. In der Jubiläumsbulle *Unigenitus Dei Filius* (27.1.1343) legt Clemens VI. erstmals die Lehre vom Kirchenschatz als Grundlage vor (DH 1025–1027). In der Bulle *Salvator noster* (3.8.1476) klärt Sixtus IV. (DH 1398) ebenso wie in der ergänzenden Enzyklika *Romani Pontifici provida* (27.11.1477) die Wirkungsweise der Ablässe zugunsten der Verstorbenen (DH 1405–07, vgl. 1416). Gegenüber der Kritik Luthers am A. als frommem Betrug und Verführung zur Unterlassung guter Werke und zur falschen Sicherheit fasst

/Leo X. in dem an Kardinal Thomas /Cajetan gerichteten Dekret *Cum postquam* (9.11.1518; DH 1447–49) und ebenso in der Bannandrohungsbulle /*Exsurge Domine* (15.6.1520) mit der Bezeichnung der Irrtümer Luthers (DH 1467–72) die bisherige Lehre und Praxis zusammen, die auch vom Konzil von /Trient in Sessio XXV mit dem A.-Dekret (4.12.1563) (COD⁴ 796f.; DH 1835, vgl. 1867 2537) bestätigt wird. Christus hat der Kirche die Vollmacht zur A.-Gewährung gegeben. Sie ist segensvoll und darum beizubehalten. Mit dem Anathem wird nur derjenige belegt, der sie für unnütz erklärt und der Kirche das Recht, sie zu erteilen, abspricht. Ermahnt wird zu einem maßvollen Umgang, damit nicht die kirchliche Zucht Schaden leide. Missbräuche sind abzustellen.

■ Literatur: TRE 1, 347–364. – N. PAULUS: Geschichte des A. im Mittelalter. Vom Ursprung bis zur Mitte des 14.Jh., 2 Bde. Paderborn 1922–23; DERSELBE: Geschichte des A. am Ausgang des Mittelalters. ebd. 1923; B. POSCHMANN: Der A. im Licht der Bußgeschichte. Berlin 1948; J.A. JUNGMANN: Die lateinischen Bußriten in ihrer geschichtlichen Entwicklung. Innsbruck 1932; W. KÖHLER: Dokumente zum A.-Streit von 1517. Tübingen ²1934; M. LACKMANN: Thesaurus sanctorum. Ein vergessener Beitrag Luthers zur Hagiologie: Reformation, Bd. 1. Festgabe für J. Lortz. Baden-Baden 1957, 135–171; G. MUSCHALEK – H. ECHTERNACH – M. LACKMANN: Gespräch über den A. Graz u.a. 1965; P.E. PERRSON: Der wahre Schatz der Kirche: Lutherische Rundschau 17 (1967) 315–327. *Gerhard Ludwig Müller*

■ Nachtrag: I. DINGEL: Theorie und Praxis des A.-Wesens im Mittelalter und am Vorabend der Reformation: Der Evangelische Erzieher 48 (1996) 361–372; B.A.R. FELMBERG: Die A.-Theorie Kardinal Cajetans. Leiden 1998; W.E. WINTERHAGEN: A.-Kritik als Indikator historischen Wandels vor 1517: ARG 90 (1999) 6–71.

Acontius (Acontio, Aconcio, Contio, Concio), *Jacobus*, italienischer protestantischer Humanist, Jurist und Theologe, * vor 1515 Ossana (Val di Sole) oder Trient, † um 1567 London; 1540–49 Notar in Ossana und Trient, danach v. a. am Hof des Kaisers. 1556 Sekretär des Trienter Kardinals und Gouverneurs Cristoforo /Madruzzo. 1557 floh A. aus Glaubensgründen in die Schweiz und gelangte 1559 nach England, wo er bis zu seinem Tod als Festungsingenieur in königlichen Diensten blieb. Als vielseitiger Autor veröffentlichte er v. a. Schriften zu methodologischen und religiösen Fragen. In seinem Hauptwerk *Stratagemata Satanae* (Basel 1565, Neuauflage Florenz 1946) versuchte er, Heilsnotwendiges von weniger Wichtigem im christlichen Glauben zu unterscheiden. Nach A. sind die /Fundamentalartikel des Glaubens in der Heiligen Schrift ausdrücklich erwähnt. Nur Irrtum in heilsnotwendigen Lehren ist als Ketzerei zu betrachten. A. wandte sich aber unter dem Eindruck der französischen Glaubenskriege gegen Bekenntniszwang und Ketzerverfolgung. Er kritisierte die Dogmenbildung und betonte den Vorrang der schriftorientierten Heiligung vor der Rechtgläubigkeit im dogmatisch-konfessionellen Sinne.

■ Literatur: TRE 1, 402–407; DTLIT II A 1, 99–110. – L. GIRARD: L'itinéraire intellectuel de Giacomo Aconcio: Revue des sciences philosophiques et théologiques 67 (1983) 531–552. *Michael Becht*

■ Nachtrag: BIDI 16, 55–117. – J. FREUDIGER: Methodus resolutiva. Antikes und Neuzeitliches in Jacopo A.s Methodenschrift: Freiburger Zeitschrift für Philosophie und Theologie 45 (1998) 407–446.

Adelmann von Adelmannsfelden

(A.), 1) *Bernhard*, Humanist, * 1457/1459, † 16.12.1523 Eichstätt; Studium 1472 in Heidelberg, 1476 in Basel, 1481/82 in Ferrara und Rom; 1486/87 Stiftsherr in Ellwangen, 1498 Domherr und Stiftspropst in Augsburg. Dort Mitglied der Sodalitas Litterarum (Conrad ∕ Peutinger, Jakob ∕ Fugger), Austausch mit ∕ Erasmus von Rotterdam, Johannes ∕ Reuchlin, Nikolaus ∕ Ellenbog, Willibald ∕ Pirckheimer. Seine Begeisterung für Martin Luther führte 1519 zur Behauptung Johannes ∕ Ecks, kaum jemand in Augsburg halte noch zu Luther, mit Ausnahme einiger ungelehrter Domherren („canonici indocti": Anspielung auf die A.-Brüder). Diese stifteten daraufhin den Domprediger Johannes ∕ Oekolampad zu seiner bissigen Replik an: „Canonicorum indoctorum responsio ad Eccium". Eck rächte sich 1520 und setzte den Namen A.s handschriftlich in die Bannandrohungsbulle ∕ Exsurge Domine. A. erreichte aber noch 1520 eine Lösung vom Bann und blieb fortan Anhänger der römischen Kirche.

2) *Konrad,* Humanist, * 8.9.1462, † 6.2.1547 Holzheim bei Dillingen (Donau); Bruder von 1); Studium als Domherr von Eichstätt; 1473 in Heidelberg, 1476 in Basel, 1481 in Ferrara, 1483 in Tübingen, 1486 in Ingolstadt, 1486 Stiftsherr in Ellwangen, 1502 Domherr und 1517 Domcellerar in Augsburg. Dort Mitglied des Humanistenkreises; Kontakt mit Johannes Reuchlin, dessen Kampf gegen die Kölner Dominikaner er unterstützte, mit Kilian ∕ Leib, Johannes ∕ Aventinus und Bohuslav von Lobkowitz zu Hassenstein. Nach 1520 hielt A. zur alten Kirche. Die Einführung der Reformation in Augsburg zwang ihn Anfang 1537, nach Dillingen ins Exil zu gehen.

▨ Literatur: H.A. Lier: Der Augsburger Humanistenkreis mit besonderer Berücksichtigung D.A.s: Zeitschrift des Historischen Vereins für Schwaben 7 (1880) 68–108; F.X. Thumhofer: Bernhard A. Freiburg 1900; J. Zeller: Die Brüder B., K. und Kaspar A. als Stiftsherren in Ellwangen: Ellwanger Jahrbuch 1922/23, 75–85; G.S. Graf Adelmann von Adelmannsfelden: Das Geschlecht der A. Tübingen 1948; F. Zoepfl: Lebensbilder aus dem Bayerischen Schwaben, Bd. 11. Weißenhorn 1976, 39–45; H. Immenkötter: Geschichte der Stadt Augsburg. Stuttgart ²1985, 391–412; K. Kosel: Der Augsburger Domkreuzgang und seine Denkmäler. Sigmaringen 1991.

Herbert Immenkötter

Adiaphoristenstreit. Der A. wurde hervorgerufen durch die unterschiedliche Reaktion der Protestanten auf das ∕ Augsburger bzw. Leipziger Interim (1548). Die Politik Karls V., die Wiedervereinigung durch eine weitgehende Rekatholisierung der evangelischen Kirchen (Wiedereinführung der sieben Sakramente, der Messe und Bilderverehrung [∕ Kunst und Reformation], des Fronleichnamsfestes und der bischöflichen Jurisdiktion – Fegefeuer und ∕ Ablass blieben unerwähnt) zu erreichen, löste eine Diskussion um die Wertigkeit dieser Adiaphora (Mitteldinge) aus. Nicht, ob es einen neutralen Bereich an sich gäbe, sondern ob und wann Mitteldinge in einer bestimmten Situation bekenntnisrelevant werden, war die Frage. Während Philipp Melanchthon mit seinen Anhängern (Georg ∕ Major, Justus ∕ Menius, Johann ∕ Pfeffinger u.a.) bereit war, zur Absicherung einer freien, evangeliumsgemäßen Predigt katholische Riten zuzulassen, widersetzten sich ihm die ∕ Gnesiolutheraner (Nikolaus ∕ Amsdorf, Nikolaus ∕ Gallus, Kaspar Aquila u.a.) unter Matthias ∕ Flacius: „Im Falle des Bekenntnisses und des Ärgernisses gibt es kein Adiaphoron." Dass sich die Wertigkeit der Mitteldinge verändert, wenn sie Zwangscharakter annehmen, bekräftigt auch Artikel 10 der ∕ Konkordienformel: In der Situation der Verfolgung darf auch hinsichtlich der Adiaphora nicht nachgegeben werden.

■ Literatur: HDThG 2, 108–113. – W. Preger: Matthias Flacius Illyricus und seine Zeit, 2 Bde. Erlangen 1859–61, Neudruck Hildesheim – Nieuwkoop 1964; derselbe: Flacius von den Kirchlichen Mitteldingen: Zeitschrift für Protestantismus und Kirche Neue Serie (1858) 165–186; O. Ritschl: Dogmengeschichte des Protestantismus, Bd. 2. Leipzig 1912, 325ff.; Ch. von Hase: Die Gestalt der Kirche Luthers. Der casus confessionis im Kampf des Matthias Flacius gegen das Interim von 1548. Göttingen 1940. *Friedhelm Krüger*

■ Nachtrag: G. Wartenberg: Philipp Melanchthon und die sächsisch-albertinische Interimspolitik: Lutherisches Jahrbuch 55 (1988) 60–82.

Agricola, *Johann* (Islebius, Eislebius, Schnitter, Schneyder), evangelischer Theologe und Reformator, * 1492 oder 1494 vermutlich Eisleben, † 22.9.1566 Berlin; studierte 1509/10 in Leipzig, 1515/16 in Wittenberg. Prägender Einfluss der frühen Theologie Martin Luthers, bezüglich des Humanismus auch Philipp Melanchthons. Vorlesungen (Exegese, Dialektik) sowie katechetische Tätigkeit in Wittenberg; seit 1521 zunehmender Abstand zu Thomas ⁄Müntzer, gegen den er später Schriften veröffentlichte. 1525 Rektor der Lateinschule in Eisleben, hier ab 1533 Kontroversen mit Georg ⁄Witzel; 1536 Rückkehr nach Wittenberg. 1527 Divergenzen mit Melanchthon über die Gesetzespredigt, ab 1537 auch mit Luther (⁄Antinomistischer Streit um das Verhältnis Gesetz – Evangelium – Buße – Wiedergeburt [⁄Gesetz und Evangelium], wobei A. die Notwendigkeit der Gesetzespredigt im Prozess der Buße ablehnte und das Evangelium sowie das Wirken des Heiligen Geistes betonte). Mitte August 1540 in Berlin; dort Hofprediger ⁄Joachims II. von Brandenburg, Generalsuperintendent und Visitator. Mitarbeit am ⁄Augsburger Interim 1548 im Sinne kurbrandenburgischer Politik; kritisch gegen Andreas ⁄Osiander und Philippismus. Umfangreiches literarisches Œuvre v. a. als Theologe (Katechetiker, Exeget, Prediger), Kirchenliederdichter, Herausgeber einer bedeutenden Sprichwörtersammlung (ab 1529) und Übersetzer.

■ Literatur: NDB 1, 100f.; RGG³ 1, 187f.; BBKL 1, 57–59; VD 16 1, 138–148; TRE 2, 110–118; DtLit II A 1, 453–496; Köhler BF 1, 20–28. – G. Kawerau: J.A. Berlin 1881; J. Rogge: J.A.s Lutherverständnis. Unter Berücksichtigung des Antinomismus. ebd. 1960; S.L. Gilman: The Hymns of J.A. of Eisleben. A Literary Reappraisal: Modern Language Review 67 (1972) 364–389; M.U. Edwards, Jr.: Luther and the False Brethren. Stanford 1975; S. Hausammann: Buße als Umkehr und Erneuerung von Mensch und Gesellschaft. Zürich 1975; S.L. Gilman: J.A. of Eisleben's Proverb Collection (1529): SCJ 8 (1977) 77–84; S. Kjeldgaard-Pedersen: Gesetz, Evangelium und Buße. Theologiegeschichtliche Studien zum Verhältnis zwischen dem jungen A. (Eisleben) und Martin Luther. Leiden 1983; J. Rogge: Innerlutherische Streitigkeiten um Gesetz und Evangelium, Rechtfertigung und Heiligung: Leben und Werk Martin Luthers von 1526 bis 1546, hg. v. H. Junghans. Göttingen 1983, 187–204; E. Koch: J.A. neben Lutherischer Schülerschaft und theologischer Eigenart: Lutheriana, hg. v. G. Hammer – K.-H. zur Mühlen. Köln – Wien 1984, 131–150; R. Mau: Bekenntnis und Machtwort. Die Stellung Joachims II. im Streit um die Notwendigkeit der guten Werke: 450 Jahre Evangelische Theologie in Berlin, hg. v. G. Besier – Ch. Gestrich. Göttingen 1989, 39–64.

Heribert Smolinsky

■ Nachtrag: RGG⁴ 1, 191. – T.J. Wengert: Gesetz und Buße. Philipp Melanchthons erster Streit mit J.A.: Der Theologe Melanchthon. Stuttgart 2000, 375–392.

Agricola, *Mikael,* Reformator Finnlands, Begründer der finnischen Schriftsprache und Literatur, * um

1509 Pernaja, † 9.4.1557 Uusikirkko (auf der Rückreise von einer politischen Mission); früh mit reformierten Lehren bekannt. Martin Skytte (erster protestantischer Bischof Finnlands) bestellte A. zum Sekretär und schickte ihn 1536–39 zum Studium nach Wittenberg. Leiter der Domschule in Åbo, 1548 Koadjutor Skyttes, 1550 Bischof von Åbo (1554–57; 1554 geweiht). A. verfasste in finnischer Sprache u. a. Fibel mit Katechismus (1543), Gebetbuch (1544), Übersetzung des Neuen Testaments (1548), von Teilen des Alten Testaments (1551/52), Katechismus und Messordnung (1549).

■ Werke: M. Agricolan teokseet (Die Werke M.A.s), 3 Bde. Helsinki 1931, ²1987.

■ Literatur: DHGE 17, 217–231; TRE 11, 185–192. – J. GUMMERUS: M.A., der Reformator Finnlands. Helsinki 1941; DERSELBE: M.A. rukouskirja ja sen lähteet (Das Gebetbuch M.A.s und seine Quellen), 3 Bde. ebd. 1941–1955; K. ANTELL: M.A. släkt: Historisk Tidskrift för Finland 39 (1954) 7–15; G. JOHANNESSON: Die Kirchenreformation in den nordischen Ländern. Göteborg 1960, 48–83; G. SCHWAIGER: Die Reformation in den nordischen Ländern. München 1962; DERSELBE: Bischofsweihen und Apostolische Sukzession der schwedischen Kirche im 16.Jh.: Würzburger Diözesangeschichtsblätter 35/36 (1974) 367–380; P.G. LINDHARDT: Skandinavische Kirchengeschichte seit dem 16.Jh. Göttingen 1982. *Georg Schwaiger*

Agricola (K[C]astenbauer, auch Boius), *Stephan* der Ältere, evangelischer Theologe, * um 1491 Abensberg, † 10./11.4.1547 Eisleben; Studium in Wien und Italien; um 1515 seelsorglich in Wien tätig, 1519 Doktor der Theologie; Augustinereremit (Wien, Regensburg, Prior in Rattenberg am Inn); 1522 Gefangennahme auf Veranlassung Kardinal Matthäus ∕Langs und Flucht. 1525 lutherischer Prediger in Augsburg; dezidierter Gegner der Abendmahlslehre Huldrych Zwinglis. Weitere Pfarrstellen: um 1531 Hof, 1543 Sulzbach, 1545 Eisleben. Mitunterzeichner der Marburger (1529) und ∕Schmalkaldischen (1537) Artikel. Übersetzte 1525 Johannes ∕Bugenhagens „Contra novum errorem de sacramento" und 1526 das „Syngramma suevicum" ins Deutsche. Sein oft mit ihm verwechselter Sohn Stephan A. der Jüngere (um 1526–62) übertraf ihn an literarischer Produktivität.

■ Literatur: NDB 1, 104f.; RGG³ 1, 188f.; BBKL 1, 62; ARCEG 1; VD 16 4, 72; KÖHLER BF 1/1, 28f.; DTLIT II A 1, 759–763 764–775. – M. SIMON: Zur Lebensgeschichte des S.A. und zur Person des A. Boius: ZBKG 30 (1961) 168–174; J. PFLUG: Correspondance, hg. v. J.V. POLLET, Bd. 5/2. Leiden 1982; M. BRECHT–H. EHMER: Südwestdeutsche Reformationsgeschichte. Stuttgart 1984; M. BRECHT: Martin Luther, Bd. 2–3. ebd. 1986–87. *Heribert Smolinsky*

■ Nachtrag: B. MOELLER: Sterbekunst in der Reformation. Der ‚köstliche, gute, notwendige Sermon vom Sterben' des Augustiner-Eremiten Stefan Kastenbauer: Vita religiosa im Mittelalter. FS K. Elm. Berlin 1999, 739–765; M. LOMMER: Der altbayerische Frühlutheraner Dr. S. Kastenbauer: ZBKG 69 (2000) 227–230.

Alba, *Fernando Álvarez de Toledo,* dritter Herzog von A., spanischer Staatsmann und General, * 29.10.1507 Piedrahita (Ávila), † 11.12.1582 Tomar bei Lissabon; der militärische Aufstieg des aus altem spanischen Adelsgeschlecht stammenden A. begann während des Feldzugs gegen die Türken (1530–33). 1536 wurde er erster militärischer Berater ∕Karls V. Im ∕Schmalkaldischen Krieg bewies er seine Feldherrnkunst (Schlacht bei Mühlberg, 1547). Als Vizekönig von Neapel (1556) wurde A. in den Krieg gegen Papst ∕Paul IV., der 1577 mit einem für Spanien günstigen Friedensvertrag ein Ende fand, hineingezogen. ∕Philipp II. schickte ihn 1567 in die Niederlande, um dort den Aufstand gegen Spanien zu unterdrücken. Sein hartes Vorgehen gegen die Aufständischen, wozu er den „Rat der Unruhen", auch „Blutrat" genannt, einsetzte, wie auch die von ihm eingeführten Steuern machten ihn in den Niederlanden zum Inbegriff der verhassten spanischen Fremdherrschaft. 1573 nach Spanien zurückgekehrt, war er v. a. im Staatsrat tätig, bis er 1579 bei Philipp in Ungnade fiel und verbannt wurde. Ein Jahr später rehabilitiert, leitete er die Eroberung Portugals, dessen Regent er bis Juli 1581 blieb.

■ Literatur: W. KIRCHNER: A., Spaniens eiserner Herzog. Göttingen 1963; M. DIERICKX: Nieuwe gegevens over het bestuur van de hertog van A. in de Nederlanden: Tijdschrift voor geschiedenis 77 (1964) 167–192; G. JANSSENS: Het oordeel van tijdgenoten en historici over A.'s bestuur in de Nederlanden: Revue belge de philologie et d'histoire 54 (1976) 474–488; G. PARKER: The Dutch Revolt. London 1977; F.H.M. GRAPPERHAUS: A. en de tiende penning. Zutphen 1982; W.S. MALTBY: A. A biography of Fernando Álvarez de Toledo. Third Duke of A. Berkeley u.a. 1983. *Peter J.A. Nissen*

Alber, *Matthäus,* Reformator Reutlingens, * 4.12.1495 Reutlingen, † 1.12.1570 Blaubeuren; 1521 Pfarrer in Reutlingen, führte er 1524 zusammen mit der Bürgerschaft die Reformation ein und verteidigte diese 1525 vor dem Reichsregiment in Esslingen. Obwohl Huldrych Zwingli ihn für seine Abendmahlslehre gewinnen wollte, hielt A. an der lutherischen Auffassung fest. Nach Vertreibung infolge der Annahme des ∕Augsburger Interims durch Reutlingen ernannte ihn der württembergische Herzog 1549 zum Stiftsprediger in Stuttgart und zum Generalsuperintendenten. Neben Johannes ∕Brenz wurde A. zu einem der einflussreichsten Männer der württembergischen Kirche. 1563 erster evangelischer Abt des Klosters Blaubeuren.

■ Literatur: TRE 2, 170–177; DTLIT II A 1, 983–993. – H. STRÖLE: M.A.: Schwäbische Lebensbilder 4 (1950) 26–59. *Michael Becht*
■ Nachtrag: RGG⁴ 1, 266f.

Albrecht V. von Bayern (regierender Herzog 1550–79), Gründer des frühneuzeitlichen bayerischen Konfessionsstaates, * 29.2.1528 München, † 24.10.1579 ebenda. Unter A. und seinem Kanzler Simon Thaddäus Eck wandelten sich die Bemühungen um die Erhaltung der katholischen Kirche von bisher defensiver Abwehr ins Positive (erneute Jesuitenberufung 1555; ∕Laienkelch 1556/64). Parallel zu den Verwaltungsreformen (Hofkammer 1550, Landesordnung 1553) wurde auch im kirchenpolitischen Bereich der Zugriff stets deutlicher, wobei nach der Ausschaltung einer evangelischen Adelsfronde 1563/1564 die Zeit um 1570 den Höhepunkt bildet (1569 Visitation, Glaubensmandat, Schulordnung; 1570 Geistlicher Rat); die Kelchkonzession wurde rückgängig gemacht. Bedeutende Erfolge der äußeren Konfessionspolitik waren die Rekatholisierung innerbayerischer Enklaven, die Vormundschaft im evangelischen Baden und v. a. die Wahl seines Sohnes ∕Ernst (1566 bzw. 1573) zum Bischof von Freising und Hildesheim, wodurch der spätere Erfolg in Köln (1583; Kölnischer Krieg) grundgelegt wurde. Da A. auch die Künste (Hofkapelle, Antiquarium, Bibliothek) besonders förderte, kann sein Regiment als Musterbeispiel für die Ausgestaltung eines Landes im konfessionellen Zeitalter gelten.

■ Literatur: NDB 1, 158ff. – M. MAYER: Quellen zur Behördengeschichte Bayerns. Bamberg 1890; A. KNÖPFLER: Die Kelchbewegung in Bayern unter Herzog A. V. München 1891; S. RIEZLER: Zur Würdigung Herzog

A.s V. von Bayern und seiner inneren Regierung: Abhandlungen der historischen Klasse der bayerischen Akademie der Wissenschaften 21 (1898) 65–132; W. GOETZ: Beiträge zur Geschichte Herzog A.s V. und des Landsberger Bundes 1556–98. München 1898; W. GOETZ – L. THEOBALD: Beiträge zur Geschichte Herzog A.s V. und der sogenannten Adelsverschwörung von 1563. Leipzig 1913; R. BAUERREISS: Kirchengeschichte Bayerns, Bd. 6. Augsburg 1965; M. LANZINNER: Fürst, Räte und Landstände. Die Entstehung der Zentralbehörden in Bayern 1511–98. Göttingen 1980; S. WEINFURTER: Herzog, Adel und Reformation. Bayern im Übergang vom Mittelalter zur Neuzeit: ZHF 10 (1983) 1–39; Handbuch der bayerischen Geschichte, hg. v. A. KRAUS, Bd. 2. München ²1988, 373–392; Handbuch der Bayerischen Kirchengeschichte, hg. v. W. BRANDMÜLLER U.A., Bd. 2. Augsburg 1993. *Walter Ziegler*

Albrecht von Brandenburg, Bischof von Halberstadt und Erzbischof von Magdeburg (beides 1513), Erzbischof und Kurfürst von Mainz (1514), Kardinal (1518), * 28.6.1490 Cölln (Berlin), † 24.9.1545 Mainz; Sohn Kurfürst Johanns (1486–99), betrieb gemeinsam mit seinem Bruder, Kurfürst ∕Joachim I., die Gründung (1506) der Universität Frankfurt (Oder); humanistisch gebildet und zeitlebens entschiedener Förderer des ∕Humanismus. Erlangte sehr jung hohe kirchliche Positionen im Zuge der expansiven Territorialpolitik seines Bruders. Um die durch seine Erhebung zum Erzbischof von Mainz bedingten Palliengelder (extrem belastend wegen mehrfacher Vakanzen und Neubesetzungen des Mainzer Stuhls) aufzutreiben, einigte er sich mit dem Papst, dass ein ∕Ablass ausgeschrieben und dessen finanzieller Ertrag zur Hälfte dem Mainzer Erzstuhl zur Bestreitung der Palliengelder zufließen solle. Er ließ den Ablass in seinen Sprengeln und in Kurbrandenburg verkünden und trug dadurch mittelbar zum Ausbruch der Reformation bei. Im Unterschied zu seinem Bruder Joachim I. verhielt er sich der Reformation gegenüber konziliant, vertrat allerdings kirchen- und reichspolitisch die Sache der alten Kirche (Teilnahme am ∕Dessauer Bündnis). Im Reich trat er zunächst für die Idee eines friedlichen Ausgleichs zwischen den sich formierenden Religionsparteien ein. Unter diesen Voraussetzungen breitete sich die neue Lehre in Teilen seiner mitteldeutschen Territorien aus (Erfurt, Magdeburg). Erst als in seiner Lieblingsresidenz Halle (Saale) die Reformation zum Durchbruch kam (1541, Calber Vertrag), entwickelte er sich zu einem scharfen Gegner der Neuerung. Er siedelte – mit den Reliquien des von ihm gegründeten Neuen Stifts – nach Mainz um. Dort bemühte er sich – darin persönlich bestärkt durch Petrus ∕Faber SJ – nunmehr entschieden um die Erhaltung bzw. Wiederherstellung der alten Kirche. – A. gehörte zu den größten Mäzenen des Humanismus und auch der Renaissancekunst unter den deutschen Fürsten. Von Anfang an zog er namhafte Literaten in seine engere Umgebung. Geistig stand er ∕Erasmus von Rotterdam nahe (und wurde von diesem durch Widmung seiner „Ratio verae theologiae" [1518] geehrt), setzte sich für Johannes ∕Reuchlin ein und hatte engeren Kontakt mit Männern wie Ulrich von ∕Hutten und Wolfgang ∕Capito, die sich zu Vorkämpfern der Reformation entwickelten. Zuletzt sammelten sich um ihn in Mainz humanistische Verteidiger der alten Kirche wie Johannes ∕Cochlaeus, Michael ∕Helding, Georg ∕Witzel, Friedrich ∕Nausea. Während in seinen mitteldeutschen Diözesen weithin die Reformation durchgeführt wurde, erwiesen sich seine Bemühungen um

Erhaltung der alten Kirche in den Mainzer Kurlanden auf größere Strecken hin erfolgreich, insofern er sie in einem Zustand hinterließ, der es seinen Nachfolgern ermöglichte, in den Kämpfen des 16. und 17. Jh. einen beachtlichen Restbestand zu restabilisieren.

■ Literatur: NDB 1, 166f.; TRE 2, 184f.; TRZRK 2, 68–86; 4, 60–97. – F. SCHRADER: Kardinal A. von ... im Spannungsfeld zwischen alter und neuer Kirche: Von Konstanz nach Trient. FS A. Franzen. Paderborn u.a. 1972; W. DELIUS: Die Reformationsgeschichte der Stadt Halle. Berlin 1953; Martin Luther und die Reformation. Ausstellungskatalog des Germanischen Nationalmuseums. Frankfurt (Main) 1983, 78 132f. 142; F. JÜRGENSMEIER: Das Bistum Mainz. ebd. 1988, 174 191; H. RABE: Deutsche Geschichte 1500–1600. München 1991, 212f.

Ernst Walter Zeeden

■ Nachtrag: H. REBER: A. von Brandenburg. Mainz 1990; F. JÜRGENSMEIER (Hg.): Erzbischof A. von Brandenburg. Frankfurt (Main) 1991.

Albrecht von Brandenburg-Ansbach

der Ältere, Hochmeister des Deutschen Ordens (1511–25), Herzog in Preußen (seit 1525), * 17.5.1490 Ansbach, † 20.3.1568 Tapiau. A. näherte sich unter dem Eindruck von Andreas ∕Osianders Predigten in Nürnberg (1522) der Bewegung Martin Luthers. Seit A.s heimlichen Besuch bei Luther (1523) ließ mit seiner Zustimmung Georg von ∕Polentz, Bischof von Samland, lutherische Prediger in Königsberg wirken. 1525 nahm A. das Ordensland von König Sigismund von Polen als weltliches Fürstentum zu Lehen. Religiöse Motive und Faktoren verstärkten somit die Lehnsnahme als politische Entscheidung. A. führte von da ab selbst die Reformation unter Wahrung der bischöflichen Verfassung im Herzogtum ein und unterstützte die Lutheraner in Polen-Litauen, Livland und im königlich-polnischen Teil Preußens. 1544 gründete er die Universität Königsberg. Selbst verfasste Gebete zeugen von echter Frömmigkeit. Eigenständige theologische Kenntnisse und Einsichten zeigte A. im Streit um die Rechtfertigungslehre Osianders in Königsberg, auf dessen Seite er trat. Die aus religiösen und politischen Gründen opponierenden Stände erzwangen allerdings in für A. demütigender Weise 1566–67 die endgültige Verurteilung der osiandrischen Lehrsätze und Parteigänger. A. war verheiratet mit Dorothea von Dänemark (1526–47) und Anna von Braunschweig-Calenberg (1550).

■ Literatur: J.R. FLIGGE: Herzog A. von Preußen und der Osiandrismus 1522–68. Dissertation. Bonn 1972; U. ARNOLD: Luther und die Reformation im Preußenland: U. HUTTER (Hg.): Martin Luther und die Reformation in Ostdeutschland und Südosteuropa. Sigmaringen 1991, 27–44.

Ernst Manfred Wermter

■ Nachtrag: K. KRESSEL: A. Markgraf zu Brandenburg-Ansbach, Herzog in Preußen: Lutherische Kirche in der Welt 39 (1992) 83–102.

Aleander, Hieronymus,

Humanist und päpstlicher Diplomat, * 13.2.1480 Motta (Friaul), † 1.2.1542 Rom. Nach Tätigkeiten in Padua und Venedig (1501–08) wirkte er 1508–13 in Paris und Orléans und bis 1516 in Lüttich. Nach Rom übersiedelt, begann eine steile Karriere: 1519 päpstlicher Bibliothekar, 1520 Nuntius bei ∕Karl V. und mit der Verbreitung der Bannandrohungsbulle ∕*Exsurge Domine* gegen Martin Luther beauftragt; Verfasser des Wormser Edikts (∕Reformation). 1524 Erzbischof von Brindisi und Nuntius in Frankreich (bis 1525), 1531–32 wieder Gesandter in Deutschland, 1533–35 Nuntius in Venedig, 1536 Kardinal in pectore (1538 publiziert) und Legat zu dem nach Vicenza einberufenen Konzil, kehrte er nochmals 1538-39 nach Mitteleuropa zurück. Als Deutschlandexperte schuf er die Instruktion für Gasparo ∕Contarini zum Reichstag von 1541. Ein Diplomat von hoher Wirksamkeit, wurde er auch wichtig als Sammler zeitgeschichtlicher Dokumente.

■ Quellen: NBD I, 3-4 (betreffend 1538/39), Ergänzungs-Bd. 1. und 2. Tübingen 1963-1969; kritische Edition der Berichte von 1520/21 fehlt.
■ Literatur: TRE 2, 227-231. - F. GAETA: Un nunzio pontificio a Venezia nel Cinquecento. Venedig-Rom 1960. *Gerhard Müller*
■ Nachtrag: RGG⁴ 1, 278f.

Allen, *William* (Guilelmus Alanus; Allyn), englischer Kardinal, * 1532 Rossal (Lancashire), † 16.10.1594 Rom. Ab 1547 Studium in Oxford, 1554 Magister artium, 1556 Principal in St. Mary's Hall, 1556/57 Proktor der Universität, 1558 Kanoniker in York. 1561 wegen Rekatholisierungsbemühungen in Lancashire nach Flandern vertrieben. In Mecheln zum Priester geweiht, gründete er 1568 ein englisches College an der Universität ∕Douai zur Ausbildung katholischer Englandmissionare und zur Verbreitung von Publikationen, die den Katholizismus in England verteidigen sollten. 1579 beteiligte sich A. an der Gründung von Colleges in Rom und 1589 in Valladolid. 1580 organisierte er die erste Jesuitenmission in England. 1585 übersiedelte er nach Rom und beteiligte sich an politischen Bemühungen zur Rekatholisierung Englands mit Unterstützung Philipps II. 1587 Kardinal, 1589 von Philipp II. zum Erzbischof von Mecheln ernannt, jedoch vom Papst nicht bestätigt. 1591 Präfekt der Vatikanischen Bibliothek; an der Douai-Übersetzung der Bibel und an der Vulgatarevision beteiligt.

■ Werke: Certain Brief Reasons Concerning Catholic Faith (1564); A Defense and Declaration of the Catholike Churchies Doctrine touching Purgatory (1565); A Treatise made in Defense of the Lawful Power of Priesthood to Remit Sins (1567); Tractatus de sacramentis (1576); An Apology for the English Colleges at Reims and Rome (1581); Apologia (1583); A True and Modest Defense of the English Catholics (1584).
■ Literatur: A literary and biographical history or bibliographical dictionary of the English catholics from the breach with Rome in 1534 to the present time, ed. v. J. GILLOW, Bd. 1. Nachdruck New York 1968, 14-24; DNB 1,314-322; Dictionary of Catholic Biography, ed. v. J.J. DELANAY-J.E. TOBIN. London 1962, 38f. - B. CAMM: Cardinal W.A. New York 1909; PH. HUGHES: The Reformation in England, Bd. 3. London 1954, 281-396; G. MATTINGLY: W.A. and the Catholic Propaganda in England: G. BERTHOUS u.a. (Hg.): Aspects de la propagande religieuse. Genf 1957, 325-339; P. GUILDAY: The English Catholic Refugies on the Continent 1558-1795, Bd. 1. New York 1974; A. MOREY: The Catholic Subjects of Elizabeth I. London 1978; A. PRITCHARD: Catholic Loyalism in Elizabethan England. ebd. 1979; P. HOLMES: Resistance and Compromise. Cambridge 1982. *Reinhold Rieger*

Altenburger Religionsgespräch, zwischen Theologen Kursachsens (Paul ∕Eber, Heinrich Salmuth, Caspar ∕Cruciger u.a.) und des herzoglichen Sachsen (Johann ∕Wigand u.a.) vom 21.10.1568 bis 9.3.1569 in Altenburg nach schwieriger Vorphase zustande gekommene Verhandlungen zur Wiederherstellung der Einheit über Positionen der Philippisten und der ∕Gnesiolutheraner (Rechtfertigung und gute Werke). Das Gespräch, bei dem Herzog Johann Wilhelm zeitweise anwesend war, verlief ergebnislos und verschärfte die Gegensätze.

■ Literatur: H. HEPPE: Geschichte des deutschen Protestantismus in den Jahren 1555-81, Bd. 2. Marburg 1853, 206-227; M. HOLLERBACH: Das Religionsgespräch als Mittel der konfessionellen und politischen Auseinandersetzung im Deutschland des 16.Jh. Frankfurt (Main) 1982, 236-242; E.

KOCH: Der kursächsische Philippismus und seine Krise in den 1560er und 1570er Jahren: Die reformierte Konfessionalisierung in Deutschland – Das Problem der ‚Zweiten Reformation', hg. v. H. SCHILLING. Gütersloh 1986, 64f.; H. JUNGHANS (Hg.): Das Jahrhundert der Reformation in Sachsen. Berlin 1989; E. KOCH: Auseinandersetzungen um die Autorität von Philipp Melanchthon und Martin Luther in Kursachsen im Vorfeld der Konkordienformel von 1577: Luther-Jahrbuch 59 (1992) 129f. *Heribert Smolinsky*

Altham(m)er (auch Palaeosphyra), *Andreas*, protestantischer Theologe, * vor 1500 Brenz (Württemberg), † um 1539 in der Neumark oder Ansbach; 1516–20 Studien in Leipzig und Tübingen; Schulhelfer in Halle (Saale) und Ulm; 1524 Kaplan in Schwäbisch Gmünd. Als Anhänger der Reformation 1525 vertrieben, Studium in Wittenberg. 1527 Pfarrer in Eltersdorf ber Erlangen, 1528 Diakon in Nürnberg (St. Sebald), 1528 Pfarrer in Ansbach. An der Visitation in der Markgrafschaft Brandenburg-Ansbach/Kulmbach (1528–29) und der wirkungsgeschichtlich bedeutenden Brandenburgisch-Nürnbergischen ∕ Kirchenordnung (1533) beteiligt. 1537 Reformator in der Neumark; Verfasser eines *Catechismus* (Nürnberg 1528; zusammen mit Johann Rurer), der als Erster diesen Titel für ein Unterrichtsbuch im Glauben gebrauchte; theologische sowie historisch-humanistische Schriften.

▪ Literatur: NDB 1, 219; RGG³ 1, 293; BBKL 1, 129f.; VD 16 1, 287–291; KÖHLER BF 1/1, 40ff.; DTLIT II A 2, 319–344. – TH. KOLDE: A.A. Erlangen 1895, Nachdruck Nieuwkoop 1967; H. EHMER: A.A. und die gescheiterte Reformation in Schwäbisch Gmünd: Blätter für württembergische Kirchengeschichte 78 (1978) 46–72; G. MÜLLER: Die Reformation im Fürstentum Brandenburg-Ansbach/Kulmbach: ZBKG 48 (1979) 1–18; Andreas-Osiander-Gesamtausgabe, hg. v. G. MÜLLER – G. SEEBASS Bd. 2–5. Gütersloh 1977–1983. *Heribert Smolinsky*

Alveldt, *Augustin von*, Franziskaner, Kontroverstheologe, * eventuell Alfeld bei Hildesheim, † um 1535; seit 1520 als Mitglied der sächsischen Franziskanerprovinz (Observanten) und Lektor im Leipziger Generalstudium belegt; 1522 Leiter einer Disputation in Weimar über das Ordensleben; 1524 Guardian in Halle, Kontakte mit der Fürstin Margarete von Anhalt; 1529–32 Provinzial seiner Provinz. Ab 1520 Gegner Martin Luthers, gegen den er zahlreiche Schriften verfasste, gefördert von Herzog ∕Georg von Sachsen. 1528 gab A. die zweite Auflage der Übersetzung des Neuen Testaments von Hieronymus ∕Emser und des Herzogs Schrift „Widder Luthers trostunng ann die Christen zu Hall" heraus.

▪ Werke (ungedruckt): Erklärung der Klarissenregel für das Klarissenkloster in Eger (lateinisch 1534, deutsch 1535); Erklärung der Franziskanerregel (Codex Guelf. 1905 Helmst. der Herzog-August-Bibliothek in Wolfenbüttel); Loci communes (Stadtbibliothek Dessau, Georg HS 113.40).

▪ Literatur: RGG³ 1, 301; BBKL 1, 135f.; VD 16 1, 300–303; KLAIBER n. 69–83; KÖHLER BF 1/1, 42–51; KTHR 1², 47–55; DTLIT II A 2, 379–390. – H. SMOLINSKY: A. von A. und Hieronymus Emser. Münster 1983; E. KOCH: Handschriftliche Überlieferungen aus der Reformationszeit in der Stadtbibliothek Dessau: ARG 78 (1987) 321–345; K. HAMMANN: Ecclesia spiritualis. Luthers Kirchenverständnis in den Kontroversen mit A. von A. und Ambrosius Catharinus. Göttingen 1989; D.V.N. BAGCHI: Luther's Earliest Opponents. Catholic Controversialists, 1518–1525. Minneapolis 1991. *Heribert Smolinsky*

Ambrosius Catharinus Politus (Lancellotto de' Politi), Dominikaner, Kontroverstheologe, * 1484 Siena, † 8.(?)11.1553 Neapel; lehrte bürgerliches Recht in Siena, 1514 an der Sapienza in Rom; 1515 päpstlicher Konsistorialadvokat, durch die Lektüre Girolamo Savonarolas zur „Lehre Christi" geführt, 5.4.1517 Dominikaner in S. Marco in Florenz. 1520 *Apologia* (CCath 27) gegen Martin Luther; 1521 *Excusatio disputationis contra Martinum*. 1527–32 in Siena, 1530 wegen Feier des Festes der Unbefleckten Empfängnis Marias als Prior abgesetzt, Predigtverbot, verfasste 1532 gegen die Ordenstheologie (Thomas ⁄ Cajetan de Vio) die *Disputatio pro veritate Immaculatae Conceptionis Beatae Virginis Mariae*. 1532–37, 1540–43 in Frankreich (Lyon, Paris, Toulouse); 1535 *Annotationes* gegen Cajetan, ⁄ Erasmus von Rotterdam und Luther (Verabsolutierung von Hieronymus und Literalsinn). 1538/39, 1543–45 in Rom, Anschluss an die Reformpartei Gasparo ⁄ Contarinis, im Kreis um Vittoria Colonna Auslegung der Paulus-Briefe, Kritik an Missständen in Klerus und Theologie, Schriften gegen Bernardino ⁄ Ochino u. a. 1545–1548 auf dem Konzil von Trient, Kontroverse mit Bartolomé ⁄ Carranza (gegen Ius divinum der bischöflichen Residenzpflicht) und Domingo de ⁄ Soto (Heilsgewissheit). Schriften zur Rechtfertigungs- und Sakramentenlehre gegen Savonarola und gegen Niccolò Machiavelli; Schriftkommentar (Gen 1–5, neutestamentliche Briefe). Trotz des Vorwurfs von Lehrirrtümern 1546 Bischof von Minori, 1552 Erzbischof von Conza.

▪ Literatur: Marien-Lexikon, hg. v. L. SCHEFFCZYK – R. BÄUMER, Bd. 1. St. Ottilien 1988, 125; DSp 12, 1844–58; KThR 2², 104–114. – J. SCHWEIZER: A. Catharinus Politus. Münster 1910; V. CRISCUOLO: Ambrogio Catarino Politi. Rom 1985; U. HORST: Zwischen Konziliarismus und Reformation. Rom 1985, 162–168; Lehrverurteilungen – kirchentrennend?, Bd. 3, hg. v. W. PANNENBERG. Freiburg 1990, 171 176. *Vinzenz Pfnür*

▪ Nachtrag: L. FALDI: Una conversione savonaroliana: Ambrogio Catarino Politi: Vivens homo 5 (1994) 553–574; G. BEDOUELLE: L'introduction à l'Ecriture sainte du dominicain Ambrosio Catharino Politi (1543): Protestantesimo 54 (1999) 273–284.

Amerbach, *Bonifatius,* jüngster Sohn von Johann A., Humanist und Rechtsgelehrter, * 11.10.1495 Basel, † 24./25.4.1562 ebenda; studierte in Basel (1512 Magister artium), Freiburg (bei Ulrich ⁄ Zasius) und Avignon (bei Andra Alciati); 1525 Doctor iuris utriusque; 1530 Professor der Rechte in Basel. Versuchte die humanistische Rechtsauffassung seiner Lehrer (Mos gallicus) mit der traditionellen (Mos italicus) zu vermitteln. Nach dem Übergang Basels zur Reformation (1529) wahrte er in der Eucharistiefrage einen eigenen Standpunkt. Freund und Nachlassverwalter des ⁄ Erasmus von Rotterdam.

▪ Literatur: Lexikon des gesamten Buchwesens, Bd. 1. Stuttgart ²1987, 76; CERAS 1, 42–47. – A. HARTMANN – B.R. JENNY (Hg.): Die A.-Korrespondenz. Basel 1942ff.
Peter Walter

Amerbach (Amerpachius; eigentlich Trolmann), *Veit,* Gelehrter und Humanist, * 1503 Wemding (bei Amerbach, Bayerisch-Schwaben), † 13.9.1557 Ingolstadt; 1517 Studium in Ingolstadt, 1521 Freiburg, 1522 Wittenberg; 1526 Lehrer in Eisleben (auf Empfehlung Martin Luthers); 1530 Professor der Artistenfakultät in Wittenberg. Sympathisant der Reformation bis um 1540; Ende der dreißiger Jahre literarischer Streit mit Philipp Melanchthon; November 1543 Professor an der Artistenfakultät in Ingolstadt. Zahlreiche Klassikerkommentare und philosophische Werke.

▪ Literatur: RGG³ 1, 310; NDB 1, 248f.; BBKL 1, 144f.; VD 16 1, 321–324. – L. FISCHER: Veit Trolmann von Wemding genannt Vitus Amerpachius als Professor in Wittenberg 1530–43. Freiburg 1926; Melanchthons Briefwechsel, bearbeitet von H. SCHEIBLE,

Bd. 1 und 3. Stuttgart 1977–79, nn. 629 2949; J. PFLUG: Correspondance, hg. v. J.V. POLLET, Bd. 5/1. Leiden 1982.
Heribert Smolinsky
▪ Nachtrag: G. FRANK: V.A.: Melanchthon in seinen Schülern. Wiesbaden 1997, 103–128.

Amman (Ammon), *Kaspar,* Augustinereremit, Humanist, Hebraist, * um 1450 Hasselt bei Lüttich, † 1524 Lauingen; Studium in Italien, 1484 Lektor, 1485–1524 mit Unterbrechungen Prior in Lauingen, 1497–1500 Studium in Freiburg mit Promotion zum Doctor theologiae; 1500–03 und 1513–18 Provinzial; 1505–10 Erlernen der hebräischen Sprache bei Johannes Böschenstein in Ingolstadt. Sympathisierte mit Martin Luther und predigte gegen die Bannandrohungsbulle ∕ *Exsurge Domine* und das Wormser Edikt. Wurde verhaftet, aber nach einem halben Jahr wieder freigelassen. Blieb der Kirche und seinem Orden wahrscheinlich treu. Stand mit den Humanisten seiner Zeit in Verbindung. Suchte die Heilige Schrift vom Hebräischen her durch Rückübersetzung zu interpretieren.
▪ Hauptwerk: Grammatica Hebrea latine conscripta (Autograph), Bern, Burger-Bibliothek Ms 198, Folium 295.
▪ Literatur: BDG 1, n. 18; NDB 1, 250f. – A. ZUMKELLER: Manuskripte von Werken der Autoren des Augustinereremitenordens in mitteleuropäischen Bibliotheken. Würzburg 1966, 101, n. 207f.; 575, n. 206a; A. KUNZELMANN: Geschichte der deutschen Augustinereremiten, Bd. 2: Die rheinisch-schwäbische Provinz bis zum Ende des Mittelalters. ebd. 1970, 37 156f. 16of.; E. GINDELE: Bibliographie zur Geschichte und Theologie des Augustinereremitenordens bis zum Beginn der Reformation. Berlin–New York 1977, 182f. *Willigis Eckermann*

Amsdorf, *Nikolaus von,* lutherischer Theologe, * 3.12.1483 Torgau, † 14.5. 1565 Eisenach. 1500 Studium in Leipzig, 1502 in Wittenberg; seit 1516 im Gefolge Martin Luthers; 1524–39 wirkte er in Magdeburg, Goslar, Einbeck und Meißen für die Reformation. 1542 von Luther zum ersten evangelischen Bischof von Naumburg ordiniert. Mitgründer der Universität Jena und Mitherausgeber der Jenaer Luther-Ausgabe. A. gehörte zu den engsten Mitarbeitern Luthers und kämpfte kompromisslos für die Reinerhaltung von dessen Lehre gegen das ∕ Augsburger Interim, gegen Andreas ∕ Osiander und im Streit mit Georg ∕ Major.
▪ Literatur: TRE 2, 487–497. – R. KOLB: N. von A. Nieuwkoop 1978. *Michael Becht*
▪ Nachtrag: RGG⁴ 1, 421. – R. KOLB: Kollege und Schüler. N. von A.: Lutherische Theologie und Kirche 22 (1998) 137–150.

Amt. Deutung und Gestaltung des kirchlichen A. durch die Reformatoren entwickelten sich situationsbedingt. – Der so genannte Ablassstreit veranlasste Martin Luther, die Theorie der Vollmacht als „potestas iurisdictionis" in Frage zu stellen: Jesus hat weder die „Schlüssel" (Mt 16, 18f.) Petrus allein (WA 1, 653) noch die Binde-Löse-Gewalt (Mt 18,18) nur den Aposteln verliehen; „alle Christen" sind dazu bevollmächtigt (WA 12, 184). Das „allgemeine Priestertum" ist ausschlaggebend (WA 12, 317; 15, 720), deshalb soll die Taufe das Weihesakrament ersetzen (vgl. WA 6, 560–567) und die Verwaltung der ∕ Sakramente allen gestattet werden (WA 6, 566). Dennoch darf der Einzelne ohne Einwilligung der Gemeinde oder die Berufung durch einen Vorgesetzten von dieser Potestas nicht Gebrauch machen (ebd.; ∕ Ordination). Das A. ist wesentlich „Dienst am Wort (ministerium Verbi)" und umfasst Predigt und Sakramentenspendung (vgl. CA 5, 1). – Im Streit mit den ∕ Täufern setzte Luther andere Akzente: die Wahl durch die Gemeinde oder die Berufung durch die weltliche Obrigkeit sind Bedingung zur öffentlichen Ausübung des Dienstes am Wort (WA 8, 495; 17/1, 360-367); es besteht doch ein „Unterschied des Predigers und Laien" (WA 30/3, 525); das A. geht auf eine Stiftung Christi zurück (WA 28, 470; 50, 633). - Nach CA 5, 1-2 hat Gott selbst das Predigtamt „eingesetzt". Philipp Melanchthon präzisiert, Gott sei im A. „anwesend" (ApolCA 13, 12). Es kommt nur auf das wirkliche Hörbar-Werden des Wortes in der „Funktion" an. Geschieht dies, so repräsentiert der Amtsträger die Person Christi (ebd. 7, 28) und handelt an dessen Stelle (ebd. 47). - Martin ↗Bucer und Jean Calvin legten auf Strukturierung des A. Wert. Calvin legitimiert mit Röm 12,6ff., 1 Kor 12,7f. und Eph 4,11 die Einteilung in vier „ministeria": Hirten, Lehrer, Älteste und Diakone (Inst IV 3, 1 und 8f.). Die Ältesten sind für Kirchenzucht, die Diakone für Sozialarbeit verantwortlich. Für Calvin ist das A. Werkzeug der Herrschaft Christi, der seine Kirche durch Menschen gründen, sammeln, leiten und in der reinen Lehre des Evangeliums bewahren will (ebd. 1, 4f.; vgl. Confessio Helvetica posterior 18). Calvin vertritt die Sakramentalität der Ordination durch Handauflegung im Sinn von 1 Tim 4,14 und 2 Tim 1,6, unter Vorbehalt urkirchlicher Reinheit (Inst IV 19,28 und 31). A.-Charisma und „geistiges Merkmal" werden den Ordinierten („consecrati") durch den Heiligen Geist zuteil (ebd.). Calvin billigt unter ähnlichem Vorbehalt den besonderen Vorrang der Ortsgemeinde und des Bischofs von Rom: echter Petrusdienst fördert die Einheit (vgl. CR 35,611; 75,453; Inst IV 7,5 und 8f.). Die Christusgerechtheit des A. steht und fällt mit den Prinzipien der Gemeindewahl (Inst IV 3,10 und 15; Confessio Gallicana 27), der Kollegialität (CR 79,196-200) und der Entsprechung zu der Kirche (Inst IV 4,1) und den Konzilien (ebd. 9,8) der ersten vier Jahrhunderte.

Literatur: TRE 2, 522-574. - G. DIX: The Ministry in the Early Church. London 1946; P. FRAENKEL: Testimonia Patrum. The Function of the Patristic Argument in the Theology of Philipp Melanchthon. Genf 1961; J. AARTS: Die Lehre Martin Luthers über das A. in der Kirche. Helsiniki 1972; A. GANOCZY: Ecclesia ministrans. Dienende Kirche und kirchlicher Dienst bei Calvin. Freiburg 1968; W. STEIN: Das kirchliche A. bei Luther. Wiesbaden 1974. *Alexandre Ganoczy*
Nachtrag: M. HAUSER: Prophet und Bischof. Huldrych Zwinglis Amtsverständnis im Rahmen der Zürcher Reformation. Fribourg 1994; W. VAN'T SPIJKER: The ecclesiastical offices in the thought of Martin Bucer. Leiden 1996; H. GOERTZ: Allgemeines Priestertum und ordiniertes A. bei Luther. Marburg 1997; B. PETER: Der Streit um das kirchliche A. Die theologischen Positionen der Gegner Martin Luthers. Mainz 1997.

Andersson, *Lars* (Laurentius Andreae), schwedisch-lutherischer Reformator und Kirchenpolitiker, * um 1470 Strängnäs, † 14.4.1552 ebenda. Der begabte und ehrgeizige A. wurde nach Studien in Schweden und Deutschland Domherr in Strängnäs, war dreimal in Rom, 1520 Mitglied des Gerichts vor dem „Stockholmer Blutbad" König Christians II.; 1520 Archidiakon (und Leiter) des Bistums Strängnäs, Förderer der lutherischen Predigt des Olaus ↗Petri, 1524 Archidiakon des Erzbistums Uppsala, 1523-31 Sekretär (und Kanzler) Gustav ↗Vasas, den er für die Reformation gewann und in seiner Kirchenpolitik beriet. König Gustav Vasa, Petri und A. bestimmten seit dem Reichstag von Strängnäs 1523 die Geschichte der schwedischen Reformation. Unter seiner Leitung erfolgte (mit Petri) die schwedische Bibelübersetzung (1526 Neues Testament, dann Gesamtausgabe der Gustav-Vasa-Bibel). Zur Entscheidung der schwedischen Reformation (Reichstag von Västerås 1527) trug A. wesentlich bei. A. und Petri fielen in königliche Ungnade und wurden als Hochverräter 1540 zum Tod verurteilt, dann begnadigt. A. starb völlig verarmt.

■ Literatur: H. HOLMQUIST: Die schwedische Reformation 1523–31. Leipzig 1925; DERSELBE: Handbok i Svensk Kyrkohistoria, Bd. 2. Stockholm 1940; G. SCHWAIGER: Die Reformation in den nordischen Ländern. München 1962; B. GUSTAVSSON: Svensk Kyrkohistoria. Stockholm ²1963; S. KJÖLLERSTRÖM: Kräkla och mitra. Lund 1965; G. SCHWAIGER: Bischofsweihen und Apostolische Sukzession der schwedischen Kirche im 16.Jh.: Würzburger Diözesangeschichtsblätter 35/36 (1974) 367–380; P.G. LINDHARDT: Skandinavische Kirchengeschichte seit dem 16.Jh. Göttingen 1982; G. BEHRE–L.-O. LARSSON–E. ÖSTERBERG: Sveriges historia 1521–1809. Stockholm 1985.

Georg Schwaiger

Andreae, *Jakob,* lutherischer Theologe, * 25.3.1528 Waiblingen (Württemberg), † 7.1.1590 Tübingen. Seit 1541 Studium in Tübingen, 1546 Diakon in Stuttgart, 1548 wegen des ⁄ Augsburger Interims entlassen. 1552 Pfarrer und Spezialsuperintendent in Göppingen; 1553 Doctor theologiae (Tübingen), Ernennung zum Generalsuperintendenten, 1562 bis zu seinem Tod Stiftspropst, Kanzler und Professor in Tübingen. Seit 1555 wurde A. bei der Ordnung kirchlicher Verhältnisse und der Reformation außerwürttembergischer Territorien eingesetzt und nahm an zahlreichen Reichstagen und Religionsgesprächen teil. Die wichtigste Leistung A.s ist die von ihm seit 1568 betriebene Einigung der evangelischen Kirchen im Reich, die 1577 zur ⁄ Konkordienformel und 1580 zum Konkordienbuch führte. Der 1573 angeknüpfte Briefwechsel mit dem Patriarchen von Konstantinopel zum Zweck einer Verständigung blieb folgenlos, ein Versuch zur Kontaktaufnahme mit der äthiopischen Kirche misslang. Theologisch verstand sich A. als Schüler von Johannes ⁄ Brenz; er war v. a. kirchlicher Praktiker, der theologische Sachverhalte leicht fasslich darzustellen wusste. Sein literarisches Werk umfasst etwa 250 Titel, besonders Gelegenheitsschriften, wie Predigten, Disputationen und Streitschriften.

■ Literatur: TRE 2, 672–680. – H. GÜRSCHING: J.A. und seine Zeit: Blätter für württembergische Kirchengeschichte 54 (1954) 123–156; R. MÜLLER-STREISAND: Theologie und Kirchenpolitik bei J.A. bis zum Jahr 1568: ebd. 60/61 (1960/61) 224–395; H. EHMER (Hg.): Leben des J.A., … von ihm selbst … beschrieben … Stuttgart 1991.

Hermann Ehmer

■ Nachtrag: RGG⁴ 1, 470. – H. NEUMAIER: J.A. im Streit mit Cyriakus Spangenberg: Blätter für württembergische Kirchengeschichte 95 (1995) 49–88; W. KLÄN: Luther, Melanchthon und ihre Schüler: Lutherische Theologie und Kirche 21 (1997) 152–167.

Anglikanische Artikel. Um die lehrmäßigen Positionen bei den Reformbewegungen des 16. Jh. in der ⁄ Church of England zu klären und zu festigen, kam den kurz gefassten Lehr- und Bekenntnisaussagen in der Form von Artikeln eine maßgebliche Bedeutung zu. ⁄ Heinrich VIII. hatte bereits 1536 den Versuch unternommen, in zehn Artikeln unterschiedliche theologische Bestrebungen zusammenzuführen. Nach mehrjährigen Vorarbeiten durch Erzbischof Thomas ⁄ Cranmer, zu denen auch eine Konferenz mit Lutheranern gehörte, veröffentlichte ⁄ Eduard VI. im Mai 1553 die berühmten 42 Artikel als offizielle Lehrgrundlage. Sie erhoben nicht den Anspruch, eine vollständige Darlegung der Glaubenslehre zu sein, sondern wollten den besonderen Herausforderungen der Zeit entsprechen. Unverkennbar ist der Einfluss sowohl der ⁄Confessio Augustana als auch des Calvinismus. – Unter ⁄Elisabeth I. bildete zunächst das ⁄Book of Common Prayer die entscheidende Lehrgrundlage. Erzbischof Matthew ⁄Parker verfasste inzwischen kraft eigener Autorität elf Artikel und betrieb eine Revision der 42 Artikel. Letztere erhielten ihre endgültige Form und Gesetzeskraft 1571 als die 39 Anglikanischen Artikel. Zustimmung zu den 39 Artikeln wurde bis 1571 nur von den Mitgliedern der Synode, dann von allen Klerikern verlangt.

▪ Literatur: E.J. BICKNELL – H.J. CARPENTER: A theological Introduction to the Thirty-Nine Articles of the Church of England. London – New York ¹1919, ³1955 u.ö.; J.E. NEALE: English Historical Review 67 (1952) 510–521.

Aloys Klein

▪ Nachtrag: O. O'DONOVAN: On the thirty nine articles. Exeter 1986.

Antinomistischer Streit (AS).

Unter Antinomismus versteht man jede Interpretation christlicher Existenz, der zufolge diese auf keine Weise von einem „Gesetz" (νόμος) bestimmt ist. Mit „AS" werden die Auseinandersetzungen um die Art der Fortgeltung des alttestamentlichen (Sitten-) Gesetzes für die Christen bezeichnet, die in den Jahren 1537–40 in Wittenberg und, unter anderen Vorzeichen, zwischen 1556 und 1577 unter lutherischen Theologen v. a. im Kurfürstentum Sachsen geführt wurden. Martin Luther prägt in diesen Streitigkeiten für seine Gegner den Ausdruck „Antinomi", nennt ihre Auffassungen „positiones antinomicae". Von daher bezeichnet der Begriff Antinomismus rückwirkend auch alle früheren und späteren gesetzeskritischen theologischen Auffassungen – zu Unrecht, denn historisch wie sachlich haben sie nichts mit dem innerlutherischen Streit zu tun.

Anlass aller antinomistischen Auffassungen seit der frühen Kirche sind Missverständnisse und Missbrauch der paulinischen Theologie des Gesetzes und seiner Verkündigung der christlichen Freiheit. Aus dem Wegfall des Sittengesetzes als Heilsbedingung wurde gefolgert, dass es nicht mehr gilt. Im Wittenberger AS geht es aber nicht um ethische Ungebundenheit: unstrittig zwischen den Kontrahenten ist die Notwendigkeit der Buße – denn das Evangelium ist kein billiges Trostwort; die Notwendigkeit der guten Werke – denn der Glaube an das Evangelium kann nicht ohne ethische Konsequenzen sein; die Erkenntnis der Sünde auch durch das Evangelium – denn das Kreuz ist die schärfste Anklage gegen die menschliche Bosheit; der Ausschluss aller „Werkgerechtigkeit" – denn eben dies ist die Quintessenz des Evangeliums; die Notwendigkeit, äußerlich das Böse einzudämmen – denn nicht alle Menschen, auch in der Kirche, sind wahre Christen, die solcher Maßnahmen nicht bedürfen. Die Frage ist nur: Wodurch genau wird die Buße des Menschen ausgelöst? Auf diese Frage hat Luther mit der spätestens seit 1519 (Kleiner Galaterkommentar) geklärten Unterscheidung von ⁄Gesetz und Evangelium geantwortet: Es ist das „Amt" des Gesetzes, den Menschen der Sünde zu überführen, anders kann er nicht verstehen, was ihm im Evangelium zugesprochen wird. Und weil der Mensch als solcher lebenslang Sünder bleibt, bleiben auch Gesetz und Evangelium als das eine Wort Gottes im Gegensatz für ihn in Geltung. Diese lebenslange Existenzdialektik, die die Predigt des Gesetzes wie des Evangeliums von der je persönlichen konkreten Erfahrung und Situation der Hörer abhängig macht – einem Depressiven wird man nicht das Gesetz predigen! –, löst Philipp Melanchthon in einem (ohne seine Zustimmung gedruckten) Entwurf für Anweisungen an die Visitatoren 1527 in eine zeitliche Reihenfolge auf: erst Predigt des Gesetzes, dann Predigt des Evangeliums. Dagegen wendet sich Johann ↗Agricola, seit 1515/16 Schüler und Freund Luthers, mit der Gegenthese, nicht das Gesetz, sondern der Anblick des gekreuzigten Christus, der Eindruck der „violatio filii", bewirke die Buße des Christen, denn wahre Buße sei nicht Voraussetzung, sondern Frucht des Glaubens. Er kann sich dabei auf entsprechende gewichtige Äußerungen Luthers berufen – nur hat dieser sie nie exklusiv gemeint. Der 1527 nicht wirklich beigelegte Streit eskaliert, als Agricola 1537 von Eisleben nach Wittenberg zurückkehrt und nicht wenige Anhänger findet. Diese, nicht Agricola selber, fassen ihre Auffassungen gegen Luther und Melanchthon in 18 Thesen zusammen, die Luther herausgibt und mit Gegenthesen beantwortet, die Gegenstand einer ersten „Antinomerdisputation" werden, der bis 1540 noch drei weitere folgen. Agricola fürchtet durch eine eigenständige Gesetzespredigt eine Verdunklung des reinen Gnadenzuspruchs. Luther antwortet durch die abschließende, auch terminologische Klärung des „doppelten Brauchs des Gesetzes" („duplex usus legis"): Im „ersten Brauch" dient das Gesetz (Gottes!) dazu, äußerlich das Böse einzudämmen und „bürgerliche Gerechtigkeit" herzustellen – auch diese Funktion des Gesetzes ist freilich Gottes gute, Leben gewährende Gabe an die Menschen. Im „zweiten Brauch", der „eigentlichen", „überführenden", „theologischen" Funktion, dient das Gesetz dazu, den Menschen seiner ausweglosen Sünde zu überführen und ihn in jene heilsame Verzweiflung vor Gott zu treiben, die ihn nach dem freisprechenden Evangelium verlangen lässt. Ein Kompromiss, geschweige denn eine Versöhnung mit Agricola und seinen Anhängern, kommt nicht zustande.

Eingebettet in andere Kontroversen innerhalb des ↗Luthertums, flammt der Streit noch einmal im Vorfeld der ↗Konkordienformel von 1577 auf. Ging es 1537 um die Bedeutung des Gesetzes für die Buße, so jetzt um seine fortgeltende Bedeutung als Orientierung für das sittliche Leben der Christen. Unter dem Einfluss der Theologie Melanchthons entwickelte sich die Lehre, neben den beiden von Luther unterschiedenen Funktionen des Gesetzes gebe es einen „dritten Brauch des Gesetzes" („tertius usus legis"). Unstrittig ist: Die Glaubenden leben in neuem Gehorsam gegen Gottes Gebot und müssen es tun. Auch ist klar, dass das Gesetz inhaltlich den verbindlichen Willen Gottes ausspricht. Die einzige Frage ist, ob man es einen „Brauch" des Gesetzes nennen soll, wenn ein Christ zur Orientierung seines Handelns aus dem Glauben etwa den Dekalog zu Rate zieht und ihn aus neuer Lust und Freude an Gottes Willen befolgt.

Den Begriff des Gesetzes hat Luther gegen Agricola ganz von seiner Funktion her bestimmt: Was der Sünde überführt, ist Gesetz; die aus dem Anblick der „violatio filii" entstehende Buße ist als solche eine gesteigerte Wirkung des Gesetzes (WA 39/1, 384f.). Die freudige Erfüllung des Willens Gottes durch den Glauben kann nicht Wirkung des Gesetzes sein, und umgekehrt die Buße nicht die Frucht des Evangeliums als solchen, wie der spätere Melanchthon und seine Anhänger, die Philippisten, lehren. Dabei soll es nach Meinung der geistvollen Wortführer der Gegner des „tertius usus legis" (Andreas Poach [1515-85], Anton Otto [Otho, um 1505-83], Michael ∕ Neander und Andreas ∕ Musculus) bleiben, weil sonst die Unterscheidung zwischen Gesetz und Evangelium ihre Klarheit verlöre. Aber ihre Gegner, v. a. Matthias ∕ Flacius und Joachim ∕ Mörlin, verteidigen den „tertius usus legis" und setzen sich durch: Die Formel vom „Dritten Brauch des Gesetzes" wurde in die Konkordienformel aufgenommen (BSLK 793, 1; 962, 1). Bis heute ist das Urteil der Luther-Forschung kontrovers, ob Luther wenn schon nicht die Formel, so doch die Sache des „tertius usus legis" bejaht habe.

Schon in der Umgebung Luthers waren viele der Meinung, Luther habe gegenüber Agricola nicht nur menschlich, sondern auch im Blick auf die Sache zu hart und unversöhnlich reagiert. Zugute zu halten ist ihm allerdings, dass Luther es sich nicht leisten konnte, auch nur zu Unrecht in den Verdacht des ethischen Libertinismus zu geraten.

■ LTHK³ 1, 762–766 (ungekürzte Fassung).

■ Literatur: DTHC 1, 1391ff.; LTHK² 1, 642–646; Historisches Wörterbuch der Philosophie, hg. v. J. RITTER U.A., Bd. 1. Basel 1971, 406; HDTHG 2, 39–45 117–121. – R. BRING: Gesetz und Evangelium und der Dritte Gebrauch des Gesetzes in der lutherischen Theologie. Helsinki 1943; J. ROGGE: Johann Agricolas Lutherverständnis unter besonderer Berücksichtigung des Antinomismus. Berlin 1960; G. EBELING: Zur Lehre vom triplex usus legis in der reformatorischen Theologie: DERSELBE: Wort und Glaube, Bd. 1. Tübingen 1962, 50–68; H.E. EISENHUT: Luther und der Antinomismus. Berlin 1963, 18–44; W. JOEST: Gesetz und Freiheit. Das Problem des tertius usus legis bei Luther und die neutestamentliche Paränese (1951). Göttingen ⁴1964; S. KJELDGAARD-PE-DERSEN: Gesetz, Evangelium und Buße. Theologiegeschichtliche Studien zum Verhältnis zwischen dem jungen Johann Agricola (Eisleben) und Martin Luther. Leiden 1983; E. KOCH: Johann Agricola neben Luther: Archiv zur WA, Bd. 5. Köln 1983, 131–150; R. SCHWARZ: Die Kirche in ihrer Geschichte, hg. v. B. MOELLER, Bd. 3/1. Göttingen 1986, 201ff.; M. BRECHT: Martin Luther, Bd. 3. Stuttgart 1987, 158–173.

Otto Hermann Pesch

■ Nachtrag: M. RICHTER: Gesetz und Heil. Göttingen 1996; G.G. KRODEL: Luther – an Antinomian?: Luther-Jahrbuch 63 (1996) 69–101; F. BUZZI: Lutero contro l'antinomismo: Annali di scienze religiose 2 (1997) 81–106; T.J. WENGERT: Gesetz und Buße. Philipp Melanchthons erster Streit mit Johannes Agricola: Der Theologe Melanchthon. Stuttgart 2000, 375–392.

Antitrinitarier können alle Leugner des trinitarischen Dogmas genannt werden, seien es im Altertum die Monarchianer oder am Beginn der Neuzeit Bewegungen der Reformationszeit. Auf Letztere, die neuen „Arianer" und „Sabellianer", wird die polemische Bezeichnung A. seit dem 17. Jh. angewandt. Es waren verschiedene Ursprungszusammenhänge, aus denen die antitrinitarischen Bewegungen im 16. Jh. entstanden. Neben radikal bibelkritischem Antidogmatismus stehen täuferische, humanistische und nominalistische Einflüsse. „A. seines Jahrhunderts" war Michael ∕ Servet, Religionsphilosoph und Arzt, der in seinem Hauptwerk „Christianismi restitutio" (Lyon 1553) die antitrinitarische Kritik systematisch vortrug, sich in Vienne der Verurteilung zum Tode durch die Lyoner Inquisition entzog und auf Betreiben Jean Calvins 1553 in Genf als Häretiker verbrannt wurde. Aus Oberitalien kommend, breiteten sich in humanistischen und spiritualistischen Kreisen antitrinitarische Ideen in der Schweiz aus, ihre Vertreter wurden aber bald ausgewiesen (z. B. Bernardino /Ochino 1563) oder getötet (Giovanni Valentino /Gentile 1566). In den reformierten Kirchen Polens und Siebenbürgens entstanden antitrinitarische Gemeinden. In Polen vom Consensus Sandomirensis (1570) zwischen Lutheranern, Calvinisten und /Täufern ausgeschlossen und „ecclesia minor" genannt, wurde Rakow bei Sandomir ihr geistiger Mittelpunkt. In Siebenbürgen wurde die „unitarische Kirche" (seit 1598) als gleichberechtigt mit den übrigen Konfessionen anerkannt. Als eigentlicher Begründer der antitrinitarischen Kirchengemeinschaft gilt Fausto Sozzini (1539–1604), so dass die „Polnischen Brüder" auch /„Sozianer" genannt wurden. Der „Rakower Katechismus" (polnisch 1605, deutsch 1608, lateinisch 1609) wurde die maßgebliche Bekenntnisschrift. Das Christentum ist darin auf der Basis eines rationalen Biblizismus zu einer Moral- und Tugendlehre umgestaltet. Im Zuge der /Gegenreformation wurden die antitrinitarischen Gemeinden und Schulen in Polen aufgelöst.

▪ Literatur: TRE 3, 168–174. – E.M. WILBUR: A History of Unitarism. Socinianism and its Antecedents. Cambridge (Massachusetts) 1947; B. STASIEWSKI: Reformation und Gegenreformation in Polen. Münster 1960; P. WRZECIONKO (Hg.): Reformation und Frühaufklärung in Polen. Göttingen 1977.

Lothar Ullrich

▪ Nachtrag: RGG[4] 1, 574f. – R. DÁN: Antitrinitarianism in the second half of the 16th century. Budapest 1982; M. BALÁZS: Early Transylvanian antitrinitarianism (1566–71). Baden-Baden 1996.

Arcimboldi, *Giovannangelo,* * 27.9. 1485 Mailand, † 6.4.1555 ebenda; Enkel von Kardinal Giovanni Arcimboldi, Erzbischof von Mailand; 1514 Nuntius und Ablasskommissar für Deutschland und die skandinavischen Länder, für Meißen war Johannes /Tetzel sein Subkommissar; schwere Anklagen wegen politischer Intrigen in Dänemark, entkam durch Flucht seiner Festnahme; 1520 in Rom; 1526 Bischof von Novara, 1550 Erzbischof von Mailand; leichtlebig, in Mailand um Erneuerung bemüht.

▪ Werke: Autobiographie, hg. v. C. MARCORA: Memorie storiche della diocesi di Milano, Bd. 1. Mailand 1954, 153–161; Ordinationes pro clero et sua dioecesi. ebd. 1550; Catalogus Haereticorum. ebd. 1554.

▪ Literatur: DBI 3, 773–776. – A. RIMOLDI: La prima metà del Cinquecento: Diocesi di Milano, hg. v. A. CAPRIOLI U.A. Brescia 1990, 579.

Josef Gelmi

Armagnac, *Georges d',* Kardinal (1544), * um 1500, † 1585 Avignon; Sohn von Pierre und Fleurette de Luppé, wurde am Hof der Marguerite d'Angoulême erzogen. 1530 Bischof von Rodez, 1536–38 französischer Botschafter in Venedig, 1540–45 in Rom, wo er die Politik /Franz' I. gegen /Karl V. verteidigte. Lud in seinen Palast Künstler und Literaten ein. 1547–49 zweite Botschaft in Rom. 1562 Erzbischof von Toulouse und königlicher Statthalter in der Languedoc; bekämpfte die /Hugenotten. 1565 erhielt er die Legation von Avignon, 1577 dieses Erzbistum, eine römische Enklave im französischen Gebiet. Hier bemühte er sich, den bedrohten Katholizismus zu erhalten. Außerdem war er besonders bestrebt, den französischen Einfluss auszudehnen. 1584 wieder Erzbischof von Toulouse. In Pau taufte er den zukünftigen /Heinrich IV. Für seine Bibliothek, die eine der umfangreichsten Frankreichs war, ließ er griechische und lateinische Manuskripte abschreiben. Sein Briefwechsel mit französischen und italienischen Prominenten sowie seine diplomatischen Berichte sind wichtige Beiträge zur französischen Geschichte des 16. Jahrhunderts.

■ Literatur: DHGE 4, 263–267; CATH 1, 879. – P. TAMIZEY: Briefe: Revue historique 2 (1876) 516–565, 5 (1877) 317–347. *Claude Muller*

Arnold von Tongern (Tungern; Arnoldus Luyde von Tongern, von Luyde, Lude), regulierter Augustinerchorherr, Theologe, * Tongern, † 28.8.1540 Lüttich; Studium in Köln, 1489 Lizentiat, 1494 Regens der Laurentianer Burse, ab 1509 Theologieprofessor, 1510/11 Dekan der Theologischen Fakultät ebenda; Kanoniker am Stift St. Mariengraden in Köln, Domherr zu Lüttich. Vertreter des Albertnismus und Herausgeber entsprechender Kommentare. Schrieb 1512 gegen Johannes ⁄Reuchlin und wurde in den ⁄„Dunkelmännerbriefen" angegriffen. 1525 an der Reform der Universität beteiligt; 1536 lateinische Schrift zur Heiligenverehrung, von Johannes ⁄Cochlaeus deutsch herausgegeben. A. hatte Beziehungen zu den Kölner Kartäusern (Peter ⁄Blomevenna).

■ Literatur: J. HARTZHEIM: Bibliotheca Coloniensis. Köln 1747, 25; NDB 1, 381; BBKL 1, 235f.; VD 16 1, 553ff.; KLAIBER n. 163–166; KÖHLER BF 1/1, 64f. – N. PAULUS: Die deutschen Dominikaner im Kampfe gegen Luther. Freiburg 1903; E. MEUTHEN: Kölner Universitätsgeschichte, Bd. 1: Die alte Universität. Köln–Wien 1988.
Heribert Smolinsky

Arnoldi, *Bartholomäus* (von Usingen), Augustinereremit (1512), Philosoph und Theologe, * um 1464 Usingen, † 9.9.1532 Würzburg (Grab in der Augustinerkirche); 1484 Studienbeginn an der Universität Erfurt, 1491 Magister artium; 1501–05 studierte Martin Luther bei ihm Philosophie. 1514 Doktor der Theologie und Prediger in der Augustinerkirche. Hielt 1518 am alten Glauben fest und wandte sich gegen die Neuerer. Ab 1522 verteidigte er als Domprediger die katholische Lehre. 1525 musste er Erfurt verlassen; fand Aufnahme im Würzburger Augustinerkloster. Hier verteidigte er in Wort und Schrift den katholischen Glauben, prangerte aber auch die Missstände in der Kirche an. Berater des Würzburger Bischofs Konrad von Thüngen und Klostervisitator. Nahm am Reichstag von Augsburg teil, auf dem er an der Confutatio der ⁄Confessio Augustana mitarbeitete. Schrieb später eine *Responsio* gegen Philipp Melanchthons Apologie der Confessio. Seine Schriften zur Logik, Naturphilosophie und Pädagogik zeigen ihn als Aristoteliker, der gegenüber Wilhelm von Ockham und dem Augustinismus Gregors von Rimini offen war. In den Kontroversschriften wird seine Kenntnis der Heiligen Schrift und der Väterlehre deutlich.

■ Literatur: KThR 2, 27–37. – A. KUNZELMANN: Geschichte der deutschen Augustinereremiten, Bd. 5. Würzburg 1974, 477f. 518f. *Willigis Eckermann*
■ Nachtrag: RGG⁴ 1, 1141f. – A. ZUMKELLER: Ein Manuskript des Bartholomäus von Usingen OSA …: Analecta Augustiniana 58 (1995) 5–43.

Arnoldi, *Franz,* katholischer Kontroverstheologe, * Leisnig, † um 1535; Pfarrer in Cölln (Elbe); Streitschriften gegen Martin Luther. Die von ihm veröffentlichte Schrift *Widder des Luthers warnung an die tewtschen* (1531) stammt ebenso wie das handschriftliche Konzept einer antilutherischen Schrift von 1533 (Stadtarchiv Dresden, loc. 10300) von ⁄Georg von Sachsen.

■ Literatur: NDB 1, 389f.; VD 16 1, 551; KLAIBER n. 167–170. – H. BECKER: Herzog Georg von Sachsen als kirchlicher und theologischer Schriftsteller: ARG 24 (1927) 161–269; H. SMOLINSKY: Augustin von Alveldt und Hieronymus Emser. Münster 1983; M.U. EDWARDS, JR.: Luther's Last Battles. Leiden 1983. *Heribert Smolinsky*

Articulus stantis et cadentis ecclesiae

Articulus stantis et cadentis ecclesiae (A.). Seit der Zeit Martin Luthers wird die Lehre von der ∕Rechtfertigung als der A. bezeichnet, um sie als Mitte und Grenze seiner Theologie und reformatorischer Theologie überhaupt zu charakterisieren. Bei Luther selbst findet sich diese Bezeichnung, wie sie später zur festen Formulierung wird, nicht. In vielen Aussagen kommt er ihr jedoch den Worten nach sehr nahe (v. a. WA 40/III/352, 3: „quia isto articulo stante stat Ecclesia, ruente ruit Ecclesia"). Die Sache bringt er unzählige Male zum Ausdruck. Besonders oft bezieht man sich auf die ∕Schmalkaldischen Artikel (1536), wo er die Rechtfertigungslehre den „ersten Hauptartikel" nennt (WA 50, 199, 22: BSLK 415, 21). Wenn auch die Theologie vor Luther die „iustificatio impii" behandelt, und zwar entsprechend der Stoffaufteilung des Petrus Lombardus v. a. in der Sakramentenlehre, so ist doch der absolute Vorrang des Rechtfertigungsartikels bei Luther theologiegeschichtlich ein Novum. Es handelt sich nicht um den Zentralartikel als einen Artikel neben anderen, sondern um die Zusammenfassung der gesamten Verkündigung von Christus. Deshalb „steht und fällt" die Kirche damit.

■ Literatur: F. LOOFS: Der A.: Theologische Studien und Kritiken 90 (1917) 323–420; E. WOLF: Die Rechtfertigungslehre als Mitte und Grenze reformatorischer Theologie: Evangelische Theologie 9 (1949/50) 298–308. *Harald Wagner*

■ Nachtrag: RGG⁴ 1, 799f.

Auger, *Edmond,* Jesuit (1550), der „französische Canisius", * 1530 bei Troyes, † 31.1.1592 Como; von ∕Ignatius von Loyola in das Noviziat in Rom aufgenommen. Nach der Priesterweihe wirkte er in mehreren Städten Frankreichs als Prediger und trug zur Gründung zahlreicher Kollegien bei. 1564 Provinzial von Aquitanien, 1583–87 Beichtvater ∕Heinrichs III. 1589 geht er in die Lombardei. Um der sich im Süden Frankreichs ausbreitenden Reformation zu begegnen, gibt A. 1563 den *Catéchisme et sommaire de la doctrine chrétienne* heraus, später weitere Katechismen. Um den Katechismus Jean Calvins zu widerlegen, übernimmt A. dessen Schema: Glaube, Gesetz, Gebet, Sakramente. Sein Handbuch hatte rasch Erfolg; es zeichnet sich durch seine Begrifflichkeit und Didaktik aus.

■ Literatur: J. DORIGNY: La vie du père E.A. Avignon 1828 (1716); J. BRAND: Die Katechismen des Edmundus Augerius, S.J., in historischer, dogmatisch-moralischer und katechetischer Bearbeitung. Freiburg 1917; J.C. DHÔTEL: Les origines du catéchisme moderne d'après les premiers manuels imprimés en France. Paris 1967.

Stanislas Lalanne

■ Nachtrag: M. PERNOT: L'univers spirituel du père E.A., S.J.: RHEF 75 (1989) 103–114.

Augsburger Interim (AI). Das AI, eine auf dem Reichstag 1547/48 im Auftrag ∕Karls V. durch eine Kommission dogmatisch gemäßigter evangelischer und katholischer Theologen ausgearbeitete „Erklärung, wie es der Religion halben im Heiligen Reich … [bis zum Konzilsabschluss] gehalten werden soll", von ∕Paul III. notgedrungen toleriert, am 25.5.1548 publiziert, sollte die Basis für eine Reunion der Protestanten mit den Katholiken bilden. Das AI wurde am 30.6.1548 in den Reichstagsabschied aufgenommen, erhielt dadurch den Charakter eines Reichsgesetzes. Diese so genannte „kaiserliche Zwischenreligion" basierte auf katholischen Grundpositionen, machte aber u. a. in Sachen ∕Laienkelch, Messe, Priesterehe (∕Zölibat), geistliche Güter den Protestanten Zugeständnisse.

Verfasser u. a.: Johannes /Agricola; Julius /Pflug, Eberhard /Billick, Michael /Helding, Pedro de /Soto. – Das AI, sofort mehrfach gedruckt, befriedigte keine der Glaubensparteien. In Süddeutschland wurde es unter dem Druck des Kaisers in den Reichsstädten angenommen – modifiziert auch in Kursachsen („Leipziger Interim") –, in Norddeutschland vielfach abgelehnt. Es rief heftige politische und theologisch-publizistische Streitigkeiten hervor und blieb auch, wo es angenommen wurde, nicht lange in Geltung. Durch den /Passauer Vertrag 1552 praktisch gegenstandslos geworden, entfiel es reichsrechtlich durch den /Augsburger Religionsfrieden 1555. In zahlreichen Reichsstädten (Ulm, besonders Augsburg) und kleineren Herrschaften Süddeutschlands blieb infolge des AI ein Restbestand der katholischen Kirche erhalten.

▪ Text: *Alte Drucke:* BDG 38259a. – *Neu:* AR-CEG 6, 308–348.
▪ Literatur: TRE 16, 230–234 236f. – H. RABE: Reichsbund und Interim. Köln–Wien 1974; E.W. ZEEDEN: Martin Luther ... Ausstellung zum 500. Geburtstag. Frankfurt (Main) 1983, 454–459; H. RABE: Deutsche Geschichte 1500–1600. München 1991, 416–424.

Ernst Walter Zeeden

▪ Nachtrag: R. KASTNER (Hg.): Der Kampf um das AI: Quellen zur Reformation. Darmstadt 1994, 447–486; J. MEHLHAUSEN: Das AI. Neukirchen-Vluyn ²1996.

Augsburger Religionsfriede (AR).

Kaiser /Karl V. hatte den Protestantismus in Deutschland 35 Jahre lang friedlich und kriegerisch bekämpft, um die Lutheraner zur katholischen Kirche zurückzuführen. Den Schlusspunkt dieser Auseinandersetzung bildete der AR vom 29.9.1555. Er brachte die jahrzehntelangen Religions- und Verfassungskämpfe im Reich zum vorläufigen Abschluss und verlieh dem /Luthertum – unter Ausschluss des /Zwinglianismus, des /Calvinismus, des /Täufertums und aller evangelischer Sekten – den Status einer reichsrechtlich anerkannten Konfession (neben dem Katholizismus). – Politisch bereiteten ihn der Fürstenaufstand und der /Passauer Vertrag von 1552 vor. Begünstigt durch den frühen Tod von Karls bedeutendstem deutschen Gegenspieler, Kurfürst /Moritz von Sachsen, 1553 und durch das Vordringen friedenswilliger Kräfte unter den Reichsständen, kam der AR namentlich dadurch zustande, dass sich eine Interessengemeinschaft zwischen katholischen (unter ihnen der Bruder des Kaisers, /Ferdinand I.) und evangelischen Fürsten bildete. Diese rückte von Karls religiös bedingter Zielvorstellung ab, dem Reich die religiöse Einheit auf katholischer Bekenntnisgrundlage zu erhalten. Diese Fürsten hielten es für vordringlich, einen dauerhaften Modus vivendi für das Nebeneinander zweier Konfessionen im politischen Raum des Reichs zu finden. Die religiöse Einheit wurde zwar für wünschenswert gehalten, ihre Verwirklichung aber der Zukunft anheim gestellt (Präambel). Sie entzogen dem Kaiser das Konfessionsbestimmungsrecht (/Cuius regio, eius et religio), nahmen es aber für sich ebenso in Anspruch wie das Recht auf Verwirklichung einer partikularen Religionseinheit innerhalb ihres Territoriums. Nur die Städte nahm der AR davon aus. Dieses Recht des Bekenntniszwangs, das so genannte /Ius reformandi, gab den reichsunmittelbaren Territorien damit einen Status weitgehender politischer Unabhängigkeit (Libertät, Vorstufe zur Souveränität): der Kaiser konnte die Fürsten religiös und kirchlich (nahezu) nicht mehr belangen. Diese so genannte Freistellung machte eine Reihe von Sonderregelungen nötig. Freie Religionswahl hatten nur reichsunmittelbare Fürsten, Grafen, Ritter usw. sowie grundsätzlich die Bürger von Reichsstädten. Für evangelische Territorien entfiel mit der Konfessionswahl die bisherige so genannte geistliche Jurisdiktion der Bischöfe, diese nahmen die politischen Territorialherrn (als so genannte „summi episcopi") fortan selbst in die Hand (AR § 20). Geistliche Reichsfürsten verloren ihr Fürstentum, wenn sie evangelisch wurden (/Geistlicher Vorbehalt, § 18), weil für geistliche Reichsfürsten (Bischöfe, Äbte usw.) das katholische Bekenntnis die Voraussetzung für ihre politische Herrschaft bildete. Weitere Sonderklauseln betrafen die Konfessionsfreiheit für Landstände in geistlichen Territorien, die konfessionelle Parität in einzelnen Reichsstädten, das Verbot, mittelbare katholische Klöster nach 1552 zu säkularisieren (umstritten), und das Auswanderungsrecht von Untertanen sub conditionibus.

Obwohl Unklarheiten im Text des AR viele Komplikationen hervorriefen, gehörte dem Grundsatz des reichsrechtlichen Friedensstandes zwischen den Konfessionen die Zukunft. Er wurde tragendes Reichsgrundgesetz (bestätigt 1648) und bestimmendes Element der deutschen Geschichte bis 1803/06. Indem er das Bekenntnis an das Territorium band, besiegelte er die Glaubensspaltung, legte die Mehrkonfessionalität für Deutschland fest, begünstigte die Entwicklung der Territorien zu größerer staatlicher Selbständigkeit und verschaffte den Konfessionen die Möglichkeit, sich innerhalb partikularer Staatlichkeiten dogmatisch und institutionell relativ ungestört zu entfalten und ihnen gemäße Formen religiösen, mentalen und kulturellen Lebens hervorzubringen.

■ Text: K. ZEUMER: Quellensammlung ... Tübingen ²1913; kritische Ausgabe von K. BRANDI. Göttingen ²1927.
■ Literatur: TRE 3, 639–645. – E.W. ZEEDEN: Deutschland der Mitte des 16.Jh. bis zum Westfälischen Frieden: TH. SCHIEDER (Hg.): Handbuch der europäischen Geschichte, Bd. 3. Stuttgart 1971, 536–548; B. MOELLER: Deutschland im Zeitalter der Reformation. Göttingen 1977, 172–184; H. RABE: Deutsche Geschichte 1500–1600. München 1991, 445–458; E.W. ZEEDEN: Hegemonialkriege und Glaubenskämpfe. Frankfurt (Main)–Berlin ²1992, 9–33. *Ernst Walter Zeeden*
■ Nachtrag: RGG⁴ 1, 957f. – H. RABE: Der AR: Die frühe Neuzeit, hg. v. P. BURGARD. München 1997, 84–90; CH.A. STUMPF: Die Bedeutung der Reichsgrundgesetze für die konfessionellen Wiedervereinigungsversuche: ZKG 111 (2000) 342–355; E. LAUBACH: Ferdinand I. als Kaiser. Münster 2001, 29–139.

Augustinus von Piemont (dei Mainardi, Pedemontanus), * 1482 Caraglio (Cuneo), † 31.7.1563 Chiavena (Veltlin); zunächst Augustinereremit, dann Lutheraner. 1513 Doctor theologiae, 1519 Prediger und Studienleiter in Rom, 1521 in Siena und 1523 in Florenz. Sein Schüler war der spätere Ordensgeneral Girolamo /Seripando, mit dem er 1538 als Abgesandter des Generalkapitels von Verona zu /Paul III. reiste. Wegen bestimmter Äußerungen in seinen Fastenpredigten (Asti) in Häresieverdacht; von Paul III. rehabilitiert. Als 1538 /Ignatius von Loyola in Rom wiederum Verdacht auf Häresie erhob, konnten die Bedenken nicht mehr entkräftet werden, so dass der Statthalter von Mailand 1541 einschritt. Dem drohenden Verfahren entzog sich A. durch Übertritt zu den Lutheranern (zusammen mit Bernardino /Ochino). Seripando schloss seinen ehemaligen Lehrer 1542 aus dem Orden aus. Danach verschärfte A. seine augustinischen Grundanschauungen in dezidiert lutherischer Weise.

Werke: Confessione della Chiesa di Chiavenna (1548); Dell'Eucaristia (1552); Dell unica e perfetta satisfactione di Cristo (1561); Sermone della Grazia di Dio (1562).

Literatur: G. GONNET: Les débuts de la Réforme en Italie: Revue de l'histoire des religions 199 (1982) 37–65; H. JEDIN: Girolamo Seripando. Würzburg ²1984 (Nachdruck von 1937), Bd. 1, 263 u.ö.; Bd. 2, 254 311 556–559; Registra Priorum Generalium: Aegidius Viterbiensis, Bd. 1–2. Rom 1984–88; Hieronymus Seripando, Bd. 1–5. ebd. 1982–88; Christophorus Patavinus, Bd. 2. ebd. 1989.

Willigis Eckermann

Aurifaber, 1) *Andreas*, Arzt und Gesinnungsgenosse Andreas ∕Osianders, * 1514 Breslau, † 12.12.1559 Königsberg; nach dem Studium in Wittenberg 1527 und der Aufnahme in die philosophische Fakultät 1537 wurde A. 1539 in Danzig, 1541 in Elbing Schulrektor; dreijähriges Medizinstudium in Deutschland und Italien. 1543 Dekan der philosophischen Fakultät in Wittenberg, 1546 Leibarzt Herzog ∕Albrechts von Preußen sowie Physik- und Medizinprofessor in Königsberg. Schwiegersohn Osianders, versuchte er dessen umstrittene Lehren durchzusetzen.

Literatur: RE³ 2, 287f.; 23, 139; BBKL 1, 302f. – E.D. SCHNAASE: A.A. und seine Schola Dantiscana: Altpreußische Monatsschrift 11 (1874) 304–325 456–480; G. VON SELLE: Geschichte der Albertus-Universität zu Königsberg in Preußen. Würzburg ²1956; M. STUPPERICH: Osiander in Preußen 1549–1552. Berlin–New York 1973; Andreas Osiander der Ältere. Gesamtausgabe, Bd. 9. Gütersloh 1993.

2) *Johann*, * 30.1.1517 Breslau, † 19.10.1568 Breslau; Bruder von 1); 1534 Studium in Wittenberg und 1540 Eintritt in die philosophische Fakultät, deren Dekan er 1545 wurde; 1547 Rektor in Breslau, 1550 Theologieprofessor in Rostock; Hauptverfasser der Mecklenburger Kirchenordnung 1551/52. Seit 1554 wirkte er als Präsident des Bistums Samland; Mitverfasser der preußischen Kirchenordnung 1558; 1567 Rückkehr nach Breslau. Briefwechsel mit Philipp Melanchthon.

Literatur: RE³ 2, 288ff.; 23, 139; EKO 4, 22–25; 5, 132–136 161–219; BBKL 1, 303. – Melanchthons Briefwechsel. Kritische und kommentierte Gesamtausgabe, hg. v. H. SCHEIBLE, Regesten, Bd. 4. Stuttgart-Bad Cannstatt 1983, n. 4529 u.ö. *Irene Dingel*

Aurifaber (Goldschmied), *Johann*, lutherischer Theologe, * 1519 Weimar, † 18.11.1575 Erfurt; 1537–40 Studium in Wittenberg, danach Lehrer und Feldprediger. Von 1545 an war A. Martin Luthers letzter Famulus in Wittenberg. Seit 1550 Prediger am Weimarer Hof. Als sich 1561 der Hof von den ∕Gnesiolutheranern trennte, verlor er wegen seiner streng lutherischen Haltung seine Stellung. 1566 Pfarrer an der Predigerkirche in Erfurt. Seit 1572 Senior des Erfurter Ministeriums. A.s Bedeutung liegt in der Erschließung und Überlieferung von Luthers Werken. Aus Interesse an Luthers Fortwirken sammelte und veröffentlichte er seit 1540 dessen Äußerungen. Ab 1553 maßgeblich an der Jenaer Luther-Ausgabe beteiligt. A. gab zwei Bände Luther-Briefe (1556/65) und zwei Supplementbände zu Luthers Schriften (1564/65) heraus. Seine bekannteste Veröffentlichung ist die deutsche Ausgabe der „Tischreden Oder Colloquia Doct. Martin Luthers" (1566). A. hat bis ins 19. Jh. hinein die Ausgaben der Briefe, Predigten und Tischreden Luthers geprägt und durch seine eigenwillige Redaktion auf das populäre Lutherbild stark eingewirkt.

Literatur: VD 16 1, 44; TRE 4, 752–755.

Michael Becht

Aurogallus (Goldhahn), *Matthäus*, Hebraist, * um 1490 Komotau (Böhmen), † 10.11.1543 Wittenberg; seit

1519 Verbindung zu Philipp Melanchthon; 1521 Professor für Hebraistik an der Universität Wittenberg, 1542 dort Rektor. Baute die Hebraistik zur Universitätsdisziplin aus und beriet Martin Luther bei der Übersetzung des Alten Testaments. 1525 erschien seine *Grammatica hebraicae-chaldaicae linguae* (^{2}1539) und 1526 sein Lexikon *De Hebraeis urbium, locorum, populorumque nominibus e Veteri Instrumento congestis ... Libellus* (^{2}1539, ^{3}1543).

■ Literatur: NDB 1, 457. – O. EISSELDT: Des Matthäus Aurigallus hebräische Grammatik von 1523: DERSELBE: Kleine Schriften, Bd. 3. Tübingen 1966, 200–204; DERSELBE: Ein Lexikon der altpalästinensischen und altorientalischen Geographie aus den Anfängen der Universität Wittenberg: ebd. 184–199; H.H. HOLFELDER: M.A.: ZKG 85 (1974) 383–388. *Michael Becht*

Avenarius (Habermann), *Johannes,* lutherischer Theologe, * 10.8.1516 Eger, † 5.12.1590 Zeitz; seit 1542 Prediger in Kursachsen, 1574 Professor der Theologie in Wittenberg, 1576 Superintendent in Naumburg-Zeitz. Neben hebräischen Sprachstudien veröffentlichte er ein weit verbreitetes, in mehrere Sprachen übersetztes Gebetbuch, dem noch eine weitgehende Integration der evangelischen und katholischen Gebetsüberlieferung gelang.

■ Werke: Christliche Gebeth für allerley Not und Stende der gantzen Christenheit außgetheilet auf alle Tage in der Woche zu sprechen. Wittenberg 1567.
■ Literatur: NDB 1, 467; RGG^3 3, 7.
Michael Becht
■ Nachtrag: RGG^4 3, 1364. – T. KOCH: Johann Habermanns ‚Betbüchlein' im Zusammenhang seiner Theologie. Tübingen 2001.

Aventinus (Turmair), *Johannes,* bayerischer Geschichtsschreiber, * 4.7. 1477 Abensberg, † 9.1.1534 Regensburg; kam während seiner Studienzeit in Ingolstadt und Wien in Verbindung zum deutschen Erzhumanisten Konrad Celtis. Ausbildung in Krakau und Paris, 1509 Prinzenerzieher am Münchner Herzogshof; Ernennung zum ersten bayerischen Landeshistoriographen 1517. Seine Hauptwerke sind die *Annales ducum Boiariae* und die *Bayerische Chronik.* Sie stellen aufgrund der systematischen und kritischen Auswertung des Quellenmaterials unter breiter Einbeziehung von Akten und Sachquellen Marksteine in der Entwicklung der historischen Methodik dar, haben aber auch wegen ihres literarischen Ranges auf die Historiographie der folgenden Jahrhunderte mehr gewirkt als jedes andere Werk des deutschen Humanismus. Den Plan der „Germania illustrata" konnte auch er nicht ausführen. Im aufbrechenden konfessionellen Konflikt stand er zwischen den Fronten, wurde aber dennoch 1528 vorübergehend gefangen gesetzt. Aus diesem Grunde hat er seine letzten Jahre in der Reichsstadt Regensburg verbracht.

■ Werke: J. Turmair's, genannt A., Sämmtliche Werke, 6 Bde. München 1881–1908.
■ Literatur: BDG 721a–792, 52515–52521; R. VOM BRUCH – R.A. MÜLLER: Historikerlexikon. München 1991, 16f. – G. STRAUSS: Historian in an Age of Crisis. The Life and Work of J.A. 1477–1534. Cambridge (Massachusetts) 1963. *Alois Schmid*
■ Nachtrag: A. SCHMID: J.A.: Berühmte Regensburger. Regensburg 1997, 109–119.

Badener Disputation, ein von den katholischen Orten veranstaltetes eidgenössisches Glaubensgespräch, das vom 21.5.–8.6.1526 in Baden (bei Zürich) stattfand; es war der letzte Versuch der Altgläubigen, die religiöse Einheit der Schweiz unter dem Dach der katholischen Kirche zu retten. Er scheiterte am Abschwenken Basels und Berns auf die Linie Zürichs (welches die katholischen Orte zusammen mit Bern usw. notfalls gewaltsam zur katholischen Kirche zurückzubringen beabsichtigten – unter Kaltstellung Huldrych Zwinglis). Disputiert wurde über sieben Thesen Johannes ∕Ecks, vorab die Messe; es gab prominente Teilnehmer auf katholischer (Eck, Johannes ∕Fabri, Thomas ∕Murner) und evangelischer Seite (Johannes ∕Oekolampad, Berchtold ∕Haller). Im Ergebnis trat keine Einigung, sondern eine Verhärtung der Fronten ein; Glaubenskrieg und Religionsspaltung (zwischen inneren Orten und Stadtkantonen) zeichneten sich ab (Zwingli erwog, Politik und Krieg für die Reformation einzusetzen).

▉ Literatur: F. BÜSSER: Huldrych Zwingli. Göttingen 1973; G.W. LOCHER: Die Zwinglische Reformation ... ebd. 1979.

Ernst Walter Zeeden

Badia, *Tommaso* (de Abbatiis de Mutina), Dominikaner, Theologe und Kardinal (1542), * 10.11.1483 Modena, † 6.9.1547 Rom; dozierte in Ferrara, Venedig und Bologna Philosophie und Theologie, 1529 Magister sacri Palatii; verteidigte die Rechtgläubigkeit einiger wegen augustinischer Positionen (Rechtfertigung, Prädestination) als Lutheraner verdächtiger Augustiner, darunter ∕Augustinus von Piemont, zensierte 1535 die erste Auflage von Jacopo ∕Sadoletos Römerbriefkommentar, 1536 die „Problemata" von Francesco Zorzi und billigte 1539 die „Summa Instituti" der Jesuiten. Im Kreis um Gasparo ∕Contarini und Hieronymus ∕Aleander, deren Beichtvater er war, arbeitete B. 1537 an den Reformgutachten für Paul III. mit, nahm an den Religionsgesprächen von Worms und Regensburg (1540–41) teil und unterstützte mit Contarini die Einigung in der Rechtfertigungslehre. 1542 Mitglied der Congregatio Sancti Officii; als Legat für das Tridentinum vorgesehen, blieb B. als theologischer Berater des Papstes in Rom.

▉ Werke (handschriftlich, bis 1808 in S. Marco, Florenz): Quaestiones physicae et metaphysicae; Liber de anima; Tractatus III: 1. De intensione formarum, 2. De analogia entis, 3. De pluralitate intelligentiarum iuxta Aristotelem; Tractatus II: 1. De immortalitate animae, 2. De opinantes; De providentia divina; De pugna duorum Angelorum homini astantium, ad Gabrielem Ferrarium; Tractatus adversus Lutheranorum errores (?).
▉ Literatur: DBI 5, 74ff.   *Vinzenz Pfnür*

Bajus (De Bay), *Michael*. 1. *Leben und Lehre.* Löwener Theologe, * 1513 Meslin l'Évêque (Hennegau), † 1589 Löwen; 1542 Priester, 1544–1550 Professor der Philosophie, seit 1550 Doktor und Professor der Theologie, Präsident des Kollegs Papst ∕Hadrians VI., oftmals Dekan seiner Fakultät. Veröffentlichte *De libero arbitrio, De iustitia et iustificatione, De sacrificio* (1563; ²1566, erweitert um *De peccato originis, De charitate, De indulgentiis, De oratione pro defunctis*), *De meritis operum, De prima hominis iustitia, De virtutibus impiorum, De sacramentis, De forma baptismi* (1564). Die theologische Methode des B. und seines Kollegen Jan ∕Hessels steht unter dem Einfluss des Humanismus (Rückkehr zu den Quellen) und des Kampfes gegen den Protestantismus. Er will die kirchliche Lehre aus der Schrift und den Kirchenvätern, v. a. aus Augustinus, unter Übergehung der scholastischen Lehrentwicklung auslegen. Den Zustand des Menschen im Paradies deutet er zwar nicht als „natura pura". Aber er legt dar, dass die Bestimmung Adams zur himmlischen Seligkeit und seine ursprüngliche Gerechtigkeit – das vollkommene Wissen um Gottes Gesetz, die vollständige Unterwerfung des Leibes unter den Geist, das Freisein von der Begierde – zu den Erfordernissen der unverletzten Natur gehören („debitum naturae"). Aber die menschliche Natur ist durch den Sündenfall verdorben. Die ↗Erbsünde besteht in der Blindheit für die Sache Gottes, in der Liebe zu weltlichen Dingen und in der Neigung zur Sünde. Die Begierden – auch die unfreiwilligen – sind aufgrund der Konkupiszenz sündhaft; auch die Werke der Ungläubigen sind dies, und ihre Tugenden sind Untugenden, weil sie ein anderes Ziel anstreben als Gott selbst. Die Frage, ob auf diese Weise die Freiheit nicht aufgehoben wird, löst er durch die Unterscheidung zwischen Freiheit von äußerem Zwang – die Möglichkeit, etwas tun zu wollen oder nicht zu wollen – und der Freiheit von innerer Notwendigkeit: das Fehlen eines äußeren Zwangs ist hinreichend für menschliche Freiheit und Verantwortlichkeit. Doch die menschliche Natur muss nicht in ihrem sündigen Status bleiben. Der Erlöser erwirkte dem Menschen die gnadenhafte Möglichkeit, das göttliche Gesetz zu befolgen und somit gute Werke zu tun. Die Gerechtfertigten bleiben zwar noch dem „Fleisch" dienstbar, aber durch das Einwohnen des Heiligen Geistes ist die Konkupiszenz nicht mehr übermächtig. Der Wille erfährt eine Umkehr zu Gott hin, und in den Sakramenten werden die Sünden vergeben. Durch die Liebe (Caritas) – die willensmäßige Tat, Gott zu lieben und den Nächsten in ihm – wird der Mensch gerechtfertigt. Es bestehen jedoch Grade in der Caritas, aufsteigend vom ersten Verlangen nach dem Guten bis hin zur vollständigen Erfüllung des Gesetzes. Die ↗Rechtfertigung ist deshalb ein ständiger Fortschritt im Ausüben der Tugenden und, damit verbunden, in der Vergebung der Sünden.

2. *Verurteilung*. 1560 verurteilte die Sorbonne 18 Sätze aus der Lehre des B., wie sie von Schülern aus dem Franziskanerorden verbreitet wurden. B. verteidigte sie in seinem Kommentar zu dieser Zensur. Auf Bitten von Antoine Perrenot de ↗Granvella und Kardinallegat Giovanni Francesco Commendone legte Rom in Erwartung einer Entscheidung des Konzils von Trient beiden Parteien Stillschweigen auf. 1563 gingen B., Hessels und Cornelius Jansenius zum Konzil. Dank Balduinus ↗Rythovius traf das Konzil aber keine Entscheidung. Aus dem zweiten Werk des B. – wiederum mit einer von den Thomisten abweichenden Terminologie und in scharfem Ton – sandte sein Kollege Josse ↗Ravesteyn Sätze an ↗Philipp II., der sie durch die Universitäten von Alcalá und Salamanca verurteilen ließ (31.3. und 8.8.1565). Am 20.7.1567 folgte eine Zensur der Universität von Alcalá, die sich auf Sätze aus dem zweiten, erweiterten Druck seines ersten Werks bezogen. Im Anschluss an das spanische Vorgehen erließ ↗Pius V. am 1.10.1567 die Bulle *Ex omnibus afflictionibus*, in der 76 (oder – bei einer anderen Einteilung – 69) Sätze gebrandmarkt wurden. Da aber viele Sätze des B. Äußerungen des Augustinus wiedergaben, war Rom vorsichtig: Der Text der Bulle war nicht nur ungenau, sondern auch doppeldeutig. Er stellte sich als eine allgemeine Verurteilung dar, in der man an einer entscheidenden Stelle je nach Kommasetzung lesen konnte, dass alle Sätze verurteilt wurden in dem vom Autor gemeinten Sinn oder aber dass doch eine Anzahl von Sätzen gerade in dem vom Autor gemeinten Sinn aufrechterhalten werden könnten

(„comma Pianum"). Für die Zeitgenossen des B. galt hauptsächlich die letzter Deutung. Eine weitere Schwierigkeit bestand darin, dass die Bulle nicht gedruckt wurde und nur der Löwener Fakultät unterbreitet werden durfte. Aber sie wurde natürlich bekannt, und die Auseinandersetzung ging trotz eines Breves Pius' V. vom 13.5.1569, das B. unterschrieb, weiter. Auf Drängen Philipps II. veröffentlichte ⁄Gregor XIII. die Bulle *Provisionis nostrae*, mit der er die Bulle Pius' V. wieder aufgriff, ohne den verurteilenden Text zu verdeutlichen. Die Unsicherheit blieb, und die Auseinandersetzung ging weiter. Um diese zu beenden, musste die Fakultät 1586 aus den verurteilten Sätzen ein Corpus doctrinae erstellen, das B. wahrscheinlich mit unterzeichnet hat. Inzwischen war B. auch ins Gerede gekommen durch einen Vortrag, in dem er behauptete, die Bischöfe erhielten ihre Jurisdiktionsvollmacht direkt von Gott und nicht vom Papst. Und in Auseinandersetzung mit Philipp Marnix von St. Aldegundis über Kirche und Eucharistie (1577–81) traf ihn der Vorwurf, er verteidige nicht hinreichend die Autorität der Kirche und des Papstes. Schließlich wurde er, wahrscheinlich zu Unrecht, verdächtigt, von der Zensur mit betroffen zu sein, die von Löwen und ⁄Douai gegen die Lehre des Leonardus Lessius und des Jean Hamelius über Gnade, Freiheit und Rechtfertigung gerichtet wurde.

▪ LThK³ 1, 136off. (ungekürzte Fassung).
▪ Ausgabe: Michaelis Baii opera, studio A.P. Theologi [= G. Gerberon]. Köln [= Amsterdam] 1696 (Teil 1: Werke; Teil 2: Dokumente).
▪ Literatur: DThC 2, 38–111; DHGE 6, 274–278; Nationaal Biografisch Woordenboek, Bd. 1. Brüssel 1964, 114–129. – A. KAISER: Natur und Gnade im Urstand. Eine Untersuchung der Kontroverse zwischen M.B. und Johannes Martínez de Ripalda. München 1965; G. COLOMBO: Bellarmino contro Baio sulla questione del soprannaturale: Scuola cattolica 95 (1967) 307–338; V. GROSSI: Baio e Bellarmino interpreti di S. Agostino nelle questioni del soprannaturale. Rom 1968; J.A.G. TANS: Quesnel et Jansénius: L'image de Jansénius jusqu'à la fin du XVIIIe siècle, hg. v. E.J.M. VAN EIJL. Löwen 1987, 137–149.
Joseph A.G. Tans
▪ Nachtrag: L. CEYSSENS: Nivelles contre Louvain? Étrange episode de l'histoire du baianisme: Augustiniana 47 (1997) 377–398.

Barlow, William, Augustinerchorherr, † 1568 oder 1569; unter ⁄Heinrich VIII., ⁄Eduard VI. und ⁄Elisabeth I. nacheinander Bischof mehrerer Diözesen, zuletzt 1559 Bischof von Chichester. Da er einer der vier Bischöfe war, die 1559 Matthew ⁄Parker zum ersten Erzbischof von Canterbury weihten, seine eigene Konsekration aber zweifelhaft ist, spielt seine Gestalt bei der Diskussion um die Gültigkeit der anglikanischen Weihen eine gewisse, allerdings nicht überzubewertende Rolle.
▪ Literatur: DHGE 6, 845; DTHC 2, 416; NCE 2, 101. – C. JENKINS: Bishop B.'s Consecration and Archbishop Parker's Register. London 1935.
Burkhard Neumann

Barnes, Robert, englischer Augustinereremit, * 1495, † 30.7.1540; wegen lutherischer Ansichten mehrmals eingekerkert, floh er 1528 nach Deutschland, knüpfte enge Verbindungen zu Martin Luther und veröffentlichte 1531 unter dem Pseudonym Antonius Anglus eine Apologie lutherischer Lehren. Nach seiner Rückkehr von ⁄Heinrich VIII. erneut nach Deutschland geschickt, um dort um Unterstützung für dessen Ehescheidung zu werben; fiel 1540 in Ungnade und wurde ohne Prozess als rückfälliger Ketzer verbrannt. Zu seiner 1536 erschienenen Papstgeschichte schrieb Luther ein Vorwort.

- Werke: Führnehmlich Artickel der Christlichen Kirchen. Nürnberg 1531; Vitae Romanorum Pontificum. Wittenberg 1536 u.ö.
- Literatur: H. THIEME: Die Ehescheidung Heinrichs VIII. und die europäischen Universitäten. Karlsruhe 1957, 17–21; M.L. LOANE: Pioneers of the Reformation in England. London 1964, 47–89; J.P. LUSARDI: The Career of R.B.: The Complete Works of St. Thomas More, Bd. 8, Teil III. New Haven–London 1973, 1365–1415; R. BÄUMER: Martin Luther und der Papst. Münster [5]1987, 89f. *Franz-Bernhard Stammkötter*
- Nachtrag: C.R. TRUEMAN: ‚The Saxons be Sore on the Affirmative'. R.B. on the Lord's Supper: The Bible, the Reformation and the Church. FS J. Atkinson. Sheffield 1995, 290–307.

Bartholomäusnacht, auch „Pariser Bluthochzeit", die Nacht vom 23. auf den 24.8.1572. Nach dem Edikt von St-Germain-en-Laye (8.8.1570; Garantie von vier Sicherheitsplätzen für die Hugenotten) suchte ∕Karl IX. die Aussöhnung von Katholiken und ∕Hugenotten durch die Vermählung seiner Schwester Margarete von Valois mit Heinrich von Navarra (∕Heinrich IV.) (18.8.1572) zu besiegeln. Admiral Gaspard ∕Coligny, der Führer der Hugenotten, gewann immer stärkeren Einfluss auf Karl IX. Er veranlasste ihn zum Krieg gegen Spanien zugunsten der Protestanten in den spanischen Niederlanden. Die Königinmutter, ∕Katharina von Medici, der diese Politik missfiel und deren Einfluss am Hof bedroht war, suchte Coligny auszuschalten. Vier Tage nach der Hochzeit ihrer Tochter Margarete, bei der viele hugenottische Adelige anwesend waren, ließ sie ein Attentat auf Coligny verüben, der aber dabei nur verwundet wurde. Die vom König veranlasste Fahndung nach den Urhebern drohte die Königinmutter bloßzustellen. Daher beschloss sie, Coligny und die Häupter der Hugenotten zu beseitigen. Nur die aus königlichem Blut stammenden Häupter von Navarra und der Prinz Henri de Condé sollten geschont werden, wenn sie zur katholischen Kirche zurückkehrten (was sie taten). Katharina presste dem zaudernden König die Zustimmung für die Durchführung des Plans ab. Dem daraufhin in der B. erfolgten Massenmord durch die Leute der Guise sollen allein in Paris 3000 bis 4000 Menschen zum Opfer gefallen sein. Das Massaker setzte sich anschließend in der französischen Provinz fort. Die Zahl der Opfer mag zwischen 5000 und 10 000 liegen. Getäuscht durch irreführende Berichte, sah Gregor XIII. in diesen nicht aus religiösen Motiven, sondern aus skrupelloser Machtgier herbeigeführten Ereignissen die Vereitelung eines hochverräterischen Anschlags auf den König und einen Sieg über den Calvinismus.

- Literatur: S.L. ENGLAND: The Massacre of St. Barthelemew. London 1938; PH. ERLANGER: Le massacre de la Saint-Barthélemy. Paris 1960, [2]1981, deutsch 1966.

Klaus Ganzer

- Nachtrag: RGG[4] 1, 1142f. – R.M. KINGDON: Myths about the St. Bartholomew's Day massacres 1572–76. Cambridge (Massachusetts) 1988; K. CRAWFORD: Catherine de Medici and the performance of political motherhood: SCJ 31 (2000) 643–673.

Bauduin (Balduin), *François,* Humanist und Jurist, * 1.1.1520 Arras, † 24.10.1573 Paris; Professor der Rechte in Bourges (1548–55), Straßburg (1555), Heidelberg (1556–61) und – nach einem kirchenpolitischen Zwischenspiel – Angers (ab 1569). Ab etwa 1545 Anhänger Jean Calvins, später von diesem und Theodor ∕Beza wegen seiner irenischen Haltung bekämpft; 1563 Rückkehr zur katholischen Kirche. Suchte wie Georg ∕Cassander auf der Basis der Schrift und der alten Kirche einen Ausgleich zwischen den Konfessionen. B.s Bedeutung liegt v. a. in der Erforschung des römischen Rechts und des Frühchristentums sowie in der Ausbildung der rechtsgeschichtlichen Methode.

■ **Werke:** Constantinus Magnus sive de Constantini imperatoris legibus ecclesiasticis atque civilibus. Basel 1556; Ad edicta veterum principum Romanorum de christianis. ebd. 1557; De institutione historiae universae et eius cum iurisprudentia coniunctione. Paris 1561; Historia Carthaginensis collationis sive disputationis de ecclesia. Paris 1566 (wieder abgedruckt: PL 11, 1439–1506). – *Edierte:* Minucius Felix, Octavius. Heidelberg 1560; Optatus von Mileve, Libri sex de schismate Donatistarum. Paris 1563.

■ **Literatur:** D.R. KELLEY: Foundations of Modern Historical Scholarship. New York 1970, 116–148; M. ERBE: F.B. Biographie eines Humanisten. Gütersloh 1978; M. TURCHETTI: Concordia o tolleranza? F.B. e i ‚moyenneurs'. Genf 1984. *Peter Walter*

Bauernkrieg. Als „deutscher B." werden die Aufstandsbewegungen der Jahre 1524–26 in Schwaben, am Hoch- und Oberrhein, in Franken, Thüringen, dem Rhein-Main-Gebiet, Fulda, Salzburg, Graubünden, Tirol und den angrenzenden österreichischen Alpenländern bezeichnet (Höhepunkt März bis Juni 1525). Träger war die ländliche Bevölkerung (oft eher wohlhabende Bauern), daneben auch Angehörige städtischer Unterschichten (aus Ackerbürgerstädten) und Bergknappen. Führer waren neben Bauern vereinzelte Adelige (Florian Geyer, Götz von Berlichingen), landesherrliche Beamte (Wendel Hipler, Friedrich Weigandt, Michael Gaismair) und reformatorische Prediger (Balthasar / Hubmaier, Christoph Schappeler, Thomas / Müntzer). Die Aufstände hatten in Ursachen, Verlauf, Gewalttätigkeit, Niederschlagung und Folgen lokal und regional unterschiedlichen Charakter, wurden jedoch in der koordinierten Unterdrückungspolitik der Landesfürsten als Einheit behandelt und bereits zeitgenössisch als „B." bezeichnet. Eine generalisierende Betrachtung bleibt angesichts der Unterschiedlichkeit der Aufstandsfaktoren problematisch, was die Diskussion über die marxistische These von der „frühbürgerlichen Revolution" ebenso wie die über Blickles These von der „Revolution des Gemeinen Mannes" bezeugt, ganz zu schweigen von der Deutung als evangelische „Glaubensrevolte" (Oberman). Demgegenüber hat die Landesgeschichte die lokale Vielfalt der Aufstandsursachen herausgearbeitet, die als soziale und wirtschaftliche Bedrückungen wirkten (Leibeigenschaft, grundherrliche Abgaben, Zehnt, Steuern, Beschneidung der Nutzung von Wald und Allmende durch die Herren, Einengung der dörflichen Gemeindeautonomie). Politisch war der Druck des werdenden frühmodernen Territorialstaates eine Aufstandsursache, der aber regional unterschiedlich war und entsprechend auch zu divergierenden Modellen einer Neuorganisation Anlass gab (überterritoriale Genossenschaft der Bauernhaufen als „christliche Vereinigung" im Bereich der territorialen Zersplitterung; landschaftliche Verfassung in gefestigten Territorialstaaten). Die / Reformation war mehr Anlass als Ursache der Aufstandsbewegung, aber ohne die Ausbreitung der reformatorischen Predigt wäre es nicht zum „Flächenbrand" des B. (Moeller) gekommen. Durch die Reformation angestoßen war auch die auf die Bibel bezogene Idee des „Göttlichen Rechts", mit der die oberschwäbischen Bauern ihre Forderungen in den Memminger Zwölf Artikeln begründeten (Verfasser: Schappeler, der Kürschner Sebastian / Lotzer). Die Zwölf Artikel waren im gesamten Aufstandsgebiet verbreitet und stellen in ihrer Mischung von radikalen und gemäßigten, göttlichrechtlichen und altrechtlichen Forderungen eine Art übergreifendes „Manifest des B." (Blickle) dar. In Thüringen erhielt der B. durch die apokalyptisch-chiliastische Theologie Müntzers seine Prägung. Auf Müntzer v. a. zielte Martin Luther mit dem Pamphlet „Wider die räuberischen und mörderischen Rotten der Bauern", nachdem er zunächst noch auf die Zwölf Artikel mit einer „Ermahnung zum Frieden" reagiert hatte. Auch in Tirol brachte der Aufstand mit der christlich-egalitären Staatsutopie Gaismairs ein eigenes Programm hervor. Die Rache der Fürsten an den Aufständischen war grausam – bis zu 100000 Menschen fielen ihr in den „B.-Schlachten" und durch Hinrichtungen zum Opfer. Die Folgen des B. waren keineswegs nur die Entrechtung der Bauern, sondern langfristig rechtliche Besserstellung und Absicherung (landschaftliche Verfassungen in Südwestdeutschland). An die Stelle gewaltsamer Aufstände trat gerade in den Aufstandsgebieten von 1525 der gerichtliche Austrag von Konflikten zwischen Herren und Untertanen vor den Reichsgerichten.

■ Literatur: G. FRANZ: Der Deutsche B. Darmstadt ¹¹1977; P. BLICKLE (Hg.): Der Deutsche B. von 1525. Darmstadt 1985; DERSELBE: Unruhen in der ständischen Gesellschaft. München 1988; TRZRK; P. BLICKLE: Die Revolution von 1525. München–Wien ³1993; H. BUSZELLO – P. BLICKLE – R. ENDRES (Hg.): Der deutsche B. Paderborn u.a. ³1995. *Anton Schindling*

■ Nachtrag: H. BUSZELLO U.A.: Studien zum deutschen B. Mühlhausen 1997; P. BLICKLE: Der B. München 1998; DERSELBE: From the communal reformation to the revolution of the common man. Leiden 1998.

Beatus Rhenanus (B.; eigentlich Beat Bild), Humanist, * 22.8.1485 Schlettstadt, † 20.7.1547 Straßburg; 1503–07 Studium in Paris, v. a. bei ⁄Faber Stapulensis. 1507–11 in Schlettstadt und Straßburg Herausgeber von Werken zeitgenössischen italienischen Humanisten. Ab 1511 in Basel Editor antiker und patristischer Texte (u. a. Editio princeps Tertullians, 1521); Mitarbeiter des ⁄Erasmus von Rotterdam, dessen textkritische Methode er perfektionierte. B. unterstützte zunächst die Reformatoren, kehrte aber 1528 wegen des Sieges der Reformation in Basel nach Schlettstadt zurück. B., der bereits früher die „Germania" des Tacitus kommentiert hatte (Basel 1519), widmete sich nun der Erforschung der frühen deutschen Geschichte (*Rerum germanicarum libri tres*. Basel 1531).

■ Werke: Briefwechsel des B., ed. v. A. HORAWITZ – K. HARTFELDER. Leipzig 1886, Nachdruck Hildesheim 1966; teilweise Neuausgabe: Un grand humaniste alsacien et son époque. B., ed. v. R. WALTER. Straßburg 1986.

■ Literatur: CERAS 1, 104–109. – Annuaire de la Société des Amis de la Bibliothèque Humaniste de Sélestat 35 (1985) (Gedenkschrift zum 500. Geburtstag); J.F. D'AMICO: Theory and Practice in Renaissance Textual Criticism. Berkeley 1988; U. MUHLACK: B.: P.G. SCHMIDT (Hg.): Humanismus im deutschen Südwesten. Sigmaringen 1993, 195–220.

Peter Walter

■ Nachtrag: R. WALTER: Trois profiles de B. Sélestat 1997; B. Lecteur et editeur des textes anciens. Actes du colloque International tenu à Strasbourg et à Sélestat, 13–15 novembre 1998. Turnhout 2000.

Beccadelli, *Ludovico,* Diplomat, * 29.1.1501 Bologna, † 17.10.1572 Prato; hatte Verbindung zu den Kreisen einer humanistischen religiösen Erneuerung; Sekretär Gasparo ⁄Contarinis und Reginald ⁄Poles, deren Biographien er schrieb, danach in Diensten Marcello Cervinis (⁄Marcellus II.). 1549 Bischof von Ravello. 1550–54 Nuntius in Venedig, 1555 Erzbischof von Ragusa. Begleitete

Contarini und Giovanni ∕Morone auf ihren Legationen. Nahm regen Anteil am Tridentinum (dritte Periode). 1564 Resignation als Erzbischof von Ragusa.

■ Werke: Monumenti di varia letteratura tratti dai manoscritti originali di mons. L.B. arcivescovo di Ragusa, 2 Bde. in 3 Teil-Bdn. Bologna 1797–1804. – Zahlreiche Manuskripte in der Biblioteca Palatina, Parma, und Biblioteca Apostolica Vaticana.
■ Literatur: DBI 7, 407–413. – F. DITTRICH: Gasparo Contarini. Braunsberg 1885, passim; P. PASCHINI: L'inquisizione a Venezia e il nunzio L.B.: Archivio della Società Romana di Storia Patria 65 (1942) 61–152; H. JEDIN: Das Bischofsideal der Katholischen Reformation: Kirche des Glaubens, Kirche der Geschichte, Bd. 2. Freiburg 1966, 91–97. *Klaus Ganzer*

Beda, *Noël*, Theologe, * um 1470 Mont Saint-Michel, † 8.1.1537 ebenda; 1504–35 Leiter des Collège de Montaigu in Paris; 1508 Doktor der Theologie; 1520–33 Syndikus der theologischen Fakultät, erbitterter Gegner der von Jakob ∕Faber Stapulensis, Josse ∕Clichtove und ∕Erasmus von Rotterdam vertretenen Exegese und Theologie; der wachsende Gegensatz zu König ∕Franz I. trug schließlich zu seiner öffentlichen Degradierung (1535) bei.

■ Werke: Annotationum Natalis Bede ... in Jacobum Fabrum Stapulensem libri duo, et in Desiderium Erasmum Roterodamum liber unus. Paris 1526; Apologia ... adversus clandestinos Lutheranos. ebd. 1529.
■ Literatur: J.K. FARGE: Biographical register of Paris doctors of theology, 1500–36. Toronto 1989, 31–36; CERAS 1, 116ff. – F. RENAUDET: Études Érasmiennes (1521–29). Paris 1939; W. BENSE: N.B. and the Humanist Reformation at Paris, 1504–34. Dissertation maschinenschriftlich. Harvard 1967; F. HIGMAN: Censorship and the Sorbonne. Genf 1979; J.K. FARGE: Orthodoxy and Reform in Early Reformation France. Leiden 1985; E. RUMMEL: Erasmus and his Catholic Critics, Bd. 2. Nieuwkoop 1989, 29–59; J.K. FARGE (Hg.): Registre des procès-verbaux de la Faculté de Théologie de l'Université de Paris de janvier 1524 à novembre 1533. Paris 1990; DERSELBE: Le parti conservateur au XVIe siècle. ebd. 1992. *Peter Walter*

Bekenntnisschriften. 1. Die reformatorische Bekenntnisbildung versteht sich als Ausdruck christlicher Bekenntnisverpflichtung (Röm 10,10). Sie sieht sich in Kontinuität mit der vorausgegangenen kirchlichen, insbesondere altkirchlichen Bekenntnisbildung. Jedoch zeigt sie ihre spezifischen, wenn auch keineswegs analogiefreien Merkmale, sofern sie in den B. zur Entstehung eines besonderen Schrifttums geführt hat. Es sind dies kirchliche Lehrdokumente, die in der Regel den Gesamtgehalt (die „Summe") der in der Heiligen Schrift grundlegend bezeugten Offenbarung Gottes in Christus in seinen wesentlichen Stücken entfalten, ihn dabei von Fehlinterpretationen abgrenzen und Verbindlichkeit (Normativität) beanspruchen für die Verkündigung und Lehre der betreffenden Kirchengemeinschaft.

Die ursprüngliche Intention reformatorischer B. war es, innerhalb der Gesamtkirche den allgemeinen (katholischen) apostolischen Glauben zu bezeugen. Erst die geschichtliche Entwicklung führte dahin, dass sie zu konfessionskirchlichen Lehrnormen wurden. Damit ist ihre ursprüngliche Intention zwar nachhaltig verdeckt, aber nicht aufgehoben.

Da nach reformatorischer Überzeugung die ∕Kirche von sich aus keine Glaubensartikel setzen kann, ist allen B. gemeinsam, dass sie ihre theologisch-dogmatische Verbindlichkeit aus dem Anspruch herleiten, Auslegung der Heiligen Schrift zu sein, die die oberste Norm bleibt, auch wenn die B. ihrerseits der Schriftauslegung dienen. In diesem Sinne verstehen sich die B. als Norma normata und stehen in der Dialektik von Verbindlichkeitsanspruch und Verbindlichkeitsvorbehalt. Die kirchenrechtliche Verbindlichkeit der B. ergibt sich daraus, dass die B. zumeist in den Verfassungen der Kirchen verankert sind und die Lehrverpflichtung der zur öffentlichen Verkündigung Ordinierten auf sie Bezug nimmt. Allerdings bestehen hier zwischen den einzelnen reformatorischen Kirchen Unterschiede. Die ersten deutlichen Ansätze zur Bildung reformatorischer B. liegen in den Jahren 1528 (*Berner Thesen*, zwinglisch) und 1529 (↗*Schwabacher Artikel*, lutherisch). Wie Bekenntnisbildung überhaupt, so vollzieht sich auch die Bildung reformatorischer B. aufgrund konkreter geschichtlicher Anlässe: als Orientierung kirchlicher Reform in Lehre und Praxis, zur Abwehr akuter Gefährdung oder zur Herstellung kirchlicher Gemeinschaft, als Rechenschaftsabgabe über Glauben und Lehre vor politischen oder kirchlichen Instanzen, zur Unterweisung von Pfarrern, Gemeinden und Familien.

Dementsprechend sind auch Zahl und Vielfalt reformatorischer B., die z. T. direkte oder indirekte Verbindungen zueinander aufweisen, beträchtlich. Es gibt B. mit örtlichem bzw. regionalem oder überregionalem Geltungsbereich, es gibt B. in Form von Katechismen; überwiegend aber sind sie lehrhafter Art und haben die Gestalt einer geordneten Vielzahl von kurzen, oft thesenhaften Lehraussagen, die sich jedoch traktathaft erweitern können, so dass die B. in ihrem Umfang erheblich variieren. Die bekenntnishaft-doxologische Dimension tritt dadurch stark zurück und macht die B. zum liturgischen Gebrauch ungeeignet.

2. Trotz aller formalen und auch inhaltlichen Gemeinsamkeiten der reformatorischen B. sind im Blick auf ihre Bewertung und ihren kirchlichen Gebrauch lutherische und reformierte Bekenntnisbildung deutlich zu unterscheiden.

Für das *Luthertum* charakteristisch ist die über Ort und Zeit ihres Ursprungs hinweg bleibende Geltung und Verbindlichkeit der B. Die im Raum der Wittenberger Reformation entstandenen B. haben entweder von vornherein überregionalen Charakter oder werden in anderen deutschen und außerdeutschen (Landes-) Kirchen rezipiert. Zwar kommt es zur Bildung einzelner regionaler B., aber deren Bedeutung tritt bald zurück, ja erlischt zumeist zugunsten einer umgreifenden Bekenntnisgemeinschaft, die sich in der Anerkennung derselben B. ausdrückt. Im ↗Konkordienbuch (1580), der Sammlung der lutherischen B. unter Einschluss der drei altkirchlichen („ökumenischen") Symbole, findet diese Entwicklung ihren Abschluss.

In den *reformierten Kirchen* dagegen kommt es von Anfang an zu einer Vielzahl örtlicher bzw. regionaler B., die in ihrer Geltung regional begrenzt bleiben.

Die Glaubensartikel der ↗*Church of England* und – von dort her – der nordamerikanischen methodistischen Kirche sind zwar mit der lutherischen Bekenntnisbildung geschichtlich verbunden und teilen mit ihr den Drang nach Einheit des Bekenntnisses, nähern sich aber besonders heute der reformierten Auffassung, sofern sie die Geltung ihrer Lehrartikel historisch relativieren. Ohnehin hat formulierte Lehrübereinstimmung für beide Kirchen keinen so zentralen kirchlichen Stellenwert wie im Luthertum. Das gilt erst recht im Blick auf Kongregationalisten und Baptisten.

3. *Einzelne B.* a) *Lutherische B.*: Bis zum Augsburger Reichstag von

1555 hatten sich an B. mit überregionalem Charakter herausgebildet: die / *Confessio Augusta na* (CA), die 1530 dem Kaiser überreicht und 1555 reichsrechtlich anerkannt wurde; die von Philipp Melanchthon verfasste *Apologie der CA* (1531), die 1537 förmlich zur Bekenntnisschrift erhoben wurde; die / *Schmalkaldischen Artikel* Luthers, die er im Auftrag des sächsischen Kurfürsten und im Blick auf das von Paul III. ausgeschriebene Konzil verfasst hatte; Melanchthons „Tractatus de potestate et primatu papae", der als Ergänzung zur CA gedacht war; schließlich Luthers *Großer und Kleiner Katechismus* von 1529. Diese B. wurden 1580 in das / *Konkordienbuch* aufgenommen und haben im Luthertum bleibende Geltung. Hinzu kam eine Reihe regionaler Lehr- und B., z. B. Melanchthons *Unterricht der Visitatoren* (1528) und sein *Examen ordinandorum* (1552) oder die für das Trienter Konzil gedachten / *Confessio Virtembergica* und *Confessio Saxonica* (1551).

Etwa seit 1560 entstanden verschiedene, nur territorialkirchlich verbindliche / Corpora Doctrinae. Sie umfassten jeweils nur einzelne unter den genannten B. und spiegeln dabei z. T. innerlutherische Lehrunterschiede wider. Um diese Lehrstreitigkeiten beizulegen, entstand in langwierigen Verhandlungen die Formula Concordiae (1577) (Konkordienformel) in ihrer Doppelgestalt als ausführlichere *Solida Declaratio* und als kürzere *Epitome*. Sie verstand sich als „Wiederholung und Erklärung" der CA und wurde zusammen mit den drei altkirchlichen Symbolen und den genannten überregionalen B. in das Konkordienbuch (1580) aufgenommen, mit dem die lutherische Bekenntnisbildung im Wesentlichen zum Abschluss kam. Das Konkordienbuch hat nicht für alle lutherischen Kirchen Geltung, wohl aber die CA und Luthers Kleiner Katechismus.

b) *Reformierte B.*: Ihre große Zahl kann man gruppieren in vorcalvinische B.: z. B. die *Berner Thesen* (1528), Huldrych Zwinglis an / Karl V. gesandte *Fidei ratio* (1530), die *Confessio Tetrapolitana* der Städte Straßburg, Memmingen, Lindau und Konstanz, verfasst für den Augsburger Reichstag (1530), die *Confesssio Basilensis* (1534), die *Confessio Helvetica Prior* (1536); Schweizer B. seit Jean Calvin: besonders der / *Genfer Katechismus* (Calvin, 1545) und die auch von reformierten Kirchen anderer Länder (Schottland, Ungarn, Böhmen, Polen, Holland) unterzeichnete *Confessio Helvetica Posterior* (Heinrich Bullinger, 1562); B. aus dem Westen: z. B. die *Confessio Gallicana* (La Rochelle, 1559) für die französischen und die *Confessio Belgica* (1561) für die niederländischen Gemeinden, die / *Confessio Scotica* (John Knox, 1560); deutsche B.: z. B. das *Bekenntnis der Frankfurter Fremdengemeinde* (1554), der *Emdener Katechismus* (1554) und besonders der weit verbreitete / *Heidelberger Katechismus* (1563).

c) Für die *Anglikanische Gemeinschaft* gelten die *39 Articles of Religion* (/ Anglikanische Artikel), die in ihrer Fassung von 1563/71 auf mehrere, z. T. lutherisch beeinflusste Vorformen zurückgehen.

Literatur: TRE 5, 487–511. – Ph. Schaff (Hg.): The Creeds of Christendom, 3 Bde. New York 1877, Grand Rapids ⁵1977/78; E.F.K. Müller (Hg.): Die B. der reformierten Kirche. Leipzig 1903; P. Tschackert: Die Entstehung der lutherischen und reformierten Kirchenlehre. Göttingen 1910; W. Niesel (Hg.): B. und Kirchenordnungen der nach Gottes Wort reformierten Kirchen. Zürich 1938; E. Schlink: Theologie der lutherischen B. München ³1948; F. BRUNSTÄD: Theologie der lutherischen B. Gütersloh 1951; E.J. BICKNELL: A Theological Introduction to the 39 Articles. London ²1955; Die B. der evangelisch-lutherischen Kirche. Göttingen ³1956; P. JAKOBS: Theologie reformierter B. in Grundzügen. Neukirchen-Vluyn 1959; V. VAJTA–H. WEISSGERBER (Hg.): Das Bekenntnis im Leben der (lutherischen) Kirche. Berlin–Hamburg 1963; F. MILDENBERGER: Theologie der lutherischen B. Stuttgart 1983. *Harding Meyer*

■ Nachtrag: RGG⁴ 1, 1270–74. – M.A. NOLL: Confessions and catechisms of the Reformation. Grand Rapids 1991; G. SEEBASS: Die reformatorischen Bekenntnisse vor der Confessio Augustana: Die Reformation und ihre Außenseiter, hg. v. I. DINGEL. Göttingen 1997, 11–30; G. WENZ: Theologie der B. der evangelisch-lutherischen Kirche, 2 Bde. Berlin 1996–98; E.F.K. MÜLLER (Hg.): Die B. der reformierten Kirche, 2 Bde. Waltrop 1999.

Bembo, *Pietro,* Humanist, * 20.5.1470 Venedig, † 18.1.1547 Rom; nach Studien u.a. in Messina (1492–94), Padua (1494/95) und Ferrara (1497–99) zunächst als Herausgeber italienischer Autoren (Petrarca, 1501; Dante, 1502) und als Schriftsteller (*Gli Asolani,* 1505) tätig; vergebliche Bemühungen um eine diplomatische Karriere. 1506–12 am Hof von Urbino. Seit 1513 Sekretär ∕Leos X. (zusammen mit Jacopo ∕Sadoleto). Ab 1521 Privatgelehrter in Padua; Fertigstellung des für die Entwicklung der italienischen Literatursprache maßgeblichen Werkes *Prose della volgar lingua* (1525). 1522 trotz Konkubinates, aus dem drei Kinder hervorgingen, Profess als Kanoniker vom Heiligen Grab. 1530 Historiograph der Republik Venedig (*Historiae Venetae libri XII,* 1551). 1539 Kardinal (1538 in pectore); daraufhin Priesterweihe; 1541 Bischof von Gubbio, wo er nur kurzzeitig residierte; 1544 nach Bergamo transferiert, dort durch einen Koadjutor vertreten. B. stand mit den reformfreundlichen Kräften um Gasparo ∕Contarini in Verbindung, dessen Bemühungen auf dem ∕Regensburger Religionsgespräch (1541) er vergeblich in Rom unterstützte.

■ Werke: Opere, 4 Bde. Venedig 1729; 12 Bde. Mailand 1808–10. – Teilausgaben: Opere in volgare, ed. v. M. MARTI. Florenz 1961; Prose e Rime, ed. v. C DIONISOTTI. Turin ²1966; Lettere, ed. v. E. TRAVI, 4 Bde. Bologna 1987–93; Carmina. Turin 1990; Gli Asolani, ed. v. G. DILEMMI. Florenz 1991; Asolaner Gespräche, hg. und übersetzt von M. RUMPF. Heidelberg 1992; Sacra, ed. v. O. SCHÖNBERGER. Würzburg 1994.

■ Literatur: DBI 8, 133–151; CERAS 1, 120–123. – P. SIMONCELLI: P.B. e l'evangelismo italiano: Critica storica 15 (1978) 1–63; D. PEROCCO: Rassegna di studi bembiani (1964–85): Lettere italiane 37 (1985) 512–540; P. SIMONCELLI: Vom Humanismus zur Gegenreformation: E. NEUSS–J.V. POLLET (Hg.): Pflugiana. Münster 1990, 93–114.

Peter Walter

■ Nachtrag: CH. RAFFINI: Marsilio Ficino, P.B., Baldassare Castiglione. New York 1998; M. PRADA: La lingua dell'epistolario volgare di P.B., 2 Bde. Genua 2000–02.

Benedictus Deus, Bulle Pius' IV. vom 26.1.1564 (veröffentlicht am 30.6. 1564). Sie bestätigt die Reformdekrete des Konzils von Trient und ordnet deren Annahme und Durchführung an. Jede Interpretation, die „sine auctoritate Nostra" geschehen sollte, wird scharf zurückgewiesen und allein dem Papst vorbehalten. Die Bulle wurde gegen den Widerstand kurialer Kreise veröffentlicht, da diese von der Durchführung der Reformen (v.a. hinsichtlich der Residenzpflicht der Bischöfe) den „Ruin der römischen Kurie" befürchteten.

■ Text: DH 1847–50.
■ Literatur: JEDIN 4/2, 223–233.

Gisbert Greshake

Berquin, *Louis de,* Humanist, * um 1490, † 17.4. 1529 Paris; nach juristischen Studien (Orléans) am franzö-

sischen Hof; wegen seiner Übersetzungen reformatorischer und erasmischer Schriften v. a. auf Betreiben Noël ⁄Bedas als Häretiker angeklagt; 1523 und 1526 konnte König ⁄Franz I. ihn vor der Hinrichtung retten, 1529 gelang dies nicht mehr.
- Werke: Erasmus-Übersetzungen (1525), ed. v. E.V. Telle: Déclamation des louanges de mariage. Genf 1976; La Complainte de la paix. ebd. 1978; Brefve admonition de la manière de prier. Le Symbole des Apostres de Jesuchrist. ebd. 1979.
- Literatur: CEras 1, 135–140. – M. Mann Phillips: Érasme et les débuts de la réforme française. Paris 1934, 113–149; J.K. Farge: Orthodoxy and Reform in Early Reformation France. Leiden 1985. *Peter Walter*

Bertano, *Pietro,* Dominikaner (1516), Kardinal (1551), Theologe und Nuntius, * 4.11.1501 Nonantola (Modena), † 8.3.1558 Rom; Theologiestudium in Bologna; als Doctor theologiae Lehrer in Bologna, Ferrara und Venedig; 1537 Lektor in Mantua, enge Beziehungen zu Kardinal Ercole ⁄Gonzaga; 1537 Bischof von Fano; 1545–47 theologischer Berater der Konzilslegaten in Trient; Eintreten für die Bedeutung von Schrift und Tradition, die Revision der Vulgata und die Residenzpflicht. 1548–50 und 1551 Nuntius am Kaiserhof; im zweiten Konklave 1555 Papstkandidat. B. war ein bedeutender Konzilstheologe und Kirchenreformer von tadellosem Lebenswandel.
- Literatur: DBI 9, 467–471. – Nuntiatur des Bischofs P.B. von Fano 1548–49, hg. v. W. Friedensburg. Gotha 1910; Derselbe: Der Briefwechsel Gasparo Contarinis mit Ercole Gonzaga: QFIAB 2 (1899) 174–181; Nuntiaturen des P.B. und Pietro Camaiani 1550–52, hg. v. G. Kupke. Gotha 1901; F. Lauchert: Die italienischen Gegner Luthers. Freiburg 1912, 671; C. Erdmann: Unbekannte Briefe des Kardinals Farnese an den Nuntius B.: QFIAB 21 (1929–30) 293–304; C. Richard: Concile de Trente, Bd. 1. Paris 1930, passim; A. Walz: I cardinali domenicani al Concilio di Trento. Florenz 1959, passim; G. Müller: Die Kandidatur Giovanni Salviatis im Konklave 1549/50: QFIAB 42–43 (1963) 435–452; Jedin 2², passim. *Klaus Jaitner*

Berthold von Chiemsee (B. Pürstinger), theologischer Schriftsteller, * 1465 Salzburg, † 16.7.1543 Saalfelden (Pinzgau); Rechtsstudien in Perugia, 1490 Priesterweihe, 1493 Pfarrer von Schnaitsee und Beamter des Fürstbistums Salzburg, 1508 Bischof von Chiemsee, zugleich Weihbischof in Salzburg; Vermittlertätigkeit bei sozialen und politischen Spannungen zwischen Fürstbischof, Bürgern und Bauern (1511, 1525). B. resignierte 1526 auf sein Bistum und zog sich nach Raitenhaslach (bei Burghausen), 1528/29 nach Saalfelden zurück. Seine *Tewtsche Theologey* (1528, Neudruck 1852; lateinisch Augsburg 1531) ist eine volkssprachliche Glaubenslehre, die Erlösung, Rechtfertigung, Glaube, Sakrament und Werke zusammensieht und der positiven Unterweisung sowie der Abwehr der Reformation diente. Mit der Reformation setzten sich auch das *Tewtsch Rational* und *Das Keligpuchel* (Kelchbüchlein) (beide Augsburg 1535) auseinander. Sollte das *Onus Ecclesiae* (Landshut 1524) von ihm verfasst sein, dann hätte B. mit diesem reformerisch-apokalyptisch-prophetischen Buch ein waches Gespür für die krisenhafte Situation der Zeit gehabt.
- Werke und Quellen: VD 16 16, 125ff.; Klaiber n. 275–278; ARCEG 1–3.
- Literatur: DSp 12, 2611–14; KThR 3, 65–75. – J. Schmuck: Die Prophetie ‚Onus Ecclesiae'. Wien 1973; Bavaria Sancta, Bd. 3. Regensburg 1973, 293–302; G. Marx: Glaube, Werke und Sakramente im Dienste der Rechtfertigung in den Schriften von B. Pürstinger. Leipzig 1982; E.W. Zeeden: B. Pürstinger: Rottenburger Jahrbuch für Kirchengeschichte 5 (1986) 177–212. *Heribert Smolinsky*
- Nachtrag: P.J. Langsfeld: Theology-for-piety in early Reformation era. B. Pürstinger's Tewtsche theology. Rom 1993.

Ber(us) (Bär), *Ludwig,* Theologe, * 24.5.1479 Basel, † 14.4.1554 Freiburg; studierte seit 1496 in Paris (Magister artium 1499, Doctor theologiae 1512); 1513 Theologieprofessor in Basel, 1514 und 1520 Rektor der Universität; Präsident der ⁄Badener Disputation; 1526 Mitglied des Basler Domkapitels, mit dem er 1529 nach dem Erstarken der Reformation nach Freiburg übersiedelte, 1535 Domscholaster; beriet ⁄Erasmus von Rotterdam in theologischen Fragen.

■ Werke: Septem psalmorum poenitentialium ... explanatio. Basel 1545; Pro salutari hominis ad felicem mortem praeparatione. ebd. 1551.
■ Literatur: J.K. FARGE: Biographical register of Paris doctors of theology 1500–36. Toronto 1980, 22–26; CERAS 1, 84ff. – P.G. BIETENHOLZ: L.B., Erasmus and the Tradition of the ‚Ars bene moriendi': Revue de littérature comparée 52 (1978) 155–170.

Peter Walter

Beza (de Bèze), *Theodor*, Mitarbeiter und Nachfolger Jean Calvins, * 24.6.1519 Vézelay, † 13.10.1605 Genf. 1528 kam B. nach Orléans in das Haus des Humanisten Melchior Vollmar, der ihn erzog und ihn 1530 nach Bourges mitnahm. Nach der Emigration Vollmars 1535–39 Jurastudium in Orléans, danach humanistische Studien in Paris. 1548 Emigration in die Schweiz. Nach zehnjähriger Tätigkeit als Professor für Griechisch in Lausanne (hier schrieb er humanistische und polemische Abhandlungen und das volkssprachliche Schauspiel *Abraham sacrifiant*) Übersiedlung nach Genf, wo er Geistlicher, Bürger der Stadt und Rektor der Akademie wurde. Dort hielt er abwechselnd mit Calvin theologische Vorlesungen. In der Folgezeit und besonders nach dem Tod Calvins (1564) übernahm er weitere geistliche und akademische Aufgaben und widmete seine ganze Kraft der Erhaltung und Festigung der Kirche von Genf. Darüber hinaus wirkte er als geistiger Führer der reformierten Kirche Frankreichs und als Berater ihrer politischen Leitung, außerdem nahm er zu zahlreichen Kontroversen Stellung. Seine Schriften behandeln zumeist kontroverstheologische Fragestellungen, nur seine humanistischen Werke und seine späten Predigten standen jenseits des konfessionellen Streits. Unter B.s Leistungen in der Bibelwissenschaft sind v. a. fünf Ausgaben des Neuen Testaments zu nennen sowie seine Mithilfe bei der Vorbereitung der Genfer Bibel von 1588, zu der er auch das Vorwort schrieb. B. selbst hat seine Werke in drei Bänden gesammelt (*Tractationum theologicarum*. Genf 1570–82). Die im ersten Band enthaltene *Confessio fidei christianae* (ebd. 1559; französisch bereits 1558) bleibt die beste Zusammenfassung seiner Theologie. In *De haereticis a civili magistratu puniendis* (ebd. 1554) verteidigte er Calvins Vorgehen gegen Jérôme ⁄Bolsec und Michael ⁄Servet.

■ Literatur: TRE 5, 765–774. – F. GARDY: Bibliographie des œuvres ... de Théodore de Bèze. Genf 1960; P.-F. GEISENDORF: Théodore de Bèze. Genf ²1967; G. BEDOUELLE: Le temps des réformes et la Bible. Paris 1989, 431–443 641–646.

Fernando Domínguez

■ Nachtrag: C. VAN SLIEDREGT: Calvijns opvolger Th.B. Leiden 1996; R. BODENMANN: Die wiederaufgefundene Kampfschrift Th.B.s und seiner Kollegen gegen die Konkordienformel (1578): Lutherische Theologie und Kirche 21 (1997) 59–98; S.M. MANETSCH: Th.B. and the quest for peace in France 1572–98. ebd. 2000.

Biandrata (Blandrata), *Giorgio*, Arzt, Antitrinitarier, * 1516 Saluzzo (Piemont), † 1588 Alba Julia; von dem Antitrinitarier Matteo Gribaldi beeinflusst. B., der zunächst in Polen und Siebenbürgen als Arzt tätig war, zog 1557 nach Genf, das er nach Differenzen mit Jean Calvin 1558 verließ. Nach einem längeren Aufenthalt in Polen kam er 1563 als Leibarzt Fürst Johann Sigismund Zápolyas nach Siebenbürgen. Zusammen mit dem Hofprediger Franz Dávid kämpfte B. gegen das Trinitätsdogma (Disputation von Alba Julia 1568; /Antitrinitarier); sie entzweiten sich über der Frage der von Dávid abgelehnten Anbetung Christi.

▪ Literatur: DBI 10, 257–264; TRE 5, 777–781. – D. CANTIMORI: Italienische Häretiker der Spätrenaissance. Basel 1949; A. ROTONDÒ: Studi e ricerche di storia ereticale italiana del Cinquecento, Bd. 1. Turin 1974, 161–223; J.M. TYLENDA: Warning that went unheeded: John Calvin on G.B.: Calvin Theological Journal 12 (1977) 24–62; R. DÁN – A. PIRNÁT (Hg.): Antitrinitarianism in the second half of the 16th century. Budapest – Leiden 1982, besonders 157–190 231–241.

Robert Roth

Bibliander (Buchmann), *Theodor,* reformierter Hebraist, * um 1504 Bischofszell (Thurgau), † 26.9.1564 Zürich. Schüler Konrad /Pellikans und Johannes /Oekolampads; 1531 Nachfolger Huldrych Zwinglis als Professor für Altes Testament; arbeitete an der Zürcher lateinischen Bibelübersetzung mit (Biblia sacrosancta Testamenti Veteris et Novi. Zürich 1543) und gab eine lateinische Übersetzung des Korans heraus (Basel 1543). Seine Kritik an der calvinischen Prädestinationslehre führte 1560 zur Amtsenthebung.

▪ Hauptwerke: Institutionum grammaticarum de lingua hebraea liber unus. Zürich 1535; De ratione communi omnium linguarum et literarum commentarius. ebd. 1548; De ratione temporum. Basel 1551; Temporum supputatio partitioque exactior. ebd. 1551 (Chronologie); De legitima vindicatione Christianismi. ebd. 1553 (gegen Papsttum und Tridentinum).

▪ Literatur: K. MAEDER: Die VIa Media in der Schweizerischen Reformation. Zürich 1970, 236–242; V. SEGESVARY: L'Islam et la Réforme. Lausanne 1977, 161–199; F. BÜSSER: In Defence of Zwingli: Prophet, Pastor, Protestant, hg. v. E.I. FURCHA – H.W. PIPKIN. Allison Park (Pennsylvania) 1984, 1–21; H. CLARK: The Publication of the Koran in Latin: SCJ 15 (1984) 3–12; H. BOBZIN: Zur Anzahl der Drucke von B.s Koranauszug von 1543: Basler Zeitschrift für Geschichte und Altertumskunde 85 (1985) 213–219; G. BEDOUELLE: Les temps des réformes et la Bible. Paris 1989 (Register). *Robert Roth*
▪ Nachtrag: R.S. ARMOUR: Th.B.'s ‚Alcoran' of 1543/50: Perspectives in Religious Studies 24 (1997) 101–115.

Biel, *Gabriel,* Theologe, * um 1408 Speyer, † 7.12.1495 Einsiedel bei Tübingen; 1432 in Heidelberg immatrikuliert, 1435 Baccalaureat, 1438 Lizentiat und Magister artium, 1451 in Erfurt, 1453 in Köln, hier Baccalaureus theologiae, 1455 wieder in Erfurt, 1457 dort Lizentiat der Theologie; 1457 bis um 1466 Domprediger in Mainz, während der Mainzer Stiftsfehde 1462 auf Seiten des päpstlichen Kandidaten Adolf von Nassau gegen Diether von Isenburg. Förderer der /Devotio moderna und Mitgründer von Brüderhäusern: 1463 Marienthal (Rheingau), 1467 Königstein (Taunus), 1468 Butzbach (dort erster Rektor), 1477 Urach auf Ersuchen Graf Eberhards im Barte von Württemberg; 1482 in Rom; 1484 Professor an der 1477 gegründeten Tübinger Universität als Vertreter der Via moderna; 1485/86 und 1489 Rektor; 1491 emeritiert; gründet 1492 das Brüderhaus St. Peter auf dem Einsiedel, dort Propst bis zu seinem Tode. In seinem Sentenzenkommentar *Collectorium* versteht sich B. als Interpret Wilhelms von Ockham, gewinnt aber in Auseinandersetzung mit anderen Denkansätzen und deren Weiterführung (Johannes Duns Scotus u.a.) auf ockhamistischer Basis oft eigenständige Lösungen, die vermittelnd zwischen den theologischen Schulrichtungen stehen. B.s *Collectorium* wurde noch im 16. Jh. an mehreren europäischen Universitäten (Salamanca, Coimbra u. a.) kommentiert. B. beeinflusste Martin Luther, der sich intensiv mit B.s Theologie auseinandersetzte, und das Tridentinum.

▪ Werke: Sacri Canonis Misse Expositio (Reutlingen 1488), ed. v. H.A. OBERMAN–W.J. COURTENAY, 4 Bde. Wiesbaden 1963–67; Dispositio et conspectus materiae cum indice conceptuum et rerum, curavit W. WERBECK. ebd. 1976; Collectorium circa quattuor libros Sententiarum (Tübingen 1501), ed. v. W. WERBECK–U. HOFMANN, 5 Bde. Tübingen 1973–84, Indices, curavit W. WERBECK. ebd. 1992; Passionis dominicae sermo historialis. Reutlingen 1489 u.ö. (anonym); Sermones, ed. v. W. STEINBACH, 4 Bde. Tübingen 1499–1500 u.ö.; Defensorium oboedientiae apostolicae (1462), ed. und ins Englische übersetzt von H.A. OBERMAN–D.E. ZERFOSS–W.J. COURTENAY. Cambridge (Massachusetts) 1968; De communi vita clericorum, ed. v. W.M. LANDEEN: B.'s Tractate of the Common Life: Research Studies 28 (1960) 79–95.

▪ Literatur: TRE 6, 488–491. – L. GRANE: Contra Gabrielem. Luthers Auseinandersetzung mit G.B. in der Disputatio Contra Scholasticam Theologiam 1517. Kopenhagen 1962; H.A. OBERMAN: Spätscholastik und Reformation, Bd. 1. Zürich 1965; W. ERNST: Gott und Mensch am Vorabend der Reformation. Leipzig 1972; F.J. BURKARD: Philosophische Lehrgehalte in G.B.s Sentenzenkommentar. Meisenheim 1974; M. SCHRAMA: G.B. en zijn leer over de Allerheiligste Drievuldigheid. München 1981; W.G. BAYERER: Gabrielis Biel Gratiarum actio: Berichte und Arbeiten aus der Universitätsbibliothek Gießen 39 (1985); J.L. FARTHING: Thomas Aquinas and G.B. Durham–London 1988. *Franz-Josef Burkard*

▪ Nachtrag: U. KÖPF (Hg.): G.B. und die Brüder vom gemeinsamen Leben. Stuttgart 1998; M. BASSE: Gott – der Heilige Geist: Tröster und Bewahrer: Relationen. Studien zum Übergang vom Spätmittelalter zur Reformation. FS K.-H. zur Mühlen. Münster 2000, 217–232; CH. MOREROD: La manque de clarté de G.B. et son impact sur la Réforme: Nova et vetera 75 (2000) 15–32; D. METZ: G.B. und die Mystik. Stuttgart 2001.

Billicanus (Gerlacher), *Theobald* (Diepold), Theologe, * 1490 (1495/96?) Billigheim (Pfalz), † 8.8.1554 Marburg. B. studierte ab 1510 in Heidelberg, wo er Philipp Melanchthon kennen lernte und bei Johannes ∕Oekolampad Griechisch lernte; 1513 Magister artium, Medizinstudium; ab 1518, angeregt durch Martin Luther, Theologiestudium; 1522 Prediger in Weil der Stadt, dann in Nördlingen; schuf 1525 mit der *Renovatio Ecclesiae Nordlingiacensis* eine in vielem an Luther ausgerichtete Kirchenordnung. Ab 1525 in den ∕Abendmahlsstreit verwickelt, suchte er eine Mittelposition, näherte sich dann aber durch das Studium der Kirchenväter und des ∕Erasmus von Rotterdam wieder der altgläubigen Lehre an. 1530 legte B. in Augsburg ein katholisches Bekenntnis ab. Er blieb als verheirateter Prediger bis 1535 in Nördlingen, wo er die reformatorischen Änderungen nicht völlig zurücknahm. 1535 erneutes Studium in Heidelberg; 1542 Lizentiat beider Rechte. 1544 wechselte B. an die Universität Marburg (1546 Doctor iuris utriusque); ab 1548 Vorlesungen in Jurisprudenz sowie in Rhetorik; 1548/49 Rektor. Neben den theologischen Schriften, die die offene Situation der ersten Jahre der Reformation spiegeln, verfasste der pädagogisch engagierte B. mehrere Schulbücher.

▪ Werke und Quellen: KLAIBER n. 280–295; VD 16 7, 583ff.; KÖHLER BF 122–125. – Andreas Osiander. Gesamtausgabe. Bd. 2, hg. v. G. MÜLLER. Gütersloh 1977; E. SEHLING (Hg.): Die evangelischen Kirchenordnungen des 16.Jh., Bd. 12/2. Tübingen 1963, 289–306.

▪ Literatur: G.A. BENRATH: Th.B.: Pfälzer Lebensbilder 3 (1977) 31–63; G. SIMON: Humanismus und Konfession. Th.B. – Leben und Werk. Berlin-New York 1980; DERSELBE: Die Nördlinger Reformation unter Th.B.: Luther 52 (1981) 131–137; H.-CH. RUBLACK: Eine bürgerliche Reformation: Nördlingen. Gütersloh 1982; M. BRECHT-H. EHMER: Südwestdeutsche Reformationsgeschichte. Stuttgart 1984. *Heribert Smolinsky*

Billick (Steinberger, Lapicida), *Eberhard*, Karmelit (1513), Reformtheologe, * 1499/1500 Köln, † 12.1.1557 ebenda; 1528 Ordenslektor und Immatrikulation an der Universität Köln (1540 Doctor theologiae); 1536 Prior in Köln, 1542 Provinzial der niederdeutschen, 1546/47 für kurze Zeit Generalvikar der oberdeutschen Provinz. Bei den Religionsgesprächen in /Worms (1540) und /Regensburg (1541, 1546) fungierte er als Vertreter des Kölner Erzschofs bzw. des Kaisers; im Streit um die „Kölner Reformation" (1543) des Erzbischofs Hermann von /Wied waren B. und Johann /Gropper Hauptgegner Martin /Bucers, Philipp Melanchthons und Johannes /Oldendorps. Zusammen mit Gropper weilte er 1551/52 auf dem Konzil von Trient. Noch beim Augsburger Reichstag 1548 an den Verhandlungen über das /Augsburger Interim und federführend an der Abfassung der kaiserlichen „Formula Reformationis" beteiligt, nahm B. zum /Augsburger Religionsfrieden von 1555 kritisch Stellung. Sein Amt als Kölner Weihbischof konnte er nicht mehr antreten, da er einige Wochen nach der am 22.12.1556 erfolgten Designation starb.

- Werke: KLAIBER n. 296–302; VD 16 2, 765.
- Quellen: ARCEG 1 und 4–6; Johann Gropper. Briefwechsel, hg. v. R. BRAUNISCH, Bd. 1. Münster 1977; Julius Pflug. Correspondance, hg. v. J.V. POLLET, Bd. 2–3. Leiden 1973–77.
- Literatur: KThR 5, 97–116. – A. POSTINA: Der Karmelit E.B. Freiburg 1901; J. MEIER: Der priesterliche Dienst nach Johannes Gropper. Münster 1976; E. MEUTHEN: Kölner Universitätsgeschichte, Bd. 1: Die alte Universität. Köln-Wien 1977; F.-B. LICKTEIG: The German Carmelites at the Medieval Universities. Rom 1981, 266–276; J.V. POLLET: Martin Bucer, 2 Bde. Leiden 1985.

Heribert Smolinksky

Bilney, *Thomas*, Theologe, Reformator *1495 East Bilney oder Norfolk, † 19.8.1531 Norwich. Studium der Jurisprudenz in Cambridge, 1519 Priesterweihe. B. nahm bereits früh Martin Luthers reformatorische Gedanken auf und trat öffentlich für diese ein. 1528/29 wurde er wegen Häresie in den Londoner Tower verbannt; er distanzierte sich daraufhin von Luther. Nach seiner Freilassung trat B. als Volksprediger trotz Verbots aber wiederum für die Reformation ein. Wegen Verbreitung von Häresie wurde er erneut verhaftet und 1531 verbrannt. Durch B. wurden Robert /Barnes, Hugh /Latimer und Matthew /Parker der Reformation zugeführt.

- Literatur: DNB 2, 502–505; DHGE 8, 1491; The Oxford Dictionary of the Christian Church. London ²1974, 174f. – K. CAREY (Hg.): The Historic Episcopate in the Fullness of the Church. London 1954.

Heinz Schütte

- Nachtrag: RGG⁴ 1, 1598f.

Blankenfeld, *Johannes*, bedeutende Gestalt der livländischen Reformationsgeschichte, * um 1471 als Sohn des Berliner Bürgermeisters, † 9.9.1527 Torquemada (Spanien); Jurist in Leipzig und Frankfurt (Oder); Prokurator des Deutschen Ordens in Rom; 1514 Bischof von Reval, 1518 auch von Dorpat, seit 1523 Koadjutor des Erzbischofs von Riga, 1524 Erzbischof; bekämpfte energisch die Reformation. Als er mit dem Großfürsten von Moskau Beziehungen anknüpfte, wurde er auf Veranlassung des livländischen Ordensmeisters

Wolter von /Plettenberg gefangen gesetzt. Nach seiner Freilassung (1526) begab er sich zu /Karl V., um ihn zum Eingreifen zu veranlassen.

■ Literatur: LMA 2, 262f. – W. SCHNÖRING: J.B. Halle 1905; L. ARBUSOW: Die Einführung der Reformation in Liv-, Est- und Kurland. Leipzig 1921; O. POHRT: Reformationsgeschichte Livlands. Halle 1928; H. QUEDNAU: Livland im politischen Wollen Herzog Albrechts von Preußen. Leipzig 1939.
Martin Hellmann

Blarer, 1) *Ambrosius*, Reformator, * wohl 4.4.1492 Konstanz, † 6.12.1564 Winterthur; Konstanzer Patriziersohn, Student (1512 Magister artium) in Tübingen, Benediktiner (Profess 1510, Prior 1521) in Alpirsbach. 1522 Übergang zur Reformation. Als Prediger in Konstanz sowie als Organisator des reformatorischen Kirchenaufbaus in weiteren Reichsstädten und 1534–38 im Herzogtum Württemberg wurde er ein Protagonist des oberdeutschen Protestantismus. Nach 1548 in der Schweiz (1551–59 Pfarrer in Biel). Hervorgetreten auch als Kirchenlieddichter; einige seiner Lieder sind noch heute im Gebrauch.

■ Literatur: TRE 6, 711–715. – T. SCHIESS Briefwechsel der Brüder A. und Thomas B., 3 Bde. Freiburg 1908–12; B. MOELLER: Der Konstanzer Reformator A.B. Konstanz 1964.

2) *Thomas*, Bruder von 1), Reformator, * um 1501 Konstanz, † 19.3.1567 Gyrsberg (Thurgau); Studium der Artes, Jura und der Theologie in Freiburg und Wittenberg. Nach 1524 führender Politiker des reformatorischen Konstanz, 1537–48 Bürgermeister und Reichsvogt. Seit 1548 in der Schweiz.

■ Literatur: J. VÖGELI: Schriften zur Reformation in Konstanz 1519–38, hg. v. A. VÖGELI. Tübingen u.a. 1972–73, v.a. Bd. 2/2, 1065–1071; W. DOBRAS: Ratsregiment, Sittenpolizei und Kirchenzucht in ... Konstanz 1531–1548. Gütersloh 1993.
Bernd Moeller

Blomevenna, *Peter,* Kartäuser (1489), * 29.3.1466 Leiden, † 30.9.1536 Köln; nach Studium in Köln Eintritt in die dortige Kartause. Als Prior (1507–36) prägte B. durch eigene Werke *(Candela evangelica, Assertatio purgatorii)* und durch die Förderung des Drucks der Schriften Dionysius' des Kartäusers die frühen Bemühungen seines Klosters, der Reformation aktiv zu begegnen. Die Reihe der mystisch-kontemplativen Werke B.s beginnt mit der lateinischen Übersetzung von Heinrich Herps „Spieghel der volcomenheit" (1509) und endet mit *De bonitate divina* (1538), das als „Summa" seines Denkens gilt.

■ Literatur: M. BERNARDS: Zur Kartäusertheologie des 16.Jh.: Von Konstanz nach Trient. FS A. Franzen. Paderborn 1972, 447–479; J. HOGG: Die Kartause, Köln und Europa: Die Kölner Kartause um 1500. Köln 1991, 169–191.
Heinrich Rüthing

Böhmische Brüder (Unitas Fratrum, Brüderunität; BB). 1. *Geschichte.* Um 1458 verließ eine reformerische Gruppe Prag und gründete in Kunvald in Ostböhmen unter einem utraquistischen Priester eine „Gemeinschaft der Brüder" (Fratres legis Christi). In den ersten Jahrzehnten entstand ein Streit zwischen der „Kleinen" (Amositen) und der „Großen Partei" über das Verhältnis zur Welt (Übernahme öffentlicher Ämter), besonders zur Obrigkeit, der zur Abtrennung der Partei der Amositen führte (1494). Im Jahre 1480 schlossen sich die deutschen Waldenser aus der Mark Brandenburg den BB an (Michael Weisse). Um 1500 gehörten den BB etwa 100000 Mitglieder an. Die theologischen und liturgischen Grundlagen der Gemeinschaft legte Bischof /Lukas von Prag. Er überwand die Gefahr der Isolation von der Welt und betonte eine Ständeordnung „nach der empfangenen Gnade" sowie das Leben in der Nachfolge. Er behielt sieben Sakramente bei, gab indirekt Anregungen zur evangelischen Konfirmation. Unter dem Nachfolger Jan Roh/Horn (um 1490–1547) begann die Hinwendung der BB zur Reformation Martin Luthers. Jan Augusta (1500–72) bemühte sich um die Union mit den ↗Utraquisten und orientierte sich an der calvinistischen Reformation. 1535 veröffentlichten die BB eine eigene Confessio (lateinisch 1538). Sie lehnten 1538 die Wiedertaufe ab. Zu einer schweren Verfolgung kam es nach dem ↗Schmalkaldischen Krieg (1547). Die Verfolgung führte zur Gründung von Gemeinden in Polen, Preußen und Ungarn; Augusta war 16 Jahre lang auf der Burg Pürglitz inhaftiert. Im Jahre 1575 kam es zur Union der Utraquisten und der Brüder auf Basis der Confessio Bohemica (verfasst in Anlehnung an die CA), die im gleichen Jahr von den BB angenommen wurde; sie bekennt gegen die Spiritualisten die wahre Gegenwart Christi im Abendmahl („vere"). In diese Zeit fällt das Goldene Zeitalter des brüderischen Schrifttums. 1578–1593 übersetzten Theologen der BB die Bibel ins Tschechische (so genannte Kralitzer Bibel). Sie blieben beim Kanon des Hieronymus.

2. *Verfassung.* Die BB unterschieden die wesentlichen (Trinität, Glaube, Hoffnung, Liebe), die dienlichen (Wort und Sakrament) und die Kasualdinge (Kirchenverfassung). Trotzdem wurde die Verfassung hoch geschätzt. Im Bewusstsein der BB blieb der Gedanke der Einheit der Kirche lebendig, was die späteren Bemühungen, ihre Amtsträger in apostolischer Sukzession zu sehen, beweisen. Geleitet wurde die Brüderunität vom „Engen Rat" (vier Bischöfe) und von Synoden. Eine differenzierte Ordnung von Diensten und Ämtern verteilte die Verantwortung auf viele Schultern. Man unterschied vier Stufen des kirchlichen Dienstes: Senior, Minister, Diaconus, Acoluthus. Die Priester lebten im Bruderhaus, der Zölibat wurde besonders in den ersten Jahren empfohlen. Die Laien in der Gemeinde bildeten einen Rat für seelsorgerliche Fragen (Richter). Die Kirchenzucht suchte man ohne Einmischung der Obrigkeit (gegen Martin ↗Bucer) auszuüben. Der Grundsatz ↗„Cuius regio, eius religio" wurde durch den der Toleranz ersetzt. Das geistliche Gemeindeleben spiegelt sich in den Liedern der BB (erstes gedrucktes Gesangbuch 1501, Prachtausgabe 1576).

■ LTHK[3] 2, 553ff. (ungekürzte Fassung).

■ Literatur: *Zu 1.*: J.CH. KÖCHLER (Hg.): Die drey Glaubensbekenntnisse. Frankfurt (Main) 1741; J. MÜLLER: Geschichte der BB, 3 Bde. Herrnhut 1922–31; R. ŘÍČAN: Die BB. Berlin 1958; Lukas von Prag: Abendmahlsformular: I. PAHL (Hg.): Coena Domini. Freiburg 1983, 543–561. – *Zu 2.*: J.A. COMENIUS: Ratio disciplinae: Veškeré spisy J.A. Komenského, Bd. 17. Brünn 1912, 15–137.

Josef Smolík

■ Nachtrag: RGG[4] 2, 1789ff. – R. ŘÍČAN: The history of the Unity of Brethren. Bethlehem (Pennsylvania) 1992; L. BROZ: Justification and sanctification in the Czech Reformation: Justification and sanctification in the traditions of the Reformation, hg. v. WARC. Genf 1999, 38–43; P. FILIPI: Der singende Gefangene auf Pürglitz. Zum pastoraltheologischen Werk Jan Augustas: Vertraut den neuen Wegen. FS K.-P. Hertzsch. Leipzig 2000, 23–31.

Bolsec, *Jérôme,* Theologe und Arzt, * Paris, † um 1584 Annecy. Zunächst Karmelit in Paris, wandte sich B. der Reformation zu und übersiedelte nach Ferrara. 1551 ließ er sich mit seiner Frau als Arzt im

Chablais bei Genf nieder, geriet hinsichtlich der Prädestinationslehre in Streit mit Jean Calvin, wurde 1551 verhaftet und aus Genf, später auch aus Bern verbannt. B. nahm wieder den katholischen Glauben an und lebte als Arzt in Autun und Lyon. Seine Biographien Calvins (Lyon 1577, deutsch Köln 1581) und Theodor /Bezas (Paris 1582) dienten bis ins 19. Jh. der Polemik gegen den Calvinismus. B. widmete /Karl IX. *Le miroir envoyé de vérité* über den Religionskrieg (o. O. 1562).

■ Literatur: Bibliotheca Carmelitana, ed. v. C. DE VILLIERS A S. STEPHANO, Bd. 1. Orléans 1752, 637ff.; DHGE 9, 676–679. – F. PFEILSCHIFTER: Das Calvinbild bei B. Augsburg 1983; P.C. HOLTROP: The B. Controversy on Predestination, from 1551 to 1555, 2 Bde. Lewiston (New York) 1993. *Robert Roth*

Bonner, *Edmund,* letzter altgläubiger Bischof von London, * um 1500 Davenham (Cheshire), † 5.9.1569 London. Als Gefolgsmann König /Heinrichs VIII. wurde B. 1540 von ihm zum Bischof ernannt. Später wandte er sich gegen die Regierungspolitik König /Eduards VI. und wurde 1549 seines Amtes enthoben. Königin /Maria I. setzte ihn 1553 erneut in sein Amt ein. In der vin ihr forcierten katholischen Restauration nahm er eine maßgebende Stellung ein. Unter Königin /Elisabeth I. 1559 erneut abgesetzt in Kerkerhaft gestorben. Die Historiker stimmen heute weithin überein, dass B.s Ruf als Verfolger der Protestanten übertrieben wurde.

■ Literatur: DNB 5, 356–360. – G. ALEXANDER: B. and the Marian Persecutions: History 60 (1975) 374–391; DERSELBE: Bishop B. and the Parliament of 1559: Bulletin of the Instute of Historical Research 56 (1983) 164–179; A.M. JAGGER: B.'s Episcopal Visitation of London, 1554: ebd. 45 (1972) 306–311. *Susan Hardman Moore*

Bonnus, *Hermann,* Reformator, * 1504 Quakenbrück, † 15.2.1548 Lübeck; 1523–25 Studium in Wittenberg, von Martin Luther, Philipp Melanchthon und Johannes /Bugenhagen geprägt. Über Greifswald und Gottorf (Prinzenerzieher am dänischen Hof) kommt B. 1531 als Rektor der neu gegründeten Katharinenschule nach Lübeck, um bald darauf auf Vorschlag Bugenhagens das Superintendentenamt der Lübecker Kirche (bis zu seinem Lebensende) zu übernehmen. Von Fürstbischof Franz von /Waldeck gerufen, führt er die Reformation durch den Entwurf einer Stadt- und Land-Kirchenordnung in Osnabrück ein. Literarisch ist B. durch praktisch-theologische Schriften (Vorlesung, Postille, Katechismus, Gebetbuch usw.), geistliche Lieder und seine Kirchenordnungen hervorgetreten.

■ Literatur: B. SPIEGEL: H.B. Göttingen ²1892; W.D. HAUSCHILD: Leben und Werk des Reformators H.B., hg. v. H.-R. JARCK. Quakenbrück 1985, 298–318; P. SAVVIDIS: H.B. Lübeck 1992; K.G. KASTER – G. STEINWASCHER: 450 Jahre Reformation in Osnabrück. Bramsche 1993. *Friedhelm Krüger*

Book of Common Prayer (B.). Das B. ist zusammen mit den /Anglikanischen Artikeln und dem Ordinale die traditionelle Lehrgrundlage der /Church of England, des ältesten Teils der anglikanischen Kirchengemeinschaft. Die Bezeichnung „Allgemeines Gebetbuch" verbirgt, dass das B. umfassend den Ablauf des Kirchenjahres, Gottesdienste und Kasualien regelt. Es geht auf Thomas /Cranmer zurück, den /Heinrich VIII. 1533 zum ersten Erzbischof von Canterbury nach der Trennung von Rom ernannt hatte. Eine erste vollständige Ausgabe erschien 1549, die zweite revidierte Fassung 1552. *Carsten Peter Thiede*

■ LThK³ 2, 590 (ungekürzte Fassung).
■ Literatur: RGG⁴ 1, 1691–94. – E.C. WHITA-

KER: Martin Bucer and the B. Great Wakering 1974; J.D. MALTBY: Prayer book and people in Elizabethan and early Stuart England. Cambridge 2000.

Bora, *Katharina von*, Ehefrau Martin Luthers, * 29.1.1499 Lippendorf, † 20.12.1552 Torgau. Aus verarmtem sächsischen Adel stammend, lebte sie im Zisterzienserinnenkloster Nimbschen bei Grimma, wo sie 1515 ihre Profess ablegte. 1523 gehörte sie zu den zwölf Nonnen, denen Luther zur Flucht aus dem Kloster verhalf. Am 13.6.1525 erfolgte die Eheschließung der ehemaligen Nonne mit Luther, die bei den Altgläubigen auf scharfe Kritik stieß. Besonders die negative Darstellung des Johann ⁄Cochlaeus prägte für lange Zeit das katholische Lutherbild. Im Protestantismus hingegen wurde diese Ehe zum Paradigma der Pfarrersehe erhoben. Allen Anfeindungen zum Trotz verlief die Ehe, aus der sechs Kinder hervorgingen, harmonisch. Im ehemaligen Augustinerkloster zu Wittenberg leitete Katharina Luther mit Umsicht und großem Geschick den wachsenden Hausstand. Luther nannte sie wegen dieser organisatorischen Fähigkeiten und ihres energischen Wesens in seinen Briefen gelegentlich „Herr Käthe", brachte aber auch seine Zuneigung für seinen „Morgenstern von Wittenberg" deutlich zum Ausdruck.

▪ Literatur: C.L. DEUTLER: Katherine Luther of the Wittenberg Personage. Philadelphia 1924; H. BOEHMER: Luthers Ehe: Luther-Jahrbuch 7 (1925) 40–76; G. MÜLLER: Käthe und Martin Luther: Zeitwende 47 (1976) 150–164; E. KROKER: K. von B. Berlin ¹⁵1980; H. JUNGHANS: Luther in Wittenberg. Leben und Werk Martin Luthers von 1526 bis 1546, hg. v. H. JUNGHANS, 2 Bde. ebd. 1983, 11–37, 723–732; M. BRECHT: Martin Luther. Stuttgart, Bd. 2. 1986, 194–203; Bd. 3.1987, 234–239; I.M. WINTER: K. von B. Düsseldorf 1990. *Ute Gause*

▪ Nachtrag: J.C. SMITH: K. von B. through five centuries: SCJ 30 (1999) 745–774; M. TREU: Die Frau an Luthers Seite: K. von B. Leben und Werk: Luther 70 (1999) 10–29; U. HAHN (Hg.): K. von B. Stuttgart 1999.

Borrhaus (Bur[r]ess, Cellarius), *Martin*, radikaler Reformator, * 1499 Stuttgart, † 11.10.1564 Basel; studierte in Tübingen, Ingolstadt und Wittenberg, welches er 1522 wegen täuferischer Auffassungen verlassen musste. Nach Aufenthalten in Österreich, Polen, der Schweiz und Preußen 1526 wieder in Wittenberg, wo es zu keiner Verständigung mit Martin Luther kam. Anschließend in Straßburg; seit 1536 in Basel, ab 1541 Professor für Rhetorik, 1544 für Altes Testament; 1546/47 und 1553/54 Rektor der Universität. B. verneinte die ewige Gottessohnschaft Christi und vertrat einen sakramententheologischen Symbolismus. Sein Hauptwerk *De operibus Dei* (Straßburg 1527) ist chiliastisch geprägt.

▪ Literatur: I. BACKUS: M.B. (Cellarius). Baden-Baden 1981; R.L. WILLIAMS: M. Cellarius and the Reformation in Strasbourg: JEH 32 (1981) 477–497; A. SEIFERT: Reformation und Chiliasmus: ARG 77 (1986) 226–264. *Peter Walter*
▪ Nachtrag: L. FELICI: Tra riforma ed eresia. La giovinezza di M.B. Florenz 1995.

Borromäus (Borromeo), *Karl*, heilig (1610; Fest 4.11.), * 2.10.1538 Arona, † 3.11.1584 Mailand. Früh für die kirchliche Laufbahn bestimmt, schloss er sein Studium an der Universität Pavia (1559 Doctor iuris utriusque) ab. Am 25.12.1559 wurde Kardinal Gian Angelo Medici, sein Onkel mütterlicherseits, als ⁄Pius IV. zum Papst gewählt. Er erhob B. am 21.1.1560 zum Kardinal, setzte ihn am 7.2.1560 als Administrator der Diözese Mailand ein und machte ihn zu seinem engsten Mitarbeiter. In seinem Amt als Kardinalnepot hatte

B. die Korrespondenz mit den päpstlichen Vertretern im Ausland, den Außenorganen der päpstlichen Verwaltung sowie 1561–63 mit den Kardinallegaten auf dem Tridentinum zu erledigen. Dadurch hatte er Gelegenheit, mit den politischen und religiösen Problemen seiner Zeit vertraut zu werden, auch wenn es begründete Zweifel gibt, ob er tatsächlich Einfluss auf die päpstlichen Beschlüsse ausübte, die mitzuteilen seine Aufgabe war.

Die durch den frühzeitigen Tod seines Bruders Federico (1562) hervorgerufene geistliche Krise gab B.s Leben eine Wende: Da er nur Diakon war, ließ er sich am 17.7.1563 zum Priester weihen und strebte eine asketische Lebensweise an, verbesserte sein theologisches Wissen, übte sich im Predigen, verwendete mehr Zeit für Gebet und Meditation. Entscheidend für seine Hinwendung zur Seelsorge waren die Gespräche mit dem Erzbischof von Braga, Bartolomeu dos Mártires, im Herbst 1563 in Rom, der ihm das unveröffentlichte Manuskript seines „Stimulus pastorum" schenkte. Auf diese Begegnung ist wahrscheinlich B.s Entschluss zurückzuführen, sich am 7.12.1563 zum Bischof weihen zu lassen.

Im April 1566, nach dem Tod seines Onkels und der anschließenden Wahl Pius' V. (dessen Kandidatur B. entscheidend unterstützte), übersiedelte er nach Mailand. Hier begann er eine intensive pastorale Tätigkeit, die sich auf die systematische Durchführung der tridentinischen Dekrete konzentrierte. Während seiner fast zwanzigjährigen Tätigkeit als Bischof besuchte er alle etwa 800 Pfarreien seiner großen Diözese, einige sogar mehrmals. Er sorgte für die Ausbildung des Klerus, errichtete das Collegio Borromeo in Pavia, das Priesterseminar und das Schweizer Kolleg (für die Seminaristen aus der Schweiz). Außerdem wirkte er an der Gründung des Jesuitenkollegs der Brera mit. Er hielt sechs Provinzial- und elf Diözesansynoden ab, bemühte sich um die Verbesserung der religiösen Volkserziehung durch Predigt und christliche Unterweisung. Während das Reformwerk voranschritt, kam es aufgrund seines wachsenden Ansehens zu Spannungen mit den spanischen Gouverneuren, von denen einer, Luis de Requeséns, 1573 exkommuniziert wurde. Die Spannungen wurden beigelegt, als B. einen eigenen Vertreter nach Spanien sandte, der ∕Philipp II. von den redlichen Absichten des Erzbischofs zu überzeugen wusste.

B. starb 1584 im Ruf der Heiligkeit, der sich besonders seit einem 1569 von einigen widerspenstigen Mitgliedern des aufgehobenen Humiliatenordens verübten Attentat auf ihn verbreitet hatte und sich noch verstärkte, als er sich während der Pestepidemie 1576/77 durch materielle und geistliche Hilfe für die Kranken einsetzte.

B. wurde von den Zeitgenossen als Muster eines tridentinischen Bischofs angesehen, wofür die große Verbreitung aller während seiner Amtszeit gesammelten Akten spricht, die 1582 unter dem Titel *Acta Ecclesiae Mediolanensis* veröffentlicht wurden.

■ Literatur: *Bibliographien:* C. BASCAPÈ: De vita et rebus gestis Caroli S.R.E. Cardinalis tituli S. Praxedis, archiepiscopi Mediolani libri septem. Mailand 1983, 971–1009; A. RIMOLDI: Bibliografia de San Carlo Borromeo (1984–89): Studia Borromaica 3 (1989) 259–284. – San Carlo e il suo tempo. Atti del convegno internazionale del IV centenario della morte (Milano, 21–26 maggio 1984), 2 Bde. Rom 1986; San Carlo Borromeo. Catholic Reform and Ecclesiastical Politics in the Second Half of the Sixteenth Century, hg. v. J.M. HEADLEY–J.B. TOMARO. Washington u.a. 1988. *Agostino Borromeo*

■ Nachtrag: KLK 55; F. Buzzi (Hg.): Carlo Borromeo e l'opera della ‚Grande Riforma'. Mailand 1997; F.A. Rossi: Carlo Borromeo. ebd. 1999; J.I. Tellechea Idigoras: Los conflictis de Milan (1567–70): Scriptorium Victoriense 47 (2000) 47–127.

Botzheim (Botzemus, Abstemius), *Johann von*, Humanist, * um 1480 Sasbach bei Achern, † 24./29.3.1535 Überlingen; 1496–1500 Studium in Heidelberg, 1500–04 in Bologna (Doctor iuris utriusque); 1500 Domherr in Straßburg und 1510 in Konstanz; Haupt des Konstanzer Humanistenkreises; wegen Befürwortung Martin Luthers 1524 nach Rom zitiert; ging nach dem Erstarken der Reformation in Konstanz 1527 mit dem Domkapitel nach Überlingen.

■ Literatur: NDB 2, 490f.; Ceras 1, 177f. – Schriften zur Reformation in Konstanz 1519–1538, hg. v. A. Vögeli, Bd. 2/2. Tübingen–Basel 1973, 873–881. *Peter Walter*

Brant, *Sebastian,* Jurist und Schriftsteller, * 1457 Straßburg, † 10.5.1521 ebenda; seit 1475 Studium der Jurisprudenz in Basel, 1489 Promotion, 1496 Professur. 1500 Rückkehr nach Straßburg, wo B. 1501 zum Syndikus und 1503 zum Stadtschreiber ernannt wird. Sein umfangreiches Werk, das neben juristischen, historisch-geographischen und poetischen Schriften in lateinischer und deutscher Sprache Editionen und Übersetzungen antiker und mittelalterlicher Autoren sowie Flugblätter umfasst, verrät enge Beziehungen zum oberrheinischen Humanistenkreis, der den Bestrebungen der Reformation mit Skepsis begegnet. B.s literarische Tätigkeit belegt seine Vertrautheit mit der antiken Überlieferung, der patristischen Literatur und der Renaissancedichtung. Dies gilt ebenso für die an antiker Metrik und Rhetorik geschulten Gedichte (*In laudem gloriose virginis Mariae multorumque sanctorum varii generis carmina*, 1494; *Varia carmina*, 1498) wie für sein berühmtestes Werk, die Moralsatire *Das Narrenschiff* (1494), in der er in 112 mit je einem Holzschnitt versehenen Kapiteln die Laster seiner Zeit geißelt und zur Buße aufruft.

■ Ausgabe: Flugblätter, hg. v. P. Heitz. Straßburg 1915; Das Narrenschiff, hg. v. M. Lemmer. Tübingen ²1968; Tugent Spyl, hg. v. H.-G. Roloff. Berlin 1968; Fabeln, hg. v. B. Schneider. Stuttgart-Bad Cannstatt 1999.

■ Literatur: Die deutsche Literatur des Mittelalters. Verfasserlexikon, hg. v. K. Ruh u.a., Bd. 1. Berlin ²1978, 992–1005; Literaturlexikon. Autoren und Werke deutscher Sprache, hg. v. W. Killy, Bd. 2. Gütersloh–München, 162–165. – J. Knape – D. Wuttke: S.-B.-Bibliographie. Tübingen 1990; T. Wilhelmi: S.-B.-Bibliographie. Bern u.a. 1990. *Silvia Serena Tschopp*

■ Nachtrag: J. Knape: Dichtung, Recht und Freiheit. Studien zu Leben und Werk S.B.s. Baden-Baden 1992; G.L. Fink (Hg.): S.B., seine Zeit und das ‚Narrenschiff'. Actes du colloque international, Strasbourg 10–11 mars 1994. Straßburg 1995.

Braun, *Konrad,* Jurist, Kontroverstheologe, * 1491/95 Kirchheim (Neckar), † 20.6.1563 München; Studium (Doctor iuris utriusque) und Lehre an der Universität Tübingen. Rat und Kanzler des Bischofs von Würzburg (1526–36), 1533 Assessor und 1540 Leiter der Kanzlei am Reichskammergericht, Kanzler in Bayern und beim Bischof von Augsburg, Kardinal Otto Truchsess von ⁄Waldburg, dessen Protest gegen den ⁄Augsburger Religionsfrieden (1555) er verfasste. B. vertrat früh eine konfessionelle Politik und wirkte an Kirchenreformbemühungen seiner Landesherren mit. Er verfasste Flugschriften gegen den ⁄Frankfurter Anstand und die ⁄Magdeburger Centurien, juristische Traktate und einen Katechismus. Seine Privatbibliothek ist erhalten.

■ Literatur: NDB 2, 556. – M.B. Rössner:

K.B. Salzburg 1991; R. BÄUMER: K.B. und der Augsburger Religionsfriede: Fides et ius. FS G. May. Regensburg 1991, 283–301. *Maria Barbara Rößner-Richarz*
■ Nachtrag: M.B. RÖSSNER-RICHARZ: K.B. und seine Bibliothek: Bibliotheksforum Bayern 21 (1993) 44–61; M. DE KROON: Bucers conflict met K.B.: Om de Kerk. FS W. van't Spijker. Leiden 1997, 158–175.

Bredenbach (Brempke, Breidbach), Matthias, katholischer Kontroverstheologe, Pädagoge und Humanist, * 1499 Kierspe bei Altena, † 5.6.1569 Emmerich; ab 1521 Studium an der Universität Köln; 1524 Magister artium; Lehrer, seit 1533/34 Rektor des Stiftsgymnasiums Emmerich; stand in Verbindung mit Kölner Jesuiten und verfasste mehrere Schriften gegen die Reformation; Autor einer *Introductiuncula in Graecas litteras iuxta Erasmi Roterdami sententiam*; Kommentar zu den Psalmen und zum Matthäusevangelium (herausgegeben von seinen Söhnen Tilmann und Dietrich).

■ Werke: KLAIBER n. 378–385; VD 16 3, 244f.
■ Literatur: LThK² 2, 664. – H. ULRICH: M.B. Emmerich 1984.   *Heribert Smolinsky*

Brendel von Homburg, *Daniel,* Kurfürst und Erzkanzler von Mainz, * 22.3. 1522 Aschaffenburg, † 22.3. 1582 ebd.; 1545/55 Domscholaster in Speyer, 1548 Domkapitular in Mainz; 1552/53 Statthalter im Hochstift Speyer; 1555 Erzbischof von Mainz, 1557 Bischofsweihe. Seine Wahl zum Erzbischof gegen Pfalzgraf Reichard von Simmern bestimmte nachhaltig die konfessionelle Ausrichtung des Erzbistums und Kurstaates; betrieb zielstrebig die Katholische Reform: 1561 Eröffnung des Mainzer Jesuitengymnasiums, 1570 neues Brevier, 1572 Tridentinisches Glaubensbekenntnis im Domkapitel verpflichtend, Rekatholisierung des Eichsfelds; erwarb 1559 die Grafschaft Rieneck und 1581 die Grafschaft Königstein.

■ Literatur: A. DÖLLE: Erzbischof Daniel und die Gegenreformation auf dem Eichsfeld: Universitas. FS Bischof A. Stohr, Bd. 2. München 1958, 110–125; F. JÜRGENSMEIER: Das Bistum Mainz. Von der Römerzeit bis zum II. Vatikanischen Konzil. Frankfurt (Main) ²1989, 198–205.   *Friedhelm Jürgensmeier*

Brenz, *Johannes,* Reformator, * 24.6. 1499 Weil der Stadt, † 11.9.1570 Stuttgart; seit 1514 Studium in Heidelberg, bei der Heidelberger Disputation (1518) von Martin Luther stark beeindruckt; 1522 Prediger in Schwäbisch Hall, wo er die Reformation einführte (Kirchenordnungen 1527 und 1543; Katechismen 1527 und 1535; Schulreform); am ↗Abendmahlsstreit beteiligt; wirkte als theologischer und juristischer Berater bei der Reformation mehrerer Territorien mit. Als Gegner des ↗Augsburger Interims 1548 aus Hall vertrieben, baute er in Württemberg seit 1553 mit Herzog Christoph ein beispielhaftes Reformationswerk auf; verfasste 1551 die ↗*Confessio Virtembergica* für das Tridentinum (mit deren Apologie gegen Pedro de ↗Soto) und war maßgeblich an der für viele Territorien vorbildlichen *Großen Kirchenordnung* von 1559. B. hatte seit 1529 (Marburg) und 1530 (Augsburg) an nahezu allen wichtigen Religionsgesprächen und Entscheidungen der lutherischen Kirche seiner Zeit Anteil und wirkt mit seinem *Katechismus* von 1535 (über 500 Ausgaben in mehreren Sprachen), seinen exegetischen Schriften zu fast allen biblischen Büchern und seinen Predigten (*Postillen,* 1550 und 1556) bis in die Gegenwart.

■ Werke: Opera, 8 Bde. Tübingen 1576–90; Werke (Studienausgabe), hg. v. M. BRECHT – G. SCHÄFER. ebd. 1970ff.; Anecdota Brentiana, hg. v. TH. PRESSEL. ebd. 1868.
■ Literatur: TRE 7, 170–181. – I. HARTMANN–K. JÄGER: Johann B., 2 Bde. Hamburg 1840–42;

W. KÖHLER: Bibliographia Brentiana. Berlin 1904; M. BRECHT: Die frühe Theologie des J.B. Tübingen 1966; H.-M. MAURER – K. ULSHÖFER: J.B. und die Reformation in Württemberg. Stuttgart – Aalen 1974; J.M. ESTES: Christian Magistrate and State Church: The Reforming Career of J.B. Toronto 1982; H.C. BRANDY: Die späte Christologie des J.B. Tübingen 1991; CH. WEISMANN: Die Katechismen des J.B., 3 Bde. Berlin 1990–92.
Christoph Weismann

■ Nachtrag: I. FEHLE (Hg.): J.B. Ausstellungskatalog. Schwäbisch-Hall 1999; G. KRAFT: J.B. und seine Zeit. Stuttgart 1999; H.C. BRANDY: Zwischen Festigkeit und Verständigung. J.B. als Bekenner und Ökumeniker: Luther 70 (1999) 127–145.

Brès, *Guy de* (Guido de Bray), Reformator in den südlichen Niederlanden, * um 1522 Mons, † 31.5.1567 Valenciennes. Katholisch erzogen, wandte sich B. als junger Glasmaler der Reformation zu. 1548 nach England geflohen, kehrte er 1552 zurück und wirkte in Rijsel (Lille) als Laienprediger. Flüchtete 1556 über Frankfurt (Main) (Beteiligung an einer Disputation mit den /Täufern) nach Genf und Lausanne, wo er eine theologische Ausbildung erwarb. Seit 1557 Prediger in Doornik (Tournai), Amiens, Sedan, Antwerpen und Valenciennes. Nach der Belagerung der Stadt verhaftet und gehängt. Seine calvinistisch geprägte *Confession de foy*, als Apologie für /Philipp II. von Spanien verfasst (Rouen 1561 u. ö.), wurde bald von den niederländischen Reformierten übernommen (so genannte *Confessio Belgica*).

■ Werke: E. BRAEKMAN – J.F. GILMONT: Les écrits de G. de B.: Annales Société d'histoire du protestantisme belge 5/8 (1971) 265–276; A collection of writings on the Reformation, ed. v. E. BRAEKMAN. Leiden 1995.

■ Literatur: TRE 7, 181ff.; Biografisch Lexicon voor de Geschiedenis van het Nederlandse Protestantisme, Bd. 2. Kampen 1983, 9/–100. – E. BRAEKMAN: G. de B. Brüssel 1960; J.N. BAKHUIZEN VAN DEN BRINK: De Nederlandse Belijdenisgeschriften. Amsterdam ²1976, 1–27 59–146. *Peter J.A. Nissen*

■ Nachtrag: E. BRAEKMAN: Le protestantisme belge au 16ᵉ siécle. Carrières ... 1999.

Briçonnet, *Guillaume,* Bischof, Kirchenreformer, Sohn des Kardinals Guillaume B., * um 1470, † 24.1.1534 Esmans (Département Seine-et-Marne); noch während seines Studiums in Paris 1489 Bischof von Lodève, außerdem ab 1507 Kommendatarabt von St-Germain-des-Prés (als Nachfolger seines Vaters) und zusätzlich ab 1515 Bischof von Meaux. B. war als Diplomat für Ludwig XII. (u. a. in einer Gesandtschaft zu Julius II. [1507] und auf dem Konzil von Pisa [1511]) sowie für /Franz I. (Konkordat von Bologna [1516]) tätig. Er scharte humanistische Reformer wie Jakobus /Faber Stapulensis um sich und bemühte sich durch Visitationen und Diözesansynoden um die Reform der Diözese Meaux, wobei er besonderen Nachdruck auf die Residenz- und Predigtpflicht der Pfarrer legte; seit 1521 geistlicher Berater der Schwester Franz' I., Margarete von Angoulême, der späteren Königin von Navarra. Die „Gruppe von Meaux", zu der auch Guillaume /Farel und Franciscus /Vatablus gehörten, wurde reformatorischer Umtriebe bezichtigt und löste sich nach 1525 auf.

■ Quellen: G.B./Marguerite d'Angoulême: Correspondance (1521–24), ed. v. C. MARTINEAU – M. VEISSIÈRE, 2 Bde. Genf 1975–79.

■ Literatur: TRE 7, 187–190; CERAS 1, 198f. – M. VEISSIÈRE: L'évêque G.B. Provins 1986; J.-C. MARGOLIN: Érasme, G.B. et les débuts de la réforme en France: RHEF 77 (1991) 13–28; M. VEISSIÈRE: Autour de G.B. Provins 1993; DERSELBE: G.B. et l'évangile selon St. Jean: Revue des sciences philosophiques et théologiques 79 (1995) 431–437; J.-F. PERNOT (Hg.): Jacques Lefèvre d'Etaples. Paris 1995. *Peter Walter*

Briesmann, *Johannes,* Reformator von Königsberg, * 31.12.1488 Cottbus; † 1.10.1549 Königsberg; 1522 Doktor der Theologie in Wittenberg; 1523 auf Empfehlung Martin Luthers von ↗Albrecht von Brandenburg-Ansbach nach Königsberg gerufen. Als dessen Berater nahm er entscheidenden Einfluss auf die Reformation Preußens. 1527 als Domprediger nach Riga berufen, wo er bei der Durchführung der Reformation in Livland mitwirkte. 1531 kehrte B. als Dompfarrer nach Königsberg zurück; hier entfaltete er eine reiche literarische Tätigkeit und war maßgeblich am Aufbau der Universität beteiligt. 1546–49 „Präsident" des Bistums Samland. Im Kampf gegen die Schwenckfeldianer und gegen Andreas ↗Osiander versuchte er die kirchliche Einheit zu bewahren.

■ Werke: Kurze Ordnung des Kirchendiensts, samt einer Vorrede von Ceremonien (1530), hg. v. E. SEHLING: Die Evangelischen Kirchenordnungen des 16.Jh., Bd. 5. Leipzig 1913, 11–17; Flosculi de homine interiore et exteriore, fide et operibus (1523), hg. v. P. TSCHACKERT. Gotha 1887.

■ Literatur: NDB 2, 612f.; RGG⁴ 1, 1764. – R. STUPPERICH: J. B.s reformatorische Anfänge: Jahrbuch für brandenburgische Kirchengeschichte 34 (1939) 3–21; DERSELBE: Die Reformation im Ordensland Preußen 1523/24. Ulm 1966.   *Michael Becht*

Brück, *Gregor* (Gregorius Pontanus), eigentlich Heintz(e), kursächsischer Jurist und Politiker, * 1485/86 Brück bei Potsdam, † 15.2.1557 Jena. B. wurde 1519 von ↗Friedrich dem Weisen als Rat berufen und Herzog Johann dem Beständigen als Kanzler zugewiesen. 1529 als „Rat von Haus aus auf Lebenszeit" bestallt, erreichte sein Einfluss 1529-46 den Höhepunkt. Er betrieb die Gründung des ↗Schmalkaldischen Bundes und prägte die Konsistorialverfassung der Landeskirche. Seit 1547 lebte er in Jena und setzte sich für die Stiftung der dortigen Universität ein.

■ Literatur: E. FABIAN: Dr. G.B. Tübingen 1957; DERSELBE: Die Entstehung des Schmalkaldischen Bundes und seiner Verfassung. ebd. ²1962.   *Irmgard Höß*
■ Nachtrag: RGG⁴ 1, 1778. – U. VON BRÜCK: Im Dienste der Reformation. Ein Lebensbild des kursächsischen Kanzlers G.B. Berlin 1985.

Brus von Müglitz (B.), *Anton,* Erzbischof von Prag (1561), * 13.2.1518 Müglitz (Mähren), † 27.5.1580 Prag; nach dem Studium Eintritt bei den Kreuzherren mit dem roten Stern in Prag; 1540 Priester; Feldgeistlicher im Türkenkrieg, dann Pfarrer; 1552 Großmeister seines Ordens. 1558 zum Bischof von Wien nominiert, 1560 präkonisiert. 1562/63 Orator Kaiser ↗Ferdinands I. auf dem Konzil von Trient. Er setzte sich dort energisch für die Verwirklichung der kaiserlichen Reformwünsche ein. Mitarbeit an der Reform des Index. Nach dem Konzil konnte er zwar nicht die Erlaubnis Maximilians II. für die Promulgation der Konzilsdekrete auf einer Provinzialsynode erlangen, bemühte sich aber um Durchführung von kirchlichen Reformen in Böhmen.

■ Literatur: TH. SICKEL: Zur Geschichte des Konzils von Trient. Wien 1872 (Konzilsberichte); Briefe des Prager Erzbischofs A.B., hg. v. S. STEINHERZ. Prag 1907; DERSELBE: Eine Denkschrift des Prager Erzbischofs A.B. über die Herstellung des Glaubenseinheit in Böhmen: Mitteilungen des Vereins für Geschichte der Deutschen in Böhmen 45 (1906) 162–177; JEDIN Bd. 4/1–2.

Klaus Ganzer

Bucer (Butzer), *Martin,* Reformator, * 11.11.1491 Schlettstadt, † 28.2.1551 Cambridge; trat 1507 in das Dominikanerkloster seiner Heimatstadt ein. Im Generalstudium in Heidelberg geriet er unter den Einfluss des ↗Erasmus von Rotterdam und wurde 1518 durch die Begegnung mit Martin Luther (Heidelberger Disputation) tief und dauerhaft von diesem geprägt. Nach unruhigen Wanderjahren kam B. Anfang Mai 1523 als Flüchtling nach Straßburg, wo er in *Das ym selbs niemant, sonder anderen leben soll* sein theologisches Programm entwarf: Auf der Grundlage der Prinzipien ⁄ Sola Scriptura, Solus Christus und ⁄ Sola Fide ging es um die Heiligung des Einzelnen und der Gemeinde. Bestrebt, die politische und theologische Isolation Straßburgs nach dem Tod Huldrych Zwinglis (1531) zu überwinden, suchte B. die Übereinkunft mit Luther in der Abendmahlsfrage. 1534 gelang die Verständigung mit Philipp Melanchthon, im Mai 1536 der Abschluss der ⁄ Wittenberger Konkordie. Sie bildete eine echte Übereinkunft, allerdings auf lutherischer Basis. Die meisten süddeutschen Orte traten der Abmachung bei, nicht jedoch die Schweizer. In der gleichen Zeit wirkte B. als kirchlicher Berater und Organisator in vielen Territorien und Städten Süddeutschlands. Besonders intensive Kontakte entstanden zu ⁄ Philipp von Hessen. B. reorganisierte auch hier das Kirchenwesen mitsamt der Kirchenzucht, wozu jetzt erstmals die ⁄ Konfirmation gehörte, und gewann dadurch eine Gruppe von ⁄ Täufern für die Kirche zurück. Auch beim Zustandekommen von Philipps Doppelehe (1539/40) spielte B. eine wichtige Rolle.

Im Zusammenhang mit der Neuorganisation der Straßburger Kirche (seit 1533) verfasste B. seine große Pastoraltheologie *Von der waren Seelsorge* (1539). Hier entfaltete er sein Verständnis von ⁄ Kirche: Gemeinde als Gemeinschaft gläubiger Christen, die bereit sind, Verantwortung füreinander zu tragen – woraus die Notwendigkeit der Einrichtung unterschiedlicher Ämter wie auch der Kirchenzucht folgt. Den Höhepunkt seines Einflusses erreichte B. bei den Religionsgesprächen in den Jahren 1539/41. Zusammen mit Johannes Gropper verfasste er das ⁄ Regensburger Buch. Doch ebenso wie der Plan eines Nationalkonzils scheiterte der Versuch, im Erzbistum Köln die Reformation einzuführen. Nach dem Sieg des Kaisers über den ⁄ Schmalkaldischen Bund kämpfte B. erbittert gegen die Einführung des ⁄ Augsburger Interims in Straßburg. Er musste deshalb Anfang 1549 nach England emigrieren. Als Professor in Cambridge konnte B. 1550 noch seine große theologische und sozialpolitische Reformschrift *De regno Christi* vollenden.

▪ Werke: M.B.s Deutsche Schriften. Gütersloh 1960ff.; Martini Buceri Opera latina. Paris 1955, Leiden 1982ff.; Correspondance de M.B. Leiden 1979ff.; Bibliographia Bucerana, hg. v. R. STUPPERICH. Gütersloh 1952.

▪ Literatur: TRE 7, 258–270. – H. EELLS: M.B. New Haven 1931, Nachdruck New York 1971; M. GRESCHAT: M.B. Ein Reformer und seine Zeit. München 1990. *Martin Greschat*

▪ Nachtrag: RGG⁴ 1, 1810ff. – H. JOISTEN: der Grenzgänger M.B. Speyer 1991; M. DE KROON: M.B. und Johannes Calvin. Göttingen 1991; D.F. WRIGHT (Hg.): M.B. Reforming church and community. Cambridge 1994; W. VAN'T SPIJKER: The ecclesiastical offices in the thought of M.B. Leiden 1996; G. SEEBASS: B.-Forschung seit dem Jubiläumsjahr 1991: Theologische Rundschau 62 (1997) 271–300; V. ORTMANN: Reformation und Einheit der Kirche. M.B.s Einigungsbemühungen bei den Religionsgesprächen ... Mainz 2001; A. GÄUMANN: Reich Christi und Obrigkeit. Eine Studie zum reformatorischen Denken und Handeln M.B.s. Bern 2001.

Buchstab, *Johannes,* katholischer Theologe, * um 1499 Winterthur, † 29.8.1528 Fribourg; Leutpriester in Herisau (1522), 1523 Lateinlehrer und Chorherr in Bremgarten, 1524 in Zofingen, ab 1528 Lehrer in Fribourg.

Vertrat auf der Berner Disputation 1528 (Berchtold ⁄Haller) die altgläubige Position und verfasste ab 1527 kontroverstheologische Schriften.
■ Werke: VD 16 3, 478f.; KLAIBER n. 434–443; KÖHLER BF 173–178.
■ Literatur: G.W. LOCHER: Die Berner Disputation 1528: Zwingliana 14 (1974–78) 542–564; I. BACKUS: The Disputations of Baden, 1526, and Berne, 1528. Princeton (New Jersey) 1993. *Heribert Smolinsky*

Budé (Budaeus), *Guillaume*, Humanist, * 26.1.1468 Paris, † 22.8.1540 ebenda; 1483–86 juristisches Studium in Orléans; betrieb seit 1491 als Autodidakt humanistische Studien; 1497–1502 königlicher Sekretär, später zeitweise mit diplomatischen Aufgaben betraut; ab 1522 in öffentlichen Ämtern; einer der Initiatoren der philologisch-historisch orientierten Rechtsschule in Frankreich („mos gallicus"). B. stellt in seinen *Annotationes* zu den Pandekten Justinians (Paris 1508) die Kenntnis des römischen Rechts auf eine neue Grundlage. In *De Asse* (ebd. 1515) beleuchtet er neben dem antiken Maß- und Münzwesen die wirtschaftlichen und sozialen Zustände auch der Gegenwart. Während er in *De studio literarum* und *De philologia* (ebd. 1532) die Philologie als Grundlage aller Wissenschaften an die Stelle der Philosophie treten lässt, warnt er in *De transitu hellenismi ad christianismum* (ebd. 1535) vor einem Rückfall ins Heidentum. Obwohl in vielem reformatorischen Gedanken nahe stehend, vertritt er die antireformatorische Haltung König ⁄Franz' I. Jean Calvin ist von B. beeinflusst.
■ Werke: Opera omnia, 4 Bde. Basel 1557; De transitu hellenismi ad christianismum, ed. v. M. LEBEL. Sherbrooke 1973; Correspondance, ed. v. G. LAVOIE – R. GALIBOIS. ebd. 1977; De studio literarum recte et commode instituendo, ed. v. M.-M. DE LA GARANDERIE. Paris 1988.
■ Literatur: TRE 7, 335–338; CERAS 1, 212–217. – L. DELARUELLE: G.B. Paris 1907; J. PLATTARD: G.B. et les origines de l'humanisme français. ebd. 1923; J. BOHATEC: B. und Calvin. Graz 1950; D.F. PENHAM: De transitu Hellenismi ad Christianismum. New York 1954; D.O. MCNEIL: G.B. and Humanism in the Reign of Francis I. Genf 1975; M.-M. DE LA GARANDERIE: Christianisme et lettres profanes (1515–35). Paris 1995. *Peter Walter*
■ Nachtrag: G. GADOFFRE: La révolution culturelle dans la France des humanistes. G.B. et François Ier. Genf 1997; M.J. AHN: The influence on Calvin's hermeneutics and the development of his method: Hervormde Teologiese Studies 55 (1999) 228–239.

Bugenhagen (Pomeranus), *Johannes*, evangelischer Theologe, * 24.6.1485 Wollin, † 20.4.1558 Wittenberg; 1517 biblisches Lektorat am Kloster Belbuck; 1521 Wittenberg, dort seit 1522 exegetische Vorlesungen und 1523 Stadtpfarrer, 1533 Professor. Freund und Seelsorger Martin Luthers. B.s besondere Begabung lag auf praktisch-organisatorischem Gebiet. Auf zahlreichen Reisen im norddeutsch-skandinavischen Raum war er für die Ausbreitung der Reformation tätig. Er verfasste Kirchenordnungen für die Städte Braunschweig (1528), Hamburg (1529), Lübeck (1531), Hildesheim (1542–44) sowie für die Territorien Pommern (1535), Dänemark (1537), Holstein (1542), Braunschweig-Wolfenbüttel (1543). Nach Luthers Tod ging seine Aktivität zurück. B. arbeitete maßgeblich an der Übertragung der Bibel ins Niederdeutsche mit, verfasste zahlreiche exegetische Schriften und 1518 die erste Geschichte Pommerns (*Pomerania*, erst 1728 gedruckt).
■ Literatur: NDB 3, 9f.; TRE 7, 354–363. – O. VOGT: Dr. J.B.s Briefwechsel. Stettin 1888, Hildesheim ²1966 (mit Nachträgen); G. GEISENHOF: Bibliotheca Bugenhagiana. Leipzig 1908; H.-G. LEDER (Hg.): J.B. Gestalt und Wirkung. Berlin 1984; K. STOLL (Hg.):

Kirchenreform als Gottesdienst. Der Reformator J.B. Hannover 1985; E. WOLGAST: J.B.s Beziehungen zur Politik nach Luthers Tod: Gedenkschrift für R. Olesch. Köln 1990, 115–138; A. BIEBER: J.B. zwischen Reform und Reformation. Göttingen 1993; V. GUMMELT: Lex et Evangelium. Berlin 1994

Eike Wolgast

■ Nachtrag: RGG⁴ 1, 1852f. – R. KÖTTER: J.B.s Rechtfertigungslehre und der römische Katholizismus. Göttingen 1994.

Bullinger, *Heinrich,* Schweizer Reformator, * 18.7.1504 Bremgarten, † 17.9.1575 Zürich; Sohn des Pfarrers und Dekans Heinrich B., machte sich schon während seines Studiums in Emmerich und Köln mit humanistischem und reformatorischem Schrifttum vertraut und wurde als Lehrer im Kloster Kappel (1523) und als Pfarrer in Bremgarten (1529) zum entschiedenen Anhänger Huldrych Zwinglis. Am 9.12.1531 zu dessen Nachfolger gewählt, prägte er die Zürcher Kirche und ihr Verhältnis zum Magistrat grundlegend (Prediger- und Synodalordnung, 1532). B. gewann durch seinen Briefwechsel (rund 12000 Schreiben sind überliefert) rasch erheblichen Einfluss auf die Reformierten in Europa (/Zwinglianismus). Ebenso wirksam war B.s Publizistik; seine Bibelkommentare, Predigtsammlungen (Dekaden) und Kontroversschriften fanden, vielfach aufgelegt und übersetzt, weite Verbreitung. In scharfer Abgrenzung gegen /Täufer und Katholiken suchte B. innerprotestantisch den Ausgleich; eine Einigung mit Martin Luther in der Abendmahlsfrage gelang zwar nicht (/Abendmahlsstreit), doch erzielte er 1549 eine Übereinkunft mit Jean Calvin (/Consensus Tigurinus). Seine *Confessio Helvetica posterior* von 1566 wurde zur Glaubensgrundlage zahlreicher reformierter Kirchen Europas. Nachhaltige Wirkung hatte besonders auch B.s bundestheologischer Ansatz (*De Testamento seu foedere Dei unico et aeterno,* 1534). Von Bedeutung sind zudem seine historischen Arbeiten zur Reformations- und zur Schweizer Geschichte (Tigurinerchronik).

■ Werke: H.B. Werke. Zürich 1972ff.
■ Literatur: TRE 7, 375–387. – J. STAEDTKE: Die Theologie des jungen B. Zürich 1962; S. HAUSAMMANN: Römerbriefauslegung zwischen Humanismus und Reformation. ebd. 1970; U. GÄBLER–E. HERKENRATH (Hg.): H.B., 2 Bde. ebd. 1975; H.U. BÄCHTOLD: H.B. vor dem Rat, 1531–75. Bern 1982; F. BLANKE–I. LEUSCHNER: H.B. Zürich 1990; P. BIEL: Doorkeepers at the House of Righteousness. H.B. and the Zurich Clergy 1535–1575. Bern 1991; C.S. MCCOY–J.W. BAKER: Fountainhead of Federalism. H.B. and the Covenantal Tradition. Louisville (Kentucky) 1991. *Hans Ulrich Bächtold*
■ Nachtrag: A. MÜHLING: H.B.s europäische Kirchenpolitik. Bern 2001.

Bürki (auch Steiger), *Barnabas,* Benediktiner, Reformabt von Engelberg, * um 1473/74 in Altstätten (Kanton Sankt Gallen), † 29.12.1546; 1495–1503 Student in Paris im Umkreis der reformgesinnten Theologen um /Faber Stapulensis. 1503 Magister artium und Klostereintritt. Vor dem 13.7.1505 Abt. Steht weiter mit dem Humanisten in Verbindung (Oswald /Myconius). Unter seiner Führung bleibt die Abtei Engelberg dem alten Glauben treu. 1526 erster Präsident der /Badener Disputation, setzt sich 1528 auch im Berner Oberland für die Erhaltung des katholischen Glaubens ein. Um die Hebung der klösterlichen Wirtschaft bemüht, zeigt sich Abt Barnabas als weiser Gesetzgeber des kleinen Klosterstaates.

■ Literatur: A. WEISS: Das Kloster Engelberg unter Abt B.B. 1505–46 (Zeitschrift für Schweizer Kirchengeschichte, Beiheft 16). Fribourg 1956. *Urban Hodel*

Buschius (von Büschen, von dem Busche; Pasiphilus), *Hermannus,* Humanist, * um 1468 Schloss Sassenberg bei Warendorf, † 1534 Dülmen; studierte u. a. in Heidelberg, Tübingen, Rom und Bologna, lehrte 1494–98, 1508–15, 1518–23 Rhetorik und Poetik in Köln; dazwischen an verschiedenen Orten tätig; in die Reuchlin-Affäre verwickelt; Mitarbeit an den ↗„Dunkelmännerbriefen"; 1523–26 Professor für römische Literatur in Heidelberg, 1527–33 für Geschichte und Rhetorik in Marburg; B., der sich schon sehr früh Martin Luther anschloss, disputierte 1533 in Münster mit dem Täufer Bernhard ↗Rothmann. In seinem Hauptwerk *Vallum humanitatis* (Köln 1518) verteidigt B. die humanistischen Studien und legt deren Nutzen für die Theologie dar.

▪ Literatur: LMA 2, 1116f.; CERAS 1, 233f. – H.J. LIESSEM: H. von dem Busche: Programm des Kaiser-Wilhelm-Gymnasiums zu Köln 1884–89. 1904–08, Nachdruck Nieuwkoop 1965; A. BÖMER: Westfälische Lebensbilder 1 (1930) 50–67; Die Schriften der Münsterischen Täufer und ihrer Gegner, hg. v. R. STUPPERICH, Bd. 1. Münster 1970, 94–119; J.H. OVERFIELD: Humanism and Scholasticism in Late Medieval Germany. Princeton (New Jersey) 1984; Kölner Universitätsgeschichte, Bd. 1. Köln 1988, 223ff.; J.V. MEHL: H. von dem Busches ‚Vallum humanitatis' (1518): Renaissance Quarterly 42 (1989) 480–506. *Peter Walter*

▪ Nachtrag: J.V. MEHL: Hermann von dem Busche's poem in honor of Erasmus' arrival in Cologne in 1516: In laudem Caroli. FS Ch.G. Nauert. Kirksville (Missouri) 1998, 65–73.

Bußsakrament. Die Reformation war in ihren Wurzeln Widerspruch gegen die mittelalterliche Bußlehre und Bußpraxis mit ihrer Konzentration auf das B. und genugtuende Werke. Das ganze Christenleben soll nach Christi Anordnung von der Buße bestimmt sein – so Martin Luthers erste Wittenberger These (WA 1, 233). Der Christ muss „täglich in seine Taufe schlüpfen" (WA 15, 481ff.); der alte Adam in uns soll „durch tägliche Buße und Reue ... ersäuft werden und sterben mit allen Sünden und bösen Lüsten", und täglich soll „herauskommen und auferstehen ein neuer Mensch, der in Gerechtigkeit und Reinigkeit für Gott ewiglich lebe" (WA 30/1, 312). In der Mortificatio und der Regeneratio nostri handelt Gott am Menschen (Philipp Melanchthon: Loci communes 8, 63f.); so sind Reue und Genugtuung keine Leistungen des Büßenden, die ihm die Sündenvergebung verdienen könnten. Allein der Glaube an Gottes versöhnendes Handeln am Sünder rechtfertigt (↗Rechtfertigung; ↗Sola fide). Jean Calvin versteht Buße als beständige Einübung der Selbstverleugnung und „Tötung des Fleisches", worin sich – durch Gottes Geist – Auferweckung zu neuem Leben ereigne. Wer zum Leben aus dem Geist auferweckt ist, der bringt sichtbare Früchte der Buße (Inst III, 4, 8; 3, 16).

▪ Literatur: R. SCHWARZ: Vorgeschichte der reformatorischen Bußtheologie. Berlin 1968; S. HAUSAMANN: Buße als Umkehr und Erneuerung von Mensch und Gesellschaft. Zürich 1975; B. LOHSE: Beichte und Buße in der lutherischen Reformation: Lehrverurteilungen – kirchentrennend?, Bd. 2, hg. v. K. LEHMANN. Freiburg–Göttingen 1989, 283–295. *Jürgen Werbick*

▪ Nachtrag: D. MYERS: Ritual, confession, and religion in sixteenth-century Germany: ARG 89 (1998) 125–143.

Cajetan, *Thomas* (Taufnahme: Jacobus) *de Vio,* Dominikaner (1484), * 20.2.1469 Gaëta, † 10.8.1534 Rom (Grab S. Maria sopra Minerva); 1494 Magister theologiae in Padua; er lehrte in Padua, Brescia, Pavia sowie 1500–07 an der Sapienza in Rom; 1508 Generalmagister seines Ordens; 1517 Kardinal (San Sisto), 1518 Erzbischof von Palermo, 1519 Bischof seiner Heimatstadt Gaëta; Legat in Deutschland (1518/19) und Ungarn

(1523/24) und reformwilliger Berater an der päpstlichen Kurie. C.s Werk hebt an mit philosophischen Kommentaren zu Aristoteles (Praedicamenta; De anima), Porphyrios (Eisagoge) und Thomas von Aquin (De ente et essentia). Er wendet sich gegen den Averroismus und den univoken Seinsbegriff des Skotismus. Den Schlüssel zu seiner Metaphysik stellt seine Analogielehre dar (*De nominum analogia*, 1498), die der Proportionalitätsanalogie den Vorzug vor der Attributionsanalogie gibt. Die neuzeitliche Differenzierung von Theologie und Philosophie, die sich bei ihm abzeichnet, stieß bei Zeitgenossen bis hin zu heutigen Interpreten auf Unverständnis: C. hielt die Glaubensmysterien (Trinität, Inkarnation, Auferstehung des Fleisches) für logisch unableitbar, einen philosophischen Beweis für die Unsterblichkeit der Seele hingegen für möglich. – C.s theologisches Hauptwerk bildet der (erste veröffentlichte vollständige) Kommentar zur „Summa theologiae" des Thomas von Aquin (Summa theologiae I: abgeschlossen 1507; I-II: 1511; II-II: 1516; III: 1522). In Methode und Inhalt prägte er die Thomas-Rezeption und trug wesentlich dazu bei, dass die „Summa theologiae" als theologisches Unterrichtswerk die Sentenzen des Petrus Lombardus ablöste.

C. war ein herausragender Vertreter der Ordens- und Kirchenreform. Persönlich von tiefer Frömmigkeit und bescheidener, strenger Lebensführung, legte er als Generalmagister Wert auf Gemeinschaftsleben, Armut und Studium. Schon bevor er Martin Luthers Ablassthesen kannte, nahm sein Traktat *De indulgentiis* vom 8.12.1517 kritisch zur Ablasspraxis Stellung. Nach dem Tod Leos X. trat C. für den Reformpapst Hadrian VI. ein. Sein Gutachten 1530/31 kommt bezüglich Kelchkommunion (/Laienkelch) und Priesterehe (/Zölibat) den Reformatoren entgegen. – C.s Stellungnahme zu moraltheologischen und sozialethischen Fragen förderte die Verselbständigung der Moraltheologie. Seine *Summula peccatorum* (1523) geht ein auf aktuelle seelsorgliche Probleme einschließlich wirtschaftlicher und sozialer Fragen (Zins, Wucher, Simonie, Kriegsbeute usw.). – Von Leo X. mit der Causa Lutheri betraut, traf C. auf dem Augsburger Reichstag 1518 mit dem Reformator zusammen. 15 *Opuscula* (9.–29.10.1518) dokumentieren seine Stellungnahme zu den strittigen Fragen. Für kirchentrennend erachtet C. Luthers Lehre, dass die Gewissheit der eigenen /Rechtfertigung konstitutives Element dieser Rechtfertigung sei: „Das bedeutet eine neue Kirche bauen" (*Opuscula* 111a). – Die Ekklesiologie löst C. aus der Kanonistik, um sie der dogmatischen Theologie zuzuweisen. Seine biblisch und christologisch fundierte Lehre über die /Kirche wurde v. a. in seiner Abwehr konziliaristischer Strömungen (Konzil von Pisa 1511/12; im Lateranum V 1512–17) und in der Verteidigung des päpstlichen Primats gegen die Reformatoren wirksam. – Die letzten zehn Jahre seines Lebens widmete C. der Auslegung der Heiligen Schrift (1524–29: Neues Testament ohne Apostelgeschichte; 1530–34: Altes Testament bis Jesaja). Sein Ansatz beim Literalsinn, der Anschluss an Hieronymus in der Kanonfrage und der Mut, auch gegen den „Strom der Doktoren" einen „neuen Sinn" vorzulegen, führten zu Kontroversen mit dem Dominikaner /Ambrosius Catharinus und der Sorbonne. – Die scholastische Sprachgestalt seines Werkes und die antireformatorische Prägung der nachtridentinischen

Kirche verhinderten, dass C.s Ansätze aufgenommen und entfaltet wurden.
- Werke: Opuscula omnia (Paris 1530 u.ö.). Lyon 1562; Opera omnia quotquot in Sacrae Scripturae expositionem reperiuntur, 5 Bde. ebd. 1639; Kommentar zur Summa theologiae in der Editio Leonina der Werke des Thomas von Aquin, Bd. 4–12. Rom 1888–1906; Bd. 14: Indices. ebd. 1948; De comparatione auctoritatis Papae et concilii (1511), hg. v. V.-M. POLLET. ebd. 1936; De divina institutione pontificatus Romani Pontificis (1521), hg. v. F. LAUCHERT. Münster 1925; Summula peccatorum (1523). Paris 1526.
- Literatur: J.F. GRONER: Kardinal C. Fribourg–Löwen 1951; R. BAUER: Gotteserkenntnis und Gottesbeweise bei Cardinal C. Regensburg 1955; G. HENNIG: C. und Luther. Stuttgart 1966; A. BODEM: Das Wesen der Kirche nach Kardinal C. Trier 1971; H. DE LUBAC: Die Freiheit der Gnade (Paris 1965), 2 Bde. Einsiedeln 1971; J. WICKS: C. und die Anfänge der Reformation. Münster 1983; B. HALLENSLEBEN: Communicatio. Anthropologie und Gnadenlehre bei Thomas de Vio C. ebd. 1985; DIESELBE: ‚Das heißt eine neue Kirche bauen': Catholica. Vierteljahresschrift für Ökumenische Theologie 39 (1985) 217–239; Rationalisme analogique et humanisme théologique. La culture de Thomas de Vio ‚Il Gaetano', hg. v. B. PINCHARD–S. RICCI. Neapel 1993. *Barbara Hallensleben*
- Nachtrag: CH. MOREROD: C. et Luther en 1518, 2 Bde. Fribourg 1994; M. NIEDEN: Organum Deitatis. Die Christologie des Th. de Vio C. Leiden 1997; B.A.R. FELMBERG: Die Ablaßtheorie Kardinal C.s. Leiden 1998; A. KRAUSE: Zur Analogie bei C. und Thomas von Aquin. Halle (Saale) 1999.

Cajetan von Thiene (Gaetano da Tiene), heilig (1678; Fest 7.8.), Ordensgründer, * 1480 Vicenza, † 7.8.1547 Neapel (Grab in S. Paolo Maggiore); nach Rechtsstudien an der päpstlichen Kurie unter Julius II. tätig. 1516 Priester. Unter dem Einfluss oberitalienischer Reformkreise gründete er 1524 mit drei Gefährten (darunter Giampetro Carafa, später Papst /Paul IV.) den ältesten Orden von Regularklerikern (Theatiner) als Träger der kirchlichen Reformarbeit. C. wirkte in Rom, Venedig und Neapel.
- Literatur: Bibliotheca Sanctorum, ed. v. Istituto Giovanni XXIII, Bd. 5. Rom 1972, 1345–49. – F. ANDREU: Le Lettere di San Gaetano: Studi e Testi 177 (1954); G. LLOMPART: Gaetano da Thiene, 1480–1547. Wiesbaden 1969. *Karl Suso Frank*
- Nachtrag: M.J. HUFNAGEL: St. Cajetan, ein wenig bekannter Schutzpatron Bayerns. St. Ottilien 1992.

Calini, *Muzio*, italienischer Latinist, * 1525 Brescia, † 22.4.1570 Terni; humanistisch gebildet; 1544 in Zypern, dann in Malta; 1549 Johanniter. In Rom Berührung mit reformwilligen Kräften; 1555 Erzbischof von Zara. 1561/63 rege Tätigkeit beim Konzil in Trient. Seine (233) Briefe von dort an Kardinal Alvise Cornaro sind wertvoll für die Geschichte des Konzils. 1566 Bischof von Terni.
- Ausgabe: M.C., Lettere conciliari (1561–63), hg. v. A. MARANI. Brescia 1963; Lettere postconciliari di M.C., hg. v. DEMSELBEN. Florenz 1979; Monumenti di varia letteratura, hg. v. G.B. MORANDI, Bd. 3. Bologna 1804, 69–155.
- Literatur: DBI 16, 725ff. – L. CASTANO: Mons. M.C. ... al concilio di Trento: Concilio di Trento, Rivista commemorativa del IV centenario 2 (1943) 123–138.

Klaus Ganzer

Calvin, *Jean*, Theologe, Reformator
1. Leben • 2. Werke • 3. Theologie.

1. *Leben.* *10.7.1509 Noyon (Picardie), †27.5.1564 Genf. Geboren als Sohn eines Vermögensverwalters des Domkapitels, verlor C. seine Mutter, eine der Volksfrömmigkeit sehr ergebene Frau, in jungen Jahren. C. lernte ab 1523 in Paris zunächst am Collège de la Marche bei Mathurin Cordier, dann widmete er sich den freien Künsten am Collège Montaigu. Nach einem Streit mit dem Domkapitel forderte ihn sein Vater auf, anstatt Theologie Jura zu studieren. Er tat

dies in Orléans und in Bourges. Unter dem Einfluss von z.T. schon an Martin Luther orientierten Humanisten begann C., die Bibel und die Kirchenväter zu lesen. Nach dem Tod seines Vaters begab er sich wieder nach Paris, um am Collège Royal seine Kenntnisse der biblischen Sprachen sowie des klassischen und christlichen Altertums zu vertiefen. Diese Hochschule bildete im Geist von ∕Erasmus von Rotterdam und ∕Faber Stapulensis einen Gegenpol zur inquisitorisch gesonnenen theologischen Fakultät der Sorbonne. Das Erstlingswerk C.s war ein Kommentar zu Senecas „De clementia", eine Ermahnung des Herrschers zur Toleranz. Mit Luthers Ideen machte er über den Reformerkreis um Bischof Guillaume ∕Briçonnet von Meaux Bekanntschaft. Bald von der Sorbonne der lutheranischen Häresie verdächtigt, sah sich C. Ende 1533 gezwungen, aus Paris nach Basel zu fliehen. Hier erst vollzog sich seine entschlossene Hinwendung zur Reformation. Ob dies als eine „plötzliche Bekehrung zum Belehrtsein" durch das Evangelium, wie er ein Vierteljahrhundert später schrieb (CR 59, 21), geschah, bleibt umstritten. Die zeitgenössischen Belege deuten eher eine allmähliche Wende an, die ihren Ausdruck in der *Christianae Religionis Institutio* (Basel 1536), einem theologischen Handbuch, fand. Als Hauptquellen dienten ihm die beiden Katechismen Luthers sowie dessen Schriften die „Freiheit eines Christenmenschen" und die „Babylonische Gefangenschaft". Martin ∕Bucers, Philipp Melanchthons und Huldrych Zwinglis Werke wurden nur zur Klärung von Einzelfragen herangezogen. Der große Erfolg seiner *Institutio* spornte den 27-jährigen Laientheologen zu weiterem Selbststudium im evangelischen Straßburg an. Dazu kam es aber vorerst nicht. Guillaume ∕Farel, der bei der Durchführung der Reformation in Genf erhebliche Schwierigkeiten erfuhr, beschwor C., sein Mitarbeiter zu werden (vgl. CR 59, 23). So wurde C. zum „Lektor der Heiligen Schrift" in Genf, verfasste aber auch eine Kirchenordnung, die zur Stützung der Kirchenzucht schon die Exkommunikation als Ausschluss vom monatlich gefeierten Abendmahl vorsah, ferner einen Katechismus und ein Glaubensbekenntnis, „das zu befolgen und zu halten alle Bürger [...] sich eidlich verpflichten" (CR 22, 85). Der Stadtrat sollte für die Förderung der „reinen Religion" als „minister Dei" sorgen. Dieser wandte sich aber gegen die übereifrigen Pastoren, wies im Frühjahr 1538 Farel und C. aus. Auf Einladung Bucers begab sich C. nach Straßburg, übernahm dort die französischsprachige Pfarrei und veröffentlichte eine erweiterte Fassung der *Institutio* in lateinischer (1539) und französischer (1541) Sprache. Er nahm an den Religionsgesprächen in Frankfurt, Hagenau, Worms und Regensburg teil, wo er Melanchthon kennen lernte. Luther ist er nie persönlich begegnet. In den Verhandlungen zeigte er Offenheit, mitunter sogar den „Römischen" gegenüber: er stimmte dem Regensburger Konsens über die Rechtfertigung, der leider ohne Folgen blieb, zu (∕Regensburger Buch). C. heiratete Idelette de Bure, die Witwe eines Täufers: Ihr einziges Kind starb bald nach der Geburt. Kardinal Jacopo ∕Sadoleto, Bischof von Carpentras (Provence), forderte C. durch seinen Rekatholisierungsversuch in Genf (vgl. CR 5, 382ff.) zur Stellungnahme heraus. Die verwirrten Genfer selbst baten ihn darum. Seine Antwort greift nochmals das Thema „wahre Kirche" auf: Sie beruhe nicht – wie Sadoleto meint – auf einem jahrhundertelangen Konsens menschlicher Traditionen, sondern auf Gottes Wort allein (CR 5, 392), zu dessen Dienst der Heilige Geist immer wieder Propheten beruft (CR 5, 393 f.). Heute habe sich die römische Kirche so sehr von dieser Idealgestalt entfernt, dass sie einer radikalen Erneuerung, ohne Schisma und Neuheiten in der Lehre, bedarf (ebd. 412). Die Genfer riefen C. 1541 zurück, und der Rat genehmigte diesmal seine Kirchenordnung, die folgende vier Ämter vorsah: a) die „Pastoren", durch Handauflegung ordiniert, zum Dienst am Wort durch Predigt und Sakrament, kollegial vereint in der „Compagnie des Pasteurs", die sich regelmäßig zu Bibelstudium, pastoraler Beratung, Sittenzensur und Kooptation neuer Mitglieder versammeln sollte (dass sich C., soweit wir wissen, nicht ordinieren ließ, führten Forscher auf sein prophetisches Selbstbewusstsein zurück); b) die „Lehrer", betraut mit dem Religionsunterricht von der schulischen bis zur theologischen Ebene; c) die „Ältesten" zur Überwachung der Lebensführung und als gleichsam laikale Verantwortliche für politische Belange, verbunden mit den Pastoren im „Konsistorium"; d) die „Diakone" zur sozialen Fürsorge: ihr Dienst am Armen und Kranken gilt als praktische Evangeliumsverkündigung und begründet ihre Teilnahme an der Austeilung des Brotes und des Weines beim Abendmahl. In seinem neuen Katechismus vertrat C. ein positiveres Gesetzesverständnis als Luther: es offenbart nicht nur unsere Sündhaftigkeit, sondern dient auch als Ansporn zum sittlichen Fortschritt und als „Bundesordnung". In diesem Kontext dürften wohl die Genfer Lehrzuchtverfahren gesehen werden: gegen Sebastian ↗Castellio, Jérôme ↗Bolsec und v. a. Michel ↗Scrvet, der eine modalistische Trinitätslehre vertrat (↗Antitrinitarier). Als Servet nach Genf kam, zeigte C. ihn beim Gericht an, das ihn dann zum Tod auf dem Scheiterhaufen verurteilte. Die reformierten Gemeinden von Basel, Bern, Schaffhausen und Zürich sowie später Melanchthon stimmten diesem inquisitionsähnlichen Verfahren zu. Größere Duldsamkeit zeigte C. im ↗Abendmahlsstreit mit reformatorischen Theologen aus der Schweiz und Deutschland. Er unterschrieb die „Confessio Augustana variata", nach welcher Leib und Blut Christi „mit" Brot und Wein wirklich dargereicht werden (BSLK 65). Mit Heinrich ↗Bullinger, dem Nachfolger Zwinglis, handelte er 1549 den ↗Consensus Tigurinus über eine gemeinsame Abendmahlslehre aus. In Genf selbst gelang es C. jedoch nie, seine Kirchenordnung ganz durchzusetzen. Die „Patrioten" leisteten ihm eine Zeitlang wegen seines Anspruchs, das Privatleben durch das „Konsistorium" kontrollieren zu lassen, Widerstand. Im Ausland übte das Genf C.s nachhaltige Ausstrahlungskraft aus. C. führte eine rege Korrespondenz mit verfolgten Glaubensgenossen in Frankreich, aber auch mit Regierenden (Polen, England). An der 1559 gegründeten Genfer Akademie studierten viele zukünftige Pastoren aus Nord- und Mitteleuropa, ihre Bibliothek war reich an exegetischen, patristischen und systematischen Werken, inklusive solchen der römischen Scholastik. C.s Gesundheit hielt mit der enormen Arbeitsbelastung nicht lange Schritt. Er starb noch nicht ganz 55-jährig. Auf eigenen Wunsch wurde C. ohne Zeugen und Trauerfeier an einem unbekannten Ort beigesetzt.

2. Die *Werke* C.s umfassen a) die verschiedenen, stets erweiterten Ausgaben der *Institutio* (1536, 1539, 1543, 1559), deren erste französische Übersetzung (1541) aus eigener, die letzte (1564) aus fremder Hand stammt; b) Kommentare zu beinahe allen Schriften des Alten und Neuen Testaments; c) Predigten; d) Traktate, Opuscula sowie Gelegenheits- und Streitschriften; e) Korrespondenz.

3. *Theologie.* C.s Systematik kann als eine Synthese von Weisheit und Wissenschaft erachtet werden. Weisheitlich will sie Verstand und Herz, Individuum und Gemeinschaft von Gott her und auf das Heil hin ansprechen; wissenschaftlich setzt sie Bibel- und Altertumskunde samt dem Instrumentar der Logik und Dialektik ein. Für seinen hermeneutischen Ansatz bezeichnend erklärt er: „Die Summe unserer Weisheit" besteht „in der Erkenntnis Gottes und unserer selbst" (Inst [1559] I, 1, 1). Die Anthropologie muss theozentrisch gewendet sein und die Lehre von Gott zeigen, wie Mensch und Welt zur Ehre Gottes heil werden. – Der *Mensch* trug einst das göttliche Ebenbild „in seinem Geist und in seinem Herzen", auch sein Körper war dadurch erleuchtet (I, 15, 3). Er besaß „den freien Willen", bis „sein Geist ins Verderben" fiel (I, 15, 8) und „des göttlichen Gerichts schuldig" wurde (II, 1, 8). Seither ist die Vernunft zwar „nicht ganz zerstört", aber irrtumsanfällig (II, 2, 12); ein Elend, das allein der Heilige Geist mittels Schrift und Gnadengabe der Erleuchtung überwindet (I, 6, 1). Ihm sind die ↗ Rechtfertigung und die Erneuerung des Ebenbildes zu verdanken. – *Gott* ist der Eine (I, 10, 2) und so der Dreieinige. In seiner Zuwendung zu den Sündern erweist er sich als die Gemeinschaft des Vaters, des Sohnes und des Heiligen Geistes in Liebe (III, 1, 2). Folglich lassen sich die göttlichen Eigenschaften nicht statisch, sondern als geschichtsmächtige „virtutes" verstehen (I, 10, 2). Sie sind schöpferisch und offenbarend (I, 11, 1). Als der Schöpfer bestimmt Gott alles im „Voraus". Seine „Prädestination" sieht von Christus, zumindest was die Erwählung anbelangt, nicht ab. In ihm und an ihm fällt sie positiv oder negativ aus. – *Christus* stellt das schlechthinnige „Bild des Unsichtbaren" (Kol 1,15) heilbringend dar (II, 6, 4). C. zeigt eine Vorliebe für die johanneische Inkarnationschristologie. Von der Fleischwerdung des Logos schließt er auf eine durchgehende Worthaftigkeit der Gott-Mensch-Beziehung: Evangelium, Schrift, Predigt, sakramentale Worttat. Das Wort wird dort gehört, geglaubt und befolgt, wo das innere Zeugnis des Gottesgeistes dies ermöglicht (I, 6, 2). Der Sohn Gottes hatte sich erniedrigt, um „uns in allem, die Sünde ausgenommen, gleich" zu werden (CR 74, 225). „Wiewohl er alles lenkte", betete er als unser Bruder (CR 73, 4441). In „unserer Natur musste die Rechtfertigung für uns erworben werden" (CR 74, 225). Als Jesus den Tod auf sich nahm, blieb die Allmacht des Sohnes „gleichsam verborgen" (CR 73, 104). Aus solcher Niedrigkeit heraus geschah seine Auferstehung und Erhöhung in den Himmel. „Er fuhr empor, auf dass er alles erfülle (Eph 4,10)" (II, 16, 14) und für die Menschen eintrete (vgl. CR 76, 617f.). Königlich und priesterlich betätigt er sich ewig als der Mittler unseres Heiles (vgl. CR 55,29). – Die ↗ *Rechtfertigung,* die er ein für alle Mal verdient hat, setzt sein Geist in fortschreitende Heiligung um. Denn wir könnten nicht „geschenkweise gerechtfertigt sein einzig durch den Glauben, wenn wir nicht auch heilig leben" (CR 77, 331). Mit Luther lehrt C. die „Anrech-

nung" der Gerechtigkeit Christi für den Sünder (CR 51, 692). Über Luther hinausgehend betont er die Notwendigkeit eines im sittlichen Handeln greifbar werdenden Heiligungsprozesses. Die Gnade des Geistes Christi, die in uns „das Wollen und das Vollbringen bewirkt" (CR 68, 248), ist absolut heilsnotwendig. – Die *Kirche* und die beiden *Sakramente* sind „äußere Hilfsmittel" dieses Prozesses. Mit Cyprian erklärt C.: „Wer Gott zum Vater hat, der muss auch die Kirche zur Mutter haben" (IV, 1, 1). Außerhalb „ihres Schoßes ist keine Vergebung der Sünden zu erhoffen" (IV, 1, 4). Hieran knüpft C. seine Lehre von der erzieherischen Funktion des kirchlichen Lehramtes. Keiner soll die Schrift wie die „Schwärmer" „für sich allein" lesen (IV, 1, 5), ohne auf die Auslegung durch Tradition und Predigt zu hören (vgl. IV, 1, 6). Die Kirche ist die „getreue Wächterin" der Wahrheit Gottes (IV,1, 10). Taufe und Abendmahl vermitteln Christus „in ecclesia", ihn, der anderseits „die Substanz aller Sakramente" ist (IV, 14, 16). Durch die Taufe werden wir „in die Gemeinschaft der Kirche aufgenommen" und „in Christus eingepflanzt" (IV, 15, 1). „Im Abendmahl wird uns Christus „durch die Zeichen von Brot und Wein [...] wahrhaft gegeben [...], damit wir zu einem Leib mit ihm zusammenwachsen" (IV, 17, 11). C. vertritt eine dynamische Realpräsenz und Wandlungstheorie: Die Elemente, gezeichnet von Gottes Wort, werden etwas, „was sie vorher nicht waren" (IV, 14, 18). „Wir sagen, dass Christus sowohl in dem äußeren Symbol als auch in seinem Geist zu uns herabsteigt, um unsere Seelen mit der Substanz seines Fleisches und Blutes in Wahrheit lebendig zu machen" (IV, 17, 24). C. sieht in beiden Sakramenten Kommunikationsvollzüge, in denen Gott sich „anpasst" und seine „geistigen Güter" durch physische Medien erfahren lässt (IV, 14, 3). – Das *Amt* ist für die Kirche unabdingbar: sie kann unmöglich leitungslos bestehen, vorausgesetzt, dass die Leitung sich als „ministerium evangelii" vollzieht. Die Apostel dienten wohl „Gott und Christus" zu ihrer Ehre und der Kirche „zum Heil" der Menschen (CR 80, 95). Sie taten dies als gleichgestellte „collegae et socii" (CR 79, 198) und so als „Mitarbeiter Gottes" (CR 77, 352). Im Unterschied zu Luther macht C. das „gemeinsame Priestertum" nicht zur Grundlage seiner Ämterlehre. Er erkennt Presbyterat und Episkopat der alten Kirche als schriftgerechten Hirtendienst in den Einzelgemeinden an (CR 29, 185). Damals war der Unterschied zwischen beiden ein bloß gradueller, „episcopus" hieß der gewählte Vorsitzende eines Presbyterkollegiums (IV, 4, 2). Ähnlich die „Erzbischöfe" und „Patriarchen" mit ihrer Befugnis, regionale Synoden einzuberufen (IV, 4, 4). Den altkirchlichen Diakonen spricht C. die soziale Fürsorge zu (IV, 4, 1). Bei der Wahl der Amtsträger musste die „Zustimmung des ganzen Volkes" eingeholt werden (IV, 4, 10). Beim Versuch, die reformierte Kirche nach diesem Vorbild neu zu gestalten, hält C. an der Ordination durch Handauflegung fest, in der er, vorbehaltlich schriftgerechter Spendung, das „dritte Sakrament" anzuerkennen bereit ist (IV, 19, 28 und 31). – In der strittigen *Primatsfrage* gilt ihm zweierlei: a) Anerkennung eines funktionalen Vorrangs Petri innerhalb des Apostelkollegiums (vgl. IV, 6, 4 und 7) und, in Analogie dazu, der Angemessenheit des ersten Platzes für den römischen Patriarchat innerhalb der „communio ecclesiarum" (vgl. IV, 7, 1 und 5); b) strikte Ablehnung des Anspruchs, monarchisches Haupt der Gesamtkirche zu sein (IV, 2, 6). Petrusdienst und Sich-erheben-Wollen über das Evangelium sind widersprüchlich, nur beim „Antichrist" (IV, 7, 24) fallen sie in eins. Wenn der Primat als Dienst an der Einheit in Lehre und Gemeinschaft konkret wird, schließt ihn die Reformation nicht aus: „Wollte Gott, dass diese" Weise der Petrusnachfolge „bis auf den heutigen Tag reichte. Gern würden wir (ihr) die verdiente Ehre geben" (CR 35, 611). – Die Theologie C.s zeichnet sich noch durch ihren *Bezug zur Gesellschaft* aus. Sie beinhaltet nicht nur eine Reflexion über die Arbeit und die Berufe, sondern auch eine Staatslehre, nach der die „politica administratio" zu den „media salutis" gehört (IV, 20, 4). Sie leitet sich von Gottes Schöpfungs-, Erlösungs- und Vollendungswillen her, soweit sie sich vor Tyrannei und Anarchie hütet. Die weltliche Gesetzgebung unterliegt dem Hauptgebot der Liebe. Der Christ schuldet der Obrigkeit Gehorsam, sogar wenn sie sich ungerecht verhält (IV, 20, 22 und 29ff.). Doch hat er ihr Widerstand zu leisten, wenn sie Gottwidriges verlangt (IV, 20, 32). Eine demokratisch temperierte Oligarchie hielt C. für die bestmögliche Gesellschaftsform (IV, 20, 8).

■ Werke: Calvini Opera, hg. v. G. BAUM–E. CUNITZ–E. REUSS: CR Bd. 29–87; Institutio Christianae Religionis, Ausgabe 1559: Joannis Calvini Opera selecta, hg. v. P. BARTH–W. NIESEL. München Bd. 3 ²1957, Bd. 4 ²1959, Bd. 5 ²1962 (deutsch von O. WEBER: Unterricht in der christlichen Religion. Neukirchen-Vluyn ²1963); Ioannis Calvini Opera omnia denuo recognita et adnotatione critica instructa notisque illustrata, ed. v. B.G. ARMSTRONG U.A., Series I und II. Genf 1992ff.; M. BIHARY: Bilbliographia Calviniana. C.s Werke und ihre Übersetzungen 1850–1997. Prag 2000.

■ Literatur: *Zu 1. und 2.:* E. DOUMERGUE: J.C. Les hommes et les choses de son temps, 7 Bde. Paris–Lausanne 1899–1927; P. IMBART DE LA TOUR: C. München 1936; W.F. DANKBAAR: C. Sein Weg und sein Werk. Neukirchen-Vluyn 1959; A. GANOCZY: Le jeune C. Wiesbaden 1966; F. WENDEL: C. Ursprung und Entwicklung seiner Theologie. Neukirchen-Vluyn 1968; T.H.L. PARKER: John C. London ²1987; J. BOUWSMA: C. A Sixteenth Century Portrait. New York 1988; R.S. WALLACE: C., Geneva and the Reformation. Edinburgh 1988. – *Zu 3.:* W. NIESEL: Die Theologie C.s. München ²1957; W. KRUSCHE: Das Wirken des Heiligen Geistes nach C. Göttingen 1957; E.D. WILLIS: C.'s Catholic Christology. Leiden 1966; A. GANOCZY: Ecclesia ministrans. Dienende Kirche und kirchlicher Dienst bei C. Freiburg 1968; R. STAUFFER: Dieu, la création et la Providence dans la prédication de C. Bern u.a. 1978; T.F. TORRANCE: The Hermeneutics of John C. Edinburgh 1988. – *Bibliographien:* W. NIESEL. München 1961; D.A. ERICHSON. Nieuwkoop 1965; D. KEMPFF. Leiden 1975; fortlaufend in: C. Theological Journal 1 (Grand Rapids 1975) ff.

Alexandre Ganoczy

■ Nachtrag: RGG⁴ 2, 16–36. – A.E. MCGRATH J.C. Zürich 1991; W. VAN'T SPIJKER (Hg.): C. FS W.H. Neuser. Kampen 1991; W. DE GREEF: The writings of John C. Grand Rapids 1993; P. OPITZ: C.s theologische Hermeneutik. Neukirchen-Vluyn 1994; W.G. NAPHY: C. and the consolidation of the Genevan Reformation. Manchester 1994; B. COTTRET: C. Stuttgart 1998; D. CROUZET: J.C. Paris 2000; C.-A. KELLER: C. mystique. Genf 2001; W. VAN'T SPIJKER: C.: Die Kirche in ihrer Geschichte, Bd. 2. Göttingen 2001, 102–236.

Calvinismus. 1. Der *Begriff* C. entstand als polemische Bezeichnung der evangelischen Gemeinschaft, die sich selbst als „die nach Gottes Wort reformierte Kirche" verstand (vgl. CR 48, 76f.), da ihr die Benennung nach dem Namen eines „Gründers" fern lag. Der so genannte C. entsprach sachlich einem kirchen-, geistes- und gesellschaftsgeschichtlichen Phänomen, das neben Jean Calvin (1509–64) auch von Martin ∕ Bucer, Huldrych Zwingli, Heinrich ∕ Bullinger, Theodor ∕ Beza sowie den ∕ „Puritanern" geprägt wurde.

2. *Ausbreitung.* a) Nach *Frankreich* wurde der C. vorab von in Genf ausgebildeten Theologen gebracht. Er verbreitete sich in der Aristokratie (de Condé, Coligny) und bildete eine politische Partei, die von der katholischen Obrigkeit als solche bekämpft wurde (↗Hugenotten), bis zum von ↗Heinrich IV. 1598 erlassenen Toleranzedikt von Nantes. Aber schon 1559 gaben sich die französischen Calvinisten die „Confessio Gallicana" samt der entsprechenden Kirchenordnung.

b) In den *Niederlanden* nahm der C. die Gestalt einer nationalen Befreiungsbewegung (↗Geusen) gegen die Spanier an. Der Reformator Guy de ↗Brès wurde zum Hauptverfasser der „Confessio Belgica". Der Terror des Herzogs von ↗Alba vertrieb etwa 100000 Reformierte nach England und Deutschland. Auf den 1578 verkündeten Religionsfrieden folgte die Trennung des reformierten Nordens vom katholischen Süden.

c) In *Deutschland* gründeten wallonische, flämische und französische Flüchtlinge calvinistische Gemeinden. Eine Kirchenordnung gaben sie sich 1571 auf der Emdener Synode. In der Kurpfalz wurden sie von ↗Friedrich III. als Träger der „zweiten Reformation" unterstützt. Der ↗Heidelberger Katechismus von 1563 fasste in allgemein verständlicher Sprache die reformierte Glaubenslehre zusammen. Verbreitungsgebiete der Reformierten waren vorab Nassau, Bremen, Lippe, Anhalt, Hessen–Kassel und Brandenburg. Die Herborner Akademie war die erste bedeutende Theologenschule. Eine Union der Reformierten mit den Lutheranern wurde 1817 vom preußischen Staat verordnet

d) In *Ungarn* samt Siebenbürgen trat der C. als Katalysator nationaler Unabhängigkeit gegenüber den katholischen Habsburgern auf. 1562/63 wurde eine „Confessio Christianae fidei" angenommen. Hervorragende Vertreter der ungarischsprachigen Reformierten waren Georg Szikszai, Szegedi (István Kis), Peter ↗Melius, Gáspár Károlyi.

e) Der Reformator *Schottlands* war John ↗Knox († 1572). 1560 schaffte das „Reformation Parliament" die päpstliche Jurisdiktion über Schottland ab und verabschiedete die ↗„Confessio Scotica", ergänzt durch ein „Book of Discipline". Die Leitung der Kirchenprovinzen hatten Superintendenten inne. Als höchste Instanz fungierte die jährliche „Kirk Session". Eine neue Universität wurde in Edinburgh gegründet. Der Nachfolger Knox', Andrew Melville (1545–1622), setzte einen durch starke Laienbeteiligung ausgezeichneten Presbyterianismus gegen die Episkopalkirche durch.

3. *Lehre.* Die Glaubenslehre der „nach Gottes Wort reformierten Kirche" geht vorwiegend auf Calvin zurück. Ihre geschichtliche Entwicklung stand mehr als hundert Jahre lang unter dem Zeichen der Orthodoxie. Formal verstand sich diese als eine auf Kirchlichkeit, Methodik und Systematik („Loci communes") bedachte scholastische Dogmatik. Ihr philosophisches Rüstzeug stammte von Aristoteles, was bereits am Gedankenaustausch zwischen Beza und Petrus ↗Ramus erkennbar ist. Inhaltlich bildete die Lehre von der doppelten ↗Prädestination ihr Herzstück. Diese erfuhr bei zwei Leidener Theologen, Jakob Arminius (1560–1609) und Franciscus Gomarus (1563–1641), gegensätzliche Auslegung. Ersterer und seine Schule (Moyse Amyraut, Josué de la Place [1596–1655/56] in Saumur) vertraten den so genannten „Infralapsarismus", wonach die göttliche Erwäh-

lung erst nach dem Sündenfall erfolgt sei; Letzterer und seine Anhänger (Pierre du Moulin und Samuel Desmaret in Sedan) sprachen sich für den „Supralapsarismus" aus, wonach die Erwählung bereis vor dem Fall stattgefunden habe. Zacharias ↗ Ursinus (1534-82) ist im Wesentlichen der ↗ „Heidelberger Katechismus" zu verdanken, der als präzise und allgemein verständliche Zusammenfassung der reformierten Lehre bald internationale Anerkennung fand. Bereits bei Ursinus und seinem Heidelberger Kollegen Caspar ↗ Olevian bahnte sich jene ↗ Föderaltheologie an, die, mit dem metaphysisch-spekulativen Interesse der früheren Orthodoxie brechend, zu einer Weise geschichtlichen Denkens neigte. *Alexandre Ganoczy*

■ LTHK³ 2, 900–904 (ungekürzte Fassung).
■ Literatur: J. McNeill: The History and Character of Calvinism. Oxford 1954; M. Bucsay: Geschichte des Protestantismus in Ungarn. Stuttgart 1959; W. Hollweg: Der Augsburger Reichstag von 1566 und seine Bedeutung für die Entstehung der Reformierten Kirche und ihres Bekenntnisses. Neukirchen-Vluyn 1964; M. Schaab: Territorialstaat und C. Stuttgart 1993; E.A. Pettegree: Calvinism in Europe 1540-1620. Cambridge 1994; Ch. Link: Calvin und der C.: Hilfreiches Erbe. FS. H. Scholl. Bovenden 1995, 97–119; E. Wolgast: Reformierte Konfession und Politik im 16.Jh. Heidelberg 1998; M. Freudenberg: Das Verhältnis von Kirche und Staat nach den reformierten Bekenntnissen des 16.Jh.: Communio viatorum 40 (1998) 228–255; Derselbe (Hg.): Profile des reformierten Protestantismus aus vier Jahrhunderten. Wuppertal 1999; B. Nischan: Lutherans and Calvinists in the age of confessionalism. Aldershot 1999; J.-M. Berthoud: Calvin et la France. Lausanne 1999; S. Bildheim: Calvinistische Staatstheorien. Frankfurt (Main) 2001.

Camaiani, *Pietro,* Nuntius, * 1.6.1519 Arezzo, † 27.7.1579 Ascoli Piceno; seit 1539 in Diensten Herzog Cosimos I. von Florenz; für diesen 1546– 1549 in Trient und Bologna; er verfasste präzise und zuverlässige Berichte; 1549 war er für kurze Zeit Agent Cosimos in Venedig. Nachdem er Anfang 1551 im Auftrag Julius' III. zwecks Abwendung eines gegen Kaiser und Papst gerichteten Bündnisses mit Frankreich zu Ottavio Farnese gesandt worden war, wurde C. 1551–1553 als Nuntius an den Kaiserhof geschickt; 1552 erfolgte seine Ernennung zum Bischof von Fiesole; 1554–1555 war er Nuntius in Neapel. Ab 1561 nahm er an der dritten Sitzungsperiode des Konzils von Trient teil; C. schloss sich der Opposition unter Charles de ↗ Guise, dem Cardinal de Lorraine, an und widerstand Herzog Cosimos Aufforderung, seine Haltung zu ändern. Pius V. sandte C. 1566–67 als außerordentlichen Nuntius nach Spanien: er sollte Philipp II. zur entschiedenen Kriegführung in den Niederlanden auffordern, Erzbischof Bartolomé ↗ Carranza von Toledo nach Rom führen und wegen der Verletzung der kirchlichen Jurisdiktion protestieren. 1566 erfolgte seine Ernennung zum Bischof von Ascoli Piceno, wo er sich um die Klerusreform bemühte, Visitationen und Synoden abhielt und 1571 ein Seminar gründete.

■ Literatur: DHGE 11, 504–509; DBI 17, 72–76. – G. de Leva: La guerra di papa Giulio III contro Ottavio Farnese: Rivista storica italiana 1 (1884) 663f.; Nuntiaturen des Pietro Bertano und P.C. 1550–52, hg. v. G. Kupke. Gotha 1901; Correspondéncia diplomática entre España y la Santa Sede durante el pontificado de Pio V, hg. v. L. Serrano, 2 Bde. Madrid 1914; H. Jedin: Girolamo Seripando. Sein Leben und Denken im Geisteskampf des 16.Jh., Bd. 2. Würzburg 1937, 596ff.; Derselbe: La politica conciliare di Cosimo I: Rivista storica italiana 62 (1950) 345–374 477–496; G. Fabiani: Sinodi e visite pastorali ad Ascoli dopo il Concilio: RSCI 6 (1952) 265–279; Derselbe: Ascoli nel Cinquecento, Bd. 1. Ascoli Piceno 1957;

Nuntiaturen des P.C. und Achille de Grassi. Legation des Girolamo Dandini 1552–53, hg. v. H. LUTZ. Tübingen 1959. *Klaus Jaitner*
■ Nachtrag: G. RASPINI: P.C. Fiesole 1983.

Camerarius (Kammermeister), *Joachim*, lutherischer Humanist, * 12.4.1500 Bamberg, † 17.4.1574 Leipzig; Studium in Leipzig und Erfurt, wo er Mitglied des Humanistenkreises um Conradus ↗Mutianus, Crotus ↗Rubeanus und Eobanus Hessus wurde. Ab 1521 studierte C. in Wittenberg; enger Freund Philipp Melanchthons. 1526 wurde er auf dessen Empfehlung Rektor des neu gegründeten Gymnasiums in Nürnberg. 1535 Professor an der Universität Tübingen, deren Neuorganisation er leitete. 1541 Professor in Leipzig, dessen Universität C. ebenfalls reorganisierte und als Rektor zu einer der bedeutendsten Hochschulen Deutschlands ausbaute. Im Bestreben, die Glaubensgegensätze zu mildern, unterstützte er 1530 Melanchthon bei der Abfassung der Confessio Augustana. C. wirkte 1555 beim ↗Augsburger Religionsfrieden und 1556 an der Beilegung des Osiandrischen Streites (Andreas ↗Osiander) mit. 1568 beriet er Kaiser ↗Maximilian II. hinsichtlich der Möglichkeit einer Religionseinigung. Als vielseitiger, fruchtbarer Autor und als Herausgeber und Übersetzer klassischer Werke war C. einer der bedeutendsten Philologen seiner Zeit. Neben zahlreichen philologischen, pädagogischen und historischen Schriften und Klassikerausgaben sind v. a. seine biographischen Studien zu nennen. Sein umfangreicher Briefwechsel ist eine wichtige zeitgenössische Quelle.

■ Werke: Symbola et emblemata (naturae), hg. v. H. REINITZER, 2 Bde. Graz 1986–88.
■ Literatur: CERAS 1,247f. – I. MAYERHÖFER: J.C. und seine Eklogendichtung. Philosophische Dissertation. Wien 1970; G. PFEIFFER: J.C. der Ältere: Fränkische Lebensbilder, Bd. 7. Neustadt 1977, 97–108; F. BARON (Hg.): J.C. (1500–1574). Beiträge zur Geschichte des Humanismus im Zeitalter der Reformation. München 1978. *Michael Becht*
■ Nachtrag: S. KUNKLER: Zwischen Humanismus und Reformation. Der Humanist J.C. Hildesheim 2000; J. HAMM: Persönliches Schicksal in bukolischer Verhüllung. Die Eklogen des J.C.: Servilia bella. Wiesbaden 2001, 263–277.

Campanus, *Johannes*, Spiritualist, * um 1500 Maaseik, † nach 1574; Studium in Köln; 1527/28 Aufenthalt in Wittenberg. Kam in der Folgezeit mit Martin Luther in Konflikt. 1531/32 wahrscheinlich in Straßburg Verbindung zur ↗Täuferbewegung. Seine Schrift *Göttlicher und heiliger Schrift Restitution* bekämpfte Luther und Philipp Melanchthon und zeigte sich dem Spiritualismus Kaspar von ↗Schwenckfelds und Sebastian ↗Francks verwandt. War Vertreter eines Ditheismus. Seine apokalyptische Verkündigung verursachte soziale Unruhen, deshalb wurde er 1553 vom Herzog von Kleve lebenslang eingekerkert.

■ Werke: Carmen Timanni Cameneri cantilenae respondens. Wittenberg 1526; Göttlicher und heiliger Schrift Restitution. o.O. 1532.
■ Literatur: BIDI 1, 13–35; BBKL 1, 897; TRE 7, 601–604. – K. REMBERT: Die Wiedertäufer im Herzogtum Jülich. Berlin 1899, 161–342; CH. MACCORMICK: The Restitution of John C. Harvard 1959; G. H. WILLIAMS: The Radical Reformation. Philadelphia 1962, 272f. 309ff.; H. WEIGELT: Luthers Beziehungen zu Kaspar von Schwenckfeld, J.C. und Michael Stiefel: Leben und Werk Martin Luthers von 1526–46, hg. v. H. JUNGHANS. Göttingen 1983, 473–480. *Peter J.A. Nissen*

Campeggi, 1) *Lorenzo*, Jurist und Kardinal (1517), * 1474 Mailand, † 25.7.1539 Rom. Nach dem Rechtsstudium war C. nach 1493 als Lektor in Padua und ab 1499 in Bologna als Professor tätig. Nach dem Tod seiner

Frau 1509 begann er eine kirchliche Karriere: 1511 wurde er Rotaauditor und ging als Gesandter zu Maximilian I., um ihn vom Bündnis mit Ludwig XII. und vom Conciliabulum in Pisa abzubringen. 1512 wurde er Bischof von Feltre (1520 Resignation zugunsten seines Bruders Tommaso); 1514–17 hielt er sich erneut beim Kaiser wegen einer antitürkischen Liga und des Friedens mit Venedig auf. 1518–19 und 1528–29 wirkte er als Legat in England: Türkenkrieg, Friede mit Frankreich und Beratung über die Ehescheidung /Heinrichs VIII.; 1523 wurde er Protektor Englands an der Kurie. Seit 1520 Mitglied der Signatura iustitiae, verfasste er ein Reformgutachten für /Hadrian VI.; 1524 war er als Legat auf dem zweiten Reichstag in Nürnberg: er konnte die Ausschreibung eines Nationalkonzils nicht verhindern, brachte aber einen Reformkonvent süddeutscher Fürsten zustande. 1530–32 weilte er auf den Reichstagen in Augsburg und Regensburg. Eine Einigung mit den Lutheranern scheiterte; C. hielt eine Gewaltlösung der Glaubensfragen für unvermeidlich. Trotz schwerer Krankheit erfolgte 1538 seine Ernennung zum Legaten für das beabsichtigte Konzil von Vicenza. C. war neben Hieronymus /Aleander der bedeutendste Diplomat der Kurie zu Beginn des 16. Jahrhunderts.

■ Literatur: DHGE 11, 633–640; DBI 17, 454–462. – C. SIGONIO: De vita Laurentii Campegii cardinalis. Bologna 1581; G. FANTUZZI: Notizie degli scrittori bolognesi, Bd. 3. ebd. 1783, 47–61; Römische Dokumente zur Geschichte der Ehescheidung Heinrichs VIII. von England, hg. v. S. EHSES. Paderborn 1893; DERSELBE: Berichte vom Augsburger Reichstag: RQ 17 (1903) 583–406, 18 (1904) 358–384; E.V. CARDINAL: Cardinal Lorenzo Campeggi. Boston 1955; ARCEG 1; Legation L.C.s 1530–31 und Nuntiatur Girolamo Aleandros 1531, hg. v. G.

MÜLLER. Tübingen 1963; Legation L.C.s 1532 und Nuntiatur Girolamo Aleandros 1532, hg. v. DEMSELBEN. ebd. 1969; DERSELBE: Die römische Kurie und die Reform, 1523–34. Gütersloh 1969; JEDIN Bd. 1³.

2) *Tommaso*, Bruder von 1), * um 1483 Pavia, † 21.1.1564 Rom; nach seinem philosophischen und juristischen Studium in Padua und Bologna 1505–06 Philosophieprofessor in Bologna; 1512 Doktorat beider Rechte; 1513 Internuntius in Mailand als Helfer seines Bruders Lorenzo bei der Verwaltung von Parma und Piacenza; 1518–19 Begleiter Lorenzos nach England; danach 1519 Referendar beider Signaturen, 1520 Bischof von Feltre; 1523–26 Nuntius in Venedig mit der Aufgabe, die Republik mit dem Kaiser zu versöhnen und zur Liga gegen die Türken zu überreden. 1526 Priester- und Bischofsweihe; 1528–30 Reformarbeit im Bistum Feltre. 1530–32 Begleiter Lorenzos auf den Reichstagen in Deutschland; 1531 Bemühungen um die literarische Abwehr des Protestantismus und Schriften zur Kurienreform. 1540–50 Regens der Apostolischen Kanzlei; 1540 als Nuntius neben Giovanni /Morone Beobachter der /Wormser Religionsgespräche; 1541 auf dem Reichstag in Regensburg; 1542–43, 1545–48 und 1551–52 Abordnung zum Tridentinum, Verfasser kurialer Gutachten für /Paul IV. und /Pius IV. C. besaß Einfluss auf den Gang des Konzils als konservativer Vertreter der kurialen Praxis und gemäßigter Reformer.

■ Werke: De coelibatu sacerdotum. Venedig 1554; De auctoritate et potestate Romani Pontificis et alia opuscola. ebd. 1555; De auctoritate sacrorum conciliorum. ebd. 1561; CT 4, 12 und 13/1 Gutachten.

■ Literatur: DBI 17, 472ff. – E. TOLOMEI: La nunziatura di Venezia nel pontificato di Clemente VII.: Rivista storica italiano 9 (1892) 577–628; Gesandtschaft C.s, Nuntiaturen Morones und Poggios 1540–41, hg.

v. L. CARDAUNS. Gotha 1910; Festgabe J. Lortz, hg. v. E. ISERLOH – P. MANNS, 2 Bde. Baden-Baden 1957, 405–417; H. JEDIN: T.C. Tridentinische Reform und Kuriale Tradition. Münster 1958; G. ALBERIGO: I vescovi italiani al Concilio di Trento. Florenz 1959, 169–173; E. NASALLI ROCCA: Prime esperienze di T.C. vescovo di Feltre: Atti e memorie della Deputazione di storia patria di Romagna Neue Serie 15–16 (1963–65).

Klaus Jaitner

■ Nachtrag: U. MAZZONE: I libri di T. e Marco C.: CrS 10 (1989) 509–552.

Candidus (Blanckart), *Alexander*, Karmelit (um 1520), Theologe, * Gent, † 31.12.1555 Köln; Studium in Köln, Lektor in Geldern, Trier und Utrecht, 1541 Prior in Utrecht, 1545 Magister studentium in Köln, 1550 dort Doctor theologiae, Universitätsprofessor und 1554 Dekan der Theologischen Fakultät. C. war antireformatorisch tätig. Er nahm 1546 am ⁄Regensburger Religionsgespräch und 1551 am Trienter Konzil teil. Er übersetzte die Vulgata ins Niederdeutsche (Köln 1547) und verfasste *Judicium Joh. Calvini de Sanctorum reliquiis* (Köln 1551).

■ Literatur: Bibliotheca Carmelitana, ed. v. C. DE VILLIERS A S. STEPHANO, Bd. 1. Orléans 1752, 27f. – G. A VIRGINE CARMELI: Die Karmeliten auf dem Konzil von Trient: Ephemerides Carmeliticae 4 (1950) 321f.; F.-B. LICKTEIG: The German Carmelites at the Medieval Universities. Rom 1981, 268ff.; E. MEUTHEN: Die alte Universität (Kölner Universitätsgeschichte 1). Köln–Wien 1988, 272f. *Klemens Raczek*

Canisius, *Petrus*, Jesuit (1543), heilig (Fest 21.12.), Kirchenlehrer, * 8.5.1521 Nijmegen, † 21.12.1597 Fribourg; studierte ab 1535 in Köln (1540 Magister artium, 1545 Baccalaureus biblicus), stand in Verbindung zur Kartause Köln und zum Kreis um Maria von Oisterwijk; machte im April 1543 in Mainz bei Petrus ⁄Faber die „geistlichen Übungen" und trat am 8.5. in die Gesellschaft Jesu ein; finanzierte aus dem väterlichen Erbe die 1544 gegründete Kölner Jesuitenniederlassung; wandte sich 1545 im Auftrag des Klerus und der Universität von Köln gegen den protestantischen Erzbischof Hermann von ⁄Wied an ⁄Karl V.; 1546 Priester; nahm 1547 als Theologe des Kardinals Otto Truchsess von ⁄Waldburg an der Bologneser Tagung des Tridentinum teil; von ⁄Ignatius von Loyola nach Rom berufen und als Erzieher nach Messina gesandt; 1549 als achter Jesuit feierliche Profess in Rom und Doktor der Theologie in Bologna; wirkte als Theologieprofessor und Prediger 1549–52 in Ingolstadt, 1552–56 in Wien (1554/55 zugleich Administrator der Diözese), gründete 1556 das Jesuitenkolleg in Prag; 1556–69 erster Jesuitenprovinzial von Süddeutschland; 1556/57 Teilnahme am Reichstag in Regensburg und am ⁄Wormser Religionsgespräch; 1558 zur Generalkongregation der Societas Jesu in Rom; anschließend mit dem päpstlichen Nuntius Camillo Mentuato in Polen (Reichstag zu Petrikau); 1559 Teilnahme am Augsburger Reichstag; 1559–66 Domprediger in Augsburg; 1562 kurzzeitig auf dem Tridentinum, danach in Innsbruck als Berater Kaiser ⁄Ferdinands an der Beilegung der Differenzen zwischen Kaiser und Konzilslegat Giovanni ⁄Morone beteiligt; 1565 erneut zu einer Generalkongregation in Rom, bereiste anschließend große Teile West- und Norddeutschlands, um den katholischen Fürsten und Bischöfen die Trienter Dekrete zu übermitteln und auf deren Annahme hinzuwirken; von 1580 bis seinem Tod in Fribourg zwecks Aufbaus eines Jesuitenkollegs (Grab in St. Michael).

Seine kirchenpolitische Beratertätigkeit sowie seine Korrespondenz mit führenden Persönlichkeiten erweisen C. als zentrale Gestalt des kirchlichen Wiederaufbaus in Deutschland. In besonderer Weise trugen dazu auch seine schriftstellerischen Arbeiten, in erster Linie die Katechismen, bei: C., der zunächst patristische Texte ediert hatte (Werke Cyrills von Alexandrien und Leos I., Köln 1546; Briefe des Hieronymus, Dillingen 1562), gab 1555 in Wien die *Summa doctrinae christianae* in Druck, die später als *Catechismus maior* bekannt wurde (1566 im Sinne der Trienter Dekrete überarbeitet); 1556 erschien in Ingolstadt der *Catechismus minimus;* 1558 kam in Köln der *Catechismus minor* heraus, der noch zu C.' Lebzeiten in viele Sprachen übersetzt wurde und im deutschen Sprachraum mehr als 200 Auflagen erreichte; 1568 wurde C. von ∕Pius V. mit der Widerlegung der ∕„Magdeburger Centurien" des Matthias ∕Flacius Illyricus beauftragt; unter dem Obertitel *De corruptelis verbi Dei* erschien 1571 ein erster Band über Johannes den Täufer zu Dillingen, 1577 ein zweiter über Maria zu Ingolstadt (den dritten Band, über Petrus, hat C. nicht fertig gestellt); außerdem verfasste er Schrifterklärungen und Heiligenlegenden.

Die bleibende Bedeutung C.' beruht auf der Gründung zahlreicher Kollegien, die entscheidend zur Erneuerung der Kirche beitrugen, sowie auf seinen Katechismen. Seine christologisch ausgerichtete Ekklesiologie sowie seine Loyalität gegenüber den kirchlichen Oberen bewirkten ein neues Kirchenbewusstsein.

▪ Werke: Kritische Editionen: Beati Petri Canisii epistulae et acta, hg. v. O. BRAUNSBERGER, 8 Bde. Freiburg 1896–1923; Sancti Petri Canisii Doctoris Ecclesiae Catechismi latini et germanici, hg. v. F. STREICHER, 2 Bde. Rom–München 1933–36; Meditationes seu Notae in Evangelicas Lectiones, hg. v. F. STREICHER, 3 Bde. Freiburg 1939–55, München 1961. – *Verzeichnis:* C. SOMMERVOGEL: Bibliothèque de Compagnie de Jésus. Löwen ³1960, Bd. 2, 617–688; Bd. 8, 1974–83; Bd. 12, 988; F. STREICHER: Catechismi (s.o.) 1, 29*–37*. – *Deutsche Auswahlausgaben:* Briefe, hg. v. B. SCHNEIDER. Salzburg 1959; Briefe, hg. v. S. SEIFERT. Leipzig 1983.
▪ Literatur: BDG 1, 106–111, 5, 44f.; 7, 41f.; L. POLGÁR: Bibliographie sur l'histoire de la Compagnie de Jésus 1901–80, Bd. 3/1. Rom 1990, 425–453. – TRE 7, 611–614. – J. BRODRICK: Saint P.C. London 1935 u.ö., deutsch Wien 1950; Bavaria Sacra, Bd. 1. Regensburg 1970, 327–348; J. KRASENBRINK: Die Congregatio Germanica und die katholische Reform in Deutschland nach dem Tridentinum. Münster 1972; E.M. BUXBAUM: P.C. und die kirchliche Erneuerung des Herzogtums Bayern 1549–56. Rom 1973; J. BRUHIN (Hg.): P. Kanisius. Fribourg 1980; K. DIEZ: Christus und seine Kirche. Zum Kirchenverständnis des P.C. Paderborn 1987; Bayrisches Hauptstaatsarchiv (Hg.): Die Jesuiten in Bayern 1549–1773. Weißenhorn 1991; M. WEITLAUFF: Die Anfänge der Gesellschaft Jesu in Süddeutschland: Jahrbuch des Historischen Vereins Dillingen 94 (1992) 15–66.

Engelbert Maximilian Buxbaum

▪ Nachtrag: J. OSWALD (Hg.): P.C. Reformer der Kirche. FS zum 400. Todestag des zweiten Apostels Deutschlands. Augsburg ²1997; J. BRODRICK: Saint P.C. Chicago 1998; R. BERNDT (Hg.): P.C. SJ. Humanist und Europäer. Berlin 2000 (mit Bibliographie).

Cano, *Melchior,* Dominikaner (1523), * um 1509 Tarancón oder Pastraña, † 30.9.1560 Toledo; 1527–31 Studien in Salamanca (als Schüler Franciscos de ∕Vitoria gewinnt er Anschluss an die Pariser Thomas-Renaissance des 16. Jh.) und 1531–33 an der Ordenshochschule in Valladolid. Er wirkte als gefeierter Lehrer in Valladolid (1533–41), war 1543–46 Professor der Theologie an der Universität Alcalá und ab 1546 als Professor der Theologie Nachfolger Vitorias in Salamanca. Als von ∕Karl V. nominierter Konzilstheologe hatte er 1551/52 an den Beratungen über Bußsakrament, Eucharistie und Messopfer in Trient gewichtigen Anteil. Auf Vorschlag des Kaisers 1552 von ↗Julius III. zum Bischof der Kanarischen Inseln berufen (C. verzichtete 1554 auf das Bistum, ohne sein Amt angetreten zu haben); 1554 Rektor des San Gregorio-Kollegs in Valladolid, 1557 Prior von San Esteban in Salamanca. C. wurde 1557 zum Ordensprovinzial gewählt, aber trotz kaiserlicher Unterstützung vom Papst nicht bestätigt; 1559 erneut gewählt, erlangte er erst 1560 (nach dem Tod ↗Pauls IV.) die Bestätigung. – C. gilt als herausragender Vertreter der Schule von Salamanca. Sein Hauptwerk *De locis theologicis* (1563 nach seinem Tod erstmals gedruckt [ohne die Bücher 13 und 14], danach noch über dreißigmal aufgelegt, zuletzt 1890 durch T. M. Cucchi [mit den Relectiones]; Neuausgabe an der Universität von Navarra in Vorbereitung) war für die theologische Erkenntnis- und Methodenlehre von bahnbrechender Bedeutung. C. hat mit Leidenschaft in politische, kirchliche und theologische Zeitfragen eingegriffen. Er war Berater Karls V. und ↗Philipps II. (1556 bestätigt er dem Kaiser, dass er gegen den Papst als Landesherrn Krieg führen dürfe), kämpfte gegen die Jesuiten und die Privilegien der Domkapitel. Im Inquisitionsprozess gegen seinen Ordensbruder Bartolomé ↗Carranza, mit dem er 25 Jahre lang als Rivale im Streit lag, betrieb er dessen Verurteilung. – Neben seinem Hauptwerk *De locis theologicis* liegen seine *Relectio de poenitentia* und *Relectio de sacramentis* gedruckt vor (1550 u. ö.); ungedruckt sind seine Kommentare zum Sentenzenbuch des Petrus Lombardus und zur „Summa theologiae" des Thomas von Aquin (Letzterer ist teilweise zugänglich: Zu I, 1, 1–10: C. Pozo: Fuentes para la historia del método teológico en la Escuela de Salamanca, Bd. 1. Granada 1962; zu I, 1, 8: J. Belda-Plans: Los lugares teológicos de Melchor Cano en los comentarios a la Suma. Pamplona 1982; zu II–II, 1, 1–5: F. Casado: En torno a la génesis del De locis theologicis de M. C.: Revista española de teología 32 [1972] 55–81). – Grundlegend, nicht immer verlässliche Quelle für das Leben und Wirken ist F. Caballero: Vida de illmo Melchor Cano (1871), der sich auf A. Pellicer und Arbeiten zur Ordensgeschichte von Quétif-Échard bzw. A. Touron stützt. Nach Lang hat v. a. Beltrán de Heredia die Kenntnisse über C.s Wirken und Werk korrigiert und erweitert; den Stand der Forschung dokumentiert (mit Quellentexten) Sanz y Sanz (1959).

■ Literatur: BBKL 1, 914f. – A. LANG: Die loci theologici des M.C. und die Methode des dogmatischen Beweises. München 1925; V. BELTRÁN DE HEREDIA: Los manu-scritos del Maestro Fray Francisco de Vitoria. Madrid 1928; DERSELBE: Los manuscritos de los teólogos de la Escuela Salmantina: Ciencia tomista 42 (1930) 327–349; DERSELBE: M.C. en la Universidad de Salamanca: ebd. 48 (1933) 178–208; J. SANZ Y SANZ: M.C. Cuestiones fundamentales de crítica histórica sobre su vida y sus escritos. Madrid 1959; M. SECKLER: Die ekklesiologische Bedeutung des Systems der loci theologici. Freiburg 1988, 79–104; B. KÖRNER: M.C., de locis theologicis. Ein Beitrag zur theologischen Erkenntnislehre. Graz 1994.

Bernhard Körner

■ Nachtrag: H.J. SANDER: Das Außen des Glaubens – eine Autorität der Theologie. Das Differenzprinzip in den Loci theologici des M.C.: Das Volk Gottes – ein Ort der Befreiung. FS E. Klinger. Würzburg 1998, 240–258; B. KÖRNER: Die Geschichte als ‚locus theologicus' bei M.C.: Rivista teologica di Lugano 5 (2000) 257–269.

Capito (Köpfel), *Wolfgang,* Humanist und Reformator, * wohl 1481 Hagenau, † 3.11.1541 Straßburg; Studium in Ingolstadt, Heidelberg und Freiburg, wo er 1515 zum Doctor theologiae promoviert wurde. 1512–15 Prädikant am Kanonikerstift Bruchsal, 1515–20 am Münster in Basel, 1520 am Dom zu Mainz. In Basel zeitweise enger Vertrauter des ／Erasmus von Rotterdam. Nachdem er schon dort sowie als Rat des Erzbischofs ／Albrecht von Mainz die Sache Martin Luthers maßgeblich gefördert hatte, ging er seit 1523 als Propst des Thomasstifts in Straßburg endgültig zur Reformation über und wurde einer ihrer prominentesten Verfechter in Süddeutschland. In naher Verbundenheit mit Martin ／Bucer prägte er den Straßburger Protestantismus als Theologe und Kirchenmann, doch war er auch im Reich (Confessio Tetrapolitana 1530 [／Bekenntnisschriften]; Religionsgespräche 1540/41) sowie in der Eidgenossenschaft (Berner Synode 1532) tätig. Unter seinen Schriften nehmen eine hebräische Grammatik sowie Kommentare alttestamentlicher Bücher einen besonderen Platz ein.

▪ Werke: Correspondance de W.C., hg. v. O. MILLET. Straßburg 1982.
▪ Literatur: TRE 7, 636–640. – B. STIERLE: C. als Humanist. Gütersloh 1974; J.K. KITTELSON: W.C., from Humanist to Reformer. Leiden 1975; H. SCHEIBLE: Melanchthons Pforzheimer Schulzeit: Pforzheim in der frühen Neuzeit, hg. v. H.-P. BECHT. Sigmaringen 1989, 13ff.; B. MOELLER: Die Reformation und das Mittelalter. Göttingen 1991, 151–160 321–327; TH. KAUFMANN: Die Abendmahlstheologie der Straßburger Reformatoren bis 1528. Tübingen 1992. *Bernd Moeller*
▪ Nachtrag: RGG⁴ 2, 59f. – TH. KAUFMANN: C. als heimlicher Propagandist der frühen Wittenberger Theologie: ZKG 103 (1992) 81–86.

Caracciolo, *Galeazzo*, * 1517 Neapel, † 7.5.1586 Genf; Neffe ／Pauls IV.; frühzeitig Anhänger der evangelischen Lehre (Begegnung mit Petrus ／Vermigli); 1542 auf dem Reichstag zu Regensburg an den Religionsgesprächen über den Primat des Papstes beteiligt; 1551, nach Gründung der römischen Inquisition (1542), zunächst nach Augsburg emigriert; bekannt mit Jean Calvin; gründete in Genf eine italienisch-protestantische Kirche, in der er das Amt des Diakons bekleidete; ließ sich von seiner katholischen Frau, Donna Vittoria Carafa, der Erbin des Herzogtums Nocera, scheiden; heiratete die reiche, ebenfalls nach genf geflüchtete Anne de Framéry aus Rouen.

Michael F. Feldkamp

▪ Literatur: DBI 19, 363–366; BBKL 1, 924f.; RGG⁴ 2, 62.

Carafa, *Carlo*, Neffe ／Pauls IV., * 1519 (1517?), † 5.3. 1561; ergriff zunächst eine militärische Laufbahn. Von seinem Onkel 1555 zum Kardinal erhoben und dabei von allen Delikten seiner Vergangenheit, einschließlich Mord, absolviert. Nutzte seine Stellung als päpstlicher Nepot in exzessiver Weise aus und bereicherte sich persönlich. Bestärkte Paul IV. in dessen antihabsburgischer Politik. Als der Papst seinen skandalösen Lebenswandel erkannte, wurde er seiner Ämter enthoben und mit den anderen Nepoten ins Exil geschickt. Nach einem Strafprozess wurde er zum Tode verurteilt und hingerichtet.

▪ Literatur: DHGE 11, 986ff.; DBI 19, 497–509. – G. DURUY: Le cardinal C.C. Paris 1882; R. ANCEL: La question de Sienne et la politique du cardinal C.C. (1536–57): Revue bénédictine 22 (1905) 15–49 206–231 398–428; DERSELBE: La disgrâce et le procès C. (1559–67): ebd. 22 (1905) 525–535, 24 (1907) 224–253 479–509, 25 (1908) 194–224, 26 (1909) 52–80 189–220 301–324; R. CANTAGALLI: La guerra di Siena (1552–59). Siena 1962; H. LUTZ: Christianitas afflicta. Europa, das Reich und die päpstliche Politik im Niedergang der Hegemonie Kaiser Karls V. (1552–56). Göttingen 1964. *Klaus Ganzer*

■ Nachtrag: D. CHIOMENTI VASSALLI: Paolo IV e il processo C. Mailand 1993.

Carlowitz (Karlowitz), *Christoph von*, sächsischer Rat, * 13.12.1507 Hermsdorf, † 8.1.1578 Rothenhaus (Böhmen). Nach Studien u. a. ab 1520 in Leipzig, beeinflusst durch ∕Erasmus von Rotterdam und als „Erasmianer" dem religiösen Ausgleich zuneigend, stand C. als Rat im Dienst Herzog ∕Georgs von Sachsen und war 1541–53 ein einflussreicher Diplomat des Herzogs bzw. Kurfürsten ∕Moritz von Sachsen. Für seine Landesherrn in zahlreichen Missionen unterwegs und Teilnehmer verschiedener Reichstage; 1546 am Regensburger Vertrag beteiligt, der Moritz mit ∕Karl V. verbündete und den Schmalkaldischen Krieg mit ermöglichte (∕Schmalkaldischer Bund). Die Teilnahme an den Verhandlungen über das Sächsische Interim brachte ihm 1549 den Hass von dessen Gegnern ein. Nach 1555 stand C. im Dienst Habsburgs.

■ Literatur: NDB 3, 145f.; LTHK[2] 2, 951; CERAS 1, 269f. – J. PFLUG: Correspondance, hg. v. J.V. POLLET, 5 Bde. Leiden 1969–82; E. BRANDENBURG–J. HERRMANN–G. WARTENBERG (Hg.): Politische Korrespondenz des Herzogs und Kurfürsten Moritz von Sachsen, 4 Bde. Leipzig 1900–04, Berlin 1982–92; G. WARTENBERG: Landesherrschaft und Reformation. Moritz von Sachsen und die albertinische Kirchenpolitik. Weimar 1988.

Heribert Smolinsky

Carnesecchi, *Pietro*, Humanist, * 24.12.1508 Florenz, † 1.10.1566 Rom; zunächst erfolgreiche Tätigkeit in päpstlichen Diensten; Apostolischer Protonotar; erhielt zahlreiche Benefizien. Beeindruckt von den Predigten Bernardino ∕Ochinos und in Neapel entscheidend geprägt von Juan de ∕Valdés. Entschiedener Verfechter der Rechtfertigung aus dem Glauben. Gehörte zu dem Kreis von Spiritualen um Kardinal Reginald ∕Pole in Viterbo. Vertiefte sich in die Schriften Philipp Melanchthons und Jean Calvins und Aufnahme reformatorischen Gedankengutes. Verfahren vor der Inquisition endeten 1546 und 1561 mit der Absolution C.s. ∕Pius V. ließ den Prozess wieder aufnehmen; nach wiederholter Folter bekannte C. sich zu reformatorischen Lehren, wurde verurteilt und auf dem Campo de' Fiori in Rom hingerichtet.

■ Literatur: DBI 20, 466–476. – Estratto del processo di P.C., hg. v. G. MANZONI: Miscellanea di storia italiana 10 (1870) 187–573; O. ORTOLANI: Per la storia della vita religiosa italiana nel Cinquecento. P.C. Florenz 1963; D. FENLON: Heresy and Obedience in Tridentine Italy. Cardinal Pole and the Counter Reformation. Cambridge 1972, 93–99; M. FIRPO: Tra Alumbrados e ‚Spirituali'. Florenz 1990, 24–43; DERSELBE: Inquisizione Romana e Controriforma. Bologna 1992, 359–382.

Klaus Ganzer

■ Nachtrag: I Processi inquisitoriali di P.C. (1557–67), hg. v. M. FIRPO. Editio critica, Bd. 1ff. Vatikanstadt 1998ff.

Carranza, *Bartolomé*, Dominikaner (1520), Theologe, * 1503 Miranda de Arga (Navarra), † 2.5.1576 Rom; Studium in Alcalá, Salamanca und Valladolid. Seit 1530 lehrte er dort im Konvent von San Gregorio die Artes, ab 1533 Theologie. 1539 erlangte er in Rom den Grad eines Magisters. 1545–47 und 1551–52 nahm er als kaiserlicher Theologe am Tridentinum teil. In Begleitung ∕Philipps II. kam er 1553 nach England und 1557 nach Flandern. 1558 Erzbischof von Toledo. Infolge der antiprotestantischen Stimmung nach den Schauprozessen von Sevilla und Valladolid (1558) veranlasste der Generalinquisitor Fernando de ∕Valdés 1559 seine Inhaftierung. Anlass dazu waren Angriffe Melchior ∕Canos und anderer gegen C.s Werk *Comentarios del Catechismo christiano* (Antwerpen 1558; hg. v. J.I. Tellechea Idígoras, 2 Bde.

Madrid 1972) und gegen seine spirituelle, von der scholastischen Ausdrucksweise abweichende Theologie. 1567 wurde der Prozess von Spanien nach Rom verlegt. Kurz vor seinem Tod wurde C. von Gregor XIII. verurteilt und musste 16 Sätzen abschwören (14.4.1576).

▪ Werke: Summa conciliorum, Quatuor controversiae (De auctoritate ecclesiae, scripturae, concilii et papae). Venedig 1546; De necessaria residentia episcoporum. ebd. 1547.
▪ Literatur: DHEE 1, 358–361. – H. JEDIN: Die C.-Tragödie in neuer Beleuchtung: Die Einheit der Kirche. FS P. Meinhold. Wiesbaden 1977, 255–270; J.I. TELLECHEA IDÍGORAS: B.C. Mis treinta años de investigación. Salamanca 1984; G. DÍAZ DÍAZ: Hombres y Documentos de la Filosofía Española, Bd. 2. Madrid 1983, 160–167; K. REINHARDT: Bibelkommentare spanischer Autoren, Bd. 1. ebd. 1990, 96ff.   *Fernando Domínguez*
▪ Nachtrag: J.I. TELLECHEA IDÍGORAS: El proceso romano del arzobispo C. Rom 1994; I. JERICO BERMEJO: Sobre la possibilidad de juzgar al Papa. En los comentários de B.C. sobre la justicia: Studium 38 (1998) 325–339.

Cassander (Kadzander, van Cadsant), Georg, humanistischer katholischer Theologe, * 24.8.1513 (1515?) Pitthem bei Brügge, † 3.2.1566 Köln; Studium der Artes in Löwen; 1544 in Köln, 1546 in Heidelberg immatrikuliert; veröffentlichte liturgiegeschichtliche Arbeiten (Verteidigung der Kindertaufe und des Laienkelchs) und Gutachten zur Wiedergewinnung der Kircheneinheit. *De officio pii ac publicae tranquillitatis vere amantis viri in hoc religionis dissidio* (Basel 1561), durch François ∕Bauduin auf dem Religionsgespräch von ∕Poissy (1561) vorgelegt, erntete Zustimmung (Julius ∕Pflug, Georg ∕Witzel) und Missbilligung (Jean Calvin, Wilhelm ∕Lindanus). Gegen die Angriffe Calvins verteidigte C. die alte Kirche (*Traditionum Veteris Ecclesiae et SS. Patrum defensio*, 1564). Auch die von ∕Ferdinand I. erbetene Stellungnahme zur ∕Confessio Augustana begründete C. mit patristischem Gedankengut (*De articulis religionis inter catholicos et protestantes controversis consultatio*, 1564/65, gedruckt Köln 1577), was z.T. ihren ökumenischen Charakter erklärt. Die vermittelnde Haltung C.s wurde von Kaiser und Herzog Wilhelm V. von Jülich-Kleve-Berg geschätzt und zeigte sich z.B. im Gespräch mit Täufern in Duisburg. Seine Ideen wirkten v.a. bei protestantischen Theologen weiter (u.a. Georg ∕Calixt).

▪ Werke: Opera omnia. Paris 1616; KLAIBER n. 598–616; VD 16 Bd. 4.
▪ Literatur: BBKL 1, 949f. – R. STAUFFER: Autour du Colloque de Poissy: Actes du Colloque L'Amiral de Coligny et son temps. Paris 1974, 135–171; A. STEGMANN: G.C., victime des orthodoxies: Aspects du libertinisme au XVIe siècle. ebd. 1974, 199–214; M. ERBE: François Bauduin und G.C. Dokumente einer Humanistenfreundschaft: Bibliothèque d'humanisme et renaissance 40 (1978) 537–560; G.H.M. POSTHUMUS MEYJES: Charles Perrot (1541–1608). His opinion on a writing of G.C.: Humanism and reform ... FS J.K. Cameron. Oxford 1991, 221–236 (fortgesetzt in: Nederlands archief voor kerkgeschiedenis 72 [1992] 72–91).
Barbara Henze

▪ Nachtrag: RGG⁴ 2, 78f.

Castellio, Sebastian (S. Chât[e]illon; Pseudonym: Martinus Bellius), Philologe und Bibelübersetzer, * 1515 St-Martin-du-Fresne (Département Ain), † 29.12.1563 Basel; in Straßburg mit Jean Calvin bekannt, der ihn 1541 als Schulrektor nach Genf berief. Wegen Meinungsverschiedenheiten über Kanonkritik und Interpretation des Hohenliedes verließ C. Genf und zog 1545 nach Basel, wo er 1553 Professor für Griechisch wurde. Weitere Kontroversen mit Calvin und Theodor ∕Beza über hermeneutische Fragen, Trinität und Prädestination sowie Kritik an der

Verbrennung Michael /Servets bereiteten ihm Schwierigkeiten. Von C.s Toleranzschriften ging eine starke Nachwirkung aus.
■ Hauptwerk: Biblia sacra latina. Basel 1551 u.ö.; La Bible nouvellement translatée avec annotations. ebd. 1555; De haereticis, an sint persequendi (1554), ed. v. S. VAN DER WOUDE. Genf 1954; De l'impunité des hérétiques. De haereticis non puniendis, ed. v. B. BECKER – M.F. VALKHOFF. ebd. 1971; Conseil à la France désolée (1562), ed. v. M.F. VALKHOFF. ebd. 1967; De arte dubitandi, ed. v. E. FEIST HIRSCH. Leiden 1981.
■ Literatur: TRE 7, 663ff. – H.R. GUGGISBERG: S.C. im Urteil seiner Nachwelt vom Späthumanismus bis zur Aufklärung. Basel – Stuttgart 1956; G. GALLICET CALVETTI: S.C., il reformato umanista contro il riformatore Calvino ... Dialoghi IV postumi di C. Mailand 1989; G. BEDOUELLE: Les temps des réformes et la Bible. Paris 1989; A. BERCHTOLD: Bâle et l'Europe, Bd. 2. Lausanne 1990, 547–577; H.R. GUGGISBERG: C. auf dem Index (1551–96): ARG 83 (1992) 112–129. *Robert Roth*
■ Nachtrag: C. GILLY: Die Zensur von C.s ‚Dialogi quatuor' durch die Basler Theologen (1578): Querdenken. FS H.R. Guggisberg. Mannheim 1996, 169–192; DERSELBE: S.C. und der politische Widerstand gegen Philipp II. von Spanien: Nederlands archief voor kerkgeschiedenis 77 (1997) 23–40; G.T. PARK: Le problème de la liberté de conscience chez Calvin et C.: Chongshin Theological Journal 5 (2000) 202–232.

Castro, *Alfonso de,* Franziskaner (um 1510), Theologe und Prediger, * um 1495 Zamora, † 3.2.1588 Brüssel. Studium in Salamanca und Alcalá. 1512 Theologielehrer im Konvent von Salamanca. 1530 begleitete er /Karl V. zur Kaiserkrönung nach Bologna. 1532–35 Predigttätigkeit in den Niederlanden, Deutschland und Frankreich. Als Theologe des Kardinals Pedro Pacheco (1545–47) bzw. des Kaisers (1551–52) auf dem Trienter Konzil. 1553 Hofprediger des Prinzen /Philipp II., den er 1554 nach England begleitete. Danach erneut in Flandern, wo er kurz nach seiner Ernennung zum Bischof von Santiago starb.
■ Werke: Adversus omnes haereses. Paris 1534 u.ö.; De iusta haereticorum punitione. Salamanca 1547; De potestate legis poenalis. ebd. 1550.
■ Literatur: DHEE 1, 381f. – G. DÍAZ DÍAZ: Hombres y Documentos de la Filosofía Española, Bd. 2. Madrid 1983, 255–261; K. REINHARDT: Bibelkommentare spanischer Autoren, Bd. 1. ebd. 1990, 107f.
Fernando Domínguez

Catechismus Romanus (CR) (Römischer Katechismus) ist ein seit der Dillinger Ausgabe (1567) um das Adjektiv „romanus" erweiterter Kurztitel des in Rom 1566 erschienenen Katechismus für die Pfarrer, dessen vollständiger Titel lautet: *Catechismus ex decreto Concilii Tridentini ad parochos Pii V. Pont. Max. iussu editus* (Katechismus nach dem Beschluss des Trienter Konzils für die Pfarrer im Auftrag des Papstes Pius V. herausgegeben).

Die Entstehungsgeschichte des CR reicht bis in die erste Tagungsperiode (1545–48) des Tridentinums zurück, jedoch wurde erst in der dritten Tagungsperiode (1562–63) mit seiner Ausfertigung begonnen, so dass das Konzil in der letzten Sitzung seine noch nicht zum Abschluss gebrachte Aufgabe der Abfassung eines Katechismus dem Papst übertrug (Sessio XXV de reformatione) und ihm das bis zu diesem Zeitpunkt erarbeitete Material übergab. /Pius IV. beauftragte daraufhin im Januar 1564 eine unter Leitung des Karl /Borromäus stehende Redaktionskommission aus den Konzilsteilnehmern Muzio /Calini, Leonardo de Marinis, Egidio /Foscarari und Francisco Foreiro mit der Weiterführung der in Trient begonnenen Vorarbeiten. Diese Redaktionsarbeit mit einer ersten und zweiten Revision dauerte von Februar 1564 bis Dezember 1565 und fand im „textus emendatus" ihren Abschluss. /Pius V., seit Januar 1566 Nachfolger Pius' IV., setzte erneut eine Revisionskommission unter der Leitung Guglielmo /Sirletos ein. So erfolgten von Februar bis September 1566 die dritte und vierte Revision bis zum „textus definitivus", der die Manuskriptvorlage für die Erstausgabe gebildet hat. Die heute wieder aufgefundenen Originalmanuskripte (Codex Vaticanus latinus 4994, pars I et II) der beiden Kommissionen sowie die sechs Gutachten von Sirleto und Marius Victorius zu den Kommissionsvorlagen geben genauen Aufschluss über die verschiedenen Phasen der Textgeschichte von 1564 bis 1566.

Der CR stellt die katholische Glaubens- und Sittenlehre im Anschluss an die vier katechetischen „Hauptstücke": Glaube mit Glaubensbekenntnis (13 Kapitel), Sakramente (8 Kapitel), Gottes Gebote mit Dekalog (10 Kapitel) und Gebet mit Vaterunser (17 Kapitel), dar und bietet diese in 1014 Lehrstücken (Nummern). Dem für die Pfarrgeistlichen bestimmten CR ist zum Zweck der Katechismuspredigt seit der ersten zweisprachigen Ausgabe (Bordeaux 1578) oft ein Anhang (Praxis) angefügt, in dem sein Inhalt auf alle Sonntage des Jahres verteilt ist.

▪ LThK³ 2, 976f. (ungekürzte Fassung).

▪ Quellen: P. RODRÍGUEZ U.A. (Hg.): CR seu catechismus ex decreto ... Vatikanstadt 1989.

▪ Literatur: TRE 7, 665–668; EKL³ 1, 638f. – G.-J. BELLINGER: Der CR und die Reformation. Paderborn 1970; R. DONGHI: ‚Credo la Santa Chiesa cattolica'. Dibattiti pretridentini e tridentini sulla Chiesa e formulazione dell'articulo nel catechismo romano. Rom 1980; P. RODRÍGUEZ – R. LANZETTI: El Catecismo Romano. Fuentes e historia del texto y de la redacción. Pamplona 1982; G.-J. BELLINGER: Bibliographie des CR 1566–1978. Baden-Baden 1983; P. RODRÍGUEZ – R. LANZETTI: El manuscrito original del Catecismo Romano. Pamplona 1985; R.I. BRADLEY: The Roman catechism in the catechetical tradition of the church. Lanham 1990; G.-J. BELLINGER: Der CR, seine Geschichte und bleibende Bedeutung für Theologie und Kirche: Katechismus der Welt – Weltkatechismus, hg. v. M. BUSCHKÜHL. Eichstätt 1993, 41–64 132–143. Gerhard J. Bellinger

▪ Nachtrag: G.J. BELLINGER: Der CR des Trienter Konzils: Rottenburger Jahrbuch für Kirchengeschichte 16 (1997) 23–40.

Chemnitz, Martin, „der hervorragendste Theologe unserer Zeit" (so die Generation nach ihm), einer der bedeutendsten Schüler Philipp Melanchthons, Hauptverfasser der /Konkordienformel (1577) und Vater der lutherischen Frühorthodoxie, * 9.11.1522 Treuenbrietzen, † 8.4.1586 Braunschweig. Nach Schulbesuch in Magdeburg und Universitätsstudium in Frankfurt (Oder) sowie Wittenberg arbeitete er zunächst als Bibliothekar in Königsberg, wurde 1553 Dozent in Wittenberg, wo er über Melanchthons „Loci theologici" las, und wirkte ab 1567 als Reformator des Herzogtums Braunschweig-Wolfenbüttel (zunächst Joachim /Mörlin untergeordnet, dann selbständig). Aufgrund verschiedener Enttäuschungen und Querelen legte er 1584 sein Amt nieder. – Seine gut reformatorische Theologie hat ihren Hauptinhalt in der Soteriologie und ihr Strukturelement in der Unterscheidung von /Gesetz und Evangelium. Seine wichtigsten theologischen Werke sind die posthum herausgegebenen *Loci theologici* (1591/1592) sowie sein kontroverstheologisches Opus *Examen Concilii Tridentini* (1566–73), wo er einerseits gegen das Konzil polemisiert, anderseits aber auch positiv die evangelische

Lehre darlegt. Dazu kommen Arbeiten über die Abendmahlslehre und über die Christologie.
■ Literatur: TRE 7, 714-721. *Harald Wagner*
■ Nachtrag: RGG⁴ 2, 127f. – J.A. PREUS: The second Martin. The life and theology of M.Ch. Saint Louis 1994.

Chiericati, *Francesco,* Diplomat, reformorientierter Kuriale, * 1478 Vicenza, † 5.12.1539 Bologna; Rechtsstudium in Padua, Bologna und Siena; 1512 in Rom als Auditor und Sekretär Kardinal Matthäus ╱Schiners, Teilnahme an einer Legation nach Deutschland; 1515-17 Nuntius in England, 1518-19 in Spanien und 1520-21 in Portugal; 1522 Ernennung zum Bischof von Teramo und Nuntius auf dem Reichstag zu Nürnberg wegen des Türkenkrieges und zur Durchführung des Wormser Edikts; Scheitern der Mission, Missdeutung seines Bekenntnisses großer Unzulänglichkeiten an der Kurie. Von ╱Clemens VII. und ╱Paul III. wurde er zu diplomatischen Aufgaben nicht mehr verwendet.
■ Quellen: Bibliotheca Apostolica Vaticana, Codex Barbarinus latinus 4907: Notizie della famiglia Chieregati; Codex Barbarinus latinus 4912: Memorie della vita di F.C.
■ Literatur: DHGE 12, 676ff.; DBI 24, 674-681. – B. MORSOLIN: F.C. vescovo e diplomatico del secolo XVI. Vicenza 1873; Deutsche Reichstagsakten, Jüngere Reihe, Bd. 3. Gotha, 383-452; Korrespondenzen und Akten zur Geschichte des Kardinals Matthäus Schiner, hg. v. A. BÜCHI, Bd. 1. Basel 1920, 133f.; K. HOFMANN: Die Konzilsfrage auf den deutschen Reichstagen 1521-24. Dissertation. Heidelberg 1932, 34-66; P. PASCHINI: Tre illustri prelati del Rinascimento: Lateranum 23 (1957) 1-4.

Klaus Jaitner

Christian III. von Dänemark, * 12.8. 1503 Gottorf, † 1.1.1559 Koldinghus (Jütland), Herzog von Schleswig und Holstein (1533-59), König von Dänemark und Norwegen (1537-1559); 1523-33 Statthalter der Herzogtümer; neben seinem Vater Friedrich I. (1523-33) der eigentliche Reformator seiner Lande. Begünstigte schon als Statthalter die neue Lehre (Confessio Hafnica 1530) und suchte als König den (meist altkirchlich gesinnten) Adel durch Zugeständnisse zu gewinnen. 1536 setzte er alle katholischen Bischöfe gefangen und zog ihre Güter ein. Er ließ die Stiftskapitel als – nunmehr evangelische – Institutionen bestehen, die katholischen Klöster zog er zugunsten der Staatskasse ein. Für die Umorganisation der katholischen in eine evangelische Kirche berief er Martin Luthers engsten Mitarbeiter Johannes ╱Bugenhagen, den Organisator vieler norddeutscher Landeskirchen, für zwei Jahre nach Dänemark, später nach Schleswig-Holstein. Bugenhagen krönte auch Ch. zum König.
■ Literatur: NDB 3, 233f. – O. BRANDT: Geschichte Schleswig-Holsteins. Kiel ³1938; E. FEDDERSEN: Kirchengeschichte Schleswig-Holsteins. ebd. 1938; E.H. DUNGLEY: The Reformation in Denmark. London 1948; G. SCHWAIGER: Die Reformation in den nordischen Ländern. München 1962.

Ernst Walter Zeeden

■ Nachtrag: L. GRANE: Reformationsstudien. Beiträge zu Luther und zur dänischen Reformation. Mainz 1999.

Christoph von Württemberg (Herzog ab 1550), * 12.5.1515 Urach, † 28.12. 1568 Stuttgart. Nach der Vertreibung seines Vaters ╱Ulrich und der Besetzung Württembergs durch den Schwäbischen Bund (1519) wurde Ch. am Hof ╱Karls V. erzogen. Als ihn der Kaiser mit nach Spanien nehmen wollte, floh er zu seinem Onkel, Herzog ╱Wilhelm IV. von Bayern. Nach seiner Rückkehr (Schlacht von Lauffen) 1534 schickte Herzog Ulrich den Sohn zur weiteren Ausbildung an den Hof ╱Franz' I. von

Frankreich. Der Vertrag von Reichenweiher (1542) sicherte Ch. die alleinige Erbfolge in Württemberg und die Statthalterschaft über die Grafschaft Mömpelgard (Montbéliard); er selbst verpflichtete sich, die evangelische Konfession im Lande beizubehalten. Während der folgenden Statthalterschaft in Mömpelgard scheint sich Ch. endgültig dem lutherischen Glauben zugewandt zu haben. Am 24.2.1544 heiratete er Anna-Maria, die Tochter des Markgrafen /Georg von Brandenburg-Ansbach, eines entschiedenen Vertreters der neuen Lehre. Nach dem Tod des Vaters übernahm Ch. am 6.11.1550 die Regierung in Württemberg. Groß waren die Schwierigkeiten. Da sein Vater im Schmalkaldischen Krieg (/Schmalkaldischer Bund) gegen Karl V. gekämpft hatte, betrieb König /Ferdinand einen Felonieprozess. Als Ch. der Verlust der Herrschaft drohte, war er bereit, sich auf der zweiten Sitzungsperiode des Konzils von Trient vertreten zu lassen. Die Gesandten (u. a. Johannes /Brenz) legten dort am 24.1.1552 die /Confessio Virtembergica vor. Die Fürstenrevolte des /Moritz von Sachsen verhinderte indes, dass die Formel und andere offene Fragen (z. B. Geschäftsordnung des Konzils) diskutiert werden konnten. Bei der Fürstenrevolte blieb Ch. neutral. Der für den Kaiser ungute Ausgang gab ihm aber die Möglichkeit, in Württemberg das /Augsburger Interim zu beseitigen und das Kirchenwesen neu zu ordnen. Dazu gehörte die Einrichtung eines Kirchenrates als oberster geistlicher Behörde (unter dem Landesherrn) und die Errichtung einer Zentralkasse („Gemeiner Kirchenkasten"), mit deren Hilfe künftig die Seelsorge, aber auch Aufgaben im Schul- und Armenwesen finanziert werden sollten. Die 13 Männerklöster des Landes blieben rechtlich selbständig; die katholischen Äbte wurden nach ihrem Ableben durch evangelische ersetzt. Hauptsächlicher Zweck dieser Klöster war fortan, an ihren Schulen den geistlichen Nachwuchs für das Theologiestudium in Tübingen vorzubereiten. In der Großen Kirchenordnung von 1559 wurde die Neuordnung des Kirchen- und Schulwesens im Herzogtum Württemberg kodifiziert.

▪ Literatur: NDB 3, 248f.; LTHK² 2, 1166; TRE 8, 68–71. – Briefwechsel des Herzogs Ch. von Württemberg, hg. v. V. ERNST, 4 Bde. Stuttgart 1899–1907; Confessio Virtembergica. Das württembergische Bekenntnis von 1551, hg. v. M. BIZER. ebd. 1952; JEDIN 3, passim; H.-M. MAURER: Herzog Ch. (1550–1568): 900 Jahre Haus Württemberg. Leben und Leistung für Land und Volk, hg. v. R. UHLAND. Stuttgart 1984, 136–162.

Rudolf Reinhardt

▪ Nachtrag: RGG⁴ 322f. – F. BRENDLE: Dynastie, Reich und Reformation. Die württembergischen Herzöge Ulrich und Ch., die Habsburger und Frankreich. Tübingen 1997.

Church of England (ChE). 1. *Begriff.* Als Heinrich VIII. in der /Suprematsakte vom 3.11.1534 den Titel „supreme head in earth of the ChE" für sich in Anspruch nahm, griff er damit auf die jahrhundertealte Selbstbezeichnung der von Rom abhängigen englischen Kirche zurück. Mit der Suprematsakte reklamierte der König nichts weniger als die päpstliche „plenitudo potestatis", womit die ChE als Konfessionskirche in die Geschichte eintrat. – Demgegenüber bezeichnet der Begriff „anglikanisch" eine Gemeinschaft von Kirchen, die ihre Wurzeln auf die ChE zurückführen. *Bruno Steimer*

2. *Geschichte.* Die Ursachen der englischen Reformation kann man drei Ebenen zuordnen: den weit verbreiteten Protest- und Kritikbewegungen des späten 15. Jh., den von

den Schriften Martin Luthers beeinflussten humanistischen Gelehrten sowie den seit dem Mittelalter angespannten Beziehungen zwischen der katholischen Kirche, besonders dem Papsttum, und England. Die Weigerung ↗Clemens' VII., die Ehe ↗Heinrichs VIII. mit Katharina von Aragón zu annullieren, ließ den Hof Heinrichs im Kirchenrecht und in der Bibel nach einer Möglichkeit forschen, die königlichen Wünsche zu befriedigen. 1532 ernannte Heinrich Thomas ↗Cranmer zum Erzbischof von Canterbury. Er sollte ihm helfen, die Scheidung durchzusetzen und die oberste Leitung der ChE auf den König selbst zu übertragen. Die erforderlichen Gesetze wurden 1533–34 promulgiert (u. a. ↗Suprematsakte), und eine reformierte katholische Kirche, losgelöst vom Papsttum, entstand. Heinrich wurde exkommuniziert. Der Fortschritt der Reform geschah v. a. durch die skrupellose Aufhebung der Klöster (1535–40), die Verbreitung der englischsprachigen Bibel und Entwicklungen hin zu einer englischsprachigen Liturgie. Das protestantische Bekenntnis dagegen wurde weiterhin hart bestraft. Neben der englischen Bibel ging der stärkste Einfluss auf die entstehende Kirche von ihren Prayer Books aus, insbesondere dem ↗Book of Common Prayer (1549). Die Prayer Books und die ↗Anglikanischen Artikel waren erkennbar von den Reformatoren des Festlands, besonders von Martin ↗Bucer, beeinflusst, jedoch wurde die kirchliche Hierarchie beibehalten und deren pastoraler Charakter verstärkt. So lehrten anglikanische Theologen, dass den Bischöfen, durch göttliche Anordnung aus dem Apostelamt hervorgegangen, die geistliche Leitung der Nation obliege und dass sie geeint seien unter dem (von Gott eingesetzten) Monarchen. *Stephen Sykes*

■ Literatur: A.G. DICKENS: The English Reformation. London 1968; P.E. HUGHES: Theology of the English reformers. Abington ²1997; D. MACCULLOCH: Die zweite Phase der englischen Reformation (1547–1603) und die Geburt der Anglikanischen Via Media. Münster 1998; A.A. CHIBI: ‚Had I but served God with hald the zeal …' The service records of the men who became Henry VIII's bishops: Reformation 3 (1998) 75–136; C. LITZENBERGER: Defining the ChE: Belief and practice in reformation England. FS P. Collinson. Aldershot 1998, 137–153; N.S. AMOS: ‚It is fallow ground here'. Martin Bucer as critic of the English reformation: Westminster Theological Journal 61 (1999) 41–52.

Chytraeus (Kochhafe), *David*, lutherischer Theologe, * 26.2.1530 Ingelfingen (Württemberg), † 25.6.1600 Rostock; studierte seit 1539(!) in Tübingen, ging 1544 als Magister nach Wittenberg, wo er Tischgenosse Philipp Melanchthons wurde. 1550 an das „Pädagogium" zu Rostock berufen, wo er maßgeblich an der Reorganisation der Universität, der Errichtung eines Konsistoriums und der Ausarbeitung einer Superintendentialordnung beteiligt war. Entfaltete eine breite Tätigkeit als Gestalter des evangelischen Kirchenwesens in Mecklenburg, Österreich, Skandinavien und Antwerpen. Neben den theologisch-pädagogischen Schriften wurden v. a. seine historischen Studien bekannt. Ch. vertrat ein gemäßigtes Luthertum und war bedeutender Repräsentant der Verbindung von Reformation und humanistischem Wissenschaftsideal.

■ Literatur: TRE 8, 88ff. – J. EBEL: Die Herkunft des Konzeptes der Konkordienformel: ZKG 91 (1980) 237–282; D. und Nathan Ch.: Humanismus im konfessionellen Zeitalter, hg. v. K.-H. GLASER. Ubstadt-Weiher 1993. *Michael Becht*

■ Nachtrag: RGG⁴ 2, 377f. – G. HÄNDLER: Der Rostocker Theologe D.Ch. in neueren Büchern: Theologische Literaturzeitung 121 (1996) 3–16; K.-H. GLASER (Hg.): D.Ch. Norddeutscher Humanismus in Europa. Ubstadt-Weiher 2000.

Clarenbach, *Adolf,* Blutzeuge und Symbolgestalt des rheinischen Protestantismus, * um 1495 bei Lennep, † 28.9.1529 Köln; Schüler in Lennep und Münster, 1514 Artistenfakultät, 1517 Magister in Köln. 1521–23 als Lehrer in Münster, 1523–25 in Wesel, jeweils wegen Verdachts lutherischer Gesinnung ausgewiesen; 1525 in Büderich, 1526 in Osnabrück, im Frühjahr 1527 vertrieben. Lennep wies C. 1527 aus, wogegen er sich durch Darlegung seiner theologischen Positionen wehrte. Am 3.4.1528 in Köln verhaftet. Der Ketzerprozess endete mit seiner Verbrennung (zusammen mit Peter Fliesteden).

▪ Literatur: W. ROTSCHEIDT: A.C.-Bibliographie (1529–1929): Monatsheft für Rheinische Kirchengeschichte 23 (1929) 257–284; H. KLUGKIST HESSE (Hg.): Die Bekenntnisschrift A.C.s vom Jahre 1527: Beiträge zur Gemeindegeschichte 1 (1930) 3–30; DERSELBE: A.C. Neuwied 1929.

Hansgeorg Molitor

Clemens VII., Papst (19.11.1523–25.9.1534), vorher *Giulio de' Medici,* * 26.5.1478 Florenz als illegitimer Sohn des Stadtherrn Giuliano de' Medici; durch seinen Vetter ∕Leo X. 1513 Erzbischof von Florenz und Kardinal; als Kandidat der kaiserlichen Partei zum Nachfolger Hadrians VI. gewählt. In schwerster Krise der Kirche agierte C. vorwiegend als italienischer Renaissancefürst für den Kirchenstaat und die Medici mit den Mitteln einer verschlagenen, unglaubwürdigen Diplomatie in allen Bereichen. Sein Versuch, im Bund mit dem französischen König ∕Franz I. (der mit den Türken gegen Kaiser Karl V. konspirierte) und Venedig die kaiserliche Vorherrschaft in Italien einzudämmen (Heilige Liga von Cognac 1526), führte 1527 zur Verwüstung der Heiligen Stadt im ∕Sacco di Roma und zu seiner Gefangennahme. Die folgende Annäherung an Karl V. (Friede von Barcelona 1529; Kaiserkrönung in Bologna 1530) brachte keine päpstliche Hilfe in den deutschen Reformationswirren (Reichstag von Augsburg 1530), da C. der Konzilsforderung stets auswich. Die Schwäche seines Charakters trat auch in der hinhaltenden Behandlung der Eheangelegenheit ∕Heinrichs VIII. von England und gegen die skandinavischen Reiche zutage. Während seines Pontifikats trennte sich ein Drittel des Abendlandes von der Kirche (weite Teile Deutschlands, England, Skandinavien u. a.). Deshalb „wohl der unheilvollste aller Päpste" (Leopold von Ranke). Der Ausbau der Hierarchie in Lateinamerika und sein Mäzenatentum konnten diese Verluste nicht ausgleichen.

▪ Literatur: DHGE 12, 1175–1224; HKG 4, 246–250 693; DBI 26, 237–259. – S. EHSES: Die Politik des Papstes C. VII. bis zur Schlacht von Pavia: HJ 6 (1885) 557–603, 7 (1886) 553–593; J. FRAIKIN: Nonciatures de France. Clément VII, 2 Bde. Paris 1906–26; T. PANDOLFI: G.M. Giberti e l'ultima difesa della libertà d'Italia negli anni 1521–25: Archivio della Società Romana di Storia Patria 34 (1911) 131–237; L. VON PASTOR: Geschichte der Päpste seit dem Ausgang des Mittelalters, Bd. 4/1 und 4/2. Freiburg 1906–1907; HCMA 3, 18–22; E. RODOCANACHI: Les pontificats d'Adrien VI et de Clément VII. Paris 1933. *Georg Schwaiger*

▪ Nachtrag: TRE 8, 98–101; Vatikanlexikon, hg. v. N. DEL RE. Augsburg 1998, 129ff. – S.E. REISS: Cardinal Giulio de' Medici as a patron of art (1513–23). Princeton 1992.

Cles, *Bernhard von,* Kardinal, * 11.3.1485 Cles (Trient), † 30.7.1539 Brixen; Studien der Rechte in Bologna; 1514 zum Bischof seiner Heimatstadt erhoben. Eine glänzende politische Laufbahn begann er als Vertrauensmann des Tiroler Landesherrn, Kaiser Maximilians I., der ihm die Statthalterei Veronas anvertraute. Seine Stellung beim habsburgischen Hof konsolidierte sich weiter, so dass er seit 1522 und noch mehr seit 1528 als oberster Kanzler maßgebenden Einfluss auf die ganze Politik König ⁄ Ferdinands ausübte. Einen regen Anteil hatte C. bei allen Verhandlungen um die deutsche Reformation. Entschiedener Förderer der Konzilslösung, erhielt er den Purpur 1530 anlässlich der Kaiserkrönung ⁄ Karls V. Beim Konklave von 1534 strebte der österreichische Hof für ihn die Tiara an. Eine einzigartige Bedeutung kommt C. als Bischof und Fürst von Trient zu. Diözesansynoden und Visitationen bezeugen seine reformerische Tätigkeit. Als Landesherr erneuerte er das Bild seiner Hauptstadt und die prächtige Residenz des Castello del Buonconsiglio, die er als Heimstätte bedeutender Künstler und Humanisten ausbaute. 1539 übernahm C., nach Niederlegung seiner politischen Ämter, die Administratur des Hochstifts Brixen.

■ Literatur: DBI 26, 406–411. – Bernardo Clesio e il suo tempo, hg. v. P. PRODI, 2 Bde. Rom 1987; C. WALSH: La nòmina di Bernardo Clesio a protonotario apostolico: Studi Trentini di Scienze Storiche, Sezione 1a, 66 (1987) 3–13; G. CRISTOFORETTI: La visita pastorale del cardinale Bernardo Clesio alla diocesi di Trento 1537–38. Trient 1989.
Iginio Rogger
■ Nachtrag: BBKL 16, 122f.

Clichtove, *Josse* (Jodocus Clichtoveus), Humanist und Theologe, * 1472/73 Nieuport (Flandern), † 22.9.1543 Chartres; in Paris 1492 Magister artium, 1506 Doctor theologiae; Schüler und Mitarbeiter des ⁄ Faber Stapulensis bis 1520; nachher Gegner Martin Luthers und seiner Anhänger; 1528 Canonicus theologicus in Chartres. Entwarf das Idealbild eines Priesters der Katholischen Reform und verteidigte den priesterlichen ⁄ Zölibat.

■ Hauptwerk: *Editionen und Kommentare:* Divi Bernardi opera. Paris 1513; Theologia Damasceni. ebd. 1513; Theologia vivificans ... Dionysii (Areopagitae). ebd. 1515. – *Asketische Schriften:* De laude monasticae religionis. Paris 1513; Elucidatorium ecclesiasticum. ebd. 1516; De vita et moribus sacerdotum. ebd. 1519; Sermones. ebd. 1534. – *Kontroverstheologie:* Antilutherus. Paris 1524; Propugnaculum Ecclesiae. ebd. 1526; De sacramento Eucharistiae contra Œcolampadium. ebd. 1527.

■ Literatur: DTHC 3, 236–243; CERAS 1, 317–320. – J.-P. MASSAUT: J.C., l'humanisme et la réforme du clergé, 2 Bde. Paris 1968; DERSELBE: Critique et tradition à la veille de la Réforme en France. ebd. 1974; DERSELBE: Thèmes ecclésiologiques dans les controverses antiluthériennes de J.C.: Les Réformes, hg. v. B. CHEVALIER – R. SAUZET. ebd. 1985, 327 335; J.K. FARGE: Biographical register of the Paris doctors of theology, 1500–36. Toronto 1980, 90–104; DERSELBE: Orthodoxy and Reform in Early Reformation France. Leiden 1980; P. FABISCH: J.C.: Katholische Theologen der Reformationzeit, hg. v. E. ISERLOH, Bd. 2. Münster 1985, 82–91.
Jean-Pierre Massaut
■ Nachtrag: H. SMOLINSKY: Humanistische römisch-katholische Gegner Luthers. Das Beispiel Jodocus Clichtoveus: Humanismus und Wittenberger Reformation. Festgabe anläßlich des 500. Geburtstages des Praeceptor Germaniae Philipp Melanchthon. Leipzig 1996, 73–87; N. LEMAÎTRE: Le prêtre mis à part ou le triomphe d'une idéologie sacerdotale au XVIe siècle: RHEF 85 (1999) 275–299.

Clinge (Klinge, Cling), *Conrad,* Franziskaner, * 1483/84 Nordhausen (?), † 10.3.1556 Erfurt; 1520 Doctor theologiae in Erfurt; Kustos von Thüringen, Guardian des Franziskanerklosters und ab 1530 Domprediger in Erfurt; eifriger Verteidiger der katholischen Partei. Seine Rechtfertigungslehre versuchte, reformatorische Anliegen vorsichtig zu integrieren.

▪ Werke: KLAIBER n. 726–729.
▪ Literatur: BBKL 4, 60f. – J. BEUMER: Ein Beispiel katholischer Zusammenarbeit während der Reformationszeit: Franziskanische Studien 49 (1967) 373–383; H.-CH. RICKAUER: Rechtfertigung und Heil. Die Vermittlung von Glaube und Heilshandeln in der Auseinandersetzung mit der reformatorischen Lehre bei K. Klinge (1483/84–1556). Leipzig 1986; DERSELBE: Glaube und Heilshandeln. Zur theologischen Auseinandersetzung des Erfurter Franziskaners K. Klinge mit der reformatorischen Lehre: W. ERNST – K. FEIEREIS (Hg.): Denkender Glaube in Geschichte und Gegenwart. ebd. 1992, 55–70.

Barbara Henze

Cochlaeus (Dobeneck), *Johannes*, Humanist und Theologe, * 1479 Raubersried bei Wendelstein (Mittelfranken), † 10./11.1.1552 Breslau; nach Studien in Köln und Bologna 1517 Doctor theologiae in Ferrara, 1518 Priesterweihe in Rom, 1519 Dekan des Liebfrauenstifts in Frankfurt (Main). Nach dem Erscheinen von Martin Luthers Schrift „De captivitate Babylonica ecclesiae" (1520) wurde C., der Luther zunächst positiv beurteilt hatte, dessen entschiedener Gegner. 1521 versuchte er in Worms, Luther zur Umkehr zu bewegen. Mit Lorenzo ∕Campeggi nahm er 1524 am Nürnberger Reichstag sowie am Regensburger Konvent teil. Nach dem Tod Hieronymus ∕Emsers wurde er 1527 Hofkaplan ∕Georgs von Sachsen, mit dem er 1530 den Reichstag von Augsburg besuchte, wo er an der Abfassung der Confutatio confessionis Augustanae mitwirkte. Nach Einführung der Reformation in Sachsen ging C. 1539 nach Breslau. 1540/1541 nahm er an den Religionsgesprächen von ∕Hagenau, ∕Worms und ∕Regensburg, 1546 am zweiten Regensburger Religionsgespräch und 1549 an der Mainzer Provinzialsynode teil. C. hat sich um die Erhaltung des katholischen Glaubens bemüht und in mehr als 200 Schriften die alte Kirche verteidigt. Er war theologisch beeinflusst von Thomas von Aquin, der Theologie des 15. Jh. sowie vom Humanismus und kann als repräsentativer Zeuge für die Ansichten der vortridentinischen Theologie des 16. Jh. hinsichtlich Ekklesiologie, Eucharistie, Priestertum, Rechtfertigung, Willensfreiheit und Mariologie gelten. Er hat theologisch stark nachgewirkt, u. a. auf Petrus ∕Canisius und Robert Bellarmin. Seine *Commentaria de actis et scriptis M. Lutheri* (1548) sind eine wichtigsten Quellen für die Geschichte der Reformation und der erste Versuch einer Gesamtdarstellung von Leben und Wirken Luthers. Sie haben das katholische Lutherbild nachhaltig geprägt.

▪ Werkverzeichnis: M. SPAHN: J.C. Berlin 1898, Nachdruck Nieuwkoop 1964, 341–372.
▪ Literatur: TRE 8,140–146; KThR 1², 72–81. – H. JEDIN: Des J.C. Streitschrift ‚De libero arbitrio hominis'. Breslau 1927; A. HERTE: Die Lutherkommentare des J.C. Münster 1935; DERSELBE: Das katholische Lutherbild im Bann der Lutherkommentare des J.C., 3 Bde. ebd. 1943; F. MACHILEK: J.C.: Fränkische Lebensbilder 8 (1978) 51–69; R. BÄUMER: J.C. Münster 1980; DERSELBE: J.C. und die Reform der Kirche: Reformatio Ecclesiae. FS E. Iserloh. Paderborn 1980, 333–354; DERSELBE: Die Religionspolitik Karls V. im Urteil der Lutherkommentare des J.C.: Politik und Konfession. FS K. Repgen. Berlin 1983, 31–47; CH. DITTRICH: Die vortridentinische katholische Kontroverstheologie und die Täufer. Frankfurt (Main) 1991, 1–106 269–360; R. KEEN: The Arguments and Audiences of C.'s ‚Philippica VII': CHR 88 (1992) 371–394; M. SAMUEL-SCHEYDER: J.C., humaniste et adversaire de Luther. Nancy 1993.

Remigius Bäumer

▪ Nachtrag: A. LAUBE: Das Gespann C./Dietenberger im Kampf gegen Luther: ARG 87 (1996) 119–135; A. THIEM: Freier Wille bei

Calvin und C.: Archiv für schlesische Kirchengeschichte 57 (1999) 101–144; B. PETER: J.C.: ebd. 58 (2000) 185–215.

Coligny, 1) *Odet,* genannt Cardinal de Châtillon, * 10.7.1517 Schloss Châtillon-sur-Loing (Département Loiret), † 14.2.1571 Hampton Court bei London; bereits mit zehn Jahren zum Kardinaldiakon von Ss. Sergius et Bacchus ernannt, elfjährig Erzbischof von Toulouse, Nachfolger des Gabriel von Gramont, unter dem die reformierte Lehre Fortschritte gemacht hatte. 1533 Kardinal, 1535 Fürstbischof von Beauvais. C. schwor 1561 vom Katholizismus ab und bekannte sich zur reformierten Lehre. 1563 wurde er von Pius IV. seiner Würden und Benefizien enthoben; 1564 Heirat mit Isabella von Hauteville (Madame la Cardinale). 1568 verließ er Frankreich und begab sich zu Königin ↗Elisabeth nach England.

▪ Literatur: DHGE 13, 250f. – J. DELABORDE: O. de C. Paris 1879; L. MERLET. ebd. 1885; Revue des questions historiques 76 (1904) 61–108.

2) *Gaspard,* Sieur de Châtillon, * 16.2.1519 Schloss Châtillon-sur-Loing (Département Loiret), † 24.8.1572 Paris; Bruder von 1); 1552 Admiral, 1555 Statthalter der Picardie; geriet 1557 nach der Schlacht von St-Quentin in Gefangenschaft, die er in den Niederlanden verbrachte, wo er für die Reformation gewonnen wurde; 1560 Übertritt zum Calvinismus, bald darauf Führer der ↗Hugenotten in den vier ersten französischen Religionskriegen. Durch den Frieden von St-Germain-en-Laye (1570) erhielt er für die Reformierten freie Religionsausübung und vier feste Plätze; 1571 wieder am Hof als Königsrat zugelassen, gewann er großen Einfluss auf ↗Karl IX., fand aber heftige Gegner. Katharina von Medici ließ ihn in der ↗Bartholomäusnacht ermorden.

▪ Literatur: RE 4, 219–228; DHGE 13, 247f.; RGG³ 1, 1849f. – J. DELABORDE: G. de C., 3 Bde. Paris 1879–82; E. BERSIER: C. avant les guerres de religion. Paris 1883, deutsch Basel 1885; A.W. WHITEHEAD: G. de C. Admiral of France. London 1904; W. BESANT: G. de C. London 1905; L. VON PASTOR: Geschichte der Päpste seit dem Ausgang des Mittelalters. Freiburg Bd. 7 1920, 397 400f. 408 420 432; Bd. 8 1920, passim; J. HÉRITIER: Catherine de Médicis. Paris 1941; K. KUPISCH: C. Berlin ²1951. *Joseph Jordan* ▪ Nachtrag: RGG⁴ 2, 420. – L. CRÉTÉ: C. Paris 1985; J.-L. BOURGEON: L'assasinat d'C. Genf 1992; C., les protestants et la mer. Actes du colloque organisé à Rochefort et La Rochelle les 3 et 4 octobre 1996. Paris 1997.

Confessio Augustana, Confutatio und Apologie.

1. *Confessio Augustana* (Augsburger Bekenntnis; CA), auf dem Reichstag zu Augsburg am 25.6.1530 von lutherischen Fürsten und Städten übergeben, hauptsächlich von Philipp Melanchthon verfasst und mehrfach überarbeitet (Editio princeps, 1531), Bündnisgrundlage des ↗Schmalkaldischen Bundes, Basistext der Religionsgespräche, Toleranzgrundlage des ↗Augsburger Religionsfriedens von 1555, Lehrverpflichtungsgrundlage bei Promotion und Ordination, grundlegende ↗Bekenntnisschrift lutherischer Kirchen, in der Fassung von 1540 (Variata) auch Bekenntnis reformierter Kirchen.

a) *Geschichte:* Nach dem Frieden von Barcelona und Cambrai (29.6. bzw. 3.8.1529) schrieb ↗Karl V. am 21.1.1530 zur Abwehr der Türkengefahr (Belagerung Wiens 1529) und zur Lösung der Religionsfrage (Wormser Edikt, Speyrer Protestation vom 15.4.1529) einen Reichstag nach Augsburg aus. Vor Ankunft der kursächsischen Delegation (2.5. – Martin Luther blieb auf der Coburg) legte Johannes ↗Eck zur Disputation vor dem Kaiser in „404 Artikeln" überspitzte reformatorische Sätze als gegnerische Thesen vor. Diese zu verteidigen oder sich besiegt zu geben, war die „teuflische" Alternative. Als Gegenmittel (MSA 7/2, 149) legte Melanchthon dar, was „in dem Kurfürstenthumb Sachsen einhellig gelehrt und gepredigt" wird. Diese fast alle Glaubensartikel umfassende „apologia" übergaben Kurfürst Johann, sein Sohn Herzog ∕Johann Friedrich von Sachsen, Landgraf ∕Philipp von Hessen, Markgraf ∕Georg von Brandenburg-Ansbach, die Herzöge Ernst und Franz von Lüneburg, Fürst Wolf von Anhalt sowie die Reichsstädte Nürnberg und Reutlingen als ihr Bekenntnis.

b) *Inhalt:* Der erste Teil, die „Artikel des Glaubens und der Lehre" (CA 1–21), ist in den Stammartikeln ein christologisch akzentuierter heilsgeschichtlicher Aufriss (vgl. CA 3): Trinität, Schöpfer (CA 1), Christus (CA 3), Geist (CA 5; siehe Fassung von Ende Mai 1530 in der Nürnberger Abschrift Na 4), Kirche (CA 7 und 8), Sakramente: Taufe (CA 9), Abendmahl (CA 10), Beichte, Buße (CA 11 und 12), Gebrauch der Sakramente (CA 13), kirchlicher Ordo (CA 14; CA Variata: „... presbyteros constituat"), Wiederkunft Christi zum Gericht (CA 17). CA 15 und 16 (kirchliche Ordnungen, Politik) wurden in den Aufriss eingeordnet (Schwabacher Artikel). CA 2 (Erbsünde) bildet die heilsgeschichtliche Verknüpfung von CA 1 und CA 3. CA 6 betont die Früchte des geistgewirkten Glaubens. Die Rechtfertigung durch den Glauben (CA 4) hat ihren Grund im Versöhnungsopfer Christi (CA 3) und im Wirken des Geistes, der durch Amt, Wort und Sakramente gegeben wird und den Glauben wirkt (CA 5), was in CA 7–14 entfaltet wird. CA 18 und 19 wurden im Blick auf Eck erst in der letzten Redaktionsphase verfasst; CA 20 (Glaube und gute Werke) und CA 21 (Heiligenverehrung) wurden zu Lehrartikeln (∕Torgauer Artikel).

Der zweite Teil, die „Artikel, von welchen Zwiespalt ist, da erzählet werden die Mißbräuch, so geändert seind", nimmt die vorbereiteten Artikel (Förstemann 1, 68ff.) zur Rechtfertigung der eingeführten Neuerungen des Gottesdienstes und der ∕Kirchenordnung auf: Von beider Gestalt des Sakraments (CA 22), Vom Ehestand der Priester (CA 23), Von der Messe (CA 24), Von der Beicht (CA 25), Vom Unterschied der Speis (CA 26), Von Klostergelübden (CA 27) und Von der Bischofen Gewalt (CA 28).

c) *Beurteilung:* Die CA ist nicht nur reichspolitisch, sondern v. a. im größeren Kontext der Neuordnung der Gemeinden in den lutherisch gewordenen Gebieten (Unterricht der Visitatoren 1528, Luthers Großer und Kleiner Katechismus 1529), der Abgrenzung gegen ∕Schwärmer, ∕Täufer und Huldrych Zwingli (Luther: Vom Abendmahl Christi; Bekenntnis 1528; ∕Schwabacher Artikel 1529; ∕Marburger Religionsgespräch, Marburger Artikel) und der Abklärung und Differenzierung der lutherischen Lehrposition (Johann ∕Agricola, Melanchthons Kolosserbriefvorlesung) zu sehen: Der Landesherr als oberster Kirchenvisitator war eine Notlösung. Die CA sucht eine Lösung durch das kirchliche Ordnungsamt der Bischöfe, denen iure divino zukommt, Sünden zu vergeben, mit dem Evangelium nicht übereinstimmende Lehre zurückzuweisen und Gottlose, deren gottloses Wesen bekannt ist, aus der Gemeinschaft der Kirche auszuschließen (CA 28, 21), und ist bereit, die Jurisdiktion der katholischen Bischöfe anzuerkennen, wenn diese ∕Laienkelch, Priesterehe

(↗Zölibat) und die Predigt der reinen Lehre des Evangeliums zuließen (CA 28,69f.; Förstemann 1, 196; MSA 7/2, 164 176 246 277; CR 2, 282). – In Abgrenzung gegen die „Wiedertäufer" verwirft die CA, dass der Heilige Geist ohne das (in der Kirche vermittelte) äußere Wort zuteil werde (CA 5), die Kindertaufe nicht recht (CA 9), die Übernahme politischer Ämter unchristlich sei (CA 16) und die Hölle ein Ende habe (CA 17). Gegen Zwingli lehrt CA 10, „daß wahrer Leib und Blut Christi wahrhaftiglich unter der Gestalt des Brots gegenwärtig sei" („vere [et substantialiter, Apologie 10, 1] adsint"). Wie Luther (WA 26, 500–505) beruft sich die CA gegen alte und neue Ketzer auf die Lehrtradition der Kirche: „Der Beschluß des Konzils von Nizäa ist ohne jeden Zweifel zu glauben" (CA 1; für CA 3 vgl. DH 1337f.). – Abklärung und Korrektur sind CA 18: Vom freien Willen (1521: Alles geschieht nach absoluter Notwendigkeit) und CA 19: Von Ursach der Sünden (1521: das Böse, der Verrat des Judas ist Gottes eigentliches Werk). Gegen die, die „den Glauben ohne Buße ... verkündigen" (CR 26, 9; Agricola 1527), betont CA 12 die zwei Teile der Buße: die Reue bzw. den Schrecken über die Sünde und den Glauben an das Evangelium. Besserung, gute Werke sollen („debent") folgen (vgl. MSA 1, 242–247; CR 26, 11 und 20). – Die Bekämpfung einer ↗Rechtfertigung aus eigenen Kräften (CA 18 Editio princeps; CA 2.4.12) oder ex opere operato ohne gute Regung im Empfänger (CA 13 Editio princeps; CA 24 – beachte aber CA 8: Die Sakramente sind wirksam [„efficax"] auch wenn sie durch schlechte Priester gereicht werden) zielt auf Gabriel ↗Biel und die durch ihn vermittelte Tradition (Johannes Duns Scotus). Gehässige Artikel, z. B. Papst als Antichrist, die „mehr in die Schul als in die Predigten in den Kirchen gehören" (CR 2, 182f.), fehlen im Augsburger Bekenntnis, das sich als Ausdruck der Lehre von Kirchen (CA 1: „Ecclesiae apud nos docent") versteht, die „in keinem Glaubensartikel von der katholischen Kirche abweichen" (BSLK 84, vgl. 83c. d; MSA 7/2, 196, 21f.). Das Ernstnehmen dieses Anspruchs der CA gab dem katholisch-lutherischen Dialog der Gegenwart neue Impulse.

▪ Quellen: BSLK; J. LORZ (Hg.): Das Ausburger Bekenntnis. Studienausgabe. Göttingen 1980; CR 26; Melanchthons Werke in Auswahl, hg. v. R. STUPPERICH, Bd. 1–7/2. Gütersloh 1951–75 (= MSA), Bd. 6, 12–79; W.H. NEUSER: Bibliographie der CA und Apologie 1530–80. Nieukoop 1987.

▪ Literatur: TRE 4,616–628; HDThG 81–94. – V. PFNÜR: Einig in der Rechtfertigungslehre? Wiesbaden 1970; H. MEYER U.A. (Hg.): Katholische Anerkennung des Augsburger Bekenntnisses. Frankfurt (Main) 1977; W. MAURER: Historischer Kommentar zur CA. Gütersloh 1978; E. ISERLOH (Hg.): CA und Confutatio. Münster 1980; H. MEYER U.A. (Hg.): CA. Bekenntnis des einen Glaubens. Paderborn–Frankfurt (Main) 1980; P. GAULY: Katholisches Ja zum Augsburger Bekenntnis? Freiburg 1980; M. CASSESE: Augusta 1530. Mailand 1981; H. NEUHAUS: Der Augsburger Reichstag des Jahres 1530. Ein Forschungsbericht: ZHF 9 (1982) 167–211; B. DITTRICH: Das Traditionsverständnis in der CA und in der Confutatio. Leipzig 1983; Lehrverurteilungen kirchentrennend?, Bd. 2, hg. v. K. LEHMANN. Freiburg–Göttingen 1989, 191–209; M. BRECHT (Hg.): Martin Luther und das Bischofsamt. Stuttgart 1990; K. KOCH: Gelähmte Ökumene. Freiburg 1991.

Vinzenz Pfnür

▪ Nachtrag: L. GRANE: Die CA. Göttingen ⁵1996; H. IMMENKÖTTER–G. WENZ (Hg.): Im Schatten der CA. Münster 1997; G. SEEBASS: Apologie und Confessio: Die Reformation und ihre Außenseiter. Göttingen 1997, 31–43; R. DECOT: Vermittlungsversuch auf dem Augsburger Reichstag. Melanchthon und die CA: 500 Jahre Philipp Melanchthon. Wiesbaden

Confessio Augustana

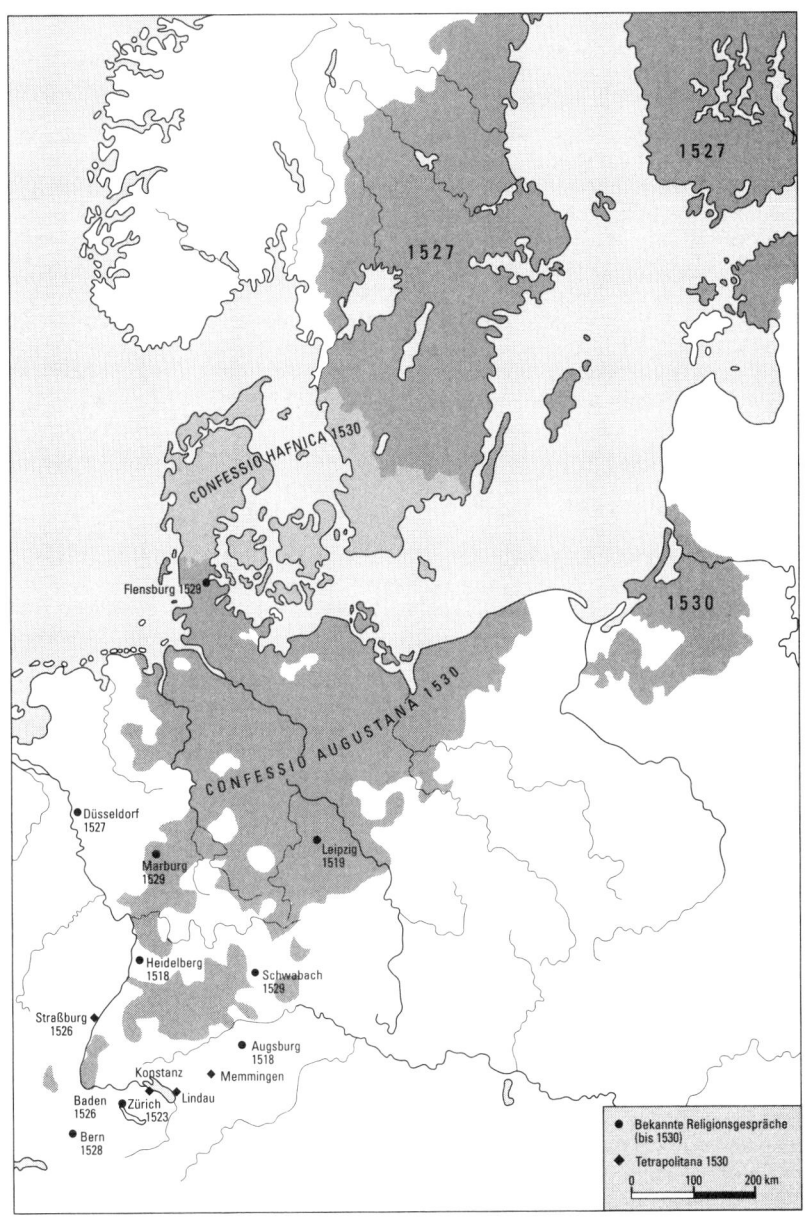

Die Verbreitung der Confessio Augustana um 1530

1998, 48–72; Сн. PETERS: Reformatorische Doppelstrategie. Melanchthon und das Augsburger Bekenntnis: Der Theologe Melanchthon. Stuttgart 2000, 169–193.

2. *Confutatio.* Etwa zwanzig katholische Theologen (Johannes ∕Cochlaeus, Johann ∕Dietenberger, Johannes ∕Eck, Johannes ∕Fabri, Julius ∕Pflug, Bartholomäus ∕Arnoldi, Konrad ∕Wimpina u. a.) erarbeiteten eine „Antwort" bzw. „Widerlegung" der CA in mehreren Anläufen: a) die „Responsio Theologorum" (erhalten Art. 1–4: CR 27, 85–97), die viel zu umfangreich geriet; b) die „Catholica Responsio" (Ficker 1–140), unter Vorsitz von Fabri gemeinsam beraten und am 12.7.1530 fertig gestellt, fand die Billigung des päpstlichen Legaten Lorenzo ∕Campeggi, nicht aber die des Kaiserhofes; c) die „Confutatio Confessionis Augustanae" (Immenkötter, Confutatio 74– 207) hält sich streng an die CA, betont die gemeinsame Glaubensüberzeugung (in Art. 1–3, 5, 8–14, 16–18 und 20) und begründet die Differenzen (v. a. die Lehren von der Erbsünde, der Rechtfertigung, den guten Werken, der „sola fide", der Siebenzahl der Sakramente, der Fürbitte der Heiligen sowie der so genannten Missbräuche in Teil 2) mit Hinweisen auf die Heilige Schrift, auf die Kirchenväter und frühen Konzilien. In Vor- und Nachwort betont Karl V. den reichsrechtlichen Anspruch dieser Fassung. – Bei der Zusammenlegung der einzelnen Bögen des zur Verlesung am 3.8. bestimmten Textes vergaß man irrtümlich eine ganze Lage. So fehlen der Schluss von Art. 24 und die Art. 25 und 26 im deutschsprachigen Original, nicht aber im lateinischen Text, der für den Kaiser angefertigt wurde. Eine Übergabe des Dokuments an die lutherischen Stände unterband der Kaiserhof. Seitdem hat die Polemik das protestantische Urteil über die Confutatio bestimmt – umso mehr, als der Text nach nur halbherzigen Ansätzen der Überarbeitung bald als überholt galt und dann in Vergessenheit geriet.

■ Quellen: J. FICKER: Die Konfutation des Augsburgischen Bekenntnisses. Leipzig 1891; CR 27, 1–243; H. IMMENKÖTTER: Die Confutatio der CA. Münster ²1981. ■ Literatur (vgl. auch 1.): K.E. FÖRSTEMANN (Hg.): Urkundenbuch zu der Geschichte des Reichstages zu Augsburg im Jahre 1530, 2 Bde. Halle 1833–35, Nachdruck Hildesheim 1966; TH. BRIEGER: Beiträge zur Geschichte des Augsburger Reichstags: ZKG 12 (1891) 123–187; S. EHSES: Kardinal Lorenzo Campeg(g)io auf dem Reichstag zu Augsburg 1530: RQ 17 (1903) 383–406, 18 (1904) 358–384, 19 (1905) II 129–152, 20 (1906) II 54–80, 21 (1907) II 114–139; Protokoll des Augsburger Reichstages 1530, hg. v. H. GRUNDMANN. Gütersloh 1958; K. RISCHAR: Johannes Eck auf dem Reichstag zu Augsburg 1530. Münster 1968; H. IMMENKÖTTER: Um die Einheit im Glauben. ebd. ²1974; E. ISERLOH (Hg.): CA und Confutatio. ebd. 1980; W. REINHARD (Hg.): Bekenntnis und Geschichte. München 1981; H. IMMENKÖTTER: Der Augsburger Reichstag und die Confutatio. Münster ²1981; M. CASSESE (Hg.): Augusta 1530. Mailand 1981; DERSELBE: La Scuola Cattolica: Varese 110 (1982) 272–288; H.J. URBAN: Theologische Revue 77 (1981) 441–458; M. MARCOCCHI: Aevum 56 (1982) 395–406; B. DITTRICH: Das Traditionsverständnis in der CA und in der Confutatio. Leipzig 1983; E. HONÉE: Der Libell des Hieronymus Vehus zum Augsburger Reichstag 1530. Münster 1988; R. DECOT (Hg.): Vermittlungsversuch auf dem Augsburger Reichstag 1530. Stuttgart 1989.

3. *Apologie.* Seit Ende August 1530 arbeiteten Melanchthon und andere an einer „Schutzrede oder Apologie". Ein früher Entwurf war am 22.10. fertig; seine Annahme durch den Kaiserhof verhinderte Erzherzog Ferdinand wegen der Türkengefahr. Das Hauptaugenmerk liegt nun auf der Rechtfertigungslehre, die mehr als die Hälfte der Editio prin-

ceps (April 1531) ausmacht. Präziser, bisweilen polemisch ist der Gegensatz zur altgläubigen Lehre gefasst, die Confutatio verworfen. Ursprünglich eine Privatarbeit Melanchthons, wurde die Apologie (wie die CA) schon 1531 Lehrgrundlage des Schmalkaldischen Bundes und ist seitdem Teil der lutherischen Bekenntnisschriften.

- Quellen: H.G. PÖHLMANN (Hg.): Apologia Confessionis Augustanae. Gütersloh 1967; BSLK 141–404.
- Literatur (vgl. 1. und 2.): G. PLITT: Die Apologie. Erlangen 1873; E. SCHLINK: Theologie der Bekenntnisschriften. München ³1948; H. FAGERBERG: Theologie der Bekenntnisschriften von 1529–37. Göttingen 1965; V. PFNÜR: Einig in der Rechtfertigungslehre? Wiesbaden 1970; M. BRECHT – K. SCHWARZ (Hg.): Bekenntnis und Einheit der Kirche. Stuttgart 1980; G. WENZ: Theologie der Bekenntnisschriften. Darmstadt 1993.

Herbert Immenkötter

- Nachtrag: A.E. BUCHRUCKER: Melanchthons Apologie der Augustana als Beitrag zu einträchtiger Lehre in der evangelisch-lutherischen Kirche: Einträchtig lehren. FS J. Schöne. Groß Ösingen 1997, 69–94.

Confessio Scotica (Schottisches Bekenntnis), Bekenntnisschrift der schottischen Reformation, 1560 verfasst und vom Parlament angenommen, aber erst 1567 unter Jakob VI. (I. von England) ratifiziert. Sie blieb das grundlegende Lehrdokument der protestantischen Kirche Schottlands, bis sie hinter der Westminster Confession zurücktrat. Erarbeitet wurde sie im Auftrag des Parlaments von einer Gruppe von Theologen (John /Knox und fünf Mitarbeiter unterschiedlicher theologischer Herkunft) in nur vier Tagen. Daraus erklären sich ihre formalen Mängel und eine gewisse theologische Unausgewogenheit. Obwohl stark an Jean Calvins Theologie orientiert, ist sie nicht „rein calvinistisch", sondern auch von Martin /Bucer, Huldrych Zwingli, Johannes /Oekolampad und Heinrich /Bullinger beeinflusst. In 25 Artikeln werden u. a. behandelt Heiligung, Wiedergeburt und die guten Werke als Gnadengaben, Kirche, Schrift und Sakramente sowie die Rechte und Pflichten der weltlichen Obrigkeit. Vergleichsweise ungewöhnlich ist die Verbindung von systematischer und biblischer Theologie, die Betonung der Ekklesiologie und die ausdrückliche Behandlung der christlichen Ethik.

- Literatur: Dictionary of Scottish Church History and Theology. Edinburgh 1993, 751f.; OER 4, 33–36. – W.I.P. HAZLET: The Scots Confession. Context, Complexion and Critique: ARG 78 (1987) 287–320.

Georg Hintzen

Confessio Virtembergica (Württembergisches Bekenntnis; CV). Um die Übergangslösung des /Augsburger Interims loszuwerden, musste der evangelische Herzog /Christoph von Württemberg in die Beschickung des Konzils von /Trient einwilligen. Zu diesem Zweck wurde die CV unter der Federführung von Johannes /Brenz verfasst und als einziges protestantisches Bekenntnis dem Konzil 1552 überreicht. Die zugesagte Antwort erfolgte nicht. Dennoch kommt der CV Bedeutung zu einmal als evangelischer /Bekenntnisschrift, zum andern durch ihre Verbindung von theologischer Offenheit und Festigkeit gegenüber dem Kontrahenten.

- Quellen: CV. Das Württembergische Bekenntnis von 1551, hg. v. E. BIZER. Stuttgart 1952; CV. Das Württembergische Bekenntnis von 1552, hg. v. M. BRECHT – H. EHMER. Holzgerlingen 1999.
- Literatur: M. BRECHT: Abgrenzung oder Verständigung. Was wollten die Protestanten in Trient?: Concilium Tridentinum, hg. v. R. BÄUMER. Darmstadt 1979, 161–195.

Martin Brecht

Consensus Tigurinus (Zürcher Übereinkunft; CT). Theologische Spannungen zwischen Genf und Zürich bzw. Bern in verschiedenen dogmatischen, liturgischen und kirchenpraktischen Fragen veranlassten den CT (Text: Joannis Calvini Opera selecta, hg. v. P. Barth–D. Scheuner, Bd. 2. München 1952, 241–258.), eine 1549 getroffene zweiseitige Übereinkunft über die Abendmahlslehre zwischen Jean Calvin und der protestantischen Geistlichkeit von Zürich unter der Federführung des Zwinglinachfolgers Heinrich ∕Bullinger. Im Hintergrund standen die politischen Entwicklungen im Reich, in Frankreich und in Genf. Inhaltlich stellt der CT einen Kompromiss dar: Die Zürcher geben zu, dass Erinnerung und Stärkung der Fides historica durch das Abendmahl angeregt werden, Calvin beschränkt den Empfang der sakramentalen Gabe auf die von Gott Erwählten. Andere strittige Fragen blieben weiterhin ungeklärt. Der CT beseitigte das Misstrauen zwischen Zürich und Calvin, verfehlte jedoch sein Ziel, die Spannungen im unmittelbaren Konfliktfeld, dem französisch sprechenden Berner Hoheitsgebiet des Waadtlandes, zu glätten, und vertiefte nach seiner Drucklegung 1551 den Graben zur Wittenberger Reformation (∕Abendmahlsstreit mit Joachim ∕Westphal).

■ Literatur: TRE 8, 189–192. – U. GÄBLER: Das Zustandekommen des CT im Jahre 1549: Theologische Literaturzeitung 104 (1979) 321–332. *Ernst Koch*

Contarini, *Gasparo,* katholischer Reformer, * 16.10.1483 Venedig aus einer venezianischen Patrizierfamilie, † 24.8.1542 Bologna; Studium der Philosophie und Mathematik in Padua, wo u. a. Pietro Pomponazzi sein Lehrer war. Er schloss dort Freundschaft mit Tommaso Giustiniani und Vincenzo Quirini, die in das Kloster Camaldoli eintraten. C. entschied sich nach Zweifeln und einem inneren Gnadenerlebnis am Karsamstag 1511 für ein Leben in der Welt. Er widmete sich nun verstärkt theologischen Studien. 1518 trat er in die Ämterlaufbahn der Republik Venedig ein. Als venezianischer Botschafter bei ∕Karl V. nahm er 1521 am Wormser Reichstag teil, ohne aber Martin Luther persönlich zu begegnen. 1528–30 war er Gesandter Venedigs bei ∕Clemens VII. 1535 ernannte ihn ∕Paul III. als Laie zum Kardinal. Er wurde bald zu einer Schlüsselfigur der Reformbestrebungen in Rom. Eine von Paul III. eingesetzte Kommission, deren Sprecher er war, legte im März 1537 das „Consilium de emendanda ecclesia" vor. Das Bistum Belluno, das er am 23.10.1536 erhalten hatte, ließ er im Wesentlichen durch Generalvikare verwalten. Am 10.1.1541 wurde er zum päpstlichen Legaten für den Reichstag in Regensburg und das dortige Religionsgespräch ernannt. Unter seiner Initiative kam dabei in der ∕Rechtfertigungslehre eine Kompromissformel zur Annahme, die der lutherischen Position entgegenkam (doppelte Gerechtigkeit). Diese wurde sowohl von Luther als auch von Rom abgelehnt. Über die weiteren Differenzpunkte, v. a. die Transsubstantiation, konnte man sich in Regensburg jedoch nicht einigen. In Rom wurde C. wegen der Regensburger Kompromissformel in seiner Rechtgläubigkeit verdächtigt. Er rechtfertigte sich am 25.5.1541 mit der *Epistola de iustificatione.* Nach seiner Rückkehr betraute ihn Paul III. im März 1542 mit der Legation in Bologna, die er bis zu seinem Tode innehatte. Grab in S. Maria dell'Orto in Venedig.

C. war ein bedeutender Vertreter der italienischen religiösen Erneuerungskräfte, die als „Spiritualen" bezeichnet werden, zu denen u. a. auch Reginald ⁄ Pole und Vittoria Colonna gehörten, denen C. freundschaftlich verbunden war. Seine Auffassung von der Rechtfertigung war bestimmt durch das Erlebnis vom Karsamstag 1511, das sich in der Folgezeit vertiefte. Ihm war zur Gewissheit geworden, niemand könne sich selbst durch seine Werke rechtfertigen, man müsse seine Zuflucht zur Gnade Gottes nehmen, und diese empfange man durch den Glauben an Jesus Christus. Von daher auch sein Eintreten für die Regensburger Formel. In seiner Lehre von den Sakramenten und in seiner Auffassung von der Kirche steht C. auf dem Boden der gängigen katholischen Lehrtradition. Von seinen Studien her war C. primär Philosoph, stark an Aristoteles ausgerichtet. Seine theologischen Schriften sind, abgesehen von der Rechtfertigungslehre, wenig originell. Seine kirchengeschichtliche Bedeutung liegt v. a. in seiner Tätigkeit als Reformer.

▪ Quellen: Vita von L. BECCADELLI: Monumenti di varia letteratura, ed. v. G. MORANDI, Bd. 1/2. Bologna 1799, 9–59; L. BECCADELLI: Lettere del Cardinal G.C.: ebd. 61–216; F. DITTRICH: Regesten und Briefe des Cardinals G.C. Braunsberg 1881; W. FRIEDENSBURG: Der Briefwechsel G.C.s mit Ercole Gonzaga; QFIAB 2 (1899) 161–222; L. PASTOR: Die Correspondenz des Cardinals C. während seiner deutschen Legation 1541: HJ 1 (1880) 321–392 473–501; H. JEDIN: C. und Camaldoli. Rom 1953 (30 Briefe 1510–23).

▪ Werke: G.C. Opera. Paris 1571, Venedig 1578, 1589; F. HÜNERMANN: G.C. Gegenreformatorische Schriften. Münster 1923. – Die wichtigsten Werke sind: De officio episcopi (1517); De immortalitate animae (1518); De magistratibus et republica Venetorum (1524–34); Confutatio articulorum seu questionum Lutheranorum (1530); De potestate pontificis (1534); De sacramentis christianae legis et catholicae ecclesiae (1539/40); De iustificatione (1541); De praedestinatione (1537).

▪ Literatur: DBI 28, 172–192; TRE 8, 202–206. – F. DITTRICH: G.C. Braunsberg 1885; H. RÜCKERT: Die theologische Entwicklung G.C.s. Bonn 1926; H. HACKERT: Die Staatsschrift C.s und die politischen Verhältnisse Venedigs im 16.Jh. Heidelberg 1940; H. JEDIN: Kardinal C. als Kontroverstheologe. Münster 1949; DERSELBE: Ein ‚Turmerlebnis' des jungen C.: HJ 70 (1951) 115–130; DERSELBE: G.C. e il contributo veneziano alla riforma cattolica: La civiltà veneziana del Rinascimento. Florenz 1958, 103–124; H. MACKENSEN: The diplomatic role of G. Cardinal C. at the Colloquy of Ratisbon in 1541: ARG 51 (1960) 36–57; P. MATHESON: Cardinal C. at Regensburg. Oxford 1972; K. GANZER: Zum Kirchenverständnis G.C.s: Würzburger Diözesangeschichtsblätter 35/36 (1974) 241–260; P. SIMONCELLI: Evangelismo italiano del Cinquecento. Rom 1979; G. FRAGNITO: G.C. Un magistrato veneziano al servizio della cristianità. Florenz 1988; G.C. e il suo tempo, hg. v. F. CAVAZZANA ROMANELLI. Venedig 1988; E.G. GLEASON: G.C. Venice, Rome, and Reform. Berkeley 1993.

Klaus Ganzer

▪ Nachtrag: V. DEBONI: Il cardinale G.C.: RSCI 51 (1997) 463–492.

Cordatus (Hertz), *Conrad*, lutherischer Theologe, * 1480 Leombach bei Wels, † 25.3.1546 auf einer Reise bei Spandau; Studium in Wien und Ferrara. 1510 kam C. nach Ofen, wo er wegen reformerischer Predigt inhaftiert wurde. 1524 Aufenthalt in Wittenberg. 1527 wirkte C. kurze Zeit als Lehrer an der Liegnitzer Akademie. Nachdem ein neuer Versuch reformatorischer Tätigkeit in Ungarn gescheitert war, wurde er Prediger in Zwickau und Pfarrer in Niemegk und Eisleben. 1540 wurde er Superintendent von Stendal. C. wurde bekannt als Sammler von Martin Luthers Tischreden und geriet mit Philipp Melanchthon und Caspar ⁄ Cruciger

in der Frage der Voraussetzungslosigkeit der ⁄Rechtfertigung in heftigen Streit.
■ Literatur: NDB 3, 356f. – A. MOLNAR: The riddle of C.C.: Communio Viatorum 30 (1987) 23–31. *Michael Becht*

Corpus Doctrinae (oder Corpora Doctrinae; CD) ist Terminus technicus für Sammlungen älterer und neuerer Symbola und ⁄Bekenntnisschriften während einer bestimmten Phase der Bekenntnisbildung in den lutherischen Landeskirchen, besonders zwischen 1560 und 1580. Sie dokumentieren die Aktualität und Kontinuität des Bekenntnisses, waren oft eingebunden in territoriale ⁄Kirchenordnungen und sollten als Lehrgesetz den Bekenntnisstand in nord-, mittel- und ostdeutschen Territorien sichern. Einen gewissen Abschluss erreichte diese Phase durch das ⁄Konkordienbuch von 1580, das als „gesamt-lutherisches CD" bezeichnet werden könnte, obwohl es diesen Begriff vermeidet. Da eine signifikante Minderheit das Konkordienbuch wegen der Konkordienformel nicht rezipiert, bleiben regionale Corpora Doctrinae weiterhin in Kraft, z. B. das Corpus Juli(an)um in Braunschweig-Wolfenbüttel. – Der Begriff CD geht auf Philipp Melanchthon zurück; er begegnet 1533 in den Wittenberger Universitätsstatuten („integrum corpus ... doctrinae ecclesiasticae" = Lehrpunkte des Römerbriefes und die Trinitätslehre im Johannes-Evangelium) und wird von ihm im ⁄Frankfurter Rezess von 1558 gebraucht (CR 9, 494), wo er einen Lehrschriftenbestand meint, in dem die „incorrupta Evangelii doctrina" als normatives Ganzes wiedergegeben ist. Melanchthon eröffnet die Reihe der Lehrschriftensammlung mit dem CD Christianae, das posthum 1560 privat herausgegeben wurde. Als CD Philippicum wurde es rezipiert in Pommern (1561), in Kursachsen (als CD Misnicum 1566), in Bremen (1572). Sympathie fand es in Anhalt und Schleswig-Holstein, rief aber auch anti-melanchthonische, betont lutherische Corpora Doctrinae hervor: das Hamburger Bekenntnisbuch und die Lübecker Formula consensus (1560), das CD (erstmals im Titel) der Stadt Braunschweig (1563), das CD christianae Pomeranicum (1564), das CD der Stadt Göttingen (1568), das CD Putrenicum (1567), das CD christianae Thuringicum (1570), das CD Brandenburgicum (1572), das CD Wilhelminum für Braunschweig-Lüneburg und das CD Juli(an)um für Braunschweig-Wolfenbüttel (1576). Vor und neben diesen kodifizierten Corpora Doctrinae finden sich Bekenntnisformeln und Lehrstücke als Credenda in den Kirchenordnungen.
■ Literatur: TRE 5, 499ff.; EKL[3] 1, 771ff. – W.D. HAUSCHILD: Corpus doctrinae und Bekenntnisschriften: Bekenntnis und Einheit der Kirche, hg. v. M. BRECHT – R. SCHWARZ. Stuttgart 1980, 235–252. *Lothar Ullrich*

Corro, *Antonio del,* spanischer Protestant, * 1527 Sevilla, † 30.3.1591 London; Schüler von Juan ⁄Gil. C. floh 1557 mit Casiodoro de ⁄Reina, Cipriano de ⁄Valera u. a. nach Genf. 1558/59 studierte er bei Theodor ⁄Beza in Lausanne und war anschließend Prediger in Bordeaux und Toulouse, 1566 in der französisch-reformierten Gemeinde von Antwerpen. Wegen Unstimmigkeiten floh er 1569 nach London; 1577 Lehrer in Oxford. C. zeichnet sich als eigenständiger Denker und, als Bewunderer Sebastian ⁄Castellios, Kämpfer für religiöse Toleranz aus. Gegen die calvinistische Prädestinationslehre vertrat C. die universale Berufung zum Heil.
■ Werke: Lettre envoyée à la Maiesté du Roy

des Espagnes. o.O. 1567; Dialogus theologicus, quo epistola divi Pauli apostoli ad Romanos explanatur... London 1574 u.ö.; Sapientissimi regis Salomonis concio de summo hominis bono, quam Hebraei Cohelet, graeci et latini Ecclesiasten vocant... ebd. 1579; The Spanish Grammar with certeine rules teaching both the spanish and franch tongues... ebd. 1590, spanisch Madrid 1988.
- Literatur: P.J. HAUBEN: Three Spanish Heretics and the Reformation. Genf 1967; G. DÍAZ DÍAZ: Hombres y Documentos de la Filosofía Española, Bd. 2. Madrid 1983, 419ff.; C. GILLY: Spanien und der Basler Buchdruck bis 1600. Basel–Frankfurt (Main) 1985, passim; BIDI 6, 121–176; K. REINHARDT: Bibelkommentare spanischer Autoren (1500–1700), Bd. 1. Madrid 1990, 127ff. *Fernando Domínguez*
- Nachtrag: A.G. KINDER: Obras teologicas de A. del C.: Dialogo ecumenico 30 (1995) 311–340.

Cortese, *Gregorio,* Benediktiner, Kardinal (1542), * zwischen 1480 und 1483 Modena oder Venedig, † 21.9.1547 Rom; nach Studium und Doctor iuris Benediktiner; Abt in mehreren Klöstern, u.a. in S. Giorgio Maggiore in Venedig. Setzte sich für Klosterreform ein. Biblische und patristische Bildung. Stand Gasparo /Contarini, Reginald /Pole und anderen Vertretern einer religiösen Erneuerung nahe. 1536/37 Mitglied einer päpstlichen Reformkommission. 1542 Bischof von Urbino; Mitglied der römischen Inquisition.
- Werke: Opera. Padua 1774.
- Literatur: DBI 29, 733–740. – G. FRAGNITO: Il cardinal G.C. nella crisi religiosa del Cinquecento: Benedictina 30 (1983) 129–171 417–459, 31 (1984) 79–134. *Klaus Ganzer*
- Nachtrag: F.C. CESAREO: Humanism and Catholic reform. The life and work of G.C. New York 1990.

Corvinus (Rabe), *Antonius,* lutherischer Theologe, * 11.4.1501 Warburg, † 5.4.1553 Hannover. C. wurde 1523 als Anhänger Martin Luthers aus dem Kloster Ridaggshausen vertrieben; 1528 Prediger in Goslar, 1529 Pfarrer in Witzenhausen. Als theologischer Berater begleitete er /Philipp von Hessen zu den Religionsgesprächen in /Hagenau, /Worms und /Regensburg und zu den Verhandlungen in Schmalkalden. C. wirkte mit bei der Einführung der Reformation in Northeim, Lippe, Hildesheim und Braunschweig. Ab 1542 leitete er im Dienste der Herzogin Elisabeth von Braunschweig als Superintendent den Aufbau des evangelischen Kirchenwesens in Calenberg-Göttingen. Sein entschiedener Widerstand gegen das /Augsburger Interim führte zu seiner Inhaftierung (1549–52).
- Literatur: NDB 3, 371f.; TRE 8, 216ff.; CERAS 1, 347f. – R. STUPPERICH: A.C.: Westfälische Lebensbilder 7 (1959) 20–39.

Michael Becht

- Nachtrag: I. MAGER: ‚Gott erhalte uns Philippum'. A. Corvins Mahnbrief an Philipp Melanchthon wegen des Leipziger Interims: Jahrbuch der Gesellschaft für Niedersächsische Kirchengeschichte 89 (1991) 89–104.

Coster, *Frans,* Jesuit (1552), Kontroverstheologe, * 16.6.1532 Mechelen, † 6.12.1619 Brüssel; studierte in Löwen Philososophie, in Rom (1553–1556) und Köln Theologie; war Lehrer, Novizenmeister, Rektor und Provinzial; Gründer vieler Marianischer Kongregationen, für die er ein weit verbreitetes Handbuch verfasste. Setzte sich u.a. mit Lukas /Osiander und Martin /Chemnitz auseinander.
- Werke: Libellus sodalitatis. Antwerpen 1586 (Erstfassung mit anderem Titel anonym Köln 1576); Enchiridion controversiarum praecipuarum nostri temporis. Köln 1585 u.ö.
- Literatur: C. SOMMERVOGEL: Bibliothèque de la Compagnie de Jésus. Löwen ³1960 Bd. 2, 1510–34; Bd. 9, 128–137; Bd. 11, 1977; DSP 2, 2416–19; Nationaal biografisch Woordenboek, Bd. 1. Brüssel 1964, 333–341; L. POLGÁR: Bibliographie sur l'histoire de la Compagnie de Jésus, Bd. 3/1. Rom 1990, 528. – L.

CHÂTELLIER: L'Europe des dévots. Paris 1987, passim; E. MEUTHEN: Kölner Universitätsgeschichte, Bd. 1. Köln 1988 (Register); Les Jésuites belges 1542–1992. Brüssel 1992, 66 89. *Silveer de Smet*

Coverdale, *Miles,* Bibelübersetzer, * 1487/88 York (?), † 20.1.1569 London; studierte Philosophie und Theologie in Cambridge. Trat 1528 aus dem Augustinerorden aus, nachdem er durch Robert ∕ Barnes mit Martin Luthers Lehre bekannt geworden war. Wirkte für die Reformation in England. In Hamburg mit William ∕ Tyndale Übersetzung des Pentateuchs. In Antwerpen 1534–35 eigene Bibelübersetzung, orientiert an Luther und der Zürcher Bibel; 1535 Konkordanz zum englischen Neuen Testament. Rückkehr nach England: 1539 Great Bible; 1540 Flucht auf den Kontinent; 1543–47 Pfarrer in Bergzabern, ebenso wieder 1555–59. 1548 Rückkehr nach England; 1551–1553 Bischof von Exeter. Nach seiner Absetzung erneute Flucht; 1559 Rückkehr. Wegen puritanischer Tendenzen verlor er 1566/67 seine Stelle an St. Magnus in London. C. übersetzte kleinere Werke von Luther und ∕ Erasmus von Rotterdam und schuf das erste reformatorische Gesangbuch in England.

▪ Werke: Writings, ed. v. G. PEARSON. Cambridge 1844; Remains of M.C., ed. v. DEMSELBEN. ebd. 1846.

▪ Literatur: NCE 4, 407; DNB 12, 364–372; BBKL 1, 1145. – G.F. SWEARINGEN: Die englische Schriftsprache bei C. Weimar 1904; J.F. MOZLEY: C. and his Bibles. London 1953; R.A. LEAVER: A Newly-discovered Fragment of C.'s Ghostly psalms: Jahrbuch für Liturgik und Hymnologie 26 (1982) 136–150; E.W. CLEVELAND: A study of Tindale's Genesis compared with the Genesis of C. (1911), Nachdruck Hamden (Connecticut) 1972.

Reinhold Rieger

Cranmer, *Thomas,* Erzbischof von Canterbury, * 2.7.1489 Aslacton (Nottinghamshire), † 21.3.1556 Oxford; seit 1503 Studium in Cambridge, 1515 Magister artium und Fellow am Jesus College ebenda; vor 1520 Priester. Durch seine Befürwortung der Ehescheidung ∕ Heinrichs VIII. zog C. 1529 das Wohlwollen des Königs auf sich, der ihn 1532 zum Erzbischof von Canterbury ernannte. C. unterstützte aktiv auch die späteren Ehescheidungen und Neuvermählungen des Königs. Zusammen mit Thomas ∕ Cromwell arbeitete er an Reformen des religiösen Lebens. Während der letzten Lebensjahre Heinrichs wurde die Regierungspolitik zunehmend konservativ, während C. selbst immer stärker mit protestantischen Ansichten sympathisierte. Er war maßgeblich an den religiösen Reformen unter ∕ Eduard VI. beteiligt und hinterließ ein bleibendes Vermächtnis im ∕ Book of Common Prayer, das seine reiche Kenntnis der althergebrachten wie auch der zeitgenössischen Liturgie widerspiegelt. Unter Königin ∕ Maria I. wurde er wegen Verrats und Häresie verurteilt und starb auf dem Scheiterhaufen.

▪ Ausgabe: The Works of Th.C., 2 Bde., ed. v. J.E. COX. Cambridge 1844–46.

▪ Literatur: E.C. RATCLIFF: The Liturgical Works of Archbishop C.: JEH 7 (1956) 189–203; J. RIDLEY: Th.C. Oxford 1962; D. LOADES: The Oxford Martyrs. London 1970; C. BUCHANAN: What did C. think he was doing? Nottingham ²1982; M. JOHNSON (Hg.): C. Durham 1990; P.N. BROOKS: Th. C.'s Doctrine of the Eucharist. Basingstoke ²1992; P. AYRIS–D. SELWYN (Hg.): Th.C. Woodbridge 1993; D. MACCULLOCH: Th.C. New Haven 1996. *Susan Hardman Moore*

▪ Nachtrag: A. NULL: Th.C.'s doctrine of repentance. Oxford 2000.

Crespin, *Jean,* Jurist und Drucker, * um 1520 Arras, † 12.4.1572 Genf; 1541 Lizentiat beider Rechte in Löwen, danach in Paris tätig. Seiner

Verurteilung als Häretiker (1545) entzog er sich durch die Flucht nach Genf, wo er 1548 eine Druckerei eröffnete, die der Verbreitung der calvinistischen Reformation im französischsprachigen Bereich diente. Zu seinen Lebzeiten erschienen etwa 250 Werke. C. verfasste u. a. ein Martyrologium (*Le livre des Martyrs*. Genf 1554).

▪ Literatur: J.-F. GILMONT: J.C. Genf 1981; DERSELBE: Bibliographie des éditions de J.C., 2 Bde. Verviers 1981.

Jean-François Gilmont

Cromwell, Thomas, englischer Staatsmann, * 1485 (?) Putney, † 28.7.1540 London. Über seine frühen Jahre ist wenig bekannt. Obwohl er vermutlich keine formale Ausbildung erhalten hatte, arbeitete er als Jurist und gehörte seit 1516 zum Mitarbeiterstab Kardinal Thomas ∕Wolseys. 1523 kam er in das Parlament. Er überstand Wolseys Sturz (1529) und betrieb seitdem seinen eigenen Aufstieg im Parlament. Ende 1531 hatte er bereits eine einflussreiche Stellung im Rat König ∕Heinrichs VIII. inne. Wie stark sich sein Einfluss auf die englische Reformation auswirkte, ist umstritten: Elton vertritt die Ansicht, dass bei den juristischen Vorgängen, durch die die Beziehungen zwischen England und Rom aufgekündigt und die Regierungsweise der Tudors von Grund auf verändert wurden, entscheidend C.s Verstand und Ansporn am Werke waren; andere Historiker stellen Eltons Interpretation C.s als eines großen politischen Denkers und Initiators von Staatsangelegenheiten in Frage. 1535 stieg er zum Generalvikar des Königs und Statthalter für religiöse Fragen auf; damit stand er, ein Laie, ranghöher als Thomas ∕Cranmer. Er überstand die Verstoßung Anna Boleyns (1536), konnte aber nicht vermeiden, dass die Politik des Königs bis 1540 zunehmend konservativ wurde. Er wurde, nachdem die von ihm eingefädelte Ehe Heinrichs mit Anna von Kleve gescheitert war, ohne gerichtliche Verfahren des Hochverrats und der Häresie für schuldig befunden und hingerichtet.

▪ Literatur: W.G. ZEEVELD: Foundations of Tudor Policy. Cambridge (Massachusetts) 1948; G.R. ELTON: The Tudor Revolution in Government. Cambridge 1953; A.G. DICKENS: Th.C. and the English Reformation. London 1959; S. LEHMBERG: The Reformation Parliament, 1529–36. ebd. 1970; G.R. ELTON: Policy and Police: The Enforcement of the Reformation in the Age of Th.C. ebd. 1972; DERSELBE: Reform and Renewal: Th.C. and the Common Weal. Cambridge 1973; DERSELBE: Studies in Tudor and Stuart Politics, 3 Bde. ebd. 1974–83; J.S. BLOCK: Th.C.'s patronage of preaching: SCJ 8 (1977) 37–50; G.R. ELTON: Reform and Reformation. England 1509–58. London 1977; S.E. LEHMBERG: The Later Parliaments of Henry VIII 1536–47. Cambridge 1977; B.W. BECKINGSALE: Th.C., Tudor Minister. London 1978; W. ULLMANN: This Realm of England is an Empire: JEH 30 (1979) 175–203; S. BRIGDEN: Popular Disturbance and the Fall of Th.C. and the Reformers, 1539–40: Historical Journal 24 (1981) 257–278; G.R. ELTON: The Tudor Constitution. Cambridge ²1982; J. GUY: Henry VIII and the Praemunire Manoeuvres of 1530–31: English Historical Review 97 (1982) 481–503; C. COLEMAN – D.R. STARKEY (Hg.): Revolution Reassessed. Oxford 1986; A. FOX–J. GUY: Reassessing the Henrician Age. ebd. 1986; G. NICHOLSON: The Act of Appeals and the English Reformation: C. CROSS u.a. (Hg.): Law and Government under the Tudors. Cambridge 1988; T.F. MAYER: Thomas Starkey and the Commonweal. ebd. 1989; A.J. SLAVIN: Defining the Divorce: SCJ 20 (1989) 105–111. *Susan Hardman Moore*

▪ Nachtrag: RGG⁴ 2, 498f. – J.S. BLOCK: Factional politics and the English reformation. Woodbridge 1993.

Crotus Rubeanus (C.), (eigentlich *Johannes Jäger*), Humanist, * 1480 Dornheim bei Arnstadt (Thüringen),

† um 1540; studierte, zeitweise mit Martin Luther, in Erfurt (1505/06 mit Ulrich von ∕Hutten in Köln); 1507 Magister artium; seit 1509 Leiter der Fuldaer Klosterschule; Hauptverfasser des ersten Teils der ∕„Dunkelmännerbriefe" (1515); 1517–20 Italienreise (Doctor theologiae in Bologna); 1520/21 Rektor der Universität Erfurt; begrüßt Luther auf dessen Reise zum Wormser Reichstag; anschließend wieder in Fulda; 1524–30 in Königsberg am Hof Albrechts von Preußen (∕Albrecht von Brandenburg-Ansbach); nach der Abkehr vom Luthertum seit 1531 im Dienst ∕Albrechts von Brandenburg, den C. gegen lutherische Angriffe verteidigte; Kanonikus am Neuen Stift zu Halle.

■ Werke: Epistolae obscurorum virorum, ed. v. A. BÖMER, 2 Bde. Heidelberg 1924; Apologia qua respondetur temeritati calumniatorum non verentium conficitis criminibus in populare odium protrahere reverendissimum ... Albertum. Leipzig 1531.

■ Literatur: NDB 3, 424f.; CERAS 1, 362f. – G. KNOD: Deutsche Studenten in Bologna. Berlin 1899, 463f.; P. REDLICH: Kardinal Albrecht von Brandenburg und das Neue Stift zu Halle. München 1900, 55–69; Erzbischof Albrecht von Brandenburg, hg. v. F. JÜRGENSMEIER. Frankfurt (Main) 1991; E. KLEINEIDAM: Universitas Studii Erffordiensis, Bd. 2. Leipzig ²1992. *Peter Walter*

Cruciger, 1) *Caspar* der Ältere, Helfer und Mitarbeiter Martin Luthers, * 1.1.1504 Leipzig, † 16.11.1548 Wittenberg; 1525 Schulrektor in Magdeburg, 1528 Universitätsprofessor in Wittenberg, zugleich Prediger an der Schlosskirche; beteiligt an der Reformation Leipzigs (1539) und an den Religionsgesprächen zu ∕Hagenau, ∕Worms, ∕Regensburg (1540/41; dort Begleiter Philipp Melanchthons, durch ihn Bekanntschaft mit Jean Calvin); theologisch Melanchthon nahe stehend und deshalb von Luthers strengerem Anhänger Conrad ∕Cordatus angegriffen (wegen so genannter synergistischer Lehrmeinungen, welche die so genannte Werkheiligkeit streiften). C. half Luther bei der Revision der Bibelübersetzung, besonders des Psalters; er gab die ersten Bändchen der Wittenberger Luther-Ausgabe (von 1539) heraus. Melanchthon hielt auf den früh Verstorbenen die Gedächtnisrede (CR 11, 833–841).

■ Literatur: RE 4, 843f.; NDB 3, 427f.; RGG³ 1, 1886f. – H. PETRICH: C.C. Hamburg 1904.

Ernst Walter Zeeden

■ Nachtrag: RGG⁴ 2, 501. – T.J. WENGERT: C.C.: SCJ 20 (1989) 417–441; DERSELBE: C.C. Sr.'s 1546 ‚Enarratio' on John's Gospel: ChH 61 (1992) 60–150.

2) *Caspar* der Jüngere, evangelischer Theologe der ersten nachlutherischen Generation, Sohn von 1), * 19.3.1525 Wittenberg, † 16.4.1597 Kassel; Kennzeichen seiner Generation waren: Lehrstreitigkeiten und Bekenntnisbildung, dies ist auch an C.s Lebensgang ablesbar. C., Nachfolger Melanchthons auf dessen Wittenberger Lehrstuhl, wurde als Führer der so genannten philippistischen Richtung des ∕Kryptocalvinismus gezogen und 1576 aus Kursachsen vertrieben; starb als Konsistorialpräsident im damals calvinismusfreundlichen Hessen-Kassel.

Ernst Walter Zeeden

Cuius regio, eius religio. Auf diese Formel brachte Anfang des 17. Jh. der Jurist Joachim Stephan die Regelung des Augsburger Religionsfriedens, nach der die Reichsstände die Freiheit der Entscheidung zwischen Katholizismus und Luthertum hatten, diese aber für die Untertanen bindend war. Die Religionshoheit der Territorialstaaten vollendete ein bereits in vorreformatorische Zeit zurückreichendes landesherrliches Kirchenregiment bei alt- und neugläubigen Fürsten. Der Westfäli-

sche Frieden schränkte diese Regelung ein mit der Garantie der Konfessionen gemäß dem Normaljahr 1624.
- Literatur: TRZRK. – M. HECKEL: Deutschland im konfessionellen Zeitalter. Göttingen 1983; A. SCHINDLING: Reichskirche und Reformation: ZHF Beiheft 3 (1987) 81–112.

Anton Schindling

Daneau, *Lambert,* reformierter Theologe, * um 1530 Beaugency (Loire), † 11.11.1595 Castres (Département Tarn); 1559 Doctor iuris und Übertritt zur reformierten Kirche. D. emigrierte 1560 nach Genf, wo er als Schüler Jean Calvins Theologie studierte. 1561–74 Pfarrer in Gien (Loire), Jussy und Vendœuvre. 1574–81 Pfarrer und Professor für Theologie in Genf. Ab 1581 wirkte er in Leiden, Gent, Orthez (Département Basses-Pyrénées) und Castres. Sein umfangreiches literarisches Werk umfasst neben kontroverstheologischen Arbeiten (gegen Senebier, Gilbert Genebrard, Andreas / Osiander und Robert Bellarmin) auch Schriftkommentare und Kommentare zu Augustinus, Cyprian und Petrus Lombardus. Als rigoroser Verfechter einer puritanischen Lebensführung verfasste D. eine reformierte Moraltheologie (*Christianae Ethices Libri III,* Genf 1577). Er gilt als einer der bedeutendsten reformierten Theologen des 16. Jh., dessen Schriften eine große analytische Kraft und enzyklopädische Bildung verraten. Neue Akzente setzte er in seiner Bibelhermeneutik und Methodologie, die auf der Dialektik der „via compendiaria" beruht, welche auf Melanchthon bzw. Aristoteles und Cicero zurückgeht.

- Literatur: DBF 10, 88f. – O. FATIO: Méthode et Théologie. L.D. et les débuts de la scolastique réformée. Genf 1976. *Michael Becht*
- Nachtrag: CH. STROHM: Ethik im frühen Calvinismus. Berlin 1996; DERSELBE: Zur Eigenart der frühen calvinistischen Ethik: ARG 90 (1999) 230–254.

Decet Romanum Pontificem (D.), Bannbulle / Leos X. gegen Martin Luther vom 3.1.1521. Luther hatte innerhalb der in der Bannandrohungsbulle / *Exsurge Domine* vom 15.6.1520 gesetzten Frist von 60 Tagen nicht widerrufen; am 10.12.1520 verbrannte er die Bulle öffentlich in Wittenberg und verteidigte die 41 darin inkriminierten Sätze. Die daraufhin ergangene Bannbulle D. exkommunizierte Luther und seine Anhänger. Dem kirchlichen Bann folgte im Wormser Edikt vom 26.5.1521 die Verhängung der Reichsacht. / Reformation.

- Quelle: CCATH 42, 457–467.
- Literatur: R. BÄUMER: Lutherprozeß und Lutherbann (KLK 32). Münster 1972; P. FABISCH: J. Eck und die Publikation der Bullen ‚Exsurge Domine' und ‚D.': RGST 127 (1988) 74–107; H. FELD: Wurde Martin Luther 1521 in effigie in Rom verbrannt?: Luther-Jahrbuch 63 (1996) 11–18; V. PFNÜR: Excommunicatio und amicorum colloquium. Das Religionsgespräch auf dem Reichstag zu Augsburg 1530 auf dem Hintergrund der Frage des Lutherbannes: Unterwegs zum einen Glauben. FS L. Ullrich. Leipzig 1997, 448–460. *Bruno Steimer*

Delfino (Dolfino), *Zaccaria,* päpstlicher Diplomat, * 30.5.1527 Venedig, † 9.1.1584 Rom; nach Studien in Venedig und Padua Eintritt in den Dienst der römischen Kurie, 1553–74 Bischof von Lesina, 1553–56 und 1561–65 Nuntius bei Kaiser / Ferdinand I., 1565 auf Betreiben des Kaiserhofes Kardinal. Vizeprotektor der deutschen Nation. War ehrgeizig, intrigant (Spionage für den Kaiserhof gegen Venedig) und bestechlich. Als Diplomat mit Opportunismus und Verschlagenheit agierend, aber auch anpassungsfähig an die schwierige Situation in Deutschland.

■ Literatur: DBI 40, 576–588. – NBD II, 1, 3 und 4, hg. v. S. STEINHERZ. Wien 1897–1914; II, 5 und 6, hg. v. I.P. DENGEL. ebd. – Leipzig 1926–39; II, 7, hg. v. H. KRAMER. Graz–Köln 1952; II, 8, hg. v. J. RAINER. ebd. 1967; L. VON PASTOR: Geschichte des Papsttums seit dem Ausgang des Mittelalters, Bd. 6–9. Freiburg 1913–23, passim; B.G. DOLFIN: I Dolfin ... Mailand ²1924.

Klaus Ganzer

■ Nachtrag: BBKL 17, 256ff. – D. SQUICCIARINI: Die Apostolischen Nuntien in Wien. Vatikanstadt 1999, 61–65.

Delphius (Delfius, Delphinus; eigentlich Brants), *Johannes,* Weihbischof von Straßburg, * 6.3.1524 Delft, † 14.7.1582 Straßburg; seit 1539 Studium an der Universität Köln und Bekanntschaft mit Petrus /Canisius; 1549 Lizentiat der Theologie. Ab 1549 im Dienst des Trierer Erzbischofs, als dessen Theologe er 1551–52 am Tridentinum teilnahm. 1553 Weihbischof von Straßburg (1556 präkonisiert) und bis 1559 Prediger am Straßburger Münster. 1557 Teilnahme am /Wormser Religionsgespräch. Wieweit D. an den „Statuta et decreta" (Mainz 1566) der Straßburger Diözesansynode mitarbeitete, bleibt unklar.

■ Werke: De potestate pontificis et notis ecclesiae. Köln 1580; Concio ... in Evangelium. Straßburg 1581; Quaestiones proponendae ordinandis in maioribus. Köln 1581; VD 16 5, 192.

■ Literatur: NDB 3, 589; DHGE 14, 187ff.; Encyclopédie de l'Alsace, Bd. 4. Straßburg 1983, 2306f. – B. VON BUNDSCHUH: Das Wormser Religionsgespräch. Münster 1988.

Heribert Smolinsky

Denck, *Hans,* Täufer, * um 1500 Heybach, † 1527 Basel; in Ingolstadt humanistisch gebildet, 1518/23 kurze Aufenthalte als Hauslehrer oder Korrektor in Augsburg, Donauwörth, Regensburg und Basel; von Johannes /Oekolampad empfohlen, 1523/1525 Schulrektor in Nürnberg. Einflüsse mystischer Traditionen werden durch die Begegnung mit Thomas /Müntzer und Andreas /Karlstadt verstärkt. Spiritualistische Kritik an der Reformation führt, auch in Augsburg und Straßburg, wo er sich dem Täufertum zuwandte, zur Ausweisung. In Worms jedoch Publikation seiner wichtigsten Schriften (gemeinsam mit Ludwig /Hätzer die „Wormser Propheten"). Im Südwesten nirgends gelitten, duldet ihn Oekolampad in Basel. Im so genannten Widerruf löst sich D. vom Täufertum, nicht aber vom Spiritualismus. Seine bei den Hutterern und im Anhang der /„Theologia Deutsch" überlieferten Schriften wirken bis ins 17. Jahrhundert.

■ Literatur: TRE 8, 488ff. – C. BAUMANN: The Spiritual Legacy of H.D. Leiden 1991.

Gottfried Seebaß

■ Nachtrag: M. GOCKEL: A reformer's dissent from Lutheranism. Reconsidering the theology of H.D.: ARG 91 (2000) 127–148.

Dessauer Bündnis, ein am 15.7.1525 getroffenes Abkommen zwischen den Kurfürsten /Joachim I. von Brandenburg und Albrecht von Mainz (/Albrecht von Brandenburg) und den Herzögen /Georg von Sachsen und /Heinrich II. dem Jüngeren von Braunschweig-Wolfenbüttel, mit dem Ziel gemeinsamer politischer Gegenwehr gegen die Ausbreitung des Luthertums; norddeutscher Parallelvereinigung zum /Regensburger Bündnis (1524). Beide Bünde blieben zeitgeschichtlich ohne größere Bedeutung, sind aber als Symptome für die ersten Anfänge einer politischen Reaktion auf das sich ebenfalls territorialpolitisch formierende Luthertum bemerkenswert.

Ernst Walter Zeeden

Devotio moderna (D.), Reformbewegung (um 1375–1550), von Geert Groote in Deventer ausgehend, wurzelt in der religiösen Frauenbewegung, der brabantischen und rheinischen Mystik sowie der kartäusischen Spiritualität. Sie gehörte dem europäischen Netzwerk verwandter Reformbewegungen an. Die D. betonte für jeden Christen das Ideal der Vita communis der Urkirche (Gemeineigentum, apostolisches Leben), konkrete Frömmigkeit und persönliche Nachfolge Christi in Armut und Demut. Sie bildete sich zuerst im städtischen Semireligiosentum (Brüder und Schwestern vom gemeinsamen Leben; Terziaren und Terziarinnen), 1387 mit der Gründung des eigenen Klosters Windesheim auch im Religiosentum (Augustiner-Chorherren) aus. Die 1395 gegründete Kongregation von Windesheim wuchs auf 97 Klöster (1511) in den Niederlanden, Belgien und Deutschland an. Außerdem lebten zahlreiche selbständige Frauenklöster unter dem Einfluss der Devotio moderna.

Die D. förderte die Buchkultur (Kopierarbeit, Büchereien), das christliche Erbe (Kirchenväter, Mönchtum), die Entwicklung volkssprachlicher Literatur (Süster- und Nonnenviten, Stundenbuch), die Wiederbelebung des Bibelgesprächs (Kollation), die christliche Schulreform (Johannes Cele), die Betreuung der männlichen Schuljugend (Konviktsystem), die Reform des Ordenswesens (Johannes Busch, Johannes Mauburnus). Überdies sind folgende Förderer und Autoren der D. zu nennen: Jan van Ruusbroec, bei dem Groote länger verweilte, Florentius Radewijns, Gerhard von Zutphen, Gerlach Petersz, Heinrich Mande und Thomas Hemerken von Kempen, der mit der Entstehung des Büchleins von der „Nachfolge Christi" in Verbindung gebracht wird.

■ LThK³ 3, 173f. (ungekürzte Fassung).
■ Literatur: R. POST: The Modern Devotion. Leiden 1968; G. EPINEY-BURGARD: Gérard Grote (1340–84) et les débuts de la Dévotion moderne. Wiesbaden 1970; Monasticon Windeshemense, ed. v. W. KOHL U.A., 3 Bde. Brüssel 1976–80; Monasticon Fratrum Vitae Communis, hg. v. W. LEESCH U.A., 2 Bde. ebd. 1977–79; Geert Grote & Moderne Devotie, hg. v. J. ANDRIESSEN U.A.: Ons Geestelijk Erf 59 (1985) 111–505; G. REHM: Die Schwestern vom gemeinsamen Leben im nordwestlichen Deutschland. Berlin 1985; N. STAUBACH: Pragmatische Schriftlichkeit im Bereich der D.: Frühmittelalterliche Studien 25 (1991) 418–461; R. VAN DIJK: Die Frage einer nördlichen Variante der D.: Wessel Gansfort and Northern Humanism. Groningen 1993, 157–169.

Rudolf Th. M. Van Dijk

■ Nachtrag: R. FULLER: The brotherhood of the common life and its influence. Albany 1994; TH. KOCK: Die Buchkultur der D. Frankfurt (Main) 1999.

Díaz, *Juan,* spanischer Humanist, * 1510 Cuenca, † 27.3.1546 Neuburg (Donau); studierte in Paris Theologie, Griechisch und Hebräisch, wo er unter dem Einfluss spanischer und französischer Erasmianer Zugang zur paulinischen Rechtfertigungslehre fand. 1545 besuchte er Jean Calvin in Genf und Martin ∕ Bucer in Straßburg, welchen er 1546 zum Religionsgespräch nach ∕ Regensburg begleitete. Von dort ging er nach Neuburg und publizierte seine *Christianae Religionis Summa* (Neuburg [Donau] 1546). Sein Bruder Alfonso, Rechtskonsulent am päpstlichen Gerichtshof, ließ ihn dort ermorden, nachdem ein Bekehrungsversuch gescheitert war.

■ Literatur: RGG³ 2, 180. – C. DE SENARCLEUS: Historia vera de morte sancti viri Ioannis Diazij Hispani ... cum praefatione D. Martini Buceri (Basel 1546). Madrid 1865 (spanisch), Nachdruck Barcelona 1983; M. BATAILLON: Erasme et l'Espagne. Paris 1937, 551f.; G.L. PINETTE: Die Spanier und Spanien im Urteil des deutschen Volkes zur Zeit der Reformation: ARG 48 (1957) 182–191.

Michael Becht

Dick (Dickius; gräzisiert Pachis), *Leopold*, Rechtsgelehrter, * Ende 15. Jh. Babenhausen, † nach 1570; Studium in Padua, Doctor iuris utriusque in Turin, ab 1527 am Reichskammergericht in Speyer (1528/29 Anwalt von Adolf ↗Clarenbach, ab 1548 Generalbevollmächtigter von Gerwig Blarer), 1532 geadelt. D. preist ↗Erasmus von Rotterdam als geistigen Führer der Zeit (*Oratio ad Carolum Rom. Imp.* o. O. 1521), Martin Luther als Aufrichter der christlichen Güte (*Gnad frid und barmhertzigkait*. Augsburg 1522), aber auch Johannes ↗Eck als Verteidiger christlicher Freiheit, möchte jedoch niemandes Patron oder Ankläger sein (*Paraclesis*, ebd. 1523). D. beklagt die Verdunkelung des Evangeliums durch Menschensatzungen, aber auch das unfromme Leben derer, die sich evangelisch nennen (*Ad Christum sponsum ecclesiae sponsae epistola*. ebd. 1523), sieht in Geiz und Wucher die Ursache der Unterdrückung der Armen, Witwen und Waisen durch Klerus und Adel (die aufständischen Bauern benennen D. als Schiedsrichter); verteidigt die katholische Lehre hinsichtlich Eucharistie (*De mysterio venerabili sacramenti eucharistiae*. ebd. 1525) und Kindertaufe (*Adversus impios Anabaptistarum errores*. Hagenau 1530) und fordert die deutschen Stände zum Frieden auf (*Ad universos Germaniae proceres, status et principes adhortatio*. Augsburg 1535). D.s Meditation über das Vaterunser (*Paraphrastica meditatio in sacrosanctam precationem Dominicam*. Mainz 1543) wurde 1546 auf den Löwener Index gesetzt, im römischen Index von 1559 wird D. als Häretiker der ersten Klasse aufgeführt. D. publizierte ein Handbuch der richterlichen Tätigkeit (*Oikonomia*. Basel 1562), eine Anleitung zum Studium und ein Kompendium des christlichen und bürgerlichen Lebens. (*De optima studiorum ratione; Christianae et civilis vitae compendium*. ebd. 1564).

■ **Werke:** KLAIBER n. 77f.; VD 16 5, 325f.
■ **Literatur:** DSP 3, 859f.; DHGE 14, 394.

Vinzenz Pfnür

Dietenberger, *Johannes*, Dominikaner (1501), Kontroverstheologe, * 1475 Frankfurt (Main), † 4.9.1537 Mainz; 1511–14 Studien in Köln und Heidelberg; 1514 Lizentiat, 1515 Doctor theologiae in Mainz; 1517 Prior in Frankfurt. 1518 Regens in Trier (Thomasstudien); 1519 Prior in Koblenz; 1520 erneut Prior in Frankfurt. 1526 in Koblenz; Inquisitor in Köln und Mainz. Auf dem Reichstag zu Augsburg 1530 Mitverfasser der Confutatio (↗Confessio Augustana). Im Auftrag des Trierer Legaten Johann von Metzenhausen verfasste D. 15 theologische Traktate (*Phimostomus scripturariorum*. Köln 1532: ediert in CCath 38). 1532 Professor der Theologie und Kanonikus der Liebfrauenstiftskirche in Mainz; Kommentator des Petrus Lombardus. 1529–32 Herausgeber der Bibelübersetzung Hieronymus ↗Emsers und Veröffentlichung einer eigenen deutschen Bibelübersetzung (Mainz 1534).

■ **Werke:** Obe die Christen mügen durch iere guten werck das hymelreich verdienen. Straßburg 1523 u.ö.; Contra temerarium M. Lutheri de votis monasticis iudicium. Köln 1524 u.ö.; Wider das unchristlich Buch Martini Lutheri von dem mißbrauch der Mess. Frankfurt (Main) 1524 u.ö.; Fragstuck an alle Christglaubigen. ebd. 1529; Catechismus. Mainz 1537 u.ö.

■ **Literatur:** KTHR 1, 82–89. – H. WEDEWER: J.D. Freiburg 1888; N. PAULUS: Die deutschen Dominikaner im Kampfe gegen Luther. Frankfurt (Main) 1903, 186–189; P.H. VOGEL: Die Bibelübersetzungen von D. und Ulenberg: Gutenberg-Jahrbuch 1964, 227–233; U. HORST: Das Verhältnis von Heiliger Schrift und Kirche nach J.D.: Theologie und Philosophie 46 (1971) 223–247; C.E.

MAXCEY: Why Do Good?: ARG 75 (1984) 93–112. *Peter Fabisch*
■ Nachtrag: R. HÜTTER: Martin Luther and J.D. on ‚good works': Lutheran Quarterly 6 (1992) 127–152: A. LAUBE: Das Gespann Cochläus/D. im Kampf gegen Luther: ARG 87 (1996) 119–135.

Dietrich, *Veit,* lutherischer Theologe, * 8.12.1506 Nürnberg, † 25.3.1549 ebd.; studierte seit 1522 in Wittenberg. Zunächst von Philipp Melanchthon gefördert, wurde er Martin Luthers vertrauter Sekretär und begleitete diesen 1529 zum /Marburger Religionsgespräch und 1530 während des Augsburger Reichstages auf die Veste Coburg. 1535 wurde D. Prediger in St. Sebald in Nürnberg. 1546 war er am /Regensburger Religionsgespräch beteiligt und nahm 1548 gegen das /Augsburger Interim Stellung. D. wurde v. a. für die Luther-Überlieferung durch die Nachschrift von Luthers Hauspredigten bedeutsam, die er in seiner *Hauspostille* (1530–34) veröffentlichte.
■ Werke: Etliche Schrifften fuer den gemeine man von unterricht Christlicher lehr, hg. v. O. REICHMANN. Assen 1972.
■ Literatur: NDB 3, 699. – B. KLAUS: V.D. Leben und Werk. Nürnberg 1958; DERSELBE: V.D.: Fränkische Lebensbilder, Bd. 3. Würzburg 1969, 141–157; U.M. SCHWOB: Kulturelle Beziehungen zwischen Nürnberg und den Deutschen im Südosten im 14. bis 16.Jh. München 1969. *Michael Becht*
■ Nachtrag: RGG⁴ 2, 848. – B. KLAUS: V.D. Nürnberg 1996; DERSELBE: V.D.s Gutachten über heimliche Eheschließungen ‚Von den Wickeleen bedencken': ZBKG 68 (1999) 1–11.

Doppenn (Doppen, Dappen), *Bernhard,* Franziskaner, * Dorsten; 1519 Lektor des Franziskanerklosters in Jüterbog, 1526 Lektor in Leipzig, 1530 in Stadthagen. 19 handschriftlich erhaltene Studien und Predigten (1526–32), u. a. über Sakramentenlehre, Eherecht, Kontroversfragen und Ordensspiritualität, sind durchgehend geprägt durch Schrift- und Augustinuszitate. /Albrecht von Brandenburg legte zwei Briefe D.s vom 4./5.5.1519 Johannes /Eck in Leipzig zur Begutachtung vor, die dieser in Ingolstadt mit der Überschrift *Articuli per fratres minores de observantia propositi reverendissimo domino episcopo Brandenburgensi contra Lutheranos* veröffentlichte. D. schildert darin die Auseinandersetzung in Jüterbog Ostern 1519 zwischen den Franziskanern und den vom Rat angestellten Predigern „der neuen Lehre" Franz Günther (vgl. WA 1, 221 ff.) und Thomas /Müntzer. Die darin aufgeführten Thesen Günthers verteidigte Martin Luther gegenüber dem Konvent in Jüterbog (WA, Briefwechsel 1 n. 174) und gegen Eck (WA 2, 621–654). Eck antwortete in „Ad criminatricem Martini Luders Vittenbergen. offensionem super iudicio iustissimo facto ad articulos quosdam per minoritas de observantia Rev. Ep. Brandenburg. oblatos Eckiana responsio" (Paris– Ingolstadt 1519).
■ Literatur: Die Helmstedter Handschriften, beschrieben von O. VON HEINEMANN, Bd. 3. Frankfurt (Main) 1965, 51 f.; M. BENSING– W. TRILLITZSCH: B.D.s ‚Articuli ... contra Lutheranos': Jahrbuch für Regionalgeschichte (Weimar) 2 (1961) 113–147; G. HAMMER: WA 59, 628 Anmerkung 84. *Vinzenz Pfnür*

Doré, *Pierre* (Petrus Auratus), Dominikaner (1514), Kontroverstheologe und geistlicher Schriftsteller, * um 1500 wahrscheinlich Orléans, † 19.5. 1569 Paris; 1532 Doctor theologiae in Paris, Lehr- und Leitungstätigkeit in Ordenshäusern (Paris, Blois, Reims, Châlons-sur-Marne); enger Vertrauter des Herzogs von /Guise, Claude de Lorraine, und seiner Familie. Seine etwa dreißig hauptsächlich in französischer Sprache verfassten Schriften wurden viel gelesen.

- Werke: Les voies de paradis. Lyon 1537 u.ö.; Les allumettes du feu divin. Paris 1538 u.ö.; Le cerf spirituel. ebd. 1544; Conserve de grâce. ebd. 1548; L'arche de l'alliance nouvelle. ebd. 1549; Anti-Calvin. ebd. 1551.
- Literatur: DSP 3, 1641–45; DHGE 14, 68of.; DBF 11, 566f. – J.K. FARGE: Biographical register of Paris doctors of theology, 1500–1536. Toronto 1980, 137–142.

Viola Tenge-Wolf

- Nachtrag: J. LANGLOIS: P.D., écrivain spirituel et théologien des laïcs: Mémoire Dominicaine 12 (1998) 39–47.

Douai, ehemalige Universität; 1559/60 durch /Philipp II. von Spanien gegründet, 1562 eröffnet. Das bedeutendste Kolleg war das 1568 von William /Allen gegründete, das die durch die restriktive Religionspolitik /Elisabeths I. für die Ausbildung des englischen katholischen Klerus verloren gegangenen Universitäten Oxford und Cambridge ersetzen sollte. Nach D. kamen aus Oxford, außer Allen, Robert Bristow (1538–81), Richard Smith (1566–1655) und Owen Lewis (1572–1633). Unter dem Einfluss der Jesuiten wurde das englische Kolleg zu einem Zentrum der Rekatholisierungsversuche in England. Es wurde 1578–93 nach Reims verlegt. Dort und später in D. entstand die für den englischen Katholizismus wichtige „D.-Reims-Bible", eine von Allen, Bristow, Gregory Martin (um 1540–82) und Thomas Worthington (1549–1627) nach der Vulgata erarbeitete Übersetzung (Neues Testament: Reims 1582, Altes Testament: D. 1609).

- LTHK³ 3, 352 (ungekürzte Fassung).
- Quellen: TH.F. KNOX (Hg.): The First and Second Diaries of the English College, D. London 1878; E.H. BURTON–T.L. WILLIAMS (Hg.): The D. Diaries 1598–1654, 2 Bde. ebd. 1911; E.H. BURTON–E. NOLAN (Hg.): The D. Diaries 1715–78. ebd. 1928; P.R. HARRIS (Hg.): D. College Documents 1639–1794. St. Alban's 1972.
- Literatur: G. ANSTRUTHER: The Seminary Priests, Bd. 1: Elizabethan. Durham 1969; J. BOSSY: The English Catholic Community 1570–1850. London 1975; A. MOREY: The Catholic Subjects of Elizabeth I. ebd. 1978, 105–114; A. DURES: English Catholicism 1558–1642. Harlow 1983; E. NORMAN: Roman Catholicism in England. Oxford 1985.

Reinhold Rieger

- Nachtrag: J.A. LOEWE: Richard Smyth and the foundation of the university of D.: Nederlands archief voor kerkgeschiedenis 79 (1999) 142–169.

Draconites (Drach), *Johannes,* lutherischer Theologe, * 1494 Karlstadt (Main), † 18.4.1566 Wittenberg; studierte seit 1509 in Erfurt, wo er dem Humanistenkreis um Eobanus /Hessus angehörte; 1522 lutherischer Pfarrer in Miltenberg (Main), 1523 Doctor theologiae in Wittenberg, 1526–1528 Pfarrer in Waltershausen bei Gotha, 1534 Professor in Marburg (Lahn). Er unterzeichnete 1537 die /Schmalkaldischen Artikel und nahm 1541 am Regensburger Reichstag teil. 1551 Professor in Rostock; 1560–1564 Präsident des Bistums Pomesanien. In den letzten Lebensjahren widmete sich D. ganz seinem Lebenswerk, einer *Biblia pentapla.* Diese Bibelpolyglotte wurde aber nur in Bruchstücken veröffentlicht.

- Literatur: NDB 4, 95; CERAS 1, 404f. – E.O. KIEFER: Die Theologie des J.D. Heidelberg 1938; H. VON HINTZENSTERN: J.D.: Des Herren Name steht uns bei, bearbeitet von K. BRINKEL. Berlin 1961, 25–34. *Michael Becht*
- Nachtrag: E. BERNSTEIN: Der Erfurter Humanistenkreis am Schnittpunkt von Humanismus und Reformation: Der polnische Humanismus und die europäischen Sodalitäten, hg. v. S. FÜSSEL. Wiesbaden 1997, 137–165.

Draškovič de Trakošćan, *Juraj* (Georg Draaskovics), Bischof, Staatsmann aus dem kroatisch-ungarischen Hochadel, * 5.2.1525 Burg Biline (Südkroatien), † 13.1.1587 Wien; Studien in Krakau, Wien, Bologna und Rom,

1539 Priester in Rom, danach Inhaber zahlreicher Kirchenpfründen in Ungarn. 1557 Apostolischer Protonotar, 1558 Bischof von Fünfkirchen, 1563 Bischof von Zagreb, seit 1573 zugleich auch Erzbischof von Kalocsa (nominell, da die Diözese unter türkischer Herrschaft war), 1578 Bischof von Raab, 1585 Kardinal; 1567–1578 Banus (Statthalter) von Kroatien und Dalmatien, 1578–85 königlicher Statthalter und ungarischer Reichskanzler. Als Orator König ∕Ferdinands I. und Bischof nahm er seit Dezember 1561 am Tridentinum teil, wo er die Reformwünsche des Königs, namentlich die Zulassung des ∕Laienkelches und der Priesterehe (∕Zölibat), unterstützte. Nach Zagreb zurückgekehrt, führte er in seiner Diözese die Beschlüsse des Konzils durch, sorgte dafür, dass in Kroatien die Reformation nicht Fuß fassen konnte, und wehrte als Banus die türkischen Einfälle und die Bauernaufstände ab. Durch Abhaltung von Synoden (1570, 1574 in Zagreb, 1579 in Steinamanger-Raab), Wiederherstellung der Disziplin des Klerus, Gründung von Priesterseminaren, Verbreitung katholischer Literatur, Niederlassung der Jesuiten, aber auch als Mäzen und Schriftsteller war er in seinen Diözese ein Bahnbrecher der katholischer Erneuerung.

▪ Werke: A. DUDITH: Orationes quinque in Conc. Trid. habitae cum appendice orationum duarum G. Draskowith, hg. v. L. SAMUELFY. Halle 1743; Igen szép köny minden eretnekség ujságai ellen (Schönes Buch gegen die Neuerungen aller Häresien). Wien 1561; Übersetzung des Commonitoriums des Vinzenz von Lérins ins Ungarische; Herausgabe einiger Werke des Lactantius.

▪ Literatur: Magyar Életrajzi Lexikon (Ungarisches Biographisches Lexikon), Bd. 1. Budapest 1967, 397. – A. HORÁNYI: Memoria Hungarorum, Bd. 1. Wien 1775, 532; S. KATONA: Hist. Metrop. Calocens. eccl., Bd. 2.

Kalocsa 1800, 38–55; J. KOLLER: Hist. Episc. Quinqueeccl., Bd. 6. Pressburg 1806, 1–266; Felsö-Magyarországi Minerva I (1829), II (1834); I. NAGY: Magyarország családai (Geschlechter Ungarns), Bd. 2. Pest 1858, 389–395; V. FRANKL: A magyar föpapok a trienti zsinaton (Ungarische Oberhirten am Konzil von Trient). Esztergom 1863; V. KLAIĆ: Geschichte der Kroaten, Bd. 3/1. Zagreb 1911, 276–318; P. BREZANÓCZY: Ungarische Bischöfe auf dem Konzil von Trient. Dissertation. Innsbruck 1935; G. ADRIÁNYI: Die ungarischen Synoden: AHC 8 (1976) 541–575, besonders 551. *Gabriel Adriányi*

Driedo(ens), Johannes (Johan Nys), Kontroverstheologe, * um 1480 Darisdonck bei Turnhout, † 4.8.1535 Löwen; seit 1491 Studium der Artes in Löwen (Collège du Faucon). 1499 Magister artium; 1511 Baccalaureus formatus, 1512 Doctor theologiae; 1515 Priester und Dekan der theologischen Fakultät (Wiederwahl 1518, 1523, 1528, 1531); 1518 und 1533 Universitätsrektor. Im Konflikt der Löwener Theologen mit dem Humanismus (∕Erasmus von Rotterdam, Collegium trilingue) hielt sich D. zurück, zeigte sich jedoch bei Treue zur scholastischen Tradition für eine Studienreform, besonders unter Einbeziehung der biblischen Sprachen, aufgeschlossen. D. vertrat einen gemäßigten Augustinismus, der ihn zum theologischen Dialog mit den Protestanten prädestinierte. Auffällig ist D.s Bemühen, dem theologischen Gegner entgegenzukommen.

▪ Werke: Opera omnia, ed. v. B. GRAVIUS. 2 Bde. Löwen 1547–50 u.ö.; De ecclesiasticis scripturis et dogmatibus. ebd. 1533; De captivitate et redemptione humani generis. ebd. 1534; De concordia liberi arbitrii et praedestinationis divinae. ebd. 1537; De gratia et libero arbitrio. ebd. 1537; De libertate christiana. ebd. 1540 (gegen Luthers ‚Von der Freiheit eines Christenmenschen').

▪ Literatur: DHGE 14, 795f.; CERAS 1, 405f.; KThR 3, 33–47. – J. ETIENNE: Spiritualisme érasmien et théologiens louvanistes. Lö-

wen – Gembloux 1956, 103–160; J. MURPHY: The Notion of Tradition in J.D. Milwaukee 1959; M. GIELIS: L'augustinisme anti-érasmien des premiers controversistes de Louvain: L'augustinisme à l'ancienne faculté de théologie à Louvain, hg. v. M. LAMBERIGTS, Löwen 1994, 19–61. *Peter Fabisch*
■ Nachtrag: M. KREUZER: ‚Und das Wort ist Fleisch geworden'. Zur Bedeutung des Menschseins Jesu bei J.D. und Martin Luther. Paderborn 1998.

Du Bellay (D.), *Guillaume*, Humanist und umtriebiger französischer Diplomat im Dienst ∕Franz I., * 1491 Glatigny (Département Loir-et-Cher), † 9.1.1543 St-Symphorien-de-Lay; beteiligt an der Verhandlungen zum Frieden von Cambrai (1529) zwischen Franz I. und Karl V.; er fädelte das Scheyerer Bündnis (1532) zwischen Bayern, den protestantischen Reichsfürsten und Frankreich ein, um die Habsburger aus Württemberg fernzuhalten (∕Ulrich von Württemberg); verhandelte 1535 mit den protestantischen Fürsten, um die Annahme der Konzilseinberufung zu hintertreiben; vermittelte französische Unterstützung für ∕Heinrich VIII. in dessen Scheidungsangelegenheit. 1537 Gouverneur von Turin, 1539–42 von Piemont.
■ Literatur: DBF 11, 889ff. – V. L. BOURRILLY: G.D. Seigneur de Langey 1491–1543. Paris 1905; K. J. SEIDEL: Frankreich und die deutschen Protestanten. Münster 1970.

Bruno Steimer

Dudith (Dudich), *András*, Humanist, Polyhistor, * 16.2.1533 Ofen (Buda), kroatisch-italienischer Herkunft, † 23.2.1589 Breslau; Studien in Breslau, Verona, Padua und Paris. Begleitete den päpstlichen Legaten Kardinal Reginald ∕Pole nach England und Schottland. 1557 Priester, mehrere Pfründen in Ungarn. 1561 Vertreter des ungarischen Episkopats beim Tridentinum, warb dort für die kaiserlichen Reformprogramme. Als Konzilslegat wurde er nach Wien gesandt. ∕Ferdinand I. schickte ihn in diplomatischer Mission dreimal nach Polen und ernannte ihn 1562 zum Bischof von Csanád, 1563 zum Bischof von Fünfkirchen (Pécs). 1565 ging er in kaiserlichem Auftrag an den polnischen Hof nach Wilna. Dort heiratete er 1567 eine Hofdame der Königin. Vom Papst exkommuniziert und von der Konsistorial-Kongregation aller Ämter enthoben, entfaltete D. in Polen eine rege schriftstellerische Aktivität. Er wurde Protestant, später schloss er sich den ∕Antitrinitariern an. Wegen politischer Machenschaften wurde er aus Polen vertrieben. Seine Korrespondenz mit bedeutenden Zeitgenossen ist zum größten Teil unveröffentlicht.
■ Werke: Orationes quinque in Conc. Trid. habitae ..., hg. v. L. SAMUELFY. Halle 1743; Dionysii Halicarnassei de Thucydidis Historia judicium. Venedig 1560; Vita Reginaldi Poldi. ebd. 1563, London 1690; Commentariolus de Cometarum significatione. Basel 1579; A. BERNDORFER (Hg.): Die medizinischen Briefe des ungarischen Humanisten A.D.: Communicationes ex Bibl. Hist. Med. Hung. Budapest 1956, n. 2, 46–71.
■ Literatur: B. STOLL – I. VARGA – S.V. KOVÁCS: A magyar irodalomtörténet bibliográfiája 1772-ig (Bibliographie der ungarischen Literaturgeschichte bis 1772). Budapest 1972, 301f. – K.B. STIEFF: Versuch einer ... Geschichte von Leben und Glaubensmeynungen A.D.s Breslau 1756; E. ENGELHARDT: Leben des A.D. Bielefeld 1864; E. LUTTERI: Della vita di A.D.: Atti dell'Accademia degli Agiati di Rovereto, Bd. 2. Rovereto 1884, 65–112; J. FALUDY: A.D. et les humanistes français. Szeged 1927; P. COSTIL: A.D. humaniste hongrois. Sa vie, son œuvre, et ses manuscrits grecs. Paris 1935; K. JUHÁSZ: A.D. Ein Beitrag zur Geschichte des Humanismus: HJ 55 (1935) 55–74.

Gabriel Adriányi

■ Nachtrag: J. JANKOVICS: A.D.'s library. Szeged 1993; L. RONCHI: L'epistolario di Andrea D. Sbardellati: Protestantismo 55 (2000) 128–135.

Dumoulin, *Charles* (Carolus Molinaeus), Jurist, * 1500 Paris, † 27.12.1566 ebenda; Studien in Paris, Poitiers und Orléans. Gegner des Tridentinums; mehrere Konfessionswechsel; 1552 Flucht nach Deutschland und in die Schweiz, 1553–54 Vorlesung über Iura civilia in Tübingen, dann in Dôle und Besançon. Besorgte eine kritische Ausgabe des Corpus iuris canonici (Lyon 1554).
▪ Ausgabe: Molinaei Caroli Opera omnia, ed. v. J. BRODEAU, 5 Bde. Paris 1681.
▪ Literatur: Dictionnaire de droit canonique, Bd. 5, 41–67. – J.F. VON SCHULTE: Geschichte der Quellen und der Literatur des kanonischen Rechts, Bd. 3/2. Stuttgart 1880, 251f.; G. MEYER: Ch.D. Nürnberg 1956; J.-L. THIREAU: Ch. du Moulin. Genf 1980.

Michael Benz

▪ Nachtrag: TH. WANEGFFELEN: Le ‚plat-pays de la croyance'. Frontière confessionnelle et sensibilité religieuse en France au XVIᵉ siècle: RHEF 81 (1995) 391–411.

Dungershei(y)m (Ochsenfart), *Hieronymus*, Kontroverstheologe, * 22.4.1465 Ochsenfurt (Main), † 2.3.1540 Leipzig; ab 1484 Studium in Leipzig und Köln; 1504 Doctor theologiae in Siena; 1506–40 Professor der Theologie in Leipzig; Domherr in Zeitz. D. war mehrfach als Prediger (Chemnitz, Zwickau, 1525 Mühlhausen) und Visitator (1522 Meißen, 1524 Merseburg) tätig. Theologisch vom Thomismus geprägt, verfasste er Lehrbücher und 1514/15 Schriften gegen die ⁄Böhmischen Brüder; seit 1520 erst briefliche, dann literarische Auseinandersetzungen mit Martin Luther und anderen Reformatoren.
▪ Werke: KLAIBER n. 866–880; VD 16 5, 553–557; KÖHLER BF I/1, 332ff.; CCATH 39.
▪ Literatur: CERAS 1, 412; KTHR 2, 38–48. – E. PESCHKE: Kirche und Welt in der Theologie der Böhmischen Brüder. Berlin 1981, 179–184; TH. FREUDENBERGER: H.D. von Ochsenfurt. Münster 1988; D.V.N. BAGCHI: Luther's Earliest Opponents. Minneapolis 1991.

Heribert Smolinsky

Dunkelmännerbriefe (Epistolae obscurorum virorum), Höhepunkt der humanistischen Satire in Deutschland. Anlass war der 1511 entbrannte Streit des Hebraisten Johannes ⁄Reuchlin mit dem jüdischen Konvertiten Johannes ⁄Pfefferkorn um die Konfiszierung des religiösen Schrifttums der Juden; unmittelbare Anregung boten die „Clarorum virorum epistolae", Briefe prominenter Gelehrter an Reuchlin, 1514 von ihm veröffentlicht als Zeugnisse humanistischer Solidarität. Im Herbst 1515 erschien, mit fingiertem Namen von Drucker und Druckort, eine Sammlung von 41 maliziös präparierten, in banausischem Latein verfassten Briefen, deren Schreiber, angeblich Schüler des Kölner Magisters Ortwinus ⁄Gratius, sich als beschränkte, auch lasterhafte Abkömmlinge eines deformierten Scholastikbetriebs gerieren. Als maßgeblicher Autor der anonymen Sammlung gilt der Erfurter Humanist ⁄Crotus Rubeanus. 1516 erschien ein Nachdruck mit einem Anhang von sieben Briefen aus der Feder Ulrichs von ⁄Hutten. Er hat den Hauptanteil auch an dem 62 Stücke umfassenden, ebenfalls anonymen zweiten Teil (1517), der sich polemisch und propagandistisch in den Reuchlin-Streit selber einmischt. Zum literarischen Boden der D. gehören Universitäts-, Mönchs- und Narrensatire, Schwank und Fazetie. Ihre karikierende und polarisierende Kraft ziehen sie aus der barbarisierenden Verkehrung der humanistischen Briefkultur.

▪ Ausgabe: E. BÖCKING: U. Hutteni Operum supplementum, 2 Bde. Leipzig 1864–70; A. BÖMER: Epistolae obscurorum virorum, 2 Bde. Heidelberg 1924, Nachdruck Aalen 1978. – *Übersetzung:* P. AMELUNG: Briefe der Dunkelmänner. München 1964; D. Frankfurt (Main) 1991.
▪ Literatur: G. HESS: Deutsch-lateinische Nar-

renzunft. München 1971; H.J. OVERFIELD: Humanism and Scholasticism in Late Medieval Germany. New Jersey 1984; R. HAHN: Huttens Anteil an den Epistolae obscurorum virorum: Pirckheimer-Jahrbuch 4 (1988) 79–111; E. MEUTHEN: Die Epistolae obscurorum virorum: Ecclesia militans. FS R. Bäumer, Bd. 2. Paderborn 1988, 53–80.

Franz Josef Worstbrock

▪ Nachtrag: J.V. MEHL: Printing the metapher of light and dark. From Renaissance satire to Reformation polemic: Books have their own destiny. FS R.V. Schnucker. Kirksville 1998, 83–92.

Duplessis-Mornay (D.), *Philippe*, französischer reformierter Theologe, * 5.11.1549 Buhy-en-Vexin, † 11.11.1623 La-Forêt-sur-Sèvre; 1568–72 akademische Studien; floh vor der ⁄Bartholomäusnacht aus Paris, kämpfte gegen die Liga, setzte sich für die Thronbesteigung ⁄Heinrichs von Navarra ein und nahm an den Verhandlungen teil, die zum Edikt von ⁄Nantes führten. Ab 1589 Gouverneur von Saumur, gründete er hier die berühmte protestantische Hochschule. Wurde von Ludwig XIII. im Mai 1621 abgesetzt. Politisch war er ein Verfechter und Theoretiker der Toleranz. Als Theologe war er ein energischer Kontroversist gegen die Katholiken, wünschte eine Annäherung der verschiedenen aus der Reformation hervorgegangenen Kirchen auf der Basis der ⁄Fundamentalartikel.

▪ Hauptwerk: De la vérité de la religion chrestienne. Antwerpen 1581; Institution, usage et doctrine du saint sacrement de l'Eucharistie en l'Eglise ancienne. La Rochelle 1598; Traitté de l'Eglise. ebd. 1599; Le mystère d'iniquité. Saumur 1611.

▪ Literatur: R. PATRY: Ph.D. Un Huguenot homme d'Etat. Paris 1922; F. LAPLANCHE: L'évidence du Dieu chrétien. Straßburg 1983; J. SOLÉ: Le débat entre protestants et catholiques français de 1598 à 1685, 4 Bde. Paris 1985; F. LAPLANCHE: L'Écriture, le sacré et l'histoire. Amsterdam 1986.

François Laplanche

▪ Nachtrag: A.L. HERMAN: Protestant churches in a Catholic kingdom: SCJ 21 (1990) 543–558; H. DAUSSY: Au cœur des négociations pur l'édit de Nantes. Le rôle de Ph.D.: Bulletin de la Société de l'Histoire du Protestantisme Français 144 (1998) 207–252; O. FATIO: La vérité menacée. L'apologétique de Ph.D.: ebd. 253–264.

Duprat (Du Prat), *Antoine-Bohier* (Antonius a Prato), Kanzler Frankreichs und Kardinal (1527), * 17.1. 1463 Issoire (Auvergne) als Sohn eines Kaufmanns und Ratsherrn, † 9.7.1535 Nantrouillet bei Meaux; nach Rechtsstudien 1490 Statthalter der Vogtei Montferrand, 1495 Generaladvokat am Toulouser Parlament, 1503 Berichterstatter im Staatsrat, 1508 Vorsitzender des Pariser Parlaments, 1515 Kanzler. Er begleitete ⁄Franz I. von Frankreich im italienischen Feldzug und verhandelte mit ⁄Leo X. über das Konkordat von Bologna (1516). Es gelang ihm, diesen Vertrag trotz des Widerstandes des Parlaments und der Universität ratifizieren zu lassen. Seit 1508 Witwer, empfing er 1516 die Weihen, ohne seine politische Tätigkeit aufzugeben. 1523–24 nahm er an den königlichen Finanzreformen teil (insbesondere die Anerkennung der Käuflichkeit der Staatsämter). 1525 wurde er Erzbischof von Sens und Abt von St-Benoît-sur-Loire. 1528 berief er ein Provinzialkonzil, das strenge Maßnahmen gegen die Lutheraner traf. Er wurde auch Administrator der Bistümer Albi (1528) und Meaux (1530), 1530 päpstlicher Legat. Reich, respektiert und verhasst starb er in seinem Schloss Nantrouillet.

▪ Literatur: DHGE 14, 1144ff.; DBF 12, 503ff.; J.-M. BIZIÈRE–J. SOLÉ: Dictionnaire des biographies, Bd. 3. Paris 1993, 93f. – A. BUISSON: Le chancelier A.D. Paris 1935.

Gérald Chaix

Duranti, *Jean-Étienne,* Jurist, Senatspräsident von Toulouse, * 1534, † 10.2.1589, als entschiedener Katholik lange Zeit in Reformationskämpfe gegen ∕Hugenotten verwickelt und als Königstreuer bei einem Aufstand ermordet. Literarisch bekannt besonders durch seine im 16. Jh. herausragende Liturgieerklärung *De ritibus Ecclesiae catholicae libri tres* (posthum Rom 1591, Köln 1592 u.ö.), worin er Kirchengebäude und -ausstattung (inklusive sakramentlicher Feiern), Messe und Tagzeitenliturgie behandelt, methodisch teils noch ähnlich wie Durandus von Mende († 1296) im „Rationale", jedoch reicher belegt mit patristischen und mittelalterlichen Quellen und weniger allegorisch, teils antireformatorisch.

■ Literatur: CATH 3, 1199; DBF 12, 721f. – R.A. MENTZER: Calvinist Propaganda and the Parlement of Toulouse: ARG 68 (1977) 268–283. *Martin Klöckener*

Eber, Paul, lutherischer Theologe, Kirchenliederdichter, * 8.11.1511 Kitzingen (Unterfranken), † 10.12.1569 Wittenberg. Schwer behindert, aber vielseitig begabt, studierte E. ab 1532 in Wittenberg und wurde ein enger Mitarbeiter Philipp Melanchthons („Repertorium Philippi"); 1541 dort Professor für Latein, 1544 für Physik, 1557 für Altes Testament und Schlossprediger sowie Teilnahme am ∕Wormser Religionsgespräch, 1558 als Nachfolger Johannes ∕Bugenhagens Stadtpfarrer und Generalsuperintendent des Kurkreises. Melanchthon folgend, vertrat er eine mild lutherische Lehre und suchte in den im deutschen Luthertum nach Martin Luthers Tod aufkommenden theologischen Streitigkeiten zu vermitteln, besonders in der Abendmahlsfrage; wirkungsvoller Prediger; einige seiner Lieder werden noch heute gesungen (besonders *Wenn wir in höchsten Nöten sein,* Evangelisches Gesangbuch 366).

■ Werke: Contexta populi Judaici historia. Wittenberg 1548 u.ö. (deutsche und französische Übersetzungen); Calendarium historicum. ebd. 1550 u.ö. (deutsche und französische Übersetzungen); Vom heiligen Sakrament des Leibs und Bluts [...] Christi. ebd. 1562. – Bearbeiter des Alten Testaments in Biblia germanico-latina. ebd. 1565 u.ö. – *Ausgabe:* PH. WACKERNAGEL: Das deutsche Kirchenlied von der ältesten Zeit bis zu Anfang des 17.Jh. Leipzig Bd. 4 1874, 1–8, Bd. 5 1877, 1367f. – *Bibliographie:* VD 16 5, E 10–72.

■ Literatur: CH.H. SIXT: P.E. Heidelberg 1843; DERSELBE: P.E. (1532–69). Ansbach 1857; G. BUCHWALD: P.E. Leipzig 1897; W. THÜRINGER: P.E.: H. SCHEIBLE (Hg.): Melanchthon in seinen Schülern. Wiesbaden 1997, 219–235. *Werner Raupp*

Eberlin von Günzburg, *Johann,* Humanist und lutherischer Prediger, * 1465/1470 Kleinkötz bei Günzburg, † 1533 Leutershausen bei Ansbach; 1489 Studium in Basel, 1493 in Freiburg, 1519 Franziskaner in Tübingen; Prediger in Ulm, wo er sich mit einer förmlichen Abschiedspredigt am 29.6.1521 endgültig Martin Luther zuwandte. Aus Predigten im Aargau und in Lauingen erwuchsen seine ersten religiösen und sozialkritischen Flugschriften *(Die 15 Bundesgenossen.* Basel 1521). 1522–24 Aufenthalt in Wittenberg, 1524/25 in Erfurt (Antrittspredigt am 1.5.1524). Heirat mit der ehemaligen Nonne Martha von Aurach. 1525–30 Hofprediger und Superintendent in Wertheim, wo seine lutherische Kirchenordnung und eine Übersetzung der „Germania" des Tacitus entstanden. Nach dem Tod Graf Georgs II. fand er als Pfarrverweser in Leutershausen seine letzte Wirkungsstätte.

■ Literatur: E. DEUERLEIN: J.E.: Lebensbilder aus dem Bayerischen Schwaben, Bd. 5. München 1956, 70–92; R. ADAMCYK: Die Flugschriften des J.E. von Günzburg. Dissertation. Wien 1981; M. BRECHT: Wertheimer Jahrbuch 1983, 47–54; H. EHMER: ebd. 55–

71; E. LANGGUTH: ebd. 73–102; L. NOACK: J.E. von Günzburg und seine Flugschriften. Dissertation. Leipzig 1983; G. HEGER: J.E. von Günzburg und seine Vorstellungen über eine Reform in Reich und Kirche. Berlin 1985; U. PETRY: Sprache in Vergangenheit und Gegenwart., hg. v. W. BRANDT. Marburg 1988, 65–90; M. RÖSSING-HAGER: ebd. 47–64; DIESELBE: Deutscher Wortschatz, hg. v. H. HAIDER MUNSKE. Berlin 1988, 279–320; M. BUJNÁKOVÁ: Philosophica pragensia 31 (1988) 184–194; CH. PETERS: ‚Der Teufel sieht mich hier nicht gern ...' Die 12 Briefe J.E.s von Günzburg aus seiner Zeit als Pfarrverweser in Leutershausen: ZBKG 59 (1990) 23–68; DERSELBE: Franziskanischer Reformer, Humanist und konservativer Reformator. Dissertation. Münster 1990; A. MASSER: FS J. Erben. Frankfurt (Main) 1990, 227–238; CH. PETERS: J.E. von Günzburg. Gütersloh 1994.   Herbert Immenkötter

▪ Nachtrag: E. WOLGAST: Die Neuordnung von Kirche und Welt in deutschen Utopien der Frühreformation: FS M. Hengel. Tübingen 1999, 659–679.

Eck, Johannes (eigentlich Johannes Maier, Mayer), Kontroverstheologe, * 13.11.1486 Egg (Eck) an der Günz, † 10.2.1543 Ingolstadt; ab 1498 Studien an den Universitäten Heidelberg, Tübingen (1501 Magister artium), Köln; seit 1502 Freiburg; dort ab 1503 in der nominalistisch ausgerichteten Pfauenburse. Aus Vorlesungen ging E.s erstes Druckwerk *Bursa pavonis. Logices exercitamenta* (Straßburg 1507) hervor. Er war auch juristisch (Studien bei Ulrich Zasius) und humanistisch (Griechisch, Hebräisch, Studien bei Gregor Reisch; später bei Johannes ⁄ Reuchlin) interessiert. 1505 Baccalaureus biblicus; 1506 Sententiar; 1508 Priesterweihe in Straßburg; 1509 Lizentiat der Theologie; 1510 Doktor der Theologie in Freiburg. Ab 1510 Theologieprofessor und Vizekanzler der Universität in Ingolstadt (Empfehlung Conrad ⁄ Peutingers); Kanonikat in Eichstätt. 1514 veröffentlichte E. als erstes größeres theologisches Werk den *Chrysopassus* über Prädestination und Gnade. Ab 1515 wesentliche Mitwirkung an der Universitätsreform durch Abfassung von Lehrbüchern zur Logik (1516–17) und Aristoteleskommentaren (1517–20) mit Vereinfachung des Textes im Sinne der „scholastischen Selbstreform" (Seifert). 1515 disputierte E. in Bologna über die Wirtschaftsethik und trat für ein mäßiges Zinsnehmen (fünf Prozent) ein.

Waren bis 1518/19 Philosophie und verschiedene theologische Ansätze (Beschäftigung mit Cusanus; Augustinuslektüre; 1519 Kommentierung der mystischen Theologie des Dionysius Areopagita) Schwerpunkte in E.s wissenschaftlicher Arbeit, so entwickelte er sich ab 1518 zum Kontroverstheologen, der zugleich seit 1522 in die bayerische Kirchenpolitik integriert und von ihr beeinflusst war. Die Auseinandersetzung mit Martin Luther, zu dem E. zunächst unbelastete Kontakte hatte, entstand aufgrund handschriftlicher Bemerkungen E.s (*Annotationes* oder *Obelisci;* Druck 1545) zu den 95 Ablassthesen, auf die Luther mit „Asterisci" antwortete; Andreas ⁄ Karlstadt verfasste zudem eine Thesenreihe. Der Streit führte 1519 zur ⁄ Leipziger Disputation und initiierte zahlreiche Kontroversschriften. An der Bannandrohungsbulle gegen Luther ⁄ *Exsurge Domine* (1520) wirkte E. in Rom mit und verkündete sie zusammen mit Hieronymus ⁄ Aleander in Deutschland. Im Auftrag der bayerischen Herzöge 1523/ 1524 erneuter Romaufenthalt und Erarbeitung von Reformvorschlägen konservativen Zuschnitts. Für den Augsburger Reichstag 1530 verfasste E. den Häresienkatalog der 404 Artikel, arbeitete an den Widerlegungen der ⁄ Confessio Augustana („Catholica Responsio", „Confutatio") mit und war an Vergleichsverhandlungen beteiligt. Als Teilnehmer der Religionsgespräche (Vertreter Bayerns) in ∕Worms (1540–41) noch kompromissbereiter, stellte er sich in ∕Regensburg (1541), der bayerischen Linie folgend, zunehmend gegen die ausgleichende kaiserliche Politik und lehnte das ∕„Regensburger Buch" ab. Von den zahlreichen kontroverstheologischen Arbeiten E.s war das *Enchiridion* (gedruckt ab 1525; ed. v. P. Fraenkel in CCath 34), eine mehrfach erweiterte Abhandlung der wichtigsten Streitpunkte, wirkungsgeschichtlich am bedeutendsten (121 Auflagen; deutsche, französische und flämische Übersetzung). Die in Leipzig disputierte Ekklesiologie behandelte er in der dem Papalismus verpflichteten Arbeit *De primatu Petri* (Paris 1521), die er 1520 dem Papst übergab. E. verfasste in den zwanziger Jahren Schriften über die Bilderverehrung (∕Kunst und Reformation), Fegfeuer, Buße und Messe. Ab 1523/24 war er in Auseinandersetzungen mit Huldrych Zwingli und der Schweizer Reformation verwickelt; 1526 disputierte er auf der für die Altgläubigen positiven ∕„Badener Disputation". Seit 1526 setzte sich E. als erster altgläubiger Theologe literarisch mit den ∕Täufern auseinander. Später entstanden Schriften im Zusammenhang mit den Religionsgesprächen. In *Ains Judenbuechlins Verlegung* stritt E. 1541 unter Rückgriff auf antijüdische mittelalterliche Schriften mit Andreas Osiander. Im Zusammenhang mit der die Polemik ergänzenden reformerischen Linie der Kontroverstheologie der dreißiger Jahre standen die Predigtbücher (5 Bde. Ingolstadt 1530–1539; E. war 1519–25 Pfarrer von St. Moritz, 1525–1532 und 1538–40 von Unserer Lieben Frau in Ingolstadt) sowie eine Bibelübersetzung (Ingolstadt 1537), der Druck exegetischer Vorlesungen (Ps 20; Haggai) und Versuche, das theologische Studium zu vereinfachen (ab Ende der dreißiger Jahre).

Mit bedingt durch die seine Kräfte fordernden Kontroversen, konnte E. keine in sich geschlossene, in die Zukunft weisende Theologie entwickeln, wenn er auch mehrfach Reformen versuchte und moderne Entwicklungen (z. B. beim Zins) aufnahm. Auch zog er trotz Kenntnis der biblischen Sprachen, die er in Vorlesungen und Publikationen einsetzte, aus der Philologie kaum theologische Konsequenzen. Entscheidend blieb für ihn die Kirche als Auslegungsinstanz der Schrift, die kirchliche Tradition und die Hierarchie, aber auch die Arbeit im Dienst des bayerischen landesherrlichen Kirchenregiments. Zu den Anliegen der Reformatoren fand E., wie schon die Leipziger Disputation zeigte, wenig Zugang.

■ Werke: CCATH 1f. 6 13f. 34ff. 41f.; J. METZLER: CCath 16, LXXI–CXXXI (Werkverzeichnis); W. GUSSMANN: Des J.E. 404 Artikel. Kassel 1930; ARCEG 1–4; P.O. KRISTELLER: Iter Italicum. A finding list of uncatalogued or incompletely catalogued humanistic manuscripts of the Renaissance, Bd. 1–3 und 5. London–Leiden 1963–90; W. L. MOORE, JR. (Hg.): In primum librum Sententiarum Annotatiunculae D. J. Eckio Praelectore. Leiden 1976; VD16 5, 618–641; CH.H. LOHR: Latin Aristotle Commentaries, Bd.2. Florenz 1988; KÖHLER BF 1/1, 353–373.

■ Literatur: NDB 4, 273ff.; LThK[2] 3, 642ff.; BBKL 1, 1452ff.; TRE 9, 249–258; KThR[2] 1, 65–72. – TH. WIEDEMANN: Dr. J.E. Regensburg 1865; G. ÉPINEY-BURGARD: J.E. et le Commentaire de la Théologie mystique du pseudo-Denys: Bibliothèque d'humanisme et renaissance 34 (1972) 7–29; A. SEIFERT: Logik zwischen Scholastik und Humanismus. Das Kommentarwerk J.E.s. München 1978; Gestalten der Kirchengeschichte, hg. v. M. GRESCHAT, Bd. 5. Stuttgart u.a. 1981, 247–270; DERSELBE: J.E. Münster 1981; W.

ECK: EDUARD VI.

KLAIBER: Ecclesia militans. Studien zu den Festtagspredigten des J.E. ebd. 1982; R. BÄUMER: J.E. und Freiburg: Freiburger Diözesan-Archiv 106 (1986) 21–41; H. SMOLINSKY: Der Humanismus an Theologischen Fakultäten des katholischen Deutschland: Der Humanismus und die oberen Fakultäten, hg. v. G. KEIL u.A. Weinheim 1987, 21–42; E. ISERLOH (Hg.): J.E. im Streit der Jahrhunderte. Münster 1988; H. SMOLINSKY: Reform der Theologie? Beobachtungen zu J.E.s exegetischen Vorlesungen: Papst und Kirchenreform. FS G. Schwaiger. St. Ottilien 1990, 333–349; D.V.N. BAGCHI: Luther's Earliest Opponents. Minneapolis 1991; B. HÄGLER: Die Christen und die ‚Judenfrage'. Am Beispiel der Schriften Osianders und E.s zum Ritualmordvorwurf. Erlangen 1992; J. WICKS: Luther's Reform. Mainz 1992; K.-V. SELGE: Kirchenväter auf der Leipziger Disputation: Auctoritas Patrum, hg. v. L. GRANE u.A. Mainz 1993, 197–212; J.P. WURM: J.E. und der oberdeutsche Zinsstreit 1513–15. Münster 1997. *Heribert Smolinsky*

■ Nachtrag: G.R. TEWES: Luthergegner der ersten Stunde: QFIAB 75 (1995) 256–365; TH. FUCHS: Die Disputation zwischen E. und Melanchthon in Worms: Konfession und Gespräch. Köln 1995, 409–422; M. SCHULZE: J.E. im Kampf gegen Martin Luther: Luther-Jahrbuch 63 (1996) 39–68; R. SCHWARZ: Wie weit reicht der Konsens zwischen E. und Melanchthon in der theologischen Anthropologie?: Im Schatten der Confessio Augustana, hg. v. H. IMMENKÖTTER. Münster 1997, 169–184.

Ecken (de Acie, Eckius, von der Eck, von Eck, Eck), *Johannes von der,* * Trier aus bürgerlicher Familie, † 2.12.1524 Esslingen; nach Studien in Bologna und Siena 1506 Professor an der juristischen Fakultät der Universität Trier, 1514 deren Rektor, 1523 Dekan; seit 1515 (1512?) Offizial des Erzbischofs Richard von Greiffenklau zu Trier. Am 17./18.4.1521 leitete er auf dem Reichstag zu Worms als Vertreter des Kaisers das Verhör Martin Luthers und nahm mit Johannes /Cochlaeus an der Geheimunterredung des Trierer Erzbischofs mit Luther am 24.4. teil. In Werdegang und Lebensstil der spätmittelalterlichen Kirche zugehörig, war E. theologisch kaum gebildet, aber juristisch gewandt.

■ Literatur: Deutsche Reichstagsakten. Jüngere Reihe, Bd. 2. Gotha ²1896; BDG 5245ff.; NDB 4, 277. – P. KALKOFF: Der Wormser Reichstag. München–Berlin 1922 (Register); E. ZENZ: Die Trierer Universität. Trier 1949, 30f.; Der Reichstag zu Worms von 1521, hg. v. F. REUTER. Worms 1971 (Register); JEDIN 1, 163. *Josef Steinruck*

Eduard VI. von England (1547–53), * 12.10.1537 Hampton Court als Sohn König /Heinrichs VIII. und der Jane Seymour, † 6.7.1553 Greenwich. Sein Vater ließ ihn von dezidiert protestantischen Lehrern erziehen. Geistig frühreif, wurde er vom Studium der alten Sprachen und der Theologie angezogen. E. folgte 1547 seinem Vater auf den Thron. Der für ihn eingesetzte Regentschaftsrat wurde zunächst vom Herzog von Somerset, ab 1549 vom Herzog von Northumberland dominiert. Unter dem Einfluss Thomas /Cranmers und ausländischer Ratgeber und mit Zustimmung des von religiösem Eifer erfüllten Königs wandte sich die englische Kirche in dieser Periode dem Calvinismus zu (Book of Homilies 1547, erstes und zweites /Book of Common Prayer mit Katechismus 1549 und [stärker calvinistisch] 1552, 42 /Anglikanische Artikel 1553, Zerstörung der Altäre, Aufhebung der Kapellen in Kathedralen ...). Ein 1553 im Zusammenwirken mit Northumberland unternommener Versuch E.s, seine Halbschwestern /Maria und /Elisabeth von der Thronfolge auszuschließen, scheiterte.

■ Literatur: DNB 62, 502–508. – J.G. NICHOLS: Literary Remains of King Edward VI, 2 Bde. London 1857; H.W. CHAPMAN: The Last Tudor King. London 1958; J. RIDLEY: Thomas Cran-

mer. Oxford 1962; W.K. JORDAN: Edward VI, 2 Bde. London 1968-70. *Karl Schnith*
▪ Nachtrag: D.G. SELWYN: The ‚Book of doctrine', the lords' debate and the first prayer book of Edward VI: Journal of Theological Studies 40 (1989) 446-480; N. HEARD: Edward VI and Mary. London ³1992; J. LOACH: Edward VI. New Haven 1999.

Ehe. 1. Die *Reformation* wollte die E., die im Mittelalter als ein ethisches Verhalten zweiter Klasse galt, vom biblischen Urzeugnis her wieder aufwerten. E. und Ehelosigkeit sind gleichwertige Dienstordnungen. Die Ehelosigkeit ist nach den reformatorischen Bekenntnissen eine „besondere Gabe" Gottes, die nur „wenige haben" und die daher nicht einem ganzen Berufsstand wie den Priestern aufgezwungen werden darf (CA 23; ↗Zölibat). Die E. ist nichts Unreines, sondern eine gute Schöpfungsordnung Gottes und ein „Naturrecht", das man niemandem verbieten kann (CA und ApolCA 23). Sie gilt nicht als ↗Sakrament im engeren Sinn, das wie Taufe, Eucharistie (↗Abendmahl) und ↗Buße Gnade und Vergebung vermittelt, aber doch als Sakrament im weiteren Sinn (ApolCA 13). Denn sie ist kein menschlicher, sondern ein „göttlicher Bund" (ApolCA 23). Sie ist keine menschliche, sondern eine göttliche Ordnung, wenn auch keine Erlösungs- und Heilsordnung, sondern eine Schöpfungsordnung und als solche ein „weltlich Ding" (Martin Luther). Sie ist nicht Gnade, sie lebt von der Gnade. Die Schatten der Unzulänglichkeit lasten auf ihr wie auf allen Schöpfungsordnungen. Die E. lebt von der Vergebung. Das zerbrechliche Ja der E.-Leute hat nur Bestand, weil es von Gottes unverbrüchlichem Ja unterfasst und getragen wird und weil Gottes Ja ihrem Ja ewig voraus ist. Trotz der grundsätzlichen Unauflöslichkeit der E. gibt es nach der Reformation den Grenzfall der Scheidung. Gerade durch ihre Gefährdung und ihr Scheitern weist die E. über sich hinaus auf ihren transzendenten Bezug, das „sola gratia". *Horst G. Pöhlmann*

2. Das *Tridentinum* hielt entschieden an der Sakramentalität und alleinigen Rechtszuständigkeit der Kirche für die E. fest, ohne freilich das Wesen des E.-Sakraments dogmatisch festzuschreiben oder die schon in der Scholastik strittige Frage der Einsetzung durch Christus zu beantworten (DH 1797-1816). Wichtiger war für Trient die nach schwierigen Debatten beschlossene Einführung der kirchlichen Formpflicht als Gültigkeitsbedingung christlicher E., wobei der zentrale Passus des Reformdekrets *Tametsi* noch eine bestätigende, vom Pfarrer zu sprechende sakramentale Spendeformel vorsieht: „Ich verbinde euch zur E., im Namen des Vaters und des Sohnes und des Heiligen Geistes ..." (DH 1814). *Urs Baumann*
▪ LTHK³ 3, 489ff. (1.) 471-474 (2.) (ungekürzte Fassung).
▪ Literatur: U. BAUMANN: Die E. – ein Sakrament? Zürich 1988; N. SCHÖCH: La solennizzazione giuridica della ‚forma canonica' nel decreto ‚Tametsi' del Concilio di Trento: Antonianum 72 (1997) 637-672; J. WITTE: Between sacrament and contract. Marriage as convenant in John Calvin's Geneva: Calvin Theological Journal 33 (1998) 9-75; S.H. HENDRIX: Luther on marriage: Lutheran Quarterly 14 (2000) 335-350; B. MÖLLER: Wenzel Lincks Hochzeit. Über Sexualität, Keuschheit und E. in der frühen Reformation: Zeitschrift für Theologie und Kirche 97 (2000) 317-342.

Eisengrein, *Martin,* Kontroverstheologe, * 28.12.1535 Stuttgart, † 4.5.1578 Ingolstadt; Studien in Tübingen, Wien, Ingolstadt; 1557 Professor in Wien; 1558/59 Konversion zum Katholizismus, 1560 Priester, 1562 Pfar-

EISENGREIN
ELISABETH I.

rer von St. Moritz in Ingolstadt, 1564 Doktor der Theologie und Professor in Ingolstadt; Gründer der Universitätsbibliothek. Als Inspektor der Universität (1570-78) nahm er im Streit zwischen Weltpriestern und Jesuiten eine vermittelnde Stellung ein. E. befürwortete 1563 im Auftrag des bayerischen Herzogs den ↗Laienkelch und war mehrfach an Religionsverhandlungen, reformerischen und gegenreformatorischen Maßnahmen beteiligt. Inhaber zahlreicher Pfründen, z. B. Propst von Altötting, um dessen Reform er sich bemühte. Literarisch an einer praktisch-seelsorglichen Theologie und antiprotestantischen Polemik interessiert; Verfasser vieler Predigten und Traktate.

■ Werkverzeichnis: PFLEGER (s. Literatur); KLAIBER n. 915–950; VD 16 5, 697–706.
■ Literatur: NDB 4, 412f.; DHGE 15, 102–105; Handbuch der Bayerischen Kirchengeschichte, hg. v. W. BRANDMÜLLER U.A., Bd. 2. St. Ottilien 1993. – L. PFLEGER: M.E. Freiburg 1908; A. SEIFERT: Die Universität Ingolstadt im 15. und 16.Jh. Berlin 1973; W. KAUSCH: Geschichte der Theologischen Fakultät Ingolstadt im 15. und 16.Jh. ebd. 1977; A. SEIFERT: Weltlicher Staat und Kirchenreform. Münster 1978.

Heribert Smolinsky

Elgard, *Nicolaus*, Förderer der Katholischen Reform, * um 1538 Arlon (Luxemburg), † 11.8.1587 Erfurt; Priester der Diözese Trier, studierte nach Seelsorgstätigkeit 1569–72 am Germanicum; war 1572/73 Visitator in Augsburg, begleitete 1573–76 den Nuntius Kaspar ↗Gropper auf seiner Reise nach Deutschland, erhielt 1574–76 als Subdelegat einige Visitationsaufträge, u. a. nach Mainz, Fulda, Würzburg und Bamberg, bei denen er für den Besuch des Germanicums warb und die Bischöfe zur Gründung von Priesterseminaren unter der Leitung der Jesuiten aufforderte. 1578 wurde er zum Mainzer Weihbischof für Thüringen mit Sitz in Erfurt bestellt. Die Hoffnung, Erfurt oder gar Sachsen rekatholisieren zu können, erfüllte sich nicht; doch konnte er zahlreiche tridentinisch gesinnte Priester nach Erfurt holen und der Gründung einer Jesuitenniederlassung den Weg bahnen.

■ Quellen: W.E. SCHWARZ: Die Nuntiaturkorrespondenz K. Groppers. Paderborn 1898, LXX–XCII.
■ Literatur: L. DREHMANN: N.E. Leipzig 1958; CH. GREBNER: K. Gropper und N.E. Münster 1982, 175–352 u.ö. *Christian Grebner*
■ Nachtrag: CH. GREBNER: Der Mainzer Weihbischof N.E.: Weihbischöfe und Stifte, hg. v. F. JÜRGENSMEIER. Frankfurt (Main) 1995, 122–129.

Elisabeth I. von England (Königin 1558–1603), * 7.9.1533 Greenwich, † 24.3.1603 Richmond; Tochter König ↗Heinrichs VIII. und seiner zweiten Gattin Anna Boleyn (hingerichtet 1536). Ihr Thronrecht beruhte auf dem Testament Heinrichs von 1543, dessen Thronfolgeregelung durch Statut des „King in Parliament" Alleingültigkeit erhalten hatte. Nach der am 17.11.1558 erfolgten Thronbesteigung berief E. das Parlament auf den 25.1.1559 und entließ es am 8.5., nachdem es im Zusammenwirken mit der Krone die gesetzlichen Grundlagen der ↗„Church of England", das „Elizabethan Settlement", statuiert hatte. Die gleichzeitig in Canterbury tagende kirchliche Convocation, die am päpstlichen Primat festhielt, wurde nicht hinzugezogen. In der Suprematsakte bezeichnete sich E. nicht als Haupt, sondern lediglich als „supreme governor" (Treuhänder) der Bischofskirche. Die ↗Uniformitätsakte verlangte von den Amtsträgern einen Eid, ließ aber äußere Konformität (bloße Anwesenheit beim Gottesdienst) zu. Mit einer Neufassung des ↗Book of Common

Prayer (1559) entschied das Parlament auch über die Verehrungsformen der Church of England. Nachträglich (1563) wurden die von den Convocations formulierten 39 ╱ Anglikanische Artikel ebenfalls vom Parlament zum „Statute Law" erhoben. E. bevorzugte eine auf Ausgleich bedachte pragmatische Politik und beanspruchte dabei ein Weisungs- und Vetorecht im Parlament. Sie stützte gegen die mit Frankreich verbündeten Stuarts den „Covenant" der schottischen Lords, so dass sich hier die presbyterianische Kirche behauptete (1560). Im Vertrag von Berwick (1586) erkannte sie sogar die protestantischen Religionen in Schottland und Deutschland als gleichberechtigte Zweige am Stamm der Stiftung Christi an. Die Rückkehr der Königin-Witwe ╱ Maria Stuart von Frankreich auf den schottischen Thron (1561) endete nach mancherlei Affären mit ihrer Flucht nach England (1568), wo sie als Thronrivalin gefangen gesetzt wurde. Die Bannbulle *Regnans in excelsis* ╱ Pius' V. (1570) brachte die englischen Katholiken, die bisher als gebührenpflichtige „recusants" geduldet waren, in äußerste Bedrängnis, da „popery" zum Kapitalverbrechen deklariert wurde. E. rettete sie durch ihr Veto, was die Anwendung der neuen Strafgesetze auf eingeschleuste ortsfremde Personen beschränkte. Kein Katholik wurde als Ketzer verbrannt, wohl aber etwa 250 wegen „treason" hingerichtet.

▪ Literatur: W. MACCAFFREY: The Shaping of the Elizabethan Regime. Princeton 1968, Paderborn 1994; G.R. ELTON: England under the Tudors. London 1974; G. LOTTES: E. I. Eine politische Biographie. Göttingen 1981. *Kurt Kluxen*

▪ Nachtrag: S. DORAN: Elizabeth I and religion. London 1994; C. ERICKSON: The first Elizabeth. New York 1997; K. MACMILLAN: Zurich reform and the Elizabethan settlement of 1559: Anglican and Episcopal History 68 (1999) 285–311; S. DORAN: Elizabeth I's religion: JEH 51 (2000) 699–720; CH. HAIGH: Elizabeth I. Harlow 2001.

Ellenbog (Cubitensis, Cubitus), *Nikolaus*, Benediktiner (1504), Humanist, * 18.3.1481 Biberach (Württemberg), † 6.6.1543 Ottobeuren; ab 1497 Studium an den Universitäten Heidelberg, Krakau, Montpellier; 1504 Eintritt ins Benediktinerkloster Ottobeuren; 1506 Priester; Prior, Ökonom, Novizenmeister und Leiter der Klosterdruckerei. Der vielseitig interessierte (Astronomie, Astrologie, Medizin, Mathematik), dem Humanismus zugeneigte E. förderte die Klosterbibliothek, begrüßte die 1543 eröffnete, kurzlebige Benediktinerhochschule in Ottobeuren und unterhielt einen ausgedehnten Briefwechsel (mit ╱ Erasmus von Rotterdam, Johannes ╱ Reuchlin, Johannes ╱ Eck u.a.). Außer der *Passio septem fratrum filiorum s. Foelicitatis* (Ottobeuren 1511) erschien keines seiner zahlreichen Werke (*Enarrationes in regulam s. Patris Benedicti*, Sermones über Heilige …) im Druck. Gegen die von ihm abgelehnte Reformation verfasste er mehrere handschriftlich überlieferte Traktate.

▪ Werke: CCATH 19/21 (Briefwechsel); P.O. KRISTELLER: Iter Italicum. A finding list of uncatalogued or incompletely catalogued humanistic manuscripts of the Renaissance, Bd. 3. London–Leiden 1983 (Handschriften und Briefe); VD 16 5, 734.

▪ Literatur: NDB 4, 454; DSp 4, 597ff.; DHGE 15, 236f.; CERAS 1, 428. – A. BIGELMAIR: Lebensbilder aus dem Bayerischen Schwaben, Bd. 5. München 1956, 112–139; A. KOLB (Hg.): Ottobeuren. Kempten 1986, 88–91.

Heribert Smolinsky

Eltz, *Jakob III. von,* Erzbischof von Trier (1567), * 1510 Burg Eltz, † 4.6.1581 Trier; 1547 Domdekan, 1569 Priester; als erster deutscher Kirchenfürst unterzog er sich dem Informativprozess und lenkte das Erzstift entschiedener als seine Vorgänger in die Bahnen tridentinisch orientierter Kirchenreform und gegenreformatorischer Bündnispolitik; ließ 1569-70 eine allgemeine Visitation durchführen, förderte die Niederlassungen der Jesuiten in Trier und Koblenz. Er erreichte 1576 die Vereinigung der Abtei Prüm mit dem Erzstift, 1580 die endgültige Unterwerfung der Stadt Trier unter die Landeshoheit der Erzbischöfe.

■ Literatur: V. CONZEMIUS: J. III. von Eltz. Wiesbaden 1956; B. CASPAR: Das Erzbistum Trier im Zeitalter der Glaubensspaltung. Münster 1965; H.G. MOLITOR: Kirchliche Reformversuche der Kurfürsten und Erzbischöfe von Trier im Zeitalter der Gegenreformation. Wiesbaden 1967. *Victor Conzemius*

Emser, *Hieronymus,* Humanist und Kontroverstheologe, * 26. (oder 16.)3.1478 Weidenstetten bei Ulm, † 8.11.1527 Dresden; Studium ab 1493 in Tübingen, Basel, Leipzig, 1505 Baccalaureus theologiae und Lizentiat des kanonischen Rechts in Leipzig; 1505-11 Sekretär und Hofkaplan Herzog /Georgs von Sachsen in Dresden. Der humanistisch-literarisch tätige E. entwickelte sich seit 1519 zum Kontroverstheologen im Dienste der zwar kirchenreformerischen, aber dezidiert antireformatorischen Politik des Herzogs. Schwerpunkte von E.s Schriften: /Leipziger Disputation, Bilder- (/Kunst und Reformation) und /Heiligenverehrung, Messe, Auslegung des Neuen Testaments. E. edierte und übersetzte Schriften des /Erasmus von Rotterdam und /Heinrichs VIII. von England und gab in Dresden 1527 das Neue Testament in der aus seiner Sicht korrigierten und kritisierten Lutherfassung heraus.

■ Werke: L. ENDERS: Luther und E., 2 Bde. Halle 1890-92; RGST 3 und 40; CCATH 4 und 28; KLAIBER n. 957-1002; VD 16 5, 745-753; KÖHLER BF I/1, 378-391.
■ Literatur: NDB 4, 488f.; LTHK² 3, 855f.; KTHR 2, 37-46; CERAS 1, 429f.; TRE 9, 576-580 – H. SMOLINSKY: Reformation und Bildersturm: Reformatio Ecclesiae. FS E. Iserloh. Paderborn 1980, 427-440; H. BLUHM: Luther Translator of Paul. New York u.a. 1984; H. SMOLINSKY: Augustin von Alvedt und H.E. Münster 1984; DERSELBE: Streit um die Exegese? Die Funktion des Schrifttarguments in der Kontroverstheologie des H.E.: Zum Gedenken an J. Lortz, hg. v. R. DECOT-R. VINKE. Stuttgart 1989, 358-375; H. GELHAUS: Der Streit um Luthers Bibelverdeutschung im 16. und 17.Jh., 2 Teile. Tübingen 1989-90; D.V.N. BAGCHI: Luther's Earliest Opponents. Minneapolis 1991.
Heribert Smolinsky
■ Nachtrag: G.L. DIPPLE: Luther, E. and the development of Reformation anticlericalism: ARG 87 (1996) 38-56; B. PETER: Der Streit um das kirchliche Amt. Die theologischen Positionen der Gegner Luthers. Mainz 1997.

Enzinas (genannt Dryander), *Francisco de,* spanischer Protestant, * 1.11.1518 Burgos, † 30.12.1552 Straßburg; studierte 1539 in Löwen, seit 1541 in Wittenberg, wo er im Hause Philipp Melanchthons das Neue Testament ins Spanische übersetzte. Den Druck überreichte er /Karl V., woraufhin er in Brüssel verhaftet wurde. Vor dem Prozess konnte E. 1545 fliehen und kehrte nach Wittenberg zurück. Über Straßburg, Zürich, St. Gallen, Konstanz und Basel, wo er Martin /Bucer, Heinrich /Bullinger, Joachim /Vadian und Ambrosius /Blarer begegnete, ging er 1546 nach England und erhielt an der Universität Cambridge eine Professur für griechische Sprache. 1549 kehrte E. nach Deutschland zurück.

■ Hauptwerk: El Nuevo Testamento de nuestro Redemptor y Salvador Jesucristo. Antwerpen 1543. – Epistolario, hg. v. I.J. GARCÍA PINILLA. Genf 1995.
■ Literatur: DHGE 15, 512-515. – A. HOER-

MANN: F. de E. und sein Kreis. Berlin 1902; **B.A. VERMASEREN:** Autour de l'Edition de l',Histoire de l'Estat du Pais Bas et de la religion d'Espagne' par F. de E. dit Dryander (1558): Bibliothèque d'humanisme et renaissance 27 (1965) 463–494. *Michael Becht* ■ Nachtrag: J.L. **NELSON:** ‚Solo Saluador' Printing the 1543 New Testament of F. de E.: JEH 50 (1999) 94–116.

Erasmus von Rotterdam (Desiderius Erasmus), Humanist, * 28.10.1466/67 Rotterdam, † 12.7.1536 Basel; Sohn eines Priesters; 1487 Eintritt in das Augustiner-Chorherrenkloster Steyn bei Gouda (1517 von den Gelübden dispensiert), 1492 Priester; 1493 Sekretär des Bischofs von Cambrai; 1495–99 Theologiestudium in Paris; 1499/1500, 1505/06, 1509–14 in England (Freundschaft mit John Colet und Thomas ⁄More), dazwischen 1500–05 in Paris und den Niederlanden, 1506–09 in Italien (1506 Doctor theologiae in Turin; Bekanntschaft mit führenden römischen Humanisten); 1514–16 in Basel (Beginn der Zusammenarbeit mit dem Drucker Johannes Froben); 1516 Kaiserlicher Rat; 1517–21 in Löwen; ab 1521 wieder in Basel; wegen des Sieges der Reformation 1529 Übersiedlung nach Freiburg; 1535 Rückkehr nach Basel.

Im Werk des E. lassen sich im Rahmen der humanistischen Grundausrichtung mehrere Schwerpunkte ausmachen: a) Philologisch-rhetorische und pädagogische Schriften: angefangen von der Sammlung und Kommentierung antiker Sprichwörter (*Adagia*. Paris 1500 u.ö.) über die auf den Schulgebrauch ausgerichteten Werke (u.a. *Colloquia familiaria*. Basel 1518 u.ö.) bis zur Kritik an dem einseitig an Cicero orientierten Humanistenlatein (*Dialogus Ciceronianus*. ebd. 1528). – b) Spirituelle und moralphilosophische Schriften: *Enchiridion militis Christiani* (Antwerpen 1504 u.ö.), *Moriae encomium sive stultitiae laus* (Paris 1511 u.ö.), *Institutio principis christiani* (Basel 1516), *Querela pacis* (ebd. 1517 u.ö.). – c) Editionen des Neuen Testaments (*Novum instrumentum*. Basel 1516 u.ö.) und wichtiger Kirchenväter (Hieronymus, 1516; Cyprian, 1520; Arnobius, 1522; Hilarius, 1523; Chrysostomus, 1525–33; Irenaeus, 1526; Origenes, 1527 und 1536; Ambrosius, 1527; Augustinus, 1528/29). – d) Bibelhermeneutische Schriften: die Einleitungen zur Ausgabe des Neuen Testaments, v.a. die in Löwen 1518 separat veröffentlichte *Ratio verae theologiae*, die Paraphrasen zum Neuen Testament sowie Psalmenkommentare. – e) Katechetische und homiletische Schriften: *Explanatio symboli apostolorum* (Basel 1533); *Ecclesiastes* (ebd. 1535). – f) Kontroverstheologische Schriften: die der Kritik an Martin Luther gewidmeten Werke *De libero arbitrio diatribe* (Basel 1524) und *Hyperaspistes* (ebd. 1526–27), Streitschriften gegen Schweizer Reformatoren und innerkatholische Gegner. – g) Briefe.

E., der bis zum Auftreten Luthers als der führende Gelehrte seiner Zeit angesehen wurde, bemühte sich, in Absetzung von der von ihm kritisierten scholastischen Theologie, um eine an den Quellen der Schrift und der Kirchenväter orientierte Reform der Theologie („philosophia Christi") sowie um eine Erneuerung der Kirche, die weniger bei der Institution als bei der Bekehrung der einzelnen Christen ansetzte. Nach dem Ausbruch der Reformation galt er weithin als deren Wegbereiter, dem allerdings sowohl von reformatorischer wie von altgläubiger Seite Halbherzigkeit vorgeworfen wurde. Nachgewirkt hat E. nicht nur im Bereich der humanistischen, biblischen und patristischen Philologie, sondern auch, trotz Indizierung, in innerkatholischen Reformbewegungen.

■ Werke: Opera omnia, hg. v. J. LeClerc, 10 Bde. Leiden 1703–06, Nachdruck Hildesheim 1961–62; Erasmi opuscula, hg. v. W.K. Ferguson. Den Haag 1933, Nachdruck Hildesheim 1978; Ausgewählte Werke, hg. v. A. und H. Holborn. München 1933, ²1964; Opera omnia D. Erasmi Roterodami. Amsterdam 1969ff.; Opus epistolarum D. Erasmi Roterodami, hg. v. P.S. Allen u.a., 12 Bde. Oxford 1906–58. – *Übersetzungen:* Ausgewählte Schriften, lateinisch und deutsch, hg. v. W. Welzig, 8 Bde. Darmstadt 1967–80; Collected Works of E. Toronto 1974ff. – *Bibliographie:* J.-C. Margolin: Douze années de bibliographie Erasmienne. Paris 1963; derselbe: Quatorze années ... ebd. 1969; derselbe: Neuf années ... ebd.–Toronto 1977; derselbe: Cinq années ... Paris 1997.

■ Literatur: TRE 10, 1–18. – J. Huizinga: E. Basel 1928, Neuausgabe Reinbek 1993; M. Bataillon: E. et l'Espagne. Paris 1937, Neuausgabe Genf 1991; A. Auer: Die vollkommene Frömmigkeit des Christen. Düsseldorf 1954; R. Padberg: E. als Katechet. Freiburg 1956; K.H. Oelrich: Der späte E. und die Reformation. Münster 1961; E.-W. Kohls: Die Theologie des E., 2 Bde. Basel 1966; C. Béné: E. et s. Augustin. Genf 1969; J.B. Payne: E. His Theology of the Sacraments. o.O. 1970; G. Chantraine: ,Mystère' et ,Philosophie du Christ' selon E. Namur 1971; M. Hoffmann: Erkenntnis und Verwirklichung der wahren Theologie nach E. von Rotterdam. Tübingen 1972; A. Rabil: E. and the New Testament. San Antonio 1972, Neuausgabe Lanham 1993; J.D. Tracy: E., the Growth of a Mind. Genf 1972; W. Hentze: Kirche und kirchliche Einheit bei Desiderius E. von Rotterdam. Paderborn 1974; G.B. Winkler: E. von Rotterdam und die Einleitungsschriften zum Neuen Testament. Münster 1974; H. Holeczek: Humanistische Bibelphilologie als Reformproblem bei E. von Rotterdam, Thomas More und William Tyndale. Leiden 1975; D. Kerlen: Assertio. Wiesbaden 1976; R. Stupperich: E. von Rotterdam und seine Welt. Berlin 1977; M. O'Rourke Boyle: E. on Language and Method in Theology. Toronto 1977; J.D. Tracy: The Politics of E. ebd. 1978; B. Mansfield: Phoenix of His Age. ebd. 1979; M. O'Rourke Boyle: Christening Pagan Mysteries. ebd. 1981; G. Chantraine: E. et Luther. Paris 1981; J. Chomarat: Grammaire et rhétorique chez E. ebd. 1981; A. Godin: E. lecteur d'Origène. Genf 1982; H. Holeczek: E. deutsch, Bd. 1. Stuttgart-Bad Cannstatt 1983; M. O'Rourke Boyle: Rhetoric and Reform. Cambridge (Massachusetts) 1983; E. Rummel: E. as a Translator of the Classics. Toronto 1985; C. Augustijn: E. von Rotterdam. München 1986; F. Krüger: Humanistische Evangelienauslegung. Tübingen 1986; E. Rummel: E.' Annotations on the New Testament. Toronto 1986; dieselbe: E. and His Catholic Critics, 2 Bde. Nieuwkoop 1989; G. Bedouelle: Le temps des réformes et la Bible. Paris 1989; L.-E. Halkin: E. von Rotterdam. Zürich 1989; R.J. Schoeck: E. of Europe, 2 Bde. Edinburgh 1990–93; L. d'Ascia: Erasmo e l'Umanesimo romano. Florenz 1991; P. Walter: Theologie aus dem Geist der Rhetorik. Mainz 1991; R. Coogan: E., Lee and the Correction of the Vulgate. Genf 1992; B. Mansfield: Interpretations of E. Toronto 1992; S. Seidel Menchi: E. als Ketzer. Leiden 1992; C. Asso: La teologia e la grammatica. Florenz 1993; M. Hoffmann: Rhetoric and Theology. Toronto 1994.

■ Nachtrag: A.G. Dickens – W.R.D. Jones: E. the reformer. London 1994; C. Augustijn: E. – der Humanist als Theologe und Kirchenreformer. Leiden 1996; M.E.H.N. Mout u.a.: (Hg.): Erasmianism. Amsterdam 1997; H.M. Pabel: Conversing with God. Prayer in E.' pastoral writings. Toronto 1997; M. Becht: Pium consensum tueri. Studien zum Begriff consensus im Werk von E. von Rotterdam, Philipp Melanchthon und Johannes Calvin. ebd. 2000; R. Torzini: I labirinti del libero arbitrio. Florenz 2000; I.P. Bejczy: E. and the Middle Ages. Leiden 2001; F. de'Michelis Pintacuda: Tra Erasmo e Lutero. Rom 2001.

Peter Walter

Erastus, *Thomas* (eigentlich Lieber, Liebler, Lüber), reformierter Theologe, Arzt und Kirchenpolitiker, * 7.9.1524 Baden (Schweiz), † 31.12.1583 Basel; in Heidelberg Professor der Medizin (1558) und Leibarzt der Kurfürsten von der Pfalz, zeitlebens

Anhänger der Züricher Richtung der Reformation und mit deren Führer Heinrich ⁄Bullinger befreundet, Helfer Kurfürst ⁄Friedrichs III. bei Einführung des Calvinismus in dessen seit 1556 lutherischem Territorium. Trat später der von Caspar ⁄Olevian vertretenen schärferen Genfer Richtung des Calvinismus, den so genannten Diszplinisten, nachhaltig entgegen; ging 1580 wegen lutherischer Restauration der Pfalz nach Basel, dort Professor für Ethik, als naturphilosophischer Arzt Gegner des ⁄Paracelsus; gehört als Verfechter des Staatskirchentums neben Huldrych Zwingli zu den frühen reformierten Staatsdenkern.

▪ Literatur: R. WESEL-ROTH: Th.E. Lahr 1954.
Ernst Walter Zeeden
▪ Nachtrag: RGG⁴ 2, 1384. – R.C. WALTON: Der Streit zwischen Th.E. und Caspar Olevian über die Kirchenzucht in der Kurpfalz in seiner Bedeutung für die internationale reformierte Bewegung: Monatshefte für evangelische Kirchengeschichte des Rheinlandes 37/38 (1988/89) 205–246; J. SHACKELFORD: Early Reception of Paracelsian theory: SCJ 26 (1995) 123–136.

Erbsünde. 1. Die *Reformatoren* stellten vor allem drei Bestimmungen der E. heraus: die verloren gegangene Gottesfurcht, die Unfähigkeit zum vertrauensvollen Glauben an Gott und die Konkupiszenz, die sie auch formell mit der E. identifizierten (CA 2: vere sit peccatum). Dabei führt die von Martin Luther erneuerte und zugespitzte augustinische Zusammenschau von E. und Konkupiszenz zu einer kontroverstheologischen Streitfrage, in der sich Grundentscheidungen der theologischen Anthropologie mit dem Verständnis der ⁄Rechtfertigungs- und Gnadenlehre verbanden.
Eberhard Schockenhoff
2. Das *Tridentinum* wandte sich gegen die Untrennbarkeit von E. und Konkupiszenz und erklärt in seinem Dekret über die E. (DH 1510–16): Durch die Sünde Adams verlor dieser für sich und für uns die von Gott geschenkte Heiligkeit (sanctitas) und Gerechtigekit (iustitia). Seinem Ursprung nach ist das peccatum originale eines (origine unum est), zugleich aber in allen und jedem zu eigen (omnibus inest unicuique proprium) – gegen die von Albert ⁄Pigge und ⁄Ambrosius Catharinus vertretene Imputationslehre. Die E. wird durch Fortpflanzung, nicht durch Nachahmung übertragen (propagatione, non imitatione), so dass selbst Kleinkindern die E. anhaftet. Durch die Taufe wird der Schuldcharakter der E. getilgt, doch bleibt die Konkupiszenz, die aus der Sünde kommt und zur Sünde geneigt macht, selbst aber keine eigentliche Sünde ist.
Helmut Hoping
▪ LTHK³ 3, 744–745 (s.v. E.); 6, 271–274 (s.v. Konkupiszenz) (ungekürzte Fassung).
▪ Literatur: RGG⁴ 3, 1394–97. – T. KLEFFMANN: Die E.-Lehre in sprachtheologischem Horizont. Tübingen 1994; S. GREINER: Konkupiszenz und Buße: Catholica (Münster) 51 (1997) 53–83; B. PITKIN: Nothing but concupiscence. Calvin's understanding of sin and the ‚via Augustini': Calvin Theological Journal 34 (1999) 347–369.

Ernst von Bayern, Erzbischof und Kurfürst von Köln (1583), * 17.12.1554 München als jüngstes Kind Herzog ⁄Albrechts V., † 17.2.1612 Arnsberg; studierte 1563 in Ingolstadt und erwarb zahlreiche Dompfründen. Wegen der Bedeutung Bayerns für den Erhalt der alten Kirche fielen ihm ein Erzbistum, vier Bistümer und zwei Reichsabteien zu: 1566 Freising, 1573 Hildesheim, 1581 Lüttich, Stablo und Malmédy, 1583 Köln, 1585 Münster. Köln, seit 1584 Sitz einer Reformnuntiatur, musste im Kölnischen Krieg (1583–89) gegen den amtsenthobenen Vorgänger Gebhard von ⁄Waldburg erobert werden; die Finanzlage war ein unlösbares Problem; 1596 trat ihm hier Ferdinand von Bayern als Koadjutor zur Seite. E., 1577 zum Priester geweiht, hat die Lebensführung nie dem Amt angepasst. Als Mehrfachherrscher beschränkte er seine Regierung meist auf die Koordination der Leitungsorgane; gefördert wurde die Reform (Visitationen, Jesuitenniederlassungen, Priesterseminare, zentrale Geistliche Räte).

■ Quellen: NBD(G) I, 1, 2/1, 2/2–5/1.
■ Literatur: E. GATZ (Hg.): Die Bischöfe des Heiligen Römischen Reiches 1448–1648. Berlin 1996. *Franz Bosbach*

Espence (Espencaeus), *Claude d'*, Kontroverstheologe, * 1511 Châlons-sur-Marne, † 4./5.10.1571 Paris; Studien der Theologie am Collège de Navarre in Paris (1542 Doctor theologiae); Erzieher Charles' de Lorraine (/Guise); berühmter Prediger. Auf Fastenpredigten hin, die man erasmischer, wenn nicht lutherischer Ansichten verdächtigte, wurde E. 1543 von der Theologischen Fakultät in Paris zu einem öffentlichen Widerruf verurteilt; 1545 von /Franz I. in eine Vorbereitungskommission für das Tridentinum nach Melun berufen. 1547 von Heinrich II. zur Bologneser Tagung entsandt, spielte er dort keine besondere Rolle, sondern verfasste eine Abhandlung über die Prädestination (*Traicté contre l'erreur vieil et renouvellé des predestinez*. Lyon 1548) und eine *Oraison pour la paix de l'Église* (im Anhang von *Paraphrase ou Meditation sur l'oraison dominicale*. ebd. 1547). Auf der Heimreise (1548) debattierte er in Genf mit Jean Calvin. Ab 1560 beteiligte sich E. aktiv an den Bemühungen des Königs um eine religiöse Aussöhnung; bei den Generalständen in Orléans und v. a. beim Religionsgespräch von /Poissy nahm er eine vermittelnde Position ein, die er in seiner *Apologie* (Paris 1569) verteidigte. 1562 weigerte er sich jedoch, nach Trient zu gehen. In seinem christozentrischen Testament von 1571 ersetzten Zuwendungen an Bedürftige die Messintentionen. E. war einer der interessantesten Vertreter erasmischen Gedankenguts in Frankreich, dessen genaue Position noch immer umstritten ist.

■ Ausgabe: Opera omnia, ed. v. G. GÉNÉBRARD. Paris 1619.
■ Literatur: DSP 4, 1206f.; DBF 12, 1503f. – H.O. EVENNETT: C. d'E. et son ,Discours du Colloque de Poissy': Revue historique 164 (1930) 40–78; M. VENARD: L'abjuration de C. d'E. (1543): M. LIENHARD (Hg.): Les dissidents du XVIe siècle entre l'humanisme et le catholicisme. Baden-Baden 1983, 111–126; M. TURCHETTI: Concordia o tolleranza? Genf 1984. *Marc Venard*
■ Nachtrag: P. WALTER: Schriftauslegung und Väterrezeption im Erasmianismus am Beispiel von C. d'E.: Erasmianism, hg. v. M. MOUT U.A. Amsterdam 1997, 139–153.

Esschen, *Johannes van (den)*, Augustinereremit, * um 1500 's-Hertogenbosch, † 1.7.1523 Brüssel; als Anhänger der Reformation 1522 gefangen genommen und nach einem Prozess, an dem u. a. Jakob van /Hoogstraeten beteiligt war, zusammen mit seinem Mitbruder Henricus Vo[e]s verbrannt. Diese Hinrichtung fand ihr Echo in zahlreichen Flugschriften. Martin Luther verfasste daraufhin „Eyn brieff an die Christen ym Nidderland" (WA 12, 73–80) sowie das Lied „Eyn newes Lied wir heben an" (Archiv zur WA 4, 217–222).

■ Quellen: P. FREDERICQ: Corpus documentorum inquisitionis haereticae pravitatis neerlandicae, Bd. 4. Gent 1900, 191–214 223–228 250ff.; Bibliotheca reformatoria neerlandica, hg. v. F. PIJPER, Bd. 8. Den Haag 1911, 1–114.
■ Literatur: Biografisch Lexicon voor de Geschiedenis van het Nederlandse Protestan-

tisme, Bd. 1. Kampen 1983, 77 411f.; CERAS 1, 444. J. BÖHMER: Die Beschaffenheit der Quellenschriften zu H. Voes und J. van den E.: ARG 28 (1931) 112–133. *Peter Walter*
■ Nachtrag: M. GIELIS: Augustijnergeloof en predikherengeloof: Luther-Bulletin 6 (1997) 46–57.

Evangelismus. Der Begriff wurde von Imbart de la Tour 1914 für Teile der französischen Reformationsgeschichte geprägt. Nach Bataillon gab es in Spanien seit 1525 einen erasmischen E., dem etwa Bartolomé ∕Carranza zugerechnet wird. Besonders aber wird der Begriff in der neueren Forschung für Teile der italienischen religiösen Bewegungen des 16. Jh. verwendet. Für Jung war der italienische E. eine katholische Reformbewegung vor dem Tridentinum, die undogmatisch und aristokratisch war und eine Übergangserscheinung darstellte (520). Demgegenüber sehen die neueren Forscher im E. den Sammelbegriff für ein weites Spektrum religiöser Ideen, die sich in verschiedener Weise äußerten und sich bei unterschiedlichen sozialen Gruppen finden, und zwar fast das ganze 16. Jh. hindurch. Es ging den Vertretern des E. zunächst um religiöse und moralische Erneuerung des einzelnen Christen, der Gottes Wort in der Heiligen Schrift begegnete, wobei den paulinischen Schriften ein besonderer Stellenwert zukam. Eine wichtige Rolle spielte die Frage nach der ∕Rechtfertigung des Menschen. Dabei gab es Gruppen, die in der Auffassung von der Rechtfertigung aus dem Glauben allein, ohne die Werke des Menschen, keinen grundlegenden Konflikt mit der Lehre der katholischen Kirche sahen, während für andere ein unüberbrückbarer Unterschied bestand. Das sprechendste und verbreitetste literarische Zeugnis des italienischen E. ist das wohl von Benedetto Fontanini verfasste Büchlein „Beneficio di Cristo" von 1543. Eine besondere Gruppierung innerhalb des italienischen E. bildete ein Kreis von Reformern um die Kardinäle Gasparo ∕Contarini und Reginald ∕Pole, oft als „Spirituali" bezeichnet. Nach der Erhebung Contarinis zum Kardinal (1535) und anderer Vertreter dieser Gruppe (meist einander freundschaftlich verbunden) in hohe kuriale Ämter gewann der E. Einfluss an der römischen Zentrale und suchte auch institutionelle Reformen durchzusetzen. Es ist unangemessen bei der Vielfalt und der unterschiedlichen Ausprägung des E. von einem „rechten" oder „linken" Flügel zu sprechen, ebenso wenig kann der E. als eine „politische Gruppierung" (Simoncelli) bezeichnet werden. Die Inquisition, besonders seit ihrer Organisation in Rom (1542), beargwöhnte und verfolgte den E. als den Protestanten zu weit entgegenkommend. Dennoch finden sich Vertreter desselben auch in der zweiten Hälfte des 16. Jahrhunderts.

■ Literatur: P. IMBART DE LA TOUR: Les origines de la Réforme, Bd. 3: L'Évangélisme. Paris 1914; M. BATAILLON: Érasme et l'Espagne. ebd. 1937, Neuausgabe 3 Bde. Genf 1991; E. M. JUNG: On the Nature of Evangelism in Sixteenth-Century Italy: Journal of the History of Ideas 14 (1953) 511–527; E. G. GLEASON: On the Nature of Sixteenth-Century Italian Evangelism: SCJ 9 (1978) 3–25; P. SIMONCELLI: Evangelismo italiano del Cinquecento. Rom 1979; M. FIRPO: Tra alumbrados e ,Spirituali'. Studi su Juan de Valdes e il Valdesianesimo nella crisi religiosa del '500 italiano. Florenz 1990; E. G. GLEASON: Gasparo Contarini, Venice, Rome, and Reform. Berkeley 1993, passim, besonders 190–193. *Klaus Ganzer*

Exsurge Domine (ED), „Bannandrohungsbulle" (Kawerau) Leos X. gegen Martin Luther und seine Anhänger vom 15.6.1520 (DH 1451–92); Ergebnis der Vorarbeiten dreier Kommissionen seit Januar 1520. Die Ende April gebildete dritte Kommission (Pietro Accolti, Thomas ∕Cajetan de Vio, Doctor Hispanus, Johannes ∕Eck) konzipierte die Endfassung der Bulle. Vorlage waren das Löwener Votum vom 7.11.1519 und ein Schreiben Adrians von Utrecht (später Papst ∕Hadrian VI.) vom 4.12.1519, das wörtliche Zitation der Werke Luthers forderte. Nicht befolgt wurde die ursprünglich auch beabsichtigte Einzelqualifizierung der zitierten 41 (anfangs 38) verurteilten Luther-Sätze, deren Auswahl auf Eck zurückgeht. Das Konzept der Bulle basiert auf einer Anregung Jakob von ∕Hoogstraetens („Destructio Cabale prologus"). Luther wird eine Widerrufsfrist von sechzig Tagen bei Androhung von Exkommunikation, Interdikt und Verbrennung seiner Bücher eingeräumt. Publikation im Reich durch Hieronymus ∕Aleander den Älteren und Eck.

- Quellen: drei Pergamentoriginale erhalten: Wien (Haus-, Hof- und Staatsarchiv), Stuttgart (Hauptstaatsarchiv) und Dresden (Sächsisches Landeshauptarchiv); Registereintrag Rom: Registrum Vaticanum 1160, 251–259; Originaldruck Rom, J. Mazochius, 1520; H. ROOS: Die Quellen der Bulle ‚ED' (15.6.1520): Theologie und Geschichte. FS M. Schmaus. München 1957, 909–926; CCATH 42 (1991) 317–412.
- Literatur: K. MÜLLER: Luthers römischer Prozeß: ZKG 24 (1903) 46–85; A. SCHULTE: Zu den römischen Verhandlungen über Luther: QFIAB 6 (1904) 32–52 174ff. 374–378; P. KALKOFF: Zu Luthers römischem Prozeß: ZKG 25 (1904) 90–147 273–290 399–459 503–603, 31 (1910) 48–65 368–414, 32 (1911) 1–67 199–258 408–456 572–595, 33 (1912) 1–72, 35 (1914) 166–203; DERSELBE: Die Bulle ‚ED': ebd. 37 (1917/18) 89–174; DERSELBE: Die Bulle ‚ED'. Ihre Vollziehung durch die Bischöfe von Eichstätt, Augsburg, Regensburg und Wien: ebd. 39 (1921) 1–44 134–139; DERSELBE: Ein neugefundenes Original der Bulle ‚ED': ebd. 44 (1925) 213–225; R. BÄUMER: Lutherprozeß und Lutherbann (KLK 32). Münster 1972; P. FABISCH: J. Eck und die Publikation der Bullen ‚ED' und ‚Decet Romanum Pontificem': RGST 127 (1988) 74–107. Peter Fabisch

Eyb, *Gabriel von,* Fürstbischof von Eichstätt, * 29.9.1455 Arberg, † 1.12.1535 Eichstätt; 1467 Domherr in Bamberg, 1492 Domkustos, 1473 Domizellar in Würzburg. Studium in Erfurt, Ingolstadt und Pavia (Doctor decretorum). Danach Rat des Eichstätter Bischofs Wilhelm von Reichenau. Am 5.12.1496 Wahl zum Bischof von Eichstätt statt seines Konkurrenten Bernhard ∕Adelmann von Adelmannsfelden. Konsekration am 16.4.1497. Unterstützung der kaiserlichen Reichs- und Kirchenpolitik, 1504 Wahrung der Neutralität im Landshuter Erbfolgekrieg, erfolgloser Kampf um eine Koadjutorie der Wittelsbacher (seit 1519) für Herzog Ernst von Bayern und Kurfürst Ludwig V. von der Pfalz (seit 1529). E. war ein entschiedener Gegner der reformatorischen Bewegung, darin freundschaftlich verbunden mit Prior Kilian ∕Leib von Rebdorf. Nach 1522 vergeblicher Kampf gegen die Einführung der Reformation in der Markgrafschaft Ansbach und den Reichsstädten Nürnberg und Weißenburg. 1524–25 Niederwerfung der Bauernaufstände. E. förderte als Kunstmäzen Meister Loy Hering (Willibaldsmonument im Eichstätter Dom, epochal im Bereich der Sepulkralplastik) und u. a. Lukas Cranach den Älteren; ließ das Eichstätter Brevier (1497, Neuauflage 1525) und das Eichstätter Missale (1517) drucken.

- Literatur: TH. NEUHOFER: G. von E. Fürstbischof von Eichstätt. Eichstätt 1934; E. VON EYB: Das reichsritterliche Geschlecht der Freiherren von E. Neustadt (Aisch) 1984; M.

FINK-LANG: Untersuchungen zum Eichstätter Geistesleben im Zeitalter des Humanismus. Regensburg 1985; E. VON EYB – A. WENDEHORST: G.E. (1455–1535): Fränkische Lebensbilder 12 (1986) 42–55; S. WEINFURTER U.A.: Die Viten der Eichstätter Bischöfe im ‚Pontifikale Gundekarianum': A. BAUCH – E. REITER (Hg.): Das Pontifikale Gundekarianum. Wiesbaden 1987, 111–147; H. FLACHENECKER: Eine geistliche Stadt. Eichstätt vom 13. bis zum 16.Jh. Regensburg 1988.

Konstantin Maier

Faber, *Johannes*, Dominikaner, Theologe, * um 1470 Augsburg, † 1530; 1507 Doctor theologiae in Padua und Prior in Augsburg (Erbauer der Konventskirche); 1511–24 zugleich Generalvikar der oberdeutschen Konventualenkongregation; 1515 Kaiserlicher Rat und Hofprediger Maximilians I.; plante ein humanistisch orientiertes Ordensstudium in Augsburg; schlug 1520/21 in dem zusammen mit ∕Erasmus von Rotterdam verfassten *Consilium* zur Beilegung der Luther-Sache ein Konzil vor; wurde wegen seiner Gegnerschaft zur Reformation 1525 aus Augsburg vertrieben.

■ Hauptwerk: Consilium cuiusdam ex animo cupientis esse consultum et Romani Pontificis dignitati et Christianae religionis tranquillitati (o.O. 1521), hg. v. W.K. FERGUSON: Erasmi Opuscula. Den Haag 1933, 338–361.
■ Literatur: CERAS 2, 4f. – N. PAULUS: Die deutschen Dominikaner im Kampfe gegen Luther. Freiburg 1903, 292–313; P. KALKOFF: Die Vermittlungspolitik des Erasmus und sein Anteil an den Flugschriften der ersten Reformationszeit: ARG 1 (1923) 1–83; P. SIEMER: Geschichte des Dominikanerklosters St. Magdalena in Augsburg. Vechta 1936; B. HÜBSCHER: Die deutsche Predigerkongregation 1517–20. Fribourg 1953; T.A. DILLIS: J.F.: Lebensbilder aus dem Bayerischen Schwaben, Bd. 5. München 1956, 93–111. *Peter Walter*

Faber, *Petrus* (Pierre Favre, auch Lefèvre), Jesuit (der erste der sieben Gefährten des ∕Ignatius von Loyola), selig (1872) (Fest 2.8.), * 13.4.1506 Villaret (Savoyen), † 1.8.1546 Rom; studierte ab 1525 in Paris und begegnete 1529 Ignatius von Loyola. 1534 zelebrierte er die Messe auf dem Montmartre, bei der Ignatius und die anderen ihre Gelübde ablegten und so die Basis für die spätere Gesellschaft Jesu bildeten. Zunächst predigte er in Rom, begleitete 1539 im Auftrag des Papstes Kardinal Ennio Filonardi nach Parma, 1540 den kaiserlichen Geschäftsträger Pedro Ortiz nach Spanien und Deutschland, 1542–43 den päpstlichen Legaten Kardinal Giovanni ∕Morone zu Reichstagen und Religionsgesprächen; 1543 begab er sich über die Niederlande nach Spanien und Portugal, 1546 nach Rom. Er setzte sich für Milde und Toleranz gegen die Protestanten und für eine innerkirchliche Erneuerung ein, um die er sich durch Predigten, v.a. aber durch Exerzitien selber bemühte. 1534 gewann er Petrus ∕Canisius für den Orden. Sein *Memoriale* gibt Einblick in seine Spiritualität und tief innerliche Frömmigkeit.

■ Werke: Memoriale (Monumenta Hispaniae sacra 15), 1914, ²1973; deutsche Übersetzung von P. HENRICI. Trier ²1989.
■ Literatur: L. KOCH: Jesuitenlexikon. Paderborn 1934, 1413f.; C. SOMMERVOGEL: Bibliothèque de la Compagnie de Jésus. Löwen ³1960, Bd. 4, 1657f.; DSp 12, 1573–82; L. POLGÁR: Bibliographie sur l'histoire de la Compagnie de Jésus 1901–80, Bd. 3. Rom 1990, nn. 6645–6707. – G. GUITTON: L'âme du Bienheureux P.F. Paris 1934, ²1959; W.J. READ: The Industry in Prayer of Blessed P.F. Dissertation. Rom 1950; M.J. PURCELL: The quiet Companian: Archivum historicum Societatis Jesu 42 (1973) 333ff.; G. GOULET: Deux compagnons: Bienheureux P.F., St. Pierre Canisius: Cahiers de Spiritualité Ignatienne 15 (1991) 5–29. *Johannes Wrba*

■ Nachtrag: J.W. KOTERSKI: Discerning the more fruitful paths to reform. P.F. and the Lutheran reformation: Heythrop Journal 31

(1990) 488–504; K. SCHATZ: Deutschland und die Reformation in der Sicht P.F.s: Geist und Leben 69 (1996) 259–272.

Faber Stapulensis (F.), *Jakob* (Jacques Lefèvre d'Étaples), französischer Reformhumanist und Exeget, * um 1450 oder 1455 Étaples (Picardie), † 1536 Nérac (Département Lot-et-Garonne); Studium der Theologie und Philosophie in Italien und Paris, Lehrtätigkeit an der Sorbonne, 1523 in Meaux Generalvikar des Kardinals Guillaume ∕Briçonnet. F. übersetzte die Bibel ins Französische (Gesamtausgabe Antwerpen 1530), verfasste u. a. lateinische Kommentare zu den Paulinen, den Katholischen Briefen und den Eangelien sowie Aristoteles-Kommentare, besorgte die erste Gesamtausgabe der Werke des Nikolaus von Kues (Paris 1514), dessen Positionen er aufnahm. F. bemühte sich um eine Synthese der Philosophien Platons und Aristoteles' in Verbindung mit mystischen Elementen. Seine exegetischen Arbeiten lösten Kontroversen mit der Sorbonne aus und wurden indiziert. F. neigte zu reformatorischen Vorstellungen, ohne aber mit der katholischen Kirche zu brechen.

■ Literatur: BBKL 1, 1582ff.; Enzyklopädie Philosophie und Wissenschaftstheorie, hg. v. J. MITTELSTRASS, Bd. 1. Mannheim 1980, 629. – S. MEIER-OESER: Die Präsenz des Vergessenen. Zur Rezeption der Philosophie des Nicolaus Cusanus vom 15. bis zum 18.Jh. Münster 1989. *Christoph Kann*

■ Nachtrag: RGG⁴ 3, 1f. – PH.E. HUGHES: Lefèvre. Grand Rapids 1984; J.-F. PERNOT (Hg.): Jacques Lefèvre d'Etaples. Actes du colloque les 7 et 8 novembre 1992. Paris 1995.

Fabri (genannt Faber), *Johannes,* katholischer Kontroverstheologe, Bischof von Wien (1530), * 1478 Leutkirch (Allgäu), † 21.8.1541 Wien; 1505 Studium der Rechte, der Theologie und der alten Sprachen in Tübingen, 1509 in Freiburg; dort Doktor beider Rechte bei Ulrich ∕Zasius. Päpstliche Indulte erlaubten seine Pfründenhäufung: Offizial in Basel (1513), Pfarrer in Leutkirch, Lindau und Wain, Generalvikar in Konstanz (1518), Domherr in Basel, Konstanz, Mainz, Breslau und Prag, Propst in Ofen, Ölenberg und Leitmeritz, Dekan in Groß-Glogau, Koadjutor in Wiener Neustadt (1524) u. a. Seit 1523/24 Rat und Beichtvater Erzherzog ∕Ferdinands. Teilnehmer an den Religionsgesprächen in Zürich (1523) und ∕Baden (1526), am ∕Regensburger Konvent (1524) und an den Reichstagen in Nürnberg (1524), Speyer (1526 und 1529), Augsburg (1530, wo er die Arbeiten an der Confutatio leitete), ∕Regensburg (1532). Nach langem Zögern wandte er sich erst Ende 1521 von Martin Luther ab *(Malleus).* Seine theologischen Schriften, Predigten, Disputationen, Gutachten in deutscher und lateinischer Sprache, in freundlichem Ton, aber mit schwerfälliger Gelehrsamkeit verfehlten die Breitenwirkung.

■ Hauptwerk: Malleus in haeresim Lutheranam. Rom 1522, Köln ²1524 (= CCATH 23–26); Summarium. Mainz 1526; Antilogiae. Augsburg 1530; Praeparatoria futuri ... concilii (1536) (handschriftlich; Edition: CT 4, 10–23); sein handschriftlicher Nachlass befindet sich in der Österreichischen Nationalbibliothek.

■ Literatur: KLAIBER 100–103; TRE 10, 784–788; KTHR 1, 90–97. – L. HELBLING: J.F. Münster 1941; CH. RADEY: J.F. Dissertation maschinschriftlich. Wien 1976; A. ANGST: Heigerlin oder Schmid?: Rottenburger Jahrbuch für Kirchengeschichte 3 (1984) 197–205; K.D. LEWIS: Ulrich von Hutten, Johann Faber, and Das Gyren Rupffen: ARG 78 (1987) 124–146; E. JUNOD: La Dispute de Lausanne (1536). Lausanne 1988; K. MAIER: Die Bischöfe von Konstanz, hg. v. E.L. KUHN U.A., Bd. 1. Friedrichshafen 1988, 85–89; CH. DITTRICH: Katholische Kontroverstheologie im Kampf gegen Reformation und Täufertum: Mennonitische Geschichtsblät-

ter 47/48 (1990/91) 71–88; DERSELBE: Die vortridentinische katholische Kontroverstheologie und die Täufer. Frankfurt (Main) 1991, 208–258. *Herbert Immenkötter*
▪ Nachtrag: W. DOBRAS: J. Faber: Pfarrer von Lindau, Bischof von Wien: Jahrbuch des Landkreises Lindau 13 (1998) 89–93.

Fabri, *Johannes,* Dominikaner (um 1520), katholischer Kontroverstheologe, * 1504 Heilbronn, † 27.2.1558 Augsburg; 1534/35 Studium in Köln und 1539 in Freiburg; 1540 Stadtprediger in Colmar, 1545 Prior in Schlettstadt. Seit 1547 auf Betreiben des Kardinals Otto Truchsess von ∕Waldburg Domprediger im zu 90% protestantischen Augsburg; den dazu geforderten theologischen Doktortitel erwarb er 1552 in Ingolstadt, wo er nebenamtlich auch bis 1554/55 lehrte. F. wurde der bedeutendste Polemiker im vom Truchsess begründeten Dillinger Verlag S. Mayer (31 Veröffentlichungen zwischen 1550 und 1600). Besonders sein Beichtbüchlein und der Traktat über die Messe wurden auf Jahrzehnte Standardwerke in Süddeutschland. F.s Nachfolger auf der Augsburger Domkanzel wurde 1559 Petrus ∕Canisius.
▪ Hauptwerk: Ein nutzlich Beychtbüchlin. Augsburg 1551; Ain christenlicher Catechismus. ebd. 1551; Der recht Weg. Dillingen 1553; Was die Evangelisch Meß sey. ebd. 1555; Christenliche underricht. ebd. 1556.
▪ Literatur: DTHC 5, 2055–60; KLAIBER 98ff. – N. PAULUS: Die deutschen Dominikaner im Kampf gegen Luther. Freiburg 1903, 232–266; F. ROTH: Augsburgs Reformationsgeschichte, 4 Bde. München ²1911; E.M. BUXBAUM: Der Augsburger Domprediger J.F. OP von Heilbronn: Jahrbuch des Vereins für Augsburger Bistumsgeschichte 2 (1968) 47–61; F. ZOEPFL: Das Bistum Augsburg und seine Bischöfe im Reformationsjahrhundert. München 1969. *Herbert Immenkötter*

Farel, *Guillaume,* Reformator der Westschweiz, * 1489 Les Fareaux bei Gap (Dauphiné), † 13.9.1565 Neuchâtel. Während des Studiums in Paris von Jakob ∕Faber Stapulensis beeinflusst, wandte er sich 1521 der Reformation zu, floh 1523 zu Johannes ∕Oekolampad nach Basel, von wo er nach heftigem Streit mit ∕Erasmus von Rotterdam 1524 ausgewiesen wurde. Unstetes Wanderleben führte ihn u.a. nach Montbéliard, Metz und Straßburg; ab 1528 nahm das reformierte Bern F. für die Reformation in der Westschweiz in seine Dienste; 1526–30 in Aigle, 1530–34 in Murten, propagierte F. die neue Lehre in Biel, Neuchâtel, Avenches und Grandson; 1534–38 unter dem Schutze Berns in Genf, wo er 1535 die Reformation zum Sieg führte und zusammen mit Jean Calvin die neue Kirchenordnung durchführte; 1536 auf der Lausanner Disputation; nach der Ausweisung aus Genf organisierte F. die reformierte Kirche in Neuchâtel und versuchte, der Reformation auch in der Franche-Comté und im Fürstbistum Basel zum Durchbruch zu verhelfen; leidenschaftlicher Volksredner, Verfasser des *Sommaire* 1529, der ersten evangelischen Glaubenslehre in französischer Sprache.
▪ Literatur: L. AUBERT U.A.: G.F. Biographie nouvelle. Neuchâtel 1930; Actes du Colloque G.F. Neuchâtel 1980, hg. v. P. BARTHEL u.a. Genf u.a. 1983. *Pierre Louis Surchat*
▪ Nachtrag: H. HEYER: G.F. Lewiston u.a. 1990; H.H. ESSER: Die Stellung des ‚Summaire' von G.F. innerhalb der frühen reformierten Bekenntnisschriften: Zwingliana 19 (1991/1992) 93–114; F.P. VAN STAM: F.s und Calvins Ausweisung aus Genf am 23.4.1538: ZKG 110 (1999) 209–228; DERSELBE: Die Genfer ‚Artikel' vom Januar 1537: aus Calvins oder F.s Feder?: Zwingliana 27 (2000) 87–101.

Ferber, *Nikolaus,* Franziskaner (im Orden: N. von Herborn; in der dänischen Diaspora Stagefyr, „Brandfackel", genannt), Kontroverstheologe, * um 1483 Herborn, † 15.4.1535 Toulouse; Studium in Köln (1512); 1520 Guardian in Marburg; Kontroverse mit Franz Lambert von Avignon (/Homberger Synode 1526); 1527 Guardian in Brühl; Domprediger in Köln; 1529 Provinzial; 1530 zum Herrentag in Kopenhagen geladen, verfasste für König Frederik I. eine Apologie; 1532–35 Generalkommissar der cismontanen Ordensprovinzen.

▪ Werke: Locorum communium adversus huius temporis haereses Enchiridion. Köln 1528 (Köln 1529 = CCATH 12); Epitome convertendi gentes Indiarum ad fidem Christi. ebd. 1532 (ediert Collectanea Franciscana Neerlandica 2 [1931] 395–425).

▪ Literatur: ADB 12, 42–45; NDB 5, 80f.; DTHC 6, 2205ff.; KLAIBER 106; KTHR 5, 32–49. *Peter Fabisch*

Ferdinand I. (Kaiser 1558–64), * 10.3.1503 Alcalá, † 25.7.1564 Wien; Bruder Kaiser /Karls V., der ihm die Regierung der deutsch-habsburgischen Erblande, zeitweilig auch seine Stellvertretung im Reich überließ, 1526 König von Ungarn und Böhmen, 1531 römischer König, 1558 Kaiser. Als Reichspolitiker loyaler Helfer Karls V., jedoch anders als sein Bruder seit Mitte des 16. Jh. zum Ausgleich mit den protestantischen Reichsfürsten bereit; setzte diesen durch: 1552 im /Passauer Vertrag und 1555 durch Abschluss des /Augsburger Religionsfriedens. F. verzichtete hier, durch Freigabe des lutherischen Bekenntnisses für die Reichsstände, von Reichs wegen auf den Grundsatz der Rückführung der Protestanten zur alten Kirche, rettete aber mit dem so genannten /Geistlichen Vorbehalt für die katholische Kirche, was noch halbwegs zu retten war (viele Reichsbistümer, zahlreiche Reichsabteien). Mit der als Kompensation gedachten, aber nicht reichsgesetzlichen *Declaratio Ferdinandea* konzedierte er den Lutheranern in den geistlichen Fürstentümern die Bekenntnisfreiheit. Als Landesfürst stützte F. in den österreichischen Erblanden die alte Kirche, konnte jedoch angesichts von Missständen und Priestermangel das Anwachsen des dort von Landständen und Städten geförderten Protestantismus nicht wesentlich verhindern. Seine katholischen Restaurationsbemühungen spiegeln sich in seinen diesbezüglichen kirchenpolitischen Erlassen, in der Gründung zahlreicher Jesuitenkollegien, in der Berufung befähigter Jesuiten, besonders des Petrus /Canisius, sowie in der Publikation und Einführung der auf sein Betreiben von Canisius verfassten Katechismen. Sein Reformlibell von 1562 vermochte auch durch Konzession von Priesterehe (/Zölibat) und /Laienkelch den Protestantismus nicht nennenswert einzudämmen. F. ermöglichte durch kirchenpolitisches Nachgeben den Abschluss des Konzils von Trient.

▪ Literatur: F. VON BUCHHOLZ: Geschichte der Regesten F.s I. Graz 1968–71; A. KOHLER: Antihabsburgische Politik in der Epoche Karls V. Die reichsständische Opposition gegen die Wahl F.s zum römischen König ... Göttingen 1982; G. RILL–CH. THOMAS: Bernhard Cles als Politiker ... Graz 1987; P. SUTTER-FICHTNER: F. I. Wider Türken und Glaubensspaltung. Wien u.a. 1986; H. RABE: Reich und Glaubensspaltung, Deutschland 1500–1600. München 1989, passim; DERSELBE: Deutsche Geschichte 1500–1600. ebd. 1991. *Ernst Walter Zeeden*

▪ Nachtrag: E. LAUBACH: F. I. als Kaiser. Münster 2001.

Fisher, *John,* heilig (1935; Fest 22.6.), Bischof, Humanist, Martyrer, * 1469 Beverley (Yorkshire), † 22.6.1535 London; 1483 Eintritt in das College Michaelhouse (Cambridge), 1488 Baccalaureus, 1491 Magister artium und Priester, 1501 Doctor theologiae und Vizekanzler, 1502 Professor für Theologie, 1504 Kanzler der Universität Cambridge (1514 Wiederwahl auf Lebenszeit), für deren Ausbau er sich sehr einsetzte. Als Beichtvater Lady Margaret Beauforts, der Mutter König ⁄Heinrichs VIII., überzeugte er diese, einen theologischen Lehrstuhl zu stiften sowie Christ's College (1505) und St. John's College (1511) zu gründen. Als Kenner der theologischen Tradition war F. für die geistigen Strömungen seiner Zeit aufgeschlossen und fühlte sich besonders dem Anliegen des christlichen Humanismus verpflichtet. Er stand in Verbindung mit Johannes ⁄Reuchlin und sorgte maßgeblich für den Cambridgeaufenthalt von ⁄Erasmus von Rotterdam (1511–14), mit dem F. befreundet war und dessen Werk ihn inspirierte. Von 1516 an förderte er am St. John's College das Studium der biblischen Sprachen. Seit 1504 war F. zudem Bischof der Diözese Rochester (Kent), die er mit hohem persönlichen Einsatz und vorbildlich verwaltete. Große Aufmerksamkeit widmete er dabei der Reform der Predigt und des Klerus. Das Aufkommen der Reformation zwang F. zur Stellungnahme: Er wurde einer der schärfsten literarischen Gegner Martin Luthers und verfasste mehrere antireformatorische Schriften (u. a. *Assertionis Lutheranae Confutatio.* Antwerpen 1523; *Sacri Sacerdotii Defensio.* Köln 1525; *De Veritate Corporis et Sanguinis Christi in Eucharistia.* ebd. 1527). Die in Stil und Inhalt überragenden und stark schriftbezogenen Werke wurden auf dem Tridentinum ausgiebig benutzt. In der Auseinandersetzung um die geplante Ehescheidung König Heinrichs VIII., gegen die F. entschieden Stellung nahm, zog er sich dessen Ungnade zu. Im April 1534 wurde F. verhaftet, da er sich geweigert hatte, den Eid auf die Ungültigkeitserklärung der Ehe des Königs mit Katharina von Aragón zu leisten. Ebenfalls lehnte er die 1534 vom Parlament verabschiedete ⁄Suprematsakte ab, die den König zum Oberhaupt der englischen Kirche machte. Als Papst ⁄Paul III. ihn am 20.5.1535 zum Kardinal erhob, spitzte sich F.s persönliche Lage zu: Am 17.6. angeklagt, wurde er wegen Hochverrats verurteilt und enthauptet.

▪ Werke: Opera, quae hactenus inveniri potuerunt omnia. Würzburg 1597; The English Works of J.F., hg. v. J.E.B. MAYOR. London 1876, ²1935; KLAIBER 109ff.
▪ Literatur: TRE 11, 204ff. – B. BRADSHAW – E. DUFFY (Hg.): Humanism, Reform and the Reformation: the career of bishop J.F. Cambridge 1989; R. REX: The Theology of J.F. ebd. 1991. *Michael Becht*
▪ Nachtrag: J. WICKS: Argumentative legitimation in 16th century Catholic theology: Ecclesia tertii millennii advenientis. FS A. Anton. Casale Monferrato 1997, 888–897; M. DOWLING: Fisher of Men. A life of J.F. Basingstoke u.a. 1999.

Flacius (Vlačić), *Matthias*, lutherischer Theologe, * 3.3. 1520 Albona (heute Labin, Istrien, daher Illyricus Albonensis genannt), † 11.3.1575 Frankfurt (Main); nach humanistischem Studium in Venedig, Basel und Tübingen ab 1541 in Wittenberg, Bekanntschaft mit Martin Luther; 1543 Magister, 1544 Professor für Hebräisch ebenda. Nach der Niederlage der Schmalkaldener geriet F. als strikter Gegner aller Anpassungen (⁄Augsburger Interim) in ein Zerwürfnis mit den „Philippisten" um Philipp Melanchthon (⁄Adiaphoristenstreit; ⁄Gnesiolutheraner) und verließ 1549 Wittenberg; seit 1551 in Magdeburg. F. eröffnete als ein Schulhaupt der Gnesiolutheraner den Kampf um die „reine Lehre" Luthers in Deutschland und bemühte sich um die Reformation in seiner Heimat (verfasste

1555 die erste kroatische evangelische Schrift sowie [zusammen mit seinem Schüler Sebastian Krelj] die Kinderbibel, *Otrocja biblija* [Tübingen 1566], in den fünf für den illyrischen Raum wichtigsten Sprachen). Aufgrund seiner bibelexegetischen Arbeiten gilt F. als Begründer der modernen Hermeneutik, während er wegen seiner Abkehr von der Annalistik als der erste neuzeitliche Kirchenhistoriker angesehen wird. In Magdeburg erarbeitete er mit großem Mitarbeiterstab den *Catalogus testium veritatis* (Basel 1556) und begann das Jahrhundertwerk *Historia ecclesiastica* (↗Magdeburger Centuriatoren). Seit 1557 in Jena Professor für Neues Testament, organisierte F. die evangelische Kirche Thüringens, wurde aber nach Etablierung einer herzoglichen Kirchenbehörde 1561 entlassen und ging nach Regensburg (1562–66). F. konnte aber seine Pläne, dort und in Klagenfurt evangelische Universitäten zu gründen, die Drucklegung südslawischen Schrifttums zu koordinieren, eine gesamtevangelische Synode zu organisieren, nicht realisieren. 1566/1567 leitete er die lutherische Gemeinde in Antwerpen, anschließend war F. in Straßburg. Gegen die „Versöhnungspolitik" Jakob ↗Andreaes bezog er erbitterte Stellung. Auf der Weimarer Disputation 1560, auf der Victorinus ↗Strigel die Ursünde als Akzidenz bezeichnete, vertrat F. die Gegenposition, sie sei „forma substantialis" des gefallenen Menschen, welche er auch nach dem Lehrbrief des Tilemann ↗Heshusius 1568 verteidigte. Das führte zum Bruch der Mehrheit der Gnesiolutheraner mit den diese Sonderlehre vertretenden „Flacianern". Das Beharren auf seiner Erbsündenlehre führte zu F.' fast völliger Isolierung, 1573 auch zur Ausweisung aus Straßburg; zuletzt Privatgelehrter in Frankfurt.

■ Werke: De vocabulo fidei. Wittenberg 1549; erweiterte Neuausgabe: De voce et re fidei. Basel 1555; Clavis scripturae s[acrae], 2 Bde. Basel 1567 (Tract. I, 1–4: M.F. Illyricus: De ratione cognoscendi sacras literas, lateinisch-deutsch, hg. v. L. GELDSETZER. Düsseldorf 1968); Glossa compendiaria in Novum Testamentum. Basel 1570.
■ Literatur: TRE 11, 206–214. – J. PREGER: M.F. Illyricus und seine Zeit, 2 Bde. Erlangen 1859–61, Nachdruck 1964; L. HAIKOLA: Gesetz und Evangelium bei M.F. Illyricus. Lund 1952; M. MIRKOVIĆ: Matija Vlacić Ilirik. Zagreb 1959; J. SCHEIBLE: Die Entstehung der Magdeburger Zenturien. Gütersloh 1966; Gestalten der Kirchengeschichte, hg. v. M. GRESCHAT, Bd. 6. Stuttgart 1981, 277–292; G. BEDOUELLE: Le temps des réformes et la Bible. Paris 1989, 258–261; R. KELLER: Der Schlüssel zur Schrift. Hamburg 1984; M.F. Illyricus. Leben und Werk. Internationales Symposium Mannheim, Februar 1991, hg. v. J. MATEŠIĆ. München 1993; A. BERNARD: La Réforme et le livre slovène: Bulletin de la Société de l'Histoire du Protestantisme français 141 (1995) 5–26.

Peter F. Barton

■ Nachtrag: O.K. OLSON: M.F. and the survival of Luther's reform. Wiesbaden 2000; M. HARTMANN: Humanismus und Kirchenkritik: M.F. Illyricus als Erforscher des Mittelalters. Stuttgart 2001.

Flugschriften, Frühform von Publizistik seit dem ausgehenden Mittelalter, meist Streitschriften, behandeln Tagesfragen zwecks Beeinflussung der öffentlichen Meinung, besonders zahlreich in Zeiten allgemeiner Erregung (Reformation, Dreißigjähriger Krieg). Die in den F. enthaltene Kritik gibt sich, weil auf größere Massen berechnet, gern derb-populär bis unflätig, ist voll groben Spotts, hierin unterstützt durch (Titel-)Holzschnitte. Thematisch behandeln die F., oft kombiniert, Sitten- und Anstandsfragen, Akutes aus Religion und Politik (Martin Luther, Konfessionsstreit, Krieg). Im 16. Jh. brachten die Anfangsjahre der Reformation bis zum ↗Bauernkrieg (1525), später die

Kämpfe um das ∕Augsburger Interim und das Tridentinum eine Hochflut von F. Die F. verwenden verschiedenste literarische Formen: Traktat, Sermon in Vers und Prosa, Dialog, szenisches Gespräch. Seit 1517 trat Luther mit meisterlichen F. hervor (bis zu 100 Seiten stark, z. B. „An den christlichen Adel", wohl die wirkmächtigste Flugschrift überhaupt) und sprach in ihnen namentlich auch solche Laienkreise an, die zu seinen theologischen Erörterungen sonst keinen Zugang hatten. Unter den Verfassern von F. befinden sich auch viele Publizisten von Rang (evangelisch: neben Luther Ulrich von ∕Hutten, Johann ∕Eberlin von Günzburg, Heinrich von Kettenbach; katholisch: Thomas Murner, Daniel von Soest). – Die F. trugen dazu bei, die Reformation als Volksbewegung zu entfachen. Sie kritisieren die bekannten Auswüchse, polemisieren gegen Papst und Hierarchie, Klerus, Mönchtum, ∕Zölibat, ∕Ablass und rühmen den evangelischen Heilsweg, machen exponierte Repräsentanten der alten Kirche verächtlich und rühmen Luther. Die Gegner der Reformation bedienen sich der gleichen Waffen, kommen aber an Zahl und – von Ausnahmen abgesehen – Qualität gegen die evangelischen F. nicht an. Häufig verband sich der religiöse mit dem wirtschaftlichen und sozialen Aspekt (F. zur Ritterschaftsbewegung und zum Bauernkrieg). Als Dokumente der Publizistik stellen die F. eine vorzügliche Quelle dar; um sie auszuwerten, bedarf es jedoch umsichtiger und kritisch durchdachter Methoden.

▪ Quellen: Satiren und Pasquillen aus der Reformationszeit, hg. v. O. SCHADE, 3 Bde. Hannover ²1863; F. aus den ersten Jahren der Reformation, hg. v. O. CLEMEN, 4 Bde. Leipzig 1904–11; F. zur Ritterschaftsbewegung 1523, hg. v. K. SCHOTTENLOHER. Münster 1929; F. und Streitschriften der Reformation in Westfalen 1523–83, hg. v. TH. LEGGE. ebd. 1933; Die Sturmtruppen der Reformationszeit, hg. v. A.E. BERGER. Leipzig 1931; KÖHLER BF.
▪ Literatur: TRE 11, 240–246. – K. SCHOTTENLOHER: Flugblatt und Zeitung. Berlin 1922; BDG n. 36879–36996; H.-J. KÖHLER (Hg.): F. als Massenmedium der Reformationszeit. Stuttgart 1981. *Ernst Walter Zeeden*
▪ Nachtrag: M. ARNOLD: Handwerker als theologische Schriftsteller. Studien zu F. der frühen Reformation (1523–25). Göttingen 1990; B. MÖLLER: Städtische Predigt in der Frühzeit der Reformation. Eine Untersuchung deutscher F. der Jahre 1522–29. ebd. 1996; B.-M. SCHUSTER: Die Verständlichkeit von frühreformatorischen F. Hildesheim 2001.

Föderaltheologie, ein wesentliches Element im reformierten Protestantismus des 16. und 17. Jh.; verwendete den biblischen Bundesbegriff als Schlüssel sowohl für die Beziehung Gott – Mensch als auch für die Kontinuität der Heilsgeschichte im Alten und Neuen Testament. Der Anfang liegt in Zürich bei der Verteidigung der Kindertaufe (Heinrich ∕Bullinger: De testamento seu foedere Dei unico et aeterno. Zürich 1534). Zacharias ∕Ursinus und Caspar ∕Olevian (∕Heidelberger Katechismus von 1563) bauten das F.-Schema aus: Schon in der Schöpfung wird eiun Foedus operum gegründet, als Antwort auf den Sündenfall ein Foedus gratiae, vergleichbar der lutherischen Gegenüberstellung von ∕Gesetz und Evangelium. Hinzu kam der weiteren Entfaltung ein Foedus redemptionis zwischen Vater und Sohn (Johannes Cocceius: Summa doctrinae de foedere et testamento Dei. Franeker 1648). Die F. hatte wesentliche Auswirkungen auf die politischen Theorien der Neuzeit, besonders in Nordamerika (Begründung der Gesellschaft auf einem Contract social).

▪ Literatur: TRE 11, 246–252. – C. MCCOY –

J.W. BAKER: Fountainhead of federalism. Heinrich Bullinger and the covenantal tradition. Louisville 1991; J.F.G. GOETERS: Die reformierte F. und ihre rechtsgeschichtlichen Aspekte: Liechtenstein, Politische Schriften 19 (1994) 83–95.

Alasdair I.C. Heron

■ Nachtrag: D.N. POOLE: Stages of religious faith in the classical reformation tradition. The covenant approach to the Ordo salutis. Lewiston 1995; P.A. LILLBACK: The binding of God. Calvin's role in the development of Covenant theology. Carlisle 2001.

Foscarari, *Egidio,* Dominikaner (1526), Theologe und Bischof, * 27.1. 1512 Bologna, † 23.12.1564 Rom. Lehrte Theologie in Bologna; 1547 Konzilstheologe in Trient und Magister S. Palatii; 1550 Bischof von Modena; 1551/52 Teilnahme am Trienter Konzil. Unter ∕Paul IV. der Häresie bezichtigt und im Januar 1558 in der Engelsburg eingekerkert; im August 1558 freigelassen und 1560 offiziell für unschuldig erklärt. 1562/ 1563 erneute Teilnahme am Tridentinum, auf dem er eine nicht unbedeutende Rolle spielte. Mitarbeit am ∕Catechismus Romanus und an der Reform von Brevier und Missale.

■ Literatur: CT 1–11; DHGE 17, 1198f. – A. WALZ: I domenicani al Concilio di Trento. Rom 1961; JEDIN Bde. 3² und 4; M. FIRPO – D. MARCATTO: Il processo inquisitoriale del cardinal Giovanni Morone, Bd. 1–5. Rom 1981–89; M. FIRPO: Inquisizione Romana e Controriforma. Bologna 1992.

Klaus Ganzer

■ Nachtrag: M.M. FONTAINE: For the good of the city. The bishop and the ruling elite in the Tridentine Modena: SCJ 28 (1997) 29–43.

Franck, *Kaspar,* katholischer Theologe, * 2.11.1543 Ortrand (Pulsnitz), † 12.3.1584 Ingolstadt; Sohn von Kaspar F. († 1578, ab 1546 Prediger, ab 1565 Pfarrer in Joachimsthal). Nach Studien in Wittenberg 1561–65 (1564 Magister) wurde F. 1565/66 lutherischer Prediger in der Grafschaft Haag. Beeindruckt von Martin ∕Eisengrein folgte er ihm nach Ingolstadt. Nach öffentlicher Konversion 1568 Priester, berief ihn Herzog ∕Albrecht V. von Bayern ins rekatholisierte Haag, dann zum Hofprediger und 1570 zum Geistlichen Rat. Ab 1572 wirkte F. als Pfarrer, ab 1578 zugleich als Professor der Exegese in Ingolstadt (1575 Doctor theologiae in Siena). Verfasste zahlreiche geistliche und kontroverstheologische Schriften (so gegen Jacob ∕Andreae, Johann Friedrich Cölestin, Georg Nigrinus, Martin ∕Chemnitz und andere lutherische Theologen).

■ Werkverzeichnis: N. PAULUS: C.F.: Historisch-politische Blätter für das katholische Deutschland 124 (1899) 545–557 617–627; VD 16 7, 131–134.

■ Literatur: ADB 7, 272f.; DTHC 6, 720f. – J.B. GÖTZ: Die Grabsteine der Moritzkirche in Ingolstadt: Sammelblatt des Historischen Vereins Ingolstadt 45 (1926) 26; DERSELBE: St. Moritz in Ingolstadt. Kirche und Pfarrei: ebd. 47 (1928) 66; A. ECKERT: Die deutschen evangelischen Pfarrer der Reformationszeit in Westböhmen. Bad Rappenau 1974–76, 48; W. KAUSCH: Geschichte der theologischen Fakultät Ingolstadt im 15. und 16.Jh. Berlin 1977 (Register).

Brun Appel

Franck, *Sebastian,* Vertreter des Spiritualismus im 16. Jh., * um 1500 Donauwörth, † Ende Oktober 1542 Basel; nach Studien in Ingolstadt und Heidelberg zunächst Priester der Diözese Augsburg, dann lutherischer Prediger; nach mehreren Stationen in verschiedenen Städten (Nürnberg, Straßburg, Esslingen, Geislingen, Ulm) zuletzt unabhängiger Schriftsteller und Verleger in Basel. Seine religiöse Philosophie will es dem Menschen ermöglichen, gestützt auf die direkte Verbindung mit Gott die absolute Dimension der Welt durch eine geistige Bemühung zu erfassen. Es handelt sich um eine Radikalisierung cusanischer und erasmischer Gedanken, die die moderne religiöse Philosophie (Wilhelm Dilthey, Ernst Troeltsch) beeinflusste.

Werke: Sämtliche Werke, hg. v. H.-G. ROLOFF. Bern 1992ff.; K. KACZEROWSKY: S.F. Bibliographie. Wiesbaden 1976; BIDI 7, 39–119.
Literatur: TRE 11, 307–312; CERAS 2, 53f. – H. WEIGELT: S.F. und die lutherische Reformation. Gütersloh 1972; S. WOLLGAST: Der deutsche Pantheismus im 16.Jh. Berlin 1972; A. SÉGUENNY: Spiritualistische Philosophie als Antwort auf die religiöse Frage des 16.Jh. Wiesbaden 1978; C. DEJUNG: Wahrheit und Häresie. Zürich 1980; J.-D. MÜLLER (Hg.): S.F. Wiesbaden 1993; B. QUAST: S.F.s ‚Kriegbüchlin des Frides'. Tübingen–Basel 1993. *André Séguenny*
Nachtrag: P.-M. HAYDEN-ROY: The inner word and the outer world. A biography of S.F. New York 1994; S. WALDHOFF: Der Evangelist des gewappneten Moses. S.F.s Auseinandersetzung mit Martin Bucers Obrigkeitsverständnis: ZKG 107 (1996) 327–354; H. WEIGELT: S.F. und Caspar Schwenckfeld in ihren Beziehungen zueinander: Von Schwenckfeld bis Löhe. FS H. Weigelt. Neustadt (Aisch) 1999, 21–38; Beiträge zum 500. Geburtstag von S.F., hg. v. S. WOLLGAST. Berlin 1999; J.-C. COLBUS: Die Vorrede vom Adler oder die verschiedenen Stufen einer satirisch-überzeitlichen Zeitkritik: Simpliciana 22 (2000) 31–56.

Frankfurter Anstand. Die beiden Kaiser ⁄ Karl V. und ⁄ Ferdinand I. unternahmen seit 1538 (Waffenstillstand von Nizza, Türkengefahr) einen Ausgleichsversuch mit den Protestanten, vermittelt durch Kurbrandenburg und Kurpfalz. Die Verhandlungen in Frankfurt (Main), geführt vom kaiserlichen Unterhändler Johann von Weeze, dem Erzbischof von Lund, mündeten in den „Anstand" vom 19.4.1539. Er gewährte allen Augsburger Konfessionsverwandten befristeten Religionsfrieden bei Sistierung der Kammergerichtsprozesse. Die Dauer sollte 15 Monate betragen, falls weitere Säkularisationen von Kirchengut unterblieben und der ⁄ Schmalkaldische Bund keine neuen Mitglieder aufnahm. Eine Türkenhilfe, v. a. ein Religionsgespräch zur Vereinigung im Glauben wurden angekündigt.

Literatur: A.P. LUTTENBERGER: Glaubenseinheit und Reichsfriede. Göttingen 1982; H. RABE: Reich und Glaubensspaltung. München 1989. ⁄ Reformation.
Anton Schindling

Frankfurter Rezess (FR). Der FR vom 18.3.1558 bildet den ersten, freilich gescheiterten Versuch einer religionspolitischen Pazifizierung der innerlutherischen Lehrgegensätze, die nach Martin Luthers Tod (1546) und im Zuge des ⁄ Augsburger Interims (1548) (interimistischer Streit bzw. ⁄ Adiaphoristenstreit) über die Deutung der Rechtfertigungslehre (Osiandrischer Streit), die Rolle der guten Werke, die Beteiligung der eigenen Willenskräfte am Prozess der Erlösung (majoristischer bzw. synergistischer Streit; Georg ⁄ Major) und die Interpretation der leiblichen Gegenwart Christi in den Elementen des Abendmahls zwischen Philipp Melanchthon und seinen Anhängern einerseits (so genannte Philippisten) und einer von Matthias ⁄ Flacius, Nikolaus ⁄ Amsdorf und Johann ⁄ Wigand geführten, ihrem Anspruch nach genuine Positionen Luthers vertretenden Theologengruppe (so genannte ⁄ Gnesiolutheraner) anderseits aufgebrochen waren. Nachdem während des letzten „interkonfessionellen" Religionsgesprächs der Reformationszeit in ⁄ Worms (1557) die innerprotestantischen Auseinandersetzungen von katholischer Seite (Petrus ⁄ Canisius) ausgenutzt worden waren, erwies sich die Konkordie auch als politische Überlebensfrage des Luthertums. Am Rande des aus Anlass der Kaiserproklamation /Ferdinands I. stattfindenden Reichstags verhandelten die Kurpfalz, Kursachsen, Kurbrandenburg, Württemberg, Hessen und Zweibrücken v. a. auf der Basis eines von Melanchthon verfassten Gutachtens, das die Grundlage des von den genannten sechs Ständen approbierten FR bildete. Absicht des FR war es, die Tragfähigkeit der seit 1555 reichsrechtlich anerkannten /Confessio Augustana gegenüber dem „altgläubigen" Vorwurf, die Evangelischen seien „in ihrer Konfession zwieträchtig, irrig und spaltig", zu erweisen. Der FR ist als aktualisierende Auslegung der CA von 1530 zu verstehen. Trotz der Ablehnung, die er fand, begründet der FR eine in der Formula Concordiae (/Konkordienformel) von 1577 zum Ziel gelangte Tradition innerlutherischer Bekenntnisbildung, die die eigene konfessionelle Lehrposition als Interpretation des normativen Augsburger Bekenntnisses im Horizont zeitgenössischer Kontroversen vorträgt. In der /Rechtfertigungslehre hält der FR gegen Andreas /Osiander an der „justificatio imputativa propter Christum" fest. Hinsichtlich der guten Werke lehrt er eine „necessitas causae et effectus". In der Abendmahlsfrage bindet der FR die Gegenwart des Leibes Christi an den Akt der Nießung, nicht an die Elemente (/Abendmahlsstreit). Vor allem die Abendmahlslehre des FR, die eine Manducatio der Ungläubigen ausschließt und deshalb im Sinne einer calvinistischen Position ausgelegt werden konnte, fand neben der Kritik an der „Anmaßung" der Fürsten, über die Lehre zu urteilen, den breiten Widerspruch einzelner Gnesiolutheraner und verhinderte eine historisch wirksame Rezeption des Konkordiendokuments. Die Theologen des Ernestiners Johann Friedrich II. von Sachsen in der neu gegründeten Universität Jena übernahmen mit dem von ihnen verfassten Weimarer Konfutationsbuch (1558) im Kampf gegen den FR die Führung.

▪ Literatur: RE³ 6, 169–172; CR 9, 489–507. – H. HEPPE: Geschichte des deutschen Protestantismus in den Jahren 1555–81, Bd. 1. Marburg 1852, 266ff.; G. WOLF: Die Geschichte der deutschen Protestanten. Berlin 1888, 110–153 376–407; M. BRECHT-R. SCHWARZ (Hg.): Bekenntnis und Einheit der Kirche. Stuttgart 1980; E. KOCH: Aufbruch und Weg. Studien zur lutherischen Bekenntnisbildung im 16.Jh. Berlin 1983; B. VON BUNDSCHUH: Das Wormser Religionsgespräch von 1557. Münster 1988.

Thomas Kaufmann

Franz I. von Frankreich (König 1515–1547), * 12.9.1494 Cognac, † 31.3.1547 Rambouillet; 1515 Nachfolger Ludwigs XII., errang im gleichen Jahr im Kampf um das Herzogtum Mailand den Sieg über die Schweizer bei Marignano und schloss 1516 mit /Leo X. das Konkordat von Bologna. Als Erbe der französischen Italienpolitik und der französischen Ansprüche auf das Herzogtum Burgund wurde er zum dauernden Gegner /Karls V. Nach der Niederlage von Pavia (1525) gefangen genommen, gewann er durch den Scheinfrieden von Madrid (1526) seine Handlungsfreiheit zurück. F. war ein glänzender Renaissancefürst, Kunstmäzen und Gönner des französischen Humanismus. Seine Haltung zu den großen religiösen Gegensätzen der Epoche wurde vornehmlich durch politische Gesichtspunkte bestimmt. Er schloss Verträge mit Türken und Protestanten, trat aber in Frankreich selbst der Ausbreitung der neuen Lehre nach anfänglichem Zögern seit 1534 („affaire des placards") entschieden entgegen.

▪ Literatur: DBF 14, 1005–11; TRE 11, 385–389. – Catalogue des actes de François Ier, 7 Bde. Paris 1887–97; G.F. MÄNZER: F. I. und die Anfänge der französischen Reformation. Freiburg 1935; C. TERRASSE: François Ier. Le roi et le règne, 3 Bde. Paris 1945–70; K.J. SEIDEL: Frankreich und die deutschen Protestanten 1534/35. Münster 1970; S. SKALWEIT: Die ‚affaire des placards' und ihr reformationsgeschichtlicher Hintergrund: Gestalten und Probleme der frühen Neuzeit. Berlin 1987, 44–63.   *Stephan Skalweit*
▪ Nachtrag: G. TREFFER: F. I. von Frankreich. Regensburg 1993; J. JACQUARD: François Ier. Paris 1994; F.M. HIGMAN: De l'affaire des placards aux Nicodemites. Le mouvement évangelique français sous François Ier: Etudes théologiques et religieuses 70 (1995) 359–366; G. GADOFFRE: La révolution culturelle dans la France des humanistes. Guillaume Budé et François Ier. Genf 1997.

Frecht (Frächt, Frech[t]us, Phrecht), *Martin,* Theologieprofessor, Reformator Ulms, * 1494 Ulm, † 14.9.1566 Tübingen; ab 1514 Studium in Heidelberg, Magister artium 1517, Lizentiat der Theologie spätestens 1529, Dekan 1524 und 1526/27, 1525 und 1530/31 Rektor der Universität, 1529–31 Lektor der Heiligen Schrift in Heidelberg, 1531–48 in Ulm, dort 1537 „Obrister Predicant", somit verantwortlich für den Aufbau des Kirchenwesens. Trotz Konflikten mit dem autoritären Kirchenregiment des Stadtrates und Berufungen als Pfarrer oder Professor in die Schweiz, nach Tübingen oder Heidelberg blieb F. in Ulm. Die konfessionell offene Lage erzwang: 1535 Kolloquium mit Ambrosisus ⁄Blarer und Martin ⁄Bucer in Tübingen über Kaspar von ⁄Schwenckfeld, 1536 Bemühen um die Anerkennung der ⁄Wittenberger Konkordie durch die Stadt, 1539 Religionsgespräch zwischen F. und Schwenckfeld vor versammeltem Rat, 1543 u.a. zwischen F. und Erzbischof Gasparo d'Avalos von Santiago de Compostela und Pedro de ⁄Soto über Bilderfrage (⁄Kunst und Reformation), Zeremonien, Autorität des Papstes und Position des ⁄Erasmus von Rotterdam. Offizieller Repräsentant Ulms und Berater u.a. bei den Religionsgesprächen in ⁄Hagenau und ⁄Worms 1540, ⁄Regensburg 1541, 1546. Im Zuge des ⁄Augsburger Interims aus Ulm verbannt, ab November 1550 in württembergischen Kirchendienst (Leiter des Tübinger Stifts, ab Juni 1552 Professor an der theologischen Fakultät in Tübingen, 1555/56 Rektor der Universität). – Seit 1518 (Heidelberger Disputation) mit Martin Luthers Gedanken vertraut, stand er im ⁄Abendmahlsstreit auf der Seite von Andreas ⁄Karlstadt, Bucer und Johannes ⁄Oekolampad gegen Luther und Johannes ⁄Brenz. Als Irenicker bedrückte ihn die wachsende Verhärtung der theologischen Positionen. Umfangreiche Korrespondenz (v.a. mit Bucer und Blarer); seine Schriften (Bibelkommentare, Predigten, Vorlesungen, Gutachten) sind kaum veröffentlicht, die verstreuten Handschriften bedürfen der Edition. Als Historiker bekannt durch die Sammlung von Chroniken zur deutschen Geschichte des 10. bis 15. Jh. (Witichindi Saxonis Rerum Ab Henrico Et Ottone I. Impp. Gestarum Libri III. Basel 1532).

▪ Literatur: NDB 5, 384; DHGE 18, 1137f.; TRE 11, 482ff. – W.-U. DEETJEN: Licentiat M.F., Professor und Prädikant (1494–1556): Die Einführung der Reformation in Ulm, hg. v. H.E. SPECKER – G. WEIG. Ulm 1981, 269–321.

Barbara Henze

Friedrich III. von der Pfalz („der Fromme"), * 14.2.1515 Simmern, † 26.10.1576 Heidelberg; 1557 Pfalzgraf von Simmern, 1559 Kurfürst von der Pfalz. Nachdem ihn zu-

FRIEDRICH III.

nächst seine Gattin Maria von Brandenburg-Ansbach für das Luthertum gewonnen hatte, wandte sich F. in reiferen Jahren aufgrund persönlichen Bibelstudiums dem ⁄ Calvinismus zu und entschloss sich, diesen in seinem Kurfürstentum einzuführen. Er berief bedeutende Theologen nach Heidelberg (Caspar ⁄ Olevian, Zacharias ⁄ Ursinus, Thomas ⁄ Erastus). Um seine Landeskirche nach reformierten Leitgedanken umzugestalten, trat F. – und auch Olevian – in Briefwechsel mit Jean Calvin. Er schuf zur Überwachung seiner Landeskirche den so genannten Kirchenrat (der sich nicht bewährte) und veranlasste Olevian und Ursinus, den ⁄ Heidelberger Katechismus abzufassen. Dieser erhielt den Charakter eines Bekenntnisbuchs des Calvinismus und wurde von den Calvinisten in den germanischsprachigen Regionen Europas als ein Grundlehrbuch zur Einübung in das reformierte Glaubensverständnis bevorzugt verwendet. F. machte die Universität Heidelberg zur bedeutendsten Lehranstalt des Calvinismus in Deutschland. Auf der Ebene der Reichspolitik entwickelte sich F. zum entschiedensten Gegenspieler des Kaisers und der katholischen Reichsfürsten, wurde aber auch zum Gegenspieler des reichspolitischen Führers der Protestanten, des lutherischen Kurfürsten von Sachsen, und trug somit nicht unerheblich dazu bei, den an sich starken deutschen Protestantismus in den reichspolitischen Auseinandersetzungen zu schwächen. In seinem Territorium ging er rigoros gegen Katholiken und Lutheraner vor, desgleichen gegen Täufer und Sektierer. In der Oberpfalz scheiterte seine Zwangskonfessionalisierungspolitik am Widerstand der dort betont lutherischen Landstände. Aus der rheinischen Pfalz wies er dagegen die lutherischen Pastoren, Theologen und Hochschullehrer aus.

▪ Literatur: NDB 5, 529–533; B. GEBHARDT: Handbuch der deutschen Geschichte, Bd. 2. Stuttgart ⁹1974, 235ff. – A. KLUCKHOHN (Hg.): Briefe F.s des Frommen, 2 Bde. Braunschweig 1867–72; M. RITTER: Deutsche Geschichte im Zeitalter der Gegenreformation und des Dreißigjährigen Krieges, 3 Bde. Suttgart 1889–1908 (umfassende, noch immer unentbehrliche Darstellung); R. LOSSEN: Die Glaubensspaltung in Kurpfalz: Freiburger Diözesan-Archiv 45 (1917) 208–310; J.B. GÖTZ: Die erste Einführung des Calvinismus in der Oberpfalz. Münster 1933; DERSELBE: Die religiösen Wirren in der Oberpfalz 1576–1620. ebd. 1937; A.A. VAN SCHELVEN: Der Generalstab des politischen Calvinismus in Zentraleuropa …: ARG 36 (1939) 123f.; F.H. SCHUBERT: pfälzische Exilregierung im Dreißigjährigen Krieg: Zeitschrift für die Geschichte des Oberrheins 102 (1954) 575–680; P. GÜSS: Das Verhalten der kurpfälzischen Regierung zum Täufertum. Stuttgart 1961; V. PRESS: Kriege und Krisen. Deutsche Geschichte 1600–1715. München 1991, 193–200.
Ernst Walter Zeeden

Friedrich III. von Sachsen („der Weise"), Kurfürst aus der ernestinischen Linie, * 14.1.1463 Torgau, † 5.5.1525 Lochau; Typ des rechtlich denkenden mittelalterlichen Landesfürsten, trat seit den Reichsreformbestrebungen Bertholds von Henneberg beharrlich für die halbsouveränen Rechte des Fürstenstandes ein. Gründete 1502 die Universität Wittenberg und übertrug den Augustinereremiten einige philosophische und theologische Lehrkanzeln. Seit 1517 Beschützer (nicht Anhänger) Martin Luthers: er widersetzte sich erfolgreich dessen Auslieferung nach Rom, betrieb dagegen ein Verhör Luthers durch den päpstlichen Legaten Thomas ⁄ Cajetan de Vio auf deutschem Boden (1518), setzte durch, dass Luther, bevor kirchliche Schritte gegen ihn unternommen wurden, sich zunächst vor dem Kaiser und den Reichsständen über seine Lehre äußern sollte (Worms 1521). Er bewahrte ihn nach Verhängung der Reichsacht vor möglichen Gefährdungen durch vorsorgliche Inhaftierung auf der kursächsischen Wartburg. F. war religiös durchaus konservativ (z. B. Reliquiensammlung in Wittenberg), verhinderte jedoch vorbeugend gerichtliche oder reichspolitische Schritte gegen Luther aus Gewissenhaftigkeit und Rechtlichkeit. Praktisch ließ er Luther weithin gewähren und förderte dadurch indirekt die Ausbreitung der Reformation ganz entscheidend. F. hielt bis 1524 den katholischen Gottesdienst am Allerheiligenstift (der „Schlosskirche") in Wittenberg aufrecht; vor seinem Tod empfing er das Abendmahl unter beiderlei Gestalt. Sein Lebensgang und sein kirchenpolitisches Verhalten erweisen, dass spätmittelalterliche Frömmigkeit und Aufgeschlossenheit für Reformen verhältnismäßig mühelos in die reformatorische Bewegung Luthers einzumünden vermochten.

■ Literatur: NDB 5, 568–572; TRE 11, 666–669. – P. MÜNCH: F. der Weise als Landesfürst. Dissertation. Jena 1922; P. KIRN: F. der Weise und die Kirche. Leipzig 1926; I. HÖSS: Georg Spalatin. Weimar 1956; I. LUDOPHY: F. der Weise, Kurfürst von Sachsen. Göttingen 1984. *Ernst Walter Zeeden*
■ Nachtrag: RGG⁴ 3, 380. – M. SCHULZE: F. der Weise. Politik und Reformation: Relationen. FS K.-H. zur Mühlen. Münster 2000, 335–355.

Frith, *John,* englischer protestantischer Theologe, Martyrer, * um 1503 Westerham, † 4.7.1533 Smithfield; Studien in Eton und Cambridge. 1525 kam F. durch Kardinal Thomas ∕Wolsey nach Oxford, wo er 1528 wegen Häresie ins Gefängnis kam; Flucht nach Marburg; Mithilfe bei William ∕Tyndales Bibelübersetzung; 1532 bei der Rückkehr verhaftet; wegen seiner u. a. von Thomas ∕More bekämpften Eucharistielehre hingerichtet.

■ Werke: The Whole Works of W. Tyndale, J.F. and Dr Barnes, hg. v. J. FOXE. London 1573, Neuausgabe London 1831; The Work of J.F., hg. v. N.T. WRIGHT. Oxford 1983.
■ Literatur: RE 6, 286–289; DNB 20, 278ff.; The Oxford Dictionary of the Christian Church. London ²1974, 539.
■ Nachtrag: RGG⁴ 3, 384. *Wolfgang Palaver*

Fritzhans (Fritzehans), *Johann,* zeitweilig Franziskanerobservant * Frauenreuth, † 1540 Magdeburg; verteidigte als Mitglied des Konvents in Leipzig 1520 seinen Lehrer Augustin von ∕Alveldt gegen Johannes Feldkirch (Bernhardi) († 1534) und Andreas ∕Karlstadt; im Konvent in Magdeburg schloss er sich der Reformation an und verließ 1523 das Kloster, 1524 lutherischer Pfarrer in Magdeburg, am Aufbau des Kirchenwesens wesentlich beteiligt, schrieb 1526/27 mit Eberhard Weidensee († 1547) gegen den Prior des Dominikanerklosters Johannes ∕Mensing.

■ Werke: VD 16 7, F 3032–47.
■ Literatur: NDB 5, 635; DHGE 19, 1197; BBKL 2, 133f. – H. SMOLINSKY: Augustin von Alveldt und Hieronymus Emser. Münster 1983, 58–61 72–78. *Barbara Henze*

Frundsberg, *Georg von,* Herr der Herrschaft Mindelheim (Unterallgäu), * 24.9.(?) 1473 Mindelburg, † 20.8. 1528 ebenda; Sohn des aus Tiroler Adel stammenden Feldhauptmanns Ulrich von F. (seit 1467 Stadtherr von Mindelheim). F. stand seit 1492 im Dienst des Schwäbischen Bundes und der Kaiser Maximilian I. und ∕Karl V. Sein maßgeblicher Anteil an den Siegen von Bicocca (1522) und Pavia (1525) durch die von ihm ausgerüsteten und geführten Landsknechtstruppen machten ihn zum Volkshelden.

Ist die Begegnung mit Martin Luther auf dem Reichstag zu Worms 1521 wahrscheinlich ungeschichtlich, so sympathisierte F. doch zwischen 1522 und 1526 mit der Reformation. 1523 schickte er seinen Sohn Melchior auf die Universität Wittenberg und gestattete dem früheren Ortspfarrer Johannes ∕Wanner, seit 1521 zwinglianischer Geistlicher in Konstanz, in Mindelheim zu predigen. Dies geschah wohl unter dem Einfluss seiner zweiten Gattin Anna von Lodron, die der neuen Lehre zugeneigt war. Einen Übertritt zum Augsburger Bekenntnis aber nahm F. nicht vor. Seinen Kampf gegen ∕Clemens VII. und Rom führte F. als kaiserlicher Feldherr, doch versöhnte er sich während seiner tödlichen Krankheit in Ferrara (1527/28) mit dem Papst.

■ Literatur: LMA 4, 1001; Handbuch der bayerischen Kirchengeschichte, hg. v. W. BRANDMÜLLER, Bd. 2. St. Ottilien 1993, 93. – R. BAUMANN: G. von F., der Vater der Landsknechte und Feldhauptmann von Tirol. München ²1991. *Peter Rummel*

Fugger, eines der neben den Welsern und Höchstettern führenden Augsburger Handelshäuser, das in der Wirtschafts- wie in der Kirchen- und Kulturgeschichte des 16. Jh. Bedeutung erlangte. Nach Anfängen in Weberhandwerk und Textilhandel gründete die frühmoderne Kapitalkraft der F. in den Münz- und Montanwerten Silber, Kupfer und Quecksilber sowie in Finanz- und Bankgeschäften. Weltgeschichtliche Bedeutung erlangten die Firmenchefs (Regierer) Jakob der Reiche (1459–1525) und Anton (1493–1560). Die F. übten unter den Kaisern Maximilian I. und ∕Karl V., dessen Wahlkosten und Kriege sie vorfinanzierten, eine Art geldbeschaffender Hoffaktorenstellung aus und unterhielten ein europäisches Faktoreien- und Informationsnetz. Sie folgten den Habsburgern hauptsächlich nach Spanien und übernahmen mit der Maestrazgopacht die Ausbeutung der Herrschaften der ehemaligen spanischen Ritterorden, besonders des Quecksilbers von Almadén. Der Rückzug auf schwäbische Schlösser und Herrschaften, Bodenwerte und Waldbesitz sicherte den Fortbestand des aristokratisierten Hauses bis heute.

Kirchengeschichtlich gerieten die F. durch ihre 1495 gegründete römische Bank, die technische Hilfestellung bei der Ablassabwicklung und insbesondere durch die Wucher- und Monopoldebatte im Reich in Gegensatz zur Wittenberger Reformation. Während Johannes ∕Eck mit Blick nach Augsburg das frühmoderne Kreditsystem theologisch legitimierte und Conrad ∕Peutinger den Nutzen der Handelsgesellschaften politisch verteidigte, griff Martin Luther die „verdammte Fuckerei" mit biblischen und volkstümlichen Argumenten scharf an. Die Frömmigkeit der F. hielt sich hingegen an Augsburger Pfarreireformen, an caritative Stiftungen wie die bis heute von der Familie getragene Sozialsiedlung Fuggerei und an künstlerische Aufträge wie die erste deutsche Renaissancekirche, die F.-Kapelle bei St. Anna in Augsburg. Nach humanistisch-reichsstädtischer Zurückhaltung förderten die F. (mit Ausnahme des evangelischen Ulrich II. des Jüngeren, 1526–84) die Gegenreformation, insbesondere Petrus ∕Canisius und das 1581 gegründete Jesuitenkolleg. Marx F. (Regierer 1560–97) übersetzte einen Band der Kirchengeschichte von Caesar Baronius. Die F. stellten auch einen Ligageneral (Ottheinrich, 1592–1644), einen Konstanzer (Jakob, 1567–1626) und zwei Regensburger Bischöfe (Sigmund Friedrich, 1542–1600, und

Anton Ignaz, 1711-87). Nachhaltig wirkte die Förderung der Renaissancemusik, der bildenden Kunst und der Wissenschaften.

▪ Literatur: Fuggerorum et Fuggerarum Imagines. Augsburg 1618; F.-Archiv Dillingen und Studien zur F.-Geschichte, bisher 36 Bde. Dillingen 1907ff.; G. VON PÖLNITZ: Jakob F., 2 Bde. Tübingen 1949-51; N. LIEB: Die F. und die Kunst, 2 Bde. München 1952-58; G. VON PÖLNITZ: Anton F., 3 Bde. Tübingen 1958-1986; G. LUTZ: Marx F. und die Annales Ecclesiastici des Baronius: Baronico Storico e la Controriforma. Sora 1982, 423-545; G. VON PÖLNITZ: Die F. Tübingen ⁵1990; H. KELLENBENZ: Die F. in Spanien und Portugal, 2 Bde. München 1990; B. BUSHART: Die F.-Kapelle bei St. Anna in Augsburg. ebd. 1994; Anton F. (1493-1560). Das 500jährige Jubiläum, hg. v. J. BURKHARDT. Weißenhorn 1994.

Johannes Burkhardt

▪ Nachtrag: F. THOMA: Jakob F.: Bayerische Profile, hg. v. P. GAUWEILER. München 1995, 27-47; Augsburger Handelshäuser im Wandel des historischen Urteils, hg. v. J. BURKHARDT. Berlin 1996 (mehrere Beiträge).

Fundamentalartikel. Die Rede von den F. taucht erstmals im protestantischen Bereich des 16. Jh. auf, hat jedoch sachliche Entsprechungen bei katholischen Theologen aus dieser Zeit und im Übrigen deutliche Wurzeln in der katholischen Tradition. Die ersten Ausführungen dazu im Protestantismus werden gleichermaßen für Jacobus ∕ Acontius (Stratagemata Satanae, 1565), Matthias Hafenreffer (Loci theologici, 1600) oder Jean Calvin (Institutio, 1556) reklamiert; auch in den „Loci theologici" des Johann Gerhard (1610-1622) sieht man die Anfänge der Lehre von den Fundamentalartikeln.

Sachlich geht es um eine Differenzierung innerhalb der Glaubenslehre als Ganzer: Nicht allen „Artikeln" oder „Einzellehren" komme dort derselbe Stellenwert zu. Hatte schon die Scholastik gelehrt, dass der kirchengebundene Glaube einfacher Menschen an der Ganzheit des Glaubens Anteil habe („Fides implicita"), so nahmen auch die Theologen des 16. Jh. einen Grundbestand im Glauben an, der das Heilsnotwendige einschließt. Dabei steht die soteriologische Perspektive im Vordergrund: Zu seinem Heil braucht der Christ nicht alle Glaubenswahrheiten zu kennen oder gar ausdrücklich zu bekennen. Jedoch spielt, wie schon in den Jahrhunderten zuvor, auch die Überzeugung von einem inneren Gefüge des Glaubens eine Rolle, welches es nicht nur zulässt, sondern sogar nötig macht, die mehr oder größere Zentrierung auf die Mitte – letztlich Gott in Jesus Christus – aufzuzeigen. Vor allem aber geht es in der Reformationszeit und danach darum, durch Hinweis auf die F. auf der einen Seite zu sichern, dass die Grundwahrheiten des Glaubens („articuli fidei fundamentales") in der je eigenen Konfession gewahrt sind, auf der anderen Seite aufzuzeigen, dass damit sogar eine Basis für die Einigung der Christenheit gegeben ist. Damit wird die Frage nach der Einheit der Kirche zu einem leitenden Prinzip bei der Entfaltung dieser Lehre, zunächst unter rein apologetischen, später dann unter im eigentlichen Sinn ökumenischen Gesichtspunkten.

▪ LThK³ 4, 223 (ungekürzte Fassung).
▪ Literatur: H. MEYER: Überlegungen zum Gedanken und zur Lehre von den ‚F.': In Verantwortung für den Glauben. FS H. Fries. Freiburg 1992, 267-277. *Harald Wagner*
▪ Nachtrag: RGG⁴ 3, 412ff.

Gallus (Gall, Hahn), *Nikolaus*, lutherischer Theologe, Reformator von Regensburg, * 1516 Köthen (Anhalt), † 1570 Bad Liebenzell; seit 1530 Studium in Wittenberg, 1537 Magister artium, 1540 Leiter der Stadtschule in Mansfeld, 1543-48 Diakon in Regensburg, musste wegen des /Augsburger Interims die Stadt verlassen und wurde in der Zwischenzeit in Magdeburg Parteigänger von Matthias /Flacius. Seit 1553 als Superintendent in Regensburg, unterstützte G. den Protestantismus in den habsburgischen Ländern. Als /Gnesiolutheraner wandte er sich gegen Philipp Melanchthon und die Philippisten, Georg Major, das Interim (/Adiaphoristenstreit) und die Teilnahme an der dritten Konzilsperiode von Trient.

■ Werke: VD 16 7, G 250–317.
■ Literatur: NDB 6, 55f.; DHGE 19, 900f.; TRE 12, 21ff. – H. VOGT: N.G. Neustadt (Aisch) 1977; R. KOLB: The German Lutheran Reaction to the Third Period of the Council of Trent: Luther-Jahrbuch 51 (1984) 63–95.

Barbara Henze

■ Nachtrag: P. SCHMID: N.G.: der Organisator der lutherischen Gemeinde Regensburg: Berühmte Regensburger, hg. v. K. DIETZ– G.H. WALDHERR. Regensburg 1997, 132–141; R. KOLB: N.G.'s critique of Philip Melanchthon's teaching on the freedom of the will: ARG 91 (2000) 87–110.

Gardiner, *Stephen,* Kanonist und Gräzist, * um 1483, † 12.11.1555 Whitehall; seit 1525 an der Universität Cambridge; 1531 Bischof von Winchester; im Sinne /Heinrichs VIII. trat G. für die königliche Suprematie über die Kirche ein (*De vera obedientia,* 1535); wegen Ablehnung des Protestantismus unter /Eduard VI. im Gefängnis; unter Königin /Maria I. Lordkanzler und an Aussöhnungsbemühungen mit Rom beteiligt.

■ Werke: Three Political Tracts by S.G., hg. v. P. JANELLE. Cambridge 1930, Neudruck New York 1968; The Letters of S.G., hg. v. J.A. MULLER. Cambridge 1933, Neudruck Westport 1970.
■ Literatur: The Oxford Dictionary of the Christian Church. London ²1974, 549. – J.A. MULLER: S.G. and the Tudor Reaction. London 1926, Nachdruck New York 1970; G.

REDWORTH: In Defence of the Church Catholic. The Life of S.G. Oxford 1990.

Wolfgang Palaver

Gebwiler, *Hieronymus,* Humanist, Schulreformer, Historiker. * 1473 Kaysersberg, † 21.6.1545 Hagenau, Studium in Basel und Paris (Magister artium 1495), in entscheidenden Jahrzehnten Leiter herausragender Schulen am Oberrhein: 1498–1501 Breisach, 1501–09 Schlettstadt, 1509–1524 Domschule Straßburg, seit 1525 St.-Georgsschule Hagenau; Freund Johann /Geilers von Kaysersberg und Jakob /Wimpfelings, Herausgeber antiker und zeitgenössischer Werke für die Schule, elsässisch und insbesondere habsburgisch orientierter Historiker, antireformatorischer Publizist und Übersetzer des /Erasmus von Rotterdam.

■ Werke: Die Straßburger Chronik des elsässischen Humanisten H.G., hg. v. K. STENZEL. Berlin–Leipzig 1926. – *Verzeichnis:* F. RITTER: Répertoire bibliographique des livres imprimés en Alsace aux XVe et XVIe siècles. Straßburg 1937–60, Bd. 2 n. 940–945, Bd. 4 n. 1823–31; VD 16 7, G 593–604.
■ Literatur: ADB 8, 846f.; DHGE 20, 235f.; CERAS 2, 81f.; Literaturlexikon. Autoren und Werke deutscher Sprache, hg. v. W. KILLY, Bd. 4. Gütersloh–München 1989, 94f.; BDG n. 6938–6942; Nouveau Dictionnaire de biographie alsacienne, Bd. 2. Straßburg 1987, 1132f. – CH. SCHMIDT: Histoire littéraire d'Alsace, Bd. 2. Paris 1879, Nachdruck Hildesheim 1966, 159–173 407–411; J. KNEPPER: Jakob Wimpfeling. Freiburg 1902; DERSELBE: Das Schul- und Unterrichtswesen im Elsaß. Straßburg 1905; Die Amerbachkorrespondenz, hg. v. A. HARTMANN, Bd. 1. Basel 1942; E. KLEINSCHMIDT: Herrscherdarstellung. Bern–München 1974; H. HOLECZEK: Erasmus deutsch, Bd. 1. Stuttgart-Bad Cannstatt 1983; Jakob Wimpfeling, Briefwechsel, hg. v. O. HERDING–D. MERTENS. München 1990.

Dieter Mertens

Gegenreformation. 1. Der *Begriff* G. begegnet zum ersten Mal 1776 bei dem Göttinger Juristen Johann S. Pütter, der zwischen „evangelischer Reformation" und „catholischen G.en" unterschied. Zunächst wurde der Begriff im Plural für Einzelaktionen gebraucht und meinte die gewaltsame Zurückführung protestantisch gewordener Gebiete zur katholischen Religion. Bei Leopold von Ranke erscheint der Begriff als Epochenbezeichnung in seiner „Deutschen Geschichte im Zeitalter der Reformation" (5 Bde. Berlin 1839–1847); auf das Zeitalter der ∕Reformation ließ er das der G. folgen. Moritz Ritters „Deutsche Geschichte im Zeitalter der G. und des Dreißigjährigen Krieges (1555–1648)" (3 Bde. Stuttgart 1889–1907) trug wesentlich zur Einbürgerung des Begriffs bei. Auch in andere europäische Sprachen (z. B. italienisch „controriforma") fand das Wort Eingang. Wilhelm Maurenbrecher stellte als Wurzeln der G. eine Reihe von katholischen Reformbewegungen vor der Reformation fest und schuf den Begriff „Katholische Reformation" (Geschichte der katholischen Reformation, Bd. 1. Nördlingen 1880; ∕Katholische Reform). Hubert Jedin ordnete die beiden Begriffe einander zu: „Die katholische Reform ist die Selbstbesinnung der Kirche auf das katholische Lebensideal durch innere Erneuerung, die G. ist die Selbstbehauptung der Kirche im Kampf gegen den Protestantismus" (Katholische Reformation oder G.? 38). Jedins Wesensbestimmung wurde weithin akzeptiert, begegnete allerdings auch der Kritik des einseitig innerkirchlichen Blickwinkels (Karl Eder).

In den letzten Jahren geriet der Begriff G. neu in die Diskussion. Es wird nun eine zeitliche Folge von Reformation und G. sowie ein inhaltlicher Gegensatz beider abgelehnt (Reinhard: CHR). Beide entsprangen nach dieser Sicht vielmehr einer gemeinsamen Wurzel. Seit dem späteren Mittelalter tauchten immer wieder kirchliche Reformbestrebungen auf. Sowohl die evangelische Bewegung Martin Luthers und der übrigen Reformatoren wie auch die Reformbewegungen im altkirchlich-katholischen Raum sind Teil dieser Kette von Reformbestrebungen. Die evangelische Bewegung im protestantischen Raum wie auch die katholischen Reformbewegungen münden dann jedoch in den Prozess der ∕Konfessionalisierung ein. Damit erhält die katholische Reform eine neue Qualität. Sie ist nun z. T. stark konfessionalistisch ausgerichtet, d. h. geprägt von einer Tendenz der Abgrenzung gegenüber den protestantischen Konfessionen. Die so genannten „gegenreformatorischen Aktionen" sind folglich innerhalb des Konfessionalisierungsprozesses zu sehen. Daher hat der Begriff G. eigentlich seine Bedeutung verloren.

In der neueren italienischen Geschichtsschreibung ist der Begriff „controriforma" weit verbreitet. Sie sieht darin v. a. Maßnahmen bzw. die Mentalität eines intransigenten Flügels der katholischen Reform, der, wie die Inquisition und die Päpste ∕Paul IV. und ∕Pius V. mit Abgrenzungen und Repressalien nicht nur gegen protestantische Gruppierungen, sondern auch gegen eine offenere, z. T. von humanistischem Gedankengut oder einem theologischen Augustinismus beeinflusste Richtung der katholischen Reform vorging (etwa gegen Gasparo ∕Contarini, Reginald ∕Pole, Giovanni ∕Morone sowie die Spirituali und den ∕Evangelismus allgemein). In der Tat vollzog sich im theologischen Bereich im Zuge der Abgrenzung gegenüber den Protestanten eine gewisse Verengung im Vergleich zur

GEGENREFORMATION

theologischen Vielfalt des späteren Mittelalters.
2. *Merkmale.* Ein entscheidendes Moment der G. ist – wie bei /Luthertum und /Calvinismus – die Bedeutung der Obrigkeit. Sie nimmt nun das Kirchenwesen (und zwar im katholischen wie im protestantischen Bereich) viel stärker in den Griff als dies beim spätmittelalterlichen landesherrlichen Kirchenregiment der Fall war. Zu nennen sind hier insbesondere die Habsburger und Wittelsbacher, aber auch die französischen Könige. Selbst die Frömmigkeit des Herrscherhauses wird maßgebend für das Territorium (Pietas Austriaca und Pietas Bavarica). Manche Herrscher betreiben eine dynastische Bistumspolitik, am hervorstechendsten die Wittelsbacher (/Ernst von Bayern und die anschließende Ausbildung einer Sekundogenitur in Köln). Gegenreformatorische Maßnahmen der Bischöfe waren meist nur dort möglich, wo sie auch Landesherren waren. Das Papsttum trat gegenüber der gegenreformatorischen Politik der Landesfürsten zurück. Zur Durchsetzung der eigenen Konfession wurden politische, militärische und rechtliche Mittel eingesetzt (vgl. Kölnischer Krieg). Dabei zeigen sich auch Tendenzen, die Vormacht der Stände zurückzudrängen (Österreich, Frankreich). Die reichsrechtliche Grundlage gegenreformatorischer Maßnahmen bildete der /Augsburger Religionsfriede von 1555.

Bedeutende Träger gegenreformatorischer Aktivitäten waren neben den Landesherren und den Bischöfen die neuen Orden der Kapuziner und besonders der Jesuiten. Erstere übten überwiegend seelsorgerliche Tätigkeiten aus, die Jesuiten waren neben der Seelsorge stark im Bildungswesen engagiert (Universitäten, Kollegien). Das Bildungs- und Schulwesen erlebte in der G. einen großen Aufschwung: Viele neue Universitäten wurden errichtet und Kollegien gegründet, besonders unter Leitung der Jesuiten. Der konfessionellen Propaganda diente auch das Jesuitentheater in deren Kollegien.

In der Seelsorge und Frömmigkeit erhielt die Predigt ein besonderes Gewicht. Wallfahrten und Prozessionen wurden neu belebt, oft als Demonstration gegen die Protestanten. Überhaupt wurden Frömmigkeitsformen, die von protestantischer Seite abgelehnt wurden, nun stark betont, wie etwa die eucharistische Frömmigkeit. Die Beichte erfuhr einen Aufschwung. Die /Heiligenverehrung wurde intensiviert (z. B. durch Karl /Borromäus als Erzbischof von Mailand).

Medien der Verbreitung gegenreformatorischer Geistigkeit waren Katechismen (in Deutschland besonders der des Petrus /Canisius) und eine spezifische Literatur: Theologische Traktate, Andachts- und Erbauungsbücher, geistliche Erzählliteratur. Im liturgischen Bereich hatten die Kirchenlieder z. T. eine propagandistische Funktion. Als Instrument zur Überwachung der Lektüre entwickelte sich der „Index librorum prohibitorum" (erster Index von Paul IV. 1559, tridentinischer Index von /Pius IV. 1564, 1571 Index-Kongregation). Der allgemeinen Überwachung des Glaubens und der Verfolgung von Abweichlern diente die Inquisition, deren zentrale römische Behörde 1542 errichtet wurde (Gianpietro Carafa, später Papst Paul IV.) und die z. T. mit schärfsten Mitteln vorging (zahlreiche Hinrichtungen). Während früher die G. insgesamt als reaktionär und rückwärts gewandt angesehen wurde im Gegensatz zum modernen Protestantismus, wird heute ihr unbeabsichtigter Beitrag zur Modernisierung des sozialen, gesellschaftlichen und politischen Lebens sowie der Bildung (Jesuitenpädagogik) in Konkurrenz mit den anderen Konfessionen erkannt (Reinhard: ARG).

3. *Phasen der Gegenreformation.* Erste politische und rechtliche Maßnahmen gegen die reformatorische Bewegung erfolgten bereits durch das Wormser Edikt (1521). Später bildeten sich auf katholischer wie reformatorischer Seite politische konfessionelle Bündnisse (/Regensburger, /Dessauer Bündnis [katholisch], Gotha-Torgauer Bündnis, /Schmalkaldischer Bund [protestantisch]). Die religiösen Auseinandersetzungen in der Schweiz führten 1531 zum Zweiten Kappeler Krieg. Eine weitere Etappe der kriegerischen Auseinandersetzungen war der Schmalkaldische Krieg 1546/47.

Die im Augsburger Religionsfrieden eröffneten reichsrechtlichen Möglichkeiten zur G. wurden in den letzten Jahrzehnten des 16. und zu Beginn des 17. Jh. in verstärktem Maß ausgenutzt. Eine entsprechende militante Politik deutscher Protestanten unter pfälzischer Führung ließ Kaiser und Stände stärker zusammenhalten. Ferdinand II. verfolgte einen scharfen gegenreformatorischen Kurs. In Frankreich kam es zu den ersten grausamen Verfolgungen der /Hugenotten, zu heftigen Kämpfen auch in den spanischen Niederlanden. Die Könige von Polen und die Habsburger als Könige von Ungarn gingen gegen die protestantischen Kräfte vor.

Einhergehend mit den politischen Aktionen, verstärkte sich im religiösen Bereich in der Zeit nach dem Tridentinum eine gegenreformatorische Mentalität: theologische Vereinheitlichung (Aufschwung der Scholastik), Vorgehen gegen Abweichler, Kontrolle und Disziplinierung des kirchlichen Lebens. Damit verbunden waren allerdings starke Reformimpulse: Verbesserung der Seelsorge, Schaffung eines fähigeren Klerus (Gründung zahlreicher theologischer Fakultäten, Priesterseminare und Kollegien), was allerdings auch mit der allgemeinen zeitgenössischen Hebung des Bildungsniveaus zusammenhing. Zahlreiche tridentinische Reformforderungen scheiterten jedoch in Deutschland an der Institution der Reichskirche (Bischöfe als Reichsfürsten, Adelsmonopol der Domkapitel).

4. *Beurteilung.* Die G. darf nicht isoliert, sondern muss innerhalb des Prozesses der /Konfessionalisierung gesehen werden. Ihre Bewertung ist ambivalent. Auf der einen Seite trägt sie in sozialer, gesellschaftlicher, politischer und bildungsmäßiger Hinsicht sicher zur Modernisierung des frühneuzeitlichen Staates bei. Mit ihr einhergehend werden der kirchlichen Erneuerung im katholischen Bereich wertvolle und dauerhafte Impulse gegeben. Auf der anderen Seite brachte sie auf kirchlich-theologischem Gebiet, bedingt durch die Abgrenzungstendenzen, in mancher Hinsicht eine konfessionalistische Verengung. Indem die G. tatkräftig von der Staatsgewalt unterstützt war, trug sie auch stark zur Befestigung des Staatskirchentums der katholischen Monarchien des 17. und 18. Jh. bei.

▪ Literatur: TRZRK. – H. JEDIN: Katholische Reformation oder G.? Luzern 1946; K. EDER: Die Kirche im Zeitalter des konfessionellen Absolutismus (1555–1648). Freiburg 1949; D. CANTIMORI: Italien. Häretiker der Spätrenaissance. Basel 1949; M. HECKEL: Autonomia et Pacis Compositio. Der Augsburger Religionsfriede in der Deutung der G.: ZSRG.K 76 (1959) 141–248; R. GARCIA VILLOSLADA: La contrareforma. Su nombre y su concepto histórico: Miscellanea historiae pontificiae 21 (1959) 189–242; B. STASI-EWSKI: Reformation und G. in Polen. Münster 1960; E. HASSINGER: Das Werden des neuzeitlichen Europa 1300–1600. Braunschweig ²1966; H.O. EVENETT: The Spirit of the Counter-Reformation, hg. v. J. BOSSY. Cambridge 1968; A. PROSPERI: Tra Evangelismo e Controriforma: G.M. Giberti. Rom 1969; E.W. ZEEDEN: Das Zeitalter der Glaubenskämpfe (1555–1648): B. GEBHARDT: Handbuch der deutschen Geschichte, Bd. 2. Stuttgart ⁹1970, 118–239; W. REINHARD: Katholische Reform und G. in der Kölner Nuntiatur 1584–1621: RQ 66 (1971) 8–65; E.W. ZEEDEN (Hg.): G. Darmstadt 1973; K.D. SCHMIDT: Die Katholische Reform und die G. Göttingen 1975; J. DELUMEAU: Rome au XVIᵉ siècle. Paris 1975; W. BRÜCKNER: Geistliche Erzählliteratur der G. im Rheinland: Rheinische Vierteljahrsblätter 40 (1976) 150–169; W. REINHARD: G. als Modernisierung?: ARG 68 (1977) 226–252; E.W. ZEEDEN: Das Zeitalter der G. München 1979; J.M. VALENTIN (Hg.): G. und Literatur. Amsterdam 1979; K. BRANDI: Deutsche Geschichte im Zeitalter der Reformation und G. Frankfurt (Main) ⁵1979; R. BIRLEY: Religion and Politics in the Age of the Counterreformation. Chapel Hill 1981; D.-R. MOSER: Verkündigung durch Volksgesang. Studien zur Liedpropaganda und -katechese der G. Berlin–München 1981; A.D. WRIGHT: The Counter-Reformation. London 1982; A. CORETH: Pietas Austriaca. Österreichische Frömmigkeit im Barock. Wien ²1982; M. HECKEL: Deutschland im konfessionellen Zeitalter. Göttingen 1983; Kirche und Visitation, hg. v. E.W. ZEEDEN P.TH. LANG. Stuttgart 1984; Forme di disciplinamento sociale nella prima età moderna. Bologna 1984; W. REINHARD: Reformation, Counter-Reformation, and the Early Modern State: CHR 75 (1989) 383–404; W. SEIBRICH: G. als Restauration. Die staurativen Bemühungen der alten Orden im Deutschen Reich von 1580–1648. Münster 1991; M. FIRPO: Inquisizione Romana e Controriforma. Bologna 1992; H. LUTZ: Reformation und G. München ⁴1997.

Klaus Ganzer

■ Nachtrag: Historical dictionary of the reformation and counter-reformation. Lanham 2000. – M.D. JONES: The Counter Reformation. Cambridge 1995; R.P. HSIA: G. Die Welt der katholischen Erneuerung. Frankfurt (Main) 1998; R. BIRELEY: The Refashioning of Catholicism. Washington 1999; M.A. MULLETT: The Catholic Reformation. London 1999; A. HERZIG: Der Zwang zum wahren Glauben. Rekatholisierung vom 16. bis zum 18.Jh. Göttingen 2000; E. BONORA: La controriforma. Rom 2001. ∕Katholische Reform; ∕Konfessionalisierung.

Geiler von Kaysersberg

Geiler von Kaysersberg (G.), *Johannes*, Prediger, * 16.3. 1445 Schaffhausen, † 10.3.1510 Straßburg; Studium in Freiburg (Magister artium 1463/1464) und Basel (Doctor theologiae 1475), 1476 Theologieprofessor in Freiburg, 1478–1510 Münsterprediger in Straßburg. Alle seine erhaltenen Werke entstammen der Zeit als Prediger. Nur wenige, v.a. seine Übersetzung Johannes Gersons, hat er selbst veröffentlicht. Die großen Predigtsammlungen, Höhepunkt der spätmittelalterlichen Predigtliteratur, wurden von anderen, z.T. nach G.s lateinischen Aufzeichnungen (von Jakob ∕Otter u.a.), z.T. nach deutschen Hörermitschriften (von Johannes Pauli u.a.), zwischen 1508 und 1522 – also zeitversetzt, doch vor der Einführung der Reformation in Straßburg – im Druck publiziert. Gerson folgend, tritt G. für eine primär auf Weltklerus und Bischöfe gegründete, von Unterweisung, Synoden und Visitationen geprägte Kirchenreform ein; mit seinen Mitstreitern Jakob ∕Wimpfeling, Sebastian ∕Brant u.a. verbindet ihn der ausgeprägte zeitkritische, moralisch-pädagogische Impetus. ∕Paul IV. setzte 1559 die Werke auf den Index.

■ Werke: L. DACHEUX: Les plus anciens écrits de Geiler de Kaysersberg. Colmar 1882, deutsch Freiburg 1882, Nachdruck Amsterdam 1965; J.G., Sämtliche Werke, Bd. 1ff., hg. v. G. BAUER. Berlin 1989ff. – *Verzeichnis:* F. RITTER: Répertoire bibliographique des livres imprimés en Alsace aux XVᵉ et XVIᵉ siècles. Straßburg 1937–60, Bd. 1 n. 177, Bd. 2 n. 947–986, Bd. 3 n. 284–286, Bd. 4 n. 1010 1832–59); VD 16 7, G 712–826.

Literatur: ADB 8, 509–518; RGG³ 2, 1266f.; NDB 6, 150f.; DSP 6, 174–179; Die deutsche Literatur des Mittelalters. Verfasserlexikon, Bd. 2, hg. v. W. STAMMLER. Berlin– Leipzig 1936, 1141–52; DHGE 20, 251–256; TRE 12, 159–162; Literaturlexikon. Autoren und Werke in deutscher Sprache, hg. v. W. KILLY, Bd. 4. Gütersloh–München 1989, 100f.; LMA 4, 1174f.; Nouveau Dictionnaire de biographie alsacienne, Bd. 2. Straßburg 1987, 1136–39. – E.J. DEMPSEY DOUGLASS: Justification in Late Medieval Preaching. Leiden 1966; Jakob Wimpfeling/Beatus Rhenanus, Das Leben des J.G., hg. v. O. HERDING. München 1970; F. RAPP: Réformes et réformation à Strasbourg. Paris 1974; H. KRAUME: Die Gerson-Übersetzung G.s. München 1980; Jakob Wimpfeling, Briefwechsel, hg. v. O HERDING–D. MERTENS. ebd. 1990. *Dieter Mertens*

■ Nachtrag: RGG⁴ 3, 554. – U. ISRAEL: J.G. Der Straßburger Münsterprediger als Rechtsreformer. Berlin 1997.

Geistlicher Vorbehalt (GV) („reservatum ecclesiasticum"), Bestimmung des ∕Augsburger Religionsfriedens (Zeumer §18), dass in reichsunmittelbaren geistlichen Territorien der Regent beim Übertritt zum evangelischen Glauben der Regierung niederzulegen habe. Gleichzeitig durfte ein katholischer Kandidat zum neuen Territorialherrn gewählt werden. Zweck der Bestimmung war, die betreffenden geistlichen Herrschaften dem katholischen Glauben zu erhalten. Wie die meisten Bestimmungen des Religionsfriedens wurde der GV vorbehaltlich einer neuen Regelung erlassen. Er war nur unter Schwierigkeiten durchzubringen gewesen. Die Protestanten erlangten als Kompensation die „Declaratio Ferdinandea" (∕Ferdinand I.). In der folgenden Zeit stand der Kampf um den GV bis zum Ausbruch des Dreißigjährigen Krieges direkt oder indirekt im Mittelpunkt der Reichsgeschichte. Der GV ließ sich in den geistlichen Herrschaften Norddeutschlands zwischen Weser und Oder – ausgenommen Breslau und Hildesheim – und in einigen süd- und westmitteldeutschen Ländern (Hessen, Württemberg, Ansbach-Kulmbach) nicht durchsetzen, wurde jedoch für den Katholizismus im Rhein-Main-Gebiet, in Westfalen und Bayern eine bedeutende Stütze. Durch den Westfälischen Frieden (1648) erhielt er bis zum Ende des alten Reiches (1806) Rechtsgültigkeit für alle geistlichen Herrschaften, die im Normaljahr 1624 der katholischen Konfession angehörten (Ausnahmebestimmungen für Osnabrück). Die Streitigkeiten um den GV (u.a. Magdeburger Sessionsstreit, Straßburger Kapitelstreit, besonders Kölnischer Krieg) erschütterten erheblich das Reichsgefüge und gefährdeten das Funktionieren der Reichsverfassung.

■ Text: K. ZEUMER: Quellensammlung zur Geschichte der deutschen Reichsverfassung in Mittelalter und Neuzeit. Tübingen ²1913; Der Augsburger Religionsfriede, hg. v. K. BRANDI. Göttingen ²1927.

■ Literatur: M. RITTER: Deutsche Geschichte im Zeitalter der Gegenreformation und des Dreißigjährigen Krieges, 3 Bde. Stuttgart 1889–08, passim (beste Darstellung im Rahmen der Reichsgeschichte); M. HECKEL: Deutschland im konfessionellen Zeitalter. Göttingen 1983, besonders 72ff. 198ff.; H. RABE: Deutsche Geschichte 1500–1600. München 1991, 449–455.

Ernst Walter Zeeden

Genfer Katechismus (GK), 1541 von Jean Calvin verfasst, erschien 1542 in Französisch, 1545 in Latein mit einer neuen Widmung Calvins an die Pastoren Ostfrieslands. Er enthält 373 Fragen und Antworten in vier Hauptteilen: Vom Glauben (§§ 1–130), Vom Gesetz (§§ 131–232), Vom Gebet (§§ 233–295), Von den Sakramenten (§§ 296–373). 1548 wurde er weiter in 55 Kapitel unterteilt, damit das

Ganze in einem Jahr Woche für Woche durchgearbeitet werden konnte. Mit der Reihenfolge der ersten Hauptteile kehrte Calvin (hier Martin /Bucer folgend) die 1536 in der Erstfassung seiner „Institutio" von Martin Luther übernommene Folge von Gesetz und Glaube um: Hier bahnte sich die reformierte Betonung des „tertius usus legis" („usus in renatis") an, während im Luthertum der „usus primus" („usus elenchticus"; /Gesetz und Evangelium) den Vorrang behielt. Der Katechismus fand noch zu Calvins Lebzeiten weite Verbreitung durch Übersetzungen ins Italienische, Spanische, Griechische, Hebräische, Englische und Deutsche, konnte sich aber als der reformierte Katechismus überhaupt nur in frankophonen Gebieten behaupten. Immerhin gilt er als eine klassische reformierte /Bekenntnisschrift und ausgezeichnete Zusammenfassung der Lehre Calvins.

■ Ausgabe: Bekenntnisschriften und Kirchenordnungen der nach Gottes Wort reformierten Kirche, hg. v. W. NIESEL. Zürich ohne Jahr (³1938) (französisch); Calvini Opera Selecta, Bd. 2, hg. v. P. BARTH – W. NIESEL. München 1952, 59–151 (lateinisch); Reformierte Bekenntnisschriften und Kirchenordnungen in deutscher Übersetzung, hg. v. P. JACOBS. Neukirchen-Vluyn 1949, 11–71.
■ Literatur: E. SAXER: Der Genfer Katechismus von 1545: Calvin, Studienausgabe, Bd. 2, hg. v. E. BUSCH U.A. (Einleitung und Hauptteile 1 und 2, lateinisch und deutsch). Neukirchen-Vluyn 1997. *Alasdair I.C. Heron*
■ Nachtrag: RGG⁴ 3, 671. – I.J. HESSELINK: Calvin's first catechism. Louisville (Kentucky) 1997.

Gentile, *Giovanni Valentino,* italienischer Humanist und Antitrinitarier, * um 1520 Cosenza (Kalabrien), † 10.9.1566 Bern. G. floh 1556 (1557?) nach Genf und schloss sich dort der italienischen Flüchtlingsgemeinde an, wo er unter den Einfluss Matteo Gribaldis geriet. Seine Ablehnung des scholastischen Substanzbegriffs führte ihn zu einem subordinatianischen Verständnis der Trinität und damit in Konflikt mit der Genfer Orthodoxie. Nachdem er mehrmals verhaftet worden war, wirkte G. ab 1563 in Polen, das er 1566 infolge des Parczówer Edikts (1564) verlassen musste; anschließend in Bern, wo er wegen Lästerung der Dreifaltigkeit verurteilt und enthauptet wurde.

■ Literatur: HDThG 3, 58; DHGE 20, 512f. – L. HEIN: Italienische Protestanten und ihr Enfluß auf die Reformation in Polen während der beiden Jahrzehnte vor dem Sandomirer Konsens (1570). Leiden 1974, 169–184.
Michael Becht

Georg III. zu Anhalt-Dessau („der Gottselige"), * 15.8.1507 Dessau, † 17.10.1553 ebenda; Studium des kanonischen Rechts in Leipzig, der Theologie als Autodidakt. 1518 Domherr in Merseburg, 1524 Priesterweihe, Dompropst in Magdeburg und Archidiakon des Bannes Köthen. 1530 regierender Fürst, Übertritt zur Reformation; 1544 Koadjutor in geistlichen Dingen für den weltlichen Administrator des Bistums Merseburg, Herzog August von Sachsen; 1545 Bischofsordination durch Martin Luther. Die Stiftsreformation ist sein Werk. Nachdem das Domkapitel auf Verlangen Kaiser /Karls V. Michael /Helding zum Bischof wählte, zog sich G. 1550 auf Schloss Warmsdorf (Anhalt) zurück. – G. stand mit Luther im Verkehr, nachhaltiger war der Einfluss Philipp Melanchthons und der /Confessio Augustana. In seinen kirchlichen Ideen (vgl. hierzu seine Synodalregeln, die zwölfte ist von Caspar /Cruciger) führte er melanchthonische Überlegungen weiter, seine Theologie ist die des Leipziger Interims.

■ Literatur: RE³ 6, 521f.; NDB 6, 197; RGG³ 2,

1394f.; BBKL 2, 210f.; DHGE 20, 589f. – E. SEHLING: Die Kirchengesetzgebung unter Moritz von Sachsen 1544–49 und G. III. von Anhalt. Leipzig 1899; N. MÜLLER: Beziehungen zwischen den Kurfürsten Joachim I. und II. von Brandenburg und G. III. von Anhalt in den Jahren 1534–40: Jahrbuch für Brandenburgische Kirchengeschichte 4 (1907); DERSELBE: Fürst G.s III. des Gottseligen von Anhalt schriftstellerische Tätigkeit 1530–38, ungedruckte Quellenschriften zur Geschichte des 16.Jh. Leipzig–New York 1907; F. WESTPHAL: Fürst G. der Gottselige von Anhalt. Dessau 1907, Leipzig ²1922; J. HERRMANN: Augsburg, Leipzig, Passau. Das Leipziger Interim nach Akten des Landeshauptarchivs Dresden 1547–52. Dissertation. ebd. 1952; F. LAU: G. III. von Anhalt: Wissenschaftliche Zeitschrift der Karl-Marx-Universität Leipzig 3 (1953/54) 139–152. *Rudolf Joppen*

▪ Nachtrag: RGG⁴ 3, 693. – Reformation in Anhalt. Melanchthon – Fürst G. III., hg. v. der Evangelischen Landeskirche Anhalts. Dessau 1997.

Georg von Brandenburg-Ansbach und Kulmbach („der Fromme"),

Markgraf 1515–43, * 4.3.1484 Ansbach, † 27.12.1543; 1515–27 gemeinsame Regierung mit seinem Bruder, Markgraf Kasimir. G. erwarb 1523 käuflich die Fürstentümer Jägerndorf, Ratibor und Oppeln in Oberschlesien, führte dort die Reformation sofort, in Ansbach-Kulmbach erst 1528 mit Beginn der Alleinherrschaft ein. In der Reichspolitik Vorkämpfer der Reformation lutherischer Prägung. Unterzeichnete 1529 in Speyer den berühmten Protest, 1530 in Augsburg die /Confessio Augustana. Durch Erlass der zusammen mit Nürnberg publizierten Brandenburgisch-Nürnbergischen Kirchenordnung begründete er nicht nur die lutherische Kirche in Franken, sondern schuf, infolge der Ausstrahlungskraft dieser Kirchenordnung, den Normaltyp der liturgisch, pastoral und verfassungsmäßig konservativen lutherischen /Kirchenordnung des 16. Jh. (nachweisbare Einflüsse u. a. auf Württemberg, Baden, Pfalz-Neuburg, Kurpfalz, Kurbrandenburg, Ostpreußen). G. schonte als Landesfürst zwar Bilder und Altäre, brachte jedoch die katholischen Stifte und Klöster zum Erliegen, zog rücksichtslos das Kirchengut ein, u. a. auch um die Schulden seiner Familienangehörigen zu bezahlen.

▪ Literatur: NDB 6, 204f.; DHGE 20, 599ff. – K. SCHORNBAUM: Zur Politik des Markgrafen G. von Brandenburg. München 1906; J.B. GÖTZ: Die Glaubensspaltung in der Markgrafschaft Ansbach-Kulmbach. Freiburg 1907; K. SCHORNBAUM: Aktenstücke zur ersten Brandenburgischen Kirchenvisitation. München 1928. *Ernst Walter Zeeden*

▪ Nachtrag: I. GUNDERMANN: Markgraf G. der Fromme von Ansbach: Jahrbuch für schlesische Kirchengeschichte 73 (1994) 205–254.

Georg III. von Sachsen („der Bärtige"),

* 27.8.1471 als Sohn Albrechts des Beherzten und Sidonia Podiebrads, † 17.4.1539. Seit 1500 als Herzog Alleinherrscher des albertinischen Sachsens; ordnete intensiv und erfolgreich die Verwaltung; förderte die Wirtschaft und unternahm mehrfach Versuche, die Universität Leipzig zu reformieren. Zunächst Gegner der Ablasspredigt Johann /Tetzels und 1519 Befürworter der /Leipziger Disputation, entwickelte sich der theologisch gebildete Herzog seit Ende 1519 zum scharfen Gegner Martin Luthers und der Reformation, die er mit obrigkeitlichen Maßnahmen, aber auch literarisch bekämpfte (eigene Streitschriften gegen Luther bzw. Schriften von Johannes /Cochlaeus, Hieronymus /Emser, Augustin von /Alveldt u. a.), so dass Leipzig bis 1539 ein bedeutsames Zentrum des antireformatorischen Druckes war. G. war Briefpartner des /Erasmus von Rotterdam sowie engagierter Kirchenreformer. Suchte

ab 1535 durch landesherrliche Klostervisitationen und mit Hilfe humanistisch gesinnter Räte und Theologen mittels Reformentwürfen sowie Religionsgesprächen die Einführung der Reformation im albertinischen Sachsen für die Zeit nach seinem Tode zu verhindern (erfolglos).

■ Werke: VD 16 7, 551f.; KÖHLER BF I/1, 552–558.

■ Literatur: TRE 12, 385–389; DHGE 20, 661ff.; CERAS 3, 205–208; TRZRK 2[3], 8–32. – F. GESS (Hg.): Akten und Briefe zur Kirchenpolitik Herzog G.s von Sachsen, 2 Bde. Leipzig 1905–17, Nachdruck 1985; J. Pflug: Correspondance, hg. v. J.V. POLLET, Bd. 1–5. Leiden 1969–82; H. SMOLINSKY: A. von Alveldt und H. Emser. Münster 1983; G. WARTENBERG: Zum ‚Erasmianismus' am Dresdener Hof G.s des Bärtigen: Nederlands Archief voor Kerkgeschiedenis 66 (1986) 2–16; H. JUNGHANS (Hg.): Das Jahrhundert der Reformation in Sachsen. Berlin 1989; H. SMOLINSKY: Aspekte altgläubiger Theologie im albertinischen Sachsen in der Reformationszeit bis 1542: Herbergen der Christenheit. Jahrbuch für deutsche Kirchengeschichte 18 (1993/1994) 29–43.   *Heribert Smolinsky*

Gerbel, Nikolaus (genannt Musophilus), Humanist, * um 1485 Pforzheim, † 20.1.1560 Straßburg; nach Studium in Wien, Köln (1508 Magister artium), Tübingen und Bologna (1514 Doctor iuris canonici) seit 1515 in Straßburg als Jurist im kirchlichen Dienst und als Herausgeber humanistischer Werke tätig; als Anhänger Martin Luthers stand G., besonders in der Abendmahlslehre, Wolfgang ∕Capito und Martin ∕Bucer distanziert gegenüber; 1541–43 Professor für Geschichte am Straßburger Gymnasium.

■ Hauptwerk: In descriptionem Graeciae Sophiani praefatio. Basel 1545 (Kommentar zur Griechenlandkarte des Nikolaos Sophianos); erweiterte Neuausgabe: Pro declaratione picturae siue descriptionis Graeciae Sophiani libri septem. ebd. 1550.

■ Literatur: CERAS 2, 90f.; Nouveau dictionaire de biographie alsacienne, Heft 12. Straßburg 1988, 1153ff. – J. ROTT: L'humaniste N.G. et son diaire 1522–29: DERSELBE: Investigationes historicae, Bd. 2. Straßburg 1986, 313–322; T. KAUFMANN: Die Abendmahlstheologie der Straßburger Reformatoren bis 1528. Tübingen 1992.
Peter Walter

Gerstmann, Martin von, Bischof von Breslau (1574), * 8.3.1527 Bunzlau, † 23.5.1585 Neisse; lutherisch erzogen, zwischen 1556 und 1561 konvertiert. 1561 erhielt G. die Domkustodie in Breslau, 1565 Domherr und Kanzler in Olmütz, 1569 Rat und Sekretär Kaiser ∕Maximilians II., 1571 Domdechant in Breslau. G. drängte als Bischof energisch auf die Durchführung der Beschlüsse des Konzils von Trient.

■ Literatur: NDB 6, 328. – E. BRZOSKA: 975-Jahr-Feier des Fürstbistums und der Erzdiözese Breslau. Wiesbaden 1977, 33; W. MARSCHALL: Geschichte des Bistums Breslau. Stuttgart 1980, 72f. 102; Geschichte Schlesiens, Bd. 2. Sigmaringen 1988, 30 34f.; Archiv für schlesische Kirchengeschichte 15 (1957) 175–188, 37 (1979) 198, 38 (1980) 258 268, 39 (1981) 99 284, 40 (1982) 121, 44 (1986) 9 82, 46 (1988) 78 82 88, 50 (1992) 181.   *Paul Mai*

Gesetz und Evangelium. 1. Als *Formel*, d. h. als unabschließbare Aufgabe der Unterscheidung, ist „Gesetz (G.) und Evangelium (E.)" eine reformatorische, genauer: lutherische Prägung. Als solche spitzt sie die paulinisch-heilsgeschichtliche Unterscheidung von G. und Verheißung zu einer lebenslangen Existenzdialektik zu: Immer lebt der Mensch unter der Anklage des unerfüllten G. und erfährt sich immer neu im Glauben an das Wort des freisprechenden E. vom Fluch dieser Anklage befreit. Dahinter steht ein Verständnis vom G. als Urkunde des zwar gültigen, aber grundsätzlich unerfüllbaren Willens Gottes über den Menschen, darum als Zwang und Fluch (lex accusans, reos agens, exactrix: WA 39 I, 434, 3: 1538), der in die heilsame Verzweiflung an der eigenen Kraft und so zum Verlangen nach dem Freispruch des E. treiben soll. 2. Diese angedeutete Existenzdialektik von G. und E. ist in der Theologie *Martin Luthers* nicht von Anfang an, aber schon früh gegeben: die Unterscheidung im reformatorischen Sinne spätestens im „Kleinen Galaterkommentar" (1519, Überarbeitung der Vorlesung von 1518; vgl. WA 2, 466, 3ff.), die erste ausführliche Sachdarlegung 1521 (WA 10 I 2, 155, 21–159, 20: Adventspostille). Zentrale Einsichten der patristisch-mittelalterlichen Tradition sind dabei nicht aufgegeben: das „ins Herz geschriebene" G., das Mose und Jesus nur neu verkünden; die geschichtliche Bedeutung des G. für Israel und damit die Unterscheidung der Sittengebote des Alten Testaments vom kasuistischen Recht als „der Juden Sachsenspiegel" (WA 18, 81, 14); der pädagogische und politische Sinn des G.: der so genannte „erste Brauch des G." („primus usus legis"), mittels dessen die Obrigkeit das Böse unterbindet, den Frieden wahrt, die Jugend erzieht und die Verkündigung des Wortes Gottes gewährleistet. Neu ist auch nicht die Unheilsfunktion des G. nach Röm 4,15; 7,9–13; Gal 3,19 als solche, sondern dass diese jetzt das „Amt" des G. ist, als „zweiter", „theologischer", „überführender Brauch" des G. („secundus usus legis", „usus theologicus, elenchticus"). Das theologische Neuverständnis festigt sich aufgrund der Übereinstimmung mit Luthers persönlicher Erfahrung der Unerfüllbarkeit des G. aus reiner Liebe einerseits und der Vergesetzlichung des E. in der kirchlichen Praxis anderseits. So wird die Unterscheidung von G. und E. zum Schlüssel für das richtige Verständnis vom Leben vor Gott, vom Wesen und Auftrag der Kirche, und damit zur „Grundformel theologischen Verstehens" (RGG³ 4, 507). Verglichen mit diesem Konzept, ist der Streit um die calvinische Auffassung von der Bedeutung des G. im Christenleben ein Streit um Worte (↗Antinomistischer Streit). 3. Das *Tridentinum* nimmt die theologisch-hermeneutische Pointe der Unterscheidung von G. und E. nicht wahr und verurteilt schon deshalb in den cc. 18–21 des Rechtfertigungsdekrets (DH 1568–71) die Formel nicht, vielmehr wehrt es nur ethische Konsequenzen ab, die auch die Reformatoren nachdrücklich als Missverständnis und Missbrauch gebrandmarkt haben (CA 20, 1–7: BSLK 75f.), und rechtfertigt den Sprachgebrauch von Christus als „Gesetzgeber" („legislator"), sofern er – im Einklang mit Luther – Christus als Interpreten des Willens Gottes für die Glaubenden kennzeichnet. Die zum E. hintreibende Anklagefunktion des G. kommt, ohne „G. und E.", in Trient dort zur Sprache, wo in c. 8 (DH 1558; vgl. 1526) die Furcht vor der Hölle als Element der Buße und in c. 13 (DH 1563; vgl. 1533f.) die zur Furcht anhaltende menschliche Labilität herausgestellt werden.

▪ LTHK³ 4, 591–594 (ungekürzte Fassung).
▪ Literatur: Neues Handbuch theologischer Grundbegriffe, Neuausgabe, hg. v. P. EICHER, Bd. 2. München ²1992, 7–22; RGG³ 2, 1519–33; LTHK² 4, 831–835; TRE 13, 126–142. – K. BARTH: E. und G. München 1935, Nachdruck 1980; E. KINDER–K. HAENDLER (Hg.): G. und E. Darmstadt 1968, ²1986; Christlicher Glaube in moderner Gesellschaft, Bd. 13. Freiburg 1981, 8–77; A. PETERS: G. und E. Gütersloh 1981; R. OECHSLEN: G. und E. – ein lutherisches Sonderthema?: Catholica. Vierteljahresschrift für

Ökumenische Theologie 41 (1987) 30–41; H.G. GÖCKERITZ: Das G. in der Unterscheidung von G. und E.: Neue Zeitschrift für systematische Theologie 32 (1990) 181–194; B. LOHSE: Luthers Theologie in ihrer historischen Entwicklung und in ihrem systematischen Zusammenhang. Göttingen 1995, Kapitel II, 10 14; III, 9; DERSELBE: ‚G. und Gnade' – ‚G. und E.': Verbindliches Zeugnis, hg. v. W. PANNENBERG – TH. SCHNEIDER, Bd. 3. Freiburg – Göttingen 1998.

Otto Hermann Pesch

■ Nachtrag: M. HORTON: Calvin and the Law – Gospel hermeneutic: Pro ecclesia 6 (1997) 27–42; K. GABRIS: Luthers Auffassung vom G. und E. laut seinen Kommentaren zum Galaterbrief: Recent research on Martin Luther. Bratislava 1999, 85–102; M.J. SUDA: Die Ethik des Gesetzes bei Luther: Vielseitigkeit des Alten Testaments. FS G. Sauer. Frankfurt (Main) 1999, 345–356.

Geusen (von französisch „gueux", Bettler), ursprünglich Spottname, später Parteiname der niederländischen Edelleute, die sich der spanischen Gewaltherrschaft in den Niederlanden und ihrer Religionspolitik widersetzten. Der Name soll entstanden sein, als am 5.4.1566 einer der Berater der Generalstatthalterin /Margareta von Parma, bei der Einreichung einer Bittschrift an sie zur Einstellung der Inquisition spöttisch gesagt haben soll: „Voilà des beaux gueux". Die Bezeichnung wurde im Aufstand gegen Spanien sofort als Kampfname übernommen. Zu den als „G.-Lieder" bezeichneten Kampfliedern gehörte das „Wilhelmus"-Lied, jetzt die niederländische Nationalhymne. Während der deutschen Besatzung 1940–45 wurde der Name „G." von Widerstandsgruppen wieder aufgenommen.

■ Literatur: RGG³ 2, 1541; DHGE 22, 744ff.; TRZRK 3, 200–235. – J.D.M. CORNELISSEN: Waarom zij geuzen werden genoemd. Tilburg 1936; J.C.A. DE MEIJ: De Watergeuzen en de Nederlanden 1568–72. Amsterdam – London 1972.

Peter J.A. Nissen

Giberti, *Gian Matteo,* Bischof von Verona, vortridentinischer Reformer, * 20.9.1495 Palermo, † 29.12.1543 Verona. Über sein Studium ist wenig bekannt. Wurde Sekretär Kardinal Giulios de' Medici (nachmals /Clemens VII.). Unter /Leo X. erlangte er einflussreiche kuriale Ämter und zahlreiche Pfründen. Clemens VII. ernannte ihn zum Datar, am 8.8. 1524 wurde er Bischof von Verona. G. wurde der besondere Vertraute Clemens' und hatte maßgeblichen Einfluss auf die antikaiserliche Politik dieses Papstes. Nach deren Scheitern im /Sacco di Roma (1527) zog er sich in sein Bistum Verona zurück. Dort entfaltete er eine rege Reformtätigkeit. Er führte Pastoralvisitationen durch, sorgte für die Unterweisung und allgemeine Vertiefung des religiösen Lebens des Volkes, reformierte die Klöster und bemühte sich besonders um die Hebung des geistlichen und seelsorglichen Niveaus beim Klerus. Dabei musste er eine Stärkung der bischöflichen Autorität gegen zähe Widerstände, v. a. des Domkapitels, durchsetzen. Mittel zur Schaffung eines geeigneten Klerus war für ihn eine entsprechende Aus- und Fortbildung. Dabei ging es ihm nicht nur um eine restaurative Rückwendung; G. war vielmehr von den Ideen des italienischen /Evangelismus beeinflusst (Bedeutung der Bibel und der Schriften der Kirchenväter) und hatte persönliche Beziehungen zu einer Reihe maßgeblicher Repräsentanten dieser Bewegung. /Paul III. berief ihn 1536 in die Reformkommission, die das „Consilium de emendanda ecclesia" (1537) erarbeitete.

■ Werke: Opera, ed. v. P. UND G. BALLERINI. Verona 1733, editio altera Hostilia 1740.

■ Literatur: DHGE 20, 1241–46. – G.B. PIGHI: G.M.G. Verona 1900, ²1924; P. PASCHINI: S. Gaetano Thiene. Rom 1926, passim; A. GRA-

ZIOLI: G.M.G. Verona 1955; H. JEDIN: Das Bischofsideal der Katholischen Reformation: Kirche des Glaubens, Kirche der Geschichte, Bd. 2. Freiburg 1966, 87–91; A. PROSPERI: Tra Evangelismo e Controriforma: G.M.G. Rom 1969; JEDIN 1³, passim; C. DIONISOTTI: Machiavellerie. Turin 1980; A. FASANI (Hg.): Riforma pretridentina della diocesi di Verona, Bd. 1: Visite pastorali del Vescovo G.M.G. Vicenza 1989.
Klaus Ganzer

Giese, *Tiedemann,* ermländischer irenischer Theologe, * 1.6.1480 Danzig, † 23.10.1550 Heilsberg; 1492–99 Studium in Leipzig (Magister artium); 1507 ermländischer Domherr, tätig und erfahren in der Verwaltung des Bistums Ermland und in der Politik der Lande Preußen; befreundet mit Nikolaus Kopernikus; 1538–49 Bischof von Kulm, 1549–50 Bischof von Ermland. G. verfasste das *Antilogikon flosculorum Lutheranorum* (Krakau 1525), eine irenische Widerlegung der lutherischen Rechtfertigungslehre gegen Johannes ⁄Briesmann. Er stand dem christlichen Humanismus des ⁄Erasmus von Rotterdam nahe, wandte sich als Bischof gegen die Protestanten, versuchte jedoch, maßvoll zu überzeugen, und hoffte auf die Wiederherstellung der Einheit der Kirche.

Literatur: T. BORAWSKA: T.G. (1480–1550) w życiu wewnętrznym Warmii i Prus Królewskich. Olsztyn 1984, deutsche Zusammenfassung 391–398.
Ernst Manfred Wermter

Gil (Egidio), *Juan,* Prediger und angeblicher Gründer der protestantischen Gemeinde Sevillas, * um 1500 Olvés bei Saragossa, † 22.11. 1555 Sevilla; 1525–31 Studium der Theologie (unter Domingo de ⁄Soto) in Alcalá; 1531 Professor der Theologie ebenda, 1537 Domkapitular in Sevilla, wo er sich ausschließlich seinem Predigtamt widmete und zum Kreis der mit der Reformation sympathisierenden Humanisten gehörte. Zu seinen Schülern zählen die Protestanten Antonio del ⁄Corro, Cipriano de ⁄Valera und Casiodoro de ⁄Reina. Gleich nach seiner Ernennung zum Bischof von Tortosa (1549) wurde er zusammen mit Constantino ⁄Ponce de la Fuente bei der Inquisition angezeigt. Da G. einige Thesen widerrief, kam er mit einer milden Strafe davon. In einer Revision wurde G. 1559 posthum als Häretiker verurteilt, seine Leiche exhumiert und verbrannt. Werke sind nicht erhalten.

Literatur: DHEE Supplement-Bd. 1, 363–366. – M. MENÉNDEZ PELAYO: Historia de los heterodoxos españoles, Bd. 4. Santander 1947, 77–82; V. BELTRÁN DE HEREDIA: Domingo de Soto. Madrid 1961, 415–432 645–655; M. BATAILLON: Erasmo y España. México 1966, passim; K. REINHARDT: Bibelkommentar spanischer Autoren, Bd. 1. Madrid 1990, 183f.; J.C. NIETO: El Renacimiento y la otra España. Genf 1997, 189–216.
Fernando Domínguez

Gnade. 1. Der Begriff G. gehört nach *lutherisch-reformatorischen Verständnis* wesentlich in den Bereich der ⁄Rechtfertigung, derzufolge dem Menschen das Heil „sola gratia" – allein aus G. – zugeeignet wird. Diese „particula exclusiva" deutet (neben den Particulae exclusivae ⁄"sola fide" und ⁄"sola scriptura") auf den kontroverstheologischen Kontext des reformatorischen G.-Verständnisses hin. Der reformatorische G.-Begriff versteht G. streng personal im Sinn der gnädigen „Gesinnung" Gottes und der aus dieser Gesinnung erfolgenden göttlichen Zuwendung zum Menschen. Grundlegend ist die Differenzierung Luthers in seiner Schrift gegen Jacobus ⁄Latomus (1521) geworden, in welcher er zwischen „gratia" und „donum" unterscheidet. Dabei meint „gratia" die Huld Gottes, nicht eine Qualität der Seele

(WA 8, 106, 10). „Donum" dagegen ist das Geschenk der erneuernden Kraft des Heiligen Geistes, das die Sünde zur „beherrschten Sünde" macht, aber nicht als Grund oder Ursache der Rechtfertigung (im Sinn des freisprechenden göttlichen G.-Urteils) und des eigentlichen Heils gelten kann. Diese grundlegende Unterscheidung und gleichzeitige Zuordnung von G. und geschenkter Erneuerung des Menschen kommt in der Confessio Augustana im Zueinander von „gratis" erfolgender Rechtfertigung als Aufnahme in die G. („in gratiam recipi", Art. IV) zum Ausdruck. Sie bestimmt die strikte Ablehnung der Einbeziehung der Werke in das Geschehen der Rechtfertigung (ApolCA Art. 4). Und sie steht in der ↗Konkordienformel hinter der strikten Weigerung, die Erneuerung durch den Heiligen Geist mit dem Artikel von der Rechtfertigung zu vermengen (Solida Declaratio III, 24f. 28). Ein Ausdruck für diesen spannungsvollen Sachverhalt ist die reformatorische Formel ↗„simul iustus et peccator" in ihrem doppelten Sinn: als Beschreibung der bleibenden Sündhaftigkeit dessen, der durch das gnädige Urteil Gottes volle Gerechtigkeit empfangen hat (so genannter „Totalaspekt"), sowie als Ausdruck der fortschreitenden Heiligung dessen, der dennoch ein Leben lang mit der Sünde zu kämpfen hat (so genannter „Partikularaspekt"). – Bei *Jean Calvin* steht demgegenüber die verwandelnde Macht der G. stärker im Blick (das Stichwort G. begegnet z. B. Inst III, 19, 6).

Ulrich Kühn

2. Das *Konzil von Trient* kommt den Anliegen der Reformatoren entgegen: es betont die Notwendigkeit der G. und ordnet die G.-Lehre der Rechtfertigungslehre unter, ohne sie darauf zu reduzieren (DH 1520–83). Die Rede von der weckenden und helfenden G. (DH 1525) will die absolute Priorität der G. Gottes vor allem menschlichen Tun sichern; zugleich wird aber an der Freiheit des Menschen (DH 1521 1554f.) und der Möglichkeit zur verdienstlichen Mitwirkung mit der G. (DH 1545–49 1582) festgehalten. Die Abgrenzungen gegenüber der reformatorischen Auffassung von Glaube und Heilsgewissheit (DH 1531f. 1562 1533f. 1563–1566) entsprechen der damaligen polemischen Konfliktlage; aus heutiger Sicht zeugen sie eher von sachlicher Übereinstimmung. In der Folgezeit einflussreicher ist indes, dass aufgrund des Verdachts, nach reformatorischer Auffassung ändere die Rechtfertigung im Menschen nichts, die Wirkungen der G. im und am Menschen („gratia creata") akzentuiert werden (DH 1524 1528–31 1561). Von hier aus konzentriert sich die gegenreformatorische G.-Theologie auf die anthropologische Seite der G.: auf die geschaffene G. und die ethischen Folgen der Rechtfertigung.

Gisbert Greshake / Eva-Maria Faber

■ LThK³ 4, 785ff. (1.) 772–779 (2.) (ungekürzte Fassung).

■ Literatur: E. ISERLOH: Gratia und Donum: Studien zur Geschichte und Theologie der Reformation. FS E. Bizer. Neukirchen-Vluyn 1969, 141–156; O.H. PESCH – A. PETERS: Einführung in die Lehre von G. und Rechtfertigung. Darmstadt 1981, ³1994; TH. DIETER: L'origine de la controverse. Luther aux prises avec la doctrine du salut du Haut Moyen Age: Positions luthériennes 48 (2000) 359–372; J. COUENHOVEN: Grace as pardon and power: Journal of Religious Ethics 28 (2000) 63–88.

Gnesiolutheraner und Philippisten.

Nach dem Tod Martin Luthers prägte besonders Philipp Melanchthon die Linie der Reformation. 1548 wurde zwischen dem Kaiser und den protestantischen Ständen das ↗Augs-

burger bzw. Leipziger Interim geschlossen. Dies war der Auslöser für innerprotestantische Lehrstreitigkeiten. Eine Gruppe von Theologen, v. a. Matthias ∕Flacius (nach ihm wird die ganze Gruppe gelegentlich auch als „Flacianer" bez.), Nikolaus von ∕Amsdorf, Nikolaus ∕Gallus, Johann ∕Wigand, Matthäus Judex, Kaspar Aquila, Joachim ∕Mörlin, Timotheus Kirchner und Tilemann ∕Heshusius, die sich selber als Lutheraner bezeichneten, seit dem 17. Jh. das griechische Adjektiv für „echte" (γνήσιος) hinzubekamen, opponierte in sechs Punkten gegen Melanchthons Position, den „Philippismus":
1. *Adiaphoristischer Streit.* Hatte Melanchthon die Hierarchie und die Gebräuche der katholischen Kirche als Dinge bezeichnet, denen gegenüber man sich „gleichgültig" verhalten könne, so hielten die G. dagegen, dass es in Fragen des Bekenntnisses und des Ärgernisses kein „adiaphoron" gebe (∕Adiaphoristenstreit).
2. *Majoristischer Streit.* Benannt nach Georg ∕Major, der gelehrt hatte, dass gute Werke zur Seligkeit notwendig seien; darin sahen die G. eine Verleugnung der „Rechtfertigung allein aus dem Glauben.
3. ∕*Antinomistischer Streit.* Im Zusammenhang mit dem zweiten Streitpunkt stand die Frage nach der Geltung und Bedeutung des Gesetzes („nomos") im Leben der Wiedergeborenen; hier vertraten die G. keine einheitliche Linie.
4. *Synergistischer Streit.* In Übereinstimmung mit Melanchthon vertreten Johannes ∕Pfeffinger und Victorinus ∕Strigel die Auffassung, dass der menschliche Wille bei der Bekehrung mitwirke (Synergie); die G. beharrten darauf, dass der natürliche Mensch hinsichtlich seines Heiles nichts vermöge.

5. *Osiandrischer Streit.* Benannt nach Andreas ∕Osiander, der die „essentielle Gerechtigkeit" des neuen Menschen behauptete; hier betonten G. und Ph. gemeinsam die „zugerechnete Gerechtigkeit".
6. Im so genannten *Zweiten* ∕*Abendmahlsstreit* haben die G. die Realpräsenz gegenüber dem vermuteten ∕Kryptocalvinismus der Ph. verteidigt. Erst mit der Einigung auf die Konkordienformel kam es 1577 zu einem gewissen Ausgleich der Lehrstreitigkeiten. *Michael Wittig*
Literatur: RGG⁴ 3, 1043. – S. STERHLE: Imputatio iustitiae. Its origins in Melanchthon, its opposition in Osiander: Theologische Zeitschrift 50 (1994) 201–219; J. DIESTELMANN: Actio Sacramentalis. Groß Oesingen 1996; M. RICHTER: Gesetz und Heil. Göttingen 1996; F. BUZZI: Lutero contro l'antinomismo: Annali di scienze religiose 2 (1997) 81–106; P.T. FERRY: Confessionalization and popular preaching. Sermons against synergism in Reformation Saxony: SCJ 28 (1997) 1143–66; T.J. WENGERT: Georg Major Defender of Wittenberg's Faith and Melanchthonian exegete: Melanchthon in seinen Schülern. Wiesbaden 1997, 129–155; I. DINGEL: Flacius als Schüler Luthers und Melanchthons: Vestigia pietatis. FS E. Koch. Leipzig 2000, 77–92; P.F. BARTON: Heiliger Geist, Evangelium und Amt. Marginalien zum Gnesioluthertum: Wiener Jahrbuch für Theologie 3 (2000) 51–63; G. MARTENS: Die Adiaphora als theologisches Problem: Lutherische Beiträge 5 (2000) 117–127.

Góis (Goes), *Damião de,* Humanist und Historiker, * 1502 Alenquer, † 30.1. 1574 Lissabon; seit 1511 Page am Königshof; seit 1523 Leiter der portugiesischen Niederlassung in Antwerpen; Reisen nach Mittel-, Nord- und Osteuropa; Studien in Löwen, Freiburg und Padua; 1538 zurück in Löwen, wo G. 1542 an der Verteidigung der Stadt gegen die Franzosen teilnahm; nach seiner Gefangennahme wurde er am Hof ∕Franz' I. festgehalten; 1545 Rückkehr nach Portugal, wo er u. a. als Prinzenerzieher, Archivar und Chronist tätig war. Wegen seiner Kontakte mit Philipp Melanchthon und /Erasmus von Rotterdam wurde gegen ihn 1571 ein Inquisitionsverfahren eingeleitet, das mit einer milden Strafe endete.

■ Werke: Pro Hispania adversus Munsterum defensio: Rerum Hispanicarum scriptores, Bd. 3. Frankfurt (Main) 1579, 1243; Fides, religio moresque Aethiopum. Löwen 1540, deutsch Wiesbaden 1994; Chronica do Principe Dom Joam. Lissabon 1567, ed. v. G. ALMEIDA RODRIGUES. ebd. 1977; Chronica do Felicissimo Rei Dom Emanuel, 4 Bde. ebd. 1566-67, Nachdruck Coimbra 1949- 55; De captivitate sua, ed. v. S. SCHARD: Historicum opus, Bd. 4. Basel 1574, 1869-82.

■ Literatur: CERAS 2, 113-117. - M. BATAILLON: Le cosmopolitanisme de D. de G.: Études sur le Portugal au temps de l'humanisme. Coimbra 1962, 149-196; E. FEIST HIRSCH: D. de G. Den Haag 1967; J. VERÍSSIMO SERRÃO: D. de G., historiador. Lissabon 1976; J. ALVES OSÓRIO: Em torno do humanismo de D. de G.: Annali - Sezione Romanza dell'Istituto Universitario Orientale di Napoli 18/2 (1976) 297-342; A. TORRES (Hg.): Noese e crise na epistolografia latina Goisiana, 2 Bde. Paris 1982.

Fernando Domínguez

■ Nachtrag: A. NOVINSKY: Political zionism in the Portuguese renaissance (D. de G.): Hesed ve-emet. FS E.S. Frerichs. Atlanta 1998, 419-429; J.F. TAVARES: D. de G. Lissabon 1999.

Gonzaga, 1) *Ercole,* Kardinal (1527), zweiter Sohn des Markgrafen Francesco und der Isabella d'Este, * 23.11. 1505 Mantua, † 3.3.1563 Trient; durch Resignation seines Onkels Sigismondo 1521 Bischof von Mantua; Weihe zum Priester erst 1556, zum Bischof 1561; seit 1522 humanistische Studien in Bologna bei Pietro Pomponazzi und Lazzaro Buonamici; gute klassische Bildung, aber geringe theologische und kanonistische Kenntnisse; Freundschaft mit Gasparo /Contarini und Jacopo /Sadoleto;

Beziehungen zum Reformbischof von Verona, Giovanni Matteo /Giberti, zu Giovanni Pietro Carafa (später Papst /Paul IV.) und Reginald /Pole; während des Pontifikats /Pauls III. meistens in Mantua: Kirchenreform und Theologiestudium bei dem Dominikaner Pietro /Bertano; Teilnahme an fünf Konklaven: 1559 scheiterte G. als Papstkandidat am Einspruch Spaniens; 1540-61 übte er für seine minderjährigen Neffen Francesco und Guglielmo die Regentschaft in Mantua aus; er betrieb die traditionelle prokaiserliche Außenpolitik seines Hauses, setzte rigorose Sparmaßnahmen durch und sorgte für den Ausbau der Wirtschaft. Trotz seines Widerstandes wurde G. 1561 zum Legaten des Tridentinums ernannt; mit Girolamo /Seripando traf er Vorbereitungen für die dritte Sitzungsperiode (ab dem 18.1.1562); wegen der Residenzfrage kam es zur Krise zwischen Reformern und Kurialen; G. zeigte sich zu einem Kompromiss unfähig; die Situation änderte sich erst mit dem Tod G.s und Seripandos.

■ Werke: Catecismo overo instruttione delle cose pertinenti alla salute delle anime di commissione del Rev.mo et Ill.mo Card. di Mantova composto et pubblicato per la Città et Diocesi sua da Mons. Leonardo De Marini vescovo di Laodicea suo suffraganeo. Mantua 1555; Breve ricordo di mons. Ill.mo et Rev.mo Mons. Hercole G., card. di Mantova delle cose spettanti alla vita de' chierici, al governo delle chiese e alla cura delle anime di questo vescovato di Mantova. ebd. 1561.

2) *Giulia,* * 1513 Gazzuolo, † 16.4. 1566 Neapel; Tochter Ludovico G.-Sabbionetas und Francesca Fieschis, Gattin Vespasiano Colonnas (August 1526), Gräfin von Fondi und Herzogin von Trajetta; 1528 verwitwet. Berühmt wegen ihrer Schönheit und Geistesgaben, sammelte sie in Fondi einen Künstler- und Gelehr-

tenkreis um sich (Ludovico Ariosto, Torquato Tasso, Sebastiano Piombo, Tizian u. a.); nach 1537 in Neapel Beziehungen zu katholischen Reformern (Girolamo ∕Seripando, Reginald ∕Pole, Ercole G. [s. o. 1)], Vittoria Colonna), aber auch zu Bernardino ∕Ochino, Juan de ∕Valdés, Marc Antonio Flaminio und Pietro ∕Carnesecchi, die der Reformation nahe standen; sie wurde daher von der Inquisition verdächtigt, blieb aber unbehellligt.

3) *Ludovico* (Louis de Gonzague), Herzog von Nevers, dritter Sohn Federicos II., * 18.9.1539 Mantua, † 23.10.1595 Nesle; seit 1549 am französischen Hof; Erbe der Güter seiner Großmutter Anne d'Alençon; 1550 Naturalisierung. Durch seine Ehe mit Henriette de Clèves (1565) wurde er Herzog von Nevers und Rethel, 1566 Pair de France. Berater Katharina de' ∕Medicis und des Herzogs von Anjou, war er mit verantwortlich für die ∕Bartholomäusnacht; 1585 beteiligt an der Erneuerung der Katholischen Liga; doch bald auf Distanz zur Politik der ∕Guise; 1588/89 Gouverneur der Piccardie und Champagne; gegenüber ∕Heinrich IV. von Navarra blieb er zunächst neutral; seit 1590 unterstützte er ihn; Ende 1593 ging er nach Rom, um von Clemens VIII. die Absolution für Heinrich IV. zu erhalten; er bereitete damit die Aussöhnung zwischen Papst und König vor.

■ LTHK³ 4, 833–836 (ungekürzte Fassung).
■ Literatur: *Zu 1)*: W. FRIEDENSBURG: Der Briefwechsel Gasparo Contarinis mit E.G.: QFIAB 2 (1899) 161–222; G. DREI: Per la storia del Concilio di Trento. Lettere inedite del segretario Camillo Olivo (1562): Archivio storico italiano 74 (1916) 246–287; DERSELBE: La politica di Pio IV e del card. E.G.: Archivio della Società di Storia Patria 40 (1917) 65–115; DERSELBE: Il card. E.G. alla presidenza del Concilio di Trento: ebd. 40 (1917) 205–245, 41 (1918) 171–222; DERSELBE: La corrispondenza del card. E.G. presidente del concilio di Trento (1562–63): Archivio storico per le provincie Parmensi 17 (1917) 185–242; 18 (1918) 29–143; J.F. MONTESINOS: Cartas inéditas de Juan de Valdés al Card. G. Madrid 1931; A. COCCONCELLI: La rivalità dei G. coi Farnese e la riconciliazione voluta da Pio IV a mezzo di San Carlo Borromeo e del Card. di Mantova. Reggio Emilia 1937; H. JEDIN: Il figlio di Isabella d'Este: il card. E.G.: Humanitas 3 (1946) 370–380, deutsch: Kirche des Glaubens – Kirche der Geschichte, Bd. 1. Freiburg 1966, 195–205; M. MAZZOCCHI: Aspetti della vita religiosa a Mantova nel carteggio fra il card. E.G. e il vescovo ausiliare (1561–63): Aevum 33 (1959) 382–403. – *Zu 2)*: B. AMANTE: G.G., contessa di Fondi, ed il movimento religioso femminile nel secolo XVI. Bologna 1896; CH. HARE: Men and women of the Italian Reformation. London 1914; Dominicus a S. Teresa: Juan de Valdés. Rom 1957, 104–123 404–409. – *Zu 3)*: Marin Le Roy de Gomberville: Mémoires du duc de Nevers. Paris 1665; F.-H. TURPIN (pseudonym: Henriques Pangrapho): Histoire de Louis de Gonzague, duc de Nevers, pair de France. ebd. 1788; J. BERGER DE XIVREY: Lettres inédites de Henri IV au duc et à la duchesse de Nevers, 1589–95. Nogentle-Rotrou 1900; E. BRAMBILLA: L.G., duca di Nevers, 1539–95. Udine 1906; Die Hauptinstruktionen Clemens' VIII. für die Nuntien und Legaten an den europäischen Fürstenhöfen, 1592–1605, Bd. 1. Tübingen 1984, CCXXXVI f. 150–155. *Klaus Jaitner*
■ Nachtrag: *Zu 1)*: R. REZZAGHI: Il ‚Catecismo' di Leonardo de Marini: nel contesto della reforma pastorale del Card. E.G. Rom 1986; L. PESCASIO: Cardinale E.G. Suzzara 1999; P.V. MURPHY: A worldly reform. Honor and pastoral practice in the career of Cardinal E.G.: SCJ 31 (2000) 399–418. – *Zu 2)*: CH. HARE: A Princess of the Italian Reformation: G.G. London 1912; M. OLIVA: G.G. Colonna. Tra Rinascimento e Controriforma. Mailand 1985.

Gottesdienst. Die Reformation versteht G. von der Rechtfertigungslehre her zuerst als Gottes Werk an uns durch Wort und Sakrament, dann als

Werk des Glaubens (Lob-, Dank-, Gebetsopfer und evangeliumsgemäße Lebensgestalt im Alltag; vgl. Vajta). Martin Luthers Definition, „dass unser lieber Herr selbst mit uns redet durch sein heiliges Wort und wir wiederum mit ihm reden durch Gebet und Lobgesang" (Torgau 1544; WA 49, 588), verweist auf das dialogische Wortgeschehen. Die lutherische Reformation folgt im sonntäglichen (Haupt-)G. der abendländischen Messtradition unter radikaler Reduktion des Kanons auf Verba testamenti (Vaterunser) und Kommunion (∕Abendmahl); sie gestaltet Matutin und Vesper als Gemeinde-G.e mit Schwerpunkten in Lesungen, Predigt und Gemeindegesang (Deutsche Messe 1526; WA 19, 72ff.). – Der oberdeutsche und reformierte Bereich knüpft an den spätmittelalterlichen Prädikanten-G. an, in der (selteneren) Mahlfeier ist jedoch die Messtradition erkennbar. – Die anglikanische Reformation orientiert die Eucharistie zunächst (1549) noch am regionalen Sarum-Ritus, um dann (1552) deren Struktur im Sinn Luthers und Johannes ∕Bugenhagens gänzlich umzuformen: Den Einsetzungsworten folgt die Kommunion mit anamnetischen Spendeformeln. Das alle G.e und Handlungen umfassende ∕Book of Common Prayer macht daneben Morning und Evening Prayer zu Gemeinde-G.en. ∕Liturgie.

■ LThK³ 4, 904 (ungekürzte Fassung).
■ Literatur: V. VAJTA: Die Theologie des G. bei Luther. Göttingen 1952; Leiturgia. Handbuch des evangelischen G., hg. v. K.F. MÜLLER – W. BLANKENBURG, 5 Bde. Kassel 1952–1970; Handbuch der Liturgik, hg. v. H.-CH. SCHMIDT-LAUBER – K.-H. BIERITZ. Leipzig – Göttingen 1995.

Hans-Christoph Schmidt-Lauber

■ Nachtrag: RGG⁴ 3, 1187–90. – W. HERBST (Hg.): Evangelischer Gottesdienst. Göttingen ²1992.

Granvella (Granvelle), 1) *Nicolas Perrenot de*, Staatsmann, * 1484 oder 1486 Ornans, † 27.8.1550 Augsburg; Erster Staatsrat ∕Karls V. mit Zuständigkeit für Burgund, die Niederlande und das Reich. Vom Vertrauen des Kaisers getragen, eröffnete er 1540 als dessen Kommissar in Reichstag von Worms, präsidierte dem Religionsgespräch dort und auf dem Reichstag von Regensburg (1541), dessen Abschied er verfasste. Teilnehmer an der Eröffnungssitzung des Tridentinums, versuchte er vergeblich, die Protestanten in die habsburgische Abwehrfront gegen die Osmanen und ∕Franz I. von Frankreich einzureihen.

■ Literatur: Biographie nationale, hg. v. der Academie de Belgique, Bd. 8, 185–197; Nationaal Biografisch Woordenboek, Bd. 1, 572–576. – M. VAN DURME: N.P. van G. en het protestantisme in Duitschland, 1530–1550: Miscellanea Historica L. van der Essen, Bd. 1. Brüssel 1947, 649–655; JEDIN 2², passim. *Burkhard Roberg*
■ Nachtrag: S.u. 2).

2) *Antoine Perrenot de*, Kardinal (1561) und Staatsmann, Sohn von 1), * 26.8.1517 Besançon, † 21.9.1586 Vallecas bei Madrid. Im humanistischen Geist (Jean Sachet) erzogen, vielsprachig, Studium in Löwen und Padua; 1529 päpstlicher Protonotar, 1538 Bischof von Arras, 1540 Priesterweihe, 1543 Bischofsweihe. Wurde nach dem Tod seines Vaters wichtigster Berater Kaiser ∕Karls V. Als solcher hat er zahlreiche Gesandtschaften geleitet und während der zweiten Trienter Tagungsperiode die Konzilspolitik Karls maßgeblich mitbestimmt. Als Vertrauensmann ∕Philipps II. von Spanien in den Niederlanden unterstützte er 1555–59 die Statthalterin ∕Margareta von Parma und kämpfte gegen das Eindringen heterodoxer Lehren. Die von ∕Pius IV. mit königlicher Hilfe inau-

gurierte Neuordnung der Bistumsorganisation in den Niederlanden 1559-70 wurde von ihm unterstützt; er tauschte das (reiche) Arras gegen den (erheblich geringer dotierten) Metropolitansitz Mecheln. 1564 wegen zahlreicher Anfeindungen auf Anraten des spanischen Königs von Brüssel nach Besançon übersiedelt, war er seit 1566 einflussreicher Vertreter Philipps II. an der Kurie und dort maßgeblich am päpstlichen Vorgehen gegen Michael /Bajus beteiligt; G. organisierte die Allianz gegen die Osmanen und entsandte 1571 als päpstlicher Legat von Neapel aus die Liga-Flotte unter Don Juan de Austria nach Lepanto. 1571-77 Vizekönig von Neapel, vertrat er die staatliche Autorität oft gegen Erzbischof und Nuntius. Als Kardinal nahm er 1572 an der Wahl /Gregors XIII. teil, schlug aber dessen Angebot aus, Großpönitentiar zu werden. Die letzten sieben Lebensjahre verbrachte er am spanischen Hof, 1583/84 war er Erzbischof seiner Vaterstadt Besançon. – Vertreter staatskirchlicher Prinzipien gegenüber Kurie und Hierarchie, war er mehr Politiker als Verkörperung des tridentinischen Bischofsideals; seine oft gerügte Pfründenkumulation ist vor dem Hintergrund der Zeit zu sehen und setzte ihn anderseits in den Stand, im Geist des Humanismus als Förderer (Universität /Douai, Plantinsche Offizin) und Kunstmäzen aufzutreten.

▓ Quellen: CH. WEISS: Papiers d'état du Card. de G., 9 Bde. Paris 1841-52; E. POULLET – CH. PIOT: Correspondance du Card. de G., 12 Bde. Brüssel 1877-96; H.O. EVENNETT: The manuscripts of the Vargas-Granvelle correspondence 1551-52: JEH 11 (1960) 219-224; M. VAN DURME: Lettres inédits du Card. de G. à Ch. Plantin: Gutenberg-Jahrbuch 1962, 280-286; C. GUTIÉRREZ: Nueva documentación tridentina (1551-52): AHP 1 (1963) 179f.; DERSELBE: Irento: Un Concilio para la Unión (1550-1552). Madrid 1981.

▓ Literatur: Nationaal Biografisch Woordenboek, Bd. 1, 566-572; DHGE 21, 1175-88. – L. COURCHETET: Histoire du card. de G. Paris 1751; M. PHILIPPSON: Ein Ministerium unter Philipp II. Kard. G. am spanischen Hofe (1579-86). Berlin 1895; M. DIERICKX: De oprichting der nieuwe bisdommen in de Nederlanden onder Filips II, 1559-70. Antwerpen – Utrecht 1950; M. VAN DURME: Antoon Perrenot, bisschop van Atrecht, kardinaal van G., minister van Karel V en van Filips II, 1517-86. Brüssel 1953; derselbe: El card. G. (1517-86). Imperio y revolución bajo Carlos V y Felipe II. Barcelona 1957; H. LUTZ: Christianitas afflicta. Europa, das Reich und die päpstliche Politik im Niedergang der Hegemonie Karls V. (1552-56). Göttingen 1964; JEDIN 3² und 4, passim (Register s.v. Arras, Granvella); A. PUAUX: Madama fille de Charles-Quint (Marguerite de Parma), régente des Pays-Bas. Paris 1987; G. JONNEKIN: Le Card. de G. Un destin européen au XVIe siècle. Versailles 1989; P. POSTMA: Nieuw licht op een oude zaak. De oprichting van de nieuwe bisdommen in 1559: Tijdschrift voor geschiedenis 103 (1990) 10-27. *Burkhard Roberg*

▓ Nachtrag: Le Granvelle et l'Italie au XVIe siècle, hg. v. J. BRUNET. Besançon 1996; C. BANZ: Höfisches Mäzenatentum in Brüssel. Berlin 2000; K. DE JONGE: Les Granvelle et les anciens Pays-Bas. Löwen 2000.

Gratius (van Graes), *Ortwinus*, Humanist, * um 1480 Holtwick (Westfalen), † 22.5.1542 Köln; studierte seit 1501 in Köln (1506 Magister artium); lehrte seit 1507 an der Artistenfakultät ebenda und arbeitete als Korrektor für die Druckerei der Brüder Quentell; 1514 Priester; geriet als Parteigänger des Johannes /Pfefferkorn in dessen Streit mit Johannes /Reuchlin und wurde zum Hauptziel der /„Dunkelmännerbriefe"; seine Sammlung von Schriften zur Kirchenreform *Fasciculus rerum expetendarum ac fugiendarum* (Köln 1535) wurde 1554 indiziert.

▓ Werke: Orationes quodlibeticae. Köln 1508; Lamentationes obscurorum virorum. ebd. 1518; Epistola apologetica. ebd. 1518.

Literatur: DHGE 21, 1249; CERAS 2, 124f. – D. REICHLING: O.G. Heiligenstadt 1884, Nachdruck Nieuwkoop 1963 (Bibliographie); K.G. FELLERER: Zur ‚Oratio de laudibus musicae disciplinae' des O.G.: Kirchenmusikalisches Jahrbuch 37 (1953) 43–47; J. CHOMARAT: Les hommes obscurs et la poésie: L'humanisme allemand. Paris–München 1979, 261–283; J.V. MEHL: O.G.' ‚Orationes quodlibeticae': Journal of Medieval and Renaissance Studies 11 (1981) 57–69; J.H. OVERFIELD: Humanism and Scholasticism in Late Medieval Germany. Princeton 1984; J.V. MEHL: O.G., Conciliarism, and the Call for Church Reform: ARG 76 (1985) 169–194; G. CHAIX: Le ‚Fasciculus rerum expetendarum ac fugiendarum' d' O.G. et l'esprit reformateur à Cologne en 1535: Les réformes, enracinement socio-culturel. Paris 1985, 387–392; J.V. MEHL: The First Printed Editions of the History of Church Councils: AHC 18 (1986) 128–143; G.-R. TEWES: Die Bursen der Kölner Artistenfakultät bis zur Mitte des 16.Jh. Köln 1993. *Peter Walter*

Gravamina. Die „Gravamina nationis germanicae", erstmals 1456 so genannt, bezeichnen die „Beschwerung" von Reich und Reichskirche durch Papst und Kurie. Ausgehend vom Wiener Konkordat von 1448 ist zwischen klerikalen, städtischen und offiziellen Reichstags-G. zu unterscheiden. Die Beschwerden richten sich insbesondere gegen die römische Verwaltungs- und Besteuerungspraxis sowie gegen die kirchlichen Prozessverfahren. Dem ersten offiziellen Gravamen, dem Mainzer Libell von 1451, folgten weitere G.: 1455 auf der Mainzer Provinzialsynode in Aschaffenburg 13 Artikel, 1456 die zwölf Frankfurter Avisamenta, 1458 die G. des Reichstags zu Frankfurt, 1479 die 26 G. des unierten Klerus der drei rheinischen Kirchenprovinzen zu Koblenz, die G. des Humanisten Jakob / Wimpfeling von 1510 und die 102 Beschwerden des Wormser Reichstags von 1521, die zwar nicht unmittelbar mit dem Auftreten Martin Luthers in Zusammenhang standen, sich aber in der Folgezeit mit dessen Forderungen verbanden. Die Dynamik der Reformation hob die G.-Diskussion auf eine neue Stufe, ehe sie durch das Tridentinum an Bedeutung verlor. Noch einmal traten 1673 und 1769 (31 Koblenzer G.) die rheinischen Kurerzbischöfe mit ihren Beschwerden hervor. Auch die kaiserliche Wahlkapitulation von 1711 (Art. 14) und die Emser Punktation von 1786 knüpften an die vorreformatorischen G. an.

Literatur: B. GEBHARDT: Die G. der deutschen Nation gegen den römischen Hof. Breslau ²1895; W. MICHEL: Das Wiener Konkordat von 1448 und die nachfolgenden G. des Primarklerus der Mainzer Kirchenprovinz. Dissertation. Heidelberg 1929; H. CELLARIUS: Die Reichsstadt Frankfurt und die G. der deutschen Nation. Leipzig 1938; H. RAAB: Die Concordata nationis Germanicae in der kanonistischen Diskussion des 17.–19.Jh. Wiesbaden 1956; H. SCHEIBLE: Die G., Luther und der Wormser Reichstag von 1521: Blätter für Pfälzische Kirchengeschichte und religiöse Volkskunde 39 (1972) 167–183. *Manfred Rudersdorf*

Grebel, *Konrad,* Mitgründer der Zürcher / Täuferbewegung, * um 1498 Zürich, † Juli/August 1526 Maienfeld; humanistische Studien u.a. in Basel, Wien und Paris; 1520 Rückkehr nach Zürich, wo er Anhänger Huldrych Zwinglis wurde. 1522 prägendes Bekehrungserlebnis. Ab 1523 Differenzen mit Zwingli, dem G. bei der kirchlichen Erneuerung falsche Kompromissbereitschaft vorwarf; endgültiger Bruch durch die erste „Glaubenstaufe" am 21.1.1525. Rasche Ausbreitung der Bewegung durch ausgedehnte Predigttätigkeit G.s und anderer. Geschwächt durch Verfolgung, starb G. an der Pest.

Literatur: C.J. DYCK (Hg.): Mennonite Encyclopedia, Bd. 5. Scottdale 1990, 354ff. – H. BENDER: K.G. Scottdale 1950; H. FAST: K.G.:

H. GOERTZ (Hg.): Radikale Reformatoren. München 1978, 103–114; G.W. LOCHER: Die Zwinglische Reformation im Rahmen der europäischen Kirchengeschichte. Göttingen 1979; M. BAUMGARTNER: Die Täufer und Zwingli. Zürich 1993. *Hanspeter Jecker*

■ Nachtrag: H.-J. GOERTZ: K.G. – Kritiker des frommen Scheins. Hamburg 1998; D.G. LICHDI: K.G. und die frühe Täuferbewegung. Lage 1998.

Gregor XIII., Papst (13.5.1572–10.4.1585), vorher *Ugo Boncompagni*, * 1.1.1502 Bologna als Sohn eines Kaufmanns; Studium in Bologna, hier 1531–39 Rechtslehrer, seit 1539 in Rom in kurialem Dienst, 1546 und 1561–63 im Auftrag der Kurie auf dem Tridentinum, wo er erheblichen Anteil an der Abfassung der Reformdekrete hatte; dazwischen diplomatische Aufträge in Frankreich 1556 und Brüssel 1557; 1558 Bischof von Viesti; 1565 Kardinal und Legat in Spanien, wo er das Vertrauen König ∕Philipps II. gewann; dessen und Kardinal Antoine Perrenot de ∕Granvellas Einfluss ist v. a. die Wahl zum Papst in ungewöhnlich kurzem Konklave zuzuschreiben. G. war noch in der Atmosphäre der Renaissance aufgewachsen, blieb als Papst jedoch schlicht. Geschulter Jurist und verwaltungserfahren, erledigte er die wichtigsten Geschäfte selbst. Er führte ein mildes Regiment, trieb aber ∕Katholische Reform und ∕Gegenreformation entschieden voran, auch mit harten und gelegentlich zweifelhaften Mitteln. Er unterstützte ∕Heinrich III. von Frankreich gegen die ∕Hugenotten, ließ 1572 die französische ∕Bartholomäusnacht (an deren Vorbereitung er nicht beteiligt war) in Rom öffentlich feiern, förderte den Aufstand der Iren und das spanische Rüsten gegen ∕Elisabeth I. von England; ähnlich unterstützte er die spanische Gegenreformation in den Niederlanden. Die katholische Kirche in Polen konnte sich wieder entscheidend festigen und erneuern. Doch gelang weder die Rekatholisierung Schwedens noch die Union oder eine engere Verbindung mit Russland unter Ivan IV. (Entsendung des Nuntius Antonio Possevino). Bemühungen um eine große Liga gegen die Türken schlugen fehl. Den deutschen Angelegenheiten wandte G. besondere Aufmerksamkeit zu (Errichtung einer „deutschen" Kardinalskongregation 1573 und neuer ständiger Nuntiaturen in Köln, Graz und Luzern); das wichtigste kirchenpolitische Eingreifen war hier der Erhalt Kurkölns für die katholische Kirche beim Abfall des Erzbischofs Gebhard II. Truchsess von ∕Waldburg 1583, damit der Erhalt der schwer gefährdeten Reichskirche in Niederdeutschland und die Sicherung des katholischen Kaisertums. Als Freund der Wissenschaften, kirchlicher Erziehung und der Jesuiten, half G. entscheidend bei der Gründung von Seminarien in allen Ländern. In Rom errichtete er das englische, ungarische, griechische, armenische und maronitische Kolleg, stellte das gefährdete Germanicum durch reiche Dotation sicher und wurde zweiter Stifter des Collegium Romanum. G. förderte die Missionen, besonders in Indien und Japan, veranstaltete die vom Konzil angeregte amtliche Ausgabe des Corpus Iuris Canonici und führte die Reform des julianischen Kalenders durch (auf den 4. folgte der 15.10.1582). Die Reform der liturgischen Gesänge wurde in Angriff genommen, die Indexkongregation reorganisiert. 1580 wiederholte G. die Verurteilung des Michael ∕Bajus, der sich unterwarf. Er ist einer der großen nachtridentinischen Reformpäpste, welche die Katholische Reform auf der Grundlage des Konzils mit der planmäßigen Rückgewinnung verlorenen Gebietes verbanden. Der gewaltige Aufwand für Studien, Kollegien, diplomatische Aufgaben, auch für die Erweiterungen Roms und Prachtbauten, zerrüttete die Finanzen und verursachte Unruhen. Besonders in den letzten Regierungsjahren hatten Rom und der Kirchenstaat unter der wachsenden, vom Adel vielfach unterstützten Banditenplage schwer zu leiden; der alte, allzu sehr auf Nachsicht bedachte Papst konnte die Ordnung nicht mehr wiederherstellen – was als vordringliche Aufgabe seinem Nachfolger ↗Sixtus V. blieb.

▪ Literatur: L. VON PASTOR: Geschichte der Päpste seit dem Ausgang des Mittelalters, Bd. 9. Freiburg 1923; J. KRÜGER: Das ursprüngliche Grabmal G.s XIII. in St. Peter zu Rom: Korrespondenzblatt des Collegium Germanicum 95 (1986) 41–59; G. SCHWAIGER: Die Päpste der Katholischen Reform und Gegenreformation: Gestalten der Kirchengeschichte, hg. v. M. GRESCHAT, Bd. 12. Stuttgart u.a. 1985, 79–102; F.M. DE' REGUARDATI: Il fenomeno del banditismo sotto Gregorio XIII e Sisto V: Rivista araldica 85 (1987) 198–207; S. VARESCHI: La legazione del card. Ludovico Madruzzo alla dieta imperiale di Augusta 1582. Chiesa, Papato e Impero nella seconda metà del sec. XVI. Trient 1990; V. PERI: Roma e l'idea del patriarcato di Mosca all'epoca di Gregorio XIII: IV Centenario dell'istituzione de Patriarcato in Russia. ebd. 1991, 177–205; A. FERNÁNDEZ COLLADO: Gregorio XIII y Felipe II en la nunciatura de Felipe Sega (1577–87). Toledo 1991. *Georg Schwaiger*
▪ Nachtrag: Vatikanlexikon, hg. v. N. DEL RE. Augsburg 1998, 282ff.; RGG⁴ 3, 1261. – E. OLIVARES: La bula ‚Ascendente Domino', 1584, y los teológicos posttridentinos: Archivo teológico Granadino 62 (1999) 5–75; M. FREIBERG: Going Gregorian, 1582–1752. A summary view: CHR 86 (2000) 1–19; J.P. DONELLY: Antonio Possevino, S.J. as papal mediator between Emperor Rudolf II and King Stephan Báthory: Archivum historicum Societatis Jesu 69 (2000) 3–56.

Gregor XIV., Papst (5.12.1590–16.10.1591), vorher *Niccolò Sfondrati,* * 11.2.1535 Somma Lombardo (Varese); 1560 Bischof von Cremona, 1583 Kardinal. G. verband Freundschaft mit Karl ↗Borromäus und Filippo Neri. Der stets kränkliche und politisch unerfahrene Papst überließ die Geschäfte seinem ungeeigneten Kardinalnepoten Paolo Camillo Sfondrati, der eine unglückliche antifranzösische Politik (Unterstützung der Heiligen Liga in Frankreich mit Geld und Truppen; erneuter Bann gegen König ↗Heinrich IV.) im Schlepptau Spaniens betrieb.

▪ Literatur: M. FACINI: Il pontificato di Gregorio XIV. Rom 1911; HCMA 3, 53f. 181; L. VON PASTOR: Geschichte der Päpste seit dem Ausgang des Mittelalters, Bd. 10. Freiburg 1926, 531–573; L. CASTANO: N. Sfondrati vescovo di Cremona al Concilio di Trento 1561–63. Turin 1939; DERSELBE: Gregorio XIV. ebd. 1957. *Georg Schwaiger*
▪ Nachtrag: Vatikanlexikon, hg. v. N. DEL RE. Augsburg 1998, 284f.

Gropper, 1) *Johann,* Kölner Domherr, Theologe und Kirchenpolitiker, * 24.2.1503 Soest, † 13.3.1559 Rom. Studium der Philosophie und der Rechte in Köln, 1525 Doctor iuris. Von erasmischem Denken beeinflusst, setzte sich G. zunächst für Verwaltungsreformen im Erzstift ein. Seit 1530 Hinwendung zur Theologie. Zum Provinzialkonzil 1536 legte G. wegweisende Reformstatuten vor. 1538 erschien sein *Enchiridion christianae institutionis;* es behandelt die mit den Reformatoren kontroversen Fragen unpolemisch und verständigungsbereit. 1540/41 war G. an den Religionsgesprächen von ↗Worms und ↗Regensburg beteiligt. Als Erzbischof Hermann von ↗Wied in Köln

1542/47 durch Martin ↗ Bucer die Reformation einführen wollte, stellte sich G. an die Spitze des schließlich erfolgreichen Widerstandes. Danach arbeitete er unter den Erzbischöfen Adolf und Anton von ↗ Schaumburg für die religiöse Erneuerung der Kölner Kirche. 1551/52 nahm G. aktiv am Tridentinum teil. 1555 zum Kardinal designiert, übersiedelte er 1558 nach Rom. Seine theologischen Konzepte und praxisorientierten Reformideen fanden bis in die sechziger Jahre des 16. Jh. in Italien, Frankreich und Spanien erhebliche Resonanz.

▪ Werke: Canones Concilii Provincialis Coloniensis/Enchiridion christianae institutionis. Köln 1538; Antididagma seu Christianae et Catholicae religionis propugnatio. ebd. 1544; Capita Institutionis ad pietatem. ebd. 1546; Institutio Catholica. ebd. 1550; Vonn warer, wesenlicher und pleibender Gegenwertigkeit des Leybs und Blůts Christi. ebd. 1556.

▪ Quellen: J.G. Briefwechsel, Bd. 1: 1529–47, hg. v. R. BRAUNISCH. Münster 1977.

▪ Literatur: KThR 1, 116–124. – W. LIPGENS: Kardinal J.G. und die Anfänge der katholischen Reform in Deutschland. Münster 1951; R. BRAUNISCH: Die Theologie der Rechtfertigung im ‚Enchiridion' (1538) des J.G. ebd. 1974; J. MEIER: Das ‚Enchiridion christianae institutionis' (1538) von J.G. Geschichte seiner Entstehung, Verbreitung und Nachwirkung: ZKG 86 (1975) 289–328; DERSELBE: Der priesterliche Dienst nach J.G. (1503–59). Münster 1977; J.I. TELLECHEA IDIGORAS: J.G. expurgado por la inquisición española: Scriptorium Victoriense. Revista cuatrimestral de investigación teológica 24 (1977) 197–218; K. REPGEN: J.G.s Oktoberartikel von 1546: Ecclesia militans. FS R. Bäumer, Bd. 2. Paderborn 1988, 363–394; A. WILLSCH: Das Verständnis der Ehe im ‚Enchiridion' des J.G. St. Ottilien 1991. *Johannes Meier*

▪ Nachtrag: H. FILSER: Ekklesiologie und Sakramentenlehre des Kardinals J.G. Münster 1995.

2) *Kaspar*, Nuntius, Bruder von 1), * um 1514 Soest, † 9.3.1594 Köln. Von seinem Bruder in seinem Werdegang entscheidend beeinflusst, wurde G. 1542 Dekan an St. Patrokli zu Soest, 1547 Dekan an St. Victor zu Xanten, 1550 Offizial und 1552 Domherr in Köln, ging 1558 nach Rom, wo er Auditor der Rota wurde. War 1560–94 Inhaber der Bonner Propstei. Trat 1573 eine Nuntiaturreise nach Augsburg, Würzburg, Mainz, Köln, Münster sowie Jülich-Kleve an, wo er auf die Durchführung der Beschlüsse des Tridentinums dringen sollte. Von seiner Nuntiaturtätigkeit, bei der er von Nicolaus ↗ Elgard unterstützt wurde, zog er sich 1576 gekränkt und vermutlich auch gemütskrank zurück.

▪ Quellen: W.E. SCHWARZ: Die Nuntiaturkorrespondenz K.G.s. Paderborn 1898.

▪ Literatur: C. GREBNER: K.G. und N. Elgard. Münster 1982. *Christian Grebner*

Grumbach, *Argula von,* geborene von Stauff, Reformatorin, * 1492, † vermutlich 1568; aus ältestem bayerischen Adel stammend, Erziehung am Münchner Herzogshof von Albrecht IV. Nach dem Tod ihres Vaters Bernhardin von Stauff 1509 wurde eine deutsche Bibel, die er ihr geschenkt hatte, zu ihrem Lebensinhalt. Trotz Heirat mit dem katholisch gesinnten Friedrich von Grumbach 1514/15 und der Geburt von vier Kindern beschäftigte sie sich intensiv mit der neuen Lehre der Reformation. 1523 verteidigte sie Arsacius Seehofer vor der Universität Ingolstadt. Ihr erster öffentlicher Auftritt als Reformatorin führt zur Amtsenthebung ihres Gatten als Pfleger in Dietfurt. Trotz zunehmenden Drucks seitens ihrer Familie blieb G. bis zu ihrem Lebensende eine wortgewandte und mutige Verfechterin der neuen Glaubenslehre. Martin Luther selbst, mit dem sie ebenso wie mit anderen Reformatoren in Kontakt stand, sah in ihr ein „besonderes Werkzeug Christi" und eine große Kämpferin für die reformatorische Bewegung.

- Literatur: M. HEINSIUS: Das Bekenntnis der Frau A. von G. München 1936; S. HALBACH: A. von G. als Verfasserin reformatorischer Flugschriften. Frankfurt (Main) 1992; H. SPACHMÜLLER: A. von G. – selbst ist die Frau. Schwabach 1992; P. MATHESON: A. von G. – A Woman's Voice in the Reformation. Edinburgh 1995; M. VOGT-LÜERSSEN: 40 Frauenschicksale aus dem 15. und 16.Jh. Mainz 2001, 119–123.

Maike Vogt-Lüerssen

Grynäus (Gryner), 1) *Simon,* Humanist und reformierter Theologe, * 1493 Vehringen (Hohenzollern), † 1.8.1541 Basel; Studium in Pforzheim und Wien (Magister artium); 1524 Professor der griechischen, 1526 auch der lateinischen Sprache in Heidelberg, 1529 Professor der griechischen Sprache in Basel; besuchte 1531 England; 1532–41 Professor der Theologie in Basel; 1534–35 an der Neuordnung der Universität Tübingen auf reformierter Grundlage beteiligt; 1536 Rückkehr nach Basel, 1540/41 Rektor ebenda. G. war Mitverfasser der *Confessio Helvetica Prior* (1536) und an den Verhandlungen über die ∕Wittenberger Konkordie (1536) sowie am ∕Wormser Religionsgespräch (1540) beteiligt.

- Literatur: BBKL 2, 377. – CH.H. LOHR: Latin Aristotle Commentaries II: Renaissance Authors. Florenz 1988, 175f.; DERSELBE: Aristotelica helvetica. Fribourg 1994.

2) *Johann Jakob,* reformierter Theologe, Sohn Thomas G.' (1512–1564), eines Neffen von 1), * 1.10.1540 Bern, † 30.8.1617 Basel; 1551–1564 Studium in Basel und Tübingen (1564 Doctor theologiae); 1565 Superintendent in Röteln, 1575–84 Professor für Altes Testament in Basel, 1584–86 Reform der Universität Heidelberg auf calvinistischer Grundlage; 1586 Antistes und Professor für Neues Testament in Basel. G. setzte der Annäherung der Basler Kirche an das Luthertum ein Ende und prägte ihr calvinistischen Charakter auf.

- Literatur: BBKL 2, 376. *Charles H. Lohr*
- Nachtrag: A. SZÁBO: J.J.G. magyar kapcsolatai. Szeged 1989 (mit deutscher Zusammenfassung und lateinischen Briefen); H. JECKER: Ketzer, Rebellen, Heilige. Das Basler Täufertum von 1580 bis 1700. Liestal 1998, besonders 484ff.; A.N. BURNETT: Controlling the clergy. The oversight of Basel's rural pastors in the 16th century: Zwingliana 25 (1998) 129–142.

Guerrero, *Pedro,* Theologe, * 11.12.1501 Leza del Rio Leza (La Rioja), † 2.4.1576 Granada; Studium in Sigüenza und Alcalá; ab 1529 Dozent an der Artistenfakultät in Salamanca, 1534 Magister theologiae; 1535 Theologieprofessor in Sigüenza; 1546 Erzbischof von Granada. G. war wohl der wichtigste Vertreter Spaniens auf der zweiten und dritten Tagungsperiode des Trienter Konzils.

- Literatur: DHEE 2, 1065f.; OER 2, 201. – C. GUTIÉRREZ: Españoles en Trento. Valladolid 1951, 946–962; JEDIN 4/2, passim; A. MARÍN OCETE: El arzobispo Don P.G. y la política conciliar española en el siglo XVI, 2 Bde. Madrid 1970; J. LÓPEZ MARTÍN: Don P.G.: Epistolario y documentación. Rom 1974. *Fernando Domínguez*

Guise, französisches Herzogsgeschlecht, jüngere Seitenlinie des Hauses Lorraine.

1) Der Begründer des Hauses war *Claude* (20.10.1496–12.4.1550), durch seine Ehe mit Antoinette von Bourbon-Vendôme Verwandter des französischen Königshauses der Valois.

2) Sein erster Sohn *François* (17.12.1519–24.2.1563) zeichnete sich unter ∕Franz I. und ∕Heinrich II. in den Kriegen gegen ∕Karl V. aus. Er regierte (mit seinem Bruder Charles [s. u.]) während der kurzen Herrschaft Franz' II. (1559–60) faktisch

das Königreich; 1560 unterdrückte er die Verschwörung von Amboise (Versuch von /Hugenotten, Franz II. zu entführen). Sein gewaltsames Vorgehen gegen die Hugenotten auf seiner Besitzung Wassy in der Champagne („Massacre de Wassy", 1.3.1562) gab das Signal zum Ausbruch der französischen Religionskriege. Er wurde bei Orléans von einem Hugenotten ermordet. *Stephan Skalweit*
3) *Charles*, zweiter Sohn des Herzogs Claude (17.2.1525–26.12.1574), genannt Cardinal de Lorraine, wurde für die kirchliche Karriere bestimmt; gebildet, intelligent und guter Redner. Er sammelte unaufhörlich kirchliche Pfründen (u. a. Toul und Verdun), aus denen er die Mittel für ein aufgeklärtes Mäzenatentum zog; hatte auf König Franz II. großen Einfluss und spielte eine wichtige Rolle in der kirchlichen Politik sowohl in Frankreich (Religionsgespräch von /Poissy, September 1561; Begegnung mit Herzog /Christoph von Württemberg sowie mit dessen Theologen Johannes /Brenz, Februar 1562) als auch auf dem Tridentinum, wo er die französische Delegation während der dritten Tagungsperiode leitete und gallikanische Thesen verteidigte (November 1562). Gründer der Universitäten von Reims (1548) und Pont-à-Mousson (1572). Er unterstützte die Jesuiten (1574); unternahm eine Visitation des Bistums Reims.
Gérald Chaix
4) *Die Söhne von François: Henri* (31.12.1550–23.12.1588), genannt „le Balafré", stieg unter /Karl IX. zum Vorkämpfer der französischen Katholiken gegen die /Hugenotten auf. Er war einer der Hauptverantwortlichen der /Bartholomäusnacht (1572) und trat 1576 an die Spitze der Liga. Ihr doppelter Charakter als religiöse Volksbewegung und ständisch-regionale Reaktion gegen den Machtanspruch der Krone musste den Herzog von Guise in Gegensatz zu König /Heinrich III. bringen. Dieser ließ den Herzog und seinen Bruder *Louis*, Kardinal und Erzbischof von Lyon (6.7.1555–24.12.1588), im Schloss zu Blois ermorden. Der dritte Bruder, *Charles de Mayenne* (26.3.1554–4.10.1611), wurde Führer der Liga und unterwarf sich /Heinrich IV. erst 1595. Die führende Rolle des Hauses im Frankreich des 16. Jh. kommt auch in seiner bedeutenden kirchlichen Stellung zum Ausdruck. Mitglieder der Familie hatten fast ununterbrochen die wichtigen Bischofssitze Metz, Reims und Lyon inne.
Stephan Skalweit

■ Literatur: DBF 17, 325–332; DHGE 22, 1118–1125. – H.O. EVENNETT: The Cardinal of Lorraine and the Council of Trent. Cambridge 1930; J.-M. CONSTANT: Les G. Paris 1984; E. BOURASSIN: L'assassinat du duc de G. ebd. 1991; TH.E. TAYLOR: Charles, second cardinal of Lorraine. Charlottesville (Virginia) 1995; Y. BELLENGER (Hg.): Le mécénat et l'influence des Guises. Actes du colloque, Joinville 31 mai au 4 juin 1994. Paris 1997; S. CARROLL: Noble power during the French wars of religion. Cambridge 1998.

Gustav I. Vasa von Schweden (König 1523), Gründer des modernen schwedischen Staates, * 12.5.1496/1497 (?) Rydboholm, † 29.9.1560. Als Angehöriger des schwedischen Adels kam er 1518 im Krieg Sten Stures (des Jüngeren) als Gefangener nach Dänemark. Es gelang ihm, nach Schweden zurückzukehren. Dort erfuhr er vom „Stockholmer Blutbad", mit welchem der Unionskönig Christian II. sich rücksichtslos von allen wirklichen und mutmaßlichen Oppositionellen befreite. G. stellte sich an die Spitze einer Aufstandsbewegung. Es gelang ihm, die Dänen zu vertreiben und ein nationales Königtum zu errichten. Weil Erzbischof Gustav Trolle von Uppsala als Mitschuldiger der Bluttat von 1520 galt, war ein Konflikt mit der Kirche vorauszusehen. 1527 (Reichstag zu Västerås) hat G. bewusst die politische und wirtschaftliche Macht der katholischen Kirche gebrochen. G. hat zunächst vorsichtig, dann immer deutlicher die Tätigkeit der schwedischen Reformatoren unterstützt. Mit der Weihe (1531) des Laurentius ∕Petri zum Erzbischof war der Bruch mit Rom vollzogen. Die Kirchenplünderungen G.s riefen Aufstandsbewegungen hervor, die mit harter Hand unterdrückt wurden. Beim Tod G.s war Schweden Erbkönigtum und auf dem Weg zum lutherischen konfessionellen Einheitsstaat.

■ Literatur: G. SCHWAIGER: Die Reformation in den nordischen Ländern. München 1962; M. ROBERTS: The early Vasas. Cambridge 1968.   *Lars Cavallin*
■ Nachtrag: A. ÅBERG: G. Vasa. Stockholm 1996; M. NYMAN: Förlorarnas historia. Uppsala 1997.

Hadrian VI., Papst (9.1.1522–14.9.1523), vorher *Adrian Florensz Boeyens;* * 2.3.1459 Utrecht als Zimmermannssohn, Grab in Santa Maria dell'Anima, Rom; Schüler der Fraterherren; Studium an der Universität Löwen, hier 1491–1507 Lehrer der Theologie, geprägt von Spätscholastik mit Neigung zu Kirchenrecht und kasuistischer Moraltheologie. 1507 bestellte ihn Kaiser Maximilian I. zum Erzieher seines Enkels, des späteren Kaisers ∕Karl V. Adrian sicherte diesem das volle Erbrecht in der spanischen Monarchie und führte seit 1516 gemeinsam mit Kardinal Francisco Jiménez Cisneros, nach dessen Tod allein die Regierungsgeschäfte in Spanien. 1516 Bischof von Tortosa, 1517 Inquisitor und Kardinal. Während der Abwesenheit Karls (Kaiserwahl) führte er erneut die spanische Regentschaft, wobei er zur Beilegung des Aufstandes in Kastilien 1520–22 beitragen konnte. Im durch politische Rivalitäten gespaltenen Konklave nach dem Tod ∕Leos X. wurde Adrian wegen seiner Stellung in Spanien, seiner engen Verbindung mit dem Kaiser und seines vorbildlichen Lebens in Abwesenheit gewählt. Dem frommen, asketisch strengen H. begegnete bereits feindselige Ablehnung an der verweltlichten Kurie und in der römischen Bevölkerung, als er am 29.8.1522 auf dem Seeweg (zur Betonung der politischen Neutralität) in Rom eintraf. Als Hauptaufgaben sah H. die Eindämmung der mit Martin Luther ausgelösten Reformation und die Einigung der christlichen Mächte gegen die Türken (Fall Belgrads 1521, von Rhodos 1522). Sparsamkeit nach der Schuldenwirtschaft des Vorgängers und ernste Reformgesinnung trugen H. erhebliche Ressentiments in Rom ein, wozu die Abneigung gegen den Ausländer kam. H. war isoliert, gestützt auf wenige spanische und niederländische Vertraute (Kardinal Willem van Enkevoirt). Zum Nürnberger Reichstag 1522–23 sandte er den Nuntius Francesco ∕Chiericati; in dessen Instructio sprach H. die Missstände an der Kurie und seinen Reformwillen aus, forderte aber (vergeblich) die Durchführung des Wormser Edikts gegen Luther. Ebenso erfolglos blieb seine Friedensvermittlung zwischen Karl V. und König ∕Franz I. von Frankreich, so dass sich H. nach den harten Sanktionen Frankreichs gegen ihn auf der Seite Karls, Englands und Venedigs zur antifranzösischen Liga gedrängt sah. H. wandte seine Sorge auch der Schweiz, Polen, Ungarn und den skandinavischen Reichen zu.

■ Literatur: DHGE 22, 1487ff.; 24, 379f. (s.v. Hezius [Thierry] secrétaire d'Adrien VI); TRE 14, 309f. – L. VON PASTOR: Geschichte der Päpste seit dem Ausgang des Mittelalters, Bd. 4/2. Freiburg 1893; A. MERCATI: Diarii di concistori del pontificato di Adrino VI. Rom 1951; Ephemerides theologicae Lovanienses 35 (1959) 513–629; J. POSNER: Der deutsche Papst Adrian VI. Recklinghausen 1962; R.-E. McNALLY: Pope Adrian VI and Church Reform: AHP 7 (1969) 253– 285; P. BERGLAR: Die kirchliche und politische Bedeutung des Pontifikats H.s VI.: Archiv für Kulturgeschichte 54 (1972) 97–112; K.H. DUCKE: Handeln zum Heil. Eine Untersuchung zur Morallehre H.s VI. Leipzig 1976; J. BIJLOOS: Adrianus VI. De Nederlandse Paus. Haarlem 1980. *Georg Schwaiger*
■ Nachtrag: RGG⁴ 3, 1370f. – K. MITTERMAIER: Die deutschen Päpste. Graz 1991; R.B. HEIN: ‚Gewissen' bei Adrian von Utrecht (H. VI.), Erasmus von Rotterdam und Thomas More. Münster 2000; P. NISSEN: Adrianus VI. Een biografie. Amsterdam 2000; M. GRAULICH: Adriano VI e la richiesta di perdono: Salesianum 62 (2000) 741–755.

Hagenauer Religionsgespräch.

Nach dem Erstarken des politischen Protestantismus im /Schmalkaldischen Bund, der Verzögerung des Konzils durch die Kurie, der Bedrohung durch /Franz I. von Frankreich und die Türken ließ /Karl V. für den 19.4.1539 in Frankfurt ein nationales Religionsgespräch nach Nürnberg anberaumen, das aber wegen des Widerstandes der Kurie erst vom 18.6. bis 28.7.1540 in Hagenau unter Leitung König /Ferdinands stattfand. Unterhändler waren die Kurfürsten von der Pfalz und Trier (am 23.7.1540 durch den Kurfürsten von Mainz ersetzt), der Herzog von Bayern und der Bischof von Straßburg. Verhandelt wurde über Verfahren und Grundlagen des Religionsgesprächs. Der Hagenauer Abschied vom 28.7.1540 bestimmte: 1. Einladung zu einem weiteren Religionsgespräch nach /Worms zum 28.10. 1540. 2. Jede Partei hat elf Stimmen zur Abstimmung über die strittigen Religionsfragen. 3. Verhandlungsbasis sind die /Confessio Augustana und ihre Apologie. Damit waren die Grundlagen für das Religionsgespräch vom 28.10.1540 bis 18.1.1541 in Worms und vom 27.4. bis 22.5. 1541 in /Regensburg gelegt.

■ Quellen: CR Bd. 3; NBD I/5; ARCEG Bd. 3.
■ Literatur: C. AUGUSTIJN: De Godsdienstgesprekken tussen Rooms-Katholieken en Protestanten van 1538 to 1541. Haarlem 1967; W. NEUSER: Die Vorbereitung der Religionsgespräche von Worms und Regensburg 1540/41. Neukirchen-Vluyn 1974; M. HOLLERBACH: Das Religionsgespräch als Mittel der konfessionellen und politischen Auseinandersetzung im Deutschland des 16.Jh. Frankfurt (Main) 1982; E. HONÉE: Über das Vorhaben und Scheitern eines Religionsgesprächs: ZKG 76 (1985) 196– 216; K.-H. ZUR MÜHLEN: Die Edition der Akten und Berichte der Religionsgespräche von Hagenau und Worms 1540/41: Standfester Glaube. FS J.F.G. Goeters. Köln 1991, 47– 82. *Karl-Heinz zur Mühlen*
■ Nachtrag: Akten der deutschen Reichsreligionsgespräche im 16.Jh., Bd. 1, 1 und 2, hg. v. K. GANZER. Göttingen 2000.

Haldrein (Halderen, Haldrenius) von Wesel, *Arnold*, Humanist, † 30.10. 1534 Köln; 1501 Immatrikulation an der Universität Köln, 1504 Magister artium, 1516–27 Mitglied der Artistenfakultät, 1518 Dekan, 1522 Lizentiat in Theologie, 1525 Inhaber einer Universitätspfründe an St. Severin, 1531 Kölner Domherr, Professor für Griechisch und Hebräisch, edierte antike Autoren; auf dem Augsburger Reichstag 1530 mit der Widerlegung der /Confessio Augustana beauftragt, verfasste H. wahrscheinlich die *Brevis responsio*.

■ Werke: VD 16 8, H 293–317.
■ Literatur: E. MEUTHEN: Kölner Universitätsgeschichte, Bd. 1. Köln–Wien 1988, 214 u.ö. *Barbara Henze*

Haller, *Berchtold,* Reformator Berns, * 1492 Aldingen bei Rottweil, † 25.2.1536 Bern; 1512 Magister artium der Universität Köln; 1513 Kaplan in Bern; reformatorisch beeinflusst von Thomas ↗Wyttenbach (1472–1526), dem er 1519 als Leutpriester und 1520 als Chorherr folgte; befreundet mit Philipp Melanchthon, seit 1521 mit Huldrych Zwingli, später auch mit Johannes ↗Oekolampad; in Bern Mittelpunkt eines geistig bedeutsamen Kreises evangelisch gesinnter Männer und Führer der bernischen Kirche; nach Aufgabe der Perikopenordnung las er seit Weihnachten 1525 auch die Messe nicht mehr; vom Rat 1526 an die ↗Badener Disputation entsandt; Spannungen in der Eidgenossenschaft förderten die Reformation in Bern, wo seit 1527 die reformierte Partei im Rat die Mehrheit besaß; die Berner Disputation 1528, für die H. und sein Mitarbeiter Franz Kolb (1465–1535) zehn Thesen verfasst hatten, brachte den Sieg der Evangelischen; das Bernische Allgemeine Reformationsedikt vom 7.2.1528 war von H. entworfen; Ostern 1528 wurde in Bern erstmals offiziell das heilige Abendmahl gefeiert. 1530 vergebliche Reformationsversuche H.s in Solothurn. Die bernische Kirchenordnung von 1532 (Berner Synodus) wurde von Wolfgang ↗Capito verfasst. Als Theologe wenig bedeutend, wurde H. besonders dank Beharrlichkeit, Anpassungsvermögen und Freundeshilfe der Reformator Berns.

■ Literatur: BBKL 2, 485–493; RGG⁴ 3, 1395.

Albert Portmann-Tinguely

Haller, *Leonhard,* Weihbischof, Theologe, * 1500 Denkendorf bei Eichstätt, † 25.3.1570 Eichstätt; 1518–30 Studium in Ingolstadt (Magister artium); 1528 Kaplan in Ingolstadt, 1530 Prediger in Aichach, 1533 Kaplan in München, 1534 Pfarrer in Augsburg, Juni 1536 in Eichstätt Presbyterialkanoniker am Dom; 1540 Titularbischof von Philadelphia und Weihbischof für Eichstätt (Konsekration 1541); Kanoniker am Willibaldschor, dafür Verzicht auf Presbyterialkanonikat; 1550/51 Romreise (keine Teilnahme in Trient); Juli 1562 bis Oktober 1563 beim Tridentinum, zugleich als Vertreter für Eichstätt und Würzburg; entschiedener Verfechter der Rechte der Weihbischöfe und der Prokuratoren, Gegner der Gewährung des ↗Laienkelchs; eifriger Seelsorger und Prediger, zuverlässiger Gehilfe seines Bischofs; Besitzer einer ansehnlichen Sammlung von Handschriften und Drucken theologischer Werke.

■ Werkverzeichnis: L. OTT (s.u.): 67 (1974) 92–109 und 69 (1976) 117–140.

■ Literatur: CT Bde. 3/1, 8 und 9; F.X. BUCHNER: Das Bistum Eichstätt und das Konzil von Trient: Das Weltkonzil von Trient, sein Werden und Wirken, hg. v. G. SCHREIBER, Bd. 2. Freiburg 1951, 94–103; TH. FREUDENBERGER: L.H. von Eichstätt im Streit um die Ehre der Weihbischöfe im Konzil von Trient. FS J. Kardinal Döpfner. Würzburg 1973, 141–197; JEDIN 4 (Register); L. OTT: Leben und Schrifttum (und Bibliothek) des Eichstätter Weihbischofs L.H.: Sammelblatt des Historischen Vereins Eichstätt 67 (1974) 83–131, 68 (1975) 7–29, 69 (1976) 91–159; DERSELBE: L.H.s Bericht über das Predigtverbot in Augsburg im Jahre 1534. FS A. Brems. Regensburg 1981, 217–228; DERSELBE: Ein bisher unbekannter Brief des Ingolstädter Professors Georg Hauer an L.H.: Sammelblatt des Historischen Vereins Ingolstadt 89 (1980) 109–114; E. GATZ (Hg.): Die Bischöfe des Heiligen Römischen Reiches 1448–1648. Berlin 1996. *Ernst Reiter*

Hamelmann, *Hermann,* lutherischer Theologe, Historiker, * 1526 Osnabrück, † 26.6.1595 Oldenburg. Nach humanistischem und theologischem Studium wurde H. 1550 in Münster Priester, trat 1553 in Kamen zur Re-

formation über und wirkte in Bielefeld, Lemgo, Antwerpen, Essen und Gandersheim als evangelischer Prediger. Seit 1573 war er Superintendent der Grafschaft Oldenburg (-Delmenhorst-Jever) und organisierte die lutherische Landeskirche (Kirchenordnung, Visitationen, Konkordienformel). Kontroverstheologische Schriften gegen Katholiken, Reformierte und Täufer, quellengesättigte historische Werke, u. a. Reformationsgeschichte Westfalens, Oldenburgische Chronik.
■ Werke: H.H.s geschichtliche Werke, hg. v. H. DETMER U.A., 3 Bde. Münster 1902–40.
■ Literatur: A. SCHRÖER: Die Reformation in Westfalen, 2 Bde. Münster 1979–83; A. ECKHARDT – H. SCHMIDT (Hg.): Geschichte des Landes Oldenburg. Oldenburg 1987; Biographisches Handbuch zur Geschichte des Landes Oldenburg. Oldenburg 1992.

Anton Schindling

Hamilton, 1) *Patrick*, schottischer Reformator * um 1504 aus schottischem Hochadel, † 29.2.1528 St. Andrew's; wurde 1517 Kommendatarabt von Ferne, studierte in Paris (1520 Magister) und wohl Löwen und hielt sich seit 1523 an der Universität in St. Andrew's auf. Vor einer Anklage wegen lutherischer Ansichten floh er im Frühjahr 1527 nach Wittenberg und ging an die protestantische Universität Marburg, wo sein einziges Werk *Loci communes* entstand. Nach der Rückkehr führte die Untersuchung seiner Glaubenslehre durch Erzbischof Beaton zur Verurteilung wegen Häresie und Verbrennung; gilt als so genannter erster Märtyrer der schottischen Reformation.
■ Literatur: DNB 24, 201ff.; The Oxford Dictionary of the Christian Church. London ²1974, 616f.; BBKL 2, 508f.; DHGE 23, 243f. – P. LORIMER: P.H. the first preacher and martyr of the Scottish Reformation. Edinburgh 1867; P.H., first Scottish martyr of the Reformation, hg. v. A. CAMERON. ebd. 1929; I.R. TORRANCE: P.H. and John Knox: a study in the doctrine of Justification by Faith: ARG 65 (1974) 171–185; J.E. MCGOLDRICK: P.H., Luther's Scottish Disciple: SCJ 18 (1987) 81–88.

Dieter J. Weiss

■ Nachtrag: RGG⁴ 3, 1402f. – N. JONES: Through a glass darkely. The life of P.H. London 1991; S. FRENCH: P.H. ebd. 1993.

2) *John*, Erzbischof von St. Andrew's, Halbbruder von 1), * um 1511, † 6.4.1571 Stirling; von Benediktinern erzogen, wurde er 1525 Kommendatarabt von Paisley. Er studierte 1540–43 in Paris, wo er zum Priester geweiht wurde. Nach Schottland zurückgekehrt, wurde er als Anhänger der katholischen Partei 1543 Großsiegelbewahrer, 1545 Bischof von Dunkeld und 1546 Erzbischof von St. Andrew's. Zur Bekämpfung der protestantischen Bewegung berief er Synoden ein (1548, 1549, 1552, 1559), als deren Ergebnis sein wichtiger Katechismus entstand. Trotz seines zweifelhaften Lebenswandels verteidigte er die Lehre der Kirche gegen die ⁄ Confessio Scotica des John ⁄ Knox und wurde deshalb 1563 inhaftiert. Durch Königin ⁄ Maria Stuart befreit, wurde er Mitglied ihres Rates, taufte 1566 ihren Sohn König Jakob VI. (I. von England) und ermöglichte ihr die Ehe mit James Bothwell. Als Parteigänger der Königin in die Kämpfe der folgenden Jahre verwickelt, wurde er 1571 wegen seiner Kirchentreue – vorgeblich wegen Beteiligung an politischen Morden – in Pontifikalien auf dem Marktplatz von Stirling gehängt.
■ Literatur: DNB 24, 190ff.; The Oxford Dictionary of the Christian Church. London ²1974, 616; BBKL 2, 508; DHGE 23, 239–242. – The Catechism of J.H. 1552, ed. v. TH.G. LAW. Oxford 1884; I.B. COWAN: The Scottish Reformation, Church an Society in 16th-century Scotland. London 1982.

Dieter J. Weiss

Haner, *Johannes,* katholischer Theologe, * 1480 (?) Nürnberg, † 1545 (?) Bamberg; Studium in Ingolstadt und 1507 Freiburg; 1513 nach Nürnberg zurückgekehrt, übernahm er diverse Pfarrstellen; von Willibald ∕Pirckheimer wurde er 1517 zu den Vertretern einer neuen Theologie gerechnet; H. begrüßte zunächst Martin Luthers Anliegen, wandte sich 1532 aber wieder von ihm ab. Er beriet ∕Philipp von Hessen 1526 auf dem Reichstag zu Speyer und begann eine Korrespondenz mit Johannes ∕Oekolampad und Huldrych Zwingli. Nach Einführung der Reformation musste er Nürnberg 1535 verlassen; durch Vermittlung König ∕Ferdinands wurde er in Bamberg Domvikar, 1541–44 Domprediger. H. unterhielt Kontakte u. a. zu Johannes ∕Cochlaeus, ∕Erasmus von Rotterdam, Herzog ∕Georg von Sachsen, Julius von ∕Pflug und Georg ∕Witzel. Seine Theologie ist noch unerforscht.

▪ Werke: Briefe und Aufsätze von H. und Wizel: Beiträge zur politischen, kirchlichen und Culturgeschichte der sechs letzten Jahrhunderte, Bd. 3, hg. v. J.J.I. VON DÖLLINGER. Wien 1882, 105–143; J.V. POLLET (Hg.): Julius Pflug. Correspondance II. Leiden 1973; VD 16 8, H 511ff.

▪ Literatur: BBKL 2, 513; CERAS 2, 161ff.; DHGE 23, 271f. *Barbara Henze*

Hardenberg, *Albert* (Rizaeus), evangelischer Theologe, * um 1510 Hardenberg (Overijssel, Niederlande), † 18.5.1574 Emden; Schüler der Brüder vom Gemeinsamen Leben in Groningen, 1527–32 im Kloster Aduard; Studium in Löwen und Mainz, dort 1539 Doktor der Theologie und Bekanntschaft mit Jan ∕Łaski dem Jüngeren. Aus Löwen wegen protestantischer Auffassungen vertrieben. 1540 wieder in Aduard, 1542 in Wittenberg, hier Annäherung an Philipp Melanchthon. 1544 mit dem Kölner Erzbischof Hermann von ∕Wied auf dem Reichstag in Speyer. Er traf Martin ∕Bucer in Straßburg und übersetzte u. a. dessen Bearbeitung des „Einfältigen Bedenkens" Hermanns von Wied ins Lateinische. Reise nach Basel und Zürich (Heinrich ∕Bullinger), Übersiedlung nach Bonn. Pfarrer in Linz (Rhein), dann in Kempen. Nach erzwungenem Ende des Kölner Reformationsversuchs 1547 Domprediger in Bremen und Heirat; Streit mit lutherischem Klerus, insbesondere um das Abendmahl; 1561 Ausweisung aus Bremen und Aufenthalt im Kloster Rastede. 1565 Pfarrer in Sengwarden, 1567 in Emden. Seine Bibliothek ist dort erhalten. Epitaph. H. hat sich immer geweigert, die ∕Confessio Augustana zu unterschreiben. Theologisch ist er von Bucer geprägt. H. „vereint reformatorischen Geist der Niederlande mit der Reform Zwinglis" (Moltmann). Sein Widerstand gegen die lutherische Orthodoxie hat dem reformierten Kirchentum den Weg geebnet.

▪ Literatur: B. SPIEGEL: D.A. Rizäus H. Bremen 1869; J. MOLTMANN: Christoph Pesch und der Calvinismus in Bremen. Bremen 1958; V. POLLERT: Martin Bucer. Leiden 1985, Bd. 1, 263–279, Bd. 2, 185–202 (Verzeichnis der Briefe). *Hansgeorg Molitor*

▪ Nachtrag: W. JANSE: A.H. als Theologe. Leiden 1994; DERSELBE: A Lasco und A.H.: Johannes a Lasco, hg. v. CH. STROHM. Tübingen 2000, 261–282.

Hätzer, *Ludwig,* Schweizer Spiritualist und Antitrinitarier, * um 1500 Bischofszell, † 4.2.1529 Konstanz (wegen Bigamie enthauptet); Priester in Wädenswil (1523 abgesetzt) und Zürich; 1523 publizistisch am Zürcher Bildersturm (∕Kunst und Reformation) beteiligt; 1525 mit den ∕Täufern aus Zürich ausgewiesen; unstetes

Wanderleben und Missionieren v. a. im süddeutschen und schweizerischen Raum; besorgte Übersetzungen Johannes ⁄ Oekolampads und zusammen mit seinem Freund Johann ⁄ Denck die so genannte Wormser Prophetenübersetzung (1527); eine der wenigen auch literarisch tätigen Gestalten der frühen Täuferbewegung und einer der ersten deutschsprachigen ⁄ Antitrinitarier der Reformationszeit; extremer Spiritualist.

- Literatur: BBKL 2, 453–456.

Albert Portmann-Tinguely

- Nachtrag: RGG⁴ 3, 1471. – J.F.G. GOETERS: L.H. Gütersloh 1957.

Haydlauf (Haidlauf[f]), *Sebastian,* * 5.4.1539 Messkirch, † 18.9.1580 Freising; Studium in Ingolstadt, 1562 Magister artium, 1563 Priesterweihe, Lizentiat der Theologie, 1567 Stadtpfarrer in Ingolstadt, 1568/69 Rektor der Universität, 1569 Weihbischof in Freising. In fünf seit 1569 gedruckten Schriften stellt H. die Einheit der katholischen Kirche der Spaltung der evangelischen entgegen und setzt sich besonders mit Jakob ⁄ Andreae auseinander.

- Werke: VD 16 8, H 847–854.
- Literatur: DHGE 23, 648. – F. LAUCHERT: Der Freisinger Weihbischof S.H. und seine Schriften: HJ 26 (1905) 19–42. *Barbara Henze*

Hedio(n) (Seiler), *Caspar,* protestantischer Theologe, Historiker und Übersetzer, * 1494/95 Ettlingen bei Karlsruhe, † 17.10.1552 Straßburg. 1523 Doctor theologiae in Mainz und Hauptprediger am Straßburger Münster; seit 1549 Präsident des Straßburger Kirchenkonvents. Der irenisch und antispekulativ eingestellte H. wurde besonders durch seine zahlreichen Übersetzungen von patristischen, mittelalterlichen und zeitgenössischen Schriften ins Deutsche bekannt: so seine Übersetzung der Werke des Josephus Flavius (Straßburg 1531), der Kirchengeschichte des Eusebius und der Historia Tripartita (ebd. 1530), der Bibelkommentare des Smaragdus (ebd. 1536), der Ursperger Chronik (die er auch bis auf seine Zeit weiterführte), der Papstgeschichte Platinas (ebd. 1546) und der irenischen Schrift „Unio dissidentium" des Hermann Bodius (ebd. 1538).

- Literatur: Nouveau dictionnaire de biographie alsacienne, Heft 16. Straßburg 1990, 1470–73. – CH. SPINDLER: H. Straßburg 1864; V. HIMMELHEBER: C.H. Karlsruhe 1881; J. ADAM: Versuch einer Bibliographie Kaspar H.s: Zeitschrift für die Geschichte des Oberrheins 31 (1916) 424–429; H. KEUTE: Reformation und Geschichte. Kaspar H. als Historiograph. Göttingen 1980; H. EHMER: Reformatorische Geschichtsschreibung am Oberrhein: Historiographie am Oberrhein im Späten Mittelalter und in der Frühen Neuzeit, hg. v. K. ANDERMANN. Sigmaringen 1988, 227–245; R. BODENMANN: Pour tenter d'en finir avec le G.H. des légendes: Revue d'histoire et de philosophie religieuses 70 (1990) 311–334; DERSELBE: Martin Bucer et Gaspar Hédion: M. Bucer and Sixteenth Century Europe, hg. v. CH. KRIEGER – M. LIENHARD, Bd. 1. Leiden 1993, 297–315. *Reinhard Bodenmann*

- Nachtrag: RGG⁴ 3, 1501.

Heerbrand, *Jakob,* lutherischer Theologe, * 12.8.1521 Giengen (Brenz), † 22.5.1600 Tübingen; Besuch der Lateinschule in Ulm, seit 1538 Studium in Wittenberg, 1543 Diaconus in Tübingen; im ⁄ Augsburger Interim amtsenthoben, wird er 1551 Pfarrer und Superintendent in Herrenberg, 1551 Doctor theologiae, 1557 Theologieprofessor in Tübingen, seit 1561 zugleich Superintendent ebenda und seit 1590 Kanzler der Universität, Propst der Stiftskirche und herzoglicher Rat. Als Mitunterzeichner der ⁄ Confessio Virtembergica ist er 1552 Mitglied der württembergischen

Delegation zum Tridentinum; er ist an den Streitigkeiten um Andreas ⁄Osiander und gegen Pedro de ⁄Soto, die Jesuiten u. a. beteiligt und gilt als Mitbegründer der lutherischen Orthodoxie. Verfasser zahlreicher Disputationen, Predigten, Streitschriften, Grab- und Gedenkreden; weit verbreitet war sein Lehrbuch *Compendium theologiae* (Tübingen 1573, Neubearbeitung ebd. 1578, viele Ausgaben).

■ Werke: VD 16 8, 472–489.
■ Literatur: NDB 8, 194f.; TRE 14, 524ff. – W. ANGERBAUER: Das Kanzleramt an der Universität Tübingen. Tübingen 1972; F. SECK U.A.: Bibliographie zur Geschichte der Universität Tübingen. Tübingen 1980 (Register). *Christoph Weismann*

Heidelberger Katechismus (HK).

Bis heute noch in Gebrauch in vielen reformierten Kirchen deutscher Sprache, gehört der HK (1563) neben dem Confessio Helvetica Posterior (1566) und der englischsprachigen Westminster Confession (1647) zu den wirkungsreichsten klassischen reformierten Bekenntnissen überhaupt. Als Hauptverfasser gilt allgemein Zacharias ⁄Ursinus. Erst die vierte Druckausgabe von 1563 enthielt die polemische und heute noch umstrittene Frage 80, nach der die römisch-katholische Messe eine „vermaledeite Abgötterei" sein soll; in dieser Gestalt wurde der Katechismus in die Pfälzer Kirchenordnung vom selben Jahr aufgenommen. In neueren kirchlichen Ausgaben wird die Frage 80 durch eine abwägende Anmerkung auch inhaltlich abgemildert. – Die 129 Fragen des Katechismus verbinden calvinische, lutherische und melanchthonische Elemente und werden in drei Teile gegliedert: Von des Menschen Elend (§§ 3–11), Von des Menschen Erlösung (§§ 12–85, einschließlich Glaube und Sakramente), Von der Dankbarkeit (§§ 86–129, einschließlich Gesetz und Gebet), ein „analytischer" Aufbau, der schon in den berühmten ersten zwei Fragen angelegt ist.

■ Ausgabe: Bekenntnisschriften der nach Gottes Wort reformierten Kirche, hg. v. W. NIESEL. Zürich o.J. (^{3}1938), 149–181; Bekenntnisse der Kirche, hg. v. H. STEUBING U.A. Wuppertal 1985, 133–154 (moderne Fassung).
■ Literatur: TRE 14, 582–586.
Alasdair I.C. Heron
■ Nachtrag: RGG⁴ 3, 1514f. – M. BEINTKER: Glaubensgewißheit nach dem HK: Certitudo salutis. Symposion für H.H. Esser. Münster 1996, 55–69; W. VERBOOM: De theologie van de Heidelbergse Catechismus. Zoetermeer 1996.

Heiligenverehrung. 1. *Reformatoren.*

Nicht nur einzelne Missstände der Volksfrömmigkeit, sondern speziell die lehramtlich vorgetragene Möglichkeit einer Anrufung der himmlischen Heiligen um ihre Fürbitte und die Vermittlung von (helfender, nicht rechtfertigender oder heilig machender) Gnade galten als diametraler Widerspruch zu den religiösen Grundprinzipien der Reformation. Danach kann allein Gott angebetet (= verehrt) werden, ist Christus allein der Mittler zwischen Gott und den Menschen; auf Christus allein darf der Glaubende sein Vertrauen auf Sündenvergebung und ⁄Rechtfertigung setzen. Da es überdies kein Beispiel einer Anrufung verstorbener Heiliger in der Schrift gebe, verstoße die Praxis der H. auch gegen das ⁄Sola-scriptura-Prinzip. Mit der H. hängen auch andere kritisierte katholische Lehren vom Verdienstschatz der Heiligen, ⁄Ablass, Gebet für die Verstorbenen und von der Messe zu Ehren der Heiligen zusammen. Darum gehört die Anrufung der Heiligen zu den „endchristischen Mißbräuche(n)" (Martin Luther: Schmalkaldischer Artikel II/2): Man flieht von Christus als dem (vorgeblichen) strengen Richter weg und wende sich den ihn besänftigenden Heiligen als Mittler zu (WA 30/III, 312; CA 21). H. ist darum „grausame Abgötterei" (Philipp Melanchthon: Confessio Saxonica: CR 23, LXXXIX) und widerspricht, nach Jean Calvin, der allein Gott gebührenden Ehre (Inst I, 12, 1; III, 20, 24–27). Dennoch ist damit die H. nicht total abgelegt. Sie hat ihren Ort in der umfassenden ekklesialen Gemeinschaft in Christus (Luther: WA 2,745 und 748). Die ∕Confessio Augustana und ihre Apologie (21) kennen eine dreifache Ehre, die den Heiligen gebührt: Gedächtnis und Danksagung an Gott, dass er sie der Christenheit als Beispiel seiner Gnadengaben und als Lehrer geschenkt hat. Darum sind sie selbst zu loben, weil auch Christus seine treuen Verwalter lobte und belohnte. Die Heiligen werden geehrt, indem man sich an ihrem Beispiel aufrichtet und so Trost und Gewissheit der Sündenvergebung und Stärkung im Glauben erfährt. Jedoch dürfen die Heiligen nicht um ihre Fürbitte in dem Sinn angerufen werden, dass man dabei sein Heilsvertrauen auf sie setzt.

2. Das *Tridentinum* stellt 1563 im Rückgriff auf das Nicaenum II 787 (DH 600; vgl. Konzil von Florenz: DH 1304) und angesichts der reformatorischen Einwände fest: Es ist „gut und nutzbringend" die Heiligen, die im Himmel mit Christus herrschen, um ihre Fürsprache anzurufen, „um von Gott (!) durch (!) seinen Sohn Jesus Christus", „der allein unser Erlöser und Erretter ist, Wohltaten zu erlangen" (DH 1821). In diesem Sinn sind die Heiligen, ihre Reliquien und Bilder (∕Kunst und Reformation) zu verehren. Mit Abgötterei hat H. nichts zu tun (DH 1821–25).

▪ LTHK³ 4, 1298 1301 (ungekürzte Fassung).
▪ Literatur: EKL³ 2, 445; RGG³ 4, 664ff.
Gerhard Ludwig Müller
▪ Nachtrag: M. LIENHARD: La sainteté et les saints: Etudes théologiques et religieuses 72 (1997) 375–387; A. DÖRFLER-DIERKEN: Luther und die heilige Anna: Luther-Jahrbuch 64 (1997) 19–46; O.H. PESCH: Von der wahren und falschen Ehrung der Heiligen. Eine Predigt in Hamburg – in der Person Johannes Bugenhagens: Wort und Antwort 41 (2000) 124–129.

Heilsgewissheit. 1. *Reformation.* Martin Luther betont, dass der Glaube aufgrund der Zusage Gottes Gewissheit des Heils, der Gnade und der Sündenvergebung bewirke, wobei ihm das Vergebungswort der Absolution zum Paradigma wird. Auf dieser Linie heißt es in Apologie der ∕Confessio Augustana: „Allein der Glaube, der auf die Verheißung blickt und weiß, dass Gott verzeiht, weil Christus nicht umsonst gestorben ist, überwindet die Schrecken der Sünde und des Todes" (BSLK 189, 32–36). Diese H. gründet somit nicht im Sein und Tun des Menschen, sondern ist mit dem Glauben als festem Vertrauen (Fiduzialglaube) identisch und somit auch von aller lediglich theoretischen oder psychologischen Sicherheit verschieden.

2. Demgegenüber hatte das *Konzil von Trient* mit Verweis auf Phil 2,12 darauf bestanden, dass der Christ „sein Heil in Furcht und Zittern wirken" müsse. Allerdings weist, wie neuere Forschungen gezeigt haben, auch das Rechtfertigungsdekret des Tridentinums (besonders DH 1533f. 1540f. 1562–66 1572f.) eben das zurück, was Luther als falsches Verständnis überwinden wollte, und betont, was auch für Luther und die Reformatoren wichtig war (vgl. LK 1, 62, 10–20). Zwar räumt man

ein, dass die Rede von der H. nach wie vor Missverständnisse heraufführe, so als beruhe das absolute Vertrauen auf das Wort Gottes doch auf eigener Sicherheit, die das Trienter Konzil mit Recht für „eitel" hält (vgl. ebd. und DH 1533).
- LThK³ 4, 1344ff. (ungekürzte Fassung).
- Literatur: LThK² 5, 157–160; TRE 14, 759–763. – A. STAKEMEIER: Das Konzil von Trient über die H. Heidelberg 1947; S. PFÜRTNER: Luther und Thomas im Gespräch. ebd. 1961; L. ULLRICH: H.: Theologisches Jahrbuch. Leipzig 1985, 381–401; Ökumenischer Arbeitskreis evangelischer und katholischer Theologen: Lehrverurteilungen – kirchentrennend?, Bd. 1–3. Freiburg–Göttingen 1986–94 (LK); O.H. PESCH – A. PETERS: Einführung in die Lehre von Gnade und Rechtfertigung. Darmstadt ³1994.

Josef Wohlmuth

Heinrich II. der Jüngere **von Braunschweig-Wolfenbüttel** (regierender Herzog 1514–68), * 10.11.1489 Wolfenbüttel, † 11.6.1568 ebenda; letzter bedeutender katholischer weltlicher Fürst Norddeutschlands. In äußerer und innerer Politik Beispiel eines frühneuzeitlichen Landesherrn (Gebietsgewinn aus Hildesheimer Stiftsfehde [1519–23] und Goslarer Pfandbesitz; 1535 Primogeniturgesetzgebung, 1548 Kanzleiordnung) samt gewalttätigen und moralisch skrupellosen Zügen. In der Religionsfrage ganz im Sinn des Kaisers agierend; 1538 politisch in der Nürnberger Liga führend, kirchlich anstelle des geschwächten Bistums Hildesheim. Nach polemischem Flugschriftenkrieg (Martin Luther: „Wider Hans Worst", 1541) von den Schmalkaldern 1542 vertrieben. Die damals gewaltsam eingeführte Reformation konnte nach der Rückkehr 1547 nur z. T. rückgängig gemacht, der (dritte) Sohn und Nachfolger Julius nicht mehr beim alten Glauben gehalten werden.

- Literatur: NDB 8, 351f.; TRE 7, 142f.; TRZRK 3, 8–43. – F. KOLDEWEY: Heinz von Wolfenbüttel. Halle 1883; H. RELLER: Vorreformatorische und reformatorische Kirchenverfassung im Fürstentum Braunschweig-Wolfenbüttel. Göttingen 1959; F. PETRI: Herzog H. der Jüngere von Braunschweig-Wolfenbüttel: ARG 72 (1981) 122–158; H. PATZE (Hg.): Geschichte Niedersachsens, Bd. 3/2. Hildesheim 1983, 37ff. *Walter Ziegler*
- Nachtrag: D. DEMANDT: Die Auseinandersetzungen des Schmalkaldischen Bundes mit Herzog H. d. J. von Braunschweig-Wolfenbüttel im Briefwechsel des St. Gallener Reformators Vadian: Zwingliana 22 (1995) 45–66.

Heinrich VIII. von England (König 1509–47), Sohn Heinrichs VII., * 28.6.1491 Greenwich, † 28.1.1547 Westminster; mit 18 Jahren an die Regierung gekommen, überließ er die Geschäfte bald Kardinal Thomas ⁄ Wolsey, der das Staatskirchentum förderte. 1519 bewarb sich H. vergeblich um die Kaiserkrone. Theologisch gebildet, verfasste er 1521 die *Assertio septem sacramentorum* zur Verteidigung der katholischen Sakramentenlehre gegen Martin Luther. Dafür verlieh ihm ⁄ Leo X. den Titel „Defensor fidei". Nach dem vergeblichen Versuch, seine siebzehnjährige Ehe mit Katharina von Aragón, die eine Dispens Julius' II. ermöglicht hatte, durch Rom für ungültig erklären zu lassen, erreichte er 1533 von Thomas ⁄ Cranmer, Erzbischof von Canterbury, deren Annullierung und die Sanktionierung des Ehevertrags mit Anne Boleyn. Am 11.2.1531 proklamierte die Synode von Canterbury H. zum Oberhaupt der Kirche von England. Unterstützt vom „Reformations-Parlament" (1529–1536) griff H. die Autorität und Jurisdiktionsgewalt des Papstes an: 1532 Unterwerfung des Klerus, 1533 Einschränkung der Appellationen nach Rom, 1534 ⁄ Suprematsakte, 1535–40 Säkularisation der Klöster.

1535 wurde H. exkommuniziert, doch fanden weitere Verhandlungen mit Rom statt. Die meisten Bischöfe, Kleriker und Laien unterwarfen sich. 1536 ließ er Thomas ⁄More und Kardinal John ⁄Fisher wegen Verweigerung des Suprematseides hinrichten. 1536 heiratete H. Anna von Cleve, um sein Bündnis mit Kursachsen zu festigen. Doch wurden protestantische Tendenzen durch die altgläubigen sechs Artikel vom 2.6. 1539 (Bloody Act) abgeblockt, die Thomas ⁄Cromwell das Leben kosteten. Der königliche Supremat führte nicht zur unmittelbaren Einführung protestantischer Lehren und Riten, denen H. ablehnend gegenüberstand (⁄Church of England). H.s theologische Position ist abhängig vom Stand seiner politischen Beziehungen zu ⁄Karl V. und den protestantischen deutschen Fürsten. Seine Schrift *A Necessary Doctrine* (1543) vermittelte zwischen katholischer und protestantischer Lehre. Die großen Veränderungen seiner Regierungszeit kamen durch Parlamentsbeschlüsse zustande. H. war der Typ des gebildeten, aber hemmungslosen Renaissancefürsten in englischer Ausprägung.

▪ Literatur: DNB 26, 76–94; HKG 4, 341–351; Encyclopaedia Britannica, Bd. 11, 439f.; The Oxford Dictionary of the Christian Church. London 1957, 623f. – Letters and Papers of the Reign of Henry VIII, ed. v. J.S. BREWER U.A., 21 Bde. London 1861–1910; G.R. ELTON: Reform and Reformation. London 1977; J. RIDLEY: H. VIII. Zürich 1990; J.J. SCARISBRICK: Henry VIII. New Haven 1997; K. KLUXEN: Geschichte Englands. Stuttgart ⁵2001. – *Bibliographie:* The Bibliography of the Reform 1540–1648, hg. v. D. BAKER. Oxford 1979 (bis 1970); U. BAUMANN: Henry VIII in history, historiography and literature. Frankfurt (Main) 1992. *Dieter J. Weiss*

▪ Nachtrag: Assertio septem sacramentorum, hg. und eingeleitet von P. FRÄNKEL. Münster 1992; R. REX: Henry VIII and the English reformation. Basingstoke 1993; D.G. NEWCOMBE: Henry VIII and the English reformation. London 1995; A. WEIR: Henry VIII. London 2001.

Heinrich II. von Frankreich (König 1547–59),

Gegner des Hauses Habsburg und der französischen Protestanten, Erneuerer der administrativen Strukturen Frankreichs, * 31.3.1519 St-Germain-en-Laye, † 10.7.1559 Paris an den Folgen einer Turnierverletzung; als zweiter Sohn König ⁄Franz' I. wegen des Todes des Dauphins Franz (1536) auf den Thron gelangt (31.3.1547) und verheiratet mit Katharina von ⁄Medici (28.10.1533), führte er eine antihabsburgische Außenpolitik, für die er auch die Unterstützung protestantischer Reichsstände suchte; wegen politisch-militärischer Niederlagen und innerfranzösischer Probleme zum Frieden von Cateau-Cambrésis (1559) gezwungen, der den französischen Verzicht auf die angestrebte Rolle einer europäischen Vor- und Ordnungsmacht zugunsten des Hauses Habsburg bedeutete. H. konnte die Ausbreitung des Protestantismus in Frankreich nicht verhindern, erzielte indessen Erfolge beim Ausbau der Institutionen in Frankreich; Leben und Leistungen werden in der Forschung zwiespältig beurteilt.

▪ Literatur: I. CLOULAS: Henri II. Paris 1985; F.J. BAUMGARTNER: Henry II, king of France. London 1988; R. BABEL: H. II.: Französische Könige und Kaiser der Neuzeit, hg. v. P.C. HARTMANN. München 1994, 71–90.

Klaus Malettke

▪ Nachtrag: M. WINTROUB: Civilizing the savage and making a king. The royal entry festival of Henri II (Rouen, 1550): SCJ 29 (1998) 465–494.

Heinrich III. von Frankreich (König 1574–89),

letzter Valois, * 19.9.1551 Fontainebleau, † 2.8.1589 St-Cloud an den Folgen eines Attentats vom

Heinrich III.
Heinrich von Zutphen

Vortag; 1560 Dauphin, 1573–74 König von Polen. Entgegen bisheriger Forschungsmeinung wohl nicht planerisch an den am Morgen des 24.8.1572 einsetzenden Mordaktionen gegen die Hugenotten (/Bartholomäusnacht) beteiligt. Während der sich nach 1576 verschärfenden Bürgerkriege, die 1588 die französische Krone in ihre größte Krise stürzten, versuchte er mit allen – auch zweifelhaften – Mitteln, seine bedrohte Herrschaft zu stabilisieren und das Land zu befrieden; die sich im Sommer 1589 abzeichnende positive Wende wurde durch das Attentat vereitelt.

▨ Quellen: Lettres de Henri III, hg. v. M. FRANÇOIS, 4 Bde. Paris 1959–84.
▨ Literatur: P. CHAMPION: La jeunesse de Henri III. 1551–71, 2 Bde. Paris 1941–42; DERSELBE: Henri II roi de Pologne. ebd. 1943; P. CHEVALLIER: Henri III. ebd. 1985; Henri III et son temps, hg. v. R. SAUZET. Tours 1992.
Klaus Malettke
▨ Nachtrag: J.-F. SOLNON: Henri III. Paris 2001.

Heinrich IV. von Frankreich (König 1589–1610), * 13.12.1553 Pau, † 14.5.1610 Paris (ermordet durch den Laienbruder François Ravaillac [1578–1610]); 1572 König von Navarra, 1584 erbberechtigter französischer Thronanwärter, 25.7. 1593 Konversion zum katholischen Glauben, 27.2.1594 Salbung in Chartres. In seiner Kindheit und Jugend durch die gegensätzlichen Persönlichkeiten seiner Mutter Jeanne d'Albret, einer entschiedenen Anhängerin des Calvinismus, und seines Vaters Antoine de Bourbon, der sich wieder dem alten Glauben zuwandte, sowie schließlich durch einen langjährigen Aufenthalt am französischen Hof geprägt, wuchs H., der in seinem Leben sechsmal die Konfession wechselte, unter dem Einfluss des sich nach der /Bartholomäusnacht (1572) verschärfenden Bürgerkrieges in die Rolle des protestantischen Parteiführers, der sich jedoch die Alternative einer Annäherung an den Hof offen hielt. Gemäß den Regelungen des alten Salischen Gesetzes ging die Thronfolge nach dem kinderlosen Tod /Heinrichs III. (1589) und dem Erlöschen der Dynastie der Valois auf den Bourbonen Heinrich von Navarra über, was jedoch nicht nur wegen dessen Zugehörigkeit zum Calvinismus gewaltige Auswirkungen auf die innere Entwicklung Frankreichs hatte. Erst nach langem Kampf, bei dem ihm seine militärischen Fähigkeiten und sein diplomatisches Geschick zustatten kamen, und nach seinem endgültigen Übertritt zum katholischen Glauben (25.7. 1593) konnte er seine Anerkennung als König erreichen. Zu seinen großen Verdiensten zählen die innere Befriedung Frankreichs, die Durchsetzung des Edikts von /Nantes (13.4.1598), mit dem das friedliche Nebeneinander beider Konfessionen gewährleistet werden sollte, und der Wiederaufbau des Landes. Außerdem schuf er die Grundlagen der absoluten Monarchie und führte Frankreich in das Konzert der europäischen Mächte zurück.

▨ Quellen: Recueil des Lettres missives de Henri IV, hg. v. J. BERGER DE XIVREY–J. GUADET, 7 Bde. und 2 Supplement-Bde. Paris 1843–76.
▨ Literatur: Y. CAZAUX: Henri IV ou la Grande victoire. Paris 1977; J.-P. BABELON: Henri IV. ebd. 1982; Y. CAZAUX: Henri IV. Les horizons du règne. ebd. 1986. *Klaus Malettke*
▨ Nachtrag: M. GREENGRASS: France in the age of Henri IV. London 1995; CH. BIET: Henri IV. Paris 2000.

Heinrich von Zutphen, Augustinereremit, * 1488 oder 1489 Zutphen (Niederlande), † 10.12.1524 Heide (Holstein); seit 1508 Studium in Wit-

tenberg; Sommer 1514 Subprior in Köln, dann Prior in Dordrecht; 1520 erneut in Wittenberg, enge Beziehung zu Martin Luther und Philipp Melanchthon; 1522 Prior des Augustinereremitenklosters in Antwerpen. Wegen evangelischer Predigten zur Flucht nach Bremen gezwungen, wo er die Reformation einleitete; nach Predigt in Meldorf (Dithmarschen) zum Feuertod verurteilt. H., dessen Theologie neben Luther auch /Erasmus von Rotterdam und Andreas /Karlstadt beeinflussten, gilt als einer der ersten Martyrer des evangelischen Glaubens.

▪ Literatur: ADB 11, 642f.; RE 21, 737–742; Nieuw Nederlandsch Biografisch Woordenboek, Bd. 5, 1179ff.; RGG³ 3, 205; NDB 8, 431; BBKL 2, 685f.; RGG⁴ 3, 1602. – J.F. IKEN: H. von Zutphen. Halle 1886; W. SEEGRÜN: H. von Zutphen – seine Ideen, sein Feuertod und Dithmarschens Weg einer Gemeindereform: Beiträge und Mitteilungen des Vereins für katholische Kirchengeschichte in Hamburg und Schleswig-Holstein 3 (1990) 105–123.   *Hans-Georg Aschoff*

Held, *Matthias* (Reichsadel 1536), Jurist, Reichsvizekanzler /Karls V., * Arlon (belgische Provinz Luxembourg), † 1563 Köln; 1527 Assessor am Reichskammergericht, bemüht um Sicherung des alten Glaubens und Wahrung der Reichsrechte. Wurde als Reichsvizekanzler (1531) wichtiger Berater des Kaisers. 1536 übernahm er, versehen mit zwei Instruktionen, eine heikle, in der Forschung umstrittene Mission im Reich (Türkenhilfe, Konzil, Religionsprozesse). Überzeugt, der kaiserlichen Konzeption zu entsprechen, regte er 1538 die Gründung des so genannten „Katholischen" (Nürnberger) Bundes an, dessen konfessionelle Zuspitzung für eine übergreifende kaiserliche Balancepolitik hinderlich war und erst am 20.5.1539 vom Kaiser ratifiziert wurde. 1541 als Vizekanzler abgelöst, zog er sich als Privatmann nach Köln zurück.

▪ Literatur: ADB 11, 680; NDB 8, 464. – V. PRESS: Die Bundespläne Kaiser Karls V.: Das römisch-deutsche Reich im politischen System Karls V., hg. v. H. LUTZ. München–Wien 1982, 55–106.   *Irmgard Höß*

Helding, *Michael*, katholischer Theologe, * 1506 Langenenslingen (Hohenzollern), † 30.9.1561 Wien; Studium in Tübingen, 1528/29 Magister artium, 1531 Domschulmeister, 1533 Dompfarrer, 1543 Doktor der Theologie und 1537 Weihbischof in Mainz (Titularbischof von Sidon); leitendes Mitglied der Mainzer Diözesan- (1548) und Provinzialsynode (1549), Teilnahme an den /Wormser Religionsgesprächen 1540 und 1557, 1545/46 am Trienter Konzil. H. erarbeitete zusammen mit Julius von /Pflug eine Vergleichsformel, die das /Augsburger Interim von 1548 beeinflusste. Seine beim Augsburger Reichstag 1547/48 gehaltenen und 1548 gedruckten Predigten über die Messe führten zu Auseinandersetzungen mit Matthias /Flacius. 1549 zum Bischof von Merseburg gewählt, gab H. 1558 die Leitung des Bistums ab, wurde Mitglied des Reichskammergerichts in Speyer und 1561 Präsident des Reichshofrates in Wien. Bibelhumanistisch-reformerisch orientiert und an der Verkündigung interessiert, ließ H. Predigtsammlungen erscheinen, veröffentlichte katechetische Schriften und verfasste 1557 eine *Formula Reformationis*, die auf die verbesserte kaiserliche Reformformel von 1559 einwirkte.

▪ Werke: Feifel (s.u.) (Werkverzeichnis); KLAIBER n. 1467–85; VD 16 8, 556–564.
▪ Literatur: NDB 8, 486f.; DSp 7, 138ff.; KThR 2, 124–136; TRE 15, 15f.; DHGE 23, 863f. – E. FEIFEL: Grundzüge einer Theologie des Gottesdienstes. Motive und Konzeption der Glaubensverkündigung M.H.s. Frei-

burg 1960; J. Pflug: Correspondance, hg. v. J.V. POLLET, Bd. 2–5. Leiden 1973–82; B. VON BUNDSCHUH: Das Wormser Religionsgespräch von 1557. Münster 1988; F. JÜRGENSMEIER (Hg.): Erzbischof Albrecht von Brandenburg. Frankfurt (Main) 1991.
Heribert Smolinsky

Helgesen, *Poul* (Paulus Helie), Karmelit, dänischer katholischer Theologe, * um 1485 Varberg (Provinz Halland, heute Schweden), † um 1535 (verschollen). 1519 Baccalaureat der Theologie und Regens des neu gegründeten Studienhauses der Karmeliten in Kopenhagen, hielt er zugleich theologische Vorlesungen an der Universität; 1522 Provinzial. Von /Erasmus von Rotterdam beeinflusst, begrüßte er zunächst das Auftreten Martin Luthers, schloss sich aber der Reformation, im Gegensatz zu vielen seiner Schüler, nicht an. Verfasste zahlreiche kontroverstheologische Schriften sowie eine Chronik Dänemarks (1448–1534, so genannte Skiby-Chronik).

▪ Werke: Skrifter af P.H., hg. v. P. SEVERINSEN–M. KRISTENSEN–N.K. ANDERSEN, 7 Bde. Kopenhagen 1932–48.
▪ Literatur: DHGE 15, 198–201; Dansk Biografisk Leksikon, 3. Auflage, Bd. 6, 210ff. – J.O. ANDERSEN: P.H., Bd. 1. Kopenhagen 1936; N.K. ANDERSEN: Det teologiske Fakultet 1479–1597: København Universitet 1479–1979, hg. v. L. GRANE, Bd. 5. ebd. 1980, 1–92; L. GRANE: Studia humanitatis und Theologie an den Universitäten Wittenberg und Kopenhagen im 16.Jh.: Der Humanismus und die oberen Fakultäten, hg. v. G. KEIL–B. MÖLLER–W. TRUSEN. Weinheim 1987, 65–82; L. GRANE–K. HØRBY (Hg.): Die dänische Reformation vor ihrem internationalen Hintergrund. Göttingen 1990, passim.
Jørgen Stenbæk

Hemmingsen, *Niels* (Nicolaus Hemming[ius]), dänischer lutherischer Theologe, * Mai/Juni 1513 Insel Lolland, † 23.5.1600 Roskilde; studierte 1537–42 als Schüler Philipp Melanchthons in Wittenberg, lehrte ab 1543 in Kopenhagen Griechisch, ab 1545 Dialektik und Hebräisch, ab 1553 Theologie (1557 Doctor theologiae); 1572 Vizekanzler der Universität; trotz seines großen theologischen und kirchenpolitischen Einflusses 1579 aufgrund seiner als kryptocalvinistisch verdächtigten Abendmahlslehre entlassen; zuletzt Domherr in Roskilde.

▪ Werke: De methodis. Rostock 1555 u.ö.; Enchiridion theologicum. Wittenberg 1557 u.ö.; Postilla seu enarratio evangeliorum. Kopenhagen 1561 u.ö.; De lege naturae apodictica methodus. Wittenberg 1562 u.ö.; Pastor sive pastoris optimus vivendi agendique modus. Kopenhagen 1562 u.ö.; Commentaria in omnes epistolas apostolicas. Straßburg 1572 u.ö.; Syntagma institutionum Christianarum. Kopenhagen 1574 u.ö.; Libellus de coniugio, repudio et divortio. Leipzig 1576 u.ö.; Commentarii in evangelium Johannis, 2 Bde. Basel 1590/91; Tractatus de gratia universali. Kopenhagen 1591. – *Teilsammlung:* Opuscula theologica. Genf 1586.
▪ Literatur: Dansk Biografisk Leksikon, 3. Auflage, Bd. 6, 247ff.; DHGE 23, 994f. – K. BARNEKOW: N.H.s teologiska åskådning. Lund 1940; E. MUNCH MADSEN: N.H.S Ethik. Kopenhagen 1946; O. FATIO: Méthode et théologie. Genf 1976; J. GLEBE-MØLLER: Socialetiske aspekter af N.H.s forfatterskab: Kirkehistoriske Samlinger 17 (1979) 7–56; N.K. ANDERSEN: Det teologiske Fakultet 1479–1597: Københavns Universitet 1479–1979, Bd. 5, hg. v. L. GRANE. Kopenhagen 1980, 1–92.
Jørgen Stenbæk

Hervet, *Gentien,* Humanist und Kontroverstheologe, * 1499 Olivet bei Orléans, † 12.9.1584 Reims. H. nahm an allen drei Perioden des Tridentinums teil. Als Mitarbeiter des Kardinals Marcello Cervini (später Papst /Marcellus II.) beschaffte er patristisches Material für die Konzilstexte; 1556 Priester. H. verfasste mehrere Schriften gegen den Calvinismus. 1562 Kanoniker in Reims; 1562/63 in

Trient Konzilstheologe des Kardinals Charles de ⁄Guise. H. trat auch als Übersetzer von Werken antiker Klassiker und Kirchenväter hervor.

- Quellen: J. LE PLAT: Monumentorum ad historiam Concilii Tridentini spectantium collectio 5. Löwen 1785, 777–789; CT 5, 566–569; 12, 530–536.
- Literatur: DTHC 6, 2315–20; CATH 5, 693–697; JEDIN Bd. 2; 3; 4/2.

Klaus Ganzer

Heshusius (van Heshusen), *Tilemann*, lutherischer Theologe, * 3.11.1527 Wesel, † 25.9.1588 Helmstedt; studierte seit 1546 in Wittenberg, wo er seit 1552 auch lehrte; 1553 Superintendent in Goslar und Doctor der Theologie; 1556 in Magdeburg Mitarbeiter des Matthias ⁄Flacius; versuchte vergeblich, zwischen diesem und seinem Lehrer Philipp Melanchthon zu vermitteln; im selben Jahr Theologieprofessor in Rostock; 1558/ 1559 Generalsuperintendent der Kurpfalz und Professor in Heidelberg, wo er sich der Übernahme des reformierten Bekenntnisses widersetzte; seit 1560 Pfarrer und seit 1561 Superintendent in Magdeburg; nach kurzem Aufenthalt in Wesel 1565 Superintendent und Hofprediger in Neuburg (Donau); 1569 Professor in Jena; 1573 Bischof des Samlandes in Königsberg; 1578 Professor in Helmstedt. Theologisch wie kirchenpolitisch wandte sich H. gegen calvinische Einflüsse auf das lutherische Bekenntnis (⁄Gnesiolutheraner), vertrat jedoch in der Eucharistie- (gegen ⁄Ubiquitätslehre) und Erbsündenlehre (gegen Flacius) eigenständige Positionen.

- Hauptwerk: Examen theologicum. Jena 1571. – *Verzeichnis:* VD 16 9, 66–89.
- Literatur: TRE 15, 256–260. – P.F. BARTON: Um Luthers Erbe. Witten 1972.

Peter Friedrich Barton

Hess (Hesse), *Johann*, Reformator Breslaus, * 23.(?)9.1490 Nürnberg, † 5.1.1547 Breslau; Studium an den Universitäten Leipzig (1505–10) und Wittenberg (1510–12; 1511 Magister artium), hier Kontakte zu Johann ⁄Lang, Martin Luther und Georg ⁄Spalatin. 1513 Sekretär des Breslauer Bischofs Johann V. Thurzo in Neisse; erhielt hier, in Brieg und am Breslauer Kreuzstift Kanonikate; Fortsetzung der Studien seit 1517 in Erfurt und in Italien; Begegnungen mit Eobanus Hessus und ⁄Crotus Rubeanus; 1519 Doktor der Theologie (in Ferrara?). Ende 1519/ Anfang 1520 in Wittenberg Gespräche mit Luther und Philipp Melanchthon. Am 2.6.1520 Priesterweihe in Breslau, kurzzeitig hier Domprediger. Seit Ende 1520 Hoftheologe des Herzogs von Münsterberg in Oels; predigte hier und 1522 in Nürnberg nun im Sinn Luthers. 1523 vom Breslauer Rat als Prediger an die Pfarrkirche St. Maria Magdalena berufen; Bischof Johann von Salza stimmte zunächst zu, verweigerte dann aber unter dem Druck von Domkapitel, Papst und polnischem König die Investitur. Nach dem von H. initiierten Breslauer Religionsgespräch vom 20.–22.4.1524 behutsam durchgeführte gottesdienstliche Reformen, im weiteren Verlauf in enger Zusammenarbeit mit Ambrosius Moibanus und in deutlicher Abgrenzung zu Kaspar ⁄Schwenckfeld.

- Literatur: NDB 9, 7f.; TRE 15, 260–263; BBKL 2, 784ff.; DHGE 24, 276f.; TRZRK 2, 102–138, besonders 114f. – N. HOLZBERG: W. Pirckheimer. München 1981, Register.

Franz Machilek

- Nachtrag: OER 2, 234f.; RGG⁴ 3, 1704.

Hessels, *Jan* (Johannes a Lovanio), Kontroverstheologe, * 1522 Löwen, † 7.11.1566 ebenda; studierte an der Universität Löwen Theologie und war dort 1554–66 Professor für Theologie; 1563 von ⁄Philipp II. zusammen mit Michael ↗Bajus zum Tridentinum entsandt. Als Anhänger einer der scholastischen Methode abgeneigten Theologie verbreitete er eine neue, für grundlegende methodologische und von Bajus unterstützte Forderungen der Reformatoren aufgeschlossene Richtung, die als Baianismus bekämpft wurde. Er hinterließ viele handschriftliche, z. T. unvollendete Kontroversschriften (besonders über die Eucharistie gegen Georg ↗Cassander, Johannes ↗Monheim u. a.) und Kommentare zum Neuen Testament (Mt, 1 Tim, 1 Petr und 1–3 Joh), die durch Henricus Gravius (Löwen 1568), von „baianistischen" Stellen gesäubert, herausgegeben wurden.

■ Literatur: Dictionnaire de la Bible, ed. v. F. VIGOUROUX, Bd. 3/1. Paris 1912, 665; DThC 6, 2321–24. – P. POLMAN: L'Élément historique dans la Controverse religieuse du XVIe Siècle. Gembloux 1932, passim; H. DE VOCHT: History of the foundation and the rise of the Collegium Trilingue Lovaniense, Bd. 4. Löwen 1955, 158–162; M. LAMBERIGTS: The place of Augustine in the first and the second books of Hessels' Catechismus: DERSELBE (Hg.): L'Augustinisme à l'ancienne Faculté de Théologie de Louvain. ebd. 1994, 99–122. *Fernando Domínguez*

Hochwart, *Lorenz,* katholischer Theologe und Geschichtsschreiber, * um 1500 Tirschenreuth, † 20.2.1570 Regensburg; ab 1534 Domprediger in Regensburg; 1552 Teilnahme am Tridentinum als Prokurator des Regensburger Bischofs. Als Predigtschriftsteller und Kirchenrechtler engagierter Verteidiger der katholischen Lehre. Mit den Geschichtswerken *Catalogus episcoporum Ratisponensium* (Augsburg 1763, hg. v. A. F. von Oefele) und *Chronographia* (handschriftlich) avancierte H. zu den führenden Vertretern humanistischer Historiographie.

■ Werke (handschriftlich): Annotationes in evangelio; Monotessaron divisum; Bellum Luthericum; Historia Turcarum; Catalogus episcoporum Salisburgensium.
■ Literatur: ADB 12, 529f. – H. WURSTER: L.H.: Lebensbilder aus der Geschichte des Bistums Regensburg. Regensburg 1989, 245–256. *Manfred Knedlik*
■ Nachtrag: M. KNEDLIK: Poetisches Tagebuch. Zwei Grabschriften für L.H. und Philipp Dobereiner: Heimat Landkreis Tirschenreuth 11 (1999) 63–69.

Hoen (Hoon, Ho[n]ius), *Cornelis Henricxzoon,* Jurist, † 1524(?) Den Haag; Anwalt am Hof von Holland in Den Haag; von Wessel Gansfort beeinflusst, lehnte er die Lehre von der Transsubstantiation ab und deutete die Kopula „est" in den Einsetzungsworten als „significat". Diese Auffassung legte er 1521 in einem Brief nieder, der nach Deutschland und in die Schweiz gelangte. Während Martin Luther sie strikt ablehnte, sah sich Huldrych Zwingli dadurch bestätigt (↗Abendmahlsstreit). Allerdings ist es nicht, wie bislang angenommen, Zwingli gewesen, der den Brief ohne Verfasserangabe drucken ließ: „Epistola christiana admodum" (o. O. [Straßburg] 1525 u. ö., hg. v. G. Finsler: Huldreich Zwinglis Sämtliche WW, Bd. 4. Leipzig 1927, 509–519), sondern wahrscheinlich Martin Bucer, der auch eine deutsche Übersetzung (Von dem brot und weyn des Herren. Straßburg 1525 u. ö.) anfertigte. H. war von Februar bis Oktober 1523 unter Häresieverdacht im Gefängnis.

■ Literatur: RGG³ 3, 411; DHGE 24, 741ff. – J. STAEDTKE: Voraussetzungen der Schweizer Abendmahlslehre: Theologische Zeitschrift 16 (1960) 19–32; T. KAUFMANN: Die Abendmahlstheologie der Straßburger Reformatoren bis 1528. Tübingen 1992, 292–302. *Peter Walter*
■ Nachtrag: B.J. SPRUYT: Cornelius Henrici H. (Honius) and his epistle on the eucharist (1525). Dissertation. Leiden 1996.

Hoffäus, *Paulus,* Jesuit (1554), * um 1530 (oder 1523) Münster bei Bingen, † 17.12.1608 Ingolstadt; mit Petrus ∕Canisius maßgeblich am Aufbau der Gesellschaft Jesu in Deutschland beteiligt; Rektor (Prag, Wien, Ingolstadt, München); Vizeprovinzial (1567–69) und Provinzial (1569–1581) der Oberdeutschen Provinz; deutscher Assistent (1581–91); Visitator (1594–97). H. nahm u. a. Stellung gegen den ∕Laienkelch und für eine Lockerung des Zinsverbots. Er verfasste die erste deutsche Übersetzung des ∕Catechismus Romanus (Dillingen 1568).

■ Literatur: DSp 7, 580ff.; NDB 9, 388; Helvetia Sacra, hg. v. R. Henggeler, Bd. 7. Bern 1976, 82f. – C. Sommervogel: Bibliothèque de la Compagnie de Jésus, Bd. 4. Paris 1893, 422f.; 9, 494; B. Duhr: Geschichte der Jesuiten in den Ländern deutscher Zunge, Bd. 1. Freiburg 1907, 780–798; B. Schneider: P.H. Rom 1956; P. Rodríguez: El Catecismo Romano. Pamplona 1982, 228–234; L. Polgár: Bibliographie sur l'histoire de la Compagnie de Jésus, Bd. 3/2. Rom 1990, 143.   *Alfons Knoll*

Hoffman, *Melchior,* Laienprediger und Täuferführer, * um 1500 Schwäbisch Hall, † 1543 Straßburg. Von Beruf Kürschner, wirkte H. besonders in Livland und Kiel für die Reformation. Er wandte sich 1529 vom Luthertum ab, ging nach Ostfriesland und bald nach Straßburg. H. initiierte seit 1530 die Täuferbewegung in den Niederlanden (Melchioriten); seit 1533 in Straßburg in Haft. Er vertrat seine Lehren in zahlreichen Schriften. Im Rahmen seiner schon früh entwickelten Endzeitvorstellungen rechnete er mit der Überwindung der katholischen und lutherischen Mächte durch evangelische Reichsstädte unter der Führung Straßburgs.

■ Literatur: TRE 15, 470–473. – K. Deppermann: M.H. Göttingen 1979. *Ralf Klötzer*

■ Nachtrag: RGG⁴ 3, 1819. – R.G. Bailey: M.H. Proto-anabaptist and printer in Kiel: ChH 59 (1990) 175–190.

Homberger Synode, Versammlung geistlicher und weltlicher Stände in Homberg (Efze) vom 21. bis 23.10.1526; einberufen von Landgraf ∕Philipp von Hessen (im Anschluss an den Speyerer Reichstag von 1526) mit dem Ziel, die Einführung der Reformation in seinem Territorium zu sichern. Juristisch umstritten war, ob es sich in Homberg um eine Synode, einen Landtag oder eine gelehrte Disputation handelte. Philipps Ratgeber war Franz ∕Lambert von Avignon, dessen „Paradoxa" (158 Reformthesen) die Grundlage der Diskussion bildeten. Nikolaus ∕Ferber, der Kopf der Altgläubigen, argumentierte u. a. gegen das sich anbahnende evangelische landesherrliche Kirchenregiment: so bestritt er die Befugnis des Landgrafen, Kirchenversammlungen einzuberufen und ∕Kirchenordnungen zu erlassen. Ohne eigentlichen Beschluss ging die Versammlung ergebnislos auseinander. Unter Lamberts Leitung formulierte danach ein Dreizehner-Ausschuss die „Reformatio Ecclesiarum Hassiae", die zwar programmatischer Ausgangspunkt der hessischen Reformationsgeschichte war, aber wegen der Bedenken Martin Luthers in der Folgezeit nie geltendes hessisches Kirchenrecht wurde.

■ Quellen: Francisci Lamberti Avenionensis ad Colonienses epistula (Marburg 15.2.1527). Erfurt 1527; G. Franz: Urkundliche Quellen zur hessischen Reformationsgeschichte, Bd. 2. Marburg 1954; E. Sehling: Die evangelischen Kirchenordnungen des XVI. Jh., Bd. 8/1: Hessen: Die gemeinsamen Ordnungen, bearbeitet von H. Jahr. Tübingen 1965.

■ Literatur: W. Sohm: Territorium und Reformation in der hessischen Geschichte. Marburg 1915; W. Schmitt: Die Synode zu

Homberg und ihre Vorgeschichte. Homberg 1926; G. MÜLLER: Franz Lambert von Avignon und die Reformation in Hessen. Marburg 1958; W. ZELLER: Frömmigkeit in Hessen. ebd. 1970; M. RUDERSDORF: Ludwig IV. Landgraf von Hessen-Marburg. Landesteilung und Luthertum in Hessen. Wiesbaden 1991. *Manfred Rudersdorf*

Honterus, *Johannes,* Humanist, Wegbereiter des Luthertums in Siebenbürgen, * 1498 Kronstadt (Siebenbürgen), † 23.1.1579 ebenda. H. studierte 1515–25 in Wien, lebte 1529–1533 in Basel und Krakau und kehrte 1533 nach Kronstadt zurück, wo er zehn Jahre später der lutherischen Reformation bei den Siebenbürger Sachsen zum Durchbruch verhalf. 1544 Stadtpfarrer von Kronstadt.

■ Hauptwerk: Cosmographia. Krakau 1541/1542 (etwa 30 Auflagen); Reformatio Ecclesiae Coronensis. Kronstadt 1543.

■ Literatur: TRE 15, 578ff. – E. ROTH: Die Reformation in Siebenbürgen, 2 Bde. Köln 1962–64; O. WITTSTOCK: J. H., der Siebenbürger Humanist und Reformator. Stuttgart 1970; K. REINERTH: Die Gründung der evangelischen Kirche in Siebenbürgen. Köln 1979; G. ENGELMANN: J. H. als Geograph. Köln 1982. *Remigius Bäumer*

■ Nachtrag: RGG⁴ 3, 1896f. – L. BINDER: J.H. Schriften, Briefe, Zeugnisse. Bukarest 1996; G. NUSSBÄCHER: J.H. Kronstadt 1997; Die H.-Schule in Kronstadt, hg. v. H. VON KILLYEN. München 1998; H. ZIMMERMANN: J.H. Bonn 1998.

Hoogstraeten (Hochstraten), *Jacob,* Dominikaner, * um 1460 Hoogstraeten (Brabant), † 27.1.1527 Köln; 1485 Magister artium an der Universität Löwen, bald danach Eintritt in den Dominikanerorden, vermutlich in Köln, 1496 Baccalaureus biblicus an der Kölner Universität, 1504 Doctor theologiae, Professor der Theologie in Köln, 1505 und 1509 gleichzeitig Regens des Generalstudiums des Dominikanerordens, ab 1508 Prior des Kölner Konvents und gleichzeitig Inquisitor der Kölner, Mainzer und Trierer Kirchenprovinz. Pflichtbewusst, in seinem persönlichen Auftreten bescheiden, vertrat er seine Überzeugungen hart und unnachgiebig. Neuen Denkmodellen stand er misstrauisch und ablehnend gegenüber. Er verteidigte die Beichtvollmachten und das Bestattungsrecht der Bettelorden. In einem Gutachten für den Kölner Erzbischof drohte er denen den Feuertod an, die es wagten, bei Zauberern Hilfe gegen die Machenschaften der Hexen zu suchen. Er selbst ließ 1512 den Arzt Herman van Rijswijk als rückfälligen Ketzer verbrennen. Antijüdisch eingestellt, unterstützte er das Vorgehen des Konvertiten Johannes ⁄Pfefferkorn gegen die Bücher der Juden, befürwortete die Konfiszierung des Talmuds, ließ 1513 den Juristen Johannes ⁄Reuchlin wegen dessen „Augenspiegel", in dem dieser das Recht der Juden auf ihre Bücher, auch den Talmud, bestätigt hatte, vor das Inquisitionstribunal in Mainz zitieren. Nach Freisprüchen in Mainz und Speyer appellierte H. an den Papst, erreichte bei ihm ein neues Verfahren und war 1514–17 in Rom. Nach abermaligem Freispruch in Rom erreichte H. von ⁄Leo X. ein Mandatum de supersedendo, das das definitive Urteil auf unbestimmte Zeit verschob. Viele Humanisten sahen durch H. die Freiheit des wissenschaftlichen Forschens und Lehrens bedroht, ergriffen darum für Reuchlin Partei. Der Spott der ⁄Dunkelmännerbriefe richtete sich gegen H. In zwei Apologien (1518/19) verteidigte H. seine Position. Überdies verwarf er in seiner *Destructio Cabale* (1519) Reuchlins Plädoyer für eine christliche Kabbala; denn die Juden besäßen, da sie Christus verworfen hätten, keine wahre Gotteserkenntnis; das Studium ihrer Schriften zu empfehlen schade nur dem christlichen Glauben. Das Provinzkapitel 1520 setzte H. als Prior, nicht aber als Inquisitor ab. Die Kölner Universität hielt zu H. Die sich rasch ausbreitende Reformation bewirkte in Rom einen Stimmungsumschwung. 1520 wurde der „Augenspiegel" verworfen, H. rehabilitiert. An den Gutachten der theologischen Fakultäten der Universitäten Köln und Löwen gegen Martin Luther hatte H. maßgeblichen Anteil. Mit seiner Augustinuskenntnis suchte er die Gnaden- und Rechtfertigungslehre Luthers, die sich ihrerseits gerade auf Augustinus berief, zu widerlegen. In seinen *Colloquia* (1521/22) sah er im Erbsünden- und Konkupiszenzverständnis Luthers das Kernstück seiner Lehre. Des Weiteren verteidigte H. die kirchliche Praxis der Heiligenverehrung. In seinen letzten Schriften ging es ihm um die Verteidigung der guten Werke und der Freiheit des menschlichen Willens.

Nicht nur Luther und die Lutheraner, sondern auch die Theologen, die eine vermittelnde Position bezogen, bekämpfte H. scharf. Seine Schriften hatten auf das Tridentinum keinen unmittelbaren Einfluss, aber mittels seiner Schüler wirkte H. im Sinn einer Abgrenzung des Konzils gegenüber reformatorischen Positionen ein.

■ Werke: Defensorium fratrum mendicantium contra curatos. Köln 1507; Contra quaerentes auxilium a maleficis. ebd. 1510; Erronee assertiones in Oculari Speculo J. Reuchlin. Rom 1517; Acta Judiciorum inter J.H. et J. Reuchlin. Hagenau 1518; Apologia Ia. Köln 1518; Apologia IIa. ebd. 1519; Destructio Cabale. ebd. 1519; Margarita moralis philosophiae. ebd. 1521; Cum Divo Augustino colloquia contra enormes atque perversos M. Lutheri errores, 2 Teile. ebd. 1521–22; Dialogus de veneratione et invocatione sanctorum. ebd. 1524 (die letzten Schriften H.s erst ed. v. F. PIJPER: Bibliotheca reformationis Neerlandica. Den Haag 1905); Epitome de fide et operibus catholicae aliquot disputationes contra Lutheranos. Köln 1526.
■ Literatur: KThR 4, 7–14. – J. QUÉTIF–J. ECHARD: Scriptores Ordinis Praedicatorum, Bd. 2. Paris 1721, 67–72; N. PAULUS: Die deutschen Dominikaner im Kampfe gegen Luther. Freiburg 1903, 87–107; BDG 1, n. 8436–39; 5, n. 46832–836; H. JEDIN: Des Johannes Cochlaeus Streitschrift ‚de libero arbitrio hominis' 1525. Breslau 1927, 17–47; JEDIN 1, 153 u.ö.; 2, 120 u.ö.; U. HOFMANN: Via compendiosa in salutem. Studien zu J. von H.s letzten kontroverstheologischen Schriften (1525-26). Dissertation. Tübingen 1981; E. MEUTHEN: Kölner Universitätsgeschichte, Bd. 1: Die alte Universität. Köln 1988, 158 u.ö.; J.M. PETERSE: Humanismus und Judentum in den Schriften des Kölner Dominikaners J.H.: Geschichte in Köln 27 (1990) 27–41. *Willehad Paul Eckert*
■ Nachtrag: H. PETERSE: Jacobus H. gegen Johannes Reuchlin. Mainz 1995.

Hosius, *Stanislaus,* katholischer Kontroverstheologe, Kardinal (1561), * 5.5.1504 Krakau als Sohn des Krakauer Bürgers Ulrich Hose aus Pforzheim, † 5.8. 1579 Capranica bei Rom; 1519–20 Studium der Freien Künste in Krakau; 1521–29 Privatlehrer reicher Magnatensöhne, gehörte zu Krakauer Kreis der Anhänger des /Erasmus von Rotterdam; 1530–34 Studium in Padua und Bologna (1534 Doctor iuris); 1534–1549 in der königlich-polnischen Kanzlei beschäftigt (ab 1543 als Großsekretär); 1543 Priester; 1549 Bischof von Kulm und königlicher Gesandter bei König /Ferdinand in Prag und Wien sowie bei Kaiser /Karl V. in Brüssel; ab 1551 Bischof von Ermland; 1558–60 in Rom; 1560–61 Nuntius in Wien; 1561–63 päpstlicher Legat auf dem Tridentinum; 1564 Rückkehr nach Polen, hier besonders Bekämpfung des Protestantismus und seelsorgerische Arbeit in seiner Diözese Ermland: 1565 Visitation und Abhaltung einer Synode, Gründung des Jesuitenkollegs und des Priesterseminars in Braunsberg; ab 1569 wieder in Rom, trieb dort die Durchführung der Trienter Reform voran, v. a. als Mitglied der Konzilskongregation und als Großpoenitentiar (ab 1573); unterstützte die katholischen Missionen in Schweden und die polnische Thronbesteigung Heinrichs von Valois (1572–73; ∕Heinrich III. von Frankreich); bekämpfte die Warschauer Konföderation von 1573 und gründete 1578 das polnische Hospiz in Rom. – Die Hauptmerkmale der Theologie H.' zeigen sich schon in seiner Frühzeit. Unter dem Einfluss der Gedanken des Erasmus betont er den Wert der patristischen Tradition im Kampf gegen das Luthertum. Nach 1540 erlebte er eine Bereicherung durch die Theologie Augustinus'. Er entwickelte eine eigene, positiv theologisch und kontrovers ausgerichtete Lehrmethode des christlichen Glaubens. Diese Elemente sind in seinem größten, lateinisch geschriebenen Werk *Confessio catholicae fidei christiana* enthalten, das im Auftrag der Synode von Piotrków 1551 in Form eines umfangreichen Katechismus entstand (Erstdruck Krakau 1553); außerdem in anderen Arbeiten, die das Ergebnis seiner Polemik gegenüber Jan ∕Łaski, Pietro Paolo ∕Vergerio, Johannes ∕Brenz u. a. waren; auch in dem geschichtlich-polemischen Werk *De actis cum diversis haereticis* sowie in seiner umfangreichen Korrespondenz (etwa 10000 Briefe). Seine Theologie ist christo- und ekklesiozentrisch, konzentriert sich auf die Verteidigung der Einheit der Kirche und der gesellschaftlichen Strukturen des Mittelalters.

■ Ausgabe und Quellen: Opera, 2 Bde. Köln 1584; Die deutschen Predigten und Katechesen der ermländischen Bischöfe H. und Kromer, hg. v. F. HIPLER. ebd. 1888; Stanislai H. epistulae: Bd. 1–2, ed. v. F. HIPLER–V. ZARKZEWSKI. Krakau 1879–88; Bd. 3/1, ed. v. H.D. WOJTYSKA. Olsztyn 1980; Bd. 5–6, ed. v. A. SZORC. ebd. 1976–78. – NBD II, 1, bearbeitet von S. STEINHERZ. Wien 1897; Die römische Kurie und das Konzil von Trient, hg. v. J. ŠUSTA. Wien 1909; CT passim; Kardinal S.H., Bischof von Ermland, und Herzog Albrecht von Preußen. Ihr Briefwechsel, hg. v. E.M. WERMTER. Münster 1957; Poezje (Carmina), hg. v. A. KAMIEŃSKA. Olsztyn 1980. – KLAIBER n. 1598–1615.
■ Literatur: KThR 5, 137–152. – A. EICHHORN: Der ermländische Bischof und Cardinal S.H., 2 Bde. Mainz 1854–55; J. LORTZ: Kardinal S.H. Braunsberg 1931; L. BERNACKI: La doctrine de l'Église chez le cardinal H. Paris 1936; F. ZDRODOWSKI: The Concept of Heresy according to Cardinal H. Washington 1947; E.M. WERMTER: Herzog Albrecht von Preußen und die Bischöfe von Ermland: Zeitschrift für die Geschichte und Altertumskunde Ermlands 29 (1957) 264–307; H.D. WOJTYSKA: Cardinal H., Legate to the Council of Trent. Rom 1967; DERSELBE: Studia Warmińskie 7 (1970) 35–88 (Das Bischofsideal in Leben und Lehre von H.); H. FOKCIŃSKI: ebd. 18 (1981) 21–98 (Die Teilnahme von Kardinal H. an den päpstlichen Konsistorien in den Jahren 1569–79).

Henryk D. Wojtyska

Host, *Johannes,* Dominikaner (um 1496), Theologe und Editor, * um 1480 Hof Romberg bei Kierspe (Westfalen), daher oft J. Romberg (Romberch) genannt, † Ende 1532 oder Anfang 1533 wahrscheinlich Köln; 1505–14 Prediger in Köln, vertrat Jacob ∕Hoogstraeten im Prozess um Johannes ∕Reuchlin in Speyer und Rom; 1514–16 Studium in Rom, 1516–19 in Bologna, 1519–20 in Venedig Seelsorger der Deutschen, 1520 wieder in Köln, dort seit 1523 Professor; edierte u. a. Werke von Albertus Magnus, ∕Erasmus, Johannes ∕Fabri (genannt Faber), Johannes ∕Eck, Konrad ∕Wimpina; entschiedener Gegner der Reformation.

■ Literatur: NDB 9, 653f.; KLAIBER 151ff.; BBKL 2, 1078f.; DHGE 24, 1237ff. – N. PAULUS: Die deutschen Dominikaner im Kampf gegen Luther. Freiburg 1903, 134–153.

Viola Tenge-Wolf

Hoya, *Johann* Graf von, Fürstbischof von Osnabrück (1553), Münster (1566) und Paderborn (1568), * 18.4.1529 Wyborg (Finnland) als Neffe ⁄ Gustavs I. von Schweden, † 5.4.1574 Schloss Ahaus bei Münster; Studium in Reval, Paris und Rom; 1552 Beisitzer, 1556/57 Präsident des Reichskammergerichts; am 5.10.1567 Bischofsweihe. In allen drei Bistümern Modernisierung von Finanzwesen, Rechtspflege oder Verwaltung. Gewählt als Gewährsmann gegen Kriegsverstrickung, entsprach es seiner Überzeugung wie dem Bedrohtsein seiner Bistümer, wenn H. das Glaubensbekenntnis des Tridentinums 1566 unterschrieb, dessen Dekrete und Katechismus (nebst Übersetzung durch Georg Eder) drucken ließ und offiziell empfahl, jedoch nicht als Gesetz promulgierte, vielmehr mit Synoden, Visitationen, Hirtenbriefen, Förderung römischer Studien die entsprechenden Reformen einleitete. Sein Wirken in Paderborn litt unter Adelsopposition und Kapitelstreit.

■ Literatur: NDB 10, 508f.; TRZRK 3, 108–129 (Münster) 130–146 (Osnabrück) 148–161 (Paderborn). – L. KELLER: Die Gegenreformation in Westfalen und am Niederrhein, Bd. 1. Leipzig 1881; W.E. SCHWARZ (Hg.): Die Akten der Visitation des Bistums Münster aus der Zeit J.s von H. Münster 1913; W. KOHL: Westfälische Lebensbilder 10 (1970) 1–18; G. MAY: Die deutschen Bischöfe angesichts der Glaubensspaltung des 16.Jh. Wien 1983, 140ff. 154ff. 318f.; H.-J. BRANDT – K. HENGST: Die Bischöfe und Erzbischöfe von Paderborn. Paderborn 1984, 206–210; CH. VAN DEN HEUVEL: Beamtenschaft und Territorialstaat ... im Hochstift Osnabrück 1550–1800. Osnabrück 1984, 62–70; A. SCHRÖER: Die Kirche in Westfalen im Zeichen der Erneuerung, Bd. 1. Münster 1986, 74–101 134–154 278–343; H. MOLITOR: Die untridentinische Reform: Ecclesia Militans. FS R. Bäumer, Bd. 1. Paderborn 1988, 399–431, hier 419–423; W.-D. MOHRMANN: Osnabrücks Geschichte in der Europäischen Dimension: Osnabrücker Mitteilungen 96 (1991) 11–25, hier 16–18; B.U. HUCKER: Die Grafen von H. Bielefeld 1993, 97–104; A. SCHRÖER (Bearbeiter): Vatikanische Dokumente zur Geschichte der Reformation und der katholischen Erneuerung in Westfalen. Münster 1993; DERSELBE: Die Bischöfe von Münster: W. THISSEN (Hg.): Das Bistum Münster, Bd. 1. ebd. 1993, 197–200; W. SEEGRÜN: Um den Weg der Mitte: Osnabrücker Mitteilungen 98 (1993) 11–37; E. GATZ (Hg.): Die Bischöfe des Heiligen Römischen Reiches 1448–1648. Berlin 1996.

Wolfgang Seegrün

Hubmaier (Hiebmair), genannt Friedberger (Pacimontanus), *Balthasar*, Täufertheologe, * um 1485 Friedberg bei Augsburg, † 10.3.1528 Wien. Studium der Theologie in Freiburg 1503–12 bei Johannes ⁄ Eck; 1512 Doktor der Theologie in Ingolstadt; Professor und Prorektor der Universität; 1516 Domprediger in Regensburg; 1519 dort maßgebliche Beteiligung an der Judenvertreibung, die zerstörte Synagoge wurde Wallfahrtskapelle „Zur Schönen Maria", H. Mittelpunkt einer großen Wallfahrtsbewegung. 1521 Pfarrer in Waldshut (Hochrhein); Kontakte zu Humanisten, Lektüre von Schriften Martin Luthers, die Nähe zu Huldrych Zwingli und den Zürcher Täufern führten ihn ins ⁄ Täufertum. Ostern 1525 kam es in Waldshut zur Täuferreformation. H. verfasste viele theologische Schriften (*Von der christlichen Taufe der Gläubigen*, 1525, gegen die Kindertaufe). Er lehrte nicht wie andere Täufer Wehrlosigkeit und unterstützte die aufständischen Bauern. Ende 1525 eroberte Ferdinand von Österreich Waldshut, das wieder katholisch wurde. H. floh mit seiner Frau Elsbeth Hügline nach Zürich, widerrief dort nach schwerer Kerkerhaft, entkam nach Nikolsburg in Mähren und führte auch dort die Täuferreformation durch. Als Ketzer und Aufrührer wurde er in Wien verbrannt, seine Frau in der Donau ertränkt.

▪ Quellen: H.s Schriften, hg. v. G. WESTIN – T. BERGSTEN. Gütersloh 1962; B.H. Theologian of Anabaptism, hg. v. H.W. PIPKIN – J.H. YODER. Scottdale 1989 (englisch).
▪ Literatur: T. BERGSTEN: B.H. Kassel 1961; CH. WINDHORST: Täuferisches Taufverständnis. Leiden 1976; H.-J. GOERTZ: Die Täufer. München 1980. *Christof Windhorst*
▪ Nachtrag: J.D. REMPEL: The lord's supper in anabaptism. A study in the christology of B.H., Pilgram Marpeck, and Dirk Philips. Waterloo (Ontario) 1993; H. SCHWARZ: B.H. Toleranz in einer intoleranten Zeit: Reformation und Reichsstadt, hg. v. DEMSELBEN. Regensburg 1994, 89–99; H. ROSER: B.H. Schüler Ecks – Gefolgsmann Luthers: Altbayern und Luther, hg. v. DEMSELBEN. München 1996, 61–67.

Hugenotten. Der Spottname H. wurde um 1560 benutzt, um die Vertreter der „Religion Prétendue Réformée", des „so genannten reformierten Glaubens", zu bezeichnen. Er deutet auf die engen Verbindungen der französischen Bewegung zur Genfer Reformation (französisch „huguenauds" von „aignos", Eidgenossen). Trotz der grausamen Verfolgungen durch den französischen König ∕Heinrich II. (1547–59) gelang es den Protestanten 1559, die erste Nationalsynode der reformierten Kirche in Paris abzuhalten. Zugleich wuchs der Oppositionsgeist des hohen Adels, in dem die neue Lehre zahlreiche Anhänger fand. Hingegen verfiel die Macht der Krone. 1561 scheiterte das Religionsgespräch von ∕Poissy. 1562 gewährte jedoch das Januaredikt von St-Germain den H. freie Religionsausübung außerhalb der Städte und gab ihnen erstmals eine Rechtsgrundlage.

Das Massaker von Wassy (1.3.1562), bei dem Protestanten durch das Gefolge des Herzogs François de ∕Guise ermordet wurden, führte zum Ausbruch des ersten Religionsbzw. H.-Krieges. Zahlreiche Protestanten flüchteten. Bis 1585 waren die H. auf dem Schlachtfeld meistens unterlegen. Jedoch fanden sie ausländische Unterstützung. Dagegen näherte sich die französische Regierung Spanien an. Damit gewann die Erhebung der Protestanten einen nationalen Impuls, der zugleich eine spanienfeindliche Richtung erhielt. Durch das Edikt von St-Germain-en-Laye von 1570 im Anschluss an den dritten Religionskrieg wurden die H. politisch gestärkt. Es garantierte ihnen erstmals vier Sicherheitsplätze (La Rochelle, Cognac, La Charité-sur-Loire und Montauban). Das Scheitern des von Katharina von ∕Medici angeregten Attentats auf den Hugenottenführer Gaspard de ∕Coligny führte zum Blutbad der ∕Bartholomäusnacht (23./24.8.1572). Das Pazifikationsedikt von Beaulieu (1576) bestätigte immer noch die Hoffnung auf eine christliche Eintracht. Unter dem Druck der von Henri de Guise geleiteten „Heiligen Liga der französischen Katholiken" spitzte sich aber die politische und religiöse Lage zu. Am 1.8.1589 wurde König ∕Heinrich III. ermordet. Die durch die Konversion (1593), die Krönung (1594) und nicht zuletzt die militärischen Siege bestätigte Legitimität ∕Heinrichs IV. ermöglichte es ihm, den Frieden zu verkünden und durchzusetzen. Das Edikt von ∕Nantes (13.4.1598) gewährte den H. Gewissensfreiheit und öffentlichen Gottesdienst an bestimmten Orten. Der Privatgottesdienst war an den Sitzen der evangelischen Inhaber der hohen Gerichtsbarkeit erlaubt. Die H. erhielten Zutritt zu allen Staatsämtern. Ihnen wurden militärische Garantien gewährt. Gegen Ende des 16. Jh. zählte der Protestantismus 274 000 Familien (etwa 1,25 Millionen Personen, etwa acht Prozent der Bevölkerung). Er war jetzt besonders konzentriert im Languedoc, Poitou und Charentes, im Tal der Loire sowie im Dauphiné („cultes de possession"). Jedoch gab das Edikt den H. die Möglichkeit, in den übrigen Gebieten wieder stärker zu werden („cultes de concession"). In Paris selbst war kein evangelischer Gottesdienst erlaubt; jedoch wurde 1606 ein Gotteshaus in Charenton gebaut.

▪ LThK³ 5, 301ff. (ungekürzte Fassung).
▪ Literatur: TRE 15, 618ff. – J. CONDY (Hg.): Die H. in Augenzeugenberichten. Darmstadt 1965, München 1980; R. MANDROU (Hg.): Histoire des protestants en France. Toulouse 1977; J. GARRISSON-ESTÈBE: Protestants du Midi 1559–98. ebd. 1980; N.M. SUTHERLAND: The Huguenot Struggle for Recognition. New Haven – London 1980; R. GAGG: H. Profil ihres Glaubens. Basel 1984; Les Huguenots. Paris 1985; A. STEFFE: Die H. Reformation und Glaubenskriege in Frankreich. Gernsbach 1988; M. GREENGRASS: The French reformation. Oxford 1987; A. STEFFE: Die H. Macht des Geistes gegen den Geist der Macht. Tübingen 1989; D. CROUZET: Les guerriers de Dieu. La violence au temps des troubles de religion vers 1525 – vers 1610. Paris 1990; P. BENEDICT: The Huguenot Population in France. Philadelphia 1991. *Gerald Chaix*
▪ Nachtrag: Coexister dans l'intolérance: L'édit de Nantes (1598), hg. v. M. GRANDJEAN. Paris 1998; PH. BÉNÉDICT: Les vicissitudes des églises reformées de France jusqu'en 1598: Bulletin de la Société de l'Histoire du Protestantisme Français 144 (1998) 53–73; F. LÉSTRINGANT: Minorité et martyre. Les Huguenots en France au temps des guerres de religion: Études théologiques et religieuses 74 (1999) 21–34; The adventure of religious pluralism in early modern France. Papers from the Exeter conference,

April 1999, hg. v. K. CAMERON. Oxford 2000; M. YARDENI: Repenser l'histoire. Aspects de l'historiographie huguenote des guerres de religion à la Révolution française. Paris 2000. – *Bibliographie:* Bulletin de la Société de l'Histoire du Protestantisme Français 1 (1852) ff.; A. PETTEGREE: Recent writings on the French Wars of religion: Reformation 4 (1999) 231–250.

Hugenottenpsalter (Genfer [Lied-] Psalter), bedeutendste Sammlung französischer Psalmenlieder der Reformationszeit; wurde im Auftrag von Jean Calvin als auf Einfachheit zielende planmäßige Neuschöpfung durch Clément Marot begonnen und durch Theodor ∕Beza 1562 vollendet. Loys Bourgeois schuf dazu die meisten der 110 Melodien, die v. a. von Claude Goudimel mehrstimmig gesetzt wurden. Der H. fand rasch weite Verbreitung und erschien in zahlreichen Übersetzungen – bei unveränderten Melodien. Erfolgreichste deutsche Version wurde der Liedpsalter von Ambrosius Lobwasser (Leipzig 1573; katholisches Gegenstück: Liedpsalter von Kaspar Ulenberg, Köln 1582). ∕Musik und Reformation.

▪ Literatur: TRE 18, 602–629. – PH. HARNONCOURT: Gesamtkirchliche und teilkirchliche Liturgie. Freiburg 1974.

Eckhard Jaschinski

Humanismus. 1. *Begriff.* Im Bürgertum der spätmittelalterlichen mittel- und norditalienischen Stadtstaaten bildete sich im Zeichen des aus der römischen Antike übernommenen Bildungsideals der „studia humanitatis" (Humanität), deren an der Universität lehrender Vertreter „[h]umanista" (eine Analogiebildung zu „iurista", „canonista" usw.) genannt wurde, eine Geistesrichtung heraus, die sich in der Folgezeit über ganz Europa ausbreitete. Insofern die „studia humanitatis" einen relativ konstanten Kanon von Fächern (Grammatik, Rhetorik, Poesie, Moralphilosophie, Geschichte) umfassten, die im Rückgriff auf klassische Autoren der Antike betrieben wurden, lässt sich der Renaissance-H. inhaltlich näher bestimmen: Er ist eine hauptsächlich literarisch ausgerichtete Geistesrichtung, die in den nun erstmals umfassend und systematisch gesammelten und edierten Werken der Antike ethische und ästhetische Orientierung v. a. in lebenspraktischen Fragen suchte. Dies geschah keineswegs in Antithese zum christlichen Glauben und zur Kirche, wenn auch bestimmte Erscheinungsformen (scholastische Theologie, Reliquien- und /Heiligenverehrung, Mönchtum usw.) teilweise heftig kritisiert wurden und der H. insgesamt eine Aufwertung der Laien mit sich brachte, insofern er Bildung nicht mehr als klerikales Privileg ansah.

2. *Humanismus und Wissenschaften.* Der H. veränderte die Grundlagen von Bildung und Wissenschaft tief greifend, hauptsächlich durch die Bereitstellung einer Fülle von bislang nur fragmentarisch oder gar nicht bekannten Quellen, die mittels einer sich immer mehr verfeinernden philologischen Methode erschlossen wurden und aufgrund der neuen Technik des Buchdrucks rasche und weite Verbreitung fanden. Vor allem das Studium der „artes" wurde, insoweit die Bildungseinrichtungen sich darauf einließen, durch den H. verändert: Die formale logische Schulung (Dialektik) trat gegenüber einem stärker philologisch orientierten und nicht nur auf die lateinische Sprache beschränkten Grammatikunterricht in den Hintergrund; ethische und lebenspraktische Fragestellungen gewannen gegenüber der traditionellen Beschäftigung mit metaphysischen Problemen die Oberhand. Die Geschichte wurde nicht nur als Fundgrube von „exempla" betrachtet; aus dem im Gegensatz zum mittelalterlichen Geschichtsverständnis stärker empfundenen zeitlichen Abstand zur Vergangenheit entwickelte sich sich neben einem vertieften Verständnis von Geschichte und Geschichtlichkeit auch eine eigene historische Forschung.

Auf die höheren Fakultäten (Theologie, Jurisprudenz, Medizin) wirkte der H. eher durch die Bereitstellung klassischer Texte ein. Für die Theologie waren dies im Wesentlichen kritische Ausgaben der Heiligen Schrift und der Kirchenväter in den Ursprachen wie auch nach diesen gefertigte Übersetzungen ins Lateinische und in die Volkssprachen. Als Pionierleistungen der humanistischen Bibelphilologie gelten die von /Erasmus von Rotterdam auf der Basis von Vorarbeiten Lorenzo Vallas vorgelegte Editio princeps des Neuen Testaments (Basel 1516) sowie die Complutenser Polyglotte für die Gesamtbibel (Alcalá 1514–17, ausgeliefert 1520). Die humanistisch-theologische Editionstätigkeit beschränkte sich jedoch nicht auf die Bibel und die Kirchenväter, sondern bezog, etwa bei Jakob /Faber Stapulensis, auch Werke der mittelalterlichen Mystik (u. a. Hildegard von Bingen, Elisabeth von Schönau, Mechtild von Hackeborn, Raimundus Lullus) ein.

3. *Humanismus und Theologie.* Auch wenn sich zahlreiche Humanisten zu theologisch einschlägigen Themen wie dem freien Willen (Francesco Petrarca, Coluccio Salutati, Valla, Erasmus), der Menschenwürde (Giannozzo Manetti, Giovanni Pico della Mirandola) und der Unsterblichkeit der Seele (Pietro Pomponazzi) geäußert haben, blieb das theologi-

sche Interesse des H. insgesamt jedoch eher begrenzt. Es lassen sich freilich vielfältige indirekte Einflüsse auf Theologie und Kirche ausmachen, wie das Entstehen eines kritischen Geistes, der auch vor der Kirche nicht Halt machte, sowie eine grundsätzliche Aufwertung der Laien. Von einer eigenständigen humanistischen Theologie lässt sich insofern sprechen, als Gelehrte wie Lorenzo Valla statt der traditionellen Scholastik, die für sie durch das Eindringen philosophischen Denkens in den Bereich der Offenbarung gekennzeichnet war, eine Theologie zu entwickeln suchten, die auf anderen sprachphilosophischen Voraussetzungen aufruhte. Anstelle einer ontologisch-abstrakten Denkweise suchten sie die Geschichtlichkeit der biblischen Sprache zur Geltung zu bringen. Das Paradigma dieser humanistischen Theologie war nicht die aristotelische Metaphysik, sondern die klassische Rhetorik in der Gestalt, wie sie von Quintilian zusammengefasst worden war. Nach deren Regeln versuchte man, den zunächst kritisch gesicherten Text der Schrift als Zeugnis der Selbstkundgabe Gottes zu verstehen und auszulegen („rhetorical theology" [Trinkaus]). Die Humanisten lehnten die traditionelle Schriftauslegung entsprechend dem vierfachen Schriftsinn zwar nicht rundweg ab, eröffneten aber durch ihre philologische Arbeit den Weg für die historisch-kritische Exegese. Ihre wohl ausgeprägteste Gestalt erreichte die aus den Quellen der Heiligen Schrift und der Kirchenväter geschöpfte, mehr auf christliche Praxis als auf systematische Reflexion hin ausgerichtete sapientiale Theologie im Werk des Erasmus.

Trotz der humanistischen Kritik bewegte sich die Universitätstheologie inhaltlich wie methodisch weiterhin in den Bahnen der Scholastik. Als Kuriosität mag der Sentenzenkommentar Paolo Cortesis (1465–1510) genannt werden, der die scholastische Terminologie in die Sprache Ciceros übersetzte. Versuche, Scholastik und H. miteinander zu verbinden, wie sie Aegidius von Viterbo und der späte Thomas ✏Cajetan, aber auch Vertreter der Schule von Salamanca wie Francisco de ✏Vitoria und Melchior ✏Cano unternahmen, konnten sich, aufs Ganze gesehen, nicht durchsetzen. Die systematische Theologie bewegte sich am Ende des 16. Jh. über die Konfessionsgrenzen hinweg unangefochten in den Bahnen der Scholastik; die auf Anregungen des H. zurückgehende Positive Theologie wurde vielfach ihrer Spitze beraubt, indem man sie auf die Bereitstellung von Dicta probantia reduzierte. Die kritischen Impulse des H. wirkten allerdings nicht nur in der nun entstehenden exegetischen, patristischen und kirchengeschichtlichen Forschung weiter, sondern auch in dem Bemühen der wissenschaftlichen Theologie, sich stärker Fragen der christlichen Praxis zuzuwenden, was zur Ausbildung der Fächer der Dogmatik und der Moraltheologie führte. Nicht zuletzt sind die zahlreichen Katechismen des 16. Jh., auch wenn sie inhaltlich nicht unbedingt humanistisch ausgerichtet sind, Früchte der Bemühungen des H. um eine erneuerte Laienfrömmigkeit.

4. *Humanismus und Reformation.* Die Reformation verdankt dem H., auch wenn sie nicht monokausal auf ihn zurückzuführen ist, entscheidende Anstöße. Die Humanisten lieferten durch ihre kritische Arbeit Maßstäbe für die Beurteilung der religiösen Situation und zeigten im Rückgriff auf die Schrift und die alte Kirche Alternativen zur kritisierten

Gegenwart auf. Anhänger des besonders mit dem Namen des Erasmus verbundenen H. gab es auf allen Seiten der sich herausbildenden konfessionellen Lager, viele von ihnen suchten zu vermitteln (/Vermittlungstheologie, Irenik, /Kontroverstheologie), konnten sich aber gegenüber der Tendenz zur /Konfessionalisierung nicht durchsetzen. In Italien und Spanien, wo der Erasmismus besonderen Anklang gefunden hatte (/Evangelismus), wurde er Mitte des 16. Jh. durch die Inquisition ausgemerzt. Sowohl das protestantische Schulwesen wie die im Rahmen der /Katholischen Reform bald vorbildliche Jesuitenpädagogik sind ohne den Einfluss des offiziell oft als theologisch unzuverlässig kritisierten H. nicht denkbar.

■ Literatur und Nachträge: DSP 7, 989–1028; TRE 15, 639–661. – P. POLMAN: L'élément historique dans la controverse religieuse du XVIᵉ siècle. Gembloux 1932; A. RENAUDET: Préréforme et humanisme à Paris pendant les premières guerres d'Italie (1494–1517). Paris ²1953; L.W. SPITZ: The Religious Renaissance of the German Humanists. Cambridge (Massachusetts) 1963; C. TRINKAUS: In Our Image and Likeness, 2 Bde. Chicago 1970; DERSELBE – H.A. OBERMAN (Hg.): The Pursuit of Holiness in Late Medieval and Renaissance Religion. Leiden 1974; P.O. KRISTELLER: H. und Renaissance, 2 Bde. München 1974–76; O. FATIO – P. FRAENKEL (Hg.): Histoire de l'exégèse au XVIᵉ siècle. Genf 1978; L.W. SPITZ U.A. (Hg.): H. und Reformation als kulturelle Kräfte in der deutschen Geschichte. Berlin – New York 1981; J.F. D'AMICO: Renaissance Humanism in Papal Rome. Baltimore 1983; J.H. BENTLEY: Humanists and Holy Writ. Princeton 1983; A. BUCK (Hg.): Renaissance – Reformation. Wiesbaden 1984; J.H. OVERFIELD: Humanism and Scholasticism in Late Medieval Germany. Princeton 1984; A. BUCK: H. Freiburg – München 1987; H. SMOLINSKY: Der H. an Theologischen Fakultäten des katholischen Deutschland: G. KEIL U.A. (Hg.): Der H. und die oberen Fakultäten. Weinheim 1987; A. RABIL, JR. (Hg.): Renaissance Humanism, 3 Bde. Philadelphia 1988; G. BEDOUELLE – B. ROUSSEL (Hg.): Le temps des Réformes et la Bible. Paris 1989; I. BACKUS (Hg.): Théorie et pratique de l'exégèse. Genf 1990; L. GRANE U.A. (Hg.): Auctoritas Patrum. Zur Rezeption der Kirchenväter im 15. und 16.Jh. Mainz 1993; H. KERNER (Hg.): H. und Theologie in der frühen Neuzeit. Nürnberg 1993; J.W. O'MALLEY U.A. (Hg.): Humanity and Divinity in Renaissance and Reformation. Leiden 1993; G. D'ONOFRIO (Hg.): Storia della teologia, Bd. 3. Casale Monferrato 1995; Humanismus und Wittenberger Reformation. Leipzig 1996; I. KRAYE (Hg.): The Cambridge Companion to Renaissance Humanism. Cambridge 1996; L. GRANE U.A. (Hg.): Auctoritas Patrum II. Neue Beiträge zur Rezeption der Kirchenväter im 15. und 16.Jh. Mainz 1998; M.H. JUNG – P. WALTER (Hg.): Theologen des 16.Jh. Darmstadt 2002.

Peter Walter

Hutten, fränkisches Rittergeschlecht:
1) *Ulrich von*, Reichsritter und Humanist, * 21.4.1488 Burg Steckelberg (Rhön), † 29.8.1523 Insel Ufenau (Zürcher See). 1499 trat H. als Domizellar in die Fuldaer Stiftsschule ein, wechselte 1503 an die Universität Erfurt, zog danach als Scholar ziellos von Universität zu Universität (Köln, Frankfurt [Oder], Leipzig, Greifswald, Wittenberg). 1511 reiste er, vom Ruhm der Schule um Konrad Celtis angezogen, nach Wien; 1514 traf er am kurfürstlichen Hof in Mainz /Erasmus von Rotterdam, der seine humanistischen Interessen förderte. 1512–13 im kaiserlichen Heer in Italien, kehrte er 1514 nach Deutschland zurück, wo er sich in der literarische Fehde (/Dunkelmännerbriefe) gegen die Kölner Dominikaner für Johannes /Reuchlin einsetzte. 1515–19 wandte er sich in fünf Reden scharf gegen Herzog /Ulrich von Württemberg, den Mörder seines Vetters Hans. 1515–17 erneut Stu-

dium der Rechtswissenschaft in Italien, wo er die Auswüchse des verweltlichten Renaissancepapsttums kritisch verfolgte. 1517 von Maximilian I. zum Poeta laureatus gekrönt, danach Eintritt in den Hofdienst ∕ Albrechts von Brandenburg. Mit Franz von ∕ Sickingen beteiligte er sich 1519 an der Vertreibung Herzog Ulrichs. Nach der ∕ Leipziger Disputation näherte er sich Martin Luther, steigerte 1519–1520 seine antirömische Agitation zu einem Großangriff gegen Papst und Kurie, suchte 1520 vergeblich Erzherzog ∕ Ferdinand in Brüssel für Luther zu gewinnen. Von Albrecht seines Mainzer Diensts enthoben, fand er 1520 Zuflucht bei Sickingen auf der Ebernburg, von wo er mit Flugschriften (zumeist in deutscher Sprache) den literarischen Kampf gegen Rom und gegen den vordringenden Fürstenstaat fortsetzte. Versuche der kaiserlichen Diplomatie, H. in Dienst zu nehmen, scheiterten während des Wormser Reichstags 1521. H. tauchte unter und ließ sich zu einem „Pfaffenkrieg" im Raubritterstil hinreißen. Nach Sickingens Scheitern in der „Trierer Fehde" (Herbst 1522) suchte der an in frühen Jahren an Syphilis erkrankte H. Zuflucht bei Erasmus in Basel, der ihn aber abwies. Mit seiner letzten Schrift *Expostulatio cum Erasmo* (1523) suchte sich H. dafür zu rächen. Durch Vermittlung Huldrych Zwinglis fand er Aufnahme bei dem heilkundigen Pfarrer Johannes Klarer auf der Ufenau, wo er 35-jährig einsam und mittellos starb.

Das Wirken H.s war entscheidend geprägt von seiner sozialständischen Verankerung im reichsritterschaftlichen Verband und von der Schwäche des Ritterstandes im Konflikt mit der überlegenen Fürstenmacht. Denken und Handeln H.s waren beherrscht von Humanismus und adeligem Standesethos, von Reichspatriotismus und radikaler Kirchenkritik. Die Verbindung von Rittertum, Humanismus und nationaler Gesinnung verlieh ihm ein unverwechselbares Profil. Der politisch gescheiterte, literarisch wirkmächtige Ritter stand dem reformatorischen Anliegen Luthers innerlich eher fern.

▪ Werke: Gesamtausgabe, ed. v. E. BÖCKING, 7 Bde. Leipzig 1859–69, Neudruck Aalen 1963; Deutsche Schriften, ed. v. S. SZAMATÓLSKI. Straßburg 1891.

▪ Literatur: TRE 15, 747–752. – D.F. STRAUSS: U. von H., 3 Teile. Leipzig 1858–60; P. KALKOFF: U. von H. und die Reformation. ebd. 1920; P. HELD: U. von H., seine religiösgeistige Auseinandersetzung mit Katholizismus, Humanismus und Reformation. ebd. 1928; H. HOLBORN: U. von H. and the German Reformation. New Haven 1937; J. BENZING: U. von H. und seine Drucker. Wiesbaden 1956; H. GRIMM: U. von H. Göttingen 1971; V. PRESS: U. von H., Reichsritter und Humanist: Nassauische Annalen 85 (1974) 71–86; G. SCHMIDT: U. von H., der Adel und das Reich um 1500: U. von H. in seiner Zeit. Kassel 1988, 19–34; U. von H., Ritter, Humanist, Publizist 1488–1523. Ausstellungskatalog Kassel 1988.

Manfred Rudersdorf

▪ Nachtrag: RGG⁴ 3, 1966f. – U. von H. 1488–1988, hg. v. S. FÜSSEL. München 1989; H. KORNFELD: U. von H.s Stellung zu Martin Luther: Blätter für pfälzische Kirchengeschichte und religiöse Volkskunde 56 (1989) 231–254; A. SCHÄFER: U.s von H. publizistischer Kampf um die Reform des Reiches: ebd. 61 (1994) 279–304; M. TREU: H., Melanchthon und der nationale Humanismus: Humanismus und Wittenberger Reformation. Leipzig 1996, 353–366.

2) *Moritz von*, Fürstbischof von Eichstätt (1539), Vetter von 1), * 25.11.1503 Arnstein (Unterfranken), † 6.12.1552 Eichstätt; 1512 Domherr und 1532 Kapitular in Eichstätt, 1516 bzw. 1530 in Würzburg; 1518–30 Studien in Leipzig, Ingolstadt, Padua, Basel, Freiburg; 1536 Dompropst in Würzburg. Der eifrige

Bischof, Förderer der Jesuiten, bemühte sich um eine Reform des Klerus, besuchte 1543 Trient, war 1546 Präsident des ↗Regensburger Religionsgesprächs, hielt 1548 eine Diözesansynode ab, stand in Kontakt u.a. mit Johannes ↗Eck, Kilian ↗Leib, Johannes ↗Cochlaeus, Julius von ↗Pflug. Er war duldsam gegen die Protestanten außerhalb des Hochstifts.

■ Literatur: NDB 8, 98; DHGE 24, 465f. – ARCEG Bd. 3 und 4; J.V. POLLET (Hg.): Julius Pflug. Correspondance, Bd. 2, 3 und 5/1. Leiden 1973–82; K. RIED: M. von H., Fürstbischof von Eichstätt, und die Glaubensspaltung. Münster 1925. *Ernst Reiter*
■ Nachtrag: Die Bischöfe des Heiligen Römischen Reiches 1448–1648, hg. v. E. GATZ. Berlin 1996, 323f.

Hutterische Brüder (Hutterer), älteste heute bestehende Gemeinschaft der ↗Täufer; 1528 Gründung der ersten Gemeinschaftssiedlung (Haushaben, später Bruderhof) im mährischen Austerlitz (Slavkov) auf der Grundlage unbedingter Wehrlosigkeit und Gütergemeinschaft; 1533–1535 Einführung einer bruderschaftskommunistischen Gemeindeordnung unter der Leitung des Tiroler Täuferführers Jakob Hut(t)er (1536 in Innsbruck verbrannt); 1564–1592 Blütezeit mit bis zu 70 000 Mitgliedern; 1622 Vertreibung aus Mähren, Auswanderung eines Restes in die Slowakei und nach Siebenbürgen.

■ LThK³ 5, 347 (ungekürzte Fassung).
■ Quellen: Geschicht-Buch der Hutterischen Brüder. Wien 1923.
■ Literatur: R. FRIEDMANN: Die Habaner in der Slowakei. Wien 1927; J.A. HOSTETLER: Hutterite Society. Baltimore–London 1974; M. HOLZACH: Das vergessene Volk. Hamburg 1980; K.A. PETER: The Dynamics of Hutterite Society. Edmonton (Alberta) 1987; TH. VON STIEGLITZ: Kirche als Bruderschaft. Dissertation. Paderborn 1990.

Thomas von Stieglitz

■ Nachtrag: W.O. PACKULL: Die Hutterer in Tirol. Frühes Täufertum in der Schweiz, Tirol und Mähren. Innsbruck 2000; A. VON SCHLACHTA: ‚Searching through the nations'. Tasks and problems of sixteenth century Hutterian mission: Mennonite Quarterly Review 74 (2000) 27–49.

Hyperius (eigentlich Gheeraerdts, Gerhard), *Andreas*, protestantischer Theologe, * 16.5.1511 Ypern, † 1.2.1564 Marburg; nach humanistischem Studium in Frankreich und England seit 1541 Theologieprofessor in Marburg; setzte sich für die Neuordnung der Kirche in Hessen nach evangelischen Grundsätzen ein (Mitverfasser der Kirchenordnung von 1566) wie für die Reform der Universität Marburg; mit seinem an ↗Erasmus von Rotterdam erinnernden Programm vermittelte er zwischen den Flügeln der Reformation; durch die Verbindung von theologischer und juristischer Argumentation steht er am Übergang zur Orthodoxie; sein Interesse galt der Ausbildung der Pfarrer, der Predigt und der Armenfürsorge.

■ Werke: De recte formando theologiae studio. Basel 1556 u.ö.; Briefe 1530–63, hg. v. G. KRAUSE. Tübingen 1981.
■ Literatur: TRE 15, 778–781. – G. KRAUSE: A.G. H. Tübingen 1977; W. VAN'T SPIJKER: Principe, methode en functie van de theologie bij A. H. Kampen 1990. *Gerhard Rau*

Ignatius von Loyola (Iñigo López de Loyola), heilig (Fest 31.7.), Ordensstifter, * 1491 Schloss Loyola bei Azpeitia (baskische Provinz Guipúzcoa), † 31.7.1556 Rom; 1506(?) bis 1517 höfische Erziehung in Arévalo; 1517 im Dienst des Vizekönigs von Navarra; bei der Verteidigung Pamplonas am 20.5.1521 schwer verwundet. Bekehrung auf dem Krankenlager in Loyola bei der Lesung des „Lebens Christi" des Ludolf von Sachsen und einer Heiligenlegende (Legenda aurea) des Jacobus a Voragine. Ende Februar 1522 begab sich I. zum Kloster Montserrat, wo er eine Lebensbeichte ablegte und wahrscheinlich das „Ejercitatorio" des García Jiménez de Cisneros kennen lernte. Von März 1522 bis Februar 1523 im nahe gelegenen Manresa Bußleben, innere Krise und mystische Erleuchtungen; diese Erfahrungen bilden die Grundlage seiner Exerzitien. Nach einer Pilgerreise ins Heilige Land (Juni 1523 bis Januar 1524) Rückkehr nach Spanien und Studium, um „den Seelen zu helfen". In Barcelona studierte I. Latein (1524–26), in Alcalá und Salamanca Philosophie (1526–27); durch seine seelsorglichen Versuche geriet er in den Verdacht, ein Alumbrado zu sein. 1528–35 studierte er in Paris Philosophie (Magister) und Theologie; hier nannte er sich zum ersten Mal Ignatius. Am 15.8.1534 legte I. mit sechs Gefährten auf dem Montmartre bei Paris die Gelübde der Armut und Keuschheit ab sowie der Missionsarbeit im Heiligen Land bzw., falls dies unmöglich, sich dem Papst zur Verfügung zu stellen. Die Reise ins Heilige Land erwies sich als nicht durchführbar. Am 24.6.1537 in Venedig zum Priester geweiht, begab sich I. im November 1537 nach Rom. Der Papst nahm das Angebot der Gefährten im November 1538 an. 1539 Entschluss, einen Orden zu gründen, den / Paul III. am 27.9.1540 mit der Bulle *Regimini militantis Ecclesiae* bestätigte. I. wurde 1541 zum ersten Generaloberen gewählt. Seine Haupttätigkeit bestand von nun an in der Leitung des Ordens, der Ausarbeitung der Konstitutionen und der Führung einer umfangreichen Korrespondenz.

Obwohl kein eigentlicher Schriftsteller, hat I. viele Schriften mit praktischer Ausrichtung hinterlassen, v. a. die *Exerzitien*, die *Konstitutionen*, Reste des *Geistlichen Tagebuches*, autobiographische Texte (so genannter *Pilgerbericht*), Korrespondenz (über 6800 Briefe). – Erst seit Veröffentlichung aller Quellentexte konnte das I.-Bild von der Übermalung durch die barocke Hagiographie und von psychologischen Missverständnissen befreit werden. Weltsicht und Gebetsziel des I. („Gott finden in allen Dingen") sind von seiner Trinitätsmystik her zu verstehen; die Christusmystik bewegt ihn zum Nachfolger des für uns arm gewordenen Jesus und zum Dienst in der Kirche. Um in der existentiellen Entscheidung der „Wahl" den Willen Gottes zu finden, ist „Unterscheidung der Geister" nötig. Geist und Kirche gehören aber für I. immer zusammen. Kennzeichnend für I. ist die unaufhebbare Dialektik von Mystik und Aszese, Kontemplation und Aktion, Gehorsam und Freiheit. Durch die Exerzitien und seinen Orden übte er großen Einfluss auf die / Katholische Reform aus.

▪ Werke: Monumenta Ignatiana (Teil der Monumenta Historica Societatis Jesu), 26 Bde. Madrid–Rom 1903–77; Geistliche Übungen und erläuternde Texte, übersetzt von P. KNAUER. Graz ³1988; Der Bericht des Pilgers, übersetzt von B. SCHNEIDER. Freiburg ⁷1991; Briefe und Unterweisungen, übersetzt von P. KNAUER. Würzburg 1993.

▪ Literatur: DSP 7, 1266–1318; TRE 16, 45–55. – F. WULF (Hg.): I. von Loyola. Seine geistliche Gestalt und sein Vermächtnis. Würzburg 1956; H. RAHNER: I. von Loyola als Mensch und Theologe. Freiburg 1964; L. POLGÁR: Bibliographie sur l'histoire de la Compagnie de Jésus, Bd. 1. Rom 1981, 101–234; A. RAVIER: I. von Loyola gründet die Gesellschaft Jesu. Würzburg 1982; R. GARCÍA-VILLOSLADA: San I. de Loyola. Nueva Biografía. Madrid 1986; C. DE DALMASES: I. von Loyola. München 1989; M. SIEVERNICH–G. SWITEK (Hg.): Ignatianisch. Eigenart und Methode der Gesellschaft Jesu. Freiburg 1990; I. TELLECHEA: I. von Loyola. ‚Allein und zu Fuß'. Zürich 1991.   *Günter Switek*

- Nachtrag: D.C. STEINMETZ: Luther and Loyola. Interpretation 47 (1993) 5–14; H. SCHILLING: Luther, Loyola, Calvin und die europäische Neuzeit: ARG 85 (1994) 5–31; A. HENKEL: Geistliche Erfahrung und geistliche Übungen bei I. von Loyola und Martin Luther. Frankfurt (Main) 1995; W.W. MEISSNER: I. von Loyola. Freiburg 1997; S. KIECHLE: I. von Loyola. ebd. 2001; G. MARON: I. von Loyola. Göttingen 2001.

Ilanzer Religionsgespräch.

Der Einfluss der Zürcher Reformation erreichte die Drei Bünde (Kanton Graubünden) gegen 1525. Die Klage des Bischofs von Chur vor dem dortigen Bundestag, die evangelischen Prediger in den Drei Bünden seien Ketzer und Sektierer, mündete in eine öffentliche Disputation hierüber. Diese erfolgte unter Tumult und vielen Vereitelungsversuchen der Katholischen am 7./8.1.1526 in Ilanz (bei Chur) und endete mit der Abweisung der bischöflichen Klage und Übertritten zur neuen Konfession. Das Ilanzer Religionsgespräch leitete den Erfolg der Reformation in den Drei Bünden ein.

- Quellen: Eidgenössische Abschiede, 4 Bde. Bern 1861–72, Bd. 4. 820.
- Literatur: E. CAMENISCH: Bündnerische Reformationsgeschichte. Chur 1920, 36–59; HKG 5, 171.

Samuel Schüpbach-Guggenbühl

Ius reformandi (I.).

Nach dem Grundsatz, dass der Landesherr auch die Religion seiner Untertanen bestimmt (/„cuius regio, eius et religio"), war das I. das im Zeitalter der Glaubensspaltung den weltlichen Reichsständen, d. h. den Fürsten und Reichsstädten, zuerst durch den Reichstag von Speyer (1526) und endgültig im /Augsburger Religionsfrieden (1555) zuerkannte Recht, sich einer der beiden Religionen (katholisch oder lutherisch; seit 1648 auch der reformierten) anzuschließen und ihren Untertanen die Annahme der gleichen Religion aufzuzwingen (Religionszwang, Religionsbann).

- Literatur: H. CONRAD: Deutsche Rechtsgeschichte, Bd. 2. Karlsruhe 1966, 18.

Joseph Listl

- Nachtrag: B.CH. SCHNEIDER: I. Die Entwicklung eines Staatskirchenrechts von seinen Anfängen bis zum Ende des alten Reichs. Tübingen 2001.

Jewel,

John, anglikanischer Theologe und Bischof, * 24.5.1522 Buden bei Ilfracombe (Devonshire), † 23.9.1571 Monkton Fairleigh (Wiltshire). Studium in Oxford (Merton und Corpus Christi College), 1545 Magister artium; ab 1547 beeinflusst von Pietro Martire /Vermigli; 1551 Ordination. Unter Königin /Maria (Tudor) Unterzeichnung katholischer Lehrsätze, die J. bald widerrief. 1555 Flucht nach Frankfurt (Main), Straßburg und Zürich. 1559 Rückkehr nach London; 1560 Bischof von Salisbury. 1562 erschien in London die weit über England hinaus verbreitete *Apologia pro Ecclesia Anglicana* (London 1564 englische Übersetzung), eines der bedeutendsten anglikanischen Kontroverswerke gegen die römisch-katholische Kirche. Vom Humanismus beeinflusst, wollte J. die Konformität der anglikanischen mit der alten Kirche erweisen sowie die königliche Suprematie rechtfertigen. Auf das Werk folgte besonders mit Thomas Harding und Thomas /Stapleton eine große Kontroverse.

- Werke: The Works of J.J., hg. v. J. AYRE, 4 Bde. Cambridge 1845–50; An Apology of the Church of England, hg. v. J.E. BOOTY. Charlottesville 1974; VD 16 10, 103.
- Literatur: RGG³ 3, 664; CATH 6, 872f.; NCE 7, 971f.; HDThG 2, 375ff. – W.M. SOUTHGATE: J.J. and the Problem of Doctrinal Authority. Cambridge (Massachusetts) 1962; J.E. BOOTY: J.J. as Apologist of the Church of England. London 1963; DERSELBE: The Bishop Confronts the Queen: J.J. and the Failure

of the English Reformation: F. CHURCH–TH. GEORGE (Hg.): Continuity and Discontinuity in Church History. Leiden 1979, 215–231; A.G. DICKENS: The English Reformation. London ²1989. *Heribert Smolinsky*
■ Nachtrag: M. PASQUARELLO: J.J.: Anglican and Episcopal History 69 (2000) 276–294; P.I. KAUFMAN: J. on the Eucharist: ebd. 421–442.

Joachim I. Nestor von Brandenburg

(Kurfürst 1499–1535), * 21.2.1484 Stendal, † 11.7.1535 Cölln; sprachgewandt und humanistisch gebildet, folgte noch minderjährig dem Vater Johann, heiratete 1502 Elisabeth von Dänemark, regierte bis 1513 gemeinsam mit dem Bruder ⁄ Albrecht; beide eröffneten die seit 1493 (von Bischof Dietrich von Bülow) geplante Landesuniversität in Frankfurt (Oder). Zur Durchsetzung der Landesherrschaft disziplinierte J. den fehdelustigen märkischen Adel, behauptete sich gegenüber den Landständen und verbesserte die Gerichtsbarkeit (Kammergericht 1518). Ausgreifende dynastische Reichspolitik verhalf Albrecht zu den Bischofsstühlen in Magdeburg, Halberstadt und Mainz; bei der Kaiserwahl 1519 optierte J. zunächst für ⁄ Franz I. von Frankreich, zuletzt für den Habsburger ⁄ Karl V., dessen Parteigänger er schließlich trotz Enttäuschung wurde. Dies hing eng mit seiner Kirchenpolitik zusammen, die das straffe Regiment besonders gegenüber den landsässigen Bistümern Brandenburg, Havelberg und Lebus verstärkte, sich aber von Anfang an gegen Martin Luther und seine Neuerungen richtete, weil er von den Ablasshändeln in der Kirchenprovinz des Bruders mit betroffen war. Frankfurter Theologen (Konrad ⁄ Wimpina) lieferten die Argumente gegen Luther, den J. auf dem Wormser Reichstag 1521 traf; seitdem betrieb er entschieden den Erlass und die Durchsetzung des Wormser Edikts vom 25. 5. gegen die Lutheranhänger. J.s enger Anschluss an die Habsburger sowie der Eintritt in die altgläubigen Bündnisse von ⁄ Dessau 1525 und Halle 1533 dienten wie seine inneren Maßnahmen der Abwehr der Reformation, die bis 1535 keinen Durchbruch erzielte. Nicht verhindern konnte J. den heimlichen Übertritt und die Flucht der Kurfürstin nach Kursachsen 1528, mit der er wegen der Berliner Schwester des Bischofs Johannes von ⁄ Blankenfeld (Dorpat und Riga) in zerrütteter Ehe lebte. Seine Söhne ⁄ Joachim II. und Johann (von Küstrin, 1513–71) wollte er, letztlich vergeblich, 1534 testamentarisch auf den alten Glauben verpflichten.

■ Literatur: ⁄ Joachim II. Hector von Brandenburg. *Peter Baumgart*

Joachim II. Hector von Brandenburg,

* 13.1.1505 Cölln, † 3.1.1571 Köpenick; humanistisch gebildet wie sein Vater ⁄ Joachim I., theologisch interessiert, seit 1532 im Briefwechsel mit Martin Luther, dabei prachtliebend und verschwenderisch, regierte er nach einer Landesteilung nur die Kurmark. Während in der Neumark sein Bruder Johann schon ab 1537 die Reformation einführte und dem ⁄ Schmalkaldischen Bund beitrat, betrieb J. lange eine ambivalente „Politik zwischen den Konfessionen". An den Kaiser angelehnt, wirkte er als Vermittler zwischen den Konfessionsparteien (Religionsgespräche zu ⁄ Worms und ⁄ Regensburg), blieb selbst während des ⁄ Schmalkaldischen Krieges neutral und akzeptierte das kaiserliche ⁄ Augsburger Interim 1548. Entsprechend stattete er zwar 1536 das Cöllner Domstift reich aus, nahm aber am 1.11.1539 mit seinem Adel das Abendmahl unter bei-

derlei Gestalt aus den Händen des Brandenburger Bischofs Matthias von Jagow und erließ 1540 eine Kirchenordnung, die kompromisstheologisch wesentliche altkirchliche Elemente beibehielt. Nur zögernd begann der Aufbau einer evangelischen Landeskirche mit Kirchenvisitationen und Säkularisationen gegen hinhaltenden Widerstand besonders in den Bistümern Lebus und Havelberg, die schließlich ebenso an Prinzen der Dynastie fielen wie Brandenburg und das Erzstift Magdeburg. Seit 1552/55 vollzog der Kurfürst eine reichspolitische Wende zu Kursachsen, er bekannte sich 1563 demonstrativ im Dom zu Cölln zum Luthertum, das hinfort zum herrschenden Bekenntnis wurde.

■ Literatur: ADB 14, 71–86; RE 9, 220–227; BBKL 3, 107–115; TRZRK 2, 35–48. – J. SCHULTZE: Die Mark Brandenburg. Berlin Bd. 3 1963, 173–231; Bd. 4 1964, 9–100; G. HEINRICH: Kurfürst Joachim von Hohenzollern, Markgraf von Brandenburg: F. REUTER (Hg.): Der Reichstag zu Worms von 1521. Worms 1971, 336–351.   *Peter Baumgart*

■ Nachtrag: M. RUDERSDORF: Die Reformation in Kurbrandenburg: Wichmann-Jahrbuch des Diözesangeschichtsvereins Berlin 34/35 (1994/95) 141–157.

Johann Friedrich von Sachsen (Kurfürst 1532–47) (Ernestiner), * 30.6.1503 Torgau, † 3.3.1554 Weimar. Seit 1520 in engem Vertrauensverhältnis zu Martin Luther, war er ein wichtiger politischer Förderer der Reformation. Er unterstützte die Speyrer Protestation 1529, die ↗Confessio Augustana 1530 und den ↗Schmalkaldischen Bund (1531–47). Religiös unnachgiebig (Ablehnung des geplanten Konzils 1537 und der Zugeständnisse beim ↗Regensburger Religionsgespräch 1541), war er politisch auf Ausgleich bedacht (Nürnberger Anstand 1532, Vertrag von Kaaden 1534, ↗Frankfurter Anstand 1539). Nach der Schlacht von Mühlberg am 24.4.1547 (↗Schmalkaldischer Krieg) geriet er für fünf Jahre in kaiserliche Gefangenschaft und verlor die Kurwürde an seinen Vetter ↗Moritz (Albertiner). Den Ernestinern blieb fortan das Herzogtum Sachsen (Weimar). Anstelle der zuvor geförderten Universität Wittenberg, die an das albertinische Kursachsen fiel, gründete er 1548 in Jena das Gymnasium academicum (seit 1557 Universität). Wegen seiner Standhaftigkeit in Glaubensdingen und der kaiserlichen Gefangenschaft gilt er als Martyrer des Protestantismus. Politisch scheiterte er, da die ernestinischen Wettiner die sächsische Kurwürde auf Dauer verloren.

■ Literatur: TRE 17, 97–103; BBKL 3, 147–157. – G. MENTZ: J.F. der Großmütige 1503–54, 3 Bde. Jena 1903–08; G. WARTENBERG: Luthers Beziehungen zu den sächsischen Fürsten: Leben und Werk Martin Luthers von 1526–46, hg. v. H. JUNGHANS. Göttingen 1983, 549–571 916–929; D. IGNASIAK: Fürst J.F. I. und die Gründung der Universität Jena. Jena 1996; G. VOGLER: Kurfürst J.F. und Herzog Moritz von Sachsen. Polemik in Liedern und Flugschriften während des Schmalkaldischen Krieges: ARG 89 (1998) 178–206.   *Rolf Decot*

■ Nachtrag: G. VOGLER: Kurfürst J.F. von Sachsen und Herzog Moritz von Sachsen: ARG 89 (1998) 178–206.

Johann Kasimir, evangelischer **Pfalzgraf bei Rhein,** * 7.3.1543 Simmern, † 6.1.1592 Heidelberg. Jüngerer Sohn des calvinistischen Kurfürsten ↗Friedrich III., hielt im Gegensatz zum lutherischen Bruder Ludwig VI. am reformierten Bekenntnis fest. Während dessen Regierung 1576–83 wurde sein Fürstentum Pfalz-Lautern (um Kaiserslautern und Neustadt) zur Zuflucht für die Pfälzer Reformierten, das 1578 gegründete Casimirianum zur calvinistischen Ersatzhochschule für das lutherisch gewordene Heidelberg. Gegen das Testament Ludwigs VI. bemächtigte sich J. K. der Alleinregentschaft für Friedrich IV. und stellte als Kuradministrator den Calvinismus und die reformierte Kirchenverfassung wieder her (Wiedereinführung der Kirchenordnung Friedrichs III. 1585). Damit war die konfessionelle Ausrichtung der Kurpfalz bis 1685 festgelegt. Aus religiöser Solidarität und politischem Ehrgeiz leistete J. K. 1567/68 und 1575/76 den ∕Hugenotten im französischen Bürgerkrieg militärische Hilfe, unterstützte 1578/79 ∕Wilhelm I. von Oranien in den Niederlanden und beteiligte sich 1582/83 am Kölnischen Krieg. 1587 und 1591 organisierte er militärische Hilfe für den französischen König ∕Heinrich IV. J. K. bemühte sich vergeblich um die politische Einigung der deutschen Protestanten.

Literatur: NDB 10, 510ff. – F. VON BEZOLD: Briefe des Pfalzgrafen J. Casimir mit verwandten Schriftstücken, 3 Bde. München 1882–1903; M. KUHN: Pfalzgraf J. Casimir von Pfalz-Lautern. Otterbach–Kaiserslautern 1961; EKO Bd. 14; V. PRESS: Calvinismus und Territoritalstaat. Stuttgart 1970; M. SCHAAB: Geschichte der Kurpfalz, Bd. 2. Stuttgart u.a. 1992, 58ff.   *Eike Wolgast*

Johannes von Feckenham (eigentlich Howman), Benediktiner in Evesham, * um 1515 bei Feckenham, † 16.10.1585 Wisbech Castle bei Cambridge; Studium in Oxford; Novizenmeister in Evesham, später Dozent in Oxford, Kaplan bei Bischof John Bell von Worcester, seit 1543 bei Bischof Edmund ∕Bonner von London, mit dem er seit 1549 auf Veranlassung Thomas ∕Cranmers im Tower gefangen gehalten wurde; gelehrter und schlagfertiger Kontroversist in Disputationen u. a. mit John ∕Jewel und John Hooper. Nach der Thronbesteigung ∕Marias der Katholischen 1553 deren Kaplan; März 1554 Dekan der St.-Pauls-Kirche in London; am 21.11.1556 letzter Abt der wieder errichteten Abtei Westminster; im gleichen Jahr Doctor of Divinity der Universität Oxford. Königin ∕Elisabeth I. bot ihm das Erzbistum Canterbury an, wenn er sich zur religiösen Neuerung bekenne. Seine Weigerung und seine Stellungnahme im Parlament gegen die geplanten kirchlichen Änderungen führten 1559 zur erneuten Aufhebung der Abtei Westminster und zu seiner Einkerkerung im Tower (1560); dort und an anderen Orten in Haft bis zu seinem Tod. Seine Schriften teilweise handschriftlich erhalten.

Literatur: DNB 18, 282ff.; DHGE 16, 803–809; BBKL 3, 358f. – E. TAUNTON: The English Black Monks of St. Benedict. London 1897; J. SPILLMANN: Geschichte der Katholikenverfolgung in England, Bd. 4. Freiburg 1909, 382–387; PH. HUGHES: The Reformation in England, Bd. 3. London 1954, 414f. u.ö.; D.M. LOADES: Maria Tudor. München 1982.   *Bruno Steimer*

Jonas, *Justus* (ursprünglich Jodocus Koch), Jurist und lutherischer Theologe, * 5.6.1493 Nordhausen, † 9.10.1555 Eisfeld; während seiner Studien in Erfurt (ab 1506) und Wittenberg (ab 1511) schloss er sich dem Humanistenkreis um Eobanus Hessus (1488–1540) und ∕Mutianus Rufus an; seit 1518 hielt er juristische Vorlesungen an der Universität Erfurt; 1519 reiste er zu ∕Erasmus von Rotterdam; 1521 begleitete er Martin Luther demonstrativ zum Wormser Reichstag; im selben Jahr wurde er in Wittenberg Propst, Doktor der Theologie und Professor an der theologischen Fakultät, deren Dekan er von 1523–33 war. Mitarbeiter und Freund Luthers; hoch geschätzt als Übersetzer von Schriften der Reformatoren. Ab 1532 sowie ab 1539 beteiligt an der Einführung der Reformation im Fürstentum Anhalt bzw. im Herzogtum Sachsen (Verfasser der Kirchenordnungen). Seit 1541 in Halle, dort 1544 Superintendent, Verfasser der Kirchenordnung; infolge des ∕Schmalkaldischen Krieges von dort ausgewiesen; Aufenthalte in Hildesheim, Coburg und Regensburg, seit 1553 Pfarrer in Eisfeld.

■ Quellen: Der Briefwechsel des J.J., hg. v. G. KAWERAU, 2 Bde. Halle 1884–85, Nachdruck Hildesheim 1964; W. DELIUS: Drei Briefe des J.J.: ARG 31 (1934) 133–136; DERSELBE: Ergänzungen zum Briefwechsel des J.J.: ARG 42 (1951) 136–145.
■ Literatur: CERAS 2, 244ff.; TRE 17, 234–238. – M. SCHELLBACH: J.J. Essen 1941; W. DELIUS: J.J. Berlin 1952; DERSELBE: Die Reformationsgeschichte der Stadt Halle an der Saale. ebd. 1953; M.E. LEHMANN: J.J., loyal reformer. Minneapolis 1963; E. KOCH: Handschriftliche Überlieferung aus der Reformationszeit in der Stadtbibliothek Dessau: ARG 78 (1987) 321–345; J.J. Beiträge zur 500. Wiederkehr seines Geburtstages. Nordhausen 1993. *Hans-Günter Leder*

Joris, *David* (Pseudonym Johannes von Brügge), Täufer, * 1501/1502 Gent oder Brügge, † 23.8.1556 Basel; gelernter Glasmaler; 1528 als Anhänger der Reformation aus Delft verbannt. Mitglied der Täuferbewegung (∕Täufer), später einflussreicher Sektenführer, v. a. aufgrund seiner prophetischen Schriften. Seit 1544 unter dem Pseudonym Johannes von Brügge in Basel; seine Leiche und Schriften wurden dort 1559 nach posthumem Ketzerprozess verbrannt.

■ Werke: T'Wonderboek. o.O. 1542, ²1551. Etwa 225 weitere Schriften; G.K. Waite (Hg.): The anabaptist writings of D.J. (1535–43). Waterloo (Ontario) 1994.
■ Literatur: NDB 10, 608f.; BBKL 3, 654ff. – A. VAN DER LINDE: D.J. Bibliographie. Den Haag 1867; R.H. BAINTON: D.J.: ARG Ergänzungs-Bd. 6 (1937); P. BURCKHARDT: D.J. und seine Gemeinde in Basel: Basler Zeitschrift für Geschichte und Altertumskunde 48 (1949) 5–106. *Christoph Maier*
■ Nachtrag: G.K. WAITE: D.J. and Dutch Anabaptism 1524–43. Waterloo (Ontario) 1990; DERSELBE: ‚Man is devil to himself'. D.J. and the rise of a sceptical tradition towards the devil in the early modern Netherlands: Nederlands archief voor kerkgeschiedenis 75 (1995) 1–29; B. HEBERT: Images et imaginaire du millenium dans le ‚Wonderboeck' de D.J.: Formes du millénarisme en Europe à l'aube des temps modernes. Paris 2001, 141–155.

Jud (Judae, auch Keller), *Leo,* Zürcher Reformator und Bibelübersetzer, * um 1482 Gemar (Elsass), † 19.6.1542 Zürich; Lateinschule in Schlettstadt, 1499–1512 Studium in Basel und Freiburg; 1519–22 Leutpriester in Einsiedeln als Nachfolger Huldrych Zwinglis. Dort als Übersetzer verschiedener lateinischer Schriften des ∕Erasmus von Rotterdam tätig, seit 1521 auch von Luther-Schriften. Seit Februar 1523 Pfarrer zu St. Peter in Zürich. Wurde zum wichtigsten Mitarbeiter und -streiter Zwinglis und nach dessen Tod (1531) Heinrich Bullingers. Zusammen mit diesem trug er nach 1531 zur Überwindung der Krise der Reformation in Zürich bei und verfasste einen großen (Zürich 1534) und kleinen Katechismus (ebd. 1537). Außerdem publizierte er die von ihm nachgeschriebenen Bibelkommentare Zwinglis sowie als Übersetzer Texte des Kirchenvaters Augustinus und Jean Calvins. Als Bibelübersetzer machte er sich einen Namen als Herausgeber einer überarbeiteten deutschen Bibel (ebd. 1540) und einer lateinischen Übersetzung des Alten Testaments (posthum zusammen mit einem Neuen Testament 1543 in Zürich veröffentlicht).

■ Literatur: CERAS 2, 248ff. – L. WEISZ: L.J. Zürich 1942; K.-H. WYSS: L.J. Seine Entwicklung zum Reformator, 1519–23. Bern

1976; K. DEPPERMANN: Schwenckfeld and L.J.: Schwenckfeld and Early Schwenckfeldianism, hg. v. P.C. ERB. Pennsburg (Pennsylvania) 1986, 211– 236. *Kaspar von Greyerz* ■ Nachtrag: RGG⁴ 4, 596f. – F.P. VAN STAM: L.J. als programmatischer Interpret Calvins: Nederlands archief voor kerkgeschiedenis 79 (1999) 123–141.

Julius III., Papst (8.2.1550–23.3.1555), vorher *Giovanni Maria del Monte*, * 10.9.1487 Rom. Studium der Rechte in Perugia und Siena; Kammerherr bei Julius II.; 1513 Erzbischof von Siponto; bekleidete verschiedene Ämter an der Kurie und im Kirchenstaat; 1536 Kardinal. Bei der ersten Trienter Konzilsperiode (1545/47) und in Bologna (1547/48) fungierte er als Konzilspräsident. Wahl zum Papst nach langem Ringen zwischen der kaiserlichen und der französischen Partei als Kompromisskandidat. Aufgrund der Wahlkapitulation und dem Drängen des Kaisers berief er das Konzil zum 1.5.1551 wieder nach Trient. Die Suspension des Konzils am 28.4.1552 erwies sich als unumgänglich wegen der deutschen Fürstenverschwörung. Es sollte nach seinen Vorstellungen aber die noch notwendigen dogmatischen Dekrete und gewisse allgemeine Reformforderungen verabschieden. Nach der Suspension ließ er durch eine Kommission eine Reformbulle ausarbeiten, die aber infolge seines Todes nicht wirksam wurde. Mit Ottavio Farnese, dem er Parma als Lehen überlassen hatte, sah er sich in kriegerische Auseinandersetzungen verwickelt. Die Gesellschaft Jesu förderte er; ihr vertraute er das 1552 gegründete Collegium Germanicum an. Als besonderen Erfolg konnte J. den Wiederanschluss Englands an die katholische Kirche unter ∕Maria der Katholischen verbuchen, den Kardinal Reginald ∕Pole 1554 vollzog, der aber nach Marias Tod keinen Bestand hatte. Zwielichtig ist die Affäre um seinen Adoptivneffen Innocenzo del Monte, den er mit Gunsterweisen überhäufte (Kardinal 1550). – J., dem durchaus Charakterzüge des Renaissancefürsten eigneten, kann als eine Gestalt des Übergangs bezeichnet werden.

■ Quellen: CT, passim. – Reiches Material in den Reihen der Nuntiaturberichte.
■ Literatur: TRE 17, 445ff. – C. ERDMANN: Die Wiedereröffnung des Trienter Konzils durch Julius III.: QFIAB 20 (1928/29) 238–317; H. JEDIN: Analekten zur Reformtätigkeit der Päpste J. III. und Paul IV.: RQ 42 (1934) 305–332; 43 (1935) 87–156; DERSELBE: Kirchenreform und Konzilsgedanke 1550–59: HJ 54 (1934) 401–431; JEDIN Bd. 1–3, passim; H. LUTZ: Christianitas afflicta. Europa, das Reich und die päpstliche Politik im Niedergang der Hegemonie Kaiser Karls V. (1552–56). Göttingen 1964; Friedenslegation des Reginald Pole zu Kaiser Karl V. und König Heinrich II. (1553–56), hg. V. DEMSELBEN. Tübingen 1981. *Klaus Ganzer*
■ Nachtrag: Vatikanlexikon, hg. v. N. DEL RE. Augsburg 1998, 365f. – A. NOVA: The artistic patronage of Pope J. III. New York 1988; TH.F. MAYER: An unknown diary of J. III's Conclave by Bartolomeo Stella, a servant of Cardinal Pole: AHC 24 (1992) 345–377; W.V. HUDON: The ‚Consilium de emendanda Ecclesia' and the 1555 reform bull of Pope J. III: Reform and renewal in the Middle Ages and the Renaissance. FS L. Pascoe. Leiden 2000, 240–258.

Karl IX. von Frankreich (König 1560–1574), * 27.6.1550 St-Germain-en-Laye, † 30.5.1574 Vincennes. Der intelligente, aber zurückhaltende König blieb stets unter dem Einfluss seiner Mutter Katharina von ∕Medici. Während Katholiken und ∕Hugenotten um die Kontrolle des Staates kämpften, träumte er im humanistischen Sinn von einem Königtum der Eintracht (Edikt von St-Germain-en-Laye 1570). 1571 näherte er sich Gaspard ∕Coligny und dessen antispanischer Politik. Die Ermordung Colignys und die /Bartholomäusnacht, für die er letztlich die Verantwortung übernahm, ließen den Traum von der Eintracht zerplatzen und verdüstern bis heute das Bild des Königs.

Literatur: J. BOUTIER – A. DEWERPE – D. NORDMAN: Un Tour de France royal: le voyage de Charles IX (1564–66). Paris 1984; D. CROUZET: La Nuit de la Saint-Barthélémy. Un rêve perdu de la Renaissance. ebd. 1994; M. SIMONIN: Charles IX. ebd. 1995.

Gerald Chaix

Nachtrag: J.-L. BOURGEON: Charles IX devant la Saint-Barthélemy. Genf 1995.

Karl V., Kaiser (1519–56) (K. I. als König von Spanien), *24.2.1500 Gent

als Sohn Philipps des Schönen von Burgund und Johannas der Wahnsinnigen von Spanien, Enkel Kaiser Maximilians I. und der Katholischen Könige Isabella von Kastilien und Ferdinand II. von Aragón, † 21.9.1558 Kloster San Yuste (Extremadura). In den Niederlanden erzogen, wuchs K. als Erbe einer riesigen Ländergruppe (Burgund mit den Niederlanden, Österreich, Kastilien mit den Kolonien in Amerika, Aragón mit Neapel und Sizilien) heran. Während sein frankreichorientierter Mentor Wilhelm von Croy (Chièvres) die Voraussetzung für den Herrschaftsantritt in Spanien (1516) schuf, führte die auf die Nachfolge K.s im Reich zielende Politik Maximilians seit 1517 zum Zusammenstoß mit dem nach europäischer Großmachtstellung strebenden französischen König /Franz I. Papst /Leo X. war gegen die Kaiserkandidatur K.s, aber habsburgische Finanzkraft und deutscher Reichspatriotismus führten nach dem Tod Maximilians 1519 zur Wahl K.s durch die Kurfürsten. In der Wahlkapitulation wurde K. auf die durch die Reichsreform verdichtete deutsche Verfassung festgelegt. Für den Kaisergedanken K.s wurde der Großkanzler Mercurino Gattinara wichtig, der dem Kaisertum eine römischrechtliche und aus dem italienischen Ghibellinentum stammende Interpretation gab. Gattinara betrieb aus der Sicht des Hegemoniekampfes um Italien die Verschärfung des Konflikts mit Frankreich. In fünf Kriegen mit den Königen Franz I. und /Heinrich II. musste K. den Machtkampf der Häuser Habsburg und Valois austragen (1521–26, 1526–29, 1536–38, 1542–44, 1552–59), der ihm die habsburgische Vorherrschaft in Italien (Mailand) und die „Einkreisung" Frankreichs brachte, jedoch in der Folge zu einem belastenden Dauerkonflikt im europäischen Staatensystem wurde. Der Schatten dieser politischen Verstrickung fiel auf K.s Verhalten in der religiösen Krise. 1521 standen sich auf dem Wormser Reichstag Kaiser und Reformator gegenüber. Für K. war die Ablehnung Martin Luthers eine Pflicht seines Amtes. Die Durchführung des Wormser Edikts gegen Luther unterblieb infolge der Kriege mit Frankreich und der langen Abwesenheit K.s vom Reich (1521–30, 1532–40), während sich die Reformation ausbreitete und ihre Träger sich im Rahmen der reichsständischen Opposition gegen Habsburg organisierten (/Schmalkaldischer Bund 1531). Nachdem der Konflikt mit dem auf Frankreichs Seite getretenen Papst /Clemens VII. (/Sacco di Roma 1527) beigelegt war (Kaiserkrönung in Bologna 1530), versuchte K. durch Ausgleichsverhandlungen auf den Reichstagen in Augsburg 1530 (/Confessio Augustana) und Regensburg 1541, durch ein Konzilsversprechen sowie durch vorläufige Friedensschlüsse (Nürnberger und /Frankfurter Anstand 1532 bzw. 1539) die von ihm gewünschte Konkordie der beiden Glaubensparteien zu erreichen. Die Tiefe der theologischen Gegensätze, die geringe Reformbereitschaft der reichskirchlichen Bischöfe und die Konzilsängste der römischen Kurie ließen K. scheitern. Der Krieg mit den Türken in Ungarn und im Mittelmeer überschattete zusätzlich die Glaubensfrage. Nach dem militärischen Sieg K.s über den Schmalkaldischen Bund 1547 verhinderten die genannten Schwierigkeiten die Beilegung der Glaubensspaltung trotz des Zusammentritts des Tridentinums (1545–1548, 1551–52) und trotz einiger Konzessionen an die Protestanten (↗Augsburger Interim 1548). In der Opposition gegen K.s weit reichende politische Neugestaltungspläne (kaiserlicher Bund; Nachfolge seines Sohnes ↗Philipps II. im Kaisertum) fanden sich katholische und evangelische Reichsstände zusammen. Als 1552 die Rebellion der „Kriegsfürsten" (Kursachsen, Hessen) die politischen und kirchlichen Ziele K.s im Reich zunichte machte und einen neuen Krieg mit Frankreich auslöste, vermittelte K.s Bruder ↗Ferdinand I. den ↗Passauer Vertrag. Dieser wurde die Basis für die reichsrechtliche Anerkennung der lutherischen Reformation 1555 im ↗Augsburger Religionsfrieden. Nach einem diesmal rund zehnjährigen Aufenthalt im Reich zog K. sich 1553 in die Niederlande zurück, um im Bewusstsein seines Scheiterns einen stufenweisen Rücktritt vorzunehmen. Nach der Teilung des Erbes zwischen Philipp (Spanien, Burgund, Italien) und Ferdinand (Kaisertum, Österreich) verbrachte K. seit 1556 seinen Lebensabend in Spanien. Historiographisch hat der Herrscher über viele Länder großes Interesse gefunden, wobei eine Beurteilung seiner in der europäischen Geschichte weichenstellenden Regierung nicht aus der Sicht nur einer nationalen Tradition möglich ist.

■ Literatur: NDB 11, 191–211; TRE 17, 635–644. – K. BRANDI: Kaiser K. V., Bd. 1. Frankfurt (Main) ⁸1986, Bd. 2. München 1941; H. LUTZ: Christianitas afflicta. Göttingen 1964; H. RABE: Reichsbund und Interim. Köln 1971; V. PRESS: Kaiser K. V., König Ferdinand und die Entstehung der Reichsritterschaft. Wiesbaden ²1980; A. KOHLER: Antihabsburgische Politik in der Epoche K.s V. Göttingen 1982; H. LUTZ (Hg.): Das römischdeutsche Reich im politischen System K.s V. München 1982; DERSELBE–A. KOHLER (Hg.): Aus der Arbeit an den Reichstagen unter Kaiser K. V. Göttingen 1986; A. SCHINDLING–W. ZIEGLER (Hg.): Die Kaiser der Neuzeit. München 1990, 33–54.

Anton Schindling

■ Nachtrag: F. SEIBT: K. V. und die Reformation. Berlin 1990; H. SCHILLING: Veni, vidi, Deus vixit. K. V. zwischen Religionskrieg und Religionsfrieden: ARG 89 (1998) 144–166; E. SCHULIN: Kaiser K. V. Geschichte eines übergroßen Wirkungsbereiches. Stuttgart 1999; P. CHAUNU–M. ESCAMILLA: Charles Quint. Paris 2000; L. SCHORN-SCHÜTTE: K. V. München 2000.

Karlstadt (eigentlich Bodenstein), *Andreas von,* Reformator, * 1486 Karlstadt (Main), † 24.12.1541 Basel (an der Pest); Studium 1499/1500 in Erfurt, 1503–05 in Köln, ab 1505 in Wittenberg; 1510 Priesterweihe, Doktor der Theologie, danach Professor; 1508 Kanonikat und 1510/11 Archidiakonat am Allerheiligenstift zu Wittenberg. Neben Theologie studierte K. Jura und erwarb während eines Romaufenthalts (1515–16) an der Kurie den Doktor beider Rechte. Die juristische Denkweise beeinflusste seine Theologie, die sich ab 1517 durch das Studium der Schriften des Augustinus und der Mystiker, besonders Johannes Taulers, von der thomistisch-skotistischen Scholastik ab- und der Entwicklung einer von Augustinus' Gnadenlehre, mystischen Vorstellungen sowie Betonung der Bibel geprägten Theologie zuwandte, was zur Unterstützung Martin Luthers führte. Die 1518 gedruckten 406 *Apologeticae conclusiones* provozierten 1519 die ↗Leipziger Disputation und Kontroversen mit Johannes ↗Eck. 1520 kam es zum endgültigen Bruch mit der römischen Kirche. 1521/22 folgten während der Abwesenheit Luthers die „Wittenberger Ereignisse", in deren Verlauf K. die Messe änderte, an der „Neuen Ordnung" von Wittenberg mitarbeitete und 1522 die Bilderverehrung verwarf (↗Kunst und Reformation). 1523/24 verließ K. die Hochschule und suchte als Vikar und Pfarrer in Orlamünde seine Theologie in die Praxis umzusetzen. Parallel lief eine Radikalisierung der Positionen, v. a. Ablehnung der Realpräsenz beim Abendmahl und der Säuglingstaufe. Die Ausweisung aus Sachsen erfolgte 1524. K. hielt sich an mehreren Orten auf und hatte Kontakte zu Täuferkreisen. Im ↗Bauernkrieg nahm er eine Stellung zwischen den Fronten ein. Er floh 1529 aus Sachsen, in das er 1525 zurückgekehrt war. In Zürich erhielt er eine Diakonenpfründe am Großmünsterstift (Prediger bis 1533). 1534 wurde er Professor für Altes Testament an der Basler Universität, an deren Reform er mitarbeitete. Ab 1535 auch Pfarrer von St. Peter in Basel. Seine Theologie, orientiert an den mystischen Vorstellungen von Gelassenheit, Leiden und Kreuzesnachfolge, an den Gedanken von Gesetz, Geist und Gnade, der Heiligung und Gottesebenbildlichkeit, trug spiritualistische Züge, betonte aber auch deutlich den Buchstaben der Schrift und bildete keine in sich geschlossene Einheit, konnte aber immer wieder Einzelne und Gruppen beeinflussen.

■ Werke: E. FREYS – H. BARGE: Zentralblatt für Bibliothekswesen 21 (1904) 153–179 209–243 305–331, Nachdruck Nieuwkoop 1965; E. KÄHLER: K. und Augustin. Der Kommentar des A. Bodenstein von K. zu Augustins Schrift ‚De spiritu et litera'. Halle 1952; E. HERTZSCH (Hg.): K. Schriften aus den Jahren 1523–25. ebd. 1956–57; VD 16 3, 60–78; H.-P. HASSE: K.s ‚De usura': ZSRG.K 76 (1990) 310–328; DERSELBE: K.s Predigt am 29.9.1522 in Joachimsthal: ARG 81 (1990) 97–119; A. ZORZIN: K. als Flugschriftenautor. Göttingen 1990 (Anhang); KÖHLER BF I/2, 164–215.

■ Literatur: NDB 2, 356f.; BBKL 3, 1167–71; TRE 17, 649–657. – H. BARGE: A. Bodenstein von K., 2 Bde. Tübingen 1905, Nachdruck Nieuwkoop 1968; R.J. SIDER: A. Bodenstein von K. The Development of his Thought 1517–25. Leiden 1974; U. BUBENHEIMER: Consonantia Theologiae et Iurisprudentiae. A. Bodenstein von K. als Theologe und Jurist zwischen Scholastik und Reformation. Tübingen 1977; C.A. PATER: K. as the Father of the Baptist Movements: The Emergence of Lay Protestantism. Toronto u.a. 1984; H.-P. HASSE: Zum Aufenthalt K.s in Zürich: Zwingliana 18 (1989–91) 366–389; U. BUBENHEIMER: A. Bodenstein genannt K.: Fränkische Lebensbilder, Bd. 14. Würzburg 1991, 47–64; TH. KAUFMANN: Die Abendmahlstheologie der Straßburger Reformatoren bis 1528. Tübingen 1992; H.-P. HASSE: K. und Tauler. Gütersloh 1993; S. LOO SS M. Bucer und A.K.: M. Bucer and Sixteenth Century Europe, hg. v. M. LIENHARD. Leiden u.a. 1993, 317–328; V. GUMMELT: Bugenhagens Handschrift von K.s Jeremiavorlesung aus dem Jahre 1522: ARG 86 (1995) 56–66; S. LOOSS: K.s Bild vom Menschen in seiner Wittenberger Zeit (1520–23): 700 Jahre Wittenberg, hg. v. S. OEHMIG. Weimar 1995, 275–278.

Heribert Smolinsky

■ Nachtrag: S. LOOSS (Hg.): A. Bodenstein von K. Wittenberg 1998; B. MACNIEL: A. von K. as a humanist theologian: Radical Reformation studies, hg. v. W.O. PACKULL. Aldershot 1999, 106–119; V. JOESTEL: A. Bodenstein genannt K. Wittenberg 2000; U. BUBENHEIMER (Hg.): Querdenker der Reformation: A.

Bodenstein von K. und seine frühe Wirkung. Würzburg 2001.

Käser, *Leonhard,* reformatorischer Priester, * um 1480 Raab (Diözese Passau), † 16.8.1527 Schärding; studierte ab 1500 in Leipzig; seit etwa 1516/17 Pfarrverweser in Waitzenkirchen. Schwor 1524, wegen reformatorischer Predigten angeklagt, der Lehre Martin Luthers ab. Verließ seine Pfarrei und immatrikulierte sich am 7.6.1525 in Wittenberg. Am 10.3.1527 verhaftet; bekannte sich im Verhör zum Lehre Luthers. Trotz fürstlicher Fürsprachen (Sachsen, Brandenburg) am 18.7.1527 in Passau vom geistlichen Gericht (u. a. Johannes ⁄ Eck) der Häresie und des Eidbruchs für schuldig befunden und degradiert, am 14.8.1527 dem weltlichen Arm (Bayern) übergeben; Hinrichtung durch Feuer. Eine anonyme Schrift (neun Auflagen) erklärte K. zum „marterer Jesu Christi". Vereinzelt wurde K. später irrig für einen Täufer gehalten.

▪ Quellen: Das wahrhaftig geschicht des leydens und sterbens Lienhart Keysers seligen, ed. v. Leeb-Zoepfl 55–77 (s. Literatur); J. Eck: Warhafftige handlung, wie es mit herr Lenhart Kaeser, zu Schaerding verbrent, ergangen ist, ed. v. Leeb-Zoepfl 78–87; M. Luther: Von Herrn L. Keisser in Baiern um des Evangelii willen verbrannt: WA 23, 473–476.
▪ Literatur: F. Roth: L. Kaiser, ein evangelisches Martyrium aus dem Innviertel. Halle 1900; F. Leeb–F. Zoepfl: L.K. Münster 1928; A. Eckert: L. Keysser (K.) in neuer Betrachtung: Ostbairische Grenzmarken 7 (1964/ 1965) 303–310; B. Kaff: Volksreligion und Landeskirche. Münster 1977, 15–17.

Günter Dippold

▪ Nachtrag: H. Roser: L.K., einer der ersten evangelischen Märtyrer: Altbayern und Luther, hg. v. demselben. München 1996, 131ff.

Katholische Reform (KR). 1. *Begriff.* Im Anschluss an Wilhelm Maurenbrecher entwickelte Hubert Jedin den Begriff KR als Selbstbesinnung der Kirche im 15./16. Jh. auf das katholische Lebensideal durch innere Erneuerung im Unterschied zur ⁄ Gegenreformation als der Selbstbehauptung der Kirche im Kampf gegen den Protestantismus (KR oder Gegenreformation? 38). Diese Unterscheidung wurde weitgehend akzeptiert, erfährt aber durch die neueren Forschungen zur ⁄ Konfessionalisierung bestimmte Modifikationen.

2. *Vielfalt der Reformbewegungen.* Die Reform der Kirche war eines der hauptsächlichsten Themen des späten Mittelalters. „Ohne Konzil keine Reform", diese Überzeugung stand hinter der Forderung des Dekrets *Frequens* des Konstanzer Konzils (9.10.1417), das die Päpste zur regelmäßigen Abhaltung von Reformkonzilien verpflichtete. Der Versuch einer Kirchenreform mit Hilfe des Konziliarismus blieb erfolglos. Dagegen erlebten das 15. und 16. Jh. eine Fülle spontaner oder z. T. auch gelenkter Reformaufbrüche: Reformbewegungen im Bereich der Orden: monastische Kongregationen (Benediktiner), etwa die Kongregation von S. Giustina in Italien, die Bursfelder Kongregation in Deutschland, die Observantenbewegung bei den Bettelorden, die Windesheimer Kongregation der Augustinerchorherren. Reformeifrige Bischöfe fanden sich in den verschiedenen Ländern. Die Katholischen Könige Ferdinand von Aragón und Isabella von Kastillien gingen im 15. Jh. daran, die spanische Kirche zu erneuern. Auch von der prophetischen Gestalt Girolamo Savonarolas gingen nachhaltige Impulse aus. Vielfältig waren die reformerischen Anstöße, die die humanistische Bewegung evozierte, so ein vermehrtes Studium der Bibel (so genannter „Bibelhumanismus")

und der altchristlichen Literatur, besonders Augustinus'. Namen wie ⁄Erasmus von Rotterdam, Johannes ⁄Reuchlin, Jakob ⁄Faber Stapulensis, Thomas ⁄More sind hier zu nennen. Man erstrebe eine Spiritualisierung des religiösen Lebens (Erasmus, „Philosophia Christi"). Dies war auch das Ziel der ⁄Devotio moderna. Erasmus erlangte einen starken Einfluss auf die Geistigkeit und Frömmigkeit in Spanien und Italien. In Italien bildeten sich Gruppierungen der Erneuerung, die unter der Bezeichnung ⁄Evangelismus und Spiritualen zusammengefasst werden. Zu nennen sind etwa Gasparo ⁄Contarini, Paolo Giustiniani, Vincenzo Quirini, Gian-Matteo ⁄Giberti, Giampietro Carafa (später Papst ⁄Paul IV.), Reginald ⁄Pole, Vittoria Colonna, Bernardino ⁄Ochino, Juan ⁄Valdés, doch bildeten sie keine uniforme Gruppe. Neben Gemeinsamkeiten finden sich auch Unterschiede. Bei den meisten dieser Vertreter spielt die Frage nach dem Heilsweg, d. h. nach der ⁄Rechtfertigung, eine besondere Rolle (vgl. Contarinis Erkenntnis der Rechtfertigung aus der Gnade, nicht aus den Werken). Großen Einfluss erlangte das Werk „Trattato utilissimo del beneficio di Giesu Cristo crocifisso verso i cristiani" (zuerst 1543). In der großen Wellenbewegung religiöser Reformen des späten Mittelalters ist zunächst auch die spontane Bewegung um Martin Luther zu sehen, die aber bald besondere Wege einschlägt. Die katholischen Reformbewegungen wie auch die evangelische Bewegung um die protestantischen Reformatoren münden um die Mitte des 16. Jh. in den Prozess der Konfessionalisierung ein.

3. *Katholische Reform und Konfessionalisierung.* Seit der Mitte des 16. Jh. erhält die KR eine neue Qualität. Sie ist nun zunehmend geprägt von einer Tendenz der Abgrenzung gegenüber den protestantischen Konfessionen. Auch gerät die KR, wie im protestantischen Bereich die „Fürstenreformation", in die Hand der Obrigkeit, die das Kirchenwesen stärker in den Griff nimmt, als es beim spätmittelalterlichen landesherrlichen Kirchenregiment der Fall war. Die so ausgerichtete KR erhält eine „gegenreformatorische" Ausrichtung. Unter ⁄Paul III. fasste die Reform auch an der römischen Zentrale Fuß: Berufung neuer Kardinäle (Contarini, Carafa, Marcello Cervini [später Papst ⁄Marcellus II.], Pole u. a.), Einsetzung einer Reformkommission („Consilium de emendanda ecclesia"). Die italienischen Reformer spalteten sich jedoch in verschiedene Richtungen. Contarini und später auch Giovanni ⁄Morone, die beim Religionsgespräch von ⁄Regensburg 1541 einer Einigungsformel in der Rechtfertigungslehre zugestimmt hatten, wurden von römischer Seite desavouiert. Am 21.7. 1542 wurde die römische Inquisition neu organisiert; ihr Hauptinitiator war Carafa. Die Spirituali und der italienische Evangelismus wurden nun systematisch häretischer Neigungen verdächtigt, besonders in der Frage der Rechtfertigungslehre. Repressionen folgten, besonders seitdem Carafa Papst geworden war. Kardinal Morone wurde gefangen gesetzt und ein Häresieprozess gegen ihn eingeleitet; auch Kardinal Pole sollte belangt werden. Neben die Inquisition trat der Index der verbotenen Bücher. Die Elemente einer strengen konfessionalistischen Abgrenzung gewannen an der römischen Zentrale die Oberhand. Das wirkte sich auch auf das Tridentinum aus, etwa in der Behandlung und Schlussfassung des Rechtfertigungsdekrets,

wo Girolamo /Seripandos augustinistische Theologie abgelehnt wurde. Die Durchsetzung der intransigenten Reformrichtung in Rom wird in der italienischen Forschung meist als „Controriforma" bezeichnet. Die konfessionalistische Ausrichtung der KR bedeutete in theologischer Hinsicht eine gewisse Verengung und Verarmung, indem wertvolle Impulse humanistischer Geistigkeit ausgegrenzt wurden und die Scholastik wieder zur beherrschenden Richtung aufstieg.

4. *Die Bedeutung des Tridentinums.* Das Konzil von Trient verabschiedete v. a. in seiner dritten Tagungsperiode (1562/63) durchgreifende Reformdekrete, z. B. bessere Qualifizierung der kirchlichen Amtsträger (Bischöfe, Pfarrer), Schaffung von Ausbildungsstätten für den Klerus (Seminardekret), Hebung des Niveaus der Seelsorge, regelmäßige Visitationen und Lokalsynoden, Ordensdekret. Das Trienter Reformwerk war jedoch ein Kompromiss mit allen Schwächen eines solchen. Das spätmittelalterliche römische Kurialsystem ließ man nämlich im Wesentlichen intakt. Den Bischöfen wurden manche Kompetenzen zur Durchführung der Reform als „delegati Sedis Apostolicae" übertragen, doch konnten dann ihre Maßnahmen durch Exemtionen, päpstliche Dispense, Privilegien usw. durchkreuzt werden, wie es dann auch oft in der Praxis geschah.

5. *Nachtridentinische Reformen.* Die Trienter Dekrete boten ein wichtiges Instrument zur Durchführung der KR. Getragen wurden die Reformmaßnahmen von Bischöfen wie etwa Karl /Borromäus, Bartholomaeus a Martyribus, Julius Echter von Mespelbrunn, von seelsorgseifrigen Persönlichkeiten wie Filippo Neri, in bedeutendem Maß von Orden wie den Jesuiten und den Kapuzinern. Auch nachtridentinische Päpste waren Förderer der Reform, doch darf ihre Rolle nicht überschätzt werden, denn das Festhalten am kurialen Zentralismus wirkte sich oft hemmend aus. Insgesamt war die Wirkungsgeschichte der Trienter Reformdekrete höchst komplex, von Land zu Land, von Orden zu Orden verschieden.

▪ Quellen: *Für Deutschland, neben anderen:* ARCEG. – *Allgemein:* CT.

▪ Literatur: TRZRK. – W. MAURENBRECHER: Geschichte der katholischen Reformation, Bd. 1. Nördlingen 1880; J. GREVEN: Die Kölner Kartause und die Anfänge der KR in Deutschland. Münster 1935; V. BELTRÁN DE HEREDIA: Historia de la Reforma de la Provincia de España 1450–1550. Rom 1939; V. MARTIN: Le gallicanisme et la réforme catholique. Paris 1939; G.M. MONTI: Studi sulla Riforma Cattolica e sul Papato nei secoli XVI–XVII. Trani 1941; P. PASCHINI: Tre ricerche sulla storia della Chiesa nel Cinquecento. Rom 1945; H. JEDIN: Katholische Reformation oder Gegenreformation? Luzern 1946; DERSELBE: Concilio e Riforma nel pensiero del card. B. Guidiccioni: RSCI 2 (1948) 33–60; P. JANELLE: The Catholic Reformation. Milwaukee 1949; G. SCHREIBER: Tridentinische Reformdekrete in deutschen Bistümern: ZSRG.K 38 (1952) 395–452; H. JEDIN: Contarini und Camaldoli. Rom 1953; J.I. TELLECHEA: F. de Vitoria y la Reforma Católica: Revista Española de Derecho canónico 11 (1957) 3–48; G. ALBERIGO: Studi e problemi relativi all'applicazione del Concilio di Trento in Italia: Rivista storica italiana 70 (1958) 239–298; H. JEDIN: Das Bischofsideal der KR: DERSELBE: Kirche des Glaubens, Kirche der Geschichte, Bd. 2. Freiburg 1966, 75–117; W. REINHARD: KR und Gegenreformation in der Kölner Nuntiatur 1584–1621: RQ 66 (1971) 8–65; K.D. SCHMIDT: Die KR und die Gegenreformation. Göttingen 1975; A. CISTELLINI: Figure della riforma pretridentina. Brescia ²1979; M. HECKEL: Deutschland im konfessionellen Zeitalter. Göttingen 1983; E.W. ZEEDEN: Konfessionsbildung. Studien zur Reformation, Gegenreformation und KR. ebd. 1985;

K. GANZER: Das Tridentinum – Angelpunkt für eine Reform der Kirche?: RQ 84 (1989) 31–50; DERSELBE: Aspekte der katholischen Reformbewegungen im 16.Jh. Stuttgart 1991; DERSELBE: Die Trienter Konzilsbeschlüsse und die päpstlichen Bemühungen um ihre Durchführung während des Pontifikats Clemens' VIII. (1592–1605): Das Papsttum, die Christenheit und die Staaten Europas 1592–1605, hg. v. G. LUTZ. Tübingen 1994, 15–23. *Klaus Ganzer*

■ Nachtrag: J.C. OLIN: The Catholic Reformation. New York 1992; N.H. MINNICH: The catholic reformation. Aldershot 1993; R.P. HSIA: Gegenreformation. Die Welt der katholischen Erneuerung. Frankfurt (Main) 1998; M.A. MULLETT: The Catholic Reformation. London 1999; R. BIRELEY: The refashioning of Catholicism. Washington 1999.

Kessler, *Johannes,* Reformator von St. Gallen, * 1502/03 St. Gallen, † 7.3. 1574 ebenda; Studium in Basel, ab 1522 in Wittenberg. Ende 1523 ins katholische St. Gallen zurückgekehrt, hielt K. seit 1524 in einem stetig wachsenden privaten Kreis „Lesinen" (Auslegungen der Heiligen Schrift), gehörte 1525 der Kommission an, die eine neue Gottesdienst-Ordnung erarbeitete, und unterstützte Joachim ⁄ Vadian bei der Einführung der Reformation. Ab 1537 lehrte K. an der städtischen Lateinschule, 1542 erhielt er das Predigtamt an St. Laurenzen, nach Vadians Tod 1551 wurde er Leiter des St. Galler reformierten Kirche. Bezüglich des Abendmahls nahm K. eine Stellung zwischen Martin Luther und Huldrych Zwingli ein, hinsichtlich der ⁄ Täufer war er gegen deren gewaltsame Verfolgung. Eine Chronik der St. Galler Geschichte von 1519–39 liefert er in den *Sabbata.*

■ Werke: Sabbata. Mit kleineren Schriften und Briefen, hg. v. E. EGLI – R. SCHOCH. St. Gallen 1902.

■ Literatur: NDB 11, 546f.; BBKL 3, 1412ff. – I. WISSMANN: Die St. Galler Reformationschronik des J.K. Stuttgart 1971; R. FELLER – E. BONJOUR: Geschichtsschreibung der Schweiz, Bd. 1. Basel–Stuttgart ²1979, 186–189; E. EHRENZELLER: Geschichte der Stadt St. Gallen. St. Gallen 1988. *Barbara Henze*

■ Nachtrag: W. ALTER: Die Berichte von Peter Harer und J.K. vom Bauernkrieg 1525. Speyer 1995.

Kirche. 1. *Reformatoren.* Für *Martin Luther* ist die K. primär und eigentlich nicht eine Institution, sondern das im Heiligen Geist versammelte Volk Gottes, das sein Dasein und seine Heiligkeit aus dem „Wort Gottes" empfängt (K. als „creatura verbi": WA 6, 560; vgl. auch WA 50, 629). Luther kennt aber neben der Verkündigung des Wortes weitere göttliche Institutionen, von denen die K. lebt: Taufe, Abendmahl, Ämter. Sie sind zugleich auch Kennzeichen („notae", „notae ecclesiae"), an denen das Dasein von K. erkannt wird. Denn die K. ist ihrem geistlichen Wesen nach (auch als wahre unter der falschen K., damals der Papst-K.) verborgen. – Bei *Philipp Melanchthon* tritt im Laufe seiner Entwicklung eine Akzentverschiebung im K.-Begriff gegenüber Luther ein, die auch mit der zunehmenden Etablierung eines eigenen evangelischen Kirchentums zusammenhängt. Das Amt der Wortverkündigung und der Sakramentsverwaltung und damit die Institutionalität der K. tritt in den Vordergrund, er kann (in seiner Spätzeit) die K. geradezu mit einem „coetus scholasticus" vergleichen (Studienausgabe 2/2, 480, 31; 481, 6), der aus Lehrenden und Hörenden besteht, so dass theologisch die K. von ihm als eine sichtbare Gemeinschaft der Berufenen („coetus vocatorum") beschrieben wird.

Beide Konzeptionen sind in den für die lutherischen K.n lehrmäßig maßgebenden lutherischen /Bekenntnisschriften wirksam geworden. Hier wird die K. definiert als „congregatio sanctorum, in qua evangelium pure docetur et recte administrantur sacramenta" (CA 7), wobei die „sancti", nämlich die im Glauben Gerechtfertigten, das spirituell-verborgene Element im Bereich der ansonsten eher institutionellen Bestimmung darstellen. Konsequenterweise unterscheidet dann die ApolCA (Art. 7) zwischen einer „ecclesia proprie dicta" – der Gemeinschaft der in ihrem Herzen durch den Geist Geheiligten – und einer „ecclesia late dicta" – der Sozietät all derer, die getauft sind und im Gottesdienst zu Wort und Herrenmahl sich versammeln. Diese Spannung im K.-Begriff, die sich schon bei Augustinus findet, kennzeichnet das evangelische K.-Verständnis in seinen unterschiedlichen Ausprägungen bis in die Gegenwart.

Sie ist auch charakteristisch für den K.-Begriff *Jean Calvins*, dem zufolge die K. ihrem geistlichen Wesen nach die unsichtbare Gemeinschaft der von Ewigkeit her in Christus Erwählten ist, während sein Hauptaugenmerk auf der äußerlich-sichtbaren K. liegt, zu der zu gehören sozusagen die Bedingung für die Gliedschaft in der eigentlichen K. ist. Sie gilt es, als wahre K. ihrer Lehre und ihrem Leben nach zu gestalten und zu erhalten, wozu von der Heiligen Schrift her vier Ämter dienen (Pastor, Lehrer, Ältester, Diakon) und wobei die von den Ältesten geübte Kirchenzucht besonderes Gewicht hat. Ein gewisser ethischer Rigorismus ist daher für die calvinistische Gestalt von K. (z. B. in Genf oder in Schottland) charakteristisch.

▪ LThK³ 5, 1474ff. (ungekürzte Fassung).
▪ Literatur: TRE 18, 262–317. – M. Doerne: Gottes Volk und Gottes Wort: Luther-Jahrbuch 14 (1932) 61–98 (zu Luther); E. Hirsch: Geschichte der neuern evangelischen Theologie, Bd. 5. Gütersloh ³1964, Kapitel 49: Der Streit um den K.-Begriff; O. Weber: Calvins Lehre von der K.: Derselbe: Die Treue Gottes in der Geschichte der K. Neukirchen-Vluyn 1968, 19–104; E. Herms: Erfahrbare K. Beiträge zur Ekklesiologie. Tübingen 1990; U. Kühn: K. Gütersloh ²1990; W. Hüffmeier (Hg.): Die K. Jesu Christi. Der reformatorische Beitrag zum ökumenischen Dialog über die kirchliche Einheit. Frankfurt (Main) 1995.

Ulrich Kühn

▪ Nachtrag: RGG⁴ 4, 1006ff. – G. Müller: Die reformatorische Ekklesiologie und ihre ökumenischen Herausforderungen: In der Wahrheit bleiben. FS R. Slenczka. Göttingen 1996, 137–155; M. Brecht: Die reformatorische K. in Melanchthons ekklesiologischen Reden: Humanismus und Wittenberger Reformation. Leipzig 1996, 297–312; G. Neebe: Apostolische Kirche. Grundunterscheidungen an Luthers K.-Begriff unter besonderer Berücksichtigung seiner Lehre von den notae ecclesiae. Berlin 1997; U. Kühn: Bedingungen von K.-Gemeinschaft aufgrund von Luthers K.-Verständnis: Lutherische Kirche in der Welt 44 (1997) 59–73; O.E. Lee: L'ecclésiologie de Calvin: Korean Journal of Systematic Theology 3 (1999) 314–329; D.S. Yeago: Ecclesia sancta, ecclesia peccatrix. The holiness of the Church in Martin Luther's theology: Pro ecclesia 9 (2000) 331–354.

2. Der *Prozess der Konfessionalisierung* vollzieht sich, ekklesiologisch betrachtet, hauptsächlich als Auseinandersetzung um die Frage nach der Erkennbarkeit bzw. nach den Wesensmerkmalen der wahren K. In der Reformation (s. o. 1.) steht zunächst nicht die K.-Frage, sondern die Heilsfrage im Vordergrund. Dennoch liegen die Gründe für den Bruch letztendlich nicht in der Lehre von der /Rechtfertigung, sondern in der Ekklesiologie, näherhin in der Frage nach der theologischen Verbindlichkeit, d. h. Heilsnotwendigkeit der konkreten K. und ihrer wesentlichen institutionellen Ordnungen.

Die *katholischen Kontroverstheologen* (Petrus ∕Canisius, Thomas ∕Stapleton, Konrad ∕Schatzgeyer, John ∕Fisher, Johannes ∕Driedo, Jacobus ∕Latomus, Albert ∕Pigge, Nikolaus ∕Ferber, Stanislaus ∕Hosius, Michael ∕Vehe u.a.) betonten – ohne die mystische Dimension der K. einfach zu vergessen – v.a. die Erkennbarkeit der K. und ihre sichtbare Struktur als hierarchische Gemeinschaft unter der Autorität des Papstes. Als ein originelles ekklesiologisches Gegengewicht zu den Engführungen auf die päpstliche Autorität hin können die „loci theologici" des Melchior ∕Cano gewertet werden, vorausgesetzt, man liest sie gemäß neueren Interpretationen als „Ausdruck einer Bauform der K. und nicht nur als Methodenaspekt der Theologie" (Seckler 101).

Das *Konzil von Trient* nahm aus Furcht vor konziliaristischen Tendenzen zu ekklesiologischen Fragen nur indirekt Stellung. Faktisch wurde das Konzil jedoch zum Ferment einer breit angelegten, von neuen Laienbewegungen und Orden, v.a. aber von den Jesuiten vorangetriebenen Reform. Das neue, triumphalistische Züge annehmende kirchliche Selbstbewusstsein findet sinnenfälligen Ausdruck in den Kirchenbauten des Barock, aber auch in einem verstärkten kirchlichen Zentralismus sowie in der weiteren Entfaltung einer juridisch geprägten, als Hierarchologie angelegten Ekklesiologie.

Walter Kasper/Joachim Drumm

■ LThK[3] 5, 1458–65 (ungekürzte Fassung).
■ Literatur: G. ALBERIGO: L'ecclesiologia del concilio di Trento: RSCl 18 (1964) 227–242; Y. CONGAR: Handbuch der Dogmengeschichte, Bd. 3/3d. Freiburg 1971, 40–62; M. MIDALI: Rivelazione, Chiesa, scrittura e tradizione alla quarta sessione del concilio di Trento. Rom 1973; E. KLINGER: Ekklesiologie der Neuzeit. Freiburg 1978; M. SECKLER: Die ekklesiologische Bedeutung der ‚loci theologici': DERSELBE: Die schiefen Wände des Lehrhauses. Freiburg 1988, 79–104; K. DIEZ: Das Verhältnis von Rechtfertigungslehre und Ekklesiologie im Denken Reginald Poles (1550–58): Ecclesia tertii millennii advenientis 1997. FS A. Anton. Casale Monferrato 1997, 372–390; K. GANZER: Gesamtkirche und Ortskirche auf dem Konzil von Trient: RQ 95 (2000) 167–178.

Kirchenordnung. Die Furcht Martin Luthers vor einer erneuten Verrechtlichung der Kirche und sein Glaube an die Alleinwirksamkeit des göttlichen Wortes konnten die Entstehung eines reformatorischen Kirchenrechts, abgefasst in K.en, nicht hindern. Es sollte in den evangelischen Kirchen alles ehrlich und ordentlich zugehen (1 Kor 14,40). Geschriebene Anweisungen wurden in Territorien, Städten und Gemeinden, die sich der Reformation zuwandten, Postulat und traten an die Stelle des kanonischen Rechts. Der Abfassung einer K. gingen in Städten oft reformatorische und sozialpolitische antiklerikale Volksbewegungen, Disputationen zwischen Theologen, in Rats- bzw. ein Ratsund Bürgerentscheid voraus. In den Territorien entstanden K.en im Zusammenhang mit Visitationen. Verfasser von K.en waren renommierte Theologen. Namhafte von ihnen, wie Johannes ∕Bugenhagen, Antonius ∕Corvinus, Urbanus ∕Rhegius u.a., haben das kanonische Recht frequentiert, teils in Auseinandersetzung, teils als subsidiäre Rechtsquelle. Die Verbindung zur alten Kirche, etwa durch Väterzitate, und die Integration ins Reichsrecht waren so dokumentiert. Kernpunkt der evangelischen K.en war das Ius divinum. Insoweit die K.en es wiedergaben, trugen sie ihre Rechtskraft in sich selbst. Die menschliche Inkraftsetzung erfolgte durch Annahme oder Befehl der weltlichen Obrigkeit, in den Städten je nach Verfassung auch durch Bürgerbeschluss. Gleiche Verfasser, auch kommerzielle oder dynastische Beziehungen und dergleichen bewirkten Verwandtschaften unter den K.en, oft bis zu wörtlicher Übernahme langer Passagen. Bugenhagen griff für seine späteren K.en auf seine grundlegende K. für die Stadt Braunschweig von 1528 zurück: für Hamburg 1529, für Lübeck 1531, für das Herzogtum Pommern 1534/35, für das Königreich Dänemark 1537, für Schleswig-Holstein 1542, für Braunschweig-Wolfenbüttel 1543, für Hildesheim 1544. Braunschweig 1528 seinerseits zog Philipp Melanchthons „Unterricht der Visitatoren" heran. Weiter waren Bugenhagens K.en vorbildlich für Ostfriesland 1529, Wittenberg 1533, Osnabrück 1543 (Hermann Bonus) und andere. Weit strahlend wirkte die K. für die Markgrafschaft Brandenburg und die Reichsstadt Nürnberg von 1533. Auf Belehrung ausgerichtet, enthält sie Katechismuspredigten (Andreas /Osiander), die in die K. für das Kurfürstentum Brandenburg 1540 und von da in die K. für das Fürstentum Calenberg-Göttingen 1542 (Corvinus) und in die K. für das Herzogtum Pfalz-Neuburg von 1543 (Osiander) übernommen wurden. Eine weitere Strahlungsquelle im lutherischen Raum war die Württembergische K. von 1553 (Johannes /Brenz). In Verwandtschaftsbeziehungen stehen auch die K.en Mecklenburgs von 1552, des Fürstentums Lüneburg 1564, Braunschweig-Wolfenbüttels 1569, Lippe-Spiegelberg-Pyrmonts 1571, Hoyas 1581, des Stifts Verden 1606 und andere. Jean Calvin, von Martin /Bucer beeinflusst, schuf für Genf 1541 die „Ordonnances ecclésiastiques", in deren Gefolge die „Discipline ecclésiastique" der reformierten Pariser Generalsynode von 1559 und die K. der reformierten Emder Flüchtlingssynode von 1571 entstanden. Als Quelle für die K. der Kurpfalz von 1563 diente die K. der reformierten Niederländer zu London von 1554, außerdem Zürcher und Genfer Vorbilder und andere.

Die K.en beinhalten reformatorisch-theologische Belehrung, Agenden mit Ordnung der Gottesdienste, Abendmahlfeiern, Taufen, Trauungen, Begräbnisse, Gebete bzw. Gebetszyklen, Ämterrecht betreffende Superintendenten, Pfarrer, Prediger, Älteste, Diakone u. a., Kirchenzucht, Visitationsordnungen, Eherecht, Schulrecht, Armenfürsorge, Besoldung der Kirchenbediensteten und anderes.

Die reformatorischen K.en wurden z. T. wiederholt aufgelegt und hatten eine Geltungsdauer, die weit über die Reformationszeit hinausreichte.

▪ Literatur: EKO; TRE 18, 670–703. – A.L. RICHTER (Hg.): Die evangelischen K.en des 16.Jh. Weimar 1846; R.H. HELMHOLZ (Hg.): Canon Law in Protestant Lands. Berlin 1992; K. SICHELSCHMIDT: Recht aus christlicher Liebe oder obrigkeitlichem Gesetzesbefehl? Tübingen 1995; A. SPRENGLER-RUPPENTHAL: Die Bremer K. von 1534: ZSRG.K 113 (1996) 107–269, 114 (1997) 449–528.

Anneliese Sprengler-Ruppenthal

▪ Nachtrag: B. ROUSSEL: La Discipline des Églises réformées de France en 1559: De l'humanisme aux lumières, Bayle et le protestantisme. FS E. Labrousse. Paris 1996, 169–191; G. SEEBASS: Die Augsburger K. von 1537 in ihrem historischen und theologischen Zusammenhang: Die Reformation und ihre Außenseiter, hg. v. I. DINGEL. Göttingen 1997, 125–148; G. SEEBASS: Evangelische K. im Spannungsfeld von Theologie, Recht und Politik: Recht und Reich im Zeitalter der Reformation, hg. v. CH. ROLL. Frankfurt (Main) ²1997, 231–273.

Knox, *John,* schottischer protestantischer Prediger und Reformator, * um 1514 Haddington (East Lothian), † 24.11.1572 Edinburgh; Ausbildung in St. Andrews, 1536 Priester; Tätigkeiten als Notar und Hauslehrer adliger Kinder; in den frühen vierziger Jahren Übertritt zum Protestantismus. K. erlangte zunächst Bekanntheit als Begleiter des protestantischen Predigers George Wishart, dessen Hinrichtung 1546 in St. Andrews die Ermordung des Kardinalprimas und Erzbischofs von St. Andrews, David Beaton, als Racheakt zur Folge hatte. Beatons Mörder wurden im St. Andrews Castle belagert; K. stieß dort zu ihnen und wurde im April 1547 erstmals in ein protestantisches Amt berufen. Die Burg fiel jedoch Ende 1547 in die Hand der Franzosen, die K. in den zwei darauf folgenden Jahren zum Galeerendienst zwangen. Nach seiner Freilassung 1549 ließ er sich in England nieder und tat in den protestantischen Gemeinden in Berwick und Newcastle Dienst. Seine wortgewaltigen Predigten erregten die Aufmerksamkeit des Herzogs von Northumberland und führten zu seiner Ernennung zum königlichen Kaplan ⁄ Eduards VI. K.' ständige Berufung auf die Autorität der Bibel (zum Ausdruck gebracht etwa durch seinen Widerstand gegen das Knien bei der Messe als nicht schriftgemäß) begründete sein radikales Zeugnis und führte zur Einfügung der „Black Rubric" in der zweiten Auflage des ⁄ Book of Common Prayer 1552. Nach der Thronbesteigung ⁄ Marias I. von England 1553 ging K. ins Exil und trat in die Dienste der englischen Exilgemeinde in Frankfurt (Main). Seine Ansichten zur Liturgie spalteten jedoch die dortige Gemeinde, so dass sich K. nach Genf absetzen musste; seine Radikalität und politische Schärfe gipfelten dort in der infamen Hetzschrift *The First Blast of the Trumpet against the Monstrous Regiment of Women* (1558) gegen die Herrschaft der beiden Marias in England und Schottland. Nach der Thronbesteigung ⁄ Elisabeths I. wurde K. die Einreise nach England verwehrt, so dass er stattdessen nach Schottland zurückkehrte. Im Mai 1559 löste K.' ikonoklastische Predigt eine protestantische Revolution gegen Königin Maria von Guise († 1560) aus, deren Tochter ⁄ Maria Stuart 1558 den französischen Dauphin Franz geheiratet und Schottland mit den Interessen des katholischen Frankreich in Einklang gebracht hatte. Das Gelingen der protestantischen Erhebung von 1559 hatte unter K.' Mitwirkung die Annahme der ⁄ „Confessio Scotica" und einen Entwurf zu einer Kirchenordnung, die später als „First Book of Discipline" bekannt wurde, zur Folge (1560). Die Etablierung der Reformation wurde jedoch durch die Rückkehr Maria Stuarts 1561 gefährdet. K., inzwischen auf der Predigerstelle von St. Giles in Edinburgh, griff die Königin als „Götzendienerin" von der Kanzel an aus. Mehrere persönliche Gespräche, die K. mit der jungen Königin führte, vermochten nicht, sie für den Protestantismus zu gewinnen. Indessen schwand K.' politischer Einfluss zusehends; er spielte bei den tumultuösen Vorgängen, die 1567/68 zur Abdankung Maria Stuarts und zu ihrer Flucht aus Schottland führten, keine Rolle. Von Krankheit gezeichnet, widmete er seine letzten Jahre der Kompilation seiner wertvollen *History of the Reformation of Religion in Scotland.* – Weder systematischer Theologe noch Verfasser theologischer Werke, kommt K. v.a. als kraftvollem und von der Überzeugung, Instrument Gottes und Prophet seines Willens zu sein, beseeltem Prediger Bedeutung zu.

- Literatur: The Works of J.K., hg. v. D. LAING, 6 Bde. Edinburgh 1846–64; J.K.'s History of the Reformation ... in Scotland, hg. v. W.C. DICKINSON, 2 Bde. ebd. – London 1949; J.K.: On Rebellion, hg. v. R.A. MASON. Cambridge 1994. *Roger A. Mason*
- Nachtrag: J.M. RICHARDS: ‚To promote a woman to beare rule'. Talking of queens in Mid-Tudor England: SCJ 28 (1997) 101–121; M.T. COURTIAL: J.K. un méconnu de la réforme: Revue réformée 48 (1997) 55–59; R.A. MASON (Hg.): J.K. and the British reformations. Aldershot 1998; D.W. JOHNSON: Prophet in Scotland. The self-image of J.K.: Calvin Theological Journal 33 (1998) 76–86.

Komander (Comander; Gräzisierung von Dorfmann, auch Hutmacher genannt), *Johannes,* Anführer der Reformation in Graubünden, * 1482 Maienfeld, † Februar 1557 Chur; ab 1495/96 an der Lateinschule in St. Gallen, 1502–06 Studium der Artes liberales in Basel, 1512–21 Vikar und 1521–23 Pfarrer von Escholzmatt (Kanton Luzern), 1523 Pfarrer von St. Martin in Chur; verfasste die 18 Thesen zum ∕Ilanzer Religionsgespräch (7.–9.1.1526), führte 1527 in Chur die Reformation ein, 1537 erster Präsident der Bündner Synode, beteiligt an der Ausarbeitung eines Katechismus (1537: ed. v. E. Camenisch: Der erste evangelische Bündner Katechismus 1537: Aus fünf Jahrhunderten Schweizerischer Kirchengeschichte. FS P. Wernle. Basel 1932, 39–79) und der „Confessio Raetica" (1553: E. Camenisch: Jahrbuch der Historisch-Antiquitarischen Gesellschaft von Graubünden 43 [1913] 223–260 [deutsche Zusammenfassung]).

- Literatur: NDB 3, 331f.; TRE 19, 378–384; BBKL 4, 369ff. – W. JENNY: J.C., 2 Bde. Zürich 1969–70; H. BERGER: Bündner Kirchengeschichte, Bd. 2. Chur 1986, 40–78. *Markus Ries*
- Nachtrag: RGG⁴ 2, 425.

Konfessionalisierung. Während die frühere Forschung vom Zeitalter der Reformation und der ∕Gegenreformation sprach, hat Hubert Jedin unter Rückgriff auf den von Wilhelm Maurenbrecher (1880) geschaffenen Begriff „Katholische Reformation" für ein Dreierschema – Reformation, ∕Katholische Reform, ∕Gegenreformation – plädiert, das weitgehend positiv aufgenommen wurde. Unter Anknüpfung an Ernst Walter Zeedens Forschungen zur „Konfessionsbildung" entwickelten in den letzten Jahren Wolfgang Reinhard und Heinz Schilling den für das 16. und beginnende 17. Jh. übergreifenden Begriff der „K." Dabei handelt es sich um ein für die katholische, lutherische und calvinistische Konfession weitgehend gleiches Paradigma, nur mit jeweils wechselnden Inhalten. K. bedeutet demnach einen „gesellschaftsgeschichtlich fundamentalen Wandlungsvorgang, der kirchlich-religiöse und mentalitätsmäßig-kulturelle Veränderungen ebenso einschließt wie staatlich-politische und soziale" (Reinhard-Schilling 4). Zu den Dimensionen der K. gehören u.a. als Ursache religiöser Innovationen und als Formen ein jeweils klares Glaubensbekenntnis, Abgrenzung gegen die jeweils andere Konfession, Monopolisierung der Bildung, Betonung der Unterscheidungsriten und im Bereich der Institutionen neue bzw. erneuerte Formen der Kirchenorganisation, konfessionsspezifische Bildungseinrichtungen, ein Kontrollsystem und eine Symbiose mit der Staatsgewalt. Die Folge war u.a. ein unbeabsichtigter Beitrag zum Wachstum der Staatsgewalt und zur Modernisierung von Staat und Gesellschaft (vgl. ebd. 426f.).

Aufbruch und Entwicklung der reformatorischen Bewegungen, katholische Reformimpulse und gegenreformatorische Aktionen sind Elemente, die in den K.-Prozess eingebettet sind. Obwohl am K.-Paradigma auch mehr oder weniger Kritik geübt wird, ist sein methodischer Ansatz doch international breit rezipiert worden. Das Paradigma kann das komplexe Geschehen der Ausbildung der Konfessionen im 16./17. Jh. jedenfalls besser erfassen als eine isolierte Betrachtung von Reformation einerseits und Katholischer Reform wie Gegenreformation anderseits.

▪ Literatur: W. REINHARD: Zwang zur K.? Prolegomena zu einer Theorie des konfessionellen Zeitalters: ZHF 10 (1983) 257–277; E.W. ZEEDEN: Konfessionsbildung. Stuttgart 1985; H. SCHILLING (Hg.): Die reformierte K. in Deutschland – Das Problem der ‚Zweiten Reformation'. Gütersloh 1986; W. REINHARD: Reformation, Counter-Reformation, and the Early Modern State: A Reassessment: CHR 75 (1989) 383–404; H.-CH. RUBLACK (Hg.): Die lutherische K. in Deutschland. Gütersloh 1992; H. SCHILLING: Konfessionelle und politische Identität: A. CZACHAROWSKI (Hg.): Nationale und ethnische Minderheiten und regionale Identitäten in Mittelalter und Neuzeit. Thorn 1994, 103–123; W. REINHARD – H. SCHILLING (Hg.): Die katholische K. Münster – Gütersloh 1995.

Klaus Ganzer

▪ Nachtrag: TH. KAUFMANN: Die K. von Kirche und Gesellschaft: Theologische Literaturzeitung 121 (1996) 1008–25 (Sammelbericht); J. BAHLCKE – A. STROHMEYER (Hg.): K. in Ostmitteleuropa. Stuttgart 1999 (21 Beiträge); E. RUMMEL: The confessionalization of humanism in Reformation Germany. Oxford 2000; A. LEXUTT: K. – neuer Schlauch für alten Wein?: Verkündigung und Forschung 45 (2000) 3–24 (Literaturbericht); S. RAU: Geschichte und Konfession. Hamburg 2002.

Konfirmation.

Die Reformation schafft die bischöfliche Firmung ab, da diese kein neutestamentlich begründetes Sakrament sei und die Taufe als ergänzungsbedürftig abwerte. Doch entwickelt sich schon im 16. Jh. aus Unterweisung, Beichte und Katechismusverhör (jährliche bzw. einmalige „interrogatio seu exploratio" zum Abendmahl: Martin Luther, Formula missae, 1523; Christiana catechesis: Johannes Calvin, Inst 1536) eine evangelische „confirmatio", die sich über den Pietismus und die Aufklärung allgemein durchsetzt, zuletzt in Lübeck (1817) und Hamburg (1832), allerdings mit bis heute unterschiedlicher Sinngebung: Abschluss des Katechumenats, Tauferinnerung, Einstimmen in das kirchliche Bekenntnis, Fürbitte der Gemeinde, Segnung, Abendmahlszulassung, Übertragung kirchlicher Rechte, Verpflichtungen.

Martin /Bucer führte in Hessen eine kirchenzuchtlich motivierte „sakramentale Zeremonie" ein mit Katechismusexamen, Gelübde, Fürbitte und Handauflegung mit exhibitivem Votum: „Nimm hin den Heiligen Geist, Schutz und Schirm vor allem Argen, Stärk und Hilf zu allem Guten, von der gnädigen Hand Gottes…" (Ziegenhainer Zuchtordnung 1538/39, Kassel 1539). Diese K. gelangt über die Kölner Reformation von 1543 ins anglikanische /Book of Common Prayer von 1549 (als bischöfliche Handlung mit deprekativem Votum) und findet sich dann in Waldeck (1556), Österreich (1571), Niedersachsen (1585), Gotha (1682), Speyer (1700), Friedberg (1704) und Stuttgart (1790). Die lutherische K. geht auf Martin /Chemnitz zurück (Examen Concilii Tridentini, Bd. 2 [1566] 3) und ist stärker katechetisch geprägt (u. a. Pommern [1563], Braunschweig-Wolfenbüttel [1569]).

▪ LThK³ 6, 241f. (ungekürzte Fassung).
▪ Literatur: EKL³ 2, 1370–77; TRE 19, 437–451; H.-CH. SCHMIDT-LAUBER – K.-H. BIERITZ (Hg.): Handbuch der Liturgik. Leipzig-Göttingen 1995, 333–353 925–936. – G. RIETSCHEL – P. GRAFF: Lehrbuch der Liturgik, Bd. 2. Göttingen ²1952, 621–675; L. VI-

SCHER: Geschichte der K. Zollikon 1958; B. HAREIDE: K. in der Reformationszeit. Göttingen 1971; R. BORNET: La confirmation dans le Protestantisme et dans l'Anglicanisme: La Maison-Dieu 168 (1986) 77–105.

Hans-Christoph Schmidt-Lauber

Konkordienformel (K.) **und Konkordienbuch** (Kb.). Weder der ↗Frankfurter Rezess 1558 (BSLK 744) noch der ↗Naumburger Fürstentag 1561 (Neuunterzeichnung der ↗Confessio Augustana) und das ↗Altenburger Religionsgespräch 1568/69 hatten die innerlutherischen Spaltungen überwinden können. Erst auf der Basis der 1574 von Jakob ↗Andreae vorgelegten Schwäbischen Konkordie, in Auswertung norddeutscher Voten von David ↗Chytraeus und Martin ↗Chemnitz zur Schwäbisch-Sächsischen Konkordie überarbeitet, kam es unter Berücksichtigung der von Lukas ↗Osiander vorgelegten Maulbronner Formel und unter Hinzuziehung von Nikolaus ↗Selnecker, Wolfgang ↗Musculus und Christoph Cornerus auf dem Torgauer Konvent (27.5.–7.6.1576) zum Torgischen Buch. Stellungnahmen dazu arbeiteten Andreae, Chemnitz und Selnecker im Kloster Berge bei Magdeburg ein (1.–14.3.1577). Das Ergebnis der Endredaktion zusammen mit Chytraeus, Musculus und Cornerus (19.–28.5.) ist die K. (Bergisches Buch) mit „Solida Declaratio" und „Epitome", dem von Andreae erstellten und am 29.5.1577 von allen sechs unterzeichneten „Summarischen Auszug".

Die K. will kein neues Bekenntnis sein, sondern „Wiederholung und Erklärung" etlicher umstrittener, aber nun verglichener Artikel der Confessio Augustana nach Anleitung der Heiligen Schrift als „alleiniger Regel und Richtschnur", der Symbola der frühen Kirche als Hauptstücke des „einhelligen allgemeinen christlichen Glaubens" sowie der „ersten, ungeänderten Augsburger Konfession" samt der Apologie, den ↗Schmalkaldischen Artikeln und Martin Luthers Großem und Kleinem Katechismus als „Erklärung unseres christlichen Glaubens und Bekenntnisses". Extrempositionen beider Seiten werden abgewiesen, umstrittene Begriffe differenziert und schultheologische Positionen vom Bekenntnis abgehoben. Die Artikel handeln: 1) Von der ↗Erbsünde (nicht „des vorderbten Menschen Substanz"; Victorinus ↗Strigel gegen Matthias ↗Flacius); 2) Vom freien Willen (kann sich nicht „aus seinen eigenen natürlichen Kräften zur Gnade schicken", aber der wieder geborene Wille wirkt mit); 3) Von der Gerechtigkeit des Glaubens (= der ganze Christus nach beiden Naturen, nicht nur nach der göttlichen, Andreas ↗Osiander); 4) Von den guten Werken („schuldiger Gehorsam", aber weder „nötig", noch „schädlich zur Seligkeit", Nikolaus von ↗Amsdorf; Verlust des Glaubens „durch mutwillige Sünde"); 5) Vom ↗Gesetz und Evangelium; 6) Vom dritten Gebrauch des Gesetzes (Predigt des Gesetzes als des unwandelbaren Willens Gottes auch bei den Wiedergeborenen); 7) Vom heiligen Abendmahl Christi („manducatio impiorum"; „usus" = die ganze Handlung: Konsekration, Austeilung und Empfang); 8) Von der Person Christi (Idiomenkommunikation); 9) Von der Hellefahrt Christi (Johannes Aepinus); 10) Von Kirchengebräuchen (Freiheit der Kirche, Mitteldinge zu gebrauchen); 11) Von der ewigen Vorsehung und Wahl („... nicht in dem heimlichen Rat Gottes zu erforschen" [vgl. Luther, Deus absconditus], sondern im geoffenbarten Wort; Girolamo ↗Zanchi; Johannes ↗Marbach, Cyriakus Spangenberg); 12) Von anderen Rotten und Sekten, so sich niemals zu der Augsburgischen Confession bekennen (/Täufer, Schwenckfeldianer [Kaspar /Schwenckfeld], neue Arianer und /Antitrinitarier). Insgesamt gesehen, ist die K. Ausdruck der Konfessionsbildung, d. h. positiv: Gewinnung eines Bekenntnisstandes auf der Linie allgemeinkirchlicher Bekenntnistradition (vgl. den dem Kb. beigefügten „Catalogus testimoniorum" zum Erweis, dass man nicht von „der alten reinen Kirche und Väter abgewichen ist") unter Verwerfung von Extrempositionen, mit Korrektur und Relativierung zugespitzter schultheologischer Meinungen; negativ: Abgrenzung mit polemischen Feindbildern („papistische Irrtümer und Abgöttereien"; Calvinisten als „Sakramentierer").

Zusammen mit den altkirchlichen Symbola und den Schriften im Umkreis der Confessio Augustana (s. o. mit Tractatus de potestate papae) bildet die K. das Kb., das am 25.6.1580 mit mehr als 8000 Unterschriften veröffentlicht wurde und bis heute das wichtigste lutherische /Corpus Doctrinae darstellt, auch wenn das Ziel der Einigung aller Lutheraner nicht erreicht wurde.

■ Literatur: OER 1, 193f.; 2, 117–121. – W. LOHFF–L.W. SPITZ (Hg.): Widerspruch, Dialog und Einigung. Stuttgart 1977; S. NAPIÓRKOWSKI: Solus Christus. Lublin 1978; J. SCHÖNE (Hg.): Bekenntnis zur Wahrheit. Erlangen 1978; M. BRECHT–R. SCHWARZ (Hg.): Bekenntnis und Einheit der Kirche. Stuttgart 1980; E. KOCH: Vom Dissensus zum Konsensus. Hamburg 1980; J.CH. EBEL: Wort und Geist bei den Verfassern der K. München 1981; E. KOCH: Aufbruch und Weg. Stuttgart 1983; D.P. DANIEL–CH.P. ARAND: A Bibliography of the Lutheran Confessions. St. Louis 1988; R. KOLB: Confessing the Faith: Reformers Define the Church, 1530–80. ebd. 1991; H.-CH. RUBLACK (Hg.): Die lutherische Konfessionalisierung in Deutschland. Gütersloh 1992; I. MAGER: Die K. im Fürstentum Braunschweig-Wolfenbüttel. Göttingen 1993; I. DINGEL: Concordia controversa. Gütersloh 1996; H.G. PÖHLMANN–T. AUSTAD–F. KRÜGER: Theologie der Lutherischen Bekenntnisschriften. München 1996; G. WENZ: Theologie der Bekenntnisschriften der evangelisch-lutherischen Kirche, Bd. 1. Berlin–New York 1996. *Vinzenz Pfnür*
■ Nachtrag: RGG[4] 4, 1603–06. – R. BODENMANN: Die wiederaufgefundene Kampfschrift Theodor Bezas und seiner Kollegen gegen die K. (1578): Lutherische Theologie und Kirche 21 (1997) 59–98; G. MARTENS: Die Adiaphora als theologisches Problem. Ansätze zu einer Hermeneutik von FC X: Lutherische Beiträge 5 (2000) 117–127;

Kontroverstheologie. 1. *Begriff.* Im weitesten Sinn meint K. jede theologische Auseinandersetzung mit Andersgläubigen und innerkirchlichen Abweichlern über vermeintlich oder tatsächlich kirchentrennende Lehre und Lebenspraxis; im engeren Sinn versteht man darunter die theologischen Kontroversen, die sich seit dem 16. Jh. zwischen römisch-katholischer und protestantischer bzw. zwischen den protestantischen Konfessionen selbst entwickelten.

2. *Geschichte.* Entscheidend für die Ausbildung einer K. im engeren Sinn war die /Reformation. Diese K. entstand nicht als ein geschlossenes System und morphologisch einheitlich, sondern entfaltete sich, indem sie den jeweiligen Entwicklungen und Diversifikationen der Reformation folgte, mit denen sie sich meist schriftlich, aber auch mit anderen Kommunikationsmitteln auseinandersetzte. Als Teil der Politik war die K. nicht völlig losgelöst von deren Vorgaben. Wenn auch sehr früh (1518 Sylvester /Prierias, 1519 /Leipziger Disputation) neben /Ablass, /Buße und Heil die Frage nach der Papstgewalt und damit die Ekklesio-

logie als einer der zentralen Kontroverspunkte feststand, wurden doch ständig neue Probleme angesprochen, die man kontroverstheologisch behandelte. Dazu gehörten die /Rechtfertigungslehre, die Messe (/Abendmahl), der /Laienkelch, /Sakramente, /Heiligen- und Marienverehrung. Die Frage nach der individuellen Glaubensgewissheit im Heilsprozess behandelte Thomas /Cajetan; Johannes /Eck und Augustin von /Alveldt setzten sich mit Martin Luther über die päpstliche Gewalt auseinander; das reformatorische /Sola-scriptura-Prinzip veranlasste Hieronymus /Emser 1521 zu Werken über Schrift und Tradition sowie /Gesetz und Evangelium. Die Bilderverehrung war ab 1522 im Streit (/Kunst und Reformation), die Probleme von Abendmahl und Kindertaufe bewegten ab 1525 bzw. 1526 nicht nur die römisch-katholische, sondern auch die lutherische und zwinglische Theologie (/Abendmahlsstreit). Eine ähnliche Entwicklung lässt sich für die Spiritualisten feststellen, die ebenfalls von reformatorischer und altgläubiger Seite angegriffen wurden (z. B. Kaspar /Schwenckfeld). Die Polemik zwischen den reformatorischen Gruppierungen (/Luthertum, /Zwinglianismus, /Calvinismus, /Church of England) beeinflusste nicht nur ihre römisch-katholischen Gegner, sondern auch die protestantischen K., die sich in der zweiten Hälfte des 16. Jh. immer deutlicher profilierte und an Schärfe zunahm. Die dadurch entstandene Dissonanz nutzten zahlreiche katholische Kontroverstheologen in der Nachfolge des Johannes /Cochlaeus als Argument gegen die Reformatoren. Die wachsende Zahl von /Bekenntnisschriften auf lutherischer, zwinglianischer und calvinistischer Seite trug dazu bei, die K.

klarer zu strukturieren. Ihr Spektrum erstreckte sich von dezidierter Abgrenzung bis zu einem auf Reform und Kircheneinheit ausgerichteten Mittelweg (teilweise Philipp Melanchthon, bewusst Georg /Witzel, Georg /Cassander oder Claude d'/Espence), der sich auf /Erasmus von Rotterdam berief. Obwohl dieser gegen Luther geschrieben hatte, blieb er bis zu einem gewissen Grad zwischen den sich verhärtenden Fronten.

Methodisch gab es in den ersten Jahrzehnten der Reformation keine Einheitlichkeit. Die Spannbreite reichte bei den Gegnern der Reformatoren von einer scholastischen (etwa Jacob /Hoogstraeten) zu einer stark an der Schrift orientierten Verfahrensweise (z. B. Kaspar /Schatzgeyer), die teilweise philologisch-humanistisch ausgerichtet war (Johannes /Fabri [† 1541]). Nach dem Vorbild der „Loci" Melanchthons (1521) entstanden bald zahlreiche Werke, die die Kontroverspunkte zusammenfassten. Unter ihnen war Ecks „Enchiridion locorum communium" (1525 u. ö.) auf altgläubiger Seite am erfolgreichsten. Löwener Theologen (z. B. Johannes /Driedo, Albert /Pigge) verbesserten seit den dreißiger Jahren die methodische Qualität, indem sie Schrift, Kirchenväter und Scholastik sachgerechter zu verbinden suchten und dem Väterbeweis („consensus patrum") einen hohen Stellenwert zuschrieben. Letzteren suchten Ende des 16. Jh. alle großen Konfessionen für sich zu reklamieren. Der in Spanien (Salamanca) entwickelte und von den Jesuiten weitergeführte Thomismus hatte ebenso Einfluss auf die Form der K. wie der Rückgriff auf Aristoteles und die Scholastik im Protestantismus. Melchior /Canos „Loci" (1563) erwiesen sich für die römisch-katholische K. als wegweisend, insofern sie das Argumentationsmaterial bereitstellten und qualifizierten. Das Tridentinum, an dem eine Reihe von Kontroverstheologen teilnahm (∕Ambrosius Catharinus, Domingo de ∕Soto, Stanislaus ∕Hosius u. a.), lieferte der katholischen K. eine neue Basis, musste aber seinerseits gegen protestantische Angriffe (Martin ∕Chemnitz) verteidigt werden. Es ließ für die Protestanten Schrift und Tradition als entscheidenden Kontroverspunkt erscheinen; die römisch-katholische Seite stellte in der Folge immer mehr Kirche und Papst als Garanten des Glaubens heraus. Als eine Art erster Abschluss auf römisch-katholischer Seite sind Robert Bellarmins „Disputationes de controversiis" (1586–1593) anzusehen. Eine universitäre Institutionalisierung der K. geschah durch die Gründung entsprechender Lehrstühle (z. B. 1561 am Römischen Kolleg, 1595 in Freiburg, 1605 in Ingolstadt). Gemäß der jesuitischen Ratio studiorum von 1599 war die K. nicht für alle Studierenden zu lehren, sondern nur für solche, die für eine Tätigkeit in gemischtkonfessionellen Gebieten bestimmt waren. Auch in zahlreiche evangelische Studienordnungen fand die K. Eingang. Im ausgehenden 16. und beginnenden 17. Jh. wirkte die K. stimulierend auf die Ausbildung der positiven Theologie, verschärfte aber auch die Trennung zwischen den Konfessionen.

■ LTHK[3] 6, 333ff. (ungekürzte Fassung).

■ Literatur: DTHC 3, 1694–1748; Sacramentum mundi, hg. v. K. RAHNER U.A., Bd. 3. Freiburg 1969, 31–39; EKL[2] 2, 927ff.; EKL[3] 2, 1422. – KLAIBER; R. KÖSTER: Zur Theorie der K.: Zeitschrift für Katholische Theologie 88 (1966) 121–162; M. PÉRONNET (Hg.): La controverse religieuse (XVIe–XIXe siècles), 2 Bde. Montpellier 1981; D. BIRCH: Early Reformation English Polemics. Salzburg 1983; L. DESGRAVES: Répertoire des ouvrages de controverse entre Catholiques et Protestants en France (1598–1685), 2 Bde. Genf 1984–85; A. MANCIA: La controversia con i Protestanti e i programmi degli studi teologici nella Compagnia di Gesù 1547–99: Archivum historicum Societatis Jesu 54 (1985) 3–43; DIESELBE: L'Opera del Bellarmino nella riorganizzazione degli studi filosofici e teologici: G. GALEOTA (Hg.): R. Bellarmino, arcivescovo di Capua, teologo e pastore della riforma cattolica. Capua 1990, 271–281; GCH 7, 844–855; 8, 309–355; M. BASSE: Theologiegeschichtsschreibung und K.: ZKG 107 (1996) 50–71.

Heribert Smolinsky

■ Nachtrag: A. LEXUTT: Glaube im Gespräch: Monatshefte für evangelische Kirchengeschichte des Rheinlandes 45/46 (1996/97) 1–47; K. DIEZ: Ecclesia – non est civitas Platonica. Frankfurt (Main) 1997; J. WICKS: Argumentative legitimation in 16th century Catholic theology: Ecclesia tertii millennii advenientis. FS A. Anton. Casale Monferrato 1997, 888–897; H. SMOLINSKY: Deutungen der Zeit im Streit der Konfessionen. Heidelberg 2000.

Krafft (Crato), *Adam*, hessischer Reformator, * 1493 Fulda, † 9.9.1558 Marburg; 1512 Studium in Erfurt, 1514 Baccalaureus, 1519 Magister; 1523 Prediger in Fulda und 1524 in Hersfeld; 1525 Hofprediger ∕Philipps von Hessen, 1527 Professor in Marburg und Visitator; 1528 Heirat; 1531 Superintendent in Marburg. K. unterstützte die hessische Kirchenpolitik, war häufig gutachterlich tätig und heiratete nach dem Tod seiner ersten Frau nochmals (1548). Der humanistisch gebildete lutherische Theologe besaß einen „ausgleichenden Charakter" (Zeller).

■ Literatur: Urkundliche Quellen zur hessischen Reformationsgeschichte, Bd. 2–4. Marburg 1951–55; W. SCHÄFER: A.K. Kassel 1976; DERSELBE: A.K. im Urteil seiner Zeitgenossen: Jahrbuch der Hessischen Kirchengeschichtlichen Vereinigung 27 (1976) 147–156; W. ZELLER: Theologie und Frömmigkeit, Bd. 2. Marburg 1978, 254–273.

Gerhard Müller

Krell, *Nikolaus,* sächsischer Politiker, * kurz vor 1553 als Sohn einer Leipziger Ratsfamilie, † 9.10.1601 Dresden (enthauptet); ab 1571 Jurastudium in Leipzig. Seine Bildungsreise führte ihn zu den Hochburgen des Calvinismus, Valence und Genf. 1584 wurde er als Berater dem sächsischen Kurprinzen Christian zugewiesen, den er zeitlebens stark beeinflusste. 1586 Geheimer Rat; 1589 erlangte er als Kanzler praktisch die Stellung eines Premierministers. Konfessionell war er „weder calvinistisch noch lutherisch" (∕Kryptocalvinismus). Mit Billigung seines kurfürstlichen Herrn betrieb er eine Politik, die im Inneren auf eine Ausschaltung der Stände abzielte, nach außen gegen die habsburgisch-spanische Machtgruppe in Anlehnung an die pfälzisch-calvinistische Partei gerichtet war und konfessionell die Verdrängung des Luthertums durch die Hinwendung Kursachsens zum Calvinismus anstrebte. K. ließ die unvollendet gebliebene Krell-Bibel herstellen, die den Luthertext mit einem Kommentar im Sinn frühabsolutistischer Volkserziehung versah. Mit dem plötzlichen Tod des Kurfürsten Christian I. am 25.9.1591 brach das Verhängnis über K. herein. Er wurde nach zehnjähriger Kerkerhaft auf der Festung Königstein hingerichtet.

▪ Literatur: Th. Klein: Der Kampf um die Zweite Reformation in Kursachsen 1586–1591. Köln–Graz 1962; K. Blaschke: Religion und Politik in Kursachsen 1586–91: Die reformierte Konfessionalisierung in Deutschland, hg. v. H. Schilling. Gütersloh 1986.

Karlheinz Blaschke

Kretz (Gretz, Kretzius), *Matthias,* Theologe, * um 1480 Haunstetten bei Augsburg, † 1543 München, Baccalaureat in Wien (1502), Magisterstudium in Tübingen (1504–12), anschließend in Ingolstadt (1516), dort 1519 Doctor theologiae, 1519 Domprediger in Eichstätt, 1521 in Augsburg, 1531 Stiftsdekan in Moosburg, 1533 Dekan der Münchener Liebfrauenkirche. Stand einerseits nicht nur im Briefwechsel mit ∕Erasmus von Rotterdam, sondern wertete auch dessen Traktat zu Apg 19,18 für den *Sermon von der peicht* aus, vertrat anderseits den bayerischen Herzog 1540 beim Religionsgespräch zu ∕Worms. 1526 nahm er an der Disputation von ∕Baden teil, 1530 war er bei der Abfassung der Confutatio (∕Confessio Augustana) anwesend.

▪ Quellen: VD 16 11, K 2361–68.
▪ Literatur: NDB 13, 16f.; CERAS 2, 274f.; BBKL 4, 649f.

Barbara Henze

Kromer (Cromer), *Martin,* bedeutender Vertreter der katholischen Reform in Polen, * 1512/13 Biecz bei Krakau, † 23.3.1589 Heilsberg (Ostpreußen); Studien in Krakau, Padua, Bologna; Domherr u.a. in Krakau (1543/44) und Frauenburg (1552); 1545 königlicher Sekretär und Diplomat, u.a. in Wien; 1569 Administrator, 1570 Koadjutor, seit 1579 Bischof von Ermland. Mit Generalvisitationen, Diözesansynoden und Hirtenbriefen bemühte er sich um die Hebung von Moral und Bildung bei Klerus und Volk, bearbeitete liturgische Bücher des Bistums, förderte die Jesuitenanstalten in Braunsberg, bestätigte 1583 die erste Regel der Kongregation der Katharinerinnen. Dieselbe Aktivität im Sinn der katholischen Erneuerung entfaltete er auf den polnischen Provinzialsynoden. Herausragend auch als theologischer und historischer Schriftsteller und Erneuerer der polnischen Sprache.

▪ Werke: Orechovius. Köln 1564; Monachus. ebd. 1568; Catecheses. Krakau 1570; Polonia. Köln 1577.

▪ Literatur: N. Korbut: Słownik Polskich Teologów Katolickich, Bd. 2. Warschau 1982, 429–436. – A. Eichhorn: Der ermländische

Bischof M.C. als Schriftsteller, Staatsmann und Kirchenfürst: Zeitschrift für die Geschichte und Altertumskunde Ermlands 4 (1867–69) 1–470; Die deutschen Predigten und Katechesen der ermländischen Bischöfe Hosius und K., hg. v. F. HIPLER. Köln 1885; DERSELBE: Monumenta Cromeriana. M.K.s Gedichte, Synodalreden und Pastoralschreiben: Zeitschrift für die Geschichte und Altertumskunde Ermlands 10 (1894) 145–290. *Brigitte Poschmann*

Kryptocalvinismus (versteckter bzw. heimlicher Calvinismus), polemische Bezeichnung, die sich gegen Bestrebungen innerhalb des ⁄Luthertums richtet, durch Aufnahme calvinistischer Anschauungen in Abendmahlslehre und Christologie einen innerprotestantischen Ausgleich herbeizuführen: u. a. Infragestellung der Manducatio oralis, der Manducatio impiorum und der ⁄Ubiquitätslehre. Im Zusammenhang mit dem ⁄Abendmahlsstreit (⁄Consensus Tigurinus) besonders von Anhängern der vermittelnden Theologie Philipp Melanchthons (Philippisten) vertreten, führte der K. zu heftigen Auseinandersetzungen u. a. in Bremen (Albert ⁄Hardenberg), der Kurpfalz (Übergang zum Calvinismus), Schlesien, Dänemark (Niels ⁄Hemmingsen) und besonders in Kursachsen (Caspar ⁄Peucer; Christoph ⁄Pezel); dort 1574 durch Kurfürst August I. (1553–86) gewaltsam unterdrückt, nach Wiederaufleben unter Christian I. (1586–1591) mit der Enthauptung des Kanzlers Nikolaus ⁄Krell 1601 endgültig überwunden. Die Auseinandersetzungen trugen wesentlich zur Konsolidierung der lutherischen Lehre und zur Konfessionsbildung bei.

■ Literatur: I. MAGER: Die Konkordienformel im Fürstentum Braunschweig-Wolfenbüttel. Göttingen 1993, 126–141; M. SCHAAB (Hg.): Territorialstaat und Calvinismus. Stuttgart 1993, 137–148. *Georg Hintzen*

■ Nachtrag: RGG⁴ 4, 1793. – I. MAGER: Das Ringen um Wahrheit und Eintracht im Consensus Dresdensis vom 10.10.1571: Praxis pietatis. FS W. Sommer. Stuttgart 1999, 103–118; I. DINGEL: Die Torgauer Artikel (1574) als Vermittlungsversuch zwischen der Theologie Luthers und der Melanchthons: ebd. 119–134; H. KLÜTING: ‚Wittenberger Katechismus' (1571) und ‚Wittenberger Fragstücke' (1571). Christoph Petzel und die Wittenberger Theologie: ZKG 112 (2001) 1–43.

Kryptoprotestantismus (versteckter bzw. heimlicher Protestantismus) bezeichnet den Versuch, in rekatholisierten Gebieten heimlich lutherisches oder reformiertes Leben beizubehalten, der bisher für die habsburgischen Länder nachgewiesen werden kann. Seine Stärke differierte regional, da sie von den zuvor offen protestantischen Trägergruppen abhing, wie z. B. den lutherischen Adligen Innerösterreichs, die zur Grenzbefestigung gegen die Türken beitrugen; diesen wurden noch 1578 im „Brucker Libell" Zugeständnisse gemacht; erst nach 1600 ging man gewaltsam gegen sie vor. ⁄Maximilian II. († 1576) duldete in seinen Gebieten alle protestantischen Richtungen, in Siebenbürgen und in Mähren zudem die ⁄Böhmischen Brüder. Auf die in dieser Zeit verfassten und übersetzten muttersprachlichen Gebets- und Gesangbücher stützte sich später der K. in Ungarn, Böhmen und Mähren. Mit deren Vernichtung (z. B. Bücherverbrennungen in Innerösterreich, 1600) wurde wegen der kulturellen Dominanz der Protestanten unter Umständen die gesamte Kultur getroffen (wie die slowenische). Bedingung für den Gang in den Untergrund waren die grausamen Maßnahmen gegen die, die sich offen als nichtkatholisch bekannt hatten. Mit Voranschreiten der Gegenreformation blieb daher als Träger des K. vorwiegend die auf ihr Land angewiesene bäuerliche Bevölkerung zurück, die Ausweisung und Vertreibung nicht riskieren wollte; in Regionen, die für die Visitatoren oder Mitglieder der neu ins Land gerufenen Orden unzugänglich blieben, feierte sie bis zum Toleranzedikt Josephs II. von 1781 in ihren Häusern Gottesdienst, versteckte protestantische Literatur und unterrichtete die Jugend.

▪ Literatur: G. REINGRABNER: Über die Eigenart der burgenländischen Protestantengeschichte: Jahrbuch für die Geschichte des Protestantismus in Österreich 97 (1981) 147–172; P.F. BARTON: Evangelisch in Österreich. Wien u.a. 1987; I. BURIAN: Die Gegenreformation in den tschechischen Ländern: Jahrbuch für die Geschichte des Protestantismus in Österreich 106 (1990) 19–61. *Barbara Henze*

▪ Nachtrag: L. FERRARI: Riforma cattolica e controriforma nei territori austriaci: CrS 17 (1996) 611–629; O. CHALINE: La reconquête catholique de l'Europe centrale (XVIe–XVIIIe siècle). Paris 1998.

Kunst und Reformation.

1. *Ausgangslage.* Bis weit in das 20. Jh. hinein wurden die Debatten der Reformatoren um Recht und Möglichkeit einer sakralen Kunst, insbesondere die Darstellung Christi und der Heiligen, von der Kirchen- und Kunstgeschichte als ein Randthema behandelt. Das hat sich seit der Mitte des 20. Jh. geändert: die Bilderfrage rückte ins Zentrum des Interesses, und eine Reihe neuer Aspekte wurde entdeckt. Man erkannte, dass es nicht genüge, die Linie von den Bilderkontroversen der Spätantike und des Frühmittelalters bis zur frühen Neuzeit zu verfolgen, und dass es historisch unzureichend sei, die Bilderkontroversen von einem einheitlichen Konzept des „Bildersturmes" aus zu begreifen. Die gewalttätigen Aktionen sind die Minderheit. Neben den traditionellen Bilderstreitigkeiten ist auch die Rolle der Künstler im reformatorischen Geschehen und dessen Rückwirkung auf die Künste insgesamt zu analysieren.

2. *Bilderverehrung und Bilderkritik vor der Reformation.* Dank der Anerkennung der religiösen Bilder als „Bilder der Laien" durch Papst Gregor I. († 604) und der bilderfreundlichen Entscheidungen der frühmittelalterlichen Synoden konnte sich die sakrale Kunst im Abendland nahezu ungestört entwickeln, obgleich sie fast kontinuierlich von ikonoklastischen Tendenzen begleitet wurde (Bernhard von Clairvaux, Wycliften, Hussiten). Um 1500 erreichte in Italien die Renaissance ihren Gipfel. Wenige Jahrzehnte später hatte sie sich auch nördlich der Alpen durchgesetzt. Trotz des programmatischen Rückgriffs auf die Antike blieb der christliche Rahmen der Renaissancekultur erhalten. Erzbischof Antoninus von Florenz (1389–1459) äußerte sich über die Aufgaben der Malerei: er erkannte den höheren Status des Malers gegenüber dem des Handwerkers an und bejahte die Schönheit als Ziel der Kunst. Auf religiösen Bildern seien dogmatische Unkorrektheiten, unbiblische und apokryphe Motive sowie solche Hinzufügungen, die der Andacht nicht förderlich sind, zu vermeiden (Summa theologica III 8, 4,11). Fünf Jahrzehnte später postulierte Girolamo Savonarola, der große Florentiner Bußprediger, in ähnlicher Weise eine moralisch untadelige Kirchenkunst. Forderungen, wie Antoninus und Savonarola sie erhoben, begegnen seit dem Spätmittelalter und finden sich noch im Konzil von Trient (COD 751f.). Im Norden sind Auseinandersetzungen um die Bilder häufiger. Die einschlägigen Traktate vermehren sich. Als repräsentativ auf höchstem Niveau kann die Bilderkritik des

/Erasmus von Rotterdam gelten. Er trat für einen geistigen Gottesdienst und eine echte Nachfolge Christi ein; alle Veräußerlichungen wie Wallfahrten oder Bilderverehrung verwarf er. Die meisten Reformatoren waren mit den Schriften des Erasmus vertraut.

3. *Die Reformatoren.* a) *Martin Luther:* Initiator der reformatorischen Angriffe auf die Bilder war Andreas /Karlstadt in Wittenberg: Anfang Januar 1522 veröffentlichte er seine polemische Schrift „Von Abtuung der Bilder" und im Februar war er einer der Anführer des Wittenberger Bildersturmes. Karlstadt argumentierte, dass die gesamte Bibel Bilder in den Kirchen verbiete. Die Lehre von den Bildern als Büchern der Laien sei zu verwerfen. Solange die „Ölgötzen" in den Kirchen aufgestellt blieben, würden sie zur Abgötterei verführen. Luther replizierte in der dritten und vierten seiner Invocavit-Predigten: der Christ ist frei, Bilder zu haben oder nicht; die angebliche Hauptgefahr, der Götzendienst, ist gering einzuschätzen. Die Bilder müssen aus den Herzen gerissen werden. Abzulehnen ist das Bilderstiften als gutes Werk. Wo diese Einsicht erreicht ist, wünscht sich Luther biblische und andere Bilder an den Hauswänden, „um des gedechtnis und besser verstands willen" (WA 18, 22.27f.). Die gewaltsame Entfernung der Bilder lehnte Luther ab. Mit einer geordneten Beseitigung war er einverstanden. Luther kümmerte sich persönlich um die Bebilderung seiner Schriften und plante sogar eine vollständige Bilderbibel. Er wusste das Medium des illustrierten Drucks zu nützen.

b) *Huldrych Zwingli:* Auch in Zürich setzte 1523 der Bildersturm ein. Zwingli gelangte zu folgender Auffassung: Das Erste Gebot gelte auch für die Kirche der Gegenwart. Die sakramentalen Bilder reizten zum Götzendienst. Ein neutraler Gebrauch sei nicht möglich. Auch zur Unterweisung der Laien wären sie nicht brauchbar. Zwingli verständigte sich mit dem Rat über ein geordnetes Verfahren zur Entfernung der Bilder. Der private Besitz von Bildern wurde nicht angetastet.

c) *Jean Calvin:* Am schärfsten von allen Reformatoren hat sich Calvin gegen die bildliche Darstellung Gottes gewandt. Gott übersteige jede menschliche Vorstellung. Der Versuch, ein Gottesbild zu schaffen, schände Gottes Ehre. Die einzigen Bilder, die in der Kirche ihren Platz hätten, seien die Sakramente als Veranschaulichung von Gottes Handeln. Eine legitime Malerei stelle dar, was unsere Augen fassen könnten. Ferner empfiehlt Calvin Geschichtsbilder wegen ihrer belehrenden Funktion.

4. *Bilder des Unsichtbaren.* Luther lässt erkennen, dass er mit Grundbegriffen der zeitgenössischen Bildtheorie vertraut ist: er definiert die Bildhauerei als „Kunst des Wegnehmens", er fordert Naturnachahmung und gleichzeitig Naturverschönerung vom Künstler, und er bedient sich der „Ars poetica" des Horaz. Besonderes Interesse verdient Luthers Lehre von der Einbildungskraft. Der Reformator hält es für unvermeidlich, dass wir uns die Inhalte unseres Bewusstseins anschaulich vorstellen. Denn unser Denken verläuft in Bildern. „Wenn ich Christus höre, so entwirft sich in meinem Herzen ein Mannsbild, das am Kreuz hängt" (WA 18, 83). Luther setzt die von Haus aus aristotelische Lehre voraus, nach der die Einbildungskraft (Phantasie) sinnliche Bilder hervorruft, aber auch jene, die

unser Denken begleiten (vgl. Aristoteles, De anima III, 8; Augustinus, Epistula 7). Zwingli hat diese Auffassung von den Vorstellungsbildern zurückgewiesen, Johannes ∕ Eck hat sie bejaht.

5. *Bildersturm.* Die Bilderstürme der Reformationszeit entsprangen nicht einer unbegreiflichen Zerstörungswut. Es ging hier auch nicht um die Glaubensfrage. An keiner anderen Stelle konnten die Beteiligten die Erfahrung religiöser Befreiung so unmittelbar machen wie bei der handgreiflichen Beseitigung der eben noch verehrten Bilder. Ein analoges Befreiungserlebnis hat wohl nur die neue Abendmahlslehre in Süddeutschland und der Schweiz hervorgerufen. Der Bilderkampf war kein einheitliches Geschehen, weder räumlich noch zeitlich. Der von Karlstadt ausgelöste Wittenberger Bildersturm (1522) konnte von Luther im Einvernehmen mit der kursächsischen Regierung beigelegt werden. Ähnlich gelang es Zwingli, den Zürcher Bildersturm von 1523 unter die Kontrolle des Rates zu bringen. Die obrigkeitlich gelenkte Entfernung der Bilder aus den Kirchen wurde zum Normalfall der Krisenbewältigung im Reich. Eine Ausnahme bildete das Täuferreich in Münster (1533/35; ∕ Täufer). Ganz andere Dimensionen erreichte der Bildersturm in Westeuropa: im England ∕ Heinrichs VIII. erfolgte die Beseitigung der Bilder weitgehend „von oben", und in den französischen Religionskriegen gehörte die Verstümmelung oder Zerstörung der Bildwerke zur Routine der ∕ Hugenotten.

6. *Künstler und Reformation.* Zahlreiche Künstler schlossen sich der Reformation an oder sympathisierten wenigstens mit ihr, je nachdem, wie weit die Kirchenbildung fortgeschritten war. Zu erwähnen sind v. a. Albrecht Dürer, Lukas Cranach der Ältere und der Jüngere, Hans Baldung Grien und wahrscheinlich auch Matthias Grünewald und Wolf Huber. Viele kleinere Meister kommen hinzu. Die Entscheidung für die evangelische Lehre musste sich nicht sofort im Werk eines Künstlers niederschlagen: es zählten die Wünsche des Auftraggebers, nicht die des Künstlers. Es war eher eine Ausnahme, dass Dürer seine „Vier Apostel" (1526) der Stadt Nürnberg widmete mit der Mahnung, beim Evangelium zu bleiben. Bereits 1504/05 war Lukas Cranach der Ältere als Hofmaler nach Kursachsen berufen worden. Er baute in Wittenberg eine große Werkstatt auf. Zu Luther stand er in einem freundschaftlichen Verhältnis. Durch Gemälde wie durch seine Druckgraphik wurde er zum „Maler der Reformation". Gleichwohl übernahm er mit seiner Werkstatt zwischen 1520 und 1540 noch zwei Großaufträge für Kardinal ∕ Albrecht von Mainz.

Der Übergang zur Reformation brachte Künstlern und Handwerkern beträchtliche finanzielle Einbußen: Kirchengebäude waren im Übermaß vorhanden, Aufträge für geistliche Bilder gingen zurück. Manche Maler bejahten die Abschaffung der Bilder und gaben ihr altes Metier auf (Niklaus Manuel Deutsch in Bern, Jörg Breu der Ältere in Augsburg). Manchen gelang der Übergang zum Kunsthandwerk. Jedoch in der zweiten Hälfte des 16. Jh. stiegen die Aufträge wieder an. In konfessionell gemischten Gebieten, wo die Kirchengebäude in einer Hand waren, wurden Neubauten erforderlich. Neben Kanzel und Altar wurde die Gestaltung von Epitaphien zu einer wichtigen Aufgabe.

7. *Die katholische Antwort.* Die altgläubigen Theologen hatten seit Beginn des reformatorischen Aufbruchs das Bild und seine kirchliche Funktion hartnäckig verteidigt. Der offizielle Abschluss der Kontroverse liegt im tridentinischen Dekret „Über Anrufung, Verehrung und Reliquien der Heiligen und die heiligen Bilder" vor (3.12.1563; DH 1821–25). Die mittelalterliche Bilderlehre wird im Wesentlichen bestätigt: die Bilder Christi, Marias und der Heiligen enthalten keinerlei „Göttlichkeit oder Kraft", jedoch die ihnen erwiesene Ehre bezieht sich auf die „Urbilder" ($\pi\varrho\omega\tau\acute{o}\tau\upsilon\pi\alpha$). Im Vordergrund steht indes die belehrende und erbauliche Wirkung der Bilder (COD 751, 15–35; DH 1824). Als wichtigster Themenkreis wird die biblische Geschichte hervorgehoben (ebd. 26f. 39f.). „Das Volk ist ausdrücklich zu belehren, daß Gottesdarstellungen auf biblischen Bildern nicht bedeuten, Gott habe eine sichtbare Gestalt. Jeder Aberglaube ist abzustellen und jede lasciva zu vermeiden" (ebd. 751, 36–752, 19; DH 1825). Es waren die Forderungen, die seit dem 15. Jh. von den Reformtheologen erhoben worden waren, die jetzt in das Dekret Aufnahme fanden. Sicher konnte man damit groben Missverständnissen und Missbräuchen wehren. Viel mehr war in der Situation des ausgehenden 16. Jh. kaum zu erreichen. Das Aufblühen des Barock lässt erkennen, welche künstlerischen Kräfte im Katholizismus noch verborgen lagen.

■ Literatur: O. CHRISTIN: Une revolution symbolique. Paris 1991; A. TACKE: Der katholische Cranach. Mainz 1992; J. HARASIMOWICZ: Kunst als Glaubensbekenntnis. Baden-Baden 1996; Imagination und Wirklichkeit, hg. v. K. KRÜGER – A. NOVA. Mainz 2000.

Gerhard May

Laienkelch. Martin Luther erklärte anfangs gegen die Hussiten eine Trennung von der Kirche wegen des L. als ungerechtfertigt. Später aber forderte er selbst die Kommunion unter beiden Gestalten („sub utraque specie") als schriftgemäß. Da die Forderung des L. zu einem Kampfmittel der Protestanten gegen die alte Kirche wurde, sahen katholische Fürsten, wie Bayern und Habsburg, und Theologen, wie Johannes /Cochlaeus, Julius /Pflug oder Georg /Witzel, in der Gewährung des L. ein Mittel, den Abfall von der alten Kirche teilweise aufzuhalten. Kardinal Thomas /Cajetan de Vio hatte sich in einem Gutachten für den Papst zugunsten einer Erlaubnis des L. ausgesprochen. Kaiser /Karl V. gestattete im /Augsburger Interim 1548 den deutschen Protestanten bis zu einer Konzilsentscheidung den L. Das Tridentinum verwies in Sessio XXII (17.9.1562) die Entscheidung über den L. an den Papst. /Pius IV. gewährte auf Drängen Kaiser /Ferdinands I. und Herzog /Albrechts V. von Bayern am 16.4.1564 das Kelchindult für Deutschland, Österreich, Böhmen (Prag) und Ungarn (Gran). Das Interesse an der Anwendung des Indults erwies sich als nicht sehr groß. In Bayern, Österreich und Tirol formierte sich die Opposition gegen die Gewährung. Die konfessionelle Abgrenzung war längst fortgeschritten. Albrecht schaffte 1571 den L. in Bayern wieder ab, Österreich folgte 1584 diesem Beispiel. /Gregor XIII. hob das Indult 1584 wieder auf.

■ LThK[3] 6, 611f. (ungekürzte Fassung).

■ Literatur: A. KNÖPFLER: Die Kelchbewegung in Bayern unter Herzog Albrecht V. München 1891; G. CONSTANT: Concession à l'Allemagne de la communion sous les deux espèces, 2 Bde. Paris 1923; H. LUTZ: Bayern und der L.: QFIAB 34 (1954) 203–235;

A. Franzen: Die Kelchbewegung am Niederrhein im 16.Jh. Münster 1955; R. Damerau: Der L. Gießen 1964; J. Sopta: Die Teilnehmer aus den kroatischen Diözesen an der 3. Tagungsperiode des Tridentinums und die Frage des L. Freiburg 1987.
Klaus Ganzer
▪ Nachtrag: H. Krmíčková: Studie a texty k počátkům kalicha v Čechách. Brünn 1997; K. Schatz: Zwischen Rombindung und landesherrlichem Interesse: Petrus Canisius SJ, hg. v. H. Berndt. Berlin 2000, 385–397.

Laínez, *Diego,* Jesuit (1540), Konzilstheologe und Ordensgeneral, * 1512 Almazán (Provinz Soria), † 19.1.1565 Rom; 1532 Magister artium in Alcalá, 1533 Studium der Theologie in Paris, wo er sich ∕Ignatius von Loyola anschloss. Er zog mit ihm 1537 nach Rom, wurde 1556 nach dessen Tod Generalvikar und 1558 zweiter Ordensgeneral der Gesellschaft Jesu. L. nahm 1546/47, 1551/52 und 1562/1563 am Konzil von ∕Trient und 1561 am Religionsgespräch in ∕Poissy teil.
▪ Werke: Disputationes Tridentinae, ed. v. H. Grisar, 2 Bde. Innsbruck 1886; Lainii Monumenta, 8 Bde. Madrid 1912–17.
▪ Literatur: TRE 20, 399–404; BBKL 4, 997–1000. – C. Sommervogel: Bibliothèque de la Compagnie de Jésus. Paris Bd. 4 1893, 1596–1600; Bd. 9 1900, 579; M. Scaduto: L'Epoca di Giacomo L., 2 Bde. Rom 1964–74; L. Polgár: Bibliographie sur l'histoire de la Compagnie de Jésus, Bd. 3/2. Rom 1990, 359–362; J.W. O'Malley: Die ersten Jesuiten. Würzburg 1995. *Günter Switek*
▪ Nachtrag: M. Scaduto: D.L.: Archivum historicum Societatis Jesu 59 (1990) 191–225.

Lambert, *Franz* (L. von Avignon), Reformator in Hessen, * 1487 Avignon, † 18.4.1530 Frankenberg (Eder); Franziskanerobservant (1501–22); als Praedicator apostolicus legte er biblische Texte aus. 1522 predigte er u. a. in Bern und Zürich, wo er mit Huldrych Zwingli diskutierte, was ihn veranlasste, aus seinem Orden auszutreten und nach Wittenberg zu reisen. Dort wollte er am reformatorischen Werk mitwirken. Von Martin Luther mit Skepsis aufgenommen, wurde ihm dennoch erlaubt, Vorlesungen zu halten. 1523 heiratete er. 1524 verließ L. Sachsen und wollte sich für die Reformation in Frankreich einsetzen, was erfolglos blieb. In Straßburg erwarb er 1524 das Bürgerrecht, konnte aber nicht bleiben. 1526 nach Hessen berufen, erhielt er zum ersten Mal eine solide Basis. Für die ∕Homberger Synode 1526 ließ ihn Landgraf ∕Philipp von Hessen die Diskussionsgrundlage erstellen. An der Erarbeitung der „Reformatio ecclesiarum Hassiae" war er beteiligt. 1527 wurde er Professor an der Universität Marburg. Seine Betonung des Glaubens störte die Humanisten und interessierte die Pietisten; umfangreiches wissenschaftliches Werk.
▪ Literatur: TRE 20, 415–418. – Pour retrouver F. L. Bio-bibliographie et études, hg. v. P. Fraenkel. Baden-Baden 1986.
Gerhard Müller

Landeskirchentum, im 19. Jh. geprägter Begriff, der kein Äquivalent in anderen Sprachen hat und ein auf Deutschland (und die Schweiz) beschränktes Teilphänomen des Gesamtkomplexes Kirche und Staat bezeichnet. Das mit ihm Umschriebene hat im Verlauf der Kirchengeschichte verschiedene Veränderungen erfahren.

Im 16. Jh. entstanden im Zuge der Durchführung einer Reformation der Kirche die evangelischen Landeskirchen im Gegenüber zu den papsttreuen Bischofskirchen. Die Übernahme des „Kirchenregiments" durch die weltliche Obrigkeit, ursprünglich nicht intendiert, setzte sich nach dem ∕Bauernkrieg gegen eine anfängliche „Gemeindereformation" durch. Mit der Nichtdurchsetzung des

Wormser Edikts und der Protestation von Speyer 1529 demonstrierten die evangelischen Stände ihre Kirchenautonomie, die sie durch ⟋Visitationen, Einführung von ⟋Kirchenordnungen, Einstellung und Ordination der Pfarrer in den Folgejahren weiter ausbauten. Die Reformatoren (Martin Luther, Philipp Melanchthon, Johannes Bugenhagen) stimmten trotz Bedenken der geographischen und hierarchischen Auflösung der bischöflich verfassten Kirchenstruktur zu (Fürsten als „Notbischöfe"), um eine geordnete Sukzession in den Pfarrstellen, aber auch eine Sozial- und Schulreform im reformatorischen Sinn zu gewährleisten. Politisches Territorium und konfessionelle Identität wurden zur Einheit (interimistische reichsrechtliche Absicherung im ⟋Augsburger Religionsfrieden 1555: ⟋Cuius regio, eius religio). Die Landeskirchen wurden zum wichtigsten Typ evangelischer Kirchenstruktur der anerkannten lutherischen und (nach 1648) reformierten Territorien neben der römisch-katholischen Diözesanverfassung und dem Gemeindeprinzip der ⟋Täufer- und anderer Kirchen. Die ehemals bischöflichen Funktionen wurden weitgehend durch Superintendenten und Konsistorien wahrgenommen.

■ LTHK³ 6, 631f. (ungekürzte Fassung).
■ Literatur: TRE 20, 427–434. – Die territoriale Bindung der evangelischen Kirche in Geschichte und Gegenwart, hg. v. K. DUMRATH – H.W. KRUMWIEDE. Neustadt (Aisch) 1972; W. MAURER: Gesammelte Aufsätze zum evangelischen Kirchenrecht, hg. v. G. MÜLLER – G. SEEBASS. München – Tübingen 1976. *Jörg Haustein*

Land(t)sperger, *Johannes,* Karmelit, evangelisch gewordener Theologe, * um 1470 Landsberg(?), † um 1530 im Bernischen; Studien 1487 in Ingolstadt, 1494 in Leipzig; früher Anschluss an die Reformation zwinglischer und oekolampadischer Prägung; Redaktion von Schriften Hans Huts, ohne ⟋Täufer zu werden. L. wirkte später im Bernischen, unter Umständen 1528 Teilnahme an der Berner Disputation.

■ Werke: Veröffentlichung als Microfiche, s. KÖHLER BF Teil 1, Bd. 2, nn. 1657ff. 2131–2140; VD 16 11, L 229–238; 9, H 6217–19; P. RIEDEMANN: IV. Beiträge zur Geschichte der Wiedertäufer in Oberdeutschland [...] 2. J.L.: Mittheilungen aus dem Antiquariate von S. Calvary & Co. in Berlin 1 (1869) 111f. 130–253 (fünf edierte Schriften); Von der Liebe zu Gott und dem Nächsten, auch wie man den Zehnten geben und [...] nehmen soll. Augsburg 1524: Flugschriften der frühen Reformationsbewegung (1518–24), hg. v. A. LAUBE. Berlin – Vaduz 1983, 1210–33.
■ Literatur: The Mennonite Encyclopedia, Bd. 3. Scottdale u.a. 1957, 285. – M. MARTIN: J.L. Augsburg 1902; K. SCHOTTENLOHER: Philipp Ulhart. München – Freising 1921, Nachdruck Nieuwkoop 1967; G. SEEBASS: Hans Hut. Maschinschriftliche Habilitation. Erlangen 1972, Bd. 1, 8–20 78–81; Bd. 2, 14–19 77–84 125. *Dietrich Blaufuß*

Lang, *Johann,* Augustinereremit (1506–1522), Humanist, Exeget, Reformator von Erfurt; * um 1486 Erfurt, † 2.4.1548 ebenda; Studium in Erfurt und Wittenberg; 1507/08 Priester; lehrte seit 1511 in Wittenberg Philosophie und Theologie; 1516–18 Prior in Erfurt; 1519 dort Doctor theologiae; 1518–20 Distriktsvikar für Thüringen und Meißen; Freund und Briefpartner Martin Luthers und Konrad ⟋Mutianus'. 1522 Klosteraustritt; ab 1525 lutherischer Pfarrer in Erfurt.

■ Werke: Das heilig Ev. Matthei aus kriechserspach ... yns deutsch gebracht ... Erfurt 1521; Die Wittenberger Titusbriefvorlesung des Erfurter Augustiners J.L., hg. v. R. WEIJENBORG: Scientia Augustiniana. FS A. Zumkeller. Würzburg 1975, 423–468; Die Wittenberger Römerbriefvorlesung des Erfurter Augustiners J.L., hg. v. DEMSELBEN: Augustinianum 51 (1976) 394–494.

■ Literatur: NDB 13, 540f.; CERAS 2, 287ff. – H. JUNGHANS: Der junge Luther und die Humanisten. Weimar 1984, 53–56.

Willigis Eckermann

Lang, *Matthäus,* Kardinal (1512), * 1468 Augsburg aus einer Patrizierfamilie mit zwölf Geschwistern, † 30.3.1540 Salzburg. Die ärmlichen Familienumstände mögen zum Ehrgeiz beigetragen haben, der L. zeitlebens prägte; umfassendes Studium in Ingolstadt (1486 Baccalaureus), Tübingen (1490 Magister) und seit 1493 in Wien („licentia doctorandi" in Ius); glänzender Redner von stattlicher Erscheinung, Freund und Förderer der Humanisten, anfangs in der Kanzlei des Mainzer Erzbischofs Berthold von Henneberg, seit 1494 in Diensten Maximilians I., der ihn 1507 in den Adelsstand erhob („von Wellenburg"). L. vermittelte als einflussreichster Diplomat des Kaisers die Liga von Cambrai (1508), den Beitritt Maximilians zum Lateranum V (1512), den Wiener Vertrag (1515) und erwarb zahlreiche Pfründen. Er wurde u. a. Dompropst von Augsburg und Konstanz, 1501 Koadjutor und 1505–22 Bischof von Gurk, 1512 Koadjutor und 1519 Erzbischof von Salzburg (erst 1519 Priester- und Bischofsweihe), leitete 1519 die Kaiserwahl ∕Karls V., der ihn zum Statthalter der nieder- und oberösterreichischen Länder ernannte und ihm 1521 das Bistum Cartagena-Murcia in Spanien vermittelte. Seinen guten Beziehungen zur römischen Kurie verdankte er 1535 auch das suburbikarische Bistum Albano. In der Luthersache nahm L. zunächst eine abwartende Haltung ein, am Wormser Reichstag 1521 war er zugegen und fungierte 1521–23 als Mitglied des von Karl V. eingesetzten Reichsregiments in Nürnberg, wo er sich als entschiedener Gegner der Reformation profilierte. L. leitete selbst die ersten kirchlichen Reformen auf der Synode von Mühldorf 1522 ein und betrieb 1524 den Zusammenschluss der katholischen Kräfte am Regensburger Reformkonvent, der die Grundlagen der süddeutschen und österreichischen Gegenreformation erstellte. Die Reformmaßnahmen und das strenge Vorgehen gegen lutherische Prädikanten wurden jedoch 1523 überschattet vom Aufruhr („Lateinischer Krieg") der Stadt Salzburg und durch den ∕Bauernkrieg 1525/26 im ganzen Erzstift. L. verdankte seine Rettung Bayern und dem Schwäbischen Bund, wofür er hohe Reparationszahlungen leisten und in einem Geheimvertrag den Administrator des Bistums Passau, ∕Ernst von Bayern, als Koadjutor annehmen sollte, was jedoch der Papst auf Betreiben der Habsburger ablehnte. Durch umfangreiche Gesetzgebung wurde L. in Salzburg zum Wegbereiter des landesfürstlichen Absolutismus. Eine wirksame Abwehr der Reformation dagegen scheiterte trotz zahlreicher Bemühungen an den Auseinandersetzungen mit dem Landeskirchentum der bayerischen und österreichischen Herrscher. Streng verfuhr er mit den Anhängern des ∕Täufertums. L. war mehr Staatsmann als Bischof, ein Diener des Hauses Habsburg, Streiter für die alte Kirche und Wegbereiter der ∕Katholischen Reform sowie Initiator des absolutistischen Beamtenstaates.

■ Literatur: F. DALHAM: Concilia Salisburgensia. Augsburg 1788; ARCEG Bde. 1–4; J. OBERSTEINER: Bischöfe von Gurk (1072–1822). Klagenfurt 1969; K. LACKENBAUER: Der Kampf der Stadt Salzburg gegen die Erzbischöfe 1481–1524. Philosophische Dissertation. Salzburg 1973; P. BLICKLE: Landschaft und Bauernkrieg im Erzstift Salzburg 1525/26. ebd. 1977; R.R. HEINISCH: Die bischöflichen Wahlkapitulationen im Erzstift Salzburg 1514–1688. Wien 1977; H.

PAARHAMMER: Rechtsprechung und Verwaltung des Salzburger Offizialates 1300–1569. Theologische Dissertation. Salzburg 1977; C. BONORAND: Joachim Vadian und der Humanismus im Bereich des Erzbistum Salzburg. St. Gallen 1981; F. ORTNER: Reformation, Katholische Reform und Gegenreformation im Erzstift Salzburg. Salzburg 1981; J. SALLABERGER: Bischof an der Zeitenwende. Der Salzburger Erzbischof Kardinal M.L. von Wellenburg (1519–40). ebd. 1987; Geschichte Salzburgs – Stadt und Land, hg. v. H. DOPSCH – H. SPATZENEGGER, Bd. 2. ebd. 1990, 11–111; H. BAYR: Die Personal- und Familienpolitik des Erzbischofs M.L. von Wellenburg (1519–40) im Erzstift Salzburg unter Einbeziehung des Zeitraums von 1495–1519. Philosophische Dissertation. ebd. 1990. *Franz Ortner*

■ Nachtrag: J. SALLABERGER: Kardinal M.L. von Wellenburg. Salzburg 1997; H. BAYR: M.L. von Wellenburg: Lebensbilder Salzburger Erzbischöfe aus zwölf Jahrhunderten, hg. v. P.F. KRAMML. Salzburg 1999, 137–162.

Łaski, *Jan* (Joannes a Lasco), Neffe des gleichnamigen Erzbischofs von Gnesen, Kronkanzlers und Primas von Polen, polnischer Reformator, * 1499 Łask bei Łódź, † 8.1.1560; erzogen am Hof seines Onkels; studierte 1514–19 in Wien, Bologna und Padua. Dank des Onkels schon 1517 Domherr in Łęczyca, Płock, Krakau und Koadjutor, Domdekan in Gnesen. 1521 empfing er die Priesterweihe und wurde zum königlichen Sekretär ernannt. Hielt sich 1524/25 in Basel und Paris auf, wo er Freundschaften mit ∕Erasmus von Rotterdam, Huldrych Zwingli, Johannes ∕Oekolampad, Bonifatius ∕Amerbach, später auch mit Philipp Melanchthon schloss. 1526–29 reiste er mit seinem Bruder nach Ungarn, Deutschland und Wien. Nach dem Tod des Onkels (1531) verwaltete er das Erzbistum Gnesen. 1535 versuchte Ł. ohne Erfolg, Erzbischof von Gnesen zu werden. Nach 1535 theologischen Studien im Kreis wichtiger Theologen, u. a. Stanislaus ∕Hosius, Andrzej Frycz-Modrzewski; 1539 reiste er nach Frankfurt (Main) (näherte sich hier den Protestanten an), in die Niederlande (1540 Heirat in Löwen) und nach Friesland (Emden). 1541 kehrte er nach Polen zurück und legte am 6.2.1542 in Krakau einen Eid ab, dass er nicht aus der katholischen Kirche ausgetreten sei. Aber schon 1543 verließ er Polen wieder und betätigte sich im Sinn der Reformation; 1544 wurde er in Polen zum Ketzer erklärt. Auf Einladung von Anna von Oldenburg organisierte Ł. 1543–48 als Superintendent das kirchliche Leben in Ostfriesland (*Epitome doctrinae ecclesiarum Phrisiae Orientalis.* 1544 [zunächst unediert]). Im September 1548 wurde er von Thomas ∕Cranmer nach England gerufen; 1550–53 bildete er in London eine Gemeinde auf der Grundlage des ∕Calvinismus (*Forma ac Ratio.* Emden 1555). Nach dem Tod seiner Frau heiratete er 1553 zum zweiten Mal. Noch vor den Verfolgungen ∕Marias I. verließ er England und kehrte über Dänemark wieder nach Emden zurück. Anfang 1553 kam er über Frankfurt (Main) und Wittenberg nach Polen und bemühte sich 1556–60 als inoffizieller Führer der Calvinisten um die Einheit der Reformation in Polen. Mit Ideen von Melanchthon, aber im calvinistischen Sinn, war er auf Ökumene und Frieden bedacht. Er legte eine Kompromiss-Confessio (1557) vor, als Gegenstück zu derjenigen von Hosius. Ł. unterstützte die neue polnische Bibelübersetzung und gab eine Schulordnung für Calvinisten heraus. Seine Ideen konnte er nur mit Unterstützung ∕Albrechts von Brandenburg-Ansbach des Älteren und König Sigismunds II. von Polen verbreiten.

■ Werke: A. KUYPER: Joannes Lasco opera tam edita quam inedita. Amsterdam–Den Haag 1866; Die englischen Kirchenordnungen des 16.Jh., hg. v. E. SEHLING, Bd. 7, II/1. Tübingen 1963.
■ Literatur: Polski Słownik Biograficzny, Bd. 18. Breslau 1973, 237–244; CERAS 2, 297–301; BBKL 4, 1190ff.; TRE 20, 448–451. – U. FALKENROTH: Gestalt und Wesen der Kirche bei Joannes a Lasco. Göttingen 1957; B. HALL: Joannes a Lasci. London 1971; O. BARTEL: J.L. Berlin 1981; H. KOWALSKA: Działalność reformatorska Jana Ł. w Polsce. Neuausgabe Warschau 1999. *Jan Kopiec*
■ Nachtrag: H.P. JÜRGENS (Hg.): Johannes a Lasco. Wuppertal 1999; CH. STROHM (Hg.) Johannes a Lasco. Beiträge zu einem internationalen Symposium 1999 in Emden. Tübingen 2000; W. KRIEGSEISEN (Hg.): J.Ł. Warschau 2001.

Latimer, *Hugh*, englischer Reformator, * um 1485 Thurcaston (Leicestershire), † 16.10.1555 Oxford. Nach dem Studium in Cambridge konvertierte L. 1524 unter dem Einfluss Thomas /Bilneys zum evangelischen Glauben. Als geachteter Prediger wurde er in eine Reihe von Kanzelkontroversen in Cambridge und anderswo verwickelt. Er unterstützte die Scheidung /Heinrichs VIII. und dessen zweite Ehe mit Anne Boleyn; 1535 verfolgte er als Bischof von Worcester unter Mithilfe begabter Priester und Kapläne ein entschieden reformatorisches Konzept. L. unterstützte die reformatorische Kirchenpolitik Thomas /Cromwells und Thomas /Cranmers, resignierte jedoch nach der Veröffentlichung der altgläubigen „Sechs Artikel" /Heinrichs VIII. (1539) (Bestätigung traditioneller Lehrsätze und Praktiken wie Transsubstantiation, Ohrenbeichte, /Zölibat). Rückkehr ins öffentliche Leben unter /Eduard VI., häufige Predigertätigkeit am königlichen Hof und Kritik am Adel wegen dessen Ausplünderung der Kirche. Als /Maria I. von England 1553 die öffentliche Messfeier wieder zuließ, wurde L. verhaftet; 1554 in Oxford zusammen mit Cranmer und dem Bischof von London, Nicholas Ridley (* um 1500), vor Gericht wegen Leugnung der Realpräsenz; nach Verweigerung des Widerrufs verurteilt; nach einer zweiten Anhörung zusammen mit Ridley verbrannt.

■ Literatur: The Works of H.L., hg. v. G.E. CORRIE, 2 Bde. Cambridge 1844–45; D. LOADES: The Oxford Martyrs. London 1970; A.G. CHESTER: H.L. New York 1978. *Richard Rex*
■ Nachtrag: C.H. STUART: L., apostle to the English. Grand Rapids 1986; PH.-E. HUGHES: The Reformer's view of inspiration: The Churchman 111 (1997) 337–357; C.I. HAMMER: The Oxford martyrs in Oxford: JEH 50 (1999) 235–250.

Latomus, *Bartholomaeus*, Humanist und Kontroverstheologe, * nach 1480 Arlon (belgischische Provinz Luxemburg), † 3.1.1570 Koblenz. Nach Jurastudium in Freiburg und Köln lehrte L. 1530 Rhetorik am Collegium Trilingue in Löwen und ab 1531 in Paris, zuerst am Collège de Ste-Barbe, ab 1534 auch am neu gegründeten Collège Royal. In diesen Jahren veröffentlichte er u. a. *Oratio de studiis humanitatis* (Paris 1534). Nach einer Studienreise durch Italien (1539/40) traf er in Straßburg seinen früheren Schüler Johann /Sturm (*Epistulae duae duorum amicorum.* Straßburg 1540) und nahm mit Martin /Bucer am /Hagenauer Religionsgespräch (1540) teil. Als dieser ihn für die Sache der Reformation gewinnen wollte, wandte er sich der Verteidigung der katholischen Position zu (*Responsio B. L. ad epistolam M. Buceri.* Köln 1545) und siedelte nach Koblenz über, wo ihn sein inzwischen zum Erzbischof von Trier gewählter ehemaliger Schüler Ludwig von Hagen 1541 zum kurfürstlichen Rat ernannte. Mehrfach nahm er dann an Religionsgesprächen teil, zuletzt in ↗Worms (1557), wo er die Schrift *Spaltung der Augspurgischen Confession durch die newen und streitigen Theologen* veröffentlichte.

■ Literatur: CERAS 2, 303f.; BBKL 4, 1217ff. – L. KEIL (Hg.): B.L. Zwei Streitschriften gegen Martin Bucer (1543–45). Münster 1924 (mit Werkeverzeichnis); H. DE VOCHT: History of the Foundation and the Rise of the Collegium Trilingue Lovaniense 1517–50, Bd. 2. Löwen 1953, 591–602; B. CASPAR: Das Erzbistum Trier im Zeitalter der Glaubensspaltung. Münster 1966, 204–213; KLAIBER nn. 1767–89; B. VON BUNDSCHUH: Das Wormser Religionsgespräch von 1557. Münster 1988, 38off.

Fernando Domínguez

Latomus, Jacobus (eigentlich Jacques Masson), Kontroverstheologe, * um 1475 Cambron (Hennegau), † 29.5.1544 Löwen; Studium in Paris (Collège Montaigu) und Löwen (1519 Doctor theologiae); lehrte in Löwen Theologie, 1535 Nachfolger von Johannes ↗Driedo. Mehrfach Dekan der Theologischen Fakultät (1520, 1526, 1529) und 1537 auch Rektor der Universität; mehrfach Sachverständiger der Inquisition, so in den Verfahren gegen Jacobus Praepositus (1522) und William ↗Tyndale (1535–1536). L.' Schriften sind polemisch ausgerichtet, zuerst gegen ↗Erasmus von Rotterdam im Streit um die Rolle von Dialektik und Philologie in der theologischen Ausbildung: *De trium linguarum et studii theologici ratione dialogus* (Antwerpen 1519). Ausgelöst durch die Löwener Verurteilung von Lutherschriften begann 1521 die Kontroverse mit Martin Luther. Einer Rechtfertigungsschrift dieser Verurteilung folgten u. a. Schriften zur Begründung des päpstlichen ↗Primats, über Glaube, Werke und Mönchsgelübde, über ↗Ehe und Beichte sowie Streitschriften gegen Johannes ↗Oekolampad und Philipp Melanchthon.

■ Werke: Opera adversus horum temporum haereses. Löwen 1550; Bibliotheca reformatoria neerlandica, hg. v. S. CRAMER – F. PIJPER, Bd. 3. Den Haag 1905, 28–84 (De trium linguarum) 101–195 (De primatu Romani Pontificis adversus Lutherum); KLAIBER nn. 1790–1804.

■ Literatur: CERAS 2, 304ff.; KTHR 2, 6–26; TRE 20, 491–499. – R. GUELLUY: L'évolution des méthodes théologiques à Louvain d'Érasme à Jansénius: RHE 37 (1941) 31–144, besonders 52–66; E. RUMMEL: Erasmus and his Catholic Critics, Bd. 1. Nieuwkoop 1989, 63–93; R. GUELLUY: La permanence, depuis le XVIe siècle, de deux sensibilités théologiques: Revue théologique du Louvain 20 (1989) 308–323; D.V.N. BAGCHI: Luther's Earliest Opponents. Minneapolis 1991; M. LAMBERIGTS (Hg.): L'Augustinisme à l'ancienne Faculté de Théologie de Louvain. Löwen 1994, 7–61; M. GIELIS: Scholastiek en humanisme. Tilburg 1994.

Fernando Domínguez

Leib, Kilian, Augustinerchorherr (1486), Kontroverstheologe und Historiker, * 23.2.1471 Ochsenfurt bei Würzburg, † 16.7.1553 Rebdorf bei Eichstätt; Chorherr in Rebdorf (Windesheimer Kongregation), 1499 Prior in Schamhaupten. Seit 1503 als Prior in Rebdorf, war L. ein verantwortungsvoller Oberer und umsichtiger Wirtschafter. L. stand in Briefkontakt u. a. mit Johannes ↗Eck, Johannes ↗Cochlaeus, Johannes ↗Reuchlin und besonders mit Willibald ↗Pirckheimer. Selbst sehr an innerkirchlichen Reformen interessiert, wandte er sich doch früh gegen Martin Luther, verfasste z. T. stark polemische Streitschriften (lateinisch und deutsch), in denen er die Treue zur Kirche und zu den Vätern betonte, und nahm am Augsburger Reichstag (1530, mit Bischof Gabriel von ↗Eyb) und am ↗Regensburger Religionsgespräch (1546, mit Bischof Moritz von ↗Hutten) teil. Als Humanist Autodidakt, war L. gründlicher Kenner der biblischen Sprachen. Seine Annalen spiegeln die Zeitereignisse kritisch aus der Sicht der gelehrten Gesprächskreise wider.

■ Werke: Annales Maiores (1524–48), hg. v. I. von Döllinger: Beiträge zur politischen, kirchlichen und Culturgeschichte 2 (Regensburg 1863) 445–611; Annales minores, hg. v. K. Vollmann. Ellingen 1999; Klaiber nn. 171f.

■ Literatur: NDB 14, 115; BBKL 4, 1375–79; KThR 5, 88–96. *Placidus Heider*

■ Nachtrag: J.-M. und K.H. Keller: K.L. als Hebraist: Bibliotheksforum Bayern 22 (1994) 193–203.

Leipziger Disputation (LD) (27.6.–16.7.1519 auf der Pleißenburg).

Veranlasst durch einen literarischen Streit zwischen Johannes ∕Eck und Andreas von ∕Karlstadt, in den Martin Luther einbezogen wurde, den Stillstand des Lutherprozesses und die gegen den Willen des Merseburger Bischofs und der Leipziger theologischen Fakultät durchgesetzte Befürwortung durch Herzog ∕Georg von Sachsen disputierten der erst später zugelassene Luther, Eck und Karlstadt über den ∕Ablass, die ∕Buße, das Fegfeuer, den freien Willen und die durch Eck dezidiert ins Spiel gebrachte Papstgewalt. Luther, den Eck als Hauptgegner ansah, stritt das göttliche Recht des Papsttums ab und relativierte die Konzilien, deren Irrtumsfähigkeit er behauptete. Er legte die klassischen Primatsstellen (Mt 16,18; Joh 21,17) trotz der Wertschätzung der Kirchenväter im Sinn des ∕Sola-scriptura-Prinzips aus, was den Wegfall dieser Schrifttexte als Begründung des römischen ∕Primats bedeutete. In den Aussagen über Papst und Konzil wurde der ekklesiologische Dissens deutlich. Die auf die Disputation folgenden ∕Flugschriften trugen zur Intensivierung einer „reformatorischen Öffentlichkeit" bei.

■ Ausgabe: WA 59, 427–605 (nur Eck – Luther); O. Seitz: Der authentische Text der LD. Berlin 1903; H. Emser: De disputatione Lipsicensi (CCath 4). Münster 1921; E. Iserloh – P. Fabisch (Hg.): Dokumente zur Causa Lutheri, Teil 1, 2. ebd. 1991.

■ Literatur: K.-V. Selge: Der Weg zur LD zwischen Luther und Eck im Jahr 1519: Bleibendes im Wandel der Kirchengeschichte, hg. v. B. Moeller – G. Ruhbach. Tübingen 1973, 169–210; K.-V. Selge: Die LD zwischen Luther und Eck: ZKG 86 (1975) 26–40; Derselbe: Kirchenväter auf der LD: Auctoritas Patrum, hg. v. L. Grane u.a. Mainz 1993, 197–212; L. Grane: Martinus noster. ebd. 1994, 45–145; B. Lohse: Luthers Theologie in ihrer historischen Entwicklung und in ihrem historischen Zusammenhang. Göttingen 1995, 134–143. *Heribert Smolinsky*

Leisentrit(t) von Julisberg, Johann,

Dekan des Kollegiatstiftes Bautzen, Erhalter und Förderer des Katholizismus in der Ober- und Niederlausitz, * Mai 1527 Olmütz, † 24.11.1584 Bautzen; Studium in Krakau; 1549 Priester; 1551 Kanoniker in Bautzen, 1559 dort Dekan. 1560 vom Meißener Bischof auf Drängen Kaiser ∕Ferdinands I. zum Generalkommissar der beiden Lausitzen bestellt, setzte er sich umsichtig für den Erhalt des katholischen Bekenntnisses in seinem Jurisdiktionsbezirk ein (der Meißener Bischof Johannes IX. von Haugwitz hatte in die Hände des evangelischen Domkapitels resigniert). Unter L.s beachtlichen pastoralliturgischen Werken verdienen die deutschen Liturgiebücher (Taufe, Trauung), die Reformimpulse bezüglich der Messe (z.T. in deutscher Sprache) und sein bahnbrechendes Gesangbuch besondere Hervorhebung. Zusammen mit Georg ∕Witzel bedeutendster Anwalt einer katholischen Liturgiereform vor und während des Tridentinums.

■ Werke: Christianae et piae precationes in usum adolescentium. Bautzen 1555; Forma

germanico idiomate baptizandi infantes. ebd. 1562; Geistliche Lieder und Psalmen. ebd. 1567; Forma vernacula lingua copulandi. ebd. 1568; Ritus missam catholice auspicandi, celebrandi et peragendi. ebd. 1570; Catholisch Pfarbuch. Köln 1578 u.ö.
■ Literatur: W. GERBLICH: L. und die Administration des Bistums Meißen in den Lausitzen. Leipzig 1959; J. GÜLDEN: J.L.s pastoralliturgische Schriften. ebd. 1963; W. LIPPHARDT: J.L.s Gesangbuch von 1567. ebd. 1963; E. HEITMEYER: Das Gesangbuch von J.L. 1567. St. Ottilien 1988. *Andreas Heinz*
■ Nachtrag: S. SEIFERT (Hg.): J.L. Leipzig 1987.

Lemnius, *Simon* (eigentlich Margadant; „Lemm" nach der Großmutter) humanistischer Dichter, Gegner Martin ∕Luthers, * 1511 Münstertal (Graubünden), † 24.11.1550 Chur. Seit 1534 als Schüler Philipp Melanchthons in Wittenberg, zog er sich durch das Lob des Mainzer Erzbischofs ∕Albrecht von Brandenburg in seinen *Epigrammen* (Wittenberg 1538) Luthers Zorn zu; daraus entstand eine literarisch-publizistische Kampagne gegen Luther, deren wichtigste Zeugnisse sind: das neue, dritte Buch der Epigramme (1538), eine Apologie in Prosa und die unter einem Pseudonym erschienene, populär gewordene *Monachopornomachia* (1539), in der Luthers, Justus ∕Jonas' und Georg ∕Spalatins Eheleben verunglimpft wird. 1539 floh L. nach Chur, wo er bis zu seinem Tode an der Lateinschule lehrte.

■ Werke: Epigrammaton libri duo. Wittenberg 1538; Epigrammaton libri tres. 1538 (Edition beider Auflagen mit Übersetzung: L. MUNDT: L. und Luther, Bd. 2. Bern u.a. 1983, 1–171); Apologia contra decretum, quod imperio et tyrannide M. Lutheri et Iusti Ionae Viteberg. universitas coacta iniquissime et mendacissime evulgavit. Köln 1539 (Edition mit Übersetzung: L. MUNDT: ebd., Bd. 2, 173–253); Lutii Pisaei Iuvenalis Monachopornomachia (Edition mit Übersetzung: L. MUNDT: ebd., Bd. 2, 257–315); Amorum libri IV – Liebeselegien in vier Büchern, hg. und übersetzt von L. MUNDT. Bern–Frankfurt (Main) 1988; Bucolica – Fünf Eklogen, hg., übersetzt und kommentiert von L. MUNDT. Tübingen 1996.
■ Literatur: L. MUNDT: L. und Luther, 2 Bde. Bern u.a. 1983; F. WACHINGER: L. und Melanchthon: ARG 77 (1986) 141–157.

Fidel Rädle

Leo X., Papst (11.3.1513–1.12.1521), vorher *Giovanni de' Medici*, * 11.12. 1475 Florenz als zweiter Sohn Lorenzos des Prächtigen, der ihn für den geistlichen Stand bestimmte, früh mit reichen Pfründen versehen und schon 1489 zum Kardinal ernennen ließ; von führenden Humanisten erzogen. In Florenz teilte er das wechselvolle Schicksal seiner Familie. Bei ihrem Sturz 1494 floh er nach Bologna, reiste dann mit seinem Vetter Giulio (später Papst ∕Clemens VII.) durch Deutschland, Flandern (Freundschaft mit ∕Erasmus von Rotterdam) und Frankreich. Im Mai 1500 nach Rom zurückgekehrt, pflegte er Literatur und schöne Künste und gewann nach dem Tod Alexanders VI. unter Julius II. bald politischen Einfluss: 1511 Legat in Bologna und Befehl über das päpstlich-spanische Heer, das die Franzosen aus Italien vertreiben sollte. In der Schlacht von Ravenna (11.4.1512) besiegt und gefangen nach Mailand gebracht, floh er und kehrte nach Rom zurück. Hier betrieb er erfolgreich die Rückkehr der Medici nach Florenz, das er bis zur Papstwahl (und faktisch auch als Papst) mit seinem Bruder Giulio regierte. Gewählt in kurzem Konklave. Da L. noch Diakon war, empfing er am 15.3.1513 die Priester-, am 17.3. die Bischofsweihe; am 19.3. Krönung. L. wurde von den Reformfreunden mit hohen Erwartungen begrüßt, die sich aber nicht erfüllten. Politisch bemühte er sich, den französischen wie den habsburgischen (deutsch-spanischen) Einfluss von Italien fern zu halten und die päpstliche Macht zu stärken – weit weniger erfolgreich als Julius II. Er ließ sich vornehmlich von Familienrücksichten leiten. Nach dem französischen Sieg bei Marignano (September 1515) traf sich L. mit ∕Franz I. von Frankreich in Bologna und musste Parma und Piacenza abtreten, erreichte aber die Aufhebung der Pragmatischen Sanktion von Bourges und schloss 1516 mit Franz I. ein Konkordat, das dem König weitestgehende Kirchenhoheit einräumte. L.s Einmischung in Siena hatte eine Verschwörung gegen sein Leben zur Folge. Bei der Kaiserwahl unterstützte L. erfolglos die Kandidatur Franz' I. von Frankreich, zeitweise auch die des sächsischen Kurfürsten ∕Friedrichs des Weisen. Ende Mai 1521 schloss er aufgrund neuerlicher Interessengegensätzen zu Franz I. (Ferrara) mit Kaiser ∕Karl V. ein Bündnis gegen Frankreich. Er erlebte noch die Eroberung Mailands durch kaiserliche, schweizerische und päpstliche Truppen. L. rief zum Kreuzzug gegen die Türken auf, doch kam es zu keiner Aktion. – Verstrickt in politische, oft nepotistische Händel, weltlichen Vergnügungen verschwenderisch ergeben, vernachlässigte L. die drängenden geistlichen Aufgaben. Dies zeigte sich schon in der Art, wie sich das Lateranense V bis zum ruhmlosen Ende 1517 hinschleppte: Trotz guter Reformdekrete fehlte in der Kirchenleitung der Einsatz zu ihrer Durchsetzung. Damit war die letzte große Möglichkeit einer Selbstreform vor der Reformation vertan. L.s Pontifikat zeugt wenig von Verantwortungsbewusstsein. Der ∕Ablasshandel – um den Neubau von Sankt Peter zu finanzieren – gab den äußeren Anlass zu Martin Luthers Auftreten mit seinen Thesen im Spätjahr 1517. Das religiöse Anliegen Luthers und die folgenschwere Bedeutung seines Auftretens erkannten Papst und Kurie nicht. Ebenso unterschätzte man die in ganz Europa verbreitete romfeindliche Stimmung. 1518 sandte L. Kardinal Thomas ∕Cajetan de Vio zum Augsburger Reichstag (Disputation mit Luther), 1519 Karl von ∕Miltitz mit der Goldenen Rose nach Sachsen. Erst auf Betreiben Johannes ∕Ecks erging am 15.6.1520 die Bannandrohungsbulle *∕Exsurge Domine* gegen Luther, der am 3.1.1521 die Bannbulle *∕Decet Romanum Pontificem* folgte. Dem englischen König ∕Heinrich VIII., der damals Luther literarisch entgegentrat, verlieh L. 1521 den Titel „Defensor fidei". Viel wirksamer als der Papst trat dagegen Karl V. für die katholische Glaubenseinheit und die erschütterte päpstliche Autorität ein. – Das großzügige Mäzenatentum für Gelehrte, Dichter und Künstler (Raffael, Michelangelo u. a.) kann nicht darüber hinwegtäuschen, dass der Pontifikat L.s einer der verhängnisvollsten der Kirchengeschichte war.

▪ Quellen: P. BEMBO: Libri XVI epistolarum Leonis X P.M. nomine scriptarum. Venedig 1535/36, Basel 1539; P. JOVIUS: Vita Leonis X et Vita Adriani VI. Florenz 1548, 1551; P. DE GRASSIS: Il Diario di Leone X, ed. v. D. DELICATI – M. ARMELLINI. Rom 1884; M. SANUDO: I diarii XVI–LVIII. Venedig 1886–1903; J. HERGENRÖTHER: Leonis X P.M. Regesta, Fasciculum 1–8 (1513–15). Freiburg 1884–91; HCMA 2, 21; 3, 13–18; S. CAMERANI: Bibliografia Medicea. Florenz 1964; P. FABISCH – E. ISERLOH: Dokumente zur Causa Lutheri (1517–21), 2 Bde. Münster 1988–1991; L. NANNI (Hg.): Epistulae ad Principes, Bd. 1: L. X. – Pius IV. (1513–65). Regesten. Rom 1992; N.H. MINNICH: The Fifth Lateran Council (1512–17). London 1993.

▪ Literatur: EC 7, 1150–55; TRE 20, 744–748; BBKL 4, 1448ff. – L. VON PASTOR: Geschichte der Päpste seit dem Ausgang des Mittel-

alters. Freiburg Bd. 4/1 1906; 4/2 1907, 3–6 648–721; C. FALCONI: Leone X. Giovanni de' Medici. Mailand 1987; R. BÄUMER: L. X. und die Kirchenreform: Papsttum und Kirchenreform. FS G. Schwaiger. Sankt Ottilien 1990, 281–299; I. CISERI: L'ingresso trionfale di Leone X in Firenze nel 1515. Florenz 1990; G. BIANCHINI: T. Justiniani – V. Quirini. Lettera al Papa. Libellus ad L. X (1513). Modena 1995. *Georg Schwaiger*
■ Nachtrag: LMA 5, 1881. – F. NITTI: Leone X e la sua politica. Florenz 1892, Nachdruck Bologna 1998; H. FELD: Wurde Martin Luther 1521 in effigie in Rom verbrannt?: Luther-Jahrbuch 63 (1996) 11–18; N. HOUSLEY: A necessary evil? Erasmus, the crusades, and the war against the Turks: The crusades and their sources. FS B. Hamilton. Aldershot 1998, 259–279; M. GATTONI: Leone X e la geo-politica dello Stato Pontificio. Vatikanstadt 2000.

Linck (Link), *Wenzeslaus*, Reformator in Nürnberg und Altenburg, * 8.1. 1483 Colditz, † 6.3.1547 Nürnberg; 1503 als Augustinereremit in Wittenberg immatrikuliert, 1511 dort Doctor theologiae und Prior, 1517–20 in Nürnberg, 1520 Generalvikar, 1522 Austritt aus dem Orden, Prediger in Altenburg; 1523 Heirat; 1525 wieder in Nürnberg als Prediger am Neuen Spital. L.s Stärke lag in seiner Fähigkeit, evangelische Lehre in Wort und Schrift klar und verständlich vorzutragen.
■ Werke: W. REINDELL: L., Werke. Marburg 1894; H. VAN DER KOLK: L., Erbauungsschriften. Amsterdam 1979. – J. LORZ: Bibliographia Linckiana. Nieuwkoop 1977.
■ Literatur: J. LORZ: Das reformatorische Wirken Dr. W.L.s. Nürnberg 1978; M.A. VAN DEN BROEK: Sprichwörtliche Redensart ... in den Erbauungsschriften des ... W.L.: Leuvense Bijdragen 76 (1987) 475–499; J. LORZ: W.L.: Fränkische Lebensbilder, Bd. 14. Würzburg 1991, 30–46; T. BELL: Jesu Einzug in Jerusalem ... als Bildrede bei Bernhard von Clairvaux, W.L. und M. Luther: Luther 65 (1994) 9–21. *Gerhard Müller*
■ Nachtrag: B. MÖLLER: W.L.s Hochzeit: Zeitschrift für Theologie und Kirche 97 (2000) 317–342.

Lindanus (van der Lindt), *Wilhelmus Damasus*, Bischof und Kontroverstheologe, * 1525 Dordrecht, † 2.11. 1588 Gent; Studien in Löwen und Paris; 1554–57 Professor der Exegese an der Universität Dillingen; 1557 Generalvikar in Friesland, 1560 Dekan in Den Haag und 1563 Inquisitor in Holland, Zeeland und Friesland. 1561 zum Bischof des neu gegründeten Bistums Roermond ernannt, konnte er aber erst 1569 installiert werden. Unter schwierigen Umständen versuchte er, das tridentinische Reformprogramm (Diözesansynoden, Visitation, Priesterseminar, Katechese usw.) durchzusetzen. 1588 wurde er zum zweiten Bischof von Gent ernannt, starb aber innerhalb dreier Monate; verfasste zahlreiche kontroverstheologische und katechetische Schriften.
■ Werke: De optimo genere interpretandi scripturas. Köln 1558; Panoplia evangelica. ebd. 1560; Dubitantius. ebd. 1565; Apologeticum ad Germanos pro religionis catholicae pace. Antwerpen 1568; Diatriba analytica de vera Jesu Christi apud Romanos ecclesia. Köln 1572; Concordia discors. ebd. 1583.
■ Literatur: DTHC 9, 772–776. – M.A.H. WILLEMSEN: De werken van W.L. Roermond 1899; W. SCHMETZ: W. van der Lindt. Münster 1926; P.TH. VAN BEUNINGEN: W.L. als inquisiteur en bisschop. Bijdrage tot zijn biografie (1525–76). Assen 1966; KLAIBER 175ff.; M.G. SPIERTZ: W.L., eerste bisschop van Roermond, en zijn partijkeuze in de Nederlandse Opstand (november 1576 – juli 1578): Archief voor de geschiedenis van de katholieke kerk in Nederland 31 (1989) 192–213. *Peter J.A. Nissen*

Lippomani (Lip[p]omano, Lipomanus), *Luigi*, * 1496 Venedig, † 15.8. 1559 Rom; Studium der Theologie an der Universität Padua, 1539 Koadjutor des Bischofs von Bergamo,

1542 Nuntius in Portugal, 1548 Bischof von Verona, 1548–50 außerordentlicher Nuntius in Deutschland zusammen mit Kardinal Sebastianos Pighino, 1551–52 dritter Präsident des Konzils von Trient, 1555 Entsendung zum Reichstag von Augsburg, 1555–57 politisch erfolglose polnische Nuntiatur, 1558 Bischof von Bergamo. In gleicher Weise überzeugter katholischer Reformer wie kompromissloser Kämpfer gegen den Protestantismus; Verfasser zahlreicher exegetischer und apologetischer Werke. Unter Mitarbeit u. a. von Gentien ∕Hervet und Guglielmo ∕Sirleto entsteht sein Hauptwerk *Sanctorum priscorum patrum vitae* (Bd. 1–5, Venedig 1551–56; Bd. 6–8, Rom 1558–60; Bd. 8 posthum herausgegeben von seinem Neffen Girolamo L.) mit der ersten Übersetzung des Symeon Metaphrastes (kritisch H. Delehaye: Analecta Bollandiana 16 [1897] 312f.), der ersten Ausgabe des Martyrologium des Ado von Vienne und der Übersetzung des Δειμών des Johannes Moschus (s. E. Mioni: Aevum 24 [1950] 319–331). Der wissenschaftliche Wert der Werke L.s wird allgemein gering veranschlagt.

■ Literatur: HCMA 3, 132 251 331; Catalogue général des livres imprimés de la Bibliothèque Nationale 98 (Paris 1930) 832–835; JEDIN passim; NBD I/17 (Tübingen 1970), XXIII–XLI; Acta nuntiaturae Polonae 3/1. Rom 1993, V–XXIX.   *Alexander Koller*
■ Nachtrag: A.N. LANE: Did Calvin use Lippoman's ‚Catena in Genesim'?: Calvin Theological Journal 31 (1996) 404–419.

Lipsius, *Justus* (Joost Lips), Humanist, * 18.10.1547 Overijse bei Brüssel, † 23./25.3.1606 Löwen; 1568/70 Sekretär Kardinal Antoine Perrenot de ∕Granvellas in Rom. L. nähert sich als Professor für Rhetorik und Geschichte in Jena 1572 den Lutheranern, in Leiden 1578 den Calvinisten, versöhnt sich 1591 in Mainz mit der katholischen Kirche und wird 1592 Professor für Alte Geschichte und Latein in Löwen. Mit *De constantia* (Antwerpen 1584) reanimiert der bedeutende Tacitus- und Seneca-Herausgeber Aspekte der römischen Stoa in der Frühneuzeit. Seine *Politicorum … libri sex* (Leiden 1589) konzipieren einen monarchischen, religiöse Einheit fördernden Machtstaat. Die Idee der Autonomie der Moral kündigt sich bei L. an.

■ Werke: Opera omnia, 4 Bde. Antwerpen 1637 (u.ö.); Lettres inédites, hg. v. G.H.M. DELPRAT. Amsterdam 1858; Epistolae, hg. v. A. GERLO U.A. Brüssel 1978ff.
■ Literatur: F. VAN DER HAEGHEN: Bibliographie Lipsienne, 3 Bde. Gent 1886–88; J.L. SAUNDERS: J.L. New York 1955; G. OESTREICH: Antiker Geist und moderner Staat bei J.L. Göttingen 1989; J. LAGRÉE: J.L. et la restauration du stoïcisme. Paris 1994.
Roland Kany
■ Nachtrag: M. LAUREYS (Hg.): The world of J.L. Turnhout 1998; G. TOURNOY (Hg.): J.L., europae lumen et columen. Löwen 1999.

Liturgie. 1. *Die reformatorischen Liturgien* sind als Teil des „Westlichen Liturgie-Großverbandes" (Reifenberg) in „liturgischer Erbfolge" mit den abendländischen Gestalten des christlichen ∕Gottesdienstes verbunden. Differenzierungen ergeben sich aus der Art, wie sie jeweils auf den überlieferten Bestand zurückgreifen; so lassen sich innerhalb des „reformatorischen Liturgieverbandes" im 16. Jh. eine lutherische, reformierte und anglikanische „L.-Großfamilie" unterscheiden. Dieser liturgiegeschichtliche Befund darf freilich nicht darüber hinwegtäuschen, dass solche Ausdifferenzierung mit einer sehr grundlegenden Neustrukturierung der Kommunikationsmodalitäten des christlichen

Glaubens einhergeht, die Stellenwert und Funktion des liturgischen Handelns insgesamt berührt: Die theologisch fundierte „neue Rolle des Wortes" hat zur Folge, dass bisherige Präsentationsweisen des Heils durch eine im strengen Sinn sprachlich vermittelte, strikt personale Wort-Glaube-Beziehung abgelöst werden, die ihrerseits auch die kultisch-sakramentalen Vollzüge umgreift und diese als „Wortgeschehen" interpretiert.

2. Das zeigt sich exemplarisch im Umgang mit der eucharistischen L. in ihrer spätmittelalterlichen Gestalt: Im *lutherischen Bereich* hält man zwar an der Messe als Ordnung für die sonntäglichen Hauptgottesdienste fest, „entkernt" aber gleichsam – durch ersatzlose Streichung von Offertorium und Kanon – den überlieferten Ritus, von dem faktisch nur das „Gehäuse" erhalten bleibt. Die „Verba testamenti", solchermaßen aus ihrem Kontext gelöst, fungieren nunmehr als „summa et compendium Euangelii" (WA 6, 525), als eine einzigartig verdichtete Gestalt von „gottis wort" (WA 12, 35). Die so entstandene liturgische Lücke wird durch Anleihen beim Ritus der Gemeindekommunion gefüllt, die ja im späten Mittelalter keineswegs mehr zum regulären Bestand der Messliturgie gehörte. Typisch hierfür ist Martin Luthers „Deutsche Messe" von 1526 (WA 19, 72–113), die zwar im Wortteil der überlieferten Struktur folgt, den Mahlteil jedoch auf den Kommunionritus reduziert (Vaterunserparaphrase mit Abendmahlsvermahnung; Einsetzungsworte zugleich als Spendeformeln, dergestalt, dass sich an Brot- bzw. Kelchwort unmittelbar die Distribution der jeweiligen Gestalten anschließt).

Während die von Johannes /Bugenhagen beeinflussten reformatorischen /Kirchenordnungen im Wesentlichen – wenn auch mit Erweiterungen – der Deutschen Messe folgen (Merkmal: Vaterunser vor dem Einsetzungsbericht; so noch in Form A der Lutherischen Agende von 1954), lehnt sich ein anderer Typ reformatorischer L. (so die Brandenburg-Nürnberger Kirchenordnung von 1533) stärker an Luthers „Formula missae" von 1523 (WA 12, 205–220) und damit an die überlieferte Struktur (Einsetzungsbericht – Vaterunser – Friedensgruß) an.

3. Nicht die Messe, sondern der spätmittelalterliche, volkssprachliche Prädikantengottesdienst wird zum Ausgangs- und Bezugspunkt liturgischer Reformen *im oberdeutschen und schweizerisch-reformierten Bereich*. Sind dafür zunächst wohl weniger konfessionelle Gründe maßgebend (sondern die hier schon vor der Reformation gestifteten Prädikaturen, besetzt mit theologisch gebildeten Prädikanten), so kommt der liturgisch schlichte, von seinem Ursprung her katechetisch bestimmte Predigtgottesdienst (entstanden aus der Kanzelliturgie, dem Pronaus), der bei Bedarf problemlos mit dem ebenso schlichten Ritus der Gemeindekommunion verbunden werden kann, der Spiritualität der schweizerischen Reformatoren doch sehr entgegen. Von exemplarischer Bedeutung sind Huldrych Zwinglis „Action oder bruch des nachtmals" von 1525 (zusammen mit den Zürcher Kirchenordnungen von 1525 bzw. 1535), Jean Calvins „La Forme des Prières et Chantz ecclésiastiques" von 1542 und Jan /Łaskis „Forma ac ratio tota ecclesiastici Ministerii" von 1550, verfasst für die Londoner Flüchtlingsgemeinde. /Abendmahl hält man nach Zürcher Brauch (gegen die ursprünglichen Absichten

Calvins, der für eine häufigere Feier eintrat) in deutlicher Anlehnung an die „quattuor tempora" viermal im Jahr (zu Ostern, Pfingsten, im Herbst und an Weihnachten, jeweils für bestimmte Stände in der Gemeinde) – eine Gepflogenheit, die auch auf den lutherischen Bereich abfärbt, wo die zunächst intendierte Erneuerung der allsonntäglichen Gemeindekommunion schon in den Anfängen scheitert.
4. Im ↗Book of Common Prayer besitzt die ↗Church of England ein unvergleichliches liturgisches Dokument. Es ist zugleich Kirchenagende wie religiöses Hausbuch und enthält u. a. die Ordnungen und Texte für das Morgen- und Abendgebet, für die Messe und die kirchlichen Handlungen. Liturgiegeschichtlich lassen sich angelsächsische (Ritus von Sarum), reformkatholische, lutherische und calvinistische Einflüsse (v. a. seit 1552) nachweisen.

▪ LThK³ 6, 984–987 (ungekürzte Fassung).
▪ Quellen: EKO; CR; Leiturgia. Handbuch des evangelischen Gottesdienstes, hg. v. K.F. MÜLLER–W. BLANKENBURG, 5 Bde. Kassel 1952–70; Coena Domini, hg. v. I. PAHL, Bd. 1: Die Abendmahlsliturgie der Reformationskirchen im 16./17.Jh. Fribourg 1983.
▪ Literatur: TRE 1, 755–784; 2, 1–91; 14, 54–85. – J. SMEND: Die evangelischen deutschen Messen bis zu Luthers Deutscher Messe. Göttingen 1896, Nachdruck Nieuwkoop 1967; F. RENDTORFF: Geschichte des Gottesdienstes unter dem Gesichtspunkt der liturgischen Erbfolge. Gießen 1914; L. FENDT: Der lutherische Gottesdienst des 16.Jh. München 1923; G. RIETSCHEL: Lehrbuch der Liturgik, 2., neu bearbeitete Auflage von P. GRAFF. ebd. Bd. 1 1951, Bd. 2 1952; L. FENDT: Einführung in die Liturgiewissenschaft. Berlin 1958; W. NAGEL: Geschichte des christlichen Gottesdienstes. Berlin 1962; H.B. MEYER: Luther und die Messe. Paderborn 1965; G.J. CUMING: A History of Anglican Liturgy. London ²1981; Handbuch der Liturgik, hg. v. H.-CH. SCHMIDT-LAUBER–K.-H. BIERITZ. Leipzig–Göttingen ²1995.
Karl-Heinrich Bieritz

▪ Nachtrag: R.M. KINGDON: The Genevan revolution in public worship: Princeton Seminary Bulletin 20 (1999) 264–180; R. KUNZ: Gottesdienst evangelisch reformiert. Liturgik und L. in der Kirche Zwinglis. Zürich 2001.

Loher, *Dietrich,* Kartäuser (1518), * vor 1500 Stratum bei Eindhoven, † 26.8. 1554 Würzburg; 1539 Prior in Hildesheim, 1543 in Buxheim. Einer der deutschen Kartäuser, die mit aller Kraft versuchten, den alten Glauben und seine Institutionen in den Bedrängnissen der Reformation zu stärken. Da L. die neue Lehre bereits durch mittelalterliche Autoren für überwunden hielt, sorgte er für die Drucklegung ihrer Schriften. L.s editorische Bemühungen galten v. a. dem riesigen Werk seines Ordensbruders Dionysius von Rijkel († 1471), dessen Vita er schrieb (Köln 1530). Daneben gab L. u. a. eine gekürzte Fassung von Johannes Gersons „Monotesaron" (ebd. 1531), die „Evangelische Peerle" (Utrecht 1535), den „Legatus divinae pietatis" Gertruds von Helfta (Köln 1536), einige Werke Heinrich Herps (ebd. 1538), eine größere Sammlung der „Vitae patrum" (ebd. 1547) und die Vita sowie den „Dialogo" Katharinas von Siena (ebd. 1553) heraus. Festigung, Erhalt und Rückgewinnung vieler Konvente (Buxheim, Erfurt, Hildesheim) sind das Verdienst des organisatorisch und politisch begabten Mönchs.

▪ Literatur: DSP 9, 691ff. – J. GREVEN: Die Kölner Kartause und die Anfänge der katholischen Reform in Deutschland. Münster 1935, 51–85; F. STÖHLKER: Die Kartause Buxheim 1402–1803, 4 Bde. (durchgehend paginiert). Buxheim 1974–78, 121–149 220–226; G. CHAIX: Réforme et Contre-Réforme catholiques. Salzburg 1981 (Register).
Heinrich Rüthing
▪ Nachtrag: BBKL 5, 180f.

Lorichius, *Gerhard,* Humanist, * um 1490 Hadamar, † um 1550. Trotz anfänglicher Sympathie für die Reformation blieb L. in der katholischen Kirche, die er nach dem Vorbild der alten Kirche erneuern wollte. Seine liturgischen Reformbestrebungen fußten auf dem Prinzip der tätigen Teilnahme aller am Gottesdienst. L. verteidigte vehement katholische Glaubenssätze gegen reformatorische Angriffe. Wegen seiner Kritik an der Doppelehe des Landgrafen /Philipp von Hessen kurzzeitig im Exil; nach 1547 Pfarrer in Wetzlar und Worms. 1549 nahm L. an der Mainzer Provinzialsynode teil.

■ Literatur: N. PAULUS: G.L.: Der Katholik 74 (1894) 503–529; W. MICHEL: G.L. und seine Theologie: Nassauische Annalen 81 (1970) 160–172; M. KUNZLER: Humanistische Kirchenreform und ihre theologischen Grundlagen bei G.L., Pfarrer und Humanist aus Hadamar: Archiv für mittelrheinische Kirchengeschichte 31 (1979) 75–110; DERSELBE: Die Eucharistie-Theologie des Hadamarer Pfarrers und Humanisten G.L. Münster 1981. *Michael Kunzler*

■ Nachtrag: B. RÜCKER: Die Bearbeitung von Ovids ‚Metamorphosen' durch Albrecht von Halberstadt und Jörg Wickram und ihre Kommentierung durch G.L. Göppingen 1997.

Lotzer, Sebastian, Laientheologe, * um 1490 Horb (Neckar), Kürschner in Memmingen, Freund Christoph Schappelers; zeigte sich in seinen (fünf) Flugschriften (1523–25) stark von Martin Luther beeinflusst. Im /Bauernkrieg Feldschreiber des Baltringer Haufens; verfasste die „Zwölf Artikel der Bauernschaft" (Februar 1525). Diese waren ein maßvolles Programm (Bindung an das biblische, göttliche Recht, Anerkennung der Obrigkeit, Verzicht auf Gewaltanwendung); floh später nach St. Gallen, wo sich seine Spur verliert.

■ Werke: A. GOETZE: L.s Schriften. Leipzig 1902.

■ Literatur: M. BRECHT: Der theologische Hintergrund der 12 Artikel: ZKG 85 (1974) 30–64; M. ARNOLD: Handwerker als theologische Schriftsteller. Göttingen 1990. *Christian Peters*

Luise von Savoyen, Regentin Frankreichs, * 11.9.1476 Pont d'Ain (Département Ain), † 22.9.1531 Grez-sur-Loing (Département Seine-et-Marne); Mutter König /Franz' I.; unterstützte während der Regentschaft (1524–26) die theologische Fakultät von Paris und das Parlament im Vorgehen gegen die Reformkreise um Bischof Guillaume /Briçonnet und Jakob /Faber Stapulensis in Meaux. Einblicke in ihre religiösen Vorstellungen gewährt das *Journal,* das sich auf Ereignisse zwischen 1508 und 1522 bezieht.

■ Literatur: CEras 3, 201f. – G. GRIFFITHS: L. of Savoy and Reform of the Church: SCJ 10 (1979) 29–36; M. DICKMAN ORTH: Francis du Moulin and the Journal of L. of Savoy: ebd. 13 (1982) 55–66; J.K. FARGE: Orthodoxy and Reform in Early Reformation France. The Faculty of Theology of Paris. Leiden 1985. *Barbara Henze*

Lukas von Prag (Lukáš Pražský), Organisator der /Böhmischen Brüder, * um 1460 Prag, † 11.12.1528 Jungbunzlau (Mladá Boleslav, Böhmen); 1481 Baccalareus, seit 1494 führender Theologe der Böhmischen Brüder. L. knüpfte 1498 Kontakte mit /Waldensern in Italien und Frankreich an. Als Rat (Ältester oder Bischof) der Brüderunität war L. nach 1500 um ihre praktisch-kirchliche Ordnung bemüht, 1518 wurde er deren Richter. L. polemisierte gegen Martin Luther und Huldrych Zwingli; schuf viele theologische Werke.

■ Literatur: A. MOLNÁR: Bratr Lukáš, bohoslovec Jednoty. Prag 1948; DERSELBE: Luther und die Böhmischen Brüder: Communio viatorum 24 (1963) 47–67; E. PESCHKE: Kirche und Welt in der Theologie der Böhmischen Brüder. Berlin 1981, 146ff. *Miloslav Polívka*

■ Nachtrag: L. BROZ: Justification and sanctification in the Czech Reformation: Justification and sanctification in the traditions of the Reformation. Genf 1999, 38–43

Lussy, *Melchior,* Innerschweizer Staatsmann und Förderer der Katholischen Reform, * 1529 Stans, † 16.11. 1606 ebenda; 1551 Landschreiber und 1561–95 wiederholt Landammann von Nidwalden, Anführer schweizerischer Truppen in päpstlichen und französischen Diensten, beauftragt mit diplomatischen Gesandtschaften nach Rom, Venedig, Mailand und Paris. L. vertrat 1562 zusammen mit dem Einsiedler Fürstabt Joachim Eichhorn die Sieben Katholischen Orte der Eidgenossenschaft auf der dritten Sitzungsperiode des Tridentinums und ermöglichte zusammen mit Karl ∕ Borromäus die Gründung des Schweizer Priesterseminars (Collegium Helveticum) in Mailand (1579), der ständigen Nuntiatur in Luzern (1579) und der ersten Kapuzinerklöster in der Eidgenossenschaft (ab 1581).
■ Literatur: NDB 15, 535f. – R. FELLER: Ritter M.L. von Unterwalden, 2 Bde. Stans 1906–1909; O. VASELLA: Ritter M.L. Olten 1956; E. HUWYLER: Ritter M.L. (1529–1606) und das Hechhuis in Wolfenschiessen: Schweizer Volkskunde 82 (1992) 26–33. *Markus Ries*

Luther, *Martin,* Theologe, Reformator
1. Leben • 2. Werke • 3. Theologie: a) Entstehung und Entwicklung; b) Methodische Gesichtspunkte zur Interpretation von Luther-Texten; c) Wichtige Themen (in Auswahl).

1. Leben. * 10.11.1483 Eisleben (Grafschaft Mansfeld, Thüringen) als Sohn eines Hüttenmeisters im Mansfeldischen Kupferbergbau, † 18.2.1546 ebd. Nach Schulzeit in Magdeburg (1497–98) und Eisenach (1498–1501) ab 1501 Studium in Erfurt, 1505 Magister artium. Auf Wunsch des Vaters Beginn eines Jurastudiums, doch Abbruch nach der Hälfte des ersten Semesters und Eintritt in das Erfurter Kloster der Augustinereremiten (17.7.1505); letzter Anstoß dafür war ein Blitzeinschlag neben ihm bei Stotternheim nahe Erfurt. Im Herbst 1506 oder Frühjahr 1507 Priesterweihe, danach Theologiestudium – in der Via moderna. Schon 1508 Versetzung nach Wittenberg, Fortsetzung des Theologiestudiums, philosophische Vorlesungen, im März 1509 Baccalaureus biblicus, später Baccalaureus sententiarius. Herbst 1509 Rückkehr nach Erfurt. 1510 im Auftrag des Klosters Romreise, dabei noch kein religiöser Anstoß an der römischen Situation. 1512 erneute Versetzung nach Wittenberg, Doctor theologiae und biblische Professur, die L. bis zum Tod beibehielt.

Nach ersten scholastikkritischen Vorlesungen und Disputationen seit 1516 Kritik am ∕ Ablasswesen; Höhepunkt: die 95 Thesen über die Kraft der Ablässe, am 31.10.1517 an ∕ Albrecht von Brandenburg und den Ortsordinarius geschickt (der Anschlag der Thesen an der Wittenberger Schlosskirche ist umstritten und eher unwahrscheinlich), gegen L.s Intention bald in ganz Deutschland verbreitet. Die Kritik an Verständnis und Praxis der ∕ Buße und indirekt schon an schriftwidrigen Vollmachtsansprüchen des Papstes führt im Sommer 1518 zur Eröffnung des römischen Verfahrens wegen Häresieverdachts, behindert und verzögert durch politische Rücksichten; nach Initiativen und Schachzügen von beiden Seiten im Oktober 1518 Verhör durch Kardinal Thomas ∕ Cajetan de Vio in Augsburg nach dem Reichstag. 1519 ∕ Leipziger Disputation mit Johannes ∕ Eck. Im Januar 1520 Wiederaufnahme des Prozesses. Am 15.6.1520 auf Betreiben Ecks Bannandrohungsbulle ∕ *Exsur-*

ge *Domine* (rechtlich nicht korrekt ausgefertigt) mit der Auflistung von „41 Errores Martini Lutheri" (DH 1451–92). L., nach einem letzten Klärungsversuch in *Von der Freiheit eines Christenmenschen*, widerruft nicht, sondern wirft bei der Verbrennung der Bücher des kanonischen Rechts am 10.12.1520 auch die Bannandrohungsbulle ins Feuer. Daraufhin Exkommunikation durch Leo X. am 3.1.1521 (Bulle ⁄*Decet Romanum Pontificem*) und Reichsacht durch Edikt des Kaisers im Mai 1521 beim Reichstag („Wormser Edikt"). Scheinentführung L.s zu seinem Schutz auf die Wartburg auf Veranlassung seines Kurfürsten, ⁄Friedrichs des Weisen; dort Übersetzung des Neuen Testaments.

Beginn der Scheidungen verschiedener Strömungen in der reformatorischen Bewegung ohne die Möglichkeit einer Beeinflussung durch L. 1522 gegen den Willen des Kurfürsten Rückkehr nach Wittenberg zwecks Eingreifens in die „Wittenberger Unruhen" (radikale Gottesdienstreformen durch Andreas von ⁄Karlstadt). In den folgenden Jahren einerseits Ausbreitung der Reformation in deutschen Fürstentümern und Städten, Machtspiele zwischen Kaiser, Kurie und Fürsten über die Durchführung des Wormser Edikts, Verzögerung aller Konzilspläne durch ⁄Clemens VII., anderseits innerreformatorische Auseinandersetzungen mit Thomas ⁄Müntzer (1523), den Bauern (und Fürsten) im ⁄Bauernkrieg (1524/25), ⁄Erasmus von Rotterdam (1525), Huldrych Zwingli und den Oberdeutschen über das Abendmahl (1525–29; ⁄Marburger Religionsgespräch), mit Johannes ⁄Agricola über das Gesetz (⁄Antinomistischer Streit) (1527), mit schwärmerischen, spiritualistischen Bewegungen (⁄Täufer; ⁄Zwickauer Propheten). Beratung bei den 1526 in Kursachsen und anderen Territorien und Städten beginnenden Visitationen und der Reform der ⁄Kirchenordnungen. 1530 theologische und „strategische" Begleitung des Augsburger Reichstags von der sicheren Veste Coburg aus. Schon am 13.6.1525 Heirat mit der ehemaligen Nonne ⁄Katharina von Bora (vgl. WA. Br 3, 482, 81 ff.).

Nach dem Scheitern der letzten Einigungsbemühungen auf und nach dem Augsburger Reichstag verstärkte Rückkehr zur Vorlesungs-, Disputations- und Predigttätigkeit in Wittenberg und theologische wie gutachterliche Begleitung der Reform des Kirchenwesens. Von überregionaler Bedeutung sind: die ekklesiologischen Klärungen im Zusammenhang mit den Ankündigungen und Verschiebungen des Konzils seit 1536; die erneute Auseinandersetzung mit Agricola und den von L. so bezeichneten „Antinomern" 1538; die seelsorglich motivierte Billigung der Doppelehe des Landgrafen ⁄Philipp von Hessen; die Kritik an den „Religionsgesprächen" in ⁄Hagenau bei Straßburg, ⁄Worms und ⁄Regensburg 1539–41.

2. Die *Werke* lassen sich am besten gruppieren nach den vier Phasen von L.s Wirken: a) die Zeit bis zum Rom-Konflikt (1509–17); b) die Auseinandersetzung mit der römischen Kurie bis zur Exkommunikation (1518–21); c) innerreformatorische Klärungen (1522–30); d) innerreformatorische Festigung (1531–46). Phasenübergreifend: die ⁄Bibelübersetzung.

Wichtig sind zu a): Vorlesungen über Psalmen (*Dictata super Psalterium*, 1513–15), Römerbrief (1515/1516), Galaterbrief (1516/17), Hebräerbrief (1517/18); *Die sieben Bußpsalmen; Disputatio contra scholasticam theologiam; 95 Ablassthesen (alle 1517). – Zu b): Heidelberger Disputation; Resolutiones zu den Ablassthesen (1518); Leipziger Disputation; Kleiner Galaterbrief-Kommentar; Sermone über die Betrachtung des Leidens Christi, über Bußsakrament, Taufe, Eucharistie, *Bereitung zum Sterben* (1519); Zweite Psalmenvorlesung (*Operationes in Psalmos*, 1519–21); *An den christlichen Adel deutscher Nation; De captivitate Babylonica ecclesiae praeludium; Von dem Papsttum zu Rom; Von den guten Werken; Von der Freiheit eines Christenmenschen* (1520); *Rationis Latomianae ... confutatio* (Antilatomus); *Das Magnificat verdeutscht und ausgelegt; De votis monasticis iudicium* (1521); Übersetzung des Neuen Testaments. – Zu c): Invocavit-Predigten; *Advents-, Weihnachts-* und *Kirchenpostille; Vom ehelichen Leben* (1522); *Daß Jesus Christus ein geborener Jude sei; Formula missae; Von weltlicher Oberkeit* (1523); *Von Kaufhandlung und Wucher* (1524); Vorlesungen über die Kleinen Propheten (1524–27); Schriften zum ∕ Bauernkrieg; *Fastenpostille; De servo arbitrio* (1525); *Deutsche Messe; Ob Kriegsleute auch in seligem Stande sein können* (1526); *Daß diese Worte Christi ... noch feststehen; Ob man vor dem Sterben fliehen möge* (1527); *Vom Abendmahl Christi. Bekenntnis; Unterricht der Visitatoren; Von der Wiedertaufe* (1528); *Kleiner* und *Großer Katechismus* (1529); *Das schöne Confitemini;* Beginn der *Tischreden* (1530). – Zu d): Großer Galaterbrief-Kommentar; Vorlesungen über die Pss 2, 45, 51, 90, 101, 110, 127, 129, 130, 147 (1531–1535), über die Genesis (1535–45); Reihenpredigten über 1 Kor 15 (1532/1533); *Von der Winkelmesse und Pfaffenweihe* (1533); *Eine einfältige Weise zu beten* (1535); Disputationen, v. a. *de homine, de iustificatione, contra missam privatam, de sententia: Verbum caro factum est, de divinitate et humanitate Christi;* drei Disputationen gegen die Antinomer; Thesen gegen die Antinomer; *Wider die Antinomer* (1536–40); *Schmalkaldische Artikel* (1536); *Von den Konziliis und Kirchen* (1539); *Wider Hans Worst* (1541); *Von den Juden und ihren Lügen; Vom Schem Hamphoras und vom Geschlecht Christi* (1543); *Wider das Papsttum zu Rom, vom Teufel gestiftet;* Vorrede zum ersten Band der Gesamtausgabe seiner lateinischen Schriften (mit dem „Großen Selbstzeugnis") (1545). – Zwischen 1516 und 1546: etwa 2500 Predigten.

3. *Theologie.* a) *Entstehung und Entwicklung:* L.s Theologie beginnt mit dem persönlichen Problem, wie er als Sünder vor Gottes Gericht bestehen und „gerecht" sein könne. Dies ist nicht nur das Problem eines subjektiv übersensiblen, skrupulösen Gewissens, sondern das objektive Problem der Zeit, das L. im Zusammenhang von vier theologischen Vorgegebenheiten bedrängt: dem (in der spätscholastischen Interpretation) als unerfüllbar erfahrenen Gebot der Gottesliebe über alles; der nach ockhamistischer Lehre (Gabriel ∕ Biel) nur sub conditione geltenden Absolution im Bußsakrament, nämlich unter der Bedingung vollkommener Reue („contritio"); Wort und Sachgehalt von „iudicium", die L. täglich im Chorgebet begegnen; der allgemeinen Gerichtsangst in Verbindung mit der Erwartung des nahen Weltendes, bei L. verstärkt durch den Akzent auf den richtenden Christus und das Bild von Gott als Richter in Biels „Expositio Canonis missae". Für den jungen Professor wird das persönliche und theologische Problem zum exe-

getischen Problem, wie der biblische Begriff „Gerechtigkeit Gottes" und damit die Gerechtigkeit des Menschen zu verstehen sei. Zwischenlösung (erste Psalmen-Vorlesung): die Gerechtigkeit Gottes ist sein gerechtes Urteil über die Sünde; die Gerechtigkeit des Menschen besteht darin, diesem Urteil „konform" zu werden, es anzuerkennen, sich selbst anzuklagen und damit wahr, richtig, „gerecht" zu werden („Humilitas-Theologie"). ↗Rechtfertigung durch eigene Werke und Leistungen ist damit schon ausgeschlossen. Ab 1514 entdeckt L. bislang im Lehrbetrieb übersehene theologische Traditionen, die ihn darin bestätigen, gleichzeitig aber das Evangelium als Verheißung der Gnade und Vergebung vom anklagenden Wort des Gerichts abgrenzen: Schriften der deutschen Mystik (Johannes Tauler, ↗Theologia Deutsch), Augustinus' antipelagianische Schriften, „moderne" Exegeten, die nach dem Urtext interpretieren. Dies führt zu einer konsequent augustinischen Anthropologie von Sünde und Rechtfertigung, in der der latente Semipelagianismus der spätmittelalterlichen Rechtfertigungslehre (ein Akt der Gottesliebe über alles „ex puris naturalibus" als Vorbedingung der Rechtfertigungsgnade aufgrund der Anordnung der „potentia dei ordinata"; so Wilhelm von Ockham) definitiv überwunden ist: Die „Gerechtigkeit Gottes" in Röm 1,17 ist diejenige, durch die Gott uns gerecht macht („reformatorischer Durchbruch", Frühdatierung). Das theologische und exegetische Problem wird zum kirchlichen Problem durch L.s Stellungnahme gegen die Ablasspredigt. Weil L. die kircheninnenpolitischen Probleme des Konflikts nur teilweise und die finanziellen Interessen seines Kontrahenten ↗Albrecht von Brandenburg gar nicht durchschaut, kann er nicht verstehen, warum in einem Streit, in den er aufgrund einer völlig im Rahmen legitimer Spielräume verbleibenden Theologie gerät, plötzlich die ganze Kirche in ihren offiziellen Repräsentanten gegen ihn steht. Die dadurch aufgeworfene Frage nach der persönlichen ↗Heilsgewissheit beantwortet L. mit dem bedingungslosen Festhalten an der im Glauben ergriffenen Sündenvergebung (konkret: an Mt 16,19b) und schließt damit sein (Neu-)Verständnis von Röm 1,17 ab („reformatorischer Durchbruch", Spätdatierung). Die damit erreichte Grunderkenntnis für das Durchstehen des Konfliktes arbeitet in der Folgezeit sauerteigartig den gesamten theologischen „Stoff" durch, wobei die historisch zufällige Abfolge der Auseinandersetzung um immer neue Einzelthemen im Rückblick eine eigenartige „systematische" Logik aufweist.

b) *Methodische Gesichtspunkte zur Interpretation von Luther-Texten:*
1) L. ist vorwiegend Exeget, nicht systematischer Theologe. Ein Schriftkommentar L.s kann daher systematisch-theologische Aussagen enthalten, darf aber nicht als systematische Darlegung reformatorischer Gedanken gelesen werden. – 2) L. ist „Gelegenheitsschriftsteller", ohne „schriftstellerischen Ehrgeiz" (Lohse ³1997, 114–131). Bei der Interpretation v. a. der Streitschriften sind Anlass und Gegenposition im Auge zu behalten; mit gezielt überzogenen Provokationen im Disputationsstil der Zeit ist zu rechnen. – 3) L. hat keine abschließende Synthese seiner Theologie vorgelegt. Die Frage nach L.s endgültiger „authentischer" Auffassung ist darum nicht a priori entlang der Chronologie der Werke zu beantworten, sondern von Fall zu Fall zu ent-

scheiden. – 4) L.s Spätwerk ist von erheblichen Überlieferungsproblemen belastet, v. a. die nur mit- und nachgeschriebenen und erst später von Schülern für den Druck bearbeiteten Vorlesungen, Disputationen und Predigten. Die Feststellung des authentischen Gedankens L.s ist daher immer mit einem Restrisiko behaftet; auf keinen Fall genügt es, ohne Rückfrage die Formulierungen der Druckbearbeitungen zu zitieren, selbst nicht der von L. selbst durch ein Vorwort autorisierten. – 5) Wenn L. sich zu einem traditionellen Thema nicht äußert, ist es ihm selbstverständlich. Das gilt v. a. für das altkirchliche trinitarische und christologische Bekenntnis. Es ist unzulässig, nur die in die Zukunft weisenden Aussagen der Theologie L.s als den „eigentlichen" L. vorzustellen und die traditionellen Aussagen als „katholische (mittelalterliche) Reste" zu vernachlässigen. – 6) Ebenso selbstverständlich geht L. zeitlebens von der einen Christenheit in der einen Kirche aus, die eine Vielfalt der „Zeremonien" nicht ausschließt, entwickelt also kein ekklesiologisches Gegenkonzept vom Nullpunkt aus. Der historisch notwendig gewordene Aufbau einer lutherischen Kirche und ihrer Verfassung nach den Prinzipien der Theologie L.s ist nicht die institutionelle Rekonstruktion einer Ekklesiologie L.s. – 7) L. ist nach Herkunft, Ausbildung und kirchlicher Sozialisation ein kritischer spätmittelalterlicher Theologe. Seine Weltgeschichte machende Originalität bricht im spätmittelalterlichen Kontext auf und bedient sich sogar weithin seiner Sprachmittel. Sie besteht in der theologischen Rezeption, Verantwortung und Kritik der im Humanismus beginnenden Selbstentdeckung des Subjekts und damit des neuzeitlichen Bewusstseins und Lebensgefühls.

c) *Wichtige Themen* (in Auswahl): 1) *Schrift und Tradition.* L. verschärft die auch im (Spät-)Mittelalter geltende Suffizienz der Heiligen Schrift in Glaubensdingen (↗ „sola scriptura"), insofern er eine „prästabilierte Harmonie" zwischen Schriftzeugnis, amtlicher Lehrverkündigung und kirchlicher Überlieferung bestreitet, die Kirche also jederzeit (und nicht nur in offenkundigen Fällen kirchlichen Versagens) der kritischen Konfrontation mit dem Schriftzeugnis unterwirft und das Wirken des Geistes in der Kirche als Überführung des Gewissens von der Wahrheit des Schriftwortes versteht, so dass er daraufhin die These von der Selbstbeglaubigung der Schrift („sacra Scriptura sui interpres") wagen kann. Das sola scriptura bedeutet deshalb keine Absage an verbindliche Tradition, vielmehr nur deren Überprüfung an der Schrift (und nicht umgekehrt), so dass L. gegebenenfalls auch mit der Tradition argumentieren kann (Beispiel: Legitimation der Kindertaufe).

2) *Vernunft und Glaube/Theologische Methode.* L. ist kein Irrationalist. Er bestreitet der Vernunft und der Philosophie lediglich (und ganz traditionell) die Letztentscheidung in Glaubensfragen und kritisiert daher die scholastische Theologie, wo sie eine bestimmte philosophische Interpretation der Glaubenswahrheit mit dieser untrennbar in Eins setzt (WA 39 I, 229, 6–29). Im Dienst des Glaubens ist die Vernunft ein „sehr gutes Instrument" (WA. TR 3, n. 2938b, 105, 15), und außerhalb des Glaubens ist ihr die Regierung der ganzen Welt anvertraut. So kritisiert und akzeptiert L. auch Aristoteles, den er bestens zu interpretieren weiß. Demgemäß setzt L. wie die Scholastiker philosophische Interpretamente in der Auslegung der Glaubenslehre

ein, nur eben andere (Beispiele: Bevorzugung der Kategorie der Beziehung statt „habitus", Neufassung des Substanzbegriffs, WA 40 II, 354, 3–5), und bedient sich der Methode analoger Erklärung (WA 6, 513, 22–514, 10).

3) *Heilsgewissheit.* Sie ist sachnotwendig zentrales Thema seit Beginn des Romkonflikts, erstmals in voller Schärfe thematisiert in den Dokumenten des Augsburger Verhörs. ↗Heilsgewissheit bedeutet nicht ein feststellbares oder im Glauben festzuhaltendes Gesichertsein („securitas") gegebenen und zukünftigen Heils, sondern ist identisch mit dem Glauben als bedingungslosem Vertrauen auf die Gültigkeit der in Christus uns zugesagten Verheißung der Sündenvergebung und Gerechtigkeit vor Gott. Solcher Glaube ist inkompatibel mit Zweifel am eigenen Heil, weil das hieße, Gott als verlässlichen Grund des Heils zugleich zu bejahen und zu verneinen, und weil man Jesus in seinem Wort Mt 16,19b zum Lügner erklärte. Heilsgewissheit gründet also nicht in einer subjektiven Reflexion auf den eigenen Gnadenstand. Ihre formale Grundlage hat die Heilsgewissheit in der geklärten Unterscheidung von ↗Gesetz und Evangelium. Der inhaltliche Grund der Heilsgewissheit liegt in der Neuakzentuierung der Christologie, genauer der Soteriologie: Entscheidend ist, die Heilsereignisse um Jesus Christus nicht nur zur Kenntnis zu nehmen und für wahr zu halten („fides historica"), sondern sie auf die eigene Existenz zu beziehen („pro me, pro nobis"). Demgegenüber verblassen die traditionellen Probleme der Christologie und der Trinitätslehre, die L. v. a. in ihrer spätscholastischen Fassung wahrnimmt. Darüber kann er spotten (WA 16, 217, 30–218, 16), beschränkt sich auf das altkirchliche Dogma (WA 18, 606, 24–29) und kann gegebenenfalls in souveräner Nachlässigkeit gegenüber der chalcedonischen Terminologie die Einheit von Gottheit und Menschheit in Christus betonen und den Eindruck monophysitischer Tendenzen erwecken.

4) *Sünde und Rechtfertigung.* Schon die frühe Rückwendung zu Augustinus hat L. zu einem Sündenverständnis geführt, dem zufolge Sünde sich nicht in der Tatsünde erschöpft und auch nicht nur eine Eigenschaft am Menschen ist, sondern identisch mit dessen faktischem Sein im Widerspruch zu Gott, konzentriert im Begriff der Konkupiszenz als bleibender Sünde des Hochmuts. Sünde ist zuerst die „Grund- und Hauptsünde", diese ist identisch mit der fortwirkenden Erbsünde, diese mit der Grundwiderwilligkeit des menschlichen Seins gegen Gott und somit identisch mit dem Unglauben. Die Konsequenz ist ein lebenslanges Zugleich von Gerechtigkeit und Sünde (↗„simul iustus et peccator"). Denn Gerechtigkeit des Menschen kann unter diesen Voraussetzungen nie eine Eigenschaft am Menschen, ↗Rechtfertigung nie deren Mitteilung an den Menschen sein, sondern immer nur eine Beziehung, die Gott mit dem Menschen trotz seiner Sünde begründet. Trotzdem ist L. nicht festzulegen auf technische Unterscheidungen zwischen forensischer und effektiver Rechtfertigung, zwischen Rechtfertigung und Heiligung, relationalem und substantialem Gnadenverständnis, sondern kann sich in Predigt und akademischer Äußerung verschiedenster Analogien bedienen: u. a. des „fröhlichen Wechsels", der quasimystischen Einswerdung mit Christus („ein Kuchen" werden: WA 10 I 1, 74, 16ff.), der Gerechtigkeit außerhalb von uns („extra nos"),

des Freispruchs um Christi willen, der Versöhnung, des Sieges Christi über die Verderbensmächte zu unseren Gunsten, der Tötung des alten Adam, der Errettung im Gericht.

5) *Begründung der Ethik.* Gegen den frühen Verdacht, seine reformatorische Rechtfertigungslehre untergrabe theoretisch und seelsorglich die Grundlagen christlicher Ethik, zieht L. als Erstes die Konsequenzen für deren (Neu-)Begründung: Die Zusage der Sündenvergebung ist Befreiung von der Sünde zum Kampf gegen die Sünde. Solche kämpferische Freiheit von der Sünde wird zur Spontaneität des Herzens im Hinblick auf das nach Gottes Willen wirklich Gute. Glaubende stehen nicht mehr unter dem Gesetz, aber sie erfüllen Gottes Gebote. Dadurch geben sie die Liebe Gottes weiter, werden dem Nächsten ein „anderer Christus" (WA 7, 66, 25–28) und tun ihm gute Werke wie ein Sakrament. Es bleibt, wie v. a. L.s Dekalogauslegungen erweisen, bei einer nichtgesetzlichen, aber bibelgebundenen materialen Ethik.

6) *Sakramente.* Im zeitlichen wie sachlichen Zusammenhang zieht L. die Konsequenzen für die ↗Sakramente. Die Taufe ist der Bund, in dem Gott dem Menschen lebenslang die Vergebung seiner Sünde zusagt und ihn zugleich bis zum Tod in den Kampf gegen die Sünde hineinstellt („den alten Adam ersäufen": BSLK 516, 29–517, 7). Das ↗Abendmahl stellt in die „Gemeinschaft mit Christus und allen Heiligen" (WA 2, 743, 11.21 f. u. ö.), eröffnet das Testament des gekreuzigten Christus und teilt sein Erbe, die Verheißung der Sündenvergebung, zu (WA 6, 513 f.), macht sie gewiss („Zeichen und Siegel": WA 7, 323, 5). Die Zahl der Sakramente begrenzt L. auf die zwei genannten – der ↗Buße bestreitet er nicht die sakramentale Bedeutung, sieht sie aber als Rückkehr in die unzerstörbare Taufe und damit nicht als eigenes Sakrament, zumal ihr das sinnfällige Element fehlt. Die Begrenzung der Zahl geschieht aufgrund desselben Prinzips wie die Begründung der Siebenzahl in der Scholastik: Nur Christus selbst, nicht die Kirche kann Wort und sinnfälliges Element zum verlässlichen Heilszeichen verbinden. Nur kann L. wegen des Schriftprinzips für die nicht eindeutig biblisch bezeugten Sakramente nicht mehr auf die kirchliche Tradition zurückgreifen und versteht im Anschluss an Augustinus' „Accedit verbum ad elementum et fit sacramentum" das äußere Zeichen im engsten Sinn: als materielles Element. Der sekundäre, abbreviative und darum arbiträre Charakter des Sakramentsbegriffs kommt L. dabei so wenig zu Bewusstsein wie der Scholastik. – In der Abendmahlslehre hält L. gegen alle anderen Gruppen in der reformatorischen Bewegung unbeugsam an der Realpräsenz des Leibes und Blutes Christi fest, erklärt sie freilich nicht nach dem Modell der Transsubstantiation, das er für philosophisch unvernünftig hält, sondern greift auf die Inkarnation des Logos in dem Menschen Jesus als Analogie zurück (WA 6, 508, 1–512, 6). Den „Opfercharakter" der Eucharistie nach zeitgenössischem Verständnis kann er nur als „schrecklichste" (und zugleich „schönste") „päpstliche Abgötterei" (BSLK 416, 8–11) zurückweisen. In der zweiten Hälfte seines Wirkens ist L. gezwungen, gegen spiritualistische Abwertungen den Gehorsam gegen Gottes Stiftung in den Sakramenten zu akzentuieren (↗Abendmahlsstreit).

7) *Kirche* ist für L. der „Haufe" der Christgläubigen selbst, das „christlich heilig Volk", das die Stimme seines

Hirten hört (WA 10 I 1, 140, 14; 50, 625, 23f.; BSLK 459, 22), nicht die Hierarchie (vgl. WA 50, 624, 10f.). Die wahre „geistliche" Kirche ist für L. nicht „unsichtbar", sondern verborgen, d. h. nur im Glauben als Kirche Jesu Christi identifizierbar. Die institutionelle Verfasstheit, die „äußerliche Kirche", soll jedoch ein „Bild" der verborgenen Kirche sein, diese also erkennbar machen. Auf dieser Linie spricht L. von den zugleich sichtbaren und doch nur im Glauben lesbaren Kennzeichen der Kirche mit verschiedenen, nie auf Vollständigkeit bedachten „Listen": Taufe, Abendmahl, Schlüsselgewalt (Lossprechung), Predigtamt, Ämter, Gebet, Kreuz, Bekenntnis, Ehrung der Obrigkeit, Ehe. Weil aber diese Kennzeichen in der Kirche Roms seit mehreren Jahrhunderten in Theorie und Praxis verfälscht worden seien, ist, so kann L. gegen entsprechende Vorwürfe argumentieren, nicht „seine", sondern des Papstes Kirche in Wahrheit eine neue Kirche (*Wider Hans Worst,* 1541). Dennoch hat L. kein Kirchenkonzept, beschränkt sich vielmehr auf Korrekturüberlegungen zur bestehenden Kirche.

Demgemäß übernimmt L. das traditionelle *Amtsverständnis.* Das eine kirchliche ⁄ Amt göttlichen Rechts – mit möglicher „demokratischer" Wahl des Amtsträgers, aber nicht mit demokratischer Begründung – ist das Predigtamt, das die Sakramentsverwaltung einschließt, in der Praxis identisch mit dem des Pfarrers. Alle anderen Ämter – bis auf das biblisch und altkirchlich zurückgeformte Diakonenamt – sind menschlichen Rechts; auch das des Bischofs, insofern es sich von dem des Pfarrers unterscheidet. L. versteht diesen Unterschied mit der mittelalterlichen Tradition ausschließlich jurisdiktionell, hält solche dem einzelnen Pfarrer übergeordneten Ämter auch im reformierten Kirchenwesen für selbstverständlich und hat das Bischofsamt in Deutschland konkret als (auch) weltliches Fürstenamt vor Augen. Unter diesen Umständen ist die These von der Gleichheit des Bischofs- mit dem Pfarramt keine Abwertung, sondern eine theologische Aufwertung des Bischofsamtes, das L. zeitlebens als seinen „eigentlichen Verfassungsgedanken" (Bornkamm) festgehalten hat (WA 26, 197, 15–29). Aufgrund dieser Zusammenhänge sind L.s Versuche, Bischöfe zu ordinieren, als „Notordinationen" zu werten, unter Bruch des Kirchenrechts, aber nicht belastet von der erst späteren ökumenisch-theologischen Problematik der Successio apostolica. Vollends unter jurisdiktionellem Aspekt stellt sich für L. das Amt des Papstes dar (⁄ Primat). Der Verdacht, der Papst könne der Antichrist sein – ein Topos schon der spätmittelalterlichen Kirchenkritik –, stellt sich bei L. erstmals Ende 1518 ein aufgrund der Erfahrungen im Augsburger Verhör, das L. den Eindruck vermittelte, der Papst stelle sich über die Schrift. Trotzdem hat L. erst 1536 in den Schmalkaldischen Artikeln – im Gegensatz zu Philipp Melanchthon – auch in einem Papsttum rein menschlichen Rechts keinen Sinn mehr gesehen. L.s späte Schrift *Wider das Papsttum zu Rom vom Teufel gestiftet* (1545) ist vor dem Hintergrund zu lesen, dass der Papst aktiv die Vorbereitung des bald ausbrechenden kaiserlichen Krieges gegen die reformatorischen Territorien förderte (⁄ Schmalkaldischer Krieg).

Das Verhältnis zu den *Juden*, wirkungsgeschichtlich wegen der Autorität L.s verhängnisvoll, ist für diesen nur ein Nebenthema aus gegebenem Anlass. L. ist in Einzelheiten offener und „milder", bleibt aber im Ganzen bei den zeitgenössischen Auffassungen und (kirchen-)politischen Optionen. L.s Kirchen- und Amtsverständnis erklärt, warum er sich zur *Kirchenreform* zurückhaltend äußert. Keine Rede von einem durchgreifenden Konzept wie etwa bei Jean /Calvin. L. appelliert nur an Recht und Pflicht der christlichen Fürsten, bei Versagen des kirchlichen Amtes aufgrund des Priestertums aller Getauften die Cura religionis wahrzunehmen. Ansonsten kann und soll die Kirche nach Abstellung der Missbräuche und falscher Frömmigkeitsformen bleiben, wie sie ist.

8) Ebenso hat L. an der *Einheit von Kirche und Gemeinwesen* festgehalten – nicht freilich am universalen Corpus Christianum unter Papst und Kaiser. Die Unterscheidung der Zwei Reiche (/Reich Gottes) bzw. der Zwei Regimenter dient (a) der Entlastung des Gewissens von weltlichen Bedingungen des Gottesverhältnisses, (b) der Freisetzung des „weltlichen Arms" von der Bevormundung durch die Hierarchie sowie (c) umgekehrt der Absage an ein Hineinregieren der weltlichen Obrigkeit in die Obliegenheiten des Predigtamtes. Ansonsten stehen auch die Fürsten unter Gottes Gebot und sind verantwortlich für die ungestörte Verkündigung des Evangeliums, so dass für L. eine Toleranz für öffentlichen falschen Gottesdienst nicht in Frage kommt.

9) In der *Eschatologie* tilgt L. die nicht biblisch begründeten Vorstellungen (Fegfeuer, Mittlerschaft der Heiligen), deutet aber die konkreten biblischen Aussagen realistisch und verstärkt sie noch durch die Kraft seiner Sprache (Rede von Teufel, Hölle, Gericht und Sieg Christi, Auferstehung der Toten). Der eigentliche Anker christlicher Hoffnung ist Gott und Christus. Der Blick auf den Gekreuzigten und Auferweckten macht Sterben und Tod zum Ernstfall des Glaubens, relativiert alle Bilder und richtet sich kritisch gegen alle Auffassungen, die einen „Anspruch" des Menschen auf seine Auferweckung zu begründen scheinen. L. begründet die Unsterblichkeit der Seele theologisch, insofern Gott den Menschen geschaffen und zu ihm gesprochen hat; er lehrt einen „Seelenschlaf" und sieht den Jüngsten Tag als Gegenstand der Sehnsucht und des Gebetes („Komm, lieber Jüngster Tag": WA. Br 9, 175, 17).

10) Mit der Eschatologie ist L.s ganze Theologie in das *Gottesverständnis* eingebunden. Gott ist selbstverständlich trinitarisch, aber von L. konsequent gesehen im Licht des Vater-Sagens Jesu, also als „eitel Gnad und Liebe" (WA 36, 396, 13f.). Als solcher ist er der Schöpfer aller Dinge und Grund aller Zuversicht in die Gutheit der Geschöpfe. L. lässt allerdings den Schein einer Vernachlässigung der guten Schöpfung und einer Trennung zwischen Schöpfung und Erlösung zu, indem er im Bann der augustinischen Tradition der Lehre von der Prädestination den Menschen in der völligen Knechtschaft unter Satan und Sünde sieht. Die Folge ist nicht nur die Abhängigkeit des Menschen von Gottes Barmherzigkeit, vielmehr die totale Unfreiheit des Willens Gott und Satan gegenüber, und darum Vertiefung der Verderbnis auch noch durch scheinbar freies ethisches Bemühen („glänzende Laster"). Da nun Gott laut augustinischer und mittelalterlicher Vorgabe nur wenige rettet (WA 18, 633, 15–21), entsteht das Bild des doppelt verborgenen Gottes: in seiner Offenbarung „unter dem Gegenteil" („sub contrario", „sub contraria spe-

cie") und in seiner unbefragbaren Wahl, wem seine Barmherzigkeit zuteil werden soll. Ohne Rücksicht auf gedankliche und besonders seelsorgliche Folgen hält L. dies im Streit mit /Erasmus von Rotterdam durch und bekräftigt es durch einen menschliche Freiheit ausschließenden Begriff der Allmacht und Allwissenheit Gottes; er sieht darin den letzten Anker der Heilsgewissheit und kann menschliche Freiheit nur als geschenkte Freiheit zum Zusammenwirken („cooperatio") mit Gott in der Welt verstehen – gegen die ersten zeitgenössischen Tendenzen einer Emanzipation des menschlichen Selbstverständnisses vom Gottesbezug.

■ LThK³ 6, 1129–40 (ungekürzte Fassung).

■ Werke: *Kritische Gesamtausgabe:* WA mit den Abteilungen: Werke, Deutsche Bibel (DB), Briefwechsel (Br), Tischreden (TR), Archiv zur WA (AWA), Register-Bde. Weimar 1883ff. – *Auswahlausgaben:* L.s Werke in Auswahl, hg. v. O. CLEMEN (U.A.), 8 Bde. Bonn 1912–33, Nachdruck Berlin 1966; M.L. Ausgewählte Werke, hg. v. H.H. BORCHERDT–G. MERZ (U.A.), 6 Bde. und 7 Ergänzungs-Bde. München 1914–25, ³1948–1965; M.L. Studienausgabe, hg. v. H.-U. DELIUS, 5 Bde. Berlin 1979–92. – *Überblick:* K. ALAND: Hilfsbuch zum L.-Studium. Witten ⁴1996.

■ Literatur und Nachträge: *Allgemeines: Ältere Literatur, v.a. die älteren Quellensammlungen:* RGG³ 4, 480–520; LThK² 6, 1223–1230; *mit neuerer Literatur:* HDThG 2, 1–69; TRE 21, 513–594; EKL³ 3, 211–220. – *Fortlaufende vollständige Bibliographie:* L.-Jahrbuch.

■ *Zu 1.: Gesamtbiographien:* M. BRECHT: M.L., 3 Bde. Stuttgart 1981–87; W. VON LOEWENICH: M.L. München 1981; H.A. OBERMAN: L. Berlin 1982; P. MANNS–N.H. LOOSE: M.L. Freiburg 1982 (Bilder), 1984 (ohne Bilder); G. EBELING: M.L.s Weg und Wort. Frankfurt (Main) 1983; J. ROGGE: M.L. Gütersloh 1983; E.W. GRITSCH: Martin – God's Court Jester. Philadelphia 1983; M. LIENHARD: L. Paris–Genf 1983; G. BRENDLER: M.L. Theologie und Revolution. Berlin–Köln 1983; R. SCHWARZ: L. Göttingen 1986; A. BEUTEL: M.L. München 1991; H.J. GENTHE: M.L. Göttingen 1996. – *Teilbiographien, biographische Einzelfragen:* E. ISERLOH: L. zwischen Reform und Reformation. Der Thesenanschlag fand nicht statt. Münster ³1968; W. BORTH: Die L.-Sache. Lübeck–Hamburg 1970; D. OLIVIER: Le procès de L. Paris 1971, deutsch Stuttgart 1972; H. BORNKAMM: M.L. in der Mitte seines Lebens. Göttingen 1979; Leben und Werk M.L.s von 1526–46, hg. v. H. JUNGHANS, 2 Bde. Berlin–Göttingen 1983; L. GRANE: Martinus noster. L. in the German Reform Movement 1518–21. Mainz 1994.

■ *Zu 3.: Einführungen:* G. EBELING: L. Einführung in sein Denken. Tübingen 1964, ⁴1981; J. PELIKAN: Obedient Rebels. London 1964; D. OLIVIER: La foi de L. Paris 1978, deutsch Stuttgart 1982; B. LOHSE: M.L. Eine Einführung in sein Leben und sein Werk. München 1981, ³1997; O.H. PESCH: Hinführung zu L. Mainz ²1983; E. MAURER: L. Freiburg 1999; K. SCHWARZWÄLLER: Fülle des Lebens. L.s Kleiner Katechismus. Münster–Hamburg 2000. – *Umfassende und Gesamtdarstellungen:* L. PINOMAA: Sieg des Glaubens, bearbeitet und hg. v. H. BEINTKER. Berlin–Göttingen 1964; P. ALTHAUS: Die Ethik M.L.s. Gütersloh 1965; F. GOGARTEN: L.s Theologie. Tübingen 1967; R. HERMANN: L.s Theologie: derselbe: Gesammelte und nachgelassene Werke, hg. v. H. BEINTKER, Bd. 1. Göttingen 1967; O.H. PESCH: Theologie der Rechtfertigung bei M.L. und Thomas von Aquin. Mainz 1967, Nachdruck 1985; G. EBELING: L.-Studien, 3 Bde. Tübingen 1971–89; TH. BEER: Der fröhliche Wechsel und Streit. Einsiedeln 1980; P. ALTHAUS: Die Theologie M.L.s. Gütersloh ⁶1983; U. ASENDORF: Die Theologie L.s nach seinen Predigten. Göttingen 1988; A.E. MCGRATH: L.'s Theology of the Cross. Oxford 1990; A. PETERS: Kommentar zu L.s Katechismen, hg. v. G. SEEBASS, 5 Bde. Göttingen 1990–94; B. LOHSE: L.s Theologie in ihrer historischen Entwicklung und in ihrem systematischen Zusammenhang. Göttingen 1995; G. EBELING: L.s Seelsorge an seinen Briefen dargestellt. Tübingen 1997. – *Wichtige Aufsatzsammlungen:* A. BRANDENBURG: M.L. gegenwärtig. Paderborn 1969; W. MAURER: L. und das evangelische Bekenntnis. Göttingen 1970; H. BORNKAMM: L. Gestalt und Wirkungen. Gütersloh 1975; G. SCHARFFENORTH: Den Glauben ins Leben ziehen ... München 1982; G. EBELING: Umgang mit L. Tübingen 1983; Y. CONGAR: M.L. Paris 1983; G. HAMMER (Hg.): Lutheriana. Köln 1984; M.L. Reformator und Vater im Glauben, hg. v. P. MANNS. Stuttgart 1985; L.-Jahrbuch 52 (1985); H.A. OBERMAN: Die Reformation. Göttingen 1986; P. MANNS: Vater im Glauben. Stuttgart 1988; B. LOHSE: Evangelium in der Geschichte [Bd. 1]. Göttingen 1988; G. MÜLLER: Causa Reformationis. Gütersloh 1989; J. WICKS: L.'s Reform. Mainz 1992; G. MARON: Die ganze Christenheit auf Erden. Göttingen 1993; H.A. OBERMAN: The Impact of the Reformation. Grand Rapids (Michigan) 1994; M. BRECHT: Reformation. Stuttgart 1995; K.-H. ZUR MÜHLEN: Reformatorisches Profil. Göttingen 1995. – *Monographien: Zu 3.a) – b):* L. GRANE: Contra Gabrielem. Kopenhagen 1962; R. SCHWARZ: Fides, spes und caritas beim jungen L. Berlin 1962; K. BORNKAMM: L.s Auslegungen des Galaterbriefes von 1519 und 1531. ebd. 1963; M. KROEGER: Rechtfertigung und Gesetz. Göttingen 1968; J. WICKS: Man Yearning for Grace. Wiesbaden 1969; O. BAYER: Promissio. Geschichte der reformatorischen Wende in L.s Theologie. Göttingen 1971; K.-H. ZUR MÜHLEN: Nos extra nos. L.s Theologie zwischen Mystik und Scholastik. Tübingen 1972; L. GRANE: Modus loquendi theologicus. Leiden 1975; H.U. DELIUS: Augustin als Quelle L.s. Berlin 1984; TH. BELL: Divus Bernhardus. Bernhard von Clairvaux in M.L.s Schriften. Mainz 1993; G. SCHMIDT-LAUBER: L.s Vorlesung über den Römerbrief 1515/16. Köln 1994; O.H. PESCH: M.L., Thomas von Aquin und die reformatorische Kritik an der Scholastik. Göttingen 1994; TH. DIETER: Der junge L. und Aristoteles. Eine historisch-systematische Untersuchung zum Verhältnis von Philosophie und Theologie. Berlin 2001. – *Zu 3.c): Zu c) 1):* G. EBELING: Wort Gottes und Tradition. Göttingen 1964; F. BEISSER: Claritas scripturae bei M.L. ebd. 1966; W. FÜHRER: Das Wort Gottes in L.s Theologie. ebd. 1984; K. HAGEN: L.'s Approach to Scripture as Seen in his ‚Commentaries' on Galatians 1519–1538. Tübingen 1993. – *Zu c) 2):* B. LOHSE: Ratio und Fides. Göttingen 1958; B.A. GERRISH: Grace and Reason.

Oxford 1962; R. MALTER: Das reformatorische Denken und die Philosophie. Bonn 1980. – *Zu c) 3):* S. PFÜRTNER: L. und Thomas im Gespräch. Heidelberg 1961; P. HACKER: Das Ich im Glauben bei M.L. Graz 1966; I.D.K. SIGGINS: M.L.'s Doctrine of Christ. New Haven – London 1970; U. ASENDORF: Gekreuzigt und Auferstanden. Berlin – Hamburg 1971; M. LIENHARD: L., Témoin de Jésus-Christ. Paris 1973, deutsch Göttingen 1980; D. VORLÄNDER: Deus Incarnatus. Die Zweinaturenchristologie L.s bis 1521. Witten 1974; F. POSSET: L.'s Catholic Christology According to his Johannine Lectures of 1527. Milwaukee 1988; M. LIENHARD: Au cœur de la foi de L.: Jésus-Christ. Paris 1991; S. STREIFF: ‚Novis Linguis Loqui'. M.L.s Disputation über Joh 1, 14 ‚verbum caro factum est' aus dem Jahre 1539. Göttingen 1993; M. KREUZER: ‚Und das Wort ist Fleisch geworden'. Zur Bedeutung des Menschseins Jesu bei Johannes Driedo und M.L. Paderborn 1998. – *Zu c) 4) – 6):* A. PETERS: Glaube und Werk. Berlin – Hamburg 1962, ²1967; O. MODALSLI: Das Gericht nach den Werken. Göttingen 1963; W. JOEST: Ontologie der Person bei L. ebd. 1967; O.H. PESCH – A. PETERS: Einführung in die Lehre von Gnade und Rechtfertigung. Darmstadt 1981, ³1994; H. BLAUMEISTER: M.L.s Kreuzestheologie. Paderborn 1995. – *Zur Sakramentenlehre:* A. PETERS: Realpräsenz. Berlin ²1960; C.F. WISLÖFF: Abendmahl und Messe. ebd. – Hamburg 1969; W. SCHWAB: Entwicklung und Gestalt der Sakramententheologie bei M.L. Frankfurt (Main) – Bern 1977; E. GRÖTZINGER: L. und Zwingli. Zürich u.a. 1980; U. STOCK: Die Bedeutung der Sakramente in L.s Sermonen von 1519. Leiden 1982; J. DIESTELMANN: Actio sacramentalis. Die Verwaltung des Heiligen Abendmahls nach den Prinzipien M.L.s in der Zeit bis zur Konkordienformel. Braunschweig – Groß Oesingen 1996; S. DÄHN: Rede als Text. Rhetorik und Stilistik in L.s Sakramentssermonen von 1519. Bern – Frankfurt (Main) 1997. – *Zu c) 7) – 8):* W. HÖHNE: L.s Anschauungen über die Kontinuität der Kirche. Berlin – Hamburg 1963; W. STEIN: Das kirchliche Amt bei L. Wiesbaden 1974; J. AARTS: Die Lehre L.s über das Amt in der Kirche. Helsinki 1982; C.A. AURELIUS: Verborgene Kirche. Hannover 1983; M. LIENHARD: L'Évangelie et l'Église chez L.

Paris 1989; M.L. und das Bischofsamt, hg. v. M. BRECHT. Stuttgart 1990; D. WENDEBOURG: Das Amt und die Ämter: Zeitschrift für evangelisches Kirchenrecht 45 (2000) 5–37. – *Verhältnis zu den Juden:* J. BROSSEDER: L.s Stellung zu den Juden im Spiegel seiner Interpreten. München 1972; H.A. OBERMAN: Wurzeln des Antisemitismus. Berlin 1981. – *Zu c) 9):* U. ASENDORF: Eschatologie bei L. Göttingen 1967; F. HEIDLER: L.s Lehre von der Unsterblichkeit der Seele. Erlangen 1983. – *Zu c) 10):* H.J. MCSORLEY: L.s Lehre vom unfreien Willen nach seiner Hauptschrift De servo arbitrio im Lichte der biblischen und kirchlichen Tradition. München 1967; K. SCHWARZWÄLLER: Sibboleth. Die Interpretation von L.s Schrift de servo arbitrio seit Th. Harnack. ebd. 1969; DERSELBE: Theologia crucis. L.s Lehre von der Prädestination nach de servo arbitrio 1525. ebd. 1970; R. JANSEN: Studien zu L.s Trinitätslehre. Bern–Frankfurt (Main) 1976; W. BEHNK: Contra Liberum arbitrium pro Gratia Dei. ebd. 1982; T.H.M. AKERBOOM: Vrije wil en/of genade. Een theologie-historisch onderzoek naar het dispuut tussen Erasmus en Luther over de (on)vrijheid van het menselijke willen. Nimwegen 1995.

Otto Hermann Pesch

Lutherbibel. 1521–22 schuf Martin Luther eine neue Übersetzung des Neuen Testaments (Wittenberg 1522) aus dem griechischen Text des ↗Erasmus (Basel ²1519), wobei er unter Rückgriff auf die sächsische Kanzleisprache auf gutes Deutsch achtete und zugleich herausstellte, was seinem Glaubensverständnis entsprach. Bei der Übersetzung des Alten Testaments 1523–34 aus dem Grundtext zog er weitere Mitarbeiter hinzu (u. a. Philipp Melanchthon) und bediente sich vorhandener Übersetzungen (z. B. der Wormser Propheten und Plenarien). Ab der ersten Gesamtausgabe von Wittenberg 1534 hat er seine Übersetzung bis 1545 ständig verbessert. Diese fand überaus rasch Verbreitung in allen Kreisen der Bevölkerung und hat die Entwicklung einer einheitlichen deutschen Sprache nachhaltig beeinflusst.

■ Literatur: J.J. MEZGER: Geschichte der deutschen Bibelübersetzungen in der schweizerisch-reformierten Kirche. Basel 1876; P.H. VOGEL: Evangelische und freikirchliche Übersetzungen im 19.Jh. in Deutschland: Die Bibel in der Welt. Stuttgart 1962, 53–69; E. FASCHER: Luthers Bibelübersetzungen im Wandel der Zeiten. Berlin 1968; E. ARNDT: Luthers Bibelübersetzung und ihre Bedeutung für die Entwicklung der deutschen Sprache: Weltwirkung der Reformation, Bd. 2. ebd. 1969, 416–424; W. KOLB: Die Bibelübersetzung Luthers und ihre mittelalterlichen deutschen Vorgänger. Saarbrücken 1972; S. HAHN: Luthers Übersetzungsweise im Septembertestament von 1522. Hamburg 1972; B. KÖSTER: Die L. im frühen Pietismus. Bielefeld 1984; S. MEURER (Hg.): Die neue L. Stuttgart 1985; T. HIMMIGHÖFER: Die Neustadter Bibel von 1587/88, die erste reformierte Bibelausgabe Deutschlands. Speyer 1986; H. VOLZ: Martin Luthers deutsche Bibel. Hamburg 1978; H. GELHAUS: Der Streit um Luthers Bibelverdeutschung im 16./17.Jh., 2 Bde. Tübingen 1988; D.C. STEINMETZ (Hg.): The Bible in the 16th century. Durham–London 1990.

Otto B. Knoch / Klaus Scholtissek

■ Nachtrag: S. MEURER (Hg.): Was Christum treibet. Martin Luther und seine Bibelübersetzung. Stuttgart 1996; J. SCHILLING: Martin Luthers Deutsche Bibel: Luther-Bulletin 6 (1997) 23–45; A. BEUTEL: Luthers Bibelübersetzung und die Folgen: Evangelische Theologie 59 (1999) 13–24.

Luthertum. 1. *Begriff.* L. erscheint um 1520 als Bezeichnung der kirchlichen Reformbewegung, die sich auf den Wittenberger Reformator Martin Luther beruft. Der Begriff wird zunächst von Luthers Gegnern gebraucht. Innerhalb der reformatorischen Kreise wird L. ab 1560 verwendet, um das sich auf Luther berufende Erneuerungsstreben von anderen Orientierungen, z. B. der Huldrych Zwinglis oder Jean Calvins, abzugrenzen. Was L. oder „lutherisch" ist, bleibt auch innerhalb der Wittenberger Reforma-

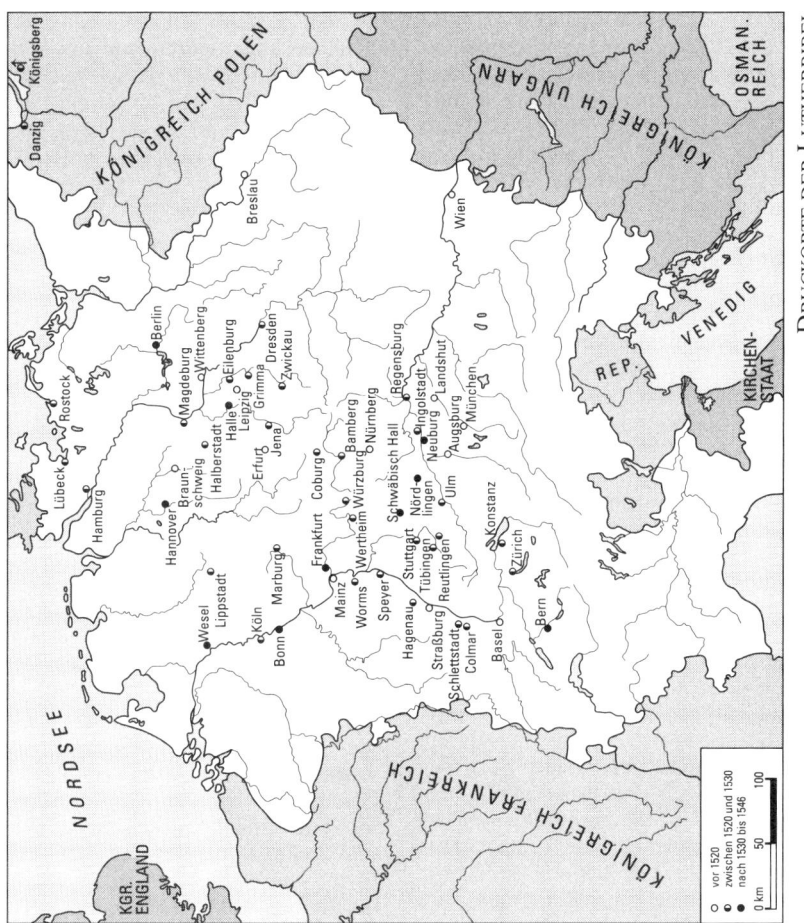

DRUCKORTE DER LUTHERBIBEL

tion lange offen, wie die bald nach Luthers Tod aufbrechenden Unterschiede etwa zwischen den „wahren" Lutheranern (↗Gnesiolutheranern) und den Philippisten (Anhänger Philipp Melanchthons) belegen (s. u.). Ab 1586 erscheint „lutherische Kirche" in Württemberg und Kursachsen als Bezeichnung der Kirche, die sich auf Luthers „reine Lehre des Evangeliums" beruft.

2. *Bekenntnismäßige Konsolidierung.* a) *Historischer Ursprung:* Das L. verstand sich von Anfang an in Kontinuität mit der alten Kirche. Es bezieht sich auf deren Intention und Aussagen und betont die Bedeutung der drei altkirchlichen Bekenntnisse (Apostolisches, Nicaeno-Konstantinopolitanisches und Athanasianisches Glaubensbekenntnis [Quicumque]). Diese Verbindung mit der Tradition

LUTHERTUM

der einen Kirche wird auch deutlich in der Abwehr schwärmerischer Bewegungen und in der Ablehnung theologischer Überzeugungen der calvinistischen oder zwinglianischen Reformation. Doch überforderte der Anspruch der lutherischen Reformation, das wieder entdeckte Evangelium von der in Christus geschenkten bedingungslosen Gnade Gottes frei zu verkündigen und zu leben, die Möglichkeiten der damaligen Kirche. Das Verlangen, Missstände und theologische Fehlentwicklungen zu korrigieren, hatte weiter reichende ekklesiologische Konsequenzen. Es war letzten Endes eine Infragestellung des herrschenden theologisch-kirchlichen Systems mit seiner päpstlichen Leitung und seiner Vermischung von geistlicher Autorität und weltlicher Macht. So war es unvermeidlich, dass sich auf der Grundlage der von Melanchthon verfassten ⁄Confessio Augustana (1530) eine neue kirchliche Identität entwickelte, die keine neue, sondern eine dem Evangelium gemäße erneuerte alte – und deshalb wahre – Kirche sein wollte. Nach dem Augsburger Reichstag (1530), welcher neue ⁄Kirchenordnungen und neue kirchenleitende Ämter ermöglichte, führte die sich seit 1520 ausweitende lutherische Reformation zur Bildung eigenständiger lutherischer Territorialkirchen (⁄Landeskirchen). Die öffentlich-rechtliche Anerkennung wurde diesen Kirchen durch den Augsburger Religionsfrieden (1555) gewährt. Die Verwaltung dieser Kirchen wurde als Notlösung staatlichen Strukturen überlassen.

Die Berufung dieser Kirchen auf die Confessio Augustana ist kennzeichnend für lutherische Identität. Inhaltlich werden die wichtigen theologischen Orientierungen Luthers übernommen. Dem theologischen Ansatz des Reformators folgend, wird die Kirche nicht von ihrem Amt und ihren Strukturen, sondern von der Lehre und dem Bekenntnis her definiert.

Die bekenntnismäßige Konsolidierung des L. brauchte Zeit und war nicht unumstritten. Verschiedene Orientierungen der Mitstreiter und Schüler Luthers (Melanchthon, Johannes ⁄Bugenhagen, Martin ⁄Bucer, Johannes ⁄Brenz, Andreas ⁄Osiander, Matthias ⁄Flacius u. a.) führten zu einer konfliktreichen Geschichte des frühen L. Dabei ging es nicht nur um die Klärung einzelner Lehrfragen (⁄Gesetz, gute Werke, Willensfreiheit, ⁄Erbsünde, ⁄Rechtfertigung und Heiligung), sondern auch um unterschiedliche Einflüsse vorreformatorischer Bewegungen, humanistischer Bestrebungen und kirchenpolitischer Interessen. Nach mehreren Vermittlungsversuchen konnte erst die ⁄Konkordienformel (1577) eine gemeinsame theologische Basis herstellen. Das Corpus der lutherischen Bekenntnisse wurde 1580 im Konkordienbuch zusammengefasst. Es umfasst: die drei altkirchlichen Symbole, Luthers Kleinen und Großen Katechismus (1529), die Confessio Augustana (1530) und deren Apologie (1531), die ⁄Schmalkaldischen Artikel (1537), Melanchthons Traktate „Über die Gewalt" und „Primat des Papstes" (1537) und die Konkordienformel. *André Birmelé*

■ LThK³ 6, 1143–49 (ungekürzte Fassung).

■ Literatur: RGG⁴ 3, 1043. – S. STERHLE: Imputatio iustitiae. Its origins in Melanchthon, its opposition in Osiander: Theologische Zeitschrift 50 (1994) 201–219; J. DIESTELMANN: Actio Sacramentalis. Groß Oesingen 1996; M. RICHTER: Gesetz und Heil. Göttingen 1996; F. BUZZI: Lutero contro l'antinomismo: Annali di scienze religiose 2 (1997) 81–106; P.T. FERRY: Confessionalization and popular preaching. Sermons against synergism in Reformation Saxony: SCJ 28

(1997) 1143–66; T.J. WENGERT: Georg Major Defender of Wittenberg's Faith and Melanchthonian exegete: Melanchthon in seinen Schülern. Wiesbaden 1997, 129–155; I. DINGEL: Flacius als Schüler Luthers und Melanchthons: Vestigia pietatis. FS E. Koch. Leipzig 2000, 77–92; P.F. BARTON: Heiliger Geist, Evangelium und Amt. Marginalien zum Gnesio-L.: Wiener Jahrbuch für Theologie 3 (2000) 51–63; G. MARTENS: Die Adiaphora als theologisches Problem: Lutherische Beiträge 5 (2000) 117–127.

Madruzzo, 1) *Cristoforo*, Kardinal (1542), * 5.7.1512 auf dem Familiensitz Madruzzo bei Cavedine (Diözese Trient), † 5.7.1578 Tivoli; Studium in Padua und Bologna; 1529 Kanonikat in Trient, 1534 in Augsburg, 1536 in Salzburg, 1537 in Brixen; 1539 Bischof von Trient, 1542–78 Administrator von Brixen; 1542 Diakonats-, Priester- und Bischofsweihe; bemühte sich mehrfach um die Erzbistümer Trier, Mainz und Salzburg; im Auftrag Kaiser ⁄Karls V. 1539 und 1542 in Venedig; 1540 leistete er den Lehenseid in Gent und hielt sich zum Religionsgespräch in ⁄Hagenau auf. M. scheute weder diplomatische noch finanzielle Anstrengungen für das Gelingen des Tridentinums, trat für die Übersetzung der Heiligen Schrift in die Muttersprache und die Zulassung des ⁄Laienkelchs ein; 1547 gegen die Verlegung des Konzils nach Bologna; wiederholt auf politischen Missionsreisen; erfolglose Vermittlerrolle zwischen Kaiser und Papst; 1555–57 Gouverneur des Herzogtums Mailand; 1560 definitive Übersiedlung nach Rom; 1573 Mitglied der Congregatio Germanica; 1560 erwarb er die Herrschaft von Soriano und Gallese; 1566 Gouverneur von Spoleto und 1569–78 Gouverneur von Gualdo Tadino. M. stand auf Seiten der Reformfreunde, war jedoch prachtliebend, ehrgeizig und theologisch ungenügend gebildet.

Literatur: JEDIN 1, besonders 450–456; E. TESSADRI: Il grande cardinale. Mailand 1953; A. COSTA: I vescovi di Trento. Trient 1977, 151–157; J. GELMI: Die Brixner Bischöfe in der Geschichte Tirols. Bozen 1984, 130–134; L. DAL PRÀ (Hg.): I M. e l'Europa. Mailand 1993, 57–62; E. GATZ (Hg.): Die Bischöfe des Heiligen Römischen Reiches 1448–1648. Berlin 1996, 443–446.

2) *Ludovico*, Neffe von 1), Kardinal (1561), * 1532 Trient, † 20.4.1600 Rom; 1545 Kanonikat in Brixen und 1548 in Trient; 1548 Koadjutor in Trient; Studium in Löwen und Paris; 1562–63 Gastgeber des Konzils; vor Mai 1565 Priesterweihe; 1567 Bischof von Trient; zahlreiche Konflikte mit dem Tiroler Landesherrn Ferdinand II.; 1568 Flucht nach Rom und Aufstieg zum Kurienkardinal; entfaltete eine umfangreiche diplomatische Tätigkeit als „Protector Nationis Germanicae" seit 1573, als Mitglied der Congregatio Germanica und als Vertreter des Kaisers am päpstlichen Hof; 1574 gehörte er sechs von 15 Kongregationen an; 1578 Beilegung des Streites mit Erzherzog Ferdinand; 1579–81 Visitation in Trient; 1582 Kommissar und Generalinquisitor für das Reich; 1593 wichtige Diözesansynode in Trient; nahm an sieben Konklaven teil; galt 1592 als papabile. M. kommt große Bedeutung für die katholische Erneuerung und Gegenreformation zu; die Fülle päpstlicher und kaiserlicher Aufträge verhinderte aber eine persönliche Leitung seiner Diözese.

Quellen: Biblioteca Comunale di Trento. Manuskript 2925.

Literatur: NDB 15, 423f. – B. ROBERG: Türkenkrieg und Politik: QFIAB 65 (1985) 192–305, 66 (1986) 192–309; S. VARESCHI: La Legazione del Card. L.M. alla dieta imperiale di Augusta 1582. Trient 1990; C. NUBOLA: Conoscere per governare. Bologna 1993; B. STEINHAUF: Giovanni L.M. (1532–1600). Münster 1993 (Rezension: S. VARESCHI: RHE 90 [1995] 483–492); L. DAL PRÀ (Hg.): I

M. e l'Europa. Mailand 1993, 62–68; E. GATZ (Hg.): Die Bischöfe des Heiligen Römischen Reiches 1448–1648. Berlin 1996, 446–450. *Josef Gelmi*

Magdeburger Centuriatoren, Name für das Forscherteam (Collegium), das die „Magdeburger Centurien" (Ecclesiastica historia ... secundum singulas Centurias ... per aliquot studiosos et pios viros in urbe Magdeburgica, 8 Bde. Basel 1559–74) herausgegeben hat. Neben Matthias ∕Flacius als Organisator sind als Mitherausgeber („gubernatores") und Autoren v. a. die Theologen Johann ∕Wigand, Bearbeitung der Centurien 7–13 (14–16 blieben Manuskript), und Matthaeus Judex (1528–64; 1553 Konrektor am Ratsgymnasium und Diakon an St. Ulrich in Magdeburg, folgte Wigand nach Jena und Wismar) zu nennen. Zu den Mitarbeitern der ersten vier Centurien gehörte auch Basilius Faber (um 1520–76), einer der bedeutendsten Schulmänner des 16. Jh. Neuauflagen und kompendienartige Auszüge der Centurien wurden bis ins 18. Jh. veröffentlicht. Mit den Centurien sollte der historische, am Quellenmaterial erhärtete Beweis erbracht werden, dass Martin Luther in der Kontinuität der wahren kirchlichen Tradition steht. Diese Intention hat die kirchengeschichtliche Forschung enorm gefördert. Erst mit den „Annalen" des Caesar Baronius (12 Bde. 1588–1607) ist eine umfassende Gegendarstellung aus römischer Sicht gelungen.

■ Literatur: RE 6, 90f.; DHGE 17, 316–326; NDB 10, 639; TRE 11, 208f. – H. SCHEIBLE: Die Entstehung der Magdeburger Zenturien. Gütersloh 1966. *Eckehart Stöve*

Magni, *Petrus* (Peder Månsson), * Jönköping, † 17.5.1534 Västerås; Schulrektor in Vadstena, dort 1499 Birgittinermönch; seit 1508 Beauftragter des Klosters in Rom, seit 1511 auch Vorsteher des Hauses der heiligen Birgitta; 1524 Bischof von Västerås, in Rom geweiht. Obwohl innerlich katholisch, konsekrierte er 1528 drei von Rom nicht bestätigte Bischöfe und 1531, freilich unter geheimem Protest, den lutherischen Erzbischof Laurentius ∕Petri. Humanistisch gebildet, hinterließ er Aufzeichnungen u. a. über Bergbau, Landwirtschaft, Seerecht, Medizin und Kriegskunst.

■ Werke: Peder Månssons skrifter, ed. v. R. GEETE. Stockholm 1913–15; Peder Månssons bref. ebd. 1915.

■ Literatur: C. SILFVERSTOLPE: Klosterfolket i Vadstena. Stockholm 1898–99, 147–151; TH. VAN HAAG: Die apostolische Sukzession in Schweden. Uppsala 1945. *Jarl Gallén*

Magnus, 1) *Johannes,* Erzbischof von Uppsala, * 19.3.1488 Linköping, † 22.3.1544 Rom. Nach Studium in Löwen, Köln und Perugia schloss sich M. 1523 aus vaterländischer Gesinnung aktiv König ∕Gustav I. Vasa an, der Erzbischof Gustav Trolle (um 1488–1535) für abgesetzt erklärte und an dessen Stelle M. als Nachfolger wählen ließ. M. war vielleicht an der Übersetzung des Neuen Testaments beteiligt, wurde aber 1526 vom König nach Danzig gesandt. Er kehrte nicht zurück, sondern vollendete im Exil bis 1536 die Geschichte der Erzbischöfe von Uppsala und traf Vorbereitungen, um zu Hause das Luthertum zu bekämpfen, jedoch ohne Erfolg, da Rom erst 1533 die Absetzung Trolles durch die Ernennung von M. zum Erzbischof von Uppsala akzeptierte. Während M. bereit stand, den Konzilseinberufungen Folge zu leisten, beendete er 1540 in Venedig seine überschwängliche Geschichte der Könige der Gothen und der Sveonen, die nach 1560 große Wirkung in Schweden ausübte.

■ Werke: Historia de omnibus Gothorum Sueonumque regibus. Venedig 1554; Historia metropolitanae ecclesiae Upsalensis. Rom 1557, auch in Scriptores rerum Svecicarum medii aevi, Bd. 3/2. Uppsala 1876, 5–97.
■ Literatur: Svenskt biografiskt lexikon, Bd. 20. Stockholm 1973–75, 220–226.

Tore Nyberg

■ Nachtrag: K. JOHANNESSON: The Renaissance of the Goths in sixteenth-century Sweden: J. and Olaus M. as politicians and historians. Berkeley u.a. 1991; B. LARSSON (Hg.): J.M. Latin letters. Lund 1992.

2) *Olaus*, Erzbischof von Uppsala, Bruder von 1), * Oktober 1490 Linköping, † 1.8.1559 Rom. Nach Studium in Rostock wurde er 1518 Domkapitular in Linköping, unternahm 1519 eine Reise nach Nordschweden, war 1520–22 in Stockholm tätig und wurde von König ∕ Gustav I. Vasa 1523 zum Dompropst in Strängnäs ernannt. M. teilte das Exil seines Bruders und gab in Venedig 1539 sein lange vorbereitetes Kartenwerk über Skandinavien heraus. Nach dem Tod seines Bruders wurde M. am 4.6.1544 zu dessen Nachfolger ernannt, nahm an den Anfangssitzungen des Tridentinums teil, erhielt 1549 das Haus der heiligen Birgitta von Schweden in Rom, das „Hospitale S. Brigide", vom Papst zugewiesen, das er zu einem Zentrum des katholischen Widerstandes gegen das Luthertum machte und wo er eine Druckerei einrichtete, in der er u. a. sein Hauptwerk *Über die nordischen Völker* sowie posthume Werke seines Bruders drucken ließ.

■ Quellen: Carta marina. Venedig 1539; Historia de gentibus septentrionalibus. Rom 1555.
■ Literatur: Svenskt biografiskt lexikon, Bd. 28. Stockholm 1992–94, 136–141. – K. JoHANNESSON: Gotisk renässans. Johannes och O.M. som politiker och historiker. Stockholm 1982.

Tore Nyberg

■ Nachtrag: K. JOHANNESSON: The Renaissance of the Goths in sixteenth-century Sweden: Johannes and O.M. as politicians and historians. Berkeley u.a. 1991.

Major (Meier), *Georg*, spätreformatorischer Theologe, * 25.4.1502 Nürnberg, † 28.11.1574 Wittenberg; seit 1521 Studium in Wittenberg, v. a. bei Philipp Melanchthon, 1523 Magister, 1529 Rektor der Lateinschule in Magdeburg; 1537 Schlossprediger in Wittenberg, nach der theologischen Promotion 1545 dort Theologieprofessor, unterbrochen durch Stiftssuperintendentur in Merseburg (1547/1548) und Superintendentur in Eisleben (1551/52); 1546 Teilnahme am ∕ Regensburger Religionsgespräch; seit 1558 Decanus perpetuus der theologischen Fakultät. Durch die Ehe mit Margarete von Mochau (seit 1528) Schwager Andreas ∕ Karlstadts.

M. hat sich seinen Zeitgenossen als Schulmann (lateinische Lehrbücher, lateinisch-niederdeutscher Katechismus, evangelische Bearbeitung von Heiligenviten, glossierte Psalmen und Lieder), als Exeget (Kommentare zu den Paulusbriefen, Homilien zu beiden Perikopenreihen), als Prediger, Erbauungsschriftsteller, Universitätsredner, Mitherausgeber der zwölfbändigen deutschen Wittenberger Luther-Ausgabe (1539/52–59) und Kontroversschriftsteller (Polemik gegen das römische Mess-, Heiligen- und Schriftverständnis sowie gegen den Antitrinitarismus) unterschiedlich eingeprägt.

Am meisten blieb M. durch den *Majoristischen Streit* (Majorismus) in Erinnerung: Aus Loyalität ∕ Moritz von Sachsen gegenüber stand M. hinter dessen Kirchenpolitik (Leipziger Interim 1548 [∕ Augsburger Interim]), aus Schülertreue vertrat er die ethisch akzentuierte Rechtfertigungslehre Melanchthons. Beides verursachte den Widerspruch der ⁄Gnesiolutheraner in Magdeburg, im ernestinischen Sachsen und in Norddeutschland. Ende 1551 warf Nikolaus von ⁄Amsdorf M. vor, die Notwendigkeit guter Werke zum Heil zu lehren. M. entgegnete 1552: „Das gute werck zur seligkeit nötig sind, ... das niemands durch böse werck selig werde, vnd das auch niemands one gute werck selig werde" (Auff des Ehrenwidrigen Herren Niclas von Ambsdorff schrifft ... Wittenberg 1552). Er sprach den Werken aber jegliche heilsverursachende Wirkung ab und begründete sie mit Lk 17,10 als Gott geschuldeten Gehorsam, als Ausweis des rechten Glaubens und als Mittel zur Bewahrung des Gnadenstandes. Amsdorf, Matthias ⁄Flacius u. a. missverstanden das als Preisgabe der reformatorischen Grundüberzeugung; Amsdorf verstieg sich 1559 zu der Behauptung, gute Werke seien schädlich zur Seligkeit. Seit 1558 und abschließend in seinem 1570 gedruckten Testament gab M. unter Berufung auf die ⁄Confessio Augustana, die Apologie und das ⁄Corpus Doctrinae Melanchthons die oben zitierten drei Sätze dem Wortlaut, nicht der Sache nach preis und verwahrte sich gegen jede Art von „pelagianischer" oder „papistischer" Verdienstlichkeit. Die Verfasser der ⁄Konkordienformel von 1577 haben in Art. IV M.s antilibertinistisches Anliegen ernst genommen und Amsdorfs Überspitzung verworfen, indem sie die zwar verdienstlose, aber „notwendige" Einheit von Glaube und Tun einschärften.

■ Bibliographie: VD 16 13, M 1987–2215; TRE 21, 729 (Briefe).
■ Literatur: RE 12, 85–91; NDB 15, 718f.; HDThG 2, 113–117; TRE 21, 725–730. – R. KOLB: G.M. as Controversialist: ChH 45 (1976) 455–468; T.J. WENGERT: G.M. Defender of Wittenberg's Faith and Melanchtonian exegete: Melanchthon in seinen Schülern. Wiesbaden 1997, 129–155.

Inge Mager

Malvenda, *Pedro de,* spanischer Theologe, * um 1505 Burgos, † nach 1561; Studium in Paris mit Abschluss an der Artistenfakultät (1519) und Doctor theologiae (1538); Kaplan am kaiserlichen Hof; Teilnehmer an den Religionsgesprächen von ⁄Worms und ⁄Regensburg (1541 und 1546), wo er mit Martin ⁄Bucer und seinem zum Protestantismus übergetretenen Mitstudenten Juan ⁄Díaz disputierte. Zusammenarbeit mit Pedro de ⁄Soto beim ⁄Augsburger Interim (1548). Auf dem Tridentinum (1551–1552) ragte er durch seine Kenntnisse und seine Bemühungen um Verständigung heraus. 1561 trat er in Burgos bei der Kontroverse über die Eucharistie mit Kardinal Pedro González de Mendoza für seinen Bruder, Frater Antonio, ein.

■ Literatur: JEDIN Bd. 2 und 3; M. LE VASSOR: Lettres et mémoirs de François de Vargas, de Pierre M. Amsterdam 1699; C. GUTIÉRREZ: Españoles en Trento. Valladolid 1951, 962–965; J.I. TELLECHEA: La polémica entre el card. Mendoza y el abad M. Madrid 1980.

José Luis González-Novalín

Marbach, *Johannes,* lutherischer Theologe, * 24.4.1521 Lindau, † 17.3.1581 Straßburg; nach Studien in Straßburg und bei Martin Luther in Wittenberg (1539–41) 1542–45 in Isny; von Martin ⁄Bucer nach Straßburg berufen, 1545–57 Pfarrer an St. Nikolai, zugleich ab 1546 Theologieprofessor und ab 1553 Vorsitzender des Pfarrerkonvents. Unter seiner Führung setzte sich, wenn auch gegen Widerstände (z. B. Johann ⁄Sturm), die lutherische Orthodoxie in Straßburg durch (1563 Ersetzung der Tetrapolitana [⁄Bekenntnisschriften] durch die ↗Confessio Augustana).

■ Literatur: Nouveau dictionnaire de biographie alsacienne, Bd. 5. Straßburg 1995, 2514. – W. HORNING: Dr. J.M. Straßburg 1896; B. VOGLER: L'affirmation de l'orthodoxie luthérienne: Strasbourg au cœur religieux du XVIe siècle. ebd. 1977, 595–602; A. SCHINDLING: Humanistische Hochschule und freie Reichsstadt. Wiesbaden 1977.

Bernard Vogler

Marburger Religionsgespräch (MR),

(1.–4.10.1529). Der ↗Abendmahlsstreit zwischen Martin Luther und Huldrych Zwingli sowie deren Anhängern machten ein politisches Bündnis der evangelischen Stände unmöglich. Landgraf ↗Philipp von Hessen drängte deswegen auf ein Verständigungsgespräch der wichtigsten evangelischen Theologen. Obwohl die Argumente schriftlich ausgetauscht waren, folgten sie dem Verlangen der Politiker. Die Unterredungen wurden auf dem Marburger Schloss geführt, zunächst zwischen Luther und Johannes ↗Oekolampad bzw. Zwingli und Philipp Melanchthon, dann im Plenum. Sie konzentrierten sich rasch auf die Abendmahlsinterpretation. Luther betonte die schöpferische Kraft des Wortes Gottes und verwies auf die Verba Testamenti: „Hoc est". Oekolampad stützte sich auf Joh 6,63 und hielt das leibliche Essen für unwichtig, während Zwingli den Glauben der Kommunizierenden forderte. Eine Einigung kam nicht zustande. Am 4.10. formulierte Luther auf Bitten Philipps 15 „Marburger Artikel": über 14 Punkte wird Konsens konstatiert, lediglich in der Abendmahlsfrage sei man uneins darüber, ob „Leib und Blut Christi leiblich ym brot und wein sey". Später brachen deswegen wieder neue Streitigkeiten aus (↗Abendmahlsstreit).

■ Quellen: Das MR 1529, hg. v. G. MAY. Gütersloh ²1979.
■ Literatur: TRE 22, 75–79. – W. KÖHLER: Das MR 1529. Leipzig 1929. *Gerhard Müller*
■ Nachtrag: I.L. SNAVELY: ‚The evidence of things unseen'. Zwingli's ‚Sermon on providence' and the Colloquy of Marburg: Westminster Theological Journal 56 (1994) 399–407; W.H. NEUSER: Die abschließenden Einigungsversuche auf dem MR 1529. Zwei unerkannte Unionsformeln: Ordenlich und fruchtbar. FS W. van't Spijker. Leiden 1997, 43–52.

Marcello, Cristoforo, Theologe und Humanist, * aus venezianischem Adel, † 1527 Gaeta(?); zunächst in Padua, seit 1500 Apostolischer Protonotar an der römischen Kurie, 1514 Erzbischof von Korfu. Er veröffentlichte unter eigenem Namen das von Agostino Patrizi Piccolomini zusammengestellte päpstliche Zeremonienbuch, wobei er die Sprache humanistischem Geschmack anglich: *Rituum ecclesiasticorum sive sacrarum caeremoniarum SS. Romanae Ecclesiae libri tres non ante impressi* (Venedig 1516, Nachdruck Ridgewood 1965). M. schrieb als einer der Ersten gegen Martin Luther; er starb an den Folgen der ihm beim ↗Sacco di Roma zugefügten Verletzungen.

■ Werke: Universalis de anima traditionis opus. Venedig 1508, Nachdruck Farnborough 1969; In quarta Lateranensis concilii sessione habita oratio. Rom 1513; De authoritate summi pontificis et his quae ad illam pertinent adversus impia Martini Lutheri dogmata. Florenz 1521, Nachdruck Farnborough ²1969.
■ Literatur: F. LAUCHERT: Die italienischen literarischen Gegner Luthers. Freiburg 1912, 231–238; F. TAMBURINI–J. NABUCO: Le Cérémonial Apostolique avant Innocent VIII. Rom 1966, 34*–38*; N.H. MINNICH: Concepts of Reform Proposed to the Fifth Lateran Council: AHP 7 (1969) 163–251, besonders 181ff.; J.W. O'MALLEY: Praise and Blame in Renaissance Rome. Durham (North Carolina) 1979; M. DYKMANS: L'œuvre de

MARCELLO
MARGARETA VON PARMA

Patrizi Piccolomini, Bd. 1. Vatikanstadt 1980, 33*–42*. *Peter Walter*

Marcellus II., Papst (9.4.–1.5.1555), vorher *Marcello Cervini,* * 6.5.1501 Montefano bei Macerata aus einer Adelsfamilie der Stadt Montepulciano; befreundet mit Männern der Reform; Erzieher des Kardinals Alessandro Farnese (einflussreicher Nepot ⁄Pauls III.), dessen Sekretär er wurde; 1539 Bischof von Nicastro und Kardinal, 1540 Bischof von Reggio-Emilia, 1544 von Gubbio; diplomatische Sendungen in Deutschland (Kaiser ⁄Karl V.) und Frankreich (König ⁄Franz I.); seit 1545 einer der Trienter Konzilspräsidenten; 1548 Kardinalbibliothekar; unter ⁄Julius III. Reformwirken auf der zweiten Tagungsperiode des Konzils (1551/52) und in Rom. Behielt als Papst seinen Namen bei; war zu Reformen entschlossen, starb aber schon nach drei Wochen.

■ Quellen: NDB Abteilung I; CT.
■ Literatur: HKG 4, 476–505; DBI 24, 111ff.; BBKL 5, 771–775. – P. POLIDORI: De vita, gestis et moribus Marcelli II. Rom 1744; L. VON PASTOR: Geschichte der Päpste seit dem Ausgang des Mittelalters. Freiburg Bd. 5 1909, 874f. (Register); Bd. 6 1913, 317–356 708 715; HCMA 3, 26 33 193 256 284; JEDIN Bd. 1–3; M. DYKMANS: Quatre lettres de Marcel Cervini, cardinal-légat auprès de Charles Quint en 1540: AHP 29 (1991) 113–171; W.V. HUDON: Marcello Cervini and Ecclesiastical Government in Tridentine Italy. De Kalb (Illinois) 1992. *Georg Schwaiger*
■ Nachtrag: R. SPATARO: Il cardinale Cervini e l'argomentazione patristica durante la quarta sessione del Concilio di Trento: Salesianum 59 (1997) 33–49; J.I. TELLECHEA IDIGORAS: Marcelo II y su breve pontificado, según documentos de Simancas: Salmanticensis 46 (1999) 411–429.

Margareta von Parma, Herzogin, Statthalterin der Niederlande (1559–1567 und 1580–83), * 28.12.1522 Oudenaarde als illegitime Tochter Kaiser ⁄Karls V. und der Jeanne van den Gheynst, † 18.1.1586 Ortona; in Brüssel von der Familie de Douvin erzogen. 1536 mit Alessandro de' Medici, Herzog von Florenz, verheiratet, nach dessen Ermordung 1537 sie die Regierungsgeschäfte übernahm. Auf Veranlassung Karls V. heiratete M. 1538 Ottavio Farnese, den späteren Herzog von Parma, und wurde so in die Parteienkämpfe zwischen den großen italienischen Familien und dem Vatikan verwickelt. 1559 von ⁄Philipp II. zur Statthalterin der Niederlande ernannt. Musste dort – nach längeren politischen und religiösen Auseinandersetzungen – dem Druck der adligen Opposition unter ⁄Wilhelm I. von Oranien nachgeben und ihren Ratgeber Antoine Perrenot de ⁄Granvella entlassen (1564). Nach weiteren Zugeständnissen konnte sie dann nur noch als Vermittlerin zwischen den niederländischen Oppositionellen und der spanischen Krone agieren. Anfang 1567 gelang es M., ihre Position zu stärken. Nach Eintreffen Herzog ⁄Albas, der, an der Spitze eines starken Heeres stehend, von Philipp II. mit weitreichenden Vollmachten ausgestattet war, sah M. ihre Kompetenzen jedoch wieder beschnitten, so dass sie ihr Amt aufgab und im Dezember 1567 nach Italien zurückkehrte. 1580 erneut Statthalterin. Ihre zweite Amtszeit war geprägt durch die Machtkämpfe mit ihrem Sohn Alessandro Farnese, in denen sie sich letztlich nicht durchsetzen konnte. 1583 zog sie sich ins italienische Ortona zurück.

■ Literatur: B. HAMANN (Hg.): Die Habsburger. Ein biographisches Lexikon. Wien 1988, 275ff. – J. DE JONGHE: Madama M. van Oostenrijk, Hertogin van Parma en Piacenza 1522–86. Amsterdam ³1981; A. PUAUX: Madama, Fille de Charles V, Regente de Pays-Bas. Paris 1987. *Jens Grühn*

Maria I. von England (M. die Katholische, auch M. die Blutige [englisch Bloody Mary], M. Tudor), Königin (1553–58), * 18.2.1516 Greenwich als Tochter ⁄ Heinrichs VIII. und Katharinas von Aragón (einziges überlebendes Kind), † 17.11.1558 London. 1523 schrieb Juan Luis ⁄ Vives „De institutione foeminae christianae", um damit Leitlinien einer für sie passenden Erziehung festzulegen. Heinrich begann in den späten zwanziger Jahren die Rechtmäßigkeit seiner Ehe mit Katharina und damit die eheliche Geburt M.s zu bestreiten. Der Scheidung Heinrichs von Katharina (1533) verweigerte M. ihre Anerkennung. Nach der Geburt ⁄ Elisabeths (I.) durch Heinrichs zweite Frau Anne Boleyn 1533 wurde M. durch die „Act of Succession" (1534) von der Thronfolge ausgeschlossen. Sie legte förmlichen Protest gegen den Verlust ihres Nachfolgestatus ein, ergab sich aber nach dem Tod ihrer Mutter im Januar 1536 ihrem Schicksal; M. unterwarf sich ihrem Vater, was sie in seiner Gunst steigen ließ; so erhielt sie ausgedehnte Güter in East Anglia, wo sie die Zeit während der Regierung ihres protestantischen Halbbruders ⁄ Eduard VI. verbrachte. Sie widerstand dessen religiösen Anschauungen und behielt die Messe in ihrer Hauskapelle bei, wobei sie unter dem Schutz ihres Cousins, Kaiser ⁄ Karls V., stand. M.s territoriale Machtbasis versetzte sie schließlich nach Eduards Tod 1553 in die Lage, den Versuch des Herzogs von Northumberland zu vereiteln, die Frau seines Sohnes, Jane Grey, zur Königin zu krönen, und sie bestieg selbst den Thron. Gleich nach ihrem Amtsantritt begann M. mit der Restauration des römischen Katholizismus in England; die Messe wurde sofort erlaubt, die Religionsgesetze Eduards im Dezember 1553 außer Kraft gesetzt. 1554 ging sie eine unpopuläre Ehe mit ⁄ Philipp von Spanien ein, aber aufgrund ihres Alters sowie ihrer schwachen Gesundheit entstanden der Ehe keine Nachkommen. Am 30.11.1554 erteilte Kardinal Reginald ⁄ Pole im Parlament die förmliche Lossprechung des Königreichs vom Schisma, Heinrichs Religionsgesetze wurden 1555 außer Kraft gesetzt; jene, die kirchliche Güter erworben hatten, durften diese jedoch behalten. M. war in der Wahl ihrer Methoden bei der Restauration nicht zimperlich (etwa 300 Protestanten wurden als Häretiker verbrannt, darunter Thomas ⁄ Cranmer, Hugh ⁄ Latimer). Sie veranlasste die Wiedererrichtung einiger Klöster, und die englische Kirche konnte unter Pole, dessen Disziplinargesetze die tridentinischen Beschlüsse vorwegnahmen, eine beachtliche Wiederherstellung katholischer Liturgie und Praxis verzeichnen. Während M. sich innenpolitisch mit Gegnern auseinanderzusetzen hatte (Revolte Thomas Wyats 1554), musste sie außenpolitisch den Verlust von Calais (1558) verkraften; Inflation, Epidemien sowie eine hohe Kriegssteuer ließen ihre Popularität sinken. Weil ein zuverlässiger katholischer Erbe fehlte, hinterließ M. ein verwundbares Lebenswerk, das durch den raschen religiösen Umschwung unter ihrer Halbschwester Elisabeth binnen weniger Monate zusammenbrach.

■ Literatur: D. LOADES: The Reign of Mary Tudor. London 1979; R. WINGFIELD: Vitae Mariae Reginae, hg. v. D. MACCULLOCH. ebd. 1984; D. LOADES: Mary Tudor. Oxford 1992; E. DUFFY: The Stripping of the Altars. Yale 1992, Kapitel 16. *Richard Rex*

■ Nachtrag: C. ERICKSON: Bloody Mary. London 1995; J.M. RICHARDS: ‚To promote a

MARIA I.
MARIA STUART

woman to beare rule'. Talking of queens in Mid-Tudor England: SCJ 28 (1997) 101–121; J. WHITE: The funeral sermon for Queen Mary I Tudor: Ephemerides liturgicae 111 (1997) 164–193; TH. BETTERIDGE: ‚Making new novelties old'. Marian histories of the Henrician reformation: Reformation 2 (1998) 149–173; M.A. PANZER: M. I.: Englands Königinnen, hg. v. DERSELBEN. Regensburg 2001, 72–92.

Maria Stuart, „Königin der Schotten" (1542–67), * 8.12.1542 Linlithgow als Tochter Jakobs V. († 1542) von Schottland und der Maria von Guise († 1560), † 8.2.1587 Fotheringhay. Als ∕Heinrich VIII. nach dem Tod ihres Vaters gewaltsam versuchte, eine Vermählung M.s mit seinem Sohn ∕Eduard (VI.) durchzusetzen, um die beiden unabhängigen Königreiche England und Schottland im Kampf gegen die katholische Übermacht Frankreichs, Spaniens und Roms zu vereinen, wurde M. 1548 auf Betreiben ihrer Mutter nach Frankreich gebracht, wo sie am französischen Königshof im katholischen Glauben aufwuchs. 1558 Vermählung mit dem späteren König Franz II. von Frankreich. Nach dessen Tod (1560) kehrte M. 1561 nach Schottland zurück, wo ihre Mutter als Regentin im Oktober 1559 von den Reformatoren abgesetzt und der protestantische Glaube vom Juli-Parlament (1560) als Staatsreligion eingeführt worden war. M. erkannte den reformierten Glauben zwar öffentlich an, weigerte sich aber zeitlebens, das Gesetz zu ratifizieren, und besuchte in der Kapelle von Holyrood regelmäßig die Messe. 1565 heiratete M. ihren Cousin Lord Henry Darnley, dem sie einen Sohn gebar, den späteren König Jakob VI. von Schottland (I. von England). 1566 wurde M.s Sekretär und Vertrauter David Rizzio von ihrem Ehemann und protestantischen Lords, denen M. den Prozess angedroht hatte, ermordet. M. wandte sich von Darnley ab und wurde der Beteiligung an dessen Ermordung (1567) verdächtigt, zunächst v. a. aufgrund ihrer raschen Wiederverheiratung mit James Bothwell, einem der Hauptverdächtigen, später aufgrund der so genannten Kassettenbriefe, deren Echtheit heute allerdings angezweifelt wird. M. wurde inhaftiert und zur Abdankung zugunsten ihres Sohnes gezwungen, der im Rahmen einer von John ∕Knox zelebrierten protestantischen Zeremonie zum König gekrönt wurde. Im Mai 1568 gelang M. die Flucht von Loch Leven, wo man sie gefangen hielt. Nach der Niederlage ihrer Anhänger bei Langside im gleichen Jahr begab sie sich unter den Schutz ∕Elisabeths I. von England, deren Aufforderung, M. wieder als Königin von Schottland einzusetzen, von den Schotten abgelehnt wurde. Elisabeth veranlasste daraufhin jedoch M.s Gefangensetzung unter dem Verdacht der Beteiligung an Darnleys Ermordung. Während ihrer 18 Jahre dauernden Gefangenschaft wurde M. der Mitwisserschaft an mehreren Komplotten zur Beseitigung Elisabeths verdächtigt, u. a. der Verschwörung Anthony Babingtons (1586), die zu ihrer Hinrichtung führte.

M.s widersprüchliche Politik erfährt bis heute die unterschiedlichsten Beurteilungen, die von religiöser Toleranz über Unentschlossenheit und Unfähigkeit bis hin zu Opportunismus reichen. Man kann jedoch davon ausgehen, dass in einer Zeit des religiösen Umbruchs M.s Handeln weniger von ihrem persönlichen Glauben als vielmehr von ihrem Streben nach dem englischen Thron, als dessen rechtmäßige Erbin sie sich als Urenkelin Heinrichs VII. betrachtete, bestimmt war.

■ Literatur: T.F. HENDERSON: Mary, Queen of Scots, 2 Bde. London 1905; I.B. COWAN: The Enigma of Mary Stewart. ebd. 1971; G. DONALDSON: Mary, Queen of Scots. ebd. 1974; DERSELBE: All the Queen's Men: Power and Politics in Mary Stewart's Scotland. ebd. 1983; A. PLOWDEN: Two Queens in One Isle. Brighton 1984; J. WORMALD: Mary, Queen of Scots. London 1987, deutsch Freiburg 1992; D. UND J. STEELE: Mary Stuart's Scotland. London 1987; M. LYNCH (Hg.): Mary Stewart. Queen in Three Kingdoms. Oxford 1988; M. LEE: The daughter of debate: Mary, Queen of Scots after 400 years: Scottish Historical Review 68 (1989) 70–79; R.M. KINGDON: Knox and the anti-Marian resistance: The Cambridge History of political thought, 1450–1700, hg. v. J.J. BURNS – M. GOLDIE. Cambridge 1991, 194–200; A.A. MACDONALD: Mary Stewart's entry to England: an ambiguous triumph: Innes Review 42 (1991) 101–110; M. DUCHEIN: M. Stuart. Zürich 1992; R. GUERDON: Marie Stuart: reine de France et d'Ecosse. Paris 1995. *Sabine Scharberth*

Marius (eigentlich Mair, Mayr), *Wolfgang*, Zisterzienser (1490), Humanist, * 18.10.1469 Dorfbach, † 11.10.1544 Aldersbach; 1493–97 Studium in Heidelberg; ab 1514 Abt von Aldersbach. M. verfasste neben Gedichten u. a. eine Geschichte seines Klosters und Kontroversschriften gegen Martin ∕Luther (Teiledition: Wiest, Bd. 4 [s. Werke]).
■ Werke: Christi fasciculus florido heroici poematis charactere digestus. Landshut 1515, deutsch Tegernsee 1580; S. WIEST (Hg.): De W.M. ... scriptore, 4 Bde. Ingolstadt 1788–92; M. HARTIG (Hg.): Die Annales ecclesiae Alderspacensis des W.M.: Verhandlungen des historischen Vereins von Niederbayern 42 (1906) 1–112, 43 (1907) 1–113; M. GLONING (Hg.): Aus der Gedichtesammlung des Abtes M. von Aldersbach: Studien und Mitteilungen zur Geschichte des Benedictinerordens und seiner Zweige 32 (1911) 699–702, 33 (1912) 76–89.
■ Literatur: NDB 16, 218f. – J. OSWALD: Der Humanistenabt W.M. – J. L. SCHROTT (Hg.): Bayerische Kirchenfürsten. München 1964, 149–159; J. OSWALD: Die Gedichte des Abtes W.M.: Ostbairische Grenzmarken 7 (1964/65) 310–319; DERSELBE: Abt W.M.: Speculum historiale. FS J. Spörl. München 1965, 354–374; DERSELBE: Bayerische Humanistenfreundschaft: D. ALBRECHT U.A. (Hg.): FS M. Spindler. ebd. 1969, 401–420; F. LENHARDT: Der Altar des Abtes W.M. ... im Ingolstädter Münster: Sammelblätter des historischen Vereins Ingolstadt 92 (1983) 145–169; W. HAUER: 1250 Jahre Aldersbach. Aldersbach 1985, 93f. *Claudia Schwaab*

Marpeck (Marbeck), *Pilgram*, führende Gestalt der ∕Täufer, * um 1495, † 1556 Augsburg; wirkte in der Verwaltung in Rattenberg (Inn) (1522 Bürgermeister, 1525–28 Bergwerksaufseher) und in Straßburg (1528–1532), von wo er jeweils wegen seiner Zugehörigkeit zur Täuferbewegung vertrieben wurde; nach Wanderjahren ab 1544 in Augsburg wieder mit öffentlichen Aufgaben betraut. M., der seine politischen Aktivitäten als christliche Aufgabe betrachtete, beeinflusste die Mennoniten (∕Menno Simons) und ∕Hutterischen Brüder.
■ Literatur: BIDI 17, 33–73. – J. KIWIET: P.M. Kassel 1958; W. KLASSEN: Covenant and Community. Grand Rapids 1968; N. BLOUGH: Christologie anabaptiste. Genf 1984; S.B. BOYD: P.M. Mainz 1992; J.D. REMPEL: The Lord's Supper in Anabaptism. Waterloo (Ontario) 1993. *Stephen B. Boyd*
■ Nachtrag: G.L. DIPPLE: Sebastian Franck in Strasbourg: Mennonite Quarterly Review 73 (1999) 783–802; W.O. PACKULL: Preliminary report on P.M.'s sponsorship of anabaptist ‚Flugschriften': ebd. 75 (2001) 75–88.

Marschalk, *Nikolaus* (Nicolaus Marescalcus Thurius), Humanist, * um 1470 Roßla (Thüringen), † 12.7.1525 Rostock; studierte seit 1492 in Erfurt (1496 Magister artium); zentrale Figur eines humanistisch gesinnten Gelehrtenkreises; übte als Förderer des Griechisch- und Hebräischstudiums Einfluss auf Martin Luther aus; lehrte seit 1502 an der Universität Wittenberg und nach einer Tätigkeit als herzoglicher Rat in Schwerin (1505-10) an der Universität Rostock. M.s umfangreiche Tätigkeit als Herausgeber und Autor erstreckt sich v. a. auf philologische Lehrbücher und Geschichtswerke.

■ Literatur: Literaturlexikon. Autoren und Werke deutscher Sprache, hg. v. W. KILLY, Bd. 7. Gütersloh-München 1990, 495; NDB 16, 252f. – H. JUNGHANS: Der junge Luther und die Humanisten. Göttingen 1985; TH. HAYE: Notizen zu N.M.: Daphnis 23 (1994) 205–236.

Thomas Haye

Massarelli, *Angelo,* Bischof von Telese (1557), * 1510 Sanseverino (Mark Ancona), † 16.7.1566 Rom; Studium der Rechte in Siena; 1538 Sekretär des Kardinal Hieronymus ↗Aleander des Älteren; 1542 Sekretär Marcello Cervinis (später Papst ↗Marcellus II.), den er 1545 zum Tridentinum begleitete. Am 1.4.1546 zum Sekretär des Konzils ernannt; er bekleidete dieses Amt in allen drei Konzilsperioden und versah es mit Gewissenhaftigkeit, wenn er auch z. T. durch die Arbeit überfordert war. Er verfasste die Protokolle des Konzils sowie einige Diarien.

■ Werke: Kongregations- und Sitzungsprotokolle: CT 4–9; 7 Diarien: CT 1–2; Decreta septem priorum sessionum Concilii Tridentini sub Paulo III Pontifice Maximo ex autografo A.M., ed. v. S. KUTTNER. Washington 1945.
■ Literatur: S. MERKLE: De A.M. Concilii secretario et Diariorum Actorumque scriptore: CT 1, LXVIII–CXX; DERSELBE: Lücken in den Protokollen des Tridentinums ihre Ergänzung: ZSRG.K 27 (1938) 154–179; JEDIN Bd. 2–4/2.

Klaus Ganzer

Mathesius, *Johannes,* lutherischer Theologe, * 24.6.1504 Rochlitz (Sachsen), † 7.10.1565 St. Joachimsthal (Böhmen); Studium u. a. in Ingolstadt und (seit 1529) in Wittenberg; ab 1532 Rektor der Joachimsthaler Lateinschule, deren humanistische Ausrichtung er als Schüler Philipp Melanchthons mit bestimmte. Nach Wittenberg zum Studium zurückgekehrt, zeichnete er u. a. Martin Luthers Tischreden auf (1540–42), wurde 1542 von diesem ordiniert und war ab 1545 Pfarrer in Joachimsthal. Innerhalb seines Predigtwerkes (etwa 1500 Predigten) ragen diejenigen über Luther heraus, mit denen M. die erste protestantische Lutherbiographie schuf und ihn als Propheten, Lehrer und Seelsorger zeichnete. Daneben sind seine Bergwerkspredigten als Sach- und Sprachquellen von Bedeutung.

■ Literatur: NDB 16, 369f.; BBKL 5, 1000–11. – G. LOESCHE: J.M., 2 Bde. Gotha 1895 (Werkverzeichnis); H. VOLZ: Die Lutherpredigten des J.M. Leipzig 1930; H. WOLF: Die Sprache des J.M. Köln-Wien 1969; R. KOLB: For All the Saints. Changing Perceptions of Martyrdom and Sainthood in the Lutheran Reformation. Macon 1987, 109–137.

Heribert Smolinsky

■ Nachtrag: A. ECKERT: Analytischer Vergleich der Abendmahlslehre ... [von] J.M. ...: Communio viatorum 41 (1999) 5–29.

Maximilian II. (Kaiser 1564–76), * 31.7.1527 Wien als Sohn Kaiser ↗Ferdinands I., † 12.10.1576 Regensburg; durch seinen 1538 entlassenen Lehrer, den Luther-Schüler Wolfgang Schüber, kam er frühzeitig in Kontakt mit der evangelischen Bewegung; er begleitete seinen Onkel ↗Karl V. im Schmalkaldischen Krieg und heiratete 1548 Maria, eine Tochter Karls; 1548–50 Statthalter in Spanien; geriet wegen vom Hofprediger Sebastian Pfauser und lutherischen Adeligen geförderter evangelischer Neigungen in Gegensatz zum Kaiser; legte sich eine „lutherische Bibliothek" zu und korrespondierte mit protestantischen Fürsten. Druck seitens Karls und ↗Pauls IV. sowie kaum zu erwartende Hilfe durch die protestantischen Fürsten ließen ihn aus politischen Gründen (Nachfolge im

Reich und vielleicht in Spanien) katholisch bleiben. 1562 König von Böhmen und römisch-deutscher König, 1563 König von Ungarn, 1564 Kaiser. Gemäß der von Ferdinand I. verfügten Dreiteilung seiner Länder erhielt M. Böhmen, Ungarn, Ober- und Niederösterreich; strebte als Kaiser Einigung der Konfessionen an; als österreichischer Landesherr gewährte er unter dem Druck der Türkenkriege dem protestantischen Adel mit der Religionskonzession von 1568 und mit der – nach Approbation der von David ⁄ Chytraeus verfassten Kirchenordnung – 1571 erlassenen Religionsassekuration Bekenntnis- und Kultusfreiheit; erließ 1567 Vorschriften für die Klosterreform und errichtete 1568 den so genannten Klosterrat; gewährte 1575 in Böhmen den Lutheranern und Utraquisten Religionsfreiheit. Hinter seiner Religionspolitik stand die Hoffnung auf Konvergenz durch Reformen wie Priesterehe (⁄ Zölibat) und ⁄ Laienkelch sowie die Rücksichtnahme auf den ⁄ Augsburger Religionsfrieden. Mit Rom hatte er nicht nur wegen konfessioneller Unzuverlässigkeit Probleme, sondern auch wegen der Rangerhöhung Cosimos de' Medici zum Großherzog durch ⁄ Pius V. (1569). M. bemühte sich 1572/73 und 1575 vergeblich um den polnischen Thron. Er starb 1576 auf dem Reichstag in Regensburg und wurde im Prager Veitsdom beigesetzt.

▩ Quellen: M. KOCH (Hg.): Quellen zur Geschichte des Kaisers M. II., 2 Bde. Leipzig 1857–61; W.E. SCHWARZ (Hg.): Briefe und Akten zur Geschichte M.s II., 2 Bde. Paderborn 1889–91; V. BIBL (Hg.): Die Korrespondenz M.s II. 1564–67, 2 Bde. Wien 1916–21; R. RODRIGUEZ RASO (Hg.): Maximiliano de Austria, gobernador de Carlos V en España. Cartas al emperador. Madrid 1963.

▩ Literatur: NDB 16, 471–475. – O.H. HOPFEN: Kaiser M. II. und der Kompromißkatholizismus. München 1895; V. BIBL: M. II. Der rätselhafte Kaiser. Hellerau-Dresden 1929; R. VOCELKA: Die Begräbnisfeierlichkeiten für M. II.: Mitteilungen des Instituts für Österreichische Geschichtsforschung 84 (1976) 105–136; M. ALTFAHRT: Die politische Propaganda für M. II.: ebd. 88 (1980) 283–312; 89 (1981) 53–92; A. BUES: Die habsburgische Kandidatur für den polnischen Thron während des Ersten Interregnums in Polen 1572/73. Wien 1984; F. EDELMAYER: M. II., Philipp II. und Reichsitalien. Stuttgart 1988; F. EDELMAYER–A. KOHLER (Hg.): Kaiser M. II., Kultur und Politik im 16.Jh. Wien–München 1992.

Johann Rainer

Nachtrag: M. LANZINNER: Friedenssicherung und politische Einheit des Reiches unter Kaiser M. II. 1564–76. Göttingen 1993; P. LUTTENBERGER: Kurfürsten, Kaiser und Reich. Politische Führung und Friedenssicherung unter Ferdinand I. und M. II. Mainz 1994; A. EDEL: Der Kaiser und Kurpfalz. Eine Studie zu den Grundelementen politischen Handelns bei M. II. Göttingen 1997.

Medici, *Katharina de',* Königin von Frankreich, * 13.4.1519 Florenz, † 5.1.1589 Blois; Tochter von Lorenzo de' Medici, Herzog von Urbino, und Madeleine de la Tour d'Auvergne; 1533 Eheschließung mit dem späteren König ⁄ Heinrich II. von Frankreich, arrangiert durch ⁄ Clemens VII. mit politischer Zielsetzung. Nach Heinrichs Tod 1559 regierte Katharina für die minderjährigen Söhne Franz II. († 1560) und ⁄ Karl IX.: Bewahrung des inneren Friedens und Erhaltung der Macht der Krone. Begünstigte anfangs die ⁄ Hugenotten, trug aber später mit ihrem Sohn Heinrich von Anjou (⁄ Heinrich III.) und dem Herzog de ⁄ Guise die Verantwortung für die ⁄ Bartholomäusnacht (24.8.1572). 1588 Flucht vor den Guise nach Blois.

▩ Quellen: Lettres, hg. v. H. DE LA FERRIÈRE u.a., 10 Bde. Paris 1880–1909.

▩ Literatur: L. ROMIER: Catholiques et Huguenots à la Cour de Charles IX. Paris 1924;

DERSELBE: Le royaume de Cathérine de Médicis, 2 Bde. ebd. ²1925; J. HÉRITIER: K. von M. Stuttgart 1964; H.R. WILLIAMSON: Catherine de'M. London 1973; I. MAHONEY: K. von M. München ⁵1997. Klaus Jaitner
■ Nachtrag: J. ORIEUX: K. von M. Augsburg 1998, R.J. KNECHT: Catherine de'M. London 1998; DERSELBE: The French Civil Wars. Harlow 2000; K. CRAWFORD: Catherine de M. and the performance of political motherhood: SCJ 31 (2000) 643–673.

Medina, Miguel de, Franziskaner (1509), Theologe, * nach 1500 Belalcázar (Córdoba), † 1.5.1578 Toledo; Studium in Córdoba und Alcalá; 1560 erfolglose Bewerbung um den Bibellehrstuhl in Alcalá. 1562 auf dem Tridentinum; 1567 von ↗Pius V. beauftragt, Schriften gegen die ↗Magdeburger Centuriatoren zu verfassen, die aber unediert blieben. Weil M. die von der Sorbonne indizierten Bibelkommentare des Johannes ↗Wild in überarbeiteter Form in Spanien veröffentlichte und sie gegen die Anschuldigungen von Domingo de ↗Soto, sie enthielten lutherische Tendenzen, in Schutz nahm, musste er sich vor der Inquisition in Toledo verantworten. 1572 wurde M. in Haft genommen. Der Prozess endete 1578 nach seinem Tod mit Freispruch.
■ Werke: Apologeticum pro lectione apostolica. Alcalá 1558; De recta in Deum fide. Venedig 1563; Disputationes de indulgentiis. ebd. 1564; De sacrorum hominum continentia. ebd. 1569; Tratado de la cristiana y verdadera humildad. Toledo 1570.
■ Literatur: DTHC 10, 486f. – J.L. ORELLA Y UNZUE: Respuestas católicas a las Centurias de Magdeburgo (1559–88). Madrid 1976; I. VÁZQUEZ JANEIRO: Un erasmista olvidado: Fray M. de M. OFM († 1578): Miscellanea Historiae Pontificiae 50 (1983) 261–281; DERSELBE: Cultura y censura en el siglo XVI: Anton 63 (1988) 26–73.

Fernando Domínguez

Megander (eigentlich Großmann), Kaspar, Schweizer Reformator,
* 1495 Zürich, † 17.8.1545 ebenda; früher Anhänger und Mitarbeiter Huldrych Zwinglis. 1528 als Professor der Theologie und Prediger nach Bern berufen, wurde er 1537 vom Rat der Stadt entlassen, weil er sich den von Martin ↗Bucer betriebenen Unionsbestrebungen widersetzte und an Zwinglis Abendmahlslehre festhielt. M. wurde daraufhin Chorherr und Archidiakon in Zürich. Er verfasste u. a. einige biblische Kommentare und entwarf 1537 die waadtländische Kirchenverfassung.
■ Literatur: RE³ 12, 501ff.; RGG³ 4, 828. – K. GUGGISBERG: Bernische Kirchengeschichte. Bern 1958 (Register).

Burkhard Neumann
■ Nachtrag: Ein Berner ‚Kunzechismus' von 1541. Bucers verloren geglaubte Bearbeitung des Meganderschen Katechismus: Zwingliana 24 (1997) 81–94.

Melanchthon (eigentlich Schwartzerdt), Philipp, Humanist und Reformator, * 16.2.1497 Bretten, † 19.4.1560 Wittenberg; das von der Spätscholastik geprägte Studium an den Universitäten Heidelberg (1509–12) und Tübingen (1512–18) hinterließ bei M. keine tiefer gehenden Spuren, stärker prägte ihn die sich im zweiten Jahrzehnt des 16. Jh. formierende (besonders von ↗Erasmus von Rotterdam inspirierte) humanistische Reformtheologie (↗Humanismus). Seine ersten theologischen Äußerungen an der Universität Wittenberg, wohin er durch Empfehlung seines entfernten Verwandten Johannes ↗Reuchlin 1518 als Griechischprofessor berufen worden war und wo er 1519 den Grad des Baccalaureus biblicus erworben hatte, waren selbst ein wichtiger Beitrag zu dieser Strömung, die wegen der Dominanz der Lehrstreitigkeiten der Reformationszeit freilich keine eigenständige Entwicklungschance mehr erhalten sollte. In Wittenberg kam es auch zur schicksalhaften Begegnung mit Martin Luther; noch in seinem Testament bekannte M., von ihm das Evangelium gelernt zu haben. Seit der /Leipziger Disputation von 1519 nahm M. offen Partei für Luther, seit 1521 war er bereits selbst einer der Wortführer der sich entwickelnden reformatorischen Theologie. Sein erster theologischer Wurf, die *Loci communes rerum theologicarum seu hypotyposes theologicae* (Wittenberg 1521), oft als die erste protestantische Dogmatik bezeichnet, enthielt eine Reihe unausgeglichener Äußerungen, welche in den zwanziger Jahren durch eine neue Zuordnung von Glaube und Vernunft, Gnade und Freiheit korrigiert (Kolosserbrief-Kommentar, Hagenau 1527) und Anfang der dreißiger Jahre endgültig überwunden wurden (Römerbrief-Kommentar Wittenberg 1532; *Loci communes theologici*. Wittenberg 1535, überarbeitet: *Loci theologici*. ebd. 1543/44; letzte zu Lebzeiten M.s erschienene Ausgabe: *Loci praecipui theologici*. ebd.–Leipzig 1559). Neben der umfangreichen kirchen- und bildungspolitischen Tätigkeit (/Kirchenordnungen, Schulordnungen usw.) wie neben der akademischen Lehre und ihrem literarischen Niederschlag (Kommentare zu biblischen und klassischen Texten, Aristoteles-Kommentar, Lehrbücher) stand M. aus innerer Überzeugung auch in vorderster Linie bei den Einigungsbemühungen und /Religionsgesprächen, für die er maßgeblich die Position der evangelischen Seite formulierte (/Confessio Augustana 1530; Apologie des Augsburger Bekenntnisses 1531; *Tractatus de potestate et primatu papae* [1537]. Straßburg 1540; *Confessio Saxonica* 1551). Obwohl er neben Luther der führende Repräsentant der deutschen Reformation war und obwohl es zwischen ihm und Luther selbst keinen Bruch gegeben hat, wurde er von jüngeren Luther-Schülern (/Gnesiolutheraner) kryptocalvinischer (/Kryptocalvinismus) und kryptokatholischer Tendenzen beschuldigt und heftig bekämpft. Bildungsgeschichtlich gilt M. sowohl als Schöpfer der protestantischen Gelehrtenschule wie auch als maßgeblicher Organisator der protestantischen Universität. Für fast alle Disziplinen verfasste der Polyhistor vielbenutzte Lehrbücher. Bereits zu Lebzeiten erhielt er den Ehrentitel „Praeceptor Germaniae" (Lehrer Deutschlands). Philosophiegeschichtlich ist M. durch seine humanistische Aristoteles-Rezeption zum Vater der protestantischen Deutschen Schulphilosophie geworden. Sein sprach-, geschichts- und praxisbezogenes Philosophieverständnis (Verbindung von Aristotelismus und Sprachhumanismus, Dialektik und Rhetorik), das früher oft als flacher Eklektizismus galt, wird heute als wichtiges Beispiel des frühneuzeitlichen Transformationsprozesses der Philosophie betrachtet. Umstritten war in Protestantismus wie Katholizismus auch M.s kirchen- und theologiegeschichtliche Bedeutung. Vermutlich hat M. die Kirchenwerdung der Reformation stärker bestimmt als Luther. Auf jeden Fall hat er (im Unterschied zu diesem) als (im Kontext der ökumenischen Bewegung neu zu würdigende) maßgebliche Vermittlergestalt sowohl zwischen Reformation und Humanismus (Luther und Erasmus) als auch zwischen Lutheranern und Reformierten wie zwischen Luthertum und Katholizismus fungiert.

Werke: CR 1–28; Supplementa Melanchthoniana. Werke Ph.M.s, die im CR vermißt werden, 5 Bde. Leipzig 1910–29, Neudruck

Frankfurt (Main) 1968; M.s Werke in Auswahl, 7 Bde., hg. v. R. STUPPERICH. Gütersloh 1951–75; M.s Briefwechsel. Kritische und kommentierte Gesamtausgabe, hg. v. H. SCHEIBLE. Stuttgart 1977ff.; Loci communes 1521, lateinisch-deutsch, übersetzt von H.G. PÖHLMANN. Gütersloh 1993; M. deutsch, 2 Bde., hg. v. M. BEYER u.a. Leipzig 1997.

■ Literatur: TRE 22, 371–410. – W. HAMMER: Die M.-Forschung im Wandel der Jahrhunderte, 4 Bde. Gütersloh 1967–96; V. PFNÜR: Einig in der Rechtfertigungslehre? Wiesbaden 1970; S. WIEDENHOFER: Formalstrukturen humanistischer und reformatorischer Theologie bei Ph.M., 2 Bde. Bern 1976; DERSELBE: Zum katholischen M.-Bild im 19. und 20.Jh.: Zeitschrift für Katholische Theologie 102 (1980) 425–454; E.P. MEIJERING: M. and Patristic Thought. Leiden 1983; S. RHEIN: Philosophie und Dichtung. Dissertation. Heidelberg 1987; J.R. SCHNEIDER: Ph.M.'s Rhetorical Construct of Biblical Authority. Lewiston 1990; J. KNAPE: Ph.M.s ‚Rhetorik'. Tübingen 1993; O. BERWALD: Ph.M.s Sicht der Rhetorik. Wiesbaden 1994; G. FRANK: Die theologische Philosophie Ph.M.s. Leipzig 1995; H. SCHEIBLE: M. und die Reformation, hg. v. R. DECOT–G. MAY. Mainz 1996; H. SCHEIBLE: M. München 1997; DERSELBE (Hg.): M. in seinen Schülern. Wiesbaden 1997; Ph.M., hg. v. J. HAUSTEIN. Göttingen ²1997. – Reihe: M.-Schriften der Stadt Bretten, Bd. 1ff. Sigmaringen 1988ff. *Siegfried Wiedenhofer*

■ Nachtrag: Humanismus und Wittenberger Reformation. FS anläßlich des 500. Geburtstages des Praeceptor Germaniae Ph.M. am 16.2.1997. Leipzig 1996; G. BINDER (Hg.): Ph.M. Exemplarische Aspekte seines Humanismus. Trier 1998; M.H. JUNG: Frömmigkeit und Theologie bei Ph.M. Das Gebet im Leben und in der Lehre des Reformators. Tübingen 1998; G. WARTENBERG (Hg.): Ph.M. als Politiker zwischen Reich, Reichsständen und Konfessionsparteien. Wittenberg 1998; R. FRIEDRICH (Hg.): 500 Jahre Ph.M. Wiesbaden 1998; K. MAAG (Hg.): M. in Europe. Grand Rapids 1999; Werk und Rezeption Ph.M. in Universität und Schule bis ins 18.Jh. Leipzig 1999; G. FRANK (Hg.): Der Theologe M. Stuttgart 2000; M. BECHT: Pium consensum tueri. Münster 2000; W. MATZ: Der befreite Mensch. Göttingen 2001.

Melander, *Dionysius* der Ältere, Dominikaner (1505/06), evangelischer Theologie, * um 1486 Ulm, † 10.7. 1561 Kassel; M. wandte sich 1522 der Reformation zu und war 1525–35 Prädikant in Frankfurt (Main), 1536–61 Hofprediger ∕Philipps von Hessen in Kassel. Er stand mit Martin ∕Bucer, Wolfgang ∕Capito, Huldrych Zwingli, Johannes ∕Oekolampad und Heinrich ∕Bullinger in Kontakt, neigte zur oberdeutsch-schweizerischen reformierten Lehre und suchte diese in Frankfurt zu verbreiten. M. traute Philipp 1540 mit Margarete von der Saale und verteidigte die somit entstandene Doppelehe des Landgrafen, der seinen Hofprediger auf den verschiedenen Feldern der hessischen Kirchenpolitik (u. a. Kirchenordnung, Synoden, Visitationen, Religionsverhandlungen) einsetzte.

■ Literatur: NDB 17, 1. – K.M. SAUER: D.M. der Ältere. Leben und Briefe: Jahrbuch der Hessischen Kirchengeschichtlichen Vereinigung 29 (1978) 1–36; J. TELSCHOW–E. REITER: Die evangelischen Pfarrer von Frankfurt am Main. Gelnhausen 1980; K.M. SAUER: Kirchliche Einheit bei unterschiedlichen Lehrmeinungen: Jahrbuch der Hessischen Kirchengeschichtlichen Vereinigung 44 (1993) 5–24. *Heribert Smolinsky*

Melius (eigentlich Juhász), *Peter,* ungarischer Reformator, * um 1536 Horhi (Komitat Somogy), † 15.12. 1572 Debrecen. M. studierte von 1556–58 in Wittenberg und hörte dort u. a. Philipp Melanchthon. Ab 1558 wirkte er in Debrecen, wo er sich dem ∕Calvinismus anschloss und 1561 zum Bischof gewählt wurde. Durch ihn wurde Debrecen zum Zentrum des ungarischen Calvinismus. 1562 verfasste er zusammen mit Gregor Szegedi und Georg Czeglédi die so genannte „Confessio Debrecinensis". M. wirkte entscheidend mit bei der Organisation der reformierten Kirche Ungarns und

der Bekämpfung der siebenbürgischen Unitarier.
- Literatur: HDTHG 2, 291f.; BBKL 5, 1223ff.; OER 3, 47ff. – I. BOTTA: M.P. ifjúsága (Die Jugend von P.M.). Budapest 1978 (mit deutscher Zusammenfassung). *Michael Becht*

Menius, Justus (eigentlich Jodocus Menig), Reformator, * 13.12.1499 Fulda, † 11.8.1558 Leipzig; studierte seit 1514 in Erfurt, ab 1519 in Wittenberg bei Martin Luther und Philipp Melanchthon. 1523–25 Vikar in Mühlberg, 1525 Pfarrer in Erfurt, 1529 Superintendent in Eisenach, 1546 in Gotha. Wirkte ab 1528 mehrfach an Kirchenvisitationen im thüringischen Raum mit. Teilnahme am ↗Marburger Religionsgespräch, an den Verhandlungen ↗Wittenberger Konkordie, am Konvent von Schmalkalden und an den Religionsgesprächen von ↗Hagenau und ↗Worms. Neben Übersetzungen von Werken Luthers und eigenen Streitschriften ist sein Werk *Oeconomia christiana* (Wittenberg 1529) zu nennen, in dem er die antike Oikonomikliteratur aufnahm und biblisch ausgestaltete.
- Literatur: TRE 22, 439–442; BBKL 5, 1263–1266. – H. GOTTWALD: Vergleichende Studie zur Ökonomik des Aegidius Romanus und des J.M. Frankfurt (Main) 1988. *Michael Becht*
- Nachtrag: L.D. PETERSON: J.M., Philipp Melanchthon, and the 1547 treatise ‚Von der Notwehr Unterricht': ARG 81 (1990) 138–157.

Menno Simons (M.), niederländischer katholischer Priester, * 1496 Witmarsum, † 1561 Wüstenfelde bei Oldesloe; stieß nach der Lektüre von Schriften Martin Luthers 1536 zu den ↗Täufern. Als sich der gemäßigte Flügel derselben vom revolutionären Täufertum (Münster, Amsterdam) trennte, ließ sich M. wieder taufen und wurde ab 1537 dessen Ältester. Er wirkte insbesondere im niederländischen und norddeutschen Raum. Als Lehrer, Seelsorger und Organisator der leidwilligen Taufgesinnten verfasste er erbauliche und polemische Schriften, darunter sein Hauptwerk *Das Fundament der christlichen Lehre*. Auf ihn berufen sich die Mennoniten.
- Werke: Die vollständigen Werke M.' Aylmer (Ontario) – La Grange (Indiana) 1971.
- Literatur: J.A. BRANDSMA: M. von Witmarsum. Vorkämpfer der Täuferbewegung in den Niederlanden. Maxdorf ²1983; H.J. GOERTZ: M. Ein antiklerikaler Pazifist: DERSELBE: Die Täufer. Geschichte und Deutung. München ²1988, 60–68.
Hans Jörg Urban
- Nachtrag: J. REIMER: M.S. Lage 1996; S. VOOLSTRA: M.S. North Newton 1996.

Mensing, Johannes, Dominikaner (1495), katholischer Kontroverstheologe, * 1475 Zutphen oder Zwolle, † 8.8.1547; ab 1515/16 Studien in Wittenberg, 1517 Lizentiat der Theologie; 1518/19 Immatrikulation in Frankfurt (Oder) und Doktorat, ab 1519 Regens des Dominikanerstudiums in Magdeburg und Prior, seit etwa 1527 Hofprediger in Dessau. 1529 Theologieprofessor in Frankfurt (Oder), 1534–39 Provinzial der sächsischen Provinz und ab 1539 Weihbischof von Halberstadt. Auf dem Augsburger Reichstag 1530 arbeitete er an der Confutatio der ↗Confessio Augustana mit und nahm 1540/41 am ↗Wormser und am ↗Regensburger Religionsgespräch teil. Als Kontroverstheologe behandelte M. v. a. die Messopfer- und Rechtfertigungslehre sowie das Priestertum.
- Werkverzeichnis: VD 16 13, 570–573; KLAIBER nn. 2103–17; KÖHLER BF 3, 80–85.
- Literatur: NDB 17, 88f.; KTHR 3, 48–64. – V. PFNÜR: Einig in der Rechtfertigungslehre? Wiesbaden 1970, 324–368; D. FABRICIUS:

Die theologischen Kontroversen in Lüneburg im Zusammenhang mit der Einführung der Reformation in Lüneburg. Lüneburg 1988. *Heribert Smolinsky*

Mercier (Mercerus), *Jean*, Bibelphilologe, * Uzès, † 1570 ebenda; Schüler und Nachfolger (1546) von Franciscus ∕Vatablus am Collège Royal. Nach seinem Übertritt zum Protestantismus musste M. Frankreich verlassen und lebte zeitweise in Venedig. Geschätzt wird M. v. a. wegen seiner Targum-Editionen.
- Werke: Tabula in grammaticam linguae Chaldeae. Paris 1560; Libellus de abbreviaturis Hebraeorum tam Talmudicorum quam masoritarum et aliorum rabbinorum. ebd. 1561; In Genesim commentarium, ed. v. TH. BEZA. Genf 1598; Annotationes in Pagnini Thesaurum. Lyon 1575 u.ö.; Commentaria in Jobum et Salomonis Proverbia, Eclesiasten, Canticum Canticorum. Amsterdam 1651.
- Literatur: Encyclopaedia Judaica, ed. v. C. ROTH U.A., Bd. 11. Jerusalem 1971, 1381f. – La France protestante 7 (1958) 239ff.; F. DOMÍNGUEZ: Gaspar de Grajal. Münster 1998, 373f. *Fernando Domínguez*

Miltiz, *Karl von,* kurialer Diplomat, * 1490 Rabenau bei Dresden, † 20.11.1529; 1514 Notar und Geheimkämmerer in Rom. Mitte 1518 mit der Goldenen Rose und der Forderung, Martin Luther auszuliefern, zu ∕Friedrich III. dem Weisen nach Sachsen gesandt. Verhandelte als geschwätziger Wichtigtuer 1519 eigenmächtig mit Luther und machte ihm Versprechungen. Seit Mitte 1519 war seine Rolle ausgespielt. Von 1523 an lebte er als Domherr von Mainz und Meißen in Deutschland.
- Literatur: DTHC 10, 1765ff.; BDG 2, 57; LTHK² 7, 422; BBKL 5, 1538f.; NDB 17, 532f. – H.A. CREUTZBERG: K. von M. Freiburg 1907; P. KALKOFF: Die Miltitziade. Leipzig 1911. *Klaus Ganzer*
- Nachtrag: H.-G. LEDER: Ausgleich mit dem Papst. Luthers Haltung in den Verhandlungen mit M. 1520. Stuttgart 1969.

Monheim, *Johannes,* niederrheinischer Humanist und Schulmann, * um 1509 Klausen bei Elberfeld, † 8./9.9.1564 Düsseldorf; 1529 Magister artium in Köln, 1532–36 Leiter der Essener Stiftsschule, danach der Kölner Domschule und ab 1545 Rektor des neu gegründeten humanistisch orientierten Düsseldorfer Gymnasiums. M., der mehrere Lehrbücher verfasste, führte die Schule zu hoher Blüte, geriet aber in den konfessionellen Streit und wurde u. a. von den Kölner Jesuiten wegen seines *Catechismus* (Düsseldorf 1560) des Calvinismus verdächtigt.
- Werke: Katechismus, Faksimile-Ausgabe mit deutschen Übersetzung. Köln 1987; VD 16 14, 147f. (Werkverzeichnis).
- Literatur: NDB 18, 36f. – H. JEDIN: Der Plan einer Universitätsgründung in Duisburg: G. VON RODEN (Hg.): Die Universität Duisburg. Duisburg 1968, 1–32; Ausstellungskatalog ‚Humanismus und Reform am Niederrhein. Konrad Heresbach 1496–1576'. Bielefeld 1996. *Heribert Smolinsky*

More (Morus), Sir *Thomas,* heilig (1935; Fest 22.6.), englischer Humanist, Richter, Staatsmann, Martyrer, * 1477/78 London, † 6.7.1535 ebenda; erzogen im Haushalt Erzbischof John Mortons, durch den M. nach Oxford gelangte. Studium der Rechte am Londoner Lincoln's Inn; lebte in der Kartause, sich prüfend, ob zum Priester berufen; entschied sich für ein Leben in der Welt. Eingehende Studien der Antike; enger Freund des ∕Erasmus von Rotterdam und Mittelpunkt europäischer Humanisten (Thomas Linacre, William Grocyn, John Colet; Juan Luis ∕Vives, Frans Cranevelt u. a.); fürsorglicher Familienvater; Untersheriff und gesuchter Anwalt; Rechtsattaché auf diplomatischen Missionen. Im Dienst König ∕Heinrichs VIII. steile Hofkarriere bis zum Lordkanzler (als

Nachfolger Kardinal Thomas ↗Wolseys), Rücktritt nach der „Unterwerfung des Klerus", wegen Eidesverweigerung der königlichen Suprematie (wie Bischof John ↗Fisher; ↗Suprematsakte) im Tower eingekerkert und aufgrund offenkundigen Meineids als „Hochverräter" verurteilt und enthauptet. Sein Haupt, von seiner Tochter Margaret bewahrt, ruht in St. Dunstan (Canterbury). Die religiöse und theologische Bedeutung M.s liegt zum einen in seinem unbedingt dem Gewissen folgenden Lebenszeugnis der Pflichterfüllung in Familie und Staat wie Glaubenstreue selbst dann, als Freunde und englischer Gesamtepiskopat (außer Fisher) sich beugten, bis hin zu einem geduldig und, wie seine Towerbriefe zeigen, freudig ertragenen Martyrium; zum andern in seinen zahlreichen meditativen und kontroverstheologischen Schriften, die ihn, den Laien, als führenden englischen Apologeten der Reformationszeit zeigen, so gegen Martin Luther (*Responsio ad Lutherum.* 1523), Johannes ↗Bugenhagen (*Epistolae.* 1526), William ↗Tyndale (*Dialogue concerning Heresies.* 1529; *Confutation of Tyndale's Answer.* 1532–33), Simon Fish (*Supplication of Souls.* 1529), John ↗Frith (*Letter to Frith.* 1533), Christopher St. German (*Apology.* 1533; *Debellation of Salem and Bysanze.* 1533) und George Joye (*Answer to the Supper of the Lord.* 1534). Seine Briefe aus dem Tower ebenso wie seine meditativen Schriften geben Einblick in die seinen Mut begründende tiefe Spiritualität: *Four Last Things* (um 1520–25), *Dialogue of Comfort* (1534), *Treatise of the Passion* (1534), *Treatise of the Blessed Body* (1534), *De Tristitia Christi* (1534–35). Von seinen humanistischen Schriften brachte ihm die vieldeutige *Utopia* (1516) Weltruhm; der Sozialkritik seiner Zeit stellt sie die Utopie eines auf Kardinaltugenden gründenden „kommunistischen" Inselstaats im Lande Nirgendwo (!) gegenüber. Die lateinische/englische *Historia Richardi Tertii* (um 1515) zeigt einen machiavellistischen Usurpator auf dem englischen Thron. Seine Epigramme sind teils eigene Schöpfungen, teils Übersetzungen aus der Anthologie des Maximos Planudes.

▪ Werke: The Yale Edition of the Complete Works of St. Th.M., Bd. 1ff. New Haven–London 1963ff.; Th.M. Werke, hg. v. H. SCHULTE HERBRÜGGEN, 6 Bde. München 1983–85, Düsseldorf 1988; The Correspondence of Sir Th.M., ed. v. E.F. ROGERS. Princeton 1947; Th.M. Neue Briefe, hg. v. H. SCHULTE HERBRÜGGEN. Münster 1966. – *Bibliographie:* R.W. GIBSON: Sir Th.M., A Preliminary Bibliography. New Haven 1961; C. SMITH: An Updating of Gibson's Bibliography. St. Louis 1981.

▪ Quellen: Biographien aus der Tudorzeit: von seinem Schwiegersohn W. Roper, von N. Harpsfield, von ‚Ro. Ba.' (Pseudonym, Verfasser unbekannt) und von Th. Stapleton, kritische Ausgabe: Early English Text Society. London Bd. 186 1932, Bd. 197 1935, Bd. 222 1950; Letters and Papers (Henry VIII), ed. v. J.S. BREWER–J. GAIRDNER, 23 Bde. ebd. 1862–1932.

▪ Literatur: DSp 15, 849–865. – H. HOLECZEK: Humanistische Bibel-Philologie als Reformproblem bei Erasmus von Rotterdam, Th.M. und William Tyndale. Leiden 1975; R.S. SYLVESTER–G. MARC'HADOUR: Essential Articles for the Study of Th.M. Hamden (Connecticut) 1977; J.B. TRAPP–H. SCHULTE HERBRÜGGEN: The King's Good Servant: Sir Th.M. London 1977; A. FOX: Th.M.: History and Providence. Oxford 1982; R.C. MARIUS: Th.M. New York 1984; E. BAUMANN: Th.M. und der Konsens (theologisch-geschichtliche Analyse der ‚Responsio ad Lutherum'). Paderborn 1993; J. TIMMERMANN: Sterbehilfe in Utopia. Bochum 1993. – *Zeitschrift:* Moreana, hg. v. G. MARC'HADOUR, 1 (Angers 1963) ff.

Hubertus Schulte Herbrüggen

Nachtrag: G.B. WEGEMER: Th.M. Princeton 1995; P. ACKROYD: The life of Th.M. New York 1998; D. HERZ: Th.M. zur Einführung. Hamburg 1999; J. GUY: Th.M. London 2000.

Moritz von Sachsen, Herzog (1541), seit 1547 Kurfürst, * 21.3.1521 Freiberg, † 11.7.1553 bei Sievershausen (bei Lehrte); erzogen in Halle, Dresden, Wittenberg und Torgau; regierte seit 1541 das albertinische Sachsen als Nachfolger seines Vaters Heinrich des Frommen. Innenpolitisch trieb er den Ausbau der lutherischen Landeskirche, die Leipziger Universitäts- und eine Verwaltungsreform voran, gründete Fürstenschulen und sicherte 1542 in der Wurzener Fehde gegen Kurfürst /Johann Friedrich seinen Einfluss auf dieses kleine Territorium. Beeinflusst vom Vorbild des Herzogs /Georg von Sachsen, durch Landgraf /Philipp von Hessen sowie bedeutende Räte wie Georg von Karlowitz blieb er dem /Schmalkaldischen Bund fern und betrieb bis 1548 eine kaiserfreundliche Politik. Dadurch und mit Abschluss des Regensburger Vertrages vom 19.6.1546 erlangte M. nach dem Schmalkaldischen Krieg 1547 die Kurwürde und Teile der ernestinischen Territorien. Im Leipziger Interim (/Augsburger Interim), um das 1548/49 gerungen wurde und das in den Adiaphora eine Möglichkeit der Vermittlung sah, suchte der immer protestantisch gesinnte M. einen politisch motivierten, heftig umstrittenen Mittelweg in der Religionsfrage (/Adiaphoristenstreit), der 1551 mit der „Confessio Saxonica" ein Ende fand (/Vermittlungstheologie). Der Umschwung gegenüber Kaiser /Karl V. und dessen Schwächung begann mit dem Beitritt zur antikaiserlichen Fürstenopposition. Im Vertrag von Torgau setzte sich M. 1551 an deren Spitze und schloss am 15.1.1552 mit dem französischen König /Heinrich II. den Vertrag von Chambord. Der wesentlich von ihm getragene Krieg führte 1552 nach der Niederlage des Kaisers zur Suspension des Konzils von /Trient und mit Vermittlung König /Ferdinands' I. zum für den /Augsburger Religionsfrieden wegweisenden /Passauer Vertrag mit seiner Sicherung des protestantischen Besitzstandes. Nach der Schlacht bei Sievershausen gegen Markgraf Albrecht Alkibiades von Brandenburg-Kulmbach starb M. an einer Verwundung. Politisch an der eigenen Macht interessiert und geschickt taktierend, war er immer protestantisch gesinnt und schuf die Grundlagen für das albertinische sächsische Kurfürstentum, das sein Bruder August als Nachfolger festigte und weiterentwickelte.

■ Werke: Politische Korrespondenz des Herzogs und Kurfürsten M. von Sachsen. Bd. 1–2, hg. v. E. BRANDENBURG. Leipzig 1900–1904, Nachdruck Berlin 1982–83; Bd. 3–4, hg. v. J. HERRMANN – G. WARTENBERG. Berlin 1978–92; TRE 23, 308f. (Nachweise).

■ Literatur: TRE 23, 302–311; BBKL 6, 137–142; NDB 18, 141ff.; TRZRK 2³, 8–32. – K. BLASCHKE: M. von Sachsen. Göttingen 1983; G. WARTENBERG: Landesherrschaft und Reformation. M. von Sachsen und die albertinische Kirchenpolitik bis 1546. Weimar 1988; DERSELBE: M. von Sachsen: R. STRAUBEL – U. WEISS (Hg.): Kaiser – König – Kardinal: deutsche Fürsten 1500–1800. Leipzig u.a. 1991, 106–114; G. WARTENBERG: M. von Sachsen: G. VOGLER (Hg.): Europäische Herrscher. Weimar 1988, 106–122.

Heribert Smolinsky

■ Nachtrag: J.-P. BOIS: Maurice de Saxe. Paris 1992; G. VOGLER: Kurfürst Johann Friedrich und Herzog M. von Sachsen: ARG 89 (1998) 178–206.

Mörlin, *Joachim,* lutherischer Theologe, * 6.4.1514 Wittenberg, † 23.5.1571 Königsberg; seit 1532 Studium in Wittenberg, 1535 Magister artium, 1540 Doctor theologiae und Superintendent in Arnstadt, 1543 entlassen; 1544–50 Superintendent in Göttingen, wegen seiner kompromisslosen Haltung in den innerprotestantischen Diskussionen und seiner scharfen Ablehnung des ↗Augsburger Interims erneut entlassen; seit 1550–53 Domherr und theologischer Berater bei Herzog ↗Albrecht von Brandenburg-Ansbach in Königsberg, wo er in heftigen Streit mit Andreas ↗Osiander um die ↗Rechtfertigungslehre geriet, woraufhin er auch diese Stelle verlassen musste; 1553–67 Superintendent in Braunschweig und rege literarische Tätigkeit; hier zusammen mit Martin ↗Chemnitz als streng lutherisch gesinnter Theologe beteiligt an verschiedenen Stadien der lutherischen Bekenntnisbildung (Corpus Doctrinae, 1563). 1567 bis zu seinem Tod als Bischof von Samland wieder in Preußen.

■ Werke: VD 16 14, 102–106.

■ Literatur: BBKL 6, 8–11; NDB 17, 679f.; TRE 23, 193–196. – J. Diestelmann: J.M. und Philipp Melanchthon: Einträchtig lehren. FS J. Schöne. Groß Ösingen 1997, 95–107; I. Gundermann: Die Kirchenvisitationen des Bischofs J.M. im Jahre 1569: ‚Alles ist euer, ihr aber seid Christi'. FS D. Meyer. Köln 2000, 245–267. *Bruno Steimer*

Morone, *Giovanni,* Kardinal (1542), * 25.1.1509 Mailand, † 1.12.1580 Rom; Studien in Padua, 1529 Bischof von Modena; 1536 Nuntius in Deutschland; Teilnahme an den Religionsgesprächen von ↗Hagenau (1540), ↗Worms (1541) und Speyer (1542); 1542 als Legat für das Tridentinum bestimmt; 1544 Legat in Bologna; 1553–60 auch Bischof von Novara; 1555 Legat beim Reichstag von Augsburg; 1557–59 von ↗Paul IV. wegen Häresieverdacht in der Engelsburg inhaftiert; von ↗Pius IV. 1560 völlig rehabilitiert; 1563 Konzilspräsident in Trient; 1570 Kardinalbischof und Dekan des Kardinalskollegiums; 1576 Legat auf dem Reichstag von Regensburg. M. besaß die volle Meisterschaft der Renaissancediplomatie, wurde aber unter dem Einfluss der italienischen Reformkreise der dreißiger und vierziger Jahre, v. a. durch Gasparo ↗Contarini, vom Geist einer vertieften persönlichen Frömmigkeit erfasst. M. war Freund Contarinis, Reginald ↗Poles und anderer Reformer (↗Katholische Reform). Paul IV. sah in ihm wegen des „Regensburger Religionsgesprächs 1541 (Rechtfertigungsformel) einen Kryptolutheraner. Der umfangreiche Inquisitionsprozess gegen M. liegt in einer neuen, kritischen Ausgabe vor. Die Leitung des Staatssekretariats, die ihm Pius IV. nach seiner Rehabilitation anbot, lehnte M. ab. Seine epochale Leistung war die Überwindung der großen Krise des Tridentinums als dessen Präsident und der glückliche Abschluss des Konzils. Zweimal galt M. im Konklave als papabile. Der Lebensweg M.s, der zu den bedeutenden Vertretern des italienischen ↗Evangelismus zu rechnen ist, zeigt, „wie langfristig und mit welch bitteren Erfahrungen versehen der menschliche und religiöse Reifeprozeß eines wahrhaften ‚Riformatore' war" (Lutz 380).

■ Quellen: H. Laemmer: Monumenta Vaticana. Freiburg 1861; F. Dittrich: HJ 4 (1883) 395–472 618–673; Nuntiaturberichte G.M.s vom deutschen Königshofe 1539–40, ed. v. demselben. Paderborn 1893; NBD, I. Abteilung, Bd. 2, 5, 6 und 17; CT Bd. 1–13; J. Šusta: Die römische Kurie und das Konzil von Trient, 4 Bde. Wien 1904–14; ARCEG Bd. 2–4; Il processo inquisitoriale del cardinal G.M., ed. v. M. Firpo–M. Dario, 6 Bde. Rom 1981–95.

■ Literatur: L. von Pastor: Geschichte der Päpste seit dem Ausgang des Mittelalters, Bde. 5–9. Freiburg 1909–23; G. Constant:

La légation du Cardinal M. près l'Empereur et le Concile de Trente. Paris 1922; H. JEDIN: Krisis und Wendepunkt des Trienter Konzils. Würzburg 1941; J. GRISAR: Die Sendung des Kardinals M. als Legat zum Reichstag von Augsburg 1555: Zeitschrift des Historischen Vereins für Schwaben 61 (1955) 341–387; P. PRODI: Il cardinale Gabriele Paleotti, 2 Bde. Rom 1959–67; H. LUTZ: Kardinal M.: Reform, Konzil und europäische Staatenwelt: Il Concilio di Trento e la Riforma Tridentina, Bd. 1. Rom 1965, 363–381; JEDIN Bde. 1–4; P. SIMONCELLI: Il caso Reginald Pole. Rom 1977; DERSELBE: Evangelismo italiano del Cinquecento. ebd. 1979; M. FIRPO – D. MARCATTO: G.M. e Lorenzo Davidico: Bolletino storico per la provincia di Novara 82 (1991) 1–139; K. GANZER: Aspekte der katholischen Reformbewegungen im 16.Jh.: Abhandlungen der geistes- und sozialwissenschaftlichen Klasse der Akademie der Wissenschaften und der Literatur in Mainz (1991) n. 13; M. FIRPO: Inquisizione Romana e Controriforma. Bologna 1992; E.G. GLEASON: Gasparo Contarini. Berkeley 1993. *Klaus Ganzer*

Mosellanus (eigentlich Schade), *Petrus,* Humanist, * um 1493 Bruttig („Protegensis") bei Cochem, † 19.4.1524 Leipzig; Studium in Köln; seit 1515 in Leipzig, 1517 dort Professor für Griechisch. M. betonte die Bedeutung der alten Sprachen für die Theologie (*Oratio de variarum linguarum cognitione paranda.* Leipzig 1518) und wurde deshalb von Jacobus ∕ Latomus angegriffen. Er eröffnete die ∕ Leipziger Disputation (*De ratione disputandi praesertim in re theologica.* ebd. 1519); 1520 Magister artium. M. verfasste das rhetorische Handbuch *Tabulae de schematibus et tropis* (Frankfurt [Main] 1516 u.ö.) und das Schulbuch *Paedologia* (Leipzig 1518 u.ö.; ed. v. H. Michel. Berlin 1906), er edierte, kommentierte bzw. übersetzte zahlreiche Werke antiker Autoren (u.a. Gregor von Nazianz).

■ Werkverzeichnis: VD 16 18, 169–179.

■ Literatur: BBKL 6, 169ff.; NDB 18, 170f.; CERAS 2, 466f. – O.G. SCHMIDT: P.M. Leipzig 1867; R. WEIER: Die Rede des P.M. ,Über die rechte Weise, theologisch zu disputieren': Trierer Theologische Zeitschrift 83 (1974) 232–245; R. SCHOBER: P.M. Koblenz 1979; U.M. KREMER: M. Humanist zwischen Kirche und Reformation: ARG 73 (1982) 20–34; U.M. KREMER: P.M. und J. Pflug: Pflugiana, hg. v. E. NEUSS – J.V. POLLET. Münster 1990, 3–22. *Peter Walter*

Mosham, *Ruprecht von,* kaiserlicher Rat und Domdekan in Passau (ab 1522), * 24.9.1493 Thaneck (Steiermark), † April/Mai 1543 Passau (Selbstmord); 1514 Doktor beider Rechte, 1534 Priesterweihe. Verfocht in Wort und Schrift fanatisch die Wiederherstellung der religiösen Einheit durch Vernichtung der vier „Antichriste" Papsttum, Luthertum, Zwinglianismus und Täufertum zwecks Abwehr der Türkengefahr. 1539 Flucht aus Passau, Absetzung wegen Häresie. 1542 nach einer Propagandareise durch ganz Deutschland Verhaftung und Gefangenschaft in der Passauer Feste Oberhaus.

■ Literatur: M. HEUWIESER: R. von M.: Beiträge zur bayerischen Geschichte. FS S. Riezler. Gotha 1913, 115–192; R. BAUERREISS: Kirchengeschichte Bayerns, Bd. 6. Augsburg 1965, 55–59; F. MADER: Tausend Passauer. Passau 1995, 197. *Manfred Eder*

Müller, *Gallus,* Theologe, * um 1490 Fürstenberg bei Donaueschingen, † 16.7.1546 Meran; Studium in Freiburg und Köln; seit 1509 in Tübingen, dort 1519 Doctor theologiae und Professor der Theologie und zugleich Pfarrer; 1526 Teilnahme an der ∕ Badener Disputation; nach der Einführung der Reformation 1534/1535 zunächst in Rottenburg, dann in Freiburg; seit 1535 Hofprediger in Innsbruck, Berater des Erzherzogs und des Bischofs von Brixen; mit der Bekämpfung der Täufer in Tirol betraut; 1540 Teilnahme am ↗Hagenauer Religionsgespräch; 1543 Pfarrer in Meran.

▪ Literatur: Mennonitisches Lexikon, hg. v. CH. HEGE–CH. NEFF, Bd. 3. Karlsruhe 1958, 176ff. – H. HERMELINK: Die theologische Fakultät in Tübingen vor der Reformation. Tübingen 1906, 203f.; A. NÄGELE: Dr. G.M. von Fürstenberg: Freiburger Diözesan-Archiv 66 (1938) 97–164; G. MECENSEFFY: Quellen zur Geschichte der Täufer, Bd. 14: Österreich, 3. Teil. Gütersloh 1983, 312 316 361 373f. 377 379 383–386 389f. 414 430 469 491 504 527. *Josef Gelmi*

Münster, *Sebastian,* Hebraist, * 20.1.1488 Ingelheim, † 26.5.1552 Basel; Franziskaner (1505–29); nach Studium an verschiedenen Ordensschulen seit 1514 Lektor in Tübingen, 1518 in Basel, wo er Werke Martin Luthers edierte, 1521 in Heidelberg; seit 1529 in Basel Professor für Hebräisch, 1542/44 zugleich für alttestamentliche Exegese, schuf M. zahlreiche Werke zur hebräischen Grammatik und Lexikographie und edierte das Alte Testament mit neuer lateinischer Übersetzung und einem an jüdischen Autoren orientierten Kommentar (Basel 1534–35, ²1546). Bekannt wurde M. vor allem durch seine illustrierte, geographisch-historische *Cosmographia* (ebd. 1544 u. ö.; zahlreiche Übersetzungen).

▪ Werke: Briefe S.M. (lateinisch-deutsch), hg. v. K.H. BURMEISTER. Frankfurt (Main) 1964.

▪ Literatur: BBKL 6, 316–326; TRE 23, 407ff. – K.H. BURMEISTER: S.M. Wiesbaden 1964; DERSELBE: S.M. Basel ²1969; I. ZINGUER (Hg.): L'Hebreu au temps de la renaissance. Leiden u.a. 1992.

Karl Heinz Burmeister

▪ Nachtrag: S.G. BURNETT: A dialogue of the deaf. Hebrew pedagogy and anti-Jewish polemic in S.M.'s ‚Messiahs of the Christians and the Jews': ARG 91 (2000) 168–190.

Müntzer, *Thomas,* * 20./21.12.1490 Stolberg (Harz), † 27.5.1525 Görmar (hingerichtet). Aufstrebender Familie entstammend, immatrikulierte sich M. 1506 in Leipzig und 1512 in Frankfurt (Oder) (Magister artium). Zum Priester geweiht, erhielt er 1514 eine Pfründe in Braunschweig und wurde dann Propst des Kanonissenstifts Frose. Um 1517 kam M. in Wittenberg unter den Einfluss Andreas von ↗Karlstadts und Martin Luthers. Kritik an Scholastik und kirchlicher Hierarchie führten schon 1519 in Jüterbog zu Auseinandersetzungen. Als Beichtvater im Zisterzienserinnenklosters Weißenfels studierte er kirchenhistorische und mystische Schriften (Johannes Tauler). Von Luther empfohlen, kam er 1520 als Prediger nach Zwickau. Seine spiritualistisch und apokalyptisch geprägte Theologie brachte ihn in Kontakt mit den ↗„Zwickauer Propheten" und in Differenzen zu Altgläubigen und Lutheranhängern, so dass ihn der Rat 1521 entließ. An die hussitische Reform anknüpfend, ging er nach Prag, wo er im „Prager Manifest" eine antiklerikale, die Welt umgreifende Reformation proklamierte, deren Durchführung er damals von den Böhmen, später von den sächsischen Fürsten, schließlich von den aufständischen Bauern erhoffte. Aus Prag ausgewiesen, verband M. während der Zeit „seines Vertreibens" (Ende 1521 bis März 1523) die eigene Person eng mit seinen theologischen Konzeptionen. Als Pfarrer der Johanniskirche in der kursächsischen Enklave Allstedt führte er – konsequent die deutsche Sprache verwendend – nach Ostern 1523 eine seiner Theologie gemäße Reform von Messe, Stundengebet, Taufe und Begräbnis durch. Überzeugt, dass der Mensch nur dem Vorbild Christi entsprechend durch Leid und Verzweiflung an allem Irdischen zum wahren

Glauben an Gott kommen könne, wandte er sich kritisch gegen die lutherische ↗Rechtfertigungslehre. Anziehungskraft und Polemik seiner Predigten provozierten Auseinandersetzungen mit altgläubigen Obrigkeiten, nach Gewalttaten der Allstedter auch das von Luther gewünschte Einschreiten Herzog Johanns von Sachsen, den M. im Juli 1524 mit einer Predigt über Dan 2 nicht gewinnen konnte. Da ihn die Allstedter nicht mehr schützen konnten, begab sich M. ins thüringische Mühlhausen. Zusammen mit dem ehemaligen Zisterziensermönch Heinrich Pfeiffer verschärfte er hier die bestehenden Spannungen zwischen Rat und Gemeinde und wurde daher ausgewiesen. Er begab sich über Bibra, wo er den späteren Täuferführer Hans Hut gewann, nach Nürnberg, wo er tiefen Eindruck auf Johann ↗Denck machte und seine antilutherischen Pamphlete zum Druck brachte. Von dort wandte er sich in den Südwesten, traf mit Johannes ↗Oekolampad in Basel, wohl auch mit Balthasar ↗Hubmaier in Waldshut zusammen und predigte vor den aufständischen Bauern (↗Bauernkrieg). Im Februar 1525 kehrte M. nach Mühlhausen zurück, wo inzwischen die Reformation eingeführt worden war. Da er in den sich auflehnenden Bauern die Streiter für die große Reformation und das Reich Christi sah, zog er in Analogie zu Gideon mit 300 Mann zu ihrer Unterstützung nach Frankenhausen. Wortgewaltig predigend, interpretierte er den Kampf gegen die Fürsten als letzte Schlacht mit den Gottlosen, in der Gott selbst für die Bauern streiten werde. An seiner Theologie festhaltend, verstand er ihre Niederlage als Folge ihres „Eigennutzes" und die eigene Hinrichtung als stellvertretendes Sterben. Nachwirkungen gab es im Hutschen und hutterischen Täufertum. Sozialistische Autoren (u.a. Friedrich Engels, Ernst Bloch) und die Geschichtsschreibung der DDR haben sich auf M. als Vorläufer berufen.
▪ Werke: Schriften und Briefe, hg. v. G. Franz. Gütersloh 1968.
▪ Literatur: OER 3, 99–102; TRE 23, 414–436. – H.-J. Goertz: Th.M. München 1989; G. Vogler: Th.M. Berlin 1989; S. Bräuer – H. Junghans (Hg.): Der Theologe Th.M. ebd. 1989. *Gottfried Seebaß*
▪ Nachtrag: B. Lohse: Th.M. in neuer Sicht. M. im Licht der neueren Forschung und die Frage nach dem Ansatz seiner Theologie. Göttingen 1991; T. Quilisch: Das Widerstandsrecht und die Idee des religiösen Bundes bei Th.M. Berlin 1999.

Murner, *Thomas,* Franziskanerkonventuale (1490), Prediger, Schriftsteller, Jurist, katholischer Kontroverstheologe, * 24.12.1475 (?) Oberehnheim (Obernai, Elsass), † 1537 ebenda; 1494 Priester; Studium in Freiburg (1506 Doctor theologiae), Köln, Paris, Rostock, Krakau, Prag, Wien, Trier (1515 Vorlesungen über das römische Recht), Basel (1519 Doctor iuris utriusque); Tätigkeit als Lektor und Guardian in verschiedenen Konventen (Freiburg, Bern, Frankfurt, Straßburg, Speyer). Aus Straßburg 1524 wegen der Reformation nach Oberehnheim und 1525 wegen des ↗Bauernkrieges nach Luzern geflohen, nahm M. 1526 an der ↗Badener Disputation teil und war ab 1527 in Luzern, ab 1533 Pfarrer in Oberehnheim. Schriftstellerisch begabt (1505 Poeta laureatus), mit kritischer, reformerisch orientierter Beobachtungsgabe ausgestattet und pädagogisch interessiert, wurde M. auf verschiedenen Feldern literarisch tätig. Die pädagogischen Schriften (z.B. *Logica memorativa.* Krakau 1507 u.ö. [Spiel zur Mnemotechnik]) entstanden aus seiner Tätigkeit als Universitätslehrer. M. übersetzte als erster die „Aeneis" Vergils und die „Institutionen" Justinians I. ins Deutsche. In einem Streit mit Jakob ⁄Wimpfeling nahm er zu Fragen der elsässischen Geschichte Stellung (*Germania nova*. Straßburg 1502); mit der Hexenproblematik befasste sich der auf eine Lähmung M.s in der Kindheit bezogene *Tractatus perutilis de phitonico contractu* (o. O. 1499); in den Konflikt zwischen Franziskanern und Dominikanern über die Unbefleckte Empfängnis Marias griff seine Schrift über den Prozess gegen Johannes Jetzer (1509) ein. Teilweise aus Predigten entstanden seine Satiren und Dichtungen, die, beeinflusst durch Sebastian ⁄Brant und Johannes ⁄Geiler von Kaysersberg, das Narrenmotiv und die Moralkritik aufnahmen (*Narrenbeschwörung*. Straßburg 1512; *Schelmenzunft*. Frankfurt [Main] 1512; die allegorische Dichtung *Badenfahrt*. Straßburg 1514; *Die Mühle von Schwindelsheim*. ebd. 1515; *Die Geuchmat*. Basel 1519). Seit 1520 war M. in Kontroversen mit Reformatoren (v. a. Martin Luther, Martin ⁄Bucer, Huldrych Zwingli) verwickelt. 1522 erschien M.s bekanntestes Werk *Von dem großen lutherischen Narren* (Straßburg) als bebilderte satirische Dichtung. Mit Bucer setzte sich M. 1523 in Straßburg über das Abendmahl auseinander; zur Schweizer Reformation nahm er seit 1522 Stellung (z. B. Bärensatiren über Bern, Kontroversschriften gegen Zwingli; Herausgeber der Akten der Badener Disputation). Sein letztes, handschriftlich überliefertes Werk stellte 1532–35 eine deutsche Übersetzung der Weltchronik des venezianischen Humanisten Marcus Antonius Sabellicus dar (Faksimile-Ausgabe Karlsruhe 1987). Themen von M.s theologisch-polemischen Schriften waren v. a. Messe, Papsttum, Verteidigung des römisch-katholischen Priestertums und die Heiligenverehrung. M., in dessen Leben und Werk sich Phänomene des Humanismus und reformerisches Bemühen mischten, vertrat trotz aller Zeitkritik und Modernität letztlich eine konservative, moralisierende und an den traditionellen Mächten orientierte Weltsicht. Die gekonnte Handhabung der verschiedenen literarischen Stil- und Kommunikationsmittel begründete seine Wirkung als bedeutender Volksschriftsteller und Satiriker des 16. Jahrhunderts.

▪ Werke: Th.M.s Deutsche Schriften, hg. v. F. SCHULTZ, 9 Bde. Straßburg–Berlin 1918–1931. – *Werkverzeichnis:* KLAIBER nn. 2185–2241; KÖHLER BF 3, 102–117; VD 16 14, 287–297.

▪ Literatur: NDB 18, 616ff.; BBKL 6, 366–369; TRE 23, 436ff.; Encyclopédie de l'Alsace, Bd. 9. Straßburg 1984, 5393ff.; KThR 3, 19–32. – TH. VON LIEBENAU: Der Franziskaner Th.M. Freiburg 1913; Ausstellungskatalog ‚Th.M. Elsässischer Theologe und Humanist', hg. v. der Badischen Landesbibliothek Karlsruhe – Bibliothèque Nationale et Universitaire Strasbourg. Karlsruhe 1987; D.V.N. BAGCHI: Luther's Earliest Opponents. Minneapolis 1989; H. HEGER: Th.M.: S. FÜSSEL (Hg.): Deutsche Dichter der frühen Neuzeit (1450–1600). Berlin u.a. 1993, 296–310; M. LIENHARD: La controverse entre M. et Bucer au sujet de la Sainte Cène: Revue d'Alsace 122 (1996) 223–237.

Heribert Smolinsky

Musculus (Meusel), *Andreas*, lutherischer Theologe, * 29.11.1514 Schneeberg (Sachsen), † 29.9.1581 Frankfurt (Oder); ab 1531 Studium in Leipzig, Wittenberg und Frankfurt (Oder) (1546 Doctor theologiae); dort Rektor und Professor der Theologie; Berater der brandenburgischen Kurfürsten, seit 1566 Generalsuperintendent der Mark Brandenburg. Als ⁄Gnesiolutheraner wandte er sich gegen das ⁄Augsburger Interim und Philippismus. M. prägte die märkische Kirchenpolitik (maßgeblicher Herausgeber der Kirchenordnung von 1572, Durchführung von Visitationen, Ausarbeitung von Gesangbuch und Katechismus) und verfasste die erste deutsche Mädchenschulordnung.

■ Werke: VD 16 14, M 7117–7266; Teilsammlung: Teufelbücher in Auswahl, hg. v. R. STAMBAUGH, Bd. 4. Berlin–New York 1978.

■ Literatur: BBKL 6, 38of.; NDB 18, 626f. – R. MAU: Bekenntnis und Machtwort …: 450 Jahre Evangelische Theologie in Berlin, hg. v. G. BESIER–CH. GESTRICH. Göttingen 1989, 39–64; F. WEICHERT: A.M.: Berlinische Lebensbilder. Theologen, hg. v. G. HEINRICH. Berlin 1990, 17–28; E. KOCH: ‚Das Geheimnis unserer Erlösung'. Die Christologie des A.M. …: Veritas et Communicatio. FS U. Kühn. Göttingen 1992, 143–156; DERSELBE: A.M. und die Konfessionalisierung im Luthertum: Die lutherische Konfessionalisierung in Deutschland, hg. v. H.-CH. RUBLACK. Gütersloh 1992, 250–270. *Barbara Henze*

■ Nachtrag: R. KOLB: A.M. Katechismus aus den Vätern: Lutherische Theologie und Kirche 24 (2000) 114–134; A. BAUMANN-KOCH: Frühe lutherische Gebetsliteratur bei A.M. und Daniel Cramer. Frankfurt (Main) 2001.

Musculus (Müslin), *Wolfgang,* Reformator, * 8.9.1497 Dieuze (Lothringen), † 30.8.1563 Bern. Seit 1512 im Benediktinerkloster Lixheim, wurde M. 1518 Anhänger Martin Luthers und lehnte die Wahl zum Prior ab. 1527 ging er als Schüler und Mitarbeiter Wolfgang ∕Capitos, Martin ∕Bucers und Matthäus ∕Zells nach Straßburg. 1531–48 war er als Prädikant in Augsburg für dessen Reformation von herausragender Bedeutung. 1549 Professor in Bern. M. unterzeichnete 1536 die ∕Wittenberger Konkordie und nahm 1540/41 an den Religionsgesprächen von ∕Worms und ∕Regensburg teil. In den innerprotestantischen und protestantisch-katholischen Kontroversen pflegte er das argumentative Gespräch. M. war ein bedeutender Patristiker, Exeget und Systematiker und gilt als Vertreter des „oberdeutschen" Wegs der Reformation.

■ Literatur: TRE 23, 439ff. – R. DELLSPERGER U.A.: W.M. (1497–1563) und die oberdeutsche Reformation. Berlin 1997.
Rudolf Dellsperger

■ Nachtrag: H.J. SELDERHUIS: Die Loci communes des W.M.: Ordenlich und fruchtbar. FS W. van't Spijker. Leiden 1997, 171–190; R. BODENMANN: W.M. Genf 2000; J. TH. FORD: W.M. on the office of the Christian magistrate: ARG 91 (2000) 149–167.

Musik und Reformation. 1. *Martin Luther.* Kein anderes religionsgeschichtliches Ereignis war so eng mit Musik verbunden wie die Reformation Martin Luthers, in dessen Persönlichkeit die Musik ein unverzichtbares Element darstellt. Aufgrund der durch die Lateinschule vermittelten Kenntnisse der „musica" als Teil der „septem artes liberales" sowie durch lebendiges Musizieren (Kurrendesingen, Lautespielen) war Luther in der Lage, im Laufe seiner geistig-religiösen Entwicklung sowohl die Musik seiner Theologie zuzuordnen als auch sie in die Konzeption und Praxis des reformatorischen Gottesdienstes (∕Liturgie) einzuordnen. Luthers Musikanschauung ist in ihrer kosmologischen und ethischen Ausrichtung und speziell in der v. a. auf Augustinus zurückgehenden Auffassung als Donum Dei stark mittelalterlich geprägt, lässt aber auch eine Vertrautheit mit den Schriften einzelner späterer Musiktheoretiker wie Johannes Tinctoris (um 1435–1511) erkennen. Charakteristisch – und musikhistorisch geradezu epochal – ist aber, wie Luther den Rang der Musik bemisst, die für ihn „den nächsten locum" nach der Theologie einnimmt. Charakteristisch sodann, wie dieser Ort der Musik wesentlich von seiner ∕Rechtfertigungslehre zu verstehen ist: „Weil die frei schenkende Gnade Gottes einen fröhlichen Glauben fordert, darum gehört die Musik als eine ‚nobilis, salutaris, laeta creatura' zum christlichen Leben, und darum ist sie, entgegen dem Satan als dem ‚spiritus tristitiae' das ‚donum divinum et excellentissimum'" (Encomion musices, 1538). Dabei denkt Luther in praxi an das ein- und mehrstimmige Singen und an die musikalische Verkündigung des Bibelworts. Hierfür ruft er den niederländischen Komponisten Josquin Desprez (um 1440–1521) zum Kronzeugen an: „Sic praedicavit Deus evangelium etiam per musicam, ut videtur in Josquin" (WA 3, 253), eine Beobachtung übrigens, die in vollem Umfang erst in der neueren Musikforschung analytisch bestätigt wird. Insgesamt sind im Verhältnis des Reformators zur praktischen Musik zwei Aspekte von Bedeutung: seine Stellung erstens zur einstimmigen gottesdienstlichen Musik („Choralgesang") und zweitens zur mehrstimmigen Musik („Figuralgesang") (die Orgel- und sonstige Instrumentalmusik ist in diesem Zusammenhang peripher).

a) *Einstimmige gottesdienstliche Musik:* Der Befund ist hier klar seit Luthers zentralen liturgischen Schriften, d. h. seit 1523/25. Luthers Gottesdienstordnung – zumal der Messe mit der Abschaffung der Wandlung und der Negierung des Opfercharakters (/Abendmahl) – erforderte dezidiert die „aktive Beteiligung der hörenden und im antwortenden Lob und Bekenntnis sich betätigenden Gemeinde. Als die gegebene Form ihrer gottesdienstlichen Mitwirkung sah er ... das volkssprachliche gereimte Strophenlied an" (Blankenburg, 1341), den später so genannten – evangelischen – Choral (eine Begriffsbildung, die mit der Eindeutschung das liturgische Gewicht des altkirchlichen „Cantus choralis" auf die neue Gattung legt). Luther selbst war maßgeblich an der Schaffung solcher Choräle beteiligt. Als Dichter knüpfte er einerseits an die altkirchliche Tradition an und übertrug lateinische Hymnen (z. B. „Nun komm, der Heiden Heiland") und andere liturgische Gesänge („Verleih uns Frieden gnädiglich") und erweiterte mittelalterliche deutsche Lieder (z. B. „Gelobet seist du, Jesu Christ", „Mitten wir im Leben sind"). Andererseits poetisierte er Bibelstellen (z. B. „Vom Himmel hoch, da komm ich her"), wobei er als eigenen Choraltypus das Psalmlied in den Gemeindegesang einführte (z. B. „Ein feste Burg ist unser Gott", „Aus tiefer Not schrei ich zu dir"). Zu den drei zuletzt genannten Gesängen (und einigen anderen) stammen auch die Melodien von Luther. Zu anderen seiner Lieddichtungen schrieb sein musikalischer Adlatus Johann /Walter die Melodien (z. B. „Ach Gott vom Himmel sieh darein", „Mit Fried und Freud ich fahr dahin"). Unter diesen Vorbildern entstanden im Verlauf des 16. Jh. zahlreiche weitere reformatorische Choräle, von denen manche bis heute (seit geraumer Zeit auch im katholischen Gottesdienst) in Gebrauch sind.

Aber Luther ersetzte in seinen Gottesdienstordnungen nicht einfach den einen durch den anderen Choral, sondern ließ zunächst neben dem deutschen Gemeindechoral die überkommene musikalisch-chorale Ordnung im Ordinarium und Proprium Missae als Pfarrer- und Chorgesang weiterhin bestehen, teilweise auch in ihrer Latinität. Und nur zögernd setzte er deutsche Texte, z. B. als „Kyrie deutsch" und „Gloria deutsch" ein und schuf die deutsche Form der Introitus-Psalmodie sowie der Lektions- und Orationstöne. Bei all dem war Luthers Verhältnis zur musikalischen Tradition von seinem gottesdienstlichen Reformansatz her ambivalent. Einerseits ging es ihm auch in musicalibus um die „Kontinuität mit der wahren apostolischen Kirche", von der seiner Meinung nach „der Papst in Rom abgefallen ist" (Söhngen 98), anderseits aber erkannte er, dass man in den Ordinariumsteilen „nichts von Opfer findet, sondern eitel lob und danck", und dass diese gerade darum beibehalten werden.

b) *Mehrstimmige gottesdienstliche Musik:* Für Luthers Stellung zur Figuralmusik gibt es von ihm keine ähnlich konkreten Äußerungen, brauchte es wohl auch nicht zu geben. Denn die Situation war hier klar und stand im Zeichen jener Kontinuität, die sich in einer Repertoiregemeinschaft der evangelischen und katholischen Kirchenmusik ausprägte. Mehrstimmige lateinische liturgische Musik, Messen, Motetten, Cantica, Psalmen erklangen im 16. Jh. und darüber hinaus hier wie dort. Luther selbst komponierte eine kurze Motette „Non moriar, sed vivam". In diesen Zusammenhang gehört auch die Tatsache, dass Ludwig Senfl (1486–1542/43), der im alten Glauben verankerte Kapellmeister am Hof des Bayernherzogs ∕Wilhelm IV., in dessen Diensten auch Johannes ∕Eck stand, für den Augsburger Reichstag von 1530 eine Vertonung von Psalm 132 mit dem beziehungsvollen Anfangsvers „Ecce quam bonum, et quam jucundum habitare fratres in unum" schrieb. Jedenfalls war das Bewusstsein, es gäbe je eine katholische und eine evangelische Kirchenmusik, der Lutherzeit fremd und blieb es im 16. Jh. weithin, auch nachdem sich schon längst die konfessionelle Spaltung konstituiert hatte.

Gleichwohl entstand in dieser Zeit eine große Zahl spezifisch evangelischer Figuralmusik, v. a. mehrstimmige Bearbeitungen von Chorälen. Eine Schlüsselrolle kommt hier Johann Walter und seinem „Geystlichen gesang Buchleyn" zu (Wittenberg 1524, Vorrede von Luther, mit mehreren Auflagen und Neubearbeitungen). Walter, dessen bürgerlicher Sängerchor in Torgau den Anstoß für die bis heute kirchlich bedeutungsvollen evangelischen Kantoreien gab, war auch der Schöpfer der deutschen (rein vokalen) Choralpassion. In ihren Einzelreden folgte er dem Vorbild der einstimmigen lateinischen Passion, passte deren Lektionsformeln meisterhaft flexibel der Sprache des Luthertextes an und komponierte für die Worte der Turba einfache vierstimmige Sätze. Publizistisch unterstützt wurde Luthers Einsatz für die Figuralmusik im frühreformatorischen Gottesdienst und deren Grundlegung in den Lateinschulen durch den Verleger Georg Rhau (1488–1548) in Wittenberg, der u. a. auch Luthers „Großen Katechismus" gedruckt hatte.

Musikgeschichtlich war die Reformation in Deutschland von eminenter Bedeutung. Sie stellte gleichsam die Weichen für die Entwicklung einer eigenständigen evangelischen Kirchenmusik, die in dem Maße, in dem sich der „Verfall" des lutherischen Gottesdienstes (Graff) beobachten lässt, zu einem tragenden Element der gesamten deutschen Musik wurde. Doch verlief dieser Konfessionalisierungsvorgang nicht isoliert, sondern in ständigen und vielfältigen Beziehungen zur katholischen Kirchenmusik und zur katholischen geistlichen Musik.

2. *Jean Calvin und Huldrych Zwingli.* Die Rolle der lutherischen Reformation in der deutschen Musikgeschichte wird besonders deut-

lich, wenn man sie mit den Auswirkungen der Reformation von Jean Calvin im französischen Sprachraum vergleicht. Die von diesem vertretene untrennbare Verbindung der Musik mit dem biblischen Wort in der Muttersprache bekundete sich allein in der Pflege des Gesangs von Psalmen und Cantica im Gottesdienst, in dem die Wahrung der altkirchlichen musikalischen Tradition (und die Verwendung von Musikinstrumenten) keinen Platz hatte. Ein Schlüsselwerk war hier Calvins Veröffentlichung von 22 versifizierten Psalmen „Aulcuns pseaulmes et cantiques mys en chant" (Straßburg 1539, mit Dichtungen auch von Clément Marot), die den Grundstock für den so genannten ∕ Hugenottenpsalter und für eine Fülle von mehrstimmigen Psalmvertonungen bildet. Calvins gegenüber Luther einseitige und puristische Musikauffassung erklärt nicht zuletzt die insgesamt geringe musikgeschichtliche Bedeutung seiner Reformation.

Völlig bedeutungslos, mehr noch: negativ in dieser Beziehung hingegen ist die Reformation von Huldrych Zwingli. Seine Gottesdienstreform war verbunden mit einer rigorosen Absage an Gesang und Musik, in deren Folge sogar die Orgeln abgebrochen wurden. Die Gründe dafür sind bisher noch nicht eindeutig geklärt; dabei war Zwingli in der Theorie und Praxis der Musik gut ausgebildet.

3. *Nachreformatorische katholische Kirchenmusik.* Eine eigene Bewandtnis im Verhältnis von Musik und Reformation hat es mit der Frage nach dem Einfluss der Reformation auf die katholische Kirchenmusik. Denkt man an die ∕ Gegenreformation, so liegt es nahe, hier die Rolle der Jesuiten zu betrachten, die aber insgesamt im 16. Jh. der gottesdienstlichen Musik eher reserviert gegenüberstanden. Erst im 17. Jh. kam es in Deutschland im Umkreis der rheinischen Jesuiten als Reaktion auf die zentrale Bedeutung des evangelischen Choralgesangs zu einer Neubesinnung auf das deutsche Kirchenlied, zumal durch Friedrich Spee von Langenfeld (1591–1635). Um die gleiche Zeit wurde in Rom das jesuitische Collegium Germanicum et Hungaricum unter dem Kapellmeister Giacomo Carissimi (1605–74) eine Pflegestätte des lateinischen Oratoriums als ausdrucksstarkem Mittel der religiösen Erneuerung.

Denkt man in diesem Zusammenhang an die katholische Reform, so müssen die wesentlich mit Musik verbundenen religiösen Übungen der von Filippo Neri in Rom 1575 gegründeten Congregazione dell'Oratorio genannt werden, aus denen heraus die musikalische Gattung Oratorium entstand. In den filippinischen Gottesdiensten wurde ausschließlich in italienischer Sprache musiziert. Freilich bezog sich diese (damals unausgesprochene, aber möglicherweise bewusste) Übereinstimmung mit Luthers Wertschätzung der Muttersprache nur auf die mehrstimmige Musik, nicht auf die Mitwirkung der Gemeinde.

■ Literatur: W. BLANKENBURG: Martin Luther: Die Musik in Geschichte und Gegenwart, hg. v. F. BLUME, Bd. 8. Kassel u.a. 1960, 1334–46 (dort auch Stellenangaben in den Schriften Luthers, die für seine Musikanschauung maßgeblich sind); RGG⁴, 1238–1241. – P. GRAFF: Geschichte der Auflösung der gottesdienstlichen Formen. Göttingen 1921, 2. vermehrte Auflage 1937-1939; F. BLUME: Die evangelische Kirchenmusik. Potsdam 1931, 2. (erweiterte) Auflage als: Geschichte der evangelischen Kirchenmusik. Kassel 1965; M. JENNY: Zwinglis Stellung zur Musik im Gottesdienst. Zürich 1966; O. SÖHNGEN: Theologie der Musik. Kassel 1967; CH. GARSIDE: The origins of

Calvin's theology of music. Philadelphia 1979; M. JENNY: Luther, Zwingli, Calvin in ihren Liedern. Zürich 1983; C. SCHALK: Luther on music. St. Louis 1988; H. GUICHARROUSSE: Les musiques de Luther. Genf 1995; A. SCHNEIDERHEINZE: Johann Walter und die Musik der Reformation. Torgau 1996; J.C. MAHRENHOLZ: Luthers Lieder: Luther 68 (1997) 67–82; R. WAGNER ÖTTINGER: Music as propaganda in the German reformation. Aldershot 2001.
Günther Massenkeil

Mutianus Rufus, *Conradus* (eigentlich Konrad Muth), Humanist, * 15.10.1470/71 Homberg, † 30.3.1526 Gotha; studierte seit 1486 in Erfurt (1492 Magister artium und ab 1494 in Bologna, Rom und Ferrara (Doctor iuris canonici 1501); seit 1503 als Kanonikus am Marienstift in Gotha Privatgelehrter und Haupt eines Humanistenkreises, dem u.a. Georg ∕Spalatin, ∕Crotus Rubeanus, Ulrich von ∕Hutten, Johann ∕Lang und Eobanus Hessus (1488–1540) angehörten; M. ging zu Martin Luther, den er zunächst unterstützt hatte, auf Distanz.

■ Quellen: Der Briefwechsel des M.R., hg. v. C. KRAUSE. Kassel 1885; Der Briefwechsel des C.M., hg. v. K. GILLERT, 2 Bde. Halle 1890.
■ Literatur: CERAS 2, 473f.; NDB 18, 656f. – F. HALBAUER: M.R. und seine geistesgeschichtliche Stellung. Leipzig–Berlin 1929, Nachdruck Hildesheim 1972; L.W. SPITZ: The Religious Renaissance of the German Humanists. Cambridge (Massachusetts) 1963, 130–154; R.W. SCRIBNER: The Erasmians and the Beginning of the Reformation in Erfurt: Journal of Religious History 9 (1976/1977) 3–31; J.-C. MARGOLIN: M.R. et son modèle érasmien: L'Humanisme allemand. München–Paris 1979, 169–202; H. JUNGHANS: Der junge Luther und die Humanisten. Göttingen 1985; E. KLEINEIDAM: Universitas studii Erffordensis, Bd. 2. Leipzig ²1992.
Peter Walter

Myconius (Mecum), *Friedrich*, Reformator, * 26.12.1490 Lichtenfels, † 7.4.1546 Gotha; Franziskaner (1510).

Seit 1516 Priester, kam er über Leipzig nach Weimar und wurde dort wegen evangelischer Predigt erneut nach Leipzig, danach nach Annaberg versetzt, von wo er 1524 nach Zwickau floh. Nach einer kurzen Predigttätigkeit im kurfürstlichen Buchholz wurde er noch im gleichen Jahr Prediger und 1525 Pfarrer in Gotha. 1526 visitierte er das Amt Tenneburg. 1529 Superintendent in Gotha. M. war maßgeblich an den Visitationen Thüringens 1527/28 und 1533 sowie 1539 im Herzogtum Sachsen beteiligt und wurde 1537 zusammen mit Justus ∕Menius Generalvisitator Thüringens. An der Reformation Leipzigs und Annabergs hatte er entscheidenden Anteil. Er disputierte in Düsseldorf und nahm am ∕Marburger Religionsgespräch (1529), an der ∕Wittenberger Konkordie (1536) sowie an den Verhandlungen in Schmalkalden (1537), Frankfurt, Nürnberg (1539) und Hagenau (1540) teil. Die Verhandlungen mit König ∕Heinrich VIII. 1538 in England führten zu keinem Ergebnis.

■ Werke: Geschichte der Reformation, hg. v. O. CLEMEN. Leipzig 1914, Nachdruck Gotha 1990; Handlung und Disputation (1527), ed. v. C. SCHMITZ: Der Observant J. Heller von Korbach. Münster 1913.
■ Literatur: P. SCHERFFIG: F. Mekum von Lichtenfels. Leipzig 1909; H.-U. DELIUS: F.M., das Leben und Werk eines thüringischen Reformators. Dissertation. Münster 1956; DERSELBE: Der Briefwechsel des F.M. Tübingen 1960; H. ULBRICH: F.M. Lebensbild und neue Funde zum Briefwechsel des Reformators. ebd. 1962; H.-U. DELIUS: Königlicher Suprémat oder evangelische Reformation der Kirche. Heinrich VIII. von England und die Wittenberger 1531–40: Wissenschaftliche Zeitschrift der Universität Greifswald 20 (1971) 283–291.
Hans-Ulrich Delius

Myconius (eigentlich Geißhüsler), *Oswald*, Schweizer Reformator, * 1488 Luzern, † 14.10.1552 Basel; nach humanistischer Bildung (Rottweil; 1510–14 Universität Basel) Schulmeister in Basel, Zürich und ab 1519 in Luzern. Von dort 1522 als „Lutheraner" vertrieben, lehrte M. in Einsiedeln und ab 1524 bis zum Tod seines Freundes Huldrych Zwingli, dessen erste Biographie er verfasste, erneut in Zürich. Er wechselte nach Basel, wurde Prediger und 1532 Nachfolger Johannes ⁄ Oekolampads als Professor und Antistes. Die Basler Konfession von 1534 ist im Wesentlichen sein Werk. Während seine versöhnliche Haltung in theologischen Fragen in Zürich und Bern zeitweise Misstrauen weckte, erwies er sich gegenüber Universität und Rat als hartnäckiger Verfechter kirchlicher Autonomie. Seine wenigen Schriften treten an Bedeutung hinter dem umfangreichen Briefwechsel zurück.

▪ Werke: Vom Leben und Sterben H. Zwinglis, lateinisch-deutsch hg. v. E.G. RÜSCH. St. Gallen 1979.
▪ Literatur: CERAS 2, 475; BBKL 6, 412ff.; NDB 18, 662f. – M. KIRCHHOFER: O.M., Antistes der Baslerischen Kirche. Zürich 1813; K.R. HAGENBACH: J. Oekolampad und O.M., die Reformatoren Basels. Elberfeld 1859; W. BRÄNDLY: Geschichte des Protestantismus in Stadt und Land Luzern. Luzern 1956; J.V. POLLET: Martin Bucer, Bd. 2. Paris 1962, 335–369; E. FABIAN: Zur Biographie und zur geplanten Erstausgabe der Briefe und Akten von O.M. und seiner Basler Mitarbeiter: Zwingliana 19 (1991/92) 115–130.

Rainer Henrich

Nacchianti (Naclante, Naclantus), *Giacomo* (Jacopo), Dominikaner (1518), Bischof von Chioggia (seit 1544), * Florenz, † 25.4.1569 Chioggia; Studium in Bologna, 1539–41 Lektor in Perugia, dann in Rom; nahm an allen drei Tagungsperioden des Konzils von Trient teil; stand zeitweilig unter Häresieverdacht, weil er zunächst gegen eine gleichrangige Bewertung von Schrift und Tradition als Glaubensquellen opponierte.

▪ Werke: Opera, 2 Bde. Venedig 1567.
▪ Literatur: DTHC 11, 1–3; BBKL 6, 426ff. – F. LAUCHERT: Die italienischen literarischen Gegner Luthers. Freiburg 1912, 584–612; A. WALZ: I domenicani al concilio di Trento. Rom 1961, passim.

Viola Tenge-Wolf

Nadal, *Jerónimo* (Hieronymus Natalis), Jesuit (1545), Visitator, Schriftsteller, * 11.8.1507 Palma de Mallorca, † 3.4.1580 Rom; Studien in Alcalá und Paris, wo er ⁄ Ignatius von Loyola kennenlernte; 1538 Priesterweihe in Avignon; 1548–52 Mitgründer, Rektor und Professor des Kollegs in Messina; 1552–56 Ordensaufgaben in Spanien und Portugal; 1558 Assistent für die nördlichen Provinzen; 1560–62 Visitator in Spanien, Portugal, den Niederlanden und Deutschland; 1562/63 bei der Theologenkommission in Innsbruck zur Vermittlung zwischen ⁄ Ferdinand I. und Giovanni ⁄ Morone bezüglich des Konzils; 1566 mit Petrus ⁄ Canisius als Berater des Legaten Giovanni Francesco Commendone beim Augsburger Reichstag und bis 1568 Visitator in Deutschland; 1565–73 Assistent für die spanische Provinz und 1571/72 Generalvikar. Seine große Leistung ist die Einführung der „Constitutiones". 1573–79 lebte er als Schriftsteller in Hall in Tirol.

▪ Werke: Evangelicae Historiae Imagines ex ordine Evangeliorum ... Antwerpen 1593; Adnotationes et Meditationes in Evangelia ... ebd. 1595; Epistolae ..., ed. v. F. CERVÓS, 4 Bde. Madrid 1898–1905; Pláticas espirituales ... en Coimbra (1561), ed. v. M. NICOLAU. Granada 1945; Epistolae et Monumenta 5. Commentarii de Instituto SJ. Rom 1962; Orationis observationes, ed. v. M. NICOLAU. ebd. 1964; Scholia in Constitutiones SJ, ed. v. M. RUIZ JURADO. Granada 1976; J.N. Der geistliche Weg. Erfahrungen und Lehre nach ... ‚Orationes observationes', übersetzt von J. STIERLI. Einsiedeln 1991; Contemplation dans l'action. Écrits spirituels, ed. v. F. Évais – A. Lauras. Paris 1994.

■ Literatur: DSP 11, 3–15. – C. Sommervogel: Bibliothèque de la Compagnie de Jésus, Bd. 5. Brüssel – Paris 1894, 1517–20; A. Astraín: Historia de la Compañia de Jesús en la Asistencia de España, Bd. 1–3. Madrid 1902–09; M. Nicolau: J.N. Sus obras y doctrinas espirituales. ebd. 1949; L. Polgár: Bibliographie sur l'histoire de la Compagnie de Jésus, Bd. 3. Rom 1990, 14532–570; J.W. O'Malley: Unterwegs in alle Länder der Welt. Die Berufung des Jesuiten nach J.N.: Geist und Leben 59 (1986) 247–260; W. Bangert: J.N. Tracking the first generation of Jesuits, hg. v. Th.M. McCoog. Chicago 1991. *Johannes Wrba*

■ Nachtrag: J.E. Vercruysse: N. et la Contre-Réforme: Gregorianum 72 (1991) 289–315; G. Palumbo: I miracoli promessi e negati. Le ,Meditationes' di N. ....: Il pubblico dei santi, hg. v. P. Golinelli. Rom 2000, 285–319.

Nantes, Edikt. Als Garantie des Religionsfriedens und Ausdruck königlicher Macht beendete das Edikt von N. am 13.4.1598 mehr als dreißig Jahre kriegerische Auseinandersetzungen zwischen Altgläubigen und ↗Hugenotten in Frankreich. Es besteht aus vier Dokumenten: dem „édit solennel et public" (feierliches und öffentliches Edikt), bestehend aus 92 allgemeinen Artikeln; 56 geheimen Artikeln; einem Schriftstück, das die Einkünfte der Pastoren bestimmt; einem Schriftstück (30.4.), das den Reformierten militärische Garantien einräumt (im Besonderen 51 Sicherheitsplätze). Wenn es auch den Reformierten eine gewisse Zahl an Garantien bot – Gewissens- und Kultfreiheit (örtlich beschränkt), Anerkennung der kirchlichen Strukturen, Möglichkeit der Gründung von Schulen, Kollegien und Akademien, Zugang zu den staatlichen Ämtern und Einrichtung von vier gemischt konfessionellen Gerichtshöfen –, so lieferte es doch dem Katholizismus die Grundlage für die Rückeroberung. Nachdem das Edikt zunächst pflichtgetreu angewandt worden war (1600–1620), kollidierte es alsdann mit der Fortsetzung der Kriege (1620–29). 1629–61 so gut wie möglich aufrechterhalten, wurde es in der Folgezeit auf „rigorose" Art und Weise interpretiert, was Verfolgungen die Tür öffnete und schließlich mit seiner Aufhebung im Edikt von Fontainebleau am 10.10.1685 endete. *Gerald Chaix*

■ Literatur: Dictionnaire de l'Ancien Régime, hg. v. L. Bely. Paris 1996. – F.J. Baumgartner: Change and continuity in the French episcopate. The bishops and the wars of religion. Durham 1986; M. Pernot: Les guerres de religion en France. Paris 1987; G. Deregnaucourt: La vie religieuse en France aux XVIe, XVIIe, XVIIIe siècles. Gap 1994; G. de Groër: Réforme et Contre-Réforme en France. Paris 1995; O. Christin: La paix de religion. L'Autonomisation de la raison politique au XVIe siècle. ebd. 1997; B. Cottret: 1598. L'Édit de N. ebd. 1997; G. Saupin: L'Édit de N. en 30 questions. Mougon 1997; B. Roussel (Hg.): Coexister dans l'intolérance. L'Édit de N. (1598). Paris – Genf 1998; M. Venard: La France avant l'édit de N.: L'acceptation de l'autre. De l'édit de N. à nos jours, hg. v. J. Delumeau. Paris 2000, 21–34; L. Theis: La France de L'édit de N.: ebd. 35–44.

Naumburger Fürstentag (NF), Versammlung protestantischer Reichsstände (20.1.–8.2.1561), um eine theologische Einigung der Evangelischen auf der Basis der ↗Confessio Augustana herbeizuführen und um eine gemeinsame Haltung gegenüber dem von ↗Pius IV. wieder einberufenen Trienter Konzil festzulegen. Beide Ziele wurden nicht erreicht, da sich die Flacianer (um Matthias ↗Flacius; ↗Gnesiolutheraner) und die Philippisten (um Philipp Melanchthon) nicht auf den verbindlichen Text der Confessio Augustana einigen konnten. Während

Kurfürst ↗Friedrich III. von der Pfalz für die Confessio Augustana Variata von 1540 eintrat, weil sie die reformierte Abendmahlsauffassung nicht völlig ausschloss, bestand Herzog ↗Johann Friedrich von Sachsen im Sinn des orthodoxen Luthertums auf der Invariata von 1530. Durch seine vorzeitige Abreise von Naumburg ließ Johann Friedrich die Verhandlungen scheitern. Die den versammelten Fürsten auf Veranlassung Kaiser ↗Ferdinands I. überbrachte Einladung zum Konzil wurde schroff zurückgewiesen.

▪ Literatur: R. CALINICH: Der NF 1561. Gotha 1870; K. SCHORNBAUM: Zum Tage von Naumburg 1561: ARG 8 (1910/11) 181–214; JEDIN Bd. 4/1; H. RABE: Deutsche Geschichte 1500–1600. München 1991. *Anton Schindling*

Nausea, *Friedrich,* katholischer Kontroverstheologe, * 1491/96 Waischenfeld (Oberfranken), † 6.2.1552 Trient; 1514 Baccalaureat und Magister an der Universität Leipzig, 1517 Lehrer in Bamberg, ab 1518/19 in Pavia und Padua; 1523 in Padua Doktor beider Rechte; vielfältige literarische Tätigkeit; Briefwechsel mit ↗Erasmus von Rotterdam, den er in seiner Schrift *Monodia* (1536) überschwänglich pries; 1524 Ernennung zum Comes Palatii Lateranensis und Notar des Apostolischen Stuhls; 1524 Teilnehmer am Nürnberger Reichstag und des ↗Regensburger Konvents als Sekretär des Kardinals Lorenzo ↗Campeggi; danach Tätigkeit als Domprediger in Mainz, wovon 25 Predigtbände zeugen. Trotz seiner Sprachgewalt hat er freilich keinen nachhaltigen Publikumserfolg erzielt. 1534 Doctor theologiae in Siena, ernannte ihn König ↗Ferdinand I. noch im selben Jahr zum Hofprediger und Ratgeber. 1538 Koadjutor des Wiener Bischofs Johannes ↗Fabri. Auf Drängen des Papstes und im Auftrag Ferdinands nahm N. an den Religionsgesprächen in ↗Hagenau 1540 und in ↗Worms 1540/41 teil, obwohl er die Gespräche entschieden ablehnte, weil über die vielen kontroversen Glaubenslehren seiner Meinung nach nur ein Allgemeines Konzil entscheiden könne. Als Bischof von Wien (1541) war N. einzig als Prediger und Autor eines *Catechismus catholicus* erfolgreich; im übrigen hat er die Nöte des kleinen, hoffnungslos verarmten und von den Osmanen ständig bedrohten Bistums kaum lindern können. Von September 1551 bis Januar 1552 beteiligte er sich an den Trienter Debatten über die Eucharistie, über den Laienkelch, über Buße, Messe, Priesterweihe und Krankensalbung als Orator König Ferdinands. Obwohl N. als Humanist, Diplomat, Prediger und Bischof für seine Zeit Vorbildliches geleistet hat, ist er nach seinem Tod bald in Vergessenheit geraten.

▪ Hauptwerk: De reformanda ecclesia. Mainz 1527; Evangelicae veritatis homiliarum centuriae quatuor. Köln 1532, 51540; Libri mirabilium septem. ebd. 1532; Predigt evangelischer Wahrheit über alle Evangelien. ebd. 1535 u.ö.; Catechismus catholicus. ebd. 1543, ²1552/53; Epistolarum miscellanearum ad Fridericum Nauseam Blancicampianum episcopum Viennensem libri X. Basel 1550. – Werkeverzeichnis: H. GOLLOB: Bischof F.N. Probleme der Gegenreformation. Wien 1952, Niewkoop ²1967, 136–153; KLAIBER n. 213–219.

▪ Quellen: ARCEG 1 (1959) 334–344, 2 (1960) 547–553, 4 (1969) 353ff.; ZKG 20 (1900) 500–545, 21 (1901) 537–594; CT Bde. 4–6 7/2–3 8–10 12²–13.

▪ Literatur: KThR 4, 92–103; BBKL 6, 506–513; TRE 24, 230–235; NDB 18, 75f. – J. METZNER: F.N. aus Waischenfeld, Bischof von Wien. Bamberg 1884; E. WENZEL: F.N., Bischof von Wien, ein Kirchenfürst als Pädagoge. Leitmeritz 1890; H. JEDIN: Das konziliare Reformprogramm F.N.s: HJ 77 (1958)

229–253; J. BEUMER: F.N. und seine Wirksamkeit zu Frankfurt, auf den Colloquien zu Hagenau und Worms und auf dem Trienter Konzil: Zeitschrift für Katholische Theologie 94 (1972) 29–45; H. IMMENKÖTTER: F.N. und die Augsburger Religionsverhandlungen: Reformatio Ecclesiae. FS E. Iserloh. Paderborn 1980, 467–486; K. FISCHER: Verwaltung und Hofleitung unter dem Wiener Bischof N. (1541–52). Maschinschriftliche Dissertation. Wien 1981; E. HONEE: Über das Vorhaben und Scheitern eines Religionsgesprächs. Ein Verfahrensstreit auf dem Konvent von Hagenau (1540): ARG 76 (1985) 195–215; I. BEZZEL: Das humanistische Frühwerk F.N.s (1496–1552): Archiv für die Geschichte des Buchwesens 26 (1986) 217–237; G.PH. WOLF: F.N.: ZBKG 61 (1992) 59–101. *Herbert Immenkötter*

Neander, *Michael* (eigentlich M. Neumann), Pädagoge und Philologe, * 1525 Sorau (Žary; Niederlausitz), † 26.4.1595 Ilfeld (Harz). N. studierte ab 1543 in Wittenberg bei Martin Luther und Philipp Melanchthon; 1547 Lehrer in Nordhausen, 1550 an der Klosterschule Ilfeld (seit 1559 Rektor und Verwalter). Humanistisch gesinnt und vielseitig gelehrt, besonders in den alten Sprachen, verband er evangelische Frömmigkeit mit klassischer Bildung und Realwissen und wurde einer der bedeutendsten evangelischen Schulmänner des 16. Jh. Bekannt wurde er v. a. durch seine Lehrbücher (besonders griechische und hebräische Grammatiken und historische, geographische, physikalische Kompendien) und Klassiker-Ausgaben (über 40 Werke). Seine Vorrede (340 Seiten) zu den *Graecae linguae erotemata* (Basel 1565 u. ö.) ist gleichsam der Versuch einer Literaturgeschichte. Theologisch gründet N. in Luther und ist zudem besonders von Johannes Tauler beeinflusst.

■ Werke: Bedenken [...], wie ein Knabe zu leiten und zu unterweisen. Eisleben 1580 u.ö. (abgedruckt in R. VORMBAUM: Die evangelischen Schulordnungen des 16.Jh. Gütersloh 1860, 746–765); Theologia Christiana. Leipzig 1595; F. LATENDORF (Hg.): M.N.s deutsche Sprichwörter. Schwerin 1864; VD 16 14, N 342–428 (Bibliographie).

■ Literatur: M. KLEMM: M.N. und seine Stellung im Unterrichtswesen des 16.Jh. Großenhain 1884; H. HEINECK: Aus dem Leben M.N.s. Nordhausen 1925; E. KOCH: M.N. als Theologe: Bekenntnis zur Kirche. FS E. Sommerlath. Berlin 1960, 112–125; M. BÜTTNER: M.N. und das erste Geographielehrbuch in Deutschland: DERSELBE (Hg.): Zur Entwicklung der Geographie. Paderborn – München 1982, 97–112. *Werner Raupp*

Ochino, *Bernardino,* Prediger, * um 1487 Siena, † 1564/65 Slavkov (Austerlitz); 1503/04 Franziskaner-Observant, 1523 Provinzialminister der Sieneser Provinz, 1533 Generalvikar der cismontanen Provinz; 1534 der größeren Strenge wegen Kapuziner, 1538 Generalvikar, 1541 wieder gewählt. O. predigte in allen größeren italienischen Städten mit großem Zulauf. 1542 wegen Häresieverdachts nach Rom vorgeladen, floh O. nach einem Treffen mit Pietro Martire /Vermigli in Florenz über Graubünden nach Genf, wo er mit Erlaubnis Jean Calvins predigte. Über Basel und Straßburg gelangte er 1545 nach Augsburg und ging 1547 nach England, wo er bis zur Thronbesteigung /Marias I. blieb; seit 1553 wieder in der Schweiz, wurde er 1555 Pfarrer in Zürich, von wo er 1563 wegen seines Antitrinitarismus ausgewiesen wurde. Seine letzten Lebensjahre verbrachte er in Polen und Mähren.

■ Literatur: DSp 11, 575–591; BBKL 6, 1085–1089; TRE 25, 1–6. – K. BENRATH: B.O. von Siena. Leipzig 1875, Nachdruck Nieuwkoop 1968; PH. MCNAIR – J. TEDESCHI: New Light on B.O.: Bibliothèque d'humanisme et renaissance 35 (1973) 289–301; V. MAR-

CHETTI: Gruppi ereticali senesi del cinquecento. Florenz 1975; M. FIRPO: Inquisizione romana e controriforma. Bologna 1992.

Giuseppe Alberigo

▪ Nachtrag: E. CAMPI: Michelangelo e Vittoria Colonna. Un dialogo artistico-teologico ispirato da B.O. Turin 1994.

Oekolampad(ius) (eigentlich Huschin, Huszschyn), *Johannes*, Humanist und Reformator Basels, * 1482 Weinsberg (Württemberg), † 23.11.1531 Basel; 1499–1506 Studium in Heidelberg (Schüler Jakob ∕Wimpfelings; 1503 Magister artium), kurzzeitig auch in Bologna (Jura?), 1506–08 Prinzenerzieher in pfälzischen Diensten in Mainz, dann Fortsetzung des Studiums der Theologie und der alten Sprachen wohl wieder in Heidelberg; nach Priesterweihe (Jahr unbekannt) Inhaber der Prädikaturpfründe an St. Johannes in Weinsberg (1510); 1513 in Tübingen (Kontakte mit Philipp Melanchthon und Johannes ∕Reuchlin), dann wieder in Heidelberg und 1515/16 in Basel (Mitarbeiter des ∕Erasmus); 1518 Poenitentiar am Basler Münster, Doctor theologiae und Domprediger in Augsburg. O. begann sich für Martin Luther einzusetzen, zog sich aber 1520 zur Klärung seiner Position ins Kloster Altomünster zurück (Kirchenväterstudien, Predigten, *Iudicium de Luthero*), das er 1522 wieder verließ. Nach kurzem Aufenthalt als Schlosskaplan Franz' von ∕Sickingen auf der Ebernburg ließ er sich im November 1522 endgültig in Basel nieder. Er war Korrektor in der Druckerei des Andreas Cratander, gab Kirchenväterübersetzungen heraus und begann mit Vorlesungen (auch für die Bürgerschaft) an der Universität. O. übernahm die Führung der Basler Reformationsbewegung, bald in enger Freundschaft mit Huldrych Zwingli und in ständiger Verbindung mit den Straßburger und Konstanzer Reformatoren. Neben seinem theologischen Lehramt (1523 Professor) Pfarrer an St. Martin (seit 1525) und am Münster (seit 1529). Im oberdeutschen ∕Abendmahlsstreit (1524–1529) vertrat O. ein symbolisches Abendmahlsverständnis (*De genuina verborum ... expositione*. Straßburg 1525; *Antisyngramma*. Zürich 1526, gegen Johannes ∕Brenz u.a.). Am 1.11.1525 feierte O. das erste evangelische Abendmahl in Basel; 1526 erschien die evangelische Gottesdienstordnung für die Stadt. O. nahm teil an der ∕Badener Disputation, der von Bern (1528) und am ∕Marburger Religionsgespräch. Mit der Reformationsordnung von 1529 setzte der Basler Rat nach langem Zögern und nach Auseinandersetzungen, die in einem Bildersturm (∕Kunst und Reformation) gipfelten, die Reformation durch. Für die umstrittene Kirchenzucht schuf O. das besondere Amt der Presbyter (1530), doch konnte er seine Vorstellungen nur z.T. verwirklichen. Neben dieser Frage war seine letzte Lebenszeit bestimmt vom Kampf gegen das ∕Täufertum, von Kirchenvisitationen und der Neuordnung des Bildungswesens. Seine letzte Reise mit Martin ∕Bucer und Ambrosius ∕Blarer galt der Reformation in den Städten Ulm, Memmingen und Biberach. O. starb knapp sechs Wochen nach Zwingli. Seine Witwe, Wibrandis Rosenblatt (1504–64, Heirat 1528), heiratete 1532 Wolfgang ∕Capito und 1542 Bucer.

▪ Werkverzeichnis: E. STAEHELIN: O.-Bibliographie (1918/28), Nieuwkoop ²1963; VD 16 15, 110–128.

▪ Quellen: E. STAEHELIN (Bearbeiter): Briefe und Akten zum Leben O.s, 2 Bde. Leipzig 1927–34, Nachdruck New York–London 1971 (Nachträge in: Basler Zeitschrift für Geschichte und Altertumskunde 65 [1965] 165–194); E. DÜRR–P. ROTH (Hg.): Akten-

sammlung zur Geschichte der Basler Reformation, 6 Bde. Basel 1921-50.
- Literatur: BBKL 6, 1133-50; TRE 25, 29-36. – K.R. HAGENBACH: J.O. und Oswald Mykonius, die Reformatoren Basels, Leben und ausgewählte Schriften. Elberfeld 1859; E. STAEHELIN (Hg.): Das Buch der Basler Reformation. Basel 1929; DERSELBE: Das theologische Lebenswerk J.O.s. Leipzig 1939, Nachdruck New York–London 1971; P. ROTH: Durchbruch und Festsetzung der Reformation in Basel. Basel 1942; G. LENCKNER: Wie hieß J. Ökolampad von Haus aus?: Württembergisches Franken 46 (1962) 52f.; A. DEMURA: Church Discipline according to J.O. in the Setting of his Live and Thought. Dissertation. Princeton 1964; Gestalten der Kirchengeschichte, hg. v. M. GRESCHAT, Bd. 5. Stuttgart u.a. 1981, 117–128.

Christoph Weismann

- Nachtrag: K. HAMMER: Der Reformator O.: Zwingliana 19 (1991/92) 157–170; TH.A. FUDGE: Icarus of Basel? O. and the early Swiss Reformation: Journal of Religious History 21 (1997) 268–184; O. KUHR: Die Macht des Bannes und der Buße. Kirchenzucht und Erneuerung der Kirche bei J.O. Bern 1999.

Oldendorp, Johannes, Jurist, * 1480/1490 Hamburg, † 3.6.1567 Marburg.

Nach Studium u.a. in Bologna unsteter Wechsel zwischen universitären und politischen Tätigkeiten in Rostock, Frankfurt (Oder), Greifswald, Lübeck, Köln sowie Marburg, wo er ab 1543 als Professor lehrte. O. steht am Anfang einer christlichen Naturrechtslehre reformatorischer Prägung. Grundlegend dafür sind seine Schrift *Wat byllick unn recht ys* (Rostock 1529), die der Billigkeit die Rolle eines umfassenden Rechtsprinzips zuweist, und die *Iuris naturalis gentium et civilis eisagoge* (Köln 1539). Für Aufbau und Geist eines christlich geprägten Gemeinwesens charakteristisch ist *Van Ratslagende* (Rostock 1530).

- Werke: Opera, 2 Bde. Basel 1559, Nachdruck Aalen 1966. – *Auswahl:* E. WOLF (Hg.): Quellenbuch zur Geschichte der deutschen Rechtswissenschaft. Frankfurt (Main) 1949, 49–101. – *Verzeichnis:* VD 16 15, 151–163.
- Literatur: TRE 25, 235. – E. WOLF: Große Rechtsdenker der deutschen Geistesgeschichte. Tübingen [4]1963, 138–176; H. MAIER: Die ältere deutsche Staats- und Verwaltungslehre (Polizeiwissenschaft). München [2]1980; M. STOLLEIS: Geschichte des öffentlichen Rechts in Deutschland, Bd. 1. ebd. 1988; B. PAHLMANN: J.O.: G. KLEINHEYER – J. SCHRÖDER (Hg.): Deutsche und europäische Juristen aus neun Jahrhunderten. Heidelberg [4]1996, 313–316.

Alexander Hollerbach

Olevian, Caspar, reformierter Theologe, * 10.8.1536 Trier, † 15.3.1587 Herborn;

Studium der Rechte in Orléans und Bourges (1557 Doctor iuris) und der Theologie in Genf und Zürich; 1559 beteiligt am Reformationsversuch in Trier, 1560 Leiter des Collegium Sapientiae in Heidelberg, dort 1561 Theologieprofessor, 1562 Pfarrer an St. Peter und an der Heiliggeistkirche. Unter Kurfürst /Friedrich III. Mitglied des Heidelberger Kirchenrats, 1563 mit entscheidend beim Übergang der Kurpfalz zum reformierten Bekenntnis durch Einführung des /Heidelberger Katechismus samt zugehöriger Kirchenordnung, 1564 beteiligt am Maulbronner Kolloquium über Abendmahl und Christologie mit den lutherischen Theologen Württembergs und 1566 am Amberger Religionsgespräch mit der lutherischen Pfarrerschaft der Oberpfalz. Die erneute Einführung des lutherischen Bekenntnisses in der Kurpfalz 1576/1577 führte zur Absetzung von allen Ämtern. Ab 1577 Tätigkeit als Hofprediger und Prinzenerzieher in Berleburg mit Einfluss auf die Einrichtung des reformierten Kirchenwesens; 1584 Pfarrer in Herborn und Professor an der dort neu errichteten reformierten Hohen Schule. In der Philosophie Petrus /Ramus verpflichtet, war er neben Johannes Piscator und Zacharias ⁄Ursinus Vermittler der Lehren Jean Calvins und Heinrich ⁄Bullingers nach Deutschland, die er in einer christuszentrierten Bundestheologie mit starker Nachwirkung auf Johannes Coccejus vortrug.

■ Hauptwerk: De substantia foederis gratuiti inter Deum et electos. Genf 1585; Der Gnadenbund Gottes. Herborn 1590, Faksimile-Edition, hg. v. G. FRANZ u.a. Köln 1994.
■ Literatur: TRE 25, 237ff.
Heiner Faulenbach
■ Nachtrag: L.D. BIERMA: German Calvinism in the confessional age. The covenant theology of C.O. Grand Rapids 1997; R.S. CLARK: The Catholic-Calvinist trinitarianism of C.O.: Westminster Theological Journal 61 (1999) 15–39.

Ordination. Für die Reformatoren war es selbstverständlich, dass ein öffentliches Amt in der Kirche der O. bedarf („rite vocatus": CA 14; Calvin, Inst IV, 3 und 10). Nach lutherischem Verständnis ist dabei an das eine Amt („ministerium") der öffentlichen Verkündigung des Evangeliums und der Verwaltung der Sakramente gedacht, nach reformiertem Verständnis an die Ämter des Pastors, des Lehrers, des Ältesten und des Diakons (⁄Amt). Die O. geschieht durch Handauflegung als wirksame Bitte um den Heiligen Geist. Nach reformiertem Verständnis setzt sie die Wahl der zu Ordinierenden durch die Gemeinde voraus. Die O. wird vorgenommen durch die Pastoren (Pfarrer, Hirten) (Inst IV, 3 und 16). Sie ist nach göttlichem Recht gültig, da der Unterschied zwischen Bischöfen und Pfarrern nur menschlichen Rechts ist (Melanchthon, Tractatus de potestate, 63–66, unter Berufung auf Hieronymus) und die damaligen Bischöfe die O. evangelischer Pfarrer verweigerten. Die O. wird von der Reformation nicht im strengen Sinn zu den Sakramenten gerechnet, obwohl sowohl Philipp Melanchthon wie Jean Calvin keine Bedenken hatten, sie auch als Sakrament zu bezeichnen (ApolCA 13, 11; Inst IV, 19 und 28).

■ LThK^3 7, 1111f. (ungekürzte Fassung).
■ Literatur: Gemeinde – Amt – O., hg. v. F. VIERING. Gütersloh 1970; J. HEUBACH: Die O. zum Amt der Kirche. Berlin 1956; H. LIEBERG: Amt und O. bei Luther und Melanchthon. Berlin 1962; F. SCHULZ: Evangelische O.: Jahrbuch für Liturgik und Hymnologie 17 (1972) 1–54; DERSELBE: O. im Gemeindegottesdienst: ebd. 23 (1979) 1–31; Handbuch der Liturgik, hg. v. H.-CH. SCHMIDT-LAUBER – K.-H. BIERITZ. Leipzig 1995, 371–391.
Ulrich Kühn
■ Nachtrag: G.D. GALLARO: Martin Lutero sull' ordinazione ministeriale: Kanon 13 (1996) 185–196; A.R. SANDER: „... haben wir im durch die Christliche offentliche O. ... das predigambt ... befholen'. Theologische Anmerkungen zu einem O.-Zeugnis des 16.Jh.: Festhalten am Bekenntnis der Hoffnung. FS R. Slenczka. Erlangen 2001, 99–118.

Orozco, *Alonso de,* selig (1882), Augustinereremit (1522), Theologe und geistlicher Schriftsteller, * 17.10.1500 Oropesa bei Toledo, † 19.9.1591 Madrid; Prior in mehreren Konventen und Inhaber weiterer Ämter im Orden; Prediger und Berater ⁄Karls V. und ⁄Philipps II. O. verfasste umfangreiche exegetische, aszetische und homiletische Werke.

■ Werke: Recopilación de todas las obras. Valladolid 1554 u.ö.; Obras, 7 Bde. Madrid 1736 u.ö.; Antología de sus obras, ed. v. J. DÍEZ. ebd. 1991.
■ Literatur: DSp 1, 392–395; DHEE 3, 1842. – A.J. BULOVAS: El amor divino en la obra del Beato A. de O. Madrid 1973; G. DÍAZ DÍAZ: Hombres y Documentos de la Filosofía Española, Bd. 1. ebd. 1980, 189–195; T. APARICIO LÓPEZ: Fray A. de O. Valladolid 1991; R. LAZCANO: Bibliografía fundamental del Beato A. de O.: La Ciudad de Dios 204 (1991) 205–254; DERSELBE (Hg.): Figura y obra de A. de O. Madrid 1992; K. REINHARDT: Bibel-

kommentare spanischer Autoren, Bd. 2. ebd. 1999, 139–147. *Fernando Domínguez*

Orzechowski (Orichovius), *Stanisław*, polnischer polemischer Schriftsteller, * 11.11.1513 Orzechowice bei Przemyśl, † Ende 1566; studierte in Krakau (1526–28), Wien, Wittenberg und Leipzig (hier lernte er 1531 Philipp Melanchthon kennen). 1531–1537 und 1538–41 in Italien (Padua, Bologna, Venedig, Rom); 1541 kehrte er nach Przemyśl zurück, empfing die Priesterweihe und wurde Pfarrer in Żórawica. Seitdem verfasste er polemische Werke (*Fidelis Subditus.* Krakau 1543) u. a. gegen Papsttum (╱Primat) und ╱Zölibat (*De lege coelibatus contra Siricium.* ebd. 1548), engagierte sich für die Wiedervereinigung der Christen und verteidigte die orthodoxe Kirche (*Baptismus Ruthenorum.* ebd. 1544). Nach seiner Heirat 1551 wurde er exkommuniziert und aller Benefizen und Pfründen enthoben. O. appellierte 1552 an den polnischen Sejm, an die Krakauer Universität und sogar an ╱Julius III. 1561 erhielt er Dispens vom Zölibat. Trotz dieser Auseinandersetzungen mit seinem Bischof polemisierte O. gegen den Protestantismus (*Fidei Catholicae Confessio.* ebd. 1561). In seiner politischen Theorie folgte er antiken Staatsauffassungen.

■ Werke: Orichoviana, ed. v. J. Korzeniowski, Bd. 1. Krakau 1891; Wybór pism, hg. v. J. Starnawski. Breslau u.a. 1972.

■ Literatur: Polski Słownik Biograficzny, Bd. 24. Breslau 1979, 287–292; Słownik polskich teologów katolickich, Bd. 3. Warschau 1982, 265–271; BBKL 3, 1294ff. *Jan Kopiec*

Osiander, 1) *Andreas,* Reformator, * 19.12.1496/1498 Gunzenhausen, † 17.10.1552 Königsberg. 1515 in Ingolstadt immatrikuliert, verdankte O. humanistischem Studium gute Kenntnisse in Hebräisch und Griechisch, nach der Priesterweihe 1520 auch die Anstellung als Hebräischlehrer im Augustinerkloster in Nürnberg. Dort wurde er mit Martin Luthers Schriften vertraut. Seit 1522 Prediger an St. Lorenz, trieb O. die reformatorische Bewegung voran, bis sich die Stadt mit dem Religionsgespräch (März 1525), bei dem O. für die evangelische Seite sprach, zur Reformation bekannte. In den folgenden Jahren sorgten seine Gutachten für die Umsetzung reformatorischer Theologie in neue gesellschaftliche und kirchliche Ordnungen, für die Abwehr von Zwinglianern und ╱Täufern sowie für die Verteidigung der Reformation der Stadt vor Kaiser und Reich. Seine Ausarbeitung der Kirchenordnung (1530–33) führte zu schweren Spannungen mit seinen Amtskollegen und dem Ratsschreiber Lazarus ╱Spengler. Den Rat verärgerte er durch den Streit über die allgemeine Absolution und die harte Haltung bei Religionsverhandlungen im ╱Schmalkaldischen Bund und mit dem Kaiser. Deswegen weniger beansprucht, fand er Zeit für eine Evangelienharmonie, apokalyptische Spekulationen, die Herausgabe von Nikolaus Kopernikus' „De revolutionibus" und eine Verteidigung der Juden gegen den Ritualmordvorwurf. In der Interimszeit (╱Augsburger Interim) erneut gesuchter Berater, begab er sich, als der Rat das Interim und eine entsprechende Agende gegen seinen Willen annahm, 1548 zu Herzog ╱Albrecht (von Brandenburg-Ansbach dem Älteren) von Preußen, der in ihm seit 1522 seinen geistlichen Vater sah, nach Königsberg. Dass der Herzog ihm die Altstädter Pfarrei freimachte und ihn unter Bruch der Statuten zum Professor an der Universität ernannte, schuf Spannungen zu den Kollegen in Kirche und Universität. Der eigenartige Charakter seiner Theologie mit einem stark scholastisch geprägten Gottesbegriff und einer gegen eine reine Imputation gerichteten Verbindung von Christologie und Rechtfertigung erregte heftigen Streit, in dem der Herzog über O.s Tod hinaus für ihn Partei nahm (Osiandrischer Streit). Dennoch wurde O. vom zeitgenössischen und späteren Luthertum (/Konkordienformel) einhellig verurteilt.

■ Werke: Gesamtausgabe, Bd. 1–6 hg. v. G. MÜLLER, Bd. 7–10 hg. v. G. SEEBASS. Gütersloh 1975–97; Bibliographia Osiandrica, bearbeitet von G. SEEBASS. Nieuwkoop 1971.

■ Literatur: TRE 25, 507–515. – E. HIRSCH: Die Theologie des A.O. Göttingen 1919; G. SEEBASS: Das reformatorische Werk des A.O. Neustadt (Aisch) 1967; M. STUPPERICH: O. in Preußen (1549–52). Berlin 1973.

Gottfried Seebaß

■ Nachtrag: R. HAUKE: Gott-Haben – um Gottes Willen. A.O.s Theosisgedanke ... Frankfurt (Main) 1999; G. ZIMMERMANN: Prediger der Freiheit. A.O. und der Nürnberger Rat 1522–48. Mannheim 1999; G. MARTENS: ‚Ein uberaus großer unterschiedt'. Der Kampf des A.O. gegen die Praxis der allgemeinen Absolution in Nürnberg: Festhalten am Bekenntnis der Hoffnung. FS R. Slenczka. Erlangen 2001, 144–164.

2) *Lukas* der Ältere, lutherischer Theologe, Sohn von 1), * 15.12.1534 Nürnberg, † 17.9.1604 Stuttgart. Nach Studium in Königsberg und Tübingen ab 1555 in Göppingen, Blaubeuren und Stuttgart in der Seelsorge tätig. 1564 Doctor theologiae in Tübingen, 1567 Hofprediger in Stuttgart, 1593 dort Stiftsprediger, 1596 Prälat von Adelberg. 1598 wegen Kritik an der toleranten Judenpolitik Herzog Friedrichs des Landes verwiesen, wirkte O. in Esslingen, bis er nach Stuttgart zurückberufen wurde. O. war an der Ausarbeitung der /Konkordienformel und deren lateinischer Übersetzung beteiligt, nahm an Religionsgesprächen teil (u. a. Mömpelgard [Montbéliard] 1586, Regensburg 1594), stand im Briefwechsel mit Patriarch Jeremias II. von Konstantinopel und beriet 1583 den Kölner Erzbischof Gebhard Truchsess von /Waldburg bei der (gescheiterten) Einführung der Reformation.

■ Werke: Biblia sacra latina, 7 Bde. Tübingen 1573–86 (Vulgatatext mit Kommentar); Institutio christianae religionis. ebd. 1582; Epitome historiae ecclesiasticae, 6 Bde. ebd. 1592–1603 (Fortsetzung der /Magdeburger Centuriatoren); Bawren Postilla, 5 Bde. ebd. 1597–1600 (volkstümliche Predigten). – *Werkverzeichnis*: VD 16 15, 259–275.

■ Literatur: BBKL 6, 1299–1304. – H. WOLTER: Die Kirche im Religionsgespräch zwischen Gregor von Valencia und L.O.: Sentire Ecclesiam. FS H. Rahner. Freiburg 1961, 350–370; J.A. STEIGER: Melancholie, Diätetik und Trost. Die Konzepte der Melancholie-Therapie im 16. und 17.Jh. Heidelberg 1996, 51–58.

Johann Anselm Steiger

■ Nachtrag: U. BUBENHEIMER: Streittheologie in Tübingen am Anfang des 17.Jh.: Kirchliche Zeitgeschichte 7 (1994) 26–43.

Oswald, *Wendelin,* Dominikaner, Prediger, * Sommeri (Kanton Thurgau), † 14.7.1541 Einsiedeln; Studium in Köln, Paris und Freiburg, 1518–20 Prior in Konstanz; ab 1520 Beichtvater am St. Galler Dominikanerinnenkloster St. Katharina, 1522 Prediger am dortigen Münster; als entschiedener Gegner Huldrych Zwinglis und der Reformation seit 1524 in seiner Tätigkeit eingeschränkt, 1526 Teilnehmer an der /Badener Disputation, 1527 Prediger in Einsiedeln, dort 1530 als Benediktiner bezeugt.

■ Literatur: BBKL 6, 1330f. – N. PAULUS: Die deutschen Dominikaner im Kampf gegen Luther. Freiburg 1903, 323ff.

Viola Tenge-Wolf

Otter (Ot[h]er), *Jakob,* protestantischer Theologe, Reformator Esslingens,

* um 1485 Lauterburg (Unterelsass), † 15.3.1547 Esslingen; 1505–07 Studium in Heidelberg; danach als Sekretär /Geilers von Kaysersberg und Herausgeber von dessen Schriften in Straßburg, 1510 Fortsetzung des Studiums in Freiburg, wo O. sich dem Theologieprofessor Johannes Brisgoicus († 1539) anschloss (1517 Lizentiat der Theologie); 1518 Pfarrer in Wolfenweiler; 1522 Prediger in Kenzingen, das O. wegen seiner Hinwendung zum Protestantismus auf Druck der vorderösterreichischen Regierung verlassen musste. Über Straßburg, mit dessen Theologen er zeitlebens verbunden blieb, Neckarsteinach, Bern, Solothurn und Aarau gelangte O. 1532 nach Esslingen, wo er Ambrosius /Blarer ablöste. 1534 entwarf er Ordnungen für die lateinischen und deutschen Schulen, 1536 unterzeichnete er für die Oberdeutschen die /Wittenberger Konkordie.

■ Quellen: VD 16 15, O 1463–71; Quellen zur Geschichte der Täufer, Bd. 8. Gütersloh 1960; Correspondance de Martin Bucer, Bd. 2. Leiden u.a. 1989; Jakob Wimpfeling, Briefwechsel, Bd. 2. München 1990.
■ Literatur: BBKL 6, 1344f. – M. BRECHT: Esslingen im geistigen Ringen der Reformationszeit: Esslinger Studien 20 (1981) 59–71; T.M. SCHRÖDER: Das Kirchenregiment der Reichsstadt Esslingen. Esslingen 1987, besonders 115–131; R. LUSIARDI: Ackerbürgerstadt und Evangelium ... Kenzingen: Zeitschrift für die Geschichte des Oberrheins 141 (1993) 185–211. *Barbara Henze*

Ottheinrich von der Pfalz, Pfalzgraf von Neuburg („Junge Pfalz") 1505–1559, Kurfürst von der Pfalz 1556–1559, * 10.4.1502 Amberg, † 12.2.1559 Heidelberg. O. führte in dem für ihn und seinen Bruder Philipp 1505 geschaffenen Fürstentum Neuburg 1542 die Reformation und 1543 eine von Andreas /Osiander verfasste Kirchenordnung ein. 1544 infolge aufwendiger Hofhaltung und Bautätigkeit bankrott, übernahmen die Landstände die Verwaltung. In den Wirren des /Schmalkaldischen Krieges 1546 geflohen, verbrachte O. die folgenden Jahre in Heidelberg und Weinheim. Durch den /Passauer Vertrag von 1552, den er ansonsten (wie den /Augsburger Religionsfrieden von 1555) ablehnte, erhielt er sein Fürstentum zurück. Nach Erlangung der Pfälzer Kurwürde 1556 sofortige Einführung der Reformation in der Kurpfalz und Erlass einer streng lutherischen Kirchenordnung (April 1556). In seiner Residenzstadt Heidelberg reformierte O. mit Hilfe Philipp Melanchthons die Universität (1558) und begründete die weltberühmte kurfürstliche „Bibliotheca Palatina", der er 1557 die umfangreiche Bibliothek der säkularisierten Benediktinerabtei Lorsch einverleiben konnte.

■ Literatur: Handbuch der bayerischen Geschichte, begründet von M. SPINDLER, hg. v. A. KRAUS, Bd. 3/3. München ³1995, 89f. 126f. u.ö.; BBKL 6, 1348–52. *Manfred Eder*
■ Nachtrag: W. VON MOERS-MESSMER: Heidelberg und seine Kurfürsten. Ubstadt-Weiher 2001.

Pack, *Otto von,* Vizekanzler Herzog /Georgs von Sachsen, * um 1480, † 8.2.1537; gab den *Packschen Händeln* den Namen: Im Januar 1528 spielte P. Landgraf /Philipp von Hessen gefälschte Dokumente über ein angebliches Kriegsbündnis altgläubiger Fürsten (/Ferdinand I., Kurfürsten von Mainz und Brandenburg, Herzöge von Sachsen und Bayern, Erzbischof von Salzburg, Bischof von Bamberg und Würzburg) in die Hand. Philipp rüstete auf und fiel seinerseits in die fränkischen Hochstifte ein. Als die Fälschung aufgedeckt wurde, brach Philpp das Unternehmen ab, zwang jedoch den Mainzer

Kurfürsten, ihm die geistliche Gerichtsbarkeit in Hessen abzutreten (Vertrag von Hitzkirchen, Juni 1528), und die fränkischen Bischöfe, ihm eine Entschädigung für seine Rüstungskosten zu zahlen. Die katholischen Reichsstände vertraten daraufhin auf dem Speyrer Reichstag 1529 ihre Sache mit größerer Entschiedenheit. P. wurde nach jahrelanger Flucht auf Betreiben Herzog Georgs zum Tod verurteilt und hingerichtet.

■ Literatur: K. DÜLFER: Die Packschen Händel. Marburg 1958; A. KOHLER: Antihabsburgische Politik in der Epoche Karls V. Göttingen 1982; W. HEINEMEYER: Das Zeitalter der Reformation: DERSELBE (Hg.): Das Werden Hessens. Marburg 1986, 225–266.

Anton Schindling

Paleario, *Aonio* (eigentlich Antonio della Paglia[ra]), Humanist, * 1503 Veroli (Latium), † 3.7.1570 Rom; nach Studium in Rom als Lehrer in Perugia und Siena tätig; 1531/32 und 1534–36 zur Fortsetzung des Studiums in Padua, wo er Pietro ∕Bembo kennenlernte und sich unter dem Einfluss Pietro Pomponazzis der Philosophie zuwandte. Der von Bernardino ∕Ochino beeinflusste P. wurde 1542 aufgrund seiner Fegfeuerlehre der Häresie bezichtigt, konnte aber von Jacopo ∕Sadoleto erfolgreich verteidigt werden. 1546–55 in Lucca, danach in Mailand, wo er 1559/60 erneut wegen Häresie vor Gericht gestellt und freigesprochen wurde. Nach dem Erscheinen seiner Werke wurde P. wegen seiner Rechtfertigungslehre und seiner Kritik an Papst und Kirche wiederum angeklagt und eingekerkert. Nach Rom überstellt, wurde er dort als rückfälliger Häretiker verurteilt und in der Engelsburg hingerichtet.

■ Werke: Opera. Basel o.J. [1567]; Actio in pontifices Romanos, ed. v. G. PALADINA: Opuscoli e lettere di riformatori italiani del cinquecento, Bd. 2. Bari 1927, 19–170; Dell'economia o vero del governo della casa, ed. v. S. CAPONETTO. Florenz 1983.

■ Literatur: CERAS 3, 45f.; BBKL 6, 1451ff. – G. MORPURGO: Un umanista martire, A.P., e la riforma teorica italiana. Città di Castello 1912; V. MARCHETTI: Gruppi ereticali senesi del cinquecento. Florenz 1975; S. CAPONETTO: A.P. e la Riforma protestante in Toscana. Turin 1979; E. GALLINA: A.P., 3 Bde. Sora 1989; S. SEIDEL MENCHI: Erasmus als Ketzer. Leiden u.a. 1993. *Giuseppe Alberigo*

Paleotti, *Gabriele,* Kardinal (seit 1565), Kanonist, * 4.10.1522 Bologna, † 22.7.1597 Rom als Kardinalbischof von Sabina; 1546–56 geschätzter Rechtslehrer in Bologna, 1556–1566 Auditor der Rota; 1562–63 Berater der päpstlichen Legaten auf dem Konzil von Trient, u. a. des Kardinals Giovanni ∕Morone (P.s Tagebuch [ed. v. S. Merkle: CT 3/1, 231–762] ist eine wichtige Konzilsquelle). 1566 Bischof (und 1582 erster Erzbischof) von Bologna, wo er, in enger Verbindung mit Karl ∕Borromäus, die tridentinische Reform durchführte. Lebte in den letzten Jahren in Rom.

■ Hauptwerk: De nothis spuriisque filiis. Venedig 1550 u.ö.; Discorso sulle imagini sacre e profane. Bologna 1582, lateinisch Ingolstadt 1594; De s. consistorii consultationibus. Rom 1592 u.ö.; Episcopale Bononiense. Bologna 1580; Archiepiscopale Bonon. Rom 1594; De bono senectutis. ebd. 1595. – P.s Rota-Entscheidungen: Decisionum novissimarum SRR. Venedig 1618, 202–330.

■ Literatur: DTHC 11, 1821ff. – S. MERKLE: Kardinal G.P.'s Literarischer Nachlass: RQ 11 (1897) 333–429; P. PRODI: Il Cardinale G.P., 2 Bde. Rom 1959–1967; C. HECHT: Katholische Bildertheologie im Zeitalter von Gegenreformation und Barock: Studien zu Traktaten von Johannes Molanus, G.P. und anderen Autoren. Dissertation. Berlin 1997. *Paolo Prodi*

Panvini(o), *Onofrio,* Augustinereremit (1541), Kirchenhistoriker, * 24.2.

1530 Verona, † 7.4.1568 Palermo; verfasste eine Chronik seines Ordens; 1554 trat er in die Dienste Alessandros des Älteren Farnese, begleitete diesen 1559 ins Konklave und verfasste ein *Diarium* über die Wahl ↗Pius' IV. (CT 2, 575–601). P. unternahm umfangreiche Studien zur römischen Altertumswissenschaft und zur Kirchen- und Papstgeschichte. ↗Philipp II. widmete er die Abhandlung *De comitiis imperatoriis* (Barcelona 1558), in der er in erstaunlicher Nähe zu den modernen Forschungsergebnissen die Entstehung des Kurfürstenkollegiums behandelt. Das reiche Material, das er zur Geschichte der römischen Kirchen und Katakomben sowie der Päpste und Kardinäle sammelte, ist nur zu einem kleinen Teil in seinen gedruckten Werken verarbeitet. Seine Ikonographie der Päpste (im Auftrag Johann Jakob ↗Fuggers), die in Codex latinus monacensis 155–160 erhalten ist, wurde posthum auszugsweise gedruckt. Die Absicht, die ↗Magdeburger Centuriatoren zu widerlegen, konnte er nicht verwirklichen.

■ Hauptwerk: Epitome vitarum Romanorum Pontificum. Venedig 1557; De episcopatibus, titulis et diaconiis cardinalium. ebd. 1557; De antiquis Romanorum nominibus. ebd. 1558; In quinque Fastorum libros commentarii. ebd. 1558; De varia Romanorum Pontificum creatione: Codex latinus monacensis 147–152; die Einleitung bei A. Mai: Spicilegium Romanum, Bd. 9. Rom 1843, 530f.; De cardinalium origine: ebd. 430ff.; De ecclesiis Urbis Romae: ebd. 441ff.; De ritu sepeliendi mortuos apud veteres christianos et eorum coemeteriis. Köln 1568; Chronicon ecclesiasticum usque ad Maximilianum II. ebd. 1568.

■ Literatur: J.F. Ossinger: Bibliotheca Augustiniana historica, critica et chronologica. Ingolstadt–Augsburg 1768, 656–662; D.A. Perini: O.P. e le sue opere. Rom 1899; O. Hartig: Des Onuphrius Panvinius Sammlung von Papstbildnissen in der Bibliothek J.J. Fuggers: HJ 38 (1917) 284–314; Bibliographia augustiniana, Bd. 3. Florenz 1935, 53–65; J.-L. Ferrary: O.P. et les antiquités romaines. Rom 1996. *Klaus Ganzer*

Pappus, Johannes, lutherischer Theologe, * 16.1.1549 Lindau, † 13.7.1610 Straßburg; nach Studien in Straßburg, Tübingen (Doktor der Theologie 1573) und Basel ab 1570 an der Straßburger Akademie Professor für Hebräisch, dann für Geschichte und seit 1578 für Theologie, daneben seit 1578 Münsterpfarrer und seit 1593 Hohenstiftsprediger. Als Präsident des reichsstädtischen Kirchenkonvents leitete P. nach dem Tod Johannes ↗Marbachs die Straßburger Kirche und vollendete gegen den Widerstand Johann ↗Sturms die Durchsetzung des Luthertums in Straßburg (Kirchenordnung 1598). P. war in die Streitigkeiten um die ↗Konkordienformel und in die Auseinandersetzungen mit der katholischen Kirche (Religionsgespräch von Emmendingen 1590) verstrickt und hat rund dreißig kontroverstheologische, exegetische und kirchenhistorische Schriften verfasst.

■ Werke: F. Ritter: Répertoire bibliographique, Bd. 2/3. Straßburg 1945, nn. 1755–1766; Bd. 4. ebd. 1960, nn. 2814–18; VD 16 15, nn. P 319–P 342.

■ Literatur: BBKL 6, 1497–1502; Nouveau Dictionnaire de Biographie Alsacienne, Lieferung 29. Straßburg 1997, 2942. – W. Horning: Dr. J.P. ebd. 1891; M.-J. Bopp: Die evangelischen Geistlichen und Theologen im Elsaß. Neustadt (Aisch) 1959, n. 3908.

Christoph Weismann

Paracelsus (eigentlich Theophrastus Bombast von Hohenheim), Arzt, Naturphilosoph und Laientheologe, * 1493 oder 1494 Einsiedeln, † 24.9.1541 Salzburg; nach Studium (eigenen Angaben gemäß medizinisches Doktorat in Ferrara) und Jahren ausgedehnter Wanderungen durch

Europa 1524–25 Aufenthalt in Salzburg (unsicher bleibt seine Beziehung zu den Aufständischen 1525), dort erste theologische Schriften, zunächst spekulativer Art, zur Gottes- und Marienlehre (Einbeziehung Marias als „Gemahlin Gottes" und „Göttin" in die Trinität), dann ein äußerst polemischer, spiritualistisch argumentierender Traktat gegen den „christlichen Götzendienst" der „Mauerkirche"; Beginn exegetischer Arbeit (zu Mt 1–5), vorübergehende Nähe zur Reformation (wahrscheinlich Brief an Martin Luther und andere Wittenberger 1525, u. a. durch Huldrych Zwingli und möglicherweise Thomas ∕Müntzer beeinflusst). 1527 in Basel kurze Tätigkeit als Stadtarzt und Universitätslehrer, erneute Wanderschaft im oberdeutschen und Alpenraum: 1529 Nürnberg (Begegnung mit Sebastian ∕Franck), 1531 St. Gallen (vergebliches Bemühen um die Gunst Joachim ∕Vadians). 1533 nahm er, inzwischen auf Distanz zu allen Kirchen, Kontakt zum Kloster Sankt Gallen und 1535 zum Abt von Pfäfers auf. 1537/38 Wanderung nach Kärnten, 1540 erneut in Salzburg, wo er nach katholischem Ritus bestattet wurde.

Schon die ersten medizinisch-naturphilosophischen Schriften lassen ähnlich wie im anthropozentrischen Welt- und Menschenbild des Neuplatonismus der Renaissance und dessen auf Vergöttlichung und Unsterblichkeit zielender Soteriologie (Marsilio Ficino, Giovanni Pico della Mirandola, Heinrich C. Agrippa von Nettesheim) einen von P. selbst bereits erörterten engen sachlichen Zusammenhang mit theologischen Ideen erkennen. Entsprechend der Zwei-Lichter-Symbolik (Licht der Natur – Licht des Geistes) in der Erkenntnislehre durchzieht seine Theologie eine 1 Kor 15 abwandelnde Zwei-Leiber-Spekulation: Der in der Taufe aus dem Limbus Abrahams oder Christi geborene Christ wird durch die himmlische Nahrung (Eucharistie) aus der adamitisch-sterblichen unter Wahrung der personalen Identität in die göttlich-unsterbliche Leiblichkeit transformiert und kann dabei, wie Christus und die Apostel, schon auf Erden göttlicher Wunder- und Heilungskräfte teilhaftig werden. P. vertritt die Vorstellung individueller Reifung des Christen zur Vollkommenheit („vita beata"), daraus folgend die Ablehnung von Krieg und Todesstrafe sowie Skepsis gegenüber dem Martyrertum. Hierin und in einem am franziskanisch-spiritualen Armutsprinzip ausgerichteten Ethos (scharfe Kirchen- und Papstkritik, präsentische Apokalyptik, Hoffnung auf einen Engelspapst, idealkommunistische Utopien) liegt das Kriterium (Mt 7,20) für die Unterscheidung der wahren Christen von den endzeitlichen Verführern (Mt 24,5f.). Sein voluminöses exegetisches, dogmatisch-polemisches und ethisches Werk steht dem medizinisch-naturphilosophischen (von zahlreichen theologischen Passagen durchzogenen) und politisch-mantischen („Prognostikations"-)Schrifttum an Umfang nicht nach; zu seinen Lebzeiten wurde nur ein geringer Teil, ausschließlich Medizinisches und Prognostisches, gedruckt. 1580 werden Ausgaben seiner Wundarznei in Parma und 1596 P. als Autor in Rom indiziert. Das theologische Schrifttum findet, mit Ausnahme weniger Traktate, in den nachfolgenden Jahrhunderten nur handschriftliche Verbreitung. Seine Schriften wirkten im spiritualistischen und (radikal-)reformerischen Protestantismus, im katholischen (∕Ernst von Bayern, Johann ∕Leisentritt) wie auch im trans-

konfessionellen Bereich des 16./ 17. Jh. nach.
- Werke: Erste Gesamtausgabe von J. HUSER, 10 Bde. Basel 1589–90, Ergänzungs-Bde. 1603–05; Sämtliche Werke, 1. Abteilung (medizinische, naturwissenschaftliche und philosophische Schriften), hg. v. K. SUDHOFF, 14 Bde. München–Berlin 1922–1933, 2. Abteilung (theologische und religionsphilosophische Schriften), Bd. 1, hg. v. W. MATTHIESSEN. München 1923; Bd. 2ff., hg. v. K. GOLDAMMER. Wiesbaden (–Stuttgart) 1955ff.
- Bibliographie: K.-H. WEIMANN: P. Bibliographie 1932–60. Wiesbaden 1963; R. DILG-FRANK: Bibliographie 1960–80: Paracelse, hg. v. A. FAIVRE–F. TRISTAN. Paris 1980, 269–280; J. TELLE: Bibliographie zum frühneuzeitlichen Paracelsismus: Analecta Paracelsica, hg. v. DEMSELBEN. Stuttgart 1994, 556–564; J. PAULUS: P. Bibliographie 1961–1986. Heidelberg 1997.
- Literatur: TRE 25, 699–705. – K. BIEGGER: De invocatione BMV. P. und die Marienverehrung. Stuttgart 1990; U. GAUSE: P. Genese und Entfaltung seiner frühen Theologie. Tübingen 1993; U. BENZENHÖFER: P. Reinbek 1997; A. WEEKS: P. Speculative Theory and the Crisis of Early Reformation. Albany (New York) 1997; P. The Man and His Reputation, hg. v. O.P. GRELL. Leiden 1998.

Hartmut Rudolph

- Nachtrag: P. LETTER: P. Krummwisch 2000.

Parker, *Matthew,* protestantischer Reformer und erster Erzbischof von Canterbury unter ∕Elisabeth I. (1559), * 6.8.1504 Norwich, † 17.5. 1575 Lambeth; erzogen in Cambridge, wo er erstmals protestantischen Ideen begegnete; 1535 Kaplan von Elisabeths Mutter, Anna Boleyn; 1544 Master des Corpus Christi College in Cambridge; heiratete 1547, was Elisabeths spätere Missbilligung hervorrief (sie ernannte nie einen anderen Verheirateten zum Erzbischof). Während der Zeit der katholischen Reaktion unter ∕Maria I. blieb P. in England, zog sich zurück und beteiligte sich auch nicht an den liturgischen Kontroversen der englischen Exilierten. Dieser Umstand sowie seine Loyalität gegenüber ihrer Mutter und die Förderung durch Elisabeths Minister William Cecil (einem Cambridger Gefährten) empfahlen ihn 1559 der Königin. Als Erzbischof spielte P. eine führende Rolle bei der Umsetzung des „Elizabethan Settlement", indem er die Abfassung der 39 ∕ „Anglikanischen Artikel" (1563) sowie der „Bishops Bible" (1568) beaufsichtigte. Die Bibel sollte der wachsenden Popularität der „Genfer Bibel" entgegenwirken. P. wandte viel Zeit für den Versuch auf, den extremen Protestanten bzw. ∕ „Puritanern" Uniformität aufzuerlegen, (etwa beim Tragen des Chorrocks).
- Literatur: V.J.K. BROOK: Archbishop P. Oxford 1962; P. COLLINSON: The Elizabethan Puritan Movement. London 1967; W.P. HAUGAARD: Elizabeth and the English Reformation. Cambridge 1968. *Peter Marshal*
- Nachtrag: N.C. BJORKLUND: M.P. and the reform of the English church during the reigns of Henry VIII and Edward VI. Irvine (California) 1987; B.S. ROBINSON: ‚Darke speech'. M.P. and the reforming of history: SCJ 29 (1998) 1961–83.

Passauer Vertrag (PV). In den Verhandlungen der Ständeversammlung zu Passau (31.5.–8.8.1552) erreichte eine von Kurpfalz, Jülich und Württemberg angeführte konfessionsneutrale Gruppe von Reichsfürsten von König ∕Ferdinand die Beendigung des Kriegszustands zwischen Kurfürst ∕Moritz von Sachsen und Kaiser ∕Karl V. Der PV vom 2.8.1552, vom Kaiser nach anfänglicher Ablehnung am 15.8. ratifiziert, bestimmte u.a. die Freilassung des Landgrafen ∕Philipp von Hessen, Güterrestitution und Generalamnestie bezüglich des Religionskrieges. Die „christliche Vergleichung" des

Religionszwiespalts wurde auf einen innerhalb eines halben Jahres abzuhaltenden Reichstag verschoben und war von einem paritätischen Ausschuss vorzubereiten. Die Lutheraner und die Altgläubigen wurden vorläufig in einen „Fried-Stand" einbezogen, der gemäß den Reichsgesetzen und dem Landfrieden gelten sollte. Der PV formulierte, insofern den ∕ Augsburger Religionsfrieden von 1555 vorwegnehmend, „ein Toleranzprinzip", das auf die religiöse Einheit als Bedingung des politischen Ordnungsgefüges verzichtete (Luttenberger). Karl V. musste die Wahrung der Glaubenseinheit im Reich aufgeben. Die Kurfürsten und die wichtigsten (auch geistlichen) Reichsfürsten begannen, die konfessionelle Konfrontation durch einen auf den Reichsversammlungen gefundenen politischen Kompromiss abzubauen und die „kaiserliche Verfassungshandhabung durch eine ständische Verfassungsübereinkunft zu ersetzen" (Angermeier).

■ Literatur: Neue und vollständigere Sammlung der Reichs-Abschiede, Bd. 3. Frankfurt (Main) 1747, 1–10; H. BARGE: Die Verhandlungen zu Linz und Passau und der Vertrag von Passau vom Jahre 1552. Stralsund 1893; W. KÜHNS: Geschichte des Passauischen Vertrages 1552. Göttingen 1906; G. BONWETSCH: Geschichte des Passauischen Vertrages von 1552. Göttingen 1907; H. LUTZ: Christianitas afflicta. Europa, das Reich und die päpstliche Politik im Niedergang der Hegemonie Kaiser Karls V. (1552–1556). ebd. 1964; A.P. LUTTENBERGER: Glaubenseinheit und Reichsfriede. Konzeptionen und Wege konfessionsneutraler Reichspolitik (1530–52). ebd. 1982, 651–713; Säkulare Aspekte der Reformationszeit, hg. v. H. ANGERMEIER–R. SEYBOTH. München–Wien 1983.

Winfried Becker

■ Nachtrag: V.H. DRECOLL: Der PV. Berlin 2000.

Paul III., Papst (13.10.1534–10.11. 1549), vorher *Alessandro Farnese,* * Februar 1468 Canino bei Viterbo oder Rom; humanistische Ausbildung in Rom, Florenz und Pisa. Seinen Aufstieg an der Kurie verdankte er Alexander VI., der ein Liebesverhältnis zu Alessandros Schwester Giulia Farnese gehabt hatte. 1493 Kardinaldiakon, 1524 Dekan des Heiligen Kollegiums. Sein Lebensstil unterschied sich nicht von dem der übrigen Renaissancepäpste. Aus seiner Kardinalszeit hatte er mehrere Kinder, von denen Pier Luigi seine besondere Gunst erfuhr. Als Papst praktizierte er einen exzessiven Nepotismus: zwei Enkel wurden Kardinäle, der dritte wurde Herzog von Urbino, sein Sohn Pier Luigi erhielt Parma und Piacenza. P. sah ein, dass die zwischen den Mächten schwankende Politik seines Vorgängers ∕ Clemens' VII. nicht fortgesetzt werden konnte und suchte daher eine Neutralitätspolitik gegenüber Kaiser ∕ Karl V. und Frankreich zu verwirklichen. Persönlich wenig reformfreudig, war ihm die Unumgänglichkeit einer Kirchenreform klar. Er berief Männer der Reform ins Kardinalskollegium (u. a. John ∕ Fisher, Gasparo ∕ Contarini, Giampietro Carafa [später Papst ∕ Paul IV.], Jacopo ∕ Sadoleto, Reginald ∕ Pole, Giovanni ∕ Morone, Gregorio ∕ Cortese) und unterstützte religiöse Erneuerungsbewegungen, die Reform der alten Orden sowie neue Ordensgründungen (Theatiner, Barnabiten, Ursulinen, Kapuziner); 1540 bestätigte er den Jesuitenorden. 1536 setzte er eine Reformkommission ein, deren Ergebnis das „Consilium delectorum cardinalium et aliorum praelatorum de emendanda ecclesia" (1537) war. Den Religionsgesprächen (∕ Hagenau, ∕ Worms, ∕ Regensburg 1540–1541), mit denen Karl V. eine Einigung der konfessionellen Parteien im Reich herbeiführen wollte, begegne-

PAUL III.

te P. mit Misstrauen. Die Verbreitung reformatorischen Gedankenguts, besonders im oberitalienischen Raum, und die Ausstrahlung des Kreises um Juan de /Valdés in Neapel führten 1542 zur Schaffung der Inquisition an der römischen Kurie (Bulle *Licet ab initio*); Triebfeder war dabei Carafa. – Seit Beginn seines Pontifikats verfolgte P. den Konzilsplan. Erste Berufungen (Mantua und Vincenza 1537, Trient 1542) erwiesen sich als erfolglos. Nachdem Karl V. im Frieden von Crépy (1544) den französischen König auf das Konzil festgelegt hatte, konnte es am 13.12.1545 in Trient eröffnet werden. Die erste Tagungsperiode (1545–48) erarbeitete eine Reihe wichtiger dogmatischer Dekrete. Als angeblich einige Fälle von Flecktyphus in Trient auftraten, benutzten die Legaten die Gelegenheit, das Konzil nach Bologna zu verlegen. Der Kaiser legte Protest ein, und P. verfügte, dass in Bologna keine neuen Dekrete verkündet würden. Am 14.9.1549 wurde das Konzil suspendiert. In einem Bündnisvertrag (1546) hatte P. dem Kaiser für den /Schmalkaldischen Krieg Gelder und militärische Hilfskorps zur Verfügung gestellt. In den darauf folgenden Jahren kam es zu schweren Zerwürfnissen zwischen P. und Karl V. wegen der Vorgehensweise des Kaisers in der Religionsfrage und der Familienpolitik des Papstes. Die Verfügung des /Augsburger Interims 1548 durch den Kaiser empörte den Papst. Die Ermordung des Papstsohns Pier Luigi (1547) führte zu einem Höhepunkt der Spannungen, da der kaiserliche Statthalter in Mailand, Ferrante Gonzaga, in die Pläne eingeweiht war. – Im englischen Schisma gelang es P. nicht, ein gewaltsames Vorgehen Karls und des französischen Königs gegen /Heinrich VIII. zu erreichen.

In den Bemühungen, die Türkengefahr abzuwehren, unterstützte dagegen P. den Kaiser tatkräftig. – P. förderte Wissenschaften und Kunst. Michelangelo wurde oberster Architekt, Bildhauer und Maler des vatikanischen Palastes. In dieser Zeit entstand das „Jüngste Gericht" in der Sixtinischen Kapelle.

Der Pontifikat P.s wird meist als eine Zeit des Übergangs, seine Person als ambivalent bezeichnet. In jüngster Zeit sieht Elisabeth G. Gleason in ihm nicht zu Unrecht den ersten Papst der Gegenreformation: Durch seine personelle Veränderung des Kardinalskollegiums, seine Einleitung der Reformen („Consilium de emendanda ecclesia"), seine Unterstützung der Reformorden (Jesuiten, Kapuziner), die Errichtung der römischen Inquisition und die Einberufung des Tridentinums habe er sich als ernst zu nehmender Führer und Verteidiger der katholischen Kirche und ihres Glaubens erwiesen.

■ Quellen: Reiches Material findet sich in den verschiedenen Reihen der Nuntiaturberichte. – CT.

■ Literatur: DTHC 12, 9–20; EC 9, 734ff.; TRE 26, 118–121. – L. VON PASTOR: Geschichte der Päpste seit dem Ausgang des Mittelalters, Bd. 5. Freiburg 1909; C. CAPASSO: Paolo III, 2 Bde. Messina–Rom 1925; L. DORES: La cour de pape P. III, 2 Bde. Paris 1932; W. FRIEDENSBURG: Kaiser Karl V. und Papst P. III. Leipzig 1932; G. DREI: I Farnese. Rom 1954; G. MÜLLER: Die drei Nuntiaturen Aleanders in Deutschland: QFIAB 39 (1959) 222–276 328–342; H. JEDIN: Die Päpste und das Konzil in der Politik Karls V.: Karl V., hg. v. P. RASSOW–F. SCHALK. Köln–Graz 1960, 104–117; K. REPGEN: Die Römische Kurie und der Westfälische Friede, Bd. 1/1: Papst, Kaiser und Reich 1521–1644. Tübingen 1962; H. LUTZ: Christianitas afflicta. Göttingen 1964; JEDIN Bd. 1–3; E.G. GLEASON: Who was the first Counter-Reformation Pope?: CHR 81 (1995) 173–184; J.S. PANZER: The popes and slavery: Homiletic and Pastoral Review 97 (1996) 22–29 (zu ‚Sublimis Deus'); R. ZAPPERI: Die vier Frauen des Papstes: Das Leben P.s III. zwischen Legende und Zensur. München 1997.

Klaus Ganzer

■ Nachtrag: R. ZAPPERI: La leggenda del Papa Paolo III. Arte e censura nella Roma pontificia. Turin 1998; C. ROBERTSON: Two Farnese cardinals and the question of Jesuit taste: The Jesuits, hg. v. J.W. O'MALLEY. Toronto 1999, 134–147; M. SCHMIDT: ‚Papst P. wünschte, daß er die von Clemens angeordnete Arbeit fortsetzen möge'. Neues zur Genese von Michelangelos ‚Jüngstem Gericht' in der Sixtinischen Kapelle unter P. III.: Das Münster 53 (2000) 16–29.

Paul IV., Papst, (23.5.1555–18.8.1559), vorher *Giampietro Carafa,* * 28.6.1476 Capriglio aus neapolitanischem Adel; Neffe des Kardinals Oliviero Carafa, dem er seinen Aufstieg an der Kurie verdankte. 1505 Bischof von Chieti; 1505/06 Nuntius in Neapel, 1513 in England, 1515 in Spanien, wo es zu Spannungen zwischen ihm und dem spanischen Hof kam. 1518 erhielt er das Erzbistum Brindisi. In Rom hatte er enge Verbindungen zum „Oratorium der göttlichen Liebe". 1524 gründete er zusammen mit ∕Cajetan von Thiene den Orden der Theatiner. 1536 Kardinal, ab 1553 Dekan des Heiligen Kollegiums, 1549 Erzbischof von Neapel; Mitglied der Kommission für das „Consilium de emendanda ecclesia". Seine Wahl zum Papst stand unter entscheidendem Einfluss des Kardinals Alessandro des Jüngeren Farnese. Die ungünstigen Erfahrungen während seiner spanischen Legation und Kränkungen seitens ∕Karls V. erzeugten in ihm eine tiefe Abneigung gegen die Habsburger. Die katholische Gesinnung des Kaisers war ihm verdächtig. Den ∕Augsburger Religionsfrieden von 1555 betrachtete er als ungültig, ebenso die Abdankung Karls und die Wahl ∕Ferdinands (I.) zum Kaiser. 1555 schloss P. ein Militärbündnis mit Frankreich gegen Spanien in der Hoffnung, das habsburgische Weltreich zerstören zu können. Der Papst stürzte sich damit jedoch in ein politisches Abenteuer: Herzog Fernando ∕Alba fiel in den Kirchenstaat ein, und P. musste 1557 einen Friedensvertrag mit Spanien abschließen. Nach dem Scheitern seiner politischen Ambitionen wandte P. sich stärker innerkirchlichen Aktivitäten zu, mit dem Ziel, in eigener Machtvollkommenheit einschneidende Reformen in der Kirche durchzuführen. Eine Fortsetzung des Konzils (Trient) suchte er zu verhindern. In extensiver Weise handhabte er die römische Inquisition, die einen Vorrang vor allen römischen Behörden bekam und auch vor höchsten kirchlichen Personen nicht Halt machte. So wurde Kardinal Giovanni ∕Morone 1557 auf Befehl P.s in der Engelsburg gefangen gesetzt und ein Inquisitionsprozess gegen ihn eingeleitet; auch gegen Kardinal Reginald ∕Pole sollte ein Verfahren eingeleitet werden. 1559 veröffentlichte P. den *Index librorum prohibitorum,* der später zurückgezogen und revidiert werden musste. Scharfe Maßnahmen ergriff er auch gegen die Juden. Unter P. lebte der Nepotismus alten Stils wieder auf. Er ernannte seinen Neffen Carlo Carafa zum Kardinal und übertrug ihm 1555 die gesamten politischen Geschäfte. Dessen ungeistliches und gewissenloses Streben war allein auf den Machtzuwachs seines Hauses gerichtet. Ein anderer Neffe, Giovanni Carafa, wurde im gleichen Jahr Generalkapitän der Kirche. Kardinal Carlo Carafa und seine Brüder nutzten ihre Machtfülle rücksichtslos aus. Als P. 1559 ihr verbrecherisches Treiben durchschaute, entfernte er Carlo und Giovanni aus ihren Ämtern und verbannte sie aus Rom (beide wurden unter /Pius IV. hingerichtet). – P. war persönlich integer; infolge seiner mangelnden intellektuellen Sensibilität und seines unausgeglichenen Charakters war sein Pontifikat jedoch für die Sache der katholischen Reform eher von Nachteil.

■ Quellen: Reiches Material findet sich in den verschiedenen Reihen der Nuntiaturberichte.

■ Literatur: DBI 19, 497–509; DTHC 12, 20–23; EC 9, 736ff.; TRE 26, 121–124. – L. VON PASTOR: Geschichte der Päpste seit dem Ausgang des Mittelalters, Bd. 4/2, 5 und 6. Freiburg 1907–1913; L. RIESS: Die Politik P.s IV. und seiner Nepoten. Berlin 1909; P. PASCHINI: S. Gaetano Thiene, Gian Pietro Carafa e le origini dei Chierici Regolari Teatini. Rom 1926; M.S. DE OTTO: Paulo IV y la Corona de España. Saragossa 1943; L. SERRANO: El papa Paulo IV y España: Hispania 3 (1943) 293-325; T. TORRIANI: Una tragedia nel Cinquecento romano. Paolo IV e i suoi nepoti. Rom 1951; H. LUTZ: Reformatio Germaniae: QFIAB 37 (1957) 222–310; R. DE MAIO: Alfonso Carafa, cardinale di Napoli. Vatikanstadt 1961, Nachdruck 1981; K. REPGEN: Die Römische Kurie und der Westfälische Friede, Bd. 1/1. Tübingen 1962; H. LUTZ: Christianitas afflicta. Göttingen 1964; DERSELBE: Kardinal Morone: Il Concilio di Trento e la Riforma Cattolica, Bd. 1. Rom 1965, 363–381; H. JEDIN: Kirchenreform und Konzilsgedanke 1550–55: Kirche des Glaubens, Kirche der Geschichte, Bd. 2. Freiburg 1966, 237–263; JEDIN Bd. 1–3; P. SIMONCELLI: Il caso Reginald Pole. Rom 1977; DERSELBE: Evangelismo italiano del Cinquecento. ebd. 1979; M. FIRPO – D. MARCATTO: Il processo inquisitoriale del cardinal Giovanni Morone, 6 Bde. ebd. 1981–95; D. CHIOMENTI VASSALLI: Paolo IV e il processo Carafa. Mailand 1993.*Klaus Ganzer*

■ Nachtrag: A. AUBERT: Paolo IV. Politica, inquisizione e storiografia. Florenz 1999.

Pelargus (eigentlich Storch), *Ambrosius,* Dominikaner, * um 1493 Nidda (Hessen), † 5.7.1561 Trier; Studium in Frankfurt (Main) und Heidelberg; 1525–29 Prediger in Basel, wo er in Predigten und Schriften die katholische Lehre von der Messe gegen Johannes /Oekolampad verteidigte. 1529–33 wirkte er in Freiburg, wo er fünf kleinere Schriften gegen die Bilderstürmer (/Kunst und Reformation) und /Täufer verfasste. 1534 erwarb er hier das theologische Doktorat und nahm Kontakt zu /Erasmus von Rotterdam auf. 1533–1561 Professor an der Universität Trier, 1545 dort (erster) Domprediger; 1540 nahm P. am Religionsgespräch in /Hagenau und /Worms, 1546/47 als Prokurator des Erzbischofs von Trier am Tridentinum teil. 1551/52 als Konzilstheologe in Begleitung seines Erzbischofs in Trient, beteiligte er sich hauptsächlich an den Debatten über die Eucharistie, die Buße und das Messopfer. 1561 übergab er als einziger Professor der theologischen Fakultät im Auftrag des Erzbischofs den nach Trier berufenen Jesuiten die Lehrbefugnis für Theologie, Philosophie und Humaniora an der Universität Trier.

■ Literatur: BBKL 10, 1561–65. – N. PAULUS: Die deutschen Dominikaner im Kampf gegen Luther. Freiburg 1903, 190–212; A. WALZ: I domenicani al concilio di Trento. Rom 1961; B. CASPAR: Das Erzbistum Trier im Zeitalter der Glaubensspaltung. Münster 1966, besonders 213–222; JEDIN Bd. 2 und 3 (Register); KLAIBER nn. 2443–46.

Josef Steinruck

Pellikan (eigentlich Kürsner), *Konrad,* Hebraist, * 8.1.1478 Ruffach (Elsass), † 6.4.1556 Zürich; 1493–1526 Franziskaner; verfasste als erster Christ ein Lehrbuch des Hebräischen (gedruckt Straßburg 1504), seit 1519 in Basel Parteigänger Martin Luthers und 1523–26 Professor des Alten Testaments, 1526–56 in Zürich an der „Prophezei" Leser (d. h. Professor) des hebräischen Alten Testaments, erforschte auch die jüdische Literatur. Sein über die Konfessionsgrenzen hinweg geschätzter Bibelkommentar (*Commentaria Bibliorum*, 7 Bde. Zürich 1532–39, ²1536–46, ³1582), der einzige vollständige im 16.Jh., zeichnet sich durch philologische Gründlichkeit und knappe inhaltliche Erklärungen aus.

▪ Literatur: CERAS 3, 65f. – C. ZÜRCHER: K.P.s Wirken in Zürich 1526–56. Zürich 1975; M. ROSE: K.P.s Wirken in Zürich 1526–56: Zwingliana 14 (1977) 380–386; R.G. HOBBS: Monitio amica: Pellican à Capiton sur le danger des lectures rabbiniques: Horizons européens de la réforme en Alsace. FG J. Rott. Straßburg 1980, 81–94. *Siegfried Raeder*

Pérez de Ayala (P.), *Martín*, spanischer Theologe und Bischof, * 11.11.1503 oder 1504 Segura de la Sierra (Jaén), † 5.8.1566 Valencia; seit 1525 im Jakobusorden; Studien in Alcalá und Salamanca; lehrte 1532–40 Philosophie und Theologie in Granada, dann in Jaén; 1548 Bischof von Cádiz, 1560 von Segovia; 1564 Erzbischof von Valencia. Hielt viele Visitationen, drei Diözesansynoden und ein Provinzialkonzil (1565). Mehrfach auf dem Tridentinum (1546 [als Theologe ⁄ Karls V.], 1551–52 und 1562), wo er die strenge Reformpartei vertrat. Betonte den göttlichen Ursprung der Bischofsgewalt, die Tradition als umfassendere Glaubensquelle, den Sensus ecclesiae als ständige Glaubenslehre der ganzen Kirche. Sein Werk *De traditionibus* ist der erste vollständige und systematische Traktat zum Thema. Er unterschied als erster klar göttliche, apostolische und kirchliche Tradition (Josef Rupert Geiselmann), ihren Bezug zur (sich nicht selbst erklärenden) Schrift und zum Lehramt sowie Ursprung und Autorität der verschiedenen Traditionen. Er gehörte zu den großen Theologen seiner Zeit.

▪ Hauptwerk: Dilucidarium quaestionum super 5 universalia Porphyrii. Granada 1537; De divinis, apostolicis atque ecclesiasticis traditionibus. Paris 1549, Venedig 1551, Köln 1549, 1560 u.ö.; Catecismo. Pavia 1552; Aviso de buen morir. ebd. 1552; Compendio ... de la Orden de Santiago. ebd. 1552; Doctrina Cristiana per modo de diálogo. Mailand 1554; Concilium Valentiae cel. 1565. Valencia 1566; Doctrina Cristiana en lengua Arabiga y Castellana ... ebd. 1566; Confesionario. ebd. 1582 u.ö.; Catecismo en forma de diálogos. ebd. 1599. – *Konzilsvoten:* CT 8, 640ff.; 9, 73–77 137–141 928ff.; 11, 613f. (Brief an Karl V.). – *Autobiographie:* M. SERRANO Y SAENZ: Nueva Biblioteca de Autores Españoles, Bd. 2. Madrid 1927, 211–238.

▪ Literatur: DTHC 1, 2652. – M. SOLANA: Estudios sobre el Concilio de Trento ... Santander 1946; C. GUTIÉRREZ: Españoles en Trento. Valladolid 1951, 774–792; H. JEDIN: Die Autobiographie des Don M.P.: Gesammelte Aufsätze zur Kulturgeschichte Spaniens 11 (1955) 122–164; G. NAVARRO: El arzobispo don M.P. (Apuntes de su vida y obra): Boletín del Instituto de Estudios Giennenses (Jaén) 4/13 (1957) 175–180; A. PALAU Y DULCET: Manual del librero hispanoamericano, Bd. 13. Barcelona ²1961, 29f.; A. MARÍM OCETE: M. Pérez de Ayala: Edición de una respuesta suya inédita a la consultación sobre la celebración de los Concilios provinciales: Archivo teológico Granadino 25 (1962) 96–104; J.R. DE DIEGO: La sentencia de M.P. sobre la relación entre la escritura y la tradición: ebd. 30 (1967) 5–211; A. MIRALLES: El concepto de tradición en M.P. Pamplona 1980; A. GARCÍA Y GARCÍA-ESTÉVEZ: El carácter episcopal según Don M.P.: Salmanticensis 41 (1994) 273–290. *Johannes Stöhr*

▪ Nachtrag: A. GALINO GARCIA: La justificación por la fe. Los votos de los segovianos en Trento: Ecclesia una. FS A. Gonzalez Montes. Salamanca 2000, 379–398.

Pérez de Pineda (P.), *Juan*, spanischer Protestant, * nach 1500 Montilla, † 1566 Paris. Um 1520 Sekretär des spanischen Botschafters in Rom.

Ab 1540 in Sevilla, wo er in Beziehung zu Juan ⁄ Gil und Constantino ⁄ Ponce stand. Als diese von der Inquisition verfolgt wurden, verließ P. Spanien und kam, nach kurzem Aufenthalt in Paris, 1556 nach Genf. Geschätzt von Jean Calvin und Theodor ⁄ Beza, gründete er dort eine spanische Exilgemeinde. Nach vielen Reisen wurde P. Kaplan der Königin Renée de France. P. veröffentlichte eine freie Übersetzung von Calvins Katechismus (*Sumario breve de la doctrina christiana*. Genf 1556 u. ö.), eigene Übersetzungen und Kommentare biblischer Bücher sowie Bibelkommentare des Juan de ⁄ Valdés.

▨ Literatur: E. BOEHMER: Bibliotheca Wiffeniana, Bd. 2. Straßburg – London 1883, 57–100; A.G. KINDER: Spanish Protestants and Reformers in the Sixteenth Century. London 1983, n. 372–382; C. GILLY: Spanien und der Basler Buchdruck bis 1600. Basel – Frankfurt (Main) 1985; A.G. KINDER: J.P. (Pierius): Diálogo ecuménico 21 (1986) 31–64; K. REINHARDT: Bibelkommentare spanischer Autoren, Bd. 2. Madrid 1999, 188f.

Fernando Domínguez

Petri, 1) *Olaus*, führender Reformator Schwedens, * 6.1.1493 Örebro, † 9.4.1552 Stockholm. P. studierte in Uppsala, Leipzig und Wittenberg und erwarb im März 1517 das Baccalaureat. Im Februar 1518 wurde er zum Magister promoviert, kehrte im gleichen Jahr nach Schweden zurück und wurde Sekretär des Bischofs Matthias von Strängnäs. 1520 Diakon. P. begann für die Reformation zu predigen und siedelte nach Stockholm über, wo er das Amt eines Stadtsekretärs bekleidete. Hier begann er seine Tätigkeit als theologischer Schriftsteller zu entfalten: *Katechismus* (1527), *Gesangbuch* (1528), *Agende* (1529, revidiert 1541), *Postille* (1530), *Messbuch* (1531) und eine *Schwedische Chronik* (1530).

P. war drei Jahre Kanzler ⁄ Gustavs I. Vasa; 1539 Priester; 1543 Vikar in Stockholm. 1530 wurde er wegen Hochverrats angeklagt und zum Tode verurteilt, nach seiner Begnadigung gelang es ihm jedoch, das Vertrauen des Königs wiederzugewinnen. P. war ein treuer Schüler Martin Luthers, beeinflusst auch vom Humanismus.

▨ Ausgabe: O.-P. Samlade Skrifter, hg. v. B. HESSELMAN, 4 Bde. Uppsala 1914–18.
▨ Literatur: TRE 26, 260–263. – G.T. WESTIN: Historieskrivaren Olavus P. Lund 1946; R. MURRAY: Olavus P. Stockholm 1952; S. KJÖLLERSTRÖM: Guds och Sveriges lag under reformationstiden. Lund 1957; S. INGEBRAND: Olavus P. reformatoriska åskådning. Uppsala 1964; C. GARDEMEISTER: Den suveräne Guden. En studie i Olavus P.s teologi. Lund 1989. *Ingmar Brohed*
▨ Nachtrag: F. HALLENCREUTZ: O.P. Uppsala 1994; T. JÄGER: Olavus Petri, Reformator in Schweden ... Bonn 1995.

2) *Laurentius*, erster Erzbischof der evangelisch-lutherischen Kirche Schwedens, Bruder von 1), * 1499 Örebro (Schweden), † 26.10.1573 Uppsala. P. studierte in den zwanziger Jahren des 16. Jh. in Wittenberg, wurde 1531 durch einen nationalen Kirchenrat zum Erzbischof gewählt und von Petrus ⁄ Magni, Bischof von Västerås, der seine Weihe 1524 in Rom nach katholischem Ritus erhalten hatte, geweiht. Daher wird angenommen, dass eine römisch-katholische apostolische Sukzession in der Lutherischen Kirche Schwedens aufrechterhalten wurde. P. verteidigte die von König ⁄ Gustav I. Vasa vorgenommenen Verkleinerungen der kirchlichen Besitzungen, betonte aber die Unabhängigkeit der Kirche in religiösen Angelegenheiten.

In der Durchführung der Reformation zeigte sich P. gemäßigt. Mit seinen theologischen Schriften hat er die Reformation hochgradig beeinflusst. Darüber hinaus gehörte er zu den Gelehrten, die die Bibel ins Schwedische übersetzten („Gustav Vasa Bibel". Uppsala 1541) und war Herausgeber eines kirchlichen Liederbuchs (1553, Neuausgabe 1562, 1567), der schwedischen Ausgabe von Martin Luthers „Katechismus" (1562) sowie der ersten schwedischen Kirchenordnung (Uppsala 1571). Diese legte die episkopalen Strukturen der Kirche Schwedens fest und erhielt viele frühere liturgische Traditionen aufrecht. Theologisch wurde P. von Luther, Johannes ∕ Brenz und, in geringerem Maß, Philipp Melanchthon beeinflusst.

▪ Werkverzeichnis: R. KICK: Tel un navire sur la mer déchaînée. La communauté chrétienne dans l'œuvre de L.P., archevéque d'Uppsala (1531–73). Lund 1997.
▪ Literatur: Å. ANDRÉN: Högmässa och nattvardsgång i reformations-tidens svenska kyrkoliv. Stockholm 1954; B. AHLBERG: L.P. nattvardsuppfattning. Lund 1964; S. KJÖLLERSTRÖM: Kräkla och Mitra. En undersökning av biskopsvigningen i Sverige under reformationstidevarvet. ebd. 1965; I. BROHED (Hg.): Reformationens konsolidering i de nordiska länderna 1540–1610. Oslo 1990; C. PALMBLAD: Mässa på svenska. Den reformatoriska mässan i Sverige mot den senmedeltida bakgrunden. Lund 1998.

Ingmar Brohed

Peucer, *Caspar,* Mediziner, Historiker, * 6.1.1525 Bautzen, † 25.9.1602 Dessau; schon als Student (1540 in Wittenberg) in engem wissenschaftlichen und persönlichen Austausch mit Philipp Melanchthon; heiratete 1550 dessen jüngste Tochter Magdalena. Nach Studium der Mathematik und Medizin erhielt er in Wittenberg 1553 den Lehrstuhl für höhere Mathematik, wurde 1560 zum Doktor der Medizin promoviert und praktizierte seit 1570 als Leibarzt des Kurfürsten August von Sachsen. P. führte Melanchthons Universalchronik („Chronicon Carionis") fort. Als theologischer Nachlassverwalter seines Schwiegervaters wurde er unter der Anklage des ∕ „Kryptocalvinismus" 1574–86 in strenge Haft gesetzt.

▪ Werke: Commentarius de praecipuis divinationum generibus. Wittenberg 1553; Kurtze historische Erzelung von dem fürstlichem Hause zu Anhalt. ebd. 1572; Historia carcerum et liberationis divinae. Zürich 1605.
▪ Literatur: R. KOLB: C.P.'s Library. St. Louis 1976; U. NEDDERMEYER: K.P. Melanchthons Universalgeschichtsschreibung: Melanchthon in seinen Schülern, hg. v. H. SCHEIBLE. Wiesbaden 1997, 69–101. *Stefan Rhein*
▪ Nachtrag: W. JANSE: Wittenberg ‚Calvinizans'. The involvement of Melanchthon, P., and Elber in the Bremen sacramentian controversy, 1560: Ordenlich und fruchtbar. FS W. van't Spijker. Leiden 1997 53–67; R. BRÖER: Gesundheitspädagogik statt Tröstung. Die theologische Bewältigung von Krankheit bei Philipp Melanchthon und C.P.: Sudhoffs Archiv 85 (2001) 18–44.

Peutinger, *Conrad,* Humanist und Politiker, * 15.10.1465 Augsburg, † 28.12.1547 ebenda; 1482–88 juristische Studien in Italien (Padua, Bologna) und Kontakte zu italienischen Humanisten (Giovanni Pico della Mirandola, Ermolao der Jüngere Barbaro, Marsilio Ficino, Pomponius Laetus), 1491 Doctor iuris in Padua. Durch die Heirat mit Margarete Welser und das von 1497–1534 ausgeübte Amt des Stadtschreibers von Augsburg war P. Mitglied der führenden städtischen Schicht und einflussreicher Politiker. Dazu eng mit Kaiser ∕ Maximilian I. verbunden, den er sowohl politisch als auch persönlich beriet (*Geschichte Habsburgs* u. a.), wurde P. auf Reichsebene für die oberdeutschen Städte, aber auch für die Augsburger Großkaufleute (Monopoliengutachten; Fernhandel) tätig. P. stand mit zahlreichen Humanisten und Fürsten im Briefwechsel und erlangte durch Inschriften- und Geschichtsstudien

(Numismatik, antiquarische Sammlung, Kopie einer römischen Straßenkarte als Tabula Peutingeriana), v. a. aber als Editor (lateinische Inschriften, germanische und kaiserliche Geschichte) Bedeutung. Kirchlich reformerisch-humanistisch gesinnt, an Martin Luther zunächst interessiert und 1521 in Worms an einem von ∕Erasmus von Rotterdam und Johannes ∕Faber angeregten Vermittlungsversuch beteiligt, blieb er gemäß seiner Vorstellung, dass Reform im Kontext der Reichsobrigkeit geschehen müsse, bei der römisch-katholischen Kirche. Nach Einführung der Reformation in Augsburg zog sich P. 1534 aus dem öffentlichen Leben zurück.

▪ Quellen: K.P.s Briefwechsel, hg. v. E. KÖNIG. München 1923; Historische Kataloge der Bayerischen Staatsbibliothek München, Bd. 11. Wiesbaden 1996, 552–555; VD 16 15, 678f.

▪ Literatur: BBKL 7, 392–397; Deutsche biographische Enzyklopädie, Bd. 7. München u.a. 1998, 630; CERAS 3, 74ff. – H. LUTZ: C.P. Beiträge zu einer politischen Biographie. Augsburg 1958; B. TRAUTNER: Willibald Pirckheimer und C.P.: Pirckheimer Jahrbuch 5 (1989/90) 109–139.

Heribert Smolinsky

▪ Nachtrag: A. GÖSSNER: K.P.s ‚mittlerer Weg': ZBKG 67 (1998) 1–11; H. LUTZ: Conrad P. Augsburg 2001.

Pezel, *Christoph,* Theologe, * 5.3.1539 Plauen (Vogtland), † 25.2.1604 Bremen; nach Studien in Jena und Wittenberg (1557 bei Philipp Melanchthon) Lehrer in Plauen und Annaberg; lehrte seit 1567 Philosophie und seit 1569 Theologie in Wittenberg, 1570 dort Doctor theologiae; 1574 als „Kryptocalvinist" amtsenthoben und 1576 des Landes verwiesen; 1577 zur Errichtung einer Hohen Schule in Siegen durch Graf Johann VI. von Nassau-Dillenburg nach Dillenburg berufen; ab 1578 reformierter Pfarrer in Herborn; 1581 nach Bremen entsandt; dort seit 1584 Pfarrer an Liebfrauen und Superintendent. P. entfaltete eine reiche literarische Tätigkeit und polemisierte gegen das lutherische Konkordienwerk.

▪ Werkverzeichnis: VD 16 15, 680–686.

▪ Literatur: J. MOLTMANN: Ch.P. und der Calvinismus in Bremen. Bremen 1958; R. WETZEL: Ch.P.: H. SCHEIBLE (Hg.): Melanchthon in seinen Schülern. Wiesbaden 1997, 465–566.

Christian Peters

▪ Nachtrag: H. KLÜTING: ‚Wittenberger Katechismus' und ‚Wittenberger Fragstücke'. Ch.P. und die Wittenberger Theologie: ZKG 112 (2001) 1–43.

Pfefferkorn, *Johannes* (zuerst Josef), jüdischer Konvertit, * 1469 Nürnberg, † 1522/23 Köln; 1504 Übertritt zum Christentum; bis 1513 erfolglos Wanderprediger und Missionar unter Juden; ab 1514 Spitalmeister in Köln. Als konvertierter Jude stand P. unter starkem Rechtfertigungs- und Erwartungsdruck; daher verfasste er in den Jahren 1507–21 religiöse und politische Kampfschriften gegen die Juden. Im *Judenspiegel* (1507) forderte P. die Konfiskation und Vernichtung aller jüdischen Schriften außer der Bibel; später sogar die Vertreibung der Juden. Nach einer kaiserlichen Konfiskationsvollmacht für P. wurden vom Mainzer Erzbischof 1510 mehrere Gutachten über die Frage der Behandlung der jüdischen Schriften eingeholt; der Hebraist Johannes ∕Reuchlin sprach sich gegen die unterschiedslose Vernichtung der rabbinischen Schriften aus. Zu seiner Verteidigung veröffentlichte P. eine Streitschrift (*Handt Spiegel,* 1511) gegen Reuchlin, welche dieser in derselben Weise („Augenspiegel", 1511) beantwortete. In den Jahren bis 1521 entwickelte sich daraufhin in den von P. und den Kölner Theologen publizierten Polemiken und den /Dunkelmännerbriefen (1515 und 1517) der humanistisch gesinnten Freunde Reuchlins eine unbarmherzig geführte öffentliche Kontroverse (P.-Reuchlin-Streit).

■ Literatur: H.A. OBERMAN: Wurzeln des Antisemitismus. Christenangst und Judenplage im Zeitalter von Humanismus und Reformation. Berlin ²1983; H.-M. KIRN: Das Bild vom Juden im Deutschland des frühen 16.Jh., dargestellt an den Schriften J.P.s. Tübingen 1989; E. MARTIN: Die deutschen Schriften des J.P. Göppingen 1994.

Andreas Metz

Pfeffinger, *Johannes,* lutherischer Theologe, * 27.12.1493 Wasserburg (Inn), † 1.1.1573 Leipzig; 1518 Priester, 1521 Stiftsprediger in Passau, 1523 Hinwendung zur Reformation und Flucht nach Wittenberg, Studium; seit 1540 Superintendent in Leipzig, 1543 Doctor theologiae und Professor an der Universität; als Philippist und Mitverfasser des Leipziger Interims (/Augsburger Interim) von den /Gnesiolutheranern heftig attackiert. Auf der /Leipziger Disputation 1550 löste P. den synergistischen Streit aus.

■ Werke: VD 16 16, P 2322–57.

■ Literatur: TRE 20, 721–729; BBKL 7, 413–416. – G. WARTENBERG: Philipp Melanchthon und J.P.: Philipp Melanchthon und Leipzig. Leipzig 1997, 40–50. *Bruno Steimer*

Pflug, *Julius,* Humanist, Bischof von Naumburg, * 1499 Eythra bei Leipzig, † 3.9.1564 Zeitz; 1514 Domherr in Meißen, 1516 Niedere Weihen, 1519 Subdiakon, Archidiakon der Nieder-Lausitz, 1521 am Hof in Dresden, 1522 Assessor am Oberhofgericht Leipzig; in Zeitz 1522 Domherr, 1523 Dompropst; danach Domherr in Merseburg 1528, Mainz 1530, Naumburg 1532; 1537 Domdekan in Meißen; 1539 nach gewaltsamer Einführung der Reformation und Zerstörung des Bennograbes Flucht nach Mainz; Domherr in Magdeburg. Am 20.1.1541 zum Bischof von Naumburg gewählt, kann P. sein Amt erst 1547 antreten (Nikolaus von /Amsdorf; *Supplication und Replica widder des Durchleuchtigsten vnd Hochgebornen Churfürsten zu Sachssen tätliche handlungen.* o.O. 1542).

P.s umfassende Bildung durch Studium (Jura, alte Sprachen, Philosophie) in Leipzig 1510–17, 1522–24 (u.a. bei Richard Crocus und Petrus /Mosellanus [† 1524], für den P. die Trauerrede hielt: *Oratio funebris in mortem Petri Moselani.* Wittenberg 1524), Bologna und Padua 1517–20 (Romolo Amaseo) sowie Rom 1525–1527 (Gregorius Haloander und Lazzaro Bonamico; Kardinal Nikolaus von /Schönberg [Onkel P.s]) und Venedig 1528/29 bezeugen seine hinterlassenen Schriften (Kommentare u.a. zum Römer- und zum Galaterbrief; theologische Erörterungen besonders über /Rechtfertigung, /Kirche, /Sakramente; Gutachten zur Kirchenreform und zur Religionsfrage; Pastoralschreiben u.a.) und seine in Zeitz weitgehend erhaltene Bibliothek mit etwa 1500 Drucken aus den Bereichen Theologie (besonders Biblica in Hebräisch, Chaldäisch und Syrisch sowie griechische Kirchenväter), Jura, Medizin, Geschichte, Poetik und Philosophie. In humanistischem Austausch stand P. u.a. mit Caspar Borner, Joachim /Camerarius, Johannes /Cochlaeus, /Crotus Rubeanus, Caspar /Cruciger, Johann /Hess, Johannes von Maltitz, Philipp Melanchthon, Johannes Metzler und Willibald /Pirckheimer. Auf P.s Bemühungen um Reform und Wiederherstellung der Einheit der Kirche hatten insbesondere /Erasmus von Rotterdam mit der P. gewidmeten Schrift „De sarcienda Ecclesiae concordia" (1533) und Georg /Witzel Einfluss. Als Berater Herzog /Georgs von Sachsen und Vertrauter des Bischofs von Meißen Maltitz (*Christliche Lehre zu gründlichem Unterricht des rechten Glaubens und gottseligen Wandels*. Mainz 1541 [von P. als Domdekan von Meißen 1539 mit verfasst]) nahm P. an den regionalen Religionsgesprächen von Leipzig 1534 und 1539 teil und setzte sich für Gewährung von ↗Laienkelch und Priesterehe (↗Zölibat) ein. P. nahm an allen Religionsgesprächen auf Reichsebene seit 1530 teil (1541 Collocutor, 1546 Mitpräsident, 1557 Präsident). Die Konzeption des ↗Augsburger Interims (Gemeinsamkeit im Glauben – Anerkennung unterschiedlicher Kirchengebräuche) geht weitgehend auf P. zurück. Auf dem Konzil von Trient war P. vom 20.11.1551 bis 25.3.1552. Entsprechend seiner Reformrede veröffentlichte P. einen Katechismus (*Institutio christiani hominis*. Köln 1562, 1564). In Mahnreden (s. u. Werke) wandte sich P. an Volk, Seelsorger (fast alle verheiratet), Untertanen des Stifts und alle Deutschen.

▪ Werke (außer den oben genannten): Christliche Ermanung zur Busse. Erfurt 1550; Christliche Erinnerung und Ermanung. o.O. 1553, 1555; Christliche Ermanungenn, Welche die Seelsorgere ... Bey dem Sacrament der Tauffe ... des Altars: Bey der Verehlichung: Bey den Krancken: gebrauchen sollen vnd mögen. Erfurt 1550; Von christlicher Buße vnd dem gesetze Gotts. o.O. 1556, Köln 1562; Policey Ordennung. o.O. [1556]; Christliche Ermanung an des Naumburgischen Stieffts vnderthanen vnd vorwandten, wes sie sich bey dem vorgefallenem hochbeschwerlichem mißvorstand in Religions sachen halten sollen ... Köln 1562; Oratio funebris de morte Caroli V. Imperatoris ... Dillingen 1559; De Republica Germaniae seu Imperio constituendo. Köln 1562, Antwerpen 1562, 1563; Gründtlicher vnd Christlicher Bericht, Ob einer mit gutem gewissen die alte Catholische Religion verlassen, vnd sich der Augspurgischen Confeßion anhangen möge. Köln 1571; E. HOCHE (Hg.): De ecclesiae concordia et salute ad Germanos Pars I: Programm des königlichen Stiftsgymnasiums in Zeitz. Zeitz 1865, 1–24; CT 12, 290–295; RQ 50 (1955) 29–43; ARCEG 3–6, passim. – Briefe: J.V. POLLET (Hg.): J.P., Correspondance, 5 Bde. Leiden 1969–82. – Zum handschriftlichen Nachlass s. V. MARCOLINO – V. PFNÜR: Bibliographia Pflugiana. Münster 1999.

▪ Literatur: DSp 12, 1253–58; CERAS 3, 77f.; TRE 26, 449–453; OER 3, 252f. – E. NEUSS – J.V. POLLET (Hg.): Pflugiana. Münster 1880; Gestalten der Kirchengeschichte, hg. v. M. GRESCHAT, Bd. 6. Stuttgart u.a. 1981, 129–146; TH. FREUDENBERGER: J.P. über den Laienkelch: AHC 21 (1989) 418–427; J.V. POLLET: J.P. (1499–1564) et la crise religieuse dans l'Allemagne du XVIe siècle. Leiden 1990; F. PRAUSE: J.P. (1499–1564). Versuch einer Standortbestimmung eines Vermittlungstheologen in den dreißiger Jahren des 16.Jh. Münster 1992. *Vinzenz Pfnür*

▪ Nachtrag: S. KRÖNER (Hg.): J.P. Naumburg (Saale) 2001.

Pfyffer, *Ludwig,* hervorragender schweizerischer Politiker der ↗Katholischen Reform, * 1524 Luzern, † 17.3.1594 ebenda; seit 1553 Aufstieg in französischem Solddienst, nach 1569 führend in der katholischen Eidgenossenschaft („Schweizerkönig"), an Bündnissen (katholische Orte 1586) auch mit Spanien (1587) beteiligt, betrieb er seit 1571 als Schultheiß mit äußerstem Einsatz die Berufung der Jesuiten. Er wünschte trotz Verkehr mit päpstlichen Visitatoren (Giovanni Antonio ↗Volpe; Giovanni Francesco Bonomi) keine ständige Nuntiatur.

▪ Literatur: Handbuch der Schweizer Geschichte, Bd. 1. Zürich 1972, 590ff.; Helvetia Sacra, Bd. 7. Bern 1976, 115–118. – J. STUDHALTER: Die Jesuiten in Luzern 1574–1652. Stans 1973, 57–113 222.

Josef Siegwart

Philipp I. von Hessen, „der Großmütige", Landgraf (seit 1518), * 13.11.1504 Marburg, † 31.3.1567 Kassel. Ph. war der profilierteste unter den ersten typisch evangelischen Landesfürsten in Deutschland. Bis 1518 unter der Vormundschaft seiner Mutter stehend, hatte er in Gestalt eines ständischen Regiments (1509–14) die Bedrohung seines Landesstaates miterlebt. Ausbau und Sicherung seiner Herrschaft wurden zu einem zentralen Anliegen seiner Politik. Bei Aktionen gegen Franz von /Sickingen 1522/23, gegen die mitteldeutschen Bauern 1525 und gegen die /Täufer in Münster 1534/35 spielte Ph. eine entscheidende Rolle. Seit dem Wormser Reichstag 1521 der Reformation zugetan, bekannte sich der auch theologisch gebildete Ph. seit 1524 unter dem Eindruck Philipp Melanchthons offen zu ihr und wurde einer ihrer politischen Führer. 1526/27 Neuordnung der Kirche und des Kirchengutes in Hessen; verfolgte zunächst die von Franz /Lambert von Avignon entwickelte Konzeption einer auf die Gemeinden aufgebauten Landeskirche, gab diese jedoch auf, als Martin Luther widersprach. Ph. gründete 1527 in Marburg die erste evangelische Universität. Eine Einigung der Protestanten strebte er durch das /Marburger Religionsgespräch von 1529 an. Reichsfürstliches Bewusstsein und politischer Instinkt für die Gefährdung der Reformation machten Ph. zum entschiedenen Vorkämpfer der evangelischen Fürstenopposition gegen die Reichs- und Religionspolitik Kaiser /Karls V. Mit dem /Schmalkaldischen Bund (1531) gelang ihm über alle Gegensätze hinweg ein Brückenschlag zu den oberdeutschen evangelischen Reichsstädten. Er setzte die Notwendigkeit von Solidarität und Absicherung der Reformation über die traditionellen ständischen Gegensätze zwischen Fürsten und Städten. 1534 maßgeblich an der Restitution Herzog /Ul-

richs von Württemberg beteiligt. Durch seine Nebenehe mit Margarethe von der Saale fügte Ph. seinem persönlichen Ansehen und der evangelischen Sache schweren Schaden zu. Den Pressionen des Kaisers nach 1540 hilflos ausgeliefert, führte er gemeinsam mit Kurfürst /Johann Friedrich von Sachsen den Oberbefehl im /Schmalkaldischen Krieg. Nach der Niederlage bei Mühlberg (Elbe) unterwarf sich Ph. 1547 Karl V., der ihn in Gefangenschaft nahm, aus der ihn erst unter maßgeblicher Hilfe Kurfürst /Moritz' von Sachsen 1552 der /Passauer Vertrag befreite. Seiner Politik des machtbewussten, auf Stärkung und Ausbau der landesherrlichen Gewalt bedachten Territorialfürsten fehlte danach die alte Schwungkraft. Er betrieb nach 1555 aber auch weiterhin eine gesamtprotestantische Unionspolitik, wirkte als Integrationsfigur im Reich über die Konfessionsgrenzen hinweg und widmete sich intensiv der Konsolidierung seines Landes, das er vor seinem Tod 1567 unter seine vier Söhne aufteilte. Diese Erbfolgeregelung bildete den Ausgangspunkt für die später erfolgte endgültige Zweiteilung Hessens in einen reformierten Kasseler und einen lutherischen Darmstädter Landesteil.

▨ Quellen: Politisches Archiv des Landgrafen Ph., Inventar der Bestände, Bd. 1–2, hg. v. F. Küch. Leipzig 1904–10; Bd. 3–4, bearbeitet von W. Heinemeyer. Marburg 1954–59; Briefwechsel Landgraf Ph.s des Großmütigen von Hessen mit Bucer, hg. v. M. Lenz, 3 Teile. Leipzig 1880–91.
▨ Literatur: TRZRK 4, 254–288. – Ch. von Rommel: Ph. der Großmütige, 3 Bde. Gießen 1830; W. Sohm: Territorium und Reformation in der hessischen Geschichte 1526–1555. Marburg 1915, ²1957; G. Müller: Franz Lambert von Avignon und die Reformation in Hessen. ebd. 1958; R. Hauswirth: Landgraf Ph. von Hessen und Zwingli. Tü-

bingen 1968; V. PRESS: Landgraf Ph. der Großmütige von Hessen: K. SCHOLDER (Hg.): Protestantische Profile. Königstein (Taunus) 1983, 60–77; W. HEINEMEYER: Das Zeitalter der Reformation: Das Werden Hessens, hg. v. DEMSELBEN. Marburg 1986, 225–266; M. RUDERSDORF: Ludwig IV. Landgraf von Hessen-Marburg 1537–1604. Landesteilung und Luthertum in Hessen. Mainz 1991.   *Manfred Rudersdorf*
■ Nachtrag: W. HEINEMEYER: Ph. der Großmütige und die Reformation in Hessen. Marburg 1997; F. KRAPF: Landgraf Ph. der Großmütige von Hessen und die Religionskämpfe im Bistum Münster 1532–36. ebd. 1997.

Philipp II. von Spanien, König (seit 1556), *21.5.1527 Valladolid als Sohn /Karls V. und Isabellas von Portugal, † 13.9.1598 Escorial. Ph. erhielt eine gediegene humanistische Ausbildung und wurde wegen der langen Abwesenheit des Vaters von Spanien frühzeitig mit Regierungsaufgaben betraut. 1543 heiratete er Maria Manuela von Portugal, die zwei Jahre später bei der Geburt des Sohnes Don Carlos starb. Ph. heiratete noch dreimal: 1554 die englische Königin /Maria Tudor, 1559 Isabella von Valois, 1570 Anna von Habsburg. Aus der letzten Ehe ging der einzige männliche Nachkomme hervor, der ihn überlebte, der spätere Philipp III.

Nach der Abdankung Karls V. 1556 wurde Ph. Herrscher über den westlichen Teil des väterlichen Reiches, der neben den spanischen Königreichen die italienischen Herrschaftsgebiete von Mailand, Neapel, Sizilien und Sardinien, die Franche-Comté, die Niederlande, Westindien und ab 1565 die nach ihm benannten Philippinen umfasste. Ph. erneuerte die Verwaltungsstrukturen und legte das so genannte „polysynodale" Regierungssystem an, das Spanien während des Ancien Régime institutionell prägte. Die beiden großen Ziele der Innen- und Außenpolitik Ph.s waren der Ausbau der spanischen Vormachtstellung und die Verteidigung des Katholizismus. Nicht wenige Zeitgenossen meinten, dass er seine eigentlichen politischen Ziele religiös bemänteln wollte: in Wirklichkeit fielen im Denken Ph.s beide Aspekte in dem Sinn zusammen, dass um eine wirksame Unterstützung der katholischen Sache sicherzustellen, die spanische Monarchie ihre Positionen stärken sollte.

Die Regierungszeit Ph.s wird in zwei Phasen aufgeteilt, die „mediterrane" und die „atlantische". Die kürzere mediterrane Phase ist ebenso bestimmt von den politisch-religiösen Problemen der Iberischen Halbinsel und der italienischen Reichsgebiete wie vom Kampf gegen die türkische Bedrohung im Mittelmeerraum. Erstere werden u. a. sichtbar im Krieg des Königreichs Neapel gegen den antihabsburgischen /Paul IV. 1556, durch die von der spanischen Inquisition veranlasste Vernichtung der lutherischen Zentren von Valladolid und Sevilla 1559, die im Zusammenhang mit der Wiederaufnahme und Durchführung der letzten Konzilsperiode von Trient 1562/63 hervorgerufenen Spannungen mit /Pius IV., die jurisdiktionellen Konflikte zwischen kirchlicher und weltlicher Macht im spanischen Italien während des Pontifikats /Pius' V. sowie die Niederwerfung des Aufstands der Moriscos im Königreich Granada 1568–71. In den Jahren nach dem Friedensschluss von Cateau-Cambrésis (1559) mit Frankreich konnte sich Ph. dem Kampf gegen den Islam widmen, was sich zunächst in seiner Unterstützung der durch die Berber bedrängten Malteserritter (1565) zeigte und im Bundesschluss mit dem Heiligen Stuhl und Venedig, der den Sieg von Lepanto gegen die Türken ermöglichte (1571), gipfelte. In der zweiten Phase der Regierungszeit konzentrierte sich Ph. auf die atlantische Seite seines Reiches. Der Aufstand der Niederlande von 1566 war bestimmt von der Ausbreitung des ↗Calvinismus und der Missstimmung wegen der spanischen Zentralisierungspolitik. Die harten Unterdrückungsmethoden durch den Herzog von ↗Alba scheiterten. Dem Wirken Herzog Alessandro Farneses ab 1578 gelang es, die südlichen katholischen Provinzen wieder der spanischen Oboedienz zuzuführen. Nach dem Tod des letzten Königs aus der Avis-Dynastie 1580 konnte Ph. seine Ansprüche auf die Thronfolge in Portugal zur Geltung bringen: Zum ersten Mal in der Geschichte war die gesamte Iberische Halbinsel einem einzigen Herrscher unterstellt, der seine amerikanischen Herrschaftsgebiete um die reichen Kolonien Brasiliens ergänzte. Der Kampf gegen die protestantischen Mächte in Europa brachte kein positives Ergebnis. Der Versuch einer Invasion Englands führte zur Zerstörung der spanischen Seemacht 1588 (der so genannten „Invencible Armada"). Ebenso scheiterte die den französischen Katholiken gewährte militärische Unterstützung, um die Thronbesteigung des Calvinisten ↗Heinrich (IV.) von Navarra zu verhindern. Am 2.5.1598 unterzeichneten Frankreich und Spanien den Friedensvertrag von Vervins. Ph. starb im Escorial, dem von ihm für sich selbst errichteten Kloster und Regierungssitz, einem Denkmal der Glanzzeit der spanischen Könige.

Die neuere Geschichtsschreibung hat eine von der früheren spürbar abweichende Interpretation der Gestalt und Politik Ph.s vorgelegt. Im Gefolge der „Leyenda Negra" wurde das Bild eines bigotten und intoleranten Despoten gezeichnet, eines grausamen Vaters, der sich am Tod seines Sohnes Don Carlos schuldig gemacht hatte, eines mittelmäßigen und pedantischen Menschen. Die Forschungen der letzten fünfzig Jahre haben eine tief greifende Revision dieses düsteren Bildes bewirkt. Ph. war ein liebevoller Vater (für den Tod des Sohnes 1568 trug er keine Verantwortung), empfänglich für Kunst und Musik, deren feinsinniger Kenner er war, Protektor von Künstlern, Mäzen und Sammler. Trotz seiner exzessiven Pedanterie und seines instinktiven Misstrauens den Mitarbeitern gegenüber bewies er häufig die Fähigkeit, die großen politischen Probleme in ihrem wahren Umfang zu erkennen. Doch seine Arbeitsmethoden, seine Zentralisierungstendenzen und die wiederholten finanziellen Schwierigkeiten der Monarchie – dreimal (1557, 1575 und 1596) musste die Krone die Schuldenzahlung aussetzen – erlaubten es ihm nicht immer, die angestrebten Ziele zu erreichen.

Die Beurteilung der Religionspolitik Ph.s hat sich ebenfalls tief greifend gewandelt. In der Vergangenheit wurde seine Haltung gegenüber der Kirche oft als caesaropapistisch bezeichnet. Heute scheint es offensichtlich, dass seine Politik von den Prinzipien des Regalismus inspiriert war. Er versuchte, Formen staatlicher Kontrolle verschiedenen Bereichen des kirchlichen Lebens seiner Herrschaftsgebiete aufzuerlegen. Selbst auf das Handeln des Papstes suchte er Einfluss zu nehmen, wenn es ihm zur Verteidigung der Interessen der katholischen Sache angemessen erschien. Alle Päpste der zweiten Hälfte des 16. Jh. mussten anerkennen, dass Spanien die einzige Macht war, mit deren Unterstützung der Apostolische Stuhl im

Kampf gegen den Protestantismus und den Islam rechnen konnte. Außerdem dienten Ph.s der Kirche gegenüber geltend gemachte Kontrollbefugnisse auch dazu, in seinem Reich die Durchsetzung der Konzilsdekrete von Trient voranzutreiben, welche ab Juli 1564 in Spanien ohne jede Einschränkung angenommen und veröffentlicht wurden.

▪ Quellen: Colección de documentos inéditos para la historia de España, 113 Bde. Madrid 1842–95, Register; Correspondance de Philippe II sur les affaires des Pays-Bas (1558–77), 5 Bde., hg. v. L.P. GACHARD. Brüssel 1848–79; Correspondance de Marguerite d'Autriche avec Philippe II, 3 Bde., hg. v. DEMSELBEN. ebd. 1867–81; Correspondencia diplomática entre España y la Santa Sede durante el pontificado de S. Pio V, 4 Bde., hg. v. L. SERRANO. Madrid 1914; Correspondencia privada de Felipe II con su secretario Mateo Vázquez, hg. v. C. RIBA GARCÍA. ebd. 1959; Cartas de Felipe II a sus hijas, hg.v. F.J. BOUZA ÁLVAREZ. ebd. 1988.

▪ Literatur: BBKL 7, 454–471. – F. BRAUDEL: La Méditerranée et le monde méditerranéen à l'époque de Philippe II, 2 Bde. Paris 1966; P. PIERSON: Philip II of Spain. London 1975; G. PARKER: Philip II. ebd. 1979; F. EDELMAYER: Maximilian II., Ph. II. und Reichsitalien. Die Auseinandersetzungen um das Reichslehen Finale in Ligurien. Stuttgart 1988; J. BUCKLER: Philip II and the Sacred War. Leiden–New York 1989; F. CHECA: Felipe II, mecenas de las artes. Madrid 1992; La corte de Felipe II, hg. v. J. MARTÍNEZ MILLÁN. ebd. 1994; H. KAMEN: Felipe de España. ebd. ⁹1998; M. FERNÁNDEZ ÁLVAREZ: Felipe II y su tiempo. ebd. 1998; Felipe II y el arte de su tiempo. ebd. 1998; A. BORROMEO: Felipe II y el absolutismo confesional: Felipe II, un monarca y su época. La Monarquía Hispánica. ebd. 1998, 185–195.   *Agostino Borromeo*

▪ Nachtrag: H. KAMEN: La politica religiosa de Felipe II: Anuario de historia de la iglesia 7 (1998) 21–33; A. MOLINIÉ (Hg.): Philippe II et l'Espagne. Paris 1999; P. WILLIAMS: Philip II. Basingstoke 2001; M. VASOLD: Ph. II. Hamburg 2001.

Pigge (Pighius), *Albert,* katholischer Kontroverstheologe, * um 1490 Campen (Provinz Overijssel), † 28.12.1542 Utrecht; 1509 Magister artium in Löwen, danach Theologiestudent, 1518–22 Studium in Paris; ab 1522 bei Papst ∕Hadrian VI. in Rom, 1525 päpstlicher Geheimkämmerer, 1531 in den Niederlanden, 1535 Propst an St. Johannes in Utrecht. P. war Berater der Nuntien und nahm 1540/42 ohne tatsächliche Mitwirkung an den ∕Wormser und ∕Regensburger Religionsgesprächen teil, woraus ein literarischer Streit mit Martin ∕Bucer folgte. Neben astrologischen und die Kalenderreform betreffenden Werken sowie einer Auseinandersetzung mit den Griechen ist P. v. a. als antireformatorischer Kontroverstheologe bedeutend. Auf seine gegen Jean Calvin gerichtete Lehre von der Willensfreiheit und der Prädestination antwortete dieser mit einer eigenen Schrift (CR 6, 225–404). P. vertrat die Lehre von der doppelten Gerechtigkeit, über die das Tridentinum diskutierte und die auch danach umstritten blieb. Seine Schriften dazu kamen 1624 in Lissabon auf den Index. P.s Hauptwerk *Hierarchiae Ecclesiasticae Assertio* (Köln 1538 u. ö.) lehrte unter Abwertung der Konzilien ein überzogenes Papalsystem, dem gemäß der unfehlbare Papst niemals Häretiker werden könne.

▪ Quellen: W. FRIEDENSBURG: Beiträge zum Briefwechsel der katholischen Gelehrten Deutschlands im Reformationszeitalter: ZKG 23 (1902) 110–155; CT passim.
▪ Werkverzeichnis: H. JEDIN: Studien über die Schriftstellertätigkeit P.s. Münster 1931, 7–47; KLAIBER nn. 2510–22; VD 16 16, 98ff.
▪ Literatur: TRE 26, 632ff.; CERAS 3, 84f.; KTHR 1, 98–106; BBKL 7, 610ff. – G. MELLES: Albertus Pighius en zijn strijd met Calvin over het Liberum arbitrium. Kampen 1973; H.J. SIEBEN: Die katholische Konzilsidee von der Reformation bis zur Aufklä-

rung. Paderborn u.a. 1988, passim; H. RIM-BACH: Gnade und Erkenntnis in Calvins Prädestinationslehre. Calvin im Vergleich mit Pighius, Beza und Melanchthon. Frankfurt (Main) u.a. 1996, 123–151.
Heribert Smolinsky
▪ Nachtrag: A.N. LANE: When did A. Pighius die?: Nederlands archief voor kerkgeschiedenis 80 (2000) 327–342.

Pirckheimer, aus dem Donauried nach Nürnberg eingewanderte und zur Ratswürde aufgestiegene Familie:
1) *C(h)aritas,* Klarissin (1479), * 21.3.1467 Eichstätt, † 19.8.1532 Nürnberg. Die älteste Tochter des im Hofdienst des Bischofs von Eichstätt stehenden Juristen Dr. Johann P. trat mit zwölf Jahren in das Klara-Kloster zu Nürnberg ein und war hier seit dem 20.12.1503 Äbtissin. Durch Frömmigkeit und humanistische Bildung ausgezeichnet, stand C(h)aritas außer mit ihrem Bruder Willibald [s. u. 2)] mit zahlreichen Theologen und Intellektuellen in Kontakt (Sixtus Tucher, Kaspar Nützel, Christoph ∕Scheurl, Conradus Celtis, ∕Erasmus von Rotterdam, Stephan Fridolin, Konrad ∕Pellikan u.a.). C(h)aritas und ihre Schwestern lasen Bibel und Kirchenväter in lateinischer Sprache. Nach dem Einzug der Reformation in Nürnberg leisteten die Schwestern unter Rekurs auf ihre Gewissensfreiheit Widerstand gegen die Bemühungen des Rats, sie zur Aufgabe des klösterlichen Lebens zu bewegen. C(h)aritas konnte die Aufhebung des Klosters nach Einschaltung Philipp Melanchthons zunächst verhindern; längerfristig war jenes jedoch zum Aussterben verurteilt. Im Konvent lebte auch ihre leibliche Schwester Klara (Äbtissin 1532/33).

▪ Quellen: C.-P.-Quellensammlung, 4 Hefte. Landshut 1961–66 (u.a.: Heft 2: Denkwürdigkeiten, Heft 3: Briefe, beide hg. v. J. PFANNER).

▪ Literatur: LMA 6, 2173f. – L. KURRAS – F. MACHILEK (Hg.): Ausstellungskatalog ‚C.P.' München 1982; M.H. JUNG: Die Begegnung Melanchthons mit C.P.: Jahrbuch für fränkische Landesforschung 56 (1996) 235–257; F. MACHILEK: Menschenwürde und Gewissensfreiheit: In Würde leben. FS E.L. Grasmück. Bonn 1998, 49–71.

2) *Willibald,* Humanist, Bruder von 1), * 5.12.1470 Eichstätt, † 22.12.1530 Nürnberg. 1488–95 Studien in Padua und Pavia; 1496–1523 (mit Ausnahme von 1502–1505) Mitglied des Nürnberger Rats, dem er als juristischer Berater, Gesandter und Feldhauptmann diente. Seit 1500 kaiserlicher Rat. Willibald war mit Albrecht Dürer und führenden Humanisten wie Giovanni Pico della Mirandola, ∕Erasmus von Rotterdam, ∕Beatus Rhenanus, Johann Trithemius und weiteren Intellektuellen persönlich bzw. brieflich in Freundschaft verbunden. Daneben trat der Kenner des Griechischen als Prosaschriftsteller und Versdichter sowie als Übersetzer und Bearbeiter von klassischen Werken (insbesondere Satiren) und Kirchenväterschriften hervor. An die Stelle seiner zunächst eindeutig positiven Haltung zur Reformation trat im Lauf der Auseinandersetzungen, offenbar auch unter dem Eindruck persönlicher Erfahrungen (v.a. wegen der Ereignisse bei St. Klara [s.o. 1)]), gegenüber jener eine zunehmend distanzierte Einstellung; gleichzeitig entwickelte er nun eine eigenständige humanistisch-christliche Theologie („Nec Lutheranus neque Eckianus, sed christianus sum").

▪ Werke: Opera, ed. v. M. GOLDAST. Frankfurt (Main) 1610; W.-P.-Briefwechsel, Bd. 1–2, hg. v. E. REICKE. München 1940–56, Bd. 3, hg. v. D. WUTTKE. ebd. 1989; Eckius dedolatus. Lateinisch-deutsch, hg. v. N. HOLZBERG. Stuttgart 1983.

▪ Literatur: BBKL 7, 628–633. – N. HOLZBERG: W.P. Griechischer Humanismus in Deutschland. München 1981; D. WUTTKE: Der Humanist W.P. Nürnberg 1994. – P.-Jahrbuch 1 (Nürnberg 1985) ff., 12 (Wiesbaden 1997) ff.

Franz Machilek

Pithou, *Pierre,* Jurist und Historiker, * 1.11.1539 Troyes, † 1.11.1596 Nogent-sur-Seine; Jurastudium in Bourges und Valence, dort Schüler und Freund von Jacques Cujas (1522–90); zunächst von der Reformation angezogen, schließt er sich nach dem Massaker der ∕Bartholomäusnacht, dem er knapp entkommt, wieder der katholischen Kirche an. Durch sein Werk, das sich wesentlich mit der Frühgeschichte Frankreichs und Europas befasst, gibt er dem französischen Humanismus eine folgenreiche gallikanisch-nationale Wendung. Durch Schriften und politische Aktivitäten unterstützt er den Weg ∕Heinrichs IV. zur Macht.

■ Werke: Opera sacra, iuridica, historica, miscellanea, hg. v. CH. LABBÉ. Paris 1609.

■ Literatur: DTHC 12, 2235–38; BBKL 7, 651–656. – R. ZUBER: Tombeaux pour les P.: Mélanges sur la littérature de la Renaissance. FS V.-L. Saulnier. Genf 1984, 331–342; F. LESTRINGANT–D. MÉNAGER (Hg.): Études sur la Satyre Ménippée. ebd. 1987, passim; Les Pithous, les Lettres et la Paix du Royaume. Actes du colloque de Troyes, avril 1998. Paris 1999. *Pierre E. Leroy*

Pius IV., Papst (25.12.1559–9.12.1565), vorher *Gian Angelo de' Medici* (nicht verwandt mit den Medici in Florenz), * 31.3.1499 Mailand; zunächst Studium der Medizin und Jurisprudenz. Ging 1526 nach Rom; verwaltete verschiedene Ämter im Kirchenstaat. 1542/43 Apostolischer Kommissar bei den Truppen, die ∕Paul III. gegen die Türken entsandte. Unter Paul III. begann sein Aufstieg. 1545 Erzbischof von Ragusa, Empfang der höheren Weihen; 1546 wird er Generalkommissar der päpstlichen Hilfstruppen beim ∕Schmalkaldischen Krieg in Deutschland; 1549 Kardinal, als solcher ohne größere Bedeutung. Dem Reformverlangen ∕Pauls IV. stand er distanziert gegenüber. Beim schwierigen Konklave 1559 wurde er als Verlegenheitskandidat gewählt. P. leitete sogleich eine politische Kurskorrektur ein: er bemühte sich um ein gutes Verhältnis zu Kaiser ∕Ferdinand I. und König ∕Philipp II. von Spanien. In kirchlicher Hinsicht milderte er die schroffen Maßnahmen Pauls IV. (u. a. Rehabilitation des Kardinals Giovanni ∕Morone). Ein Gericht erging über die Nepoten Pauls IV. (zwei Hinrichtungen). Er selbst begünstigte zahlreiche Angehörige. Sein Lieblingsneffe Karl ∕Borromäus wurde 1560 Kardinal, Administrator des Erzbistums Mailand und erhielt die Stellung eines Staatssekretärs. Entsprechend der Verpflichtung in seiner Wahlkapitulation berief er unter Überwindung zahlreicher politischer Schwierigkeiten das Konzil wieder nach Trient ein (Eröffnung am 18.1.1562). Als die Kontroversen um die bischöfliche Residenzpflicht, den päpstlichen ∕Primat und den Charakter des Bischofsamtes das Konzil an den Rand des Scheiterns führten, berief er Morone zum Konzilspräsidenten, dessen Geschick der glückliche Abschluss des Konzils (3./4.12.1563) zu verdanken ist. P. bestätigte am 26.1.1564 mündlich, am 30.6.1564 feierlich die Dekrete des Gesamtkonzils (∕*Benedictus Deus*). Im März 1564 kam es zur Veröffentlichung des „Index der verbotenen Bücher", im November 1564 der „Professio fidei Tridentina". Vorher waren bereits Rota, Apostolische Poenitentiarie und Apostolische Kammer neu geordnet worden. Dem Drängen Kaiser ∕Maximilians II. und der bayerischen Herzöge folgend, gab P. 1564 die Erlaubnis, in Deutschland, Österreich, Böhmen und Ungarn die

Kommunion unter beiden Gestalten zu spenden (/Laienkelch). Er förderte Kunst und Wissenschaft. Im Kirchenstaat führte die Missstimmung unter der Bevölkerung zu einer (fehlgeschlagenen) Verschwörung. – P. war ein Mann des Übergangs. Persönlich noch von der Mentalität der Renaissance geprägt (mehrere nicht eheliche Kinder aus der vorpäpstlichen Zeit), konnte er sich der Notwendigkeit nicht entziehen, eine Reform der Kirche durchzuführen. Er suchte aber die alten Strukturen der römischen Kurie so weit als möglich zu retten.

■ Quellen: CT; NBD(G) II, 1–4.

■ Literatur: DTHC 12/2, 1633–47; EC 9, 1496; CATH 11, 253f.; BBKL 7, 665; TRE 26, 652–655. – TH. VON SICKEL: Zur Geschichte des Konzils von Trient. Wien 1872; J. SUSTA: Die römische Curie und das Concil von Trient unter P. IV., 4 Bde. Wien 1904–14; L. VON PASTOR: Geschichte der Päpste seit dem Ausgang des Mittelalters, Bd. 7. Freiburg 1920; F. HÄFELE: Papst P. IV. und seine Nepoten: Vierteljahresschrift für Geschichte und Landeskunde Vorarlbergs 5 (1921) Heft 1; M. CONSTANT: Concession à l'Allemagne de la Communion sous les deux espèces, 2 Bde. Paris 1923; P. PASCHINI: Il primo soggiorno di S. Carlo Borromeo a Roma. Rom 1935; H. JEDIN: Krisis und Wendepunkt des Trienter Konzils (1562/63). Würzburg 1941; JEDIN Bd. 4/1–2; K. GANZER: Das Konzil von Trient – Angelpunkt für eine Reform der Kirche?: RQ 84 (1989) 31–50; DERSELBE: Aspekte der katholischen Reformbewegungen im 16.Jh.: Abhandlungen der geistes- und sozialwissenschaftlichen Klasse der Akademie der Wissenschaften und der Literatur in Mainz. Wiesbaden 1991, n. 13. *Klaus Ganzer*

■ Nachtrag: Vatikanlexikon, hg. v. N. DEL RE. Augsburg 1998, 586–589. – R. REZZAGHI: Cronoca di un conclave. L'elevazione di Pio IV: Salesianum 48 (1986) 539–581.

Pius V., Papst (7.1.1566–1.5.1572), heilig (1712; Tag 30.4.), Dominikaner (1518), vorher *Michele Ghislieri*,

* 17.1.1504 Bosco bei Alessandria; Studium in Genua; 1528 Priester; Lektor der Philosophie und Theologie in Pavia. Erlangte als Inquisitor der Diözese Como die Wertschätzung Giampietro Carafas (später Papst /Paul IV.). Unter /Julius III. wurde er Generalkommissar der Inquisition in Rom. 1556 zum Bischof von Sutri und Nepi, 1557 zum Kardinal, 1558 zum Großinquisitor der römischen Kirche, 1560 zum Bischof von Mondovì ernannt. Der entscheidende Einfluss auf seine Wahl zum Papst ging von Karl /Borromäus aus. Die wichtigsten kurialen Ämter übertrug P. v. a. Männern aus der Schule Pauls IV. Sein (25-jähriger) Großneffe, der Dominikaner Michele Bonelli, wurde Kardinalnepot. Das Konzil von Trient hatte dem Papst eine Reihe von Aufgaben hinterlassen: 1566 erschien der /Catechismus Romanus, 1568 das Breviarium Romanum, 1570 das römische Messbuch. Die Apostolische Poenitentiarie wurde neu organisiert und auf das Forum internum beschränkt. P. drang auf Einhaltung der Residenz der Geistlichen und förderte die Errichtung von Priesterseminaren. Sein besonderer Eifer galt der Inquisition. Alle Regungen von Glaubensabweichungen mussten mit strengsten Maßnahmen verfolgt werden. Zahlreiche Todesurteile wurden gefällt. P. beabsichtigte, den Inquisitionsprozess gegen Kardinal Giovanni /Morone, den P. IV. rehabilitiert hatte, wieder aufzugreifen. Im so genannten Gnadenstreit verwarf P. 76 Sätze des Michael /Bajus und seiner Schüler. In Frankreich, wo sich der /Calvinismus ausbreitete, hatte P. die vollständige Vernichtung der /Hugenotten zum Ziel, weshalb er gegen den Religionsfrieden von Saint-Germain (1570) Einspruch erhob. Auch bezüglich Englands war P. entschlossen, gegen Königin ↗Elisabeth I. scharf vorzugehen. Am 25.2.1570 erließ er die Bulle *Regnans in excelsis,* in der Elisabeth der Häresie für schuldig erklärt, mit der Exkommunikation belegt und ihr das Recht auf die englische Krone abgesprochen wurde; die Untertanen wurden von ihrem Treueid entbunden. Es war dies das letzte Absetzungsurteil eines Papstes gegen einen Herrscher überhaupt. Diese Maßnahme, die ein Fehlgriff war, verschlimmerte die Lage der englischen Katholiken. Von einem förmlichen Protest, den P. gegen den ↗Augsburger Religionsfrieden von 1555 vorbringen lassen wollte, konnte er abgehalten werden. Die Beziehungen zu ↗Philipp II. von Spanien wurden durch das stark ausgebildete spanische Staatskirchentum getrübt. Doch gelang es P., die Heilige Liga zwischen Spanien und Venedig gegen die Türken zustande zu bringen. Nach dem Sieg der Armada unter Führung von Don Juan de Austria am 7.10.1571 im Golf von Lepanto führte P. das Fest „Unserer Lieben Frau vom Siege" ein. – Die Kunst der Antike sagte P. nichts. Mit Mühe konnten ihn die Kardinäle davon abhalten, die antiken Kostbarkeiten, die sich in päpstlichem Besitz befanden, als „heidnische Götterbilder" zu verschleudern. Er unterstützte den Neudruck der Werke von Bonaventura und Thomas von Aquin. P. war von religiösem Eifer und asketischer Strenge erfüllt. Bei alldem lag ihm die Reform der Kirche vorrangig am Herzen. Er war jedoch von einer gewissen geistigen Enge und verkörperte in ausgeprägter Weise den intransigenten Typ des katholischen Reformers des 16. Jh., der für eine vom ↗Humanismus inspirierte religiöse Geistigkeit, wie sie etwa Gasparo ↗Contarini und Reginald ↗Pole vertraten, keinen Sinn hatte.

▪ Quellen: *Viten:* G. CATENA: Vita del gloriosissimo papa Pio V. Rom 1582 u.ö.; J.A. GABUZZI: De vita et rebus gestis Pii V P.M. libri VI. Rom 1605. – Epistulae apostolicae, hg. v. F. GOUBEAU. Antwerpen 1640; W.E. SCHWARZ: Der Briefwechsel Maximilians II. mit P. V. Paderborn 1889; L. SERRANO: Correspondencia diplomatica entre España, Venecia y la Santa Sede durante el pontificado de S. Pio V, 4 Bde. Madrid 1914; NBD(G) II, 5–7.
▪ Literatur: DTHC 12, 1647–53; EC 9, 1498ff.; CATH 11, 255–258; BBKL 7, 665ff.; TRE 26, 655–659. – B. HILLIGER: Die Wahl P.' V. zum Papste. Leipzig 1891; L. SERRANO: La Liga de Lepanto entre España, Venecia y la Santa Sede (1570–73), 2 Bde. Madrid 1918–1920; CH. HIRSCHAUER: La politique de S. Pie V en France (1566–1572). Paris 1926; B. DE MEESTER: Le Saint-Siège et les troubles des Pays-Bas 1566–1570. Löwen 1934; L. BROWNE-OLL: The Sword of St. Michael. S. P. V. Milwaukee 1943; E. VAN EIJL: Les censures des universités d'Alcalá et de Salamanque et la censure du Pape Pie V contre Michel Baius (1565–67): Revue d'histoire ecclésiastique 48 (1953) 719–776; DERSELBE: L'interprétation de la bulle de Pie V portant condamnation de Baius: ebd. 50 (1955) 499–542; G. GRENTE: Le pape des grands combats, S. Pie V. Paris ²1956; K.M. SETTON: The papacy and the Levant, Bd. 4. Philadelphia 1984; N. LEMAITRE: Saint Pie V. Paris 1994. *Klaus Ganzer*
▪ Nachtrag: Vatikanlexikon, hg. v. N. DEL RE. Augsburg 1998, 589ff. – A. D'ANDIGNE: Saint Pie V et la victoire de Lépante: Pensée catholique 248 (1990) 74–86; E. GARCÍA HERNAN: Pio V y el Mesianismo profetico: Hispania sacra 45 (1993) 83–102.

Plettenberg, *Wolter von,* Deutschordensritter, 1494–1535 Ordensmeister in Livland, * um 1450 bei Soest, † 28.2.1535 Wenden/Cesis. Während seiner Amtszeit erlebte das mittelalterliche Livland eine Phase wirtschaftlicher und kultureller Prosperität. Den äußeren Frieden sicherte P. durch zwei erfolgreiche Präventivschläge gegen die zahlenmäßig weit überlegenen Truppen des Großfürstentums Moskau, zuletzt 1502 am Smolina-See. Nach innen wirkte P. ausgleichend. Selbst ein überzeugter Anhänger des katholischen Glaubens, tolerierte er die Ausbreitung der Reformation in Livland, ohne jedoch – anders als in Preußen – den Ordensstaat zu säkularisieren.

▪ Literatur: L. ARBUSOW: W. von P. und der Untergang des Deutschen Ordens in Preußen. Leipzig 1919; W. von P. Der größte Ordensmeister Livlands, hg. v. N. ANGERMANN. Lüneburg 1985; Baltische Länder, hg. v. G. VON PISTOHLKORS. Berlin 1994.
Roland Gehrke
▪ Nachtrag: N. ANGERMANN (Hg.): W. von P. Lüneburg 2001.

Poissy, Religionsgespräch.

In der Stadt an der Seine fand während einer Nationalsynode der französischen Bischöfe im September/Oktober 1561 ein Religionsgespräch zwischen katholischen und calvinistischen Theologen statt. Angeregt von Katharina von ⁄Medici, sollte die Zusammenkunft eine theologische Verständigung zwischen den religiösen Lagern herbeiführen, brachte aber keinen Erfolg. Von katholischer Seite nahmen u.a. Kardinal Charles ⁄Guise und der Jesuit Diego ⁄Laínez, von calvinistischer Seite Theodor ⁄Beza und Pietro Martire ⁄Vermigli teil.

▪ Quellen und Literatur: Diario dell'Assemblea de' Vescovi à P., ed. v. J. ROSEROT DE MELIN: Mélanges d'archéologie et d'histoire 39 (1921–22) 47–151; H.O. EVENNETT: The Cardinal of Lorraine and the Council of Trent. Cambridge 1930, 283–394; DERSELBE: Claude d'Espence et son ‚Discours du Colloque de P.': Revue historique 164 (1930) 40–78; W.P. FISCHER: Frankreich und die Wiedereröffnung des Konzils von Trient 1559–62. Münster 1972, 214–239; D. NUGENT: Ecumenism in the Age of the Reformation. The Colloquy of P. Cambridge (Massachusetts) 1974; JEDIN 4/1, 51–55. *Klaus Ganzer*
▪ Nachtrag: M. TURCHETTI. Une question mal posée. La Confession d'Augsbourg, le cardinal de Lorraine er les moyenneurs au Colloque de P. en 1561: Zwingliana 20 (1993) 53–102.

Pole, Reginald, Kardinal, Erzbischof von Canterbury, * 3.3.1500 Stourton Castle (Staffordshire), † 17.11.1558 Lambeth; verwandt mit König ⁄Heinrich VIII. Während seiner Studien in Oxford trat er in Verbindung mit Thomas ⁄More und anderen englischen Humanisten. Frühzeitig mit Pfründen ausgestattet. Mit einer Pension des Königs studierte er 1519–26 an den Universitäten in Padua und Venedig. In dieser Zeit knüpfte er Beziehungen zu italienischen Humanisten, wie Marc Antonio Flaminio und Pietro ⁄Bembo; korrespondierte mit ⁄Erasmus von Rotterdam. 1529/30 Besuch der Universität Paris, wo er sich auch um ein günstiges Gutachten der Sorbonne in der Ehescheidungsangelegenheit König Heinrichs VIII. bemühen musste. Die ihm vom König angebotenen Bistümer York und Winchester schlug er aus. 1532 kehrte er nach Padua und Venedig zurück. Er kam unter den Einfluss von Vertretern der humanistischen Reformbewegung (Giampietro Caraffa [später Papst ⁄Paul IV.], Gian Matteo ⁄Giberti, Gregorio ⁄Cortese, Gaspari ⁄Contarini). Widmete sich nun dem Studium der Heiligen Schrift und der Väter. Nach dem Ausbruch des englischen Schismas lehnte er eine Rückkehr nach England ab. Verfasste 1535/36 die Schrift *Pro ecclesiae unitatis defensione,* in der er die Primatialrechte Roms verteidigte. ⁄Paul III. berief ihn nach Rom zur Mitarbeit in einer Reformkommission (Consilium de emendanda ecclesia). 22.12.1536 Kardinal (Diakon, später Presbyter). Paul III. verwandte ihn mehrfach zu Legationen. 1537 und 1539 vergebliche Friedensvermittlungen zwischen

/Franz I. und /Karl V. 1541 Legat des Patrimoniums in Viterbo. Dort sammelte sich um ihn ein Kreis gleichgesinnter religiöser Reformfreunde (Vittoria Colonna, Flaminio, Ludovico /Beccadelli, Luigi Priuli, Vettore Soranzo u. a.), dessen geistig-religiöser Mittelpunkt P. war. 1542 und erneut 1545 wurde er als Konzilslegat für Trient bestimmt. Mit dem Verlauf der /Rechtfertigungsdebatte auf dem Konzil war er höchst unzufrieden. Nach seiner Meinung wurden berechtigte theologische Anliegen ausgegrenzt. Am 16.10. 1545 ließ er sich daher von seiner Funktion als Konzilslegat entbinden. Beim Konklave von 1549 war er als Kandidat der Kaiserlichen und der Reformpartei papabile; der Vorwurf von Seiten Carafas (Paul IV.), er sei der Häresie verdächtig, machte seine Kandidatur zunichte. Nach der Thronbesteigung /Marias der Katholischen in England, wurde er auf deren Bitten zum päpstlichen Legaten für England mit weit reichenden Vollmachten ernannt. Am 11.12.1555 wurde er Erzbischof von Canterbury, 1557 erfolgten Priester- und Bischofsweihe. Im November 1554 vollzog er den Wiederanschluss der englischen Kirche an Rom. Auf einer Provinzialsynode ordnete er die kirchlichen Verhältnisse neu. Sein Dekret über die Priesterseminare wurde Vorbild für das Seminardekret des Trienter Konzils. Er suchte die Heirat der Königin mit /Philipp II. von Spanien zu verhindern. Paul IV. entzog ihm 1557 die Legatenwürde und rief ihn nach Rom, um gegen ihn ein Inquisitionsverfahren wegen Häresieverdachts zu eröffnen. P. starb jedoch, bevor ihm der Prozess gemacht werden konnte (wenige Stunden nach der Königin).

P. zeichnete sich durch umfassende Bildung und eine von der humanistischen Reformbewegung geprägte Frömmigkeit aus. Er war einer der besten Vertreter des italienischen /Evangelismus, Freund Contarinis, Giovanni /Morones und anderer. Mit seiner Frömmigkeit verband er einen noblen Charakter und eine reiche politische Erfahrung.

■ Hauptwerk: Epistolae R.P. et aliorum ad ipsum, ed. v. A.M. QUIRINI, 5 Bde. Brescia 1744–57; Pro ecclesiasticae unitatis defensione. Rom o.J. (1553/54); Reformatio Angliae. ebd. 1562; De concilio. ebd. 1562; Epistula de sacramento Eucharistiae. Cremona 1583; NBD I, 15, bearbeitet von H. LUTZ. Tübingen 1981; S.M. PAGANO–C. RANIERI: Nuovi documenti su Vittoria Colonna e R.P. Vatikanstadt 1989.

■ Literatur: BBKL 7, 789–793.– F. GASQUET: Cardinal P. and his Early Friends. London 1927; W. SCHENK: R.P., Cardinal of England. ebd. 1950; G.B. PARKS: The Parma Letters and the Dangers to Cardinal P.: CHR 46 (1960/61) 299–317; H. LUTZ: Ragione di Stato und christliche Staatsethik im 16.Jh. Münster 1961; DERSELBE: Christianitas afflicta. Göttingen 1962; H. JEDIN: Kardinal P. und Vittoria Colonna: Kirche des Glaubens, Kirche der Geschichte, Bd. 1. Freiburg 1966, 181–194; T. BOZZA: Nuovi studi sulla Riforma in Italia. Il Beneficio di Cristo. Rom 1976; P. SIMONCELLI: Il caso R.P. Rom 1977; DERSELBE: Evangelismo italiano del Cinquecento. Rom 1979, passim; M.T. DAINOTTI: La via media. R.P. Bologna 1987. *Klaus Ganzer*

■ Nachtrag: TH.M. MACCOOG: Ignatius Loyola and R.P.: JEH 47 (1996) 257–273; J.I. TELLECHEA IDIGORAS: El retorno de Inglaterra al Catolicismo. Tres cartas del Cardenal R.P. a Carlos V (1553): Dialogo ecumenico 32 (1997) 183–193; K. DIEZ: Das Verhältnis von Rechtfertigungslehre und Ekklesiologie im Denken R.P.s: Ecclesia tertii millennnii advenientis. FS A. Anton. Casale Monferrato 1997, 372–390; TH.F. MAYER: R.P. Cambridge 2000; DERSELBE: Cardinal P. in European context. Aldershot 2000.

Polentz, *Georg von,* Bischof von Samland, * 1478 aus meißnischem Adel, † 28.4.1550 Balga; Studium der Rechte in Leipzig und in Italien (Lizentiat); lernte im Lager Maximilians I. vor Padua ∕Albrecht von Brandenburg-Ansbach den Älteren kennen, mit dem er 1511 in den Deutschen Orden eintrat; 1516 Hauskomtur in Königsberg, 1519 Bischof von Samland. Während Albrechts Aufenthalt im Reich 1522–25 Regent in Ordenspreußen; begann als erster Bischof mit Billigung Albrechts im Ordensland die Reformation einzuführen (lutherische Weihnachtspredigt im Dom zu Königsberg 1523). Sein theologischer Berater war Johannes ∕Briesmann. 1525 trat P. die Stiftslande des Bistums Samland an Albrecht ab und erhielt zum Unterhalt das Amt Balga. An den theologischen Lehrstreitigkeiten im Herzogtum Preußen beteiligte sich P. kaum, da ihm als Juristen eine gründliche theologische Bildung fehlte; er arbeitete jedoch intensiv am Aufbau der evangelisch-lutherischen Landeskirche im Herzogtum Preußen mit (Visitationen, Kirchen- und Landesordnungen).

■ Literatur: TRZRK 2, 220–233. – W. HUBATSCH: Albrecht von Brandenburg-Ansbach. Heidelberg 1960; A. ZIEGER: Das religiöse und kirchliche Leben in Preußen und Kurland im Spiegel der evangelischen Kirchenordnungen. Köln–Graz 1967; E. WOLGAST: Hochstift und Reformation. Stuttgart 1995. *Ernst Manfred Wermter*

Poliander (Gramann oder Graumann), *Johann*, Theologe, Reformator in Ostpreußen, * 26.12.1486 Neustadt (Aisch), † 29.4.1541 Königsberg; Studium in Leipzig, 1516 Magister artium; ab 1516 Lehrer und 1520 Rektor der Thomasschule in Leipzig; Sekretär Johannes ∕Ecks bei der ∕Leipziger Disputation. Von Martin Luther und Philipp Melanchthon beeinflusst, studierte P. 1519 kurzzeitig in Wittenberg. 1522–25 predigte er im reformatorischen Sinn im Würzburger Dom, danach in Nürnberg und Mansfeld. Ab 1525 wirkte P. auf Empfehlung Luthers an Herzog ∕Albrecht von Brandenburg-Ansbach als Pfarrer in Königsberg, herzoglicher Ratgeber, Visitator, Schulreformer, Kirchenliederdichter und war beteiligt an der Abwehr spiritualistischer und täuferischer Einflüsse in Preußen. P. hinterließ eine Sammlung von Lutherpredigten und -schriftauslegungen (1519–21: WA 9, 314–676).

■ Quellen: VD 16 16, 297.
■ Literatur: RGG³ 2, 1823f.; BBKL 2, 285. – W. HUBATSCH: Albrecht von Brandenburg-Ansbach. Heidelberg 1960; H.-CH. RUBLACK: Gescheiterte Reformation. Frühreformatorische und protestantische Bewegungen in süd- und westdeutschen geistlichen Residenzen. Stuttgart 1978, 14–18.

Heribert Smolinsky

Ponce de la Fuente (P.), *Constantino*, Prediger und Katechet, * um 1502 San Clemente (Cuenca), † 1560 Sevilla; 1524–34 Studien in Alcalá und Sevilla; ab 1534 Prediger an der Kathedrale von Sevilla und ab 1548 am Hof ∕Karls V., in dessen Gefolge nach Flandern und Deutschland reiste. Ab 1550 zurück in Sevilla und 1556 dort Domkapitular. Seit 1558 in Inquisitionshaft. 1560 in einem posthumen Autodafé als Lutheraner verbrannt.

■ Werke: L. USOZ (Hg.): Reformistas antiguos españoles, Bd. 9. Madrid 1863; Obras, 2 Bde. Nashville (Tennessee) 1902.
■ Literatur: DHEE 3, 1991; OER 3, 294f. – J.R. GUERRERO: Catecismos españoles del siglo XVI. La obra catequética del Dr. C.P. Madrid 1969; A. HUERGA: Predicadores, alumbrados e inquisición en el siglo XVI. ebd. 1973; M.P. ASPE ANSA: C.P. ebd. 1975; K. WAGNER: El doctor C.P. Sevilla 1979; J.C. NIETO: El Renacimiento y la otra España. Genf 1997, 217–270 309–362 und passim; K. REINHARDT: Bibelkommentare spanischer Autoren, Bd. 2. Madrid 1999, 200ff.

Fernando Domínguez

Porcia, Bartolomeo Graf von, * um 1540 aus altem friulanischen Adel, † 12.8.1578 Prag; Studium der Theologie in Padua, ab 1562 in Rom im Reformerkreis um Karl ∕Borromäus, von dem er 1566 ordiniert wurde und 1567 als Kommendatarabt das Kloster Moggio übernahm. 1569 Apostolischer Visitator der Diözese Aquileia, 1573–75 als Nuntius im süddeutschen Raum zur Umsetzung der tridentinischen Reformen tätig, v. a. bei Johann Jakob von Kuen-Belasy (Erzbistum Salzburg), Herzog ∕Albrecht V. (Bayern), Erzherzog Ferdinand (Vorderösterreich) und Erzherzog Karl (Innerösterreich). 1575–76 Verlagerung des Schwerpunkts seiner Tätigkeit an den Oberrhein, 1576 Begleiter Kardinal Giovanni ∕Morones auf dem Reichstag von Regensburg, 1577–78 außerordentlicher Nuntius zur Unterstützung ∕Ernsts von Bayern gegen Gebhard von ∕Waldburg bei der Kölner Bischofswahl, 1578 Nuntius am Kaiserhof, gilt als der bedeutendste der von ∕Gregor XIII. ins Reich entsandten Reformnuntien; Torquato Tasso rühmt seine Gelehrsamkeit und sein diplomatisches Geschick.

■ Quellen: J. HANSEN: NBD III/1. Berlin 1892 (Köln); K. SCHELLHASS: NBD III/3–5. ebd. 1896–1909 (Süddeutschland).

■ Literatur: L. VON PASTOR: Geschichte der Päpste seit dem Ausgang des Mittelalters, Bd. 9. Freiburg 1923, 453–466 490–510; P. PASCHINI: Un diplomatico friulano della Controriforma B.P.: Memorie storiche forogiuliesi 12 (1934) 17–51; J. RAINER: B.P. als Nuntius bei Erzherzog Ferdinand II. von Tirol 1573/74: Tiroler Wirtschaftsstudien 26 (1969) 347–360; G. PAOLIN: La visita apostolica di B. da P. nel Goriziano nel 1570: Katholische Reform und Gegenreformation in Innerösterreich 1564–1628, hg. v. F.M. DOLINAR. Graz 1994, 133–142.

Alexander Koller

Prädestination. In strenger Konsequenz des reformatorischen Prinzips „sola gratia" vertreten Martin Luther und Jean Calvin in je eigener Ausprägung eine absolute, doppelte P., während Philipp Melanchthon eine vermittelnde Position versucht.

Bei *Luther* ist die P.-Anschauung fixiert in der Römerbriefvorlesung und in „De servo arbitrio". Ausgangsbasis bildet die ∕Rechtfertigung allein aus Gnade, was von Gott her eine absolute P. voraussetzt. Die Absolutheit der P. ergibt sich einerseits aus der totalen erbsündlichen Verderbtheit des Menschen (∕Erbsünde) und anderseits aus der Alleinwirksamkeit Gottes, wobei beides einen freien Willen des Menschen im Heilsgeschehen ausschließt. Die Auffassung einer doppelten P. zeigt sich so: Der „Deus absconditus" (WA 18, 684f.) wirkt ewiges Heil und ewiges Unheil gleich bedingungslos (WA 18, 730f.); Gott ist in derselben absoluten Weise Urheber von Erwählung und Verwerfung (WA 56, 428). In der quälenden P.-Anfechtung gibt der Blick auf Jesus Christus, der als „Deus revelatus" die konkrete Gestalt des gnädigen Gottes darstellt, eine letzte Heilsgewissheit (WA.Br 6, n. 1811).

Calvin lehrt, definitiv in der „Institutio" von 1559, streng systematisch eine rigorose doppelte P.: „P. nennen wir das ewige Dekret Gottes, wodurch er bei sich beschlossen hat, was nach seinem Willen aus jedem Menschen werden soll. Denn nicht alle werden mit der gleichen Bestimmung geschaffen, sondern den einen ist das ewige Leben, den anderen die ewige Verdammung im Voraus zugeordnet" (Opera Selecta [OS], Bd. 4, 374). Grundmotiv seines P.-Systems ist eine radikale reformatorische Theozentrik: Gottes alleinige Ehre, unumschränkte Herrschaft, unbedingte Alleinursächlichkeit, unantastbare Gerechtigkeit und undurchdringliches Mysterium. Speziell will Calvin den Vorwurf abwehren, dass die absolute Reprobation Gott zum Urheber des Bösen macht (CR 37, 257–261; 36, 353–366). Um die Härte des „decretum horribile" (OS 4, 401) sowie die schrecklichen Erwählungszweifel abzumildern, verweist Calvin auf die Heilsgewissheit in Jesus Christus, der uns das Evangelium der Liebe des Vaters offenbart (OS 4, 415ff.). *Georg Kraus*

▪ LTHK³ 8, 468–473 (ungekürzte Fassung).

▪ Literatur: G. ROST: Der P.-Gedanke in der Theologie Martin Luthers. Berlin 1966; F. BROSCHÉ: Luther on predestination. Uppsala 1978; J.H. RAINBOW: The will of God and the cross. Allison Park 1990; M. WRIEDT: Gnade und Erwählung. Mainz 1991; H. RIMBACH: Gnade und Erkenntnis in Calvins P.-Lehre. Frankfurt (Main) 1996; W.H. NEUSER: Calvin the preacher: Hervormde Teologiese Studies 54 (1998) 60–78; TH. BUSKE: Praedestinatio in praedicatione: Theologische Zeitschrift 55 (1999) 303–325; E.M. FABER: Immer schon überholt? Zur Frage der P. in der Theologie J.C.s: ebd. 56 (2000) 50–68.

Prée (Pratanus), *Laurent de la*, * 1519, † 1.4.1577 Tournai; kam als Kleriker des Bistums Cambrai mit dessen Bischof Robert de Croy im Juni 1546 zum Konzil nach Trient. Trat danach in den Dienst des Kardinal Cristoforo ⁄ Madruzzo. Er verfasste in dessen Auftrag den *Epilogus*, ein Konzilstagebuch (von März 1545 bis März 1547), das vom kaiserlichen Standpunkt aus geschrieben ist. 1565 als Vikar des Kardinals Antoine Perrenot de ⁄ Granvella in der Abtei St-Amand-des-Eaux bezeugt. 1573 zum Archidiakon von Tournai ernannt.

▪ Werke: Epilogus: CT 2, 363–395.

▪ Literatur: CT 2, XLIX–LXI; JEDIN 2, 436ff.

Klaus Ganzer

Prierias, *Sylvester* (eigentlich S. Mazzolini), Dominikaner (1471), * 1456 Prierio, † 1527 Rom; 1495–1508 Professor in Bologna und Padua sowie Prior in Mailand, Verona und Genua; 1508–10 Generalvikar der lombardischen Ordensprovinz; 1510–15 Prior in Bologna, Cremona und Venedig; 1515 Professor an der Sapienza in Rom und Magister sacri Palatii. P.' Auseinandersetzung mit Martin Luther reicht vom Disputationsdialog (*In praesumptuosas Martini Luther conclusiones de potestate papae dialogus*. Rom 1518 [CCath 41, 52–107]) über gütliche Zurede (*Replica ad F. Martinum Luther Ordinis Eremitarum*. ebd. 1518 [CCath 41, 116–128]) bis hin zur Verwerfung (*Errata et argumenta Martini Lutheri recitata, detecta, repulsa et copiosissime trita*. ebd. 1520; vgl. CCath 41, 138–189). Für P. ist nur Petrus von Christus persönlich als Bischof eingesetzt und der Papst virtualiter die Kirche. P.' Seelsorgslexikon (*Summa summarum, quae Silvestrina dicitur*. Bologna 1514) war in vierzig, die Predigtsammlung (*Aurea Rosa*. ebd. 1503) in zwanzig Auflagen verbreitet.

▪ Werke: F. MICHALSKI: De Sylvestri Prieratis ... vita et scriptis. Münster 1892; KLAIBER nn. 2596–2622 (nn. 2598 und 2621 sind P. unterschobene Spottschriften).

▪ Literatur: DSP 12, 2347ff.; TRE 26, 376–379; CERAS 3, 120f.; BBKL 7, 948ff.; OER 3, 341f.; KTHR 1, 26–36. – U. BUBENHEIMER: Consonantia Theologiae et Iurisprudentiae. Tübingen 1977; U. HORST: Zwischen Konziliarismus und Reformation. Rom 1985; M. TAVUZZI: P. Durham (North Carolina) 1997.

Vinzenz Pfnür

▪ Nachtrag: R. SAARINEN: Liberty and dominion: Luther, P. and Ringleben: Neue Zeitschrift für systematische Theologie und Religionsphilosophie 40 (1998) 171–181.

Primat. Die Reformation setzt nicht mit einem Angriff auf den päpstlichen P. als solchen ein, auch wenn das von Seiten der Gegner so gesehen wird. Martin Luthers erklärte Bereitschaft zum Gehorsam gegenüber dem Papst weicht erst dann einer sich radikalisierenden Kritik, als klar wird, dass die reformatorischen Anliegen in Rom auf Ablehnung stoßen. Dabei taucht bei ihm schon bald – zuerst als Sorge (seit Dezember 1518), dann als Überzeugung (seit Oktober 1520) – der Gedanke auf, der Papst sei der „Antichrist" (2 Thess 2,4). Seitdem ist dieses Verdikt ein konstantes Element reformatorischer Polemik, das auch in die lutherischen Bekenntnisschriften Eingang findet. Den theologischen Kern dieses apokalyptisch-endzeitlichen Verdikts bilden v. a. drei Vorwürfe: der Papst mache sich zum „Richter über die Schrift"; er setze „neue Artikel des Glaubens"; der Gehorsam ihm gegenüber werde als „heilsnotwendig" erklärt. Dennoch zeigt sich wiederholt bei Luther, deutlicher noch bei Philipp Melanchthon eine gewisse Offenheit für ein Papsttum, das „das Evangelium zulässt" (Melanchthon) und auf das jene Vorwürfe nicht mehr zutreffen.

Harding Meyer

■ LTHK³ 8, 593 (ungekürzte Fassung).
■ Literatur: E. BIZER: Luther und der Papst. München 1958; R. BÄUMER: Martin Luther und der Papst. Münster ⁵1987; M. LIENHARD: Les réformateurs protestants du XVIᵉ siècle et la papauté: Positions luthériennes 46 (1998) 157–173; H. MEYER: Suprema auctoritas ideo ab omni errore immunis: Il ministero petrino e l'unità della Chiesa. Venedig 1999, 25–46; V. LEPPIN: Luthers Antichristverständnis vor dem Hintergrund der mittelalterlichen Konzeptionen: Kerygma und Dogma 45 (1999) 48–63.

Protestantismus. 1. *Begriff.* In seinem weitesten Verständnis ist der Begriff P. zur (nach wie vor unentbehrlichen) Bezeichnung jenes Teils des westlichen Christentums geworden, der

sich im Verlauf der ∕Reformation von der römischen Kirche getrennt hat. Zur Geschichte des P. gehörte integral, dass der Begriff gerade im Gegenüber zum Katholizismus immer wieder neu interpretiert und akzentuiert wurde. Die Reichweite erstreckt sich zunächst auf die lutherischen (∕Luthertum) und reformierten (∕Calvinismus) Großkirchen. 2. *Der namengebende Akt.* Auf dem Reichstag zu Speyer 1529 protestierten Kurfürst ∕Johann von Sachsen, Markgraf ∕Georg von Brandenburg-Ansbach, Herzog Ernst von Braunschweig-Lüneburg, Landgraf ∕Philipp von Hessen und Fürst Wolfgang von Anhalt sowie im Anschluss an sie 14 Reichsstädte gegen die Aufhebung des Reichstagsabschieds von 1526, der die Befolgung des die Reformation ächtenden Wormser Edikts von 1521 in die Verantwortung der einzelnen Reichsstände gestellt hatte und damit faktisch zum Freibrief für die Reformation geworden war. Die Protestierenden lehnten den Mehrheitsbeschluss u. a. deswegen ab, weil „in den sachen gottes ere und unser selen haile und seligkeit belangend ain jeglicher fur sich selbs vor gott steen und rechenschaft geben (müsse)" (Deutsche Reichstagsakten – Jüngere Reihe, Bd. 7, 1277). Der Protest war eines der für die Reichsstände nicht ungewöhnlichen, legalen Mittel, die Gültigkeit eines inakzeptablen Beschlusses zu bestreiten – 1524 hatten z. B. die Reichsstädte gegen die Wiederinkraftsetzung des ergangenen Wormser Edikts protestiert –, aber trotz der Berufung auf das Gewissen und das Eigenrecht der ständischen Obrigkeiten noch keine Abspaltung von der Kirche, wenngleich damit eine Entwicklung in diese Richtung eingeleitet wurde. Die nicht zu bestreitende negierende Tendenz bedingt bleibend eine Grenze der Wortgruppe P., zumal sie mit dem Vorwurf des Abfalls von der einheitlichen Wahrheit und dem des Aufruhrs kombiniert werden konnte. Der Anspruch auf Gewissensfreiheit konnte hingegen zur gesellschaftsverändernden Idee werden. Mehr an reformatorischen Inhalten enthielt der Begriff zunächst nicht, auch dies blieb eine seiner Schwächen. In der Folgezeit brauchte man eine Bezeichnung für die, die sich der kaiserlichen Religionsgesetzgebung im Reich nicht unterworfen hatten, und sprach von „evangelischen" oder „christlichen protestierenden" Ständen. Diese Bezeichnung war weiter gefasst als die Zugehörigkeit zum Verteidigungsbündnis des ∕Schmalkaldischen Bundes und blieb einstweilen auch dominant gegenüber der deklarierten Zugehörigkeit zur ∕Confessio Augustana.

3. *Die Ausweitung auf die Gesamtheit des reformatorischen Christentums* erfolgte in dem Geschichtswerk des Straßburger Politikers und Historikers Johannes ∕Sleidanus „De statu religionis et reipublicae Carolo V Caesare Commentarii" (Straßburg 1555). Sleidanus kannte die religiösen Verhältnisse in England und Frankreich; auch hatte er der Straßburger Delegation auf dem Konzil von Trient (1551/52) angehört. Er leitete den Begriff „Protestanten" von deren Aktionen auf den Reichstagen von Speyer und Augsburg 1530, im Schmalkaldischen Bund und Krieg sowie auf dem Tridentinum her. Für ihn erstreckte er sich bereits über Deutschland hinaus auf andere Völker. Zur Ausbreitung des Begriffs kam es durch die Lektüre und die Übersetzung von Sleidanus' Werk, wobei gerade in Westeuropa eher von Protestanten als von Protestierenden gesprochen wurde. 1564 verglich der katholische Theologe Georg ∕Cassander die „articuli inter catholicos et protestantes controversi" (gedruckt Köln 1577).

Martin Brecht

▪ LThK³ 8, 656–661 (ungekürzte Fassung).
▪ Literatur: R. WOHLFEIL: Gewissensfreiheit als Bedingung der Neuzeit. Fragen an die Speyerer Protestation von 1529. Göttingen 1980.

Puritaner. Als P. (englisch „Puritans") bezeichnet man die Anhänger einer religiösen und theologischen Richtung in der englischen Reformation. Unter ∕Elisabeth I. als innerkirchliche Reformbestrebung einsetzend, wird sie in Verbindung mit dem Kampf zwischen König und Parlament zu einer Kirche und Staat verändernden Macht und nach der Restauration der ∕Church of England zu einer spirituell-theologischen Bewegung, deren Erbe im angelsächsischen Evangelikalismus fortlebt. Der Puritanismus ist stark calvinistisch geprägt, seine Frömmigkeit gekennzeichnet durch ein ausgeprägtes Erlösungs- und Erwählungsbewusstsein und ein ernstes Streben nach Heiligung in strenger Selbstzucht (sabbatähnliche Sonntagsheiligung, Ablehnung von Tanz, Theater und Ähnlichem). Die Hochschätzung von Bibel und Predigt führte zur Ablehnung kultisch-sakramentaler Frömmigkeit, das Bewusstsein der eigenen Unmittelbarkeit zu Gott zur Ablehnung priesterlicher Vermittlungsinstanzen, die Überzeugung von der Gleichheit aller Gläubigen zur Ablehnung hierarchischer Strukturen.

Der Name P. wurde erstmals in den sechziger Jahren des 16. Jh. von den Gegnern auf jene angewandt, die den „Kompromiss" der elisabethanischen Kirchenordnung ablehnten und deren „Reinigung" (englisch „to purify", reinigen) von allen katholischen Resten in Kult und Kirchenverfassung forderten. Die Ablehnung der traditionellen liturgischen Kleidung führte zum ersten Konflikt mit der Staatskirche (Vestiarian Controversy). Ab den siebziger Jahren des 16. Jh. geriet das Bischofsamt zunehmend in die Kritik. Während gemäßigte P. seine Reform als Seelsorge- und Predigtamt und mehr Rechte für den Pfarrklerus forderten, strebten die radikaleren seit Thomas Cartwright (1535–1603) eine presbyterianische Kirchenverfassung an. Ab den achtziger Jahren wurden die P. als Dissenters verfolgt, und da auch Jakob I. zu wesentlichen Zugeständnissen nicht bereit war, blieb ihnen nur der passive Widerstand. Ab 1620 wanderten viele P. unter dem Druck der staatlichen und kirchlichen Verfolgung nach Amerika aus (Pilgerväter).

- LTHK³ 8, 745f. (ungekürzte Fassung).
- Literatur: W. HALLER: The Rise of Puritanism. London ³1957; P. MILLER: Errand into the Wilderness. New York ²1964; B. WHITE: The English Separatist Tradition. Oxford 1971; P. LAKE: Moderate Puritans and the Elizabethan Church. Cambridge 1982; P. COLLINSON: English Puritanism. London 1987; DERSELBE: The Elizabethan Puritan Movement. ebd. ²1990; S. FOSTER: The Long Argument. Chapel Hill (North Carolina) 1991. *Georg Hintzen*
- Nachtrag: F.J. BREMER (Hg.): Puritanism. Boston 1993; W. LAMONT: Puritanism and historical controversy. Montreal 1996; D. OLDRIDGE: Religion and society in early Stuart England. Aldershot 1998; C. GRIBBEN: The Puritan millennium. Literature and theology 1550–1682. Dublin 2000.

Rab, Hermann, Dominikaner (1487), Provinzial (1514–34), * Bamberg, † 5.1.1534 Leipzig; 1486 Studien in Leipzig, 1512 Doktor der Theologie, 1514 Professor; Einsatz für die Observanz, 1517 Union observanter und nicht reformierter Klöster der Provinz Saxonia. R. war Gegner der Reformation, schützte Johannes ⁄ Tetzel und unterstützte die theologische Fakultät Leipzig mit Studenten aus dem Orden. Das dortige Kloster war zu R.s Amtszeit Zentrum des Widerstands der Provinz gegen die Reformation (ab 1525 Exilort). Der römische Prozess gegen Martin Luther ging wohl nicht auf R.s angebliche Anzeige zurück.

- Literatur: BBKL 7, 1145f. – G. LÖHR: Die Kapitel der Provinz Saxonia. Vechta–Leipzig 1930; K.-B. SPRINGER: Widerstand und Anpassung. Berlin 1999.

Klaus-Bernward Springer

Rauch (von Ansbach), 1) *Bartholomäus,* Dominikaner, * Ansbach, † nach 1533; 1513 Studien in Heidelberg und Köln, 1520 in Leipzig Cursor, 1523 einer der Regenten des Ordensstudiums (1528/29 mit seinem Bruder Petrus [s. u. 2)], dort Prior und bedeutender Prediger.

2) *Petrus* (auch Peter Anspach), Dominikaner (1514), * 1495 Ansbach, † 2.11.1558 Bamberg; 1514 Studien in Wien, Heidelberg, Köln und Leipzig (1528/29 Sentenziar und Regens). Parallel zu Studien in Leipzig und Frankfurt (Oder) 1529–32 Hofprediger und Fürstenerzieher in Dessau, dann Stadtprediger in Frankfurt (Oder). 1533 Hofprediger der Kurfürsten ⁄ Joachim I. und ⁄ Joachim II. von Brandenburg. 1539 im Dienst ⁄ Albrechts von Brandenburg und zugleich Immatrikulation in Erfurt, Dozent der Theologie und Prediger an der Marien- und Laurentiuskirche. 1543 Promotion in Mainz und dort an der Theologischen Fakultät tätig. 1546 Bamberger Weihbischof. Dort u.a. 1548 Dompredier und 1553 Geisel für den Bischof. Kontroverstheologisch und historiographisch tätig. – Für die Brüder ist charakteristisch die konservative Be-

harrung gegen die Reformation und das Engagement für die personell geschwächte altgläubige Partei.

▪ Werke: *Zu 2):* Antithesis der Lutherischen Bekenntniß. Frankfurt (Oder) 1531; O. CLEMEN (Hg.): Briefe von H. Emser ... Münster 1907.

▪ Literatur: *Zu 1) und 2):* BBKL 7, 1398–1401. – G. LÖHR: Die Kapitel der Provinz Saxonia ... 1513–40. Vechta 1930; DERSELBE: Die Dominikaner an der Leipziger Universität. ebd. – Leipzig 1934.

Klaus-Bernward Springer

Ravesteyn, *Josse* (Judocus; nach seinem Geburtsort auch Tiletanus genannt), Theologe, * um 1506 Tielt (Westflandern), † 7.2.1570 Löwen; Studium in Löwen (1525 Magister artium, 1546 Doctor theologiae); ab 1546 dort Professor der Theologie, 1540–53 Präsident des Houterlee-Kollegs, 1545 und 1550 Rektor der Universität. R. nahm 1551 am Tridentinum und 1557 am Religionsgespräch von ∕Worms teil. In Löwen bekämpfte R. diejenigen seiner Kollegen, die die scholastische Methode kritisierten und eine Reform der Theologie aus Schrift und Kirchenvätern forderten, so Jan ∕Hessels und v. a. Michael ∕Bajus: R. veranlasste die Zensur einiger Lehren Bajus' durch die Universitäten von Alcalá und Salamanca und zwang ihn 1567, sich diesem Urteil zu unterwerfen. 1567 erreichte R. die Verbannung der Protestanten aus Löwen; theologisch setzte er v. a. deren ∕Sola-scriptura-Prinzip die Legitimität der Berufung auf die Tradition entgegen.

▪ Werke: Confessionis sive doctrinae quae nuper edita est ... succinta confutatio. Löwen 1567; Catholicae confutationis ... contra varias et inanes cavillationes Mat. Flacci Illyrici, apologia seu defensio. ebd. 1568; Apologia seu defensio decretorum ss. Concilii Tridentini ... adversus censuras et examen Martini Kemnitii, 2 Bde. ebd. 1568–70.

▪ Literatur: Biographie nationale, hg. v. der Belgischen Akademie der Wissenschaften, Bd. 18. Brüssel 1905, 802–806; DTHC 13, 1793; BBKL 7, 1422ff. – P. POLMAN: L'élément historique dans la controverse religieuse du XVIe siècle. Gembloux 1932; M. LAMBERIGTS (Hg.): L'augustinisme à l'ancienne faculté de théologie de Louvain. Löwen 1994. *Mathijs Lamberigts*

Rechtfertigung

1. Begriff • 2. Martin Luther • 3. Jean Calvin • 4. Konzil von Trient.

1. *Begriff.* R. ist ein v. a. durch Paulus hervorgehobener und abkürzender Inbegriff für das Ganze des Heilshandelns Gottes und dessen Annahme durch den Menschen (und damit inhaltlich identisch mit Heil, Gnade, Erlösung, Leben, Rettung, Reich Gottes, Wiedergeburt u. a.). Doch bezeichnet er dieses unter einem besonderen Aspekt: der Schaffung von Gerechtigkeit des Menschen vor Gott, also der Aufdeckung und bedingungslosen, unverdienten Vergebung der Sünde, der Begründung „gerechter", also „richtiger" neuer Beziehung zwischen Mensch und Gott und nachfolgend seinsmäßiger und ethischer Erneuerung; darin setzt sich Gottes Schöpferwille über den Menschen gnädig gegen dessen Widerstand durch. Da der Wortsinn zwischen „Gerechterklärung" (hebräisch), „Gerechtsprechung" (griechisch), „Gerechtmachung" (lateinisch) und „Hinrichtung" (frühneuhochdeutsch) osziliiert und da der zugehörige Begriff „Gerechtigkeit (Gottes)" im Kontext des griechisch-philosophischen Begriffs reflektiert werden musste, enthält R. schon begrifflich alle Probleme späterer theologischer Interpretationen und ihrer schließlich kirchentrennenden Kontroversen.

Wer aus der westkirchlich (und ökumenisch) vertrauten Problemstellung in die Theologie- und Dogmengeschichte zurückblickt, steht vor einer doppelten Überraschung: Paulus und das ihn prägende alttestamentliche Problem haben zunächst keine Wirkungsgeschichte, und die R.-Lehre ist nur zeitweise mit der Lehre von der Gnade verbunden, meist von ihr getrennt, zeitweise aus ihr regelrecht verschwunden und nach ihrem Wiederauftauchen nie mit ihr verschmolzen, sondern ihr systematisch zugeordnet.

2. *Martin Luther* entwickelt keine neue „R.-Lehre" im technischen Sinn – das geschieht erst in der späteren lutherischen Theologie. Doch wird ihm die spätmittelalterliche Theologie und Frömmigkeit zum persönlichen Problem, das er als theologisches Problem bearbeitet und anschließend als kirchliches Problem annehmen muss. Den Begriff der ↗Gnade als innerliche Form lehnt er wegen der inzwischen eingetretenen (semi-)pelagianischen Implikationen ab, geht auf Paulus zurück und versteht R. wieder als Gerechtsprechung. Mit der Tradition versteht Luther sie jedoch als Handeln Gottes am Individuum. Da sie nun nicht mehr als innerlich gedacht werden kann, auch nicht nur als von außen geschenkt, sondern als streng außerhalb des Individuums existierend („extra nos"), ist die uns geschenkte Gerechtigkeit zugleich nur auf Seiten Gottes, als seine gnädige Gesinnung, seine Gunst („favor": WA 8, 106, 10), das Gerechtfertigtsein ist reine Beziehung, ist „coram"-Relation (Gerhard Ebeling) („nec sanctitas est in praedicamento substantiae sed relationis": WA 40, I, 354, 3), d. h. die Gerechtsprechung ist Freispruch im Gericht über die Sünde, R. ist „forensisch" und darum „allein im Glauben" (↗Sola fide) zu „ergreifen" („fides apprehensiva").

Darüber hinaus bestimmt bei Luther der Gedanke an das Jüngste Gericht Gottes die Ausarbeitung der R.-Lehre, sofern Gott im Endgericht diejenigen rechtfertigt, die auf Erden sich schon dem Gericht Gottes unterstellt haben in der Annahme des Urteils Gottes über ihre Sünde, in der Selbstverurteilung, die die Kehrseite des rechtfertigenden Glaubens ist. Seinshafte Gerechtmachung im traditionellen Sinn fällt nicht aus, muss nun aber auf der Linie des relationalen Gnadenbegriffs als Folge der R. gedacht werden – in der späteren reformatorischen Theologie, „offiziell" seit 1559 in den reformierten, seit 1570 in den lutherischen Bekenntnisschriften, nämlich in der ↗Konkordienformel, festgeschrieben in der bei Luther noch nicht technischen Unterscheidung von R. und „Heiligung" (vgl. BSLK 919, 24–924, 17). Weil in diesem Verständnis von der R. das ganze Evangelium zusammengefasst ist, darum ist der „Artikel" von der R. der „Artikel, mit dem die Kirche steht und fällt" (vgl. WA 40, III, 352, 3; gleichsinnig 39, I, 205, 1; 40, III, 335, 6–9; BSLK 415, 21–416, 6; ↗Articulus stantis et cadentis ecclesiae).

3. *Jean Calvin* unterscheidet sich in der R.-Lehre von Luther nicht in den Einzelthesen („sola fides", Ablehnung der Gnade als Form, Heilsgewissheit u. a.), wohl aber durch ihren Stellenwert: Sie ist nicht die Leitperspektive aller Lehre, sondern hat einen festen Ort im „System": als Verbindungsstück zwischen Christologie und Pneumatologie, und dort eingeordnet in die Lehre von der Wiedergeburt, gleichsam als deren Gegengewicht, um ein ethizistisches Missverständnis der Wiedergeburt zu verhindern (Inst III, 11–16: CR 30, 533–589).

4. Das *Konzil von Trient* vertei-

digt die „effektive" R. in den Sprachmustern der scholastischen Tradition, weicht dabei bewusst Festlegungen auf bestimmte Schultheorien aus, glaubt aber trotzdem, ein „forensisches" R.-Verständnis auch dann nicht als sachgemäß anerkennen zu können, wenn bei den Folgen der R. alles gewahrt wird, woran der Tradition gelegen ist. Darum erscheinen dem Konzil, bei aller in den Lehrkapiteln auch vermerkten Übereinstimmung mit den Ausgangspunkten der reformatorischen Lehre, vier reformatorische Thesen als nicht verhandelbar: Ablehnung jeder „Mitwirkung" bei der R., Empfang der R. „allein durch den Glauben", Ablehnung von Gnade und Liebe als Wirklichkeit im Menschen, / „Heilsgewissheit". Der Grund für die Zurückweisung ist hauptsächlich die Sorge vor einer Beeinträchtigung der ethischen Anstrengung bei den Christen (vgl. besonders DH 1531 1533ff. 1538 1559 1563f. 1569f.). Über dieser weitgehend defensiven Stellungnahme darf zweierlei nicht übersehen werden: Der Ertrag des pelagianischen und semipelagianischen Streits wird nicht aufgegeben, sondern bekräftigt und demgemäß die Via moderna als in der Sache diskreditiert nicht weitergeführt (vgl. v. a. DH 1510–15 1521 ff. 1551 ff.). Das andere: Wie bei Paulus wird in Trient R. wieder zum Zentralthema, die Daten der Gnadenlehre werden ihm subsumiert, nicht umgekehrt.

■ LThK³ 8, 882–902 (ungekürzte Fassung).
■ Quellen: M. Luther, v.a. die WA-Bde. 1–2 6–8 18 31 I, 39 I, 40 I–II, 56; BSLK: CA/ApolCA 4, 6, 18, 20; Schmalkaldische Artikel II/1; Konkordienformel, Epitome/Solida Declaratio III; J. Calvin, Inst III, 11–16: CR 30, 533–589; DH 1520–83 (Trienter Konzil).
■ Literatur: Überblicke: RGG³ 5, 825–846; LThK² 8, 1033–50; Neues Handbuch theologischer Grundbegriffe, Neue Auflage, hg. v. P. Eicher, Bd. 4. München ²1992, 331–349; Lexikon der katholischen Dogmatik, hg. v. W. Beinert. Freiburg ⁵1997, 434ff.; Historisches Wörterbuch der Philosophie, hg. v. J. Ritter u.a., Bd. 8. Basel 1992, 251–265; TRE 28, 282–364; EKL³ 3, 1455–59. – Monographien: W. Dantine: Die Gerechtmachung des Gottlosen. München 1959; A. Peters: Glaube und Werk. Luthers R.-Lehre im Lichte der Heiligen Schrift. Berlin – Hamburg 1962, ²1967; G. Gloege: Die R.-Lehre als hermeneutische Kategorie: Theologische Literaturzeitung 89 (1964) 161–175; E. Wolf: Die R.-Lehre als Mitte und Grenze reformatorischer Theologie (1950): Peregrinatio, Bd. 2. München 1965, 11–21; A. Peters: Das Ringen um die R.-Botschaft in der gegenwärtigen lutherischen Theologie: Theologische Strömungen der Gegenwart. Göttingen 1967, 24–44; K.J. Becker: Die R.-Lehre nach Domingo de Soto. Rom 1969; J. Baur: Salus christiana. Die R.-Lehre in der Geschichte des christlichen Heilsverständnisses. Gütersloh 1968; V. Pfnür: Einig in der R.-Lehre? Die R.-Lehre der Confessio Augustana (1530) und die Stellungnahme der katholischen Kontroverstheologie zwischen 1530 und 1535. Wiesbaden 1970; R. im neuzeitlichen Lebenszusammenhang. Studien zur Interpretation der R.-Lehre, hg. v. W. Lohff–Ch. Walther. Gütersloh 1974; G. Müller: Die R.-Lehre. Geschichte und Probleme. ebd. 1977; W. Pannenberg: Das Verhältnis zwischen der Akzeptationslehre des Duns Scotus und der reformatorischen R.-Lehre: Regnum hominis et regnum Dei, hg. v. C. Bérubé, Bd. 1. Rom 1978, 213–218; E. Jüngel: Zur Freiheit eines Christenmenschen. Eine Erinnerung an Luthers Schrift. München 1978; W. Härle–E. Herms: R. Das Wirklichkeitsverständnis des christlichen Glaubens. Göttingen 1979; Ph. Schäfer: Hoffnungsgestalt und Gegenwart des Heils. Diskussion um die doppelte Gerechtigkeit auf dem Konzil von Trient: Theologie und Philosophie 55 (1980) 204–229; V. Subilia: Die R. aus Glauben. Göttingen 1981; O.H. Pesch–A. Peters: Einführung in die Lehre von Gnade und R. Darmstadt 1981, ³1987/94; O.H. Pesch: Frei sein aus Gnade. Theologische Anthropologie. Freiburg 1983, 190–328; O. Bayer: Aus Glauben leben. Über R. und Heiligung. Stuttgart 1984; B. Hamm:

Was ist reformatorische R.-Lehre?: Zeitschrift für Theologie und Kirche 83 (1986) 1–38; G. EBELING: Lutherstudien, Bd. 2/3: Disputatio de homine: Die theologische Definition des Menschen. Tübingen 1989; O. BAYER: R. Neuendettelsau 1991; K. SCHWARZWÄLLER: Luthers R.-Lehre – heute: Theologische Beiträge 27 (1996) 22–43; A. LEXUTT: R. im Gespräch. Das R.-Verständnis in den Religionsgesprächen von Hagenau, Worms und Regensburg 1540/1541. Göttingen 1996; M. BEINTKER: R. in der neuzeitlichen Lebenswelt. Tübingen 1998; E.M. FABER: Symphonie von Gott und Mensch. Die responsorische Struktur von Vermittlung in der Theologie Johannes Calvins. Neukirchen-Vluyn 1999.

Ottto Hermann Pesch

Reformation

1. Begriff • 2. Die Reformation Martin Luthers • 3. Der Konflikt mit der Kirche • 4. Die Entwicklung der reformatorischen Theologie • 5. Reformatorische Bewegungen • 6. Lösungsvarianten • 7. Politische Durchsetzung der Reformation • 8. Wertung.

1. Begriff. Unter R. versteht man seit Leopold von Ranke eine bestimmte Epoche der deutschen, und darüber hinaus der europäischen Geschichte, in der es auf der Grundlage von Martin Luthers (1485–1546) neuem theologischen Ansatz zu einer weit reichenden Änderung der kirchlichen, politischen und gesellschaftlichen Verhältnisse in der ersten Hälfte des 16. Jh. kam. Der Begriff „reformatio" als Bezeichnung für das Streben, Verfall und Missstände durch Rückkehr zum guten Alten zu verbessern, findet sich bereits in der Antike. Im christlichen Mittelalter waren die Menschen davon überzeugt, dass Gott die Welt vollkommen erschaffen habe und jede Veränderung daher eine Auflehnung gegen die gottgewollte Ordnung darstelle. Angesichts der im konkreten Leben erfahrbaren Erneuerungsbedürftigkeit von Kirche, Reich und Gesellschaft gab es deshalb seit Beginn des 14. Jh. die Forderung nach Reform an Haupt und Gliedern im Sinn der Wiederherstellung. Der Begriff „reformatio" wurde zum Träger weit gespannter Erwartungen und Hoffnungen. Er bot „seinem Sinngehalt nach die Vorstellung von einer Erneuerung der verschiedenen Lebensbereiche, begründet in der unauflösbar gedachten Einheit und wechselseitigen Bedingtheit von geistlichem und weltlichem Leben, und im Glauben an göttliche Gerechtigkeit" (Wohlfeil 46).

Neben dem Bemühen um die Wiederherstellung des ursprünglich-altrechtlichen Zustandes als Verwirklichung von durch das Gesetz Christi vorgegebenen Normen für die Kirche bzw. von im Naturgesetz festgelegten Normen für die Welt gab es auch Versuche um Anpassung des alten Herkommens an die veränderten Anforderungen der Zeit. Nach dem historischen Ereignis der R. im 16. Jh. lässt sich zunehmend eine Verwendung des Begriffs R. für den fest umrissenen historischen Ereigniskomplex der Zeit von etwa 1517–55 feststellen.

2. Die Reformation Martin Luthers. Als Beginn der R. gelten die 95 Ablassthesen Luthers, die er am 31.10.1517 seinem Metropoliten, dem Erzbischof von Magdeburg /Albrecht von Brandenburg sowie dem Ortsbischof Hieronymus Schulze von Brandenburg zusandte. Dieses Urteil ist jedoch erst aufgrund der Kenntnis der R.-Geschichte möglich, denn damals wurde Luther von pastoralen Motiven bewegt und er beabsichtigte weder einen revolutionären Akt noch eine öffentliche Provokation, weshalb der erst nach seinem Tod erwähnte Thesenanschlag an die Schlosskirche zu Wittenberg zu Recht in Zweifel gezogen wird (Iserloh). Die Thesen waren ohne Zutun Luthers von großer Wirkung,

Reformation

weil das damalige ⁄Ablasswesen zwar eine Randfrage der Theologie, nicht aber der kirchlichen Praxis war. Um 1500 hatte sich im Bewusstsein der Menschen der Ablass zu einem speziellen Heilsangebot der Kirche entwickelt, dessen Wirksamkeit an die Rechtsinstitution und besonders an die „plenitudo potestatis" des Papstes gebunden war, wodurch die Ablasskritik auch als Angriff auf das Papsttum gedeutet werden konnte. Es gab viele Ablässe, konkret richtete sich Luthers Kritik gegen den Petersablass, der auf Veranlassung der römischen Kurie von Albrecht von Brandenburg durch den dominikanischen Ablassprediger Johannes ⁄Tetzel vertrieben wurde, um die großen, durch eine Anleihe beim Bankhaus ⁄Fugger vorfinanzierten Auslagen wieder hereinzubekommen, die ihm für seine Wahl zum Erzbischof von Mainz und als Dispensgebühr dafür entstanden waren, dass er entgegen den Bestimmungen des Kirchenrechts zusätzlich das Erzbistum Magdeburg und das Bistum Halberstadt innehatte. Nachdem Luther in langem inneren Ringen und aufgrund intensiven Schriftstudiums erkannt hatte, dass sich ⁄Heilsgewissheit nicht aus dem Gebrauch äußerer Heilsmittel, sondern nur durch den Glauben an Gottes Heilszusage in seinem Wort gewinnen ließe, musste ihm der Ablass als Abwendung von der christlichen Mitte erscheinen.

Hintergrund dieser neuen Erfahrung und Erkenntnis war zunächst Luthers persönliche Suche nach Heil bzw. Heilsgewissheit, die ihn 1505 zum Eintritt in das Erfurter Augustinerkloster veranlasst hatte. Trotz intensiven Bemühens spürte er an sich selbst, dass die von der spätmittelalterlichen Theologie empfohlenen Anstrengungen, die Gnade Gottes zu verdienen (Ablass, Fasten, häufiges Beten, Heiligen- und Reliquienverehrung, Klosterleben, Stiftungen von Messen, Wallfahrten, Weihen von Dingen), nicht genügten, da Gewissheit im Heil nur durch Glauben an die im Evangelium von Gott gegebene Heilszusage zu erringen war (solus Christus = sola gratia, ⁄sola fide).

Dieser Kern der lutherischen ⁄Rechtfertigungslehre war Luthers genuine Neuinterpretation des Evangeliums aus seiner christologischen Mitte heraus. Eine Bestätigung fand er im Studium der Kirchenväter, insbesondere des Augustinus. In der Auseinandersetzung mit der mittelalterlichen scholastischen Theologie gewann die Forderung des Humanismus, auf die antiken Quellen zurückzugreifen, auch für die Theologen Bedeutung, und diese vertrauten sich verstärkt den biblischen Texten und den Kirchenvätern an. Gegenüber Logik und Metaphysik bevorzugten die Humanisten die Philologie, die Rhetorik und die Geschichte. In der Frömmigkeit suchten die Mystik und die seit dem Ende des 14. Jh. von den Niederlanden ausgehende ⁄Devotio moderna eine unmittelbare Begegnung mit Gott aufgrund persönlicher Erfahrung und ausgerichtet am Bibeltext.

Dieser (bibel-)humanistische Hintergrund einte einen Großteil der Professoren an der jungen Wittenberger Universität (gegründet 1502) in dem Versuch einer grundlegenden Reform der theologischen Studien, so dass Luthers Theologie hier auf breites Verständnis und große Zustimmung stieß. Als Luther in der Wartburg (1521/22) saß, zogen einige seiner Universitätskollegen, Andreas von Bodenstein, genannt ⁄Karlstadt, Justus ⁄Jonas, Johann Dölsch, Hieronymus Schurf, Christian Beyer und Philipp Melanchthon, praktische Fol-

REFORMATION

gen aus den theoretischen Überlegungen und veränderten, auch unter dem Druck der ↗Zwickauer Propheten, die sich unmittelbar auf die Führung durch den Heiligen Geist beriefen, in Wittenberg den Gottesdienst und das Kirchenwesen. Priester heirateten, Mönche traten aus dem Kloster aus (die Begründung, Gelübde, die man nicht halten könne, würden nicht gelten, lehnte Luther ab; vielmehr berief er sich auf die christliche Freiheit, der Mensch dürfe über das Evangelium hinaus keine zusätzlichen Bedingungen für das Heil [Gelübde als Werke zur Heilssicherung] setzen: De votis monasticis iudicium, 1521), die Messe wurde verändert (Kommunion unter beiden Gestalten, Ablehnung des Opfercharakters, Verzicht auf Messgewänder; ↗Abendmahl), Altäre und Heiligenbilder wurden abgeschafft. Trotz des Widerstandes des Kurfürsten beschloss der Wittenberger Rat eine ↗Kirchenordnung: Sanktionierung der bisherigen Änderungen, Einführung eines Gemeinen Kastens, in den alle kirchlichen Einnahmen fließen sollten (Stipendien, Stiftungen, Pfründen, Bruderschaftsgelder usw.). In seinen Invocavit-Predigten (Fastenzeit 1522) nahm Luther die meisten Veränderungen zurück, da sie ohne Rücksicht auf die Gläubigen erfolgt seien und die Gewissen belasteten. In den folgenden Jahren wurden sie aber allmählich umgesetzt (Luther: Deutsche Messe 1526; ↗Liturgie).

Auch außerhalb von Wittenberg fanden die neuen reformatorischen Ideen, die Luther, aber auch seine Kollegen (v. a. Karlstadt, mit dem er sich wegen des Abendmahls 1524 theologisch überwarf, und seit 1518 Melanchthon, der in den „Loci communes" [1521] die reformatorische Theologie lehrhaft zusammenfasste und ihr damit große Durchschlagskraft verlieh) ab 1517 in rasch aufeinander folgenden Schriften darlegten, schnelle Aufnahme, v. a. bei den humanistisch gebildeten Predigern, bei den Mönchen und an den Universitäten. Durch diese Vermittler drangen die Ideen, zunächst in den Städten, dann aber auch auf dem Land, in weite Kreise der Bevölkerung vor. Der bald einsetzende Konflikt mit der römischen Kurie wurde wegen der jahrzehntelangen Animositäten eher als Auszeichnung gewertet. Er veranlasste Luther und andere, die überkommene Kirchenstruktur, die Machtverhältnisse und die Lehrentscheidungskompetenz an den biblischen Aussagen zu überprüfen.

3. *Der Konflikt mit der Kirche.*
Aufgrund von Luthers Thesen und nachfolgenden Schriften kam es bald zum Zusammenstoß mit der römischen Kirche. Albrecht von Brandenburg hatte die Unterlagen nach Rom weitergeleitet, ohne aber eine förmliche Anklage zu erheben. Anders reagierte der Dominikanerorden, dem Albrechts Ablassprediger Johannes Tetzel entstammte. In Rom ließ man sich auf das von Luther aufgeworfene Problem von Gnade, Rechtfertigung und Buße nicht ein, sondern behandelte den Fall als Autoritätskonflikt (Sylvester ↗Prierias, Dialog über die Macht des Papstes gegen Luthers Thesen [1518]; Verhör Luthers durch Kardinal Thomas ↗Cajetan auf dem Reichstag in Augsburg im Oktober 1518). Die Kurie zeigte sich unfähig, angemessen auf die theologischen Fragen zu reagieren. In Luther setzte sich der Eindruck fest, wenn der Papst und seine Mitarbeiter nicht das Evangelium, sondern ihr eigenes Kirchenrecht verteidigten, dann regiere dort der Antichrist (was keinesfalls bedeutet, dass die ↗Kirche als Ganze

REFORMATION

DAS REICH UM 1520

antichristlich sei). Für Luther stellte sich der Konflikt mit der römischen Kirche als ein Ringen um die verbindlichen Normen in der Christenheit dar. Liegt die höchste Autorität beim kirchlichen, letztlich päpstlichen Amt oder in der Heiligen Schrift (/sola scriptura)? Er selbst sah sich hineingestellt in einen (apokalyptischen) Kampf zwischen Menschenwort und Gotteswort. Daher war Luther in der /Leipziger Disputation vom 27.6. bis 16.7.1519 nicht mehr bereit, Konzilsentscheidungen aufgrund formaler Autorität zu akzeptieren, sondern nur insoweit sie den Gehalt der Heiligen Schrift repräsentierten. Der Prozeß gegen Luther stagnierte nach dem Tod Kaiser Ma-ximilians bis zur Wahl Karls V. am 28.6.1519, da es bei der Kaiserwahl auch auf die Stimme des sächsischen Kurfürsten, Luthers Landesherrn, ankam. Obwohl die Bannandrohungsbulle /Exsurge Domine vom 15.6.1520 auch 41 Aussagen aus Luthers Schriften inkriminierte, wurde der Prozeß wesentlich aus formalen Gründen geführt, in dem Luther Ungehorsam gegenüber Kirche und päpstlichem Amt vorgeworfen wurde. Die endgültige Verurteilung (Exkommunikation) erfolgte durch die Bannbulle /Decet Romanum Pontificem vom 3.1.1521.

Da die meisten Landesfürsten den seit dem Mittelalter üblichen Automatismus zwischen kirchlicher Verurteilung und staatlicher Ächtung nicht weiterhin akzeptieren wollten, war Karl V. außerstande, die staatliche Ächtung sofort folgen zu lassen. Schließlich sah sich der Kaiser gezwungen, das Wormser Edikt vom 8.5. im eigenen Namen zu verkünden. Die überwiegende Mehrzahl der Territorialherren war in der Folge jedoch nicht bereit, das Edikt auszuführen. Dies gab der reformatorischen Bewegung entscheidende Entfaltungsmöglichkeiten.

4. *Die Entwicklung der reformatorischen Theologie.* Angesichts wachsenden Widerstandes und öffentlicher Auseinandersetzungen versuchte Luther, seine theologischen Grundüberzeugungen in immer neuen Schriften zu verdeutlichen, um auf der Grundlage der Bibel zu konzisen theologischen Aussagen zu kommen. Während sein Werk „Von der Freiheit eines Christenmenschen" in ruhiger Form die Rechtfertigungslehre als Grundlage seiner gesamten Theologie darstellt, hatte er in vorangegangenen Darlegungen des Jahres 1520 – von der Bibel her argumentierend – wesentliche Überzeugungen der mittelalterlichen Kirche in Frage gestellt. In der Schrift „An den christlichen Adel deutscher Nation" verwirft er die Einteilung der Christenheit nach Ständen und entdeckt das gemeinsame Priestertum aller Gläubigen neu, hält aber am (funktionalen) Amt in der Kirche fest. In geschickter Weise greift er hier verschiedene Reformforderungen auf, wie sie v. a. in den ⁄ Gravamina der Deutschen Nation seit rund hundert Jahren immer wieder erhoben wurden, und entwickelt ein beachtliches konkretes Reformprogramm. „De captivitate babylonica" stellt das Zentrum der mittelalterlichen Kirche, die sich als sakramentale Heilsvermittlerin verstand, in Frage. Aufgrund des biblischen Befundes und unter Zugrundelegung des scholastischen Sakramentenbegriffs lässt er nur noch Taufe und Eucharistie als Sakramente gelten, respektiert die anderen fünf Zeichen jedoch als fromme Gebräuche. Vor allem aber entkleidet er die Sakramente ihrer Funktion als von der Kirche anzuwendender Heilsmittel und ordnet sie als „verba visibilia" der Zuwendung Gottes an die Menschen zu, für die nur der Glaube als Empfangsorgan vorhanden sein muss.

Die Schrift „Vom Papsttum zu Rom wider den hochberühmten Romanisten zu Leipzig" ist, wie die meisten Werke Luthers dieser Zeit, zufällig entstanden. In ihr entwickelt er Grundlinien seines Kirchenverständnisses. Die Kirche ist nicht zunächst eine äußerliche Institution, sondern ein Glaubensgegenstand. Zwar ist sie immer auch sichtbar und geschichtlich erfahrbar, jedoch stellt sie vornehmlich die Versammlung derer dar, die im Glauben an Gottes Weisungswort geeint sind.

Es ist erstaunlich, wie schnell es Luther gelang, auf der biblischen Grundlage zu einer Vielzahl von Themen der Theologie, der Pastoral und der konkreten Kirche Stellung zu nehmen. Angesichts einer seit 200 Jahren geforderten Reform der Kirche fiel dieser Ansatz auf fruchtbaren Boden, weil er nicht an Symptomen kurierte, sondern aus der theologischen Mitte herrührte.

5. *Reformatorische Bewegungen.* Vorbereitet durch den Humanismus, gefördert durch den Buchdruck (⁄ Flugschriften) und verbreitet durch gebildete Theologen in den Klöstern und großen Städten fand diese neue Theologie schnell Zustimmung und führte zu einer reformatorischen Bewegung. Nicht nur in den Städten, auch auf dem

Land begannen Menschen Änderungen im Sinn des Evangeliums zu verlangen. Die Wirkung konnte auch deshalb so groß sein, weil die Menschen um 1500 religiös außerordentlich aufgeschlossen waren und nach einer spirituellen Erneuerung aus der Erstarrung des mittelalterlichen Kirchenwesens suchten. Nachdem die Bewegung einmal in Gang gekommen war, traten an vielen Orten andere Reformatoren auf, die zwar inhaltlich weitgehend auf Luther fußten, aber durchaus eigene Akzente setzten. Für die Schweiz und den süddeutschen Raum wurden Theologie und Schriften Huldrych Zwinglis bedeutsam. In Genf war einige Jahre später Jean Calvin der Reformator und Organisator eines eigenständigen Kirchenwesens. Fast jede Reichsstadt und jedes Territorium, in dem die R. allmählich Raum griff, hatte ihren Reformator. Es entwickelten sich auch spezielle Gruppen mit besonderen Akzentsetzungen, wie die Täufer oder die Spiritualisten.

Die reformatorische Bewegung wäre möglicherweise auf die bestehende Kirche beschränkt geblieben und hätte zu einer weiteren theologischen Differenzierung und allmählichen Umstrukturierung führen können, wenn sich mit den theologischen Ansätzen nicht politische Interessen verbunden hätten.

Zu Beginn der R. lässt sich eine standesspezifische Ausprägung in der Zuneigung einzelner sozialer Gruppen zur R. feststellen. Schnellen Eingang fand sie in weite Kreise des niederen Adels, der sich im frühen 16. Jh. in einer kritischen sozialen und wirtschaftlichen Lage befand. Bereits 1521 waren die lutherischen Lehren in den österreichischen Erblanden, v. a. in der Steiermark, weit verbreitet. Besonderes Aufsehen erregte eine spektakuläre Aktion des Adels in den Jahren 1522/23 in der so genannten Sickingischen Fehde. Franz von ╱Sickingen hatte sich nach Lektüre der Lutherschriften und im Umgang mit humanistischen Ratgebern auf seinem Hauptsitz, der Ebernburg bei Kreuznach, zu der Überzeugung durchgerungen, er sei berufen, militärisch für die neue Lehre zu kämpfen. Sein Zug gegen das Erzstift Trier scheiterte. Zwar schlossen sich viele Ritter der R. an, nach der Niederlage Sickingens hatten sie aber keine politische Bedeutung mehr.

Verschiedentlich wurde auf die führende Rolle der Städte zur Durchsetzung der R. verwiesen (Dickens). Hierbei scheint die R. einer seit längerem bestehenden Entwicklung zu kommunaler Selbstverwaltung neuen Schub gegeben zu haben, was sich jedoch nur in der Schweiz und einigen süddeutschen Territorien längerfristig auswirkte (Blickle). Ab 1522/1523 begannen in einigen süddeutschen Reichsstädten die Obrigkeiten, oft gedrängt durch die Bevölkerung, die R. offiziell einzuführen. Dies war ein rechtlicher Akt. Die bisherige bischöfliche Jurisdiktion wurde suspendiert und an die Stelle der hergekommenen Kirchenordnung wurde eine neue, vom Rat verabschiedete gesetzt. Dies bedeutete konkret, dass die Obrigkeiten in den Städten fortan auch die geistlichen Personen (Priester, Mönche und Nonnen) als unter ihrer Aufsicht stehende Bürger betrachteten, das Verfügungs- oder zumindest Aufsichtsrecht über das kirchliche Vermögen (Gebäude, Kirchen und Klöster, Einkünfte und Liegenschaften) beanspruchten sowie auswärtige Patronatsrechte durch die Pfarrerwahl ersetzten. Im Hintergrund steht die Vorstellung, dass die Stadt ein Corpus christianum im Kleinen sei, so

Reformation

dass der Rat die Zuständigkeit für weltliches und ewiges Wohl habe (Moeller).

Auch auf dem Land wurde die R. rezipiert und lieferte partiell Begründungen, die Durchsetzung von seit über hundert Jahren immer wieder angemahnten und auch gewaltsam eingeforderten Reformen zu suchen. Zur Verbindung von reformatorischer Bewegung und sozialer R. kam es im ⁄Bauernkrieg von 1525. Anlass und Ziel waren soziale Forderungen, die R. lieferte hierzu eine neue Begründung und Rechtfertigung. Die Bauern verlangten die Predigt des reinen Evangeliums und die Pfarrerwahl durch die Gemeinde, indem sie sich auf das „Göttliche Recht" beriefen, wie es sich in der Heiligen Schrift finde; vor ihm hatten sich nun alle überkommenen weltlichen und kirchlichen Ordnungen zu rechtfertigen.

Luther geißelte die Berufung auf das Evangelium zur Durchsetzung gesellschaftlicher Forderungen als Missbrauch. Nach Niederschlagung des Bauernaufstandes mahnte er zur Milde. Mit dem Bauernaufstand endet die erste Phase der R. als oft spontaner, von breiten Volksschichten getragener Bewegung. Die bisher führend Handelnden, niederer Adel, Städte, Bauern, der „gemeine Mann" (Blickle), verloren an Einfluss und Bedeutung. An ihre Stelle traten zunehmend die Territorien und Landesherren. – Luther blieb bis zu seinem Tod am 18.2.1546 der führende Theologe der R., die öffentliche Auseinandersetzung, v. a. auf den Reichstagen, führten die Reichsstände und ihre juristischen Räte.

6. *Lösungsvarianten.* Da sich die R. durch das Wormser Edikt von 1521 nicht eindämmen ließ, wurde sie, je länger je mehr, zu einem Politikum ersten Ranges. Die aus der Bibel gewonnenen reformatorischen Ansätze wurden von der Mehrzahl der damaligen Bevölkerung als berechtigt angesehen. Unklar war jedoch, auf welchem Wege sie rechtmäßig durchgesetzt werden konnten. Zur Lösung der Religionsfrage im Reich innerhalb des Kirchenwesens resümierte der kaiserliche Rat Sigismund Seld 1553 in Vorbereitung des Augsburger Reichstages vier Wege: Generalkonzil, Nationalkonzil, Reichsversammlung oder Religionsgespräch. Alle Wege sind in der ersten Hälfte des 16. Jh. beschritten worden. Zur Ausräumung der theologischen Differenzen wäre ein Generalkonzil der sicherste Weg gewesen, auch mit Luther sympathisierende Reichsstände hatten ihn seit 1523 gefordert. Aus unterschiedlichen Gründen verhinderten die Päpste ein solches Konzil. Als es endlich Ende 1545 in Trient zusammentrat, gab es bereits etablierte reformatorische Kirchenwesen. Der zweite Nürnberger Reichstag vom Frühjahr 1524 berief für Ende des gleichen Jahres ein deutsches Nationalkonzil nach Speyer ein, das jedoch von Papst ⁄Clemens VII. und vom Kaiser untersagt wurde, da es einer einzelnen Nation nicht gestattet sei, kirchliche Ordnungen zu ändern.

Es blieb der Weg, auf Reichsversammlungen bzw. auf Reichstagen einen Modus vivendi zwischen den Reichsständen, die für die Exekution des Wormser Edikts eintraten, und denen, die sich diesem widersetzten, herzustellen. Nach Auffassung der katholischen Reichsstände konnte auf diesem Wege immer nur eine interimistische Lösung „bis zu einem Konzil" gefunden werden, während die Anhänger der R. eine auf biblischer Grundlage durchgeführte Erneuerung nicht für disponibel erachteten.

7. Politische Durchsetzung der Reformation.

Kaiser ∕Karl V., der wegen auswärtiger Kriege nach dem Wormser Reichstag 1521 das Reich für fast zehn Jahre verließ, hatte die Regierung einem Reichsregiment übertragen. Hier und auf den Reichstagen gelang es nicht, das Wormser Edikt durchzuführen, so dass andere Lösungen gesucht werden mussten. Eine erste Kompromissformel fand das Nürnberger Reichsmandat von 1523, das festsetzte, es dürfe künftig nichts anderes gepredigt werden als das Evangelium, eine Formel, die sowohl im altkirchlichen wie im reformatorischen Sinn gedeutet werden konnte.

Die bäuerliche Revolution, die von den Landesherren als Gefährdung ihrer Herrschaft erfahren worden war, und bereits durchgeführte Reformen, die ihnen mehr Einfluss auf das Kirchenwesen in ihren Territorien gewährten, erforderten Kompromisse, die künftige Unruhen zu verhindern und das Erreichte zu sichern halfen. Die kaiserliche Position, das Wormser Edikt durchzuführen und alle Veränderungen in Ritus und Theologie zu vermeiden, wurde deshalb von Reichsständen, die Luther nahe standen und keine Rückkehr zur alten Kirche wollten, nicht mehr akzeptiert. Der Speyerer Reichstag 1526 fand den Kompromiss, den Vollzug des Wormser Edikts und die Lösung der Religionsfrage bis zum Konzil dem Gewissen jedes einzelnen Reichsstandes anzuvertrauen. Die Fürsten waren seit dem Spätmittelalter daran interessiert, über das Kirchenwesen in ihren Territorien die Oberhoheit zu gewinnen, weil sie dadurch nicht nur die Kontrolle über große Ländereien und finanzielle Ressourcen erhielten, sondern auch über das Bildungs-, Armen- und Krankenwesen.

Für den Aufbau und die Verdichtung von Territorialherrschaft war dies letztlich unverzichtbar. Die reformatorische Bewegung sollte sich daher nicht mehr frei entfalten können, sondern die Fürsten wollten sie selbst steuern, entweder indem sie sich für ein Festhalten in der alten Religion entschieden oder die R. ihre Territorien selbst in die Hand nahmen. Auch größere Territorien wie Hessen (∕Homberger Synode 1526) und Sachsen (Instruktion für Kursachsen 1527) gingen jetzt daran, das gesamte Kirchenwesen ihrer Territorien von der bischöflichen Jurisdiktion auszunehmen und durch eine ∕Kirchenordnung neu zu gestalten. Erst auf diesem Wege kam es zu rechtlich eigenständigen Kirchenwesen und in der Folge zur Spaltung der mittelalterlichen Kirche. Zur konkreten Umsetzung der Ziele bedienten sich die Fürsten des Mittels der Kirchenvisitation, wobei landesherrliche Räte und Theologen eng zusammenwirkten. Um dieser Entwicklung Einhalt zu gebieten, kassierte die katholische Reichstagsmehrheit 1529 in Speyer den Beschluss von 1526. Hiergegen protestierten fünf Fürsten (Kursachsen, Brandenburg-Ansbach, Lüneburg, Hessen und Anhalt) und 14 Städte (u. a. Straßburg, Nürnberg, Ulm und Konstanz), wobei sie sich u. a. auf das Gewissen beriefen (∕Protestantismus).

Neben den vorrangigen politischen Fragen hatte der Augsburger Reichstag von 1530, an dem Karl V. erstmals wieder teilnahm, das Ziel, einen vorläufigen Ausgleich in der Religionsfrage auf Reichsebene zu erreichen. Die evangelischen Reichsstände legten unter der theologischen Federführung Melanchthons in der ∕Confessio Augustana eine Darstellung ihres eigenen

Reformation

Glaubens sowie eine Rechtfertigung der durchgeführten Veränderungen vor. Die Katholiken antworteten mit der ablehnenden Confutatio. Die vom Kaiser angeordnete Verhandlung führte nach Aussagen beider Seiten zu großer theologischen Nähe, nicht aber zu einer (kirchen-)politischen Einigung. Zwei unvereinbare Positionen standen einander gegenüber. Der Kaiser als Vogt der Kirche und mit ihm die katholischen Reichsstände hielten an der überkommenen äußeren, rituellen und rechtlichen Ordnung der Kirche fest, die sich für sie v. a. im sichtbaren Zeichen der Messfeier konstituierte. Abweichende theologische Meinungen dagegen konnten bis zur Entscheidung eines Konzils geduldet werden. Die protestantischen Reichsstände, v. a. ihre Theologen, konnten vorläufig abweichende Bräuche tolerieren, waren aber zu keinen Kompromissen in theologischen Grundsatzfragen, die sich für sie ebenfalls in dem reformatorisch erneuerten Gottesdienst manifestierten, bereit. Deshalb scheiterte der Kompromissversuch letztlich an der Frage von Messe bzw. Abendmahl.

Nachdem sich bereits Mitte der zwanziger Jahre erste konfessionelle Zusammenschlüsse abgezeichnet hatten (∕Dessauer Bündnis katholischer Fürsten 1525 als Reaktion auf den Bauernkrieg; Torgauer Bündnis 1526 zum Schutz der R.), fanden sich nun die protestantischen Obrigkeiten unter Führung Philipps von Hessen zum ∕Schmalkaldischen Bund (1531) zusammen, wobei die Konzentration aller reformatorischen Kräfte misslang (Scheitern des ∕Marburger Religionsgesprächs 1529 zwischen ∕Zwinglianern und ∕Lutheranern an der Abendmahlsfrage). Das Bündnis der evangelischen Stände stellte eine auch vom Kaiser zu beachtende politische und militärische Macht im Reich dar. In der Folge sah sich der Kaiser, außenpolitisch von den Türken und von Frankreich bedrängt, in der Religionsfrage zu immer neuen Kompromissen veranlasst (Nürnberger Anstand 1532, ∕Frankfurter Anstand 1539). Schließlich versuchte man, allerdings vergeblich, in Religionsgesprächen (∕Worms und ∕Hagenau 1540, ∕Regensburg 1540/41) einen vorläufigen Kompromiss bis zum Konzil zu finden.

Beide Seiten hielten verbal daran fest, dass es auf einem künftigen Konzil zu einer brauchbaren Lösung kommen könne, allerdings waren die Vorstellungen von einem Konzil sehr unterschiedlich. Die Katholiken dachten an das herkömmliche mittelalterliche Papstkonzil, die Protestanten forderten ein „freies (d. h. papstfreies), christliches (d. h. gleiche Rederechte für alle Seiten) Konzil in deutschen Landen". Als dieses Konzil nach verschiedenen vergeblichen Anläufen endlich im Dezember 1545 in Trient zusammentrat, lehnten es die Protestanten mit der Begründung ab, es sei nicht „frei", da es unter päpstlicher Oberhoheit stehe. Der Kaiser, damals auf dem Höhepunkt seiner Macht, beschloss, die Protestanten auf militärischem Wege zur Konzilsteilnahme zu zwingen. Im Schmalkaldischen Krieg (1546/47) gelang ihm in der Schlacht bei Mühlberg (24.4.1547) ein vollständiger Sieg über die Protestanten (Gefangennahme der Anführer Philipp von Hessen und Kurfürst ∕Johann Friedrich von Sachsen, der zudem die Kurwürde, die fortan bei der Albertinischen Linie der Wettiner verblieb, an seinen Vetter ∕Moritz von Sachsen verlor). Da ∕Papst Paul III. das Konzil zwischenzeitlich von Trient nach Bologna, in eine Stadt des Kirchenstaates transferiert hatte, erreichte der Sieg des Kaisers sein Ziel nicht.

An die Stelle des Konzils trat auf dem Reichstag von Augsburg 1547/48 das ↗„Augsburger Interim", eine reichsrechtliche Zwischenlösung in der Religions- und Kirchenfrage, die ursprünglich für beide Religionsparteien gültig sein sollte. Die Weigerung der katholischen Reichsstände, diesen Kompromiss in ihren Territorien anzuwenden, und der Widerstand der römischen Kurie gegen inhaltliche Zugeständnisse (Priesterehe [↗Zölibat], ↗Laienkelch, Verzicht auf die säkularisierten Kirchengüter) an die Protestanten machten aus dem Interim ein verwässertes Sondergesetz für die protestantischen Reichsstände, das diese nicht mehr akzeptieren konnten.

Die letzte Möglichkeit einer Teilnahme protestantischer Theologen an dem neu einberufenen Konzil in Trient 1551/52 scheiterte am Fürstenaufstand. In beiden Religionsparteien wuchs das Bedürfnis, zunächst die erlangten Erfolge zu sichern bzw. weitere Verluste zu vermeiden, so dass hier kurzfristig eine Interessengleichheit bestand. Unter diesen Voraussetzungen gelang es dem Bruder des Kaisers, König ↗Ferdinand, im ↗Passauer Vertrag von 1552 und endgültig im ↗Augsburger Religionsfrieden von 1555, einen politischen Kompromiss zwischen den Religionsparteien auszuhandeln. Im Reichsrecht wurden die alte (= katholische) Kirche sowie die Anhänger der Confessio Augustana akzeptiert. Die Landesherren konnten die Konfession ihrer Territorien frei festlegen (↗Cuius regio, eius religio); eine Ausnahme die bildeten die Geistlichen Staaten (↗Geistlicher Vorbehalt). Damit griff man auf die Speyerer Übereinkunft von 1526 zurück und ersetzte die zeitliche Befristung „bis zum Konzil" durch unbegrenzte Geltung. Der inhaltliche Kompromiss wurde vertagt, aber mit Ausnahme des Wormser Religionsgesprächs 1557 nie mehr versucht. Der Religionsfriede wurde möglich, weil trotz konfessioneller Differenzen ein übergeordnetes Interesse beider Reiligionsparteien an der weiteren Funktionsfähigkeit des Reiches bestand. Dieser Friede half blutige Religionskriege im Reich zu vermeiden; allerdings entluden sich die Spannungen um den Besitz am Kirchengut schließlich im Dreißigjährigen Krieg.

8. *Wertung.* Die R. kann einerseits als Abschluss einer über zweihundertjährigen Bemühung um Reform von Staat und Kirche angesehen werden. Martin Luther selbst wird in diesem Zusammenhang theologisch und mentalitätsmäßig eher im Mittelalter verortet (Oberman). Anderseits ging von ihr ein Modernisierungsschub in Theologie, Kirche und Gesellschaft aus. Auf allen Gebieten kam es zu Reformen und Erneuerungen.

Den von der R. aufgeworfenen theologischen Fragen stellte sich die katholische Kirche auf dem Konzil von Trient. Die Problemkreise Schrift und Tradition, Rechtfertigung, Sakramente sowie viele praktischen Missstände wurden zumindest in der Weise aufgearbeitet, dass das theologische Denken und die Frömmigkeitsformen auch innerhalb der katholischen Kirche sich nun anders darstellten als vor der R. So kam es insgesamt zu einer Reform der Kirche, jedoch gelang es nicht mehr, die Kirche als Ganze zu erneuern. Vielmehr kam es zu einer Ausdifferenzierung der abendländischen Kirche, so wie es auch auf staatlichem und gesellschaftlichem Gebiet seit dem Spätmittelalter zu beobachten war. Diese Ausdifferenzierung war in den

REFORMATION

folgenden Jahrhunderten an die Entwicklung der Staaten gebunden, in denen jeweils die offizielle Konfession privilegiert war. Erst die neuzeitliche Trennung von Staat und Kirche ermöglichte den christlichen Kirchen des Abendlandes ein ökumenisches Gespräch ohne Rücksicht auf staatliche Interessen. Einen unübersehbaren Impuls hat die R. im Bildungssektor ausgelöst. Vor allem Philipp Melanchthon ist es zu verdanken, dass von den Primärschulen über die Gymnasien bis hin zu den Universitäten ein aufeinander abgestimmtes Bildungssystem mit entsprechenden Lehrbüchern geschaffen wurde. Eine Generation später findet sich dieses System auch in der katholischen Kirche zur Durchsetzung der tridentinischen Reformen. Getragen wird es v. a. von den Jesuiten. Wenn man so will, hat sich auf diesem Gebiet die Konzeption des ∕ Erasmus von Rotterdam durchgesetzt, die eine Reform von Kirche und Gesellschaft durch Erziehung propagierte.

■ Quellen: CT; H.A. OBERMAN–A.M. RITTER–H.-W. KRUMWIEDE: Kirchen- und Theologiegeschichte in Quellen, 4 Bde. Neukirchen-Vluyn 1977ff.; M. LUTHER: Studienausgabe. Berlin 1979ff. (bisher 7 Bde.); E.W. ZEEDEN (Hg.): Repertorium der Kirchenvisitationsakten aus dem 16. und 17.Jh. Stuttgart 1982ff. (bisher: Hessen, Baden-Württemberg); WA; P. FABISCH–E. ISERLOH (Hg.): Dokumente zur Causa Lutheri (1517–21), 2 Teile. Münster 1988–91.
■ Literatur: JEDIN; OER; HKG Bd. 4; HDThG; TRZRK; KThR; GCh Bde. 7 und 8; H.J. HILLERBRAND: Historical dictionary of the reformation and counter-reformation. Lanham 2000. – K. BRANDI: Der Augsburger Religionsfriede vom 25. September 1555. Göttingen ²1927; A. HERTE: Das katholische Lutherbild im Banne der Lutherkommentare des Cochlaeus, 3 Bde. München 1943; J. LORTZ: Die R. in Deutschland (1939). ebd. ⁴1962, 1982; H. LUTZ: Christianitas afflicta. Europa, das Reich und die päpstliche Politik im Niedergang der Hegemonie Karls V. Göttingen 1964; B. MOELLER: Frömmigkeit in Deutschland um 1500: ARG 56 (1965) 5–31; H.A. OBERMAN: Spätscholastik und R., 2 Bde. Tübingen 1965–77, ²1979; M. HECKEL: Staat und Kirche nach den Lehren der evangelischen Juristen Deutschlands in der ersten Hälfte des 17.Jh. München 1968; E. ISERLOH: Luther zwischen Reform und R. Der Thesenanschlag fand nicht statt. Münster ³1968; W. BORTH: Die Luthersache (Causa Lutheri) 1517–24. Lübeck–Hamburg 1970; J. ENGEL: Die Entstehung des neuzeitlichen Europa. Stuttgart 1971; H. RABE: Reichsbund und Interim. Die Verfassungs- und Religionspolitik Karls V. und der Reichstag von Augsburg 1547/48. Köln–Wien 1971; R. BÄUMER (Hg.): Lutherprozeß und Lutherbann. Münster 1972; F. REUTER (Hg.): Der Reichstag zu Worms von 1521. Worms 1971, Ergänzungsband: Luther in Worms. ebd. 1973; G. DICKENS: The German Nation and Martin Luther. London 1974; H. IMMENKÖTTER: Um die Einheit im Glauben. Die Unionsverhandlungen des Augsburger Reichstages im August und September 1530. Münster ²1974; R. VAN DÜLMEN (Hg.): Das Täuferreich zu Münster 1534/35. München 1974; E. WALDER (Hg.): Religionsvergleiche des 16.Jh. Bern 1974; S.E. OZMENT: The R. in the Cities. London 1975; W. REINHARD: Gegenreformation als Modernisierung: ARG 68 (1977) 226–252; O. BROSSE u.a.: Lateran V und Trient. Mainz 1978; I.W. FRANK: Kirchengewalt und Kirchenregiment in Spätmittelalter und früher Neuzeit: Innsbrucker historische Studien 1 (1978) 33–60; B. MOELLER (Hg.): Stadt und Kirche im 16.Jh. Gütersloh 1978; H. BORNKAMM: Martin Luther in der Mitte seines Lebens. Göttingen 1979; W. MOMMSEN (Hg.): Stadtbürgertum und Adel in der R. Stuttgart 1979; R. DECOT: Religionsfriede und Reichsreform. Der Mainzer Kurfürst und Erzbischof Sebastian von Heusenstamm. Wiesbaden 1980; E. ISERLOH (Hg.): Confessio Augustana und Confutatio. Der Augsburger Reichstag 1530 und die Einheit der Kirche. Münster 1980; G. ÖSTREICH: Strukturprobleme der frühen Neuzeit. Berlin 1980; M. BRECHT: Martin Luther. 3 Bde. Stuttgart 1981–87; G. EBELING: Luther. Einführung in sein Denken. Tübingen 1981; H.A. OBERMAN: Luther. Berlin 1982; A. RAVIER: Ignatius von Loyola

gründet die Gesellschaft Jesu. Würzburg 1982; R. WOHLFEIL: Einführung in die Geschichte der deutschen R. München 1982; M. HECKEL: Deutschland im konfessionellen Zeitalter. Göttingen 1983; H. JUNGHANS (Hg.): Leben und Werk Martin Luthers von 1526 bis 1546, 2 Bde. Berlin 1983; O.H. PESCH: Hinführung zu Luther. Mainz ³1983; W. REINHARD: Zwang zur Konfessionalisierung: ZHF 10 (1983) 257–277; P. WARMBRUNN: Zwei Konfessionen in einer Stadt. Das Zusammenleben von Katholiken und Protestanten in den paritätischen Reichsständen Augsburg, Biberach, Regensburg und Dinkelsbühl von 1548 bis 1648. Wiesbaden 1983; P. BLICKLE: Gemeinde-R. München 1985; U. HORST: Zwischen Konziliarismus und R. Studien zur Ekklesiologie im Dominikanerorden. Rom 1985; H. ANGERMEIER: Die Reichsreform 1410–1555. München 1985; P. BLICKLE (Hg.): Der deutsche Bauernkrieg. Darmstadt 1985; E.W. ZEEDEN: Konfessionsbildung. Stuttgart 1985; C. AUGUSTIN: Erasmus von Rotterdam. München 1986; J. LECLER U.A. (Hg.): Trient. Mainz 1987; B. MOELLER: Reichsstadt und R. Berlin 1987; O.H. PESCH: Theologie der Rechtfertigung bei Martin Luther und Thomas von Aquin. Mainz ²1987; A. SCHINDLING: Reichskirche und R. Zu Glaubensspaltung und Konfessionalisierung in den geistlichen Fürstentümern des Reiches: Neue Studien zu frühneuzeitlichen Reichsgeschichte, hg. v. J. KUNISCH. Berlin 1987, 81–112; B. LOHSE (Hg.): Der Durchbruch der reformatorischen Erkenntnis bei Luther. Stuttgart 1988; R. DECOT (Hg.): Vater im Glauben. Studien zur Theologie Martin Luthers. FS P. Manns. ebd. 1988; H. SCHILLING: Aufbruch und Krise. Deutschland 1517–1648. Berlin 1988; DERSELBE: Die Konfessionalisierung im Reich: Historische Zeitschrift 246 (1988) 1–45; R. DECOT–R. VINKE (Hg.): Zum Gedenken an Joseph Lortz (1887–1975). Zur Reformationsgeschichte und Ökumene. Stuttgart 1989; P. BLICKLE– J. KUNISCH: Kommunalisierung und Christianisierung. Voraussetzungen und Folgen der R. 1400–1600. Berlin 1989; R.P. HSIA: Social Discipline in the R.: Central Europe 1550–1750. London–New York 1989; H. RABE: Reich und Glaubensspaltung. Deutschland 1500–1600. München 1989; A. KOHLER: Das Reich im Kampf um die Hegemonie in Europa 1521–1648. ebd. 1990; F. SEIBT: Karl V. Der Kaiser und die R. Berlin 1990; A. BEUTEL: Martin Luther. München 1991; F. JÜRGENSMEIER (Hg.): Albrecht von Brandenburg. Mainz 1991; H. LUTZ: R. und Gegenreformation. München ³1991; H.R. SCHMIDT: Konfessionalisierung im 16.Jh. ebd. 1992; H.-J. GOERTZ: Religiöse Bewegungen in der frühen Neuzeit. ebd. 1993; H.-CH. RUBLACK (Hg.): Die lutherische Konfessionalisierung in Deutschland. Gütersloh 1993; B. LOHSE: Luthers Theologie in ihrer historischen Entwicklung und in ihrem systematischen Zusammenhang. Göttingen 1995; W. REINHARD–H. SCHILLING: Die katholische Konfessionalisierung. Gütersloh 1995; B. LOHSE: Martin Luther. Eine Einführung in sein Leben und Werk. München ³1997; B. MOELLER–E. BUCKWALTER (Hg.): Die frühe R. in Deutschland als Umbruch. Gütersloh 1998; P. BLICKLE: Die R. im Reich. Stuttgart 2000; R. MAU: Evangelische Bewegung und frühe Reformation 1521–32. Leipzig 2000; E. RUMMEL: The confessionalization of humanism in Reformation Germany. Oxford 2000; A. LEXUTT (Hg.): Relationen – Studien zum Übergang vom Spätmittelalter zur Reformation. FS K.-H. zur Mühlen. Münster 2000. – *Bibliographien:* ARG Literaturbericht 1 (1972) ff.; W. DOTZAUER (Bearbeiter): Quellenkunde zur deutschen Geschichte der Neuzeit: Das Zeitalter der Glaubensspaltung 1500–1618. Darmstadt 1987.
Rolf Decot

Reformierte Kirchen (RK). 1. *Begriff.* RK sind evangelische Gemeinschaften in der Tradition des ↗„Calvinismus". Dieser sich auf den Reformator Jean Calvin beziehende Begriff entstand bereits im 16. Jh. als polemische Bezeichnung der Lutheraner für jene evangelische Gemeinschaft, die sich selbst als „die nach Gottes Wort reformierte Kirche" verstand (s. u.). Aufgrund dieser begrifflichen Prämissen wird im modernen Sprachgebrauch „Calvinismus/calvinistisch" oft gleichbedeutend mit „RK/reformiert" gebraucht. *Bruno Steimer*
2. *Entstehung und Merkmale.* Die ursprüngliche Heimat der RK ist die

Schweiz. Sie entstanden u. a. durch die Tätigkeit der Reformatoren Huldrych Zwingli, Martin ∕Bucer, Calvin und John ∕Knox. Diese beabsichtigten nicht, eine neue ∕Kirche zu gründen, sondern die ganze christliche Kirche zu erneuern. Die Entstehung einer neuen Kirchenorganisation war eine Notlösung. Das wichtigste Merkmal einer reformierten Kirche ist die Überzeugung, dass die Kirche „nach Gottes Wort reformiert" (vgl. CR 48, 76f.) ist und „ständig eine Reform benötigt" („ecclesia reformata et semper reformanda"). Im Prozess der Ausbreitung des reformierten Kirchentyps spielten die reformierten ∕Bekenntnisschriften eine wichtige Rolle. Die Waldenser standen der reformierten Position aufgrund der Beschlüsse der Synode von Chanforan 1532 sehr nahe. Die Reformation bedeutete die Rückkehr zur Heiligen Schrift und zur eifrigen Predigttätigkeit, wobei oft alle biblischen Bücher ausgelegt wurden („lectio continua"). Ablässe, Verehrung von Bildern und Heiligen (∕Kunst und Reformation) sowie Leistungsfrömmigkeit wurden in Frage gestellt. Die Messe wurde durch den Predigtgottesdienst ersetzt. Die Predigt vom Zuspruch der Gnade Gottes und dem Anspruch auf das ganze Leben steht im Mittelpunkt des reformierten Gottesdienstes. Wie seit 1414 in der hussitischen Bewegung praktiziert, wird das ∕Abendmahl der ganzen Gemeinde unter beiderlei Gestalt (Brot und Wein) ausgeteilt. Neben den Prinzipien „solus Christus", ∕„sola scriptura", „sola gratia", ∕„sola fide" wird auch das Prinzip des gemeinsamen Priestertums aller Gläubigen hoch geschätzt. In Genf wurde die Kirchendisziplin („disciplina") zum dritten Merkmal einer echten Kirche (neben der Wortverkündigung und der Administration der Sakramente). *Milan Opočenský*
3. *Ausbreitung* ∕Calvinismus.

■ Literatur: Historical dictionary of reformed churches. Lanham 1999; Dictionary of the Presbyterian and Reformed tradition in America. Downers Grove 1999. – W. HOLLWEG: Der Augsburger Reichstag von 1566 und seine Bedeutung für die Entstehung der Reformierten Kirche und ihres Bekenntnisses. Neukirchen-Vluyn 1964; K. HALASKI (Hg.): Die RK. Stuttgart 1977; E. A. PETTEGREE: Calvinism in Europe 1540–1620. Cambridge 1994; E. WOLGAST: Reformierte Konfession und Politik im 16.Jh. Heidelberg 1998; B. NISCHAN: Lutherans and Calvinists in the age of confessionalism. Aldershot 1999.

Regensburger Buch (RB) ist das auf dem Religionsgespräch vom 27.4–22.5.1541 des Regensburger Reichstags (∕Regensburger Religionsgespräche) von Julius von ∕Pflug, Johannes ∕Eck und Johann ∕Gropper auf altgläubiger Seite und von Philipp Melanchthon, Martin ∕Bucer und Johannes Pistorius dem Älteren auf protestantischer Seite beratene und umgestaltete (in Worms vom 15.–31.12.1540 geheim zwischen Gropper, Gerhard Veltwyk sowie Bucer und Wolfgang ∕Capito ausgehandelte) Wormser Buch (M. Bucer: Deutsche Schriften 9/1, 328–483). Es enthält zwanzig von Gropper auf Veranlassung der päpstlichen Legaten Gasparo ∕Contarini und Giovanni ∕Morone eingetragene Randbemerkungen sowie in einem ersten Teil die zwischen den Religionsparteien verglichenen Artikel zu Urstand (Art. 1), freiem Willen (2), Sünde (3–4) und ∕Rechtfertigung (5). Ein zweiter Teil (6 7 9 und 19) behandelt die Ekklesiologie. Hier waren v. a. die Auslegungsautorität der ∕Kirche gegenüber der Heiligen Schrift (6–9) sowie die Frage der kirchlichen Hierarchie (19) umstritten. Näher kam man sich in einem dritten Teil in der Allgemeinen Sakramentslehre (10), des Ordo (11), der Taufe (12), der Firmung (13), der ∕Ehe (16) und der Letzten Ölung (17). Die Eucharistie (14) blieb wegen der Transsubstantiationslehre und die Beichte (15) wegen der Satisfaktion umstritten. Ein vierter Teil (18 20–23) zur Einheit und zu Zeremonien und zur äußeren Gestalt der Kirche wurde nicht verglichen. Das RB wurde Kaiser ∕Karl V. mit neun Gegenartikeln der Protestanten vom 31.5.1541 (CR 4, 348–376) übergeben und in den Reichstagsabschied vom 29.7.1541 (ebd. 626 ff.) mit der Maßgabe aufgenommen, gemäß den 16 verglichenen Artikeln weitere Reformen in der Kirche durchzuführen; die sieben unverglichenen Artikel aber auf dem nahen Konzil bzw. bei dessen Verzögerung auf einem Nationalkonzil oder Reichstag endgültig zu vergleichen.

Literatur: TRE 28, 432–437 654–681. – J. MEHLHAUSEN: Die Abendmahlsformel des RB: Studien zur Geschichte und Theologie der Reformation. FS E. Bizer. Neukirchen-Vluyn 1969, 189–211; R. BRAUNISCH: Die ‚Artikell' der ‚Wahrhafftigen Antwort' (1545) des Johannes Gropper. Zur Verfasserfrage des Worms-Regensburger Buches (1540/1541): Von Konstanz nach Trient. Festgabe A. Franzen. Paderborn 1972, 519–545; K.-H. ZUR MÜHLEN: Die Einigung über den Rechtfertigungsartikel auf dem Regensburger Religionsgespräch von 1541 – eine verpaßte Chance?: Zeitschrift für Theologie und Kirche 76 (1979) 331–359; V. PFNÜR: Die Einigung bei den Religionsgesprächen von Worms und Regensburg 1540/41 eine Täuschung?: G. MÜLLER (Hg.): Die Religionsgespräche der Reformationszeit. Gütersloh 1980, 55–88; A. LEXUTT: Rechtfertigung im Gespräch. Das Rechtfertigungsverständnis in den Religionsgesprächen von Hagenau, Worms und Regensburg 1540/41. Göttingen 1996; V. ORTMANN: Die Tätigkeit M. Bucers bei den Religionsgesprächen in Leipzig, Hagenau, Worms und Regensburg 1539 41. Dissertation. Bonn 1997. ∕Regensburger Religionsgespräche; ∕Wormser Religionsgespräche. *Karl-Heinz zur Mühlen*

Regensburger Konvent und Bündnis (6.7.1524). Um das auf dem Nürnberger Reichstag 1524 geforderte Nationalkonzil überflüssig zu machen und Süd- und Westdeutschland vor der Reformation zu schützen, setzte der päpstliche Legat Lorenzo ∕Campeggi unter Mitwirkung Bayerns auf ein Reformprogramm und die Gründung eines antilutherischen Bundes. Am 8.5. luden er und Erzherzog ∕Ferdinand zum Regensburger Konvent, der am 27.6. begann. Am 6.7. einigte man sich u. a. auf eine strengere Durchführung des Wormser Edikts und gegenseitige Hilfe bei Widerstand gegen dessen Exekution und auf die Reform des Klerus. Die weltlichen Fürsten drängten auf eine Kirchenreform, die geistlichen waren dazu nicht bereit. Campeggi konnte seine am 7.7. erlassene und für die gesamte deutsche Kirche gedachte Reformordnung nicht in die Tat umsetzen. Das Regensburger Bündnis war der erste offizielle Schritt zur ∕Katholischen Reform und der Beginn der konfessionellen Bündnisse.

Literatur: LThK[2] 8, 1095. – ARCEG 1, 294–393; W. FRIEDENSBURG: Der Regensburger Convent 1524: Historische Aufsätze. Hannover 1886, 502–539; W. BORTH: Die Luthersache 1517–24. Lübeck 1970, 161–168; G.B. WINKLER: Der Regensburger Konvent: Reformatio Ecclesiae. FS E. Iserloh. Paderborn 1980, 413–425; E. WOLGAST: Die deutschen Territorialfürsten: Schriften des Vereins für Reformationsgeschichte 199 (1998) 422f. *Rosemarie Aulinger*

Regensburger Religionsgespräche. 1) 27.4.–22.5.1541. Nach den Vorgesprächen in Hagenau (∕Hagenauer Religionsgespräch) und ∕Worms 1540/41 kam es auf dem Regensburger Reichstag zu einem Religionsgespräch über das von Johann ∕Gropper und Gerhard Veltwyk auf altgläubiger sowie von Martin ∕Bucer und Wolfgang ∕Capito auf protestantischer Seite ausgehandelte Wormser Buch (M. Bucer: Deutsche Schriften 9/1, 328–483). Es wurde von Kaiser ∕Karl V. den von ihm ausgewählten Kollokutoren Johannes ∕Eck, Gropper und Julius von ∕Pflug auf altgläubiger sowie Philipp Melanchthon, Bucer und Johannes Pistorius dem Älteren auf protestantischer Seite unter Vorsitz Nicolas Perrenot de ∕Granvellas und des Pfalzgrafen Friedrich II. vorgelegt, nachdem auf Veranlassung der päpstlichen Legaten Gasparo ∕Contarini und Giovanni ∕Morone zwanzig Änderungen eingetragen worden waren. Obwohl man sich über die Sünden- und Gnadenlehre einschließlich der ∕Rechtfertigung (Art. 1–5) unter dem doppelten Aspekt einer Iustitia imputata und inhaerens (von Martin Luther [WA Briefe 9, 406–409 n. 3616] und der Kurie abgelehnt) geeinigt und Teile der Sakramentslehre (Art. 10–13 16 und 17) und Aspekte der äußeren Gestalt der ∕Kirche (18 20–23) mehr oder weniger verglichen hatte, zerbrach das Regensburger Religionsgespräch an der Frage der Autorität und Struktur der Kirche (6–9 19), der Transsubstantiation (14) und der Beichte (15). 16 verglichene und sieben unverglichene Artikel wurden in das ∕Regensburger Buch aufgenommen und mit neun Gegenartikeln der Protestanten Karl V. am 31.5. 1541 übergeben, der im Reichstagsabschied vom 29.7.1541 weitere Reformen der Kirche nach den verglichenen Artikeln bis zum kommenden Konzil empfahl.

2) *27.1.–20.3.1546.* Um seine Vorbereitungen für den ∕Schmalkaldischen Krieg 1546/47 zu verschleiern, ließ Karl V. auf dem Reichstag zu Worms 1545 ein weiteres Religionsgespräch beschließen. Auf altgläubiger Seite nahmen daran Eberhard ∕Billick, Johannes Hoffmeister, Pedro de ∕Malvenda und auf protestantischer Seite Johannes ∕Brenz, Bucer, Erhard ∕Schnepff und Georg ∕Major teil. Malvendas Kritik der Rechtfertigungslehre blieb hinter dem Regensburger Religionsgespräch von 1541 zurück. Als das Gespräch auch noch geheim gehalten werden sollte, reiste die kursächsische Delegation ab, wodurch das Gespräch im März 1546 ergebnislos endete.

■ Literatur: RE 23, 637ff. – BDG nn. 41390–41398; Th. Brieger: Casparo Contarini und das Regensburger Concordienwerk des Jahres 1541. Gotha 1870; W. Herbst: Das Regensburger Religionsgespräch von 1601. Gütersloh 1928; P. Simoncelli: Evangelismo italiano del Cinquecento. Rom 1979, passim; B. Bauer: Das Regensburger Kolloquium 1601: Um Glauben und Reich. Kurfürst Maximilian I. Beiträge zur Bayrischen Geschichte und Kunst 1573–1657, Bd. 1/1. München 1980, 90–99; C. Augustijn: The Quest of Regensburg 1541 as a Turning Point (ARG-Sonder-Bd. ,Die Reformation in Deutschland und Europa. Interpretationen und Debatten'). Gütersloh 1993, 64–80; E.G. Gleason: Gasparo Contarini. Berkeley 1993, 186–256. *Karl-Heinz zur Mühlen*

Reich Gottes (RG). Die Frage nach einem „innergeschichtlichen Mehr" (Medard Kehl) der RG-Wirklichkeit muss verstanden werden auf dem Hintergrund der Erfahrung einer wachsenden Autonomie der Weltwirklichkeit seit dem Hochmittelalter. Je autonomer die Welt wurde, umso widerständiger gegen die Durchsetzung der Herrschaft Gottes musste sie erscheinen. Dieses Problem prägt in unterschiedlicher Weise das RG-Verständnis Martin Luthers und Jean Calvins.

Luther entwickelt, v. a. in Auseinandersetzung mit den ↗ „Schwärmern", die das Kommen der Herrschaft Gottes gewaltsam herbeiführen wollen, seine Zweireichelehre. Er trägt der zunehmenden Autonomieerfahrung insofern Rechnung, als er dem „weltlichen Regiment" Gottes eine eigene, von Gott gewollte Sachgesetzlichkeit zuspricht, um ein friedliches Zusammenleben zu sichern. Das RG als „geistliches Regiment" ist davon aber streng zu unterscheiden. Seine Durchsetzung obliegt, im Unterschied zum weltlichen Regiment Gottes, nicht dem Menschen, sondern allein Gott, und zwar geschieht dies da, wo Christus durch das Wort Gottes und den Heiligen Geist in den einzelnen Christen zur Herrschaft kommt. Auch Luther versteht also die bereits gegenwärtige RG-Wirklichkeit als eine rein innerliche. Entsprechend gibt es auch für ihn kein „innergeschichtliches Mehr" im Sinn einer fortschreitenden Umgestaltung der Welt auf die eschatologische Herrschaft Gottes hin. Erwartungen dieser Art wehrt er ab mit dem Hinweis auf das Kreuz, das auf Seiten des Menschen der völligen Souveränität Gottes bei der Durchsetzung seines Reiches entspricht.

Auch nach *Calvin* ist die eschatologische Herrschaft Gottes bereits da gegenwärtig, wo der Geist Gottes die Menschen erfasst und verwandelt. Dadurch geraten sie in Widerspruch zur Welt und müssen deshalb deren Einfluss zurückdrängen. Das bezieht Calvin nicht nur auf die je Einzelnen, sondern auch auf die ↗Kirche als Ganze, die dem gottfeindlichen Leben die „rechte Ordnung" („legitimus ordo") entgegenzusetzen hat. Das reformatorische Wirken Calvins in Genf dient genau diesem Ziel der Ausbreitung der Herrschaft Gottes in der Gesellschaft. Für ihn gibt es daher ein „innergeschichtliches Mehr" der RG-Wirklichkeit zu Lasten einer autonomen menschlichen Weltgestaltung.

Im Gegensatz zu dieser Sicht, die die Gegenwart der RG-Wirklichkeit auf die Gesellschaft bezogen sieht, wird sie im gegenreformatorischen Katholizismus eingegrenzt auf die römische Kirche, die sich von der sie umgebenden Welt abschließt.

Markus Knapp

▪ LThK³ 5, 31–34 (ungekürzte Fassung s.v. ‚Herrschaft Gottes').
▪ Literatur: TRE 15, 221–224. – G. FORCK: Die Königsherrschaft Jesu Christi bei Luther. Berlin ²1988; K.R. KIM: Das Reich Gottes in der Theologie Thomas Müntzers [und die] alternativen Anschauungen Martin Luthers. Frankfurt (Main) 1994.

Reina, *Casiodoro de,* spanischer Protestant, * um 1520 Sevilla, † 20.3.1594 Frankfurt (Main). R. war der geistige Kopf der 1557 nach Genf geflüchteten Mönche des Hieronymitenklosters San Isidoro in Sevilla. 1558 in Frankfurt, danach in London, wo er Pfarrer einer reformierten spanischen Gemeinde war. R. fertigte die erste und bis Mitte des 20. Jh. einzige spanische Bibelübersetzung aus den Originalsprachen an (Basel 1569 u. ö.; *La Biblia del Oso,* 4 Bde. Madrid 1986–1987).

▪ Literatur: DHEE Supplement-Bd., 642–645. – A.G. KINDER: C. de R. London 1975; BIDI 4, 99–153; C. GILLY: Spanien und der Basler Buchdruck bis 1600. Basel–Frankfurt (Main) 1985, 353–436; K. REINHARDT: Bibelkommentare spanischer Autoren, Bd. 2. Madrid 1999, 233f.   *Fernando Domínguez*

Religionsgespräche. Abgesehen von R. in der alten Kirche und im Mittelalter, gewannen die R. im 16. Jh. zentrale Bedeutung als politisches und theologisches Mittel der Religionsvergleichung in den Gelehrten- und Ratsdisputationen in der ersten Hälfte des Jahrhunderts zur Einführung, Legitimierung und Kritik der ↗Reformation, wie z. B. 1523 in Zürich, 1526 ↗Ilanz, 1526 in Baden (↗Badener Disputation), 1528 in Bern, 1534 und 1539 in Leipzig. Neben dem inoffiziellen Religionsgespräch in Augsburg 1530 kam es 1540–57 nach dem ↗Frankfurter Anstand von 1539 zur Ära der Reichs-R. von ↗Hagenau, ↗Worms und ↗Regensburg 1540/41, Regensburg 1546 und Worms 1557 als nationalem Ersatz für das zwar seit 1536 einberufene, aber bis 1545 immer wieder hinausgezögerte Konzil. Die R. von Regensburg 1546 und Worms 1557 verloren an Bedeutung und dienten weniger der Religionsvergleichung als der Religionspolitik. Ähnlich ging es den ebenfalls überregionalen R. von ↗Poissy 1561 und Thorn 1545. In der zweiten Hälfte des 16. Jh. kehrte (v. a. nach dem Tridentinum 1545–63) das Religionsgespräch auf regionale Ebenen zurück und diente einerseits innerprotestantischer Selbstverständigung (z. B. Maulbronn 1564, ↗Altenburg 1568/1569, Sandomierz 1570, Mömpelgard 1586, Meißen 1568/69, Zerbst 1570, Quedlinburg 1583) und anderseits Zielen der ↗Gegenreformation (z. B. Baden-Baden 1589, Emmendingen 1590 und Regensburg 1601 und 1615). *Karl-Heinz zur Mühlen*

■ Literatur: G. MÜLLER: Die R. der Reformationszeit. Gütersloh 1980; M. HOLLERBACH: Das Religionsgespräch als Mittel der konfessionellen und politischen Auseinandersetzung im Deutschland des 16.Jh. Frankfurt (Main) 1982; TH. FUCHS: Konfession und Gespräch. Köln 1995; G. KUHAUPT: Veröffentlichte Religionspolitik. Göttingen 1997; C. AUGUSTIJN: Melanchthon und die R.: Der Theologe Melanchthon. Stuttgart 2000, 213–226. – Vgl. die in den Einzelbeiträgen genannten Literatur.

Reublin, *Wilhelm,* * um 1484 Rottenburg, Todesjahr und -ort unbekannt; Studium in Freiburg und Tübingen; bis 1510 Pfarrer in Grießen, 1521 Leutpriester in Basel, St. Alban. 1522 wurde R. jedoch wegen Predigten gegen Messe und Fastengebote ausgewiesen. 1522 Heirat in Witikon, dort Wortführer der ↗Täufer; 1525 zum Verlassen der Stadt gezwungen. R. verbreitete das Täufertum in Schaffhausen, Waldshut, Straßburg, Reutlingen und Esslingen. Nach Gefangenschaft in Straßburg (1528/29) ging er nach Mähren, spaltete 1530 die Täufergemeinde in Austerlitz und gründete eine Gemeinde in Auspitz, die ihn aber ausschloss. R. kehrte nach Rottenburg zurück und trennte sich 1531 vom Täufertum. Bis 1559 wurde er wiederholt in Zürich, Basel, Augsburg und Znaim gesehen.

■ Literatur: Mennonitisches Lexikon, Bd. 3. Karlsruhe 1958, 477; RGG[3] 5, 1074; BBKL 8, 76f. – M. KREBS – H.-G. ROTT (Hg.): Quellen zur Geschichte der Täufer, Bd. 7: Elsaß 1. Stuttgart 1959. *Johannes Madey*

Reuchlin, *Johannes,* Humanist, * 29.1. 1455 Pforzheim, † 30.6.1522 Stuttgart. Nach Schulzeit in Pforzheim studierte R. in Freiburg, Basel, Orléans und Poitiers neben den artistischen Grundfächern v. a. Rechtswissenschaft. Schon als Student veröffentlichte er ein lateinisches Wörterbuch (*Vocabularius breviloquus.* Basel 1478). Das besondere Interesse des jungen R. galt der griechischen Sprache, die er bei den Exilgriechen Kontoblakes und Hermonymos lernte. 1482 begann R. als Doktor der kaiserlichen Rechte seine juristische Karriere am württembergischen Hof Graf Eberhards V., die ihn bis in das Richteramt des Schwäbischen Bundes führte.

R.s wissenschaftlicher Nachruhm als „Begründer der christlichen Hebraistik" und „abendländischer Archeget der wissenschaftlichen Kabbalistik" beruht auf seiner Grammatik (mit Lexikon) *De rudimentis hebraicis* (Pforzheim 1506) und seinen kabbalistischen Werke *De verbo mirifico* (Basel 1494) und *De arte cabalistica* (Hagenau 1517). Vor allem die hebräischen Sprachstudien, die R. bei jüdischen Gelehrten wie dem kaiserlichen Leibarzt Jakob ben Jechiel Loans betrieb, machten den stets der katholischen Kirche treu gebliebenen Humanisten gerade in der reformatorischen Geschichtsschreibung zu einem Vorläufer bei der Entdeckung der „veritas hebraica". In der Reihe vorreformatorischer Glaubenszeugen schien R. auch wegen seiner Auseinandersetzung um die Erhaltung der jüdischen Literatur zu stehen. Gegen die von dem konvertierten Juden Johannes ∕Pfefferkorn initiierte Konfiszierung aller jüdischen Schriften sprach sich R. als einziger der angefragten Gutachter in seinem im Herbst 1510 verfassten Gutachten aus und argumentierte dabei juristisch – die Juden genießen kaiserlichen Rechtsschutz, der auch die Eigentumssicherung umfasst –, theologisch-philosophisch – die jüdische Überlieferung steht in Konkordanz zur christlichen und belegt die Existenz des christlichen Gottes – und wissenschaftlich-philologisch – die jüdischen Schriften sind nützlich für die christliche Exegese. Gegen R. begann ein Häresieverfahren, das von seinen Gegnern v. a. aus dem Dominikanerorden bis nach Rom vor die päpstliche Gerichtsbarkeit getragen wurde. 1520 wurde R. zur Übernahme der Prozesskosten und zu Stillschweigen verurteilt. Die Auseinandersetzung avancierte insbesondere durch die öffentliche Stellungnahme für R. in den ∕„Dunkelmännerbriefen", die mit geschickter Sprachsatire die Bildungslosigkeit der R.-Gegner persiflieren, bis heute zu einer wichtigen Etappe neuzeitlicher Toleranz- und Zensurgeschichte. Die humanistischen „Reuchlinistae" gehen nicht auf die jüdische Streitsache ein, sondern stilisieren die Kontroverse zu einem grundsätzlichen Kampf zwischen rückständiger Scholastik und aufklärerischem Humanismus – auch mit antitheologischem Affekt, da die humanistischen Laien sich gegen das Wissens- und Interpretationsmonopol der akademischen (scholastischen) Theologen auflehnen.

R.s theologische Themen sind in seinem Werk verstreut. Gegen Auswüchse der Volksfrömmigkeit (Reliquien und Wallfahrtswesen) polemisiert er in der Komödie *Sergius* (Erfurt um 1504); die griechischen und lateinischen Kirchenväter (Athanasius, Proklos) nehmen einen wichtigen Platz bei Editionen und Übersetzungen ein; die Kabbalistik steht ganz unter christlichem Vorzeichen; in seiner Predigtlehre verbindet er ciceronianische Rhetorik und biblische Aussage mit dem seelsorgerlichen Interesse einer v. a. sittlichen Erziehung der Zuhörer. Vielfältig ist seine Beschäftigung mit marianischen Themen: Übersetzung der Marienpredigt des Proklos, ausführlicher (nur handschriftlich überlieferter) Kommentar der Mariensequenz „Ave virginalis forma", Eintritt in die Salve-Regina-Bruderschaft.

▪ Werke: De arte praedicandi. Pforzheim 1504; Augenspiegel. Tübingen 1511; Defensio contra calumniatores suos Colonienses. ebd. 1514; De accentibus et orthographia linguae hebraicae. Hagenau 1518; Sämtliche Werke, Bd. 1/1, hg. v. W.-W. Ehlers. Stuttgart 1996 (De verbo mirifico).

▪ Literatur: BBKL 8, 77–80. – L. Geiger: J.R. Leipzig 1871, Nachdruck 1964; S. Rhein: Reuchliniana I–III: J.R. (1455–1522), hg. v. H. Kling. Sigmaringen ²1994, 277–325; C. Zika: R. und die okkulte Tradition der Renaissance. ebd. 1998; R. und die politischen Kräfte seiner Zeit, hg. v. S. Rhein. ebd. 1998.

Stefan Rhein

■ Nachtrag: M.R. ACKERMANN: Der Jurist J.R. Berlin 1999; G. DÖRNER (Hg.): R. und Italien. Stuttgart 1999.

R(h)adinus (Radini, Rodaginus, auch Tedescus, Tedeschi, Todisc[h]us, -ius, -o genannt), *Thomas* (Tommaso), Dominikaner, Theologe, * 15.3.1488 Piacenza, † Mai 1527 Rom (während des /Sacco di Roma); Professor der Theologie in Rom, seit etwa 1520 Stellvertreter des Magister sacri Palatii Sylvester /Prierias. In Deutschland durch die gegen Martin Luthers Adelsschrift gerichtete *Oratio ad principes et populos Germaniae* (Köln 1520) bekannt, welche Philipp Melanchthons „Didymi Faventini adversus Thomam Placentinum oratio" provozierte, auf die R. mit der *Oratio in Philippum Melanchthonem* (Leipzig 1522) antwortete.
■ Werkverzeichnis: VD 16 R 84–87.
■ Literatur: CERAS 3, 131. – R. STUPPERICH: Melanchthon und R.: ZKG 100 (1989) 340–352; D.V.N. BAGCHI: Luther's earliest opponents. Minneapolis 1991; M. TAVUZZI: An unedited Oratio by Tommaso R. Tedeschi O.P.: AHP 32 (1994) 43–63. *Barbara Henze*

Rhegius, *Urbanus* (eigentlich Urban Rieger), Humanist und reformatorischer Theologe, * Mai 1489 Langenargen (Bodensee), † 27.5.1541 Celle; studierte in Freiburg und Ingolstadt, Schüler Johannes /Ecks; 1517 zum Poeta laureatus gekrönt; 1519 Priester; 1520 in Basel Doctor theologiae; als Nachfolger von Johannes /Oekolampad 1520 Domprediger in Augsburg, verkündete am 30.12.1520 die Bulle */Exsurge Domine* im Dom zu Augsburg, 1521 seines Amtes enthoben; seit 1524 Prediger an St. Anna in Augsburg, 1525 Heirat; Vermittlerdienste bei der Erstellung der /Confessio Augustana. Nach dem Reichstag von 1530 von Herzog Ernst dem Bekenner als Superintendent nach Braunschweig-Lüneburg berufen. An wichtigen Ereignissen und Entscheidungen der Reformationszeit (/Wittenberger Konkordie 1536; Tag von Schmalkalden 1537; /Hagenauer Religionsgespräch 1539) war Rh. beteiligt.
■ Werke: Opera ... latine edita, hg. v. E. REGIUS, 3 Teile. Nürnberg 1562; Deutsche Bücher und Schriften, hg. v. DEMSELBEN, 4 Teile. ebd. 1562; Poemata iuvenilia, hg. v. G. WAGNER. Wittenberg 1711.
■ Literatur: BBKL 8, 122–134. – G. UHLHORN: U.Rh. Leben und ausgewählte Schriften. Elberfeld 1861, Nachdruck Nieuwkoop 1968; M. LIEBMANN: U.Rh. und die Anfänge der Reformation. Münster 1980; H. ZSCHOCH: Reformatorische Existenz und konfessionelle Identität. U.Rh. als evangelischer Theologe in den Jahren 1520–30. Tübingen 1995. *Maximilian Liebmann*
■ Nachtrag: S.H. HENDRIX: Die Bedeutung des U.Rh. für die Ausbreitung der Reformation: Humanismus und Wittenberger Reformation. Leipzig 1996, 53–72; R. COLE: Interpreting an early Reformation pamphlet by U.Rh.: Books have their own destiny. FS R.V. Schnucker. Kirksville 1998, 39–46.

Rink (Rinck), *Melchior*, osthessischer Täuferführer, * um 1493, Todestag unbekannt; 1523 als katholischer Kaplan in Hersfeld; bemühte sich um Einführung reformatorischen Gedankenguts, wurde jedoch vertrieben. Als Pfarrer der Nähe Eisenachs geriet er unter den Einfluss Thomas /Müntzers; 1525/28 Aufenthalt in Worms und Landau; Hinwendung zum /Täufertum, Gründung einer Täufergemeinde in Hersfeld (1528) und Sorga mit der Folge von Anklage durch weltliche und geistliche Autoritäten sowie Vertreibung; nach Rückkehr 1529 Inhaftierung, 1531 Verurteilung zu lebenslänglicher Haft.
■ Literatur: BBKL 8, 369ff. – E. GELDBACH: Leben und Lehre des hessischen Täuferführers M.R. Marburg 1969 (Manuskript); H.

BEULSHAUSEN: Die Geschichte der osthessischen Täufergemeinden. Gießen 1981.
Aloys Klein

Rorer (Rohrer), *Thomas,* lutherischer Theologe, * 1521 Ingolstadt, † nach 1582 Gutenbrunn (Österreich). Nach Studien in seiner Heimatstadt Prämonstratenser in Windberg; 1542 Priester, dann Kaplan in Viechtach. 1545 Konversion und lutherischer Prediger in Cham (Oberpfalz); Heirat. 1550 Vikar in Weiden, 1555 Pfarrer in Bruck, 1562 in Rennertshofen bei Neuburg; 1564 Festigung der Reformation in der Grafschaft Ortenburg. 1570 Pfarrer in Giengen (Brenz), 1572 in Pottenbrunn (Österreich) und 1579 in Gutenbrunn. Einer der bedeutendsten reformatorischen Schriftsteller Bayerns in der Nachfolge von Matthias ∕ Flacius.

▪ Literatur: F.W. KANTZENBACH: Der Prädikant Th.R.: ZBKG 25 (1956) 152–165; N. BACKMUND: Kloster Windberg. Windberg 1977, 82f. 158.
Manfred Eder

Rothmann, *Bernhard,* evangelischer Prediger und Täufertheologe in Münster, * um 1495 Stadtlohn (Westfalen), Todesjahr unbekannt; Schulbesuch in Deventer und Münster, Lehrer in Warendorf, ab 1529 Kaplan an der Stiftskirche St. Mauritz vor Münster. Reisen nach Wittenberg, Marburg und Straßburg. Wegen seiner evangelischen Predigten von Fürstbischof Friedrich von Wied des Hochstifts Münster verwiesen, fand R. in der Stadt Münster Aufnahme und wurde Pfarrer an St. Lamberti (23.2.1532). Nach Einsetzung weiterer evangelischer Prediger in Münster wandte sich R. 1533 mit mehreren Kollegen gegen die Kindertaufe. Niederländische Melchioriten (Melchior ∕ Hoffman) tauften R. am 5.1.1534. Während der Herrschaft der ∕ Täufer (ab 24.2.

1534) trat R. hinter den Propheten Jan van Leiden und Jan Matthijs zurück, wirkte aber bis zuletzt für die belagerte Täuferstadt. Bei der Eroberung Münsters (25.6.1535) entkam R. wahrscheinlich nach Oldenburg. Theologisch verarbeitete R. Einflüsse von Philipp Melanchthon, Huldrych Zwingli, Wolfgang ∕ Capito, Johannes ∕ Campanus und Hoffman. Seine Schriften von 1534/35 dienten der Vorbereitung auf die Wiederkunft Christi und wurden im Täufertum rezipiert.

▪ Werke: Die Schriften B.R.s, hg. v. R. STUPPERICH. Münster 1970.
▪ Literatur: BBKL 8, 825ff. – M. BRECHT: Die Theologie B.R.s: Jahrbuch für westfälische Kirchengeschichte 78 (1985) 49–82; W. DE BAKKER: B.R.: The Dutch Dissenters, hg. v. I. HORST. Leiden 1986, 105–116; R. KLÖTZER: Die Täuferherrschaft von Münster. Münster 1992.
Ralf Klötzer

Rythovius, *Balduinus Martinus* (Maarten van Riethoven), erster Bischof von Ypern (Belgien), * 1511 Riethoven (Niederlande), † 9.10.1583 St-Omer (Département Pas-de-Calais); Professor in Dillingen und Löwen; 1557 Teilnehmer am Religionsgespräch zu ∕ Worms; 1561 Bischof des 1559 neu errichteten Bistums Ypern. R. nahm 1563 an der letzten Tagungsperiode des Tridentinum teil und führte die Konzilsbeschlüsse in seiner Diözese durch (1565 erstes tridentinisches Priesterseminar in den Niederlanden). Er setzte sich bei Herzog von ∕ Alba für Mäßigung seines Auftretens in den Niederlanden ein; wurde am 28.10.1577 bei der calvinistischen Machtergreifung in der Stadt Gent zusammen mit dem Bischof von Brügge gefangen gesetzt (bis 1581).

▪ Literatur: Biographie nationale, hg. v. der Belgischen Akademie der Wissenschaften, Bd. 20. Brüssel 1908–10, 725–764. – A.

Iweins: Esquisse historique et biographique sur R., premier évêque d'Ypres. Brügge 1859; M. Dierickx: De oprichting der nieuwe bisdommen in de Nederlanden onder Filips II 1559–70. Antwerpen–Utrecht 1950; P.H. Verhoeven: Maarten van Riethoven, eerste bisschop van Ieper. Wetteren 1961. *Peter J.A. Nissen*

Sacco di Roma (S.), Bezeichnung für die Plünderung (italienisch „sacco") Roms 1527 durch Truppen ∕ Karls V., ausgelöst durch den Herrschaftsanspruch des Kaisers auf Italien gegen die Liga von Cognac, der auch ∕ Clemens VII. angehörte. Die Soldateska stand zunächst noch unter der Führung des beim Angriff auf Rom am 6.5. gefallenen Herzogs Charles de Bourbon. Führerlos geworden, plünderte und mordete die Truppe umso wilder. Clemens, der in die Engelsburg geflüchtet war, musste sich am 5.6. ergeben und wurde dann festgehalten, bis er sich am 6.12. loskaufen konnte. Die Katastrophe des S., der allgemein als Strafgericht für das Rom der Renaissance aufgefasst wurde, bahnte den Weg für Umkehr und Erneuerung.

■ Literatur: L. von Pastor: Geschichte der Päpste seit dem Ausgang des Mittelalters, Bd. 4/2. Freiburg 1956, 228–322; M. Lenzi: Il S. del 1527. Rom 1978; E.A. Chamberlain: The Sack of Rome. London 1979; C. Chaffin: Olympiodoros of Thebes and the Sack of Rome. New York 1993; V.J. Pitts: The Man Who Sacked Rome. ebd. 1994; L. Guicciardini: The Sack of Rome: CHR 80 (1994) 353–357. *Josef Gelmi*
■ Nachtrag: K. Gouwens: Remembering the Renaissance. Humanist narratives of the sack of Rome. Leiden 1998.

Sachs, *Hans,* Dichter und Schuhmacher, * 5.11.1494 Nürnberg, † 19.1.1576 ebebda; schloss sich frühzeitig der Reformation an. In dem 1523 erschienenen Spruchgedicht *Die Wittembergisch Nachtigall,* das ihn berühmt machte, gab er eine populäre Zusammenfassung von Martin Luthers Lehren. Auch sein weiteres Schaffen – über 6000 Meisterlieder, Spruchgedichte, Prosadialoge, Fastnachtspiele, Komödien, Tragödien – steht vielfach im Dienst der Reformation.

■ Werke: Werke, hg. v. A. von Keller–E. Goetze, 26 Bde. Stuttgart 1870–1908; Repertorium der Sangsprüche und Meisterlieder, hg. v. H. Brunner–B. Wachinger. Tübingen 1986ff.
■ Literatur: N. Holzberg: H.S. Bibliographie. Nürnberg 1976; E. Bernstein: H.S. Reinbek 1993. *Horst Brunner*
■ Nachtrag: B. Hamm: ‚Ist das gut evagelisch?' H.S. als Wortführer und Kritiker der Reformation: Luther 66 (1995) 125–140; derselbe: Bürgertum und Glaube. Göttingen 1998.

Sadoleto, *Jacopo,* humanistischer Reformtheologe, * 12.7.1477 Modena, † 18.10.1547 Rom; 1511 Sekretär ∕ Leos X., 1517 Bischof von Carpentras bei Avignon, 1523 von Papst ∕ Hadrian VI. entlassen. Durch Aegidius von Viterbo für theologische Themen interessiert, kümmerte sich S. um sein Bistum und wollte nun v. a. als Autor wirken, 1524–27 wurde er jedoch Sekretär ∕ Clemens' VII.; 1536 Kardinal, 1536–38 in Rom, Mitglied der Reformkommission ∕ Pauls III., Sondervotum. 1537–39 unternahm S. Versuche humanistischer Irenik (Philipp Melanchthon; Johann ∕ Sturm; Genf), war gegen die Waldenser der Provence mild, später streng, aber unschuldig am Massaker von 1545. 1542/43 als Legat zu ∕ Franz I. gesandt und beim Treffen von Busseto anwesend, trat 1545–47 für ein Konzil in Rom ein und stand der päpstlichen Politik kritisch gegenüber. Reform schien ihm ein Problem von Sittlichkeit und Bildung, Einheit wichtiger als Wahrheit; Judengegner. S. verfasste humanistische Gedichte, aristotelisch-neuplatonische philosophische und exegetische (zu den Psalmen 50 und 93 und zum Römerbrief; 1535, semipelagianisch) sowie unveröffentlichte systematisch-theologische Schriften. Er folgt den Vätern, besonders Johannes Chrysostomus, und führt mit Dialogen einen rhetorisch-moralischen Diskurs gegen den scholastischen.

■ Werke: Gesamtausgabe. Mainz 1607; Gesamtausgabe, 4 Bde. Verona 1737–38; A. MAI: Spicilegium Romanum, Bd. 2. Rom 1839, 101–178.
■ Quellen: Epistolae, 5 Bde. Rom 1759–67; A. RONCHINI (Hg.): Lettere. Modena 1872; Acta Nuntiaturae Gallicae, Bd. 3. Paris 1963.
■ Literatur: BBKL 8, 1164–69. – R.M. DOUGLAS: J.S. Cambridge (Massachusetts) 1959; W. REINHARD: Die Reform in der Diözese Carpentras. Münster 1966; M. VENARD: Réforme protestante, Réforme catholique dans la province d'Avignon. Paris 1993; G. GESIGORA: Ein humanistischer Psalmenexeget des 16.Jh. J.S. Frankfurt (Main) 1997.

Wolfgang Reinhard

Sakramente. 1. Wesentlich für *reformatorisches Sakramentenverständnis* ist der „positive" Charakter der S., d. h. ihre Begründung in der göttlichen Einsetzung. Nur Gott kann seine Gnade an sichtbare Zeichen binden, so dass allein jene Zeichen (Handlungen) als S. gelten, für die sich ausdrücklich eine biblisch bezeugte göttliche Einsetzung („mandatum Dei") finden lässt. Darum wird die natürliche Symbolhaftigkeit sakramentaler Zeichen und Riten selten bedacht bzw. ausdrücklich abgelehnt und demgegenüber das allein entscheidende Handeln Gottes und der Gabencharakter der S. betont. Zugleich wird die Bedeutung des Wortes sowohl gegenüber dem Sakrament wie auch in der konkreten Sakramentsgestalt hervorgehoben, sei es, dass Wort und Sakrament (in der lutherischen Tradition) eher nebengeordnet werden oder das Wort (in der reformierten Tradition) ausdrücklich als das übergeordnete, primäre Heilsmittel betrachtet wird.

Als von Gott eingesetzte Zeichen sind die S. für *Martin Luther* die Orte, an denen dem Menschen das Heil Gottes zugesagt wird und denen ein vergewisserndes Zeichen zugeordnet ist. Der Glaube („fides") als reines Sich-Verlassen auf die Verheißung Gottes („promissio") ist notwendige Bedingung ihrer Heilswirksamkeit. Dennoch macht der Glaube nicht die S., sondern empfängt sie (BSLK 701, 41 f.), so dass ihre Objektivität ausdrücklich gewahrt bleibt. Demgegenüber tritt bei Philipp Melanchthon der Charakter der S. als kirchliche Zeichenhandlungen („ritus") deutlicher hervor (vgl. die Definition in ApolCA 13, 3). Die S. sind Zeichen und Zeugnis des göttlichen Willens gegenüber dem Menschen (CA 13). Zugleich wird in CA 7 die Bedeutung der S. für die Konstitution der /Kirche deutlich, wie Melanchthon generell den ekklesiologischen Aspekt der S. stärker als Luther betont. Dabei kennzeichnet den lutherischen Sakramentsbegriff eine gewisse Offenheit für die Zahl der S. (vgl. die unterschiedliche Bewertung der /Buße und die Aussagen in der CA und ApolCA [13]) sowie ein geringes Interesse an einem ausdrücklichen Sakramentsbegriff, der in der Regel nur als nachträglicher Reflexionsbegriff zugelassen wird, um den Eigencharakter der göttlichen Stiftungen nicht zu verdunkeln. So kann Luther auch aufgrund des biblischen μυστήριον-Begriffs Jesus Christus als das eigentliche „sacramentum" bezeichnen, von dem sich die sakramentalen Zeichen herleiten (WA 6, 86, 7; 501, 37 f.).

Innerhalb der *reformierten Tradition* wird demgegenüber ein klarer

Sakramentsbegriff entwickelt, der sowohl die alttestamentlichen wie auch die neutestamentlichen S. als Siegel des Gnadenbundes umfasst. Die S. des Neuen Bundes sind aufgrund biblisch bezeugter Einsetzung Taufe und Abendmahl. Während Huldrych Zwingli das Sakrament als rein menschliches Bekenntniszeichen des Glaubens deutet, weil der Geist als Geber der Gnade keines sichtbaren Elements bedarf, versteht Jean Calvin, dessen Position innerhalb der reformierten Tradition prägender geworden ist, das Sakrament als Siegel der Verheißung Gottes, das als äußeres Zeichen von Gott als Bestärkung des schwachen menschlichen Glaubens gegeben ist. Seine Kraft kommt aber nicht aus dem Zeichen, sondern durch den Geist Gottes (pneumatologischer Akzent). Doch ist das Sakrament durchaus wirksames Gnadenzeichen. Eine bloße Parallelisierung von äußerem Zeichen und innerer Wirkung trifft wohl nicht Calvins Verständnis. Das Proprium des Sakraments liegt für reformatorisches Denken aufgrund der Bedeutung des Wortes als Heilsmittel und des personalen Gnadenverständnisses nicht auf der Ebene des Gehalts, d. h. der sakramentalen Heilsgabe, sondern der Gestalt. Gegenüber dem Wort heben die S. die Leiblichkeit des Menschen, seine Individualität und die ekklesiologische Bedeutung des Glaubens hervor.

Auch die Artikel 25–31 der 39 ⁄Anglikanischen Artikel der ⁄Church of England und der Katechismus im anglikanischen ⁄Book of Common Prayer verstehen die S. nicht primär als menschliche Bekenntniszeichen, sondern als wirksame Zeichen der Gnade und des göttlichen Wohlwollens gegenüber dem Menschen, durch die der Glaube gestärkt und bestätigt wird. Taufe und Abendmahl sind aufgrund des neutestamentlichen Zeugnisses die S. des Evangeliums, während die anderen S. genannten Zeichen keine ausdrückliche Einsetzung durch Gott besitzen. Der heilswirksame Empfang setzt eine entsprechende Würdigkeit voraus. Die Unwürdigkeit eines Amtsträgers verungültigt die S. nicht, weil sie an Christi Einsetzung und Versprechen gebunden sind. *Burkhard Neumann*

■ LTHK³ 8, 1447ff. (ungekürzte Fassung).
■ Literatur: J. ROHLS: Theologie reformierter Bekenntnisschriften. Göttingen 1987; U. STOCK: Die Bedeutung der S. in Luthers Sermonen von 1519. Leiden 1992; I. GREEN: The Christian's ABC. Catechism and Catechizing in England c. 1530–1740. Oxford 1996; M. LIENHARD: Luther est-il ‚protestant'? Le sacrement chez Luther et dans la tradition luthérienne: Revue d'histoire et de philosophie religieuses 77 (1997) 141–164; Y.H. LEE: Calvin's doctrine of the sacraments: Yonsei Journal of Theology 2 (1997) 119–147.

2. Das *Konzil von Trient* verabschiedete 1547 ein Dekret über die S. (DH 1600–13), für das die Texte vom Konzil von Florenz als Richtlinien galten. Man vermied scholastische Fachausdrücke und wollte unter Beschränkung auf das Notwendige die reformatorischen Lehren über die Zahl der S. und über ihre Wirksamkeit nur durch den Glauben (ohne Namensnennung der Reformatoren) zurückweisen. Eine Wesensbeschreibung des Sakraments wird nicht geboten. Die Gegenpositionen zu den Reformatoren werden mit Anathemata geschützt, so hinsichtlich der Siebenzahl der durch Jesus Christus eingesetzten S. (Genaueres dazu sagte das Konzil bei einzelnen S.), ihres Verhältnisses zum Glauben, des Opus operatum, der Existenz des sakramentalen Charakters, der notwendigen Vollmacht, der Intention des Spenders, des Fehlens eines Obex (Hindernis) beim Emp-

fänger. Offensichtlich ist dabei die Praxis der Säuglingstaufe als Norm für das Schema des Sakraments im allgemeinen betrachtet worden, so dass die personale und liturgische Sicht der S. nicht zur Geltung kommt. Die S. werden in den Zusammenhang mit der Rechtfertigung eingeordnet, aber nicht alle werden als gleichrangig und heilsnotwendig erklärt. *Herbert Vorgrimler*

■ LTHK³ 8, 1440ff. (ungekürzte Fassung).

■ Literatur: J. LLIGADAS VENDRELL: La eficacia de los sacramentos. ‚Ex opere operato' en la doctrina del Concilio de Trento. Barcelona 1983; A. DUVAL: Des sacrements au Concile de Trente. Paris 1985.

Sattler, *Michael,* Täufertheologe, * um 1490 Staufen (Breisgau), † 20.5.1527 bei Rottenburg (Neckar). Ehemals Benediktiner des Klosters Sankt Peter (Schwarzwald), auch als Prior bezeugt, schloss sich S. 1525 der Zürcher ∕Täuferbewegung an, leitete 1527 die Täufersynode in Schleitheim (Schaffhausen); als Verfasser des „Schleitheimer Bekenntnisses" maßgeblich für das schweizerische und süddeutsche Täufertum: Ablehnung der Kindertaufe, Verweigerung von Eid und Wehrdienst, weltabgesonderte Freiwilligkeitsgemeinden. Wirkungsgeschichtlich ist S. bedeutsam für ein freikirchlich-pazifistisches Kirchenmodell. 1527 Prozess, Folter und Hinrichtung.

■ Literatur: BBKL 8, 1403–08. – M. HAAS: M.S.: Radikale Reformatoren, hg. v. H.-J. GOERTZ. München 1978, 195–242; K. DEPPERMANN: Protestantische Profile von Luther bis Francke. Göttingen 1992, 48–64; H.O. MÜHLEISEN: M.S.: Edith-Stein-Jahrbuch, Bd. 4. Würzburg 1998, 225–242.

G. Michael Schmitt

Scaliger, *Joseph Justus,* französischer reformierter Philologe, * 5.8.1540 Agen (Département Garonne), † 21.1.1609 Leiden; nach humanistischen Studien bei seinem Vater Julius Caesar S. und in Paris 1652 Übertritt zum Calvinismus, mehrfache Teilnahme auf hugenottischer Seite an den Religionskriegen; 1572–74 Professor in Genf, dann Privatgelehrter in Frankreich, 1593–1609 Universitätsprofessor in Leiden als Nachfolger von Justus ∕Lipsius. Durch S. wurde Holland zum Zentrum aller philologischen Forschung Europas. Er gilt als größter Texteditor und philologischer Kommentator seiner Zeit. Zugleich war er Epigraphiker und wissenschaftlicher Begründer der Chronologie (u. a. *De emendatione temporum.* Paris 1588, ²1598 [mit kritischen Exkursen]; *Thesaurus temporum.* Leiden 1606, ²1608). Seine polemische Behandlung konfessioneller Zeitfragen (im Zusammenhang seiner philologischen Schriften) führte zu zahlreichen literarischen Zusammenstößen, zumal mit Jesuitengelehrten. Von seinen Gegnern ist Dionysius Petavius erwähnenswert wegen seiner Verbesserungen zur Chronologie S.s (*De doctrina temporum.* Paris 1627).

■ Literatur: LTHK¹ 9, 357; RGG³ 5, 1380f.; BBKL 8, 1489–92. – Autobiography of J.J.S., ed. v. G.W. ROBINSON. Cambridge (Massachusetts) 1927; C.M. BRUEHL: J.J.S.: ein Beitrag zur geistesgeschichtlichen Bedeutung der Altertumswissenschaft: Zeitschrift für Religions- und Geistesgeschichte 12 (1960) 201–218, 13 (1961) 45–65; R. SMITSKAMP (Hg.): The S. collection. Leiden 1993.

Ernst Walter Zeeden

■ Nachtrag: A. GRAFTON: J.S. Bd. 1ff. Oxford 1983ff.; H.J. DE JONGE: J.S.'s historical criticism of the New Testament: Novum Testamentum 38 (1996) 176–193.

Schatzgeyer (Sasger, Schatzger), *Kaspar,* Franziskanerobservant, Kontroverstheologe, * 1463/64 Landshut, † 18.9.1527 München; nach Studien u. a. in Ingolstadt Lektor in Landshut (ab 1487), Ingolstadt (1489–96) und

München (1498), wo er 1499 Guardian wurde; 1508 Prediger und Lektor in Ingolstadt; 1514–17 und 1520–23 Provinzial der oberdeutschen Franziskanerobservantenprovinz; 1517–1520 Guardian in Nürnberg, 1523–1527 in München. Sch. setzte sich 1516 mit den Franziskanerkonventualen und ab 1522 mit den Reformatoren auseinander. Im Streit mit diesen bediente er sich methodisch der Schriftargumentation, behandelte inhaltlich v.a. die Eucharistie- und Sakramentenlehre, die Gelübde und die christliche Freiheit und suchte zunächst eine vermittelnde, die reformatorischen Anliegen nicht abweisende Position, die sich im Lauf der Kontroversen verschärfte.

■ Werke: Apologia status fratrum ordinis minorum de observantia. Basel 1516; Scrutinium divinae scripturae pro conciliatione dissidentium dogmatum. ebd. 1522 u.ö., ed. v. U. Schmidt. Münster 1922; Omnia opera. Ingolstadt 1543; Schriften zur Verteidigung der Messe, ed. v. E. Iserloh – P. Fabisch. Münster 1984; Von der waren Christlichen und Evangelischen freyheit. München 1524; De vera libertate evangelica. Tübingen 1525 u.ö., ed. v. Ph. Schäfer. Münster 1987. – *Werkverzeichnis:* VD 16 18, 198–203; Klaiber nn. 2761–96.

■ Literatur: KThR² 1, 56–63; DSP 14, 403f.; OER 4, 1f. – H. Klomps: Kirche, Freiheit und Gesetz bei dem Franziskaner-Theologen K.Sch. Münster 1959; E. Komposch: Die Messe als Opfer der Kirche. Die Lehre K. Sch.s über das eucharistische Opfer. München 1965; P.L. Nyhus: Caspar Sch. and Conrad Pellican: ARG 61 (1970) 179–204; D.V.N. Bagchi: Luther's Earliest Opponents. Minneapolis 1991; K. Diez: ‚Ecclesia – non est civitas platonica'. Frankfurt (Main) 1997, 184–203.   *Heribert Smolinsky*

Schauenburg, *Adolf III.,* Graf von, Kurfürst und Erzbischof von Köln (1546–56), * 1511, † 1556 Schloss Brühl; Studium in Löwen; Aufnahme ins Domkapitel von Lüttich 1528, Propst 1533; Domkapitular in Köln und Mainz 1529; im Kölner Gereonstift 1529 Dekan, 1533 Propst; 1533 Propst des Heilig-Kreuz-Stifts in Lüttich. Am 17.12. 1533 vom Kölner Domkapitel zum Koadjutor Erzbischof Hermanns V. von ↗Wied gewählt. Nach dessen Absetzung wurde Sch. am 11.12. 1546 Erzbischof; förmliche Wahl durch das Domkapitel am 24.1. 1547. Priesterweihe am 3.5.1547, Bischofsweihe am 18.4.1548. Sch. versuchte, die konfessionspolitischen und kirchenreformerischen Ergebnisse des Reichstags von Augsburg 1547/48 im Erzbistum umzusetzen (↗Augsburger Interim). Treibende Kraft der Kirchenreform war der Kölner Domkanoniker Johannes ↗Gropper. Regelmäßige Bistumssynoden 1548 bis 1551. Die Statuten der Provinzialsynode von 1549 markieren einen neuen Höhepunkt vortridentinischer Reform nach dem Provinzialkonzil von 1536. Die persönliche Teilnahme Sch.s am Trienter Konzil unterstreicht seinen Reformwillen.

■ Literatur: J. Hartzheim: Concilia Germaniae, Bd. 6. Köln 1765; O.R. Redlich: Jülich-bergische Kirchenpolitik am Ausgange des Mittelalters und in der Reformationszeit, Bd. 1. Bonn 1907, Nachdruck 1986; R. Schwarz: Personal- und Amtsdaten der Bischöfe der Kölner Kirchenprovinz von 1500 bis 1800. Köln 1914; H. Foerster: Reformbestrebungen A.s III. von Schaumburg (1547–56) in der Kölner Kirchenprovinz. München 1925; A. Franzen: Die Kelchbewegung am Niederrhein. ebd. 1955; K. Repgen: Der Bischof zwischen Reformation, katholischer Reform und Konfessionsbildung: Der Bischof in seiner Zeit, hg. v. P. Berglar u.a. Köln 1986, 245–314.   *Hansgeorg Molitor*

Scheurl, *Christoph,* Humanist und Rechtsgelehrter, * 11.11.1481 Nürnberg, † 14.6.1542 ebenda; Vater aus Breslau, Mutter aus der Patrizierfamilie der Tucher stammend. Sch. studierte 1497 in Heidelberg und 1498 in Bologna (Lehrer u. a. ⁄ Campeggi), dort 1506 Doktor beider Rechte; 1507–12 Professor der Rechte in Wittenberg, Rektor der Universität. 1512 Ratskonsulent seiner Vaterstadt, für die er viele diplomatische Aufträge ausführte. Anfänglich auf Seiten Martin Luthers stehend, unterstützte er beim Nürnberger Religionsgespräch 1525 die Reformation. Die disparate Entwicklung der Reformation missfiel ihm; seit 1530 zählte er zu ihren Gegnern. Sch. war literarisch tätig und unterhielt eine umfangreiche Korrespondenz (u. a. mit Johannes ⁄ Eck, Charitas ⁄ Pirckheimer).

▪ Literatur: BBKL 9, 178–185. – M. GOSSMANN: Bibliographie der Werke Ch.Sch.s: Archiv für die Geschichte des Buchwesens 10 (1969) 373–395. *Rolf Decot*
▪ Nachtrag: I. BACKUS: Ch.Sch. and his anthology of ‚New Testament Apocrypha': Apocrypha 9 (1998) 133–156.

Schiner, *Matthäus*, Kardinal, Fürstbischof von Sitten, * um 1465 Mühlebach bei Ernen (Kanton Wallis), † 1.10.1522 Rom; Studium in Sitten und Como; 1489 Priester; 1493 Kaplan in Obergesteln, 1496 beteiligt am Sturz des Fürstbischofs Jost von Silenen, danach Pfarrer von Ernen und nichtresidierender Domherr, 1497 Domdekan, 20.9.1499 durch päpstliche Nomination Fürstbischof von Sitten und damit Landesherr des Wallis, 13.10.1499 in Rom konsekriert, 1511 Kardinalpriester (S. Pudenziana), 1512–15 Bischof von Novara, päpstlicher Legat, 1519 durch kaiserliche Nomination Bischof von Catania.

Sch. wirkte als Reformbischof, führte Visitationen durch, ließ Kirchen bauen und förderte die Klerusdisziplin. 1510 vermittelte er als Gegner Frankreichs ein Bündnis zwischen Julius II. und der Eidgenossenschaft, warb päpstliche Söldner für die Schlachten von Pavia 1512 und Novara 1513 und verschaffte den Eidgenossen Bellinzona und das Bleniotal. 1517 im Zuge der Aussöhnung zwischen ⁄ Leo X. und Frankreich aus dem Bistum vertrieben, gewann er Einfluss als Berater ⁄ Karls V., trat in Verbindung mit Humanisten und war auf dem Reichstag von Worms 1521 ein wichtiger Gegner Martin Luthers. Bei der Papstwahl 1521 gehörte Sch. zu den aussichtsreichen Kandidaten. In Rom unterstützte er ⁄ Hadrian VI.; er starb an der Pest und erhielt ein Grab in S. Maria dell'Anima.

▪ Literatur: E. GATZ (Hg.): Die Bischöfe des Heiligen Römischen Reiches 1448–1648. Berlin 1996, 635ff.; BBKL 9, 213ff.; LMA 7, 1467. – A. BÜCHI: Korrespondenzen und Akten zur Geschichte des Kardinals M.Sch., 2 Bde. Basel 1920–25; E.F. MÜLLER: Kardinal M.Sch. als Staatsmann und Kirchenfürst, 2 Bde. Zürich–Fribourg 1923–37; Kardinal M.Sch. und seine Zeit. FS zum 500. Geburtstag. Brig 1967–68; L. CARLEN: Kaiser Maximilian I. und Kardinal M.Sch.: Anzeiger der philosophisch-historischen Klasse der Österreichischen Akademie der Wissenschaften 117 (1980) 230–248; DERSELBE: Kultur des Wallis 1500–1800. Brig 1984, 6–13; DERSELBE: Kardinal Sch. in Rom: Walliser Jahrbuch 56 (1987) 19–26. *Markus Ries*

Schlegel, *Theodul*, Prämonstratenser, Anführer der katholischen Partei in der Bündner Reformation, * um 1485 Chur, † 23.1.1529 ebenda; Studien in Tübingen und Heidelberg, trat in St. Luzi (Chur) in den Orden ein, 1515 Abt; stand als Diplomat im Dienst der Drei Bünde. Zunächst kirchlichen Reformen zugeneigt, setzte sich Sch. seit 1522/23 an die Spitze der katholischen Partei. Er kämpfte gegen den Reformator Johannes ⁄ Komander und vertrat auf dem ⁄ Ilanzer Religionsgespräch (7. –

9.1.1526) die altgläubige Seite. Mit Plänen des Churer Bischofs Paul Ziegler in Verbindung gebracht, der zugunsten von Gian Angelo de' Medici (später Papst ↗Pius IV.) auf das Bistum resignieren wollte und damit fremde territoriale Ansprüche begünstigt hätte, wurde Sch. wegen Hochverrats hingerichtet.

■ Literatur: BBKL 9, 250–253. – O. VASELLA: Abt Th.Sch. von Chur und seine Zeit 1515–1529. Fribourg 1954; H. BERGER: Bündner Kirchengeschichte, Bd. 2. Chur 1986; G. JÄGER: Die Reformation in der Stadt Chur: Churer Stadtgeschichte, Bd. 1. ebd. 1993, 434ff. *Markus Ries*

Schmalkaldische Artikel

Schmalkaldische Artikel (SchA), von Martin Luther im Auftrag des sächsischen Kurfürsten ↗Johann Friedrich 1536 verfasste Bekenntnisschrift, die der Klärung des eigenen Standpunktes angesichts des von ↗Paul III. für 1537 nach Mantua einberufenen Konzils dienen sollte. Es wird zwischen Artikeln unterschieden, über die kein Streit herrscht (Trinität und Inkarnation), solchen, in denen man nicht weichen dürfe (↗Rechtfertigung aus dem Glauben, Messe und Heiligenanrufung, Stifte und Klöster, Papsttum [↗Primat]), und solchen, über die mit Gelehrten und vernünftigen Katholiken eine Einigung möglich erscheint (Sünde, ↗Gesetz, Evangelium, ↗Sakramente, Ekklesiologie [↗Kirche], ↗Rechtfertigung und Werke, Menschensatzungen). Die vom Kurfürsten und den Wittenberger Theologen gebilligten Artikel (jedoch Vorbehalte Philipp Melanchthons gegenüber dem schroff formulierten antipäpstlichen Artikel) wurden von der Versammlung des ↗Schmalkaldischen Bundes im Februar 1537 nicht angenommen, da Luther erkrankt war, Melanchthon intervenierte und die Ablehnung des Konzils von vornherein feststand. Nachdem einige Städte und Territorien den SchA das Ansehen einer Lehrgrundlage zumaßen und streng lutherische Theologen (Matthias ↗Flacius, ↗Gnesiolutheraner) sie hoch schätzten, wurden sie durch die Aufnahme in das Konkordienbuch (1580; ↗Konkordienformel) zur offiziellen Bekenntnisschrift.

■ Ausgabe: BSLK¹⁰ 405–468; H. VOLZ – H. ULBRICH (Hg.): Urkunden und Aktenstücke zur Geschichte von Martin Luthers Schwabacher Artikeln (1536–74). Berlin 1957.

■ Literatur: H. VOLZ: Zur Entstehungsgeschichte von Luthers Schwabacher Artikeln: ZKG 74 (1963) 316–320. *Rolf Decot*

■ Nachtrag: W.R. RUSSELL: A Neglected Key to the Theology of Martin Luther: The Schmalkald Articles: Word and World 16 (1996) 84–90.

Schmalkaldischer Bund

Schmalkaldischer Bund (SchB), politisches und militärisches Verteidigungsbündnis der Protestanten (1531–47) unter Führung von Hessen und Kursachsen, im Anschluss an die gescheiterten Religionsverhandlungen und den für die Protestanten ungünstigen Augsburger Reichsabschied von 19.11.1530, der die protestantischen Stände mit Reichsexekution bedrohte, gegründet (↗Karl V.). Die seit dem Speyerer Reichstag von 1529 bestehenden Bemühungen ↗Philipps von Hessen, die protestantischen Reichsstände durch ein Bündnis zu stärken (vgl. das ↗Marburger Religionsgespräch von 1529), führten im Abschied von Schmalkalden von 31.12.1530 (unterzeichnet von Kursachsen, Hessen, Braunschweig-Lüneburg, Wolfgang von Anhalt, Gebhard und Albrecht von Mansfeld, Magdeburg und Bremen) zu einer ersten Übereinkunft, nachdem während der Torgauer Verhandlungen im Oktober 1530 Martin Luther ein – wenn auch bedingtes – Widerstandsrecht gegen den Kaiser für möglich hielt. Die Gründungsurkunde wurde nach dem Beitritt weiterer Mitglieder (Straßburg, Konstanz, Ulm, Reutlingen, Memmingen, Lindau, Biberach, Isny und Lübeck) auf den 27.2. 1531 datiert. Der Bund suchte – letztlich vergeblich – Rückhalt bei auswärtigen Mächten (Frankreich, England, Dänemark). Er war nicht regional begrenzt wie der Schwäbische Bund, konnte aber nicht alle Unterzeichner der ∕Confessio Augustana in sich vereinen (Brandenburg-Ansbach und Nürnberg versagten sich). Weitere Fürstentümer und Stände traten während der zunächst für sechs Jahre beschlossenen Geltungsdauer bei. Der SchB erwies sich als so mächtig, dass der Kaiser, bedrängt von den Türken und Frankreich, sich zum Abschluss des Nürnberger Anstands von 1532 und weiteren hinhaltenden Übereinkünften gezwungen sah. Bundestage verabschiedeten 1533 und 1535 die Bundesverfassung mit den Hauptleuten Philipp von Hessen für den südlichen und dem sächsischen Kurfürsten für den nördlichen Teil. Auf dem Bundestag von 1537 in Schmalkalden wurde das Bündnis um zehn Jahre verlängert. Das Bekanntwerden seiner Doppelehe (1540) zwang Philipp zu einem Geheimabkommen mit dem Kaiser und schwächte den Bund. Als die Protestanten ihre Teilnahme am 1545 in Trient eröffneten Konzil verweigerten, ging der Kaiser im *Schmalkaldischen Krieg* 1546/47 gegen sie vor und errang in der Schlacht bei Mühlberg am 24.4.1547 den entscheidenden Sieg. Mit der Gefangennahme der Anführer Philipp von Hessen und Kurfürst Johann Friedrich zerbrach der Bund.

Der SchB hatte die Confessio Augustana als Bekenntnisgrundlage, dies schloss die zwinglianischen oberdeutschen und Schweizer Städte aus, einte jedoch die Lutheraner. Seine Bedeutung lag in der politisch-militärischen Sicherung des Protestantismus für rund 17 Jahre, so dass er nicht mehr zu überwinden war, weder durch den Kaiser auf dem „geharnischten" Reichstag von Augsburg 1547/48 noch durch das Tridentinum (zweite Periode 1551/52); schließlich erreichten die Anhänger der Confessio Augustana im Reichstag von 1555 den ∕Augsburger Religionsfrieden.

▪ Ausgabe: Die Schmalkaldischen Bundesabschiede 1530–32, 1533–36, hg. v. E. FABIAN. Tübingen 1958.
▪ Literatur: E. FABIAN: Die Entstehung des SchB und seiner Verfassung 1529–31/33. Tübingen ²1962; S. JAHNS: Frankfurt, Reformation und SchB. Frankfurt (Main) 1976; G. SCHLÜTTER-SCHINDLER: Der SchB und das Problem der causa religionis. ebd. 1986; TH. BRADY: Zwischen Gott und Mammon. Protestantische Politik und deutsche Reformation. Berlin 1996. *Rolf Decot*
▪ Nachtrag: G. WARTENBERG: Die Schlacht bei Mühlberg in der Reichsgeschichte als Auseinandersetzung zwischen protestantischen Fürsten und Kaiser Karl V.: ARG 89 (1998) 167–177; G. VOGEL: Kurfürst Johann Friedrich und Herzog Moritz von Sachsen: ebd. 178–206.

Schnepf(f), *Erhard,* württembergischer Reformator, * 1.11.1495 Heilbronn, † 1.11.1558 Jena; Studium in Erfurt und Heidelberg; 1518 Zeuge der Heidelberger Disputation Martin Luthers; 1520 evangelischer Prediger in Weinsberg, 1524 in Wimpfen. Mitunterzeichner des „Syngramma Suevicum" (14 Unterzeichner, darunter Johannes ∕Brenz, machten sich für die lutherische Abendmahlslehre stark). 1526 reformatorische Tätigkeit in Weilburg; 1528 Professor in Marburg; Begleiter des hessischen Landgrafen zu den Reichstagen von Speyer 1529 und Augsburg

1530. 1534 von Herzog ↗Ulrich zur Durchführung der Reformation im nördlichen Württemberg nach Stuttgart berufen. Einigte sich 1534 mit Ambrosius ↗Blarer auf die vermittelnde Stuttgarter Konkordie. Nahm an den Religionsgesprächen von ↗Hagenau, ↗Worms und ↗Regensburg (1541, 1546) teil. 1544 Professor in Tübingen, durch das ↗Augsburger Interim vertrieben; 1549 Professor in Jena, zugleich Pfarrer und Superintendent. 1554 Visitator der ernestinischen Lande. Überwarf sich im Osiandrischen Streit (Andreas ↗Osiander) mit Brenz, geriet unter den Einfluss von Nikolaus von ↗Amsdorf und Matthias ↗Flacius und schrieb im Majoristischen Streit (Georg ↗Major) gegen die Wittenberger. 1557 Besuch des Wormser Religionsgesprächs. Zuletzt theologisch isoliert.

■ Quellen: VD 16; K.H. MAY: Veröffentlichungen des D. E.Sch. 1952 (maschinschriftlich in der Universitätsbibliothek Marburg); T. SCHIESS: Briefwechsel der Brüder A. und Th. Blarer, 3 Bde. Freiburg 1908–12; Beiträge zur Bayerischen Kirchengeschichte 25 (1919); WA.BR; Blätter für württembergische Kirchengeschichte 35 (1931) und 38 (1934); Melanchthons Briefwechsel. Gesamtausgabe, hg. v. H. SCHEIBLE, Bd. 1ff. Stuttgart 1977ff.

■ Literatur: RE³ 17, 670–674; BBKL 9, 574ff.; OER 4, 16f.; TRE 30, 233ff. – J. HARTMANN: E.Sch. Tübingen 1870; K.-D. ZIPPEL: E.Sch.: K. BRINKEL – H. VON HINTZENSTERN: Ach, Herr Gott, wie reich tröstest du, Bd. 2. Berlin 1963, 151–160; M. BRECHT – H. EHMER: Südwestdeutsche Reformationsgeschichte. Stuttgart 1984; H. EHMER: E.Sch.: Blätter für württembergische Kirchengeschichte 87 (1987) 72–126. *Christian Peters*

■ Nachtrag: W. SCHMIDT: Der Weilburger Reformator E.Sch.: Jahrbuch der Hessischen Kirchengeschichtlichen Vereinigung 47 (1996) 31–39; V. LEPPIN: Theologischer Streit und politischer Symbolik. Zu den Anfängen der württembergischen Reformation 1534–38: ARG 90 (1999) 159–187.

Schoepper, *Jacob,* Theologe, Prediger und Dichter, * 1512/16, † 11.6.1554 Dortmund. Sch. wirkte in Dortmund an St. Marien sowie als Lehrer am Gymnasium und förderte die Kirchenreform im Sinn der Bestimmungen von Jülich-Kleve-Berg und der Kölner Provinzialsynoden. Der dritte Band seiner posthum gedruckten Predigten wurde wegen der darin vertretenen Lehre von der doppelten Gerechtigkeit indiziert; seine Schuldramen enthalten z.T. bissige Kirchenkritik.

■ Werke: Catechismus. Dortmund 1549 u.ö.; Comoediae et tragoediae sacrae et novae. ebd. 1552 u.ö.; Institutio christiana. Köln 1555 u.ö.; Conciones, ed. v. J. LAMBACH, 3 Bde. Dortmund 1557–1558 u.ö., deutsch von C. Hipparius, 3 Bde. Köln 1561–62 u.ö.

■ Literatur: A. DÖRING: Johann Lambach und das Gymnasium zu Dortmund. Berlin 1875, 80–111; U. OLSCHEWSKI: Erneuerung der Kirche durch Bildung und Belehrung des Volkes. Münster 1999. *Ursula Olschewski*

Schönberg, *Nikolaus von,* Dominikaner (1497), * 11.8.1472 Meißen, † 11.9.1537 Rom; Studium beider Rechte in Pisa; nach Predigt Girolamo Savonarolas Eintritt in San Marco; 1504/06 Definitor der Reformkongregation, 1503–05 Prior in Lucca, 1506 in Siena und 1506–08 in Florenz; zugleich 1506–08 Socius des Ordensmagisters Jean Clerée, 1508–15 Ordensprokurator unter Thomas ↗Cajetan, ab 1510 Professor an der Sapienza, 1512 Visitator der deutschen Ordensprovinz; seit 1513 Prokurator Herzog ↗Georgs von Sachsen beim Lateranum V. und an der Kurie; ab 1517 neben Gian Matteo ↗Giberti wichtigster Berater des Kardinalnepoten und späteren Papstes ↗Clemens VII.; auch unter ↗Paul III. für kaiserliche Belange tätig; mehrmals Legat in verschiedenen europäischen Ländern; 1520–36

Erzbischof von Capua, 1535 Kardinal zu S. Sisto. Unter anderem auch Mitwirkung am Frieden von Cambrai 1529; 1530–32 Gouverneur von Florenz. – Einflussnahme im Fall Martin Luthers; Unterstützung der (Groß-)Neffen Karl von ∕Miltiz und Johannes von ∕Pflug; später vermittelnde Position gegenüber der Glaubensneuerung; Förderer kirchlicher Reformen. Sch. riet Nikolaus Kopernikus 1536, seine Lehre zu veröffentlichen.

▪ Werke: Orationes vel potius divinorum eloquiorum enodationes. Leipzig 1512.
▪ Literatur: BBKL 9, 619f. – J.V. POLLET: Julius Pflug. Leiden 1990; A. MORISI GUERRA: La paraphrasis in beati Johannis Apostoli canonicam epistolam di N.Sch.: Frate Girolamo Savonarola e il suo movimento. Pistoia 1998, 425–440. *Klaus-Bernward Springer*

Schwabacher Artikel (SchA), ein von Martin Luther und seinen Mitarbeitern verfasstes Glaubensbekenntnis in 17 Artikeln, das Kursachsen und Brandenburg-Ansbach am 16.10.1529 in Schwabach (Franken) den Gesandten der oberdeutschen Städte vorlegten. Sie gehören in den Prozess der evangelischen Bekenntnisbildung, veranlasst von der Notwendigkeit, die zentralen Aussagen Luthers lehr- und lernbar zusammenzufassen, sich auf das vom Nürnberger Reichstag 1524 in Aussicht genommene Konzil vorzubereiten und sich gegen ∕Schwärmer und andere Gruppen abzugrenzen (vgl. Luthers „Vom Abendmahl Christi Bekenntnis", 1528 [WA 26, 499–509], dem die SchA inhaltlich, wenn auch nicht formal folgten). Durch den Speyrer Reichstagsabschied vom 22.4.1529 erhielten die Bestrebungen, die evangelischen Reichsstände zu einen, neuen Aufschwung. Der Schwabacher Konvent, der zwei Wochen nach dem ∕Marburger Religionsgespräch (1.–3.10.1529; 15 Artikel) stattfand, führte zu keiner Einigung mit den oberdeutschen Protestanten. Die SchA galten Kursachsen als Zusammenfassung des eigenen Bekenntnisses und dienten in Thematik und Aufbau als Vorlage für die Lehrartikel der ∕Confessio Augustana von 1530.

▪ Text: BSLK[10] 50–137.
▪ Literatur: W. MAURER: Zur Entstehung und Textgeschichte der SchA: S. HERMANN–O. SÖHNGEN (Hg.): Theologie in Geschichte und Kunst. Witten 1968, 134–151; G. SEEBASS: Die reformatorischen Bekenntnisse vor der Confessio Augustana: P. MEINHOLD (Hg.): Kirche und Bekenntnis. Wiesbaden 1980, 26–55. *Rolf Decot*

Schwärmer, begriffliche Neubildung Martin Luthers, Kampfwort zur Bezeichnung gewalttätigen Stürmens und ziellosen Umherirrens; im 16./17. Jh. v. a. auf Andreas ∕Karlstadt, Thomas ∕Müntzer, Huldrych Zwingli, Luther, die ∕Täufer, die Calvinisten, Kaspar von ∕Schwenckfeld, Andreas ∕Osiander, Nikolaus ∕Amsdorf, die Quäker und die Pietisten angewandt; ab dem 18. Jh. auch allgemein gebraucht für Gewalttäter oder Phantasten; in der Gegenwart meist mit alternativem Denken konnotiert.

Auch wenn Luther seinen Gegnern nicht immer gerecht wurde, markiert die Ablehnung der „Schwärmerei vom Sakrament, von Bildern und Taufe" (WA 15, 393, 3f.) eine wichtige Weichenstellung für das Selbstverständnis lutherischer Reformation. In der Sache geht es dabei zum einen um das Verständnis der alleinigen Geltung der Schrift, und damit um den Umgang a) mit allem, was nicht ausdrücklich aus der Schrift zu erweisen ist (Karlstadt gegen Kirchenrecht, Messgewand, Gesang und Latein im Gottesdienst, Kindertaufe u. a.), b) mit Aussagen der Schrift, wie dem Bilderverbot des Dekalogs (Wittenberger Kirchenordnung von 1522: Abtuung der Bilder; WA 18, 71, 13; ↗Kunst und Reformation) oder dem Gebot der Vernichtung der Gottlosen (vgl. Dtn 7,16; 13; 17; Müntzer), c) mit kontroverser Schriftauslegung (↗Abendmahlsstreit), d) mit der Berufung auf eigene Offenbarungen gegenüber dem Buchstaben der Schrift (Müntzer); zum andern um das ↗„sola fide" in der Bestimmung des Verhältnisses von Glaube und Sakrament (vgl. BSLK[10] 701–704 710f. 979 1008) und von Glaube und Sünde (vgl. ebd. 448).

■ Literatur: G. MÜHLPFORDT: Luther und die ‚Linken' – Eine Untersuchung seiner Sch.-Terminologie: M. Luther. Leben, Werk und Wirkung, hg. v. G. VOGLER. Berlin 1983, 325–345; Wegscheiden der Reformation. Alternatives Denken vom 16. bis zum 18.Jh., hg. v. G. VOGLER. Weimar 1994; Aussenseiter zwischen Mittelalter und Neuzeit. FS H.-J. Goertz, hg. v. N. FISCHER – M. KOBELT-GROCH. Leiden 1997; A.M. HAAS: Der Kampf um den Heiligen Geist – Luther und die Sch. Fribourg 1997. *Vinzenz Pfnür*

■ Nachtrag: D. FAUTH: Träume bei religiösen Dissidenten in der frühen Reformation: Religiöse Devianz in christlich geprägten Gesellschaften. Würzburg 1999, 69–105.

Schwenckfeld, *Kaspar von,* mystischer Spiritualist, * 1489 Ossig (Niederschlesien) aus niederem Adel, † 10.12.1561 Ulm; nach Studien in Köln und Frankfurt (Oder) seit 1518 am Liegnitzer Hof; theologischer Autodidakt; als Schlüsselfigur der schlesischen Adelsreformation gewinnt Sch. nach 1521 Herzog Friedrich II. für die Reformation in Liegnitz, die sich seit 1524 von dort in ganz Schlesien ausbreitet. Beim ↗Abendmahlsstreit auf Seiten Andreas' von ↗Karlstadt und Huldrych Zwinglis gegen Martin Luther. Wegen Spiritualisierung seines theologischen Verständnisses (Ablehnung der äußeren Gestalt der ↗Kirche) unter Verdacht des ↗Täufertums, verließ er 1529 Liegnitz und wandte sich nach Oberdeutschland (Straßburg, Augsburg, Ulm), wo er später auch mit den schweizerisch-oberdeutschen Reformatoren brach; nach Verurteilung seiner Lehren durch den ↗Schmalkaldischen Bund nur noch im Untergrund literarisch und in Korrespondenzen wirkend, u. a. mit Pilgram ↗Marpeck.

Seine um 1540 voll entwickelte Lehre ist an pneumatologischen und soteriologischen Einsichten orientiert. Die Sünde ist die Natur des Menschen, der auch schon vor dem Sündenfall, um die Ebenbildlichkeit zu erreichen, die Erkenntnis Christi braucht, dessen menschliche Natur nach (später vor) der Himmelfahrt vergöttlicht wurde und dessen verklärtes Fleisch Speise der Gläubigen ist (Lehre vom himmlischen Fleisch Christi). Materielle Dinge können den Geist nicht vermitteln. Deshalb bindet Sch. Gott nur an die Innerlichkeit des Menschen, nicht an äußere Riten (Sakramente).

Aus der Erkenntnis, dass seine Frömmigkeit nur in kleinen Kreisen gelebt werden kann, bildeten sich Konventikel, die zeitweise innerhalb des Ulmer und des Augsburger Patriziats und der Reichsritterschaft Einfluss erlangten. Kreise von Schwenckfeld(ian)ern gab es in Ostpreußen, Schlesien (bis 1826) und der Lausitz. Durch schlesische Emigranten erhielt Sch.s Wirken eine eigene ekklesiologische Gestalt in Pennsylvania (1734 Schwenckfelder Church), die sich v. a. um die Herausgabe der Schriften mit theologischen und kirchenhistorischen Arbeiten verdient gemacht hat.

■ Werke: Corpus Schwenckfeldianorum, 19 Bde. Pennsburg 1907–61.

Literatur: BBKL 9, 1215–35. – E. HIRSCH: Sch. und Luther: Lutherstudien, hg. v. DEMSELBEN, Bd. 2. Gütersloh 1954, 35–67; H. WEIGELT: Spiritualistische Traditionen im Protestantismus. Die Geschichte des Schwenckfeldertums in Schlesien. Berlin 1973; A. SCIEGIENNY: Homme carnel, homme spirituel. Études sur la christologie de C.Sch. Wiesbaden 1975; R.E. MCLAUGHLIN: C.Sch. Reluctant Radical. New Haven–London 1986; Sch. and Early Schwenckfeldianism, hg. v. P.C. ERB. Pennsburg 1986; G. MÜHLPFORT: Sch. und die Schwenckfelder: Wegscheiden der Reformation, hg. v. G. VOGLER. Weimar 1994, 115–150.

Matthias Asche

■ Nachtrag: R.E. MCLAUGHLIN: The freedom of spirit, social privilege, and religious dissent. C.Sch. and the Schwenkfelders. Baden-Baden u.a. 1996; P.G. EBERLEIN: C. von Sch., der schlesische Reformator und seine Botschaft. Metzingen 1999; H. WEIGELT: Sebastian Franck und C.Sch. in ihren Beziehungen zueinander: Von Sch. bis Löhe. FS H. Weigelt. Neustadt (Aisch) 1999, 21–38.

Selnecker, *Nikolaus,* evangelischer Theologe, * 5.12.1530 Hersbruck, † 24.5.1592 Leipzig; 1558 Hofprediger in Dresden, 1565 Professor für Theologie in Jena, 1568 in Leipzig, dort mehrfach aus seinen Ämtern vertrieben; streitbarer und wegen seiner Nähe zu Martin Luther (Abendmahlslehre) und Philipp Melanchthon (Rechtfertigung) umstrittener Theologe und Dichter. Eine wichtige Rolle spielen für ihn die Psalmen, die er außer in einem (mehrfach aufgelegten) Kommentar in verschiedenen Formen der Psalmdichtung behandelt. Einige seiner Lieder stehen noch in evangelischen Gesangbüchern. S. zählt zu den geistigen Vätern der ∕Konkordienformel (1580).

■ Literatur: BBKL 9, 1376–79. – A. ECKERT: Aus dem Leben und Werk N.S.s: ZBKG 48 (1979) 19–27; DERSELBE: Die Abendmahlslehre von N.S.: ebd. 54 (1985) 44–65; G. FUCHS: Psalmdeutung im Lied. Die Interpretation der ‚Feinde' bei N.S. Göttingen 1992;

I. DINGEL: Concordia controversa. Gütersloh 1996, passim. *Guido Fuchs*

■ Nachtrag: H.P. HASSE: Die Lutherbiographie von N.S.: ARG 86 (1995) 91–123; R. KOLB: Seelsorge und Lehre in der Spätreformation am Beispiel von N.S.s Abhandlung zur Prädestinationslehre (1565): Lutherische Theologie und Kirche 25 (2001) 14–34.

Seripando, *Girolamo,* Augustinereremit (1507), Theologe, Kardinal und Legat auf dem Tridentinum, * wahrscheinlich 6.10.1492 Neapel, † 17.3.1563 Trient; 1514 Sekretär der Augustinereremiten, seit 1517 Regens des Generalstudiums in Bologna, 1524 Vikar der Observantenkongregation S. Giovanni a Carbonara in Neapel. Auf Wunsch ∕Pauls III. 1538 General seines Ordens. Bei Visitationsreisen durch Italien, Frankreich und Spanien setzte er sich für Reformen des Ordens ein und bekämpfte reformatorische Einflüsse. S. war geprägt von einem christlichen Platonismus und in vielfältiger Weise beeinflusst vom Humanismus und dem italienischen ∕Evangelismus (starke Ausrichtung an der Bibel und an der augustinischen Theologie). Als General des Ordens nahm S. an der ersten Periode des Konzils von Trient teil und arbeitete maßgeblich an der Vorbereitung der dogmatischen Dekrete mit. Bei der Behandlung der ∕Erbsünde und der ∕Rechtfertigung gelang es ihm nicht, seine Auffassung von der Konkupiszenz und vom Rechtfertigungsgeschehen (Stellung des Glaubens, Bedeutung der Gerechtigkeit Christi) in die entsprechenden Dekrete einzubringen. Es wurde ihm der Vorwurf gemacht, der lutherischen Rechtfertigungslehre zu weit entgegenzukommen. 1551 wegen Krankheit Verzicht auf das Generalat. 1553 Gesandter Neapels beim Kaiser in Brüssel. 1554 zum Erzbischof von Salerno ernannt; wirkte als eifriger Seelsorger; 1561 Kardinal; Konzilslegat bei der dritten Periode des Konzils von Trient. Dabei leitete er v. a. dogmatische Arbeiten. Bei den großen Auseinandersetzungen um das Ordo- und Residenzdekret auf dem Konzil suchte er zwischen den römisch-kurialen Bestrebungen und den Intentionen der bischöflicher Opposition zu vermitteln, was ihm aber nicht gelang und die Ungnade Roms eintrug. Er starb während der großen Konzilskrise kurz nach Kardinal Ercole ∕ Gonzaga. S. gehört zu den großen Gestalten der italienischen religiösen Reformbewegung des 16. Jh. Seine Bedeutung für das Tridentinum war trotz der Rückschläge groß.

▪ Werke: Commentarius in ep. Pauli ad Galatas. Antwerpen 1567, Venedig 1569; zusammen mit dem Commentarius in ep. ad Romanos. Neapel 1601; Doctrina orandi sive expositio orationis Dominicae. Löwen 1661; Prediche sopra il simbolo degli Apostoli. Venedig 1567, Rom 1585, Salerno 1856; Diarium de vita sua 1513–62, ed. v. D. Gutiérrez: Analecta Augustiniana 26 (1963) 5–193. – Kommentar zum Trienter Konzil: CT 2, 397–488; zahlreiche Traktate: CT 12, 483–496 517–521 549–553 613–637 824–849; De iustitia et libertate christiana, ed. v. A. Forster. Münster 1965. – Handschriftlicher Nachlass in der Biblioteca Nazionale Neapel; Auswahl mit Quellenuntersuchungen: H. Jedin: G.S., Bd. 2. Würzburg 1937, 335–656.

▪ Literatur: BBKL 9, 1456ff. – H. Jedin: G.S., 2 Bde. Würzburg 1937; E. Stakemeier: Der Kampf um Augustin auf dem Tridentinum. Paderborn 1937; A. Balducci: G.S. Arcivescovo di Salerno. Cava 1963; A. Forster: Gesetz und Evangelium bei S. Paderborn 1963; Jedin Bd. 2; A. Marranzini: Il Cardinale G.S., arcivescovo di Salerno, legato pontificio al Concilio di Trento. Salerno 1994; A. Cestaro (Hg.): G.S. e la chiesa del suo tempo nel V. centenario della nascita. Thesaurus Ecclesiarum Italiae recentioris aevi, Bd. 7/8. Rom 1997 (mit zahlreichen Einzelbeiträgen).

Klaus Ganzer

▪ Nachtrag: F.C. Cesareo: A shepherd in their midst. The episcopacy of G.S. (1554–63). Villanova (Pennsylvania) 1999.

Servet (Servetus, Serveto), *Michael*, Theologe, Naturphilosoph, Arzt, * 1511 Villanueva de Sijena (Provinz Huesca [Spanien]), † 27.10.1553 Genf; stand im Dienst des Franziskaners Juan de Quintana, der ihm ein juristisches Studium in Toulouse ermöglichte (1528/29) und – mittlerweile Beichtvater ∕ Karls V. – ihn zur Kaiserkrönung nach Bologna (1530) mitnahm. Danach war S. Gast Johannes ∕ Oekolampads in Basel und lernte in Straßburg Martin ∕ Bucer und Wolfgang ∕ Capito kennen. 1531 erschien sein Werk *De Trinitatis erroribus libri septem* (Hagenau), in dem er modalistische Anschauungen vertrat. Trotz heftigen Widerspruchs wiederholte er 1532 in den *Dialogorum de Trinitate libri duo* (ebd.) seine Vorstellungen und lieferte eine eigene Abendmahlslehre: die göttliche Materie des Leibes Christi befinde sich im Brot, durch dessen Aufnahme der Mensch göttlich werde. Vor der Inquisition floh S. nach Paris, wo er den Namen Michel de Villeneuve annahm und Medizin studierte. In Lyon edierte er 1535 die „Geographie" des Ptolemaeus, dann Bibelübersetzungen und -glossen. Ab 1537 publizierte er in Paris, wo er sein Medizinstudium fortsetzte und geographische und astrologische Vorlesungen hielt, eigene naturwissenschaftliche Werke. Als ihn 1540 Erzbischof Pierre Palmier nach Vienne holte, wirkte er ungestört als Arzt, bis 1553 seine wahre Identität durch Briefe aus Genf aufgedeckt wurde. Zuvor war sein Hauptwerk *Christianismi restitutio* (Vienne 1553) erschienen, in dem er seine theologischen und weltanschaulichen Ansichten zusammenfasste (dort auch die Beschreibung des Kleinen Blutkreislaufs, den er wohl beim Medizinstudium in Paris entdeckt hatte). Von der Inquisition verhaftet, konnte er entfliehen, wurde aber in Abwesenheit zum Tod verurteilt und „in effigie" (auf einem Bild) verbrannt. Als er auf dem Weg nach Italien am 13.8. in Genf während eines Gottesdienstes erkannt wurde, veranlasste Jean Calvin seine Verhaftung. Der Prozess endete, nachdem Gutachten aus Zürich, Schaffhausen, Bern und Basel zum gleichen Ergebnis gekommen waren, am 27.10.1553 mit dem Todesurteil, das noch am gleichen Tag auf dem Scheiterhaufen vollstreckt wurde.

Sowohl katholische wie reformatorische Zeitgenossen sahen im Antitrinitarismus (/Antitrinitarier) S.s einen Angriff auf das Zentrum des Christentums und daher ein todeswürdiges Verbrechen. Sebastian /Castellio nahm das Urteil zum Anlass, zu Gewissensfreiheit und Toleranz aufzurufen. Im humanistischen Sinn wollte S. die Theologie der alten Kirche wieder beleben, die seit Konstantin und dem Konzil von Nizäa verdorben sei. Ausgestattet mit hervorragender Bibel- und Väterkenntnis, versuchte er, vom christlichen Standpunkt aus neuplatonischen Dualismus und jüdischen Monotheismus zu harmonisieren. Er sah in der Geschichte ein fortwährendes Offenbarwerden Gottes (Berg Sinai, Propheten und vollendet in Jesus) und des Satans (in widergöttlichen Kräften und zuletzt in der Papstkirche). S. entwickelte ein alternatives Bild von Religion, Jesus und Kirche.

▪ Literatur: BBKL 9, 1470–79. – R.H. BAINTON: M.S. Gütersloh 1960; J.B. FERNÁNDEZ: M.S., su vida y su obra. Madrid 1970; C. MANZONI: Umanesimo ed eresia. M.S. Neapel 1974; J. FRIEDMAN: M.S. A Case Study in Total Heresy. Genf 1978; H.R. GUGGISBERG:

Sebastian Castellio 1616–63. Göttingen 1997. *Rolf Decot*
▪ Nachtrag: G.T. PARK: Le problème de la liberté de conscience chez Calvin et Castellion: Chongshin Theological Journal 5 (2000) 202–232.

Severoli, *Ercole,* * nach 1510, † 1571 Rom; 1546–1548 Promotor des Tridentinums, als solcher Rechtsbeistand und Rechtswahrer der Synode; zuletzt Generalprokurator des Apostolischen Fiskus. Aus Berichten über die Konzilsverhandlungen an Kardinal Alessandro Farnese den Jüngeren entstand ein Diarium des Konzils. Von Sebastian Merkle erstmals S. zugewiesen. Zuverlässige und gut unterrichtete Quelle des Konzilsgeschehens.

▪ Werke: De remissionibus litigatorum. Venedig 1548; Konzilsdiarium: CT 1, 1–147.
▪ Literatur: BBKL 9, 1513ff. – CT 1, XXXVI–LXVIII (Leben und Konzilstätigkeit); S. MERKLE: Hercules S. und sein Tagebuch über das Trienter Konzil: HJ 16 (1895) 749–776; JEDIN Bd. 1–3, passim (Register).

Klaus Ganzer

Seydel (Seidel, Sedelius), *Wolfgang,* Benediktiner (1517), Humanist und Hofprediger, * 1491/92 Mauerkirchen bei Braunau (Oberösterreich), † 11.6.1562 Tegernsee; 1521/22 Priester; 1532–60 herzoglicher Prediger an der Augustinerkirche in München (1547 Fürstenspiegel für Herzog Wilhelm IV.), 1552 beim Tridentinum, 1552–55 Lehrtätigkeit in Salzburg). Als Prediger ganz im Sinn der Gegenreformation tätig, erreichte die Tegernseer Humanistentradition mit dem universal gebildeten S. ihren Höhepunkt.

▪ Literatur: BBKL 14, 1474f. – H. PÖHLEIN: W.S. München 1951; W. MÜLLER: Die Anfänge der Humanismusrezeption im Kloster Tegernsee: Studien und Mitteilungen zur Geschichte des Benedictinerordens und seiner Zweige 92 (1981) 28–90, besonders

72ff.; B. SINGER: Die Fürstenspiegel in Deutschland im Zeitalter des Humanismus und der Reformation. München 1981, 250–270. *Manfred Eder*
■ Nachtrag: S. PFAFF: Der Codex Vadiana 404 von W.S. (1492–1562). Erster Teil seines dreibändigen Kunstbuches? Dissertation. München 1994.

Sickingen, *Franz von,* Reichsritter, * 2.3.1481 Ebernburg bei Kreuznach, † 7.5.1523 Burg Nanstein bei Landstuhl. Nach Übernahme des Familienbesitzes 1505 baute S. durch Festungsbau und Anwerbung von Söldnern, v. a. aber durch die von ihm provozierten Fehden gegen Worms, Metz, den Landgrafen von Hessen sowie die Stadt Frankfurt seine Position am Mittelrhein aus. Nachdem er für kurze Zeit in die Dienste ∕Franz' I. von Frankreich getreten war, wechselte er 1518 nach der Aufhebung der Reichsacht auf die Seite Kaiser Maximilians I. 1519 nahm S. an der Exekution des Schwäbischen Bundes gegen Herzog ∕Ulrich von Württemberg teil und garantierte als Befehlshaber einer Armee die Kaiserwahl ∕Karls V. Durch Ulrich von ∕Hutten wurde S. mit den Lehren Martin Luthers vertraut. Er unterstützte Johannes ∕Reuchlin und bot anderen Reformatoren (u. a. Martin ∕Bucer, Johannes ∕Oekolampad, Johannes Schwebel und Kaspar Aquila) Zuflucht auf seinen Burgen. Nachdem sich das Verhältnis zum Kaiser abgekühlt hatte, ließ sich S. 1522 von der rheinfränkischen Ritterschaft zum Bundeshauptmann (Landauer Bund) wählen und begann die verhängnisvolle Fehde gegen den Kurfürsten von Trier (Richard von Greiffenclau). Vor Trier zum Rückzug gezwungen und erneut geächtet, erlitt S. beim Angriff der Truppen der mit der Exekution betrauten Kurfürsten von Trier und der Pfalz sowie des Landgrafen von Hessen auf der Feste Nanstein tödliche Verwundungen. – Charakteristisch für S. ist der Widerspruch zwischen aktivem Handeln (Engagement für die Reformation und Eintreten für den niederen Adel zum Zweck der Steigerung der eigenen Machtstellung) und politischem Ideal (Hebung des Ansehens des Reiches und Wahrung der Rechte und Freiheiten des Rittertums im Verbund mit dem Kaiser gegen die zunehmende Macht der Fürsten und Städte).

■ Literatur: BDG 2, 20010–067; 5, 49329–339; 7, 58243–254; ADB 34, 151–158; BBKL 10, 24ff. – K. BAUMANN: F. von S. Pfälzer Lebensbilder, Bd. 1. Speyer 1964, 23–42; V. PRESS: Ein Ritter zwischen Rebellion und Reformation: Blätter für pfälzische Kirchengeschichte und religiöse Volkskunde 50 (1983) 151–177; G. BIRTSCH: F. von S.: Vor-Zeiten, Geschichte in Rheinland-Pfalz, Bd. 4, hg. v. D. LAU–F.-J. HEYEN. Mainz 1988, 87–108; V. PRESS: F. von S.: ‚Ulrich von Hutten'. Ausstellungskatalog, bearbeitet von P. LAUB. Kassel 1988, 293–306; R. SCHOLZEN: F. von S. Kaiserslautern 1996.

Alexander Koller

■ Nachtrag: O. BÖCHER: Die Theologen der Ebernburg: Blätter für pfälzische Kirchengeschichte und religiöse Volkskunde 66/67 (1999/2000) 403–423.

Sim(m)ler, *Josias,* evangelisch-reformierter Theologe und Historiker, * 6.11.1530 Kappel (Albis), † 2.7.1576 Zürich. S. trat, nach theologischen und naturwissenschaftlichen Studien in Zürich, Basel und Straßburg, 1549 in den Zürcher Kirchen- und Schuldienst. 1563 wurde er dort Professor für Altes Testament. Er machte sich einen Namen als Übersetzer, Verfasser von Nekrologen (Pietro Martire ∕Vermigli, Konrad Gessner, Heinrich ∕Bullinger) und von theologisch-apologetischen Schriften. Nachhaltige Bedeutung erlangten seine Publikationen *Vallesiae descriptio* (Zürich 1574 u. ö.) für die wissenschaftliche Alpenkunde und *De republica Helvetiorum* (ebd. 1576 u. ö.) als prägende Darstellung des eidgenössischen Staatsrechts.

- Literatur: Literaturlexikon. Autoren und Werke deutscher Sprache, hg. v. W. KILLY, Bd. 11. München 1991, 45; BBKL 14, 1298–1303. – R. FELLER – E. BONJOUR: Geschichtsschreibung der Schweiz, Bd. 2. Basel – Stuttgart ²1979, 160–163. *Hans Ulrich Bächtold*
- Nachtrag: E. CAMPI: Le ‚preces sacrae' di Pietro Martire Vermigli: Oratio. Göttingen 1999, 197–210.

Simonetta, 1) *Giacomo,* berühmter Kanonist, * 1475 Mailand, † 1.11. 1539 Rom; 1512–35 Referendar der Signatur, 1523–28 Dekan der Rota, 1528 Bischof von Pesaro, später zeitweise von Perugia, Lodi und Sutri, 1535 Kardinal, 1538 Legat für das geplante Konzil in Vicenza. Sein Votum war wichtig für die Entscheidung der Ehesache des englischen Königs ∕ Heinrich VIII.

- Werke: De reservatione beneficiorum. Köln 1583, Rom 1589; De Signatura gratiae et iustitiae (Manuskripte).
- Literatur: J. VON SCHULTE: Geschichte der Quellen und der Literatur des kanonischen Rechts, Bd. 3. Stuttgart 1880, 442; E. SOL: L'œuvre canonique du Card. G.S. Rom 1902; L. VON PASTOR: Geschichte der Päpste seit dem Ausgang des Mittelalters, Bd. 5. Freiburg 1909, Register; JEDIN Bd. 1.

2) *Ludovico,* Neffe von 1), † 30.4. 1568 Rom; als Jurist in Mailand und Pavia tätig, 1537 Bischof von Pesaro, 1540–49 Referendar der Signatur, 1545–48 auf dem Trienter Konzil; 1560 Datar ∕ Pius' IV., 1561 Kardinal, war in Trient Haupt der Kurialisten, die den Kernpunkt der Residenzpflicht streichen wollten; durch Giovanni ∕ Morone entmachtet.

- Literatur: J. ŠUSTA: Die Römische Curie und das Konzil von Trient unter Pius IV., Bd. 1–4. Wien 1904–14, Register; E. SOL: Il card. L.S., datario di Pio IV e legato al Concilio di Trento: Archivio della reale societa Romana 26 (1903) 185–247; G. ALBERIGO: I vescovi italiani al Concilio di Trento. Florenz 1959, 106ff.; JEDIN. *Uwe Neddermeyer*

Simul iustus et peccator (S.). Die Formel als solche ist von Martin Luther geprägt. Als Inbegriff seines Verständnisses von der ∕ Rechtfertigung des Sünders aus Glauben allein ist sie konfessionsspezifisch geworden. Sie ist aber weder der Ausgangspunkt noch die einzige Zusammenfassung von Luthers Rechtfertigungslehre. Sie besagt: Auch die Getauften sind wahrhaft Sünder aufgrund der bleibenden gottwidrigen Begierlichkeit, aber diese Grundsünde trennt nicht mehr von Gott, weil Gott sie um Christi willen nicht anrechnet, so dass die Glaubenden in Christus wahrhaft vor Gott gerecht sind. Varianten der Formel: „partim iustus, partim peccator"; „peccator in re, iustus in spe".

Die Formel geht sachlich auf Augustinus zurück. Die vier Faktoren sind: Ps 31 (32),2, wonach Gott die Sünden „nicht anrechnet" („non imputavit"); das Verständnis von der Gnade als Liebe, die den Sünder von seiner Selbstliebe (∕ Erbsünde) buchstäblich auf Gott hin umkehrt; die Erfahrung, dass die Selbstsucht (Konkupiszenz) als unausrottbare Neigung bleibt; die daraus folgende These, dass die Erbsünde „transit reatu, manet actu". Die Sünde trennt also nicht mehr von Gott, aber sie bleibt als empirischer Tatbestand. Das neue Gottesverhältnis beruht demnach nicht auf einem grundlegenden Wandel im Menschen, sondern auf der Nichtanrechnung der Sünde durch Gott, mithin auf einem Beziehungswandel zwischen Gott und Mensch, aus der der Anfang der Gottesliebe folgt (Augustinus, Enarrationes in Psalmos 31, 1; De nuptiis et concupiscentia ad Valerium I, 25). So kann Augustinus zwar nicht ein totales S., wohl aber ein dynamisches Zugleich von bleibender Konkupiszenz und wachsender Gottesliebe vertreten, das Luther stets als Mitinhalt der Formel festhielt und in den genannten Varianten zum Ausdruck brachte. Luther stößt schon in seiner ersten Psalmenvorlesung (1513/15) auf die Problemstellung von Ps 31 (32), 2 und legt den Vers dahin aus, Nichtanrechnung der Sünde bedeute Anrechnung der Gerechtigkeit (WA 3, 175, 9f.). Bei der Vorbereitung der Römerbriefvorlesung (1515/16) hat er die antipelagianischen Schriften Augustinus' gelesen und gebraucht schon im Kolleg die Formel in dessen Sinn, in Auseinandersetzung mit Gabriel ∕Biel (WA 56, 269, 21 f.; 272, 7 ff. u. ö.), hält aber gleichzeitig noch unbefangen die ihm geläufige Formel von der „Eingießung" der Gnade fest, obwohl er deren Verformung in der Spätscholastik und deren seelsorgliche Folgen deutlich wahrnimmt. Erst als er im Zuge der weiteren Entwicklung seiner Theologie die scholastische Vorstellung von der Gnade als Form bzw. Qualität aufgibt und ablehnt, gewinnt das S. seine ganze Schärfe im Sinn einer ontisch bleibenden Sünde, die Gott in seiner Gnade, seiner „Gunst" nicht anrechnet und dadurch den Sünder in Gottes Augen zugleich gerecht sein lässt. Die Entwicklung verläuft parallel zu der Unterscheidung von ∕Gesetz und Evangelium, denn das Gesetz überführt den Menschen seiner Sünde und ermöglicht ihm, die eigene Selbstsucht als das zu verstehen, was sie ist: die bleibende Grundsünde des Unglaubens. Luther hat die Formel also aus einer weiter denkenden Rezeption der Theologie des antipelagianischen Augustinus entwickelt. Entgegen einer nahe liegenden Vorausvermutung konnte eine Herleitung der Nichtanrechnungs-Vorstellung und damit des S. aus der spätmittelalterlichen skotistisch-ockhamistischen Akzeptationstheorie bislang nicht nachgewiesen werden, obgleich Luthers ockhamistische Ausbildung dieser keinen Widerstand entgegensetzen musste (gegen McGrath 82 und Dettloff: TRE 28, 309 f. 314 f.; mit Kroeger 74–85, Wicks 92 95 f. u. a.). Eher führt eine Linie zu Jean Calvin (Faber 437 ff.).

Das *Konzil von Trient* legt sich nicht auf eine bestimmte scholastische Schultheorie von der Gnade als Form fest, argumentiert aber erkennbar in scholastischen Kategorien. Daher lehnt es das S. nicht ausdrücklich, aber in der Sache eindeutig ab (DH 1529: „non modo reputamur, sed vere iusti nominamur et sumus ..."; vgl. 1560 f.).

■ LThK[3] 9, 612–615 (ungekürzte Fassung).

■ Quellentexte: AUGUSTINUS, Enarrationes in Psalmos 31, 2; De nuptiis et concupiscentia I, 25 und 28–29; M. LUTHER, WA 3, 171, 25–172, 26 = WA 55 I, 290, 1–291, 8; 3, 174, 1–175, 17; 287, 32–288, 7 (Erste Psalmenvorlesung, 1513/15); 56, 268, 26–291, 14; 339–354 (Römerbriefvorlesung, 1515/16); 8, 82, 19–126, 14 (Antilatomus, 1521); J. CALVIN, Inst II, 1; III, 11–18 (1559).

■ Literatur und Nachträge: R. HERMANN: Luthers These ‚Gerecht und Sünder zugleich'. Gütersloh 1930, Darmstadt [2]1960; W. LINK: Das Ringen Luthers um die Freiheit der Theologie von der Philosophie. München 1940, [2]1955, 77–165; W. JOEST: Gesetz und Freiheit. Göttingen 1951, [4]1968, 55–82; DERSELBE: Paulus und das Lutherische S.: Kerygma und Dogma 1 (1955) 269–320; A. PETERS: Glaube und Werk. Berlin–Hamburg 1962, [2]1967, 137–183; R. KÖSTERS: Luthers These ‚Gerecht und Sünder zugleich': Catholica 18 (1964) 48–77 193–217, 19 (1965) 138–162 171–185; K.O. NILSSON: Simul. Göttingen 1966, 192–208 309–357; E. SCHOTT: Zugleich: Vierhundertfünfzig Jahre Lutherische Reformation 1517–1967. FS F. Lau. Göttingen 1967, 333–351; O.H. PESCH: Theologie der Rechtfertigung bei Martin

Luther und Thomas von Aquin. Mainz 1967, ²1985, 109–122 526–537 548ff.; M. KROEGER: Rechtfertigung und Gesetz. Göttingen 1968, 72–85; J. WICKS: Man Yearning for Grace. Martin Luther's Early Spiritual Teaching. Wiesbaden 1969; O. BAYER: Promissio. Göttingen 1971, 139 153–157 301 342f.; G. EBELING: Wort und Glaube, Bd. 3. Tübingen 1975, 187–190; J.F. McCUE: S. in Augustine, Aquinas, and Luther: Journal of the American Academy of Religion 48 (1980) 81–96; N. NICOL: Meditation bei Luther. Göttingen 1984, 91–101 117–150; E. ISERLOH: Gratia und Donum: Kirche – Ereignis und Institution, Bd. 2. Münster 1985, 70–87; G. EBELING: Lutherstudien, Bd. 3. Tübingen 1985, 74–107 223 310; A. McGRATH: The Intellectual Origin of the European Reformation. Oxford 1987, 77–82; P. MANNS: Fides absoluta – fides incarnata (1965): Vater im Glauben. Studien zur Theologie M. Luthers. Stuttgart 1988, 1–48, besonders 24–48; DERSELBE: Zum Gespräch zwischen Martin Luther und der katholischen Theologie (1987): ebd. 441–532, besonders 151f.; B. LOHSE: Die Bedeutung Augustins für den jungen Luther (1965): Evangelium in der Geschichte [Bd. 1]. Göttingen 1988, 11–30; G. EBELING: Lutherstudien, Bd. 2, Teil 3. ebd. 1989, 425–430 458 536 563; T. MANNERMAA: Der im Glauben gegenwärtige Christus. Hannover 1989, 62–79; W. PANNENBERG: Systematische Theologie. Göttingen Bd. 2 1991, 266–290; Bd. 3 1993, 274–287; J. WICKS: Luther's Reform. Mainz 1992, 59–83 (Kommentar zu allen Luthertexten); S. PEURA: Mehr als ein Mensch? Die Vergöttlichung als Thema der Theologie M. Luthers von 1513–19. ebd. 1994, 144–174 244–294; B. LOHSE: Luthers Theologie in ihrer historischen Entwicklung und in ihrem systematischen Zusammenhang. Göttingen 1995, 64ff. 82ff. 263–273; DERSELBE: Luther und Bernhard von Clairvaux (1994): Evangelium in der Geschichte [Bd. 2]. ebd. 1998, 255–284, besonders 273f. (gegen Manns); E.-M. FABER: Symphonie von Gott und Mensch. Die responsorische Struktur von Vermittlung in der Theologie J. Calvins. Neukirchen-Vluyn 1998, 168–184 437–461; TH. SCHNEIDER– G. WENZ (Hg.): Gerecht und Sünder zugleich? Ökumenische Klärungen. Freiburg – Göttingen 2001.

Otto Hermann Pesch

Sirleto, *Guglielmo,* Kardinal, * 1514 Guardavalle bei Stilo (Kalabrien), † 6.10.1585 Rom; Studium in Neapel; lebte seit etwa 1540 in Rom, wurde Familiare des Kardinals Marcello Cervini (später Papst ⁄Marcellus II.), Erzieher von dessen Nepoten und 1554 Kustos der Vatikanischen Bibliothek. Während des Trienter Konzils stand S. in ständigem Briefwechsel mit den Legaten Cervini (erste Periode) und Girolamo ⁄Seripando (dritte Periode) und belieferte sie mit Texten von Kirchenvätern, Theologen, Konzilien u. a. aus der Vatikanischen Bibliothek zu den auf dem Konzil behandelten Fragen. Wieviel konkret von seiner Arbeit in die Konzilstexte eingeflossen ist, lässt sich nicht genau feststellen. ⁄Paul IV. berief ihn 1556 in eine Kommission zur Reform der Kirche und ernannte ihn zum Apostolischen Protonotar. ⁄Pius IV. erhob ihn auf Bitten Karl ⁄Borromäus' 1565 zum Kardinal; 1566–68 war er Bischof von San Marco, 1568–73 von Squillace. ⁄Pius V. berief ihn nach Rom. In der Folgezeit arbeitete er an der Revision des Index mit, leitete die Endredaktion des ⁄Catechismus Romanus, war maßgeblich an den neuen Ausgaben von Missale und Brevier und an der Kalenderreform unter ⁄Gregor XIII. beteiligt. Bereits seit der Zeit Cervinis mit Verbesserungen des Bibeltextes beschäftigt, war er Mitglied und dann Vorsitzender der Kommission für eine Revision des Vulgatatextes. Auch arbeitete er an der Septuaginta-Kommission zu. Er war Mitglied der Indexkongregation und der Kongregation für die Griechen, seit 1572 Kardinalbibliothekar der Vaticana. S. war ein Gelehrter von hohem Rang, seinen unermüdlichen Studien und organisatorischen Arbeiten verdankt die Vatikanische Bibliothek eine wesentliche Förderung.

Werke (meist ungedruckt): Textkritischer Kommentar zum Neuen Testament (Vaticanus latinus 6132–43; 6151); Adnotationes variarum lectionum in psalmos: Biblia regia, Bd. 3. Antwerpen 1569; Konzilsbriefe an Cervini (Vaticanus latinus 6177, auszugsweise veröffentlicht: CT 10, 929–955); Konzilsbriefe an Seripando (Vaticanus latinus 6179).

■ Literatur: BBKL 10, 532f. – L. VON PASTOR: Geschichte der Päpste seit dem Ausgang des Mittelalters, Bde. 5–10. Freiburg 1909–1926; H. HÖPFL: Kardinal W. Sirlets Annotationen zum Neuen Testament. ebd. 1908; S. MERKLE: Ein patristischer Gewährsmann des Tridentinums: Beiträge zur Geschichte des christlichen Altertums und der byzantinischen Literatur. Festgabe A. Ehrhard. Bonn 1922, 342–358; P. PASCHINI: G.S. prima del cardinalato: Tre ricerche sulla storia della chiesa nel Cinquecento. Rom 1945, 155–281; A.P. FRUTAZ: La riforma del Messale: Problemi di vita religiosa in Italia nel Cinquecento. Padua 1960, 187–214; R. DE MAIO: La Bibliotheca Apostolica Vaticana sotto Paolo IV e Pio IV. Vatikanstadt 1962, 265–313; G. DENZLER: Kardinal G.S. München 1964; J. BIGNAMI-ODIER: La Bibliothèque Vaticane de Sixte IV à Pie XI. Vatikanstadt 1973; L. CALABRETTA U.A. (Hg.): Il card. G.S. Atti del convegno di studio nel IV centenario della morte, 5–7 ottobre 1986. Catanzaro 1989. *Klaus Ganzer*

■ Nachtrag: C. ALONSO: Cartas de Agustinos y sobre Agustinos al Card. S.: Analecta Augustiniana 63 (2000) 97–139.

Sittard (Familienname: Esche), *Matthias*, Dominikaner (um 1538), berühmter Prediger der Reformationszeit, * 2.2.1522 Sittard (Niederlande), † 31.10.1566 Wien; Prediger in Aachen und Köln. S. nahm 1557 am /Wormser Religionsgespräch teil, seit 1559 kaiserlicher Hofprediger und Beichtvater /Ferdinands I. und /Maximilians II.; 1563 als theologischer Berater in Innsbruck; predigte 1566 auf dem Augsburger Reichstag gegen die Reformatoren, betonte die Liebe als das beste Mittel zur Wiedervereinigung.

■ Werke: VD 16 19, S 6604–07.
■ Literatur: BBKL 10, 573ff. – J. QUÉTIF–J. ECHARD: Scriptores Ordinis Praedicatorum, Bd. 2. Paris 1721, 215f.; N. PAULUS: Die deutschen Dominikaner im Kampfe gegen Luther. Freiburg 1903, 163–181; A. WALZ: Compendium historiae Ordinis Praedicatorum. Rom ²1948, 472 476. *Meinolf Lohrum*

Sixtus V., Papst (24.4.1585–27.8. 1590), Franziskanerkonventuale (1534), vorher *Felice Peretti* (als Kardinal *Montalto*), * 13.12.1521 Grottamare (Mark Ancona) in ärmlichen Verhältnissen; Studien in Ferrara und Bologna, Generalvikar des Minoritenordens, 1566 Bischof von Sant' Agata dei Goti, 1570 Kardinal, 1571–1577 auch Bischof von Fermo. Unter /Gregor XIII. aufgrund früherer Spannungen noch kirchenpolitisch ausgeschaltet, ging S. als Papst im Kirchenstaat mit Härte gegen das Banditenunwesen vor. Er bemühte sich allgemein um Verbesserung der Lebensverhältnisse im Kirchenstaat und sanierte die heruntergekommenen Finanzen durch rigorose Einsparungen in der Hofhaltung sowie starke Vermehrung der käuflichen Ämter an der Kurie. S. betätigte sich auch als Mäzen von Wissenschaften und Kunst; rege Bautätigkeit in Rom (Acqua Felice, Via Sistina, Aufstellung von Obelisken, Vollendung der Kuppel von Sankt Peter). Seine Neuorganisation der Kurie brachte u. a. die Festlegung der Zahl der Kardinäle auf siebzig und die Errichtung von 15 Kardinalskongregationen (Konstitution *Immensa aeterni* von 1588), die dem Papst direkt verantwortlich sind. Sein eigenmächtiges Vorgehen bei der Neuausgabe der Vulgata bedeutete eine große Blamage; der Text musste unter Clemens VIII. neu herausgegeben werden. Die Politik des S. war von der Überzeugung getragen, die weltlichen Herrscher seien im Geistlichen und Zeitlichen dem Papst unterworfen. In Frankreich lief die Entwicklung dahin, dass der dem Calvinismus anhängende Heinrich von Navarra den Thron erlangen sollte (／Heinrich IV.). ／Philipp II. von Spanien setzte S. unter Druck, einem Bündnis gegen Heinrich beizutreten. Zwar erklärte er diesen 1585 als Häretiker der Thronansprüche für verlustig, suchte aber einer völligen Abhängigkeit von Spanien zu entgehen. Eine Enttäuschung bedeutete für S. das Scheitern der Bemühungen, England für die katholische Kirche zurückzugewinnen (Hinrichtung ／Maria Stuarts 1587, Untergang der spanischen Armada 1588). – S. besaß überragende Fähigkeiten, großes Geschick in der Verwaltung und in der Handhabung der Finanzen. Er hatte eine übersteigerte Vorstellung von seiner päpstlichen Würde und keine Hemmungen, seine Familie zu begünstigen. Dennoch gehört er zu den bedeutendsten Päpsten des 16. Jahrhunderts.

■ Literatur: DTHC 14/2, 2217–38; EC 11, 782–787; BBKL 10, 599–609. – M. DE BONARD: S. V., Heinrich IV. und die Liga: Revue des questions historiques 60 (1932) 59–140; A. VON HÜBNER: Der eiserne Papst. Berlin 1932; J. GRISAR: Päpstliche Finanzen ...: Miscellanea Historiae Pontificiae, Bd. 7. Rom 1943, 205–366; F. SARAZANI: La Roma di Sisto V, ‚er papa tosto'. Potere assoluto e grandezza irrazionale di un personaggio entrato nella fantasia popolare. ebd. 1979; N. DEL RE: Sisto V e la sua opera di organizzazione del governo centrale della Chiesa e dello Stato: Idea 36 (1980) 41–53; R. SCHIFFMANN: Roma felix. Aspekte der städtebaulichen Gestaltung Roms unter Papst S. V. Frankfurt (Main) 1985; I. DE FEO: Sisto V. Mailand 1987; Studia Sixtina nel IV centenario del pontificato di Sisto V. Rom 1987; Roma e Sisto V. Le arti e la cultura, hg. v. M.L. MADONNA. ebd. 1993. *Klaus Ganzer*

■ Nachtrag: I. POLVERINI FOSI: Justice and its image. Political propaganda and judicial reality in the pontificate of S. V: SCJ 24 (1993) 75–96; Celebrazioni del IV centenario del pontificato di Sisto V. Atti del Convegno di studi ‚Montalto e il Piceno in età sistina'. Ascoli-Piceno 1994; E. GARCÍA HERNÁN: La curia romana, Felipe II y Sixto V: Hispania sacra 46 (1994) 631–650; L.J. VILLALON: San Diego de Alcalá and the politics of saint-making in Counter-Reformation Europe: CHR 83 (1997) 691–715; R.B. TRABOLD: Soziales Mäzenatentum im Frühbarock. Betrachtungen zur päpstlichen Kunstförderung unter S. V. ...: Im Gedächtnis der Kirche neu erwachen. FS G. Adriányi. Köln 2000, 621–628.

Sleidan(us) (eigentlich Philippi), *Johannes*, protestantischer Geschichtsschreiber der Reformationszeit, * um 1506 Schleiden, † 31.10.1556 Straßburg; nach dem Rechtsstudium in Lüttich, Köln und Löwen weilte er seit 1533 in Frankreich (1537–44 Sekretär der Brüder ／Du Bellay) und war als französischer Beobachter bei den ／Hagenauer und ／Regensburger Religionsgesprächen. Ab 1544 wirkte er in Straßburg und war zu diplomatischen Missionen in England (1545), beim Tridentinum (1551/52) und in Frankreich (1552). Von Jean Calvin für die Reformation gewonnen, verfasste er *Zwei Reden an Kaiser und Reich* (1540, antipäpstlich); 1544 übersetzte er Martin ／Bucers Katechismus ins Lateinische. Sein Hauptwerk, die *Kommentarien* (1555), ist eine auf Drängen Bucers und Jakob ／Sturms 1545 in Auftrag gegebene Chronik des ／Schmalkaldischen Bundes, die, gestützt auf die Archive von Hessen, Straßburg, Kurpfalz und Kursachsen, streng chronologisch die Ereignisse von 1517–55 darstellt und bis ins 19. Jh. die grundlegende Geschichte der Reformation blieb. Seine *Weltchronik* (1556) folgt dem Schema der vier Weltreiche.

Sleidanus
Sola fide

- Hauptwerk: Ioan. Sleidani De Statu Religionis et Reipublicae, Carolo quinto, Caesare, Commentarii. Straßburg 1555.
- Literatur: W. Friedensburg: J.S. Der Geschichtsschreiber und die Schicksalsmächte der Reformation. Leipzig 1935; T. Brady: Zwischen Gott und Mammon. Protestantische Politik und deutsche Reformation. Berlin 1996. *Rolf Decot*

Slotanus (van der Slooten), *Johannes* (auch J. S. Geffensis), Dominikaner, Kontroverstheologe, * Geffen bei 's-Hertogenbosch, † 9.7.1560 Köln; 1554 Doctor theologiae und Professor der Theologie in Köln sowie Inquisitor für die Erzbistümer Köln, Mainz und Trier, beides als Nachfolger von Tilmanus ∕ Smeling; schrieb u. a. gegen den 1550–56 in Köln lehrenden Humanisten und Nonkonformisten Justus Velsius (1510/15 – nach 1581).

- Werke: Apologiae Iusti Velsii Hagani Confutatio. Köln 1557; Disputationum adversus haereticos liber unus. ebd. 1558. – *Werkverzeichnis:* VD 16 19, 246ff.
- Literatur: BBKL 10, 638f. – E. Meuthen: Die alte Universität: Kölner Universitätsgeschichte, Bd. 1. Köln–Wien 1988, 427f.

Barbara Henze

Smeling(us), *Tilman(us),* Dominikaner, Kontroverstheologe, * vor 1500 Siegburg, † 1557 Köln; studierte seit 1504 in Köln (1525 Lizentiat der Theologie) und lehrte dort 1535–1553/54 Theologie; mehrmals Prior am dortigen Dominikanerkloster, u. a. 1529–54; 1538/39–53/54 Inquisitor für die Erzbistümer Köln, Mainz und Trier. S. bearbeitete Johannes ∕ Ecks „Enchiridion" (ed. v. P. Fraenkel. Münster 1979, 35*–37*).

- Hauptwerk: De septem sacramentis. Köln 1538 u.ö.
- Literatur: BBKL 10, 648f. – E. Meuthen: Die alte Universität: Kölner Universitätsgeschichte, Bd. 1. Köln–Wien 1988, 427.

Barbara Henze

Sola fide (S.). 1. Der Ausdruck S. gehört neben den anderen so genannten Exklusivpartikeln („sola gratia", ∕ „sola scriptura") zu den Präzisierungen der ∕ Rechtfertigungslehre, die die *Reformatoren* und ihre Nachfolger in der Auseinandersetzung mit der scholastischen Lehre für notwendig hielten. Mit der Exklusivpartikel S. soll sichergestellt werden, dass die rechtfertigende Gnade Gottes dem Menschen auf keine andere Weise und unter keinen anderen Bedingungen zuteil wird, als dass er sie im vertrauenden Glauben annimmt. Nach Martin Luther ist „es klar und gewiß, daß allein solcher Glaube uns gerecht macht" (∕ Schmalkaldischer Artikel 2, 1). Nach der ∕ Confessio Augustana (IV) erlangen wir Gerechtigkeit vor Gott nicht „durch Verdienst, Werk und Genugtun", sondern „aus Gnaden um Christus willen durch den Glauben", nämlich durch den Glauben, der sich auf die im Tod Christi gewirkte Genugtuung Christi bezieht. Nur so ist der Trost der Rechtfertigung für die angefochtenen Gewissen gesichert. Nach Luther ist der Glaube im Übrigen ein „lebendig, tätig, mächtig Ding ... daß unmöglich ist, daß er nicht ohne Unterlaß sollte Gutes wirken" (Vorrede zum Römerbrief, 1522). Die spätere lutherische Lehre hat solchem Tun des Glaubens allerdings jede ursächliche Bedeutung für die Rechtfertigung selbst abgesprochen. Das geistliche Motiv dafür war es, das Tröstende der Rechtfertigungsbotschaft nicht zu verwischen. *Ulrich Kühn*

2. In Zurückweisung der reformatorischen Rechtfertigungslehre und ihrer Spitzenformulierung, das Heil werde allein aus dem Glauben (S.) zuteil, formulierte das *Tridentinum:* „Wer sagt, der Gottlose werde allein durch den Glauben gerechtfertigt,

so dass er (darunter) versteht, es werde nichts anderes erfordert, wodurch er zur Erlangung der Rechtfertigungsgnade mitwirke, und es sei keineswegs notwendig, dass er sich durch seine eigene Willensregung vorbereite und zurüste, der sei mit dem Anathema belegt" (DH 1559). Gegen die im S. erblickte Preisgabe der Ethik und der kirchlichen Heilsvermittlung betonte das Konzil, der Mensch müsse, von Gottes Gnade angerührt, am Rechtfertigungsgeschehen selbst mitwirken, indem er zustimmt und dieses annimmt. „Wenn zum Glauben nicht Hoffnung und Liebe hinzutreten, eint er weder vollkommen mit Christus, noch macht er zu einem lebendigen Glied seines Leibes" (DH 1531). Der Glaubende ist in der Rechtfertigung nicht vollkommen passiv, diese ist nicht ein allein in Gott verbleibendes und dem Menschen äußerliches Geschehen („iustitia aliena"), bei dem der Gerechtfertigte Sünder bleibt (/ „simul iustus et peccator").

In der ökumenischen Diskussion wurde deutlich, dass diese gegenseitigen Lehrverwerfungen nicht den ökumenischen Partner, sondern (wenn überhaupt) höchstens Extrempositionen treffen, die jedenfalls heute keine Rolle mehr spielen. Glaube schließt in reformatorischer Terminologie bereits Hoffnung und Liebe in sich. Er ist der umfassende Akt des Vertrauens und der Hingabe, der sich in Werken der Liebe konkretisiert. Folglich besagt die Formulierung S. nicht, christliches Handeln sei für das Gottesverhältnis unerheblich. Vielmehr sind Werke der Nächstenliebe als Früchte des Glaubens mit diesem mitgegeben und können von ihm nicht abgelöst werden. Insofern ist im reformatorischen Glaubensbegriff bereits enthalten, was in der tridentinischen Forderung nach guten Werken eigens thematisiert wird. *Peter Neuner*

▪ LTHK³ 9, 701ff. (ungekürzte Fassung).
▪ Literatur: O.H. PESCH: Theologie der Rechtfertigung bei Martin Luther und Thomas von Aquin. Mainz 1967, ²1985; Lehrverurteilungen – kirchentrennend?, Bd. 1. Freiburg–Göttingen 1986; H.G. ANDERSON U.A.: Justification by Faith. Minneapolis 1985, besonders 13–74; Common Statement, deutsche Übersetzung: Rechtfertigung im ökumenischen Dialog, hg. v. H. MEYER–G. GASSMANN. Frankfurt (Main) 1987, 107–200; G. SCHRAMM: Selig werden allein durch den Glauben: Zugänge zu Martin Luther. FS D. von Heymann. Frankfurt (Main) 1997, 145–162; V. GROSSI: La dottrina tridentina della giustificazione: Lateranum 66 (2000) 481–507; O.H. PESCH: La reponse du Concile de Trente. Les décisions doctrinales anti-réformatrices et leurs conséquences: Positions luthériennes 48 (2000) 331–357; M.S. FERNANDEZ-GARCÍA: Gabriel Biel, Lutero y la justificación por la sola fe: Scripta theologica 30 (1998) 891–896.

Sola scriptura (S.). 1. Die *reformatorische Formel* S. wird im „Schriftprinzip", einem Begriff des 19. Jh., aufgenommen. Die Geschichte des Schriftprinzips weist erhebliche Verschiebungen, ja Brüche auf. An das spätmittelalterliche S. schließt die reformatorische Formel in ihrem institutionskritischen Aspekt an, unterscheidet sich jedoch grundlegend durch ihren soteriologischen Charakter im Kontext der anderen Exklusivpartikel „solo Christo", „sola gratia", / „sola fide". Einzigartigen Rang hat die Heilige Schrift als gepredigtes Wort Gottes und geglaubtes Evangelium, weil sie, in der Kraft des Heiligen Geistes sich selbst auslegend und Glauben weckend, „Christum treibet" (Martin Luther). Erst so hat sie Autorität auch als göttliches Gesetz bzw. vernünftiges Naturrecht, als menschliche Tradition und als handhabarer Buchstabe, d. h. als Buch der Kirche. Alle Reformatoren sahen die Heilige Schrift in ihrem (christologischen) „sensus historicus" auch als einziges Erkenntnisprinzip der Theologie an. Die ∕Konkordienformel von 1577 (BSLK 837) zeichnet die Heilige Schrift als „unica regula et norma" aus. *Walter Sparn*

2. In das reformatorische Schriftprinzip mündete also die den Grundsätzen der Rechtfertigungslehre entspringende Kritik Luthers an bestimmten Traditionen. Schrift und Tradition stehen sich gegenüber wie Evangelium und Kirche, Gottes und Menschenwort, wenngleich auch die Reformatoren den Wert der schriftgemäßen Tradition anerkennen. Mit der Frage der Schriftgemäßheit verbindet sich freilich die Frage nach der Rolle des kirchlichen Lehramts als Auslegungsinstanz. Das *Tridentinum* stellt fest, dass das eine Evangelium in Schrift *und* Tradition, die beide mit gleicher Ehrfurcht festzuhalten sind, gegenwärtig sei, und erhebt die Apostolizität, verbunden mit der Kontinuität und Katholizität zu Kriterien der Unterscheidung apostolischer Tradition und menschlicher Traditionen (DH 1501 1504). Das Neue an der Antwort des Trienter Konzils ist die Betonung der aktiven Rolle des kirchlichen Lehramts als Schriftauslegungsinstanz (DH 1507).

Joachim Drumm

■ LThK³ 9, 266ff. (ungekürzte Fassung s.v. Schriftprinzip); 10, 153ff. (ungekürzte Fassung s.v. Tradition).

■ Literatur: F. KROPATSCHEK: Das Schriftprinzip der lutherischen Kirche. Geschichtliche und dogmatische Untersuchungen, Bd. 1: Die Vorgeschichte. Das Erbe des Mittelalters. Leipzig 1904; I. BACKUS: Das Prinzip ‚S.' und die Kirchenväter in den Disputationen von Baden (1526) und Bern (1528). Zürich 1997; J. RINGLEBEN: Claritas scripturae: Theologische Rundschau 62 (1997) 103–110; E. MÜHLENBERG: Scriptura non est autentica sine authoritate ecclesiae (Johannes Eck).

Vorstellung von der Entstehung des Kanons in der Kontroverse um das reformatorische Schriftprinzip: Zeitschrift für Theologie und Kirche 97 (2000) 183–209.

Sonnius (auch van de Velde, de Campo), *Franciscus*, Kontroverstheologe, * 12.8.1506 (oder 1507) Son bei Eindhoven, † 29.6.1576 Antwerpen. Nach Studium in Löwen 1539 Doctor theologiae, ab 1544 Professor der Theologie in Löwen und Domherr von Utrecht; 1549–60 Inquisitor; 1546/47 als Theologe des Bischofs von Cambrai (oder Tournai?), 1551 als Vertreter seiner Universität sowie als kaiserlicher Theologe auf dem Tridentinum; 1557 Teilnehmer am Religionsgespräch von ∕Worms; 1558/1559 im Auftrag ∕Philipps II. wegen der Errichtung neuer Diözesen in Rom; 1561 bzw. 1570 jeweils erster Bischof der Diözesen 's-Hertogenbosch und Antwerpen.

■ Werke: Examen tyronum militiae christianae. Utrecht 1554, 's-Hertogenbosch ²1570; Ondersoeckinghe der jonghers oft si kerstelijck onderwezen zijn. Utrecht 1554, Antwerpen ²1574; Claer bewys uyten woorde Godts van tghene dat men kerstelyk behoort te ghelooven ende te beleven. Löwen 1555, Antwerpen ³1568; Demonstrationum religionis christianae ex verbo Dei libri III. Löwen–Antwerpen 1555–57 u.ö.; Succincta demonstratio ... errorum cuiusdam confessionis Calvinisticae. Löwen 1567 u.ö.

■ Quellen: Francisci Sonii ad Viglium Zuichemum Epistolae, ed. v. P.F.X. DE RAM. Brüssel 1850; CT 7, 1ff.

■ Literatur: Biographie nationale, hg. v. der Belgischen Akademie der Wissenschaften, Bd. 23. Brüssel 1921–24, 179–224. – TH. GOOSSENS: F.S. in de pamfletten. 's-Hertogenbosch 1917; A. ERENS: Tongerloo en 's-Hertogenbosch. Tongerloo 1925; M. DIERICKX: De oprichting der nieuwe bisdommen in de Nederlanden onder Filips II. Antwerpen–Utrecht 1950; DERSELBE: Documents inédits sur l'érection des nouveaux diocèses aux Pays-Bas, 3 Bde. Brüssel 1960–62; Bossche bijdragen 25 (1969)

Heft 1; P.J. BEGHEYN: F.S. als inkwisiteur: ebd. 30 (1970/71) 85–154; C. DE CLERCQ: F.S. controversiste et apologiste: De Gulden Passer 56 (1978) 137–153; JEDIN Bd. 3 (Register); W. VAN DER MEEREN: Een dorpsgenoot: F.S.: Heem Son en Breughel (1995) 50–73. *Klaus Ganzer*

Soto, *Domingo de*, Dominikaner (1524), Philosoph und Theologe, * 1495 Segovia, † 15.11.1560 Salamanca; um 1512–16 Studium der Philosophie in Alcalá und ab 1516 in Paris; 1520–24 lehrte S. Philosophie und studierte Theologie in Alcalá; 1525–32 Lehrer im Dominikanerkonvent von Salamanca, gelegentlich Substitut von Francisco de ∕Vitoria an der dortigen Universität; hier 1532–49 Professor auf dem zweiten und 1552–60 auf dem ersten theologischen Lehrstuhl; 1540–42, 1544–45, 1550–52, 1556–60 Prior von S. Esteban; 1545–47 als Theologe ∕Karls V. auf dem Tridentinum; 1548–50 kaiserlicher Beichtvater in Deutschland; 1550–51 Vorsitzender der Disputation von Valladolid zwischen Bartolomé de Las Casas und Juan Ginés de Sepúlveda. In deutlichem Gegensatz zu anderen Vertretern der Dominikanerschule von Salamanca, die der Philosophie abgeneigt waren, spiegeln S.s Schriften ein außerhalb des Ordens erworbenes unabhängiges philosophisches Wissen wider. Als Reformer der Artistenausbildung und Verfasser entsprechender Lehrbücher übte S. einen nachhaltigen Einfluss aus. Der stark von öffentlichen Aufgaben beanspruchte S. passte, wie viele andere Theologen Salamancas, den Stoff seiner Vorlesungen den Bedürfnissen der die Universität beherrschenden Juristen an (*De iustitia et iure*). Die im Umfeld des Tridentinums entstandenen Schriften (*De natura et gratia,* Römerbriefkommentar) gingen aus den Diskussionen um das Rechtfertigungsdekret, an denen S. maßgeblich beteiligt war, hervor. Die humanistische Bibelphilologie lehnte S., anders als seine Vorgänger Vitoria und Melchior ∕Cano, ab und beeinflusste dadurch Bartolomé de Medina und Domingo Báñez. Bereits im Urteil seiner Zeitgenossen stand fest, dass S. als Theologe nicht annähernd die Leistungen aufwies, die er als Philosoph, in der Analyse wirtschaftlicher Strukturen und der Kolonialpolitik Spaniens wie auf dem Gebiet der Rechtsphilosophie erbrachte.

■ Werke: Summulae. Burgos 1529 u.ö.; De ratione tegendi et detegendi secretum relectio. Salamanca 1541; In dialecticam Aristotelis commentarii. ebd. 1543 u.ö.; Super VIII libros Physicorum commentaria. ebd. 1545 u.ö.; Super octo libros physicorum quaestiones. ebd. 1545 u.ö.; Deliberatio de causa pauperum. ebd. 1545; De natura et gratia. Venedig 1547 u.ö.; Apologia qua R.P. Ambrosio Catharino de certitudine gratiae respondet. ebd. 1547; In epistolam ad Romanos. Antwerpen 1550; De cavendo iuramentorum abusu. Salamanca 1551; Summa de la doctrina christiana. ebd. 1552; De iustitia et iure. ebd. 1553 u.ö.; Annotationes in commentarium Ioannis Feri super Ev. Ioannis. ebd. 1554; In quartum Sententiarum. ebd. 1557; De extremo iudicio. Löwen 1567; De sacra doctrina, ed. v. C. POZO: Fuentes para la historia del método teológico en la Escuela de Salamanca. Granada 1962, 121–217; Relectio de haeresi, ed. v. DEMSELBEN: Archivo teológico Granadino 26 (1963) 223–261; Relectio de sacro canone et eius sensibus, ed. v. J.C. MARTÍN DE LA HOZ: Scripta Theologica 14 (1982) 757–806; Relectio de catalogo librorum sacrae scripturae, ed. v. J. BELDA PLANS–J.C. MARTÍN DE LA HOZ: Burgense 24 (1983) 263–315; Relecciones y opúsculos I, ed. v. J. BRUFAU PRATS. Salamanca 1995.

■ Literatur: DTHC 14, 2423–31; DHEE 4, 2507; BBKL 10, 831–836. – M. SOLANA: Historia de la filosofía española. Época del Renacimiento, Bd. 3. Madrid 1940, 91–130; V. MUÑOZ DELGADO: D. de S. y la ordenación de la enseñanza de la lógica: Ciencia Tomista 87 (1960) 467–528; DERSELBE: Reflexiones acerca de la naturaleza de la lógica en la obra de D. de S.: Estudios 20 (1964) 3–45; V. BELTRÁN DE HEREDIA: D. de S.: estudio biográfico documentado. Madrid 1961; J. QUÉTIF–J. ECHARD: Scriptores Ordinis Praedicatorum, Bd. 2. Nachdruck Turin 1961, 171ff.; K.J. BECKER: Die Rechtfertigungslehre nach D. de S. Rom 1967; D. RAMOS-LISSÓN: La ley según D. de S. Pamplona 1976; KLAIBER n. 2908–21; I. JERICÓ BERMEJO: ‚Condere articulum fidei et condere Sacram Scripturam': El poder eclesial según D. de S.: Archivo teológico Granadino 56 (1993) 63–130; L. JIMÉNEZ PATÓN: ‚De Natura et Gratia' de D. de S. en la controversia Luterana: Communio 27 (Sevilla 1994) 187–270, 28 (1995) 261–304, 29 (1996) 273–336, 30 (1997) 275–309; J. BELDA PLANS: D. de S. y la reforma de la Teología en el siglo XVI: Anales Valentinos 21 (1995) 193–221; DERSELBE: D. de S. y la defensa de la Teología Escolástica en Trento: Scripta Theologica 27 (1995) 423–458; F. DOMÍNGUEZ: Gaspar de Grajal. Münster 1998, 221–227 249–256 und passim; K. REINHARDT: Bibelkommentare spanischer Autoren, Bd. 2. Madrid 1999, 320–323.

Fernando Domínguez

■ Nachtrag: S. DILISO: D. de S. Bari 2000.

Soto, *Pedro de,* Dominikaner (1518), Kontroverstheologe, * um 1500 Alcalá, † 20.4.1563 Trient; nach Studium in Salamanca und Tätigkeiten im Orden 1542–48 Beichtvater ∕Karls V.; 1549 Mitgründer der Universität Dillingen, bis 1555 dort Professor. Als Generalvikar der niederdeutschen Dominikanerprovinz war S. besonders um die Wiederherstellung des Ordensstudiums bemüht. 1555–56 Professor der Theologie in Oxford und päpstlicher Theologe auf der letzten Sitzung des Tridentinums. S. verfasste katechetische und pastorale Werke (*Compendium doctrinae catholicae.* Ingolstadt 1549; *Tractatus de institutione sacerdotum.* Dillingen 1558). Seine Briefe an Ruard ∕Tapper über kontroverstheologische Methoden im Bereich der Gnadenlehre (gedruckt im Anhang von A. Réginald: De mente Sacri Concilii Tridentini circa gratiam se ipsa efficacem. Antwerpen 1706) spielte eine wichtige Rolle in der Kontroverse um Michael ∕Bajus. Gegen die ∕„Confessio Virtembergica" (1551) verfasste S. eine *Assertio catholicae fidei* (Köln 1555), die deren Autor, Johannes ∕Brenz, zu einer umfangreichen Apologie veranlasste, auf welche S. mit einer *Defensio catholicae confessionis* (Antwerpen 1557) antwortete. Diese Auseinandersetzung wurde nach S.s Tod von Wilhelmus ∕Lindanus fortgesetzt.

■ Literatur: BBKL 10, 836–839; DSp 10, 1084f. – V.D. CARRO: El Maestro Fray P. de S. OP (Confesor de Carlos V) y las controversias político-teológicas en el siglo XVI, 2 Bde. Salamanca 1931–50; C. GUTIÉRREZ: Españoles en Trento. Valladolid 1951; V. PROAÑO GIL: El concepto de tradición en P. de S.: Burgense 3 (1962) 215–237; KLAIBER nn. 2922–31; F. DOMÍNGUEZ REBOIRAS: Gaspar de Grajal. München 1998, 333–346.

Fernando Domínguez

Sotomaior, *Luiz de,* Dominikaner (1543), Exeget und Theologe, * 1526 Lissabon, † 20.5.1610 Coimbra; 1543–1548 Studien am Ordenskolleg in Lissabon, 1549–54 am Dominikanerkonvent und an der Universität Löwen; 1554–58 in Begleitung Pedro de ∕Sotos in England, dort Beichtvater ∕Marias I. und Lehrer der Theologie in Oxford; 1558–61 Lehrtätigkeit in Löwen; 1561–62 Konzilstheologe in Trient; 1562–65 Lehrtätigkeit in Löwen und Dillingen, 1565–67 am Konvent in Lissabon; 1567–98 Professor auf dem Bibellehrstuhl von Coimbra. S. war ein wichtiger Vertreter der humanistischen Bibelphilologie.

■ Werke: Cantici canticorum interpretatio. Lissabon 1599; Ad canticum canticorum notae posteriores et breviores. Paris 1611; In

I–II Tim. et Tit. ebd. 1610; Kommentare zu Ijob, Lk und Joh (handschriftlich).
- Literatur: J. QUÉTIF – J. ECHARD: Scriptores Ordinis Praedicatorum, Bd. 2. Nachdruck Turin 1961, 374; M.A. RODRIGUES: A Cátedra de Sagrada Escritura na Universidade de Coimbra. Primeiro século (1537–1640). Coimbra 1974, 157–260.

Fernando Domínguez

Sozinianer. Gemessen an der außerordentlichen Bedeutung, welche dem Sozinianismus bei der Genese des neuzeitlichen Selbst- und Weltverständnisses zukommt, ist er in Westeuropa sowohl von Dogmengeschichtlern als auch von Philosophiehistorikern nur spärlich erforscht worden. Er wird von spätmittelalterlichem Nominalismus und humanistischer Bibelphilologie angeregt und trägt die dabei empfangene Denkart in die Aufklärungsphilosophie hinein. Die ideengeschichtliche Untersuchung des Sozinianismus lässt sich so besehen als „Aufklärung" der Aufklärungsphilosophie verstehen. Die Priorisierung des Logischen vor dem Ontologischen hatte schon Wilhelm von Ockham in Schwierigkeiten gebracht, als er das Trinitätsdogma zu erklären versuchte: Das verständige Argument, „eines" könne nicht „drei" sein, brachte ihn dazu, die Trinität als ein „sola fide tenendum" aufzufassen, um sie so vor den Logikern zu schützen. Die Trinitätslehre wird dadurch bereits im Nominalismus für den intellektuellen Bereich tabuisiert und von gemäßigten Reformatoren – wie ein Erbstück, mit dem man nichts mehr anzufangen weiß – in bloßem Glaubensgehorsam überliefert.

Das dabei aufgestaute Unbehagen entlädt sich im Sozinianismus: 1546 treffen sich in Oberitalien, in der Gegend von Venedig, vierzig Disputanten, „welche die überkommene Lehre von dreieinigen Gott in Zweifel gestellt haben" (Bibliotheca Anti-Trinitariorum 210 [Andreas Wissowatius]). Da sie verfolgt werden, flieht ein Großteil von ihnen in die Schweiz. Unter ihnen befindet sich der hoch gebildete Patrizier *Lelio Sozzini* (latinisiert Laelius Socinus, * 1525 Siena, † 1562 Zürich), der zusammen mit seinem Neffen *Fausto Sozzini* (latinisiert Faustus Socinus, * 1539 Siena, † 1604 Lucławice [Polen]) der trinitätskritischen Bewegung den Namen geben wird. Als 1553 auf Betreiben Jean Calvins der spanische Arzt Michael / Servet (der 1531 „De Trinitatis erroribus libri septem" veröffentlicht hatte) in Genf verbrannt wird, ist dies für die in der Schweiz lebenden Glaubensflüchtlinge ein drastisches Zeichen zu neuerlichem Aufbruch. Wie auch andere protestantische Gruppen gehen sie nach Polen ins Exil. Als dort 1565 die Synode von Petrikau (Piotrków) die Glaubensexulanten zu vereinigen versucht, spalten sich die S. als Ecclesia minor ab; sie weisen die Lehre von der göttlichen „trinitas" zurück, leugnen die Gottheit Christi (und des Heiligen Geistes) und treten dezidiert für die göttliche Unitas ein, weshalb sie auch als Neoarianer oder Unitarier, als „Trinitatis oppugnatores" oder / Antitrinitarier bezeichnet werden. Die Kleinstadt Rakau (Raków) bei Sandomierz entwickelt sich binnen kurzem zu einem einflussreichen Schul- und Publikationszentrum der S., von dem aus ganz Europa mit dogmenkritischen und insbesondere antitrinitarischen Schriften versorgt wird.

- LThK³ 9, 796ff. (ungekürzte Fassung).
- Werke: M. SERVET: De Trinitatis erroribus libri septem. o.O. (Hagenau) 1531, Nachdruck Frankfurt (Main) 1965; DERSELBE: Christianismi Restitutio. o.O. 1553, Nachdruck ebd. 1966; Per la storia del secolo

XVI in Europa. Testi raccolti da C. Cantimori e E. Feist. Rom 1937; Bibliotheca Fratrum Polonorum, qui Unitarii appellantur, Bd. 1–9. Amsterdam 1668–69 (Bd. 1: ‚Irenopoli 1656' und Bd. 9: ‚Eleutheropoli 1692' sind fingierte Angaben); Bibliotheca Anti-Trinitariorum ... Opus posthumum Christophori Chr. Sandii. Accedunt ... Compendium Historiae Ecclesiasticae Unitariorum, qui Sociniani vulgo audiunt, ... Freistadii (= Amsterdam) 1684, Nachdruck mit einem Vorwort von L. Szczucki. Warschau 1967; A. Wissowatius: Religio rationalis (1685). Editio trilinguis (lateinisch, französisch, deutsch), hg. v. Z. Ogonowski. Wolfenbüttel 1982. – Entgegnungen: J.A. Comenius: Antisozinianische Schriften, Nachdruck hg. v. E. Schadel. Hildesheim u.a. 1983 (8 Einzelschriften. Amsterdam 1659–62, 7*–72*: Einleitung und Bibliographie); G.W. Leibniz: Defensio Trinitatis (1669): Philosophische Schriften, Bd. 1, hg. v. P. Ritter–W. Kabitz. Berlin 1971, 515–530.

▪ Literatur: HDThG 3, 1–70; Dicionário Teológico. Salamanca 1992, 1408–23. – O. Fock: Der Sozinianismus. Kiel 1847, Nachdruck Aalen 1970; H.-W. Gensichen: Die Wittenberger antisozinianische Polemik. Maschinschriftliche Dissertation. Göttingen 1942; E.M. Wilbur: A History of Unitarianism, 2 Bde. Cambridge (Massachusetts) 1947–1952; D. Cantimori: Italienische Häretiker der Spätrenaissance. Basel 1949; G. Mühlpfordt: Arianische Exulanten als Vorboten der Aufklärung: Renaissance und Humanismus in Mittel- und Osteuropa, Bd. 2. Berlin 1962, 220–246; P. Wrzecionko: Die Theologie des Rakower Katechismus: Kirche im Osten 6 (1963) 73–110; F. Sánchez-Blanco: M. Servets Kritik an der Trinitätslehre. Frankfurt (Main) 1977; R. Dán–A. Pirnát (Hg.): Antitrinitarianism in the second half of 16th century. Budapest–Leiden 1982; L. Szczucki (Hg.): Socinianism and its role in the culture of XVIth to XVIIth centuries. Warschau 1983; S. Wollgast: Der Sozinianismus in Deutschland: derselbe: Philosophie in Deutschland zwischen Reformation und Aufklärung, 1550–1660. Berlin 1988, 346–422; E. Schadel: Zu Leibniz' ‚Defensio Trinitatis': Actualitas omnium actuum. FS H. Beck. Frankfurt (Main) 1989, 235–305; W. Deppert–W. Erdt–A. de Groot (Hg.): Der Einfluß der Unitarier auf die europäisch-amerikanische Geistesgeschichte. ebd. 1990; E. Schadel: Antitrinitarischer Sozinianismus als Motiv der Aufklärungsphilosophie: derselbe: Kants ‚Tantalischer Schmertz'. ebd. 1998, 31–108.

Erwin Schadel

Spalatin (eigentlich Burckhardt), *Georg*, evangelischer Theologe, Humanist, Jurist, Fürstenberater, * 17.1. 1484 Spalt bei Nürnberg, † 16.1.1545 Altenburg; Studium in Erfurt (dort Anschluss an den Humanistenkreis um ⁄Mutianus Rufus) und Wittenberg; 1505 Novizenlehrer im Kloster Georgenthal bei Gotha; 1508 Priester. Danach als Prinzenerzieher nach Torgau berufen, wurde er von ⁄Friedrich III. dem Weisen auch als Bibliothekar und Geschichtsschreiber beschäftigt. S. siedelte 1511 nach Wittenberg über und wurde Geheimsekretär, geistlicher Berater und Hofprediger des Kurfürsten. Für Martin Luther, zu dem er seit 1514 in Beziehung stand, sicherte er in den entscheidenden Jahren 1517–22 den Schutz des Landesherrn als Förderer und Verbindungsmann am Hof. Vergeblich bemühte er sich um Vermittlung zwischen Luther und ⁄Erasmus von Rotterdam. Nach dem Tod des Kurfürsten 1525 Heirat und Übernahme der Pfarrei Altenburg (1528 Superintendent). 1527 gehörte er zur Visitationskommission und war am Aufbau des landesherrlichen Kirchenregiments beteiligt. Den Kurfürsten Johann und ⁄Johann Friedrich diente er als Berater (so in Augsburg 1530, Schweinfurt und Nürnberg 1532). Durch erbauliche Traktate förderte er die Reformation ebenso wie durch die Übersetzung von Schriften Luthers, Philipp Melanchthons und Erasmus'; in den letzten Jahren widmete er sich Geschichtsstudien: *Annales reformationis.* Leipzig 1718; *Chronica ... der Churfürsten ... zu Sachsen.* Wittenberg 1541.

- **Werke:** H. Volz: Bibliographie der im 16.Jh. erschienenen Schriften G.S.s: Zeitschrift für Bibliothekswesen und Bibliographie 5 (1958) 83–119.
- **Literatur:** BBKL 10, 865–868. – I. Höss: G.S. Weimar 1956, ²1989; G. Wartenberg: Landesherrschaft und Reformation. Gütersloh 1988; I. Ludolphy: Friedrich der Weise. Göttingen 1989. *Rolf Decot*
- **Nachtrag:** W. Petke: Das Breve Leos X. an G.P. von 1518 über die Verleihung der Goldenen Rose an Friedrich den Weisen: Archiv für Kulturgeschichte 80 (1998) 67–104; Ch. Meckenborg – A.-B. Riecke: Die ‚Chronik der Sachsen und Thüringer' von G.S.: Fata Libellorum, hg. v. R. Bentzinger u.a. Göppingen 1999, 131–162.

Spengler, Lazarus, Nürnberger Ratsschreiber und Theologe, * 13.3.1479 Nürnberg, † 7.9.1534 ebenda; Studium in Leipzig, ab 1496 im Dienst seiner Vaterstadt, seit 1507 als Ratsschreiber. Befreundet mit Albrecht Dürer, Willibald ↗Pirckheimer und Johannes von ↗Staupitz, entschied er sich früh für Martin Luther (Schutzrede für Luthers Lehre, 1519) und hatte maßgeblichen Einfluss auf die Einführung der Reformation in Nürnberg und auf die Religionspolitik der Reichsstädte. Er ist Typus städtischer Räte, die Religionspolitik, „Gemeinen Nutzen" und persönliche Frömmigkeit verbinden.

- **Werke:** L.S. Schriften, Bd. 1. Gütersloh 1995 (weitere Bände in Arbeit).
- **Literatur:** BBKL 10, 939ff. – H. von Schubert: L.S. und die Reformation in Nürnberg. Leipzig 1934, Nachdruck New York – London 1971; B. Hamm: Bürgertum und Glaube. Göttingen 1996. *Rolf Decot*
- **Nachtrag:** H. Roser: Franken und Luther. München 1996, 20–27; W. Huber: Der Nürnberger Ratsschreiber L.S. als Apologet der Reformation: ZBKG 66 (1997) 1–11; B. Hamm: Der Nürnberger Ratsschreiber L.S. als Rechtsdenker und Advokat der Reformation: Recht und Verfassung im Übergang vom Mittelalter zur Neuzeit, Bd. 1. Göttingen 1998, 230–257.

Speratus (eigentlich Hoffer), *Paul*, * 13.12.1484 Rötlen bei Ellwangen, † 12.8.1551 Marienwerder; seit 1503 Studium der Philosophie, Theologie und des kanonischen Rechts in Freiburg, Paris und Italien, 1506 Priester, 1512 Notar in Salzburg, dort zeitweilig Prediger (bis 1517/18). 1520–21 (lutherischer?) Domprediger in Würzburg, hielt am 12.1.1522 eine Predigt im Wiener Stephansdom über den Ehestand gegen die Mönchsgelübde, 1522–23 Pfarrer in Iglau; nach Haft in Olmütz (Sommer 1523) durch den König von Böhmen ausgewiesen. 1523–24 in Wittenberg, übersetzte S. drei lateinische Schriften Martin Luthers ins Deutsche und gab mit ihm das Achtliederbuch heraus. Neben Luther ist er der älteste evangelische Kirchenlieddichter. Von ↗Albrecht von Brandenburg-Ansbach dem Älteren 1523 nach Königsberg berufen, wirkte S. 1525 an der Abfassung der lutherisch-preußischen Kirchenordnung und als herzoglicher Rat 1526 und 1528 an den ersten preußischen Kirchenvisitationen mit. 1530 lutherischer Bischof von Pomesanien, wahrscheinlich Hauptverfasser der *Constitutiones synodales evangelicae* (1530), einem Leitfaden der Unterscheidungslehren. 1531–35 heftigster Gegner schwenckfeldischer und schwärmerischer Strömungen im Herzogtum Preußen. – S. prägte zum großen Teil den lutherischen Charakter der preußischen Landeskirche. Als Bischof war er ein sorgfältiger und eifriger Hirte seines schwierigen Sprengels.

- **Literatur:** BBKL 10, 973ff. *Ernst Manfred Wermter*
- **Nachtrag:** W. von Meding: Luther und S.: Musik und Kirche 64 (1994) 188–199; K. Burba: ‚Es ist das Heil uns kommen her'. Von S. selbst der Gemeinde erläutert: Blätter für württembergische Kirchengeschich-

te 95 (1995) 27–48; H. ROSER: Franken und Luther. München 1996, 43f.

Stadion, *Christoph von,* Bischof von Augsburg (1517), * März 1478 Schelklingen (Württemberg), † 15.4.1543 Nürnberg (Grab in der Dillinger Pfarrkirche); 1490–1506 Studien in Tübingen, Freiburg, Bologna, Ferrara, 1506 Doktor des kanonischen Rechts und Augsburger Kanoniker, 1512 Offizial, verteidigte das Aufnahmeverbot Augsburger Patrizier in das Domkapitel. Im März 1517 auf Wunsch des Bischofs Heinrich von Lichtenau und möglicherweise Jakob ∕Fuggers zum Koadjutor mit Recht der Nachfolge gewählt. Konsekration am 5.7.1517 in Dillingen. S. berief am 20.10.1517 eine Diözesansynode ein, die jedoch wenig Erfolg hatte. Die Reformation ergriff bald weite Teile des Bistums wo Johannes ∕Eck nur mit Mühe die Bannandrohungsbulle ∕*Exsurge Domine* gegen Martin Luther veröffentlichen konnte. Ein Zentrum der Neuerung wurde Augsburg mit St. Anna, dem Kloster der Karmeliten von der Unbefleckten Empfängnis Mariä, auch die ∕Täufer hatten zahlreiche Anhänger. Um 1527 war die Stadt überwiegend zwinglianisch. S., durch seinen Freund ∕Erasmus von Rotterdam humanistisch geprägt, suchte den Ausgleich zwischen den Konfessionen und vertrat auf dem Augsburger Reichstag 1530 die Auffassung, die Kirche könne in Fragen der Kommunion unter beiden Gestalten (∕Laienkelch), der Volkssprache in der Liturgie und der Priesterehe (∕Zölibat) Zugeständnisse machen, ohne dabei ihre Lehre und Rechtsordnung aufzugeben. Von Kaiser ∕Karl V. und den evangelischen Reichsfürsten deshalb geschätzt, beobachtete die römische Kurie diese Äußerungen misstrauisch. Auch als kaiserlicher Bevollmächtigter in Reichsangelegenheiten vertrat S. eine irenische Grundhaltung, ihm wurde auf dem ∕Hagenauer Religionsgespräch 1540 vorgeworfen, er gelte mehr als Lutheraner denn als Katholik. S. litt schwer unter diesen Verdächtigungen, war er doch persönlich integer und absolut kirchentreu. Noch stärker bedrückte ihn die konfessionelle Entwicklung im Bistum nach 1530: 1534 Übertritt von Herzog ∕Ulrich von Württemberg zur ∕Confessio Augustana und damit Verlust vieler Pfarreien in diesem Gebiet, 1537 Vertreibung der katholischen Geistlichen aus Augsburg und vorübergehende Residenz des Domkapitels in Dillingen, 1539 Einführung der Reformation durch die Grafen von Oettingen im Ries, 1542 Übertritt von ∕Ottheinrich von Pfalz-Neuburg zur lutherischen Lehre; außerdem der Verlust der meisten Reichsstädte im Bistum. Als S. auf dem Reichstag zu Nürnberg nach einem Schlaganfall starb, hinterließ er wohl ein im Großen und Ganzen geordnetes Hochstift, im Bistum aber herrschte religiöser Notstand.

▪ Literatur: Handbuch der Bayerischen Kirchengeschichte, hg. v. W. BRANDMÜLLER U.A. Bd. 2. St. Ottilien 1993, passim; BBKL 10, 1087–90. – F. ZOEPFL: Das Bistum Augsburg und seine Bischöfe im Reformationsjahrhundert. München–Augsburg 1969, 1–172; A. SCHMID: Humanistenbischöfe. Untersuchungen zum vortridentinischen Episkopat in Deutschland: RQ 87 (1992) 159–192; E. GATZ (Hg.): Die Bischöfe des Heiligen Römischen Reiches 1448–1648. Berlin 1996, 678f. *Peter Rummel*

Stancaro, *Francesco,* italienischer protestantischer Theologe und Hebraist, * um 1501 Mantua, † 12.11.1574 Stopnica (Polen); zunächst Mönch und Priester. 1530 gab S.

eine hebräische Grammatik heraus. Nach seinem Bekenntnis zum evangelischen Glauben wurde er von der Inquisition verfolgt und musste Italien verlassen. 1544–46 Professor für Hebräisch in Wien, 1546 Doktor der Theologie in Basel. 1549 wurde S. Professor für Altes Testament in Krakau, das er 1550 wegen Häresieverdachts verlassen musste. Danach wirkte er als Reformator in Kleinpolen und verfasste die *Canones reformationis ecclesiarum Polonicarum* (Frankfurt [Oder] 1552). 1551 Professor für Hebräisch in Königsberg, wo er gegen Andreas /Osianders Rechtfertigungslehre Stellung bezog. S. vertrat die Ansicht, dass Christus nur seiner menschlichen Natur nach Mittler sei, was die Zweinaturenlehre aufzulösen drohte. Nach Aufenthalten in Frankfurt (Oder), Ungarn und Siebenbürgen, wo S. mit seinen Lehren auf Widerstand stieß, kehrte er 1559 endgültig nach Polen zurück. Nachdem er Philipp Melanchthon des Arianismus beschuldigt hatte, wurde S. von mehreren Synoden verurteilt. Die allgemeine Ablehnung führte ihn zur Gründung einer Sonderkirche, die sich aber nicht dauerhaft etablieren konnte (1561–71). Auf dem Konvent von Oleśnica versöhnte er sich schließlich mit der reformierten Kirche. Durch seine Kritik an führenden Theologen der Reformation trug S. zur Spaltung der evangelischen Bewegung und zur Ausbreitung des Antitrinitarismus (/Antitrinitarier) in Polen bei.

■ Literatur: BBKL 10, 1148–52. – L. Hein: Italienische Antitrinitarier und ihr Einfluß auf die Reformation in Polen während der beiden Jahrzehnte vor dem Sandomirer Konsens (1570). Leiden 1974, 66–118; W. Urban: Die großen Jahre der stancarianischen ‚Häresie' (1559–63): ARG 81 (1990) 309–319.

Michael Becht

Stapleton, *Thomas,* katholischer Kontroverstheologe, * Juli 1535 Henfield (England), † 12. (oder 3.) 10.1598 Löwen. S. verweigerte den Suprematseid (/Suprematsakte) und verließ England 1563. 1571 Doktor der Theologie in /Douai, danach dort Professor für Exegese, 1590 Professor in Löwen als Nachfolger von Michael /Bajus. S. befasste sich hauptsächlich mit der Autorität in der Kirche und mit der Rechtfertigung.

■ Hauptwerk: Principiorum fidei doctrinalium demonstratio methodica. Paris 1578; Relectio. Antwerpen 1596; Universa iustificationis doctrina. Paris 1581; Tres Thomae. Douai 1588 (Apostel Thomas, Th. Becket, Th. Morus), englische Teilübersetzung von Ph.E. Hallet: The Life and illustrious Martyrdom of Sir Thomas More. London 1928, Nachdruck, hg. v. E.E. Reynolds. New York 1960. – Gesamtausgabe: Opera omnia, 4 Bde. Paris 1620. – Verzeichnis: A.F. Allison–D.M. Rogers: The Contemporary Printed Literature of the English Counter-Reformation, Bd. 1. Aldershot 1989, 154–164.

■ Literatur: NCE 13, 643f.; Encyclopedic Dictionary of Religion, Bd. 3. Washington 1979, 3379. – M.J. Scheeben: Gesammelte Schriften, hg. v. J. Höfer u.a., Bd. 1. Freiburg 1941, nn. 1087f.; M.R. O'Connell: Th.S. and the Counter-Reformation. New Haven–London 1964; H. Schützeichel: Das Wesen der kirchlichen Lehrautorität nach Th.S.: Catholica 19 (1965) 303–310; Derselbe: Wesen und Gegenstand der kirchlichen Lehrautorität nach Th.S. Trier 1966; M. Seybold: Glaube und Rechtfertigung bei Th.S. Paderborn 1967; Derselbe: Zur theologischen Anthropologie bei Michael Baius (1513–89) und Th.S. (1535–98): Wahrheit und Verkündigung. FS M. Schmaus, Bd. 1. München u.a. 1967, 799–818; J. de Landtsheer: The Correspondence of Th.S. and Johannes Moretus: Humanistica Lovaniensia 45 (1996) 430–503.

Heribert Schützeichel

Staupitz, *Johann(es) von,* Augustinereremit (vor 1490), Benediktiner (1522), * um 1465 Motterwitz (Sachsen) aus adliger Familie, † 28.12. 1524 bei Salzburg. Nach Studium in

Köln und Leipzig Eintritt in das Augustinereremitenkloster München, dort 1490 Prior. Seit 1497 in Tübingen, 1498 Prior und 1500 Doctor theologiae; von Kurfürst ⟋Friedrich III. als Gründungsmitglied an die 1502 errichtete sächsische Landesuniversität berufen, wird er erster Dekan der theologischen Fakultät und bleibt bis 1512 Professor für Bibelwissenschaft in Wittenberg. Zugleich 1503–1520 Generalvikar der deutschen Observanten des Ordens. Nach Scheitern der Unionsversuche mit anderen Observantenkongregationen verstärkte Predigttätigkeit in Süddeutschland (Nürnberg, München, Salzburg). Zunächst Förderer Martin Luthers, zieht sich S. 1520 nach Salzburg zurück und wird 1522 Abt des Benediktinerklosters St. Peter. – Seine Predigten zeigen eine seelsorgerlich akzentuierte, eng am biblischen Text formulierte, eklektische Theologie, die spätmittelalterliche Reformansätze aufnimmt. Im Zentrum steht die Offenbarung der Barmherzigkeit Gottes im Leiden und Sterben Christi sowie die persönliche Aneignung der Heilsgabe. Mit Betonung der Alleinwirksamkeit Christi für das Heil des Menschen sowie deutlicher Zurückhaltung gegenüber der sakramentalen Heilsvermittlung der Kirche greift S. auf die antipelagianische Theologie des Augustinus zurück. Zugleich finden sich zahlreiche Anleihen aus mystischen Schriften, die sich besonders in ethischen Anweisungen zu einem Christus konformen Leben niederschlagen.

■ Werke: Deutsche Schriften, hg. v. J.F.K. KNAAKE. Potsdam 1867; Tübinger Predigten, hg. v. G. BUCHWALD–E. WOLF. Leipzig 1927; Sämtliche Schriften, hg. v. L. GRAF ZU DOHNA–R. WETZEL, Bd. 1ff. Berlin u.a. 1979ff.

■ Literatur: BBKL 10, 1250–53. – TH. KOLDE: Die deutsche Augustiner-Congregation und S. Gotha 1879; N. PAULUS: J. von S.: HJ 12 (1891) 309–346; E. WOLF: S. und Luther. Leipzig 1927; D.C. STEINMETZ: Misericordia Dei. Leiden 1969; H.A. OBERMAN: Tuus sum, salvum me fac: Scientia Augustiniana, hg. v. C.P. MAYER U.A. Würzburg 1975; W. ECKERMANN: Neue Dokumente zur Auseinandersetzung zwischen J. von S. und der sächsischen Reformkongregation: Analecta Augusti 40 (1977) 279–296; J. SALLABERGER: J. von S.: Augustinianum 28 (1978) 108–154; D.C. STEINMETZ: Luther and S. Durham (Massachusetts) 1980; R. WETZEL: S. und Luther: Martin Luther, hg. v. V. PRESS U.A. Stuttgart 1986, 75–87; B. LOHSE: Zum Wittenberger Augustinismus: Augustine, the harvest, and theology (1300–1650). FS H.A. Oberman. Leiden 1990, 89–109; R. WETZEL: S. Augustinianus: Via Augustini, hg. v. H.A. OBERMAN U.A. ebd. 1991, 72–115; M. WRIEDT: Gnade und Erwählung. Mainz 1991; DERSELBE: S. und Augustin: Auctoritas Patrum, hg. v. L. GRANE U.A. ebd. 1993, 227–257; A. ZUMKELLER: S. und seine christliche Heilslehre. Würzburg 1994; M. WRIEDT: S. als Gründungsmitglied der Wittenberger Universität: 700 Jahre Wittenberg, hg. v. S. OEHMIG. Weimar 1995, 173–186.   *Markus Wriedt*

■ Nachtrag: B. HAMM: J. von S.: ARG 92 (2001) 6–42.

Stifel, *Michael,* evangelischer Theologe und Mathematiker, * um 1487 Esslingen, † 19.4.1567 Jena; S. veröffentlichte als Mitglied des Augustinereremitenkonvents seiner Vaterstadt 1522 eine apokalyptisch-heilsgeschichtliche Deutung von Martin Luthers Auftreten, die zum literarischen Streit mit Thomas ⟋Murner führte; auf Vermittlung Luthers 1523 Hofprediger in Mansfeld, 1525 in Tollet (Tirol), 1528 Pfarrer in Lochau. S. errechnete mittels Gematrie die Parusie Christi für den 19.10. 1533; nach deren Ausbleiben zunächst in Hausarrest; 1534 Pfarrer in Holzdorf, 1547–54 an verschiedenen Orten in Preußen, danach in Brück; ab 1559 in Jena, wo S. an der Universität Mathematik lehrte und Matthias /Flacius gegen Andreas /Osiander unterstützte.

■ Werke: Von der christförmigen Lehre Luthers. Straßburg 1522, ed. v. W. LUCKE: O. CLEMEN (Hg.): Flugschriften aus den ersten Jahren der Reformation, Bd. 3. Leipzig 1909, 261–352; Rechenbüchlein vom Endchrist. Wittenberg 1532; Arithmetica integra. Nürnberg 1544, deutsche Teilübersetzung von S. BAUER U.A.: Esslinger Studienzeitschrift 28 (1989) 75–129. – Verzeichnis: VD 16 19, 585ff.

■ Literatur: J.E. HOFMANN: M.S. Wiesbaden 1968; Esslinger Studienzeitschrift 28 (1989) 25–142 (mehrere Beiträge); K. REICH: Die Beziehung M. Luthers zu M.S.: ebd. 29 (1990) 17–36; DIESELBE: Melanchthon und die Mathematik seiner Zeit: G. FRANK – S. RHEIN (Hg.): Melanchthon und die Naturwissenschaften seiner Zeit. Sigmaringen 1998, 105–121, besonders 119f.

Christian Peters

■ Nachtrag: W. MERETZ: Der Mathematiker M.S. zu Esslingen (1487?–1567) als Dichter von Reformationsliedern. Berlin 1998.

Stigel, *Johann,* protestantischer neulateinischer Dichter, * 13.5.1515 Gotha, † 11.2.1562 Jena. Nach altsprachlichen Studien wurde S. in Wittenberg 1543 zum Professor poesis ernannt; lehrte ab 1547 an der neu gegründeten Universität Jena. Die poetische Begabung S.s, der in intensivem Briefkontakt mit Philipp Melanchthon stand, schlug sich in einem vielseitigen lateinischen Werk (u. a. Übersetzungen, Epigramme, Epitaphien besonders in Distichen) nieder, in dem neben Christlichem (Katechismus, Psalmen) auch Zeitthemen (Reformation, Luther, Kaiser bzw. Reich) verarbeitet wurden.

■ Werke: J. GRUTER: Delitiae Poetarum Germanorum, Bd. 6. Frankfurt (Main) 1612, 318–574.

■ Literatur: ADB 36, 228ff.; Literaturlexikon. Autoren und Werke deutscher Sprache, hg. v. W. KILLY, Bd. 11. Gütersloh – München 1991, 205f. – S. RHEIN: J.S. Dichtung im Umkreis Melanchthons: Melanchthon in seinen Schülern, hg. v. H. SCHEIBLE. Wiesbaden 1997, 31–49.

Otto Neudeck

■ Nachtrag: B. SCHÄFER: Mit den Waffen der Dichtkunst für die Reformation. Melanchthons Schüler J.S.: Humanismus und Wittenberger Reformation. Leipzig 1996, 389–407.

Strauß, *Jakob,* evangelischer Theologe, * um 1480 Basel, † nach 1527; Studium in Basel, Doctor theologiae, Eintritt in den Dominikanerorden, ab 1521 Prediger in Tirol (Schwaz und Hall). Unter dem Druck des Bischofs von Brixen wich er 1522 nach Wittenberg aus, wo Martin Luther ihn dem Grafen Georg von Wertheim empfahl. Wegen seines Ungestüms wieder entlassen, wirkte er in Eisenach, Nürnberg, Schwäbisch-Hall und Baden-Baden (1525–26). 1526–27 griff er gegen Huldrych Zwingli und Johannes / Oekolampad in den / Abendmahlsstreit ein, dann verliert sich seine Spur. Er agierte gegen kirchliche Missstände (Messe, Bilder, Fegfeuer, Wucher, Priesterzölibat) und vertrat einen urchristlichen Gemeinde- und Liebeskommunismus.

■ Literatur: BBKL 9, 34–37. – H. BARGE: Die gedruckten Schriften des evangelischen Predigers J.S.: ARG 32 (1935) 100–121 248–252; DERSELBE: J.S. Leipzig 1937; J. ROGGE: Der Beitrag des Predigers J.S. zur frühen Reformationsgeschichte. Berlin 1957; S.E. BUCKWALTER: Die Priesterehe in Flugschriften der frühen Reformation. Gütersloh 1998.

Rolf Decot

Strigel, *Victorinus,* lutherischer Theologe, * 26.12.1524 Kaufbeuren, † 26.6.1569 Heidelberg; studierte seit 1542 in Wittenberg, wo er Schüler Philipp Melanchthons wurde; 1544 Magister artium. Nach Lehrtätigkeit in Wittenberg und Erfurt wurde S. 1548 an die Universität Jena berufen, wo er auch in die Religionspolitik der ernestinischen Herzöge eingebunden war. Ab 1557 geriet S. in Konflikt mit dem Gnesiolutheraner Matthias /Flacius über Fragen der Willensfreiheit. Unter Berufung auf Melanchthons Lehre lehnte er die Verabschiedung des Weimarer Konfutationsbuchs ab und wurde deshalb inhaftiert. 1562 rehabilitiert, lehrte S. ab 1563 in Leipzig, das er 1567 aufgrund seiner Abendmahlslehre verlassen musste. Anschließend lehrte er Ethik in Heidelberg.

■ Literatur: VD 16 nn. 9580–9648; H. KROPATSCHEK: Das Problem theologischer Anthropologie auf dem Weimarer Gespräch von 1560 zwischen Matthias Flacius Illyricus und V.S. Theologische Dissertation. Göttingen 1943; R.C. SCHULTZ: Original Sin: Accident or Substance. The Paradoxical Significance of FC I, 53–62 in Historical Context: L.W. SPITZ – W. LOHFF (Hg.): Discord, dialogue, and concord. Philadelphia 1977, 38–57; E. KOCH: V.S.: H. SCHEIBLE (Hg.): Melanchthon in seinen Schülern. Wiesbaden 1997, 391–404.   *Michael Becht*

Stumpf, *Johannes*, Schweizer reformierter Geschichtsschreiber, * 23.4.1500 Bruchsal, † um 1576 Zürich; Bürgermeistersohn; nach Schule und Studium in Straßburg und Heidelberg 1520 bischöflicher Notar in Speyer; 1521 Johanniter, 1522 Prior in Bubikon, dort Einführung der zwinglianischen Reformation; 1532 zugleich Dekan des Kapitels Ober-Wetzikon, 1543–62 reformierter Pfarrer in Stammheim, seit 1547 zugleich Dekan des Kapitels Stein. Neben zahlreichen kleineren historischen, geographischen und theologischen Arbeiten, die von seinem Schwiegervater Heinrich Brennwald sowie von Gilg /Tschudi und Joachim /Vadian angeregt und gefördert wurden, ragt v. a. seine *Schweizerchronik* in 13 Büchern heraus; aufgrund ihrer vergleichenden topographisch-historischen Methode und ihrer gesamtschweizerischen Konzeption blieb sie bis ins 18. Jh. die maßgebliche Darstellung zur Schweizer Geschichte. Seine Reformationschronik beinhaltet die erste Biographie Huldrych Zwinglis, den S. in seiner Beschreibung des /Abendmahlsstreites verteidigt.

■ Werke: Schweizer und Reformationschronik, hg. v. E. GAGLIARDI U.A., 2 Bde. Basel 1952–55.
■ Literatur: BBKL 11, 133–136. – L. WEISZ: Landtafeln des J.S. 1538–1547. Bern 1942; E. BONJOUR – R. FELLER: Geschichtsschreibung der Schweiz, Bd. 1. Basel 1962, 100–187; R. HENRICH: Zu den Anfängen der Geschichtsschreibung über den Abendmahlsstreit bei Heinrich Bullinger und J.S.: Zwingliana 20 (1993) 11–51.   *Matthias Asche*

Sturm, *Jakob*, Stettmeister der Freien Reichsstadt Straßburg, * 10.8.1489 Straßburg aus einer alten Straßburger Patrizierfamilie, † 30.10.1553 ebenda; gefördert von Jakob /Wimpfeling; Studium der Theologie in Freiburg sowie der Jurisprudenz in Lüttich und Paris. Als Sekretär des Straßburger Dompropstes (1517–23) trat er zum Protestantismus über und war seit 1524 mit verschiedenen Verwaltungsaufgaben in Straßburg betraut. Als Stättmeister lenkte er die Reformation der Reichsstadt in geordnete Bahnen und wurde bald zum führenden politischen Vertreter der oberdeutschen Reformation. Nach dem Augsburger Reichstag 1530, auf dem er die Confessio Tetrapolitana übergab, bemühte er sich mit Landgraf /Philipp von Hessen um eine Festigung des evangelischen Lagers. Für die Restitution Herzog /Ulrichs von Württemberg, der die Reformation im Süden des Reiches festigen sollte, organisierte S. die Unterstützung Straßburgs. Im /Schmalkaldischen Bund spielte er eine maßgebliche Rolle und vertrat dort die Position der süddeutschen Städte. In enger Abstimmung mit dem Straßburger Theologen Martin /Bucer betrieb er auf der politischen Ebene die Annäherung der oberdeutschen Reformation an Wittenberg. Dank seiner Politik spielte Straßburg eine führende Rolle im deutschen Reformationsprozess.

- Literatur: BBKL 11, 141–145. – H. VIRCK U.A. (Hg.): Politische Korrespondenz der Stadt Straßburg im Zeitalter der Reformation (1517–55), 5 Bde. Straßburg–Heidelberg 1882–1933; E. FABIAN: Die Entstehung des Schmalkaldischen Bundes. Tübingen 1962; TH.A. BRADY: Ruling Class, Regime and Reformation at Strasbourg (1520–55). Leiden 1978; M. LIENHARD–J. WILLER: Straßburg und die Reformation. Kehl 1982; TH.A. BRADY: Protestant Politics: J.S. (1489–1553) and the German Reformation. Atlantic Highlands (New Jersey) 1995.   *Franz Brendle*
- Nachtrag: TH.A. BRADY: ‚There are two Sturms at Strasbourg'. The history of a very long confusion: Gemeinde, Reformation und Widerstand. FS P. Blickle. Tübingen 1998, 233–242.

Sturm, *Johannes,* evangelischer Studienreformer, * 1.10.1507 Schleiden (Eifel), † 3.3.1589 Straßburg; 1521–1524 Besucher der Schule der Brüder vom gemeinsamen Leben in Lüttich, danach der Universität Löwen. 1529–37 lernte er in Paris das dortige humanistische Studiensystem kennen und schloss sich der Reformation an; seit 1537 in Straßburg. 1538 für das neu gegründete reichsstädtische Gymnasium illustre zum Rektor auf Lebenszeit berufen. S. vertrat einen von Cicero geprägten rhetorischen Humanismus und verfasste theoretische Studienanleitungsschriften sowie Lehrbücher zur Dialektik und Oratorik. Darüber hinaus gründete er Gymnasien in Hornbach und Lauingen (Donau). Nach seinem Studienplan wurden die Hochschule der Reichsstadt Nürnberg in Altdorf sowie zahlreiche protestantische Gymnasia illustria eingerichtet. Ein besonderes Engagement S.s galt dem Adelsstudium. Theologisch hielt S. an den Traditionen der oberdeutschen Reformation fest und hatte Sympathien für die Reformierten. Darüber geriet er in Konflikt mit den Straßburger Vertretern der lutherischen Orthodoxie und wurde 1581 vom Rat der Reichsstadt als Rektor abgesetzt. Neben Philipp Melanchthon war S. der bedeutendste evangelische Studienreformer der Reformationszeit. Seine Synthese von Humanismus und Reformation drückte sich in dem Ziel einer „sapiens atque eloquens pietas" aus. Gegen die abgrenzenden Tendenzen der Konfessionalisierung stellte er ein irenisch-erasmianisches Christentum, das ihn auch die pädagogischen Bestrebungen der Jesuiten positiv würdigen ließ.

- Literatur: BBKL 11, 145–149. – J. ROTT (Hg.): J.S., Classicae epistolae sive scholae Argentinenses restitutae. Paris–Straßburg 1938; A. SCHINDLING: Humanistische Hochschule und freie Reichsstadt. Gymnasium und Akademie in Straßburg 1538–1621. Wiesbaden 1977; DERSELBE: Humanistische Reform und fürstliche Schulpolitik in Hornbach und Lauingen: Neuburger Kollektaneen 33 (1980) 141–186; J.F. COLLANGE: Philipp Melanchthon et Jean S., humanistes et pedagogues de la réforme: Revue d'histoire et de philosophie religieuses 68 (1988) 5–18.   *Anton Schindling*
- Nachtrag: U. ASENDORF: ‚Diversa, non contraria'. J.S. und der christliche Humanismus: Lutherische Monatshefte 36 (1997) 9f.; TH. A. BRADY: ‚There are two Sturms at Strasbourg'. The history of a very long confusion: Gemeinde, Reformation und Widerstand. FS P. Blickle. Tübingen 1998, 233–242.

Suprematsakte. In der S. („Act of Supremacy"), einem Gesetz vom 3.11.1534, wurde König /Heinrich VIII. zum „höchsten irdischen Haupt der Kirche von England" („Supreme head in earth of the ↗Church of England") erklärt. Durch das Gesetz wurde ein Titel verbindlich bekräftigt, den Heinrich erstmals 1531 der Klerusversammlung (Convocation of Clergy) auf der Synode von Canterbury abgepresst hatte; die S. enthielt gegenüber dieser früheren Fassung nicht mehr die Einschränkung „soweit es das Gesetz Christi gestattet" („as far as the law of Christ allows"). Die Fassung von 1531 ist ein Markstein für die Verstärkung des Drucks seitens des Königs auf den Klerus, um die Scheidung von Katharina von Aragón zu erreichen. Das Gesetz von 1534 besiegelte Heinrichs Triumph über den Klerus, der schon vorher durch eine fast widerstandslose Hinnahme der „Act of Succession" (Huldigungseid für Anna Boleyns Tochter Elisabeth vom Frühjahr 1534, wodurch der Eidleistende die zweite Ehe Heinrichs anerkannte) erreicht worden war. Tatsächlich bedeutete die S., dass der König nunmehr Inhaber der „plenitudo potestatis" war, die nach dem kanonischen Recht dem Papst zukam (das Gesetz über die Einschränkung der Appellation nach Rom von 1533 sprach bereits von der „königlichen Machtfülle" [„the king's plenary ... power"]). Heinrich selbst prahlte, er sei nun König und Papst. Ende 1534 charakterisierte eine erste „Treason Act" die Verleugnung des königlichen Titels durch Wort oder Schrift als Hochverrat und lieferte so die gesetzliche Grundlage für die Todesurteile gegen Thomas ↗More, John ↗Fisher und einige Kartäuser, die den königlichen Supremat in Frage gestellt hatten. Seit 1535 wurde von vielen Klerikern, insbesondere aus dem Ordens- und Kollegiatsklerus, die Ablegung eines Eides gefordert, in dem der königliche Supremat bestätigt und dem Papsttum abgeschworen werden musste. Der Eid war im Lauf der umstrittenen und letztlich frustrierenden Bistumsvisitation durch Erzbischof Thomas ↗Cranmer verlangt worden. Dieser Eid ist nicht zu verwechseln mit jenem, der im Anschluss an die Act of Succession von 1534 allen männlichen Erwachsenen abverlangt wurde. Fisher und More waren wegen Verweigerung eben dieses früheren Eides im April 1534 verhaftet worden. Der Suprematseid besaß bis 1536 keine Gesetzeskraft, als ein weiteres Gesetz, das die päpstliche Autorität für nichtig erklärte, diesen Eid unter Strafandrohung allen Inhabern königlicher oder kirchlicher Ämter, allen Akademikern und Ordinierten auferlegte. Der protestantische Märtyrer John Bradford erinnerte sich später daran, dass er diesen Eid nicht weniger als sechsmal ablegen musste.

Als ↗Maria I. 1553 den Thron bestieg, schaffte sie den Titel „oberstes Haupt" sofort ab; 1554 wurden die S. und die mit ihr verbundene Gesetzgebung außer Kraft gesetzt. Dagegen führte bereits das erste Statut ihrer Halbschwester ↗Elisabeth I. 1559 den Supremat wieder ein. Jedoch wurde, v. a. aus Rücksicht auf calvinistische Befindlichkeiten, Heinrichs anmaßender Titel in der gleichen Akte (und den damit verbundenen Eiden) durch die bescheidenere Anrede „oberster Regent dieses Reiches ... sowohl in allen geistlichen oder kirchlichen Dingen oder Angelegenheiten als auch in weltlichen" („supreme governor of this realm ... as well in all spiritual or ecclesiastical things or causes as temporal") ersetzt.

■ Quellen: The Tudor Constitution, Documents and Commentary, hg. v. G.R. ELTON. Cambridge u.a. ²1982.

■ Literatur: C. CROSS: The Royal Supremacy in the Elizabethan Church. London 1969;

G.R. ELTON: Policy and Police. Cambridge 1972; D. MACCULLOCH: Thomas Cranmer. New Haven–London 1996; GCH 8, 524–534.
Richard Rex

Surius, Laurentius, Kartäuser (1540), katholischer Reformationshistoriker und Hagiograph, * 1523 Lübeck, † 28.5.1578 Köln; während seines Studiums in Frankfurt (Oder) wahrscheinlich Hinwendung zur Reformation, seit 1537 in Köln. Durch Freundschaft zu Petrus ∕ Canisius für den katholischen Glauben zurückgewonnen. Mit Canisius ganz unter dem Einfluss des Kölner Reformkreises um Johann ∕ Gropper und die Kölner Kartause, in die er unter Einfluss Johannes Justus Landsbergs eintrat. 1545–63 arbeitete S. als sprachgewandter Humanist an der lateinischen Übersetzung spätmittelalterlicher deutscher und niederländischer Mystiker (Johannes Tauler, Jan van Ruusbroec, Heinrich Seuse u. a.) und an der lateinischen Übersetzung katholischer Kontroversschriften von Michael ∕ Helding, Johannes ∕ Fabri, Gropper, Friedrich Staphylus, Martin ∕ Eisengrein; gab eine Väterhomiliensammlung (Köln 1567) und die Werke Leos des Großen (ebd. 1568) heraus. S. veröffentlichte als Fortsetzung der Weltchronik des Johann Nauclerus eine Geschichte der Jahre 1500–64 (ebd. 1564), erheblich erweitert und separat veröffentlicht unter dem Titel *Commentarius brevis rerum in orbe gestarum* (ebd. 1566; zahlreiche weitere Auflagen und Fortsetzungen von S. selbst u. a., deutsche Übersetzung von H. Fabritius. ebd. 1568 u. ö.; französische Übersetzung Paris 1571 u. ö.): eine unkritische Kompilation aus Johannes ∕ Cochlaeus, Johannes ∕ Sleidanus u. a. mit dem Zweck, Sleidanus zu widerlegen und um seinen Einfluss zu bringen. S. führte auch die Konziliensammlung des Petrus Crabbe weiter: *Conciliorum omnium tum generalium tum provincialium* (4 Bde. Köln 1567, Venedig ²1585). Für seine Zeit wertvoll, wurde das Werk wegen eigenwilliger Behandlung des Materials kritisiert. S.s Hauptwerk ist *De probatis Sanctorum historiis* (6 Bde. Köln 1570–75, erweitert und ergänzt ²1576–81 [ab Bd. 3 durch J. Mosander], Bd. 7 1581, ²1586; 12 Bde. ³1618; 13 Bde. Turin ⁴1875–80; deutsch ed. v. J. a Via, 12 Bde. München 1574–80; zahlreiche lateinische und deutsche Auszugsausgaben), vor den Bollandisten, neben der des Boninus Mombritius, die bedeutendste Hagiographiensammlung, von S. zusammengestellt aus Luigi ∕ Lippomani und anderen gedruckten und auch ungedruckten Quellen, die vom Verleger Gerwin Calenius, von Canisius und anderen Jesuiten sowie Freunden der Kölner Kartause im Rheinland, in Flandern und Italien beschafft wurden. Zweck des Werkes war die Erbauung und Stärkung der Katholiken im Glaubensstreit. Damit begründete S. Auswahl und Auslassungen sowie die umstrittenen Stilglättungen.

▪ Literatur: DTHC 14, 2842–49; BBKL 11, 276ff. – K. ETZRODT: L.S. ... Dissertation. Halle 1889; H. QUENTIN: J.-D. Mansi et les grandes collections conciliaires. Paris 1900, 17ff.; P. HOLT: Die Sammlung von Heiligenleben des L.S.: Neues Archiv der Gesellschaft für Ältere Deutsche Geschichtskunde zur Beförderung einer Gesamtausgabe der Quellenschriften deutscher Geschichten des Mittelalters 44 (1922) 341–364; DERSELBE: L.S. und die kirchliche Erneuerung im 16.Jh.: Jahrbuch des Kölnischen Geschichtsvereins 6/7 (1925) 51–84; A. DE WILT: Heeft L.S. OCarth de ‚Evangelische Peerle' in het Latijn vertaald: Ons Geestelijk Erf 27 (1953) 62–88; A. WINKLHOFER: Johannes vom Kreuz und die S.-Übersetzung der Werke Taulers; J. AUER–H. VOLK (Hg.): Theologie in Geschichte und Gegenwart. München 1957, 317–348; N. TRIPPEN:

Der Kölner Kartäuser L.S. (1523–78). Maschinschriftliche Hausarbeit. Bonn 1960; G. CHAIX: Réform et Contre-réform catholiques. Recherches sur la chartreuse de Cologne au XVIe siècle, 3 Bde. Salzburg 1982; A. WIENAND: L.S.: M. ZADNIKAR – A. WIENAND (Hg.): Die Kartäuser ... Köln 1983, 276–287; G. CHAIX: L.S. (1523–78): Rheinische Lebensbilder, Bd. 11. ebd. 1988, 77–100.

Norbert Trippen

Sutor (eigentlich Cousturier), *Petrus*, Kartäuser (1511), Theologe, * um 1475 Chêmeré-le-Roy (Département Mayenne), † 18.6.1537 Le Parc; trat nach dem Studium in Paris (1510 Doctor theologiae) 1511 dort in die Kartause Vauvert ein und wirkte hier (1517–19) wie in anderen Klöstern als Prior: Val-Dieu (1514–17), Troyes (1523–25) und Le Parc (ab 1531); er stritt mit Jakob ∕Faber Stapulensis über die drei Ehen der heiligen Anna, mit ∕Erasmus von Rotterdam über die Übersetzung der Bibel und mit Martin Luther über die Ordensgelübde.

- Werke: De vita cartusiana. Paris 1522 u.ö.; De triplici connubio divae Annae. ebd. 1523; De tralatione Bibliae et novarum reprobatione interpretationum. ebd. 1525; Antapologia ... in quandam Erasmi apologiam. ebd. 1526; Apologeticum in novas Anticomaritas praeclaris Beatissimae Virginis Mariae laudibus detrahentes. ebd. 1526; Apologia ... adversus damnatam Lutheri haeresim de votis monasticis. ebd. 1531; De potestate ecclesiae in occultis. ebd. 1534.
- Literatur: DTHC 3, 1987f.; A. GRUYS: Cartusiana. Un instrument heuristique, Bd. 1. Paris 1977, 66; J.K. FARGE: Biographical register of Paris doctors of theology, 1500–1536. Toronto 1980 119ff.; CERAS 1, 352f.; BBKL 11, 279–283. – H. BERNARD-MAÎTRE: Un théoricien de la contemplation à la chartreuse parisienne de Vauvert, Pierre Cousturier dit ‚Sutor': Revue d'ascétique et de mystique 32 (1956) 174–195; E. RUMMEL: Erasmus and his Catholic Critics, Bd. 2. Nieuwkoop 1989, 61–73 u.ö.

Peter Walter

Tapper, *Ruard,* Kontroverstheologe, * 15.2.1487 Enkhuizen (Niederlande), † 2.3.1559 Brüssel; ab 1503 Studium in Löwen; 1519 dort Professor der Theologie; 1530 Rektor der Universität; 1535 Dekan des Kapitels von St. Peter und somit auch der Theologischen Fakultät; 1531 Generalinquisitor für die Niederlande. 1551–52 Konzilstheologe auf dem Tridentinum. T. erarbeitete Reformpläne für die Kirche der Niederlande und erstellte im Namen seiner Fakultät einen Katalog von 32 Glaubensartikeln, der die vortridentinische katholische Lehre zusammenfasste und seit 1545 für T.s Vorlesungen als Grundlage diente. Sein Hauptwerk, die unvollendete *Explicatio articulorum ...* (2 Bde. Löwen 1555–57), enthält die Erläuterungen zu zwanzig Artikeln. Während seiner letzten Jahre bekämpfte T. zusammen mit Josse ∕Ravesteyn die Gnadenlehre von Michael ∕Bajus und Jan ∕Hessels.

- Werke: Omnia, quae haberi potuerunt, opera, ed. v. W. LINDANUS. Köln 1582, Neudruck Ridgewood (New Jersey) 1964; KLAIBER nn. 3061–70.
- Literatur: Biographie nationale, hg. v. der Belgischen Akademie der Wissenschaften, Bd. 24. Brüssel 1926–29, 555–577; DTHC 15, 52ff.; KTHR 4, 58–74. – J. ÉTIENNE: Un théologien louvaniste, R.T.: Scrinium Lovaniense. FS É. van Cauwenbergh. Löwen 1961, 381–392; M. SCHRAMA: R.T. über die Möglichkeit, gute Werke zu verrichten: M. LAMBERIGTS (Hg.): L'Augustinisme à l'ancienne Faculté de Théologie de Louvain. Löwen 1994, 63–98; F. DOMÍNGUEZ REBOIRAS: Gaspar de Grajal. Münster 1998, 292f. und passim.

Fernando Domínguez

Täufer. 1. *Begriff.* Das Täufertum der Reformationszeit umfasst eine Vielzahl religiöser Gruppen, die die Kindertaufe verwarfen und seit 1525 die Erwachsenentaufe praktizierten. Die

T. wurden durch Reichsgesetz von 1529 als „Wiedertäufer" mit der Todesstrafe bedroht. Damit wurde spätantikes Reichsrecht des 5. Jh., das sich gegen die Donatisten gerichtet hatte und unter Kaiser Justinian I. (527–565) kodifiziert worden war, erneuert. Der Begriff „Wieder-T." ist bis heute diffamierend. Die T. nannten sich selbst u. a. „Christliche Brüder und Schwestern". Inzwischen hat sich aber der von der Forschung eingeführte Begriff T. als Sammelbezeichnung für alle Anhänger des Täufertums weitgehend durchgesetzt.

2. *Geschichte*. Das Täufertum entstand in drei Regionen: 1525 in Zürich und der Schweiz, 1526 in Thüringen und Franken und 1530 in den Niederlanden. Die erste Erwachsenentaufe, die Taufe des Priesters Jörg Blaurock († 1529) durch den jungen Zürcher Patrizier Konrad ∕ Grebel am 21.1.1525 in Zürich, resultierte aus den Auseinandersetzungen um die Reformation Huldrych Zwinglis. Aufgrund der Verfolgung durch den Zürcher Rat bildete sich die erste T.-Gemeinde alsbald in Zollikon vor den Toren der Stadt. Die rasche Ausbreitung des Täufertums in der Schweiz stand in Zusammenhang mit dem ∕ Bauernkrieg. Anhaltende Verfolgung führte zu weiterer Verbreitung (Süddeutschland, Österreich). In der Leidenserfahrung entwickelten die Schweizer T. ihren charakteristischen Separatismus („Schleitheimer Bekenntnis" 1527). Anders als das Schweizer Täufertum war das durch den Buchhändler Hans Hut (um 1490–1527) ins Leben gerufene mitteldeutsche Täufertum, das sich ebenfalls in Süddeutschland und Österreich verbreitete, durch Rezeption der Lehren Thomas ∕ Müntzers stark endzeitlich motiviert. Den nach Österreich ausgewichenen Schweizer T. gelang es unter Jakob Hutter († 1536), sich in Mähren niederzulassen (so genannte ∕ Hutterische Brüder). Auch hier setzte sich der pazifistische Separatismus durch. Straßburg, das die T. zunächst duldete, wurde zum Ausgangspunkt der Taufmission des Laienpredigers Melchior ∕ Hoffman in den Niederlanden (so genannte Melchioriten). Niederländische T. initiierten die Erwachsenentaufe in Münster, wo sich das Täufertum durchsetzen konnte (T.-Herrschaft 1534/35). Unter dem Propheten und König Jan van Leiden (Jan Beuckels, Beuckelson, Bockelson, Johannes von Leiden; 1509–1536) wurden die münstersche Stadtreformation (Bernhard ∕ Rothmann) und die melchioritische Erwartung der Christusherrschaft zu einem revolutionären Täufertum weiterentwickelt. Die zunächst durch Fürstbischof Franz von ∕ Waldeck belagerte Stadt wurde schließlich von Reichstruppen erobert (25.6.1535). Das niederländische Täufertum fand nach 1536 durch den ehemaligen Priester ∕ Menno Simons zu dauerhaften Gemeindestrukturen und weiter Verbreitung bis in den Ostseeraum (so genannte Mennoniten).

3. Gemeinsame *Lehre* der T. war, bei großen Differenzen im Einzelnen, die Forderung der in der Bekenntnistaufe zum Ausdruck kommenden Bereitschaft einer neuen christlichen Lebensführung. Die enttäuschte Hoffnung auf grundlegende gesellschaftliche Veränderung und die Leidenserfahrung wurden teils im Rückzug in die Gemeinschaft der „wahren Christen", teils in der Erwartung des irdischen Reiches Gottes verarbeitet. In dem in beiden Geschlechtern verankerten Täufertum waren zunächst ehemalige Geistliche und Angehörige oberer und mittlerer Schichten führend. Später sank das soziale Niveau gebietsweise et-

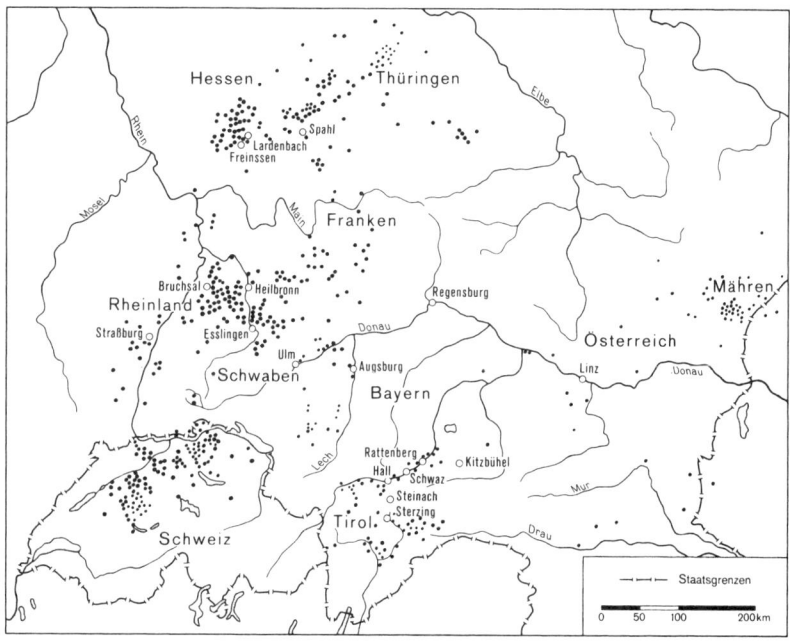

DAS TÄUFERTUM IN SÜDDEUTSCHLAND, ÖSTERREICH UND DER SCHWEIZ UM 1550

was ab. Während katholische Theologen das Täufertum als Folgeerscheinung der Reformation, die sie bekämpften, weniger beachteten und die T. mitunter als „Abecedarier", als schülerhaft ungelehrte Menschen verspotteten, versuchten protestantische Theologen, die T. in die offizielle Kirche zurückzuführen. Das Reichsgesetz gegen die „Wieder-T." (Anabaptisten) wurde von den katholischen Obrigkeiten meist rigoros, von den protestantischen aber nachsichtiger angewandt.

- Bibliographie: H.J. HILLERBRAND: Anabaptist Bibliography 1520–1630. St. Louis (Missouri) 1991.
- Quellen: Quellen zur Geschichte der (Wieder-)T., 16 Bde. Leipzig–Gütersloh 1930–1988; Quellen zur Geschichte der T. in der Schweiz, 4 Bde. Zürich 1952–74; Documenta Anabaptistica Neerlandica, 7 Bde. Leiden 1975–95.
- Literatur: GCH 8, 122–190. – Täufertum und radikale Reformation im 16.Jh., hg. v. J.-G. ROTT–S.L. VERHEUS. Baden-Baden 1987; H.-J. GOERTZ: Die T. München ²1988, englisch London 1996; R. KLÖTZER: Die T.-Herrschaft von Münster. Münster 1992; H.-J. GOERTZ: Religiöse Bewegungen in der Frühen Neuzeit. München 1993; W.O. PACKULL: Hutterite Beginnings. Baltimore–London 1995; G.H. WILLIAMS: The Radical Reformation, 2 Bde. Kirksville (Missouri) ³2000.

Ralf Klötzer

- Nachtrag: E. WOLGAST: Melanchthon und die T.: Mennonitische Geschichtsblätter 54 (1997) 31–51; M. MATTERN: Leben im Abseits. Frauen und Männer im Täufertum (1525–50). Frankfurt (Main) 1998; H.-G. TANNEBERGER: Die Vorstellung der T. von der Rechtfertigung des Menschen. Stuttgart 1999; O. KUHR: Johannes Oekolampad und die T.: Freikirchenforschung 9 (1999) 78–95; C. BAECHER: Anabaptimes naissants (1525–1535) et millénarismes: Formes du millénarisme en Europe à l'aube des temps modernes. Paris 2001, 37–74.

Tausen, *Hans Andreas* (Johannes Tausanus), Johanniter (1516–26), dänischer Reformator und Bischof, * 1494 Birkende (Fünen), † 11.11. 1561 Ripen; studierte nach der Ausbildung im Kloster Antvordskov 1516–21 Philosophie und Theologie in Rostock, 1521 in Kopenhagen unter dem Bibelhumanisten Poul ↗Helgesen, 1522 in Löwen, 1523–24 in Wittenberg. Bei seiner Rückkehr wurde er Mönch in Wiburg, trat aber 1526 aus dem Orden aus und erhielt einen königlichen Protektionsbrief als evangelischer Prediger. Nach der Neuordnung der Kirche in Wiberg wurde er 1529 nach Kopenhagen versetzt, um die kirchlichen Verhältnisse auch da zu reformieren. 1537 wurde T., der ein hervorragender lutherischer Theologe war, Lektor der hebräischen Sprache an der Universität Kopenhagen. 1538 Lektor und Domprediger in Roskilde, 1541 Bischof von Ripen. 1542 von Johannes ↗Bugenhagen ordiniert. Außer mehreren Kampfschriften, besonders gegen seinen alten Lehrer Helgesen gerichtet, veröffentlichte er 1535 eine Übersetzung des Pentateuch, 1539 eine Postille und Passionspredigten, 1544 ein dänisches Gesangbuch.

■ Ausgabe: Smaaskrifter, hg. v. H.F. RØRDAM. Kopenhagen 1870; H.T.'s Oversættelse af de fem Mosebøger, hg. v. B. KORNERUP. ebd. 1931; Postil, 2 Bde., hg. v. DEMSELBEN. ebd. 1934; Psalmebogen, hg. v. P. GAMRATH. ebd. 1944; Skrifter fra Reformationstiden, Bd. 1, hg. v. M.S. LAUSTEN–I. BOM. ebd. 1970.

■ Literatur: Dansk Biografisk Leksikon, begründet von C.F. BRICKA, ed. v. P. ENGELSTOFT u.a., Bd. 14. Kopenhagen 1944, 378–385; BBKL 11, 580ff. – M. SCHWARZ LAUSTEN: Reformationen i Danmark. Kopenhagen 1987; DERSELBE: Christian den 3. og kirken 1537–59. ebd. 1987, 110–114; T. SVENDRUP: H.T. Den danske Luther. ebd. 1994.

Kaare Rübner Jørgensen

Tetzel, *Johann,* Dominikaner, Ablassprediger, * um 1465 Pirna, † 11.8. 1519 Leipzig. T. studierte in Leipzig (1487 Baccalaureus?) und trat dort in den Orden ein; war zeitweise Prior in Glogau, wurde 1509 Inquisitor für Polen und danach für die Ordensprovinz Sachsen. Er war seit 1504 an zahlreichen Ablasskampagnen beteiligt; ab 1516 Subkommissar Giovannangelo ↗Arcimboldis zur Verkündigung des Petersablasses; 1517 General-Subkommissar ↗Albrechts von Brandenburg für den Petersablass in den Stiften Magdeburg und Halberstadt. Seine marktschreierische, aber keineswegs völlig von der offiziellen Linie abweichende Art der Ablassverkündigung erfuhr Kritik von allen Seiten (Hieronymus ↗Emser, Johannes ↗Cochlaeus, Johannes ↗Eck, Johannes Lindner, Karl von ↗Miltiz) und trug mit zu Martin Luthers 95 Thesen von 1517 bei. Gegen den Wittenberger Reformator gerichtet, verteidigte T. 1518 von Konrad ↗Wimpina angefertigte Thesen an der Universität Frankfurt (Oder) und verfasste selbst mehrere Schriften über den ↗Ablass.

■ Werke: KLAIBER nn. 3071–75; VD 16 20, 283.
■ Literatur: BBKL 11, 725f. – P. FABISCH–E. ISERLOH (Hg.): Dokumente zur Causa Lutheri (1517–21), Teil 1. Münster 1988, 246–253; C.V.N. BAGCHI: Luther's Earliest Opponents. Minneapolis 1991; L. GRANE: Martinus Noster. Mainz 1994; W.E. WINTERHAGER: Kurbrandenburg als Zentrum des frühen Kampfes gegen Luther: Wichmann-Jahrbuch des Diözesangeschichtsvereins Berlin 34–35 (1994–95) 113–140; DERSELBE: Die Disputation gegen Luthers Ablaßthesen an der Universität Frankfurt/Oder im Winter 1518: ebd. 36–37 (1996–97) 129–167. *Heribert Smolinsky*
■ Nachtrag: R. DECOT: J.T.: Wort und Antwort 40 (1999) 183f.

Thamer, *Theobald,* * 1502 Oberehnheim (Elsass), † 23.5.1569 Freiburg;

1535 Studium in Wittenberg, 1540 Professor für Griechisch in Frankfurt (Oder), 1543 für Theologie in Marburg und Prediger an der Elisabethkirche. Nach seinem Abrücken vom ∕ „sola fide" der ∕ Rechtfertigungslehre wurde er am 8.8.1549 beurlaubt. Seit dem 10.12.1549 Prediger an der Bartholomäuskirche in Frankfurt (Main); Entlassung Ende 1552 bzw. 1553. Reise nach Rom und Hinwendung zur katholischen Kirche, 1556 Doctor theologiae in Siena, im gleichen Jahr Hofprediger des Bischofs von Minden, 1558 Kanoniker in Mainz, 1566 Professor der Theologie in Freiburg. Seine Christologie und die von Aristoteles beeinflusste Rechtfertigungslehre wichen sowohl von lutherischen als auch von katholischen Positionen ab.

■ Quellen: VD 16 20, T 679–688.

■ Literatur: BBKL 11, 769–775; OER 4, 149f. – BiDi 3, 71–152, besonders 71–74; I. Backus: La doctrine des bonnes œuvres de Th.Th.: Les Dissidents du XVI\ e s. entre l'Humanisme et le Catholicisme, hg. v. M. Lienhard. Baden-Baden 1983, 205–217.

Barbara Henze

Theologia crucis (ThC). Bei allem Zusammenhang mit monastischer Theologie, Mystik und spätmittelalterlicher Kreuzesfrömmigkeit stellt Martin Luthers „theologia crucis" (Kreuzestheologie) einen Neuansatz dar. Wenngleich die Wendung „theologia crucis" sich nur in wenigen Schriften aus der Zeit von 1518 bis 1520 findet (vgl. v. a. „Heidelberger Disputation" 19–24: WA 1, 361ff.; „Resolutiones" zu den Ablassthesen: WA 1, 613f.), durchzieht die Sache das Gesamtwerk des Reformators. Zunächst bedeutet ThC bei Luther, im Namen der Verborgenheit Gottes unter dem Gegenteil („sub contrario absconditum": WA 56, 392) in der theologischen Erkenntnis durchwegs von einem scharfen Gegensatz zwischen Gott und Welt bzw. Vernunft und Glauben auszugehen (vgl. von Loewenich). Dahinter steht grundlegender die anthropologische Problematik der Sünde: Weil der Mensch durch egoistischen Missbrauch der Gaben Gottes alles verkehrt hat, hat Gott seinerseits alles umgekehrt und das Kreuz zum Heilsweg gemacht (vgl. WA 1, 362f.; 5, 70). Allein indem er den Menschen durch die Anfechtung des Gesetzes und andere Leiden vor sein eigenes Nichts stellt („opus alienum"), vermag Gott ihn durch das Wort des Evangeliums bzw. die Gnade in die streng relationale Existenzweise von Glauben, Hoffnung und Liebe zu überführen, die seiner schöpfungsmäßigen Berufung einzig entsprechend und Teilhabe an Gottes Sein und Tugenden ist („opus proprium"). So gesehen steht die ThC im Zentrum der Anthropologie und ist zugleich kritische Absicherung der ∕ Rechtfertigungslehre gegen die für Luther pelagianischen Tendenzen der (Spät-)Scholastik, welche den Empfang der Gnade bzw. das Wachstum in ihr – in der Form der Verdienste bzw. des Tuns, was einem möglich ist („facere quod est in se") – an menschliche Vorleistungen band. Luther fürchtet hier eine Verzweckung Gottes in menschliche Selbsterhebung („theologia gloriae"), die ihn zu einer drastischen Relativierung all dessen führt, was der Mensch Gott gegenüber vorweisen könnte (nicht nur Ablässe und Verdienste, sondern z. B. auch die Messe als Opfer). Entscheidend für Luthers ThC ist schließlich die christologische Dimension, welche das von den Vätern auf die Menschwerdung bezogene Konzept vom „wunderbaren Tausch" im Licht der Gottverlassenheit Jesu radikalisiert:

für uns am Kreuz zur Sünde und zum Fluch geworden (vgl. Jes 53; Gal 3,13; 2 Kor 5,21), hat sich Christus alle Schuld angeeignet und uns stattdessen mit seiner Gerechtigkeit und seinem göttlichen Sein beschenkt. Ist er dadurch für uns zum Ursprung („sacramentum") allen Heils geworden, so stellt er in seiner äußersten Erniedrigung um der Menschen willen forthin doch auch das Urbild („exemplum") christlicher Existenz und überhaupt die normative Form der ∕Kirche dar. Hier setzt Luthers Kirchenkritik an.

Gerade in seiner Neuheit und Großartigkeit belastet diesen Entwurf eine gewisse Einseitigkeit. Aus katholischer Sicht ist eine dialektische Verhältnisbestimmung von Gott und Mensch bzw. Welt – und im Gefolge dessen von Vernunft und Glaube – in der Form eines radikalen „aut – aut" so nicht annehmbar. Auch die extreme Relativierung menschlichen Tuns einschließlich der sakramentalen Zeichen ist so nicht nachzuvollziehen. Neuere Forschungen haben gezeigt, dass hier freilich auch bei Luther weiterführende Ansätze vorliegen, so dass seine ThC sowohl für das ökumenische Gespräch als auch für die Präsenz der Kirche in der Welt von heute einen großteils noch zu erschließenden, außergewöhnlichen Beitrag darstellt.

Trotz durchgängiger Bedeutung der ThC in den reformierten Kirchen findet sich weder bei Huldrych Zwingli und Jean Calvin noch in der Folgezeit eine ähnlich breit angelegte Sicht. Der Akzent liegt auf dem Kreuz als Grund allen Heils, das sich im christlichen Leben zur Christusgleichförmigkeit ausfaltet.

▪ LThK³ 6, 454ff. (ungekürzte Fassung s.v. Kreuzestheologie).

▪ Literatur: TRE 19, 762–768 774–779. – W. VON LOEWENICH: Luthers ThC. München 1929; J.E. VERCRUYSSE: Luther's Theology of the Cross: Gregorianum 57 (1976) 523–548; P. BÜHLER: Kreuz und Eschatologie. Tübingen 1981; J.E. VERCRUYSSE: Gesetz und Liebe. Die Struktur der Heidelberger Disputation Luthers: Luther-Jahrbuch 48 (1981) 7–43; E. THAIDIGSMANN: Identitätsverlangen und Widerspruch. Kreuzestheologie bei Luther, Hegel und Barth. München–Mainz 1983; E. VAN DER VEER: Cruciale verborgenheid. Kampen 1992; H. BLAUMEISER: Martin Luthers Kreuzestheologie. Paderborn 1995.

Hubertus Blaumeiser

▪ Nachtrag: K. SCHWARZWÄLLER: ThC. München 1970; H.O. KADAI: Luther's theology of the cross: Concordia Theological Quarterly 63 (1999) 169–204.

Theologia Deutsch (ThD; auch „Der Franckforter"). Die ThD wurde von Martin Luther entdeckt, betitelt und 1516 in einer kürzeren, 1518 in der ausführlichen Ausgabe als „Eyn deutsch Theologia" herausgegeben. Im 16. Jh. wurde die ThD achtmal nachgedruckt und ist in 14 neuhochdeutschen Ausgaben erschienen. Johann Arndt hat sie 1597 neu ediert und sein „Wahres Christentum" als Kommentar zur ThD verstanden. Philipp Jakob Spener hat sie seit 1681 als Anhang den Predigten Johannes Taulers beigegeben, und bis in die Gegenwart hinein sind zahlreiche Neuausgaben und Übersetzungen in viele europäische Sprachen erfolgt.

Datiert wird die ThD nach der Bronnbacher Handschrift auf 1497. Die Verfasserfrage wird kontrovers diskutiert (Johannes von ∕Staupitz; Johannes de Francfordia u.a.). Der Traktat steht in der Tradition der Erbauungsfrömmigkeit des späten Mittelalters sowie der Nachfolge-Christi-Literatur und hat besonders auf den deutschen Frühpietismus gewirkt. Die ThD vertritt unspekulativ das Leben in der Nachfolge Jesu, die Herzensliebe, den lebendigen tätigen Glauben und – durch häufiges Lesen und ständige Übung – die Verwandlung des Lebens in das heilige Leben Christi" (Arndt). Als Vertreter einer mystischen Volksfrömmigkeit bekämpft der Verfasser die „Brüder des freien Geistes", die den häretischen Begarden nahe standen. – Die ThD gliedert sich in Einleitung (Kapitel 1–2), Teil I (vom Wesen der Vereinigung des Glaubenden mit Gott, Kapitel 3–13), Teil II (vom Weg zur Vereinigung, Kapitel 14–43) und den Schluss (Kapitel 43 und 44). Die Beschreibung der Gottessehnsucht und der ewigen Gemeinschaft mit Gott hat bis in die Gegenwart hinein Christen aller Konfessionen angezogen.

■ Ausgabe: F. PFEIFFER: ThD. Gütersloh ³1875; A.M. HAAS: ThD. Einsiedeln ²1993.

■ Literatur: RE 19, 626–631; DSP 15, 459–463. – R. HAUBST: Johannes von Frankfurt als der mutmaßlicher Verfasser von ‚Eyn deutsch Theologia': Scholastik 33 (1958) 375–393; E. ZAMBRUNO: La ‚ThD' o la via per giungere a Deo. Mailand ²1991.

Gerhard Ruhbach

Thomas Illyricus (Th.), Franziskaner (um 1486), Kontroverstheologe und Prediger, * um 1465/70 Vrana bei Biograd (Kroatien), † 1528 Carnolès bei Menton (Département Alpes-Maritimes). Th. unternahm Pilgerfahrten nach Santiago de Compostela und ins Heilige Land sowie Predigtreisen durch Kroatien, Italien und Frankreich; 1527 Generalinquisitor für Piemont, Savoyen und Dauphiné. Th. gehört zu den ersten literarischen Gegnern Martin Luthers. Er wird im Franziskanerorden als Seliger verehrt (Fest 13.5.).

■ Werke: Sermones aurei. Toulouse 1521; Libellus de potestate summi pontificis ... qui intitulatur clipeus status papalis. Turin 1523; In Lutherianas haereses clipeus Catholicae ecclesiae. ebd. 1524.

■ Literatur: DSP 15, 827–830; BBKL 11, 1388ff. – F. LAUCHERT: Die italienischen literarischen Gegner Luthers. Freiburg 1912, 240–269; R.M.-J. MAURIAC: Nomenclature et description sommaire des œuvres de Fr. Th.: Archivum Franciscanum historicum 18 (1925) 374–385; A. BACOTICH: Degli scritti a stampa e della vita di fra Tommaso Illirico: Archivio storico per la Dalmazia 6 (1931) 574–587; R.M.-J. MAURIAC: Un réformateur catholique: Th.: Études franciscaines 46 (1934) 329–347 434–456 584–606, 47 (1935) 58–71; S.J. SKUNCA: Toma Ilirik iz Vrane: Zadarska revija 6 (1991) 75–94.

Franjo Šanjek

Timann (Tiemann, Tiedemann), *Johannes* (auch Johannes Amsterdamus), lutherischer Theologe, * vor 1500 Amsterdam, † 17.2.1557 Nienburg (Weser). Als Augustinerprior 1522 aus Antwerpen nach Wittenberg geflohen, kam T. 1524 nach Bremen, wo er als Pfarrer an St. Martini mit Jakob Propst die Reformation durchführte. T. verfasste Kirchenordnungen für Ostfriesland (1529, mit Johann Pelt), Bremen (1534) und Lippe (1538, mit Adrian Buxschoten) und vertrat Bremen auf dem Hamburger Konvent (1535), den Bundestagen des ↗Schmalkaldischen Bundes und bei den Religionsgesprächen in ↗Worms und ↗Regensburg (1540–41). Er schrieb gegen das ↗Augsburger Interim und propagierte mit Kompilationen patristischer und lutherischer Zitate einen neuen Kirchenkonsens. T. beschleunigte die norddeutsche lutherische Konfessionsbildung, indem er im ↗Abendmahlsstreit mit dem Bremer Domprediger und Schüler Martin ↗Bucers Albert ↗Hardenberg die neue Christologie des Johannes ↗Brenz als Begründung der sakramentalen Realpräsenz ins Feld führte.

■ Werke: Hospitium Ecclesiae, Bd. 18. Bremen 1991, 143–154.

■ Literatur: RE 19, 778–781; RGG³ 6, 902;

BDG 2, 21296–302; TRE 7, 156ff.; 18, 679f.; EKO Bd. 6 und 7, Register; Deutscher Biographischer Index, Bd. 8. München ²1998, 3570. – TH. MAHLMANN: Das neue Dogma. Gütersloh 1969, Register; Die Nachlässe in den Bibliotheken der BRD, bearbeitet von T. BRANDIS. Boppard ²1981, 380; W. JANSE: A. Hardenberg. Leiden 1994, Register.

Wim Janse

Titelmans, *Frans* (auch Franciscus Hasseltensis), Franziskaner-Observant (1523), Kapuziner (1536), Theologe, * 1502 Hasselt (Belgien), † 12.9. 1537 Anticoli (Latium); Studium an der Universität Löwen (Philosophie; Magister artium 1521) und bei den Observanten (Theologie); lehrte in Löwen Philosophie sowie ab 1527 Theologie, v. a. Exegese. Unter dem Einfluss von Jacobus ∕ Latomus bevorzugte T. die Vulgata und kritisierte Humanisten wie Lorenzo ∕ Valla, Jakob ∕ Faber Stapulensis und ∕ Erasmus von Rotterdam, mit dem er in Konflikt geriet. 1536 ging T. nach Italien, schloss sich dem Kapuzinerorden an und war als Krankenpfleger tätig. Seine Werke erlebten im 16. Jh. über 200 Nachdrucke.

■ Werke: Elucidatio in omnes epistolas apostolicas. Antwerpen 1528; Tractatus de expositione mysteriorum missae. ebd. 1528; Collationes V super epistolam ad Romanos. ebd. 1529; Libri XII de consideratione rerum naturalium. ebd. 1530; Elucidatio in omnes psalmos. ebd. 1531; Libri II de authoritate libri Apocalypsis. ebd. 1531; Summa mysteriorum christianae fidei. ebd. 1532; Libri VI de consideratione dialectica. ebd. 1533; Commentarii in Ecclesiasten. ebd. 1536; Elucidatio paraphrastica in ... Euangelium secundum Ioannem. ebd. 1545; Paraphrastica elucidatio in ... Euangelium secundum Matthaeum. ebd. 1545; Paraphrastica elucidatio in librum D. Job. ebd. 1547; Doctissimi commentarii in Cantica Canticorum. ebd. 1547.
■ Literatur: CERAS 3, 326f.; CATH 15, 12f.; BBKL 12, 190ff. – B. DE TROEYER: Bio-Bibliographia Franciscana Neerlandica saeculi XVI. Nieuwkoop Bd. 1 1969, 87–100;

Bd. 2 1970, 278–365; J.H. BENTLEY: New Testament Scholarship at Louvain in the Early Sixteenth Century: Studies in Medieval and Renaissance History Neue Folge 2 (1979) 53–79; DERSELBE: Humanists and Holy Writ. Princeton 1983, 199–211; E. RUMMEL: Erasmus and his Catholic Critics, Bd. 2. Nieuwkoop 1989, 14–22.

Mathijs Lamberigts

■ Nachtrag: I. BACKUS: The Church Fathers and the canonicity of the Apocalypse in the 16th century: SCJ 29 (1998) 651–665.

Toledo, *Francisco de,* Jesuit (1558), Kardinal (1593 als erster Jesuit), Theologe, Philosoph, Exeget und Kirchendiplomat, * 1532/33 Córdoba, † 14.9.1596 Rom. Nach Studien in Valencia und Salamanca dozierte er dort Philosophie und wurde 1558 Priester. 1559 bereits ans Collegium Romanum berufen, lehrte T. noch als Novize Philosophie (1559–62), später Theologie (1562–68). 1569 zum Prediger am Apostolischen Palast ernannt, danach auch zum Theologen der Poenitentiarie, wurde T. von den Päpsten häufig mit kirchenpolitischen Missionen betraut (z. B. nach Polen und Österreich zur Gewinnung der Fürsten für den Türkenkrieg, nach Löwen anlässlich des Urteils über Michael ∕ Bajus). an der Konversion ∕ Heinrichs IV. von Frankreich hatte T. wesentlichen Anteil. T. verfasste Aristoteles-Kommentare, eine Kasussumme und exegetische Werke; theologische Schriften (Kommentar zur Summa theologiae) wurden erst 1869/70 publiziert. T. brachte die Reformen von Salamanca nach Rom, war ein begabter Lehrer und vertrat einen offenen Thomismus (gegen Thomas ∕ Cajetan). Er lehrte als erster Jesuit die „praedestinatio post praevisa merita" (∕ Prädestination), was später allgemeine Lehre des Ordens wurde.

■ Werke: Omnia ... opera, 2 Bde. Lyon 1587–1588; Instructio sacerdotum. ebd. 1599; exegetische Kommentare: Rom 1588f. (Joh), Venedig 1600 (Lk), Rom 1602 (Röm). ■ Literatur: C. SOMMERVOGEL: Bibliothèque de la Compagnie de Jésus, Bd. 8. Brüssel–Paris 1898, 64–82; DHEE 4, 2572f.; DSP 15, 1013–17; BBKL 12, 288–291. – R. VILLOSLADA: Storia del Collegio Romano. Rom 1954, 75f.; J. LEAL: El simbolismo del ‚agua' en el cuarto Evangelio según el Cardenal T.: Archivo teológico Granadino 25 (1962) 239–255; I. TELLECHEA: Censura inédita de T. sobre el Catecismo de Carranza, cotejo con la de Melchor Cano: Revista española de teología 29 (1969) 3–35; J. THEINER: Die Entwicklung der Moraltheologie zur eigenständigen Disziplin. Regensburg 1969, 89–92; K.-H. KLEBER: De parvitate materiae in sexto. ebd. 1971, 165f. 195f.; CH.H. LOHR: Latin Aristotle Commentaries, Bd. 2. Florenz 1988, 458–464; K. REINHARDT: Bibelkommentare spanischer Autoren, Bd. 2. Madrid 1999. *Helmut Weber*

Toledo, *Francisco Álvarez de,* spanischer Diplomat, Geburtsjahr unbekannt (nach Buschbell 1510/20), † 4.10.1555 Siena; seit 1546 Prior von Roncesvalles, gehörte jedoch wohl nicht den Augustinerchorherren an. Am 31.12.1545 zum zweiten Botschafter Kaiser ∕ Karls V. auf dem Konzil von Trient ernannt (CT 10, 301). Sein Beglaubigungsschreiben übergab er in Trient am 5.4.1546. Neben seiner Tätigkeit auf dem Konzil erledigte er diplomatische Aufträge in Florenz und Rom. Nach der Translation des Konzils nach Bologna kehrte er an den Kaiserhof zurück. Ab dem 29.4.1551 war er Orator des Kaisers auf der zweiten Trienter Tagungsperiode. 1553–54 wirkte er in kaiserlichem Auftrag in Florenz, seit Anfang 1555 war er Gouverneur von Siena.

■ Quellen: CT 5–7; 10; 11.
■ Literatur: G. BUSCHBELL: F. de T. und seine Tätigkeit in kaiserlichen Diensten während des ersten Abschnittes des Konzils von Trient: HJ 52 (1932) 356–388; C. GUTIERREZ: Españoles en Trento. Valladolid 1951, 440–445; JEDIN Bd. 2 und 3; NBD I/13.
Klaus Ganzer

■ Nachtrag: J. BAUMGARTNER: F. de T. im Widerstreit der Meinungen: Neue Zeitschrift für Missionswissenschaft 53 (1997) 113f.

Torgauer Artikel (TA), eine Vorstufe der ∕ Confessio Augustana. Zur Vorbereitung des Augsburger Reichstags von 1530 erbat der sächsische Kurfürst ∕ Johann von den Wittenberger Theologen ein Gutachten zur Rechtfertigung der im Verlauf der Visitationen ab 1525/26 durchgeführten Veränderungen kirchlicher Bräuche (Messe, Feiertage, Mönchtum, ∕ Zölibat, bischöfliche Jurisdiktion). Die Endfassung erarbeitete Philipp Melanchthon Ende März 1530. Auf dem Reichstag erweiterte er die TA unter Verwendung der ∕ Schwabacher Artikel zum Augsburger Bekenntnis, wo sie die Grundlage der Artikel 22–28 darstellen.

■ Literatur: BSLK 85–124; G. WENZ: Theologie der Bekenntnisschriften der evangelisch-lutherischen Kirche, Bd. 1. Berlin–New York 1996. *Rolf Decot*

Torres (Turrianus), *Francisco,* Jesuit (1567), Gräzist und Kontroverstheologe, * um 1509 Herrera (Bistum Palencia), † 21.11.1584 Rom; Studium in Alcalá, seit etwa 1540 in Rom; bis 1553 Familiare des Kardinals Giovanni Salviati; 1556 Mitglied der Reformkommission ∕ Pauls IV.; 1561–63 päpstlicher Theologe auf dem Konzil von Trient. T. trat für das Ius divinum der Residenzpflicht ein; mit Studien griechischer Väter und byzantinischer Theologen beschäftigt; Editor und Übersetzer griechischer und byzantinischer Texte; erste Edition der Apostolischen Konstitutionen (Venedig 1563). T. verfasste eine Reihe kontroverstheologischer Schriften.

Seine Arbeiten zeugen von großer Gelehrsamkeit, sind aber zuweilen etwas unkritisch.

- Hauptwerk: De residentia pastorum iure divino ... sancita. Florenz 1551; De iustificatione. Rom 1557; Dogmatici characteres verbi Dei. Florenz 1561; De votis monasticis. Rom 1566; De hierarchicis ordinationibus. Dillingen 1569; De redditibus ecclesiasticis. Rom 1576, Paris 1577; De SS. eucharistia. Rom 1576, Paris 1577.
- Literatur: C. SOMMERVOGEL: Bibliothèque de la Compagnie de Jésus, Bd. 8. Brüssel–Paris 1898, 113–126; BBKL 12, 432f. – H. JEDIN: Seripando, Bd. 2. Würzburg 1937, passim; C. GUTIERREZ: Españoles en Trento. Valladolid 1951, 446–473; O. KRESTEN: Zu griechischen Handschriften des F.T.: Römische Historische Mitteilungen 12 (1970) 179–196; P. PETITMANGIN: Deux ‚bibliothèques' de la Contre-Réforme: la ‚Panoplie' du Père T. et la ‚Bibliotheca Sanctorum Patrum': The uses of Greek and Latin, hg. v. A.C. DIONISOTTI. London 1988, 127–153.

Klaus Ganzer

Tournon, *François de,* französischer Staatsmann, * 1489 Tournon-sur-Rhône (Département Ardèche), † 21.4.1562 St-Germain-en-Laye. T. kumulierte im Lauf seines Lebens bedeutende Pfründen (1519 Abt von Chaise-Dieu, 1518–26 Erzbischof von Embrun, 1526–37 Erzbischof von Bourges, 1533 Abt von Saint-Germain-des-Prés, 1538 Erzbischof von Auch, 1551–62 Erzbischof von Lyon) und erledigte als Rat der französischen Krone (seit 1525) zahlreiche diplomatische Missionen. Bereits Kardinal (1530), befasste er sich in Rom 1532, beauftragt von ∕Clemens VII., mit der Eheaffäre des englischen Königs ∕Heinrich VIII. Als leitender französischer Minister (1537–47) war er maßgeblich am Zustandekommen des Friedens von Nizza (1538) zwischen ∕Karl V. und ∕Franz I. im Beisein von ∕Paul III. beteiligt. Bei König ∕Heinrich II. 1547 in Ungnade gefallen, zog er sich für mehrere Jahre nach Rom zurück, wo er zwischen ∕Julius III. und den Farnese (1551/52 Parma-Krieg) und zwischen den Carafa und Colonna vermittelte (1555; im selben Jahr bereits unter seiner Federführung Geheimbündnis zwischen Heinrich II. und ∕Paul IV. gegen Spanien); 1559 erfolgte die Rückkehr nach Frankreich als Ratgeber Katharinas von ∕Medici, Franz' II. und ∕Karls IX. T. förderte Dichter und Humanisten, war ein energischer Verteidiger des Katholizismus gegen Luthertum, Waldenser und Calvinismus sowie Stifter mehrerer Kollegien.

- Quellen: R. ANCEL: Nonciature de Paul IV, Bd. 1, 2 Teile. Paris 1909–11, Register; M. FRANÇOIS: Correspondance du cardinal F. de T. 1521–1562. ebd. 1946; J. LESTOCQUOY: Acta nuntiaturae Gallicae, Bd. 1, 3, 6, 9, 14. Rom 1961–77, Register.
- Literatur: G. MORONI: Dizionario di erudizione storico-ecclesiastica, Bd. 79. Venedig 1856, 14ff.; C. SOMMERVOGEL: Bibliothèque de la Compagnie de Jésus, Bd. 8. Brüssel–Paris 1898, 194; L. VON PASTOR: Geschichte der Päpste seit dem Ausgang des Mittelalters, Bd. 4. Freiburg 1907, 2–7, Register; H. FOUQUERAY: Histoire de la Compagnie de Jésus en France, Bd. 1. Paris 1910, Register; HCMA 3, 20f. 125 135 190; OER 4, 164. – CH. FLEURY: Vie de F. de T. Paris ²1729; M. FRANÇOIS: Le Cardinal F. de T. ebd. 1951.

Alexander Koller

Toussain (Tossanus), 1) *Peter,* Reformator in Mömpelgard (Montbéliard), * 1499 St-Laurent (Lothringen), † 5.10.1573 Montbéliard. Nach Kontakten mit Jakob ∕Faber Stapulensis kam T. als Kanonikus in Metz (1515) mit der Lehre Martin Luthers in Berührung. Seit 1535 wirkte er im Auftrag Herzog ∕Ulrichs in der württembergischen Grafschaft Mömpelgard, um die durch Guillaume ∕Farel begonnene Reformation zunächst ohne konfessionelle Festlegung fortzusetzen. Die Einführung der ins Französische übersetzten württembergischen Kirchenordnung im Jahre 1560 leitete die Wende zum Luthertum ein, wobei T. den Gebrauch der von ihm verfassten Liturgie als Kompromiss durchsetzte. Im Zuge der Visitation durch Jakob ↗Andreae wurde T. 1571 abgesetzt.

Irene Dingel

▪ Literatur: BBKL 12, 36off. – J. Viénot: Histoire de la Réforme dans le pays de Montbéliard, 2 Bde. Montbéliard 1900; Derselbe: Le Réformateur de Montbéliard: Revue Chrétienne 47 (1900) 371–384; J.-M. Debard: P.T. et la réforme dans le Comté de Montbéliard: Positions luthériennes 40 (1992) 3–31.

▪ Nachtrag: F. Pichard: Pierre T., réformateur du pays de Montbéliard: Positions luthériennes 47 (1999) 329–350.

2) *Daniel,* reformierter Theologe und Apologet des reformierten Bekenntnisses, Sohn von 1), * 15.7.1541 Montbéliard, † 16.1.1602 Heidelberg; seit 1562 Pfarrer in Orléans, 1570/71 in Montbéliard und 1571 wieder in Orléans. T. kam nach der ↗Bartholomäusnacht über Basel 1573 als Hofprediger Kurfürst ↗Friedrichs III. nach Heidelberg. Im Zuge des Konfessionswechsels unter Ludwig VI. 1576 entlassen, trat er in die Dienste Pfalzgraf Johann Casimirs und wurde u. a. 1578 Professor am Casimirianum in Neustadt (Haardt). Mit der Wiedereinführung des reformierten Bekenntnisses unter Friedrich IV. 1583 kehrte T. nach Heidelberg zurück, wo er als Professor, Superintendent (1586) und Rektor der Universität (1594) wirkte.

▪ Literatur: BBKL 12, 353–358. – F.W. Cuno: Daniel Tossanus der Ältere, 2 Bde. Amsterdam 1898; I. Dingel: Concordia controversa. Gütersloh 1996, 129ff.; R. Bodenmann: D.T. (1541–1602): Auteur inconnu d'un traité contre les luthériens (1576) et éditeur inattendu d'un texte de Martin Bucer: ARG 88 (1997) 279–321.

Irene Dingel

Treger (Träyer, Dreiger), *Konrad,* Augustinereremit (vor 1503), Kontroverstheologe, * um 1480 Fribourg, † 25.11.1542 ebenda; nach Studium in Paris und Freiburg (1516 Doctor theologiae) wurde T. 1513–14 Prior in Fribourg, ab 1517 in Straßburg; 1518 Provinzial und Leiter des Straßburger Generalstudiums; 1521 legte er augustinisch geprägte Disputationsthesen zur Rechtfertigungs- und Prädestinationslehre vor. Gegen die Straßburger Reformatoren veröffentlichte T. *Paradoxa centum ... de ecclesiae conciliorumque auctoritate* (Straßburg 1524) und eine *Vermanung ... an ein lobliche gemeyne Eydgnoßschaft* ([Freiburg] 1524), welche die reformatorische Theologie in die Nähe der Hussiten rückte. Nach kurzer Inhaftierung kehrte T. 1524 nach Fribourg zurück. Er nahm an der ↗Badener Disputation 1526 sowie an den Religionsgesprächen in Bern 1528 und Lausanne 1530 teil.

▪ Werkverzeichnis: VD 16 20, 503f.

▪ Quellen: Martin Bucers Deutsche Schriften. Gütersloh Bd. 2 1962, 15–173; Bd. 4 1975, 15–164.

▪ Literatur: KThR 5, 74–87; BBKL 12, 438–442. – M. Schulze: ‚Via Gregorii' in Forschung und Quellen: H.A. Oberman (Hg.): Gregor von Rimini. Berlin – New York 1981, 1–126, besonders 54–57; Th. Kaufmann: Die Abendmahlstheologie der Straßburger Reformatoren bis 1528. Tübingen 1992.

Heribert Smolinsky

Tridentinische Liturgie (TL), Bezeichnung für jene Gestalt des Gottesdienstes, welche durch die im Auftrag des Konzils von Trient vom Papst herausgegebenen und grundsätzlich für die ganze Kirche, soweit sie dem römischen Ritus folgt, verpflichtend vorgeschriebenen Liturgiebücher festgelegt wurde. ↗Pius V. führte 1568 das reformierte Breviarium Romanum, 1570 das Missale Romanum ein, wobei aber Diözesen und Orden mit zweihundertjähriger Eigentradition diese beibehalten durften, so dass sich die Rezeption der römischen Einheitsliturgie, etwa in Frankreich und Deutschland (Münster, Köln, Trier), bis gegen Ende des 19. Jh. hinzog. 1556 erschien das Pontifikale Romanum, 1600 das Caeremoniale Episcoporum, schließlich 1614 das Rituale Romanum, dessen Einführung /Paul V. lediglich empfahl. Insofern blieb dank der bischöflich approbierten Diözesanritualien in weiten Teilen der Westkirche nach dem Tridentinum ortskirchliche Vielfalt bei der Feier der Sakramente und im Bereich der Segnungen und Prozessionen sachgerecht erhalten. Zur Überwachung der Einhaltung und für die authentische Interpretation der Rubriken der römischen Einheitsliturgiebücher wurde 1588 die Ritenkongregation gegründet.

Literatur: H. JEDIN: Das Konzil von Trient und die Reform der liturgischen Bücher: Ephemerides Liturgicae 59 (1945) 5–38; Das Weltkonzil von Trient, sein Werden und Wirken, hg. v. G. SCHREIBER, Bd. 1. Freiburg 1951, 325–336; A. HEINZ: Im Banne der römischen Einheitsliturgie: RQ 79 (1984) 37–92; J. LENSSEN: Der Tradition und der Erneuerung der Meßfeier verpflichtet. Würzburg 1988; B. KRANEMANN – K. RICHTER (Hg.): Zwischen römischer Einheitsliturgie und diözesaner Eigenverantwortung. Altenberge 1997; J.M. POMARÈS: Trente et le Missel. Rom 1997.   *Andreas Heinz*

Trient, Konzil

1. Vorgeschichte (1521–45) • 2. Verlauf (1545–63) • 3. Bedeutung • 4. Wirkungsgeschichte.

1. *Vorgeschichte* (1521–45). Seit dem Reichstag von Worms (1521) mit der Verurteilung Martin Luthers wurde immer wieder der Ruf nach einem Konzil laut. Auf dem Nürnberger Reichstag 1522–23 forderten alle Reichsstände ein „freies christliches Konzil in deutschen Landen". Dies wurde jedoch von Rom abgelehnt. /Clemens VII. (1523–34) verfolgte eine Taktik des Ausweichens. Er fürchtete durchgreifende Reformforderungen und die Anfechtung seiner Wahl als illegitim Geborener auf einem Konzil. Dazu kamen die Auseinandersetzungen zwischen Kaiser /Karl V. und König /Franz I. von Frankreich. Bei der Kaiserkrönung Karls in Bologna 1530 sagte Clemens zwar die Berufung eines Konzils zu, aber er verband damit Bedingungen, die eine Verwirklichung verhinderten. /Paul III. (1534–49) erkannte, dass ein Konzil unumgänglich sei. Bei einem Aufenthalt Karls in Rom (1536) wurde ein solches vereinbart und mit einer Bulle vom 2.6.1536 nach Mantua (23.5. 1537) einberufen. Der Versuch scheiterte. Frankreich sperrte sich aus Opposition gegen Karl. /Heinrich VIII. von England suchte es zu verhindern, und der /Schmalkaldische Bund lehnte eine Teilnahme ab. Weit gehende Bedingungen des Herzogs von Mantua führten dazu, dass das Konzil am 8.10.1537 nach Vicenza verlegt wurde. Die päpstlichen Legaten warteten vergebens auf eine Beschickung. Am 21.5.1539 wurde das Konzil „ad beneplacitum" suspendiert. In der Folgezeit betrieb Karl V. eine Unionspolitik mittels Religionsgesprächen (/Hagenau, /Worms und /Regensburg). Als eine Einigung mit den Protestanten beim Regensburger Reichstag 1541 scheiterte, griff Paul den Konzilsplan wieder auf. Er setzte am 22.5.1542 den Konzilsbeginn auf Allerheiligen 1542 in T. fest. Die Reichsstände hatten diesen Ort akzeptiert, Pietro Paolo Parisio (1473–1545), Giovanni /Morone und Reginald /Pole wurden als Legaten entsandt. Es erschienen jedoch nur wenige Prälaten. Kaiser

und Papst konnten die zwischen ihnen bestehenden Spannungen (u.a. wegen der Neutralität Pauls III. in den Auseinandersetzungen Karls mit Frankreich) nicht beseitigen. Paul suspendierte am 6.7.1543 das Konzil ohne Terminangabe. Nach dem Sieg über Franz I. von Frankreich verpflichtete Karl V. diesen im Frieden von Crépy (18.9.1544) zur Beschickung eines Konzils in T., Cambrai oder Metz. Daraufhin berief Paul am 19.11.1544 das Konzil auf den 15.3.1545 nach T. Als seine Aufgaben bezeichnete er die Überwindung der religiösen Spaltung, die Kirchenreform und die Befreiung der von den Ungläubigen beherrschten Christen. Der Plan des Kaisers war, die Protestanten militärisch zu unterwerfen und sie dann zu zwingen, am Konzil teilzunehmen. Die Konzilsentscheidungen sollten von Reichs wegen durchgeführt und so die religiöse Einheit wiederhergestellt werden.

2. *Verlauf.* a) *Erste Tagungsperiode* (1545–48): Nach längerer Verzögerung wurde das Konzil am 13.12. 1545 im Dom von T. eröffnet. Legaten waren Giovanni Maria del Monte (später Papst ⁄Julius III.), Marcello Cervini (später Papst ⁄Marcellus II.) und Pole. Beschließendes Stimmrecht besaßen die anwesenden Bischöfe (auch Titularbischöfe) und die Ordensoberen (bei den Äbten die Vertreter der Kongregationen), nicht jedoch die Prokuratoren Abwesender. Die Frage, ob dogmatische oder Reformfragen den zeitlichen Vorrang haben sollten, wurde am 22.1.1546 dahingehend entschieden, beide Bereiche parallel zu behandeln. Dies wurde zwar von Paul III. nicht gebilligt, blieb aber das ganze Konzil hindurch in Übung. Der Geschäftsgang des Konzils vollzog sich in drei Schritten. 1) Die nicht stimmberechtigten Konzilstheologen bereiteten die dogmatischen Texte in den Theologenkongregationen vor. Es wurden meist (zuweilen aus dem Kontext gelöste) Thesen der Reformatoren als Ausgangspunkt gewählt. Die Entwürfe wurden 2) von den Legaten den stimmberechtigten Konzilsvätern in den Generalkongregationen zur Beratung und Abstimmung vorgelegt. Unter Berücksichtigung der Änderungsvorschläge wurden die Texte in den ad hoc berufenen Deputationen neu formuliert und so lange über sie abgestimmt, bis sie eine Mehrheit fanden. 3) In den feierlichen Sessionen wurden dann die Kanones, Lehr- und Reformdekrete publiziert.

Die dogmatischen Texte waren ganz auf die Auseinandersetzung mit den Reformatoren ausgerichtet. In der ersten Tagungsperiode wurde eine Reihe wichtiger Dekrete verabschiedet: Die geoffenbarte Wahrheit ist „in libris scriptis et sine scripto traditionibus" enthalten. Daher sind die biblischen Bücher, und zwar der ganze Kanon des Alten und des Neuen Testaments sowie die von den Aposteln weitergegebenen Traditionen, die sich „tum ad fidem, tum ad mores" beziehen, „pari pietatis affectu" anzunehmen. Die Vulgata wird als authentisch, d.h. als im theologischen Bereich beweiskräftig, anerkannt. Die biblischen Ursprachen sollten dadurch nicht vom Studium ausgeschlossen werden (Sessio IV, 8.4.1546). Im Dekret über die ⁄Erbsünde (Sessio V, 17.6.1546) wurde die lutherische Konkupiszenzlehre abgewiesen. Die von Girolamo ⁄Seripando eingebrachte, von Augustinus beeinflusste Auffassung, wonach die Konkupiszenz in gewissem Sinn als Sünde bezeichnet werden könne, da sie Folge und Strafe der Ursünde, Wurzel und Ursache vieler Tatsünden sei und allein durch ihr Dasein die vollkommene Erfüllung des Gottesgesetzes hindere, wurde als den Reformatoren zu nahe kommend nicht angenommen. In derselben Sessio nahmen die Väter ein Dekret über die Errichtung von Lektoraten der Heiligen Schrift an den Kathedral- und Kollegiatkirchen an. Dadurch sollte die Bildung der Priester gehoben werden. Sessio VI (13.1. 1547) verabschiedete das Rechtfertigungsdekret. Es war das Ergebnis langwieriger Diskussionen mit zahlreichen Entwürfen. Kardinal Pole legte sein Amt im Oktober 1546 v. a. aus Unzufriedenheit über die Arbeit am Rechtfertigungsdekret nieder. Ihm zufolge wurde die Imputation der Gerechtigkeit Christi beim Nachlass der Sünden zu wenig berücksichtigt. Die Anliegen Seripandos, der an der Abfassung mehrerer Entwürfe maßgeblich beteiligt war, wurden großenteils zurückgewiesen. Nach ihm besteht die ⁄Rechtfertigung vornehmlich darin, dass der Sünder mit Christus verbunden wird. Durch den Glauben wird dem Sünder seine Sünde vergeben, indem ihm die Gerechtigkeit Christi mitgeteilt und appliziert wird. Die Caritas, Geschenk Gottes, befähigt den Menschen zum guten Handeln. Aber da der Mensch nur eine unvollkommene Gerechtigkeit zustande bringt, wird die eingegossene Gerechtigkeit ergänzt durch die Applikation der Gerechtigkeit Christi. Es handelt sich hier um die so genannte doppelte Gerechtigkeit. Das endgültige Dekret erklärt in 16 Lehrkapiteln und 33 Kanones, der Mensch könne nicht durch seine eigene Leistung die Rechtfertigungsgnade verdienen. Aber er muss durch Zustimmung zu Gottes Handeln mitwirken. Die Rechtfertigung besteht in der Heiligung und Erneuerung des inneren Menschen. Bei der Rechtfertigung (Instrumentalursache ist die Taufe) werden dem Menschen Glaube, Hoffnung und Liebe eingegossen. Der Glaube ist der Anfang menschlichen Heils, Grundlage und Wurzel der Rechtfertigung. Die Rechtfertigungsgnade kann durch Glaube und gute Werke wachsen. Die verlorene Rechtfertigungsgnade kann durch die ⁄Buße wiedererlangt werden. Das Dekret hat bei allen Verdiensten gewisse Einseitigkeiten und Schwächen. – In derselben Sessio wurde ein Dekret über die Residenzpflicht der Bischöfe und Pfarrer verabschiedet. Es erfuhr erheblichen Widerspruch, da die Möglichkeit von Exemtionen und päpstlichen Dispensen nicht berücksichtigt wurde. Sessio VII (3.3.1547) publizierte ein Dekret über die ⁄Sakramente im Allgemeinen, d. h. den Sakramentsbegriff (Sakrament als wirksames Zeichen) und die Siebenzahl sowie über die Sakramente der Taufe und der Firmung. Außerdem verbot ein Reformdekret die Pfründenhäufung und beschnitt gewisse Exemtionen. – Einige angebliche Fälle von Flecktyphus in T. nahmen die Legaten zum Anlass, um in Sessio VIII (11.3.1547) die Verlegung des Konzils nach Bologna (Kirchenstaat) beschließen zu lassen. Die 14 kaiserlichen Bischöfe weigerten sich, nach Bologna überzusiedeln. In Bologna wurden weiter die Sakramente, die Messe und notwendige Reformmaßnahmen diskutiert, wegen des kaiserlichen Widerstandes aber auf Geheiß des Papstes keine Dekrete verabschiedet. Karl V. legte in Bologna und Rom feierlichen Protest gegen die Verlegung des Konzils ein. Paul III. verfügte am 3.2.1548 informell die Einstellung der Konzilsarbeit. Am 14.9.1549 sprach er die Suspension des Konzils aus.

b) *Zweite Tagungsperiode* (1551–1552): Sein Nachfolger Julius III.

(1550–55) berief, der Forderung des Kaisers folgend, das Konzil auf den 1.5.1551 wieder nach T. ein. Frankreich nahm aus Opposition zu Karl V. eine ablehnende Haltung ein. Konzilspräsidenten waren Kardinal Marcello Crescenzio, Erzbischof Sebastiano Pighino von Siponto und Bischof Luigi ↗Lippomani von Verona. Die Protestanten verlangten als Bedingung für eine Teilnahme, das Konzil dürfe nicht unter der Leitung des Papstes stehen und die Dekrete der ersten Periode müssten auf der Grundlage des ausschließlichen Schriftprinzips neu behandelt werden. Württemberg, Straßburg, Kursachsen und Kurbrandenburg schickten Gesandtschaften nach T.; diese traten aber nicht in Verhandlungen mit den Konzilsteilnehmern ein. Deutschland war auf dieser Konzilsperiode relativ stark vertreten: die drei rheinischen Erzbischöfe, elf Bischöfe und als Theologen Johann ↗Gropper und Eberhard ↗Billick. Außerdem waren Theologen der niederländischen Universität Löwen anwesend. Auf der Grundlage der Vorarbeiten von Bologna konnte bei der XIII. Sessio (11.10.1551) ein Dekret über die Lehre der Eucharistie mit der Definition der Realpräsenz und der Transsubstantiation verabschiedet werden. Artikel über die Kommunion unter beiderlei Gestalten wurden dagegen bis zum Eintreffen der Protestanten zurückgestellt. Sessio XIV (25.11.1551) veröffentlichte ein Dekret über das Bußsakrament, wobei die Notwendigkeit der Einzelbeichte, der richterliche Charakter der Absolution und die Genugtuung herausgestellt wurden. Ein weiteres Dekret hatte die Sakramentalität der Krankensalbung zum Gegenstand. Ein Reformdekret regelte die Erfordernisse bei der Spendung der Weihen, die Aufsichtspflicht der Bischöfe über die Lebensführung der Kleriker und Fragen der Besetzung von Benefizien. Der deutsche Fürstenaufstand (↗Moritz von Sachsen) gegen den Kaiser und die sich daraus ergebenden kriegerischen Ereignisse bewirkten eine Suspension des Konzils (Sessio XVI, 28.4.1552). – Die Absicht Julius', eine Reihe noch unbestätigter Reformdekrete des Konzils in einer großen Reformbulle zu veröffentlichen, da Spanien und Portugal eigenmächtig derartige Dekrete durchzuführen suchten, führte zu keinem Ergebnis.

↗Paul IV. (1555–59) bemühte sich danach vergeblich, mit Hilfe einer päpstlichen Reformkommission und eines geplanten Konzils unter den Augen des Papstes in Rom eine Kirchenreform durchzuführen.

c) *Dritte Tagungsperiode* (1562–1563): ↗Pius IV. (1559–65) nahm das Konzil in T. wieder auf. In Frankreich hatte der ↗Calvinismus große Fortschritte gemacht. Es drohte die Gefahr eines französischen Nationalkonzils. Eine in ↗Poissy tagende Klerusversammlung (Religionsgespräch 9.9.–9.10.1561) kam einer derartigen Synode nahe. Frankreich und Kaiser ↗Ferdinand I. verlangten die Einberufung eines neuen Konzils, während ↗Philipp II. von Spanien auf einer Fortsetzung des früheren beharrte. In der Einberufungsbulle (29.11.1560) umging Pius IV. diese Streitfrage. Die protestantischen Stände in Deutschland lehnten auf dem ↗Naumburger Fürstentag am 5.2.1561 die Beschickung des Konzils wiederum ab. Am 18.1.1562 fand die Eröffnung statt. Päpstliche Legaten waren in der ersten Zeit Ercole ↗Gonzaga, Seripando, Stanislaus ↗Hosius und Ludovico ↗Simonetta. Da die kaiserliche Seite gegen die Kontinuität des Konzils ein Veto eingelegt hatte, wurden zunächst nur Reformfragen behandelt. Das Problem der Residenzpflicht der Bischöfe und Pfarrer wurde wieder aufgegriffen. Die Spanier, die Bischöfe aus dem kaiserlichen Hoheitsgebiet und einige italienische verlangten, die Residenz solle als „de iure divino" verpflichtend erklärt werden, damit keine einfache Dispensmöglichkeit mehr bestehe. Bei der Abstimmung verfehlte diese Forderung knapp die Mehrheit. Der Papst verbot die Fortsetzung der Residenzdebatte. Das Problem wurde bis zur Behandlung des Ordodekrets aufgeschoben. Da der Widerstand der Franzosen und des Kaisers gegen eine Kontinuation des Konzils überwunden werden konnte, nahm man die Behandlung zurückgestellter Materien wieder auf. Sessio XXI (16.7.1562) verabschiedete ein Dekret über die Kommunion unter beiderlei Gestalten: Laien und nicht zelebrierende Priester sind nicht durch göttliches Recht zur Kelchkommunion (/Laienkelch) verpflichtet. Christus ist unter jeder der beiden Gestalten voll und ganz gegenwärtig. Nach lebhaften Kontroversen wurde in Sessio XXII (17.9.1562) das Meßopferdekret angenommen: Die Messe wird als wahres und eigentliches Opfer definiert. Sie ist wahrhaftes Sühnopfer für Lebende und Tote, aber kein neues Opfer, vielmehr Repraesentatio, Memoria und Applicatio des Kreuzesopfers. Kreuzesopfer und Meßopfer sind identisch, nur die Weise des Opferns („ratio offerendi") ist verschieden. Eine theologisch überzeugende Begründung der Einheit von Kreuzesopfer und Meßopfer ist dem Konzil nicht gelungen. Das Gesuch des Kaisers und des Herzogs von Bayern um Gewährung des Laienkelchs für ihre Länder überwies das Konzil zur Entscheidung an den Papst. Pius erteilte nach dem Konzil (16.4.1564) ein Kelchindult für Deutschland, Österreich, Böhmen (Prag) und Ungarn (Gran). – Im November 1562 erschienen 13 französische Bischöfe, an der Spitze Kardinal Charles /Guise. Das verschärfte die ekklesiologischen Auseinandersetzungen, die bei den Diskussionen um das Ordodekret und das wieder aufgenommene Residenzproblem nun voll entbrannten. Es ging um das Wesen des Bischofsamtes, seine Stellung innerhalb der Hierarchie und um den Umfang und die Wesensbestimmung des päpstlichen /Primats. Da die Franzosen die Primatsformel, der Papst sei „universalis ecclesiae episcopus", ablehnten, an der Superiorität des Konzils über den Papst (Konzile von Konstanz und Basel) festhielten und (zusammen mit den meisten Spaniern) die Residenz als durch göttliches und menschliches Recht verpflichtend bezeichneten, geriet das ganze Konzil im Januar 1563 in eine Sackgasse. Im März 1563 starben dazu noch die Legaten Gonzaga und Seripando. Guise verhandelte im Februar 1563 mit dem Kaiser in Innsbruck. Ferdinand I. sandte darauf am 3.3. 1563 zwei Briefe an den Papst und forderte ihn auf, Abhilfe zu schaffen. Kardinal Morone, der zum ersten Legaten des Konzils ernannt wurde, reiste nach Innsbruck (April/ Mai 1563) und gewann den Kaiser und danach auch Guise für den Kompromiss, die Wesensbestimmung des Bischofsamtes und das Verhältnis von päpstlichem Primat und Episkopat auszuklammern, jedoch eine durchgreifende Kirchenreform anzustreben. Das in Sessio XXIII (15.7.1563) verabschiedete Ordodekret trägt daher die Züge einer theologischen Verlegenheitslösung. Definiert wurde die Sakramentalität der Priesterweihe und die göttliche Einsetzung einer kirchlichen Hierarchie. Mit dem Versuch, das kirchliche Amt ganz vom Opfer herzuleiten, scheiterte das Konzil, sonst wäre dem Bischofsamt gegenüber dem Priester nur eine größere jurisdiktionelle Vollmacht zugekommen. Für das Konzil ist der Bischof und nicht der Priester der eigentliche Bezugspunkt des Amtes. Der Bischof ist aber auch Hirt der ihm anvertrauten Ortskirche (vgl. Freitag 368–385). Diese das rein priesterliche Amtsverständnis überwindende Tendenz des Konzils kam in der Folgezeit wegen der Ausklammerung der Wesensbestimmung des Bischofsamtes nicht zum Tragen. In Sessio XXIV (11.11.1563) wurde die Sakramentalität der /Ehe definiert, das Wesen dieses Sakraments dogmatisch jedoch nicht näher umschrieben und die Frage der Einsetzung durch Christus nicht beantwortet. Das Dekret *Tametsi* band nach heftigen Diskussionen die Gültigkeit der Ehe an die Einhaltung der Formpflicht (Konsensaustausch vor dem Pfarrer und zwei Zeugen). – Die weitreichendsten Reformdekrete des Konzils wurden im letzten halben Jahr beschlossen. Zu nennen sind von Sessio XXIII (15.7.1563) das Seminardekret, das (nicht im Gegensatz zu den Universitätsfakultäten) den Bischöfen die Errichtung von Seminaren auftrug, und die beiden Reformpakete der Sessiones XXIV und XXV (11.11.1563 und 3./4.12.1563). Es war das Verdienst Morones, die große Reformvorlage auf den Weg gebracht und durch alle Fährnisse im Kräftefeld der Politik hindurch zu einem guten Ende geführt zu haben. Seinem diplomatischen Geschick gelang es, die unterschiedlichen Kräfte (Papst, Kurie, Kaiser, Spanien, Frankreich u.a.) einzubinden und zu neutralisieren, so dass der Kompromiss eines Reformwerks zustande kam. Die herausragendsten Bestimmungen betreffen die Bestellung geeigneter Personen zu Bischöfen, das Bestreben, die Qualität der kirchlichen Amtsträger zu verbessern. Die Glaubensverkündigung sollte wieder in den Vordergrund gerückt werden („praedicationis munus, quod episcoporum praecipuum est": Sessio XXIV De reformatione 4). Der Sicherstellung der Reformen sollten regelmäßige Visitationen und häufigere Diözesan- und Provinzialsynoden dienen. Das Ordensdekret hatte die Intention, die Missstände in den Klöstern zu beseitigen. Bestimmungen über Ablass, Heiligen-, Reliquien- und Bilderverehrung (/Kunst und Reformation) suchten das Frömmigkeitsleben in geordnete Bahnen zu lenken. Der Wunsch, die Seelsorge zu heben, zieht sich wie ein roter Faden durch viele der Reformdekrete. – Bei der (Schluss-)Sessio XXV wurden auch die früher verabschiedeten Dekrete verlesen und von den Konzilsvätern unterzeichnet. Die Fertigstellung von Index, Katechismus, Missale und Brevier wurde dem Papst übertragen. Pius IV. bestätigte am 26.1.1564 die Konzilsdekrete mündlich, die schriftliche Bestätigung erfolgte mit der Bulle /*Benedictus Deus* am 30.6.1564.

3. *Bedeutung.* Das Konzil von T. sah seine Aufgabe darin, die katholische Glaubenslehre den Lehren der Reformatoren gegenüberzustellen. In der Auseinandersetzung mit den Protestanten erfolgte oftmals eine eingehende Selbstreflexion über die eigenen theologischen Positionen, teilweise auch eine erstmalige umfassende Ausformulierung einzelner Lehren, wie etwa der Rechtfertigungslehre. Die Festlegung der eigenen theologischen Identität war angesichts der

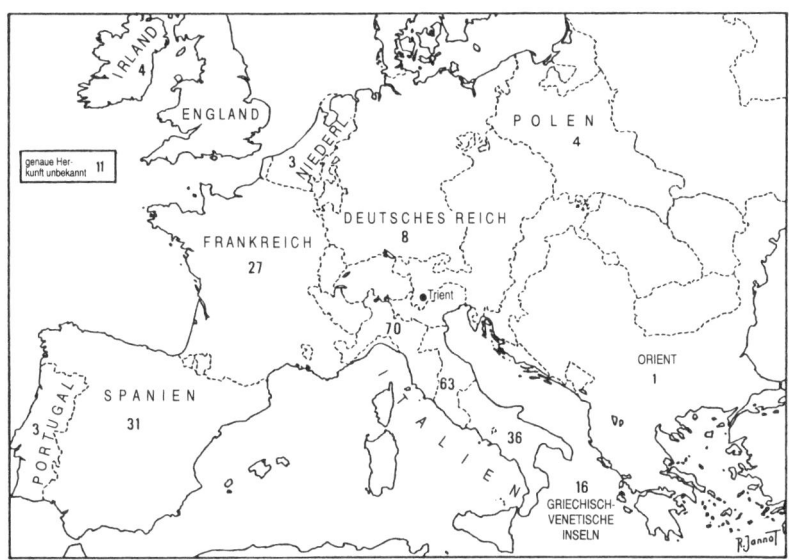

KONZIL VON TRIENT: HERKUNFT DER TEILNEHMER
AN DER LETZTEN SITZUNGSPERIODE 1562

reformatorischen Herausforderungen notwendig. Die theologische Arbeit erfolgte jedoch vielfach unter dem Aspekt des Konfessionalismus, d. h. man suchte die strenge Abgrenzung zum konfessionellen Gegner. Dabei wurden wertvolle Impulse, die von einer humanistisch geprägten, mehr an Bibel und Patristik ausgerichteten Theologie ausgingen (vgl. Contarini, Seripando, Pole), aus Furcht, dem Gegner zu sehr entgegenzukommen, abgewiesen. Im Bereich der Ekklesiologie klammerte man wesentliche Fragen (Bischofsamt, päpstlicher ∕Primat) wegen innerkatholischer Gegensätze aus. – Das Konzil verabschiedete weit reichende Reformdekrete, aber das Trienter Reformwerk war ein Kompromiss. Eine Schwäche dieses Kompromisses bestand darin, dass das Konzil zwar in einzelne Kompetenzen und Praktiken der römischen Kurie eingriff, dass es aber ganz auf direkte Eingriffe in die Organisation der Kurie, ihre Behörden und Tribunale verzichtete. Dies wirkte sich oft hemmend auf die Durchführung des Konzils aus, da Maßnahmen der Bischöfe durch päpstliche Dispensen und Exemtionen unterlaufen werden konnten. Das Reformwerk „blieb weit zurück hinter den Zielvorstellungen ... auch der Führer der katholischen Reformbewegung des Jahrhunderts ..." (Jedin 4/2, 185). Was von den Trienter Reformdekreten am meisten verwirklicht wurde und die stärkste Wirkung zeitigte, war die geistige und geistliche Hebung des Klerus und als Folge davon eine Verbesserung der Seelsorge.

4. *Wirkungsgeschichte*. Die Glaubensdekrete bildeten in der Folgezeit die Grundlage für die Ausbildung einer katholischen Identität im Zeitalter des Konfessionalismus. Die

Durchführung der Reformdekrete war eine höchst komplexe und vielschichtige Angelegenheit. Ihre Wirkungsgeschichte ist nach Ländern, Diözesen und Orden sehr verschieden. Das Konzil bot eine Handhabe für die Reform der Kirche. Was aber verändernd wirkte, war das Atmosphärische einer gewissen Reformmentalität. Diese ging nicht nur vom Konzil aus, sondern war durch die gesamten Kräfte der altkirchlichen Erneuerung inspiriert. Bei der Verwirklichung der Reformen kam neben vielen Einzelpersönlichkeiten auch den erneuerten oder neuen Orden (Jesuiten, Kapuziner) eine besondere Bedeutung zu. – Das Konzil trug wesentlich zur Ausprägung der katholischen Kirche in der frühen Neuzeit bei. Es müssen aber auch seine Grenzen gesehen werden.

■ Quellen: JEDIN; G. ALBERIGO: Conciliorum oecumenicorum decreta. Bologna ³1973, 657–799; J. LE PLAT: Monumentorum ad historiam concilii Tridentini potissimum illustrandam spectantium amplissima collectio, 7 Bde. Löwen 1781–87; Jacobi Lainez Disputationes Tridentinae, ed. v. H. GRISAR, 2 Bde. Innsbruck 1886; CT; J. ŠUSTA: Die Römische Kurie und das Konzil von T. unter Pius IV., 4 Bde. Wien 1904–14; J. TELLECHEA IDIGORAS: Cartas y documentos tridentinos inéditos: Hispania Sacra 16 (1963) 191–248; M. CALINI: Lettere conciliari 1561–63, hg. v. A. MARANI. Brescia 1963; N. RODOLICO – A. D'ADDARIO: Osservatori toscani al Concilio di Trento. Florenz 1965.

■ Literatur: P. SARPI: Istoria del Concilio Tridentino. London 1619, kritische Ausgabe von G. GAMBARIN, 3 Bde. Bari 1935; P. SFORZA PALLAVICINO: Istoria del Concilio di Trento. Rom 1655, beste Ausgabe von F.A. ZACCARIA, 5 Bde. Faenza 1792–96, dazu H. JEDIN: Der Quellenapparat der Konzilsgeschichte Pallavicinos. Rom 1940; H. JEDIN: Girolamo Seripando, 2 Bde. Würzburg 1937; DERSELBE: Krisis und Wendepunkt des Trienter Konzils 1562–63. ebd. 1941; G. SCHREIBER (Hg.): Das Weltkonzil von T., sein Werden und Wirken, 2 Bde. Freiburg 1951; C. GUTIÉRREZ: Españoles en Trento. Valladolid 1951; I. ROGGER: Le nazioni al Concilio di Trento. Rom 1952; G. ALBERIGO: I vescovi italiani al Concilio di Trento 1545–1547. Florenz 1959; P. PRODI: Il Cardinale Gabriele Paleotti (1522–97), 2 Bde. Rom 1959–67; H.O. EVENNETT: Three Benedictine Abbots at the Council of Trent 1545–47: Studia monastica 1 (1959) 343–377; A. WALZ: I Domenicani al Concilio di Trento. Rom 1961; G. ALBERIGO: Lo sviluppo della dottrina sui poteri nella Chiesa Universale. ebd. 1964; P. MEINHOLD: Die Protestanten am Konzil zu T.: Il Concilio di Trento e la riforma tridentina, Bd. 1. Freiburg 1965, 277–315; J. STEINRUCK: J.B. Fickler. Münster 1965 (konziliarer Nachlass); H.D. WOJTYSKA: Cardinal Hosius legate to the Council of Trent. Rom 1967; W.P. FISCHER: Frankreich und die Wiedereröffnung des Konzils von T. 1559–1562. Münster 1972; R. BÄUMER (Hg.): Concilium Tridentinum. Darmstadt 1979; JEDIN; K. GANZER: Benediktineräbte auf dem Konzil von T.: Studien und Mitteilungen zur Geschichte des Benedictinerordens und seiner Zweige 90 (1979) 151–213; DERSELBE: Das Konzil von T. und die Annaten: Römische Kurie, kirchliche Finanzen, Vatikanisches Archiv. FS H. Hoberg, Bd. 1. Rom 1979, 215–247; H. JEDIN – P. PRODI (Hg.): Il Concilio di Trento come crocevia della politica europea. Bologna 1979; K. GANZER: Vertretung der Gesamtkirche auf dem Konzil von T.? Zur Stellung der Prokuratoren abwesender Bischöfe auf der dritten Tagungsperiode des Konzils (1562–63): Ecclesia militans. FS R. Bäumer, Bd. 1. Paderborn 1988, 253–277; TH. FREUDENBERGER: Vertretung der Gesamtkirche auf dem Konzil von T. Die Vertretung der deutschen Bischöfe 1545–52: ebd. 233–252; K. GANZER: Das Konzil von T. – Angelpunkt für eine Reform der Kirche?: RQ 84 (1989) 31–50; DERSELBE: Gallikanische und römische Primatsauffassung im Widerstreit: HJ 109 (1989) 109–163; J. FREITAG: Sacramentum ordinis auf dem Konzil von T. Innsbruck – Wien 1991; K. GANZER: Das Konzil von T. und die theologische Dimension der katholischen Konfessionalisierung: Die katholische Konfessionalisierung, hg. v. W. REINHARD – H. SCHILLING. Münster 1995, 50–69; C. GUTIÉRREZ: Trento, un problema: la última convocación del Concilio (1552–62).

Madrid 1995; G. ALBERIGO – I. ROGGER (Hg.): Il concilio di Trento nella prospettiva del terzo millennio. Brescia 1997 (zahlreiche Beiträge); C. MOZZARELLI – D. ZARDIN (Hg.): I tempi del concilio. Religione, cultura e società nell'Europa tridentina. Rom 1997; A. TALLON: La France et le Concile de Trente (1518–63). ebd. 1997; P. PRODI – W. REINHARD (Hg.): Il concilio di Trento e il moderno. Bologna 1996 (zahlreiche Beiträge), deutsch: Das Konzil von T. und die Moderne. Berlin 2001. *Klaus Ganzer*

▪ Nachtrag: V. PERI: Trento. Un concile tutto occidentale: Cristianesimo nella storia. FS G. Alberigo. Bologna 1996, 213–277; A. TALLON: Le concile de Trente. Paris 2000; K. GANZER: Gesamtkirche und Ortskirche auf dem Konzil von T.: RQ 95 (2000) 167–178.

Truber, *Primus* (Primož Trubar), slowenischer Reformator, * 1508 Rašica (Unterkrain), † 28.6.1586 Derendingen bei Tübingen; nach Studium in Rijeka, Salzburg und Wien 1530 Priester; lernte 1541 in der Schweiz durch Heinrich ∕ Bullinger die Reformation kennen; 1542 Domherr in Laibach. Nachdem er unter Protestantismusverdacht geraten war, floh er 1548 zu Veit ∕ Dietrich nach Nürnberg, durch dessen Vermittlung er Prediger in Rothenburg (Tauber) wurde. Hier verfasste er seine Schriften *Catechismus* und *Abecedarium* (beide Tübingen 1550), die ersten in slowenischer Sprache gedruckten Bücher. Seit 1551 Pfarrer in Kempten. Zwischen 1555 und 1560 erschien die slowenische Übersetzung des Neuen Testaments; 1561 weilte er zum Druck protestantischer Schriften in slowenischer und kroatischer Sprache in Urach. 1561 Superintendent in Laibach, wo er mit der *Cerkovna ordninga* (Tübingen 1564, Nachdruck München 1973) die erste lutherische Kirchenordnung der österreichischen Erblande schuf. 1565 musste er seine Heimat endgültig verlassen, wurde zuerst Pfarrer in Lauffen (Neckar), dann 1566 in Derendingen.

▪ Werke: Briefe, ed. v. T. ELZE. Tübingen 1897; Pisma (Briefe), ed. v. J. RAJHMAN. Ljubljana 1986; Deutsche Vorreden zum slowenischen und kroatischen Reformationswerk, ed. v. O. SAKRAUSKY. Wien 1989.

▪ Literatur: Slovenski biografski leksikon, Bd. 4. Ljubljana 1991, 206–225. – M. RUPELJ: P.T. ebd. 1962; B. BERČIČ (Hg.): Abhandlungen über die slowenische Reformation. München 1968; A. BERNARD: La Réforme et le livre slovène: Bulletin de la Société de l'Histoire du Protestantisme Français 141 (1995) 5–26. *France Martin Dolinar*

Truchsess von Pommersfelden (T.), *Lorenz,* * 8.8.1473, † 20.12.1543 Würzburg. T. studierte in Heidelberg und Paris, wurde Domherr in Würzburg und Mainz, wo er zum Domdekan aufstieg, und war auch an anderen Säkularkanonikerstiften bepfründet. Als geistiger Führer in der Versammlung der Domkapitel der Mainzer Kirchenprovinz im November 1525 trat er der Reformation entgegen (Mainzer Ratschlag) und strebte eine Reform des Domkapitels an, über dessen Selbständigkeit gegenüber dem Erzbischof er mit diesem (Kardinal ∕ Albrecht von Brandenburg) in Konflikt geriet. Als er dem anlässlich der Packschen Händel (Otto von ∕ Pack) zwischen Albrecht und Landgraf ∕ Philipp von Hessen geschlossenen Vertrag von Hitzkirchen (11.6.1528), der dem Erzstift den vorläufigen Verzicht auf die geistliche Jurisdiktion in Hessen und Kursachsen und die Zahlung von 40 000 Gulden auferlegte, nicht zustimmte, wurde er gefangen gesetzt, jedoch bald gegen Verzicht auf das Domdekanat freigelassen. Er zog sich danach nach Würzburg zurück, wo er tatkräftig für die Gegenreformation wirkte.

▪ Literatur: J.B. KISSLING: L.T. Mainz 1906; A. AMRHEIN: Reformationsgeschichte: Mitteilungen aus dem Bistum Würzburg. Münster 1923, 183 (Register); Auctarium Chartularii Universitatis Parisiensis, Bd. 6. Paris 1964, 687 704f.; G. FOUQUET: Das Speyerer Domkapitel im späten Mittelalter, Bd. 2. Mainz 1987, 835ff. *Alfred Wendehorst*

Trutfetter, *Jodocus,* Philosoph und Theologe, * Eisenach, † 9.5.1519 Erfurt. T. studierte seit 1476 in Erfurt (1484 Magister artium) und lehrte dort Philosophie als ein Hauptvertreter der für den Humanismus aufgeschlossenen, nominalistischen „via moderna", 1504 Doctor theologiae; er lehrte ab 1506/07 Theologie in Wittenberg, ab 1510 in Erfurt. T. hielt an der Bedeutung der natürlichen Vernunft für die Theologie fest, ging bald auf Distanz zu Martin Luther, der 1501–05 sein Schüler war, und brach 1518 mit ihm.

■ Werke: Breviarium dialecticum. Erfurt 1500; Summule totius logice. ebd. 1501; Summa in totam physicam. ebd. 1514.

■ Literatur: W. URBAN: Die ‚via moderna' an der Universität Erfurt am Vorabend der Reformation: H.A. OBERMAN (Hg.): Gregor von Rimini. Berlin–New York 1981, 311–330; E. KLEINEIDAM: Universitas Studii Erffordensis, Bd. 2. Leipzig ²1992, 290ff. u.ö.; G.-R. TEWES: Die Erfurter Nominalisten und ihre thomistischen Widersacher in Köln, Leipzig und Wittenberg: A. SPEER (Hg.): Die Bibliotheca Amploniana. Berlin–New York 1995, 447–488. *Ulrich G. Leinsle*

Tschudi, *Aegidius* (Gilg), katholischer Politiker und Polyhistor, * 5.2.1505 Glarus, † 28.2.1572 ebenda; besuchte in Huldrych Zwinglis Glarner Pfarramtszeit die Schule und erhielt in Basel bei Heinrich Glareanus humanistische Bildung. 1517–29 bereiste er die Schweiz, Italien und Frankreich zur Aufnahme von Inschriften und zum Studium in Bibliotheken. 1529–51 war er mehrmals Landvogt in Gemeinen Herrschaften, seit 1536 bekleidete er in Glarus verschiedene Ämter und war 1558–60 Landammann. Als Vermittler und Rechtsberater stand er bei den eidgenössischen Orten und bei Klöstern in hohem Ansehen. Seit Einführung der Reformation um Herstellung des Friedens bemüht, gehörte er zur katholischen Partei. Er verfasste u.a. eine Schrift über das Fegfeuer (gedruckt Heidelberg 1925). Sein Versuch, das Tal gegen die reformierte Mehrheit gewaltsam zu rekatholisieren, führte 1560 zum „Glarnerhandel". Als ∕Pius IV., Spanien und Frankreich einen bewaffneten Kampf ablehnten, musste T. weichen; die Eidgenossen legten 1564 für Glarus die konfessionelle Parität fest. T. beschränkte sich fortan auf wissenschaftliche Arbeiten; er verfasste u.a. eine bedeutende Schweizer Chronik für die Jahre 1000–1470 (gedruckt Basel 1734–36) und veröffentlichte mehrere Schweizer Karten.

■ Werke: Die uralt wahrhafftig Alpisch Rhetia. Basel 1538, lateinisch ebd. 1538; Chronicon Helveticum, hg. v. J.R. ISELIN. ebd. 1734–36, neu hg. v. P. STADLER–B. STETTLER, Bd. 1ff. Bern 1968ff.

■ Literatur: Historisch-Biographisches Lexikon der Schweiz, Bd. 7. Neuenburg 1937, 79f.; BBKL 12, 665–670. – M. WICK: Der ‚Glarnerhandel': Jahrbuch des Historischen Vereins des Kantons Glarus 69 (1982) 47–240; P. OCHSENBEIN–K. SCHMUCKI: Bibliophiles Sammeln und historisches Forschen. Der Schweizer Polyhistor Ae.T. (1505–72) und sein Nachlaß in der Stiftsbibliothek St. Gallen. St. Gallen 1991. *Markus Ries*

Tyndale, *William,* englischer Bibelübersetzer und Reformator, * 1494 (?) Grafschaft Gloucester, † 6.10.1536 Vilvorde bei Brüssel; besorgte die erste englische Übersetzung des Neuen (1525) und Alten Testaments (seit 1530) aus den Originalsprachen.

■ Werke: H. WALTER (Hg.): W.T. Cambridge 1848–50; S.L. GREENSLADE (Hg.): The Work of W.T. London–Glasgow 1938; G.E. DUFFIELD (Hg.): The Work of W.T. Appleford 1964;

D. Daniell (Hg.): T.'s New Testament. New Haven–London 1989; derselbe (Hg.): T.'s Old Testament. ebd. 1992; A.M. O'Donnell (Hg.): The Independent Works of W.T., Bd. 1ff. Washington 2000ff.

■ Literatur: D. Daniell: W.T. New Haven–London 1994; J.T. Day u.a. (Hg.): Word, Church, and State. Washington 1998.

Christoph Heil

■ Nachtrag: P. Collinson: W.T. and the course of the English Reformation: Reformation 1 (1996) 72–97; C.P. Thiede: T. and the European Reformation: ebd. 2 (1997) 283–300.

Ubiquitätslehre. Martin Luthers U. diente im Streit mit Huldrych Zwingli (↗Abendmahlsstreit) zur christologischen Begründung der wirklichen und leibhaftigen Gegenwart Christi im Abendmahl: die menschliche Natur Christi hat teil an den göttlichen Eigenschaften des Logos, deshalb könne er der menschlichen Natur nach leibhaftig überall (lateinisch „ubique") dort sein, wo die Abendmahlsgaben gereicht werden (vgl. „Vom Abendmahl Christi, Bekenntnis": WA 26, 326, 29–343, 34). Diese leibliche Gegenwart Christi wurde in der ↗Konkordienformel festgeschrieben und mit Lehrverurteilungen verbunden (Solida Declaratio VII, 55: BSLK 989, 41 ff.; VII, 117 f.: BSLK 1113, 1–13). Die U. ist aber nicht nur „Abendmahlstheorie", sondern sei im Kontext der gesamten Christologie Luthers zu sehen: „Ich muss wissen einen Ort, wo ich Gott und alle Dinge finde". Dieser „Ort" ist der Mensch gewordene Sohn Gottes, in seiner Menschheit werde Gott gefunden (Martensen).

■ LThK[3] 10, 340 (ungekürzte Fassung).

■ Literatur: LThK[2] 10, 442ff. (H.L. Martensen); EKL[3] 4, 999ff. – Lehrverurteilungen – kirchentrennend?, Bd. 1. Freiburg–Göttingen 1986, 98–124 192f.   *Lothar Ullrich*

Ulrich von Württemberg (Herzog 1498–1550), * 8.2.1487 Reichenweier (Elsass), † 6.11.1550 Tübingen. Der unter misslichen familiären Umständen aufgewachsene U. gelangte 1503 an die Regierung. Um den aus dem steigenden Steuerdruck resultierenden Bauernaufstand des „Armen Konrad" niederwerfen zu können, verbündete sich U. mit den Landständen, denen er im Tübinger Vertrag 1514 bedeutende Mitspracherechte im Herzogtum zugestehen musste. Die Ermordung seines adligen Dieners Hans von Hutten und das Scheitern der 1511 mit Sabina von Bayern geschlossenen Ehe führten den Herzog in die politische Isolation und in die Reichsacht. Nach U.s Überfall auf die Reichsstadt Reutlingen wurde er 1519 vom Schwäbischen Bund aus seinem Territorium vertrieben, das Land gegen die Erstattung der Kriegskosten an ↗Karl V. übergeben. Im Schweizer Exil schloss sich U. der Reformation an und konnte mit Hilfe Landgraf ↗Philipps von Hessen 1534 Württemberg zurückerobern. In dem durch den Vertrag von Kaaden als österreichisches Afterlehen zurückgegebenen Territorium führte er mit Unterstützung von Erhard ↗Schnepff und Ambrosius ↗Blarer die Reformation ein, die 1536 mit der Landesordnung, der Gottesdienstordnung und einer konsequenten Säkularisierung des Kirchengutes abgesichert wurde. Als Mitglied des ↗Schmalkaldischen Bundes musste er sich 1547 nach dessen Niederlage Karl V. unterwerfen, spanische Besatzungen im Land dulden und auf Druck des Kaisers das ↗Augsburger Interim einführen. Wegen Verletzung der Lehnspflichten strengte König ↗Ferdinand einen Felonieprozess gegen U. an, so dass sich das Herzogtum bei seinem Tod in einer ungeklärten und bedrohlichen Lage befand.

■ Literatur: L.F. Heyd: U., Herzog von Württemberg, 3 Bde. Tübingen 1841–44; V.

Press: Herzog U. (1498–1550): R. Uhland: 900 Jahre Haus Württemberg. Stuttgart ³1985, 110–135; F. Brendle: Dynastie, Reich und Reformation. Die württembergischen Herzöge U. und Christoph, die Habsburger und Frankreich. Stuttgart 1998; derselbe: Herzog U. – ein verkannter Reformationsfürst?: S. Hermle (Hg.): Reformationsgeschichte Württembergs in Porträts. Holzgerlingen 1999, 199–225; V. Leppin: Theologischer Streit und politische Symbolik. Zu den Anfängen der württembergischen Reformation 1534–38: ARG 90 (1999) 159–187. *Franz Brendle*

Uniformitätsakte. Die U. ist die Bezeichnung für die vier Parlamentsgesetze von 1549, 1552, 1558 und 1662, mit denen der Gottesdienst in der Anglikanischen Kirche geordnet wurde (/Liturgie). Zugrunde liegt der U. die Annahme, alle Engländer seien Mitglieder der in England durch das Parlament etablierten Kirche (/Church of England). Deshalb kommen die Gottesdienste der nichtanglikanischen Kirchen nicht in den Blick bzw. gelten als nicht gesetzeskonform.

Die U. waren bzw. sind die gesetzliche Grundlage für die jeweiligen Fassungen des /Book of Common Prayer. Sie umreißen jeweils zunächst kurz die Änderungen gegenüber der bisherigen im Königreich gefeierten Liturgie und listen dann die Strafen für diejenigen auf, die sich an den gesetzlich geregelten Gottesdienst nicht halten; diese gehen bis hin zu lebenslänglichem Kerker. Die U. von 1662 besitzt weiterhin als gesetzliche Grundlage für das derzeitige Book of Common Prayer Gültigkeit.

■ LThK³ 10, 409 (ungekürzte Fassung).

■ Quellen: H. Gee–W.J. Hardy (Hg.): Documents Illustrative of English Church History. London 1896.

■ Literatur: G.J. Cuming: A History of Anglican Liturgy. London ²1982; Th.A. Schnitker: The Church's Worship. Frankfurt (Main) 1989. *Thaddäus A. Schnitker*

Urban VII., Papst (15.–27.9.1590), vorher *Giambattista Castagna*, * 4.8.1521 Rom aus genuesischem Adel; Studium der Rechte in Perugia, Padua und Bologna (dort Doctor iuris utriusque); 1553–73 Erzbischof von Rossano, Teilnehmer an der letzten Sitzungsperiode des Tridentinums; 1565–72 Nuntius in Spanien, 1573–1576 in Venedig, 1578–79 beim Kölner Pazifikationstag zur Beilegung des Flandernkonflikts, 1583 Kardinal. Bereits 1585 papabile, wurde U. nach einem Schattendasein unter Sixtus V. 1590 als Kandidat der spanisch-toskanischen Partei gewählt, starb jedoch schon nach dreizehn Tagen an der Malaria.

■ Quellen: NBD III, 2, 197–202 223–370; A. Buffardi: Nunziature di Venezia 11. Rom 1972.

■ Literatur: BBKL 12, 928f.; N. Del Re (Hg.): Vatikanlexikon. Augsburg 1998, 798. – L. Arrighi: Vita Urbani VII. Bologna 1614; L. von Pastor: Geschichte der Päpste seit dem Ausgang des Mittelalters, Bd. 10. Freiburg 1926, 503–518; E. Gracía Hernán: Urbano VII. Un papa de trece dias: Hispania sacra 47 (1995) 561–586. *Alexander Koller*

Ursinus, *Zacharias*, reformierter Theologe, * 18.7.1534 Breslau, † 6.3.1583 oder 1584 Neustadt (Haardt); nach Studien bei Philipp Melanchthon in Wittenberg (1550–57) und einer Reise nach Heidelberg, Straßburg, Basel, Zürich, Genf, Lyon und Paris war U. als Lehrer in Breslau tätig, wo er des /Kryptocalvinismus verdächtigt wurde. 1560 ging U. nach Zürich, von dort 1561 als Leiter des Sapienzkollegs nach Heidelberg, wo er 1562 als Nachfolger Caspar /Olevians Theologieprofessor wurde; aus gesundheitlichen Gründen musste er 1568 diese Professur aufgeben. Der /Heidelberger Katechismus, als dessen Hauptverfasser U. gilt, stellt eine Synthese von Calvinismus und Philippismus dar. Seine Hauptwerke gelten ebenfalls diesem Ziel. Die Restauration des Luthertums in Heidelberg 1576 führte zu seiner Übersiedlung nach Neustadt, wo er als Theologieprofessor und Leiter des Collegium Casimirianum wirkte. U.' systematisch-theologisches Denken ist der /Föderaltheologie zuzuordnen.

▪ Werke: Augspurgischer Confession, derselben Apologia und Repetition. Heidelberg 1566; Explicationes catecheticae. ebd. 1598; Opera theologica, 3 Bde. ebd. 1612; Der Heidelberger Katechismus und vier verwandte Katechismen, hg. v. A. LANG. Leipzig 1907. – *Briefe:* Briefe des Heidelberger Theologen Z.U. aus Heidelberg und Neustadt a.H., hg. v. H. ROTT: Neue Heidelberger Jahrbücher 14 (1906) 39–172.

▪ Literatur: BBKL 12, 953–960. – K. SUDHOFF: C. Olevianus und Z.U. Elberfeld 1857; E.K. STURM: Der junge Z.U. Neukirchen-Vluyn 1972; D. VISSER: Z.U. New York 1983, niederländisch (überarbeitet) Kampen 1991.

Willem van't Spijker

Utraquisten, Sammelbezeichnung für unterschiedliche Richtungen böhmischer Reformer im 16./17. Jh., die den Empfang der Eucharistie unter beiderlei Gestalt (lateinisch „sub utraque specie)" forderten und praktizierten: Hussiten, Calixtiner. Utraquismus meint die Forderung des /Laienkelchs. *Lothar Ullrich*

Vadian (von Watt), *Joachim,* Humanist, Bürgermeister von St. Gallen, Reformator, * 29.11.1484 St. Gallen, † 6.4.1551 ebenda; seit 1501 Studium an der Universität Wien, dort 1509 Magister artium, 1512 Professor für Poetik, im Wintersemester 1516/17 Rektor der Universität, 1517 Doktor der Medizin, 1518 Rückkehr nach Sankt Gallen als Stadtarzt, 1521 Stadtrat und 1526–51 mehrmals Bürgermeister. In Wien edierte und kommentierte V. antike und mittelalterliche Literatur, in St. Gallen verfasste er auch Bibelkommentare, theologische, historische und naturkundliche Schriften, u.a. *Die Große Chronik der Äbte des Klosters St. Gallen* (1529). Mit Huldrych Zwingli befreundet und in Briefkontakt stehend, förderte er die Verbreitung reformatorischer Traktate und die Bibellektüre. Obwohl mit Konrad /Grebel verschwägert, bekämpfte er die /Täufer. Seit 1526 ließ V. gegen den Widerstand der Abtei St. Gallen die Reformation einführen; dank seiner maßvollen Politik vermochte sie sich auch nach dem zweiten Kappeler Landfrieden (1531) und der Restitution des Klosters zu halten. Als Diplomat und Humanist war V. hoch angesehen, er war Präsident bei der zweiten Zürcher Disputation (1523) und beim Berner Religionsgespräch (1528).

▪ Literatur: RGG³ 6, 1223; BBKL 12, 1003–13; Schweizer Lexikon, Bd. 11. Visp 1999, 402. – W. NÄF: V. und seine Stadt St. Gallen, 2 Bde. St. Gallen 1944–57; D. DEMANDT: Die Auseinandersetzungen des Schmalkaldischen Bundes mit Herzog Heinrich dem Jüngeren von Braunschweig im Briefwechsel des St. Galler Reformators V.: Zwingliana 22 (1995) 45–66; F. GRAF-STUHLHOFER: V. als Lehrer am Wiener Poetenkolleg: ebd. 26 (1999) 93–98. – *Reihe:* V.-Studien 1–16. St. Gallen 1945–98. *Markus Ries*

Valdés, 1) *Alfonso de,* spanischer Politiker, * um 1500 Cuenca, † 6.10.1532 Wien; ständiger Begleiter Kaiser /Karls V.; seit 1526 Verfasser der lateinischen Briefe des Kaisers für Italien und Rom. In seinem *Diálogo de las cosas ocurridas en Roma* (o.O. 1529) verteidigte er die kaiserliche Politik hinsichtlich des /Sacco di Roma. Er war ein Freund des /Erasmus von Rotterdam und auch um kirchliche Reformen besorgt. Hat auch als Verfasser des *Diálogo de*

Mercurio y Carón (o. O. 1528) zu gelten.
■ Werke: Obra completa, ed. v. A. ALCALÁ. Madrid 1996.
■ Literatur: BBKL 12, 1035ff. – G. BAGNATORI: Bulletin Hispanique 57 (Bordeaux 1955) 353–374 (unveröffentliche Briefe über den Reichstag von Augsburg 1530); D.DONALD: A. de V. y su epoca. Cuenca 1983.

Klaus Ganzer

■ Nachtrag: M. SIEVERNICH: Sünde als Kriegsgrund in der frühen Neuzeit: Theologie und Philosophie 71 (1996) 547–565.

2) *Juan de,* spanischer Reformtheologe, Zwillingsbruder von 1), * um 1500 Cuenca, † 12./20.7.1541 Neapel; wurde als junger Mann in Escalona geprägt von Pedro Ruiz de Alcarez und dem Alumbradismus. Ab 1526 studierte er in Alcalá, wo er stark von Schriften des ∕Erasmus von Rotterdam beeinflusst wurde. 1529 verfasste er den *Diálogo de doctrina cristiana*. Ein daraufhin gegen ihn angestrengter Inquisitionsprozess veranlasste ihn, nach Italien zu gehen. 1530–34 als Kammerherr ∕Clemens' VII. in Rom; 1534 ließ er sich in Neapel nieder. Dort wurde V. zum Inspirator und Mittelpunkt eines Kreises religiös interessierter, gebildeter und sozial höher gestellter Personen, Kleriker und Laien, unter ihnen Giulia ∕Gonzaga, Vittoria Colonna, Pietro Martire ∕Vermigli, Bernardino ∕Ochino, Pietro ∕Carnesecchi. Seine Theologie übte im Italien des 16. Jh. einen großen Einfluss aus; von den Alumbrados und Erasmus geprägt, richtete sie sich auf kirchliche Reformen und eine spirituelle Verinnerlichung des Menschen; weder der protestantischen noch der vom Tridentinum geprägten Theologie zuzuordnen, bewegt sie sich im Rahmen einer vortridentinischen, in vielem noch offenen Theologie, wie sie sich bei zahlreichen Vertretern des italienischen ∕Evangelismus findet.

■ Gesamtausgabe: Obras completas, ed. v. A. ALLCALÁ, Bd. 1ff. Madrid 1997ff.
■ Hauptwerk: Diálogo de doctrina cristiana. Alcalá 1529, neu ed. v. M. BATAILLON. Coimbra 1925, katalanisch ed. v. J. PÉREZ DE PINEDA. Barcelona 1994, italienisch ed. v. T. FANLO Y CORTÉS. Turin 1991, französisch ed. v. CH. WAGNER. Paris 1995; Diálogo de la lengua, ed. v. C. BARBOLANI. Madrid ⁴1990; Alfabeto cristiano, ed. v. M. FIRPO. Turin 1994; Le cento e dieci divine considerazioni. Basel 1550, ed. v. E. BÖHMER. Halle 1860, spanisch Salamanca 1975; Modo che si dee tenere nel'insegnare e predicare il principio della religione christiana. Rom 1545.
■ Literatur: DSP 16, 122–130; BBKL 12, 1040–1051. – E. BÖHMER: Lives of the Twin Brothers J. and A.V. London 1883; E. CIONE: J. de V. La sua vita e il suo pensiero religioso. Neapel ²1963; C. GILLY: J. de V. Übersetzer und Bearbeiter von Luthers Schriften in seinem Dialog de doctrina: ARG 74 (1983) 257–205; D.A. CREWS: J. de V. and the imperial ideology of Charles V. Ann Arbor 1984; W. OTTO: J. de V. und die Reformation in Spanien im 16.Jh. Frankfurt (Main) 1989; M. FIRPO: Tra Alumbrados e ‚Spirituali'. Studi su J. de V. e il Valdesianesimo nella crisi religiosa del 500 italiano. Florenz 1990; DERSELBE: Riforma protestante ed eresie nell'Italia del Cinquecento. Rom–Bari 1993; F.A. JAMES III: J. de V. before and after Peter Martyr Vermigli: ARG 83 (1992) 180–208; M. FIRPO: Dal sacco di Roma all'Inquisizione. Studi su J. de V. e la Riforma italiana. Alessandria 1998. – *Bibliographie*: BIDI 9, 111–195.

Klaus Ganzer

Valera, *Cipriano de,* spanischer Protestant, * 1532, † 1602 (?). V. floh 1557 mit Antonio del ∕Corro, Casiodoro de ∕Reina u.a. nach Genf. Danach studierte er in Cambridge und Oxford Theologie und betreute in den Niederlanden verschiedene spanische reformierte Gemeinden. V. wurde v. a. durch die 1602 erschienene Revision der Bibelübersetzung von de Reina bekannt.

■ Literatur: P.J. HAUBEN: Three Spanish Heretics and the Reformation. Genf 1967; A.G. KINDER: C. de V.: Diálogo ecuménico 20

(1985) 165–179; K. REINHARDT: Bibelkommentare spanischer Autoren, Bd. 2. Madrid 1999, 374f. *Fernando Domínguez*

Vargas y Mexía (Messia, Mejía) (V.), *Francisco de*, Jurist und Diplomat, * 1500, † vor dem 20.4.1566 Sisla bei Toledo; über seine juristischen Studien und seine Laufbahn ist so gut wie nichts bekannt. Im Auftrag ∕Karls V. wirkte V. 1545–52 als juristischer Berater auf dem Konzil von Trient; als er am 16.1.1548 in Bologna Protest gegen die Translation einlegte, wurde er als „Procurator generalis fisci" des Königreichs Kastilien bezeichnet (CT 6, 687). 1552–1558 spanischer Botschafter in Venedig; trat den ihm im August 1559 übertragenen Botschafterposten am Kaiserhof nicht an, sondern siedelte in gleicher Eigenschaft nach Rom über, wo er bis 1563 großen Einfluss auf das Konklave und die Konzilspolitik ∕Pius' IV. ausübte, aber wegen seines schroffen Auftretens dessen Gunst verlor und abberufen werden musste. Seine z.T. beißende Kritik an der päpstlichen Konzilspolitik entsprang der Sorge um die Kirche; sein umfassendes, auch theologisches Wissen und seine integre Persönlichkeit sind unumstritten.

- Werke: De episcoporum iurisdictione et Pontificis Maximi auctoritate responsum. Rom 1563 (auf Veranlassung Pius IV. verfasst); J.T. DE ROCABERTI: Bibliotheca maxima Pontificia, Bd. 11. ebd. 1698, 519–566. Über andere Traktate (u.a. CT 13/1, 178–182): C. GUTIÉRREZ 1951 (s.u.), 490ff.; Konzilsbriefe: H.O. EVENNETT: The Manuscripts of the Vargas-Granvelle-Correspondence. JEH 11 (1960) 219–224; G. BUSCHBELL: CT 11; Berichte aus Rom, 1559–63: Colección de documentos inéditos para historia de España, Bd. 9. Madrid 1846, 81–406; J.I. DÖLLINGER: Beiträge ..., Bd. 1. Regensburg 1862, 263–543.
- Literatur: DHEE 4, 2713f. – G. CONSTANT: Rapport sur une mission scientifique aux archives d'Autriche et d'Espagne. Paris 1910, 360–385; L. VON PASTOR: Geschichte der Päpste seit dem Ausgang des Mittelalters, Bd. 7. Freiburg 1920, 28ff. 241ff. 548ff.; C. GUTIÉRREZ: Españoles en Trento. Valladolid 1951, 478–493; DERSELBE: Nueva documentación tridentina, 1551–52: AHP 1 (1963) 179–240; DERSELBE: Memorial de F. de V. sobre reforma (año 1545): Reformata Reformanda. FS H. Jedin, Bd. 1. Münster 1965, 531–576; JEDIN 1–4, passim.

Hubert Jedin

Vatablus (Vatable), *Franciscus*, Gräzist und Hebraist, * vor 1500 Gamaches (Picardie), † 16.3.1547 Paris. Nach Griechisch- und Hebräischstudium in Paris und Avignon wirkte V. ab 1516 als Mitarbeiter von Jakob ∕Faber Stapulensis in Paris und Meaux. Er edierte Texte antiker Philosophen, u.a. die naturphilosophischen Schriften des Aristoteles (Paris 1518); ab 1530 erster Hebräischlehrer am Collège Royal; eine unter seinem Namen veröffentlichte Bibelausgabe (ebd. 1545 u.ö.) bietet die lateinische Übersetzung des Alten Testaments von Leo ∕Jud, in welche der Verleger Robert Estienne textkritische Anmerkungen V.' und anderer Autoren eingefügt hat. Der Name V.' wurde benutzt, um die Druckerlaubnis der Sorbonne zu erhalten. 1547 wurde das Werk dennoch indiziert. Nach einer von der Inquisition veranlassten Revision konnte die Ausgabe in Spanien erscheinen (Salamanca 1584).

- Literatur: CERAS 3, 379. – D. BARTHÉLEMY: Critique textuelle de l'ancien testament, Bd. 2. Fribourg 1986, *34–*43; G. BEDOUELLE: Le temps des réformes et la Bible. Paris 1989, 168ff. und passim; F. DOMÍNGUEZ REBOIRAS: Gaspar de Grajal. Münster 1998, 497–510. *Fernando Domínguez*

Vega, *Andrés de*, Franziskaner (1538), skotistischer Theologe, * 1498 Segovia, † 13./21.9.1549 Salamanca. V. studierte als Schüler des Francisco de ∕Vitoria in Salamanca Theologie

(1537 Doktor). Von 1532–38 hatte er den Thomas-, vielleicht auch den Scotus-Lehrstuhl inne und vertrat zeitweise (1536/37) Vitoria. Als Theologe des Kardinals Pedro Pacheco beteiligte er sich auf dem Tridentinum an den Diskussionen über die Vulgata und v. a. über die Rechtfertigung. Als das Konzil nach Bologna verlegt wurde, zog er sich zur Abfassung seiner Erklärung des Tridentinischen Rechtfertigungsdekrets nach Venedig zurück. Anfang 1549 kehrte er nach Spanien heim.

■ Werke: Opusculum de iustificatione, gratia et meritis. Venedig 1546 u.ö.; Tridentini decreti de iustificatione expositio et defensio libris XV distincta. ebd. 1548; beide Werke zusammen unter dem Titel: De iustificatione doctrina universa, ed. v. P. CANISIUS. Köln 1572.
■ Literatur: DHEE 4, 2720; BBKL 12, 1181–84. – S. HORN: Glaube und Rechtfertigung nach dem Konzilstheologen A. de V. Paderborn 1972. *Klaus Reinhardt*
■ Nachtrag: A. GALINDO GARCÍA: La justificación por la fe: Ecclesia una. FS A. Gonzalez Montes. Salamanca 2000, 379–398.

Vehe, *Michael,* Dominikaner, * Ende 15. Jh. Biberach (Riss), † April 1539 Halle (Grab in der Stiftskirche); trat jung in das Dominikanerkloster in Wimpfen ein; Studium der Theologie in Heidelberg, dort auch seit 1508 Dozent und 1513 Doctor theologiae; ab 1515 Prior des Heidelberger Konvents; auf dem Frankfurter Provinzialkapitel 1520 Mitglied der Kommission, die den Streit um Johannes ∕Reuchlin beizulegen versuchte. V. arbeitete an der Widerlegung der ∕Confessio Augustana mit. 1532 berief ihn Kardinal ∕Albrecht von Brandenburg zum Propst am „Neuen Stift" in Halle. V. verfasste mehrere Schriften gegen die Lehren der Reformation. Sein theologisches Hauptwerk ist die *Assertio sacrorum quorundam axiomatum* (Leipzig 1535), worin er alle aktuellen Kontroversthemen zwischen Katholiken und Protestanten abhandelt. Besondere Bedeutung erlangte V. durch die Herausgabe des ersten deutschsprachigen katholischen Gesangbuchs mit Noten (*Ein New Gesangbüchlin Geystlicher Lieder* ... Leipzig 1537, Mainz ²1567). Mit seinen 52 Liedern bildet es eine wichtige Quelle für alle späteren katholischen Gesangbücher.

■ Quellen: Ein New Gesangbüchlin Geistlicher Lieder. Faksimile der ersten Ausgabe Leipzig 1537, mit einem Geleitwort hg. v. W. LIPPHARDT. Mainz 1970.
■ Literatur: BBKL 12, 1188f. – W. BÄUMKER: Das katholische deutsche Kirchenlied, Bd. 1. Freiburg 1886, 124–129; N. PAULUS: Die deutschen Dominikaner im Kampf gegen Luther (1518–36). ebd. 1903, 215–231; G. MARX: Das Verständnis vom Meßopfer bei M.V.: W. ERNST u.a. (Hg.): Dienst der Vermittlung. Leipzig 1977, 249–273; E. HEITMEYER: Das Gesangbuch von Johann Leisentrit 1567. St. Ottilien 1988, 50–57.

Peter Ebenbauer

Vergara, *Juan de,* Humanist und Bibelphilologe, * 4.9.1492 Toledo, † 22.2.1557 ebenda; ab 1509 Studium in Alcalá, 1514 zur Mitarbeit an der Complutenser Polyglotte herangezogen; 1516 Domkapitular von Toledo und Sekretär von Francisco Ximénez de Cisneros und dessen Nachfolgern. 1520 Reise nach Flandern und Begegnung mit ∕Erasmus von Rotterdam. V. versuchte, bei dessen spanischen Gegnern (Diego López de ∕Zúñiga u. a.) zu vermitteln. In den Inquisitionsprozessen gegen Juan de ∕Valdés und Bernardino Tovar wurde er selbst der Häresie verdächtigt und zu einer milden Strafe verurteilt.

■ Literatur: DHEE 4, 2737–42; CERAS 3, 384–387; OER 4, 227f. – C. GILLY: Spanien und der Basler Buchdruck bis 1600. Basel 1985, passim; A. SÁENZ-BADILLOS: La filología bíblica en los primeros helenistas de Alcalá. Estella 1992, 321–365; K. REINHARDT: Bibelkommentare spanischer Autoren, Bd. 2. Madrid 1999, 397f.; L.A. HOMZA: Religious Authority in the Spanish Renaissance. Baltimore–London 2000, 1–48.

Fernando Domínguez

Vergerio, *Pietro Paolo* der Jüngere, * 1497/98 Capodistria (Koper), † 4.10.1565 Tübingen. Nach Studium der Rechte in Padua wirkte V. als Jurist in Verona, Padua und Venedig. Er heiratete 1526 und trat als Witwer 1532 in kirchliche Dienste. 1535/36 reiste er nach Deutschland, um bei den Reichsfürsten für das von ⁄Paul III. geplante Konzil zu werben (im November 1535 traf er in Wittenberg Martin Luther, den er negativ charakterisiert). Enttäuscht von Paul III., der ihm ein Bistum mit geringen Einkünften (zunächst Modrus, dann Capodistria) verlieh, sah er sich nach neuen Förderern um, u. a. Kardinal Ercole ⁄Gonzaga und Kardinal Ippolito d'Este, den er 1540 nach Frankreich an den Hof ⁄Franz' I. begleitete. Dort lernte er die der reformatorischen Gnadenlehre nahe stehende Margareta von Navarra kennen. Nach Teilnahme an den Religionsgesprächen von ⁄Worms und ⁄Regensburg kehrte er 1541 in seine Diözese zurück, die er in der Folge nach seinen Überzeugungen zu reformieren versuchte. 1545 wurde gegen ihn ein Verfahren wegen Verbreitung von Irrlehren bei der Inquisition eingeleitet, das am 3.7.1549 zu seiner Verurteilung (Absetzung als Bischof und Exkommunikation) führte. Unmittelbar zuvor war er nach einem vergeblichen Appell an das Tridentinum in die Schweiz geflüchtet und zum Protestantismus übergetreten. 1550–53 wirkte er als Pfarrer in Vicosoprano (Bergell). Nach Spannungen mit den Schweizer Pastoren wurde er 1553 Rat Herzog ⁄Christophs von Württemberg in Tübingen. Bis zu seinem Tod unternahm er ausgedehnte Reisen zur Unterstützung der Reformation. – Der erste Abfall eines Bischofs und ehemaligen Nuntius erregte großes Aufsehen. Seine Schriften sind geprägt durch stark antikatholische Polemik gegen Papst und Konzil. Bei allen Aktivitäten in Mitteleuropa war die protestantische Propaganda des umtriebigen, keiner reformatorischen Strömung eindeutig zuzuordnenden V. v. a. auf seine Heimat, den italienisch-slawischen Übergangsbereich, ausgerichtet (Förderung der slowenischen Übersetzung des Neuen Testaments von Primus ⁄Truber).

■ Werke: Verzeichnis der Schriften bei F. HUBERT (s.u.) 261–319; ein Teil der Werke in Opera, Bd. 1. Tübingen 1563; Iuris civilis scholastici praelectio. Venedig 1523; De republica Veneta. ebd. 1526; Oratio habenda in funere Altobello Averoldi. ebd. 1531, hg. v. F. GAETA: RSCI 13 (1959) 397–406; De pace et unitate ecclesiae. Venedig 1542, hg. v. H. LAEMMER: Monumenta Vaticana historiam ecclesiasticam saeculi XVI illustrantia. Freiburg 1861, 312–317; Articoli che sono in controversia ne disputarsi in Concilio: CT 12 (1930) 431–439; Lettera al doge Francesco Donà. Venedig 1545, hg. v. A. STELLA: Atti del Istituto Veneto di scienze, lettere ed arti 128 (1969–70) 1–39; Storia di Francesco Spiera. Padua 1548; Instruttion christiana. Poschiavo 1549; Dodici trattatelli di M.P.P.V. Basel 1550, hg. v. E. COMBA: Biblioteca della Riforma, 2 Bde. Rom 1883–1884; Ai fratelli d'Italia. o.O. 1562.

■ Quellen: E. VON KAUSLER–TH. SCHOTT: Briefwechsel zwischen Christoph Herzog von Württemberg und P.P.V. Tübingen 1875; G. CAPASSO: Nuovi documenti Vergeriani: Archivio Storico per Trieste, l'Istria e il Trentino 4 (1889) 207–221; W. FRIEDENSBURG: Eine Streitschrift gegen das Trienter Konzil: ARG 8 (1910/11) 323–333; DERSELBE: Vergeriana 1534–50: ARG 10 (1912/13) 70–100; NBD I/1 (1892); I/2–7 (Register); Bullingers Korrespondenz mit den Graubündnern, hg. v. T. SCHIESS, 3 Bde. Basel 1904–1906, Nachdruck Nieuwkoop 1968; F. GAE-

TA: Nunziature di Venezia, Bd. 1. Rom 1958 (Register); Bd. 2. ebd. 1960 (Register); J. SYDOW: Unbekannte Briefe des P.P.V. des Jüngeren im Regensburger Stadtarchiv: Verhandlungen des Historischen Vereins für Oberpfalz und Regensburg 99 (1958) 221–229; J. LESTOCQUOY: Acta nuntiaturae Gallicae, Bd. 1. Rom 1961 (Register); NBD I/1. Ergänzungs-Bd. (Register) (1963); H.D. WOJTYSKA: Acta nuntiaturae Polonae, Bd. 3/1. ebd. 1993 (Register).

▪ Literatur: EC 12, 1263; DSp 16, 409ff.; OER 4, 228f. – C.H. SIXT: P.P.V. Braunschweig 1855, Neudruck 1872; F. HUBERT: V.s publizistische Tätigkeit nebst einer bibliographischen Übersicht. Göttingen 1893; HCMA 3, 216 247; P. PASCHINI: P.P.V. il giovane e la sua apostasia. Rom 1925; D. CANTIMORI: Italienische Häretiker der Spätrenaissance. Basel 1949, erweiterte italienische Neuausgabe hg. v. A. PROSPERI. Turin 1992; BDG nn. 21719–741; G. MÜLLER: P.P.V. in päpstlichen Diensten: ZKG 77 (1966) 341–348; A. JACOBSON SCHUTTE: Pier. P. V. Genf 1977, ergänzte italienische Ausgabe Rom 1988; JEDIN Bd. 1 s.v.; F. TOMIZZA: Il male viene dal Nord. Mailand 1984; A. NIERO: P.P.V.: Istria e Dalmazia, hg. v. F. SEMI, Bd. 1. Udine 1991, 173–180; R.A. PIERCE: A. Mainardo, P.P.V., and the Anatomia Missae: Bibliothèque d'Humanisme et Renaissance 55 (1993) 25–42; P.P.V. il Giovane, hg. v. U. ROZZO. Udine 2000; M.A. OVERELL: V.'s Anti-Nicodemite Propaganda and England, 1547–58: JEH 51 (2000) 296–318.

Alexander Koller

▪ Nachtrag: E. RUMMEL: V.'s invective against Erasmus and the Lutherans: Nederlands archief voor kerkgeschiedenis 80 (2000) 1–19.

Vermigli, *Pietro Martire* (Petrus Martyr), Augustinerchorherr (1514–42); Theologe und Reformator, * 8.9. 1499 Florenz, † 12.12.1562 Zürich; 1518–26 Studium in Padua, 1526–40 in Vercelli, Bologna, Spoleto und Neapel in Lehr- und Leitungsämtern des Ordens tätig. Zusammen mit Bernardino /Ochino und Juan de /Valdés befasste sich V. mit reformatorischem Schrifttum. Einer Anklage wegen seiner in Predigten vorgetragenen Fegfeuerlehre konnte er mit Hilfe der Kardinäle Gasparo /Contarini und Reginald /Pole entgehen. Als Ordensvisitator und Prior in Lucca (1541–42) war V. reformerisch tätig: u. a. gründete er eine Akademie. Einer Vorladung durch die römische Inquisition entfloh er zusammen mit Ochino. 1542–47 lehrte V. Altes Testament in Straßburg, ab 1548 bis zum Tod /Eduards VI. war er Kanonikus an Christ Church und Regius Professor für Theologie in Oxford. Seit 1553 wieder als Professor in Straßburg tätig, ging V. 1556 nach Zürich, wo er bis zu seinem Tod lehrte. 1561 verteidigte er mit Theodor /Beza auf dem Religionsgespräch von /Poissy die hugenottische Position. V., der zumeist mit Kontroversen in der Sakramententheologie (z. B. gegen Johannes /Marbach und Stephen /Gardiner), Christologie (gegen Johannes /Brenz) und Prädestinationslehre (u. a. gegen Theodor /Bibliander) in Verbindung gebracht wird, hat jedoch besonders als Exeget zu gelten, der auch auf rabbinische Auslegungen zurückgriff. Zu seinen Hauptwerken zählen die Kommentare zur Genesis, dem Buch der Richter, den Büchern Samuel und der Könige, den Klageliedern, dem Römer- und 1. Korintherbrief sowie zur Nikomachischen Ethik des Aristoteles. Die von Schülern posthum aus seinen Werken kompilierten *Loci communes* (Zürich 1576 u. ö.) wurden ein einflussreiches Lehrbuch reformierter Dogmatik.

▪ Werkausgabe: The Political Thought of P. M.V. Selected Texts and Commentary, hg. v. R.M. KINGDON. Genf 1980; The P.M. Library, Bd. 1ff. Kirksville (Missouri) 1994ff. – *Werkverzeichnis:* R.M. KINGDON – J.P. DONNELLY – M.W. ANDERSON: A Bibliography of the Works of P.M.V. ebd. 1990.

▪ Literatur: J.C. MCLELLAND: The Visible Words

of God. Edinburgh 1957; P. McNair: P.M. in Italy. Oxford 1967; M.W. Anderson: P.M.: A Reformer in Exile (1542–62). Nieuwkoop 1975; S. Corda: Veritas sacramenti: A Study in V.'s Doctrine of the Lord's Supper. Zürich 1975; J.P. Donnelly: Calvinism and Scholasticism in V.'s Doctrine of Man and Grace. Leiden 1976; J.C. McLelland (Hg.): P.M.V. and Italian Reform. Waterloo (Ontario) 1980; F.A. James: P.M.V. and Predestination. Oxford 1998. *Joseph C. McLelland*
▪ Nachtrag: E. Campi: P.M.V. Europäische Wirkungsfelder eines italienischen Reformators: Zwingliana 27 (2000) 29–46.

Vermittlungstheologie. Der von der Historiographie gebildete Begriff V. bezeichnet für das konfessionelle Zeitalter eine Theologie, die im Streit der Religionsparteien zwischen den Extremen mit dem Ziel der Einheit oder Concordia vermitteln will, ohne damit die Wahrheit zu verletzen. Um konfessionalistische Positionen zu vermeiden, stützte man sich meist auf die Bibel sowie Lehre und Praxis der alten Kirche, sprach von einer „Via media" und plädierte für eine umfassende Kirchenreform als Bedingung für eine religiöse Einigung. Methodisch sollte moderat vorgegangen werden, wobei man unterschiedlichste Mittel einsetzen wollte: literarische Publikationen, ∕Religionsgespräche, Gelehrtenkonferenzen, ein Einigungskonzil. Großen Einfluss auf die V. hatte die Schrift des ∕Erasmus von Rotterdam „De sarcienda ecclesiae concordia" (Basel 1533). Vertreter sind u. a. Georg ∕Witzel, Georg ∕Cassander, Claude d'∕Espence, François ∕Bauduin. Hugo Grotius rechnete auch Philipp Melanchthon dazu. Wieweit die Verfechter einer doppelten Gerechtigkeit (z. B. Johann ∕Gropper, Albert ∕Pigge, Girolamo ∕Seripando) als Vermittlungstheologen gelten können, ist umstritten. Wegen der Breite des Begriffs und seiner Ergänzungsfähigkeit durch zusätzliche Umschreibungen (Irreniker, Moyenneurs, Partei der Mitte) ist es notwendig, jeweils weitere Präzisierungen vorzunehmen und sie in den Zusammenhang der Konfessionsgeschichte des 16. und 17. Jh. einzufügen. Zudem ist zu bedenken, dass es nicht nur um die Vermittlung von Positionen der römisch-katholischen und protestantischen Kirchen ging, sondern auch um die Vermittlung innerhalb des Protestantismus selbst.

▪ Literatur: TRE 16, 268–273. – F.W. Kantzenbach: Das Ringen um die Einheit der Kirche im Jahrhundert der Reformation. Stuttgart 1957; M. Turchetti: Concordia o tolleranza? François Bauduin e i ‚moyenneurs'. Genf 1984; B. Henze: Aus Liebe zur Kirche Reform. Die Bemühungen Georg Witzels um die Kircheneinheit. Münster 1995; M.E.H.N. Mout–H. Smolinsky–J. Trapman (Hg.): Erasmianism: Idea and Reality. Amsterdam u. a. 1997; T. Wanegffelen: Ni Rome ni Genève. Paris 1997. *Heribert Smolinsky*

Villavicencio, *Lorenzo de,* Augustinereremit (1539), Prediger und Theologe, * um 1520 Jerez de la Frontera, † Februar 1583 oder November 1585 Madrid; 1552–58 Studium in Löwen, dort Prior, Provinzial der niederländischen Ordensprovinz; Inquisitionsagent in den Niederlanden und auf der Frankfurter Messe. Als Geheimagent ∕Philipps II. in Flandern führte er eine rege Korrespondenz mit dem König und dessen Sekretären. Mit Josse ∕Ravesteyn befreundet, engagierte sich V. im Streit um Michael ∕Bajus. Ab 1567 Hofprediger in Madrid. Nach leichten Korrekturen veröffentlichte V. unter seinem Namen verschiedene von ihm für wichtig gehaltene Werke protestantischer Autoren (u. a. Andreas ∕Hyperius), um deren Indizierung zu umgehen und sie Katholiken zugänglich zu machen.

Literatur: DHEE 4, 2765f. – F. DOMÍNGUEZ REBOIRAS: Gaspar de Grajal. Münster 1998, 346–351; L. HELL: Entstehung und Entfaltung der theologischen Enzyklopädie. Mainz 1999, 45ff.; K. REINHARDT: Bibelkommentare spanischer Autoren, Bd. 2. Madrid 1999, 407ff.   *Fernando Domínguez*

Viret, *Pierre,* Reformator in der Waadt, * 1511 Orbe, † März 1571 Orthez; 1527 Studium am Collège Montaigu in Paris, trat in Verbindung mit Guillaume ∕ Farel und predigte seit 1531 in Orbe, Grandson, Payerne und Genf gegen das katholische Bekenntnis; 1538 verheiratet mit Elisabeth Turtaz († 1546) und seit 1546 mit Sébastienne de la Harpe. V. stand in Beziehung zu Jean Calvin; er war 1535–39 Pfarrer von Lausanne und 1537–59 Lehrer an der dortigen Akademie. Sein Versuch der Einführung einer rigiden Kirchenordnung scheiterte am Widerstand Berns, und er wurde 1559 aus der Waadt vertrieben. 1559–61 wirkte er als Prediger in Genf. In Lyon zum reformierten Pfarrer gewählt, musste sich V. aber nach einem Streit in Vienne und 1565 in Orange in Sicherheit bringen. Königin Jeanne d'Albret von Navarra ernannte ihn zum Theologieprofessor am Kollegium von Orthez, welches sie gegründet hatte.

■ Werke (Auswahl): Disputations chrestiennes. Genf 1544; Instruction chrestienne. ebd. 1556; De la Providence Divine. Lyon 1564.

■ Literatur: BBKL 17, 1492; Schweizer Lexikon, Bd. 12. Visp 1999, 68f. – G. BAVAUD: Le réformateur P.V. Genf 1986; M. CAMPICHE: Le réforme en Pays de Vaud 1528–1619. Lausanne 1985; D. NAUTA: P.V. Kampen 1988; D. TROILO: P.V. et l'anabaptisme. Straßburg 1993; DERSELBE: L'œuvre de P.V.: Bulletin de la Société de l'Histoire du Protestantisme Français 144 (1998) 759–790 (Themenheft); B. ROUSSEL: P.V. en France: ebd. 803–839; O. FAVRE: P.V. et la discipline ecclésiastique: La Revue reformée 49 (1998) 55–75.   *Markus Ries*

Visitation. V.en sind bereits seit der Mitte des 4. Jh. bezeugt. Im spätmittelalterlichen Deutschland wurden nur wenige V.en durchgeführt, die zur Kontrolle kirchlicher Finanzen dienten. Gründe hierfür waren u. a.: weltliches Engagement der deutschen Bischöfe, bedingt durch die ottonisch-salische Kirchenpolitik; Vielzahl von Privilegien und Exemtionen; schwache Rechtsstellung der Bischöfe. Erst durch die Reformation erhielt das Institut der V. neuen Schwung: Die Einführung eines neuen Kirchenwesens begann zumeist mit einer V. nach dem Vorbild der ersten großen sächsischen V. im Jahr 1528, zu der Martin Luther die Vorrede und Philipp Melanchthon den Leitfaden schrieb. Die alte Kirche legte neue Grundlagen für das V.-Wesen im Tridentinum, das die Stellung der Bischöfe stärkte, ihnen die V. ihrer gesamten Diözese alle ein bis zwei Jahre zur Pflicht machte und Exemtionen beseitigte, indem die Bischöfe exemte Personen oder Gebiete „Sedis Apostolicae delegati" visitieren durften (Sessio XXIV cc. 3 und 9 de reformatione, Sessio XXI c. 8 de reformatione). Ausgehend von Italien (Vorbild des Mailänder Erzbischofs Karl ∕ Borromäus), wurde die V. zu einem der wichtigsten Instrumente der tridentinischen Reform. In Deutschland gab es erste zaghafte Anfänge Ende des 16. Jh.; großer Aufschwung und erste Erfolge stellten sich im frühen 17. Jh. ein (Beseitigung von Missständen bei der Amts- und Lebensführung des Klerus).

■ LThK³ 10, 816f. (ungekürzte Fassung).

■ Literatur: E.W. ZEEDEN – H. MOLITOR (Hg.): Die V. im Dienst der kirchlichen Reform. Münster ²1977; P.TH. LANG: Die Erforschung der frühneuzeitlichen Kirchen-V.: Rottenburger Jahrbuch für Kirchengeschichte 16 (1997) 185–194; C. NUBOLA – A. TURCHINI

(Hg.): Le visite pastorali fra storia sociale e storia religiosa d'Europa. Bologna 1999; P.TH. LANG: V.-Protokolle und andere Quellen zur Frömmigkeitsgeschichte: M. MAURER (Hg.): Geschichte und Überlieferung (im Druck). *Peter Thaddäus Lang*

Vitoria, *Francisco de,* Dominikaner (1506), Theologe, * 1483 Burgos, † 12.8.1546 Salamanca. V., wahrscheinlich jüdischer Abstammung, studierte 1507–12 in Paris Philosophie und Theologie (besonders unter Juan de Celaya und Petrus Crockaert) und lehrte im Dominikanerkonvent St. Jacques 1512–16 Artes und 1516–23 Theologie. Ab 1523 dozierte er Theologie im Konvent San Gregorio in Valladolid, 1526–46 war er Inhaber des Ersten theologischen Lehrstuhls an der Universität Salamanca. Seit 1540 musste er seine Vorlesungstätigkeit häufig krankheitsbedingt unterbrechen und lehnte deshalb auch eine Teilnahme am Tridentinum ab. V. hatte eine ihm eigene Vision der Funktion der Theologie im gesellschaftlichen Kontext: Während sich die Theologen seiner Zeit fast ausschließlich um die von Humanismus und Reformation aufgeworfenen Fragen bemühten, erachtete V. diese Kontroversthemen gegenüber den aus der neuen geopolitischen Lage kommenden kosmologischen, theologischen, ethischen und juristischen Fragen als zweitrangig. Er lenkte das Interesse auf die Erarbeitung völkerrechtlicher, ökonomischer und philosophisch-anthropologischer Grundsätze. In diesem theologischen Grenzbereich liegen seine großen Leistungen. Zunächst (1535) ging er der Frage nach dem Widerspruch zwischen dem universalen Heilswillen Gottes und der Tatsache nach, dass die christliche Offenbarung der Neuen Welt jahrhundertelang nicht vermittelt worden war, später (1537) reagierte V. auf Berichte über den Naturzustand der entdeckten Völker, aber auch über ihren angeblichen Kannibalismus und ihre Menschenopfer, bis er schließlich in den beiden Vorlesungen *De indis* und *De iure belli* (1539) die Rechte der spanischen Krone in der Neuen Welt weitgehend in Frage stellte. Die brisante politische Breite der Themen trug entscheidend dazu bei, dass diese Vorlesungen zunächst nicht gedruckt wurden.

■ LTHK³ 10, 830f. (ungekürzte Fassung).

■ Literatur: U. HORST: Ekklesiologie und Reform. Voraussetzungen und Bedingungen der kirchlichen Erneuerung nach F. de V.: Revista de História das Ideias 9 (Coimbra 1987) 117–160; F. CASTILLA URBANO: F. de V.: B. ARES U.A. (Hg.): Humanismo y visión del otro en la España moderna. Madrid 1992, 13–135; A. LAMACCHIA: Le ‚Relectiones' di F. de V. e la innovazione filosofico-giuridica nell'università di Salamanca: DIESELBE (Hg.): La filosofia nel siglo de oro. Bari 1995, 17–118; R. HERNÁNDEZ: F. de V. Vida y pensamiento internacionalista. Madrid 1995; F. FERNÁNDEZ BUEY: La gran perturbación. Barcelona 1995. *Fernando Domínguez*

Vives, *Juan Luis,* Humanist, Philosoph, * 6.3.1492 Valencia, † 6.5.1540 Brügge. V. kam aus einer Familie jüdischer Abstammung, seine Eltern wurden wegen angeblichen Rückfalls Opfer der Inquisition. Nach Studien in Valencia und Paris lebte V. 1512–1516 als Privatlehrer und -gelehrter in Brügge, 1516 am Königshof in Brüssel, ab 1518 in Löwen, wo er 1521–23 Latein lehrte. 1523–25 war er Lektor am Corpus Christi College in Oxford. 1526–28 wirkte er als Erzieher am Königshof in London, 1528–36 in Brügge, 1537–1539 als Berater der Herzogin von Nassau, Mencía de Mendoza, in Breda. Seine Rolle als Humanist lässt sich im Vergleich zu dem von V. bewunderten Vorbild und Freund ∕Erasmus von Rotterdam bestimmen, der in V. die Verkörperung des idealen Laienchristen sah: Vereinfachend kann Erasmus als der erfolgreiche Publizist und V. als der Denker des christlichen Humanismus betrachtet werden. Die enzyklopädische Breite sowie der eklektische und unsystematische Charakter seines Denkens erschweren eine einheitliche Sicht seines Werkes, das v. a. Kritik an der Philosophie und ihrer Didaktik und der gängigen Religiosität (ohne dabei auf theologische Einzelfragen einzugehen) sowie Entwürfe einer politischen Theorie und eines Bildungskonzeptes enthält. Letzteres sieht das ganze Leben eines Menschen von der Erziehung abhängig und betrachtet deren moralische Ausrichtung als Ersatzzweck. V. möchte die Erziehung vom Staat, nicht von der Kirche kontrolliert sehen. Als Pazifist setzte er große Hoffnungen auf ↗Karl V., den er als Gestalter einer neuen Epoche ansah. In der induktiven Methodik, der Naturbetrachtung, der kritischen Prüfung überlieferter Autoritäten und der Würdigung klassischer Quellen sowie der anthropologischen und praktischen Ausrichtung des Wissens, welches die ständig sich wandelnden menschlichen Bedürfnisse zu berücksichtigen hat, erweist sich V. als genialer Vordenker philosophischer Postulate der Moderne. Die christliche Offenbarung betrachtete er mehr als Quelle eines Sittenkodex denn als Glaubenslehre.

■ Werke: Opera omnia, 2 Bde., ed. v. N. EPISCOPIUS. Basel 1555; Opera omnia, 8 Bde., ed. v. G. MAYANS Y SISCAR. Valencia 1782–1790, Nachdruck London 1964; Opera omnia, ed. v. A. MESTRE, Bd. 1ff. Valencia 1992ff.; Selected Works of J.L.V., ed. v. C. MATHEEUSSEN U.A., Bd. 1ff. Leiden 1987ff.; Über die Gründe des Verfalls der Künste/De causis corruptarum artium, lateinisch-deutsche Ausgabe, ed. v. E. HIDALGO-SERNA. München 1990 (mit Bibliographie); De ratione dicendi, lateinisch-deutsch, übersetzt von A. OTT. Marburg 1993.
■ Literatur: Handbuch der Geschichte der Philosophie, hg. v. W. TOTOK, Bd. 3. Frankfurt (Main) 1980, 492–499; CERAS 3, 409–413. – C.G. NOREÑA: J.L.V. Den Haag 1970; A. BUCK (Hg.): J.L.V. Hamburg 1981; E. GONZÁLEZ GONZÁLEZ: J.L.V. Valencia 1987; A. FONTÁN: J.L.V. ebd. 1992; M. MOURELLE DE LEMA (Hg.): J.L.V.: Actas del simposio Valencia 1992. Madrid 1993; CH. STROSETZKI (Hg.): J.L.V. Sein Werk und seine Bedeutung für Spanien und Deutschland. Frankfurt (Main) 1995; F.J. FERNÁNDEZ NIETO – A. MELERO – A. MESTRE (Hg.): L.V. y el humanismo europeo. Valencia 1998; J.A. FERNÁNDEZ-SANTAMARÍA: The Theater of Man: J.L.V. on Society. Philadelphia 1998; K. REINHARDT: Bibelkommentare spanischer Autoren, Bd. 2. Madrid 1999, 411ff.

Fernando Domínguez

Volpe, *Giovanni Antonio,* Bischof von Como, Nuntius in der Schweiz, * 30.12.1513 Como, † 28.8.1588 ebenda; nach dem Studium in Pavia Rechtsanwalt und Poet, dann Kleriker und Generalvikar in Como, 1559–88 durch päpstliche Nomination Bischof von Como. V. nahm am Konzil von Trient teil und förderte die katholische Reform (Klerusbildung, Kapitelskonferenzen, Synoden, Visitationen). Er wurde als Nuntius in die Eidgenossenschaft entsandt (1560–64, 1565, 1573–74) und veranlasste die katholischen Orte, Melchior ↗Lussy und Abt Joachim Eichhorn zur dritten Sitzungsperiode nach Trient zu entsenden und die Beschlüsse anzunehmen. Später scheiterte er im Bemühen, die Reformierten aus den Bündner Herrschaftsgebieten ausweisen zu lassen.

■ Literatur: Helvetia Sacra, Bd. I/1. Bern 1972, 41f.; I/6, 187f.; BBKL 12, 1591–94. – K. FRY: G.A.V. Seine erste Nuntiatur in der Schweiz 1560–64. Basel – Freiburg 1931; U. FINK: Die Luzerner Nuntiatur 1586–1873. Luzern-Stuttgart 1997, 37f.

Markus Ries

Vorst, *Peter van der,* * vor 1500 Antwerpen, † 8.12.1548 Worms; Doktor beider Rechte (Löwen), begleitete Hadrian von Utrecht (später Papst ∕Hadrian VI.) nach Spanien und Rom, Familiar des Kardinals Willem van Enkevoirt, Kanonikus in Emmerich und Propst des St. Cassius-Stifts in Bonn, 1526 Auditor der Rota, 1534 Bischof von Acqui. 1536/ 1537 außerordentlicher Nuntius in Deutschland, um für eine Beteiligung an dem von ∕Paul III. nach Mantua einberufenen ökumenischen Konzil zu werben; wobei er in Schmalkalden auf eine ablehnende Haltung der protestantischen Reichsfürsten stieß.

- Quellen: F.X. DE RAM: Nonciature de P.V.: Nouvaux Mémoires d'Académie Royale Belgique 12 (1839); CT 4, 42–141.
- Literatur: NDB I/2, passim; HCMA 3, 113; L. VON PASTOR: Geschichte der Päpste seit dem Ausgang des Mittelalters, Bd. 5. Freiburg 1909, 59–67; JEDIN 1, 255–262.

Alexander Koller

Waldburg, Fürstengeschlecht (Stammsitz bei Ravensburg), das seit 1526 das Reichstruchsessenamt erblich innehatte und sich daher Truchsess von W. nannte.

1) *Otto,* Kardinal (1544), Bischof von Augsburg (deswegen auch O. von Augsburg), * 25.2.1514 Schloss Scheer (Saulgau, Württemberg), † 2.4.1573 Rom; mehrere Anwartschaften auf Kanonikate (1521 in Konstanz, 1526 in Augsburg, 1529 in Speyer); studierte in Tübingen, Dôle, Bologna und Padua; 1537 Übertritt in den diplomatischen Dienst der Kurie, bis 1543 für Kaiser ∕Karl V. und Papst ∕Paul III. tätig (u.a. auf den Reichstagen in Speyer und Nürnberg und bei den Religionsgesprächen in ∕Hagenau, ∕Worms und ∕Regensburg). Von Kaiser und Papst empfohlen, wurde W. am 10.3.1543 zum Bischof von Augsburg gewählt und Ende September in Dillingen zum Priester sowie zum Bischof geweiht; 1552 Fürstpropst von Ellwangen. Sein Hauptziel war die Wiederherstellung der kirchlichen Einheit im Reich durch ein allgemeines Konzil. Im Schmalkaldischen Krieg (1546/ 1547) stand W. auf Seiten des Kaisers, dem er die Rückgabe der 1537 durch die Stadt Augsburg entzogenen Kirchengüter und Rechte auf dem Augsburger Reichstag 1548 verdankte. Obwohl W. das ∕Augsburger Interim missbilligte, führte er es im Bistum mit aller Strenge durch. Nachdem das Hochstift im Fürstenkrieg (∕Moritz von Sachsen) 1552 vorübergehend besetzt worden war, begab sich W. für ein Jahr nach Rom. Auf dem Augsburger Reichstag 1555 (∕Augsburger Religionsfriede) protestierte W. heftig gegen die Preisgabe katholischer Rechte und Güter. – Ab jetzt wandte sich W., durch seinen Vertrauten Petrus ∕Canisius beeinflusst, stärker der innerkirchlichen Reform zu. Nachdem W. bereits 1543 und 1548 Diözesansynoden abgehalten, 1549 in Dillingen ein Collegium literarum und 1550 eine Druckerei errichtet und 1552 die Gründung des Collegium Germanicum in Rom unterstützt hatte, bestellte er 1559 Canisius zum Augsburger Domprediger und übergab die 1551 zur Universität erhobene Dillinger Lehranstalt 1563 den Jesuiten. 1566 bewog er auf dem Augsburger Reichstag die katholischen Stände zur Ablehnung der protestantischen Forderungen (u.a. die nach einem Nationalkonzil) und berief 1567 in Dillingen die erste nachtridentinische Synode auf deutschem Boden ein. Sie sollte tridentinische, zugleich auch diözesaneigene Reformen initiieren und auf das Bistum adaptieren. 1568 war W. an der Er-

richtung der Congregatio Germanica beteiligt, die die katholischen Interessen im Reich fördern sollte; er selbst war seit 1557 Protektor der deutschen Nation. – Von seinem Wesen her ein Renaissancefürst, liebte W. eine aufwendige Hofhaltung in Dillingen. Er förderte die Kunst, v. a. die Musik, und galt als Mäzen der Wissenschaften, so belastete er das Hochstift mit Schulden in Höhe von 200000 Gulden. Diese Ausgaben, die Kreditaufnahmen (u. a. bei den ∕Fugger) und die Errichtung der Dillinger Universität führten zu starken Auseinandersetzungen mit dem Domkapitel. Deshalb lebte W. seit 1568 in Rom, was sich ungünstig auf die Augsburger Verhältnisse auswirkte. Nach seinem Tod wurde er am 3.4.1573 in der deutschen Nationalkirche S. Maria dell'Anima bestattet, seine Gebeine aber 1614 nach Dillingen überführt und 1643 in der dortigen Studienkirche beigesetzt. Trotz seiner verschwenderischen Lebensweise gilt W. als ein Reformbischof, der dem weiteren Verfall der alten Kirche im Bistum Augsburg Einhalt geboten und nicht zuletzt durch die Errichtung der Universität Dillingen und deren Übertragung an die Gesellschaft Jesu die Voraussetzung für eine später einsetzende geistige Erneuerung dieses Raumes geschaffen hat.

Literatur: Handbuch der Bayerischen Kirchengeschichte, hg. v. W. BRANDMÜLLER, Bd. 2. St. Ottilien 1993. – F. ZOEPFL: Das Bistum Augsburg und seine Bischöfe im Reformationsjahrhundert. München–Augsburg 1969, 173–463; A. LAYER: Musikpflege am Hofe der Fürstbischöfe von Augsburg: Jahrbuch des Vereins für Augsburger Bistumsgeschichte 10 (1974) 201–208; M.B. RÖSSNER: Konrad Braun, ein katholischer Jurist ... und Kirchenreformer im konfessionellen Zeitalter. Münster 1991; A. SCHMID: Humanistenbischöfe, Untersuchungen zum vortridentinischen Episkopat in Deutschland: RQ 87 (1992) 159–192; E. GATZ (Hg.): Die Bischöfe des Heiligen Römischen Reiches 1448–1648. Berlin 1996, 707–710; J. OSWALD–P. RUMMEL (Hg.): Petrus Canisius, Reformer der Kirche. Augsburg 1996.

Peter Rummel

2) **Gebhard**, Erzbischof von Köln, Neffe von 1), * 10.11.1547 Heiligenberg (Baden), † 31.5.1601 Straßburg; der trauchburgischen Linie entstammend. Nach Studium in Dillingen, Ingolstadt, Löwen und Perugia im Besitz mehrerer Dompfründen (Augsburg, Köln, Straßburg), schließlich mit knapper Mehrheit gegen den kaiserlichen, spanischen und päpstlichen Favoriten ∕Ernst von Bayern zum Nachfolger des zurückgetretenen Salentin von Isenburg 1577 zum Kölner Erzbischof gewählt. W. gab sich trotz seines vermittelnden Wesens zunächst betont katholisch (1578 Priesterweihe, Ablegung der Professio Fidei Tridentina). Etwa zeitgleich mit der päpstlichen Wahlbestätigung begann W. 1580 eine Liebschaft mit der protestantischen Stiftsdame Agnes von Mansfeld, die er 1583 nach der öffentlichen Lossagung vom Papst (1582) heiratete. Die protestantischen Domherren rangen W. den Übertritt zum Protestantismus ab. W.s Kölner Reformations- und Säkularisationsversuch rief als Verstoß gegen Wahlkapitulation, ∕Geistlichen Vorbehalt und Rheinische Erblandesvereinigungen Bayern, Spanien und den Kaiser auf den Plan, die eine Gefahr für den labilen Katholizismus im Nordwesten des Reiches befürchteten. Nach Absetzung, Exkommunikation und Ächtung W.s (1583) wurde Ernst von Bayern zum Erzbischof gewählt. In dem mit furchtbaren Verwüstungen im Erzstift und in Westfalen einhergehenden sechsjährigen „Kölnischen Krieg", Nebenschauplatz des niederländischen Freiheitskrieges, konnte sich Ernst 1589 mit

spanischer Hilfe gegen W. und die kurpfälzisch-niederländischen Truppen durchsetzen und auf dem Kölner Erzstuhl dauerhaft eine bayerische Sekundogenitur etablieren. W. siedelte nach Straßburg über, wo er als protestantischer Domdechant 1601 vermutlich kinderlos starb.

Literatur: M. LOSSEN: Der Kölnische Krieg, 2 Bde. Gotha 1882–97; DERSELBE: Römische Nuntiaturberichte als Quellen zur Geschichte des Kölnischen Krieges: Historische Zeitschrift 75 (1895) 1–18; J. HANSEN: Der Informativprozess De vita et moribus des Kölner Erzbischofs G. Truchseß: Mitteilungen des Kölner Stadtarchivs 20 (1892) 39–66; G. VON LOJEWSKI: Bayerns Weg nach Köln. Bonn 1962; B. GARBE: Reformmaßnahmen und Formen der katholischen Erneuerung in der Erzdiözese Köln (1555–1648): Jahrbuch des Kölnischen Geschichtsvereins 47 (1976) 136–177; A. KLEIN: Die Kölner Kirche im Zeitalter der Glaubensspaltung und der katholischen Erneuerung: Almanach für das Erzbistum Köln 2 (1982) 334–406; B. ROBERG: Der Kölnische Krieg in der deutschen und europäischen Geschichte: Godesberger Heimatblätter 21 (1983) 37–50; K. REPGEN: Der Bischof zwischen Reformation, katholischer Reform und Konfessionsbildung: Der Bischof in seiner Zeit. FS J. Höffner. Köln 1986, 245–314; A. SCHRÖER: Die Kirche in Westfalen im Zeichen der Erneuerung (1555–1648), Bd. 1. Münster 1986, 220ff.; E. GATZ (Hg.): Die Bischöfe des Heiligen Römischen Reiches 1448–1648. Berlin 1996, 705ff. *Matthias Asche*

Nachtrag: H. WÜNSCH: Agnes von Mansfeld (1550–1615): Monatshefte für evangelische Kirchengeschichte des Rheinlandes 47/48 (1998/99) 247–258.

Waldeck, *Franz* Graf von, * 1491, † 15.7.1553 Burg Wolbeck bei Münster (Grab im Münsterer Dom); Studien in Erfurt und Leipzig, 1510 Domherr in Köln, anschließend auch in Trier und Paderborn; Stiftsherr an St. Viktor in Mainz und Propst von St. Alexander in Einbeck; 1531 Bischof von Minden. W. wurde am 1.7.1532 vom Domkapitel zum Bischof von Münster und am 11.7.1532 auch zum Bischof von Osnabrück gewählt; 28.12.1540 Priesterweihe, 1.1.1541 Bischofsweihe.

Trotz lutherischer Neigungen übernahm W. in der Wahlkapitulation des Münsterer Domkapitels die Verpflichtung, in diesem Bistum den alten Glauben zu schützen und die lutherische Lehre zu unterdrücken. Sechs Monate nach seiner päpstlichen Bestätigung fand er sich unter dem Einfluss ∕Philipps von Hessen bereit, dem Stadtrat von Münster zu gestatten, „das Wort Gottes ungestört zu besitzen und es in den sechs Pfarrkirchen zu verkünden". 1535 ließ W. durch Hermann ∕Bonnus auch in Osnabrück eine lutherische Kirchenordnung einführen. W. befreite Münster 1535 von der Gewaltherrschaft der ∕Täufer und führte die Kirchen der Stadt wieder dem katholischen Kultus zu. W. starb nach Empfang des lutherischen Abendmahls.

Literatur: H.J. BEHR: F. von W.: Westfälische Lebensbilder 14 (1987) 38–62; A. SCHRÖER: Die Bischöfe von Münster: Das Bistum Münster, Bd. 1, hg. v. W. THISSEN. Münster 1993, 19off.; E. GATZ (Hg.): Die Bischöfe des Heiligen Römischen Reiches 1448–1648. Berlin 1996, 19off.; H.J. BEHR: F. von W., 2 Bde. Münster 1996–98. *Alois Schröer*

Walter, *Johann,* Kantor und Komponist, * 1496 Kahla (Thüringen), † 25.3.1570 Torgau (Elbe). W. schloss sich früh der Reformation Martin Luthers an und wurde dessen engster musikalischer Mitarbeiter. Seit 1521 war er Mitglied der kursächsischen Hofkapelle in Altenburg, später in Torgau, wo er als erste ihrer Art eine städtische Kantorei gründete. 1548–54 leitete er die Dresdner Hofkapelle. W.s Hauptleistung liegt in der Begründung und frühen Konsolidierung einer eigenständigen deutschsprachigen evangelischen Kirchenmusik (↗Musik und Reformation). Zentral hierfür ist das von ihm herausgegebene *Geystliche gesangk Buchleyn* mit mehrstimmigen Bearbeitungen evangelischer Kirchenlieder (mehrere Auflagen Wittenberg 1524-51, Vorwort von Luther, Faksimileausgabe der Auflage von 1525. Kassel 1979). Mit W. beginnt auch die Geschichte der deutschen evangelischen Passion.

■ Werke: Gesamtausgabe, hg. v. O. SCHRÖDER U. A., 6 Bde. Kassel 1943-73.

■ Literatur: Die Musik in Geschichte und Gegenwart, hg. v. F. BLUME, Bd. 14. Kassel 1968, 192-201; The New Grove Dictionary of Music and Musicians, ed. v. S. SADIE, Bd. 20. London 1980, 188f. – H. OTTO: Luthers Kantor. Zum 500. Geburtstag von J.W.: Lutherische Beiträge 1 (1996) 228-233; J. STALMANN: Musik beim Evangelium. Gedanke und Gestalt einer protestantischen Kirchenmusik im Leben und Schaffen von J.W.: Musik und Kirche 66 (1996) 356-361; A. BRINZING: J.W. und der Streit um Luthers Erbe: ebd. 362-370; A. SCHNEIDERHEINZE: J.W. und die Musik der Reformation. Torgau 1996. *Günther Massenkeil*

Wanner (Wannius, Vannius, Vanius), *Johannes,* evangelischer Theologe und Reformator, * Kaufbeuren (?), † 1529 Memmingen. W. stammte wohl aus Munderkingen; 1495 Immatrikulation in Tübingen (?), 1520-22 Prediger in Kaufbeuren und Pfarrer in Mindelheim. Ab 1.3.1522 Prediger am Münster in Konstanz, doch schon bald Förderer der reformatorischen Bewegung. 1522 Bekanntschaft mit Huldrych Zwingli in Zürich; 1524 Entlassung durch den Bischof. – Anstellung als Prediger bei St. Stephan. 1525 Heirat mit einer ehemaligen Zisterzienserin. 1525-26 disputierte und predigte W. in verschiedenen schwäbischen Städten. 1527 endgültige Berufung an die Kirche Unserer Lieben Frau in Memmingen.

■ Hauptwerk: Ministorium Verbi Apud Constanciam Ad P. Anthonium Pyrata, Vicarium Fratru Dominici caliu Epistola. Basel 1524 (zusammen mit J. Windner).

■ Literatur: BBKL 13, 329f. – F. ZOEPFL: Memminger Geschichtsblatt 7 (1927) 9-14; K. ALT: Reformation und Gegenreformation in der freien Reichsstadt Kaufbeuren. München 1932; B. KROEMER: Die Einführung der Reformation in Memmingen. Memmingen 1981. *Stefan Siemons*

Warham, *William,* Erzbischof von Canterbury, * um 1456 Church Oakley (Hampshire), † 22.8.1532 Hackington bei Canterbury; Studium in Winchester und Oxford (New College); 1475 Fellow am New College. Nach Erwerb des Doktorgrads übersiedelte W. 1488 nach London und arbeitete dort am Court of Arches. 1490 wurde er Principal der School for Civil Law in Oxford, Praecentor in Wells (1493), Master of the Rolls (1494) und Erzdiakon von Huntingdon (1496); 1502 Bischof von London, 1503 Erzbischof von Canterbury; 1504 Lordkanzler. Seit dieser Zeit spielte er in allen Angelegenheiten von nationaler Bedeutung eine führende Rolle. 1506 arrangierte W. eine Heirat zwischen König Heinrich VII. und Margarete von Savoyen (die aber nicht stattfand). 1506 Kanzler der Universität Oxford. 1509 krönte W. ↗Heinrich VIII. und Katharina von Aragón.

Nach Thomas ↗Wolseys Ernennung zum päpstlichen Legaten (1518) nahmen die offiziellen Auseinandersetzungen zwischen Erzbischof und Legaten zu, ihr persönliches Verhältnis blieb jedoch freundschaftlich. 1527 Sachverständiger Wolseys in der geheimen Untersuchung der Gültigkeit der königlichen Ehe. Später Vorsitzender des Rechtsbeistands der Königin, dem er aber keine Unterstützung zukommen ließ. 1530 unterzeichnete W. die Petition, die den Papst um die

Zulassung der Scheidung des Königs ersuchte. Seine Entscheidung zu diesem Schritt wurde möglicherweise durch die Drohung des Königs ausgelöst, alle kirchliche Autorität im Land zu zerstören, wenn sie sich nicht nach seinen Wünschen richtete. Als der englische Klerus 1531 gezwungen wurde, Heinrich als Oberhaupt der Kirche anzuerkennen, führte W. den Zusatz ein: „soweit es das Gesetz Christi gestattet" (/Suprematsakte). 1532 protestierte er formell aber erfolglos gegen alle Gesetze des Parlaments, die die Autorität des Papstes untergruben. W. war ein großzügiger Mäzen, der besonders Gelehrte (u. a. / Erasmus von Rotterdam) förderte, er stand der Reformation jedoch ablehnend gegenüber.

▪ Literatur: DNB 59, 378–383; LMA 8, 2048f.; BBKL 13, 356ff. – Archaeologica Cantiana 1 (1858) 9–41; 2 (1859) 149–174, besonders 149–152; W.F. HOOK: Lives of the Archbishops of Canterbury, Bd. 6. London 1888, 155–421; F.R.H. DU BOULAY: Calendar of W.'s Canterbury demesne leases, 1503–32: DERSELBE (Hg.): Documents illustrative of Medieval Kentish Society. Maidstone 1964, 266–297; K.L. WOOD-LEGH: Kentish Visitations of Archbishop W.W. and his Deputies, 1511–12. ebd. 1984; P. GWYN: The King's cardinal. Rise and fall of Thomas Wolsey. London 1992; F.L. CLARK: W.W. Otford 1993; N. TANNER: Kent heresy proceedings. Maidstone 1997.   *Charles Burns*

Weigel, *Valentin,* lutherischer Pfarrer und mystisch-spekulativer Denker, * 1533 Großenhain bei Meißen, † 10.6.1588 Zschopau. Auf der Grundlage reformatorischer Theologie verbindet W. in zahlreichen philosophischen, theologischen und homiletischen Schriften (gedruckt ab 1609) Ideen des Renaissancehumanismus, neuplatonische und mittelalterlich-mystische Einflüsse mit spiritualistischen und kosmologisch-spekulativen Gedanken. Durch seine Wirkung z. B. auf Rosenkreuzer, Pietismus oder den Deutschen Idealismus kommt ihm eine Schlüsselstellung in der Geistes- und Ideengeschichte der frühen Neuzeit zu.

▪ Ausgabe: Sämtliche Schriften, hg. v. W.-E. PEUCKERT – W. ZELLER, 7 Lieferungen. Stuttgart-Bad Cannstatt 1962–78; Sämtliche Schriften, Neue Edition, hg. v. H. PFEFFERL. ebd. 1996ff.

▪ Literatur: W. ZELLER: Die Schriften V.W.s. Berlin 1940, Neudruck Vaduz 1965; H. PFEFFERL: Die Überlieferung der Schriften V.W.s. Dissertationsteildruck. Marburg 1992; DERSELBE: Das neue Bild V.W.s – Ketzer oder Kirchenmann?: Herbergen der Christenheit 18 (1993/94) 67–79; A. WEEKS: V.W. German Religious Dissenter, Speculative Theorist, and Advocat of Tolerance. Albany 2000.

Horst Pfefferl

Westphal, *Joachim,* lutherischer Theologe, * 1510 Hamburg, † 16.1.1574 ebenda; seit 1529 Student in Wittenberg, wo er Martin Luther und Philipp Melanchthon hörte; Studium und Vorlesungstätigkeit u. a. in Erfurt, Marburg und Leipzig. 1541 wurde W. (Haupt-)Pastor an St. Katharina in Hamburg, 1562 kommissarisch, 1571 endgültig (dritter) Superintendent in Hamburg. Er kämpfte für eine reine lutherische Lehre (/Gnesiolutheraner) gegen Melanchthon und die Philippisten, die Betonung der bona Opera für das Heil durch Georg / Major, Andreas / Osianders Rechtfertigungslehre und die Synergisten. Er unterstützte den ersten Hamburger Superintendenten Johannes Aepinus im Höllenfahrtsstreit. Im so genannten Zweiten /Abendmahlsstreit der Lutheraner mit den Reformierten vertrat er gegen die Calviner die Gegenwart Christi im Abendmahl. In seiner Schrift *Farrago confusanearum ...* (1552) warnte er vor dem Calvinismus und anderen nichtlutherischen

Anschauungen in Bezug auf die Abendmahlslehre.
- Werke: Teufelbücher in Auswahl, hg. v. R. STARNBAUGH, Bd. 3: J.W. Hoffahrtsteufel. Berlin 1973.
- Literatur: H.V. SCHADE: J.W. und Peter Braubach. Hamburg 1981. *Rolf Decot*
- Nachtrag: J.N. TYLENDA: Calvin and W.: Calvin's books. FS P. De Klerk. Heerenveen 1997, 9–21.

Widmanstetter (lateinisch Vidmestadius), *Johann Albrecht von,* Orientalist, * 1506 Nellingen, † 28.3.1557 Regensburg (Grab im Dom); Studium der klassischen Philologie, des Arabischen, Hebräischen und Syrischen u. a. in Tübingen und vor allem in Italien; seit 1533 Sekretär ∕Clemens' VII. (den er auch über das kopernikanische System unterrichtete), 1535–37 Sekretär des Kardinals Nikolaus von ∕Schönberg. W. war seit 1539 in diplomatischen Diensten (besonders in Italien) für Herzog Ludwig X. von Bayern-Landshut (dessen uneheliche Tochter Anna er 1542 heiratete), Erzbischof Ernst von Salzburg (1545/46) und Kardinal Otto Truchsess von ∕Waldburg (1546–52); 1551 Ehrenbürger Roms. Als kaiserlicher Kanzler von Niederösterreich (seit 1553) führte W. u. a. die Reform der Universität Wien durch. Nach dem Tod seiner Frau trat er 1556 in das Regensburger Domkapitel ein und empfing 1557 die Priesterweihe. Herausragende Leistungen vor allem auf dem Gebiet der syrischen Sprache (Edition des ersten syrischen Neuen Testaments. Wien 1555). W.s Bibliothek bildete den Grundstock der heutigen Bayerischen Staatsbibliothek.
- Literatur: BBKL 14, 1548ff. – M. MÜLLER: W. Bamberg 1908; H. BOBZIN: Der Koran im Zeitalter der Reformation. Stuttgart 1995, 277–363; Ausstellungskatalog ‚Prachtkorane aus tausend Jahren. Ausstellung der Bayerischen Staatsbibliothek'. München 1998. *Manfred Heim*

Wied, 1) *Hermann von,* Erzbischof (V.) und Kurfürst von Köln (1515–47), * 14.1.1477 Wied als vierter Sohn von Agnes von Virneburg und Graf Friedrich zu Wied, † 15.8.1552 ebenda; bekam früh (1483) eine Präbende und am 24.8.1490 einen Sitz im Kölner Domkapitel. Am 14.3.1515 wurde er zum Erzbischof gewählt und erhielt danach alle höheren Weihen, zuletzt 1518 die zum Bischof. Am 13.6.1532 postulierte ihn das Paderborner Kapitel zum Administrator. 1533 wurde auf seinen Wunsch Adolf von ∕Schauenburg in Köln zum Koadjutor bestellt. W., dessen standesgemäße, aber bescheidene Bildung der theologischen Schulung entbehrte, hat sich bis 1538 als eine der bedeutendsten Stützen der alten Kirche erwiesen. 1526 berief er als wichtige Mitarbeiter die beiden Juristen Bernhard von Hagen (Kanzler) und Johann ∕Gropper (Großsiegler). Seine Politik war geprägt von wichtigen Reformmaßnahmen in der Landesherrschaft, u. a. durch neue Rechtsordnungen, und von der Abwehr reformatorischer Regungen, die sich zuerst in der Stadt Köln zeigten. Bereits in den Beratungen auf dem Reichstag von 1521 befürwortete er das Wormser Edikt. 1529, nach dem Speyerer Reichstag, verurteilte das erzbischöfliche Hohe Gericht in Köln Peter Fliesteden und Adolf ∕Clarenbach als Ketzer zum Tode. Für die Kirchenreform gab W. einige Anstöße. 1536 billigte ein Provinzialkonzil Reformvorlagen Groppers, die wichtigsten vortridentinischen überhaupt (Franzen). Nach 1538 wandte sich W. dann allmählich von den Reformbemühungen ab und wurde der erste Bischof im römisch-deutschen Reich, der die Reformation einführen wollte. Besonders nach dem Reformauftrag des Reichsabschieds von 1541 setzten reformatorische Initiativen ein, die von Martin ∕Bucer und den weltlichen Ständen des rheinischen Erzstifts gestützt wurden. Heftiger Widerstand kam von Domkapitel, theologischer Fakultät und erzbischöflicher Kurie, besonders von Gropper. Im Juli 1543 gab W. den ∕Laienkelch frei. Unter seiner Teilnahme verfassten Bucer und Philipp Melanchthon das „Einfältige Bedenken" (Bonn 1543), eine Programmschrift für die Kölner Reformation, der die weltlichen Stände zustimmten, die aber nicht Landesrecht wurde, weil dem Domkapitel eine Prüfung erlaubt wurde. Dessen abschlägiges Gutachten, die „Gegenberichtung" Groppers, erhielt W. Ende 1543 (Druck Köln [Anfang] 1544). Bucer antwortete mit der „Bestendigen Verantwortung" und beteiligte sich auch an der Abfassung des weit verbreiteten „Bonnisch Gesangbüchlein" (Bonn 1544). Die Reformation setzte sich aber nicht durch; die Kirchen wurden gegebenenfalls simultan genutzt. Der mit großem publizistischen Einsatz ausgefochtene Streit wurde von Papst und Kaiser entschieden, an die das Domkapitel sowie der Kölner Klerus und die Theologen der Universität appellierten (9.10.1544). Am 14.11.1544 sagte sich W. von der päpstlichen Jurisdiktion los. Der Kaiser nahm am 27.6.1545 die Appellation entgegen und forderte W. durch Avokatorialmandat (26.1.1546) bei Strafe des Lehnsentzugs zur Abstellung aller Neuerungen auf. Das römische Verfahren endete am 16.4.1546 mit der Exkommunikation und der Absetzung W.s (3.7.1546 Ausfertigung des Dekrets); der Koadjutor wurde mit der Administration des Erzstifts betraut. Dies kam W. am 3.11.1546 zur Kenntnis und er antwortete mit einem Appell an ein Konzil oder einen Reichstag (12.11.). Kaiserliche Kommissare wiesen die Städte an, sich von ihrem Landesherrn zu trennen (21.12.), und beriefen einen Landtag, der am 24.1. 1547 W. absetzte und Adolf von Schauenburg als Nachfolger anerkannte. W. resignierte am 25.1.1547 auf Köln, einen Tag später auf Paderborn.

Literatur: BBKL 2, 756–759; DHGE 24, 78–81; E. Gatz (Hg.): Die Bischöfe des Heiligen Römischen Reiches 1448–1648. Berlin 1996, 755–758. – A. Franzen: Bischof und Reformation. Münster 1971; J.F.G. Goeters: Der katholische H. von W.: Monatshefte für Evangelische Kirchengeschichte des Rheinlandes 35 (1986) 1–17; M.B. Rössner: Zur Entstehungsgeschichte der ‚Gegenberichtung' in der Auseinandersetzung um den Reformationsversuch H.s von W.: Jahrbuch des Kölnischen Geschichtsvereins 64 (1993) 75–103; M. Wichelhaus: Die erzbischöfliche Denkschrift und der Gegenbericht des Domkapitels zur Kölnischen Reformation 1543: ebd. 61–74; H. Molitor: H. von W. als Reichsfürst und Reformer: Recht und Reich im Zeitalter der Reformation. FS H. Rabe. Frankfurt (Main) u.a. 1996, 295–308; K. Repgen: Der Bischof zwischen Reformation, katholischer Reform und Konfessionsbildung. Derselbe: Dreißigjähriger Krieg und Westfälischer Friede. Paderborn 1998, 183–259; R. Sommer: H. von W. Köln 2000.

Franz Bosbach

2) *Friedrich von,* Erzbischof und Kurfürst (IV.) von Köln (1562–67), Neffe von 1), * 1518, † 23.12.1568 Köln; 1537 Kanoniker, 1548 Chorbischof, 1558 Dekan des Kölner Domkapitels; andere Pfründen in Bonn, Köln (St. Gereon), Maastricht, Utrecht. Keine höheren Weihen. 1566 kaiserliches Lehensindult und Bestätigung der weltlichen Herrschaft. W.s Konfirmation scheiterte an seiner Weigerung, die Professio fidei zu leisten. Die Kurie wollte das Tridentinum konsequent durchsetzen. W. fühlte sich den Reichsfürsten ver-

bunden, die im Glaubenseid eine Unterwerfung unter den Papst sahen. Dieser prinzipielle Konflikt und Streit mit dem Domkapitel führten 1567 zu W.s Resignation. Wegen seiner Familie (sein Onkel Hermann [s. o. 1)] war 1546 aus konfessionellen Gründen als Kölner Kurfürst und Erzbischof abgesetzt worden; sein Bruder hatte in der Grafschaft W. die Reformation eingeführt) und aufgrund von Denunziationen zu Unrecht zeitweilig der Häresie verdächtigt. Während seiner Amtszeit gab es weder Synoden noch Visitationen. Sein Grab in der Kölner Dominikanerkirche ist zerstört.

- Quellen: NBD II Bde. 4–6; J. HANSEN: Rheinische Akten zur Geschichte des Jesuitenordens. Bonn 1896.
- Literatur: DHGE 18, 1160f. – E. REIMANN: Forschungen zur deutschen Geschichte, Bd. 11, 13–19; Bd. 13, 351–371. Göttingen 1871/73; G. WOLF: Aus Kurköln im 16.Jh. Berlin 1905; R. SCHWARZ: Personal- und Amtsdaten. Köln 1914. *Hansgeorg Molitor*

Wigand, *Johann,* lutherischer Theologe * 1523 Mansfeld, † 21.10.1587 Liebemühl (Preußen); Studium in Wittenberg 1538 Pfarrer in Mansfeld, 1553 in Magdeburg, 1560 Professor in Jena, 1561 im synergistischen Streit entlassen, 1562–68 Superintendent in Wismar, 1568 in Jena restituiert, Teilnehmer am /Altenburger Religionsgespräch, 1573 erneut entlassen; Professor in Königsberg, 1575 Bischof von Pomesanien und 1577 auch von Samland. Als /Gnesiolutheraner in vielfältige theologische Auseinandersetzungen verstrickt; einer der Hauptbearbeiter der /Magdeburger Centurien.

- Werke: VD 16 22, W 2701–2911.
- Literatur: OER 4, 272f. – H. SCHEIBLE: Die Entstehung der Magdeburger Zenturien. Gütersloh 1966; R. DIENER: J.W.: Shapes of religious tradition in Germany, Switzerland, and Poland 1560–1600, hg. v. J. RAITT. New Haven – London 1981, 19–38.

Bruno Steimer

Wild (Ferus), *Johannes,* Franziskanerobservant (um 1515), Prediger, Exeget, * 24.6. um 1495 Schwaben, † 8.9. 1554 Mainz; seit 1528 Prediger am Mainzer Dom. W. verfasste Bibelkommentare, die frei von theologischen Spitzfindigkeiten und daher bei den Predigern sehr beliebt waren. Seine Kommentare zu Johannes (Mainz 1550 u. ö.) und Matthäus (ebd. 1559 u. ö.) wurden in Paris 1551 bzw. 1559 wegen der Verbreitung reformatorischer Gedanken indiziert. Dank Miguel de /Medina, der den Johanneskommentar gegen die Angriffe von Domingo de /Soto verteidigte und Werke W.s in überarbeiteter Form in Spanien drucken ließ, entfalteten diese dort eine breite Wirkung. Während die Universität Salamanca die beanstandeten Werke mit geringfügigen Änderungen genehmigte, kamen sie gegen Ende des Jahrhunderts auf iberische Indices; in Rom wurden schließlich 1596 sämtliche Schriften W.s indiziert.

- Literatur: N. PAULUS: J.W. Köln 1893; F. DOMÍNGUEZ REBOIRAS: Gaspar de Grajal. Münster 1998, 496.

Fernando Domínguez

Wilhelm IV. von Bayern (1508–50), * 13.11.1493 München, † 6.3.1550 ebenda. W. war der älteste von drei Söhnen Albrechts IV., die trotz Primogeniturgesetz (1506) Herrschaftsanteile forderten: Ludwig († 1545) wurde Mitregent (Verwaltung in Landshut), Ernst Bischof (1516 von Passau, 1540 von Salzburg; † 1560). Heirat mit Jakobäa von Baden. Bei geringen geistigen Interessen politisch ehrgeizig, bot W. Beratern, besonders Leonhard von Eck als Leiter der Politik, großen Spielraum. Bei eigenen Zielen ohne Erfolg

(Landgewinn, Kur), vollzog W. Entscheidungen von geschichtlichem Rang. Klar für die katholische Kirche eintretend, unterdrückte er (Religionsmandate 1522, 1524, 1531) Lutheraner und ∕Täufer und förderte die Kirchenreform: Unterstützung des Theologen Johannes ∕Eck, Verbindung zur Kurie, Eingriffe für die katholische Konfession (Baden), Berufung der Jesuiten (1549). Damit kreuzte sich eine stetige Opposition zu Kaiser ∕Karl V. und Habsburg (Konflikte z. B. um die böhmische und deutsche Königswahl 1526/31): Bündnisse ohne religiöse Rücksicht (z. B. mit Protestanten), Widerstand gegen religiösen Ausgleich. Seit 1534 (Vertrag von Linz), besonders 1546 (Heirat des Sohnes mit Anna von Österreich) zeitweise Ausgleich mit Hilfe für den Kaisers (Schmalkaldischer Krieg), doch 1548 (∕Augsburger Interim, Reichsbund) erneut Gegnerschaft. Für das Überleben des katholischen Glaubens in Deutschland war W.s Regierung maßgeblich.

▪ Literatur: ADB 42, 705–717; ARCEG Bd. 1–6; Handbuch der bayerischen Geschichte, begründet von M. SPINDLER, hg. v. A. KRAUS, Bd. 2. München ²1988, 322ff.; Handbuch der Bayerischen Kirchengeschichte, hg. v. W. BRANDMÜLLER, Bd. 2. St. Ottilien 1993, 11ff. – S. VON RIEZLER: Geschichte Bayerns, Bd. 4. Gotha 1899, 3ff.; E. METZGER: Leonhard von Eck. München 1980; K. KOPFMANN: Die Religionsmandate der bayerischen Herzöge ... in der frühen Reformationszeit. ebd. 1999. *Walter Ziegler*

▪ Nachtrag: M. WEITLAUFF: Die bayerischen Herzöge W. IV. und Ludwig X. und ihre Stellung zur Reformation Martin Luthers: Beiträge zur altbayerischen Kirchengeschichte 45 (2000) 59–110.

Wilhelm I. von Oranien, Graf von Nassau, Prinz von Oranien (1544), * 24.4.1533 Dillenburg aus lutherischer Familie, † 10.7.1584 Delft (ermordet). W. erbte 1544 weitläufige Ländereien in den Niederlanden, musste aber, um die Erbschaft antreten zu können, nach Breda bzw. Brüssel übersiedeln und zum katholischen Glauben konvertieren. 1555 von ∕Karl V. zum Oberbefehlshaber der Maas-Armee ernannt und im selben Jahr von ∕Philipp II. in den niederländischen Staatsrat berufen; 1559 Statthalter von Holland, Westfriesland, Seeland und Utrecht. W. trat jedoch mit anderen Vertretern des niederländischen Hochadels offen gegen die absolutistische Politik Philipps und den damit verbundenen Verlust alter Privilegien auf. Seine oppositionelle Haltung wurde unter dem Eindruck der spanischen Fremdherrschaft zunehmend von nationalen Motiven geprägt. Nach dem Bildersturm 1566 (∕Kunst und Reformation) erkannte W. die Aussichtslosigkeit bloßer Reformen und entschloss sich zu militärischem Vorgehen, musste 1567 aber vor Herzog ∕Alba nach Dillenburg fliehen. Erst 1572 stellten sich durch das Zusammengehen mit den Wasser-∕Geusen einige militärische Erfolge ein, so dass sich W. als Statthalter behaupten konnte. Mit der Genter Pazifikation 1576 gelang es ihm, den Aufstand auf alle niederländischen Provinzen auszudehnen. Auf die Gründung der gegen die Aufständischen gerichteten Union von Arras (6.1.1579) reagierten die sieben nördlichen Provinzen mit dem Zusammenschluss zur Utrechter Union (23.1.), mit der W. die Spaltung der Niederlande in Kauf nahm. 1581 proklamierten die Nordprovinzen ihre Unabhängigkeit von der spanischen Krone. W.s auch nach seinem Übertritt zum ∕Calvinismus (1573) konsequent verfochtene tolerante Religionspolitik scheiterte am Fanatismus einiger Calvinisten. Nach dem Aufruf Philipps II., W. als „Pest der

Christenheit" zu beseitigen, fiel W. dem Attentat eines fanatischen Katholiken zum Opfer.

▪ Literatur: BBKL 13, 1260–64. – H.L.T. DE BEAUFORT: W. von Oranien. Berlin 1956; K. VETTER: W. von Oranien. ebd. 1987; DERSELBE: Am Hofe W.s von Oranien. Leipzig 1990; A.P. BIJL: Een Prince van Oraengien: Portret van Willem van Oranje. Kampen 1995; H. KLINK: Opstand, politiek en religie bij Willem van Oranje 1559–68. Heerenveen 1997.
Jens Grühn

Wimpfeling, *Jakob,* Humanist, Pädagoge, Priester, * 25.7.1450 Schlettstadt, † 17.11.1528 ebenda; Schüler Ludwig Dringenbergs in Schlettstadt; Studium in Freiburg, Erfurt und Heidelberg (hier 1481/82 Rektor, 1496 Lizentiat der Theologie); 1484–1498 Domvikar in Speyer; 1498–1501 humanistischer Lehrer in Heidelberg, bis 1515 meist in Straßburg, seit 1515 in Schlettstadt. W. ist zentrale Gestalt des oberrheinischen Humanismus, Freund von Johannes ∕Geiler von Kaysersberg, Sebastian ∕Brant, Johann Trithemius und ∕Erasmus von Rotterdam, Mitarbeiter des Bischofs von Basel Christoph von Utenheim, Mentor von Jakob ∕Sturm; Fehden mit Thomas ∕Murner, Jakob Locher und den Augustinereremiten. Die Schriften zur humanistischen Reform des Unterrichts (v. a. *Adolescentia.* Straßburg 1500) zielen zunehmend auf eine Reform des Weltklerus (*De integritate.* ebd. 1505), die Ideen Johannes Gersons mit humanistischen Anliegen verbindet und der liturgische Arbeiten, religiöse Dichtungen, der *Catalogus episcoporum Argentinensium* (ebd. 1508) und Editionen v. a. der Werke Gersons dienen. W.s deutsche Geschichte (*Epithoma rerum Germanicarum.* ebd. 1505) ist konzeptionell grundlegend. Für Maximilian I. erstellte er ein Gutachten über die ∕Gravamina gegen die römische Kurie. Anfänglich positiv zu Martin Luther eingestellt, polemisierte er seit 1523/24 gegen ihn und die oberdeutschen Reformatoren.

▪ Hauptwerk: E. VON BORRIES: W. und Murner im Kampf um die ältere Geschichte des Elsasses. Heidelberg 1926 (Germania, lateinisch-deutsch); J.W. Opera selecta, Bd. 1: Adolescentia, ed. v. O. HERDING. München 1965; Bd. 2/1: J.W. – Beatus Rhenanus: Das Leben des Johannes Geiler von Kaysersberg, ed. v. DEMSELBEN. ebd. 1970; Bd. 3/1–2: Briefwechsel, ed. v. DEMSELBEN – D. MERTENS. ebd. 1990; Stylpho, ed. v. H.C. SCHNUR. Salzburg 1971 (lateinisch-deutsch); B. SINGER: Die Fürstenspiegel in Deutschland im Zeitalter des Humanismus und der Reformation. München 1981 (Agatharchia); C. SIEBER-LEHMANN – T. WILHELMI: In Helvetios – wider die Kuhschweizer. Berlin 1998 (Ad Helvetios).

▪ Literatur: BBKL 13, 1358–61; LMA 9, 222f. – CH. SCHMIDT: Histoire littéraire de l'Alsace, 2 Bde. Paris 1879, Nachdruck 1966; J. KNEPPER: J.W. Freiburg 1902, Nachdruck 1965; F. RAPP: Réformes et Réformation à Strasbourg. Straßburg 1974; R. DONNER: J.W.s Bemühungen um die Verbesserung der liturgischen Texte. Mainz 1976; U. MUHLACK: Geschichtswissenschaft im Humanismus und in der Aufklärung. München 1991; D. MERTENS: J.W.: Humanismus im deutschen Südwesten, hg. v. P.G. SCHMIDT. Sigmaringen 1993, 35–57; TH.A. BRADY: Protestant politics: Jacob Sturm and the German Reformation. Atlantic Highlands (New Jersey) 1995, deutsch Berlin 1996; M. MÜLLER: Die spätmittelalterliche Bistumsgeschichtsschreibung. Köln 1998, 387–396 u.ö.
Dieter Mertens

Wimpina (eigentlich Koch), *Konrad,* Kontroverstheologe, * 1460 Wimpfen, † 16.6.1531 Amorbach. W. studierte ab 1479 an der Universität Leipzig (1485 Magister artium, 1503 Doctor theologiae) und wurde 1505 Gründungsrektor der Universität Frankfurt (Oder), wo er ab 1506 Theologie lehrte. Seit 1517 war W. in die Kontroversen um die Reformation, besonders um Martin Luther, verwickelt. Der Scholastik verpflichtet und ohne ernsthaften Zugang zum Humanismus, suchte er in den Fragen des Meßopfers, des freien Willens, der ↗Rechtfertigung, der Mönchsgelübde, des Priestertums und der ↗Heiligenverehrung den römisch-katholischen Standpunkt zu verteidigen. 1530 arbeitete W. auch an der Confutatio (Widerlegung) der ↗Confessio Augustana mit.

■ Werkverzeichnis: VD 16 10, 520–523.
■ Literatur: KThR 3, 7–117. – J. NEGWER: K.W., ein katholischer Theologe der Reformationszeit. Breslau 1909; K. HONSELMANN: W.'s Druck der Ablaßthesen Martin Luthers 1528 (nach einem der 1517 von Luther herausgegebenen Texte) und jüngste Aussagen zur Verbreitung seiner Ablaßthesen: ZKG 97 (1986) 189–204; D. FABRICIUS: Die theologischen Kontroversen in Lüneburg im Zusammenhang mit der Einführung der Reformation. Lüneburg 1988.

Heribert Smolinsky

Winkel (Winckel), *Heinrich,* lutherischer Theologe, * 1493 Wernigerode (Harz), † 1551 Braunschweig; seit 1507 Regulierter Chorherr am Johannesstift in Halberstadt, wohin er nach dem Studium der Artes in Leipzig (ab 1511) zurückkehrte. 1523 wurde er hier Prior und wenig später auf Wunsch des Rates Pfarrer an St. Martin. Wegen seines Anschlusses an die Reformation enthob ihn ↗Albrecht von Brandenburg seines Amtes. Nach Studien in Wittenberg und Jena wurde W. 1528 zur Neuordnung des Kirchenwesens nach Braunschweig berufen. Ab 1529 wirkte er maßgeblich am Aufbau reformatorischer Gemeindestrukturen in Göttingen, Hannover und Hildesheim mit. 1543 kehrte W. nach Braunschweig zurück, wo er als Visitator tätig war.

■ Literatur: ADB 43, 337–341. – E. JACOBS: H.W. und die Reformation im südlichen Niedersachsen. Halle 1896; O. MÖRKE: Rat und Bürger in der Reformation. Hildesheim 1983.

Michael Becht

Winzet, *Ninian,* Benediktiner, * um 1518 Renfrew (Schottland), † 21.9.1592 Regensburg. W. studierte Theologie an der Universität Glasgow, wurde dort um 1540 Priester und lehrte dann an der Grammar School in Linlithgow. 1560 suchte W. vor der Reformation Schutz am Hof ↗Maria Stuarts, deren Beichtvater er wurde, und trat durch entschiedene und fundierte Schriften gegen die Reformation hervor (*Certane Tractatis for Reformatioun of Doctryne and Maneris.* Edinburgh 1562; *The Last Blast of the Trumpet of Godis Worde aganis the usurpit auctoritie of J. Knox.* ebd. 1562). Nach seiner Flucht 1562 führte er den Kampf von Antwerpen, seit 1565 von Paris aus weiter, graduierte an der Sorbonne und war dort 1567–70 und 1571–73 Prokurator der deutschen Nation (zu der auch England und Schottland zählten). 1571 kurze Zeit bei der gefangenen Maria Stuart in Sheffield, erwarb er 1575–76 an der katholischen Emigrantenuniversität ↗Douai Magisterwürde und Lizentiat der Theologie. 1576–77 im Kreis englischer und schottischer Emigranten in Rom, bestimmte ihn ↗Gregor XIII. zum Abt des Schottenklosters St. Jakob in Regensburg. W. hob das Kloster zu neuem Ansehen und führte die Auseinandersetzungen mit den Reformatoren weiter. Seine Schriften weisen ihn als fähigsten Kritiker John ↗Knox' und prominentesten geistigen Vertreter der alten Kirche in Schottland aus.

■ Werke: J.K. HEWISON (Hg.): Certain tractates, 2 Bde. Edinburgh 1888–90.
■ Literatur: L. HAMMERMAYER: Deutsche Schottenklöster, schottische Reformation, katholische Reform und Gegenreformation in

West- und Mitteleuropa: Zeitschrift für bayerische Landesgeschichte 26 (1963) 131–255; C.H. KUIPERS: Quintin Kennedy: Two Eucharistic Tracts. Dissertation. Nimwegen 1964; M. DILWORTH: N.W. Some new Material: Innes Review 24 (1973) 125–132; DERSELBE: The Scots in Franconia. A Century of Monastic Life. Edinburgh 1974, 23–31; E. HOCHHOLZER: Die Benediktinerabteien im Hochstift Würzburg in der Zeit der katholischen Reform 1550–1618. Neustadt (Aisch) 1988, 168f. 209ff.; L. HAMMERMAYER: Die ‚Schotten-Kongregation': Germania Benedictina, Bd. 1. Ottobeuren–St. Ottilien 1999.

Ludwig Hammermayer

Winzler, *Johann,* Franziskanerobservant (1494), * 1477/78 Horb (Neckar), † 13.1.1555 München. W. verteidigte als Prediger 1520–40 in Weißenburg (Elsass), Lenzfried, Ulm und anderen Orten die katholische Lehre gegen die Reformatoren. 1537 nahm er an der Salzburger Synode und 1540 am ⁄Wormser Religionsgespräch teil; Freund und Begleiter Kaspar ⁄Schatzgeyers, 1540–43 Provinzial. Von ihm sind Predigten und vier Kontroversbriefe handschriftlich erhalten, z.T. veröffentlicht von Demuth (s. u.).

■ Literatur: M. DEMUTH: J.W., ein Franziskaner aus der Reformationszeit: Franziskanische Studien 4 (1917) 254–294; Analecta Franciscana, Bd. 8. Quaracchi 1946, 848.

Leonhard Lehmann

Wittenberger Konkordie (WK) vom 29.5.1536, evangelisches Abendmahlsbekenntnis, nach mehrjährigen innerevangelischen Auseinandersetzungen (⁄Abendmahlsstreit) zustande gekommen, suchte für mehrere von einander abweichende evangelische Interpretationen des Abendmahls eine gemeinsame Basis herzustellen zwischen nord- und mitteldeutschen Lutheranern und den stärker an Huldrych Zwingli orientierten süddeutschen (oberdeutschen) protestantischen Reichsstädten. Neben dem genuinen religiös-altkirchlichen Interesse an einer lutherisch akzentuierten Glaubenseinheit stand dahinter auch das Interesse reichsstädtischer und fürstlicher Landeshoheiten, den Protestantismus durch Bündnisbildung gegen den Kaiser zu einer möglichst kompakten Gegenmacht zusammenzuschließen (⁄Schmalkaldischer Bund). Nachdem sich der Dissens zwischen Martin Luther und Zwingli als unüberwindlich erwiesen hatte, suchten die agilsten Betreiber der protestantischen Einheit, Landgraf ⁄Philipp von Hessen und der Straßburger Reformator Martin ⁄Bucer, wenigstens die mit Zwingli sympathisierenden Oberdeutschen zum Zusammenschluss mit den Lutheranern zu bewegen. Dies brachte die WK zuwege: Der beharrlichen Initiative und dem konzessionsbereiten Entgegenkommen Bucers gelang es, in der strittigen Abendmahlsfrage die Oberdeutschen mit den mitteldeutschen Lutheranern (den „Wittenbergern") auf der Basis einer Formulierung zu einigen, die dehnbar genug war, um den unterschiedlichen Anschauungen aller Partner gerecht zu werden und diese Vereinbarung unterschriftsreif zu machen. Die Kontroverse bezog sich auf die „Nießung" und die Teilhabe der „Impii" (der Ungläubigen) am Mahl. Die Formel, die man schließlich hierfür fand, erlaubte sowohl den „geistigen" (spirituellen) Genuss (so die oberdeutsche Auffassung) als auch den „realen", d. h. in der Brotgestalt gegebenen, Genuss Christi unter dem Wortlaut der WK zu verstehen. Die den Oberdeutschen anstößige Auffassung Luthers, dass auch die Ungläubigen den Herrn im Abendmahl gegebenenfalls empfangen („manducatio impiorum") milderte die WK dadurch, dass sie stattdessen vom

Abendmahlsempfang der „Unwürdigen" sprach. Diese Zweideutigkeiten hinderten indessen nicht, dass auf dem Weg über die WK die oberdeutschen Protestanten im Lauf der kommenden Jahre (und Jahrzehnte) im Luthertum aufgingen. Hierin liegt die historische Bedeutung der Wittenberger Konkordie.

▪ Quellen: M. BUCER: Opera omnia, Deutsche Schriften, Bd. 6/1: WK (1536). Schriften zur WK (1534–37). Gütersloh 1988.
▪ Literatur: EKL³ 1, 18f.; RGG⁴ 1, 24–28. – E. BIZER: Martin Butzer und der Abendmahlsstreit: ARG 35 (1938) 203–237, 36 (1939) 68–87 214–252. /Abendmahlsstreit.

Ernst Walter Zeeden

Witzel, *Georg,* katholischer Reformtheologe, * 1501 Vacha (Werra), † 16.2.1573 Mainz. W. studierte 1516–1518 in Erfurt, 1520 (?) kurzzeitig in Wittenberg; Priesterweihe; nach der Heirat 1523 evangelischer Pfarrer in Wenigen-Lüpnitz (Thüringen) und später in Niemegk (Sachsen); 1531 gab er seine Pfarrstelle auf und wandte sich vom Luthertum ab. 1533 Prediger an der katholischen Andreaskirche in Eisleben, 1538 Berater Herzog /Georgs von Sachsen in Dresden. Nach dessen Tod und dem Übergang Sachsens zum Protestantismus floh er. 1541 erhielt er eine Anstellung beim Fürstabt von Fulda, von 1554 an wohnte er in Mainz und schrieb u. a. Gutachten für König /Ferdinand. – W. sah sich als Schüler des /Erasmus von Rotterdam und bezog im Streit zwischen den Konfessionen wie alle Erasmianer eine „Mittelposition" (/Vermittlungstheologie), welche die Anliegen Martin Luthers am besten in einer erneuerten katholischen Kirche aufgehoben sah. Diese Position formulierte er in Gutachten zur Kircheneinheit, Schriften über die Rechtfertigungslehre, Predigthilfen und liturgische Werke und vertrat sie auf Reichstagen und bei Religionsgesprächen (Leipzig 1539, /Regensburg 1541, Speyer 1542 [?], 1544, Augsburg 1547, Regensburg 1556). Mit Georg /Cassander war er sich einig, dass mit den Beschlüssen des Tridentinums und dem Aufkommen der Jesuiten die Zeit für eine solche Haltung vorbei war. Sein Konzept, bei der Vermittlung auf die alte Kirche zurückzugreifen, beeinflusste u. a. die Helmstedter Theologie (Georg Calixt) und Hugo Grotius.

▪ Literatur: KThR 1, 125–132; CEras 3, 458f. – M.B. LUKENS: G.W. and Sixteenth Century Catholic Reform. Ann Arbor 1980; TH.A. THOMPSON: The Ecclesiology of G.W. ebd. 1980; TH. WITZEL: G.W. und seine Bemühungen um die Einheit der Kirche: Fuldaer Geschichtsblätter 62 (1986) 39–52; B. VON BUNDSCHUH: Das Wormser Religionsgespräch von 1557. Münster 1988; M.B. LUKENS: W. and Erasmian Irenicism in the 1530s: Journal of Theological Studies Neue Serie 39 (1988) 134ff.; H. GELHAUS: Der Streit um Luthers Bibelverdeutschung. Tübingen 1989, 57–97 158–167; W. KATHREIN: Ein Reformgutachten G.W.s für Herzog Georg den Bärtigen: Archiv für mittelrheinische Kirchengeschichte 44 (1992) 343–379; C. AUGUSTIJN: Der Leipziger Reformationsentwurf (Januar 1539): Martin Bucers deutsche Schriften, Bd. 9/1. Gütersloh 1995, 13–22; B. HENZE: Aus Liebe zur Kirche Reform. Die Bemühungen G.W.s um die Kircheneinheit. Münster 1995; DIESELBE: Erasmianisch: Die ‚Methode', Konflikte zu lösen? Das Wirken W.s und Cassanders: Erasmianism: Idea and Reality, hg. v. M.E.H.N. MOUT u.a. Amsterdam u.a. 1997, 155–168; DIESELBE: Erwartungen eines Theologen an die Obrigkeit. Der ‚Fuldaer' G.W. in seinen Widmungsvorreden: Archiv für mittelrheinische Kirchengeschichte 49 (1997) 79–97.

Barbara Henze

Wolsey, *Thomas,* englischer Kardinal und Lordkanzler, * 1472/74 Ipswich aus bescheidenen Verhältnissen, † 29.11.1530 Leicester; Studium in

Oxford, 1498 Priester, 1501 Hofkaplan des Erzbischofs von Canterbury, 1507 Kaplan Heinrichs VII., unter dessen Nachfolger /Heinrich VIII. 1511 königlicher Berater, 1514 Bischof von Lincoln und Erzbischof von York, 1515 Kardinal und Lordkanzler, 1518 päpstlicher Legat. W.s Hauptinteresse galt der Außenpolitik, in der er häufig die Seiten wechselte, es mit Geschick verstand, das Reich und Frankreich gegeneinander auszuspielen („balance of power"), um damit England zur führenden europäischen Macht zu machen. 1521 sah er sich jedoch gezwungen, einen geheimen Bündnisvertrag mit Kaiser /Karl V. zu unterzeichnen. In den Konklaven von 1521 und 1523 galt W. als papabile. Seine rücksichtslosen Methoden, für den Krieg mit Frankreich Geld zu beschaffen, seine Arroganz und seine luxuriöse Lebenshaltung kosteten ihn seine Volkstümlichkeit und riefen innenpolitisch seine Feinde auf den Plan. W. entsprach ab 1527 nur zögernd den Wünschen Heinrichs, in Rom die Scheidung seiner Ehe mit Katharina von Aragón zu erreichen. Sein Versagen in dieser Sache und sein außenpolitisches Scheitern, das durch den Frieden von Cambrai zwischen Karl V. und /Franz I. sichtbar wurde, leiteten seinen Sturz ein. 1529 bekannte er sich im Sinn der Statutes of Praemunire (Anklage wegen Anrufung römischer Instanzen und Annahme römischer Erlasse ohne königliche Erlaubnis) schuldig, woraufhin er zur Aufgabe aller Ämter gezwungen wurde und sein beträchtliches Vermögen an den König verlor, lediglich sein Erzbistum blieb ihm. Die letzten Monate seines Lebens widmete er seiner Diözese. Aufgrund einer Denunziation seines italienischen Arztes wurde er im November 1530 unter der Anklage des Hochverrats verhaftet, starb aber auf dem Weg zum Prozess nach London. Von seinen Collegegründungen überlebte das Cardinal's College in Oxford (heute Christ Church College), das aus den Einkünften aufgehobener kleinerer Klöster errichtet worden war. – W. war mehr Staats- als Kirchenmann. Durch die (mitunter als skrupellos gekennzeichnete) Nutzung seiner außerordentlichen Machtfülle war er maßgeblich an der Ausweitung der königlichen Kontrolle über die Kirche beteiligt, was sich in der Folgezeit für die kirchlichen Belange in England als verhängnisvoll herausstellen sollte.

■ Quellen: U.G. CAVENDISH (Kammerdiener W.s): The life and death of Cardinal W. (1557, gedruckt 1641), ed. v. R.S. SYLVESTER – D.P. HARDING. New Haven 1973.

■ Literatur: CH.W. FERGUSON: Naked to mine enemies. The life of Cardinal W., 2 Bde. New York 1965; N. WILLIAMS: The cardinal and the secretary. London 1975; J.A. GUY: The Cardinal's Court: The Impact of Th.W. in Star Chamber. Hassocks (West Sussex) 1977; N.L. HARVEY: Th. Cardinal W. New York 1980; J. RIDLEY: Statesman and saint: Cardinal W., Sir Thomas More, and the politics of Henry VIII. ebd. 1983; P. GWYN: The King's cardinal. The rise and fall of Th.W. London 1990; S.J. GUNN – P.G. LINDLEY (Hg.): Cardinal W. Cambridge 1991.   *Charles Burns*

■ Nachtrag: R.H. BRITNELL: Penitence and prophecy. George Cavendish on the last state of Cardinal W.: JEH 48 (1997) 263–281.

Wormser Religionsgespräche. 1. *28.10. 1540 – 18.1.1541.* Im Hagenauer Abschied vom 28.7.1540 wurde festgelegt, dass das dort begonnene Religionsgespräch (/Hagenauer Religionsgespräch) auf den 28.10. nach Worms zu verlegen und mit je elf Stimmen der altgläubigen wie der protestantischen Reichsstände über die /Confessio Augustana und deren Apologie zu diskutieren sei. Das Religionsgespräch wurde jedoch erst

am 25.11. vom kaiserlichen Orator Nicolas Perrenot de ∕Granvella zusammen mit vier Präsidenten (Räte des Erzbischofs von Mainz, des Kurfürsten von der Pfalz, des Herzogs von Bayern und des Bischofs von Straßburg) eröffnet. Die Protestanten Philipp Melanchthon, Andreas ∕Osiander, Erhard ∕Schnepf, Martin ∕Frecht, Johannes ∕Brenz, Jean Calvin, Wenzeslaus ∕Linck, Simon ∕Grynäus, Martin ∕Bucer und Wolfgang ∕Capito nutzten die Zeit vom 9. bis 8.11., um ihre (von Wolfgang ∕Musculus notierte) Position abzuklären. Ihnen standen auf altgläubiger Seite Johannes ∕Eck, Eberhard ∕Billick, Johannes ∕Cochläus, Johannes ∕Fabri, Johann ∕Gropper, Friedrich ∕Nausea u. a. gegenüber. Als Brandenburg, die Pfalz und Jülich sich in ihren Gutachten über das Augsburger Bekenntnis der protestantischen Rechtfertigungslehre annäherten und Eck nur noch ein Mehrheitsgutachten der sieben übrigen altgläubigen Reichsstände zustande brachte, ließ Granvella in Geheimverhandlungen vom 15.–31.12.1540 zwischen Gropper und Gerhard Veltwyck auf altgläubiger sowie Bucer und Capito auf protestantischer Seite das „Wormser Buch" (M. Bucer: Opera omnia, Deutsche Schriften, Bd. 9/1. Gütersloh 1995, 328–483), das auf Groppers „Enchiridion christianae religionis" (1538) und auf Bucers „Römerbriefkommentar" fußte, ausarbeiten, das dann die Grundlage für das ∕Regensburger Religionsgespräch von 1541 bildete. Vom 13.–18.1.1541 diskutierten Melanchthon und Eck noch über die ∕Erbsünde (CA 2). Danach verlegte Granvella das Religionsgespräch nach Regensburg.

2. *11.9.–8.10.1557.* Das auf dem Reichstag von Augsburg 1555 vorgesehene und in Regensburg 1556 beschlossene Religionsgespräch zwischen Michael ∕Helding, Johann ∕Gropper und Petrus ∕Canisius auf altgläubiger und Philipp Melanchthon, Johannes ∕Brenz und Erhard ∕Schnepff auf protestantischer Seite diskutierte zunächst über das Verhältnis von Schrift und Tradition. Zum Bruch kam es jedoch erst, als Canisius innerprotestantische Differenzen in der Lehre über die ∕Erbsünde und die ∕Rechtfertigung aufdeckte, die die protestantischen Gesprächspartner auf dem Religionsgespräch selbst nicht überbrücken konnten.

▪ Literatur: BDG 4, nn. 538f.; W.H. Neuser: Die Vorbereitung der Religionsgespräche von Worms und Regensburg 1540/41. Neukirchen-Vluyn 1974; M. Hollerbach: Das Religionsgespräch als Mittel der konfessionellen und politischen Auseinandersetzung im Deutschland des 16.Jh. Frankfurt (Main) 1982; B.V. Bundschuh: Das Wormser Religionsgespräch von 1557. Unter besonderer Berücksichtigung der Kaiserlichen Religionspolitik. Münster 1988; V. Ortmann: Die Tätigkeit M. Bucers bei den Religionsgesprächen in Leipzig, Hagenau, Worms und Regensburg 1540/41. Dissertation. Bonn 1997.

Karl-Heinz zur Mühlen

Wulffer (Wolfer), *Wolfgang*, einer der ersten Gegner Martin Luthers, * Schneeberg, † nach 1538. Seit 1491 Student in Leipzig, Baccalaureus beider Rechte, 1513 Stadtschreiber in Dresden, seit 1519 Kaplan und Notar an der dortigen Schlosskapelle. W. gehörte zum antireformatorischen Schriftstellerkreis des Herzogs ∕Georg von Sachsen um Hieronymus ∕Emser; schrieb als dessen Kollege und Mitstreiter in deutscher und volkstümlicher Sprache gegen die Wittenberger.

▪ Werke: Zwei Gedichte gegen Luthers Lehre (1520) und Heirat (1525); fünf Streitschriften gegen das allgemeine Priestertum (1522), Reformation (1522), Ehegebot (1528), Verdrehung der Bibel (o.J.) und den Eilenburger Schuster Schönichen (1523); VD 16 23, W 4582ff.

■ Literatur: WA 8, 245; ADB 44, 269. – Akten und Briefe zur Kirchenpolitk Herzog Georgs von Sachsen, hg. v. F. GESS, Bd. 1. Leipzig 1905, 313; H. SMOLINSKI: Augustin von Alveldt und Hieronymus Emser. Münster 1983, 46 337f. 344ff. 367ff. 416; Flugschriften gegen die Reformation (1518–1524), hg. v. A. LAUBE. Berlin 1997, 28ff. 303. *Otto Scheib*

Würtzburg, *Veit* (II.) *von*, Bischof von Bamberg, * 15.6.1519 Burg Rothenkirchen (Oberfranken), † 8.7.1577 Bamberg; 1532 Kanonikat am Würzburger Stift St. Burkard, 1535 am Bamberger und 1536 am Würzburger Domstift, 1538–44 Studium der Rechte an den unter reformatorischem Einfluss stehenden Universitäten Heidelberg und Erfurt, 1556 Domscholaster und 1559 Dompropst in Bamberg, 1561 Fürstbischof von Bamberg, 1566 Priester- und Bischofsweihe. Nach anfangs eher freizügiger Haltung (Konkubinat) erkennt W. unter dem Einfluss der Kurie zunehmend seine bischöfliche Verantwortung und wird Wegbereiter der katholischen Reform (erste Visitationen), wenngleich seine Bemühungen um Seminargründung scheitern. Als Landesherr konsolidiert er Finanzen und Verwaltung des Hochstifts (Bau der Alten Hofhaltung).

■ Literatur: W. HOTZELT: V. II. von W. Freiburg 1919; CH. GREBNER: Kaspar Gropper (1514 bis 1594) und Nikolaus Elgard (ca. 1538 bis 1587). Münster 1982; H. SCHIEBER: Die Vorgeschichte des Bamberger Priesterseminars: Seminarium Ernestinum. Bamberg 1986, 17–86; D.J. WEISS: Reform und Modernisierung: Berichte des Historischen Vereins Bamberg 134 (1998) 165–187; DERSELBE: Das exemte Bistum Bamberg. Berlin–New York 2000, 157–200; E. GATZ (Hg.): Die Bischöfe des Heiligen Römischen Reiches 1448–1648. Berlin 1996, 764f.
Wolfgang Weiss

Wyttenbach, *Thomas*, Reformator von Biel, * 1472 Biel, † 1526 ebenda; Studium in Tübingen, u. a. bei Konrad Summenhart und Paulus Scriptoris (1500 Magister artium, 1504 Baccalaureus biblicus), 1505–07 Sententiarius an der Universität Basel, wo ihn Huldrych Zwingli und Leo ∕ Jud hörten und bleibende Eindrücke empfingen. Ab 1507 „Kirchherr" in Biel, 1515 Doktor der Theologie in Basel, 1515–20 auch Kustos des St. Vinzenz-Stiftes in Bern. Spätestens 1523 reformatorische Predigt im Sinn Zwinglis in Biel, 1524 Eheschließung und Verlust seines Amtes. Über W.s Lehre ist sehr wenig bekannt.

■ Literatur: RE 21, 574–577; BBKL 14, 264f. – W. BOURQUIN: Die Reformation in Biel: Gedenkschrift zur Vierhundertjahrfeier der Bernischen Kirchenreformation. Bern 1928, 347–385; H.R. GUGGISBERG: Jakob Würben von Biel: Zwingliana 13 (1969–73) 570–590; K. TREMP-UTZ: Die Chorherren des Kollegiatstifts St. Vinzenz in Bern: Berner Zeitschrift für Geschichte und Heimatkunde 46 (1984) 55–110. *Alfred Schindler*

Zanchi, *Girolamo*, reformierter Theologe, * 2.2.1516 Alzano bei Bergamo, † 9.11.1590 Heidelberg; der ab 1531 als Regulierter Chorherr in Bergamo, ab 1541 in Lucca lebende Z. näherte sich unter dem Einfluss seines dortigen Priors Pietro Martire ∕ Vermigli, der ihn mit den Schriften Philipp Melanchthons, Heinrich ∕ Bullingers und Martin ∕ Bucers bekannt machte, dem Protestantismus. Nach der Flucht vor der Inquisition hielt er sich in Graubünden und Genf auf, bevor er 1553–63 Philosophie und Theologie in Straßburg lehrte; dort geriet er mit Johannes ∕ Marbach über die Abendmahlslehre in Konflikt. Nach weiteren Jahren als Pfarrer in Graubünden wurde Z. 1568 Theologieprofessor in Heidelberg, eine Tätigkeit, die er ab 1576 in Neustadt (Haardt) fortführte. Der Anhänger Bucers gilt mit Theodor /Beza als Begründer der reformierten Orthodoxie.

■ Werke: Omnia opera theologica, 8 Bde. Genf 1617–19; Epistolarium libri duo. Hannover 1609.

■ Literatur: EKL³ 3, 1883f.; OER 4, 305f.; BBKL 14, 339–343. – J. MOLTMANN: Prädestination und Perseveranz. Neukirchen-Vluyn 1961, 72–109; O. GRÜNDLER: Die Gotteslehre G.Z.s und ihre Bedeutung für seine Lehre von der Prädestination. ebd. 1965; W. VAN'T SPIJKER: Bucer als Zeuge Z.s im Straßburger Prädestinationsstreit: Zwingliana 19 (1991/92) 327–342; J.L. FARTHING: Foedus evangelicum. Jerôme Z. on the covenant: Calvin Theological Journal 29 (1994) 149–167. *Willem van't Spijker*

Zasius, *Ulrich*, humanistischer Jurist, * 1461 Konstanz, † 24.11.1535 Freiburg. Nach Tätigkeiten in seiner Heimatstadt und in Baden (Aargau) entfaltete Z. seine Hauptwirksamkeit als Freiburger Stadtschreiber und als Professor der dortigen Juristenfakultät. Das neue Freiburger Stadtrecht von 1520 ist im Wesentlichen sein Werk. Wie auch seine sonstige literarische Produktion war es geprägt vom Bemühen, aus deutschem Rechtsgut und römisch-kanonischem Recht eine praktisch brauchbare Einheit zu formen. Z. unterhielt freundschaftliche Beziehungen zu /Erasmus von Rotterdam und Bonifatius /Amerbach. Der Reformation Martin Luthers brachte er v.a. wegen deren Kampf gegen Scholastik und kirchliche Missbräuche anfänglich Sympathie entgegen (was zur Indizierung seiner Schriften führte), hielt aber unter betonter Anerkennung des Papsttums und der Autorität des kanonischen Rechts an der Zugehörigkeit zur alten Kirche fest.

■ Literatur: Handwörterbuch zur deutschen Rechtsgeschichte, Bd. 5. Berlin 1991, 1612ff.; BBKL 14, 357ff. – R. VON STINTZING: U.Z. Basel 1857, Nachdruck Darmstadt 1961; G. KISCH: Erasmus und die Jurisprudenz seiner Zeit. Basel 1960; DERSELBE: Z. und Reuchlin. Konstanz–Stuttgart 1961; E. WOLF: Große Rechtsdenker der deutschen Geistesgeschichte. Tübingen ⁴1963, 59–101; F. WIEACKER: Privatrechtsgeschichte der Neuzeit. Göttingen 21967; H. THIEME: Ideengeschichte und Rechtsgeschichte. Gesammelte Schriften, Bd. 1. Köln–Wien 1986, 508–580; S. ROWAN: U.Z. Frankfurt (Main) 1987; K.-F. SCHRÖDER: U.Z.: Juristische Schulung 35 (1995) 97–102; G. KLEINHEYER–J. SCHRÖDER (Hg.): Deutsche und europäische Juristen aus neun Jahrhunderten. Heidelberg ⁴1996, 445–459. *Alexander Hollerbach*

Zegenhagen (Ziegenhagen), *Johannes*, erster lutherischer Hauptpastor Hamburgs, * Magdeburg, † 17.1.1531 Hamburg. Z. war 1524 (vielleicht schon vor der Reformation) Pfarrer von St. Katharinen in Magdeburg. 1526 wurde er von den Juroren der Katharinenkirche in Hamburg als Prädikant bestellt, wo er sogleich evangelisch predigte und zum ersten Mal in Hamburg das Abendmahl unter beiden Gestalten austeilte. Als der Rat mit Verbot und Ausweisung drohte, kam es zu Unruhen, so dass der Rat nachgeben musste. Am 20.9. 1526 wurde Z. zum Hauptpastor von St. Nicolai gewählt, wo er nun in Bezug auf Abendmahl, Beichte, Priesterzölibat usw. ganz im reformatorischen Sinn wirkte. Neben Stefan Kempe hatte er den größten Anteil an der allmählichen Einführung der Reformation in Hamburg, die er mit anderen auf zwei Disputationen (1527, 1528) erfolgreich verteidigte. Nach Wittenberger Vorbild führte er 1527 die Gotteskastenordnung ein. Vollendet wurde die Reformation in Hamburg durch Johannes /Bugenhagens Kirchenordnung 1529.

■ Literatur: BBKL 14, 1586f. – C.H.W. SILLEM: Die Einführung der Reformation in Hamburg. Halle 1886; R. POSTEL: Die Reformation in Hamburg 1517–26. Gütersloh 1986.

Rolf Decot

Zell, 1) *Matthäus* (Mathis), protestantischer Pfarrer, * 21.9.1477 Kaysersberg, † 9.1.1548 Straßburg; Studien in Erfurt (1494), Ingolstadt (1495) und Freiburg (1502 Immatrikulation, 1505 Magister artium, 1511 Baccalaureus sententiarum), 1517 Rektor, 1518 Leutpriester an St. Lorenz in Straßburg. Z. predigte seit 1521 im Sinne Martin Luthers, verteidigte sich in der 1523 gedruckten Schrift *Christliche Verantwortung* gegen den Vorwurf, die Menschen gegen die Kirche aufzuhetzen, heiratete 1523 Katharina Schütz und hatte als beliebter Prediger wesentlichen Anteil an der Durchsetzung der Reformation in Straßburg.

- Werke: VD 16 22, 347–356.
- Literatur: BBKL 14, 383ff. – M. LIENHARD: La percée du mouvement évangélique à Strasbourg: Le rôle et la figure de Matthieu Z. (1477–1548): Strasbourg au cœur religieux du XVIe siècle. Straßburg 1977, 85–98; R. BORNERT: La réforme protestante du culte à Strasbourg au XVIe siècle. Leiden 1981; M. WEYER: Martin Bucer et les Z.: Une solidarité critique: Martin Bucer and Sixteenth Century Europe, hg. v. CH. KRIEGER – M. LIENHARD, Bd. 1. Leiden u.a. 1993, 275–295.

2) *Katharina*, geborene Schütz, protestantische Theologin, * zwischen 15.7.1497 und 15.7.1498 Straßburg, † 5.9.1562 ebenda, Ehefrau von 1); bezeichnete sich selbst als „Kirchenmutter", erhielt im angesehenen wohlhabenden Elternhaus eine gute Bildung, 1523 Heirat, verteidigte ihre Ehe und begründete die Priesterehe (/Zölibat) biblisch in der Schrift *Entschuldigung Katharina Schützinn*. Der Druck theologischer Schriften wurde ihr vom Stadtrat verboten, weswegen nur noch veröffentlicht wurden: eine Trostschrift an die Frauen der aus Kenzingen wegen ihrer Parteinahme für Jakob /Otter ausgewiesenen Männer, die Grabrede auf ihren Mann und eine Auslegung von Psalm 51, verbunden mit einer Vaterunser-Paraphrase. Sie korrespondierte u.a. mit den Geschwistern /Blarer, mit Johannes /Brenz, Martin /Bucer und Martin Luther. Aus dem Gesangbuch der /Böhmischen Brüder gab sie eine Kirchenliedersammlung heraus. Kaspar von /Schwenckfeld und den „linken Flügel" der Reformation verteidigte sie. Neben ihren Aufgaben als Pfarrfrau kümmerte sie sich um Flüchtlinge, pflegte Pestkranke und regte Reformen im „Blatternhaus" an. Gegenüber dem Nachfolger ihres Mannes, Ludwig Rabus, verteidigte sie sich 1557 mit ihrem Lebensrückblick *Ein Brieff an die gantze Burgerschafft der Statt Straßburg*.

- Quellen: VD 16 20, 342–346; K. Schütz Z., Bd. 2: The Writings. A Critical Edition, hg. v. E.A. MCKEE. Leiden u.a. 1999.
- Literatur: BIDI 1, 97–125; E.A. MCKEE: The Defense of Schwenckfeld, Zwingli, and the Baptists, by K. Schütz Z.: Reformiertes Erbe. FS G.W. Locher, Bd. 1. Zürich 1992, 245–264; U. WIETHAUS: Female Authority and Religiosity in the Letters of K.Z. and Caritas Pirckheimer: Mystics Quarterly 19 (1993) 123–135; E.A. MCKEE: Reforming Popular Piety in Sixteenth-Century Strasbourg: K. Schütz Z. and Her Hymnbook. Princeton (New Jersey) 1994; R.H. BAINTON: K.Z.: DERSELBE: Frauen der Reformation ... Gütersloh 1995, 56–83; M.H. JUNG: K.Z. geborene Schütz (1497/98–1562). Eine ‚Laientheologin' der Reformationszeit?: ZKG 107 (1996) 145–178; TH. KAUFMANN: Pfarrfrau und Publizistin – Das reformatorische ‚Amt' der K.Z.: ZHF 23 (1996) 169–218; E.A. MCKEE: Speaking Out: K. Schütz Z. and the Command to Love One's Neighbor as an Apologia for Defending the Truth: Ordenlich und fruchtbar. FS W. van't Spijker. Leiden 1997, 9–22; A. CONRAD: ‚Ein männisch Abrahamisch gemuet': K.Z. im Kon-

text der Straßburger Reformationsgeschichte: Geschlechterperspektiven. Forschungen zur Frühen Neuzeit, hg. v. H. WUNDER-G. ENGEL. Königstein (Taunus) 1998, 120–134; E.A. MCKEE: K. Schütz Z., Bd. 1: The Life and Thought of a Sixteenth-Century Reformer. Leiden u.a. 1999.

Barbara Henze

▪ Nachtrag: G. HOBBS: Le cri d'une pierre. La prédication de K. Schuetz-Z. dans son contexte religieux: Positions luthériennes 47 (1999) 107–125; M. OBITZ: K.Z.: Evangelische Theologie 60 (2000) 371–388.

Zell, *Wilhelm von,* protestantischer Theologe, * um 1470 Zell (Landkreis Kaufbeuren) (?), † vor dem 15.9.1541 Konstanz; kannte alle bedeutenden Personen im süddeutsch-schweizerischen Raum und betätigte sich als Informationsübermittler, besonders von Huldrych Zwingli (seit 1525) und Kaspar von /Schwenckfeld (seit etwa 1534). Das nutzte z. B. Joachim /Vadian, um über Johannes /Zwick, bei dem in Konstanz Z. seit Juli 1539 wohnte, an Schwenckfelds Schriften für eine Widerlegung zu gelangen. Am Kolloquium in Ulm im Juni 1534 u.a. von Martin /Frecht mit Schwenckfeld nahm Z. teil.

▪ Quellen: Corpus Schwenckfeldianorum, Bde. 4f. und 7. Leipzig 1914–26; CR 96, 330.
▪ Literatur: B. MOELLER: Johannes Zwick und die Reformation in Konstanz. Gütersloh 1961; R. EMMET MCLAUGHLIN: Caspar Schwenckfeld reluctant radical. His life to 1540. New Haven–London 1986, 170f.

Barbara Henze

Ziegler, *Jakob,* Humanist und Theologe, * um 1470 Landau (Isar), † 1549 Passau; Studium in Ingolstadt unter Conrad Celtis. Z. verfasste in Mähren eine Schrift gegen die /Böhmischen Brüder, kam 1521 nach Rom an den Hof /Leos X., entwickelte sich aber zu einem leidenschaftlichen Gegner des Papsttums. Reformatorisch gesinnt, ging er 1531 nach Straßburg, überwarf sich jedoch mit den Prädikanten, worauf er sich langsam wieder dem Katholizismus annäherte. Seit 1541 Theologie-Professor in Wien, fand er 1543 im Humanistenkreis des Fürstbischofs Wolfgang von Salm in Passau Aufnahme. Z.s zahlreiche mathematische, geographische, astronomische und philologisch-exegetische Schriften wurden sämtlich indiziert.

▪ Literatur: K. SCHOTTENLOHER: J.Z. aus Landau an der Isar. Münster 1910; K. STADTWALD: Roman Popes and German Patriots. Genf 1996, 105–136. *Alfred Schindler*

Zobel von Giebelstadt (Z.), *Melchior,* Fürstbischof von Würzburg (1544), * um 1500, † 15.4.1558 Würzburg (ermordet); Studium in Wittenberg (1521), Leipzig und Mainz (?); 1521 Domizellar, 1532 Kapitular, 1540 Dekan, 1541 Priester. Z. bemühte sich vergeblich um Restitution der bischöflichen Jurisdiktion in den protestantischen Territorien der Diözese. Ansätze katholischer Reform (Diözesansynode 1548, Visitationen) und vereinzelte Maßnahmen gegen lutherische Geistliche und Untertanen kamen durch Fürstenkrieg (/Moritz von Sachsen) und den zweiten Markgräflerkrieg (1553/54) weitgehend zum Erliegen.

▪ Literatur: A. WENDEHORST: Das Bistum Würzburg, Teil 3. Berlin–New York 1978, 109–132; CH. BAUER: M.Z. Münster 1998.

Christoph Bauer

Zölibat. In der Reformationszeit kam es zu harten Auseinandersetzungen um den Z., der mit der Leugnung des Weihesakraments radikal in Frage gestellt wurde. Der Reichstag zu Nürnberg (1522–23) lehnte ein Eingreifen gegen den verheirateten Klerus ab, während sich ein Teil der katholischen Stände in Regensburg (1524) dazu bereit fand, ebenso der

Augsburger Reichsabschied von 1530. ∕Ferdinand I. und andere Fürsten traten noch während des Trienter Konzils für die Priesterehe ein und bemühten sich nach dem Konzilsentscheid vergeblich um Ausnahmen für ihre Gebiete. Das Tridentinum bestätigte das Gesetz, dass Kleriker höherer Weihen eheunfähig sind (DH 1809). Die Streitfrage, ob der Z. des Klerikers auf dem Gesetz der Kirche oder auf einem Gelübde beruhe, wurde nicht ausdrücklich entschieden; doch lässt die Angabe des auf die Kleriker bzw. die Regularen bezogenen Verpflichtungsgrundes (Gesetz oder Gelübde) erkennen, dass der Z. des Klerikers auf dem Gesetz der Kirche beruht. Bezüglich der niederen Weihen duldete das Tridentinum einen älteren Brauch, Verheiratete zuzulassen (Sessio XXIII c. 6 und 17). *Klaus Mörsdorf*

■ LThK² 10, 1395–98 (ungekürzte Fassung).

■ Literatur: S. Burghartz: Das starke Geschlecht und das schwache Fleisch. Erasmus und Zwingli zur Priesterehe: Querdenken. FS H.R. Guggisberg. Mannheim 1996, 89–106; W. Keller: Z. und Priesterehe als reformatorische Anliegen auf dem Reichstag zu Augsburg 1530: Würzburger Diözesangeschichtsblätter 58 (1996) 153–169; R. Mau: Die leidende und bittende Kirche. Stationen des Bekennens im Konflikt um die Priesterehe (CA, Apologie und CA variata): Wege zum Einverständnis. FS Ch. Demke. Leipzig 1997, 190–202; S.E. Buckwalter: Die Priesterehe in Flugschriften der frühen Reformation. Gütersloh 1998; H.L. Parish: Clerical marriage and the English reformation. Aldershot 2000.

Zúñiga (Stunica), *Diego López de*, Bibelphilologe, * vor 1490 Extremadura, † 1530/31 Neapel; Studium der Theologie und der biblischen Sprachen in Salamanca, u. a. bei Antonio de Nebrija. In Alcalá verglich er für die Ausgabe des Neuen Testaments der Complutenser Polyglotte alte lateinische und griechische Manuskripte und verfasste erste polemische Schriften gegen Jakob ∕Faber Stapulensis und ∕Erasmus von Rotterdam. Ab 1522 lebte er in Rom und setzte seinen Kampf gegen Erasmus und andere Humanisten fort.

■ Werke: Annotationes contra Iacobum Fabrum Stapulensem. Alcalá 1519 u.ö.; Annotationes contra Erasmum Roterodamum in defensionem translationis Novi Testamenti. ebd. 1520 u.ö.; Erasmi Roterodami blasphemiae et impietates. Rom 1522; Libellus trium illorum voluminum praecursor quibus Erasmicas impietates ac blasphemias redarguit. ebd. 1522; Conclusiones principaliter suspectae et scandalosae, quae reperiuntur in libris Erasmi Rot. ebd. 1523; Assertio ecclesiasticae translationis Novi Testamenti a soloecismis quos illi Erasmus Rot. impegerat. ebd. 1524.

■ Literatur: CEras 3, 140–143. – C. Gilly: Spanien und der Basler Buchdruck bis 1600. Basel 1985; E. Rummel: Erasmus and his catholic critics, Bd. 1. Nieuwkoop 1989, 144–177; A. Sáenz-Badillos: La filología bíblica en los primeros helenistas de Alcalá. Estella 1992, 197–317; K. Reinhardt: Bibelkommentare spanischer Autoren, Bd. 2. Madrid 1999, 426ff. *Fernando Domínguez*

Zwick, *Johannes,* Reformator, * um 1496 Konstanz, † 23.10.1542 Bischofszell. Aus einer Konstanzer Patrizierfamilie stammend, studierte Z. in Freiburg, Bologna und Basel Jurisprudenz. Zunächst dem Humanistenkreis um ∕Erasmus von Rotterdam nahe stehend, wandte er sich nach der Lektüre Martin Luthers der Reformation zu und predigte diese seit 1522 auf einer Pfarrstelle in Riedlingen. Nach seiner Absetzung im Gefolge des ∕Bauernkrieges kehrte Z. 1525 nach Konstanz zurück und wurde dort neben Ambrosius ∕Blarer zum bedeutendsten Reformator der Reichsstadt. Zahlreiche Gutachten zu theologischen Streitfragen ebenso wie katechetische Schriften lassen in ihm einen streitbaren Verfechter der oberdeutschen Reformation erkennen, der durch Visitationen und Predigten auch außerhalb von Konstanz, besonders im Thurgau, wirkte. Als Gesandter von Konstanz unterschrieb er gemäß seinen Anweisungen die ↗Wittenberger Konkordie 1536 nicht, obgleich er die Unionsbestrebungen wohlwollend beurteilte. Die Aufnahme von Konstanz in den Schweizerbund wurde 1539/40 von Z. erfolgreich bekämpft, um die Verbindung mit den Schmalkaldenern nicht zu gefährden.

Literatur: B. MOELLER: J.Z. und die Reformation in Konstanz. Gütersloh 1961; K.J. RÜETSCHI: J.Z. und Heinrich Bullinger in ihren Briefen: Zwingliana 18 (1989/91) 337–342. *Franz Brendle*

Zwickauer Propheten (ZP), von Martin Luther geprägte Bezeichnung für die schwärmerisch-sozialrevolutionär ausgerichteten Tuchmacher *Nikolaus Storch* und *Thomas Drechsel* und den Studenten *Markus Thomae*, die dem Kreis um Thomas ↗Müntzer entstammten; nach Niederschlagung eines von ihnen verantworteten Aufstands der Tuchknappen in Zwickau beteiligten sie sich Ende 1521 an den Unruhen in Wittenberg; erst Luther setzte ihnen durch seine „Invocavitpredigten" (1522) ein Ende; die ZP verwarfen Kindertaufe, jeden äußeren Kult, betonten das innere Wirken des Geistes und kündigten ein von „Pfaffen" und Gottlosen gereinigtes „Tausendjähriges Reich der Auserwählten" an; dazu beriefen sie sich auf unmittelbare Offenbarungen, Träume und Visionen sowie auf Gespräche mit Gott. Fälschlicherweise leitete die spätere Geschichtsschreibung die ↗Täuferbewegung aus dem Umfeld der ZP her.

Literatur: RGG³ 6, 1951; LThK² 10, 1431. – S. HOYER: Radikale Prediger und soziales Umfeld. Bemerkungen zu Th. Müntzers Tätigkeit in Zwickau: R. POSTEL (Hg.): Reformation und Revolution. Stuttgart 1989, 155–169; H.J. DIEKMANNSHENKE: Die Schlagwörter der Radikalen der Reformationszeit (1520–36). Spuren utopischen Bewußtseins. Frankfurt (Main) 1994; G. SEEBASS: Die Reformation und ihre Außenseiter, hg. v. I. DINGEL. Göttingen 1997. *Peter Lüning*

Zwingli, *Huldrych,* Theologe, Reformator

1. Leben • 2. Schriften • 3. Theologie • 4. Einfluss ↗Zwinglianismus.

1. *Leben.* * 1.1.1484 Wildhaus (Toggenburg), † 11.10.1531 bei Kappel. Für die Zeit vor Zürich fließen die Quellen spärlich: Jugend, Ausbildung, erste Tätigkeit und geistige Entwicklung bleiben relativ ungewiss. Nach dem Besuch der Universitäten in Wien (1498–1502) und Basel (1502–06) wirkte Z. als Priester in Glarus (1506–16) und Einsiedeln (1516–18). Intensive Lektüre scholastischer, patristischer sowie klassischer Schriften und zunehmender Austausch mit Humanisten fallen in diese Zeit. Z. begleitete Glarner Söldner auf Feldzügen, empfing eine jährliche Pension vom Papst und nahm an einer Wallfahrt nach Aachen teil. Die literarische und persönliche Begegnung mit ↗Erasmus von Rotterdam (1516) wird zur biographischen Zäsur. – Die Wirksamkeit in Zürich ist von der Durchführung und Ausbreitung der Reformation in der Stadt und in der Eidgenossenschaft geprägt. Am 1.1. 1519 trat Z. das Amt als Leutpriester am Großmünster an und stellte sogleich in fortlaufender Auslegung biblischer Schriften Leben und Werk Jesu als Vorbild dar. Die Bibel als einzige Grundlage für Lehre und Leben von Kirche und Gesellschaft setzte sich gegenüber den traditionellen Autoritäten (Heilige Schrift, Dogma, Konzilien, Papsttum)

erst 1522 im öffentlichen Konflikt um Fastenvorschriften, Heiligenverehrung und klösterliche Lebensform eindeutig durch. Dazu führte ein langjähriger Prozess, bei dem die Lektüre der Bibel im Urtext, das Studium der Kirchenväter (Augustinus) und der Werke des Erasmus sowie die Vorgänge um Martin Luther auf Z. einwirkten. Nachdem er in der Ersten Zürcher Disputation von 29.1.1523 mit 67 Thesen seine Predigttätigkeit gerechtfertigt hatte, beurteilte der Zürcher Rat diese als schriftgemäß und verordnete allen Prädikanten die Predigt in Übereinstimmung mit der Heiligen Schrift. Der Zweiten Zürcher Disputation über Kirchenschmuck und Messe vom Oktober 1523 folgten schrittweise Neuerungen: Beseitigung des Kirchenschmucks (1524; ∕Kunst und Reformation), Einführung der Abendmahlsfeier (1525), der Armen- und Krankenfürsorge (1525), des Ehe- und Sittengerichts (1526). Die Zuständigkeit des Rates in geistlichen Fragen wurde von Anhängern Z.s zunehmend bestritten, was schließlich zur Gemeindegründung der ∕Täufer in Zollikon führte. – Nach der Festigung in Zürich trieb Z. die Ausbreitung der Reformation in der Eidgenossenschaft und in Süddeutschland voran. Bern, Basel und Schaffhausen führten die Reformation ein (1528–1529). Zu kriegerischen Auseinandersetzungen zwischen katholischen und reformatorischen Ständen kam es bei der Einführung der Reformation in den gemeinsam verwalteten „Gemeinen Herrschaften". Im zweiten Konflikt bei Kappel schlugen die Innerschweizer die Zürcher am 11.10.1531 vernichtend. Z. starb auf dem Schlachtfeld.

2. *Schriften.* Das Werk Z.s umfasst eine Zeitspanne von über zwanzig Jahren, wobei der Hauptteil der Schriften aus der Zürcher Zeit stammt. Z. schrieb Gedichte, Lieder, Briefe, Gutachten, Liturgien, überarbeitete Predigten zu theologischen Traktaten, rechtfertigte und verteidigte seinen Glauben in umfangreichen theologischen Abhandlungen. Aus früher Zeit stammen *Das Fabelgedicht von Ochsen* (1510) und *Der Labyrinth* (1514/16), die sich mit der Stellung der Eidgenossenschaft in den aktuellen Soldbündnissen beschäftigen. Eine stattliche Zahl der theologischen Traktate ging aus Predigten hervor, die zum Druck erheblich überarbeitet wurden: *Von Erkiesen und Freiheit der Speisen* (1522) erweist die herrschende Fastenordnung als menschliche Satzung, weshalb ihre Geltung beschränkt ist; *Von Klarheit und Gewißheit des Wortes Gottes* (1522) fasst das grundlegende Schriftprinzip zusammen; *Eine Predigt von der reinen Magd Maria* (1522) interpretiert die Lehre von der Jungfrau Maria streng christologisch; *Von göttlicher und menschlicher Gerechtigkeit* (1523) bestimmt das Verhältnis zwischen göttlicher und menschlicher Gesetzgebung und kritisiert auf diesem Hintergrund das geltende Zins- und Zehntwesen; *Der Hirt* (1524) thematisiert das Amt des Pfarrers; *Sermonis de providentia anamnema* (1530), eine umfangreiche lateinische Abhandlung zur Vorsehung Gottes, die an die am Marburger Religionsgespräch vor Landgraf ∕Philipp von Hessen gehaltene Predigt anknüpft, behandelt pointiert zentrale theologische Fragen wie Gotteslehre, Anthropologie, Soteriologie, Abendmahl und distanziert sich damit sowohl von Luther als auch von der Willensfreiheit des Erasmus. Auch andere theologische Abhandlungen entstehen aus aktuellem Anlass: Der *Apologeticus Archeteles* (1522) rechtfertigt

Z.s Verhalten im Fastenhandel und lehnt die Autorität des Bischofs ab. In *Wer Ursache gebe zu Aufruhr* (1524) bekämpft Z. die Bauernunruhen, geht in *Von der Taufe, von der Wiedertaufe und von der Kindertaufe* (1525) gegen die Täufer vor, greift in *Eine klare Unterrichtung vom Nachtmahl Christi* (1526) die Realpräsenz an und verteidigt die eigene, symbolische Auffassung. Als dogmatische Schriften Z.s sind besonders zu nennen die *Auslegen und Gründe der Schlussreden* (1523), die umfangreichste Schrift, in der er seine 67 Thesen zur Ersten Zürcher Disputation ausführt und begründet, der *De vera et falsa religione commentarius* (1525), in dem er im ersten Hauptteil die Grundlagen seiner Theologie und im zweiten Hauptteil die kontroverstheologischen Streitfragen darstellt, die *Fidei ratio* (1530) und die *Christianae fidei expositio* (1531), die sich beide am Apostolicum ausrichten. Exegese und Predigt sind im Vergleich etwa zu Luther und Jean Calvin nur fragmentarisch überliefert. Bibelkommentare und Übersetzungen der „Zürcher Bibel" sind aus der „Prophezei" herausgewachsen, einem Kreis von Chorherren, Pfarrern und Lateinschülern, in dem die Zürcher Reformatoren regelmäßig biblische Bücher im Urtext lasen, in Lateinisch auslegten und die Ergebnisse in deutscher Ansprache der Gemeinde zugänglich machten. Von den Kommentaren hat Z. allerdings nur zwei, zu Jesaja und Jeremia, selbst herausgegeben. Schließlich hinterlässt Z. eine umfangreiche Korrespondenz. Insgesamt zeichnet sich das Werk Z.s durch humanistische Gelehrsamkeit, reformatorischer Schärfe und theologisches Profil aus.

3. *Theologie.* a) *Dualismus:* Ein fundamentaler Grundzug prägt Z.s theologisches Denken: die strikte Unterscheidung zwischen Schöpfer und Geschöpf, Himmel und Erde, Geist und Fleisch, Seele und Leib. Diese Auffassung ist wesentlich beeinflusst durch Erasmus von Rotterdam und Augustinus und bestätigt durch Lektüre entsprechender Stellen im Alten (Propheten) und Neuen Testament (Paulus). Kreatur kann in keinem Fall Trägerin des göttlichen Heils sein. Diese Unterscheidung gibt die Handhabe zu scharfer Kritik an Lehre, Leben und Autoritäten der traditionellen ⁄Kirche, die Z. als Menschenwerk identifiziert und als Kreaturvergötterung ablehnt. – b) *Geist und Wort:* Alleinige Autorität kommt dem Wort Gottes zu. Das biblische Wort kann für sich nicht Vermittler des Glaubens sein. Gott selber muss den Menschen ziehen (Joh 6,44) und innerlich durch den Heiligen Geist erleuchten, so dass er das biblische als göttliches Wort versteht und diesem vertraut. Jede wahre Erkenntnis Gottes und des Menschen stammt daher von Gott. – c) *Gott* ist das Sein, von dem alles Seiende abhängt. Gott ist das Gute, Bewegung und Leben, Weisheit, Wissen und Vorsehung, Güte und Freigebigkeit. Die Betonung der Vorsehung unterstreicht die Souveränität Gottes sowie die Abhängigkeit des Menschen von Gott und wendet sich gegen Willensfreiheit und Verdienst des Menschen. Als höchstes Gut ist Gott Vollkommenheit und Gerechtigkeit, die er auch von Menschen fordert. – d) Der *Mensch* kann als Sünder diesem Anspruch niemals entsprechen. Z. unterscheidet Sünde als unheilbare Krankheit, die dem Menschen seit Adam angeboren ist und die in der Selbstliebe des Menschen besteht, sowie als Übertretung des Gesetzes. Die Sündenkrankheit ist der Grund dafür, dass der Mensch weder sich selbst noch Gott erken-

nen kann. Gemeinschaft mit Gott ist ihm daher unmöglich. An diesem Faktum muss der Mensch verzweifeln. – e) *Heilsgeschehen:* Im Rückruf Gottes an den gefallenen Adam ereignet sich das Heilsgeschehen Gottes für den Menschen. Dieser Rückruf präludiert das Heil für das Menschengeschlecht in Christus und ist zugleich Ursprung und Anfang von „Religion", durch die der Mensch zu Gott strebt. – f) *Jesus Christus* ist der Sohn Gottes, der für uns Menschen gestorben ist und der Gerechtigkeit Gottes Genüge getan hat. Die Auffassung vom Opfertod Christi ist von der Satisfaktionslehre Anselms von Canterbury geprägt. Die göttliche Natur Christi verbürgt das Heil und wird daher betont. Zugleich unterstreicht Z., beeinflusst von Erasmus, die Rolle Jesu als Lehrer und Vorbild. – g) Das Haupt der ∕ *Kirche* ist Christus, deren Glieder sind die Gläubigen. Die Kirche ist einerseits katholisch und universal: verstreut über die ganze Welt, sichtbar für Gott, aber unsichtbar für die Menschen, anderseits ist sie lokal: sichtbar in der einzelnen Gemeinde vor Ort. Heilig ist sie, sofern sie in Christus bleibt, zugleich ist sie „vermischt", da ihr Gläubige und Ungläubige angehören. Z. betont die Einheit der Kirche, die durch den Heiligen Geist verbürgt ist. Glieder der sichtbaren Kirche bekennen sich zu Christus, haben Anteil an den Sakramenten und führen einen entsprechenden Lebenswandel. – h) Die *Sakramente* bewirken nichts. Das Heil hängt an Gott allein. Gott verleiht den Glauben. Äußere Mittel sind dazu nicht notwendig, auch wenn Gott solche benützt. – i) Die *Taufe* ist das Zeichen für den Gnadenbund Gottes, den er mit Adam, Abraham und dem Volk Israel geschlossen hat und der sich im Wesen nicht vom Bund in Christus unterscheidet. Die Taufe ist Zulassung zu diesem Bund, Aufnahme in die kirchliche Gemeinschaft, Verpflichtung zum christlichen Leben. – j) Im *Abendmahl* erinnern sich die Gläubigen an das eine Opfer Christi. Sie sagen Dank (Eucharistie) für die erwirkte Erlösung, bezeugen zugleich ihre Gemeinschaft mit Christus und verpflichten sich gegenseitig zu einem würdigen Lebenswandel. Grundlegend ist der Glaube an Christus als Sohn Gottes, der nach seiner göttlichen Natur gegenwärtig ist, nach seiner menschlichen Natur aber zur Rechten Gottes sitzt. Die leibliche Gegenwart oder das leibliche Essen Christi lehnt Z. ab, denn: „Der Geist ist es, der lebendig macht, das Fleisch hilft nichts" (Joh 6,63). Die Einsetzungsworte, „Das ist mein Leib", versteht Z. im Sinn von „bedeutet". Die Wendung „Christus essen" (Joh 6) meint an Christus glauben. – k) *Kirche und Gesellschaft* fallen nahezu zusammen, weil sie beide nach der Übereinstimmung mit dem Willen Gottes streben. Während die weltliche Obrigkeit die menschliche Gerechtigkeit handhabt, die die äußere Ordnung erhält, verfährt die Kirche nach der inneren, göttlichen Gerechtigkeit, der Übereinstimmung mit dem Gesetz Gottes, wobei die menschliche Gerechtigkeit ihren Maßstab in der göttlichen hat. Was die Kirche anbelangt, ist die Autorität der Obrigkeit auf äußere religiöse Angelegenheiten beschränkt. Die Obrigkeit ordnet sich dem Wort Gottes unter, fragt nach der Zustimmung der Kirche, regelt das äußere Leben in Zürich nach dem Gesetz Gottes und fördert die Verkündigung des Evangeliums. Kirche und Gesellschaft sind nicht zwei Bereiche nebeneinander, sondern ein Bereich unter der einen Herrschaft Gottes.

4. *Einfluss.* ↗Zwinglianismus.

▪ Werke: Sämtliche Werke, hg. v. E. EGLI U.A., 14 Bde. (CR 88–101). Berlin u.a. 1905–91; Übersetzung: Schriften (Auswahl), hg. v. TH. BRUNNSCHWEILER–S. LUTZ, 4 Bde. Zürich 1995.
▪ Literatur: *Bibliographie:* G. FINSLER: Z.-Bibliographie. Zürich 1897; U. GÄBLER: H.Z. im 20.Jh. ebd. 1975 (Bibliographie 1897–1972); Zwingliana 1–26 (1897–1999) mit Register 1897–1996 (1997) (ab 1972 jährliche Bibliographie). – *Ferner:* G.W. LOCHER: Die Zwinglische Reformation im Rahmen der europäischen Kirchengeschichte. Göttingen–Zürich 1979; U. GÄBLER: H.Z. Eine Einführung in sein Leben und sein Werk. München 1983; W.P. STEPHENS: The Theology of H.Z. Oxford 1986; J.V. POLLET: H.Z. et le zwinglianisme. Paris 1988; [W.] P. STEPHENS: Z. Einführung in sein Denken. Zürich 1997; M. SALLMANN: Zwischen Gott und Mensch. H.Z.s theologischer Denkweg im De vera et falsa religione commentarius (1525). Tübingen 1999; Die Zürcher Reformation. Ausstrahlungen und Rückwirkungen, hg. v. A. SCHINDLER–H. STICKELBERGER unter Mitarbeit von M. SALLMANN. Bern 2001.   *Martin Sallmann*

Zwinglianismus. Der Z. ist neben dem ↗Calvinismus eine der Hauptwurzeln der reformierten Tradition (↗Reformierte Kirchen). Seine Beschreibung hängt von mehreren Faktoren ab:

1. *Problemanzeige.* a) Im Konflikt um Fastenordnung, Heiligenverehrung und klösterliche Lebensform brach der am Zürcher Großmünster tätige Leutpriester Huldrych ↗Zwingli 1522 öffentlich mit der römischen Kirche. Der Zürcher Rat beurteilte während der Ersten Zürcher Disputation im Januar 1523 Zwinglis Predigttätigkeit als schriftgemäß und verordnete die Predigt in Übereinstimmung mit der Heiligen Schrift. Als Reformator rang Zwingli mit Gegnern aus drei Richtungen: mit den Altgläubigen um die Auffassung von Autorität und die religiöse Praxis der traditionellen Kirche, mit den ↗Täufern um die Bedeutung von Taufe und Autorität der weltlichen Obrigkeit sowie mit Martin Luther um das Verständnis des Abendmahls. Alle wichtigen Schriften Zwinglis entstammen dieser kämpferischen Lebensphase und haben daher apologetischen Charakter. Mit dem gewaltsamen Tod auf dem Schlachtfeld bei Kappel 1531 wurde dem Wirken Zwinglis ein abruptes Ende gesetzt. Die Ausbreitung der Reformation unter der Führung Zürichs war empfindlich getroffen und blieb im Wesentlichen auf die vier Stadtstaaten Zürich, Bern, Basel und Schaffhausen begrenzt. – b) Heinrich ↗Bullinger (1504–75), der unabhängig von Zwingli zur Reformation gekommen war und mit dem er seit 1523 einen freundschaftlichen, theologischen Austausch gepflegt hatte, wurde Zwinglis Nachfolger am Großmünster. In seiner über vierzigjährigen Amtszeit stellte er sich zwar stets vorbehaltlos hinter seinen Vorgänger, doch hat er zugleich mit den wechselnden historischen Herausforderungen das angetretene Erbe interpretiert und umgeformt. – c) Von der Beurteilung und Gewichtung sowohl von Zwinglis als auch von Bullingers Denken und Wirken hängt die Bestimmung des spezifischen Inhalts des Z. ab. Der komplexe Transformationsprozess des Z. in Bullingers Amtszeit ist von der Forschung noch nicht abschließend beschrieben. Dies zeigt sich darin, dass für die Epoche nach Zwinglis Tod die Begriffe „Spät-Z." (Locher) und „Bullingerianismus" (Staedtke) vorgeschlagen wurden. – d) Trotz dieser Beschränkungen lassen sich charakteristische Divergenzen zwischen Luthertum, Calvinismus und Z. in vier Lehrpunkten aufzeigen, nämlich bei Abendmahl, Prädestination, Kirchenzucht

und Bund. Der Begriff „Z." ist, wie oft bei Parteibezeichnungen, von den Gegnern aufgebracht worden. Luther etwa bezeichnete als „Zwinglianer" seit 1528 jene Gegner, die einer symbolischen Auffassung des Abendmahls zuneigten. Auch das Abstraktum „Z." taucht schon in den vierziger Jahren auf.

2. *Phasen*. Zeitlich kann der Z. in drei Phasen gegliedert werden. Ihre Relevanz haben die vier Lehrpunkte (s. o.) in unterschiedlicher Intensität zu unterschiedlicher Zeit entwickelt:

a) *Erste Phase* (1525-50): In „De vera et falsa religione Commentarius" (1525) konsolidierte Zwingli erstmals seine reformatorische Theologie. Nachher entdeckte er im Konflikt mit den Täufern, dass Gottes Bund mit Israel dem Bund mit den Christen im Wesen entspricht. Die Einheit von Gottes Heilshandeln fügt Volk Gottes und Kirche Christi, Altes und Neues Testament, Beschneidung und Taufe, Passah und Abendmahl zusammen. Zugleich kam es zum offenen Schlagabtausch mit Luther, in dem Zwingli die symbolische Auffassung des Abendmahls verteidigte. Die Vermittlung des Heils hängt nicht an den Elementen, sondern allein an Gott, der den Glauben an Christus als Sohn Gottes schenkt. Christus ist nach seiner göttlichen Natur gegenwärtig, nach seiner menschlichen Natur aber sitzt er zur Rechten Gottes. Die Einsetzungsworte („Das ist mein Leib ...") versteht Zwingli im Sinn von „bedeutet". Die Wendung „Christus essen" (Joh 6) meint an Christus glauben. Die Verständigung zwischen Zwingli und Luther scheiterte im Marburger Religionsgespräch (1529) an der Auffassung der Gegenwart Christi im Abendmahl. Die „Confessio Helvetica prior" (/Bekenntnisschriften) von 1536, die von Bullinger maßgeblich mit geprägt und von den protestantischen Ständen der Eidgenossenschaft angenommen wurde, bestätigte im Wesentlichen die symbolische Auffassung des Abendmahls. Die Wittenberger Konkordie, die der Straßburger Reformator Martin /Bucer als Grundlage zur Einigung mit den Lutheranern vorgesehen hatte, wurde im gleichen Jahr von Bullinger abgelehnt. Nach langwierigen Verhandlungen zwischen Bullinger und dem Genfer Reformator Jean Calvin kam es 1549 zum /Consensus Tigurinus (Zürcher Übereinkunft), in dem beide von ihrer ursprünglichen Sakramentslehre abrückten. Bullinger räumte ein, dass der äußere Empfang des Abendmahls das innere Wirken des Heiligen Geistes bekräftigt. Durch die Vereinbarung wurde Calvin von den Lutheranern distanziert und in den eidgenössischen Protestantismus eingebunden.

b) *Zweite Phase* (1550-85): Der Consensus Tigurinus betraf die Lehre von den Sakramenten, wesentliche Fragen wie Prädestination oder Kirchenzucht waren offen geblieben. Im Kampf mit den Täufern hatte Zwingli die Erwählung als Argument gegen die Bindung des Heils an die Taufe verwendet. Gegenüber Calvin, der von einem doppelten Dekret zur Erwählung und zur Verwerfung ausging, hielt Bullinger an der Erwählung aus Gnade fest. Die Prädestination war immer wieder Anlass heftiger Auseinandersetzungen und blieb bis zur Synode von Dordrecht (s. u.) umstritten. – Für die Kirchenzucht sah der Basler Reformator Johannes /Oekolampad ein eigenes kirchliches Gremium vor, was Zwingli nach einigem Zögern für Zürich ablehnte, wo dem Magistrat diese Aufgabe zukommen sollte. Calvin knüpfte in Genf an das Basler Modell an. In Bern setzte sich das Zürcher Modell durch. In Heidelberg vertrat Thomas ↗Erastus die obrigkeitliche Kirchenzucht nach Zürcher Vorbild gegenüber Caspar ↗Olevian und wurde darin von Bullinger tatkräftig unterstützt. Zum Tauziehen kam es auch in den Niederlanden. Die Nationalsynode bekräftigte 1578 die Selbständigkeit der Kirche gegenüber der weltlichen Obrigkeit. Demgegenüber berief sich Caspar Coolhaes (1536–1615) auf Schriften von Bullinger, Rudolf Gwalther sowie Wolfgang ↗Musculus und verteidigte mit dem Leidener Magistrat das Zürcher Modell, unterlag aber und wurde schließlich exkommuniziert. – Was die strittigen Lehrpunkte zwischen Zürich und Genf anbelangte, auferlegte sich Bullinger Zurückhaltung, blieb aber gegenüber dem Luthertum unnachgiebig. Auf Anregung des Pfalzgrafen ↗Friedrich III. veröffentlichte Bullinger 1566 die „Confessio Helvetica posterior", die von den protestantischen Ständen der Eidgenossenschaft und Genf unterzeichnet wurde (Basel erst 1644). Das Bekenntnis erfuhr weite Verbreitung, wurde in Frankreich, den Niederlanden und England übersetzt und von den Kirchen in Schottland, Ungarn und Polen unterzeichnet.

c) *Dritte Phase* (1585–1620): Das Genfer Konzept der Kirchenzucht, von Theodor ↗Beza weiter ausgeformt, wurde in den frühen siebziger Jahren von Walter Travers und Thomas Cartwright in England propagiert. John Whitgift und Richard Hooker verteidigten dagegen die obrigkeitliche Kirchenzucht, wobei sie auf Erastus (s. o.) zurückgriffen.

Danach hielt sich das Zürcher Modell in England durch das 17. Jh. hindurch. – Bullinger hat Zwinglis Lehre vom Bund (s. o.) aufgenommen und in einer Monographie von 1534 schlüssig ausgebaut, was für die Entwicklung der reformierten ↗Föderaltheologie grundlegend werden sollte. Sie wirkte in England und Schottland tief greifend. – Zunehmend wurde in Basel (Amandus Polanus), Bern (Abraham Musculus) und auch in Zürich (Johannes Stucki) die Prädestination verfochten, wie sie Beza in Genf weiterentwickelt hatte. Auf der Dordrechter Synode 1618/19 wurden die Lehren der Arminianer verurteilt und die calvinistische Auffassung von der Prädestination bekräftigt. Da sich die Arminianer nicht zu Unrecht auf Bullinger bezogen hatten, musste Johann Jakob Breitinger, Antistes in Zürich, Bullinger verteidigen und Übereinstimmung zwischen diesem und Calvin behaupten. Dieser Umstand zeigt treffend, dass der Z. in dieser Phase vom Calvinismus überflügelt worden war.

Literatur: OER 4, 323–327. – Heinrich Bullinger 1504–75. Gesammelte Aufsätze zum 400. Todestag, Bd. 1–2, hg. v. U. GÄBLER – E. HERKENRATH. Zürich 1975; G.W. LOCHER: Die Zwinglische Reformation im Rahmen der europäischen Kirchengeschichte. Göttingen–Zürich 1979; J. STAEDTKE: Bullingers Theologie – eine Fortsetzung der zwinglischen? Bullinger-Tagung 1975. Vorträge, hg. v. U. GÄBLER – E. ZSINDELY. Zürich 1982, 87–98; J.V. POLLET: Huldrych Zwingli und le Zwinglianisme. Paris 1988; Die Zürcher Reformation. Ausstrahlungen und Rückwirkungen, hg. v. A. SCHINDLER – H. STICKELBERGER unter Mitarbeit von M. SALLMANN. Bern u.a. 2001.   *Martin Sallmann*

Zeittafel

Profangeschichte		Kirchengeschichte	
1509–47	Heinrich VIII. von England		
		1512–17	5. Laterankonzil
		1513–21	Leo X.
1515–47	Franz I. von Frankreich		
		1516	Konkordat von Bourges
		1517	Thesenveröffentlichung Martin Luthers
1519–56	Karl V. (1530 Kaiser)	1519	Leipziger Disputation
		1520	*Exsurge Domine* (Bannandrohungsbulle)
1521	Reichstag zu Worms (Wormser Edikt)	1521	*Decet Romanum Pontificem* (Bannbulle)
1521–26	Krieg Karls V. gegen Franz I.	1521/22	Luther auf der Wartburg
1522/23	Sickingsche Fehde	1522/23	Hadrian VI.
1522–24	Reichstage zu Nürnberg		
		1523–34	Clemens VII.
1524/25	Bauernkrieg		
1525	Dessauer Bündnis		
1526	Reichstag zu Speyer		
1526	Torgauer Bündnis		
1527	Sacco di Roma		
1527–29	Krieg Karls V. gegen Franz I.		
1529	Reichstag zu Speyer (Protestation)	1529	Marburger Religionsgespräch
1529	Türken vor Wien		
1530	Reichstag zu Augsburg	1530	Confessio Augustana; Confutatio
1531–47	Schmalkaldischer Bund	1531	Tod Zwinglis
1532	Nürnberger Anstand		
1534	Suprematsakte	1534	Suprematsakte
		1534/35	Täuferreich in Münster
		1534–49	Paul III.
1536–38	Krieg Karls V. gegen Franz I.	1536	Wittenberger Konkordie
		1536/37	Schmalkaldische Artikel
		1537	Konzilseinberufung nach Mantua
1539	Frankfurter Anstand		
		1540	Hagenauer Religionsgespräch
		1541	Regensburger Religionsgespräch
		1541/42	Wormser Religionsgespräch
1542–44	Krieg Karls V. gegen Franz I.		
		1545–48	Konzil von Trient, 1. Tagungsperiode
1546/47	Schmalkaldischer Krieg	1546	Tod Luthers

ZEITTAFEL

Profangeschichte		Kirchengeschichte	
		1546	Regensburger Religionsgespräch
1547–53	Eduard VI. von England		
1547–59	Heinrich II. von Frankreich		
1548	Augsburger Interim		
		1549	Book of Common Prayer
		1549	Consensus Tigurinus
		1550–55	Julius III.
		1551/52	Konzil von Trient, 2. Tagungsperiode
1552	Passauer Vertrag		
1552/53	Fürstenkrieg		
1553–58	Maria I. von England		
1555	Augsburger Religionsfrieden	1555	Marcellus II.
		1555–59	Paul IV.
1556–64	Ferdinand I.		
1556–98	Philipp II. von Spanien		
		1557	Wormser Religionsgespräch
1558–1603	Elisabeth I. von England	1558	Frankfurter Rezess
1559/60	Franz II. von Frankreich	1559–65	Pius IV.
1560–74	Karl IX. von Frankreich	1560	Tod Melanchthons
1561	Naumburger Fürstentag		
1562–98	Religionskriege in Frankreich	1562/63	Konzil von Trient, 3. Tagungsperiode
		1563	Anglikanische Artikel
1564–76	Maximilian II.	1564	Tod Calvins
		1566–72	Pius V.
		1566	Catechismus Romanus
		1568/69	Altenburger Religionsgespräch
1572	Bartholomäusnacht	1572–85	Gregor XIII.
1574–89	Heinrich III. von Frankreich	1574	Schwäbische Konkordie
		1575	Tod Bullingers
		1576	Torgauer Konvent
		1577	Konkordienformel
		1579	Sozinianer in Polen
		1580	Konkordienbuch
1581	Trennung der Niederlande von Spanien		
		1582	Gregorianischer Kalender
		1582–89	Kölnischer Krieg
		1585–90	Sixtus V.
1589–1610	Heinrich IV. von Frankreich		
		1590	Urban VII.
		1590/91	Gregor XIV.
1598	Edikt von Nantes		

Integrierte Stichwörter

39/42 Artikel / Anglikanische Artikel
95 Thesen / Luther, Martin; / Reformation
Abendmahl
Abendmahlsstreit
Ablass
Acontius, Jacobus
Act of Succession / Suprematsakte
Adelmann von Adelmannsfelden, Bernhard
Adiaphoristenstreit
Agricola, Johann
Agricola, Mikael
Agricola, Stephan der Ältere
Alba, Fernando Álvarez de Toledo
Alber, Matthäus
Albrecht V. von Bayern
Albrecht von Brandenburg
Albrecht von Brandenburg-Ansbach
Aleander, Hieronymus
Allen, William
Altenburger Religionsgespräch
Altham(m)er, Andreas
Alveldt, Augustin von
Amberger Religionsgespräch / Olevian, Caspar
Ambrosius Catharinus Politus
Amerbach, Bonifatius
Amerbach, Veit
Ammann, Kaspar
Amsdorf, Nikolaus von
Amt
Andersson, Lars
Andreae, Jakob
Anglikanische Artikel
Anglikanische Kirche / Church of England
Antinomistischer Streit
Antitrinitarier
Apologia Confessionis Augustanae / Confessio Augustana
Arcimboldi, Giovannangelo
Armagnac, Georges d'
Arnold von Tongern
Arnoldi, Bartholomäus
Arnoldi, Franz
Arras, Union / Wilhelm I. von Oranien
Articulus stantis et cadentis ecclesiae

Auger, Edmond
Augsburger Bekenntnis / Confessio Augustana
Augsburger Interim
Augsburger Religionsfriede
Augusta, Jan / Böhmische Brüder
Augustinus von Piemont
Aurifaber, 1) Andreas – 2) Johann
Aurifaber, Johann
Aurogallus, Matthäus
Avenarius, Johannes
Aventinus, Johannes

Badener Disputation
Badia, Tommaso
Bajus, Michael
Baldung, Hans / Kunst und Reformation
Bannandrohungsbulle / Exsurge Domine
Bannbulle / Decet Romanum Pontificem
Barlow, William
Barnes, Robert
Bartholomäusnacht
Bauduin, François
Bauernkrieg
Beatus Rhenanus
Beaulieu, Edikt / Hugenotten
Beccadelli, Ludovico
Beda, Noël
Bekenntnisschriften
Bembo, Pietro
Benedictus Deus
Berner Disputation / Haller, Berchtold
Berner Thesen / Bekenntnisschriften
Berquin, Louis de
Bertano, Pietro
Berthold von Chiemsee
Ber(us), Ludwig
Berwick, Vertrag / Elisabeth I. von England
Beza, Theodor
Biandrata, Giorgio
Bibelübersetzung / Lutherbibel
Bibliander, Theodor
Biel, Gabriel
Bild, Bilderverehrung, -verbot, -sturm
  / Kunst und Reformation
Billicanus, Theobald
Billick, Eberhard

Integrierte Stichwörter

Bilney, Thomas
Blankenfeld, Johannes
Blarer, 1) Ambrosius – 2) Thomas
Blaurock, Jörg / Täufer
Blomevenna, Peter
Böhmische Brüder
Bolsec, Jérôme
Bonner, Edmund
Bonnus, Hermann
Book of Common Prayer
Bora, Katharina von
Borrhaus, Martin
Borromäus, Karl
Botzheim, Johann von
Brant, Sebastian
Braun, Konrad
Bredenbach, Matthias
Brendel von Homburg, Daniel
Brenz, Johannes
Brès, Guy de
Breslauer Religionsgespräch / Hess, Johann
Briçonnet, Guillaume
Briesmann, Johannes
Brück, Gregor
Brucker Libell / Kryptoprotestantismus
Brus von Müglitz, Anton
Bucer, Martin
Buchstab, Johannes
Budé, Guillaume
Bugenhagen, Johannes
Bullinger, Heinrich
Bürki, Barnabas
Buschius, Hermannus
Bußsakrament

Cajetan, Thomas de Vio
Cajetan von Thiene
Calber Vertrag / Albrecht von Brandenburg
Calini, Muzio
Calvin, Jean
Calvinismus
Camaiani, Pietro
Camerarius, Joachim
Campanus, Johannes
Campeggi, 1) Lorenzo – 2) Tommaso
Candidus, Alexander
Canisius, Petrus
Cano, Melchior
Capito, Wolfgang
Caracciolo, Galeazzo
Carafa, Carlo
Carlowitz, Christoph von
Carnesecchi, Pietro
Carranza, Bartolomé

Cassander, Georg
Castellio, Sebastian
Castro, Alfonso de
Catechismus Romanus
Chambord, Vertrag / Moritz von Sachsen
Chanforan, Synode / Reformierte Kirchen
Chemnitz, Martin
Chiericati, Francesco
Christian III. von Dänemark
Christoph von Württemberg
Church of England
Chytraeus, David
Clarenbach, Adolf
Clemens VII., Papst
Cles, Bernhard von
Clichtove, Josse
Clinge, Conrad
Cochlaeus, Johannes
Coligny, 1) Odet – 2) Gaspard
Confessio Augustana
Confessio Belgica / Brès, Guy de; / Calvinismus
Confessio Bohemica / Böhmische Brüder
Confessio Christianae fidei / Calvinismus
Confessio Debrecinensis / Melius, Peter
Confessio Gallicana / Calvinismus
Confessio Hafnica / Christian III. von Dänemark
Confessio Helvetica posterior / Bullinger, Heinrich; / Zwinglianismus
Confessio Helvetica prior / Bekenntnisschriften; / Zwinglianismus
Confessio Raetica / Komander, Johannes
Confessio Saxonica / Moritz von Sachsen
Confessio Scotica
Confessio Tetrapolitana / Bekenntnisschriften
Confessio Virtembergica
Confutatio / Confessio Augustana
Consensus patrum / Kontroverstheologie
Consensus Sandomirensis / Antitrinitarier
Consensus Tigurinus
Contarini, Gasparo
Cordatus, Conrad
Corpus Doctrinae
Corro, Antonio
Cortese, Gregorio
Corvinus, Antonius
Coster, Frans
Coverdale, Miles
Cranach, Lukas der Ältere / Kunst und Reformation
Cranmer, Thomas
Crespin, Jean
Cromwell, Thomas
Crotus Rubeanus

Integrierte Stichwörter

Cruciger, 1) Caspar der Ältere – 2) Caspar der Jüngere
Cuius regio, eius religio
Cum postquam ∕Ablass

Daneau, Lambert
Decet Romanum Pontificem
Declaratio Ferdinandea ∕Ferdinand I.
Delfino, Zaccaria
Delphius, Johannes
Denck, Hans
Dessauer Bündnis
Deutsche Messe ∕Liturgie
Devotio moderna
Díaz, Juan
Dick, Leopold
Dietenberger, Johannes
Dietrich, Veit
Doppenn, Bernhard
Dordrecht, Synode ∕Zwinglianismus
Doré, Pierre
Douai
Draconites, Johannes
Drašković de Trakošćan, Juraj
Drechsel, Thomas ∕Zwickauer Propheten
Driedo(ens), Johannes
Du Bellay, Guillaume
Dudith, András
Dumoulin, Charles
Dungershei(y)m, Hieronymus
Dunkelmännerbriefe
Duplessis-Mornay, Philippe
Duplex usus legis ∕Antinomistischer Streit; ∕Gesetz und Evangelium
Duprat, Antoine-Bohier
Duranti, Jean-Étienne
Dürer, Albrecht ∕Kunst und Reformation

Eber, Paul
Eberlin, Johann
Eck, Johannes
Ecken, Johannes von der
Eduard VI. von England
Ehe
Eisengrein, Martin
Elgard, Nicolaus
Elisabeth I. von England
Ellenbog, Nikolaus
Eltz, Jakob III. von
Emdener Synode ∕Calvinismus
Emser, Hieronymus
Enzinas, Francisco de
Epitome ∕Konkordienformel und Konkordienbuch

Erasmus von Rotterdam
Erastus, Thomas
Erbsünde
Ernst von Bayern
Espence, Claude d'
Esschen, Johannes van den
Evangelismus
Evangelium ∕Gesetz und Evangelium
Ex omnibus afflictionibus ∕Bajus, Michael
Exsurge Domine
Eyb, Gabriel

Faber, Basilius ∕Magdeburger Centuriatoren
Faber, Johannes
Faber, Petrus
Faber Stapulensis, Jakob
Fabri, Johannes
Fabri, Johannes OP
Farel, Guillaume
Ferber, Nikolaus
Ferdinand I., Kaiser
Fidei ratio ∕Bekenntnisschriften; ∕Zwingli, Huldrych
Fisher, John
Flacianer ∕Gnesiolutheraner und Philippisten
Flacius, Matthias
Flugschriften
Föderaltheologie
Fontanini, Benedetto ∕Evangelismus
Foscarari, Egidio
Franck, Kaspar
Franck, Sebastian
Frankfurter Anstand
Frankfurter Rezess
Franz I. von Frankreich
Frecht, Martin
Friedrich I. von Dänemark ∕Christian III. von Dänemark
Friedrich III. von der Pfalz
Friedrich III. von Sachsen
Frith, John
Fritzhans, Johann
Frundsberg, Georg von
Fugger
Fundamentalartikel
Fürstenkrieg ∕Karl V., Kaiser; ∕Moritz von Sachsen; ∕Passauer Vertrag

Gallus, Nikolaus
Gardiner, Stephen
Gebwiler, Hieronymus
Gegenreformation
Geiler von Kaysersberg, Johannes
Geistlicher Vorbehalt

Integrierte Stichwörter

Genfer Katechismus
Gentile, Giovanni Valentino
Georg III. zu Anhalt-Dessau
Georg von Brandenburg-Ansbach und Kulmbach
Georg III. von Sachsen
Gerbel, Nikolaus
Gerstmann, Martin von
Gesetz und Evangelium
Geusen
Giberti, Gian Matteo
Giese, Tiedemann
Gil, Juan
Glarnerhandel ⁄ Tschudi, Aegidius
Gnade
Gnesiolutheraner und Philippisten
Góis, Damião
Gonzaga, 1) Ercole – 2) Giulia – 3) Ludovico
Gottesdienst
Granvella, 1) Nicolas Perrenot de – 2) Antoine Perrenot de
Gratius, Ortwinus
Gravamina
Grebel, Konrad
Gregor XIII., Papst
Gregor XIV., Papst
Gropper, 1) Johann – 2) Kaspar
Grumbach, Argula von
Grünewald, Matthias ⁄ Kunst und Reformation
Grynäus, 1) Simon – 2) Johann Jakob
Guerrero, Pedro
Guise
Gustav I. Vasa von Schweden

Hadrian VI., Papst
Hagenauer Religionsgespräch
Haldrein, Arnold
Haller, Berchtold
Haller, Leonhard
Hamelmann, Hermann
Hamilton, 1) Patrick – 2) John
Haner, Johannes
Hardenberg, Albert
Hätzer, Ludwig
Haydlauf, Sebastian
Hedio(n), Caspar
Heerbrand, Jakob
Heidelberger Katechismus
Heiligenverehrung
Heilsgewissheit
Heinrich II. von Braunschweig-Wolfenbüttel
Heinrich VIII. von England
Heinrich II. von Frankreich
Heinrich III. von Frankreich

Heinrich IV. von Frankreich
Heinrich von Zutphen
Held, Matthias
Helding, Michael
Helgesen, Poul
Hemmingsen, Niels
Hervet, Gentien
Heshusius, Tilemann
Hess, Johann
Hessels, Jan
Hitzkirchen, Vertrag ⁄ Pack, Otto von; ⁄ Truchsess von Pommersfelden, Lorenz
Hochwart, Lorenz
Hoen, Cornelis Henricxzoon
Hoffäus, Paulus
Hoffman, Melchior
Homberger Synode
Honterus, Johannes
Hoogstraeten, Jacob
Horn, Jan ⁄ Böhmische Brüder
Hosius, Stanislaus
Host, Johannes
Hoya, Johann
Huber, Wolfgang ⁄ Kunst und Reformation
Hubmaier, Balthasar
Hugenotten
Hugenottenpsalter
Humanismus
Hut, Hans ⁄ Täufer
Hutten, 1) Ulrich von – 2) Moritz von
Hut(t)er, Jakob ⁄ Hutterische Brüder; ⁄ Täufer
Hutterische Brüder
Hyperius, Andreas

Ignatius von Loyola
Ilanzer Religionsgespräch
Immensa aeterni ⁄ Sixtus V., Papst
Interim ⁄ Augsburger Interim
Ius reformandi

Jewel, John
Joachim I. Nestor von Brandenburg
Joachim II. Hector von Brandenburg
Johann Friedrich von Sachsen
Johann Kasimir, Pfalzgraf bei Rhein
Johannes von Feckenham
Jonas, Justus
Joris, David
Jud, Leo
Judex, Matthaeus ⁄ Magdeburger Centuriatoren
Julius III., Papst

Kaaden, Vertrag ⁄ Ulrich von Württemberg
Karl IX. von Frankreich

Integrierte Stichwörter

Karl V., Kaiser
Karlstadt, Andreas von
Käser, Leonhard
Katholische Reform
Katholischer Bund ∕ Held, Matthias
Kelchindult ∕ Laienkelch
Kessler, Johannes
Kirche
Kirche von England ∕ Church of England
Kirchenlied, -musik ∕ Musik und Reformation
Kirchenordnung
Knox, John
Kölnischer Krieg ∕ Ernst von Bayern; ∕ Waldburg, Gebhard Truchsess von
Komander, Johannes
Konfessionalisierung
Konfirmation
Konkordienformel und Konkordienbuch
Konkupiszenz ∕ Erbsünde
Konsubstantiation ∕ Abendmahlsstreit
Kontroverstheologie
Kralitzer Bibel ∕ Böhmische Brüder
Krafft, Adam
Krell, Nikolaus
Kretz, Matthias
Kreuzestheologie ∕ Theologia crucis
Kromer, Martin
Kryptocalvinismus
Kryptoprotestantismus
Kunst und Reformation

Laienkelch
Laínez, Diego
Lambert, Franz
Landauer Bund ∕ Sickingen, Franz von
Landeskirchentum
Land(t)sperger, Johannes
Lang, Johann
Lang, Matthäus
Łaski, Jan
Lateinischer Krieg ∕ Lang, Matthäus
Latimer, Hugh
Latomus, Bartholomaeus
Latomus, Jacobus
Leib, Kilian
Leiden, Jan van ∕ Täufer
Leipziger Disputation
Leipziger Interim ∕ Augsburger Interim
Leisentrit(t), Johann
Lemnius, Simon
Leo X., Papst
Licet ab initio ∕ Paul III., Papst
Linck, Wenzeslaus
Lindanus, Wilhelmus

Linz, Vertrag ∕ Wilhelm IV. von Bayern
Lippomani, Luigi
Lipsius, Justus
Liturgie
Loher, Dietrich
Lorichius, Gerhard
Lorraine, Cardinal de ∕ Guise
Lotzer, Sebastian
Luise von Savoyen
Lukas von Prag
Lussy, Melchior
Luther, Martin
Lutherbibel
Luthertum

Madruzzo, 1) Cristoforo – 2) Ludovico
Magdeburger Centuriatoren
Magni, Petrus
Magnus, 1) Johannes – 2) Olaus
Major, Georg
Majoristischer Streit ∕ Major, Georg
Malvenda, Pedro de
Manducatio impiorum ∕ Abendmahlsstreit
Marbach, Johannes
Marburger Religionsgespräch
Marcello, Cristoforo
Marcellus II., Papst
Margareta von Parma
Maria I. von England
Maria Stuart
Marius, Wolfgang
Marpeck, Pilgram
Marschalk, Nikolaus
Massarelli, Angelo
Mathesius, Johannes
Maulbronner Kolloquium ∕ Olevian, Caspar
Maximilian II., Kaiser
Medici, Katharina de'
Medina, Miguel de
Megander, Kaspar
Melanchthon, Philipp
Melander, Dionysius der Ältere
Melius, Peter
Menius, Justus
Menno Simons
Mensing, Johannes
Mercier, Jean
Messe ∕ Abendmahl; ∕ Gottesdienst; ∕ Liturgie
Miltiz, Karl von
Monheim, Johannes
More, Thomas
Moritz von Sachsen
Mörlin, Joachim
Morone, Giovanni

Integrierte Stichwörter

Mosellanus, Petrus
Mosham, Ruprecht von
Müller, Gallus
Münster, Sebastian
Müntzer, Thomas
Murner, Thomas
Musculus, Andreas
Musculus, Wolfgang
Musik und Reformation
Mutianus Rufus, Conradus
Myconius, Friedrich
Myconius, Oswald

Nacchianti, Giacomo
Nadal, Jerónimo
Nantes, Edikt
Naumburger Fürstentag
Nausea, Friedrich
Neander, Michael
Nürnberger Anstand ∕Reformation 7; ∕Schmalkaldischer Bund
Nürnberger Bund ∕Held, Matthias

Ochino, Bernardino
Oekolampad(ius), Johannes
Oldendorp, Johannes
Olevian, Caspar
Ordination
Orozco, Alonso de
Orzechowski, Stanisław
Osiander, 1) Andreas – 2) Lukas der Ältere
Osiandrischer Streit ∕Osiander, Andreas
Oswald, Wendelin
Otter, Jakob
Ottheinrich von der Pfalz

Pack, Otto von
Paleario, Aonio
Paleotti, Gabriele
Panvini(o), Onofrio
Pappus, Johannes
Papst, Papsttum ∕Primat
Paracelsus
Parczów, Edikt ∕Gentile, Giovanni Valentino
Parker, Matthew
Passauer Vertrag
Paul III., Papst
Paul IV., Papst
Pelargus, Ambrosius
Pellikan, Konrad
Pérez de Ayala, Martín
Pérez de Pineda, Juan
Petri, 1) Olaus – 2) Laurentius
Peucer, Caspar

Peutinger, Conrad
Pezel, Christoph
Pfefferkorn, Johannes
Pfeffinger, Johannes
Pflug, Julius
Pfyffer, Ludwig
Philipp I. von Hessen
Philipp II. von Spanien
Philippisten ∕Gnesiolutheraner und Philippisten
Pigge, Albert
Pirckheimer, 1) C(h)aritas – 2) Willibald
Pithou, Pierre
Pius IV., Papst
Pius V., Papst
Plettenberg, Wolter von
Poissy, Religionsgespräch
Pole, Reginald
Polentz, Georg von
Poliander, Johann
Ponce de la Fuente, Constantino
Porcia, Bartolomeo von
Prädestination
Prager Manifest ∕Müntzer, Thomas
Prée, Laurent de la
Prierias, Sylvester
Priesterehe ∕Zölibat
Primat
Protestantismus
Provisionis nostrae ∕Bajus, Michael
Puritaner

Rab, Hermann
Rakower Katechismus ∕Antitrinitarier
Rauch, 1) Bartholomäus – 2) Petrus
Ravesteyn, Josse
Realpräsenz ∕Abendmahl; ∕Abendmahlsstreit
Rechtfertigung
Reformation
Reformierte Kirchen
Regensburger Buch
Regensburger Konvent und Bündnis
Regensburger Religionsgespräche
Regensburger Vertrag ∕Carlowitz, Christoph von; ∕Moritz von Sachsen
Regimini militantis ecclesiae ∕Ignatius von Loyola
Regnans in excelsis ∕Elisabeth I. von England; ∕Pius V., Papst
Reich Gottes
Reichenweiher, Vertrag ∕Christoph von Württemberg
Reina, Casiodoro

Integrierte Stichwörter

Religionsbann, -zwang / Ius reformandi
Religionsgespräche
Reservatum ecclesiasticum / Geistlicher Vorbehalt
Residenzpflicht / Trient, Konzil
Reublin, Wilhelm
Reuchlin, Johannes
R(h)adinus, Thomas
Rhegius, Urbanus
Ridley, Nicholas / Latimer, Hugh
Rink, Melchior
Rorer, Thomas
Rothmann, Bernhard
Rythovius, Balduinus Martinus

Sacco di Roma
Sachs, Hans
Sadoleto, Jacopo
Saint-Germain, Edikt (1562) / Hugenotten
Saint-Germain-en-Laye, Edikt (1570) / Bartholomäusnacht; / Hugenotten; / Karl IX. von Frankreich
Sakramente
Sattler, Michael
Scaliger, Joseph Justus
Schappeler, Christoph / Bauernkrieg
Schatzgeyer, Kaspar
Schauenburg, Adolf von
Scheurl, Christoph
Scheyer(n)er Bündnis / Du Bellay, Guillaume
Schiner, Matthäus
Schlegel, Theodul
Schleitheimer Bekenntnis / Sattler, Michael; / Täufer
Schmalkaldische Artikel
Schmalkaldischer Bund
Schnepf(f), Erhard
Schoepper, Jacob
Schönberg, Nikolaus von
Schriftprinzip / Sola scriptura
Schwabacher Artikel
Schwabacher Konvent / Schwabacher Artikel
Schwäbische Konkordie / Konkordienformel
Schwärmer
Schwenckfeld, Kaspar von
Selnecker, Nikolaus
Senfl, Ludwig / Musik und Reformation
Seripando, Girolamo
Servet, Michael
Severoli, Ercole
Seydel, Wolfgang
Sickingen, Franz von
Sim(m)ler, Josias
Simonetta, 1) Giacomo – 2) Ludovico

Simul iustus et peccator
Sirleto, Guglielmo
Sittard, Matthias
Sixtus V., Papst
Sleidan(us), Johannes
Slotanus, Johannes
Smeling(us), Tilman(us)
Sola fide
Sola gratia / Gnade
Sola scriptura
Solida Declaratio / Konkordienformel und Konkordienbuch
Sonnius, Franciscus
Soto, Domingo de
Soto, Pedro de
Sotomaior, Luiz de
Sozinianer
Sozzini, Lelio und Fausto / Sozinianer
Spalatin, Georg
Spengler, Lazarus
Speratus, Paul
Stadion, Christoph von
Stancaro, Francesco
Stapleton, Thomas
Staupitz, Johann(es) von
Stifel, Michael
Stigel, Johann
Stockholmer Blutbad / Gustav I. Vasa von Schweden
Storch, Nikolaus / Zwickauer Propheten
Strauß, Jakob
Strigel, Victorinus
Stumpf, Johannes
Sturm, Jakob
Sturm, Johannes
Stuttgarter Konkordie / Schnepf(f), Erhard
Summepiskopat / Augsburger Religionsfriede
Sünde / Simul iustus et peccator
Suprematsakte
Surius, Laurentius
Sutor, Petrus
Synergistischer Streit / Gnesiolutheraner und Philippisten
Syngramma Suevicum / Agricola, Stephan der Ältere; / Schnepf(f), Erhard

Tametsi / Ehe
Tapper, Ruard
Täufer
Tausen, Hans Andreas
Tertius usus legis / Antinomistischer Streit; / Genfer Katechismus
Tetzel, Johann
Thamer, Theobald

Integrierte Stichwörter

Theologia crucis
Theologia Deutsch
Thomae, Markus ∕ Zwickauer Propheten
Thomas Illyricus
Timann, Johannes
Titelmans, Frans
Toledo, Francisco de
Toledo, Francisco Álvarez de
Torgauer Artikel
Torgauer Bündnis ∕ Reformation
Torgauer Konvent ∕ Konkordienformel und Konkordienbuch
Torgauer Vertrag ∕ Moritz von Sachsen
Torres, Francisco
Tournon, François de
Toussain, 1) Peter – 2) Daniel
Transsubstantiation ∕ Abendmahlsstreit
Treason Act ∕ Suprematsakte
Treger, Konrad
Tridentinische Liturgie
Trient, Konzil
Trolle, Gustav ∕ Magnus, 1) Johannes
Truber, Primus
Truchsess von Pommersfelden, Lorenz
Truchsess von Waldburg ∕ Waldburg
Trutfetter, Jodocus
Tschudi, Aegidius
Tübinger Kolloquium ∕ Frecht, Martin
Tübinger Vertrag ∕ Ulrich von Württemberg
Tyndale, William

Ubiquitätslehre
Ulmer Kolloquium ∕ Zell, Wilhelm von
Ulrich von Württemberg
Uniformitätsakte
Urban VII., Papst
Ursinus, Zacharias
Utraquisten
Utrechter Union ∕ Wilhelm I. von Oranien

Vadian, Joachim
Valdés, 1) Alfonso de – 2) Juan de
Valera, Cipriano de
Vargas y Mexía, Francisco de
Västerås, Reichstag ∕ Andersson, Lars; ∕ Gustav I. Vasa von Schweden
Vatablus, Franciscus
Vega, Andrés de
Vehe, Michael
Vergara, Juan de
Vergerio, Pietro Paolo der Jüngere
Vermigli, Pietro Martire
Vermittlungstheologie
Via media ∕ Vermittlungstheologie

Villavicencio, Lorenzo de
Viret, Pierre
Visitation
Vitoria, Francisco de
Vives, Juan Luis
Volpe, Giovanni Antonio
Vorst, Peter van der

Waldburg, 1) Otto Truchsess von – 2) Gebhard Truchsess von
Waldeck, Franz von
Walter, Johann
Wanner, Johannes
Warham, William
Wassy, Massaker ∕ Guise, 2) François; ∕ Hugenotten
Weigel, Valentin
Westphal, Joachim
Widmanstetter, Johann Albrecht von
Wied, 1) Hermann von – 2) Friedrich von
Wiedertäufer ∕ Täufer
Wigand, Johann
Wild, Johannes
Wilhelm IV. von Bayern
Wilhelm I. von Oranien
Wimpfeling, Jakob
Wimpina, Konrad
Winkel, Heinrich
Winzet, Ninian
Winzler, Johann
Wittenberger Konkordie
Witzel, Georg
Wolsey, Thomas
Wormser Edikt ∕ Luther, Martin; ∕ Reformation
Wormser Religionsgespräche
Wulffer, Wolfgang
Würtzburg, Veit von
Wyttenbach, Thomas

Zanchi, Girolamo
Zasius, Ulrich
Zegenhagen, Johannes
Zell, 1) Matthäus – 2) Katharina
Zell, Wilhelm von
Ziegler, Jakob
Zobel von Giebelstadt, Melchior
Zölibat
Zúñiga, Diego López de
Zürcher Disputationen ∕ Zwingli, Huldrych
Zweireichelehre ∕ Reich Gottes
Zwick, Johannes
Zwickauer Propheten
Zwingli, Huldrych
Zwinglianismus

In der Reihe „LEXIKON FÜR THEOLOGIE UND KIRCHE kompakt" sind bereits erschienen:

Lexikon der Päpste und des Papsttums

Dieser Band versammelt alles Wissenswerte zu Päpsten (Personenteil mit allen Bischöfen von Rom) und Papsttum (Sachteil) mit allen wichtigen Realien. Mit Zeittafel und Karten.

376 Seiten, Festeinband
ISBN 3-451-22015-6

Lexikon der Kirchengeschichte

Das neue große Lexikon der Kirchengeschichte in zwei Bänden. Verlässlich und konkurrenzlos – mit über 350 Einzelstichwörtern, zahlreichen Karten, Zeittafeln, Übersichten und Register.

928 Seiten, 2 Bände,
Festeinband in Schmuckschuber:
Band 1: A–Ki, Band 2: Kl–Z
ISBN 3-451-22018-0

Erhältlich in jeder Buchhandlung!

HERDER